國家哲學社會科學成果文庫
NATIONAL ACHIEVEMENTS LIBRARY
OF PHILOSOPHY AND SOCIAL SCIENCES

拼接絲路文明

——敦煌殘卷綴合研究

（上）

張涌泉 等 著

中華書局
ZHONGHUA BOOK COMPANY

圖書在版編目(CIP)數據

拼接絲路文明:敦煌殘卷綴合研究/張涌泉,張磊著. —北京:中華書局,2025.4. —(國家哲學社會科學成果文庫). —ISBN 978-7-101-16985-0

Ⅰ.K870.64

中國國家版本館 CIP 數據核字第 202589F4E2 號

書　　名	拼接絲路文明——敦煌殘卷綴合研究(全二册)	
著　　者	張涌泉　張　磊	
叢 書 名	國家哲學社會科學成果文庫	
責任編輯	陳　喬	
裝幀設計	周　玉	
責任印製	陳麗娜	
出版發行	中華書局	
	(北京市豐臺區太平橋西里 38 號　100073)	
	http://www.zhbc.com.cn	
	E-mail:zhbc@zhbc.com.cn	
印　　刷	北京盛通印刷股份有限公司	
版　　次	2025 年 4 月第 1 版	
	2025 年 4 月第 1 次印刷	
規　　格	開本/710×1000 毫米　1/16	
	印張 86½　插頁 27　字數 1300 千字	
國際書號	ISBN 978-7-101-16985-0	
定　　價	498.00 元	

《國家哲學社會科學成果文庫》
出版説明

　　爲充分發揮哲學社會科學優秀成果和優秀人才的示範引領作用，促進我國哲學社會科學繁榮發展，自 2010 年始設立《國家哲學社會科學成果文庫》。入選成果經同行專家嚴格評審，反映新時代中國特色社會主義理論和實踐創新，代表當前相關學科領域前沿水平。按照"統一標識、統一風格、統一版式、統一標準"的總體要求組織出版。

全國哲學社會科學工作辦公室

2023 年 3 月

總　目

下　册

十六、五分律　/ 859

十七、摩訶僧祇律　/ 866

二六、大智度論　　/ 1086

三一、淨名經關中釋抄　/ 1225

CONTENTS

凡 例

　　一、本書研究對象主要爲發現於敦煌莫高窟藏經洞的所有漢文文本，吐魯番、鄯善、敦煌北區石窟等非藏經洞文獻一般不在本文討論之列，但《俄藏敦煌文獻》等大型敦煌文獻出版物中他處混入的文獻仍列入研究範圍。以寫本爲主，包括少量刻本和拓本文獻，但單獨列出。相關漢文文本反面的藏文、梵文等非漢文文本亦酌情涉及。鑒於敦煌文獻的實際及前賢綴合工作的成果，本書聚焦的重點爲變文和佛經文獻，其中變文各篇主要按《敦煌變文校注》所收篇目排序，佛經部分大抵按經、律、論、疑僞經的次序排列（基本以《大正藏》部類及經號排序）。

　　二、佛經部分每種文獻下一般包括引言、新綴、卷號簡目三部分。引言簡要介紹此文獻的傳譯、作者、敦煌文獻中的留存及前賢的綴合情況；新綴是本書的核心部分，按譯本、卷次、存文內容先後及完整度排序，每組綴合通過對殘片內容、斷痕、行款、書風、字體等方面的比對分析，并輔以綴合圖、字迹比較表等，説明綴合理由；卷號簡目是爲該文獻敦煌本的收藏及綴合情況所作的草目，是我們綴合工作的基礎和總結，雖未必完備，但對進一步的研究而言非常有用，其中卷號右上角標有＊號者係藏家或研究者未定名殘卷，由本書學術團隊首次定名（敦煌文獻未定名殘片，我們的學術團隊在2011—2012年全面普查時曾做過系統的比定，其中包括《俄藏》未定名殘卷的定名，在此基礎上，本團隊參與此項工作的師生的相關論文又作過進一步的考證。其中部分定名與後來出版的《俄録》略同，可以互勘。凡本團隊相關論文已先於《俄録》作出正確定名的，本書必要時括注“《俄録》定名同”，讀者可自行參看），卷號右上角標有○號表示該卷完整。卷號簡目一般按存文內容先後及完整度排序，少數文獻也按館藏編號順序排列（館藏排序，中、俄、法、英四大館藏前置，然後中國散藏、日本散藏、其他散藏，每類各按館藏簡稱音序爲次）。

三、本書所引敦煌文獻編號，主要依據最新刊布的圖版和目録編號，括注其他曾經通行的編號，尚未編號的本書酌情擬定。編號内容包括：1.館藏中文簡稱，館藏簡稱與對應全稱詳見附録三"本書引用敦煌文獻編號出處簡稱"；2.正背面標識，正面一般不標識，背面統一稱"背"，原編號標"R"（Recto）、"V"（Verso）的不再保留；3.藏品内容序號或件數序號，一號内連抄多項内容或包含多件殘片或殘卷的，不同的出版物標識不一，有"1、2、3……"（藏品序號和内容序號間用"-"連接）、"（1）（2）（3）……"、"A、B、C……"等不同，酌情予以保留。如北敦5796-2號，"北敦"爲館藏簡稱，"5796"爲藏品序號，"-2"表示此爲該卷第2項内容；又如伯4525（14）號背，"伯"爲館藏簡稱，"4525"爲藏品序號，"（14）"爲該號第14件殘片，"背"指背面。再如北敦1404號（北3515；寒4），"北敦1404號"爲新刊布的《國家圖書館藏敦煌遺書》所用的中國國家圖書館藏敦煌文獻統編號，括注中的"北"爲縮微膠卷及《敦煌寶藏》所用的中國國家圖書館藏敦煌文獻原編號，括注中的"寒"爲中國國家圖書館藏敦煌文獻原千字文編號。

四、本書統計敦煌文獻卷號時：1.多個編號並列於已綴合圖版下的，有幾個編號算幾號，如《俄藏敦煌文獻》俄敦91號、俄敦97號已綴合爲一，俄敦97號附列於俄敦91號之下，算2號；2.正背面抄同一文獻且原屬同件或背面爲經名、勘記的算1號，如俄敦12698號正背面，雖因紙張殘損而内容不相連，但係同一片册葉裝《金剛經》散葉的正反面，計爲1號；又如斯7號背爲斯7號的勘記，兩者共計爲1號；3.同號中包含多件殘片或殘卷（有些可綴，有些不可綴），若圖版已用A、B、C……或（1）（2）（3）……標序，算多號，如伯5029C、伯5029G各算1號。若只是並列多塊殘片，而殘片未分別標序的，多個殘片亦整體算1號，如伯5029F中含有多塊殘片，但過於碎小，未再細分標序，仍整體算1號。

五、本書標注敦煌文獻圖版出處時，標明書名、第幾册、頁碼及欄號，以便稽核。書中多次提及的圖録、膠卷、目録、網站等皆使用簡稱，簡稱與對應全稱詳見附録四"本書常用書名及數據源簡稱"。第幾册直接標明阿拉伯數字，浙藏、中國書店藏等僅1册的，則略去數字，縮微膠卷用盒號代替册數。頁碼採用頁碼＋欄位的標注方式，若不分上下欄，直接輸入頁碼的阿拉伯數字，若分上下欄，上欄用A，下欄用B表示。如"北敦1404號（北3515；寒4），見《國圖》21/11A—14A"，表示該卷圖版見於《國家圖書館藏敦煌遺書》第21册第11頁上欄至第14頁上欄。

六、本書考定存文起止和記録行數、字數時，有可見殘筆或殘字者皆計作1字或1行。佛經殘卷標注存文起止位置時，以《大正藏》爲參考，標明第幾册、頁碼、欄號及第幾行，以便稽核。如"《大正藏》T8／748C17—752C3"意爲存文對應《大正藏》第8册第748頁下欄（A、B、C分別表示上、中、下欄）右起第17行至第752頁下欄右起第3行。多個《大正藏》起止位置間，用"，"連接表示不同殘片内容分別對應多個起止位置，用"；"連接表示同一内容并見於多個起止位置。

七、本書引文遇到文字缺訛脱衍等情況時，分別用以下符號表示：缺字用"□"號表示，缺幾字用幾個"□"；缺字據他本或上下文或文意補出時，在缺字符號後用"（ ）"注明；模糊不清無法録出或殘存偏旁者用"▨"號表示，缺幾字用幾個"▨"號。不能確定缺幾字者，上部殘缺時用"￣￣"號，中部殘缺時用"□□"號，下部殘缺時用"＿＿"號表示。脱字能補出時外加［ ］號，衍字用｛ ｝號括住。假借字、訛字在原字後用"（ ）"注出本字或正字。

八、本書介紹綴合殘卷（殘片、散葉）時，分別用以下符號連接卷號來表示不同的綴合關係：前賢已指出可綴者，於相應卷號下加下劃線"××"，另注綴合出處，如"北敦7534號背＋北敦6751號背"表示二號已由前賢指明可綴；可以直接相接者，用"＋"連接，如"北敦12786號＋北敦4142號"表示二號可以直接綴合；綴後中間仍有殘缺，不能直接相連者，用"…"連接，如"伯4098-3號…伯4097號"表示二號綴後中間仍有缺文；刊布的圖版或前人敘録已綴合爲一，但各號對應圖版先後、接縫不明者，用"、"連接，如"'俄敦 6684 號、俄敦 6729 號' + 俄敦 5896 號"表示前二號已由前賢綴合爲一，但此二號所指對應圖版不明。

九、本書綴合圖版必要時在綴接處保留縫隙以示殘卷邊緣，或通過設置顏色深淺來區分不同的殘片。綴合後按存文先後排序，除特殊説明外，閲覽順序自右向左、自上向下。所有圖版周圍標注的數字皆係所據圖版原標號；除寫卷編號所含字母外，另外出現的大小寫字母未做特殊説明的則皆係筆者標注；相同字母大小寫所標的兩個半葉爲同一葉的正反面，如 A、a 兩半葉爲同一葉的正反面。

十、本書上編和下編每篇文獻中的圖、表分別編號，自成起訖。一組之內有多幅圖、表的，再依序編號，中間以"-"相連，如某篇"圖 6-2"，指該篇第 6 組綴合圖之二。

十一、寫卷較小的稱爲"殘片"（一般不足一整紙），較大的稱爲"殘卷"。

十二、本書行文使用規範繁體字。迻録原卷文字，俗字及武周新字一般徑加楷正（使用武周新字的寫卷，必要時酌加説明）。但古分用字，如孃與娘、脩與修、圖与啚等；古本字，如第本作弟、賠本作陪或備、燃本作然、芽本作牙等；有特定目的的區別字，如百作伯或佰、升作勝、斗作兜等，一律照原卷録文。涉及字形比較時，原卷的簡體字或古字酌加保留。

十三、爲免繁複，本文提及前賢時，皆不贅"先生""老師"等字樣，敬請諒解。

前　言

位於河西走廊最西端的敦煌，是古代絲綢之路東西方貿易的重要中轉站，也是世界四大文明的交匯之地。季羨林指出："世界上歷史悠久、地域廣闊、自成體系、影響深遠的文化體系只有四個：中國、印度、希臘、伊斯蘭，再沒有第五個；而這四個文化體系匯流的地方只有一個，就是中國的敦煌和新疆地區，再沒有第二個。"[①] 20 世紀初，王道士在敦煌莫高窟藏經洞發現的大批古代文獻，就是四大文明交匯的結晶，也是絲路文明最寶貴的實物見證。

然而，這些珍貴的絲路文明遺存，大量的却是以身首分離的狀態呈現在世人面前，亟待修復和綴合。姜亮夫説："敦煌卷子往往有一卷損裂爲三卷、五卷、十卷之情況，而所破裂之碎卷又往往散處各地：或在中土、或於巴黎、或存倫敦、或藏日本，故惟有設法將其收集一處，方可使卷子復原。而此事至難，欲成不易。"[②] 又説："卷子爲數在幾萬卷，很多是原由一卷分裂成數卷的，離之則兩傷，合之則兩利，所以非合不可。"[③] 作爲姜老的學生，在幾十年研讀、整理敦煌文獻的過程中，我們也深切體會到殘卷綴合對深化敦煌學研究的重要性，完成此項艱巨任務的責任感、使命感油然而生。

20 世紀 90 年代中，我牽頭的學術團隊開始了敦煌文獻的大規模整理工程——《敦煌文獻合集》的編纂。在對敦煌文獻全面普查、系統分類整理的過程中，我們發現有不少殘卷相互之間關係密切，有些是可以拼接復原的。如

---

① 《敦煌學、吐魯番學在中國文化史上的地位和作用》，原載《紅旗》1986 年第 3 期，第 32 頁；收入《佛教與中印文化交流》，江西人民出版社，1990 年，第 148 頁。

② 姜亮夫《敦煌碎金導言》，陶秋英纂輯、姜亮夫校讀《敦煌碎金》，浙江古籍出版社，1992 年，第 2 頁。

③ 姜亮夫《敦煌學規劃私議》，《敦煌學論文集》，上海古籍出版社，1987 年，第 1011 頁。

敦煌文獻中有唐玄應《一切經音義》殘卷數十號，分藏於中、法、英、俄各國，我們在全面普查的基礎上，共發現 42 號玄應《音義》寫本殘卷。經過進一步調查，發現這 42 號殘卷包括玄應《音義》第一卷 3 號、第二卷 6 號、第三卷 11 號、第六卷 12 號、第七卷 1 號、第八卷 2 號、第十五卷 1 號、第十六卷 1 號、第十九卷 1 號、第二十二卷 2 號，另摘抄 1 號。最後比較行款、字體、紙張、正背面内容，結果發現存有 2 號以上殘卷的一、二、三、六、八、二十二各卷均全部或部分可以綴合，總數達 32 號，可綴數超過四分之三。這些原本撕裂的殘卷，如果不預先加以拼接綴合，倉促分頭整理，要做出高質量的整理成果顯然是不可能的。如敦研 357 號殘片，存 8 行，無題，《甘肅藏敦煌文獻》編者擬定爲"字書殘段"。其實此殘片并非字書，而是玄應《音義》卷二殘文。後來我們發現此殘片與斯 3469 號殘卷字體、行款完全相同，蓋出於同一人之手，應分别爲同一寫本的殘片，可以拼合，而後者《敦煌寶藏》定作"一切經音義"，甚是。此二號拼合爲一，進而比勘刻本玄應《音義》，不但可據以糾正刻本的文字之誤，而且可以得知敦研 357 號第六行行末"足大"二字及其下的半字（"大"下尚有小半字，存上部，應爲"指"字）應移至第八行"古才反"之後，蓋碎片誤粘於前，"古才反，足大指"是對第八行"腦胲"之"胲"的音釋，而第六行下部本身原有殘泐，誤粘的碎片復位後，所存字句與玄應《音義》卷二相關文句完全相同，殘文怡然理順[1]。諸如此類，不勝枚舉。由此我們體會到，敦煌文獻中殘卷的比例極大，殘卷綴合對提高敦煌文獻整理研究的質量確實非常重要。

正是基於這樣的認識，2006 年，《敦煌經部文獻合集》整理編纂工作大體完成後，我開始把研究的重心逐步轉移到殘卷綴合上來，并先後發表了《俄敦 18974 號等字書碎片綴合研究》[2]、《敦煌本玄應〈一切經音義〉敘録》[3]、《敦煌殘卷綴合研究》[4] 等一些討論殘卷綴合的論文，爲殘卷的大規模綴合做

---

① 參看《敦煌經部文獻合集》第 10 册，中華書局，2008 年，第 4789—4792 頁。

②《浙江大學學報》2007 年第 3 期，已收入本書附録一。

③《漢語史研究集刊》第 10 輯，巴蜀書社，2007 年。

④ 見《文史》2012 年第 3 輯，與張新朋合寫。

了實踐上的探索和理論方法上的準備。在此基礎上，考慮到可綴殘卷數量巨大，除了團隊核心成員張小豔、張磊、景盛軒、張新朋、竇懷永、黄沚青、秦樺林之外，還有一大批博士、碩士研究生加入到敦煌殘卷綴合的隊伍中來，與之相關的博士論文就有 9 篇，碩士論文更是超過 30 篇。現在呈現給讀者的這部《拼接絲路文明——敦煌殘卷綴合研究》，就是我們學術團隊師生共同傾注心力打造的第一部敦煌殘卷綴合研究的著作。全書主要包括以下五個方面的内容。

第一，對莫高窟藏經洞文獻的性質提出了全新的觀點。藏經洞文獻的性質及藏經洞封閉的原因，長期以來困擾著海内外學術界，堪稱世紀之謎。本書指出，莫高窟所在三界寺收藏佛經的場所有"經藏"與"故經處"之别，"經藏"就是三界寺的藏經處，而"故經處"則是用作修復材料的"古壞經文"的存放地，亦即後來的藏經洞。後唐"長興五年"（934）左右，後來擔任敦煌都僧錄的三界寺僧人道真開始了大規模的佛經修復活動，很多敦煌寫卷中都留下了道真等人修復的痕迹；藏經洞就是道真彙聚修復材料的"故經處"。道真搜集"諸家函藏"的"古壞經文"，意在"修補頭尾"。那些經過修復配補成套的經本，"施入經藏供養"；剩餘的複本及殘卷斷片，則留在"故經處"作爲配補或修復材料備用，并最終成爲我們見到的藏經洞文獻。藏經洞的封閉，則很可能與道真去世和他主持的修復工作結束有關。我們通過普查發現，敦煌文獻確以佛經殘卷爲主，且多來自各家寺廟，殘卷比例高達 90% 以上，其中至少四分之一以上的殘卷可以綴合，而且各類材料分類包裹，井然有序，目的是爲開展大規模修復工作提供便利。從而證明敦煌藏經洞文獻確實是來自"諸家函藏"的"古壞經文"，彙聚的目的是爲了"修補頭尾"，即爲拼接修復做準備。所以三界寺藏經與藏經洞藏經其實是兩回事。以前人們糾結於敦煌文獻没有一些本該有的完整的佛典，因而生發種種的疑慮，原因就在於把兩者混爲一談了。

第二，對敦煌殘卷綴合的重要性作了充分的闡述。根據我們對近百種共計 32587 號敦煌佛經寫本的統計，綴合前某一卷基本完整的僅 1964 號，殘卷數達 30623 號，殘卷比例爲 93.97%；其中絶大多數佛經的可綴殘卷比例在 25%

以上，平均則達 27.83%①。據初步統計，敦煌文獻的總數約爲七萬號，那就意味著可綴合的殘卷數將超過 17500 號，數量巨大。正因爲敦煌文獻以殘卷爲主，可以綴合的殘卷數量很大，一個寫卷撕裂成兩件或多件的情況比比皆是，乃至四分五裂，身首異處，給整理和研究帶來了極大的困難。這種"骨肉分離"的情況，不但不利於寫卷的整理與研究，也嚴重干擾了殘卷的正確定名和斷代。也正因爲如此，敦煌殘卷的綴合成了敦煌文獻整理研究"成敗利鈍之所關"的基礎工作之一。我們還從恢復寫本原貌、確定殘卷名稱、確定殘卷版本、推斷殘卷時代、明確殘卷攸關方、明確殘卷屬性、分辨殘卷字體、判定殘卷真僞、破解藏經洞文獻之謎等九個方面對敦煌殘卷綴合的意義作了進一步的分析討論。

第三，提煉歸納了敦煌殘卷綴合的程式和方法。在前賢的綴合成果特別是我們自己綴合實踐基礎上，本書提煉出了敦煌殘卷綴合的基本程式：首先在充分利用現有的各種索引的基礎上，對敦煌文獻進行全面普查，把内容相關的寫本彙聚在一起；其次把内容直接相連或相鄰的寫本彙聚在一起，因爲内容相連或相鄰的殘卷爲同一寫本割裂的可能性通常比較大；最後再比較行款、書迹、紙張、正背面内容，以確定那些内容相連或相鄰的殘卷是否爲同一寫本之割裂。接著，我們又從内容相鄰、碴口相合、字體相同、書風近似、抄手同一、持誦者同一、藏家同一、行款近同、校注類似、殘損相似、版本相同、裝幀相同十二個方面，對與殘卷綴合密切相關的關鍵要素舉例作了説明。

第四，發現了大批可綴合殘卷。我們在對世界範圍内業已刊布的敦煌文獻圖版全面調查搜集的基礎上，首先對其中近百部佛經作了窮盡性的定名、綴合、編目等工作，并在前賢綴合的基礎上，新發現可綴合殘卷近萬號②，同時糾正了前人在定名、斷代及屬性、字體、真僞判定方面的大量疏失，多有創見和發現。如 2019 年 7 月 14 日，伍倫春季文物藝術品拍賣會上，伍倫 7 號拍品《金剛般若波羅蜜經》殘卷以 402.5 萬元人民幣的高價成交，一時引起轟動。該卷爲

① 詳見本書上編第一節"問題的提出"之"（三）可綴殘卷的比例"小節。

② 因篇幅所限，本書只是擇要收入了我們學術團隊部分佛經及變文的綴合成果，更大量的綴合只能留待收入《敦煌殘卷綴合總集》。

著名敦煌學家及文物鑒定專家周紹良舊藏，卷前有著名書畫家及文物鑒定家啓功題尚并鈐印。原卷卷軸裝，前缺尾全，存9紙181行，行間有非漢文夾注。伍倫官網上附載的著名敦煌學家方廣錩敍錄稱："從原件形態考察，確屬藏經洞所出敦煌遺書。……在3600多號敦煌遺書《金剛經》中，此種在漢文經文旁加注藏文本，唯此一件，可謂第一次漢藏文化大交流的又一見證，彌足珍貴。"作爲行間有非漢文夾注"唯此一件"的孤本，又有這麼多重量級學者經眼鑒定，其珍稀和重要性毋庸置疑。後來我們在普查時，發現此號前可與北大敦20號綴合，二號行款格式相仿，字迹書風似同，接縫處行間非漢文夾注字母殘字可拼合爲一，橫向烏絲欄亦可對接，其爲同一卷之撕裂可以無疑。進一步研究發現，此二號夾注的并非藏文，而是草體于闐婆羅謎字母，這種字母夾注的敦煌文獻，確是"唯此一件"，無比珍貴①。伍倫7號既然可與北大敦20號完全綴合，不但使這一海内孤本得以以更加完整的面貌呈現在世人面前，極大提升了它們的文獻和文物價值，而且也爲絲路文明的交匯交融提供了鮮活的實物佐證。

　　第五，基本摸清了相關敦煌文獻的家底。在綴合工作正式展開之前，我們對敦煌文獻作了窮盡性的調查和數字化，建立了數據庫，并給其中四千多號未定名殘卷作了定名，基本摸清了敦煌文獻的家底。本書每種文獻下一般包括引言、新綴、卷號簡目三部分，其中的卷號簡目就是爲該文獻敦煌本的收藏及綴合情況所作的草目，這個草目是所收每種文獻目前爲止最爲全備的目錄，并且一般按存文内容先後及完整度排序，利用方便，對進一步的研究而言非常重要。

　　從第一篇敦煌殘卷綴合的論文《俄敦18974號等字書碎片綴合研究》發表以來，我們已經在這個領域耕耘了十八個年頭。通過全面的普查和類聚，摸清了家底，明確了敦煌文獻的性質，并有計劃按步驟對敦煌殘卷進行了系統的綴合。佛教徒把佛經的抄寫視爲一種功德，敦煌殘卷的綴合同樣是功德無量。當看到原本"骨肉分離"的敦煌碎片殘卷經過我們的拼接最終"團圓"

---

　　① 詳見本書上編第四節"敦煌殘卷綴合的意義"之"（八）判定殘卷真僞"小節。

的時候，一種巨大成就感和喜悦感充盈在我們心間，讓人激動不已。

　　當然，相比於總數約爲七萬號、可綴殘卷數達 17500 號左右的龐大體量而言，本書僅僅是我們十八年努力工作的一個小結，更繁重的任務還在後頭。征程未有窮期，我們將揚鞭奮蹄，繼續前行。

上　編　敦煌殘卷綴合導論

20世紀初，敦煌莫高窟藏經洞古代文獻的大發現，是中國近代學術史上的一件大事，震動了整個世界。這次發現的文獻數量之多，價值之高，影響之大，都是空前的。其中既有大批的漢文文獻，也有不少粟特文、突厥文、梵文、于闐文、吐蕃文、回鶻文、希伯來文等少數民族和外語文獻，它們是東西方文化交流的結晶，也是絲路文明最寶貴的實物遺存。

　　然而，這些珍貴的絲路文明遺存，大量的却是以身首分離的狀態呈現在世人面前，亟待修復和綴合。前輩姜亮夫説：“卷子爲數在幾萬卷，很多是原由一卷分裂成數卷的，離之則兩傷，合之則兩利，所以非合不可。”[1]

一、問題的提出

　　敦煌殘卷的綴合與藏經洞文獻的性質和流散過程的割裂脱落密切相關。

（一）藏經洞文獻的性質

　　1900年6月22日，一個偶然的機會，道士王圓禄在敦煌莫高窟第17窟（俗稱藏經洞）發現了大批寫本文獻（少量爲刻本）。其中有明確紀年的最早寫本爲抄寫於升平十二年（368）[2]的《法句經》（甘博1號），最晚爲《大宋咸平五年壬寅歲（1002）七月十五日敦煌王曹宗壽、夫人氾氏添寫報恩寺藏經録》

---

① 姜亮夫《敦煌學規劃私議》，《敦煌學論文集》，上海古籍出版社，1987年，第1011頁。

② 升平僅五年，時爲東晉太和三年。

（俄弗 32 號），[①]前後跨越六百多年，歷經十餘個朝代。據最晚的紀年推斷，藏經洞的封閉時間應在 11 世紀初。但封閉的具體原因，至今仍是一個未解之謎；與之相關的藏經洞文獻的性質，也長期困擾著海内外學術界。包括避難説、廢棄説、書庫改造説、佛教供養物説、排蕃思想説、三寶崇拜説等等，衆説紛紜。[②]

　　1990 年，施萍婷在一次國際學術討論會上提出：藏經洞文獻應與三界寺僧人道真修復佛經有關。[③]榮新江也認爲"道真從各寺收羅來的古壞經文，也作爲有待修補的材料保存在三界寺，并最終進入藏經洞"，他還説："藏經洞的主體文獻佛典和供養具，原是三界寺的藏經和資産。"[④]鄭炳林進而認爲："藏經洞出土的藏經就是三界寺的藏經，藏經洞是三界寺的圖書館。"[⑤]林世田等通過對中國國家圖書館所藏敦煌寫卷的考察，認爲："藏經洞文獻文物與道真收羅古壞經卷和修補佛典的活動有密切的關聯，修補古壞經文應是三界寺藏經的重要來源。"[⑥]

---

①這裏所説"最早""最晚"限於有明確題記紀年的寫本；而敦煌文獻大多爲殘卷斷片，并無明確抄寫年份，其中也許有早於或晚於上揭文獻的寫卷，如石谷風《晉魏隋唐殘墨》第 1 册便是所謂"西晉寫經殘紙"，啓功斷爲"西晉時寫本"，但原卷所存僅區區五殘行，不足十字，要據以判斷其準確年代其實是不容易的。另外有些題記的可靠性還有疑問，如中村 3 號《法句譬喻經》寫本末有"甘露元年"的題記，其中的"甘露"或以爲是魏高貴鄉公年號，"甘露元年"即公元 256 年（中村不折著、李德範譯《禹域出土墨寶書法源流考》，中華書局，2003 年，第 29、161、165 頁），但這個"甘露"是否確爲魏高貴鄉公年號，學術界還有不同意見（此件是否出於藏經洞也有不同説法）。又如美國普林斯頓大學美術館藏有《道德經》殘卷，末有"建衡二年庚寅五月五日燉煌郡索紞寫已"的題記，但這個寫卷的真實性是個疑問。又如伯 4754 號背爲"壬寅年九月廿六日"龍興寺藏經歷，其中的人名品（靈圖寺）索法律亦見於伯 3240 號"壬寅年七月十六日付紙曆"，這兩個寫本中的"壬寅年"亦可確定爲宋咸平五年，日期或月份較俄弗 32 號寫本的"七月十五日"稍晚。

②參看林世田、楊學勇、劉波《敦煌佛典的流通與改造》，甘肅教育出版社，2013 年，第 3—11 頁。

③施萍婷《三界寺·道真·敦煌藏經》，原載《1990 年敦煌學國際研討會文集·石窟考古編》，遼寧美術出版社，1995 年；後收入《敦煌習學集》，甘肅民族出版社，2004 年，第 140—169 頁。下同。

④榮新江《敦煌藏經洞的性質及其封閉原因》，原載《敦煌吐魯番研究》第 2 卷，北京大學出版社，1996 年；後收入《辨僞與存真——敦煌學論集》，上海古籍出版社，2010 年，第 16—22 頁。

⑤鄭炳林《晚唐五代敦煌三界寺藏經研究》，《敦煌歸義軍史專題研究三編》，甘肅文化出版社，2005 年，第 25 頁。

⑥林世田、張平、趙大瑩《國家圖書館所藏與道真有關寫卷古代修復淺析》，《中國典籍與文化》2007 年第 3 期，第 27 頁。

近十年來，我們的學術團隊對業已刊布的敦煌文獻作了全面普查，深刻感受到敦煌文獻實際上是以殘卷或殘片爲主體的，它們確實與道真有密切的關係，甚至可以説，藏經洞就是道真安放修補佛經材料的場所；藏經洞的封閉，則很可能與道真去世和他主持的修復工作結束有關。

1. 道真其人其事

道真俗姓張，十九歲時已是敦煌莫高窟三界寺沙門。北敦 5788 號（北747；奈88）《佛説佛名經》卷一三末題："沙門道真修此經，年十九，俗性（姓）張氏。"施萍婷推測這一年可能爲"長興五年"（934），近是。道真"長興五年"編的《見一切入藏經目録》（北敦 14129 號）中有"官寫《大佛名經》一部，一十八卷"，也許正是北敦 5788 號道真修補的《佛名經》。那麼道真"年十九"這一年確應是"長興五年"或前後一二年。

大約 950 年至 985 年間，道真出任沙州釋門僧正。敦研 322 號《臘八燃燈分配窟龕名數》末署"辛亥年十二月七日釋門僧政道真"，這個"辛亥年"應爲 951 年；伯 3238 號《乾德二年（964）九月十四日沙州三界寺授女弟子張氏五戒牒》、伯 3320 號《乾德二年九月十五日沙州三界寺授女弟子張氏五戒牒》授戒人皆爲"授戒師主釋門僧正賜紫道真"；斯 330 號《雍熙二年（985）五月十四日三界寺道真授程惠意八戒牒》、斯 4115 號《雍熙二年五月十五日沙州三界寺授八戒牒》授戒人皆爲"授戒師主沙門道真"，這裏應是省去了"釋門僧正賜紫"字樣。

大約 986 年至 987 年間，道真升任"都僧録"一職。斯 4915 號《雍熙四年五月沙州三界寺授女弟子智惠花菩薩戒牒》授戒人爲"傳戒師主都僧録大師賜紫沙門道真"，則當年早些時候或此前一年道真已經出任都僧録。[①] 伯3440 號《丙申年三月十六日見納賀天子物色人》，其中的"丙申年"《敦煌社會經濟文獻真迹釋録》第 4 輯定作公元 996 年，甚是。[②] 文中有"張僧録黄綾

---

①　以上關於道真的資料參看施萍婷《三界寺·道真·敦煌藏經》一文。

②　本件人名慕容都衙、順興陰都頭、翟四大口、太子大師又見斯 4700 號＋斯 4121 號＋斯 4643 號《宋甲午年（994）五月十五日陰家婢子小娘子榮親客目》，陰順興（都頭）又見伯 3721 號《宋庚辰年（980）正月十五日夜見在巡禮都官》，可參。參看金瀅坤《敦煌社會經濟文書輯校》，浙江大學博士後研究工作報告，2003 年。

子壹匹"的記載，這個"張僧録"應該也是指張道真，"僧録"即"都僧録"之略。這是關於道真有明確時間點的最晚的一條記載。

道真最爲人所熟知的是他的下面這段話：

> 長興伍年歲次甲午六月十五日，弟子三界寺比丘道真，乃見當寺藏内經論部袟不全，遂乃啓穎虔誠，誓發弘願，謹於諸家函藏尋訪古壞經文，收入寺中，修補頭尾，流傳於世，光飾玄門，万代千秋，永充供養。（北敦 14129 號《見一切入藏經目録》，同一目録又見於敦研 345 號、斯 3624 號）

道真搜尋的這些"古壞經文"去哪兒了？它們和藏經洞文獻是什麼關係？這是下文我們想回答的問題。

2. 藏經洞文獻以佛經殘卷爲主

如前所説，敦煌藏經洞發現的文獻應是三界寺舊物，跟道真有關。三界寺是晚唐五代敦煌佛教教團的官寺之一，位於莫高窟下寺，即今藏經洞第 17 窟和 16 窟的前面。很多敦煌文獻中標有三界寺的印記，當與此有關。[①] 也正因其源出寺廟，佛教文獻自然占了絶大多數，達總數的百分之九十左右。而這些文獻，又以殘卷或殘片居多，完整者占比極少。但殘缺的比例究竟有多大，以往人們往往只是一個感性的認知，具體殘缺到何種程度則語焉不詳。方廣錩説："所留下來的五六萬號遺書，絶大部分是殘破不全的，或者首殘，或者尾殘，或者首尾均殘。"[②] 後來他在深入調查編目的基礎上，做過如下統計："中國國家圖書館收藏敦煌遺書總計爲16578號，其中同時具有天竿和尾軸的佛典，只有 8 號。……英國共收藏漢文敦煌遺書 14000 號，其中真正完整的卷軸裝，只有 30 號。"[③]

《妙法蓮華經》《大般若波羅蜜多經》《金剛般若波羅蜜經》《大乘無量壽經》

①　參看榮新江《敦煌藏經洞的性質及其封閉原因》，收入《辨僞與存真——敦煌學論集》，第 1—27 頁；鄭炳林《晚唐五代敦煌三界寺藏經研究》，收入《敦煌歸義軍史專題研究三編》，第 25—47 頁。

②　方廣錩《敦煌藏經洞封閉原因之我見》，《中國社會科學》1991 年第 5 期；後收入《方廣錩敦煌遺書散論》，上海古籍出版社，2010 年，第 8 頁。

③　方廣錩《敦煌藏經洞封閉原因之我見》附注，《方廣錩敦煌遺書散論》，第 21 頁。

《金光明最勝王經》《大般涅槃經》《維摩詰所說經》《佛名經》是敦煌文獻中
留存卷號最多的八部大經，約占全部敦煌文獻卷號的三分之一以上，方文進一
步統計了中國國家圖書館藏敦煌文獻這八部大經的完整情況，如表 1 所示：

表 1　中國國家圖書館藏敦煌文獻八大佛經完整情況統計表 [①]

經　名	總號數	某卷首尾完整號數	占總數比例
《妙法蓮華經》	2826	31	1.1%
《大般若波羅蜜多經》	2502	89	3.6%
《金剛般若波羅蜜經》	1471	10	0.7%
《大乘無量壽經》	1150	204	17.7%
《金光明最勝王經》	920	16	1.7%
《大般涅槃經》	898	70	7.8%
《維摩詰所說經》	693	20	2.9%
《佛名經》類	480	26	5.4%
總　計	10940	466	4.3%

完整數確實很低。最近，我們的學術團隊普查了這八部大經在所有已刊布敦
煌文獻中的完整情況，結果如表 2 前 8 行所示（第 22 頁）。較之中國國家圖
書館藏卷，全部已刊布敦煌文獻中八大佛經的完整度略有上升，但依舊很低，
僅 5.14%。需要特別強調的是，表中所謂的完整，是指一部經中的某一卷首尾
完整，而不是整部經完整無缺。若用整部經來統計，除了《大乘無量壽經》《金
剛般若波羅蜜經》（僅一卷）以外，其他六部大經能拼成一部完整寫經的少之
又少，像《大般若波羅蜜多經》這樣 600 卷的大經，甚至連一部也無法湊齊（據
我們調查，《大般若波羅蜜多經》某一卷整卷全缺的就有六卷之多）。較早進

————
　　[①] 方廣錩《敦煌藏經洞封閉原因之我見》附注，載《方廣錩敦煌遺書散論》，第 21 頁。經名的序次我們
按號數多少作了調整。表中最後總計欄 "某卷首尾完整號數" 和 "占總數比例" 方書分別誤作 817 號和 7.5%，
茲據重新統計後的數字作了改正。

入藏經洞查看敦煌寫卷的法國漢學家伯希和曾這樣描述他當時看到的情形：
“余解數版觀之，其中寫本或失首，或缺尾，或中裂，亦有僅存標題者。”①
這正是藏經洞文獻發現之初藏品完缺真實情況的披露。

3. 三界寺的“經藏”與“故經處”

如上所說，敦煌文獻以殘卷爲主，這些殘卷與三界寺藏經是什麽關係？
這些殘卷收集的目的是什麽？榮新江認爲藏經洞的主體文獻佛典和供養具來
自“三界寺的藏經和資產”，包括三界寺“供養經和畫”，也包括“道真從各
寺收羅來的古壞經文”；鄭炳林認爲藏經洞出土的藏經就是三界寺藏經，來
源於抄經、供養經、收集諸寺古壞經文、乞經等四個方面。②這兩種觀點都有
一定道理。但筆者認爲藏經洞文獻的主體源自道真搜羅的古壞經文，而三界
寺的藏經則另有其地。

人們指稱敦煌文獻爲“廢棄”物，一個主要理由就是敦煌文獻以殘卷爲主，
而完整的寫卷數量極爲有限。如方廣錩指出：唐代會昌廢佛以後到宋初，全國
的藏經基本上以唐智昇《開元釋教録·入藏録》爲基礎而組織，但敦煌遺書中
的佛典只有170部左右，約占《開元釋教録·入藏録》的七分之一，即便是這
些佛典，除少數單卷經、小部頭經及若干當時極爲流通的經典尚稱完整之外，
絶大部分佛典也是帙殘卷缺，珠零璧碎。敦煌佛教興盛，統治者崇信，晚唐、
五代敦煌教團曾向内地乞求經本，請得包括金銀字大藏經多部，補足了本地的
大藏。所以，“根據藏經洞封閉前敦煌存有的完整大藏經以及多部金銀字大藏
經沒有被收入藏經洞，收入藏經洞的全部是單卷殘部，碎篇斷簡，乃至破爛不
堪的殘卷廢紙的事實，‘避難説’確難使人信服”。因而他讚同藏經洞文獻爲“廢
棄説”。③其實，這與人們把三界寺藏經與藏經洞藏經混爲一談有關。

上文引道真編的三界寺藏經目録，共有三個抄本，即敦研345號、北敦
14129號、斯3624號，其中敦研345號原卷無題，《甘藏》擬題“三界寺藏内
經論目録”，此本最後有“此録不定”四字；北敦14129號首題“見一切入藏

---

①伯希和著、陸翔譯《敦煌石室訪書記》，《國立北平圖書館館刊》九卷五號抽印本，1935年，第5頁。

②鄭炳林《晚唐五代敦煌三界寺藏經研究》，《敦煌歸義軍史專題研究三編》，第25—41頁。

③方廣錩《敦煌藏經洞封閉原因之我見》，《方廣錩敦煌遺書散論》，第7—10頁。

經目録”；斯 3624 號首題“三界寺見一切入藏經目録”，僅存首頁。施萍婷
認爲敦研 345 號是第一部，清理登記了三界寺本寺所藏經卷；北敦 14129 號
是第二部，是道真“尋訪古壞經文，收入寺中”之後所進行的登録；斯 3624
號是最後的謄抄本，格式統一，字迹規整，可惜僅存一紙。[①]其中敦研 345 號云：
“長興伍年歲次甲午六月十五日，弟子三界寺比丘道真乃見當寺藏内經論部
[袟]不全，遂乃啓顙虔誠，誓發弘願，謹於諸家函藏尋訪古壞經文，收入寺，
修補頭尾，流傳於世，光飾玄門，万代千秋，永充供養。……應有藏内經論，
見爲目録。”其中第一種爲“《大般若波羅蜜多經》一部，六百卷，六十袟”，
斯 3624 號同；北敦 14129 號稱“應有所得經論，見爲目録，具數於後”，第
一種作“《大般若波羅蜜多經》一部，六百卷，六十袟，全”。又斯 6225 號“三
界寺比丘道真諸方求覓諸經，隨得雜經録記”：“集《大般若經》一部，六百卷，
具全。又集《大般若經》一部，未全。《大涅盤經》三部。《大悲經》三卷，具全。”
可見當時三界寺不僅有完整的《大般若經》一部，而且還有殘缺的《大般若經》
一部。又斯 5663 號《中論》卷二末題記：“乙未年正月十五日，三界寺修《大
般若經》，兼内道場課念。沙門道真兼條修諸經十一部，兼寫《報恩經》一部，
兼寫《大佛名經》一部。道真發心造《大般若》袟六十個，並是錦緋綿綾具全，
造銀番伍拾口，並施入三界寺。銅令香盧（爐）壹，香櫟壹，施入三界寺。……
道真修《大般若》壹部，修諸經十三部，番二七口，銅令香盧（爐）壹，香
兼（櫟）壹，經案壹，經藏一口，經巾一條，花氈壹，已上施入經藏供養。”[②]
乙未年應即道真發願“尋訪古壞經文，收入寺中”修復佛經的次年，即公元
935 年。[③]佛經一般每十卷爲一袟，道真“修《大般若》壹部”，“造《大般若》

---

①施萍婷《三界寺·道真·敦煌藏經》，收入《敦煌習學集》，第 148 頁。朱若溪《道真補經目録與敦煌
藏經洞關係試探》（待刊）認爲北敦 14129 號和敦研 345 號都是道真修補佛經的工作草目，但前者書寫時間更早，
斯 3624 號則是前二者定稿的廢稿，與施氏的結論略有不同。

②“經藏一口”的“經藏”指放置佛經的書櫃之屬。斯 2607 號《某寺交割常住什物點檢歷·供養具》：“竹
箱子壹。方食牀壹。小經藏子壹，在教授。小經藏子壹，在法真。”伯 3638 號《辛未年正月六日沙彌善勝於
前都師慈恩手上見領得諸物歷》：“大經藏壹，次經藏壹，在中院堂。小經藏子壹，在氾闍梨房。”義同。

③長興四年十一月，後唐明宗李嗣源崩逝，閔帝李從厚繼位，改元應順，應順元年（934）四月，潞王李
從珂自立爲帝，改元清泰，敦煌地處邊陲，信息閉塞，故所謂長興伍年六月實已是清泰元年，也許稍後三界寺
的和尚風聞後唐改元的信息，但又不明底細，故暫用干支紀年。

袄六十个”，可見這部《大般若經》不但全套完整，而且連錦緋綿綾袄子俱全。這部修好的《大般若經》最後“施入經藏供養”，這個“經藏”連同上引道真發願文中“當寺藏內”“藏內經論”的“藏”，應都是指佛藏，也就是三界寺的藏經處，這才是三界寺真正的圖書館。

考宋人據梁顧野王原本改編的《玉篇》艸部云：“藏，才浪切，庫藏。”漢劉向《列仙傳》卷上老子：“老子，姓李名耳，字伯陽，陳人也。生於殷時，爲周柱下史。好養精氣，貴接而不施。轉爲守藏史，積八十餘年。”其中的“守藏史”，《史記·老莊申韓列傳》作“守藏室之史”，司馬貞索隱：“藏室史，乃周藏書室之史也。”故“藏”即可指“藏室”“藏書室”。佛典的“經藏”既可指佛教經、律、論三藏的經類典籍或泛指佛教經典，也可直接指寺院存放佛經處。前者如伯3808號《長興四年中興殿應聖節講經文》：“玉泉山上，聖人重飾寶蓮宮；金谷河邊，皇后［□□］經藏殿。”（脱字周紹良擬補作“更修”，① 近是）“經藏殿”就是指收藏佛典的樓閣。類似的稱呼還有“經藏院”“經藏閣”② “經藏樓”，③ 等等。後者如唐義净《南海寄歸内法傳》卷四：“所有經典章疏皆不應分，當納經藏，四方僧共讀。”④ 唐白居易《白氏長慶集》卷七一《白氏集後記》：“集有五本，一本在廬山東林寺經藏院，一本在蘇州禪林寺經藏內，一本在東都勝善寺益塔院律庫樓，一本付姪龜郎，一本付外孫談閣童。”⑤（此例“經藏”與上句“經藏院”同義）斯2073號《廬山遠公話》：“遠公便製疏抄，前後三年，方始得成。……後取其疏抄將入寺內，於經藏中安置。”伯4004號《某寺交割常住什物點檢曆》：“《大佛名》一部，在經藏。”斯5818號背《蕃卿當納印子數》：“於經藏裏蕃卿印子下一萬九千九百六十四，卿當分納一萬一千一百六十四。”北敦841號背（北679；盈41）有“癸未

① 周紹良《〈長興四年中興殿應聖節講經文〉校證》，《紹良叢稿》，齊魯書社，1984年。

② 唐段成式《酉陽雜俎續集》卷六諷善坊保壽寺：“經藏閣規構危巧，二塔火珠受十餘斛。”《四部叢刊》影印明趙氏脈望館本。

③ 唐慧祥《清涼傳》（《宛委別藏》明天順刻本）卷下無著和尚入化般若寺十三：“翌日中晨，坐般若院經藏樓前，有二吉祥鳥，當無著頂上徘徊，飛翔數匝，東北而去。”

④《大正藏》，第54冊，第230頁。

⑤ 唐白居易《白氏長慶集》，《四部叢刊》影印日本翻宋大字本。

年八月十一日於經藏内再點勘經教現有部袟數目”。其中的“經藏”皆指寺院存放佛經處，并且後一號還詳細標明每部佛經存放在“經藏内”的具體位置，包括西面藏、南面藏、北面藏以及上層、下層等等。敦煌寺院中有“知經藏”的僧職，就是管理寺院藏經的僧人。如斯 2447 號《壬子年（832）知經藏所由僧光璨共僧伯明交割經律論手帖》：“壬子年二月二日，共前知經藏所由伯明剗剖（交割？）經論律等。”可參。道真把《大般若經》等“施入經藏供養”，這個“經藏”正是指寺院藏經處，他把修復完整且經袟俱全的《大般若經》壹部、諸經十三部，連同經案、經藏（此指書櫃）、經巾等，一併施入“經藏”——三界寺的藏經處——供養。

據普查，敦煌文獻有漢文《大般若經》4882 號，儘可能拼接綴合後，六百個卷次中，有完整寫本的卷次爲 265 卷，没有完整寫本的卷次爲 335 卷，其中卷七五、卷一二二、卷三一四、卷五〇八、卷五一三、卷五一七凡六卷整卷缺失，另外卷三九、卷四〇、卷一二八、卷一三二、卷三四〇、卷四三七、卷四六三、卷四八〇、卷五三三、卷五四六、卷五九六這 11 卷也僅見很小的殘片或一紙左右的殘卷。很自然，道真把那部修復完整的《大般若經》施入三界寺藏經處以後，留下的就只能是那部“未全”的本子以及另外一些複本和零卷碎片了。

事實上，作爲“鎮國之典，人天大寶”，[①] 唐五代敦煌地區《大般若經》信仰頗爲盛行，很多寺廟都藏有《大般若經》，如龍興寺、[②] 普光寺、[③] 乾元寺 [④] 都有整套的《大般若經》；大乘寺（斯 5045 號、斯 4688 號）、靈修寺（斯

---

① 唐釋慧立撰、彦悰箋《大唐大慈恩寺三藏法師傳》卷十，《大正藏》，第 50 册，第 276 頁。

② 伯 3432 號背吐蕃時期《龍興寺供養佛經目録》，第一部就是《大般若經》壹部，陸佰卷；又有《涅槃》壹部，肆拾卷。末云：“福法物内祈寫漢《大般若經》壹部陸伯卷其經現在。”斯 2142 號《當寺上藏内諸雜部袟録》：“大唐（宋）乾德二年（964）歲次甲子四月廿三日，經司僧政惠晏、法律會慈等，點檢《大般若經》兩部，欠數教（較）多，未得成就。”其中的“當寺”陳大爲定作龍興寺（《唐後期五代宋初敦煌僧寺研究》，第 101 頁），當是。

③ 伯 2727 號《酉年（829）三月十三日於普光寺點檢〈大般若經〉録》：“先年官《大般若》一部，諸袟内欠數及無頭尾者……計經卷叁伯玖拾捌卷，餘不足者於龍興寺藏官經數内取貳伯兩卷，通前共計陸伯卷。”

④ 伯 3188 號《乾元寺前經司交後經司狀》：“乾元寺前經司大慈手上藏内經，現分付後經司廣信，謹具數目：《大般若經》六十袟壹部，足。《大般涅槃經》四十二卷壹部，足。”

4627 號）、聖光寺（北敦 7954 號）則各有《大般若經》殘本一部；上引北敦
841 號背癸未年"經藏"目録，所屬寺院不明，則分別有"金字題頭并錦袟子"
和"布袟"《大般若經》殘本各一部（據原注，分別缺 13 卷、32 卷）。雖不
能排除這些殘缺的《大般若經》後來作爲"古壞經文"被道真收集的可能性，
但至少那幾部完整的《大般若經》是没有理由一併歸入三界寺（當然更不會
歸入藏經洞）收藏的。

　　再看《大般涅槃經》。敦煌文獻中通行的是北涼曇無讖譯《大般涅槃經》
四十卷和唐若那跋陀羅與會寧等譯《大般涅槃經後分》二卷合編的四十二卷
本。敦研 345 號《三界寺藏内經論目録》："《大涅盤經》三部，各部卌二卷"，
北敦 14129 號《見一切入藏經目録》作"《大般涅盤經》三部，各部卌二卷"，
斯 3624 號《三界寺見一切入藏經目録》作"《大般涅盤經》三部，每部四十二卷，
四袟"。三個目録記載略同，可見三界寺至少有三部完整的四十二卷本《大般
涅槃經》經本。據普查，敦煌文獻中有這一系統的《大般涅槃經》寫本 2789 號，
其中某一卷首尾完整的達 181 號，比例算挺高的了，但其中卷三十、卷四一
都只有一個卷子是完整的，要勉强拼湊成一部完整的寫卷已是不易，更別説
三部了。很顯然，道真登録的三部完整的《大般涅槃經》經本也必另有去處──
大概率也是施入三界寺的"經藏"，即有別於藏經洞的本寺藏經處了。

　　上引"三界寺藏内經論目録"，應是三界寺的藏經目録，也是道真修復佛
經的工作目録。[①]其中敦研 345 號收經 169 部 152 種，北敦 14129 號收經 171
部 157 種，二目重合的佛經 123 部 117 種；斯 3624 號收經 22 部 20 種（其中
19 種見於敦研 345 號，17 種見於北敦 14129 號）；三部目録總計收經 192 種。
這 192 種佛經敦煌文獻中有全本的約 67 種，未見的約 58 種，僅見殘本的約 67 種，
後二類占近三分之二，這些佛經之所以藏經洞不見或殘缺不全，也是因爲此
目録所載是"藏内經論"，入藏的不是藏經洞，而是"經藏"處。那些敦煌文
獻中有全本的佛經，大多可能是複本，如《金剛般若波羅蜜經》《般若波羅蜜
多心經》《金光明經》《維摩經》《父母恩重經》《八陽神呪經》《大乘稻芊經》《善

---

① 參看方廣錩《敦煌佛教經録輯校》，江蘇古籍出版社，1997 年，第 909 頁。

惡因果經》《盂蘭盆經》《藥師琉璃本願功德經》等等，敦煌文獻中都有大批
複本（有的複本多達成百上千部），它們出現在藏經洞并沒有什麽可奇怪的。
又如敦研 345 號、北敦 14129 號均收載《救護身命經》一卷，敦煌文獻中存
有該經 20 號，包括國圖藏 6 號，英藏 4 號，法藏 1 號，俄藏 7 號，散藏 2 號，
其中基本完整的僅伯 2340 號。該號除首部略有殘破且有修補外（前五行文字
略有殘缺），大體完整，卷背包首題"佛説護身命經一卷"，題目下署"界""比
丘道真"字樣，如圖 1、圖 2 所示，很明顯這是經過道真修補的本子。這個基
本完整的本子之所以没有"入藏"，極有可能是因爲"藏内"本身已收藏有更
完整的本子（伯 2340 號第六、七行中部有補字，必有依據）。

4. 藏經洞應係三界寺的"故經處"

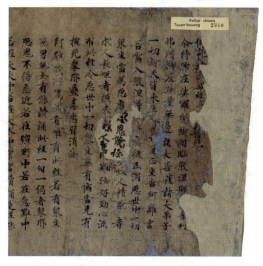 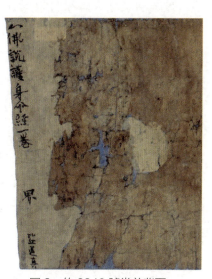

圖 1　伯 2340 號卷首　　　　　　　　圖 2　伯 2340 號卷首背面

那麽藏經洞的性質又是什麽？考北敦 7711 號（北 3278；始 11）《大般若
波羅蜜多經》卷五一六（兑廢稿）末題記："此一紙請於故經處安置，爲白，
恐得罪。"此號原卷僅存 1 紙 27 行，卷面有兩個殘洞，天頭上有一"兑"字。

方廣錩據此認爲"故經處"是敦煌寺院"專門存放廢棄經典的地方",①甚是。"故"謂故舊、破舊。伯 3638 號《辛未年正月六日沙彌善勝於前都師慈恩手上見領得諸物歷》:"故經案壹。無屑經案壹,在李上座。經架壹。""故經案"與下句"無屑經案"並列,是指舊書桌、破書桌,是其義。前引道真發願文的"古壞經文"亦即故壞經文,指破舊零散的經本。北敦 7711 號末題記的字體與正文不同,應是其他人所題,《大般若經》爲三界寺修復的重點佛典,這條題記也許就是出於三界寺的僧人之手,"故經處"極有可能就是後來的藏經洞,藏經洞也就是道真"謹於諸家函藏尋訪"所得"古壞經文"的存放地。對此,我們可以從以下幾個方面進一步加以說明:

（1）藏經洞文獻多係來自各家寺院的"古壞經文"

藏經洞文獻大多來自敦煌各家寺院,對此,前賢已多有闡發和討論。如榮新江説:"三界寺是個小寺,無法僱用大量寫經生來抄寫佛典,所以道真採用從各寺收集古舊佛典抄本修補集成的作法,藏經洞出土的一些非三界寺的寫卷,應當就是這樣從各處收羅來的結果,而現在我們所見到的敦煌佛經寫本,如《大般若波羅蜜多經》,出自不同時代、不同抄書手,有不同寺院的藏書印,其原因就是它們原本是集成的。"②鄭炳林也説:"張道真等人不僅將敦煌諸僧寺閒置佛經作爲搜集配補三界寺藏經的對象,而且晚唐五代敦煌諸尼寺的閒置佛經也是他們搜集配補對象。""這些寺院主要有龍興寺、靈圖寺、報恩寺、净土寺等,幾乎晚唐五代敦煌主要寺院都有佛經及其經錄轉入三界寺,成爲三界寺藏經的一部分。"③

敦煌寫卷所見大量其他寺院的印記,充分印證了上述説法。即以榮新江提到的《大般若波羅蜜多經》寫本爲例,原卷有很多標有來源的勘記或題記,除了標有"界""三界寺"19 號外,還有"恩"（報恩寺）35 號,報恩寺與三界寺同見 23 號,"土""净""净土""净土寺"5 號,"聖"（聖光寺）5 號,"龍"（龍興寺）4 號,"連""蓮"（蓮臺寺）3 號,"乾""乾元"（乾元寺）3 號,"永"（永

---

① 方廣錩《敦煌藏經洞封閉原因之我見》附注,《方廣錩敦煌遺書散論》,第 24 頁。
② 榮新江《敦煌藏經洞的性質及其封閉原因》,收入《辨僞與存真——敦煌學論集》,第 16 頁。
③ 鄭炳林《晚唐五代敦煌三界寺藏經研究》,《敦煌歸義軍史專題研究三編》,第 39、36 頁。

安寺）3 號，^① "乘"（大乘寺）3 號，"嵒""靈圖""靈嵒寺" 2 號，"乾明寺" 1 號，"顯"（顯德寺）1 號，"普"（普光寺）1 號，"開"（開元寺）1 號，"金光明寺" 1 號，"濟法寺" 1 號，此外還有"張記" 4 號（其中與三界寺、乾元寺同見各 1 號，"張記"疑出自張道真），等等，確實五花八門，來源不一，説明道真搜集的古壞經文後來確實放在了藏經洞。

（2）藏經洞文獻原本分類擺放以備修補之用

敦煌文獻被譽爲中國古代社會的百科全書，内容無所不包，但給人的感覺似乎有些雜亂。其實藏經洞文獻原本雜而不亂，有著它自己的匯聚和存放體系。斯坦因是最早對藏經洞文獻的原始面貌留下記載的考古學家。雖然在他之前王道士已然做過翻檢搗騰，但根據斯坦因的描述，漢文、藏文以及其他文字材料原本是被分類擺放在一起的，其中"雜包裹"包裹梵文、于闐文、回鶻文、粟特文寫卷以及絹畫、絲織品等，"正規的圖書包裹"分別包裹漢文和藏文卷子，擺放整齊有序。^② 甚至連碎片也是集中包裹在一起的："當我打開一個素色帆布的大包裹時，發現裏面滿是各式各樣的紙片、畫有圖像的薄如蟬翼的絲綢或布片，以及大量的寫有文字的絲綢殘片。""我在密室中發現了許多包裝仔細、縫製精美的小袋子，裏面所盛的僅僅是一些漢文經書的殘紙斷片。……在其他更大一些的包裹中，……裏面所放的主要是帶有木軸的佛經殘卷、卷軸、綢帶及裝經卷的布袋等文房用具。"^③ 其實這些正是道真發願文所説的"古壞經文"及已被廢棄的護封、經帙等，把它們類聚在一起，目的正在於"修補頭尾"或作爲裱補材料，一旦需要，修復者就可以根據放置材料包裹的不同，按包索取需要的材料，以作修補之用。

---

①北敦 1026 號、斯 5204 號、斯 9760 號《大般若波羅蜜多經》卷三一二、卷四〇二、卷四九〇分別標有寺名"永"簡稱，其中前一號"永"《國圖》條記目録定作永安寺，當是。伯 2250 號背《龍興寺、乾元寺、開元寺、永安寺、金光明寺僧狀》"永安寺"下有簡稱"永"。敦煌文獻中另有永壽寺、永康寺，或稱"壽""康"（斯 4914 號《卯年九月七日某寺轉付經歷》有寺名 "壽""永安""康"，分別指永壽寺、永安寺、永康寺），簡稱有别。

②[英]奧雷爾·斯坦因著、巫新華等譯《西域考古圖記》第二十二章《藏經洞的發現》，廣西師範大學出版社，1998 年，第 457—464 頁；參看榮新江《敦煌藏經洞的性質及其封閉原因》，收入《辨僞與存真——敦煌學論集》，第 5—8 頁。

③《西域考古圖記》，第 458 頁。

圖 3　王道士從藏經洞取出的包裹整齊的寫卷（《英藏敦煌文獻》第一册卷首）

　　事實上，我們現在看到的敦煌文獻，仍然有大批把内容不同但裝幀或行款相同的材料聚集在同一卷號下的情况。如斯 5665 號，《敦煌寶藏》題 "佛經碎片"，方廣錩目驗原卷後説："原件用紙爲一包。打開紙包，可見有數十張殘片。每張殘片用鉛筆標有序號，共編到 56 號。……這批殘片規格大體相同。……大抵均爲經折裝，亦有個別爲卷軸裝。……每半葉 6 行到 8 行，其中以每半葉 7 行爲主流。"[①] 除第 49 號爲一信封裝有殘片 13 片外，其餘部分包括《維摩詰所説經》《摩訶僧祇律》《大寶積經》等 14 種佛經的數十張散葉，有的佛經有多張散葉，但先後順序散亂，互不銜接。爲什麼會把這些不同佛經的散葉匯集在一起？方文没有説明。筆者認爲，這裏的關鍵就在於它們 "規格大體相同" "大抵均爲經折裝"，把這些裝幀或行款相同的材料匯聚在一起，目的同樣在於爲修復同類裝幀的佛經作材料上的準備。又如斯 2943 號，共244 行，依次匯聚《弘道廣顯三昧經》卷四、《正法念處經》雜抄、《悲華經》卷二、《正法念處經》卷六七等散葉，這些散葉出於不同抄手，但皆爲卷軸裝

---

①《敦煌遺書斯 5665 號與經折裝》，《文史》2005 年第 1 期，第 120—146 頁。

殘紙，紙張規格、行款格式近似，其匯聚在一起，目的同樣在於作爲修復材料之用。

再如北敦 4724 號（北 99；號 24），《國圖》擬題“大寶積經廢稿綴卷”，共 10 紙 133 行，所抄内容分別見於《大寶積經》卷八三（2）、卷二八（26）、卷二（10）、卷一〇（7）、卷二七（12）、卷二二（12）、卷五（25）、卷四（4）、卷二（15）、卷四八（20），卷數後括注的爲各紙所存行數，各紙行款有異，抄手不一，其中第 6 紙上書有兩個“兑”字，第 2、3、4、5、7、8 紙紙尾均有空行未抄。這些不同卷次的散葉錯落綴接在一起出於什麼目的？《國圖》條記目録認爲是“備作抄寫其他文獻”，甚是。

類似的寫卷比比皆是，恐怕正是道真團隊搜集并被分類匯聚或綴接的“古壞經文”，目的在於作修補之用。[①]

由此可見，三界寺藏經與藏經洞藏經確實是兩回事。那些完整的佛典都收藏在三界寺“經藏”中；而留在藏經洞的只是一些複本、殘本甚至是碎片，它們來自“諸家函藏”，意在“修補頭尾”，而且各類材料分類包裹，井然有序，爲開展大規模修復工作提供了便利。以前人們糾結於敦煌文獻没有一些本該有的完整的佛典，因而生發種種的疑慮，原因就在於把兩者混爲一談了。

（3）藏經洞的封閉與道真修復工作結束有關

如前所説，大約 986 年至 987 年間，道真升任敦煌都僧録一職，關於他有明確時間點的最晚的一條記載是“丙申年（996）”，這時他已届 80 高齡。道真去世在哪一年？道真後的敦煌都僧録是誰？這些敦煌文獻都未再見記載。也許 996 年後的若干年間，道真繼續擔任都僧録一職。即便道真死於 996 年或稍後，離敦煌文獻紀年最晚一件寫本的時間——大宋咸平五年（1002）五

---

① 有必要補充説明的是，古代的寺廟往往是一個地區的文化中心，寺廟占有土地，有依附人口（如寺户），有寺學，僧人參與結社、滲入社會，所以敦煌文獻中也包括少量的儒家經典、經濟文書、習字文本、社邑文書等等，都是自然而然的。而唐代前後的敦煌是一座國際城市，是四大文明的交匯之地，吐蕃的占據，與周邊甘州回鶻、西州回鶻、于闐王國的交往交融，都給敦煌文化打上了深深的烙印。敦煌文獻中保存的一批藏文以及粟特語、回鶻語、于闐語及其他西域各族語文文獻，就是這種背景下的產物。至於敦煌文獻中也有部分精美的道經寫本，雖然“道士文書，並無用處”（斯 3071 號背《沙州諸寺付抄經歷》行間雜抄，該號正面爲《靈寶金籙齋儀》），但作爲修復佛經的材料，同樣也是非常有用的。

月十五日，也已經非常接近了。也許道真就是死於 1002 年前後，道真去世之後（也不排除道真生前，因其年事已高），他主持的三界寺佛經修復工作也最終畫上了句點。那些剩餘的複本及殘卷斷片不能隨便處理，於是三界寺的僧人們稍事整理，就把道真一生傾注了最大心血的"故經處"——即今天的藏經洞，臨時封存了。本文開頭介紹的藏經洞封閉原因，其中之一是"佛教供養物說"，此說較早由文正義提出；[①] 後來張先堂進一步加以深化，他認爲藏經洞的封閉與古代佛教三寶供養有關，佛教信徒"將這些殘破、陳舊而退出流通使用的經像視作寶物，予以集中埋藏供養，使之永久保存"。[②] 這跟我們所說的因道真去世和他主持的修復工作結束而封閉的判斷，頗有殊途同歸之感。

　　施萍婷說："公元 1002 年，道真可能 82 歲，如果他當時健在，那麼在這一時期，如果發生什麼威脅佛經存在的危急情況，道真以其身份、地位主持將佛經封存，是完全可能而合乎情理之舉。"[③] 施氏把藏經洞的封閉與道真關聯起來，可謂先得我心；但她又把具體原因歸結於某種外來"威脅"，當是受了"避難說"的影響，則未必符合實情。

（二）流散過程的割裂脫落

　　封閉約九百年以後，莫高窟藏經洞才又被重新打開，當時洞內"有白布包等無數，充塞其中，裝置極整齊，每一白布包裹經十卷"。[④] 稍後，發現者王道士把一些精美的寫經和畫卷送給敦煌縣長汪宗翰和安肅道道臺和爾賡額等人。不難推想，充滿"好奇心"的王道士當年肯定已把所有的白布包打開

---

① 文正義《敦煌藏經洞供養說——兼論避難、廢棄之非》，2002 年 9 月炳靈寺石窟學術研討會論文。

② 張先堂《中國古代佛教三寶供養與"經像瘞埋"——兼談敦煌莫高窟藏經洞的封閉原因》，日本京都大學人文科學研究所編《敦煌寫本研究年報》第十號，2016 年 3 月，第 253—273 頁。

③ 施萍婷《三界寺·道真·敦煌藏經》，《敦煌習學集》，第 157—158 頁。施文上文推斷道真"長興五年"（934）年 19 歲，到 1002 年則應該爲 87 歲。

④ 謝稚柳《敦煌石室記》，上海：自印本，1949 年，第 3 頁。

檢視過一番。1907 年 5 月，斯坦因騙取王道士的信任，在翻檢藏經洞藏品的基礎上，攫取了大批寫本文獻。1908 年 2 月，法國伯希和進入藏經洞挑選寫本，特別留意擇取背面有非漢語的卷子和帶有題記的卷子。1910 年，清朝學部電令甘肅省，將藏經洞劫餘之物悉數押運北京（今藏國家圖書館）。此前，王道士已偷偷窩藏了不少寫本。經過這樣幾番搗騰，藏經洞藏品的原狀已被極大改變，原本殘破的卷子進一步身首分離。而由甘肅押運北京的寫卷，由於押運者監守自盜，攫取菁華後又把部分寫本截爲數段以充數，又人爲導致一些寫本的割裂。1914—1916 年，奧登堡率領的俄國西域考察團到敦煌考察，除在敦煌民間搜集到一批寫本外，"還在石窟底部沙土之中，發掘出大量殘卷"，[①]其中不少是王道士、斯坦因、伯希和等人在藏經洞內來回搗騰時掉落下來的碎片。日本藤枝晃目驗俄藏原卷後指出："奧登堡收集品的大部分很殘破，在第一本目錄中，三米長的卷軸本不到百分之二十。原因可能是奧登堡訪問敦煌是在中國人已經將更爲完整的寫本送往北京之後，所以他僅收羅到遺留下來的殘卷。"[②]另外，上述敦煌寫本在入藏編目時也存在經帙和經卷的分離及碎片脫落的情況，使寫本原貌進一步遭到破壞。

　　至於那些經王道士或因其他途徑流散到國外及民間的寫本，亦多有進一步割裂支離乃至散失者。如羅振玉《抱朴子殘卷校記序》云："敦煌石室本《抱朴子》殘卷，存《暢玄》第一、《論仙》第二、《對俗》第三，凡三篇。《論仙》《對俗》二篇均完善，《暢玄》篇則前佚十餘行。書迹至精，不避唐諱，乃六朝寫本也。卷藏皖江孔氏，乃割第一篇以贈定州王氏，餘二篇又以售於海東。"[③]又羅氏《敦煌零拾附錄》載有敦煌寫本《老子義》殘卷影本及跋文，云：《老子義》

---

① 孟列夫《俄藏敦煌文獻·前言》，上海古籍出版社，1992 年。

② 藤枝晃《敦煌寫本概述》，徐慶全、李樹清譯，榮新江校，《敦煌研究》1996 年第 2 期，第 101 頁。

③《羅雪堂合集》第 3 函《松翁近稿》，西泠印社出版社影印本，2005 年，第 2 頁。羅氏所稱《抱朴子·暢玄》殘卷後爲日本中村不折購藏，2005 年日本印行的《臺東區立書道博物館所藏中村不折舊藏禹域墨書集成》有該卷圖版（編號 139）；《論仙》《對俗》二篇後歸日本書賈田中慶太郎，最終竟毀於 1923 年 9 月 1 日的關東大地震，惜哉！參看友生秦樺林《敦煌〈抱朴子〉殘卷的抄寫年代及文獻價值》一文，《敦煌研究》2013 年第 6 期，第 60—68 頁。

殘卷，前後無書題。存《德經》昔之得一章、反者道之動章、上士聞道章及上德不德章義解四則。……三年前，予曾從友人借觀是卷，令兒子福葆寫影，今乃得之市估手。初以後半二十八行乞售，亟購得之，復求前半，乃復得之浹旬以後。然末行尚有新割裂之迹，知尚有存者。今不知在何許，安得異日更爲延津之合耶？爰書以俟之。壬戌九月上虞羅振玉記。"[①] 諸如此類，原來本已殘缺的寫卷，又被人爲割裂，雪上加霜，非復舊觀矣。

通過以上敦煌文獻流散情況的簡要回顧，我們可以得到以下三點基本認識：

1. 王道士、斯坦因、伯希和等人翻檢藏經洞藏品時，存在把原本完整的寫卷分裂爲數件的可能；

2. 敦煌文獻流散時，存在把一件寫卷人爲割裂成數件的現象；

3. 奧登堡收集品作爲沙土中"發掘"的結果，有不少從其他寫本中掉落下來的碎片。

（三）可綴殘卷的比例

通過上面的討論，我們大致可以確定敦煌文獻源於三界寺的"故經處"，主要爲來自"諸家函藏"的"古壞經文"，殘卷或殘片比例達 90% 以上，目的在於"修補頭尾"，原本就是爲了綴接或與綴接修復密切相關；再加上流散後的脱落和撕裂，綴合的重要性就進一步凸顯出來。所以姜亮夫説："敦煌卷子往往有一卷損裂爲三卷、五卷、十卷之情況，而所破裂之碎卷又往往散處各地：或在中土、或於巴黎、或存倫敦、或藏日本，故惟有設法將其收集一處，

---

① 黄永武主編《敦煌叢刊初集》第 8 册，第 791—792 頁。羅氏得於市估之手的《老子義》殘卷現藏國家圖書館，編號爲北敦 14649，卷背有羅振玉題"老子義疏殘卷"。國家圖書館另有北敦 14738 號，與北敦 14649 號筆迹相同，内容連續，王卡認爲羅氏所謂北敦 14649 號"末行尚有新割裂之迹"者，即北敦 14738 號，二卷先後銜接，可以完全綴合，羅氏"延津之合"得成現實。至於該卷内容，王卡疑爲魏何晏的《老子道德論》之殘篇，説詳王卡《中國國家圖書館藏敦煌道教遺書研究報告》，《敦煌吐魯番研究》第 7 卷，中華書局，2004 年，第 362—363 頁。

方可使卷子復原。而此事至難，欲成不易。"① 他進而認爲，殘卷的綴合乃敦煌文獻整理研究"成敗利鈍之所關"的基礎工作之一。②

而通過殘卷綴合情況的分析，我們可進一步深化這一認識。爲方便討論，以下凡是殘缺不全的卷子，所存行數不足一紙的稱爲"殘片"，所存行數超過一紙的則稱爲"殘卷"，但一般的情況下則統稱爲"殘卷"。

近十年來，在對業已刊布的敦煌文獻作全面普查的基礎上，我們的學術團隊正持續對敦煌殘卷作系統全面的綴合。目前業已綴合的結果顯示，至少四分之一以上的敦煌卷子可以綴合，也就是説，估算敦煌文獻的總數爲七萬號，那麽可綴合的殘卷數就達 17500 號以上，數量極其驚人。仍以上面所舉的敦煌文獻中的八大佛經及其他部分我們已做過綴合的佛經爲例，其可綴殘卷比例、綴前殘卷比例、綴後殘卷比例等數據如表 2 所示③：

---

① 姜亮夫《敦煌碎金導言》，陶秋英纂輯、姜亮夫校讀《敦煌碎金》，浙江古籍出版社，第 2 頁，1992 年。

② 姜亮夫《敦煌學規劃私議》，《敦煌學論文集》，第 1013 頁。

③ 本表"綴前某卷完整數""綴後增加某卷完整組數"包括個别略有殘缺，但基本完整的寫本。統計比例時，可綴殘卷比例＝可綴殘卷數／綴前總數；綴前殘卷比例＝綴前殘卷數／綴前總數；綴後殘卷比例＝（綴前殘卷數－可綴殘卷數＋可綴組數－綴後增加某卷完整組數）／（綴前總數－可綴殘卷數＋可綴組數），綴合後將可綴爲一組的若干號重新計爲一號。表中的佛典主要按綴前總數降序排列。其中疑僞經包括 23 種小經，調至最後。表中"《法華經》類"包括《妙法蓮華經》《正法華經》《添品妙法蓮華經》；"《金剛經》類"包括《金剛經》羅什譯本、留支譯本、玄奘譯本、真諦譯本等譯本及不確定譯本者；"《大般涅槃經》類"包括《大般涅槃經》北本、南本、南北混杂本、合抄後分、摘抄；"《金光明經》類"包括《金光明經》《合部金光明經》《金光明最勝王經》及不確定譯本者；"《佛名經》類"包括《佛名經》十二卷本、二十卷本、十六卷本、系統不明本；"《大智度論》類"包括確定和疑似者；"四分律 3 種"包括《四分律》《四分律比丘戒本》《四分比丘尼戒本》；"《大方廣佛華嚴經》類"包括《大方廣佛華嚴經》晉譯五十卷本、晉譯分卷存疑卷本、唐譯八十卷本；"《瑜伽師地論》疏釋 2 種"包括《瑜伽師地論分門記》《瑜伽師地論手記》；"三部律 5 種"包括《五分律》《摩訶僧祇律》《摩訶僧祇比丘尼戒本》《十誦律》《十誦比丘波羅提木叉戒本》《十誦比丘尼波羅提木叉戒本》；"《净名經》疏釋 2 種"包括《净名經集解關中疏》《净名經關中釋抄》；"疑僞經 23 種"包括《像法決疑經》《大通方廣經》《首羅比丘經》《救疾經》《普賢菩薩説證明經》《究竟大悲經》《善惡因果經》《法王經》《救護身命經》《父母恩重經》《大辯邪正經》《要行捨身經》《齋法清净經》《無量大慈教經》《七千佛神符經》《贊僧功德經》《救諸衆生苦難經》《勸善經》《新菩薩經》《佛母經》《提謂波利經》《閻羅王授記經》《佛説天地八陽神咒經》。

表 2   敦煌文獻部分佛經基本數據統計表

序號	佛典	綴前總數	綴前某卷完整數	綴前殘卷數	可綴殘卷數	可綴組數	綴後增加某卷完整組數	可綴殘卷比例	綴前殘卷比例	綴後殘卷比例
1	《法華經》類	7694	62	7632	1594	639	5	20.72%	99.19%	99.01%
2	《大般若波羅蜜多經》	4882	320	4562	1906	679	29	39.04%	93.45%	90.46%
3	《金剛經》類	3737	68	3669	1018	409	12	27.24%	98.18%	97.44%
4	《大般涅槃經》類	2921	188	2733	808	312	4	27.66%	93.56%	92.08%
5	《金光明經》類	2717	114	2603	988	356	21	36.36%	95.80%	93.53%
6	《維摩詰經》	1481	74	1407	392	150	3	26.47%	95.00%	93.79%
7	《大乘無量壽經》	1261	459	802	144	64	0	11.42%	63.60%	61.13%
8	《佛名經》類	1052	42	1010	327	115	3	31.08%	96.01%	94.64%
9	《大智度論》類	630	26	604	193	78	0	30.63%	95.87%	94.95%
10	四分律 3 種	627	20	607	135	49	0	21.53%	96.81%	96.30%
11	《大方廣佛華嚴經》類	615	7	608	188	69	0	30.57%	98.86%	98.59%
12	《般若波羅蜜多心經》及其注疏	375	143	232	55	24	0	14.67%	61.87%	58.43%
13	《藥師琉璃光如來本願功德經》	352	2	350	95	40	0	26.99%	99.43%	99.33%
14	《佛說阿彌陀經》	315	30	285	80	33	2	25.40%	90.48%	88.06%
15	《梵網經盧舍那佛說菩薩心地戒品第十》	302	5	297	108	41	0	35.76%	98.34%	97.87%
16	《大寶積經》	260	11	249	46	21	1	17.69%	95.77%	94.89%
17	《瑜伽師地論》疏釋 2 種	231	53	178	50	21	0	21.65%	77.06%	73.76%
18	《大方等大集經》	209	5	204	58	21	1	27.75%	97.61%	96.51%
19	《摩訶般若波羅蜜經》	207	35	172	79	37	0	38.16%	83.09%	78.79%

續表

序號	佛　典	綴前總數	綴前某卷完整數	綴前殘卷數	可綴殘卷數	可綴組數	綴後增加某卷完整組數	可綴殘卷比例	綴前殘卷比例	綴後殘卷比例
20	三部律 5 種	202	0	202	131	31	0	64.85%	100.00%	100.00%
21	《大佛頂如來密因修證了義諸菩薩萬行首楞嚴經》	199	36	163	26	11	0	13.07%	81.91%	80.43%
22	《楞伽經》及其注疏	179	0	179	30	13	0	16.76%	100.00%	100.00%
23	《淨名經》疏釋 2 種	176	10	166	81	31	2	46.02%	94.32%	90.48%
24	《佛頂尊勝陀羅尼經》	171	16	155	50	21	3	29.24%	90.64%	86.62%
25	《大乘稻芊經》及其注疏	142	14	128	35	15	1	24.65%	90.14%	87.70%
26	《七階禮》	120	11	109	32	13	0	26.67%	90.83%	89.11%
27	《觀無量壽經》	107	1	106	16	6	0	14.95%	99.07%	98.97%
28	《佛本行集經》	82	5	77	10	4	0	12.20%	93.90%	93.42%
29	疑偽經 23 種	1341	207	1134	394	145	5	29.38%	84.56%	80.59%
	合　計	32587	1964	30623	9069	3448	92	27.83%	93.97%	92.38%

　　就前面已經討論過的前八大佛經而言，表中可綴比例最高的是《大般若波羅蜜多經》，可綴合殘卷占寫卷總數的 39.04%；最低的是《大乘無量壽經》，可綴殘卷占寫卷總數的 11.42%。後者僅一卷，篇幅較短，故留存的完整文本相對較多，相應的可綴殘卷也比較少。除八大經以外，其他佛經殘卷的可綴數也大多在 25% 以上，平均則達 27.82%。

　　敦煌殘卷的可綴比例基本數據如此。下面試以《金光明最勝王經》爲例，作進一步分析。

　　中國國家圖書館、英國國家圖書館、法國國家圖書館和俄羅斯科學院東方文獻研究所是敦煌文獻的四大收藏機構。根據現有的統計，四大館藏所藏

《金光明最勝王經》寫卷達 1885 號，占《金光明最勝王經》敦煌寫卷總數的
95%，其中國圖藏《金光明最勝王經》寫卷 875 號，有 392 號可與其他寫卷綴合；
英藏 522 號，有 132 號可與其他寫卷綴合；俄藏敦煌文獻中有 444 號，有 214
號可與其他寫卷綴合；法藏敦煌文獻中有 44 號，有 9 號可與其他寫卷綴合。
其具體綴合情況如表 3 所示：

表 3　《金光明最勝王經》四大館藏綴合情況統計表（單位：組）

綴合　　館藏	殘卷 + 殘卷		殘卷 + 殘片		殘片 + 殘片		合計
	本館藏卷互綴	與其他館藏綴合	本館藏卷互綴	與其他館藏綴合	本館藏卷互綴	與其他館藏綴合	
國圖藏	52	21	31	45	20	5	174
英藏	2	13	9	19	22	9	74
俄藏	1	0	1	27	57	12	98
法藏	0	1	0	4	2	0	7
合計	55	35	41	95	101	26	

分析以上的數據，我們可以看到：

（1）國圖藏卷"殘卷 + 殘卷""殘卷 + 殘片"綴合的比例都很高，其中
本館藏卷互綴 83 組，與其他館藏綴合 66 組，而英藏分別只有 11 組、32 組，
俄藏分別只有 2 組、27 組，法藏只有與其他館藏綴合 5 組。這是有原因的。
據記載，當年國圖藏卷運送北京途中，李盛鐸等人與押運者監守自盜，盜取
部分卷子後又割裂寫卷以充數，國圖殘卷可綴比例奇高，很可能與此有一定
關係。李盛鐸藏卷後來主要歸屬日本武田科學振興財團所屬杏雨書屋所有，
國圖藏卷頗有可與杏雨書屋藏卷綴合者，如《金光明最勝王經》寫本羽 348 號 +
北敦 6510 號、羽 261 號 + 北敦 2609 號、北敦 11548 號 + 羽 136 號三組，其
中前兩組係"殘卷 + 殘卷"綴合，銜接處所有裂痕皆呈豎直向下之勢，帶有
人爲撕裂的痕迹，如羽 261 號 + 北敦 2609 號一組綴合，前者存 11 紙，後者
存 7 紙，綴合後如圖 4 所示，綴接處斷痕吻合，北敦 2609 號首行"喻"字"人"
字右部捺筆的末梢在羽 261 號，顯然是人爲撕裂造成的。北敦 11548 號 + 羽
136 號一組屬於"殘片 + 殘卷"綴合，綴合後如圖 5 所示，羽 136 號存 4 紙

北敦 2609 號（前部）　　　　　　　　羽 261 號（後部）

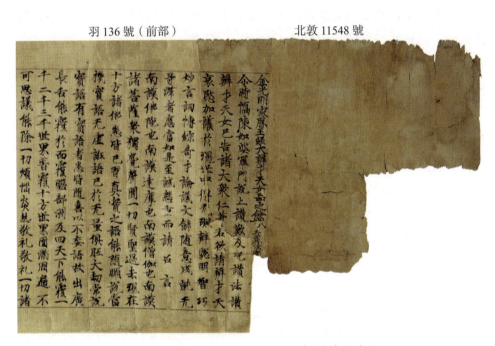

圖 4　羽 261 號（後部）+ 北敦 2609 號（前部）綴合圖

羽 136 號（前部）　　　　　　　　北敦 11548 號

圖 5　北敦 11548 號 + 羽 136 號（前部）綴合圖

97 行，北敦 11548 號則應是從羽 136 號首紙右上角自然掉落的殘片，大概當年羽 136 號被李盛鐸盜走并最終流落異域，而北敦 11548 號"留戀故土"，掉落後便入藏了今天的中國國家圖書館。

（2）俄藏藏卷"殘片＋殘片"綴合的比例很高，館内互綴與其他館藏綴合分别達 57 組、12 組，而國圖藏卷只有 20 組、5 組，英藏只有 22 組、9 組，法藏只有館藏互綴 2 組。俄藏殘片與其他館藏殘片綴合的 12 組中，與英藏綴合的有 8 組，與國圖殘片綴合有 4 組。另外俄藏以"殘卷＋殘片"形式與其他館藏綴合的 27 組中，俄藏殘片與英藏殘卷綴合 1 組，俄藏殘片與國圖殘卷綴合 25 組。由此可見，俄藏殘片不但數量多，并且相當一部分可以與國圖、英藏寫卷綴合。四大館藏中，俄藏入藏時間最晚，據説當年奧登堡在敦煌把藏經洞中的碎片也席卷而去，俄藏的不少碎片正是從英藏和國圖藏卷上掉落下來的。① 從這個意義上來説，我們還真得感謝奧登堡的專業精神，否則，這些碎片也許早就化身塵土了。

由此看來，藏經洞文獻發現後，確有部分寫卷的撕裂是流散過程中人爲造成的，但這些殘卷的比例應該不會太大。儘最大可能綴合以後，寫卷的完整度自然會有所提高，但殘缺不全仍是藏經洞文獻的主要形態，説明更大量的寫卷應該是原本就以殘卷或殘片的形式保存在藏經洞中的。

如《金光明最勝王經》，普查所得漢文寫卷總數爲 1977 號，其中某一卷首尾完整的 69 號，完整寫卷僅占總數的 3.49%；綴合以後，大多數綴合而成的寫卷依然是殘卷甚至殘片，某一卷首尾完整數增加了 19 件，完整數提高到 5.91%（88÷〈1977−770+282〉）。又如《大般若經》，漢文寫卷總數爲 4882 號，其中某一卷首尾完整的 320 號，完整寫卷僅占總數的 6.55%；綴合以後，大多數綴合而成的寫卷依然是殘卷甚至殘片，某一卷首尾完整數增加了 29 件，完

---

① 俄藏敦煌文獻的總數達 18000 多號，當年"奧登堡探險隊到達敦煌時，不但石室已空，而且諸探險隊已經往來爬梳多遍。奧登堡探險隊竟能以最後到達的身份，得到以號數而言最大數量的遺書"，一直讓人迷惑不解。方廣錩認爲"奧登堡探險隊從莫高窟所得遺書，應該不是出自藏經洞，而出自莫高窟的其他洞窟"（方廣錩《敦煌遺書鑒别三題》，收入《佛教文獻研究十講》，復旦大學出版社，2020 年，第 243—244 頁）。現在我們發現俄藏大量殘片可與英藏和國圖藏卷綴合，説明俄藏敦煌殘卷確實主要源自藏經洞。

整數提高到 9.55%（349 ÷〈4882−1906+679〉）。又《金剛經》漢文寫卷卷號總數爲 3737 號，全卷首尾完整的 68 號，完整寫卷僅占總數的 1.82%；綴合以後，大多數綴合而成的寫卷依然是殘卷甚至殘片，全卷完整數增加了 12 件，完整數提高到 2.56%（80 ÷〈3737−1018+409〉）。《法華經》類，漢文寫卷卷號總數爲 7694 號，某一卷首尾完整的 62 號，完整寫卷僅占總數的 0.81%；綴合以後，大多數綴合而成的寫卷依然是殘卷甚至殘片，某一卷首尾完整數增加了 5 件，完整數提高到 0.99%（67 ÷〈7694−1594+639〉）。假如以整部完整的十卷本《金光明最勝王經》、六百卷本《大般若經》及七卷本《妙法蓮華經》經本而言，那完整數還會低得多。但即便如此，殘卷或殘片依然是絕大多數。

　　其他佛經寫卷的情況大體相仿。根據表 2 對近百種共計 32587 號敦煌佛經寫本的統計，綴合前某一卷基本完整的僅 1964 號，殘卷數達 30623 號，殘卷比例爲 93.97%；綴合後某一卷基本完整的寫卷增加了 92 號，殘卷比例雖略有下降，但也仍達 92.38%。

　　由此可見，無論是綴合前，還是綴合後，殘卷或殘片都占了絕大多數，其中有待綴合的殘卷達四分之一左右。這，應當就是藏經洞文獻的原貌。

二、敦煌殘卷綴合的回望

敦煌殘卷的綴合并非流散後才引發的，而是與藏經洞文獻的性質直接相關。本節分流散前、流散後分別加以討論。

（一）古人的綴接修復工作

由於自然和人爲的原因，古書的殘損是免不了的。特別是那些使用率較高的佛教寫經，殘損的速度更快，而卷頭卷尾尤甚。敦煌佛教經錄中有不少經卷完缺情況的記錄。如伯 2727 號《酉年（829）三月十三日於普光寺點官〈大般若經〉錄》：“酉年三月十三日，緣國家建福，水則道場轉經，次至永康。……會先年官《大般若》一部，諸袟內欠數及无頭尾者，一一抄錄名目。……弟卅四袟，內弟一欠頭，弟七欠尾；弟卅五袟，足，內弟四无頭；弟卅六袟，內欠弟二；弟卅七袟，內弟二欠尾，弟三欠頭；弟卅八袟，內欠弟四，弟三卷欠頭。……已上共計□（伍）拾貳袟，計經卷叁伯玖拾捌卷。餘不足者於龍興藏官經數內取貳伯兩卷。通前共計陸伯卷。”[1] 其中整卷缺的，直接用龍興寺藏的官經本來配補；而那些缺頭尾的，寫卷沒有交代，恐怕只能補抄或者想法找其他複本來綴接。斯 4447 號《某寺〈大般若經〉點勘錄》：“弟十六袟：內欠弟二卷，十七紙；弟三卷，無頭；欠弟五卷，十五紙；弟九卷，十七紙；弟十卷，十四紙。”該卷背面注：“共六袟經有圈者，未得本。”這是説，所缺的卷目，得找另外的本子補抄來配補（所缺卷號後標出的紙數，就是根據異本統計而得），但有六袟，尚未找到另外的本子，則在袟號上畫一小圈標出（原

---

[1] “內弟四无頭”五字係小字後補，補此五字後上“足”字疑當刪。

卷分上下欄抄寫，上欄帙號上部畫圈的位置已被裁去，下欄第卅六帙等六帙上方畫有圈號）。斯5046號《某年四月十三日上下藏〈般若經〉諸帙點欠數目》云：“四月十三日，上藏點《大般若經》欠數：弟五十六帙，内欠弟十卷；弟三十帙，内欠弟八卷；弟三十五帙，内弟四卷欠頭，要接。點下藏欠《般若經》數：弟二十二帙，内弟六卷無表，頭破；又弟七卷表破，要接；弟二十卷無表，頭破；欠弟五卷。……弟三十五帙，内弟四卷要接頭。”“表”應是指護封。“接”指綴接，這些表破或缺頭少尾的“要接”，就是説需要綴接配補。伯3869號《付金光明寺、龍興寺諸色人等經歷》史法律之下有“接頭《大般若》兩卷”的記録，所謂“接頭《大般若》”，大概就是指卷首經過修補綴接的經本而言。即便那些没有殘損的卷子，由於寫卷本身“是一張紙一張紙拼起來的，到某個時期漿糊脱了，就可能脱成兩卷”[1]乃至更多的散葉，同樣需要作綴接和修補。

　　事實上，敦煌文獻中也存在大量缺頭少尾的殘卷經過綴接配補的例子。道真“長興五年”編的《見一切入藏經目録》（北敦14129號）中有“官寫大佛名經一部”，大概是他“修補頭尾”的重點對象之一。《大佛名經》或稱《佛説佛名經》，簡稱《佛名經》，是一部重要的佛教經典，歷史上曾出現各種不同的版本。最早的是元魏菩提流支譯的十二卷本，後來又有二十卷本、十六卷本、十八卷、三十卷本等改編本。敦煌文獻中有大量該經的抄本，僅《國家圖書館藏敦煌遺書》收録的各種版本的卷號就有452號，其數量之多，可見一斑。由於《佛名經》是僧人日常持誦的經典之一，使用率高，散脱或殘損在所難免。斯6055號十六卷本《大佛名經》点勘録，其中第十一、十四、十五卷下均注明“欠頭”，第十三卷下則注明“欠頭，欠尾”，就是對該經殘缺情況的記載。下面我們就來看看道真們對《佛説佛名經》綴接修復的具體例子。

　　上文第一節已提及的北敦5788號，爲《佛説佛名經》第十三卷寫本，原卷首尾完整，共24紙（第1紙爲護首，第2紙僅7行，第3紙20行，2、3紙相合相當於一整紙），首題“佛説佛名經第十三”，尾題：“沙門道真修此經，年十九，俗性（姓）張氏。”此卷護首爲麻紙，染黄而未塗蠟，2、3紙及尾

---

① 姜亮夫《敦煌學概論》，雲南人民出版社，1999年，第100頁。

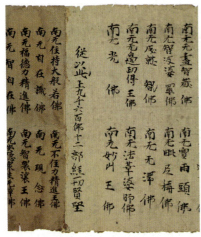
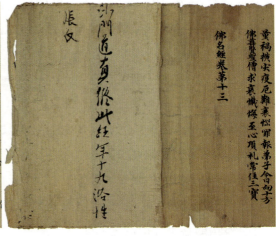

圖 6　北敦 5788 號 3、4 紙綴接處　　　　圖 7　北敦 5788 號經文與尾紙綴接處

紙爲白麻紙，其餘各紙爲經黄打紙，研光上蠟。卷背第 1、2 紙騎縫處有題記 “三
界寺道真念”，第 2 紙卷背有題記 “三界寺沙門道真受持”，其餘各紙騎縫處
有勘記 “三界” “界” “三界道真” 多處。經文前 2 紙及尾紙與中間各紙紙張、
行款、字體均所不同（參看圖 6、7），應即 “長興五年” 前後道真 “年十九”
時綴接修復。尾紙背面倒書 “佛名經卷第十六”，其下署 “界比丘道真受持　張”，
林世田等推測 “此尾紙原爲道真受持的《佛名經》第十六卷的護首，後來《佛
名經》第十六卷可能不堪使用，故而改作《佛名經》第十三卷的尾紙”，[①] 當是。
斯 6055 號記録《大佛名經》第十三卷 “欠頭，欠尾”，也許正是指此本未修
復前的狀態而言。

　　又如北敦 5679 號（北 817；李 79）《佛説佛名經》卷第十六，卷軸裝，
首尾皆全，經文 30 紙（第 1 紙 4 行，第 2 紙 18 行，以後各紙大抵每紙 23 行，
個別 24 行），計 660 行。此號可分作北敦 5679A（首紙 4 行）和北敦 5679B（第
2 紙總第 5 行以後）兩部分，内容雖前後相接，但第 1 紙與第 2 紙（總第 4 行
與第 5 行間）的粘接不是很合縫，第 1 紙框明顯較第 2 紙高，如圖 8-1 所示，

---

① 林世田、張平、趙大瑩《國家圖書館所藏與道真有關寫卷古代修復淺析》，載《中國典籍與文化》2007
年第 3 期，第 28 頁。

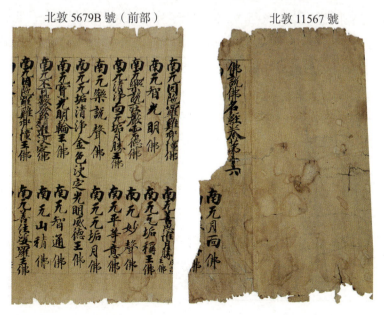

圖 8-1　北敦 5679 號（前二紙銜接處）

北敦 5679B 號（前部）　　　　　　　　北敦 11567 號

圖 8-2　北敦 11567 號…北敦 5679B 號（前部）綴合圖

接縫處上下欄綫錯落不齊，第 2 紙首行（總第 5 行）文字右側筆尖頗有被第 1 紙遮蓋者（如上欄"兜"末筆、下欄"南"的右下側豎筆、"无"末筆），行末"成就" 2 字的右側筆畫應是被遮蓋後補描在第 1 紙上的，而且前後兩部分抄寫行款格式不同（前 4 行字體、字間距均較後一部分大），書風書迹有别（比較表 4 所列例字），可以確定第 1 紙與後面各紙并非出自同一人之手，第 1 紙應該是後來修復時綴接粘貼在第 2 紙之上的。

更讓人驚喜的是，我們還發現了北敦 5679B 之前原來的殘紙，即北敦 11567 號（北臨 1696）。後者如圖 8-2 右部所示，存 2 紙，首紙爲護首；次紙經文僅存 3 殘行，首行題"佛説佛名經卷第十六"，次行存行端一殘字及下部五字，末行僅存下部四五字右側殘形。此號與北敦 5679B 號抄寫行款格式相同（皆有烏絲欄，框高相同，行距、字距、字體大小相近），書風相近（筆墨濃淡不一，筆畫傾斜，部分字筆畫相連），比較二號共有的"南""无""佛""面""説""經"等字，如表 4 所示，字迹近同，當出於同一人之手，北敦 11567 號很可能就是北敦 5679B 號之前丢失的部分（護首加北敦 5679B 前部殘泐部分），試作綴合如圖 8-2 所示，雖難以完全綴合（比較完整文本，除北敦 11567 號所見 3 殘行外，二號間應另缺 1 整行），但欄綫、字迹書風等皆相吻合；北敦 5679B 第 2 紙 18 行加北敦 11567 號經文殘存的 3 行及缺失的 1 行，加上首紙標題一般占 2 行，亦合於北敦 5679B 號完整各紙每紙抄 23 行的紙幅。

表 4　北敦 11567 號、北敦 5679B 號、北敦 5679A 號字迹比較表

例字 卷號	佛	面	第	南	無	説	經
北敦 11567 號	佛	面	萬	南	无	説	經
北敦 5679B 號	佛	面	第	南	无	説	經
北敦 5679A 號	佛	面	茅	南	无	説	經

　　既然北敦 11567 號本屬北敦 5679B 號之前殘泐的部分，怎麼又會被北敦 5679A 號取而代之呢？很可能是位於卷首的北敦 11567 號由於磨損較多，殘破過甚，後來"修補頭尾"時便裁去第 1 紙，補抄或裁取異本的相應部分來代替。《國圖》條記目錄稱北敦 5679 號"背有古代裱補"，與之相對照，北敦 11567 號却未見裱補，可能已在廢棄之列。做這個"修補頭尾"的人，極有可能就是道真和他的團隊，時在"長興五年"（934）前後。《國圖》條記目錄把含括北敦 5679A 號的北敦 5679 號一併定作 8 世紀唐寫本，又把北敦 11567 號定作 7—8 世紀唐寫本，顯然是有問題的。①

　　上面這例可以稱作因卷首磨損綴接。下面我們再舉一個因抄寫脱誤補綴的例子。

　　北敦 2051 號（北 631；冬 51）《佛説佛名經》卷四，前缺尾全，存 22 紙，613 行。尾題"佛名經卷第四"。後 21 紙有朱筆校改字，背有古代裱補。局部如圖 9-1 所示。《國圖》定作十六卷本，條記目錄稱該號用經黄打紙，爲 7—8 世紀唐寫本；首紙（前 29 行）與後邊紙質、字迹不同，係歸義軍時期後補。

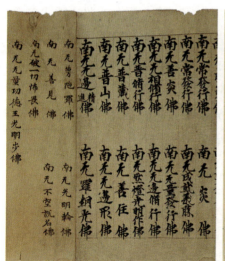

圖 9-1　北敦 2051 號前二紙銜接處　　　　　　圖 9-2　羽 567 號（局部）

---

　　① 參看張涌泉、劉溪《古代寫經修復綴接釋例——以國圖藏〈佛名經〉敦煌寫卷爲中心》，載《宗教學研究》2015 年第 4 期，第 81—82 頁。

按：對比完整的十六卷本《佛名經》第四卷寫本，如羽 567 號，北敦 2051 號的首紙（以下稱爲北敦 2051A 號）與後 21 紙（以下稱爲北敦 2051B 號）内容先後銜接，没有問題（比較圖 9-1、圖 9-2）。但正如《國圖》條記目録所説，"首紙與後邊紙質、字迹不同"，并非出於同一人之手。

讓人欣喜的是，後來我們意外發現了與北敦 2051B 號字迹行款相同的北敦 9259 號。北敦 9259 號（唐 80），僅存 1 紙 24 行，前 6 行上下殘，如圖 9-3 所示，所存部分皆爲佛名。有朱筆校改字。楷書。背有古代裱補。有烏絲欄。正面缺題，《國圖》擬題《佛名經》（十二卷本）卷三，條記目録稱該號爲 7—8 世紀唐寫本；卷背有經名勘記"佛名經卷☒（第）"，又稱卷背的古代裱補紙上有"四"字。其實北敦 9259 號正是北敦 2051B 號之前原來的一紙，二者不但内容先後相接，而且行款格式相同（皆有烏絲欄，天頭地脚高度略同，行距相等，字體大小相近，字間距相近，皆有朱筆校改），書風相近（字體方正娟秀，筆畫出鋒不明顯），字迹似同（比較表 5 所列例字），甚至連錯字也相同（該二號"奮"字抄手皆誤書作"舊〈舊〉"形，寫卷又皆在其右側用朱筆改作"奮"），可證此二號確出於同一人之手，應可綴合。此二號綴合後，如圖 9-4 所示，始"南无无畏佛"句"畏佛"二字，至尾題"佛名經卷第四"止，所存内容與同屬十六卷本且首尾皆題《佛名經》卷第四的羽 567 號、斯 4240 號相應部分基本相同，可見該二號亦應爲十六卷本《佛名經》卷四殘卷，北敦 9259 號卷背裱補紙上的"四"字，或即指該經的卷數。《國圖》條記目録把北敦 9259 號擬題作《佛名經》（十二卷本）卷三，顯然不妥。

表 5　北敦 9259 號與北敦 2051B 號字迹比較表

例字 卷號	華	藏	山	步	願	形	勝	就
北敦 9259 號	華華	藏	山	步步	願願	形	勝	就
北敦 2051B 號	華華	藏	山	步步	願願	形	勝	就

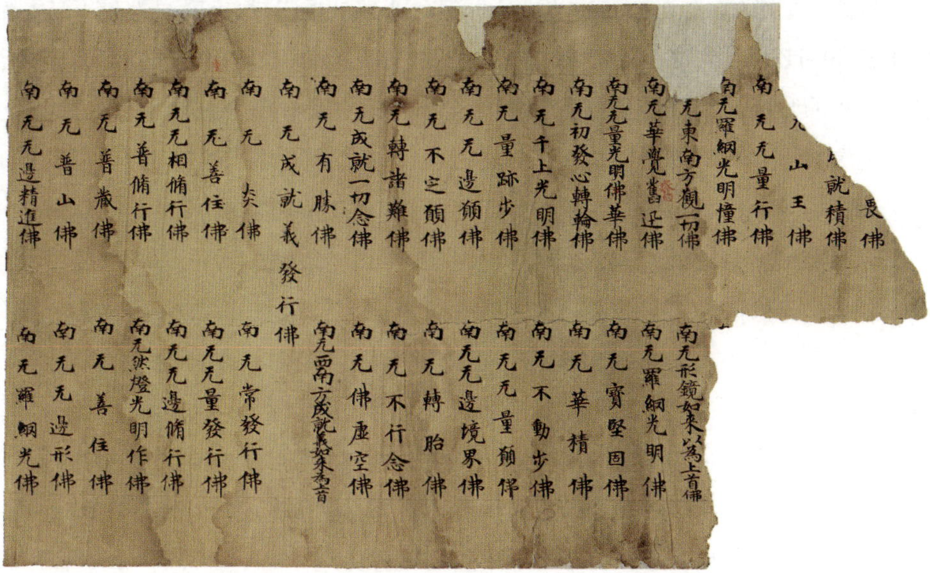

圖 9-3　北敦 9259 號

北敦 2051B 號（前部）　　　　　　　　　　北敦 9259 號（後部）

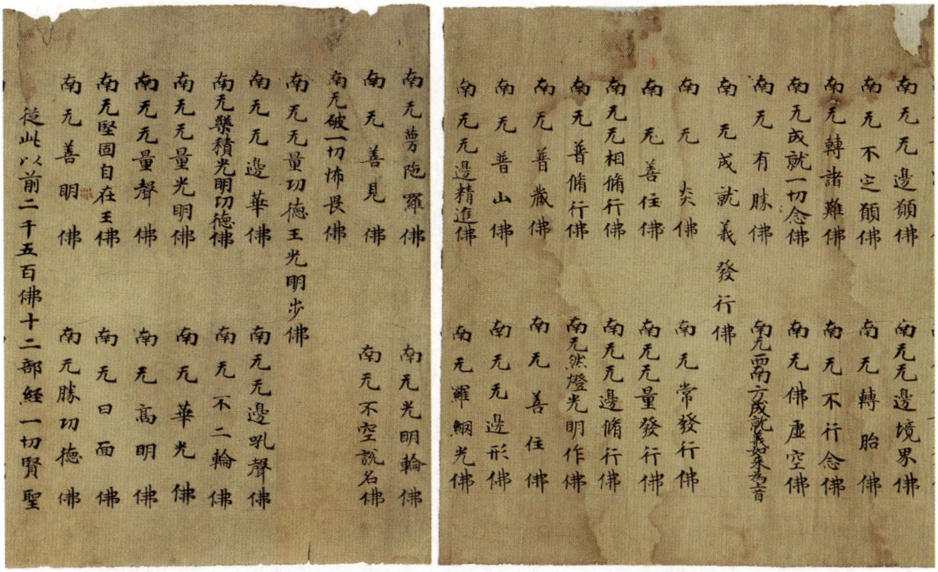

圖 9-4　北敦 9259 號（後部）＋ 北敦 2051B 號（前部）綴合圖

根據上面的論證，我們可以進一步推定北敦 2051A 號可能是北敦 9259 號從北敦 2051B 號上離散後，修補的人綴接上去的。現在北敦 9259 號得以重見，散失千年的骨肉再得團圓，豈非冥冥之中有神佛在護祐哉？

不過北敦 9259 號僅一紙，且前六行殘損嚴重，所存內容亦似有脫漏，如圖 9-4 右起 7—9 行文字：

　　南无成就義發行佛

　　南无炎佛　　　　　　南无常發行佛

　　南无善住佛　　　　　南无无量發行佛

此三行文字與《大正藏》所載三十卷本《佛説佛名經》卷六第一段接近，但羽 567 號（參圖 9-2）、斯 4240 號及北敦 2051A 號則皆作：

　　南无成炎佛　　　　　南无成義發行佛

　　南无常發行佛　　　　南无炎佛

　　南无常發行佛　　　　南无成就義勝佛

　　南无善炎佛　　　　　南无无量發行佛

北敦 9259 號少三佛名，恐有脫誤。又北敦 9259 號"南无善住佛"名下文重出，原卷此處五字右側各有一點，蓋表示衍文當刪，但後三本此處皆作"南無善炎佛"，所以"善住"也可能是"善炎"之誤。由此可見，北敦 9259 號存在的問題確實不少。所以也不能排除另一種可能：即北敦 9259 號一紙因錯誤或殘破過甚，已被廢棄，而北敦 2051A 號則是後人修補時用以替換綴接上去的。但不管哪一種可能，北敦 2051A 號都應是後人修補時有意爲之，而不是誤粘上去的。

至於北敦 2051A 號修補綴接的時間，《國圖》條記目錄稱"係歸義軍時期"，庶幾近是。不過敦煌歸義軍時期從張議潮唐大中二年（848）起事收復瓜沙二州算起，直至宋仁宗天聖八年（1030）"瓜州王以千騎降於夏"[①]宣告覆亡，時間長達一百八十多年，斷代仍嫌過於寬泛。考北敦 2051A 號字迹與前揭北敦 5679A 號相當接近，如表 6 所示，"无"字上部皆連寫作"ユ"形；"南"字"佛"字的部件"冂"或"ㄱ"折筆處喜用濃墨，帶有頓筆，等等，

----

① 《宋史·外國一·夏國傳上》，中華書局，1977 年，第 13992 頁。

字體大小相近；又二號紙高（《國圖》條記目録稱北敦 2051 號 25.3 釐米，北敦 5679 號 25.5 釐米）、框高近同，天頭、地脚等高；烏絲欄俱清晰可見（上下欄綫皆較行間綫粗），行間距相同，如此等等，二號字迹書風、行款格式均有神似之處，頗疑北敦 2051A 號與北敦 5679A 號抄於同一時期，二者或均爲三界寺道真爲首的團隊長與五年前後殘缺佛經修復工程的成果。[①]

表 6　北敦 2051A 號與北敦 5679A 號字迹比較表

例字 / 卷號	無	南	佛	勝
北敦 2051A 號	无无无无	南南南南	佛佛	勝
北敦 5679A 號	无无无无	南南南南	佛佛	勝

　　類似經過綴合修復的例子，敦煌文獻中比比皆是。斯 2423 號《示所犯者瑜伽法鏡經》云："復次，善男子，應脩破寺、破塔、破像、破經，如前所説，得无量福。"由此可見，修補殘缺經卷應是古代寺院一項經常性的工作，也是一種功德。道真搜集"諸家函藏"的"古壞經文"，"修補頭尾"，做的正是這種綴合修復工作。林世田等通過對國家圖書館所藏敦煌寫卷的考察，發現"約三分之一的寫卷有明顯的古代修復痕迹"。[②] 這是他們摩挲寫卷實物得出的結論，自然是可信的。同樣，英藏、法藏、俄藏敦煌文獻也存在同樣的情況，限於篇幅，我們不能更多地舉例。這就進一步證明藏經洞確是道真們匯聚修復材料的場所。那些經過修復配補成套的經本，"施入經藏供養"；修補後首尾完整的零帙散卷，可供公私藏家作配補之用[③]；剩餘的複本及殘卷斷

---

　　① 參看張涌泉、劉溪《古代寫經修復綴接釋例——以國圖藏〈佛名經〉敦煌寫卷爲中心》，載《宗教學研究》2015 年第 4 期，第 82—83 頁。

　　② 林世田、張平、趙大瑩《國家圖書館所藏與道真有關寫卷古代修復淺析》，載《中國典籍與文化》2007 年第 3 期，第 27 頁。

　　③ 斯 6191 號《大般若經補闕備用卷紙簽》："雜《大般若經》，或有施主及官家缺帙號處，取添帙内，計十卷。"此行紙籤施萍婷認爲出於道真手筆（《敦煌習學集》第 156 頁），當是。

片，則繼續留在"故經處"作爲配補或修復材料備用，并最終成爲我們見到的藏經洞文獻。

（二）藏經洞文獻流散後的綴合實踐

敦煌藏經洞文獻發現以後，殘卷的綴合是和藏經洞文獻的流散、收藏同步展開的。1910 年前後，羅振玉、蔣斧、王仁俊等人抄録刊布法藏敦煌文獻，便注意到了寫本的綴合問題。如羅振玉《鳴沙石室佚書》卷首伯 2510 號《論語鄭氏注》提要云："鄭注《論語》，唐以後久佚。宣統庚戌，東友内藤湖南、富岡君撝兩君先後寄其國本願寺主大谷氏所得西域古卷軸影本至京師，中有《論語·子路篇》殘注九行，予據《詩·棠棣》正義所引定爲鄭注，已詫爲希世之寶，爲之印行矣。越四年，法友伯希和君又寄此卷影本至，則由《述而》至《鄉黨》，凡四篇……每篇題之下，皆書孔氏本、鄭氏注，楮墨書迹，均與本願寺本不殊，蓋一帙而紛失者也。"羅振玉以大谷氏所得西域古卷軸《論語·子路篇》殘片與伯 2510 號爲"一帙而紛失"，已然注意到寫卷的撕裂問題。[①] 但由於當時人們研閲敦煌寫本主要依靠伯希和寄贈的照片，所見數量有限，所以真正的綴合還談不上。

後來劉復編《敦煌掇瑣》（國立中央研究院歷史語言研究，1925 年），係編者在法國國家圖書館親自抄録所得，所見寫本的數量大大增多，因而得以勘其異同，進行比較和綴合的工作。如該書所輯伯 2648、2747 號均爲"季布歌"（此題不確，應改題"大漢三年季布罵陣詞文"），編者於伯 2747 號之首云："此頗似後文二六四八號之頭段，兩號原本紙色筆意並排列行款均甚相似，疑一本斷而爲二，中間復有缺損。"劉氏疑伯 2648、2747 號係"一本斷而爲二"，極是，二號綴合後如圖 10 所示，二本銜接處原文應爲"自刎他誅應有日，沖天入地苦無因。忍飢［受渴終難過，須投］分義舊情親。初更乍黑人行少，

---

① 《鳴沙石室佚書》，東方學會影印本，第 3 頁，1913 年。王重民《敦煌古籍敘録》收入該提要，王氏按云："兩卷書迹殊異，絕非一帙而紛失者。"第 65 頁。

伯 2648 號（前部）　　　　　　　　　　伯 2747 號（後部）

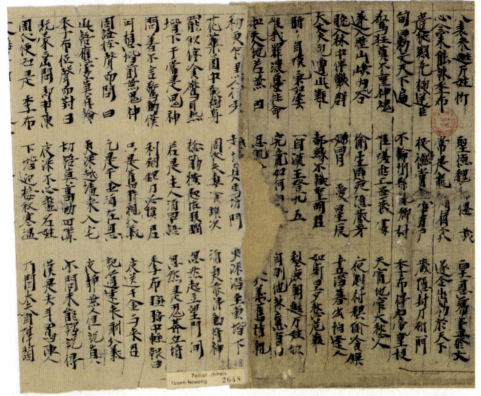

圖 10　伯 2747 號（後部）＋伯 2648 號（前部）《大漢三年季布罵陣詞文》綴合圖

越牆直入馬坊門"等句，其中伯 2648 號首行"黑人行少越牆"六字的右側缺畫被割裂在伯 2747 號末尾，二卷綴合後前五字可得其全，所缺僅"受渴終難過須投"六字而已。

繼劉復之後，向達、王重民、姜亮夫、王慶菽等陸續赴巴黎、倫敦調查、抄録敦煌文獻，在寫本的綴合方面也有進一步的收獲。如王重民《巴黎敦煌殘卷敘録》第 1 輯（北平圖書館，1936 年）卷一《爾雅注》云："《爾雅》郭璞注殘卷，存《釋天》第八，至《釋水》第十二。自《釋地》'岠齊州以南戴日爲丹穴'句，斷爲二截。今《巴黎國家圖書館敦煌書目》，上截著録在二六六一號，下截著録在三七三五號，驗其斷痕與筆跡，實爲一卷。"又《敦煌本〈王陵變文〉》（《北平圖書館館刊》第 10 卷第 6 號，1936 年，第 1—16 頁）

稱伯 3627a 號、伯 3867 號、伯 3627b 號"互相銜接, 同爲一書"。更可喜的是, 這時已開把不同館藏的寫本綴合爲一的先河。如王重民《巴黎敦煌殘卷敘錄》第 2 輯 (北平圖書館, 1941 年) 卷四《李嶠雜詠注》云:"斯坦因所得五五五號, 爲殘詩十七行, 有注; 伯希和先生所得三七三八號卷, 僅六行, 詩注均相似, 書法亦同, 知爲同書。"如圖 11-1、11-2 所示, 二卷雖先後不能銜接, 但款式書迹略同, 確應爲一書之割裂。

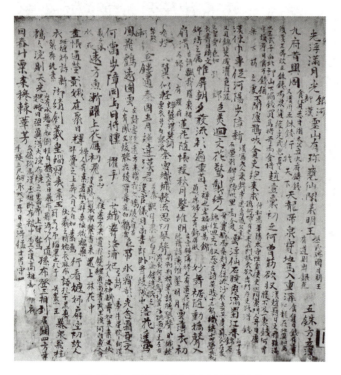

圖 11-2　斯 555 號《李嶠雜詠注》

圖 11-1　伯 3738
號《李嶠雜詠注》

　　與此同時, 個別日本學者也注意到寫卷的撕裂和綴合問題, 如松本榮一對大英博物館藏殘片 Ch.00404+Ch.00212《閻羅王授記經》的綴合。[1]

_____

① 《敦煌畫研究圖像篇》圖版 114, 京都: 同朋舍, 1937 年。

　　20 世紀 50 年代以後，隨著英、法、中三家館藏敦煌文獻縮微膠卷的先後公布，尤其是 80 年代後英、俄、法、中館藏敦煌文獻影印本的陸續出版，爲人們閱讀敦煌文獻帶來了極大的便利，敦煌寫本的全面綴合也才真正有了可能。如王重民等編《敦煌變文集》《敦煌遺書總目索引》，黄永武編《敦煌寶藏》，徐自强主編《敦煌大藏經》，榮新江編《英國圖書館藏敦煌漢文非佛教文獻殘卷目録（S.6981—13624）》，方廣錩編《英國圖書館藏敦煌遺書目録（斯6981 號—斯 8400 號）》，徐俊纂輯《敦煌詩集殘卷輯考》，許建平著《敦煌經籍敍録》，張涌泉主編《敦煌經部文獻合集》，施萍婷整理敦煌研究院院藏敦煌寫卷，[①] 以及臺灣學者陳鐵凡、潘重規關於敦煌儒家經典和通俗文學方面的一些論著，[②] 都在敦煌殘卷的綴合方面作出了可貴的努力。同時，大型敦煌文獻影印出版物及其所附的敍録或條記目録，也多附有關於可綴殘卷的提示甚至直接綴合；［俄］孟列夫主編《俄藏敦煌漢文寫卷敍録》、[③]［日］中田篤郎編《北京圖書館藏敦煌遺書總目録》、[④] 邰惠莉主編《俄藏敦煌文獻敍録》[⑤]則對中國國家圖書館藏和俄藏敦煌殘卷綴合提出了很多具體意見。

　　但由於可以看到原卷及縮微膠卷的學者畢竟不多，新出的影印本由於價格昂貴，流播也不廣，從而限制了寫卷綴合工作的進行，所以這方面的進展至今仍相當有限。20 世紀 80 年代以前，寫本的綴合工作主要局限在同一館藏寫本之間。20 世紀 80 年代以後，由於各主要館藏（尤其是俄藏）敦煌文獻影印本的陸續出版，且多附有涉及綴合的敍録或條記目録，推動了寫本綴合工

---

　　① 施萍婷《敦煌研究院藏土地廟寫本源自藏經洞》，《敦煌研究》1999 年第 2 期，第 39—46 頁。

　　② 如陳鐵凡《敦煌本〈尚書〉十四殘卷綴合記》，《新社學報》第 3 期，1969 年；《法京所藏敦煌〈左傳〉兩殘卷綴合校字記》，《書目季刊》第 5 卷 1 期，1970 年；潘重規《倫敦藏二七二九號暨列寧格勒藏一五一七號敦煌卷子〈毛詩音〉殘卷綴合寫定題記》，《新亞學報》第 9 卷 2 期，1970 年。

　　③［俄］孟列夫主編，袁席箴、陳華平譯：《俄藏敦煌漢文寫卷敍録》（上、下冊），上海古籍出版社，1999 年；該書的俄文版上、下冊分别出版於 1963 年、1967 年。

　　④《北京圖書館藏敦煌遺書總目録》，京都：朋友書店，1989 年。

　　⑤ 邰惠莉主編《俄藏敦煌文獻敍録》，甘肅教育出版社，2019 年。

作的展開。[①] 但這方面的工作做得還不够系統。比較而言，傳統的四部典籍和社會經濟文書因係學術界關注的重點，綴合工作相對做得比較好；尤其是經部文獻，由於《敦煌經部文獻合集》的編者在這方面下了較大的功夫，相關寫本的綴合工作已大體完成。而佛經寫本作爲敦煌文獻的主體，由於投入的人力太少，還有大量的工作可做。俄藏敦煌文獻公布較晚，而殘片又多；英藏敦煌文獻斯 6981—13900 號多爲揭自經帙或其他寫經的碎片，且大部分尚無定名；作爲"劫餘之物"的中國國家圖書館藏敦煌文獻同樣有很多殘片：這些殘片可以綴合的比例更高，今後應著重給予關注。

最後需要特別提出的是姜亮夫關於敦煌殘卷綴合的一系列論述，他認爲殘卷綴合乃敦煌文獻整理研究"成敗利鈍之所關"的基礎工作之一，對敦煌殘卷綴合的意義給予了高度肯定；又提出類聚卷子和從紙質、字體、書式及内容等不同角度進行殘卷綴合的方法（參下"敦煌殘卷綴合的程序和方法"一節），從理論和方法上爲敦煌殘卷工作的開展奠定了基礎。

（三）前人綴合中存在的問題

如上所説，無論藏經洞文獻發現前後，人們在殘卷的綴合修復方面都作出了可貴的努力。但由於修復者認知的局限和流散後早期人們很難見到寫本原卷及其照片，這些綴合難以避免地存在著這樣那樣的問題。姜亮夫説："敦煌卷子是一張紙一張紙拼起來的，到某個時期漿糊脱了，就可能脱成兩卷，

---

① 舉其要者，如黄正建《關於〈俄藏敦煌文獻〉第 11 至 17 册中占卜文書的綴合與定名等問題》，《敦煌研究》2002 年第 2 期，第 47—51 頁；鄭炳林、徐曉麗《俄藏敦煌文獻〈新集文詞九經抄〉寫本綴合與研究》，《蘭州大學學報》2002 年第 3 期，第 9—19 頁；許建平《〈俄藏敦煌文獻〉儒家經典類寫本的定名與綴合——以第 11—17 册未定名殘片爲重點》，《姜亮夫、蔣禮鴻、郭在貽先生紀念文集》（《漢語史學報專輯》總第 3 輯），上海教育出版社，2003 年，第 302—315 頁；邰惠莉《〈俄藏敦煌文獻〉第 17 册部分寫經殘片的定名與綴合》，《敦煌研究》2007 年第 2 期，第 99—103 頁；趙鑫曄《俄藏敦煌文獻綴合四則》，《文獻》2008 年第 3 期，第 85—92 頁；趙鑫曄《俄藏敦煌殘卷綴合八則》，《藝術百家》2010 年第 6 期，第 173—182 頁；金少華《跋日本杏雨書屋敦煌本〈算經〉殘卷》，《敦煌學輯刊》2010 年第 4 期，第 81—83 頁，等等。

有些卷子脱了之後，後人隨便拿了東西拼上，成一個卷子。"[①] "隨便"的結果，出問題自然是無法避免的。

1. 誤 綴

甲和乙本非同一寫本之撕裂，但由於種種原因，修復者把二者連綴爲一，造成失誤。例如：

北敦 1878 號（北 2825；秋 78），首全後缺，存 2 紙 26 行（首紙爲護首），首題"大般若波羅蜜多經卷第二百九十八"。《國圖》條記目録稱該卷爲 8—9 世紀吐蕃統治時期寫本，後部可與北敦 3641 號綴合。又北敦 3641 號（北 2826；爲 41），前後皆缺，存 9 紙 252 行。原卷無題，《劫餘録》定作《大般若經》卷二九八。《國圖》條記目録稱該卷爲 8—9 世紀吐蕃統治時期寫本，前部可與北敦 1878 號綴合。該二號局部拼合如圖 12-1 所示：

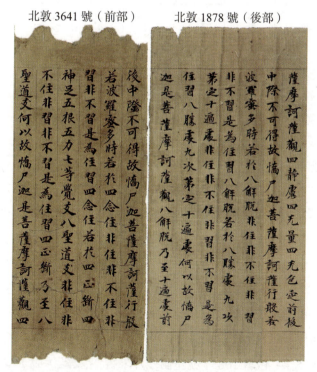

北敦 3641 號（前部）　　　北敦 1878 號（後部）

圖 12-1　北敦 1878 號（後部）與北敦 3641 號（前部）拼合比較圖

①姜亮夫《敦煌學概論》，中華書局，1985 年，第 111 頁。

該二號内容先後銜接，行款近似（紙高及框高相近，皆有烏絲欄，行皆17字，行距相近），似乎確可綴合。但仔細觀察，可以發現二者書風有別（北敦1878號用筆纖細、結體偏緊，字距疏朗；北敦3641號用筆較重、結體較寬鬆，字距較緊密），具體字形的寫法亦多不同，如"無"字北敦1878號作"无"，北敦3641號作繁體；"於"字北敦1878號右上部皆作"人"形，北敦3641號皆作短撇下短横，等等（參表7），明顯不是出於同一人之手。

表7　北敦3641號與北敦1878號、俄敦10857號、俄敦10892號字迹比較表

例字 卷號	無	於	不	是	故	若	習
北敦 3641 號	無	扵	不	是	故	若	習
北敦 1878 號	无	扵	不	是	故	若	習
俄敦 10857 號左	/	扵	不	是	故	若	習
俄敦 10857 號右	无	/	不	是	故	/	習
俄敦 10892 號	无	扵	不	是	故	若	習

進而我們發現可以與北敦1878號綴合的其實是俄敦10857號和俄敦10892號。俄敦10857號，包括左右兩塊殘片，共存19殘行，應按左側殘片＋右側殘片的順序綴接。又俄敦10892號，存10殘行。此二號原卷均無題，《俄藏》未定名，據殘存文句，可以推知亦皆爲《大般若經》卷二九八殘卷，且其内容與北敦1878號先後相接，當可綴合。綴合後如圖12-2所示，北敦1878號末行末字"前"可與俄敦10857號左側殘片首行行首"後中際不可得故"相連成句，中無缺字；俄敦10857號左側殘片末行"空解⊠（脱）"之下可擬補"門若於无相无願解脱門非住非"十三字，行末"非住非"與俄敦10857號右側殘片首行行首"不住"相連成句；俄敦10857號右側殘片末行"於五眼非住

俄敦 10892 號　　俄敦 10857 號右側殘片　　俄敦 10857 號左側殘片　　北敦 1878 號

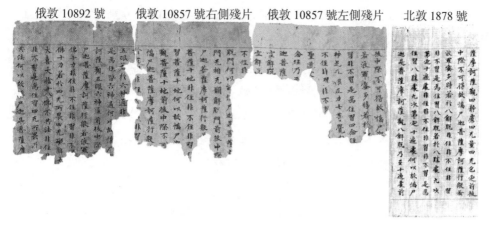

圖 12-2　北敦 1878 號（後部）＋ 俄敦 10857 號 ＋ 俄敦 10892 號綴合圖

非不住非習”十殘字之下可擬補“非不習是爲住習”七字，行末“是爲住習”與俄敦 10892 號次行行首“五眼”相連成句，且原本分屬左右二片的“於”字得以復合爲一。此三號行款格式相同（均有烏絲欄，滿行皆爲 17 字，行距相等，字體大小及字間距相近），書風相近，字形相似（如“无”字“於”字的寫法，參表 7 所列例字），可證確爲同一寫卷之撕裂。北敦 1878 號與俄敦 10857 號、俄敦 10892 號既可確定爲同一寫卷之撕裂，可依次綴合，就進一步證明《國圖》條記目録稱北敦 1878 號與北敦 3641 號可以綴合是錯誤的。[1]

　　不過需要注意的是，藏經洞文獻作爲來源於“諸家函藏”的“古壞經文”，意在“修補頭尾”，修復後的寫卷出於不同抄手也是正常的。另外，修復者及流散後的收藏家常常會把出於同一書但內容未必相連或相鄰的散葉粘接在一起，這時判定是否誤綴就要格外小心。如下面的例子：

　　臺圖 57 號，共 5 紙 104 行（各紙行數依次爲 26 行、11 行、14 行、28 行、25 行），《臺圖》題“妙法蓮華經”。爲方便介紹，以下把各紙分別稱爲臺圖 57-1、57-2、57-3、57-4、57-5 號。其中臺圖 57-5 號爲“妙法蓮華安樂行品第十四”（首題），是一個單獨的散葉，姑置不論。臺圖 57-1 號首題“妙法蓮華經序品第一”，其下爲《妙法蓮華經》卷一首段正文 25 行。臺圖 57-2

號、臺圖 57-3 號、臺圖 57-4 號粘接在後，但所存内容分别見於《妙法蓮華經》卷二（臺圖 57-2 號、臺圖 57-3 號）、卷五（臺圖 57-4 號）。臺圖 57-2 號與臺圖 57-3 號内容先後衔接，書風字迹近同，綴接在一起没有問題。但臺圖 57-1 號與臺圖 57-2 號 + 臺圖 57-3 號、臺圖 57-4 號却見於經本的不同卷次，各紙行數参差，書風字迹也明顯不同（参表 8 此四紙字迹比較表），原卷却粘接在一起，顯然不宜定爲誤綴，而是修復者或流散後的藏家有意爲之，目的在於類聚同一經本的散葉，方便修復或保存。

表 8　臺圖 57-1 號與臺圖 57-2 號 + 臺圖 57-3 號、臺圖 57-4 號用字比較表

例字 卷號	佛	是	尒	於	法	心	以	大
臺圖 57-1 號	佛	子	尒	於	法	心	以	大
臺圖 57-2 號	佛	子	尒	於	法	心	以	大
臺圖 57-3 號	佛	/	尒	於	法	心	以	大
臺圖 57-4 號	佛	子	尒	於	法	心	以	大

　　進而我們還發現臺圖 57-1 號後部可以與三井 11 號、俄弗 119 號綴合（該組綴合將另行撰文討論），這就進一步説明臺圖 57-1 號與 57-2、57-3、57-4 號以及 57-5 號歸併在同一號下，應係搜集者或藏家對同一經本散葉的臨時類聚，而與誤綴無關。

2. 錯 亂

　　《敦煌變文集》卷五收載斯 4571 號《維摩詰經講經文》一篇，校記稱："本卷原分爲多頁，爲倫敦博物館整理時誤粘，秩序倒置，文義不通。今據所演繹之《維摩詰經》經文之先後，將全卷原有内容編排次序改正。例如：演繹經首'如是我聞一時'數字之講經文，原卷編號爲（7）（9）（8）（5），今改

正爲（1）（2）（3）（4）段。"①這種先後錯亂的情況，是倫敦博物館整理時誤粘，還是藏經洞發現時的原貌？抑或是斯坦因、蔣孝琬盜取時打亂？恐怕還有待研究。但不管如何，這種錯亂的情況，藏經洞文獻發現前後都是存在的。下面就舉一個藏經洞文獻發現前業已錯亂的例子：

北敦 1614 號（北 538；暑 14），前殘後缺，存 7 紙 182 行，前一紙 14 行，其餘各紙每紙 28 行。背有古代裱補。原卷缺題，《敦煌劫餘錄》定作佚本十六卷本《佛説佛名經》卷一，按語稱"卷中缺四紙，自'善化佛'起至'平等須彌面佛'均缺"；《國圖》擬題"佛名經（十六卷本）卷一"，條記目錄稱"第 6、7 紙之間漏缺大段佛名"，又稱原卷經黃紙，紙高 26 釐米，爲 7—8 世紀唐寫本。

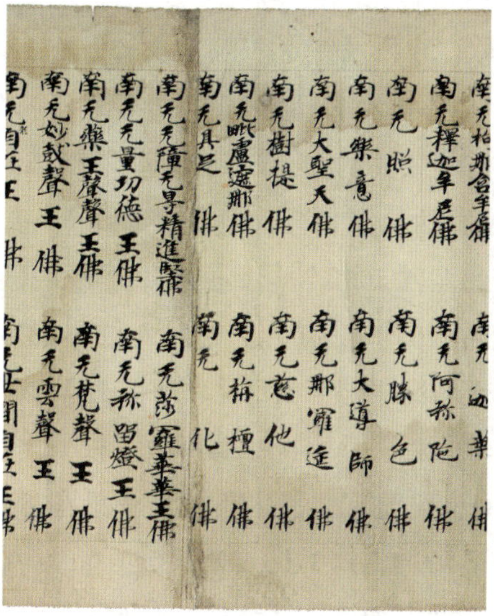

圖 13-1　北敦 1614 號（第 6、7 紙粘接處） 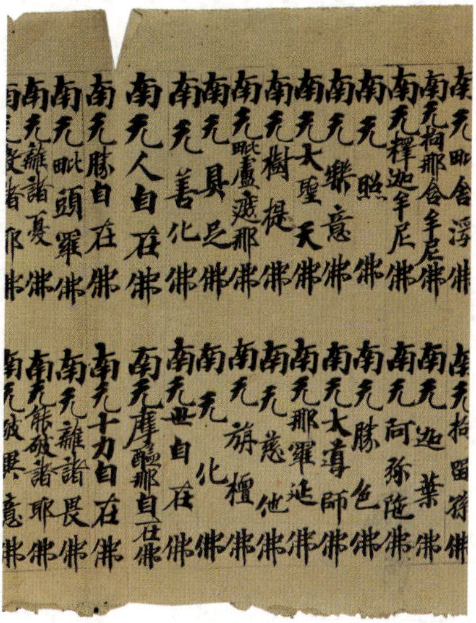　　圖 13-2　北敦 3092 號（局部）

按：《國圖》條記目錄所稱"第 6、7 紙之間"相當於圖 13-1 第 8 行和第 9 行（總第 154 行和 155 行）之間。比較同屬十六卷本《佛名經》卷一而相應部分沒有漏缺的北敦 2591 號、北敦 3092 號（後者局部如圖 13-2 所示），這二行之間另有 100 多行（北敦 2591 號有 116 行、北敦 3092 號有 104 行，行

①《敦煌變文集》，人民文學出版社，1957 年，第 560 頁。

數不一與每行所抄字數多寡不同有關）爲北敦 1614 號所未見，《敦煌劫餘録》稱該卷此二紙粘接處"缺四紙"，約略近是。不難看出，這二紙粘接處左右兩邊行款不一，右半部分下欄的書寫位置明顯高於左半部分，説明此處粘接確有問題。爲便説明，下面我們把北敦 1614 號前 6 紙（起始至圖 13-1 第 8 行止）編爲北敦 1614A 號，後 1 紙（圖 13-1 第 9 行起至該號之末）編爲北敦 1614B 號。

　　再看北敦 3163 號（北 544；騰 63），前後皆缺，存 5 紙 140 行，每紙 28 行。原卷缺題，《敦煌劫餘録》定作佚本十六卷本《佛説佛名經》卷一，按語稱"卷中失去佛名五十有六，約少一紙，按所失爲第七百五至七百六十佛名"；《國圖》擬題"佛名經（十六卷本）卷一"。《國圖》條記目録稱"第 4、5 紙接縫脱開"，又稱原卷經黄紙，紙高 25.9 釐米，爲 7—8 世紀唐寫本。

　　按：北敦 3163 號第 4、5 紙粘接處（圖 13-3 第 8 行和第 9 行之間）同樣存在問題。如圖 13-3 所示，二紙粘接處右半部分下欄的書寫位置略低於左半部分，且左右兩部分内容并不相接，其間缺失約 28 行（據異本北敦 2591 號有 28 行、北敦 3092 號有 30 行），《敦煌劫餘録》稱該號卷中"約少一紙"，正指此處（比較圖 13-4 所載没有脱漏的北敦 3092 號局部所示）。下面我們把北敦 3163 號前 4 紙（起始至第 112 行即圖 13-3 第 8 行止）編爲北敦 3163A 號，後 1 紙（第 113 行即圖 13-3 第 9 行起至該號之末）編爲北敦 3163B 號。

　　其實上揭二號本屬同一寫本，其間的脱漏乃綴接錯亂所致。根據内容的先後，可按照北敦 1614A 號 + 北敦 3163A 號 + 北敦 1614B 號 + 北敦 3163B 號的順序加以綴合。綴合後如圖 13-5 所示。北敦 3163A 號計 112 行（4 紙），正是北敦 1614A 號與北敦 1614B 號間脱漏的部分；北敦 1614B 號計 28 行（1 紙），正是北敦 3163A 號與北敦 3163B 號之間脱漏的部分，重新粘接後，内容先後與該卷異本北敦 2591 號、北敦 3092 號等没有脱漏的文本完全一致，接續無間。又此四件皆經黄紙，抄寫行款格式相同（每紙 28 行，紙高接近，天頭地脚等高，有烏絲欄，行距相等，行約 17 字，字體大小相近，字間距相近），書風相近（楷書，筆墨較濃），字迹相同（如"无"字第一筆皆作短撇形，比較表 9 所列例字），可資參證。上揭四件綴合後，起"脾腎心肺"句後二殘字，訖"南无金剛合佛"句，凡 322 行，約當全卷内容之小半。

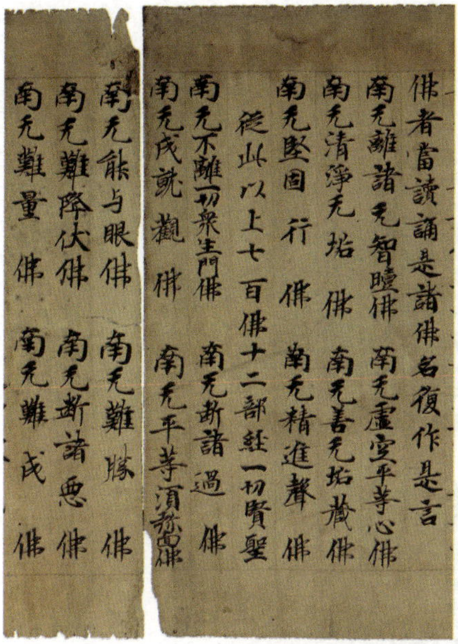

圖 13-3　北敦 3163 號（第 4、5 紙粘接處） 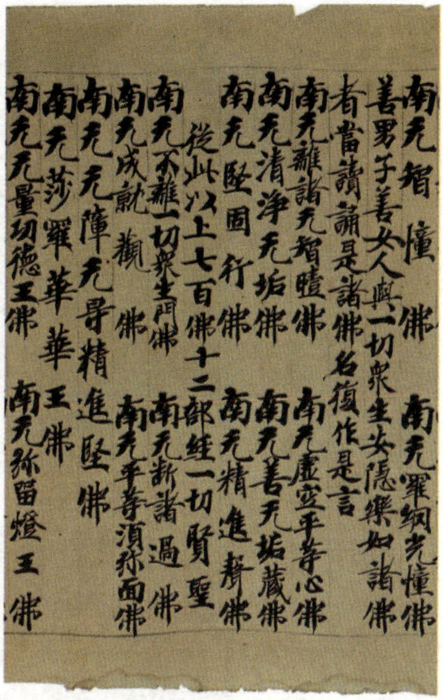　　圖 13-4　北敦 3092 號（局部）

表 9　北敦 1614A 號、北敦 1614B 號、北敦 3163A 號、北敦 3163B 號字迹比較表 [1]

例字 卷號	南	無	佛	功	勝	彌
北敦 1614A 號	南南	无无	佛佛	功	勝	孙
北敦 1614B 號	南南	无无	佛佛	功	勝	孙
北敦 3163A 號	南南	无无	佛佛	功	勝	孙
北敦 3163B 號	南南	无无	佛佛	功	勝	／

① 參看張涌泉、劉溪《古代寫經修復綴接釋例——以國圖藏〈佛名經〉敦煌寫卷爲中心》，載《宗教學研究》2015 年第 4 期，第 83—85 頁。

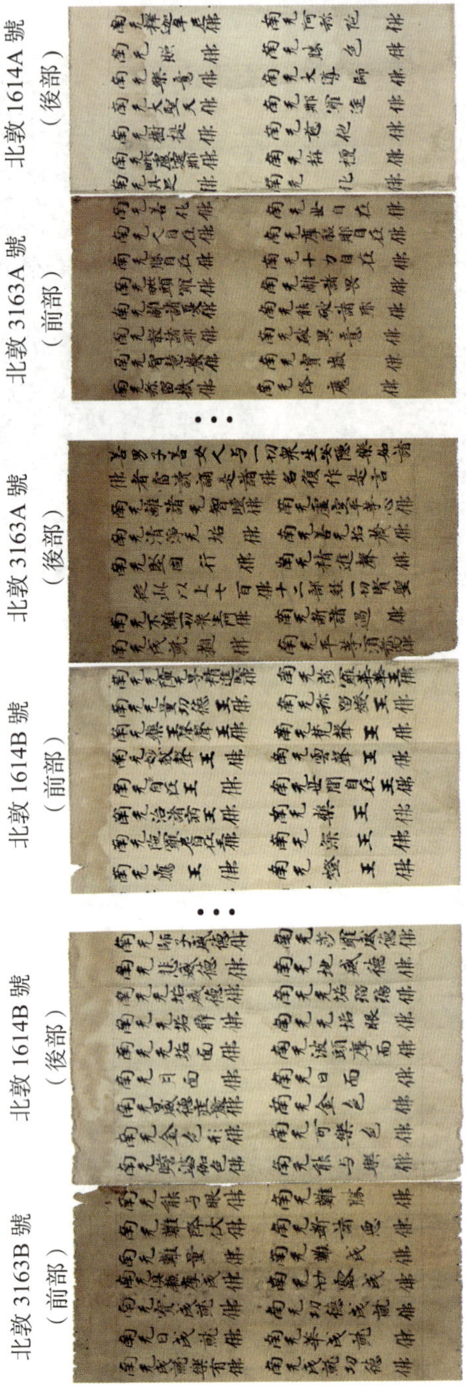

圖 13-5　北敦 1614A 號（後部）＋北敦 3163A 號（前部、後部）＋北敦 1614B 號（前部、後部）＋北敦 3163B 號（前部）綴合圖

　　如前所説，《佛名經》是道真們收集修復的重點，但由於經文滿紙都是佛名，大都似曾相識，假如没有完整的經本來比對，要讓那些文化水平其實并不高的僧人們把收集來的殘片歸類順序拼接起來，實在不是一件容易的事，於是發生誤綴或錯亂就是不可避免的了。

3. 顛　倒

　　顛倒比錯亂簡單點兒，只是同一寫本綴接時先後位置倒了個個兒。如下面的例子：

　　《國圖》影印北敦 47 號（北 623；地 47）《佛名經》殘卷（1/263A—266A），首尾皆殘，存 5 紙 141 行，紙高 25.8 釐米。每紙 28 行，首行行端"南"字右上角略有殘泐，末行僅存行首一字右上角殘筆。原卷缺題，《國圖》擬題《佛名經》（十六卷本）卷三，條記目録稱該卷用經黄紙，爲 7—8 世紀唐寫本。

　　按：此號第 1 紙與第 2 紙（總第 28 行與 29 行）粘接處存在問題。如圖 14-1 所示，接縫左上角有明顯的筆畫殘留，但右行相對位置的"生入死"三字却完整無缺，二者無法對應。而且左右兩部分内容并不相接，右行止於"而今興害食噉"；而左半部分始於"南無雲世界名奮迅如來"，比對該卷完整的

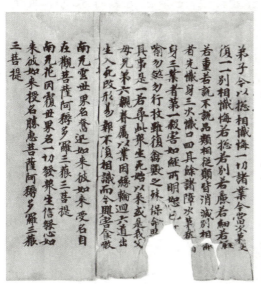

　　圖 14-1　《國圖》北敦 47 號（第 1、2 紙粘接處）　　　　圖 14-2　北敦 6824 號（局部）

寫本如北敦 6824 號（局部如圖 14-2 所示），"南無雲世界名奮迅如來"以下文字并不在"而今興害食噉"之後，而在上文第 110 行。其實北敦 47 號原卷粘接有誤，如果把第 1 紙定爲北敦 47A 號，其後四紙定爲北敦 47B 號，則應按北敦 47B 號＋北敦 47A 號重新粘接綴合，重綴後局部如圖 14-3 所示。重新粘接後北敦 47B 號末行"南无斷諸疑菩薩"後接北敦 47A 號"南无寶作菩薩"，先後順序正與北敦 6824 號完全吻合。且北敦 47A 號首行行端的"南"右上角略有殘泐，而這殘泐的筆畫正撕裂在北敦 47B 號末行行端，二者拼合，則"南"字得成完璧。

北敦 47A 號（前部）　　　　　　　　　　北敦 47B 號（後部）

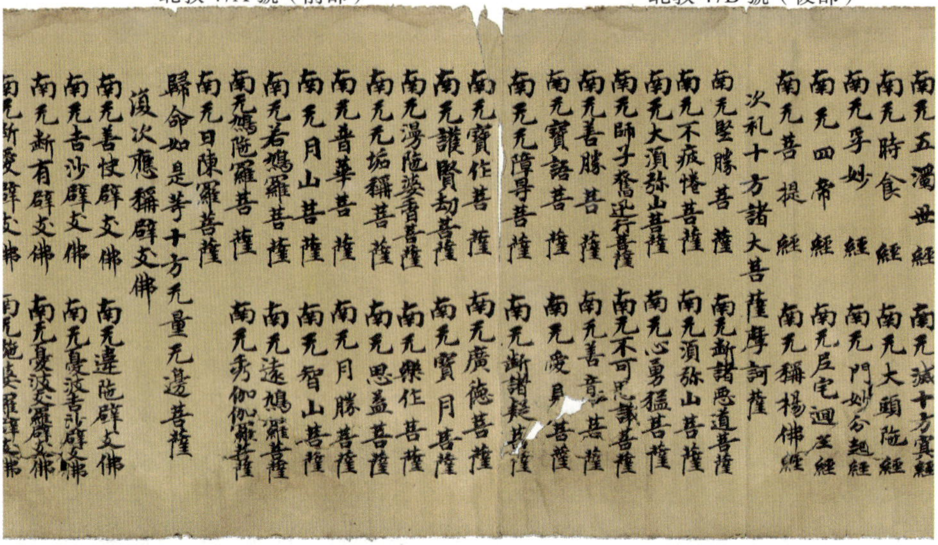

圖 14-3　北敦 47B 號（後部）＋北敦 47A 號（前部）綴合圖

　　北敦 47B 號與北敦 47A 號重新綴接後，又可分別與北敦 299 號、北敦 3723 號綴合。後二號基本信息如下：

　　北敦 299 號（北 619；宇 99），首尾皆殘，存 3 紙 74 行，前一紙 15 行，後二紙每紙 28 行，末行左側略有殘泐。紙高 25.5 釐米。原卷缺題，《國圖》擬題《佛名經》（十六卷本）卷三，條記目錄稱該卷用麻紙，爲 7—8 世紀唐寫本。

　　北敦 3723 號（北 625；霜 23），首殘尾缺，存 4 紙 112 行，每紙 28 行，前 6 行下部有殘泐。紙高 25.8 釐米。原卷缺題，《國圖》擬題《佛名經》（十六卷本）卷三，條記目録稱該卷用經黄紙，爲 7—8 世紀唐寫本。

按：北敦 299 號與北敦 47B 號内容前後相承，可以綴合。綴合後局部如圖 14-4 所示，北敦 299 號末行行首“三菩提”三字左側有少許筆畫殘泐，上文説北敦 47A 號與北敦 47B 號接縫處左上角“有明顯的筆畫殘留”，這殘留的“筆畫”正是北敦 299 號末行“三菩提”三字所撕裂，二者拼合，此三字可得其全。

北敦 47B 號（前部）　　北敦 299 號（後部）

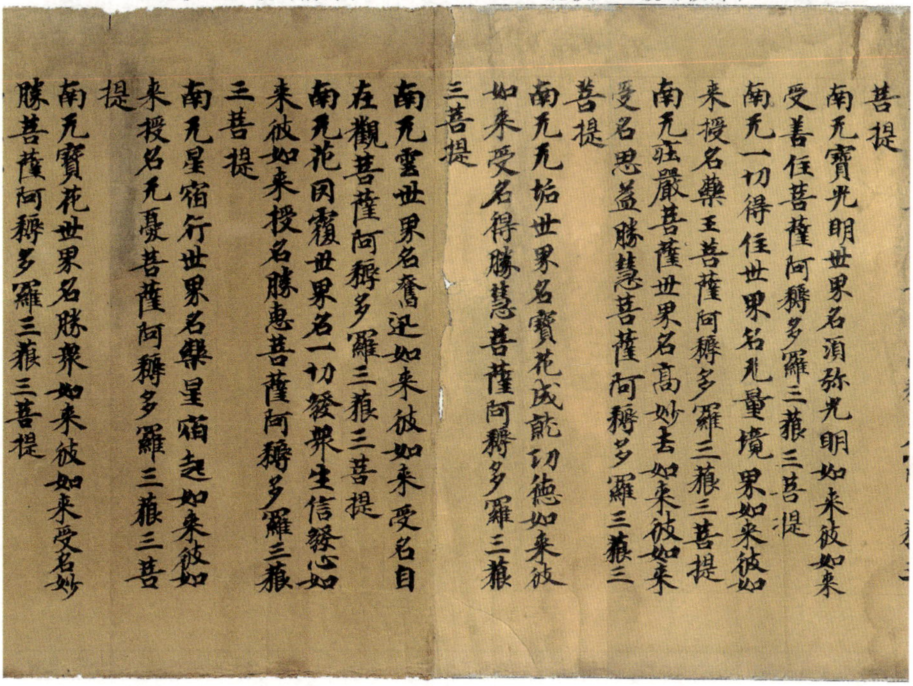
菩提
南无寶光明世界名須弥光明如来彼如来
受善住菩薩阿耨多羅三藐三菩提
南无一切得住世界名无量境界如来彼如
来授名藥王菩薩阿耨多羅三藐三菩提
南无莊嚴菩薩世界名高妙去如来彼如来
受名思益勝慧菩薩阿耨多羅三藐三
菩提
南无无垢世界名寶花成就功德如来彼
如来受名得勝慧菩薩阿耨多羅三藐
三菩提
南无雲世界名奮迅如来彼如来受名自
在觀菩薩阿耨多羅三藐三菩提
南无花因覆世界名一切發衆生信發心如
来彼如来授名勝惠菩薩阿耨多羅三藐
三菩提
南无星宿行世界名樂星宿起如来彼如
来授名无憂菩薩阿耨多羅三藐三菩
提
南无寶花世界名勝衆如来彼如来受名妙
勝菩薩阿耨多羅三藐三菩提

圖 14-4　北敦 299 號（後部）+ 北敦 47B 號（前部）綴合圖

又北敦 47A 號與北敦 3723 號内容前後相承，可以綴合。綴合後局部如圖 14-5 所示，北敦 47A 號末行行末的“食噉”與北敦 3723 號首行行首的“其肉”相連爲句，中無缺字。

另外，此三號抄寫行款格式相同（整紙每紙 28 行，紙高近同，天頭地脚等高，有烏絲欄，行約 17 字，行距相等，字體大小相近，字間距相近），書風相近（筆墨濃厚，捺畫起筆出鋒明顯），字迹似同（比較表 10 所列例字），可資參證。此三號綴合後，所存内容始“南无常光明世界名无量光明如來”句後九字（“世”

字僅存殘筆），至"南无寶舍佛"句止，凡 326 行，篇幅近全卷内容之一半，其先後順序與該卷全本北敦 6824 號完全一致。

北敦 3723 號（前部）　　　　　北敦 47A 號（後部）

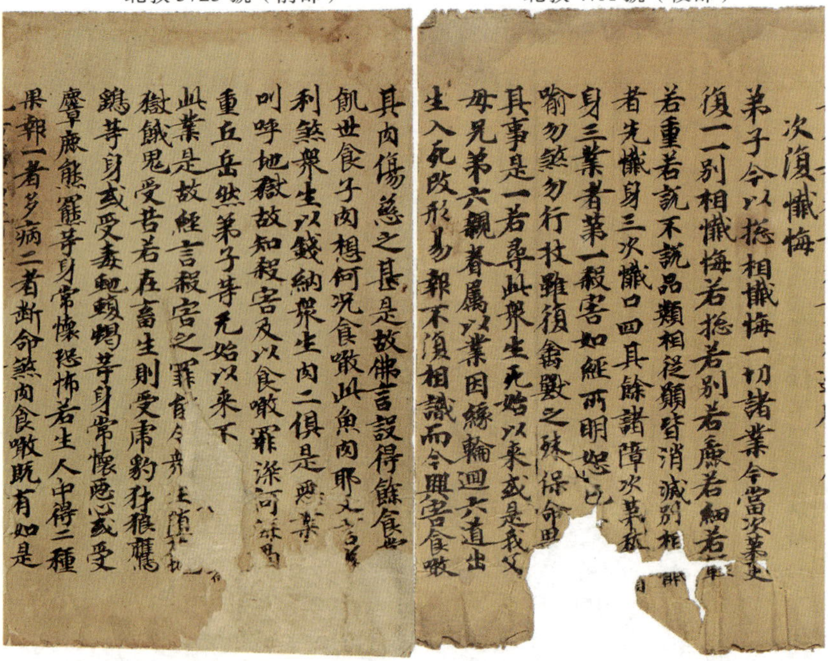

圖 14-5　北敦 47A 號（後部）＋北敦 3723 號（前部）綴合圖

表 10　北敦 299 號、北敦 47B 號、北敦 47A 號、北敦 3723 號字迹比較表

例字 / 卷號	南	無	勝	香	經	界	就	莊
北敦 299 號	南	无	勝	香	經	界	就	莊
北敦 47B 號	南	无	勝	香	經	界	就	莊
北敦 47A 號	南	无	勝	香	經	/	/	/
北敦 3723 號	南	无	勝	香	經	界	就	莊

北敦47B號 + 北敦47A號前後分别與北敦299號、北敦3723號綴合後，就進一步證明北敦47號原來把北敦47A號粘接在北敦47B號之前是錯誤的。[①]這三號既可綴合爲一，而《國圖》條記目錄稱北敦47號和北敦3723號用紙爲"經黄紙"，又稱北敦299號用紙爲"麻紙"，對用紙屬性的表述有所不同，宜斟酌統一。

再看一個殘字拼接錯誤導致殘片綴接顛倒的例子：

俄敦9527號 + 俄敦9530號，此二號《俄藏》已綴合爲一，如圖15-1所示。原卷無題，《俄藏》未定名。初觀乍視，此二號的綴合似乎還真是那麽回事兒，特别是銜接處二號拼合而成的一行，行末的"佛"字，"亻"旁在俄敦9530號，"弗"旁在俄敦9527號，二號拼合，其字得成完璧，真可謂天衣無縫；此行第2字"无"似乎也可拼合爲一。但仔細推敲，才發現此行"无"下"佛"上的3字拼合後不成字。再查核殘文，可以初步斷定此二號所存皆爲十六卷本《佛說佛名經》卷十四殘文，且可按俄敦9530號 + 俄敦9527號的順序重新綴合，重綴

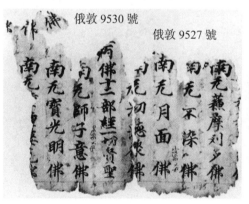 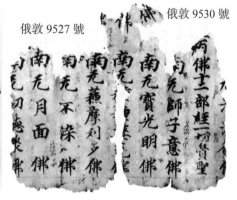

圖15-1　《俄藏》俄敦9527號 +　　　　圖15-2　俄敦9530號 +
俄敦9530號拼接圖　　　　　　　　　俄敦9527號綴合圖

①《國圖》北敦47號應按北敦47B號與北敦47A號重新綴接，較早見於張涌泉、劉溪《古代寫經修復綴接釋例——以國圖藏〈佛名經〉敦煌寫卷爲中心》一文（《宗教學研究》2015年第4期，第85—86頁），最近檢核IDP上發布的該號彩色照片已改正。復查《國圖》條記目錄，稱該號"第4、5紙開裂，第5紙尾有殘損。脱落爲兩藏"，所述符合按北敦47B號 + 北敦47A號重新綴接後的情況，蓋編者不誤，其拼接錯誤出在《國圖》影印時的圖版拼接環節。

後如圖 15-2 所示，俄敦 9530 號與俄敦 9527 號左右相接，斷痕嚴絲合縫，銜接處“南无種種婆㲉佛”句“无”字撇筆左側有少許筆鋒撕裂在俄敦 9527 號首行，“種種婆㲉佛”五字左右兩側筆畫分別撕裂在俄敦 9527 號與俄敦 9530 號，拼接後雖此五字中部筆畫仍有殘缺，但全字框架依稀可見。此二號重新綴合後，始“南无清净行佛”句左側殘筆，訖“南无功德聚佛”句右側殘筆，所存内容及其先後順序與同爲十六卷本《佛說佛名經》卷十四且首尾完整的津藝 67 號對應部分完全相同，故可擬定爲十六卷本《佛說佛名經》卷第十四。①《俄藏》不考殘卷内容，憑個別殘字契合就按俄敦 9527 號＋俄敦 9530 號的順序綴接爲一，於是就犯了大錯。

　　又此二號背面部分爲粟特文殘片，《俄藏》綴合如圖 15-3 所示，亦應重新綴合如圖 15-4 所示，原文橫書，每行從左往右讀，行數從上到下。《俄藏》也搞反了。②

俄敦 9530 號背　　俄敦 9527 號背	俄敦 9530 號背　　俄敦 9527 號背

圖 15-3　《俄藏》俄敦 9527 號背＋　　　　圖 15-4　俄敦 9530 號背＋
　　　　9530 號背拼接圖　　　　　　　　　　俄敦 9527 號背綴合圖

①俄敦 9527 號、俄敦 9530 號爲十六卷本《佛名經》殘卷，且其順序俄敦 9530 號在前，劉溪《敦煌本早期〈佛名經〉寫本研究》(浙江師範大學 2016 年碩士論文)附錄《未定名〈佛名經〉寫卷》中業已指出，并作過綴合（因篇幅太大，綴合部分未收入論文）。《俄藏敦煌文獻敘錄》定作十二卷本《佛名經》卷十殘卷，不確，但編者也認爲其順序俄敦 9530 號在前，可參。

②據張湛博士轉達吉田豐的意見，這組寫卷應該是吐魯番出土的。

4. 失 綴

如前所説，前賢在資料受限和條件不足的情況下，對敦煌殘卷的綴合作出了可貴的努力。特别是《國圖》《俄藏》在本館殘卷互綴方面貢獻尤多。但總的來看，系統性和全面性不足，失綴的殘卷殘片仍比比皆是。

如北敦 4438 號、北敦 4410 號、北敦 4408 號、北敦 4474 號、北敦 4503 號、北敦 4514 號、北敦 4328 號、北敦 4349 號、北敦 4521 號、北敦 4340 號、北敦 4347 號、北敦 4455 號、北敦 4513 號、北敦 4754 號、北敦 4760 號、北敦 4436 號計 16 號，皆爲《大般若波羅蜜多經》卷五二殘卷，中田篤郎及《國圖》條記目録已指出可依次直接綴合[①]，甚是。但卷首還可補綴北敦 4416 號。北敦 4416 號（北 2133；崑 16），存 2 紙 54 行，首題“大般若波羅蜜多經卷第五十二”，該號正是該卷卷首部分，後部與北敦 4438 號内容先後相連。綴合後如圖 16 所示，兩號銜接處裂痕吻合，北敦 4416 號末行行末“大莊嚴三摩地”

北敦 4438 號　　北敦 4416 號

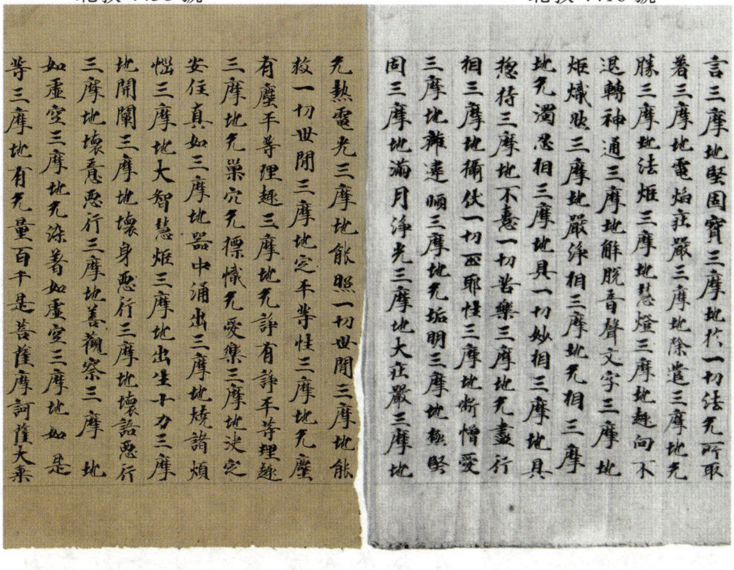
言三摩地堅固寶三摩地於一切法无所取
著三摩地電焰莊嚴三摩地除遣三摩地无
勝三摩地法炬三摩地慧燈三摩地趣向不
退轉神通三摩地解脫音聲文字三摩地
炬熾然三摩地嚴淨相三摩地无相三摩
地无濁忍相三摩地具一切妙相三摩地具
揔持三摩地不憙一切苦樂三摩地无盡行
相三摩地攝伏一切正邪性三摩地斷憎愛
三摩地離違順三摩地无垢明三摩地極堅
固三摩地滿月淨光三摩地大莊嚴三摩地
无熱電光三摩地能照一切世間三摩地能
救一切世間三摩地定平等性三摩地无塵
有塵平等理趣三摩地无諍有諍平等理趣
三摩地无巢穴无標幟无愛樂三摩地決定
安住真如三摩地器中涌出三摩地燒諸煩
惱三摩地大智慧炬三摩地出生十力三摩
地開闡三摩地壞身惡行三摩地壞語惡行
三摩地壞意惡行三摩地善觀察三摩地
如虛空三摩地无染著如虛空三摩地如是
等三摩地有无量百千是菩薩摩訶薩大乘

圖 16　北敦 4416 號（後部）+ 北敦 4438 號（前部）綴合圖[②]

① 中田篤郎編《北京圖書館藏敦煌遺書總目録》，第 129 頁。

② 參看徐浩《國圖藏敦煌本〈大般若經〉綴合補遺舉例》，載《唐研究》第 22 卷，北京大學出版社，2016 年，第 76—80 頁。

句與北敦 4438 號首行行首 "无熱電光三摩地" 句適相接續，中無缺字。又北敦 4416 號與上揭 16 號行款格式相同，書風字迹似同，可資參證。補綴北敦 4416 號後，則該卷首尾俱全，庶幾得成完璧。

又如本書《佛頂尊勝陀羅尼經（佛陀波利本）》綴合第 5 組所舉北敦 3949 號（北 7332；生 49）、北敦 3953 號（北 7340；生 53）二號，皆爲《佛頂尊勝陀羅尼經（佛陀波利本）》殘卷，分別存 1 紙、8 紙，《國圖》條記目錄已指出此二號可以完全綴合，甚是。此二號綴合後經文正文部分完整無缺，但前部《佛頂尊勝陀羅尼經》（佛陀波利譯本）序仍有殘缺，還可補綴俄敦 2249 號。俄敦 2249 號係一殘片，如圖 17-1 右部所示，僅存 15 行（首 5 行殘，末 3 行上殘），原卷無題，《孟録》考定爲 "義浄三藏法師碑文"，《俄藏》擬題 "三藏聖教序"，《曾良》改定爲 "佛頂尊勝陀羅尼經序"。今謂曾良改題是，此號正是北敦 3949 號 + 北敦 3953 號之前缺失的《佛頂尊勝陀羅尼經》（佛陀波利譯本）序殘片，三號綴合後前部如圖 17-1 所示，俄敦 2249 號與北敦 3949 號 + 北敦 3953 號於 "不以財寶爲 / 念" 句前後相連，中無缺字；其接縫

北敦 3949 號（前部）　　　　　　　　俄敦 2249 號

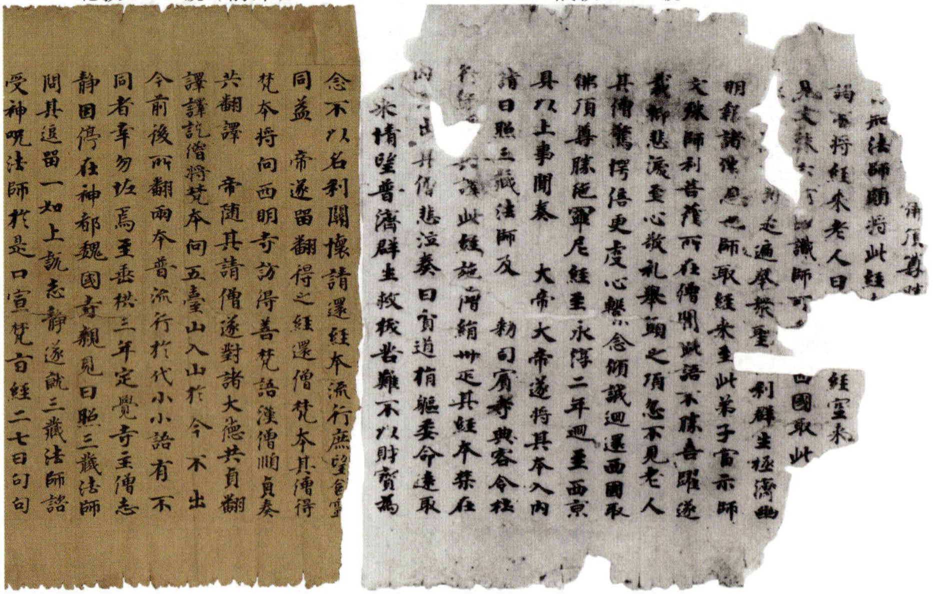

圖 17-1　俄敦 2249 號 + 北敦 3949 號（前部）綴合圖

處皆爲失黏所致脱落，邊緣大體吻合（綴後仍有部分殘損）；"大帝""敕""帝"等稱謂前皆有挪擡。又此三號行款格式相同（框高近同，皆有烏絲欄，滿行皆約 17 字，行距、字距、字體大小相近），字迹書風似同（比較三號共有的"不""以""人""子""其"等字，如表 11 所示），可資參證。

俄敦 2249 號＋北敦 3949 號＋北敦 3953 號綴合後，尾全，但卷首序文仍有殘損。我們進而發現北敦 3948 號亦可與北敦 3949 號＋北敦 3953 號綴合。北敦 3948 號（北 7329；生 48），存 1 紙 26 行，所存正是北敦 3949 號＋北敦 3953 號前部序文缺失的部分，試作綴合如圖 17-2 所示，三號內容前後相承，中無缺字。很可能該寫卷原來的首紙俄敦 2249 號在卷首，使用頻繁，殘破過甚，故修復時用北敦 3948 號取而代之。北敦 3949 號＋北敦 3953 號背面都有古代修補的痕迹，北敦 3953 號末尾有"勘了"的題記，也是這次修復過程留下的印記。北敦 3948 號既然係修復時補綴（修復時補抄或截取其他廢棄經本的首紙），故行款有別（俄敦 2249 號、北敦 3949 號、北敦 3953 號三號

北敦 3949 號（前部）　　　　　北敦 3948 號（後部）

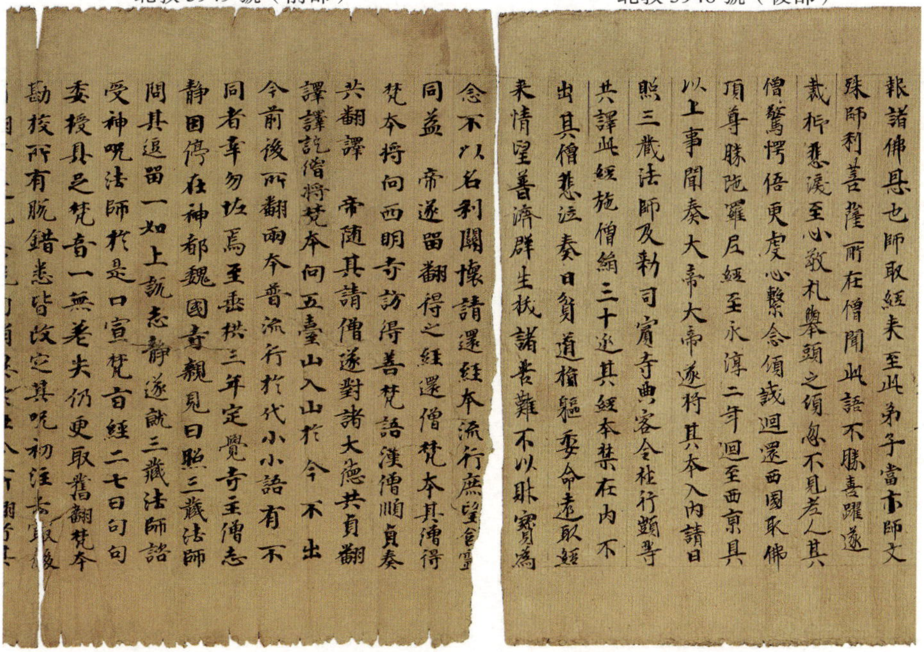

圖 17-2　北敦 3948 號（後部）與北敦 3949 號（前部）綴合圖

"大帝""敕""帝"用挪擡,而北敦 3948 號不用)、字迹書風不同(比較北敦 3948 號與俄敦 2249 號等三號共有的"不""以"等字,如表 11 所示)也就是自然而然的了。北敦 3948 號與北敦 3949 號 + 北敦 3953 號綴合後,所存內容參見《大正藏》T19/349B2—352A26,T19/352A28—352B23(寫本中咒語部分)。全卷首尾皆全,除次紙略有破損外,就成爲一個基本完整的寫卷了。

表 11　俄敦 2249 號、北敦 3949 號、北敦 3953 號與北敦 3948 號字迹比較表

例字 卷號	不	以	人	子	其
俄敦 2249 號	不	仏	人	子	其
北敦 3949 號	不	仏	人	子	其
北敦 3953 號	不	仏	人	子	其
北敦 3948 號	不	以	人	子	其

類似綴合不周或失綴的例子很多,請看正文,這裏就不多舉例子了。

三、敦煌殘卷綴合的程序和方法

1983 年，教育部委託杭州大學古籍研究所所長姜亮夫舉辦全國敦煌學講習班，姜先生在授課時説："我們認識敦煌卷子的很重要的一些事情，很重要的一些方法……問題相當多，大致列爲三大類，第一大類是殘卷拼合的問題。有什麽方法讓我們簡單地拼合呢？首先需要識別，希望卷子不要拼錯。……這裏有一個很大的技術問題。譬如我手裏只有十個卷子，要把它們拼合完整，到哪裏去找它們的對象呢？所以一定要把所有的卷子都集中在一道，然後才能説得上拼合。這件事，不是我們單個在書房裏面所能做的。要靠國家的力量，把所有敦煌卷子收集起來放在一道，然後找十個八個人，坐下來定出許多條例，哪些哪些咋個拼合法。大家對這規律都熟悉了，卷子是擺在中間的，然後每個人抓住卷子就去找，就去查，要這樣做。所以這個問題是技術上很複雜的問題，馬馬虎虎就拼不起來，拼不起來我們的研究工作就要落空。……這種綴合工作是我們正式做研究工作之前的第一件事。"在談到具體的拼合時，他説可以"從卷子的紙質、墨色、題款、行款各方面綜合起來"判斷。[1] 在另外一篇文章中，姜先生又説："綴合散頁"，"從紙質、字體、書式及部分初步從內容即可決定，這只要工作人員多看一點卷子，很自然能識別"。[2]

這幾段話，姜先生不但強調了卷子綴合的重要性，還提出了殘卷拼合的"條例"和"拼合法"，包括把所有的卷子都集中在一道，從卷子的內容、紙質、字體、墨色、題款、書式、行款等不同角度綜合進行判斷，都很有指導意義。下面我們就根據姜先生的意見，并根據前賢和筆者自己的實踐，嘗試提出敦煌殘卷綴合的程序和具體方法。

---

① 這個講義後來結集爲《敦煌學概論》，上述引文載該書第 105—106 頁，中華書局，1985 年，第 111 頁。

② 《敦煌學規劃私議》，《敦煌學論文集》，上海古籍出版社，1987 年，第 1011—1012 頁。

（一）綴合程序

姜先生説：“一定要把所有的卷子都集中在一道，然後才能説得上拼合。”文本的類聚是敦煌殘卷綴合的基礎。我們首先要在充分利用現有的各種索引的基礎上，對敦煌文獻進行全面普查，把内容相關的寫本匯聚在一起；其次把内容直接相連或相鄰的寫本匯聚在一起，因爲内容相連或相鄰的殘卷爲同一寫本割裂的可能性通常比較大；最後再比較行款、字體、紙張、正背面内容，以確定那些内容相連或相鄰的殘卷是否爲同一寫本之割裂。

下面以唐釋玄應的《一切經音義》（以下簡稱玄應《音義》）爲例，試作説明。

敦煌文獻中有玄應《音義》殘卷數十號，分藏於中、法、英、俄各國，但總體情況不明。我們在全面普查的基礎上，共發現 41 號玄應《音義》寫

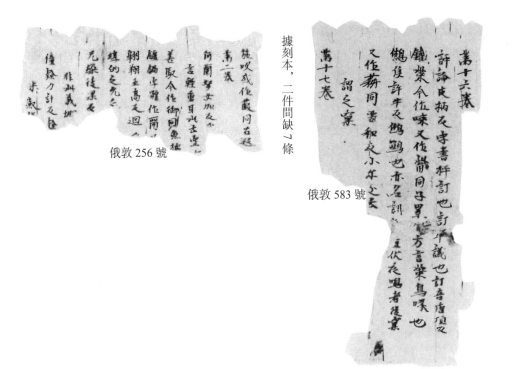

圖 18　俄敦 583 號 + 俄敦 256 號綴合圖

本殘卷。[1] 經過進一步調查，發現這 41 號殘卷包括玄應《音義》第一卷 3 號、第二卷 6 號、第三卷 11 號、第六卷 12 號、第七卷 1 號、第八卷 2 號、第十五卷 1 號、第十六卷 1 號、第十九卷 1 號、第二十二卷 2 號，另摘抄 1 號。最後比較行款、字體、紙張、正背面内容，結果發現存有二號以上殘卷的一、二、三、六、八、二十二各卷均全部或部分可以綴合。

如第一卷俄敦 583、256 號二件，前一號所存爲玄應《音義》卷一《大威德陀羅尼經》第十六卷音義及第十七卷卷題，後一號所存爲玄應《音義》卷一《法炬陀羅尼經》第一、二卷音義的部分條目。該二號内容先後相鄰，抄寫格式（每條詞目與注文字體大小相同，每條提行頂格，注文換行低二格接抄）、字迹（比較二卷皆有的"弟""反""今""作""之"等字的寫法）均同，可以確定是同一寫卷的殘片。如圖 18 所示，二號綴合後，雖難以完全銜接（據刻本，該二件間缺 7 條），但其爲同一寫本之撕裂則應可無疑。

又如第三卷 11 號，可以綴合成①俄敦 5226 號…俄敦 586A 號＋俄弗 368 號＋俄敦 585 號、②俄敦 586C 號…"俄敦 211 號、俄敦 252 號、俄敦 255 號"…俄敦 411 號…"俄敦 209 號、俄敦 210 號"二組。

第一組四號字體相同，抄寫行款格式一致（所釋詞條與注文字體大小相同，每條提行頂格，注文換行低二格接抄；每行約 17 字，除俄敦 5226 號首三行外，其餘部分下部均殘損 5 至 12 字不等），所抄内容均見於玄應《音義》卷三，前一號爲《摩訶般若波羅蜜經》第二十五至二十七卷音義，該號與第二號之間有殘缺（據刻本，約缺 45 條），後三號爲《放光般若經》第一至第五卷音義，可以完全銜接（《俄藏》把俄敦 586A 號與俄敦 585 號歸併在一起，欠妥），如圖 19 所示。

第二組七號字體相同，抄寫行款格式一致（所釋詞條與注文字體大小相同，每行 16 至 19 字不等，每條提行頂格，注文換行約低一格半接抄），所抄内容

---

① 本節關於玄應《音義》寫卷的介紹主要依據 2008 年中華書局出版的《敦煌經部文獻合集》，初稿曾以《敦煌殘卷綴合研究》爲題發表於《文史》2012 年第 3 輯，後来發現 2009 年 10 月日本武田科學振興財團出版的《敦煌秘笈》第 1 册所收羽 56R "佛經音義斷簡"，實爲玄應《音義》卷一《大方廣佛華嚴經》第三至第六卷音義，但此卷與本文所引各卷字體、行款均所不同，非同一寫卷，故不再增入。參看許建平《杏雨書屋藏玄應〈一切經音義〉殘卷校釋》，載《敦煌研究》2011 年第 5 期，第 52—60 頁。

均見於玄應《音義》卷三。俄敦586C號爲《放光般若經》第十八至十九卷音義；
俄敦211、252、255號《俄藏》已綴合爲一，①爲《放光般若經》第二十三至
二十九卷音義；俄敦411號爲《光讚般若經》第二卷音義；俄敦209、210號
爲《光讚般若經》第三至第七卷音義：乃同一寫本之撕裂（如圖20所示）。
據刻本玄應《音義》，俄敦586C號與俄敦211、252、255號間缺《放光般若
經》第二十一至二十二卷音義（凡6條），俄敦211、252、255號與俄敦411
號間缺《放光般若經》第三十卷音義（凡3條）、《光讚般若經》第一卷音義（凡

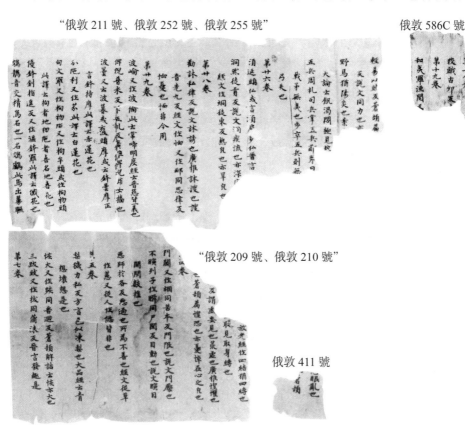

圖20　俄敦586C號…"俄敦211號、俄敦252號、
俄敦255號"…俄敦411號…"俄敦209號、俄敦210號"綴合圖

①《俄藏》把兩個以上的殘片拼合爲一，大多是按序號大小排列的（大數在後），但具體哪個號對應那塊殘片，
全無說明，所以本書姑且把此類殘片用引號標出，一般不做硬性對應。下皆同此。

13 條）及第二卷部分音義（全缺者凡 4 條），俄敦 411 號與俄敦 209、210 號間缺《光讚 般若經》第二卷末條後部、第三卷首條前部及 "第三卷" 卷目。《俄藏》把後三號按俄敦 209、210、411 號的順序綴合爲一，欠妥。

又如第六卷 12 號，除俄弗 367 號另爲一本外，其餘俄敦 10149 號、俄敦 12380 號、俄敦 12409B 號、俄敦 12409C 號、俄敦 12340 號、俄敦 12409D 號、俄敦 10090 號、俄敦 12330 號、俄敦 12381 號、俄敦 12409A 號、俄敦 12287 號 11 號《俄藏》均未定名，實皆爲玄應《音義》卷六《妙法蓮華經》音義；各號字體相同，抄寫行款格式一致（所釋詞條字體較大，注文字體略小，各

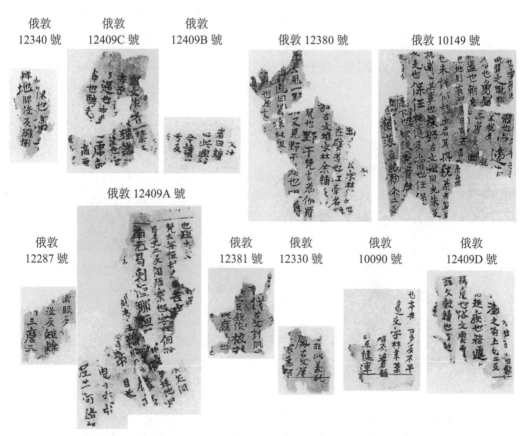

圖 21　俄敦 10149 號⋯俄敦 12380 號⋯俄敦 12409B 號⋯俄敦 12409C 號⋯
俄敦 12340 號⋯俄敦 12409D 號⋯俄敦 10090 號⋯俄敦 12330 號⋯
俄敦 12381 號⋯俄敦 12409A 號⋯俄敦 12287 號綴合示意圖

條接抄不換行，上下有邊欄，卷背皆抄有回鶻文），當爲同一寫本的殘葉；其中俄敦 12330 號與俄敦 12381 號、俄敦 12409A 號與俄敦 12287 號前後相承，可大致綴合爲一，其他各本間則皆有一行或十多行殘缺（圖 21）。《俄藏》把"俄敦 10149 號與俄敦 10090 號""俄敦 12409A 號與俄敦 12409B 號、俄敦 12409C 號、俄敦 12409D 號"分別拼合爲一，欠妥。[①]

又如第八卷二號，前一號俄敦 4659 號僅存四行（圖 22），後一號俄敦 14675 號僅存三行（圖 23），《俄藏》均未定名。考前者所釋爲玄應《音義》卷八《無量清浄平等覺經》下卷音義；後者所釋爲玄應《音義》卷八《佛遺日摩尼寶經》音義，據刻本，二號間有較多的殘缺；二號上下部皆有殘損，字體相同，抄寫行款格式一致（就所存部分看，詞條與注文字體大小似同，條目間不接抄），當爲同一寫本的殘片。

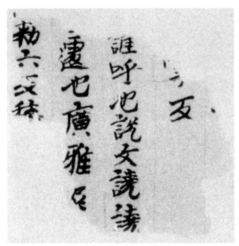

圖 22　俄敦 4659 號

圖 23　俄敦 14675 號

---

①本卷後一組 11 號的綴合和討論，較早見於張涌泉《敦煌本玄應〈一切經音義〉敍録》（《漢語史研究集刊》第 10 輯，巴蜀書社，2007 年），後來榮新江等指出本組殘片係吐魯番文獻，還可與德國國家圖書館藏吐魯番漢文回鶻文寫本 Ch/U6788 號、Ch/U7447 號、Ch/U7449 號、Ch/U6784 號、Ch/U7279 號、Ch/U6782d 號、Ch/U7448 號、Ch/U8063 號、Ch/U8093 號等殘片綴合，參看《吐魯番出土文獻散録》上册，圖版 13—16，中華書局 2021 年，第 76—87 頁。

（二）綴合要素

　　類聚了文本，就爲進一步考察可綴合殘卷創造了條件。在具體的綴合工作中，必須注意把握那些對殘卷綴合起關鍵的或決定性作用的因素。下面我們就把這些關鍵因素分解爲十二個方面，輔以具體例子，試作闡釋。[①]

1. 内容相鄰

　　如上所説，兩個殘卷内容相連或相鄰，爲同一寫本割裂的可能性通常比較大。所以確定兩個殘卷内容是否相連或相鄰，是判定其能否綴合的關鍵要素之一。如：

　　例一　北敦 2862 號（北 516；調 62），首全後缺，存 8 紙 201 行（次紙 26 行，其餘各紙每紙 25 行），後部如圖 24 右部所示，首題“▨（佛）説佛▨□（名經）卷第一”，背有題記：“中和元年歲次壬寅後七月月盡日。”《敦煌劫餘録》定作佚本十六卷本《佛説佛名經》卷一，《國圖》同，《國圖》條記目録稱該卷爲中和元年（881）歸義軍時期寫本。

　　又北敦 3225 號（北 536；致 25），前缺尾全，存 24 紙 576 行（前 23 紙每紙 25 行，末紙 2 行），前部如圖 24 左部所示，尾題“佛▨▨（名卷）第一”，《敦煌劫餘録》定作佚本十六卷本《佛説佛名經》卷一，《國圖》同，《國圖》條記目録稱爲 7—8 世紀唐寫本。

　　按：此二號皆爲十六卷本《佛説佛名經》卷一殘卷，且其内容前後相承，可以綴合。綴合後如圖 24 所示，二號左右相接，銜接處斷痕吻合，上下界欄對接無間；北敦 2862 號末行下欄“南无大品經”與北敦 3225 號首行上欄“南无阿毗曇經”内容連接，中無缺字。又二號行款格式相同，書風書迹近同（參下表 12），可資參證。二號綴合後，所存内容始首題，訖尾題，全卷幾近完整（僅首部 10 行中下部殘泐及中間漏抄約 22 行佛名）。

　　上揭二號既屬同一寫卷之撕裂，且同出一人之手，則其抄寫年代當據北

---

　　① 除出注説明者外，本節内容主要參考張涌泉、羅慕君《敦煌佛經殘卷綴合釋例》改寫，載《浙江大學學報》2016 年第 3 期，第 5—20 頁。

敦 2862 號背題記定作中和元年（881）歸義軍時期寫本;《國圖》條記目録稱
北敦 3225 號爲 7—8 世紀唐寫本，不可從。①

北敦 3225 號 （前部）　　　　　　北敦 2862 號（後部）

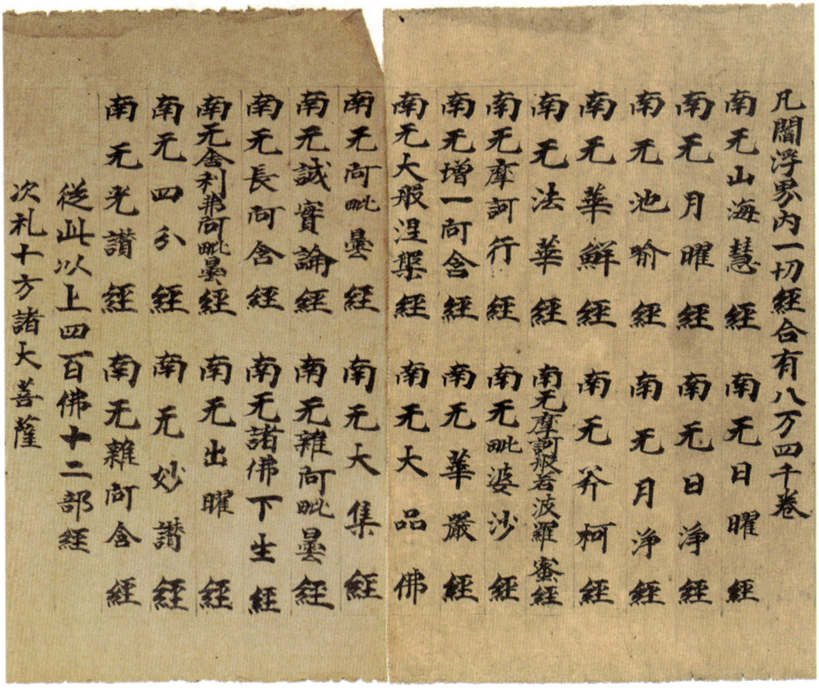

圖 24　北敦 2862 號（後部）＋北敦 3225 號（前部）綴合圖

表 12　北敦 2862 號與北敦 3255 號用字比較表

例字 卷號	禮	阿	念	北	世	在	經
北敦 2862 號	礼	阿	念	北	世	在	經
北敦 3225 號	礼	阿	念	北	世	在	經

①本組殘卷的綴合，最早見於筆者研究生劉溪的碩士論文《敦煌本早期〈佛名經〉寫本研究》（浙江師範大學，2016 年）初稿，并經筆者審定，但因十六卷本《佛名經》殘卷綴合部分的篇幅太大，最終未收入正式提交的學位論文。

例二　伯5587（11）號，殘片，如圖25上部所示，僅存5行，每行存上部4—5字，原卷缺題，《法藏》擬題《天地八陽神咒經》。

又北敦11242號（北臨1371），殘片，如圖25下部所示，存9行，每行存底部2—3字。原卷缺題，《國圖》擬題《天地八陽神咒經》。

按：上揭二號皆爲《天地八陽神咒經》殘片，雖殘損嚴重，但比對完整文本，推知原卷每行皆約17字，殘片多處内容前後銜接，極有可能可以綴合。如圖25所示，北敦11242號前行末字與伯5587（11）號次行首字均前後相接，依次爲“一／☒（種）信邪”“□（爲）決衆疑／佛言善男□（子）”“天陰地／陽”“□（天）☒（地）氣合／☒☒☒☒（一切草木）”（“／”

伯5587（11）號

中間缺9—10字

北敦11242號

圖25　伯5587（11）號…
北敦11242號綴合示意圖

表示兩號邊緣。下同此）。又二號抄寫行款格式相同（皆有烏絲欄，行距相等，行約17字，字體大小相近，字間距相近），書風相似，書迹似同（比較兩件皆有的“善”“男”“陰”諸字），可資參證。據此判定，二號當爲同一寫卷撕裂之殘片，但不可直接拼合，每行間缺9—10字。二號綴合後，所存内容參見《大正藏》T85/1424A8—1424A17。

有必要指出的是，所謂内容相鄰是一個帶有彈性的條件，而非指相關的兩個卷子必須完全接合。在若干其他關鍵要素符合的情況下，即便兩個卷子相距較遠，也不妨礙它們可以綴合。如下面的例子：

例三　俄敦5665號，殘片，如圖26右上部所示，存9殘行，每行存上部5—7字。原卷無題，《俄藏》未定名。

又俄敦 2620 號，殘片，如圖 26 右下部所示，存 9 殘行，每行存中下部 2—11 字。原片無題，《俄藏》擬題"大般若波羅蜜多經初分教誡教授品第七之二"（卷十二），《孟録》下册第 6 頁稱該卷爲 8—10 世紀寫本。

又北敦 2716 號（北 2040；吕 16），卷軸裝，2 紙，前部如圖 26 左部所示，前缺尾全，存 50 行（前紙 28 行，後紙 22 行），[1] 行 17 字，尾題"大般若波羅蜜多經卷第十二"。《國圖》條記目録稱該本爲 8 世紀唐寫本，背面有古代裱補，裱補紙上有勘記"欠頭"。

北敦 2716 號（前部）　　　　　　　　　　　　　俄敦 5665 號

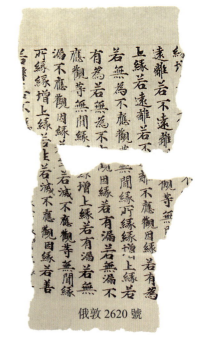

圖 26　俄敦 5665 號＋俄敦 2620 號⋯北敦 2716 號（前部）綴合示意圖

按：據殘存文字，可以考知前一號亦爲《大般若經》卷一二殘片，且前二號所存内容上下相接，可以直接綴合，綴合後行間烏絲欄上下對接，衘接處第 8 行原本撕裂爲二的"若"字得以復合爲一，2—7 行中間各有一二字的

---

① 前後二紙間約缺 2 紙 56 行經文，缺文參見《大正藏》T5/67A3—67B29，據此，原卷也許本身已被廢棄。

殘損。前二號綴合後，比勘完整經文，與後一號間約缺 13 紙 364 行，并不相鄰，但此三號行款格式相同（行間皆有烏絲欄，字體大小相似，字間距及行間距皆相近，滿行皆爲 17 字），字迹書風似同（比較表 13 所列例字），極有可能出自同一抄手，不能排除俄敦 5665 號＋俄敦 2620 號與後一號亦可綴合的可能性。試作綴合如圖 26 所示，後一號與前二號框高相同，上下界欄可以對接，爲同一寫本撕裂的可能性極大。

表 13　俄敦 5665 號、俄敦 2620 號、北敦 2716 號字迹比較表

例字 卷號	無	不	若	應	間	觀
俄敦 5665 號	無	不	若	應	間	觀
俄敦 2620 號	無	不	若	應	間	觀
北敦 2716 號	無	不	若	應	間	觀

同樣，有時即便兩個卷子内容完全衔接，也未必可以綴合。如下面的例子：

例四　斯 5485 號，前殘後缺，存 223 行。原卷缺題，《索引》擬題“梵網經盧舍那佛説菩薩心地戒品第十卷下”。所存内容起“若佛子，不得食五辛”句，訖“而菩薩應爲一切衆生講説大乘經律”句前 11 字，相應文字參見《大正藏》T24/1005B14—1008B11。

又斯 5059 號，前缺尾全，存 105 行，尾題“梵網經盧舍那佛説菩薩十重四十八輕戒”。所存内容起“而菩薩應爲一切衆生講説大乘經律”句後 4 字，訖尾題，相應文字參見《大正藏》T24/1008B11—1009C8。

按：上揭二號皆爲《梵網經》殘卷，或謂可以綴合[①]，其拼合後如圖 27 所示，其内容先後衔接，中無缺字，行款格式、字體也有相似之處（如行間皆有校加字，皆爲楷書，字形大小相近）。但仔細觀察，可以發現此二號書風字迹出入極大，

---

① 參看孟雪《敦煌〈梵網經〉寫本考暨俗字彙輯》，浙江師範大學碩士學位論文，2014 年，第 70 頁。

斯 5059 號（前部）　　　　　　　斯 5485 號（後部）

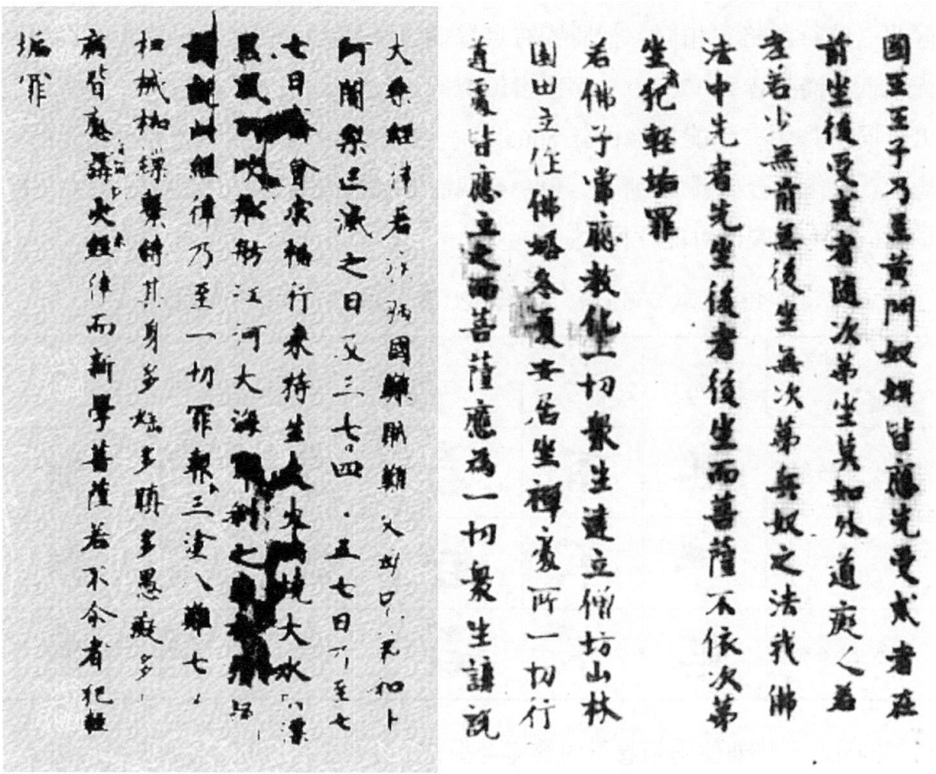

圖 27　斯 5485 號（後部）＋斯 5059 號（前部）拼合圖

表 14　斯 5485 號與斯 5059 號字迹比較表

例字　卷號	戒	於	尼	受	經	作	犯	若
斯 5485 號								
斯 5059 號								

可試比較表 14 所列字形。整體而言，斯 5485 號寫卷用筆軟弱無力，運筆欠流暢，筆畫缺乏藝術張力；斯 5059 寫卷用筆較精到，頓挫有力，對筆法的把握亦較準確。就具體字形而言，如"戒"字斯 5485 号戈旁無撇筆，而斯 5059 號則

有撇筆；"於"字斯 5485 號左部作 扌形，而斯 5059 號則作 才形；"尼"字斯 5485 號右下部作 匕形，而斯 5059 號則作 工形，等等，寫法明顯不同，不可能出於同一人之手，當然也不宜綴合爲一。[①]

2. 碴口相合

李家浩《回憶整理銀雀山漢墓竹簡》一文中説："我們根據竹簡照片完成殘簡拼接和簡文釋寫後，還要核對原簡，看殘簡拼接的碴口是否相合，不甚清楚的簡文釋寫是否正確，照片上不能辨别的字原簡是否能辨别等。"[②] 李氏講的"碴口是否相合"，是古器物修復和簡帛拼接的重要方法，也是敦煌殘卷綴接的不二法門。而且不少殘卷的碴口留有殘字，如果碴口有兩個或多個殘字可以拼接，那自然更是相關殘卷可以綴合的鐵證。如下面的例子：

例五　北敦 9174 號，4 紙，後部如圖 28 右上部所示，前後皆殘，存 86 行，行約 18 字，前 10 行、第 18—30 行、後 17 行中下殘。原卷無題，《國圖》擬題"天地八陽神咒經"，條記目録稱此卷爲 8—9 世紀吐蕃統治時期寫本。

又北敦 11957 號，殘片，如圖 28 中下部所示，存 17 行，每行存下部 9—10 字（首行僅存左側殘筆）。原卷無題，《國圖》擬題"天地八陽神咒經"，條記目録稱此爲 9—10 世紀歸義軍時期寫本。

又北敦 9178 號，1 紙，前部如圖 28 左側所示，前缺尾全，存 28 行，行約 18 字；尾題"佛説八陽神咒經"。《國圖》條記目録稱此卷爲 8 世紀唐寫本。

按：上揭三號皆爲《佛説八陽神咒經》，且其内容上下相接，前後相承，極有可能可以綴合。而且更可靠的證據是，北敦 9174 號後部與北敦 11957 號銜接處碴口裂痕左右、上下嵌合，天衣無縫，中間欄綫及下部界欄亦密合無間，原本分屬二號的縱向碴口銜接處"是色識耳是聲識鼻是"九字、橫向碴口銜接處"觸""分""中""天""現""中""大""地""蕩""獄"十字皆得復合爲一；北敦 9174 號 + 北敦 11957 號後部左側與北敦 9178 號前部右側碴

[①] 當然也不能排除此二號確爲同一卷之脱落，而原卷係由不同抄手分工完成；而後來的修復者也完全可以把它們拼接爲一整卷。但這種綴合必須極其謹慎，并作必要的説明。

[②] 李家浩《回憶整理銀雀山漢墓竹簡》，見清華大學出土文獻研究與保護中心編《出土文獻》第 1 輯，中西書局，2010 年，第 269 頁。

口凹凸嵌合，吻合無間，北敦 9178 號首行右側還依稀保留著北敦 11957 號末行下部"切"字的左側殘筆：可證此三號確可綴合無疑。又三號行款格式相同，書風字迹似同（比較三號共有的"一""切""佛""无"等字），可資參證。三號綴合後如圖 28 所示，所存內容參見《大正藏》T85/1423B28—1425B3。

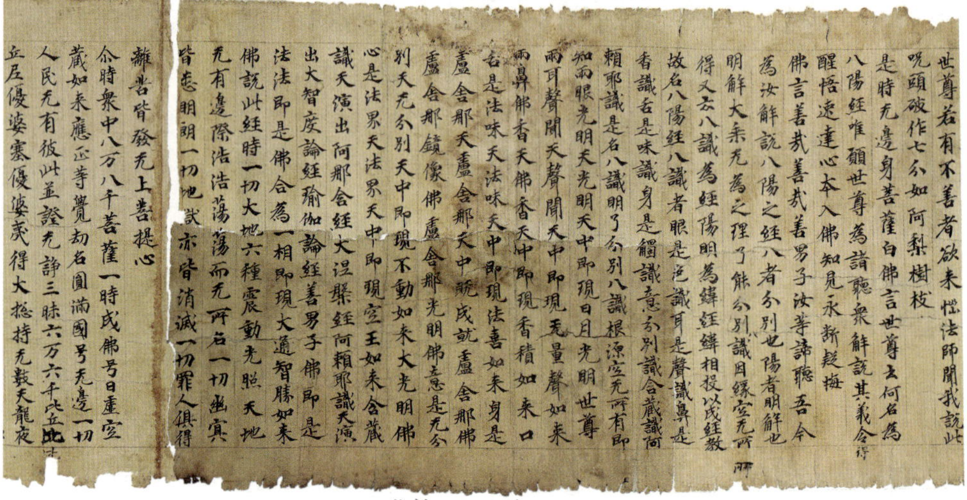

北敦 9178 號（前部）　　　　　　　　　　北敦 9174 號（後部）

北敦 11957 號

圖 28　北敦 9174 號（後部）＋北敦 11957 號＋北敦 9178 號（前部）綴合圖

上揭三號既屬同卷，而《國圖》條記目錄卻分別斷作 8—9 世紀吐蕃統治時期寫本、9—10 世紀歸義軍時期寫本、8 世紀唐寫本，斷代不一，宜再斟酌。

例六　斯 74 號，殘片，如圖 29 上部所示，首行題"佛說阿彌陀經一卷"，存 27 行，行 17 字，次行起 22 行下部殘損 2—5 字不等。

又斯 9547 號，殘片，如圖 29 下部所示，存 12 行，行存底端 2—4 字不等。原卷缺題，英國國家圖書館未定名。

按：後者亦爲《佛說阿彌陀經》殘片，且上揭二號內容上下相接，可以綴合。綴合後如圖 29 所示，銜接處原本分屬二號的"十""号""曰""德""道""琉""色""德"諸字復合爲一，嚴絲合縫，接續無間。又此二號行款格式相同、書風相似、筆迹似同，可資參證。綴合後所存內容起首題，訖"極樂國土成就如是功德莊嚴"句的"極樂"二字，相應文字參見《大正藏》T12/346B25—

347A11。[1]

斯 74 號

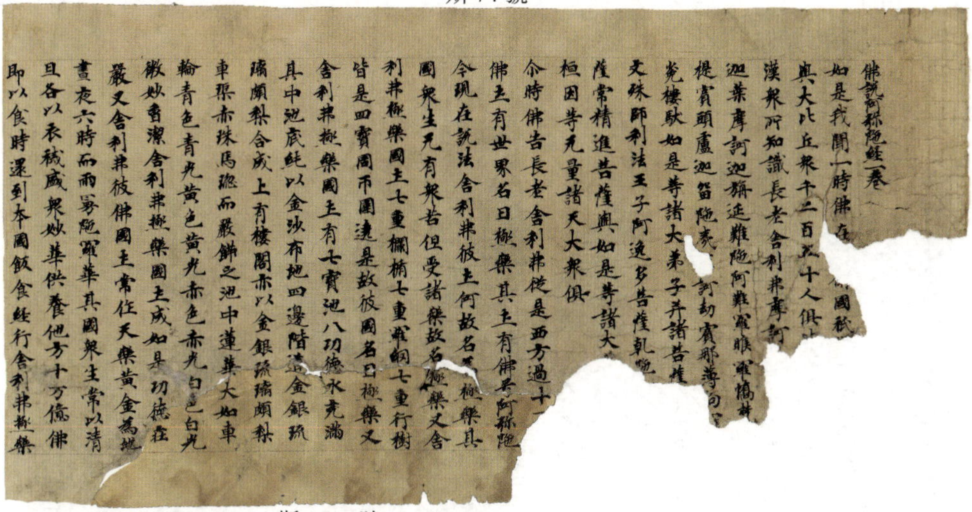
佛說阿彌陀經一卷
如是我聞一時佛在
國祇
與大比丘衆千二百五十人俱
漢衆所知識長老舍利弗摩訶
迦葉摩訶迦旃延難陁阿難羅睺羅憍梵
提賓頭盧迦留陁夷摩訶劫賓那薄句
㝹樓馱如是等諸大弟子并諸菩薩
文殊師利法王子阿逸多菩薩乾陁
薩常精進菩薩與如是等諸大
桓因等无量諸天大衆俱
尒時佛告長老舍利弗從是西方過十
佛土有世界名曰極樂其土有佛号阿彌陁
今現在說法舍利弗彼土何故名爲極樂其
國衆生无有衆苦但受諸樂故名極樂又舍
利弗極樂國土七重欄楯七重羅網七重行樹
皆是四寶周帀圍遶是故彼國名曰極樂又
舍利弗極樂國土有七寶池八功德水充滿
其中池底純以金沙布地四邊階道金銀琉
璃頗梨合成上有樓閣亦以金銀琉璃頗梨
車𤦲赤珠馬瑙而嚴飾之池中蓮華大如車
輪青色青光黃色黃光赤色赤光白色白光
微妙香潔舍利弗極樂國土成就如是功德莊
嚴又舍利弗彼佛國土常作天樂黃金爲地
晝夜六時而雨曼陁羅華其國衆生常以清
旦各以衣裓盛衆妙華供養他方十万億佛
即以食時還到本國飯食經行舍利弗極樂

斯 9547 號

圖 29　斯 74 號 + 斯 9547 號綴合圖

碴口相合是殘卷綴合最直觀最重要的證據，也最能讓人信服。但需要警惕那種貌似相合但其實并非真的同一寫本撕裂的情況。如下面的例子：

例七　北敦 8623 號（北 2951；位 23）《大般若波羅蜜多經》卷三五一，首全後殘，存 5 紙 119 行，紙高 29.1 釐米。後部如圖 30-1 右部所示，末行 3 字左側殘損。又北敦 1995 號（北 2953；收 95）《大般若波羅蜜多經》卷三五一，前殘尾全，存 13 紙 350 行，紙高 26.2 釐米。前部如圖 30-1、圖 30-2 左部所示，首行 3 字右側殘損。《中田録》及《國圖》條記目録稱此二號可按北敦 8623 號 + 北敦 1995 號綴合。[2]

按：上揭二號拼接如圖 30-1 所示，内容前後相承，銜接處裂痕貌似吻合，原本分屬二號的“實自體”似可拼合爲一。但仔細觀察，發現此 3 字拼合後字形超寬，筆畫有冗餘嫌疑，很不自然，且二號紙高不一，上下欄綫錯落不

① 參看陳琳《敦煌本〈阿彌陀經〉經寫本考》，浙江師範大學碩士學位論文，2015 年，第 74—75 頁。

② 中田篤郎編《北京圖書館藏敦煌遺書總目録》，京都：朋友書店，1989 年，第 174 頁。

相接，書風字迹不一（詳參表 15 所列例字），絕非出於同一人之手，中田氏及《國圖》判定恐怕有誤。

北敦 1995 號（前部）北敦 8623 號（後部）

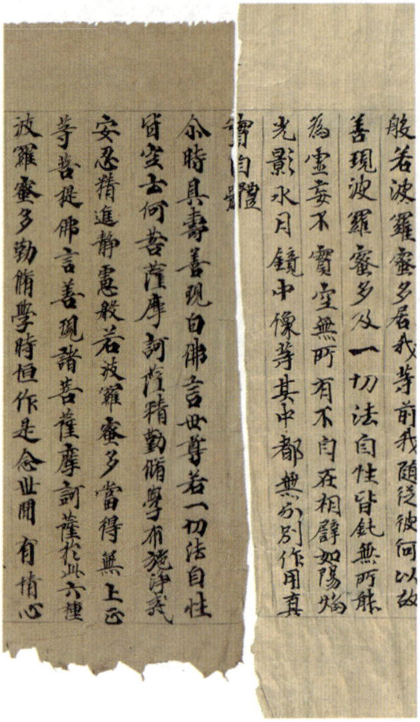

北敦 1995 號（前部）　　　　北敦 9857 號

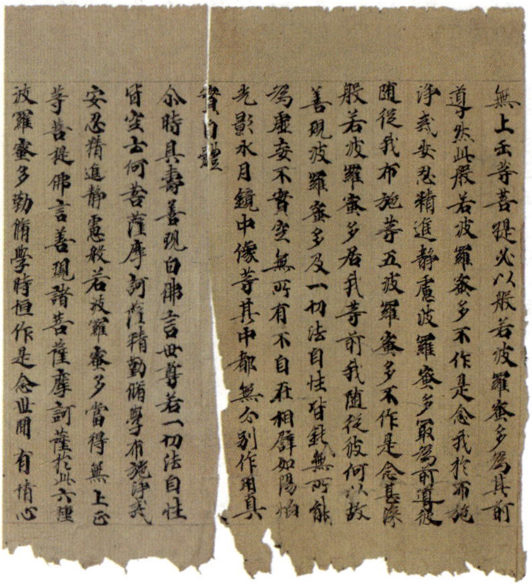

圖 30-1　北敦 8623 號（後部）+
北敦 1995 號（前部）拼接圖

圖 30-2　北敦 9857 號 + 北敦 1995 號（前部）
綴合圖

　　再看北敦 9857 號（朝 78），殘片，僅存 9 行，如圖 30-2 右部所示，末行 3 字左側殘損，紙高 25.5 釐米。原卷無題，《國圖》擬題“大般若波羅蜜多經卷三五一”。卷背有勘記“卅六”，係原卷所屬帙次。此號與北敦 1995 號所抄內容先後相接，當可綴合。綴合後如圖 30-2 所示，銜接處裂痕吻合，原本分屬二號的“實自體”3 字密合無間，可成完璧。且此二號行款格式相同（經國家圖書館劉波測量，北敦 9857 號與北敦 1995 號框高皆爲 19.9 釐米，完全一致；而北敦 8623 號框高 19.5 釐米，有出入），書風字迹似同（詳參表 15 所列例字），可證此二號確爲同一寫卷之撕裂。中田氏及《國圖》未能仔細比較寫卷行款、字體的差異，僅憑內容相承和銜接處裂痕、殘字契合度較高，便把北敦 8623 號與北敦 1995 號牽合在一起，失之草率。①

表 15　北敦 8623 號與北敦 9857 號、北敦 1995 號用字比較表

例字 卷號	所	波	若	不	菩	以
北敦 8623 號	所	波	若	不	菩	以
北敦 9857 號	所	波	若	不	菩	以
北敦 1995 號	所	波	若	不	菩	以

3. 字體相同

敦煌寫本文獻抄寫時間上起魏晉六朝，下訖北宋初年，前後跨越六百多年。這一時期，小篆已然退出日常的使用行列，隸書亦日漸趨於衰微，而楷書、草書、行書則方興未艾，六萬多號敦煌寫本正是這一消長的真切反映。敦煌文獻中，篆書字體僅見於一些特殊的場合；隸書的痕跡在早期的寫本中則還比較明顯，不少寫卷的字體介於隸書、楷書之間，可稱之爲“隸楷”；楷書寫卷數量最多，反映了其發展、定型和成熟的過程；行書、草書也不少見，多見於佛經疏釋一類的寫卷中。一般而言，出於同一時期同一抄手寫卷的字體往往是一致的，所以字體是否相同也就成了判定殘卷能否綴合的重要條件。試看下舉二例：

例八　斯 271 號，前後均殘，存 2 紙 23 行，前 4 行、後 3 行下部有殘損。原卷缺題，《索引》泛題“佛經”，《索引新編》擬題“梵網經盧舍那佛説菩薩心地戒品第十卷上”。存文起“從一劫入无量劫”句後五字，訖“我於是中入教化道三昧”句前三字，相應文字參見《大正藏》T24/1000B15—1000C09。《翟錄》云：好寫卷，紙張淡黃色，紙高 27 釐米。《英圖》條記目錄稱原卷爲楷書，爲 5—6 世紀南北朝時期寫本。

又斯 303 號，前後均殘，存 5 紙 96 行，首 2 行、末行有殘損。原卷缺題，《索

---

① 參看徐浩、張涌泉《〈國家圖書館藏敦煌遺書〉誤綴四題》，載《文獻》2017 年第 1 期，第 9—12 頁。

引》泛題"佛經",《索引新編》擬題"梵網經盧舍那佛説菩薩心地戒品第十卷上"。存文起"☒(道)諦☒(盡)",訖"如觀十二因緣品中説"句後四字右半,相應文字參見《大正藏》T24/1000C22—1002A3。《翟録》云:六世紀好寫卷,紙張淡黄色。《英圖》條記目録稱原卷紙高27釐米,隸書,抄寫於5世紀,爲南北朝時期寫本。

斯303號(前部)　　　　　　　　　　斯271號(後部)

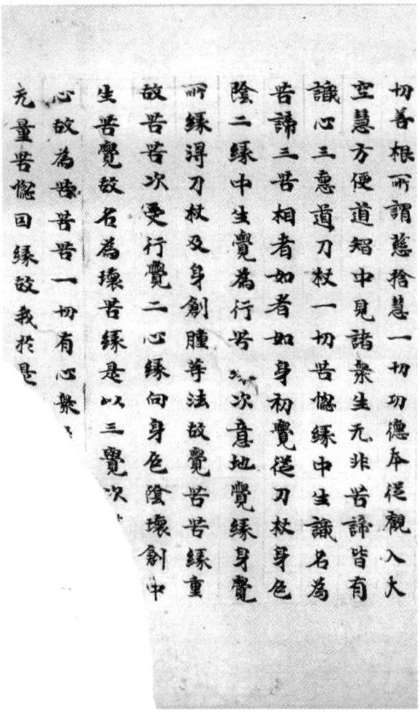

圖31　斯271號(後部)與斯303號(前部)對比圖

　　按:如圖31所示,上揭二號殘卷抄寫行款格式相同(紙高27釐米,有烏絲欄,行17字,字體大小相近,字間距相近),紙面皆有污迹,外觀近同。進而從字體上看,二號皆爲楷書而帶有隸意,字體方正,筆墨濃重,書風相似,筆迹似同(比較表16所列例字),本書下編《梵網經盧舍那佛説菩薩心地戒品第十》綴合第1組指出,此二號極有可能爲同一寫卷之撕裂。然二者不能直接綴合,中間約缺失14行文字,有待進一步的發現。二者綴合後可擬題"梵網經盧舍那佛説菩薩心地戒品第十卷上"。

又，上揭二號既可綴合爲一，而《英圖》條記目錄稱前者爲楷書，後者爲隸書，明顯不妥，應定爲帶有隸意的楷書；《英圖》條記目錄又稱前者抄寫於5—6世紀，後者抄寫於5世紀，斷代亦不一致，需再斟酌。

表16　斯271號與斯303號字迹比較表[①]

例字　卷號	一	智	色	分	平	埵	苦	觀	惱	願	惡
斯271號	一	智	色	分	平	埵	苦	觀	惱	顛	惡
斯303號	一	智	色	分	平	埵	苦	觀	惱	顛	惡

例九　俄敦100號，殘片，如圖32右部所示，存24行，每行存下部6—8字。原卷缺題，《孟録》上册第290頁定作"合部金光明經卷第七流水長者子品第二十一"，稱該卷爲5—6世紀隸書寫本；《俄藏》改題"金光明經卷第七流水長者子品第二十一"。

又北敦5935號，2紙，前部如圖32左部所示，前缺尾全，存39行，行約15字。尾題"金光明經卷第四"。《國圖》定作"金光明經（異卷）卷四"，條記目錄稱"與《大正藏》本經對照，分卷不同。本件相當於《大正藏》之流水長者子品第十六。分卷與歷代大藏經本均不同"；又稱該卷爲5世紀南北朝時期隸楷寫本，有古字。

按：《金光明經》是印度大乘佛教的重要經典，漢文本前後有五譯，其中北涼玄始年間（412—427）曇無讖譯《金光明經》、隋開皇十七年（597）寶貴合《合部金光明經》、唐武周長安三年（703）義浄譯《金光明最勝王經》是現今傳世的三種譯本，敦煌文獻中皆有抄本。上揭二號文字同時見於曇無讖本《金光明經》及寶貴本《合部金光明經》，然此二號隸書意味濃厚，應出於隋朝之前，故寶貴本的可能性應可排除。敦煌寫本讖本大多爲四卷十九品本（曇無讖譯四卷十八品加隋闍那崛多補譯的《囑累品》）；但亦有五卷

---

① "願"下的例字本爲"顛"字俗寫，後通用"願"字。

俄敦 100 號

北敦 5935 號（前部）

圖 32 俄敦 100 號與北敦 5935 號（前部）對比圖

十八品本,五卷本的卷四止於流水長者子品第十六,如北敦 7763 號、斯 616 號、斯 3764 號等號皆是,上揭二號亦正是該本的殘片,應擬題作"金光明經(五卷十八品本)卷四"。又《孟録》稱俄敦 100 號爲 5—6 世紀隸書寫本,《國圖》條記目録稱北敦 5935 號爲 5 世紀南北朝時期隸楷寫本,有古字。考此二號字體完全相同,總體而言,似以定作隸楷爲近真(處於隸書向楷書轉變的早期,所以隸書的意味還很濃,但豎畫、豎鈎、撇畫以及部分折筆都已初步體現楷書筆法),二號極有可能出於同一人之手,且内容前後相承,應爲同一寫卷之撕裂。另外此二號行款格式相同,筆迹似同(比較表 17 所列例字),可以比勘。不過此二號難以直接相接,比勘完整文本,其間約缺 3 行 46 字。[①]

表 17　俄敦 100 號與北敦 5935 號字迹比較表

例字 卷號	是	處	解	号	甚	受	説
俄敦 100 號	昰	處	解	号	甚	受	説
北敦 5935 號	昰	處	解	号	甚	受	説

4. 書風近似

字體關乎小篆、隸書、楷書等形體類别;書風則側重具體寫卷呈現的書寫風格,包括抄手用筆及結體的特點,具體字形的寫法,等等。同一抄手在同一時期抄寫的卷子往往呈現出相似的書寫風格,所以書風的異同是判定敦煌殘卷能否綴合的重要標尺,也是每一組綴合都必須面對的問題。如下面的例子:

例十　伯 4925 號,前後皆缺,存 28 行,後部如圖 33 右部所示,行約 17 字。楷書。有烏絲欄。原卷缺題,《寶藏》擬題"藥師瑠璃光如來本願功德經"。

又伯 4554 號,前缺尾全,存 28 行,前部如圖 33 左部所示,行約 17 字,楷書。有烏絲欄。末題"藥師經"。

[①] 參看張涌泉、朱若溪《俄藏〈金光明經〉敦煌殘卷綴合研究》,《復旦學報(社會科學版)》2015 年第 6 期,第 10 頁。

　　按：經與《大正藏》所載《藥師經》經本比對，上揭二號内容前後相連，且行款相同（行約 17 字，字體大小一致，行距、字間距相同，天頭、地脚等高，有烏絲欄），有可能爲同一寫卷之撕裂。再就字形而言，此二號書寫風格相似（楷書方正，筆墨濃重，書寫清晰），字迹似同（二號共有的"解""於""苦""有""藥""得""人"等字字形神似，比較表 18 所列例字），可證此二號當出於同一抄手，應爲同一寫本之脱落，可以綴合。綴合後如圖 33 所示，二卷綴合後，所存内容起"无病自在，皆得增益"，訖尾題"藥師經"，相應文字參見《大正藏》T14 ／ 407C23—408B25。①

伯 4554 號（前部）　　　　　　　　伯 4925 號（後部）

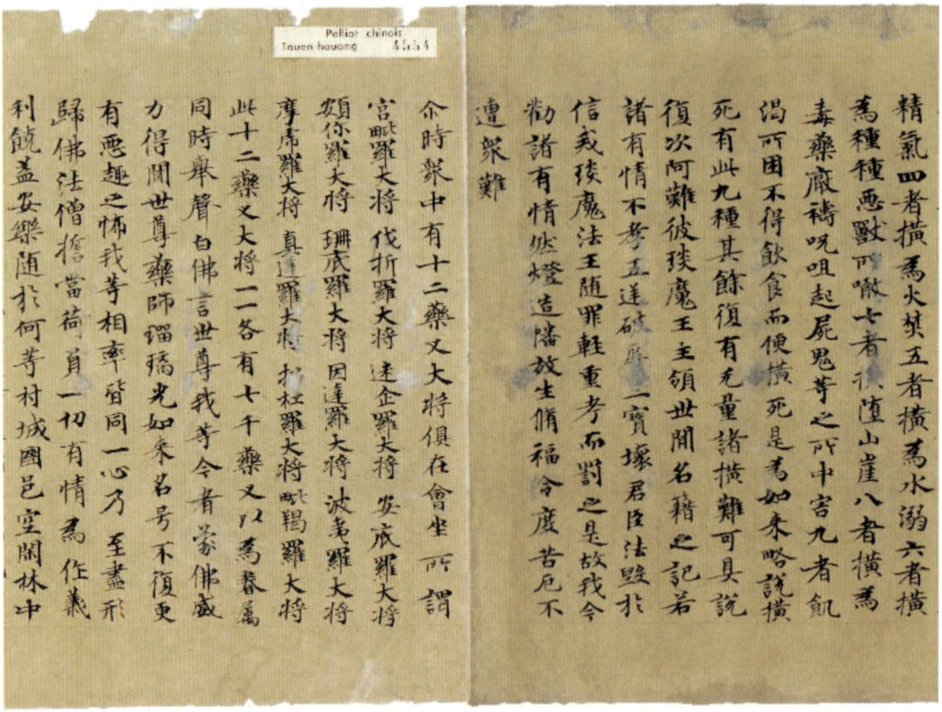

圖 33　伯 4925 號（後部）＋伯 4554 號（前部）綴合圖

---

　　① 上揭二號的綴合參看張涌泉、劉豔紅《敦煌本〈藥師琉璃光如來本願功德經〉殘卷綴合研究》一文，《浙江師範大學學報》2014 年第 6 期，第 11 頁。

表 18　伯 4925 號與伯 4554 號字迹比較表

例字　卷號	解	於	苦	不	衆	所	尒	得
伯 4925 號	解解	於	苦	不	衆	所	尒	得
伯 4554 號	解解	於	苦	不	衆	所	尒	得

例十一　北敦 3153 號，6 紙，局部如圖 34 右部所示，前殘後缺，存 159 行，行 17 字左右；楷書，有烏絲欄；原卷缺題，《國圖》擬題"梵網經盧舍那佛說菩薩心地戒品第十卷下"，條記目録稱該卷爲 9—10 世紀歸義軍時期寫本。

又北敦 2852-1 號，7 紙，局部如圖 34 左部所示，前缺尾全，存 180 行，行 17 字左右；楷書，有烏絲欄；尾題"梵網經盧舍那佛說菩薩十重四十八輕戒"，《國圖》條記目録稱該卷爲 8—9 世紀吐蕃統治時期寫本。

北敦 2852 號 1（前部）　　　北敦 3153 號（後部）

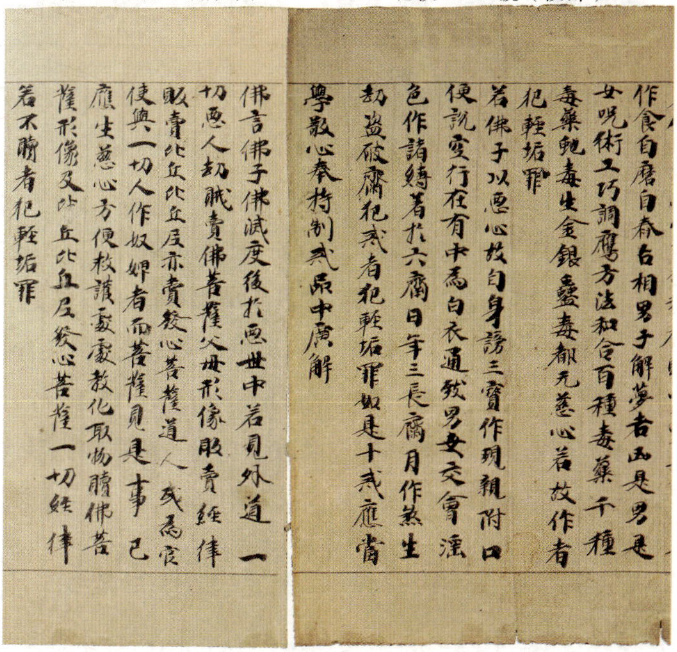

圖 34　北敦 3153 號（後部）+ 北敦 2852 號 1（前部）綴合圖

按：上揭二號皆見於《梵網經》下卷，且内容先後相承，北敦 3153 號末句"《制戒品》中廣解"與北敦 2852 號 1 首句"佛言：佛子，佛滅度後"先後相承，中無缺字，可見二號存有可以綴合的可能性。再就書風而言，二號用筆横細豎粗，筆意相連，筆迹似同，如"受"字中間的三點皆作頓筆，"物"字左旁的前二筆、後二筆皆作連筆，"輕"字左旁下部的横畫皆作提筆（比較表 19 所列例字）等，書風近同，據此判斷，此二號確爲同一寫卷之撕裂，可以綴合爲一。綴合後如圖 34 所示，上下的欄綫適相對接，斷痕吻合無間。又二號行款格式相同，可資參證。

表 19   北敦 3153 號與北敦 2852-1 號字迹比較表

例字 卷號	安	受	解	開	形	於	物	此	越	淫	輕
北敦 3153 號	安	受	解	開	形	於	物	此	越	淫	輕
北敦 2852 號	安	受	解	開	形	於	物	此	越	淫	輕

又此二號既爲一卷之撕裂，而《國圖》條記目録稱北敦 3153 號爲 9—10 世紀歸義軍時期寫本；北敦 2852 號 1 爲 8—9 世紀吐蕃統治時期寫本，時間有出入，宜再斟酌。[①]

例十二   北敦 2403 號（北 7211；成 3），前殘尾缺，存 15 紙 387 行，行 26 字左右，後部如圖 35 右部所示，楷書。有烏絲欄。原卷缺題，《劫餘録》定作"瑜伽師地論卷册八"。《國圖》條記目録定作 8—9 世紀吐蕃統治時期寫本。

又北敦 5825 號（北 7212；菜 25），前缺尾全，存 2 紙 35 行，行 27 字左右，前部如圖 35 左部所示。楷書。有烏絲欄。尾題"瑜伽師地論卷第册八"，題下小字署"大中十二年☒月一日説畢   比丘明照本"，又另行書"大中十二年八月五日比丘明照隨聽寫記"。卷背又有題記一行："大中十二年八月二日，

---

① 參看張涌泉、孟雪《國圖藏〈梵網經〉敦煌殘卷綴合研究》，見復旦大學出土文獻與古文字研究中心編《出土文獻與古文字研究》第 6 輯，上海古籍出版社，2015 年，第 809—810 頁。

尚書大軍發討蕃，開路。四日上磧。"字體與正面論文及另行所書題記字體相同，當亦是出於明照之手。《國圖》條記目録定作 858 年歸義軍時期寫本。

北敦 5825 號（前部）　　　　　　　　　北敦 2403 號（後部）

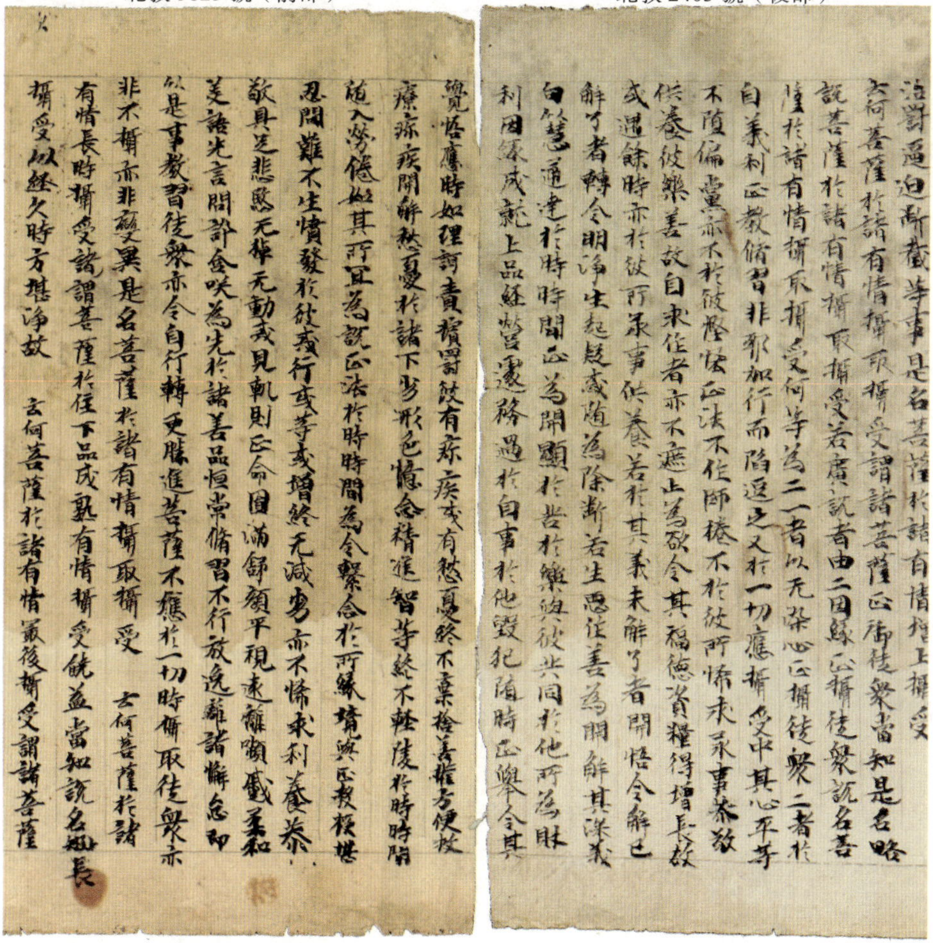

圖 35　北敦 2403 號（後部）+ 北敦 5825 號（前部）綴合圖

按：上揭二號内容前後相承，應可綴合。二號綴合後如圖 35 所示，北敦 2403 號末行行末 "隨時正舉令其" 與北敦 5825 號首行行首 "覺悟" 相連成句，先後銜接，中無缺字。且二號行款格式相同（天頭地脚等高，行間皆有烏絲欄，字體大小相似，行 27 字左右，行末字皆多有超出欄綫者），字迹近同（比較二號共有的 "經""共""棄" 等字），可以判定二號爲同一寫卷之撕裂。爲進一步説明問題，兹列出部分字形比對如下：

表 20　北敦 2403 號與北敦 5825 號字迹比較表

例字 卷號	經	共	棄	解	御	勇	安	極	於
北敦 2403 號	經	共	棄	解	御	勇	安	極	於
北敦 5825 號	經	共	棄	解	御	勇	安	極	於

從上表可知，上揭二號"經"字右部作"圣"形，"共"字上部作"业"形，"棄"字中部作"世"形，"於"字左部作"才"形等，字形結體呈現出極大的一致性，可見它們確應出於同一人之手。

又，今既知此二號可以綴合爲一，《國圖》條記目録據北敦 5825 號末尾題記稱其爲 858 年歸義軍時期寫本，是；但又稱北敦 2403 號爲 8—9 世紀吐蕃統治時期寫本，則顯然有誤，宜比照前者一併定作 858 年歸義軍時期寫本。[①]

5. 抄手同一

不少敦煌寫本留有抄手題署，如果内容前後相承的不同殘卷有同一抄手題署，則往往存有綴合的可能性。如：

例十三　北敦 3482 號（北 7192；露 82），後部如圖 36 中右部所示，首全後缺，存 375 行，行 28 字左右；首題"瑜伽論第廿一卷随聽手記"；行書，有烏絲欄；《國圖》條記目録稱其爲 9 世紀歸義軍時期寫本。

又斯 6440 號，前部如圖 36 中左部所示，前缺尾全，存 2066 行，行 28 字左右，卷中依次題"瑜伽論卷第廿一卷竟""瑜伽論卷手記第二卷""瑜伽論卷第廿二手記""瑜伽論第廿三卷記""瑜伽師地論卷第廿三手抄記""瑜伽論第廿四卷手記""第廿四卷手記説竟""瑜伽論第廿五卷手記""瑜伽論第廿五卷種姓地説竟""瑜伽論第廿六手記卷初"，尾題"瑜伽論上五卷手☒☒卷☒足"；

---

① 參看張涌泉、徐鍵《〈瑜伽師地論〉系列敦煌殘卷綴合研究》，《安徽大學學報》2015 年第 3 期，第 81—82 頁。

行書,有烏絲欄。

　　按:上揭二號行款格式相同,内容前後相承,北敦3482號最後部分解説《瑜伽師地論》卷二一初瑜伽處趣入地品第二,此處講至"第廿明未成熟人分三",最後一行解釋"離生",言"如食者,生不堪喫用,熟已方名離生也,此亦如是。見道已",末三字正與斯6440號首行"前行未淳熟皆名爲生"組成完整一句:"見道已前,行未淳熟,皆名爲生",解説"生"之義,二號存有可以直接綴合的可能性。再如圖36右側、左側所示,北敦3482號卷背騎縫處有"沙門洪真"題名3處,斯6440號卷中、卷背均有"沙門洪真"題名,二號題署字形近同,且與筆記文字一致,應均屬於洪真"手記",原卷當係比丘洪真聽法成講《瑜伽師地論》所做的筆記。由此可見,上揭二號必爲同一寫卷之撕裂,可以綴合。綴合後局部如圖36所示,第廿一卷至廿六卷"手記"完整無缺。①

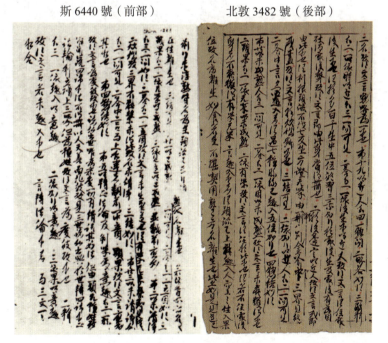

斯6440號(前部)　　　北敦3482號(後部)

圖36　北敦3482號(後部)+斯6440號(前部)綴合圖及洪真題名

①參看張涌泉、徐鍵《〈瑜伽師地論〉系列敦煌殘卷綴合研究》,《安徽大學學報》2015年第3期,第84頁。

例十四 北敦 14750 號（北新 950），前缺尾全，存 4 紙，130 行。始"二顯果，三結；五明无過相"，訖"第四明德結"。卷中題"瑜伽論第卅五卷分門境（竟）""瑜伽論第卅六卷分門記 國大德三藏法師法成述 僧智慧山"。行書。有烏絲欄。有科分、句讀及校改。《國圖》條記目錄題作"瑜伽師地論分門記卷三五、卷三六"，并稱其爲 9—10 世紀歸義軍時期寫本。

又定博 6 號（定西市安定區博物館藏 242 號），前後皆缺，存 9 紙，272 行。卷中有題"瑜伽論第卅六分門記竟""瑜伽論第卅七分門記 國大德三藏法師法成述 智惠山"。行書。有烏絲欄。有科分、句讀及校改。《甘藏》題作"瑜伽論第三十六、三十七分門記"。

定博 6 號（前部）   北敦 14750 號（後部）

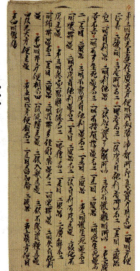

圖 37 北敦 14750 號（後部）…定博 6 號（前部）綴合示意圖及抄手署名[1]

按：北敦 14750 號後部與定博 6 號前部都屬於《瑜伽師地論分門記》第三十六卷，雖然二號不直接相連，[2] 但卷中均有"智慧山"的題記，字迹與正

---

[1] 定博 6 號爲《甘肅藏敦煌文獻》編號，現藏甘肅省定西市安定區博物館，館藏編號爲 242 號，感謝李天龍館長提供彩色照片。

[2] 此二號完整各紙每紙 34 行，但北敦 14750 號後紙 28 行，定博 6 號首紙 23 行，與標準整紙分別缺 6 行、11 行，共 17 行，應該就是此二號之間殘缺的行數。

文同,可以確定所抄《瑜伽師地論分門記》第三十五—三十七卷均爲智慧山所寫,則此二號亦必屬同一寫卷之脱落, 綴合示意圖如圖 37 所示。且二號行款格式相同（行間皆有烏絲欄, 字體大小相似, 字間距及行間距皆相近, 行均 33 字左右）, 書風相似, 字迹相同, 可資參證。①

6. 持誦者同一

抄寫佛經是一種功德, 抄好的佛經會分發給僧徒或信衆持誦, 持誦者有時會在經本卷首卷尾或其他位置署上自己的名字。這些經本撕裂後, 有時我們就可以依靠持誦者留下的信息加以綴合。如：

例十五　斯 3526 號, 後部如圖 38-1 右部所示, 首全後缺, 存 342 行, 行約 17 字; 楷書, 有朱筆標識符號, 有烏絲欄; 所存内容始首題 "瑜伽師地論卷第廿八　彌勒菩薩説　沙門玄奘奉詔譯", 訖 "脩彼二品勝光明想, 是名想脩", 相應文字參見《大正藏》T30/435C21—439C18; 首題之前另行下端有 "一真" 字樣, 當是抄寫者題名。

又北敦 14031 號（北新 231）, 前部如圖 38-1 左部所示, 前缺尾全, 存 199 行, 行約 17 字; 楷書, 有朱筆標識符號, 有烏絲欄; 所存内容始 "云何菩提分脩", 訖尾題 "瑜伽師地論卷第廿八", 相應文字參見《大正藏》T30/439C18—442A18; 尾題後有 "净土寺藏經" 長方形墨印, 方印後有 "一真本" 三字;《國圖》條記目録定爲 9 世紀歸義軍時期寫本。②

按：上揭二號皆爲《瑜伽師地論》卷廿八殘卷, 且行款格式相同（框高略同, 行間皆有烏絲欄, 字體大小相似, 字間距及行間距皆相近, 皆有朱筆標識符號, 段落之首皆或標有 "🐾" 形標記, 行約 17 字）, 字迹相同; 内容前後相承, 斯 3526 號末行的 "脩彼二品勝光明想, 是名想脩" 與北敦 14031 號首行的 "云何菩提分脩" 先後衔接, 很可能可以綴合。③ 再核斯 3526 號卷首與北敦 14031

---

① 參看本書下編《瑜伽師地論分門記》綴合第 3 組。

② 北敦 14032 號《瑜伽師地論》卷三一尾題後有 "丁丑年七月十日説畢, 沙彌一真隨聽本", 其中的丁丑年當爲 857 年, 這個 "一真" 與斯 3526 號、北敦 14031 號首尾題的 "一真" 應是同一個人, 據此推斷,《國圖》條記目録稱北敦 14031 號爲 9 世紀歸義軍時期寫本, 庶幾近是。

③ 北敦 14031 號首行之前另隱約可見一行字的左側殘畫, 係二紙粘連時另一紙末行文字墨汁滲透所致, 經仔細辨認, 其上部七字殘畫正是斯 3526 號末行行端 "爲脩正觀脩彼二" 左側墨汁滲透而然。

北敦 14031 號（前部）　　　　　　　　　斯 3526 號（後部）

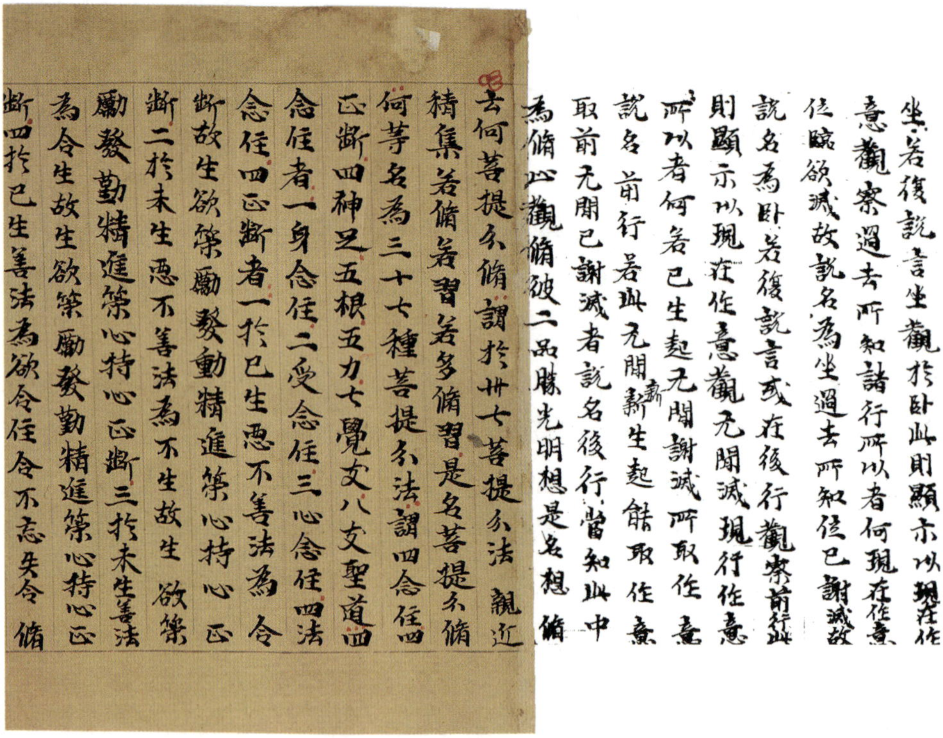

圖 38-1　斯 3526 號（後部）＋北敦 14031 號（前部）綴合圖

號卷末的"一真"題名，如圖 38-2、38-3 所示，書風字迹近同，係同一人筆迹；斯 6788 號《瑜伽師地論分門記》卷二五至二八係一真聽法成講《瑜伽師地論》的聽課筆記，卷中、卷背亦有"一真"題署，如圖 38-4 所示，字迹與斯 3526 號、北敦 14031 號的"一真"同，亦出於同一人手筆。斯 6788 號正文書風字迹與"一真"題署一致，也應出於一真之手。但前二號正文文字與"一真"題名書風明顯不同，説明"一真"可能只是此二號論文的持誦者，而非論文的抄寫者。根據斯 3526 號與北敦 14031 號本屬同一人持有的事實，進一步證明此二號確爲同一卷之撕裂。二號綴合後，如圖 38-1 所示，該卷首尾全具，得成完璧。①

① 參看張涌泉、徐鍵《〈瑜伽師地論〉系列敦煌殘卷綴合研究》，《安徽大學學報》2015 年第 3 期，第 80—81 頁。

圖 38-2　斯 3526 號　　圖 38-3　北敦 14031 號　　圖 38-4　斯 6788 號

7. 藏家同一

部分敦煌文獻從藏經洞流入民間，存在把一件寫卷人爲割裂成數件的現象。如上文第一節引羅振玉《抱朴子殘卷校記序》，云敦煌石室本《抱朴子》殘卷原藏皖江孔氏，凡三篇，後"割第一篇以贈定州王氏，餘二篇又以售於海東"。這些割裂後的殘卷往往還殘留著原收藏者的某些信息，這些信息也有助於殘卷的綴合。如：

例十六　浙敦 170 號（浙博 145），1 紙，如圖 39 右部所示，紙高 25 釐米，框高 19.7 釐米，欄寬 1.5—1.7 釐米，天頭 3.1 釐米，地脚 2.2 釐米；前缺後殘，存 16 行，行約 17 字，後三行下部略有殘損；楷書，有烏絲欄；原卷缺題，《浙藏》泛題"佛經殘片"，敘錄稱此件爲唐寫本。

又浙敦 171 號（浙博 146），1 紙，如圖 39 左部所示，紙高 24.8 釐米，框高 19.7 釐米，欄寬 1.5—1.7 釐米，天頭 3 釐米，地脚 2.1 釐米；前後皆殘，存 16 行，行約 17 字，後三行下部略有殘損；楷書，有烏絲欄；原卷缺題，《浙藏》泛題"佛經殘片"，敘錄稱此件爲唐寫本。

按：黄征、張崇依《浙藏敦煌文獻校錄整理》稱上揭二號皆爲《瑜伽師地論》卷十九殘片，且二號紙高、框高、欄寬、天頭、地脚等基本要素相同，筆迹一致，應本爲同一寫卷，惜中部殘缺無法直接綴合，[①] 甚是。《浙藏》敘錄稱此二號均爲張宗祥原藏，浙博原藏品號均爲 23280·21，則其不但來源同一，

---

① 黄征、張崇依《浙藏敦煌文獻校錄整理》，上海古籍出版社，2012 年，第 574 頁。

而且編號同一,説明原收藏者本應視其爲同一寫卷之斷片,浙江博物館及《浙藏》分而爲二,殊屬不妥。二號綴合後如圖39所示,據完整經本,二號間約缺12行,所存内容始"復次今當略辨上所説義"句,訖"調順柔和易可共住"句前六字,相應文字參見《大正藏》T30/382C26—383B16。[①]

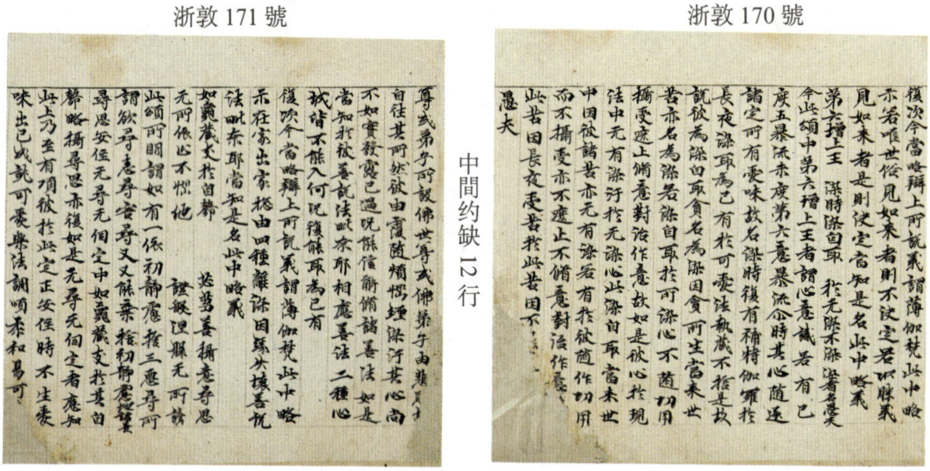

圖39　浙敦170號…浙敦171號綴合示意圖

例十七　浙敦136號(浙博111),殘片,如圖40中部所示,前後皆殘,存10行,行19—21字(首行右側及下端殘損)。有烏絲欄。原卷無題,《浙藏》擬題"摩訶僧祇律";《浙藏》敘録稱本卷係張宗祥原藏,浙博原藏品號23280·4,唐寫本,行楷,紙高25釐米,内容爲卷第五明僧殘戒之一,可與浙敦137號綴合。所存内容始"染污心捉女人髮編"句,至"女人走入衆女間"句首二字止,相應文字見T22/266A6—266A19。

又浙敦137號(浙博112),殘片,如圖40左部所示,前後皆殘,存10行,行20—21字(首行上端和下部殘缺,末行僅存若干殘筆)。有烏絲欄。原卷無題,《浙藏》擬題"摩訶僧祇律";《浙藏》敘録稱本卷係張宗祥原藏,浙博原藏品號23280·4,唐寫本,行書,紙高25釐米,内容爲卷第五明僧殘戒之一,

---

① 又此二號與北敦2149號、北敦9596號行款、字體、書風書迹完全相同,亦可綴合。詳參張涌泉、徐鍵《〈瑜伽師地論〉系列敦煌殘卷綴合研究》,載《安徽大學學報》2015年第3期,第75—77頁。

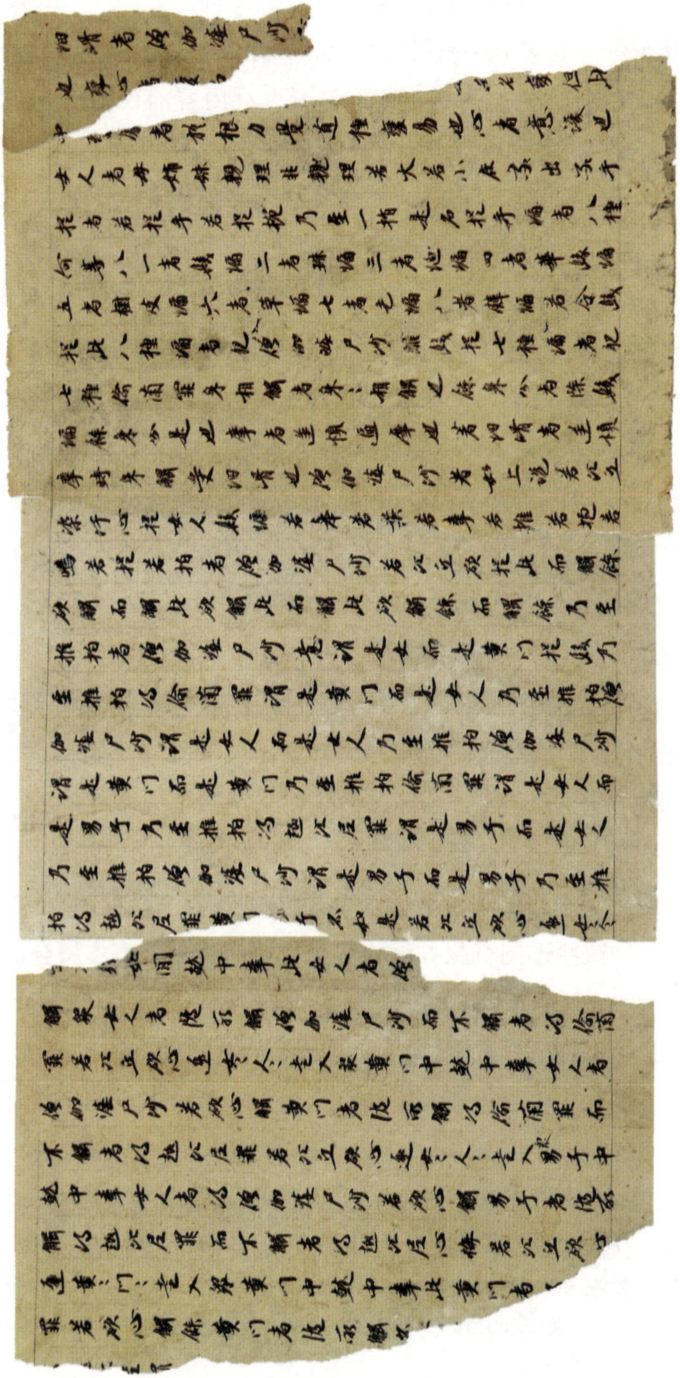

圖40　北敦10386號＋北敦9854號＋浙敦136號＋浙敦137號綴合圖

可與浙敦 136 號綴合。所存内容始“女人走入衆女間”句“走入”二殘字，至“而不觸者得越比尼罪”句後五字右側殘形止，相應文字見 T22/266A19──266B2。

　　按：上揭二號皆出《摩訶僧祇律》卷五，且内容前後相承，《浙藏》敘録已指出浙敦 136 號、浙敦 137 號可以綴合，甚是。綴合後如圖 40 中左部所示，二號左右相接，銜接處略有殘缺，但浙敦 136 號末行行末“女人”與浙敦 137 號首行行首“☒☒（走入衆）女間”相連成句，正相承接。又此二號行款相似（皆有烏絲欄，每行字數相近，天頭地脚高度相近，行距大小及字體大小亦相近），字迹書風統一，可資參證。又浙敦 136 號、浙敦 137 號皆係張宗祥舊藏，且編在同一號，也許收藏者原本就視爲同一卷之撕裂，浙江博物館及《浙藏》分編爲二號，其實是不妥當的。

　　此二號前部又可與北敦 10386 號、北敦 9854 號綴合，形成北敦 10386 號＋北敦 9854 號＋浙敦 136 號＋浙敦 137 號的綴合系列，綴合後如圖 40 所示，詳見拙作《敦煌本〈摩訶僧祇律〉殘卷綴合研究》一文。[①]

8. 行款近同

　　寫卷的行款，往往因時因内容而異。如敦煌佛教寫經用紙以 26×48 釐米最爲常見，官府文書用紙則一般是 30×45 釐米；每紙上下畫界欄，框高 18──19 釐米；一紙分作 20 至 31 行不等，南北朝時期標準的寫經是 25 行，隋唐時期則爲 28 行；每行抄 12 字至 34 字不等，標準的佛教寫經一般 17 字，但也有多至 34 字的細字寫經，儒家和道教文獻正文一般一行寫 12 至 16 字，注文則用小字雙行。[②]這些形制行款方面的特徵也可作爲敦煌寫本綴合的參考。如：

　　例十八　北敦 9188A 號，袖珍本，2 紙，《國圖》條記目録稱紙高 14.2 釐米；前後皆殘，存 21 行，行約 12 字；原卷缺題，《國圖》擬題“天地八陽神咒經”。又北敦 9187 號，袖珍本，2 紙，《國圖》條記目録稱紙高 14.7 釐米；

---

①　張涌泉、劉丹《敦煌本〈摩訶僧祇律〉殘卷綴合研究》，《敦煌學輯刊》2018 年第 2 期，第 91──93 頁。參看本書下篇之十七《摩訶僧祇律》第 2 組綴合第二部分。

②　參藤枝晃撰，徐慶全、李樹青譯，榮新江校《敦煌寫本概述》，載《敦煌研究》1996 年第 2 期，第 102 頁；榮新江《敦煌學十八講》，北京大學出版社，2001 年，第 342──345 頁；李際寧《佛經版本・寫本時代的佛典》，江蘇古籍出版社，2002 年，第 14 頁。

前後皆殘，存 38 行，行約 12 字；原卷缺題，《國圖》擬題 "天地八陽神咒經"。又北敦 7925 號，袖珍本，8 紙，《國圖》條記目錄稱紙高 14.5 釐米；首殘尾全，存 205 行，行約 12 字；尾題 "佛説八陽神咒經"。《國圖》條記目錄稱此三號皆爲 9—10 世紀歸義軍時期寫本。

　　按：上揭三號皆爲《八陽經》殘卷，且内容前後相承，爲一卷撕裂的可能性極大（《國圖》條記目錄已指出前二號可以綴合）。再從行款格式上看，三者皆爲袖珍本，紙高及天頭、地脚高度近似，行抄約 12 字，與行 17 字的標準寫經不同，在總數近四百件之多的《八陽經》敦煌寫卷中，同樣行款的僅此三件，顯得格外特別。又此三號書風相似（字體疏拙，筆墨濃重），書迹似同（比較北敦 9188A 號與北敦 9187 號皆有的 "身""真""爲" 等字，北敦 9187 號與北敦 7925 號皆有的 "人""子""男" 等字）。據此判斷，此三號確應爲同一寫卷之撕裂，可以綴合。三號綴合後，如圖 41 所示，北敦 9188A

北敦 7925 號（前部）　北敦 9187 號（後部）　　北敦 9187 號（前部）北敦 9188A 號（後部）

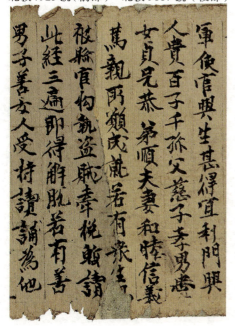
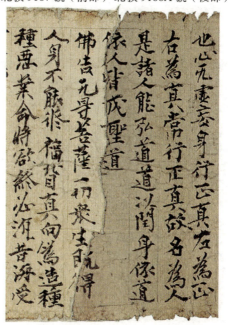

圖 41　北敦 9188A 號（後部）＋北敦 9187 號（前部、後部）＋
北敦 7925 號（前部）綴合圖

號與北敦 9187 號銜接處原本分屬二片的“依”“皆成聖道”五字可復合爲一，北敦 9187 號與北敦 7925 號銜接處原本分屬二片的“若有衆生”四字可復合爲一，接縫處亦皆左右密合。

例十九　北敦 2455 號（北 523；成 55），6 紙，紙高 25.5 釐米。前後皆殘，存 92 行（各紙行數分別爲 6、28、3、2、28、25，《國圖》條記目錄稱原卷 4 紙，各紙行數分別爲 5、31、30、24，不確），行約 16 字，前三行中下部殘損嚴重（首行僅存行端四字左側殘畫），末行中上部殘損嚴重（末行僅存行末 3 字右側殘形）。楷書。有烏絲欄。有朱筆行間加行，有朱筆校改、塗抹。原卷無題，《劫餘錄》定作佚本十六卷本《佛説佛名經》卷一。《國圖》條記目錄稱該卷爲 7—8 世紀唐寫本。

又北敦 5950 號（北 537；重 50），2 紙，紙高 25.5 釐米。前部如圖 42 左部所示，前殘後缺，存 53 行（前紙 25 行，後紙 28 行），所存部分皆爲佛名，多分上下欄抄寫，行字不等，首行僅存三字左側殘畫。楷書。有烏絲欄。原卷無題，《劫餘錄》定作佚本十六卷本《佛説佛名經》卷一。《國圖》條記目錄稱該卷爲 7—8 世紀唐寫本。

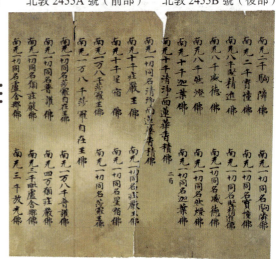

北敦 5950 號（前部）　北敦 2455A 號（後部）　　　　北敦 2455A 號（前部）　北敦 2455B 號（後部）

圖 42　北敦 2455B 號（後部）+ 北敦 2455A 號（前部、後部）+
北敦 5950 號（前部）綴合圖

按：本書下編十六卷本《佛說佛名經》綴合總第 5 組指出，北敦 2455 號可分作兩部分：前三紙 37 行（卷首至“南无一切同名功德山王勝名王佛”句止）重新編號爲北敦 2455A 號（前部如圖 42 中右部所示，後部如圖 42 中左部所示），後三紙 55 行（從“南无成就義佛”句諸字的左側殘字至末）重新編號爲北敦 2455B 號（後部如圖 42 右部所示），《國圖》條記目録已指出北敦 2455B 號在前，北敦 2455A 號在後，二者綴合後如圖 42 右部所示，銜接處原本撕裂的“南无十千”“面蓮華香”“一切同名莊嚴王佛”諸字皆可成完璧。重新綴接後的北敦 2455B 號 + 北敦 2455A 號又可與北敦 5950 號綴合。綴合後局部如圖 42 左部所示，銜接處斷痕吻合，北敦 2455A 號末行“一”“名”“佛”三字左側有少許筆畫撕裂在北敦 5950 號首行，二號拼合，此三字可得其全。又此二號行款格式相同（紙高及天頭地脚高度近同，皆有烏絲欄，行距、字距、字體大小相近），書風近同（字體娟秀，筆畫較細，結構均匀），書迹似同（比較二號共有的“南”“无”“莊”“嚴”“寶”“能”“藏”“一”“切”“名”等字），可資參證。又北敦 2455B 號末紙 25 行，北敦 2455A 號首紙 6 行，二者綴接後得 28 行；北敦 2455B 號 + 北敦 2455A 號末紙 3 行，北敦 5950 號首紙 25 行，二者綴合後亦爲 28 行，正與此二號整紙 28 行之數吻合，亦可助證。二號綴合後，所存内容始“南无成就義佛”句諸字的左側殘形，訖“南无一切衆生道師佛”句，《大正藏》無完整對應文字。

9. 校注類似

寫本抄寫完成後，往往會進行二次加工。如爲確保準確性，作者或校者會對文本進行校對，不少卷面因而留有刮改、加字、删字、乙改等標識；又如爲便於識讀和理解，會在文本上加上一些標注，部分寫本因此有科分、斷句、注音、批注等注釋文字或符號。這些文字符號也是殘卷綴合的重要綫索。

例二十　敦博 6 號，白麻紙 2 紙，後部如圖 43 右部所示，首全尾缺，存 31 行，行 17 字；隸楷，有烏絲欄；首題“大般涅槃經卷第卅八”，《甘藏》擬題“大般涅槃經卷第三十八迦葉菩薩品第十二之六”；《甘藏》敘録稱“此卷前後爲兩人書寫，但經文相連。此件下接青山贈品敦研 374 號，完全可以綴合”。

又敦研 374 號，白麻紙 1 紙，前部如圖 43 左部所示，首尾皆缺，存 28

行，行 17 字；隸楷，有烏絲欄；原卷缺題，《甘藏》擬題“大般涅槃經卷第三十八迦葉菩薩品第十二之六”，《甘藏》敘錄稱原件爲“青山慶示捐贈”。

按：《甘藏》敘錄稱敦博 6 號下接敦研 374 號，可以綴合，甚是。綴合後如圖 43 所示，敦博 6 號後一部分與敦研 374 號字體相同，書風書迹近似，當出於同一人手筆。敦博 6 號末行下部“卅七品根本是欲因名皐（觸）”與敦研 374 號首行“明攝取名受增名善思主名爲念”前後銜接，應校讀作“卅七品根本是欲，因名明皐（觸），攝取名受，增名善思，主名爲念”云云，係承經文上文“若有菩薩於三十七品，知根、知因、知攝、知增、知主、知導、知勝、知實、知畢竟者”等句而言，其中敦研 374 號首行首字“明”右上側有一“〜”形符號，當爲鉤乙號，指此“明”字當與敦博 6 號末字“皐（觸）”互乙，讀作“因名明皐（觸）”，北敦 14632 號《大般涅槃經》卷三八正作“因名明觸”。該二號鉤乙號類皆寫作“〜”形，如敦博 6 號“清净梵行，發心續相”，原卷“續相”二字右側有一“〜”形鉤乙號；又敦研 374 號“壹切菓子者爲其因”，原卷“子者”二字右側有一“〜”形鉤乙號，是其比。據此，《甘藏》敘錄稱

敦研 374 號（前部）　　　　　　　　　　敦博 6 號（後部）

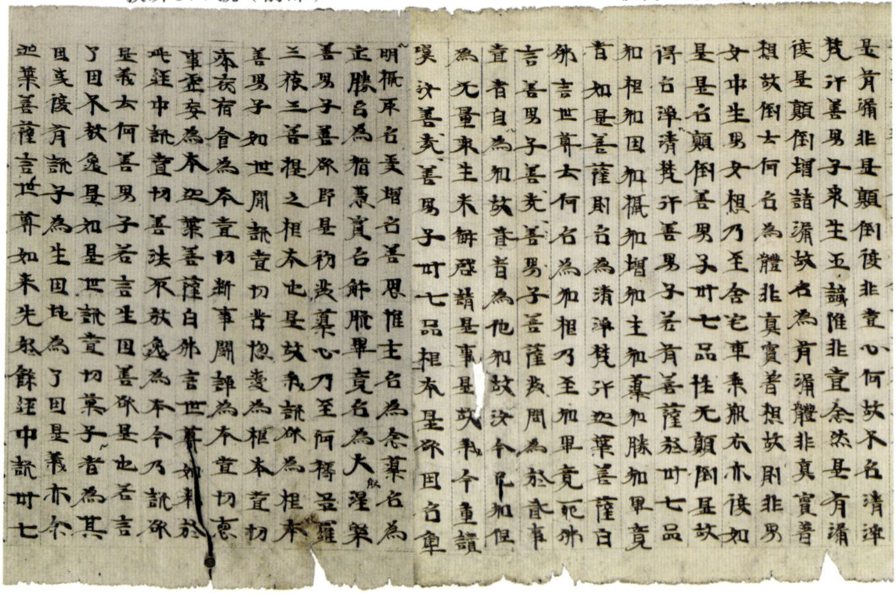

圖 43　敦博 6 號（後部）＋敦研 374 號（前部）綴合圖

敦博 6 號與敦研 374 號可以完全綴合，更其確證。[①]

　　例二一　俄敦 5672 號，殘片，如圖 44 右片所示，存 12 行，每行存上部 4—8 字，夾行有藏文音譯。原卷無題，《俄藏》未定名。

　　又北敦 11616 號（北臨 1745），殘片，如圖 44 左片所示，存 11 行，每行存上部 7—8 字，夾行有藏文音譯。原卷無題，《國圖》擬題"天地八陽神咒經（藏文標注本）"。《國圖》敘録稱此爲 7—8 世紀唐寫本。

北敦 11616 號　　　　　　　　　　　　俄敦 5672 號

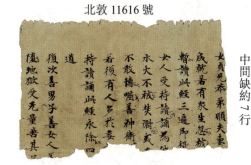 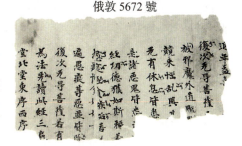

圖 44　俄敦 5672 號 + 北敦 11616 號綴合示意圖

　　按：據殘存文字推斷，前一號亦應爲《八陽經》殘片。此二號除行款格式相同、書風字迹似同（比較二號共有的"復次""无""若""有""讀""此經三遍"等字）外，還有一個共同點，即夾行皆有藏文音譯，且格式書迹近同，很可能出於同一人手筆，説明此二號有可能本爲同一寫卷而被旁注藏文者所持有，應可重新綴合爲一。但二號内容并不直接相連，比勘完整文本，中缺約 7 行。綴合示意圖如圖 44 所示。二號綴合後，所存内容參見《大正藏》T85/1422C15—1423A19。[②]

10. 殘損相似

　　寫本在成卷或成册放置時若沾染污漬或火燒蟲蛀，往往會在卷軸裝的多層或册葉裝的多葉紙張上留下形狀相似、重複出現的污漬或殘痕。寫本撕裂

---

① 參看景盛軒《公元五世紀敦煌本〈大般涅槃經〉寫卷綴合研究》，《浙江師範大學學報》，2014 年第 6 期，第 35—36 頁。

② 參看張涌泉、羅慕君《敦煌〈八陽經〉殘卷續綴》，《敦煌寫本研究年報》第十號，京都大學人文科學研究所 2016 年 3 月，第 51 頁。

散佚後，這些規律性的殘損就有可能爲殘卷的綴合提供重要綫索。如：

例二二 北敦 2556 號，卷軸裝，2 紙，每紙 28 行，紙高 26 釐米；後部如圖 45 右部所示，首殘尾缺，存 56 行，行約 17 字；楷書，有烏絲欄；原卷無題，《國圖》擬題“金剛般若波羅蜜經”；《國圖》條記目録稱原卷經黄紙，首紙有一個殘洞，爲 7—8 世紀唐寫本。

又北敦 2438 號，卷軸裝，5 紙，每紙 28 行，紙高 26 釐米；前部如圖 45 左部所示，首尾均缺，存 140 行，行約 17 字；楷書，有烏絲欄；原卷無題，《國圖》擬題“金剛般若波羅蜜經”；《國圖》條記目録稱原卷經黄紙，卷面有殘洞，爲 7—8 世紀唐寫本。

北敦 2438 號（前部）　　北敦 2556 號（後部）

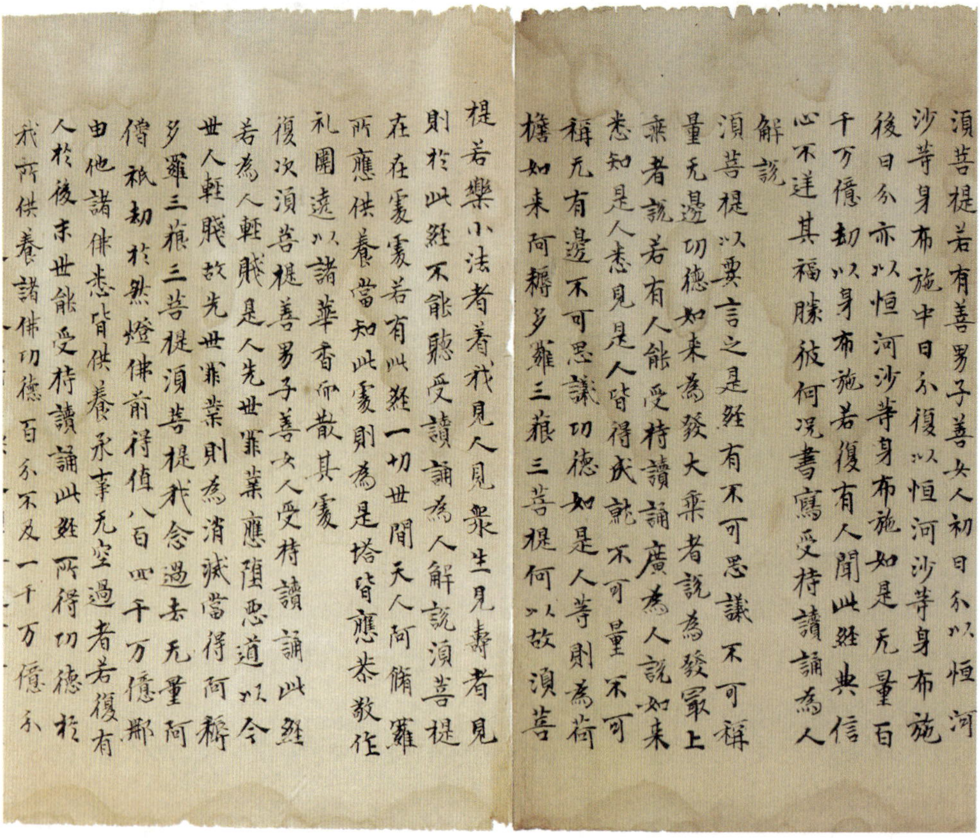
須菩提若有善男子善女人初日分以恒河
沙等身布施中日分復以恒河沙等身布施
後日分亦以恒河沙等身布施如是无量百
千万億劫以身布施若復有人聞此經典信
心不逆其福勝彼何況書寫受持讀誦為人
解說
須菩提以要言之是經有不可思議不可稱
量无邊功德如來為發大乘者說為發冣上
乘者說若有人能受持讀誦廣為人說如來
悉知是人悉見是人皆得成就不可量不可
稱无有邊不可思議功德如是人等則為荷
檐如來阿耨多羅三藐三菩提何以故須菩
提若樂小法者著我見人見衆生見壽者見
則於此經不能聽受讀誦為人解說須菩提
在在處處若有此經一切世間天人阿脩羅
所應供養當知此處則為是塔皆應恭敬作
禮圍遶以諸華香而散其處
復次須菩提善男子善女人受持讀誦此經
若為人輕賤是人先世罪業應墮惡道以今
世人輕賤故先世罪業則為消滅當得阿耨
多羅三藐三菩提須菩提我念過去无量阿
僧祇劫於然燈佛前得值八百四千万億那
由他諸佛悉皆供養承事无空過者若復有
人於後末世能受持讀誦此經所得功德於
我所供養諸佛功德百分不及一千万億分

圖 45　北敦 2556 號（後部）+ 北敦 2438 號（前部）綴合圖

按：上揭二號皆爲鳩摩羅什譯本《金剛般若波羅蜜經》，且内容前後相承，如圖 45 所示，銜接處“須菩 / 提”相連成詞，中無缺字，可綴合的可能性較大。再觀察卷面，二號天頭、卷心上部及地脚皆有漬痕，這些漬痕形狀類似，循環往復，自右向左顔色逐漸變淡，輪廓逐漸縮小，由此推測二號原屬同卷，成卷放置時，北敦 2438 號在内層，北敦 2556 號在外層，外層沾染水漬，并逐漸向内層滲透，從而在每一層紙上形成形狀相似的漬痕，因紙張吸收，漬痕顔色逐層變淡，又因内層紙張半徑小於外層，漬痕輪廓逐層縮小。由此證明，此二號確應爲同一寫卷之撕裂，可以綴合。又二號用紙相同（皆爲經黄紙，紙高 26 釐米），行款格式相同（天頭地脚等高，有烏絲欄，每紙 28 行，行約 17 字，行距、字距、字體大小相近），書風字迹似同，亦可資參證。

例二三　俄敦 10823A 號，殘片。如圖 46 右部所示，存 17 殘行（首行僅存中部 3 字左側殘形），行存中下部 3—16 字。楷書。有烏絲欄。通卷上端有波紋狀殘損。原卷無題，《俄藏》未定名。

又俄敦 10823B 號，殘片。如圖 46 左部所示，存 23 殘行（倒數第 2 行下部殘，末行僅存中部 5 字右側殘字），行存中下部 5—16 字。楷書。有烏絲欄。通卷上端有波紋狀殘損。原卷無題，《俄藏》未定名。

按：上揭二號皆爲《大集經》卷八海慧菩薩品第五之一殘片，且内容前後相承，可以綴合（《俄録》説同）。綴合後如圖 46 所示，俄敦 10823A 號與俄敦 10823B 號左右相接，接縫處邊緣吻合，俄敦 10823A 號末行行末“菩薩摩”與俄敦 10823B 號首行上部“□□☒（訶薩若）能如是思惟觀者”相連成句，中無缺行。另外，除行款格式相同、書風相似、字迹相同（比較二號皆有的“身”“忍”“精”“惡”“薩”等字）外，此二號一個非常醒目的特點就是上部均呈波紋狀殘損，應該是二號連在一起時外力所致，這是二號可以綴合的重要證據。二號綴合後，所存内容始“順生死流”句前 3 字左側殘形，至“護持正法將順衆衆生”句“將順”2 字右側殘筆止，相應文字參見《大正藏》T13/48C28—49B10。[1]

---

[1] 參看張磊、周小旭《敦煌本〈大方等大集經〉殘卷綴合研究》，《浙江大學學報》2016 年第 3 期，第 43—44 頁。

俄敦 10823A 號

俄敦 10823B 號

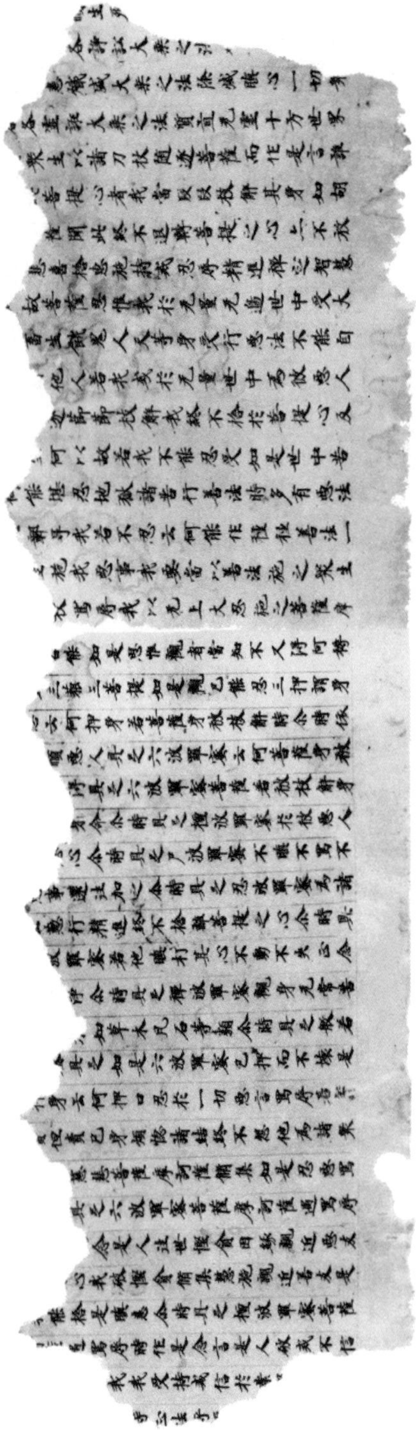

圖 46　俄敦 10823A 號 + 俄敦 10823B 號綴合圖

11. 版本相同

同一作品常有不同的版本，如《金剛經》有 6 個譯本，同是鳩摩羅什譯本又有三十二分本、十二分本、加冥司偈本、加真言本等多個版本，不同版本的內容大同中有小異，確定殘卷的具體版本亦有助於判定能否綴合。如：

例二四　北敦 1404 號（北 3515；寒 4），卷軸裝，6 紙，紙高 25 釐米，後部如圖 47 右部所示，首全後殘，存 121 行，經文行約 17 字，首紙爲護首，次紙抄"誦金剛經前儀"20 行（另有約 8 行空白），3—6 紙抄經文，分別爲 27 行（首題前空一行）、28 行、28 行、18 行；首題"金剛般若波羅蜜經"，下署"後秦立時羅什法師翻譯本"，《國圖》定作"金剛般若波羅蜜經（三十二分本）"；《國圖》條記目錄稱"通卷上部有火灼殘缺"。

又津藝 213 號，卷軸裝，9 紙，首紙 8 行，第 8 紙 29 行，末紙 23 行，其餘各紙 28 行，紙高 25.2 釐米，前部如圖 47 左部所示，前缺尾全，存 228 行，行約 17 字；尾題"▨（金）剛般若波羅蜜經一卷"，後有"大身真言""隨心真言""心中心真言"，《津藝》題"金剛般若波羅蜜經一卷"；《津藝》敘錄稱原卷"卷起時上邊沿燒殘，故缺口定距間隔"。

按：如圖 47 所示，不同於通行的《大正藏》本鳩摩羅什譯本《金剛經》，上揭二號有"莊嚴淨土分第十""無爲福勝分第十一""離相寂滅分第十四"

津藝 213 號（前部）　　　　　　　　　北敦 1404 號（後部）

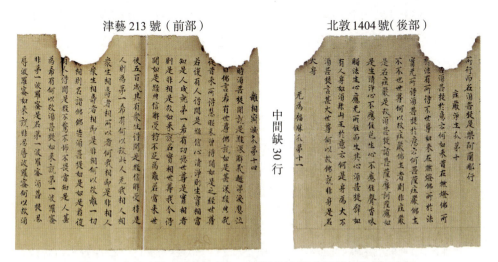

圖 47　北敦 1404 號（後部）…津藝 213 號（前部）綴合示意圖

等科分標題，比對完整的鳩譯《金剛經》三十二分本北敦 3461 號，此二號所存科分及經文與之全同，則可確定此二號亦爲鳩譯三十二分本，且一存前部，一存後部，内容前後相承，可以綴合。但二號難以直接綴合，其間約缺 30 行（經文 28 行加分題 "尊重正教分第十二" "如法受持分第十三" 2 行）。[①] 北敦 1404 號末紙存 18 行，津藝 213 號首紙存 8 行，原卷每紙大抵 28 行，據此推算，北敦 1404 號末紙應缺 10 行，津藝 213 號首紙應缺 20 行，正好合於二號間缺 30 行之數。另外，二號上邊沿皆有循環出現的半圓形燒損殘痕，行款格式相同，書風字迹似同（比較二號共有的 "菩" "提" "佛" "世" "尊" "有" "人" 等字），可資參證。

12. 裝幀相同

敦煌寫本以卷軸裝爲主，另有少量梵夾裝、經折裝、黏葉裝、縫繢裝、册葉裝等裝幀形式，這些少量形制迥異的裝幀形式顯得很突出，其内容相同的殘本散葉亦多有可綴合者。如：

例二五　斯 5443 號，册葉裝，首全後缺，存 145 行，前有奉請八大金剛文，經文首題 "金剛般若波羅蜜經"，有科分標題，從 "法會因由分第一" 至 "无爲福勝分第十一"；尾頁如圖 48 右部所示，紙高 11 釐米，寬 16 釐米，每半葉 11 行，經文部分行約 12 字。

又斯 5534 號，册葉裝，前缺尾全，存 338 行，有科分標題，從 "尊重正教分第十二" 至 "應化非真分第三十二"，尾題 "金剛般若波羅蜜經"，另行署 "西川過家印真本"，又附 "大身真言" "隨心真言" "心中心真言"，後題 "時天復五年歲次乙丑三月一日寫竟信心受持老人八十有二"；首頁如圖 48 左部所示，紙高 11 釐米，寬 16 釐米，每半葉 11 行，經文部分行約 12 字。

按：上揭二號皆爲鳩譯《金剛經》三十二分本，且内容前後相連，有可綴合的可能性。又如圖 48 所示，二號形制相同，既不是卷軸裝，也不同於普通的册葉裝，而是特殊的册葉裝。敦煌册葉裝以高 15 釐米、寬 10 釐米爲常見，

---

①北敦 3461 號相應部分經文共 29 行，此少一行，乃因該卷 "如法受持分第十三" 部分多處出現了行 18 字、19 字、20 字不符標準的情況，壓縮掉了一行。

高超過寬，而此二件紙高 11 釐米，寬 16 釐米，寬超過高，顯得很特別。另外二號行款格式相近（每半葉 11 行，經文部分行約 12 字，分標題皆比正文低約 3 字，天頭、地腳、書口處留白相近，行距、字距、字體大小相近），書風字迹似同（比較二號共有的 "分" "於" "第" "人" "須" "善" 等字），可資參證。由此判定二號確可綴合，綴合後全卷完整無缺。

斯 5534 號（前部）　　　　　　　　斯 5443 號（後部）

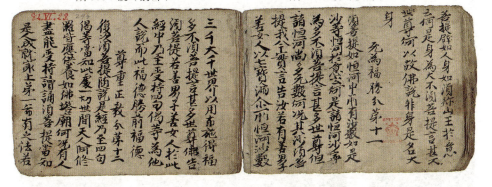

圖 48　斯 5443 號（後部）＋ 斯 5534 號（前部）綴合圖

　　例二六　羽 318 號，如圖 49 中部所示，存 2 紙，紙高 26.6 釐米，每紙 4 行，共 8 行，行約 30 字。次紙末行有標題 "大般若波羅蜜多經卷第五百七十八"。《秘笈》疑該本爲折本。

　　按：與羽 318 號同一形制的寫本還有浙敦 57 號（此號另面爲浙敦 56 號，抄經名不詳的 "一切衆生亦如是" 1 行和《維摩詰所説經》3 行）、浙敦 58 號、浙敦 59 號、北敦 9140 號、北敦 9141 號、北敦 10867 號、北敦 10998 號，後七號《浙藏》《國圖》均定作梵夾裝，當是，羽 318 號亦應據以定作梵夾裝寫本。在所有敦煌《大般若經》寫本文獻中，這八號是目前僅見的梵夾裝寫本散片，顯得很特別，根據形制方面的這一特點，我們把這八號類聚在一起，結果發現它們不但同出《大般若經》卷五七八，而且内容前後相承，當均爲同一寫本的散葉，可按浙敦 57 號 ＋ 羽 318 號…浙敦 59 號…北敦 10998 號…

北敦 9141 號…北敦 9140 號…浙敦 58 號＋北敦 10867 號的順序加以綴合，①
前三號綴合後如圖 49 所示，羽 318 號前可與浙敦 57 號直接綴合，浙敦 57 號
末行行末 "則圓鏡之智居" 與羽 318 號首行行端 "尊" 字相連成句，中無缺字；
羽 318 號後接浙敦 59 號，但此二號不能直接綴合，以該梵夾裝寫本 1 紙（含
正背面共 10 行，行約 30 字）所抄經文對應《大正藏》16 或 17 行經文計算，
此二號間約缺 3 紙。另外此八號行款格式相同，書風相似，書迹似同，亦可

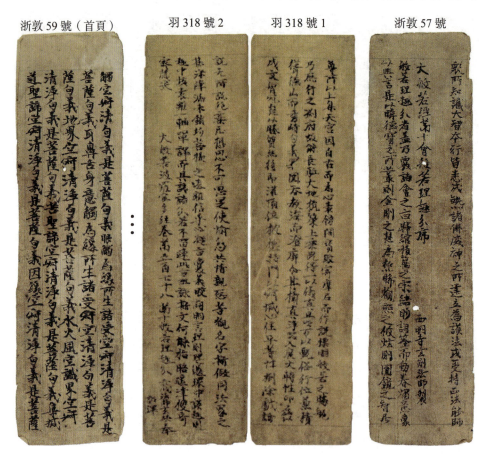

浙敦 59 號（首頁）　　　　羽 318 號 2　　　　羽 318 號 1　　　　浙敦 57 號

圖 49　浙敦 57 號＋羽 318 號…浙敦 59 號（首頁）綴合示意圖

①　這些散葉抄寫嚴謹不夠，多有誤字或脫漏，另外浙敦 57 號另面浙敦 56 號所抄《維摩詰所説經》散葉，
連同浙敦 57 號第 1 行，僅抄寫《維摩詰所説經》4 行，如果這些散葉是正規寫經，卷端却抄寫另一種經文的卷
首文字，也讓人費解。也許這些散葉都屬於個人抄經，或者是兑廢紙，而被道真們搜集來用作修復之用。

資參證。①

　　上面我們從内容相連、碴口相合、字體相同、書風近似、抄手同一、持誦者同一、藏家同一、行款近同、校注類似、殘損相似、版本相同、裝幀相同等十二個方面討論了敦煌殘卷綴合的依據或方法。但在實際運用中，上述方法常常是交織在一起的。就一組具體卷子的綴合而言，也許其中的某一依據或某一方法可能是主要的，起著關鍵的、決定性的作用，但也不能忽略其他次要的或局部的因素。只有所有的要素向可以綴合聚焦，并排除或解釋清楚相左的因素，這樣的綴合才是可靠可信的。

（三）注意事項

　　在殘卷綴合的具體實踐中，除把握上述對殘卷綴合起關鍵或決定性作用的十二要素以外，以下六點也需要格外留意：

1. 注意利用完整的文本來比勘

　　有的殘片由於所存文字較少，綴合相對比較困難，可以借助有完整文本的寫本或刻本來比勘。如伯 3875A 號碎片 7 存殘字 2 行（圖 50-1 下片），第一行存“芬芳☒蘭☒”5 字，第二行存“宜郡淵澄”4 字。又伯 5031 號碎片 21 存已漫漶的文字 6 行（圖 50-1 上片），第一行存“百川東☒”，第二行存“言辭和雅”，第三行存“☒☒☒業所基”，第四行存“☒☒☒蘇秦攝職從”，第五行存“☒☒八佾樂殊貴賤”，末行僅存右端些微已漫漶的殘畫；又該號碎片 32 存已漫漶的文字 2 行（圖 50-1 中右片），第一行存“不息”二字，第二行存“安定”二字。此三片各家均未定名。從字體和行款來看，三片有相似之處。但僅憑所存殘句，定名和綴合都做不到。後查斯 5961 號《新合六字千文》云：“芬芳似蘭斯馨，如松百（柏）之茂盛。百川東流不息，宜郡淵澄取暎。人君容

---

　　① 由綴合可知，羽 318 號 1、2 原本也應是同一梵夾散片的正背兩面，《秘笈》對於羽 318 號爲 2 紙的認定不符合該本原貌。關於此組綴合的詳細論證參徐浩《敦煌〈大般若經〉寫本研究》第四章《敦煌本〈大般若經〉綴合》，浙江師範大學博士論文，2017 年，第 188—191 頁。不過，該文未將浙敦 57 號與羽 318 號綴合，屬於失綴，今予增補。

正（止）若思，言辭和雅安定。若能篤初誠美，慎終如始宜令。懃懇榮業所基，萬古藉甚無竟。張儀學優澄（登）▨（仕），蘇秦攝職從政。邵伯存以甘嘗（棠），歸思去而益詠。八佾樂殊貴賤，五禮分別尊卑。居上寬和下睦，伯鸞夫唱婦隨。"（圖50-2）據此，可以推定上揭三片應皆爲《新合六字千文》殘片，可以綴合，如圖50-1所示。伯5031號碎片21第一行"百川東▨（流）"與該號碎片32第一行"不息"相連成句，下接伯3875A號碎片7第二行"宜郡淵澄"；伯5031號碎片21第二行"言辭和雅"與該號碎片32第二行"安定"相連成句。據推算，原本每行約抄十八字左右。[①]

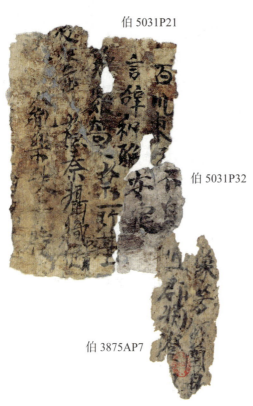

伯 5031P21

伯 5031P32

伯 3875AP7

圖50-1　伯3875AP7+伯5031P21、P32綴合圖

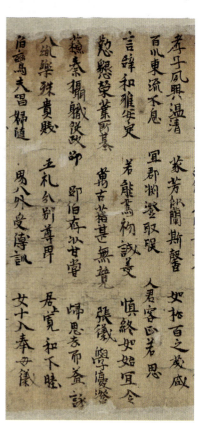

圖50-2　斯5961號
《新合六字千文》局部

①此條三片的綴合參看張新朋《若干新認定〈千字文〉寫卷敘錄及綴合研究》，《敦煌學輯刊》2008年第1期，第54—55頁；《敦煌蒙書殘片考》，《文獻》2013年第5期。

又如俄敦 12661 號，殘片，存 3 行（圖 51 上片），第二行存"位▨"二字（"位"字上端略殘），第一行與第二行"位"平行之位置存一字左側殘畫，第三行僅存三字右側殘畫。又俄敦 18950 號，殘片，存兩行（圖 51 下片），第一行僅存一"官"字，第二行存"▨國▨（有）"三字。此二片《俄藏》均未定名。從字體和行款來看，二片有相似之處。但由於存字太少，僅憑此二片定名、

俄敦 12661 號

俄敦 18950 號

圖 51　俄敦 12661 號 + 俄敦 18950 號
綴合圖

綴合都有難度。考《千字文》有云："龍師火帝，鳥官人皇。始制文字，乃服衣裳。推位讓國，有虞陶唐。弔民伐罪，周發殷湯。坐朝問道，垂拱平章。"據此，可以推斷上揭二片皆《千字文》殘片，可以綴合（如圖 51 所示），綴合後內容大抵相連，連接處亦大體吻合。俄敦 12661 號第一行所存殘字當是"帝"字，其下當缺一"鳥"字；第二行"位"下殘字俄敦 12661 存上端殘畫，俄敦 18950 號存下端殘畫，當爲"讓"字。俄敦 12661 號第三行所存殘字，據殘畫及行款判斷當是"坐朝問"三字。[①]

2. 藉助另一面尋找綴合的綫索

當根據行款、書迹、紙張等因素確認二件殘卷爲同一寫本之撕裂，但由於難以完全銜接，或所抄內容不熟悉（特別是胡語文獻），以致殘卷先後無法確定時，有的可先綴合正面或背面較爲易於確定的文獻，然後另一面文獻的先後次序自然也就確定了。池田温曾通過斯 8387 號、斯 9487 號、俄敦 3160 號背面《大乘起信論略述》綴合的綫索，把這三號正面部分《天寶後期敦煌

---

① 此條二片的綴合參看筆者和張新朋合寫的敦煌本《千字文》校錄，載《敦煌經部文獻合集》第 8 冊，第 3898—3899 頁。

《縣田簿》也綴合爲一，^① 就是這方面的範例。再如下面的例子：

伯3765號背抄有難字46行，後部如圖52-1所示，多數難字下有注音，《索引》定作“某佛經中難字”，《敦煌寶藏》作“某佛經中難字音義”，《索引新編》題“某佛經中難字等”，《法藏》題“佛經字音”。伯3084號背亦有類似的難字16行，如圖52-2所示，《索引》《敦煌寶藏》未題名，《索引新編》《法藏》題“字書”。這兩個寫本所載難字體例、字迹略同，其間或有某種關聯。但究竟是什麼關係，則頗費躊躇。後來查該二卷正面，發現伯3084號末所抄“轉經文”後有殘缺，而其殘缺部分正在伯3765號之首，相連文句爲“伏惟我金山天子，撫運龍飛，垂（乘）/乾御宇，上膺青光赤符之瑞，下披流虹繞電之禎”，其中“垂（乘）”以前12字在伯3084號末，其下十九字在伯3765號首，二卷綴合後，可謂天衣無縫（圖52-3）。^② 正面部分綴合後，則其背面所抄難字的順序自然也就出來了：伯3084號背的難字應綴接在伯3765號背之後，二件可以完全綴合。^③ 蓋正面部分伯3084號在前，伯3765號在後，而其背面部分則反之。

又如伯5536號，1紙。正面如圖53-1右部所示，前後皆殘，存漢文15行，前後多有殘損。背面如圖53-2上部所示，存于闐文11行，亦多殘損。原片無題，《法藏》將正面文獻擬題爲“大般若波羅蜜多經卷第四百八十七”，背面文獻擬題爲“于闐文佛教文獻”。又斯2471號，18紙，正面前部如圖53-1左部所示，前殘尾全，存470行，前2行有殘損，尾題“大般若波羅蜜多經卷第四百八十七”；背面存于闐文299行，前部如圖53-2下部所示，前2行有殘損。《翟録》定作于闐文文獻。

按：上揭二號歸類排比後，由於于闐文是我們不熟悉的語種，雖然背面

---

① 池田温《唐代敦煌均田制考察之一——以天寶後期敦煌縣田簿爲中心》，《東洋學報》第66卷，1985年；孫繼民譯，載《唐研究論文選集》，中國社會科學出版社，1999年，第312—335頁。

② 伯2838號有同一“轉經文”，文中有“伏惟我金山聖文神武天子，撫運龍飛，乘乾御宇，上膺青光赤符之瑞，下披流虹繞電之禎”句，可以爲證。參看《敦煌願文集》，嶽麓書社，1995年，第482—485頁。

③ 伯2271號有難字音一種，體例內容與伯3765號背+伯3084號背基本相同，可以爲證。又該難字音係摘録《光讚般若經》《漸備經》《長一阿含經》等佛經難字而成，其中的部分注音參考了玄應的《音義》。參看《敦煌經部文獻合集》小學類佛經音義之屬“佛經難字音（四）”題解，第5663—5666頁。

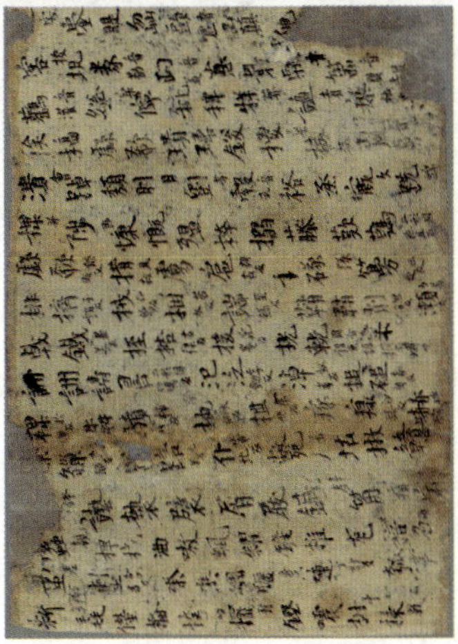

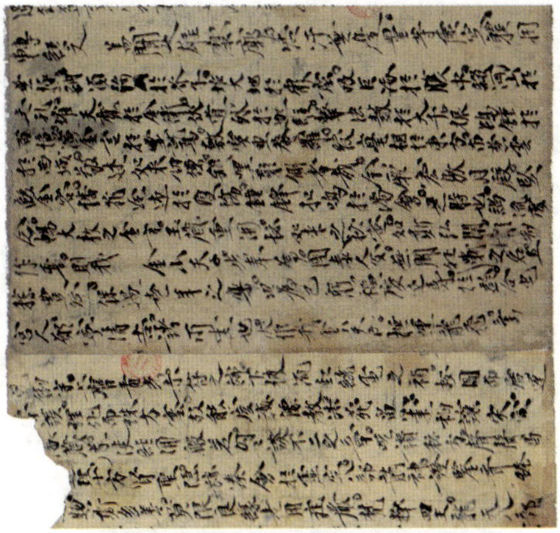

圖 52-3　伯 3084 號（後部）＋伯 3765
號（前部）正面《轉經文》綴合圖

伯 3765 號（前部）　伯 3084 號（後部）

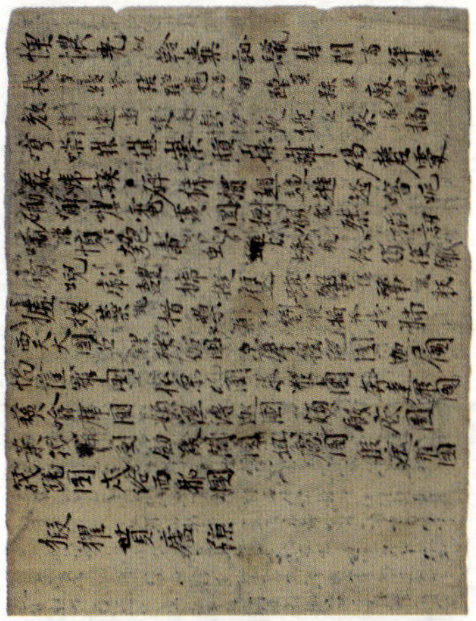

圖 52-2　伯 3084 號背

圖 52-1　伯 3765 號背後部

的于闐文行款字體比較接近，但仍然感到很茫然。我們只能先聚焦正面的漢語佛經部分。此二號正面皆爲《大般若經》卷四八七，且所抄内容前後相接，行款格式相同，書風字迹相近，當可綴合。正面綴合後如圖 53-1 所示，銜接處原本撕裂在左右二號的“施亂心怓慳”[①]五字得以復合爲一，可謂天衣無縫。正面部分既可綴合，則其背面的于闐文文獻自然也可綴合，綴合後如圖 53-2 所示，銜接處裂痕吻合，伯 5536 號第 10 行右部所存上方殘字與斯 2471 號首行所存下方殘字契合爲一，伯 5536 號末行與斯 2471 號次行左右銜接、連成完句。二號綴合後，背面所書于闐文文獻達到 308 行，其中第 1—101 行應是《佛名經》，第 102—231 行是《大乘無量壽經》，最後一部分是禮讚文。[②]

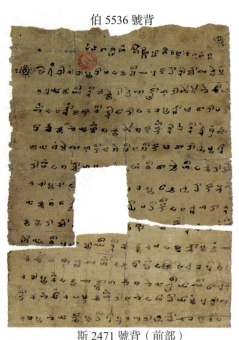

伯 5536 號背

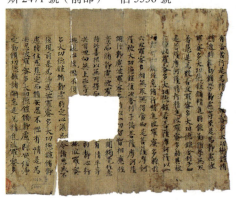

斯 2471 號（前部）　伯 5536 號

斯 2471 號背（前部）

圖 53-1　伯 5536 號 +
斯 2471 號（前部）正面綴合圖

圖 53-2　伯 5536 號背 +
斯 2471 號背（前部）綴合圖

① “怓”字右下方有鉤乙符號，表示“怓慳”二字當讀作“慳怓”。

② 本組綴合參看徐浩《敦煌本〈大般若經〉殘卷及背面胡語文獻綴合研究》，載《敦煌吐魯番研究》第 18 卷，第 676—678 頁。關於此二號背于闐文的内容，可以參看季羨林主編《敦煌學大辭典》“于闐語佛名經”條及“無量壽宗要經于闐語譯本”條，上海辭書出版社，1998 年，第 501 頁。

　　根據寫本正背面綫索綴合的時候，還要注意所謂的正背面，往往是各館藏編目人員隨意定的，不必過於拘泥。如俄敦 6593 號背、俄敦 10712 號背面與俄敦 5400 號正面部分皆爲《大乘稻芉經隨聽疏》，可依次綴合；俄敦 6593 號、俄敦 10712 號正面與俄敦 5400 號背面部分出處不詳，但根據此三號另一面可以綴合的綫索，此面亦可依次綴合。[①] 此三號這一面綴合後，內容主要是對佛教“三身”的疏釋，前 27 行半文句（首行至第 28 行“亦非一非異”）亦見斯 2674 號《大乘廿二問本》（《大正藏》收入第 85 册），其後約 6 行文句亦見《金光明最勝王經》卷二，第 34 行“一者起事心”以下至末圍繞《金光明最勝王經》卷二不能得至“三身”的“三心”“一者起事心，二者依根本心，三者根本心”展開，內容比較雜亂。假如沒有另一面《大乘稻芉經隨聽疏》綴合的綫索，這一面綴合的難度就會大得多。又這三號既爲一卷之撕裂，按理抄寫《大乘稻芉經隨聽疏》的部分應在同一面，其對佛教“三身”疏釋的內容應在另一面。從後者綴合後後面有空白似未抄完的情形判斷，抄寫《大乘稻芉經隨聽疏》的一面應是正面，正面經文先抄，然後有人利用背面的空白抄寫與“三身”疏釋有關的內容，未抄完即告終止。據此，《俄藏》把俄敦 5400 號抄有《大乘稻芉經隨聽疏》的一面定作正面，把抄有“三身”疏釋的一面定作背面，應該是正確的；而把俄敦 10712 號、俄敦 6593 號抄有《大乘稻芉經隨聽疏》的一面定作背面，把抄有“三身”疏釋的一面定作正面，則恐怕都是錯誤的，應加以改正。

3. 留心古代寫經合抄的情況

　　因種種原因，有的寫卷原本并非出自一人之手，而是數人合抄而成的；特別是佛經寫本，有的大經卷帙浩繁，更非一人所能勝任。另外由於持誦等原因，經書寫本易於殘破或殘缺，常有補抄拼合的情況。如俄弗 230 號《一切經音義》存卷二《大般涅槃經》第十至四十卷音義，其中經文第十九卷以

----

① 參看張涌泉、劉明《敦煌本〈佛說大乘稻芉經〉及其注疏殘卷綴合研究》，《浙江師範大學學報》2017 年 2 期，第 25—26 頁。

前音義與第廿卷以後音義行款、書迹均有所不同，[①] 大約就是由兩份不同抄手抄寫的卷子拼合而成的（第十九卷和廿卷之間有接痕），其拼合處如圖54所示：

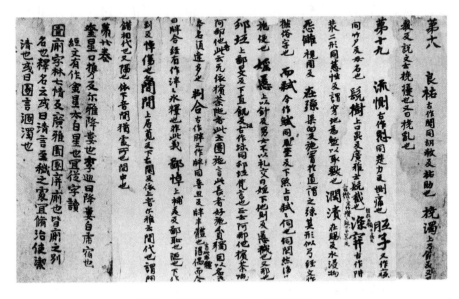

圖54　俄弗 230 號《一切經音義》

　　所以根據行款、字迹來綴合時必須注意到寫本本身的這種特殊性，而不可一味拘泥於行款、書迹，遽爾斷定兩個殘片原來是否爲同一寫本。姜亮夫在談到敦煌寫卷的斷代時說："字數少者，由一人抄畢，如《道德經》《心經》之屬，故字體一貫。而大多數卷子字數多達三五千以上，其中由一人抄畢者亦不少見，然以二三人乃至五六人抄一卷者居多，故一卷中便有數種字體，且字體有優劣之別。若以字體斷卷子年代則往往出問題。"[②] 姜老的話不僅僅對卷子斷代有警示意義，對殘卷綴合同樣很有啓發。上文指出字體、書風是判斷殘卷能否綴合的重要因素，但由於古代寫經有合抄的現象，所以同一號

---

　　①第十九卷以前部分經文卷號序數後不標"卷"字，每卷下音義條與條接抄不分，詞目用大字，注文單行小字，與傳世刻本玄應《音義》相比，注文較爲簡略，似屬節鈔性質，但偶亦有增繁之處，注文用語亦有改動；第廿卷至第四十卷序數後標"卷"字，字體與前面部分不同，所釋詞條每條提行，注文換行時通常低一格接抄，注文字體與詞目大小略同，注文内容與傳世刻本略同，可能較爲接近玄應書的原貌。

　　②姜亮夫《敦煌碎金導言》，陶秋英纂輯、姜亮夫校讀《敦煌碎金》，浙江古籍出版社，1992年，第4頁。

寫卷未必出於一人之手，書風字迹不同并不一定不是同一個卷子。如本書下文《〈大乘稻芊經〉及其注疏》第 6 組的例子：

　　北敦 9816 號（朝 37），卷軸裝殘片，如圖 55 右部所示，存 14 行；原卷無題，《國圖》擬題 “大乘稻竿經”。又俄敦 1123 號，卷軸裝殘片，如圖 55 中部所示，存 18 殘行；原卷無題，《俄藏》擬題 “因緣十二支法”。又北敦 7881 號（北 483；制 81），卷軸裝，1 紙，前部如圖 55 左部所示，存 30 行；原卷無題，《國圖》擬題 “大乘稻芊經”。

　　按：據殘存文字推斷，俄敦 1123 號亦應爲《大乘稻芊經》殘片。“因緣十二支法” 爲《大乘稻芊經》的重要内容，但本身并非書名，《俄藏》擬題不確。上揭三號内容前後相承，可以綴合。綴合後如圖 55 所示，俄敦 1123 號前 2 行上部與北敦 9816 號末 2 行下部上下左右相接，接縫處邊緣吻合，原本分屬二片的 “憂具如”“諸行”“別故名” 八字皆得復合爲一；俄敦 1123 號末行與北敦 7881 號首行應是相鄰行，接縫處邊緣大體吻合，俄敦 1123 號末行下部可擬補 “非常非无常非有” 諸字，與北敦 7881 號首行前 4 字可連讀作 “非常，非无常，非有爲，非无爲”，先後銜接。

北敦 7881 號（前部）　　　　俄敦 1123 號　　　　　　　　北敦 9816 號

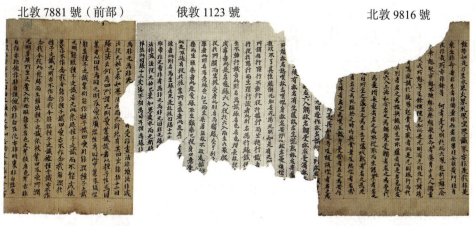

圖 55　北敦 9816 號 + 俄敦 1123 號 + 北敦 7881 號（前部）綴合圖

　　但是此三號的字迹似非出於同一人之手。我們將北敦 9816 號首行至第 2 行前四字的字迹記作甲 1，剩餘字迹記作甲 2；俄敦 1123 號前 5 行字迹記作乙 1，剩餘字迹記作乙 2；北敦 7881 號全卷字迹記作丙。試比較以下例字：

表21-1　甲₂、乙₁、乙₂、丙字迹比較表

例字＼卷號	生	名	入	受	惱	從	於
甲₂	生生	名	入	受	惱	從	於於
乙₁	生生	名	入	受	惱	／	／
乙₂	生生	名	入	受	／	從	於於
丙	生生	名	入	受	惱	從	於於

表21-2　甲₁與乙₂、丙組字迹比較表

例字＼卷號	是	我	水	識	餘	亦	非
甲₁	是是	我	水	識	餘	亦	非非
乙₂、丙組	是是	我我	水	識	餘	亦	非非

　　從表21-1可以看出，甲₂、乙₁書風相近，用筆較準確，轉折頓挫有力分明，結構亦較嚴謹，明顯受過書法訓練，當爲同一人所書；而乙₂、丙字迹相近，控筆能力欠佳，結體疏鬆，重心多失衡，書法水平不如甲₂、乙₁，乃另一寫手所書。又，甲₂、乙₁與乙₂、丙此二組中某些字的書寫習慣存在明顯差異，例如"生"字的前二筆，甲₂、乙₁組分開書寫，而乙₂、丙組連筆書寫，"於"字末二點亦是如此；"名"字的末筆橫畫，甲₂、乙₁組書寫較長，頓筆有力，而乙₂、丙組則無此特點；"入"字的捺畫，甲₂、乙₁組筆墨濃淡變化分明，而乙₂、丙組則筆墨較均勻；"受"字的首筆撇畫與第三筆點畫，甲₂、乙₁組分別寫作橫畫、豎畫，而乙₂、丙組則無此變化。

另外，從表 21-2 可以發現，甲 1 與乙 2、丙組字迹似同，例如"我"字，甲 1 與乙 2、丙組皆作"**我**"形，乃"我"字俗書寫法，而甲 2、乙 1 組則正作"我"形。

綜上，我們推測甲 1、乙 2、丙應是出於一個抄手，而甲 2、乙 1 乃是出於另一個抄手，上揭三號則是由此二抄手輪流抄寫而成。若此推測成立，則更能證明此三號確是同一卷之撕裂。[1]

再如下面的例子：

北敦 5655 號（北 7189；李 55），後部如圖 56 右部所示，首全後缺，存 1 紙 26 行，首題"瑜伽師地論卷第十一"。又北敦 5500 號（北 8612；果 100），前部如圖 56 左部所示，前後皆缺，存 2 紙 56 行。原卷缺題，《國圖》擬題"瑜伽師地論卷十一"。

按：上揭二號內容前後相承，可以綴合。綴合後如圖 56 所示，北敦 5655

北敦 5500 號（前部）　　　　　　　北敦 5655 號（後部）

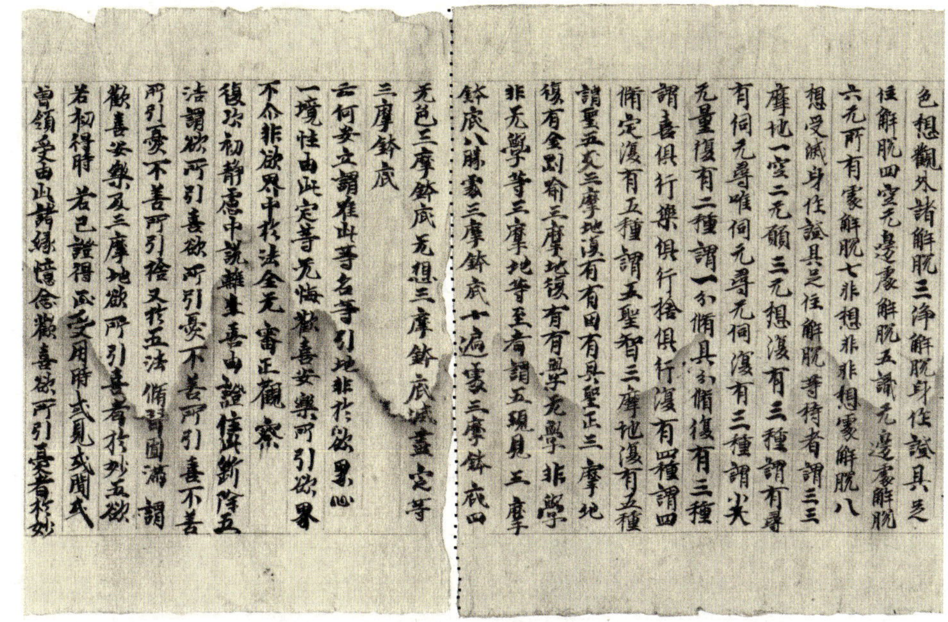

圖 56　北敦 5655 號（後部）+ 北敦 5500 號（前部）綴合圖

---

[1] 關於本組綴合的討論，參看本書下編《大乘稻芊經》及其注疏綴合第 6 組。

號末行行末的"四"字正好可與北敦 5500 號首行的"无色三摩鉢底"銜接成
"四无色三摩鉢底"句,中無缺字。二號綴合後,下部的水漬痕迹也恰好吻合。
且此二號行款格式相同,可資參證。

不過此二號的字體并非出於同一人之手。北敦 5655 號前 22 行(以下稱甲)
出於一人之手;北敦 5655 號的後 4 行(以下稱乙1)和北敦 5500 號(以下稱乙2)
則似出於另一人之手。試比較以下例字:

表 22　甲與乙1、乙2字迹比較表

例字 卷號	地	摩	復	者	無	謂
甲	地地地	摩摩摩	復復復	者	无无	謂謂
乙1	地地地	摩摩摩	復復復	者	无无	謂謂
乙2	地地地	摩摩	復復	者	无无	謂謂

不難看出,甲明顯受過書法訓練,用筆較爲準確,結構較爲嚴謹,轉折
頓挫節奏强烈分明,常用連筆,略帶行楷意味;而乙1、乙2風格相近,用墨
較濃,結體相似,用筆缺乏力度,控筆能力欠佳,重心失衡現象明顯,均屬
於初學者水準。甲與乙的結體也存在一定差異,如"復"字右中部甲卷作"目"
形,而乙1、乙2則皆作"日"形。所以我們推測上揭二號是兩個抄手輪流抄
寫而成的,甲是一個抄手,乙1、乙2則可能出於另一抄手。如果這個判斷成立,
那就進一步證明這二號確是同一寫卷之撕裂。[①]

有時兩個殘卷內容先後銜接,但通過字形的比對,却可發現未必出於同
一抄手,或者未必爲同一寫卷之撕裂。如上文"內容相鄰"下所舉例四斯
5485 號與斯 5059 號《梵網經》例,此二號內容前後相承,銜接處"而菩薩應

①　參看張涌泉、徐鍵《〈瑜伽師地論〉系列敦煌殘卷綴合研究》,載《安徽大學學報》2015 年 3 期,第
77—78 頁。

爲一切衆生講説""大乘經律"相連成句，中無缺字，但二號字迹迥殊，書風大異，明顯不是出於同一個抄手，很可能也非源於同一寫卷，其内容先後相連，或許僅僅是一種巧合。

4. 留意裱補紙的綴合

敦煌寫本有時用其他"廢紙"來襯裱，襯紙根據需要會剪成大小不一的碎片，這些碎片往往有可以綴合者。如伯 3416 號爲《星占書》《千字文》《孝經》等，同號所附襯紙之一正面（圖 57-1）爲《後唐乙未年（935）二月十八日程虞候家營葬名目》（首行題 "乙未年二月十八日程虞候家榮葬名目如後"），背面（圖 57-2）有兩片屬於後來粘貼上去的碎片（以下簡稱碎三、碎四）。唐耕耦《敦煌社會經濟文書真迹釋録》第 4 輯正面部分題 "乙未年二月十八日程虞候家榮葬名目"，未録背面的碎片；《敦煌社邑文書輯校》把正背面合併定作 "乙未年（935）二月十八日程虞候家榮葬名目"，并分別作了録文①；《法藏》把正面部分定作"乙未年二月十八日程虞候家榮葬名目"，把背面部分定作"名目"。查該襯紙正面也有兩片屬於後來粘貼上去的碎片（以下簡稱碎一、碎二），經仔細比對，碎一應與碎四綴合（碎一爲上部，碎四爲下部），而碎三、碎二則分別爲碎一、碎四的背面，從書迹和内容來看，這幾件碎片與正面其他部分應爲同一件文書，綴合後如圖 57-3 所示。碎一原卷在文書的第四行之後是對的，但碎二在 "李曹子" 一行之前則屬襯裱時誤粘，綴合後的碎二 + 碎三 "付主［人］餅七伯一十，粟兩石七斗" 一行寫於卷背，是正面喪葬納贈物品的合計數。同號所附襯紙之二《後唐乙未年（935）前後某社營葬名目》卷背也抄有 "付主人餅五百二十，付粟兩石三斗，又付餅一百一□□□" 字樣，作用相同②。

5. 防止後人添加信息的干擾

敦煌寫卷大多殘缺不全，加上自然的或人爲的磨損破壞，不少寫卷品相堪憂。因此持有者往往會通過不同方法對這些寫卷進行修復和保護。但由於修復者的水準、技術參差不齊，修復時造成的誤接、誤粘、正背面誤判等情

---

① 《敦煌社邑文書輯校》，江蘇古籍出版社，1997 年，第 410—412 頁。

② 本件的綴合由我提出具體意見，然後由金瀅坤完成。參看金瀅坤《敦煌社會經濟文書輯校》，浙江大學博士後研究工作報告，2003 年 6 月，第 10—11、49—52 頁。

圖 57-1　伯 3416P1 號

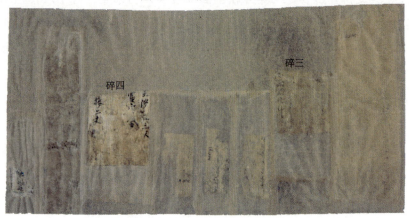

圖 57-2　伯 3416P1 號背

圖 57-3　伯 3416P1 號＋伯 3416P1 號背《後唐乙未年二月十八日
程虞候家營葬名目》綴合圖

況也時有發生。如伯 3606 號《論語》，由兩紙拼接而成（圖 58），接縫處銜接文字"唯求則非信不立"乍看起來文從句順，實則"唯求則非"是《論語‧先進》篇的文字，"信不立"則是後一篇《顏淵》篇的文字，接縫處前後兩行并不相連，依行款推斷，二者之間缺約有 25 行之多。[①]

又如伯 2717 號正面抄《字寶》，[②]背面抄《開蒙要訓》，其中正面《字寶》第 18 行後有一條接縫，"第 19 行"僅存左部殘畫（圖 59-1），劉復、姜亮夫、潘重規錄文本均把第 19 行處作爲一行缺字處理。可是比較《字寶》的另一異本斯 6204 號，可以知道伯 2717 號第 18 行後總共應缺 20 條，也就是説，第 18 行後所缺的并非一行，而是 9 行半（伯 2717 號、斯 6204 號均每行抄兩條）。查《俄藏》未定名的俄敦 5260、5990、10259 號背，正是伯 2717 號撕裂下來的殘片，可以綴合，綴合後如圖 59-2 所示。[③]但由於法國國家圖書館修復時把伯 2717 號中間有殘缺的部分直接粘合在一起，《俄藏》又把俄敦 5260、5990、10259 號抄有《字寶》的一面誤定作背面，修復和編目者傳達的信息一誤再誤，從而干擾了整理者對寫卷殘缺情況的準確判斷及進一步的綴合工作。

圖 58　伯 3606 號《論語》局部

---

①　參看《敦煌經部文獻合集》群經類論語之屬"論語集解（六）"題解，第 4 册，第 1678—1679 頁。

②　《法藏》正面文獻擬題《字寶碎金》，此從《敦煌經部文獻合集》的擬題，詳見該書小學類訓詁之屬《字寶》題解，第 7 册，第 3713 頁。

③　參看《敦煌經部文獻合集》小學類訓詁之屬《字寶》題解和同書小學類字書之屬《開蒙要訓》題解，第 8 册，第 4024—4026 頁。

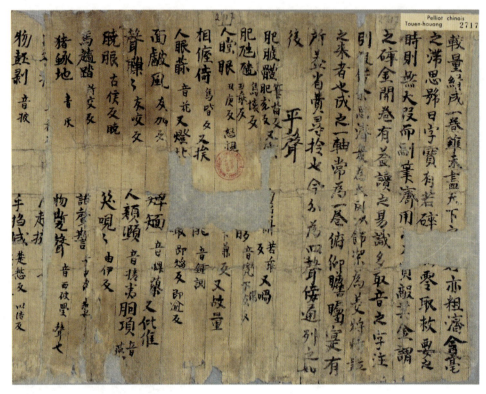

圖 59-1　伯 2717 號《字寶》

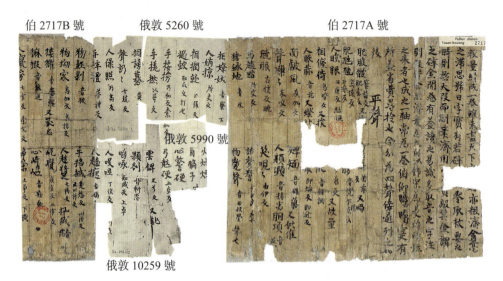

圖 59-2　伯 2717 號 + 俄敦 5260 號背 + 俄敦 5990 號背 + 俄敦 10259 號背《字寶》綴合圖

6. 注意參考利用各種照片

目前刊布的敦煌文獻真迹主要是黑白影印的的圖版本，對寫卷綴合具有重要參考價值的原卷的墨色、朱筆、印章及紙質等信息在圖版本中往往無法直接獲取，在這種情況下，我們除積極創造條件爭取目驗原卷，并充分利用《巴黎國家圖書館藏敦煌漢文寫本注記目錄》《英國博物館藏敦煌漢文寫本注記目錄》《俄藏敦煌漢文寫本敘錄》等相關館藏目錄及《國家圖書館藏敦煌遺書》等圖版本後附的敘錄外，還應注意利用網上公布的彩色照片，包括法國國家圖書館網站和 IDP 數據庫可以檢索的敦煌文獻彩色照片。憑藉現有的攝影技術和印製條件，彩色照片往往可以達到仿真或亂真的程度，加之圖片可以局部放大，有時效果甚至比看原卷還好。利用彩色照片綴合的圖版，也往往更加逼真傳神，讓人信服。

不過彩色照片晚出，對脆弱的敦煌殘卷而言，歲月的侵蝕或修復時不經意的損傷都無法避免，越是後出的照片總是破損程度越嚴重。所以除了彩色照片外，我們還得注意利用那些早期的照片，包括王重民、向達 20 世紀 30 年代於法、英、德等地所攝流落海外的敦煌文獻的老照片，20 世紀 50 至 70 年代英、法、中三國國家圖書館攝製的縮微膠卷，甚至稍後各家館藏影印出版的黑白圖版，有時都會給我們意外的驚喜。比如下面的例子：

斯 2316 號、北敦 2301 號皆爲《金光明經》卷二殘卷，且二號内容先後相承，可以綴合。綴合後局部如圖 60-1 所示，斯 2316 號末段與北敦 2301 號首段殘文上下相接，斷痕吻合，銜接處原本分屬二號的第 1 行的"供"、第 2 行的"現"、第 4 行的"宮"、第 8 行的"事"，皆得復合爲一，這是此二號可以綴合的鐵證。其中的"宮"字絶大部分在斯 2316 號，右下部殘筆撕裂在北敦 2301 號。仔細觀察《國圖》北敦 2301 號的影印圖版，如圖 60-2 所示，"宮"右下部的殘筆明顯是存在的（《國圖》刊布的圖版前端有誤綴的一塊碎片，參看下文第四章例四）；但在 IDP 數據庫上公布的彩色照片，這殘筆就沒了蹤影（圖 60-3）。碴口相合、殘字相契是殘卷綴合最直觀最重要的證據，這樣的證據自然是越多越好。北敦 2301 號彩色照片"宮"右下部殘筆的消失，相當於丟失了上揭二號可以綴合的鐵證之一，這當然是很可惜的。所以我們在充分利用彩

北敦 2301 號（前部）　　　　　　　斯 2316 號（後部）

圖 60-1　斯 2316 號（後部）+《國圖》北敦 2301 號（前部）綴合圖

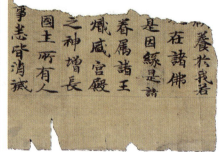

圖 60-2　北敦 2301 號《國圖》影印圖版　　　圖 60-3　北敦 2301 號 IDP 彩色照片

色照片的同時，也不要忽視老照片，要廣泛利用各種對綴合有用的圖版信息，努力作出更爲準確全面的判斷。

　　另外，由於拍攝或印製時處理的疏誤，有的圖版會發生局部內容的丟失。如斯3773號，爲《淨名經集解關中疏》殘卷，但比較《寶藏》和縮微膠卷，該號前部下部《寶藏》殘存的三殘行縮微膠卷中却不見了蹤迹，如圖61-1所示。

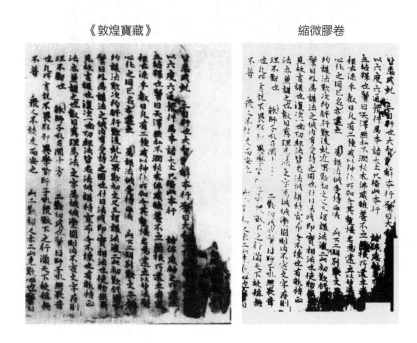

《敦煌寶藏》　　　　　　　　　　　　縮微膠卷

圖61-1　斯3773號前部圖版

後來我們發現該號前部可與斯3765號綴合（參本書下編《淨名經集解關中疏》綴合第5組），如圖61-2所示，《寶藏》斯3773號卷端下部殘存的三殘行正是斯3765號末三行下部撕裂的部分，二號拼合，此三行可依次綴接，其中首行原本分屬二號的"此下三歡德"五字皆得成完璧；後二行則可依次拼接爲"聞/名欽風爲知""有目之士誰不知/識"，中無缺字，堪稱鐵證。很顯然，《寶藏》斯3773號前端下部殘存的三殘行在這二號的綴接中起了關鍵的作用；而縮微膠卷此三殘行的殘損，則導致關鍵證據的缺失，會使此二號能否綴合成爲懸案。

斯 3773 號　　　　　斯 3765 號

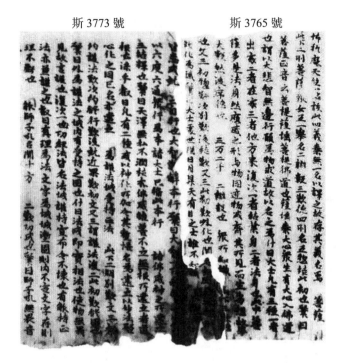

圖 61-2　斯 3765 號（後部）+ 斯 3773 號（《寶藏》前部）

綴合圖

四、敦煌殘卷綴合的意義

敦煌是古代絲綢之路上的重鎮，也是世界四大文明的交匯地，約七萬號寫本文獻就是東西方文化交匯交流交融的結晶，也是絲路文明最寶貴的實物遺存。然而遺憾的是，由於種種原因，有不少原本完整或相對完整的寫卷被撕裂成了一塊塊殘卷或殘片。通過類聚綴合，人們在分裂的殘卷斷片之間架起了一座座橋梁，破碎的文句、撕裂的絲路文明被重新連結在了一起。李學勤在談到甲骨文殘片的綴合時，曾説："甲骨文的綴合完全是創造性的，就好像是真理在你手中逐漸展現出來，真是其樂無窮。"[①] 佛教徒把佛經的抄寫視爲一種功德，敦煌殘卷殘片的綴合同樣是功德無量。當看到原本"骨肉分離"的碎片殘卷經過我們的拼接最終"團圓"的時候，一種巨大的成就感和喜悦感同樣充盈在我們心間，讓人激動不已。具體而言，敦煌殘卷的綴合具有如下幾方面的意義。

（一）恢復寫本原貌

如前所説，敦煌文獻源自道真搜集的"古壞經文"，本多殘卷殘片。但在搜集入藏和藏經洞發現後的流散過程中，也有進而因種種原因而撕裂的，其可綴比例達25%以上。姜亮夫先生説："敦煌卷子往往有一卷損裂爲三卷、五卷、十卷之情况，而所破裂之碎卷又往往散處各地：或在中土、或於巴黎、或存倫敦、或藏日本，故惟有設法將其收集一處，方可使卷子復原。而此事至難，欲成不易。"[②] 今天綴合工作的任務，就是要把那些原本完整或相對完整的寫卷重

---

① 聞述之《李學勤：拼出那些流傳了幾千年的歷史》，《語言文字報》489 期，2010 年 7 月 8 日。
② 姜亮夫《敦煌碎金導言》，陶秋英纂輯、姜亮夫校讀《敦煌碎金》，第 2 頁。

新拼合爲一，讓失散的骨肉團聚，這是敦煌殘卷綴合的最大意義所在。試看下面的例子：

例一　孟姜女哭長城的傳說是我國古代影響最爲廣泛的民間故事之一。敦煌文獻中的《孟姜女變文》也是演繹這一故事的通俗文學作品，可惜多爲殘卷斷片。其中法藏伯 5019 號殘片，如圖 62-1 右部所示，正面存殘文 13 行，筆者和黄征合著《敦煌變文校注》已據縮微膠卷收録；背面爲圖畫，《校注》擬題 "孟姜女變相"（"變相" 是有故事情節的組畫，"變文" 是 "變相" 的文字説明）。但由於 "原卷卷面甚暗"，《敦煌變文校注》的録文支離破碎，幾乎難以卒讀。

後來人們在中國國家圖書館、俄羅斯科學院東方文獻研究所藏品中發現了兩個新的殘片：北敦 11731 號殘片，正面存殘文 12 行，背面爲圖畫；俄敦 11018 號殘片，正面存殘文 9 行，背面爲圖畫。而且這兩個殘片與伯 5019 號可以完全綴合，綴合後如圖 62-1、圖 62-2 所示，不但寫卷正面銜接處原本分裂的文字合二爲一，背面原本撕裂的關口、山峰、河流也都得以接續爲一（俄敦 11018 號變相山峰下河流的左側尖頂撕裂在北敦 11731 號背）。[1]

此三號綴合後，我們才恍然大悟，原來此卷正面部分應從左向右讀，其順序依次爲俄敦 11018 號、北敦 11731 號、伯 5019 號，爲《孟姜女變文》32 行，所寫依次爲夫妻話別、丈夫服役、客死他鄉的場景；背面部分則爲《孟姜女變相》，有殘缺的山峰，彎曲的河流，關口的城牆，負重的民工，描寫的正是築長城的情景。原卷圖文結合，保存了變文類講唱文學作品的典型範式。根據傳世文獻的零星記載和敦煌變文寫本的表述，以前我們隱約知道 "變文" 原本應該是 "并圖" 一起出現的，但由於具體文本的缺失，"變文" 的含義、"變文" 與 "變相" 的關係等一系列問題若明若闇，衆説紛紜。上揭三號殘片的成功綴合，不僅僅是恢復了一個初步可讀的變文文本，而且使我們得以走進古代變文作者中間，重構變文講唱的場景，去拼接那早已消失了的古代文明。《敦煌變文

---

[1] 詳見本書下編之一 "變文" 篇《孟姜女變文》綴合第 1 組。參看張涌泉、張新朋《敦煌殘卷綴合研究》，《文史》，中華書局，2012 年第 3 輯，第 313—330 頁。

校注》僅憑伯 5019 號一個"卷面甚暗"的殘片，又誤按豎排從右向左的慣例來錄文，無怪乎文義之支離難通了。

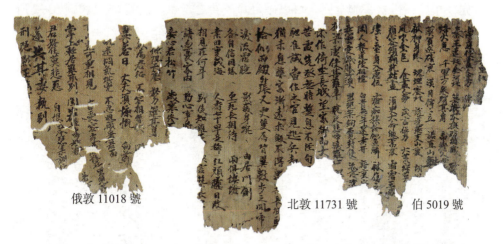

圖 62-1　俄敦 11018 號 + 北敦 11731 號 + 伯 5019 號《孟姜女變文》綴合圖

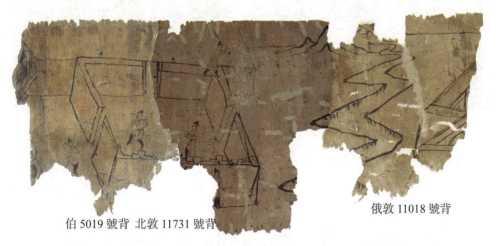

圖 62-2　俄敦 11018 號背 + 北敦 11731 號背 + 伯 5019 號背《孟姜女變相》綴合圖

　　例二　《敦煌變文校注》卷六又有《大目乾連冥間救母變文》一篇，參校本中有伯 4988 號背一種，可惜僅存 34 行，且前後 6 行皆有殘缺。該號正面爲《莊子·讓王篇》殘卷，亦僅存 28 行，前後 5 行皆殘缺。後檢閱《敦煌秘笈》第 1 册，其中有羽 19 號殘卷一件，正面存 33 行，前 5 行下部有殘缺，編者擬題《莊子·讓王篇》；背面存 42 行，前 6 行上部和末行有殘缺，編者擬題 "大目乾連冥問救母變文"（"問"應爲"間"字誤排）。以之與伯 4988 號比觀，發現二者内容先後相接，行款字體全同，可以確定乃一卷之撕裂。如圖 63-1、圖 63-2 所示，伯 4988 號後部的殘行正好可與羽 19 號前部的殘行完全對接。[①] 二號綴合後，綴接處密合無間，真正可以説是天衣無縫。

羽 19 號（前部）　　伯 4988 號（後部）　　羽 19 號背（前部）　　伯 4988 號背（後部）

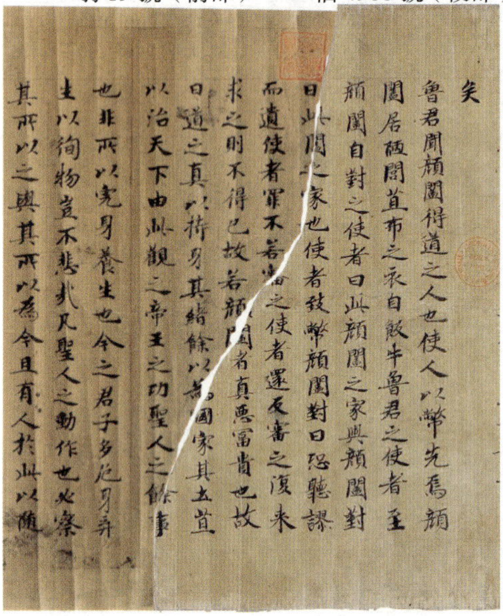

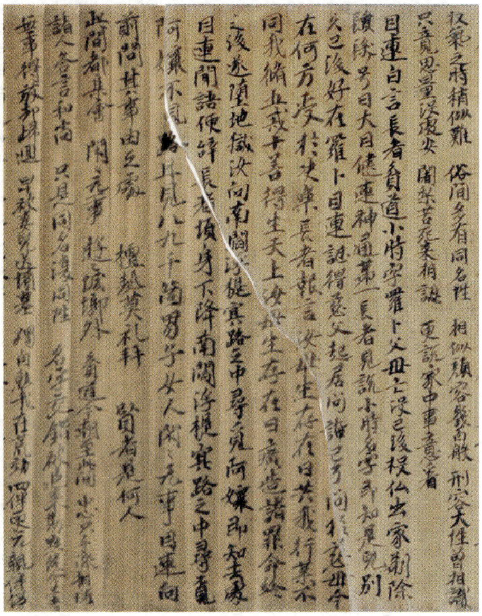

圖 63-1　伯 4988 號（後部）+
羽 19 號（前部）《莊子》綴合圖

圖 63-2　伯 4988 號背（後部）+ 羽 19 號背
（前部）《大目乾連冥間救母變文》綴合圖

　　例三　晚唐詩人韋莊的《秦婦吟》是反映黃巢農民起義的長篇敘事詩，全詩 238 句，1666 字，是現存唐詩中的第一巨製。韋莊因此詩名聲大噪，人稱 "《秦婦吟》秀才"。但不知何故，這首傳誦一時的名篇後來竟突然失傳了。幸運的是，人們在敦煌文獻中發現了該詩的十多個抄本，只可惜大多殘缺不全。筆者早年作《敦煌寫本〈秦婦吟〉匯校》，當時所見《秦婦吟》寫本僅九號，

---

　　① 該二號裂痕橫向跨度較大，帶有人爲撕裂的痕跡，但伯 4988 號爲伯希和早期從藏經洞攫取，沒有撕裂的必要和動機，也許入藏藏經洞時本身已被撕裂。

文中説"另據李盛鐸《李氏鑒藏敦煌寫本目録》，中有《秦婦吟》一卷，後已售與日本"，惜未之見。現在李盛鐸舊藏已隨著日本武田科學振興財團杏雨書屋所藏敦煌寫本《敦煌秘笈》的出版而全部公之於世，其中第 1 册羽 57 號正是拙文未見的李盛鐸舊藏《秦婦吟》殘卷。更讓人驚喜的是，此號可與英藏斯 692 號直接綴合。綴合後如圖 64 所示，銜接處原本分屬二號的"十二官街煙烘焗"句的"焗"字、"陰雲暈氣若重圍"句的"暈氣若"三字、"紫氣潛隨帝座移"句的"氣"字皆得復合爲一，而成完璧。

斯 692 號（前部）　　　　　　　　　羽 57 號

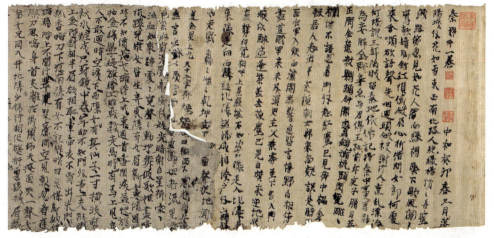

圖 64　羽 57 號＋斯 692 號（前部）《秦婦吟》綴合圖

　　此二號綴合後，全詩首尾題全具，成爲該詩繼法藏伯 3381 號後又一個完整的卷子，具有很高的文字校勘價值。如詩中"有時馬上見良人"句"見"字伯 3381 號脱，而該卷有；又"問翁本是何鄉曲"句的"曲"字，伯 3381 號誤作"典"，而該卷不誤，等等，佳勝之處，往往而遇。

　　例四　北敦 2301 號（北 1388；餘 1）正面爲《金光明經》卷二，前殘尾全，存 14 紙 353 行，《國圖》刊布的圖版首頁如圖 65-1 所示，條記目録稱"首行前粘貼一小殘片，有'敷已'二字"（IDP 網站此二字已移至首紙前 8 行上方，見圖 65-2）。我的博士生朱若溪認爲此二字"與本卷經文内容無關，大約是裱補紙上脱落的碎片"。我當時懷疑此殘片屬於《金光明最勝王經》卷十捨身

圖 65-1　《國圖》北敦 2301 號圖版首頁

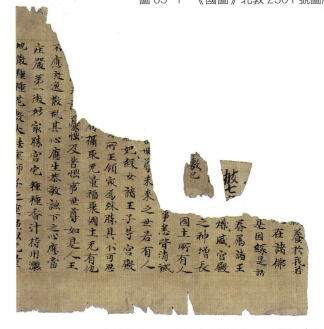

圖 65-2　IDP 網站北敦 2301 號首頁（右片局部放大）

品第二十六首段"時阿難陁受教敷已"句末二字，"敷"字之上殘留下端殘畫的爲"教"字，殘片所在原卷每行 17 字，該段《大正藏》本經文起始至"受教敷已"153 字，"敷已"二字正好在第 9 行行末，與殘片位置在行末相符。

　　根據我的提示，朱若溪調查後發現此殘片是從北敦 3894 號《金光明最勝王經》卷十正文首紙第 9、第 10 行下端脱落的，可以完全綴合。綴合後如圖 65-3 所示，北敦 3894 號第 9、第 10 行下端有殘損，第 9 行行末"陁""汝"二字的左側筆畫、第 10 行下端"教"字的下部筆畫撕裂在北敦 2301 號卷端殘片，二號拼合，此三字得以綴合爲一。這塊殘片顯然是從北敦 3894 號自然脱落的（《國圖》北敦 3894 號條記目録稱該卷"卷端碎損嚴重，脱落一塊殘片。背有古代裱補"），但陰差陽錯，誤粘在了北敦 2301 號卷端。今重新拼接，北敦 2301 號清除了誤贅的殘片，北敦 3894 號則迎回走散多年的"孤兒"，可謂兩全其美。

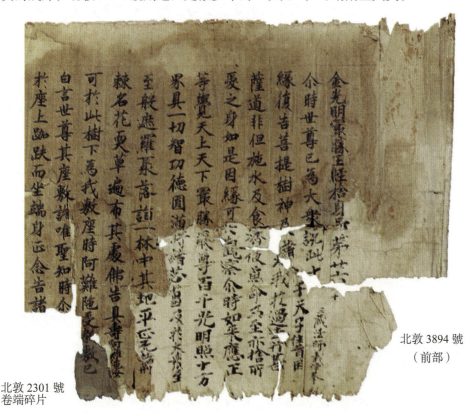

北敦 3894 號
（前部）

北敦 2301 號
卷端碎片

圖 65-3　北敦 3894 號（前部）與北敦 2301 號卷端碎片綴合圖

（二）確定殘卷名稱

敦煌文獻中殘卷或殘片的比例相當大，沒有題名者不在少數；即使相對完整的文本，也常有缺題的情況；部分寫卷雖有題名，但也每每存在題名歧異的情況。所以如何爲寫卷定名是敦煌文獻整理研究的先行工作之一，也是"敦煌寫本研究中的最大難題之一"。十多年前，我在談到敦煌殘卷的定名時，提出了四種方法，方法之一是"據其他寫本考定"，文章説：

> 一個完整的寫本通常有自己的題目，但被割裂肢解成多個殘片後，會造成原有篇題的缺失，所以有時局限在某一個殘片上，未必能擬定準確的名稱，而如能把相關的殘片或其他異本匯聚綴合在一起，則有可能使篇題失而復得。如劉復《敦煌掇瑣》載伯 2747、2648 號"季布歌"，該二號均爲殘段，本身并沒有篇題，所謂"季布歌"，乃劉氏據羅振玉《敦煌零拾》所載有相同内容的斯 5440 號"季布歌"（題目係羅氏擬定）比定的。《敦煌掇瑣》緊接"季布歌"另載有伯 3386 號"季布罵陣詞文"一卷，劉氏云"此與前二號字體不類，是另一人所寫"。其實伯 3386 號即伯 2747+2648 號之後殘缺的部分，[1] 伯 2648 號末句"遂令武士"四字左部部分殘畫及"齊擒捉"三字在伯 3386 號，二者綴合後正好完整無缺。而伯 3386 號末有"大漢三年季布罵陣詞文一卷"的尾題，則同一寫本撕裂的伯 2747、伯 2648 號自然也應改題"大漢三年季布罵陣詞文"殘卷了。同樣，斯 5440 號原本無題，也應當據伯 3386 號比定作"大漢三年季布罵陣詞文"或據另一異本伯 3697 號擬題作"捉季布傳文"，而"季布歌"的題目則屬無中生有，應予廢棄。[2]

這裏業已點出了綴合對敦煌殘卷定名的重要作用。但由於論題和篇幅所限，這一討論没能展開。這些年，我和我的團隊在進行"敦煌殘卷綴合研究"課

---

[1] 參看王重民《敦煌古籍敘録》，中華書局，1979 年，第 340—343 頁。

[2] 張涌泉、丁小明《敦煌文獻定名研究》，載《中華文史論叢》2011 年第 2 期，第 343—344 頁。

題時，對這個問題有了進一步的認識。下面擬從以下四個方面就此舉例展開討論：確定未定名殘卷的篇題；確定缺題殘卷的卷次；糾正殘卷定名的疏誤；補充殘卷定名的證據。

1. 確定未定名殘卷的篇題

如上所説，一個完整的寫本通常有自己的題目，但被割裂肢解成多個殘片後，會造成原有篇題的缺失，如能把相關的殘片綴合在一起，則有可能使原有篇題失而復得。如下例：

例五　俄敦 5867 號，殘片，如圖 66 右下部所示，僅存 7 殘行。又俄敦 5786 號，殘片，如圖 66 右上部所示，僅存上部 6 殘行。又俄敦 5720 號，殘片，如圖 66 中部所示，僅存 7 行，行 17 字。此三號殘片皆無題，《俄藏》未定名。

按：上揭三號殘片前後皆殘，每片所存字句不多，定名有一定難度。今考斯 1830 號殘卷，前部如圖 66 左部所示，前殘尾全，存 442 行，行 17 字，

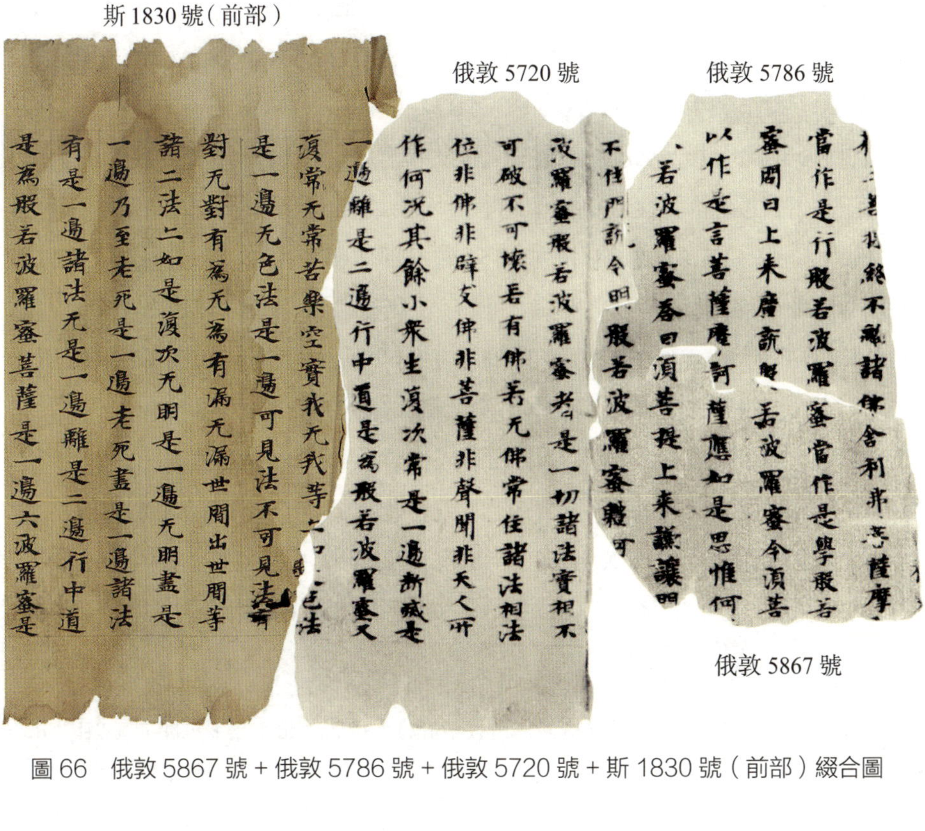

圖66　俄敦 5867 號 + 俄敦 5786 號 + 俄敦 5720 號 + 斯 1830 號（前部）綴合圖

尾題“大智論卷第卅三釋第九品訖第十品”，中有品題“大智論釋第十品”。《英國》條記目錄稱該號爲6—7世紀隋朝隸楷寫本。此號與前揭三號殘片字迹相同，實爲同一寫卷之撕裂，可以綴合。綴合後如圖66所示。俄敦5786號第1—6行與俄敦5867號第2—7行上下相接，俄敦5786號第1行、第4行原本有少許筆畫撕裂在俄敦5867號的“佛”“般”“訶”三字得成完璧。俄敦5867號＋俄敦5786號與俄敦5720號左右上下相接，俄敦5720號首行“門説”“明”三字有少許筆畫撕裂在俄敦5786號，二號拼接，此三字略得其全。俄敦5720號與斯1830號左右相接，斯1830號首行下接俄敦5720號第6行，銜接處原本撕裂在二號的“邊”字得成完璧；斯1830號次行下接俄敦5720號第7行，銜接處原本分屬二號的“亦如是色”四字亦得復合爲一，且此兩行文字皆得完整無缺。又此四號行款格式相同（行17字，行距、字間距及字體大小相近），書風相似（筆墨濃重，字距疏朗），書迹相同（比較各殘片皆有的“是”“作”“波”“若”等字的寫法），可資參證。此四號既可綴合，則原本缺題的俄敦5786號等三號殘片亦可據後一號定作“大智論卷第卅三”，相應文字參見《大正藏》T25/370A15—375B22。[①]

有些殘卷綴合後，即便相關各片都没有篇題，但由於綴合後殘存的内容更多更完整，會使殘卷的性質更加清晰，從而給最終的定名帶來幫助。再看下例：

例六　俄敦15362號，殘片，如圖67右上部所示，存5殘行。又俄敦15327號，殘片，如圖67右下部所示，殘片，僅存3殘行。又俄敦15227號，殘片，如圖67中下部所示，存3殘行。又俄敦12852號，殘片，如圖67左部所示，存4殘行。此四號殘片原卷皆無題，《俄藏》未定名。

按：上揭四號殘片每號僅存四五字或十餘字不等，就孤立的一片看，比定其出處的難度很大。後來我們發現此四號行款格式相同（字體大小相似，字間距及行間距皆相近），書風相似（皆隸楷，尖鋒入筆），字迹相同（比較四號多見的“在”“説”二字），可以綴合。綴合後如圖67所示，其中俄敦15327

----

① 參看張磊、郭曉燕《敦煌寫本〈大智度論〉殘卷綴合研究》，《中國俗文化研究》第10輯，巴蜀書社，2015年，第123—125頁。

號與 15362 號、俄敦 15227 號上下左右相接，俄敦 15362 號與俄敦 15227 號上下相接，銜接處斷痕吻合，原本分屬俄敦 15327 號、俄敦 15227 號的"非"字部分筆畫得以復合；俄敦 15362 號＋俄敦 15227 號與俄敦 12852 號左右相接，銜接處斷痕吻合，原本分屬俄敦 15362 號、俄敦 12852 號的"諸"字左右相契，原本分屬俄敦 15362 號、俄敦 15227 號、俄敦 12852 號的"法"字亦得以部分復合；原本分屬俄敦 15227 號、俄敦 12852 號的"定"字可成完璧。四號綴合後，殘存字句大大增加，我們就可以比較容易地推斷其爲《大集經》卷七之殘片（《俄録》定名同），所存内容始"是名諸法自在定"句"名諸"二字左側殘筆，至"常修憐愍無二相"句"無二"二字右側殘形止，相應文字參見《大正藏》T13/42B16—42B23。[①]

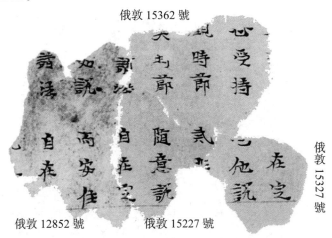

圖 67　俄敦 15362 號 + 俄敦 15327 號 + 俄敦 15227 號 + 俄敦 12852 號綴合圖

2. 確定缺題殘卷的卷次

古書系統不同，卷數往往也有參差。即便源自同一系統，相同或相近的字句在不同的卷次中重複出現也是常有的事。所以有些殘卷，根據殘存的内容也許可以大致判定出自何書，但由於殘存内容太少，要確定具體的卷次有時却并不容易。而通過殘卷的綴合，使可見的文句更加豐富，則有助於我們

———
①參看張磊、周小旭《敦煌本〈大方等大集經〉殘卷綴合研究》,《浙江大學學報》2016年第3期,第41—42頁。

對殘卷的具體卷次作出更準確的判斷。如下例：

　　例七　俄敦12018號，殘片，如圖68-1所示，存7殘行，每行存中部三四字。原卷無題，《俄藏》未定名。檢索中華電子佛典（CBETA），可以初步確定此號應爲《大般若經》殘片。但殘存文字可與《大般若經》卷二五八、二六〇和二六一這三個卷次的四處文字完全對應，其具體卷次則難以確定。

　　後來我們發現此號可與俄敦10898號、俄敦11977號殘片完全綴合。俄敦10898號，存28殘行，每行存上部10—14字；俄敦11977號，存15殘行，每行存下部3—8字。此二號原卷皆無題，《俄藏》未定名，據殘存內容，亦皆可判定爲《大般若經》殘片。此三號綴合後如圖68-2所示：

圖 68-1　俄敦 12018 號

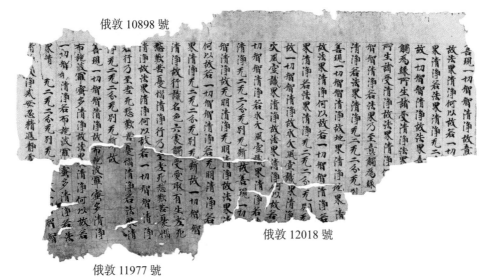

俄敦 10898 號

俄敦 12018 號

俄敦 11977 號

圖 68-2　俄敦 10898 號 + 俄敦 12018 號 + 俄敦 11977 號綴合圖

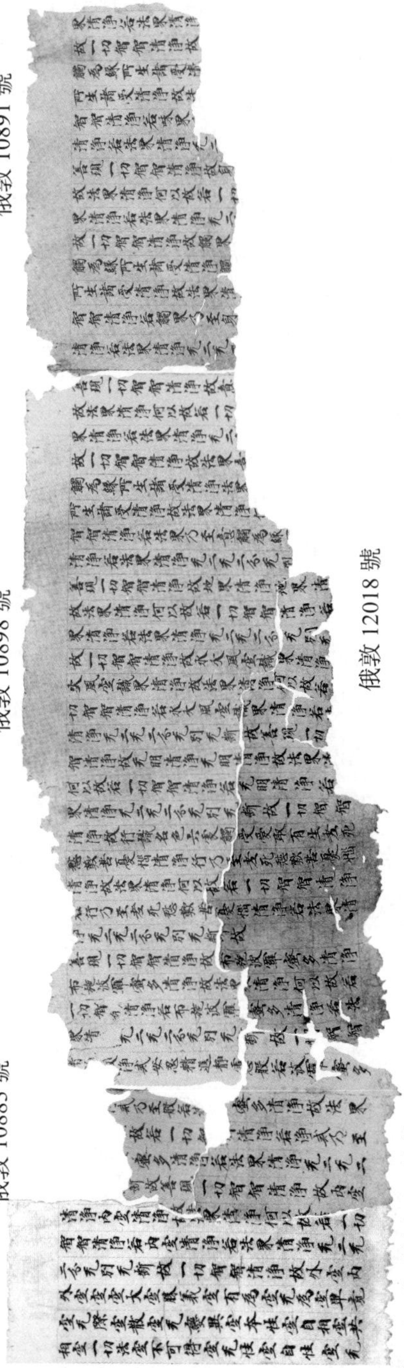

圖68-3　俄敦 10891 號＋俄敦 10898 號＋俄敦 12018 號＋俄敦 11977 號＋俄敦 12684 號＋俄敦 10883 號＋北敦 1742 號（前部）綴合圖

上揭三號綴合後，殘存文句大量增加，就可以斷定係《大般若經》卷二五八前部殘片，所存内容始"善現"句，訖"浄戒、安忍、精進、静慮、般若波羅蜜多清浄"句前八字，相應文字參見《大正藏》T6/304B20—304C19。

後來我們發現此三號其前還可與俄敦10891號、其後還可與俄敦12684號、俄敦10883號、北敦1742號（北2678；往42）綴合，形成俄敦10891號＋俄敦10898號＋俄敦12018號＋俄敦11977號＋俄敦12684號＋俄敦10883號＋北敦1742號的綴合系列，其中俄敦10891號、俄敦12684號、俄敦10883號均爲殘片，《俄藏》未定名；北敦1742號存3紙80行，《劫餘録》已定作《大般若經》卷二五八。此七號綴合如圖68-3所示：

上揭七號綴合後，始"若舌界清浄"句後三字，訖"无二无二分无别无斷故"句前三字，相應文字參見《大正藏》T6/304B6—305C15，殘存文句更加豐富，其爲《大般若經》卷二五八殘文，就更是確鑿無疑的了。①

例八 羽291號，見《秘笈》4/309—310。卷軸裝，2紙。如圖69右部所示，前後皆殘，存18行，所存部分皆爲佛名，每行分上下欄各抄一佛名。有烏絲欄。原卷無題，《秘笈》擬題"佛説佛名經卷第一"，敘録稱原卷楷書字體，紙高25.7釐米。又北敦3320號（北827；雨20），見《國圖》45/280B—292B。卷軸裝，19紙。前部如圖69左部所示，前殘後缺，存552行，所存部分皆爲佛名，每行分上下欄各抄一佛名。有烏絲欄。原卷無題，《國圖》擬題"佛名經（十二卷本異卷）卷二"，條記目録稱該卷"相當於十二卷本《佛名經》（大正440號）卷一後半部分及卷二前半部分，文字略有參差，不分卷。與已知其他諸藏本十二卷本《佛名經》均不類。在此暫按十二卷本異本卷二處理"；又稱原卷隸楷字體，紙高25.5釐米，爲5—6世紀南北朝時期寫本。

按：上揭二號内容前後相承，可以綴合。綴合後如圖69所示，羽291號末行與北敦3320號首行左右相接，接縫處邊緣吻合，原本分屬二號的"德月"二字皆得成完璧。又二號行款格式相同（紙高近同，皆有烏絲欄，行距、字距、字體大小相近），書風相近（筆墨均匀，結構規整，字體清秀），字迹似同（比

① 參看徐浩《敦煌〈大般若經〉寫本研究》第五章，浙江師範大學博士學位論文，2017年，第222—224頁。

較二號共有的"聲""分""尋""障""月"等字），可資參證。

北敦 3320 號（前部）　　　　　　　　　　羽 291 號

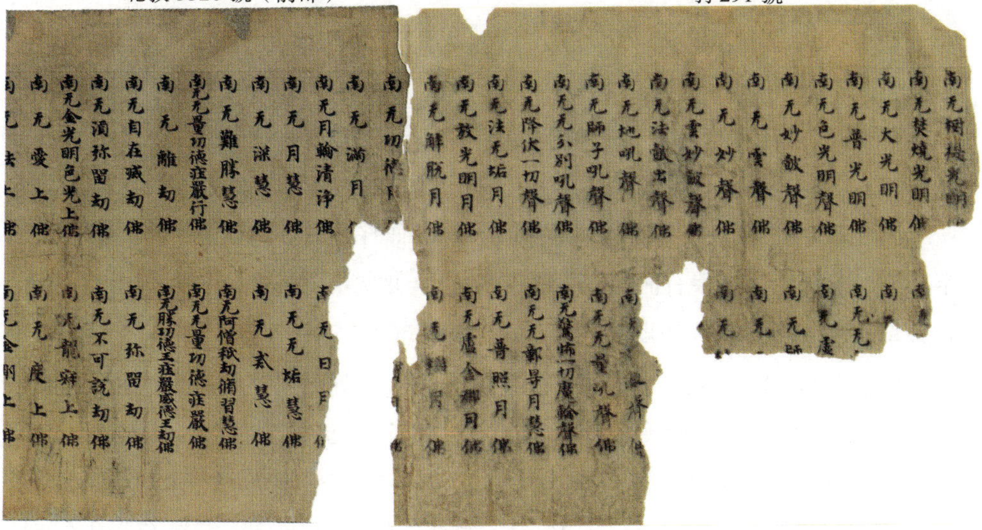

圖 69　羽 291 號 + 北敦 3320 號（前部）綴合圖

又考十二卷本《佛名經》可分作北系（如《房山石經》本）、中系（如《高麗藏》本及《大正藏》本）、南系（如《磧砂藏》本）三個系統（參看下文十二卷《佛説佛名經》"引言"），敦煌文獻中所見十二卷本《佛名經》與北系較爲接近，而與中系和南系則存在顯著差異。上揭二號綴合後，存文與北系卷二文字基本一致（相應文字可以參看《房山石經》第 11 册第 475 頁第 20 行下部至第 478 頁第 31 行上部）。就單獨一號而言，羽 291 號與通行的《大正藏》所載十二卷本《佛名經》卷一後部相合，故《秘笈》的定名似乎沒有問題。但此號既可與北敦 3320 號綴合，綴合後其主要部分却見於《大正藏》所載十二卷本《佛名經》卷二，僅小部分見於十二卷本《佛名經》卷一，而在北系則全部見於卷二，據此，此二號宜一併定作十二卷本《佛名經》卷二。《秘笈》爲通行的《大正藏》本所惑，把羽 291 號殘葉定作《佛説佛名經》卷一，其實不妥。

又，上揭二號既爲同一寫卷之撕裂，而《國圖》稱北敦 3320 號爲隸楷字體，《秘笈》稱羽 261 號爲楷書字體，字體判定不一。就全卷整體風格而言，當以定作楷書爲穩妥。①

3. 糾正殘卷定名的疏誤

敦煌文獻殘卷多，原本無題或缺題者占絕大多數。敦煌文獻發現以來，前賢已爲許多寫本擬定了適當的名稱，應予充分肯定。但由於種種原因，擬題可商者也不在少數。通過與其他殘卷的綴合，我們就有可能對這些錯誤加以糾正。試看下例：

例九　北敦 11213 號（北臨 1342），殘片，僅存 4 殘行，每行存中下部 2～11 字不等，末行僅存 2 字右側殘畫。原卷缺題，《國圖》擬題"菩薩戒本疏卷上"，敍録稱相應文字見《大正藏》T40/666C5—666C7。

按：北敦 11213 號殘片如圖 70 左下側所示，所存文字確與《大正藏》第 40 册新羅沙門義寂《菩薩戒本疏》卷上疏文全同，孤立地看，《國圖》擬題似乎確鑿無疑。但後來我們發現該殘片與北敦 4351 號殘卷可以完全綴合。北敦 4351 號（北 6711；出 51），存 30 行，後 2 行殘損嚴重（末行僅存行末二字右側殘畫），行約 17 字；原卷缺題，《國圖》擬題"梵網經盧舍那佛説菩薩心地戒品第十卷下"，相應文字參見《大正藏》T24/1004B19—1004C20。北敦 11213 號係北敦 4351 號後部撕裂的殘片，二號左右上下對接，綴合後如圖 70 所示，銜接處原本分屬二號的"自讚毁他，亦教人自讚毁他"句"他""亦"二字、"而菩薩應代一切衆生"句"切衆"二字皆得成完璧。又二號行款格式相同，書風筆迹似同（比較二號皆有的"菩""薩""一""若""人""自"等字），可資參證。二號綴合後，所存可辨識的文字起"方便救護"四字殘形，訖"若自揚己德"句前二字，與《大正藏》T24/1004B19—1004C22《梵網經》卷下文句略同，而與《菩薩戒本疏》卷上則差異甚大（後者每條戒文後有義寂的疏文，此二殘片有戒文而無疏文）。北敦 11213 號既可與北敦 4351 號完全綴合，則亦必爲《梵網經》卷下殘片；《國圖》定作《菩薩戒本疏》，顯然不妥。故此

---

① 參看劉溪《敦煌本早期〈佛名經〉寫本研究》第二章，浙江師範大學碩士學位論文，2016 年 5 月，第 25—26 頁。

二號綴合後應一併擬題作"梵網經盧舍那佛說菩薩心地戒品第十卷下"。①

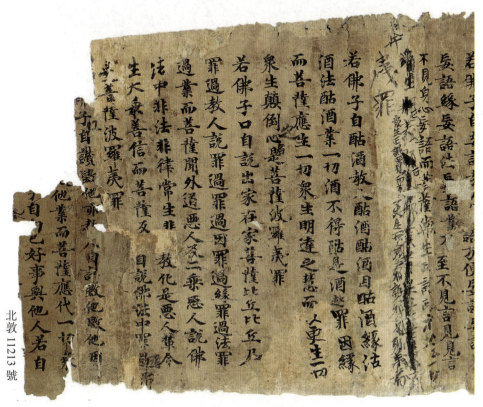

北敦 4351 號（後部）

圖 70　北敦 4351 號（後部）＋北敦 11213 號綴合圖

　　例十　斯 8167 號，殘片，如圖 71-1 所示，存 17 殘行，倒數第四行有"弟一世間醫偈"字樣，《英藏敦煌文獻》擬題"押座文""第一世間醫偈"。友生李小榮博士以爲并非押座文，而是講述鳩摩羅什譯《維摩詰所説經·佛國品》的《維摩詰經講經文》，他說："據業師張涌泉先生見告，從字迹判斷，斯 8167 號與斯 4571 號當爲同一抄手所書。但兩卷文字并不相同……可見斯

---

　　① 參看張涌泉、孟雪《國圖藏〈梵網經〉敦煌殘卷綴合研究》，《出土文獻與古文字研究》第 6 輯，上海古籍出版社，2015 年，第 798—800 頁。

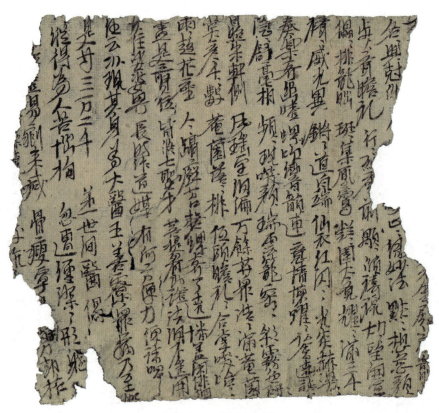

圖 71-1　斯 8167 號

斯 4571-29 號　　　　　　　　　斯 8167 號　　　　　　　　斯 4571-3 號

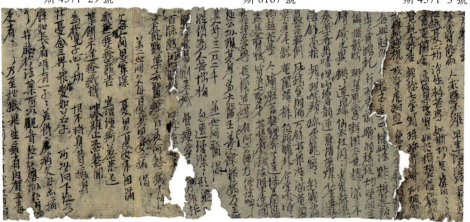

圖 71-2　斯 4571 號（局部）＋斯 8167 號綴合圖

8167 號是另一系統的《維摩詰經講經文》。"①

按：此殘片與斯 4571 號《維摩詰經講經文》確爲同一抄手所書，而且就是從後者掉落下的一片，可以完全綴合，綴合後如圖 71-2 所示，其中斯 8167 號殘片第 3 行"行行烈（列）座前"句後三字，16 行"眼深豈易剜來減"句前三字均有若干殘筆撕裂在斯 4571 號，綴合後則密合無間。所謂"弟一世間醫偈"當校讀作：弟一、世間醫 [王，善療衆病]。"偈"字後用冒號，領起其下韻文八句。與下文"弟二、世間父母憂其男女病。偈"云云格式正同，都是演繹上文所引用的經文"以現其身，爲大醫王善療衆病"云云之意。《英藏》以之爲篇題是完全站不住脚的。

4. 補充殘卷定名的證據

前賢對殘卷的定名，多數是正確的，但由於存文太少或可資參證的材料不足，有時定名者自感底氣不足或者讀者覺得未必可信。而通過其他殘卷的綴合，我們就有可能提供更堅確的證據，使懸想成爲定論，或者在游移中確定唯一正確的答案。比如下舉二例：

例十一　北敦 10399 號（北臨 528），如圖 72 右下角所示，殘片，僅存 3 殘行，每行存行末"皆以""☒善""如"諸字。《國圖》擬題"大般涅槃經（北本）卷三〇"，稱相應文字見《大正藏》T12/545A21—23。《國圖》條記目録云："本遺書僅殘留 3 行 4 字，雖然亦有其他經典符合條件，但以《大般涅槃經》卷三〇爲最佳，故暫定爲此經。"

按：《國圖》雖然爲此片擬定了題目，但因存字太少，不免感到底氣不足，故又用"暫定"以示存疑。幸運的是，後來我們發現此號是從俄敦 5876 號掉落的殘片，可以綴合。俄敦 5876 號，殘片，前後皆殘，存 16 行，行 17 字，第 2—4 行下端每行殘缺 1—2 字。原卷無題，《俄藏》未定名。北敦 10399 號殘片正是俄敦 5876 號右下角丟失的部分，綴合後如圖 72 所示，銜接處斷痕密合無間，俄敦 5876 號第 2 行"如來初生出家成道轉妙法輪"與第 3 行行首"八日"間殘缺的"皆以"二字，俄敦 5876 號第 4 行下部"諸佛如來亦復"與第

---

① 李小榮《敦煌變文作品校録二種》，載《敦煌學輯刊》2002 年第 2 期，第 32 頁。

5 行行首"是"間殘缺的"如"字,皆撕裂在北敦 10399 號,二號拼合,則此數句皆完整無缺;俄敦 5876 號第 3 行末"哉"字的末筆撕裂在北敦 10399 號第 2 行上邊緣,二號綴合,此字得成完璧。又二號皆有烏絲欄,字帶隸意,字迹書風近同(比較二號皆有的"以""善""如"三字),可資參證。俄敦 5876 號與北敦 10399 號綴合後,所存文字從 4 字大幅增加到 240 多字,就爲我們進一步考定其具體出處創造了條件。經比勘,此二號存文確實出於《大般涅槃經》,不過北涼曇無讖譯(北本)《大般涅槃經》卷三十師子吼菩薩品第十一之四與南朝宋慧嚴等譯(南本)《大般涅槃經》卷二八師子吼菩薩品之四都有與此二號基本相同的內容。綴合後所存內容起"菓喻四果"句之首"菓"字殘形,迄"八者開敷衆生"句之"開敷衆"三字殘形止,相應文字參見《大

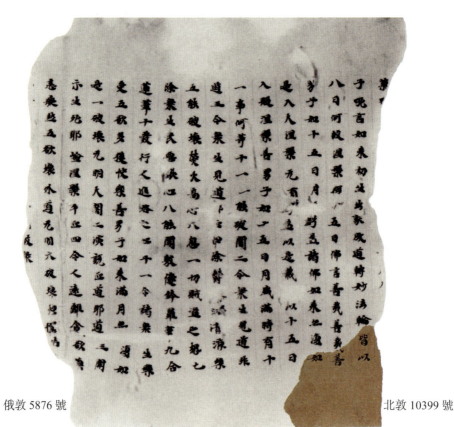

俄敦 5876 號   北敦 10399 號

圖 72 俄敦 5876 號 + 北敦 10399 號綴合圖

正藏》T12/545A19—B6、T12/790C5—C23，其中唯一一處重要的異文，是殘卷後部"一破壞无明大闇；二演説正道邪道；三開示生死邪巇，涅槃平正；四令人遠離貪欲瞋恚癡熱；五欲（破）壞外道无明；六破壞煩惱結□（賊）"等句，《大正藏》所據《高麗藏》本北本、南本"一"至"六"諸序數後皆有一"者"字，但《大正藏》於南本出校記稱諸"者"字宋、元、明、聖本皆無，也就是説，殘卷所存文字與南本的近似度更高。據我們調查，現已刊布的敦煌文獻中，有《大般涅槃經》北本2237號、南本41號，儘管從數量上看北本比南本要多得多，但具體到上揭二號殘片而言，其出於南本的可能性顯然也是存在的。所以更爲穩妥的做法，是把此二號殘片擬定作"《大般涅槃經》北本卷三十或《大般涅槃經》南本卷二八"。至於其確切的答案，則有待於新的可綴合殘片的發現。①

例十二　北敦11543號（北臨1672），見《國圖》109/263B。殘片。如圖73下部所示，存6行，每行存下部7—9字（第四、第五行無内容）。原卷無題，《國圖》擬題"佛名經（十二卷本）卷七"，并稱該卷爲7—8世紀唐楷書寫本。

按：《佛名經》版本衆多，傳世的有十二卷本、三十卷本，敦煌文獻中另有二十卷本、十六卷本。十二卷本由北印度僧人菩提流支在元魏正光年間（520—525）譯出，是該經最早的傳本；二十卷本改編自十二卷本，可能成書於隋代；十六卷本又是據二十卷本改編而成，形成於唐初；至於三十卷本，中國歷代藏經未見，最早收載於初刻《高麗藏》，大約是從中國民間流傳到朝鮮的，後被日本《大正藏》所收録。②此號所存内容既見於傳世的十二卷本《佛説佛名經》卷七，亦見於失傳的十六卷本《佛説佛名經》卷十，但僅憑此一殘片無法確定其具體出處。後來我們發現此號與北敦9281號乃同一寫本之撕

---

① 參看景盛軒《俄藏敦煌〈大般涅槃經〉寫卷的調查與分析》，《河西學院學報》2017年第3期，第55—56頁。

② 説詳方廣錩《關於敦煌遺書〈佛説佛名經〉》，見姜亮夫、郭在貽等編《敦煌吐魯番學研究論文集》，漢語大詞典出版社，1990年；後收入《方廣錩敦煌遺書散論》，上海古籍出版社，2010年，第266—285頁。參見張磊《敦煌遺書〈佛説佛名經〉（二十卷本）研究》，上海師範大學碩士論文，2008年。

裂，可以綴合。北敦 9281 號（周 2），見《國圖》105/217A，殘片，如圖 73
上部所示，存 13 行，每行存上部 1—13 字（末行僅存首字右側殘畫）；首題
"佛説佛名經卷第十"，《國圖》定作"佛名經（十六卷本）卷一〇"，并稱
該卷爲 8 世紀唐行楷寫本。此二號綴合後如圖 73 所示，北敦 9281 號第 2—
7 行與北敦 11543 號第 1—6 行上下相接，銜接處斷痕吻合，原本分屬二號的
"言""那""佛""世"四字皆得復合爲一，各成完璧。又此二號行款格式相
同（皆有烏絲欄，行距、字距、字體大小相近），書風近同（字體端正，筆墨
均匀），書迹似同（比較二號共有的"世""比""丘""劫""中""有"
"華""同""名""三""百"等字），可資參證。

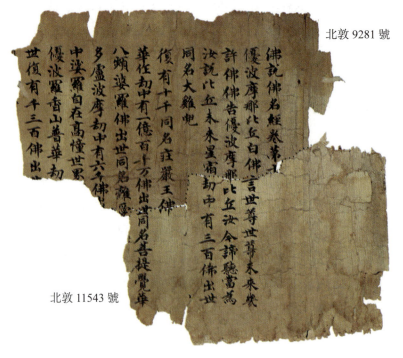

北敦 9281 號

北敦 11543 號

圖 73　北敦 9281 號 + 北敦 11543 號綴合圖

北敦 11543 號既可與北敦 9281 號完全綴合，而後者存首題，存文與同爲
佚本十六卷本《佛説佛名經》卷十且内容完整、首尾題完具的北敦 6285 號（北
711；海 85）寫本對應部分完全相同，則北敦 11543 號亦應定作十六卷本《佛

説佛名經》卷十殘片。又《國圖》條記目録稱北敦 9281 號字體爲行楷，北敦 11543 號字體爲楷書，然此二號既爲同一寫卷之撕裂，其字體自亦不應有别，宜據其整體風格一併定作楷書爲穩妥（本組定名的討論，參看本書下編十六卷本《佛説佛名經》綴合第 36 組）。

（三）確定殘卷系統

　　由於譯者或傳承來源的不同，同一文獻有時會有不同的譯本或不同的傳本，如《大般涅槃經》有北本、南本的不同，《金剛經》既有羅什譯本，又有留支譯本，《法華經》有《妙法蓮華經》《正法華經》《添品妙法蓮華經》的區别，《佛説佛名經》有二十卷本、十六卷本、十二卷本的區别，《燕子賦》有甲本、乙本的區别等；即便同是《妙法蓮華經》，也還有七卷本、八卷本甚至十卷本的區别。這些不同的譯本或傳本，内容往往大同小異，僅就某一局部要判定其系統所屬有時并不容易。而通過殘卷的綴合，使孤立的殘片拓展爲相對完整的區塊，則有助於我們對殘卷的系統作出更準確的判斷。試看以下諸例：

　　例十三　俄敦 347 號＋俄敦 1568 號，殘片，如圖 74 中部所示，存 14 殘行（前 10 行爲俄敦 347 號，後 5 行爲俄敦 1568 號，其中第 10 行分屬二號）。原卷缺題，《孟録》分别擬題 "合部金光明經卷第五四天王品第十" "合部金光明經卷第四四天王品第十"（"卷第四" 當是 "卷第五" 誤排），并已指出此二號可以綴合（上册 289、下册 244—245）。《俄藏》則把此二號直接綴合爲一，擬題 "合部金光明經卷第五四天王品第十"。

　　又伯 3872A 號，殘片，前部如圖 74 左部所示，前後皆殘，存 24 行，首行中下部僅存左側殘筆。原卷缺題，《索引》定作 "殘佛經（不知名）"，《敦煌寶藏》及《索引新編》《法藏》擬題 "金光明經卷第二四天王品第六"。

　　按：上揭三號殘片内容前後相承，可按俄敦 347 號＋俄敦 1568 號＋伯 3872A 號的順序依次綴合。綴合後如圖 74 左部所示。俄敦 1568 號與伯 3872A 號左右相接，銜接處原本分屬二號的 "供" "安隱具足" 等字略得其全。但《俄藏》等把前二號擬題作 "合部金光明經"，《法藏》等把後一號擬題作 "金光明經卷二"，定名不同，顯然有問題。漢文本《金光明經》系統主要有三種譯本傳世，分別是曇無讖譯《金光明經》四卷十九品本、寶貴合《合部金光明經》八卷二十四品本和義淨譯《金光明最勝王經》十卷三十一品本。《合部金光明經》是隋釋寶貴據曇無讖《金光明經》、真諦《金光明帝王經》等譯本合併而成，其中四天王品即直接來源於曇無讖譯本，故內容基本相同。上揭三號殘片的內容與曇無讖譯本、寶貴合本幾乎全同，所以僅憑此三號殘片本身很難確定其具體所出。

伯 3872A 號（前部）　　俄敦 1568 號　　俄敦 347 號　　　　北敦 8054 號（後部）

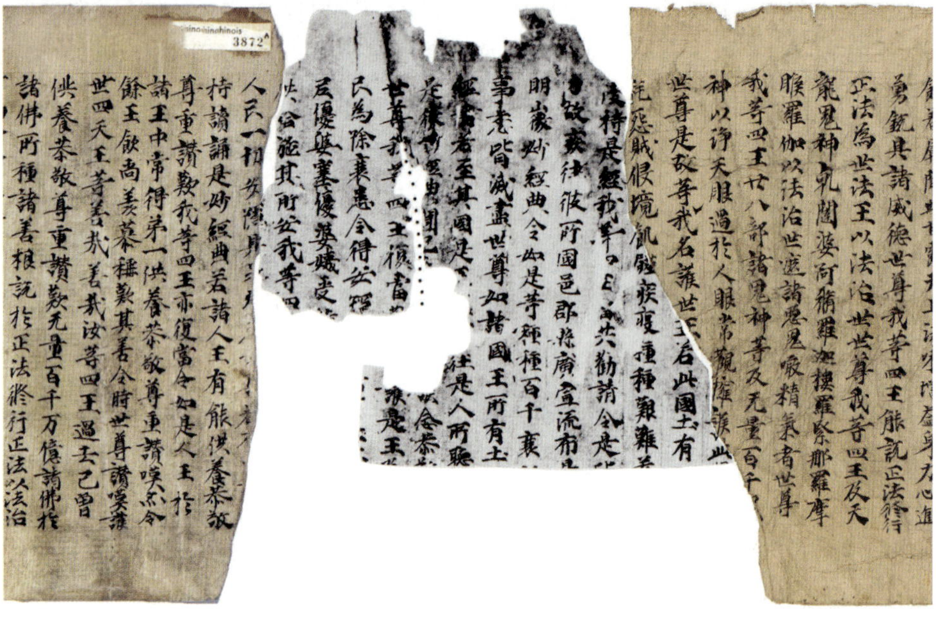

圖 74　北敦 8054 號（後部）＋俄敦 347 號＋俄敦 1568 號＋伯 3872A 號（前部）綴合圖

幸運的是，我們發現了可與此三號殘片綴合的另一殘片，即北敦 8054 號（北 1380；字 54）。後者首全後缺，存 23 行，行約 17 字，後 4 行中下部殘缺，後三行依次與俄敦 347 號前三行上下相接，綴合後如圖 74 右部所示，銜接處"護此""王若""飢饉"六字得成完璧。此四號殘片行款格式相同（行約 17 字，字距、行距及字體大小相近），書風字跡似同，可資參證。北敦 8054 號首題"金光明經四天王品弟六"，其右下部又用小字標卷數"二"，《國圖》據以定作"金光明經卷二"，甚是。俄敦 347 號 + 俄敦 1568 號、伯 3872A 號三殘片既可與之前後綴合，則亦必是"金光明經卷二"，《敦煌寶藏》爲伯 3872A 號的定名是正確的；[①]《孟録》及《俄藏》把俄敦 347 號 + 俄敦 1568 號擬題作"合部金光明經卷第五四天王品第十"，則是弄錯了傳本。[②]

例十四　俄敦 3442 號，見《俄藏》10/297B。殘片。如圖 75 右部所示，存 5 殘行，行存下部 1—4 字。楷書。有烏絲欄。原卷無題，《俄藏》擬題"佛説佛名經卷第十二"；《俄録》定作菩提流支譯本。

按：此號所存文句與菩提流支譯本《佛説佛名經》卷十二及佚本十六卷本《佛説佛名經》卷十六相關段落完全相同，因其所存字句太少，確定具體出處有困難。後來我們發現此號可與俄敦 7068 號綴合。後者見《俄藏》13/248A，殘片，如圖 75 左部所示，存 8 殘行，行存下部 4—8 字；楷書，有烏絲欄；原卷無題，《俄藏》未定名，《俄録》定作菩提流支譯本《佛説佛名經》

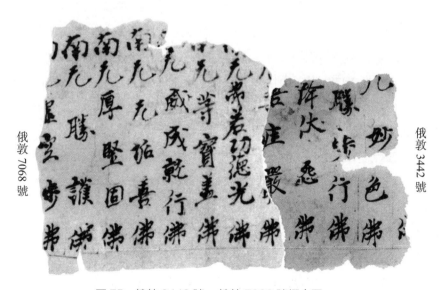

圖 75　俄敦 3442 號 + 俄敦 7068 號綴合圖

①伯 3872 號 A 殘片第 6 行"亦令餘王飲尚羨慕稱歎其善"，"飲"爲"欽"字誤書；同一行下文"令時世尊讚嘆護世四天王等"，"令"爲"佘"字誤書。看來這幾個殘片抄寫質量不是很高，也許已被廢棄。

②參看朱若溪《〈金光明經〉敦煌寫本研究》第二編綴合編，浙江大學博士論文，2016 年，第 134—136 頁。

卷十二。此二號綴合後如圖 75 所示，二號左右相接，接縫處邊緣吻合，俄敦
3442 號末行"喜""嚴"二字左側有部分筆畫撕裂在俄敦 7068 號首行，二號
拼接，此二字皆得復合爲一，橫向烏絲欄亦可對接。又此二號行款格式相同（地
腳高度近同，皆有烏絲欄，行距、字距、字體大小相近），書風相近（筆畫略
向右上傾斜），字迹似同（比較二號共有的"行""佛""勝"等字），可資參證。

　　此二號綴合後，起"南无功德山佛"句末字左側殘畫，迄"南无虚空步佛"
句，存文大幅增加，佛名及序次與北敦 5679 號佚本十六卷本《佛説佛名經》
卷十六完全相同，而與菩提流支譯本《佛説佛名經》卷十二比勘，則存有一
處異文：本卷"南无厚堅固佛"之後，與之並列的爲"南无勝護佛"，據空間，
其間應只缺"南无无垢雲王佛"一佛名，而北敦 3368 號及《大正藏》本菩提
譯本此二句間却有"南无无垢雲王佛，南无无垢臂佛，南无義成就佛"三佛
名（"南无无垢臂佛""南无義成就佛"二佛名北敦 5679 號在下文十餘佛名之
後，并且不直接相連），有所不同。據此推斷，本組二號爲佚本十六卷本《佛
説佛名經》卷十六殘片的可能性更大；《俄録》定作菩提譯本卷十二，恐不確（本
組定名的討論，參看本書下編十六卷本《佛説佛名經》綴合第 65 組）。

　　例十五　斯 10271 號，殘片，如圖 76 右下部所示，存 13 行。又斯 9824 號，
如圖 76 中部所示，存 10 行。此二號原卷皆無題，曹凌考定爲"父母恩重經"，
謂其"情況不詳，亦未明屬於哪個系統"。[1]

　　按：敦煌文獻中的《父母恩重經》，總數達百餘號之多，大抵可以分爲
四個系統：甲類寫本有丁蘭、董黯、郭巨等孝子故事；乙類寫本没有丁蘭等
孝子故事，字句和甲類也頗有不同；丙類與乙類相近，亦無丁蘭等孝子故事，
但末尾部分有"若有衆生能爲父母或七月十五日造佛盤名爲盂蘭盆，獻佛得果，
當知是人報父母恩"一段文字，字句與甲、乙類寫本差別較大；丁類寫本的
特點是有父母十恩德和十八地獄的具體陳述。[2]上述二號殘片因其存字太少，

---

　　① 曹凌《中國佛教疑僞經綜録》，上海古籍出版社，2011 年，第 365 頁。

　　② 張涌泉《敦煌本〈佛説父母恩重經〉研究》，原載《文史》1999 年第 4 輯；修訂本收入《張涌泉敦煌文
獻論叢》，上海古籍出版社，2011 年，第 260—297 頁。

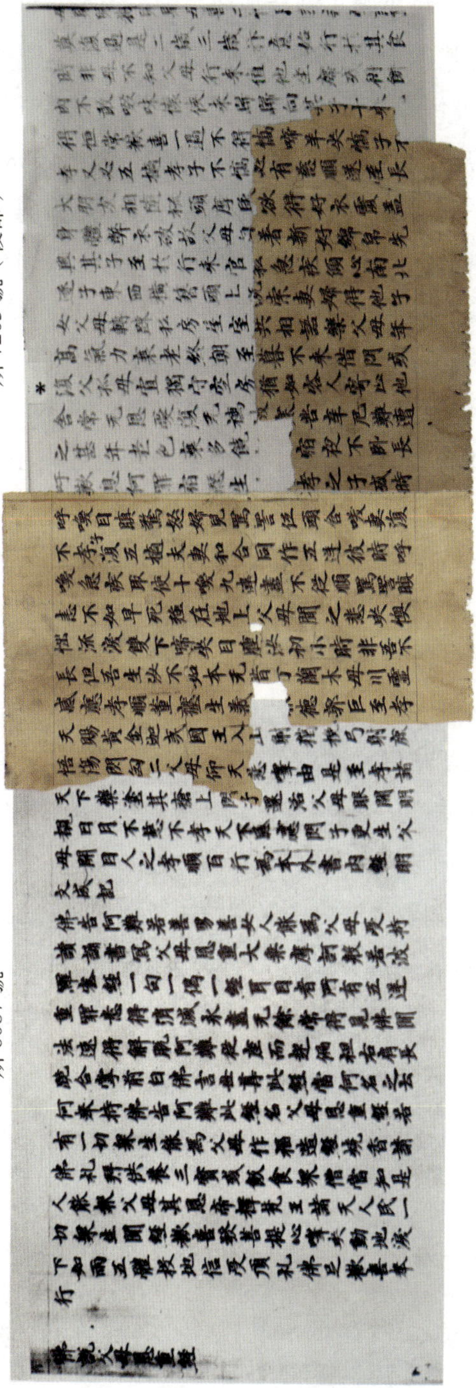

圖 76　斯 7203 號（後部）＋斯 10271 號＋斯 9824 號＋斯 6087 號綴合圖

故難以確定其具體歸屬。後來張小艷發現此二號前後可分別與斯 7203 號、斯 6087 號綴合。斯 7203 號，後部如圖 76 右部所示，前後皆殘，存 41 行，原卷無題，《寶藏》擬題"佛説父母恩重經"；其中有"獻佛得果""莫復過是"等帶有甲類系統特徵的詞語，故筆者斷作甲類經本。[①] 斯 6087 號，如圖 76 左部所示，前殘尾全，存 20 行，尾題"佛説父母恩重經"；其中有孝子"閃子"故事，爲甲類系統所獨有，故筆者斷作甲類經本。[②] 上揭四號内容前後相承，可以直接綴合。綴合後如圖 76 所示，諸相鄰二號接縫處邊緣吻合，横縱烏絲欄亦可對接，原本撕裂在相鄰二號的衆多殘字得以復合爲一。又四號行款格式相同，字迹書風似同（比較四號共有的"父""母""不""子"等字），可資參證。此四號既可綴合爲一，則原本不明系統所屬的斯 10271 號、斯 9824 號亦可比照斯 7203 號、斯 6087 號定作甲類系統殘本。[③]

　　例十六　日本濱田德海藏敦煌寫卷的來源及真僞，向爲敦煌學界所關注。2016 年 9 月 25 日，伍倫拍賣公司將其後人秘藏的 36 號寫卷於北京舉行拍賣，其中伍倫 36 號"《瑜伽師地論義疏》（孤本）"以人民幣 87.4 萬成交。該本卷軸裝，前後皆缺，存 2 紙 66 行，前部如圖 77 左部所示，卷面有油污及破裂。原卷無題，方廣錩編著《濱田德海蒐藏敦煌遺書》擬題同，條記目録云："本文獻未被歷代大藏經所收，亦未被歷代經録所著録。乃 9 世紀歸義軍統治初期，敦煌地區著名沙門法成向弟子解説的《瑜伽師地論》卷一'本地分中意地第二之一'的記録。以往所知敦煌遺書中保存的法成向弟子解説的《瑜伽師地論》的記録共有兩種，一種爲'分門記'，一種爲'隨聽疏'。本遺書與上述兩種形態均不相同，乃隨文解義，故擬名爲'義疏'。"[④] 方廣錩在該書序言中進一步强調説：

　　　　特別值得注意的是伍倫 36 號，該文獻雖然首尾均殘，却從來没有被歷

---

①《張涌泉敦煌文獻論叢》第 264 頁。

②《張涌泉敦煌文獻論叢》第 263 頁。

③ 參看張小艷《敦煌本〈父母恩重經〉殘卷綴合研究》，《安徽大學學報》2015 年第 3 期，第 90—91 頁。

④ 方廣錩編《濱田德海蒐藏敦煌遺書》，國家圖書館出版社，2016 年，第 37 頁。

代大藏經所收，未爲歷代經錄所著錄，甚至是我們以前在敦煌遺書中也從來沒有見過的海內孤本。

正由於這是一個"海內孤本"，這樣的定名是否可靠，其實是不能讓人放心的。後來我們發現此本可以與北敦14734號（新934）綴合。後者卷軸裝，首全後缺，存3紙97行（首紙31行，後2紙各33行），後部如圖77右部所示，首題"瑜伽師地論卷第一，彌勒菩薩説，無著菩薩造"，《國圖》條記目錄稱該件與《大正藏》所載玄奘譯本對照，"經文多所不同"。其實這二號既非玄奘所譯的《瑜伽師地論》，也不是只存"孤本"的《瑜伽師地論義疏》，而是法成譯的《瑜伽師地論》殘卷。法成譯本是區別於玄奘譯本的《瑜伽師地論》的另一個譯本，僅敦煌文獻中保存了若干殘卷。此二號與同屬法成譯的丹麥哥本哈根圖書館所藏MS12號、北敦14025號《瑜伽師地論》卷一經本基本

伍倫 36 號（前部）	北敦 14734 號（後部）

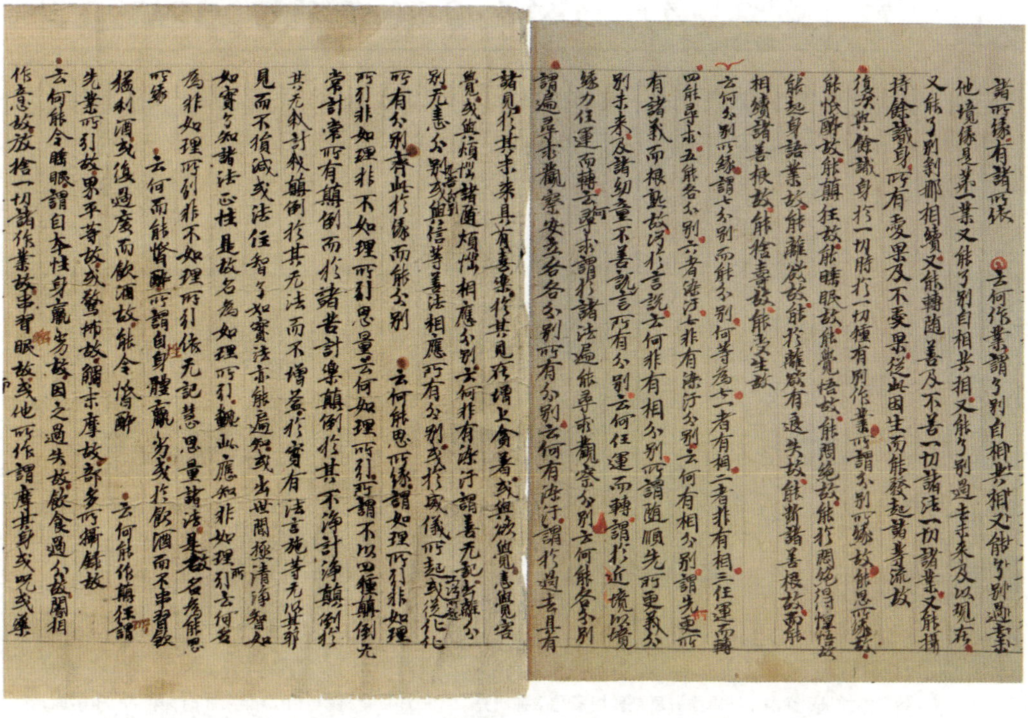

圖77　北敦14734號（後部）+伍倫36號（前部）綴合圖

相同，二號内容於"謂於過去具有／諸見，於其未來具喜樂"句前後相接，中無缺字，可以完全綴合，綴合後如圖 77 所示。又二號行款格式相同（皆有朱筆句讀及校改，并有朱、墨行間加字，烏絲欄，框高略同，完整一紙皆爲 33 行，滿行皆約 27 字，行距、字距、字體大小相近），字體皆爲小楷，書風書迹相似（如表 23 所示，"了""子"的入筆均有出鋒；"在"字最後兩筆連寫；"作"最後兩横亦連寫；"不""依"最後一捺均向左出鋒；"分"字左半呈連筆之勢，右半捺筆向左出鋒；"一"字收筆亦出鋒等等），其爲同一卷之撕裂可以無疑。[1]

表 23　北敦 14734 號與伍倫 36 號用字比較表

卷號＼例字	了	子	在	作	不	依	分	一
北敦 14734 號	了	子	在在	作作	不不	依依	分分	二一
伍倫 36 號	了	子	在	作作	不不	依依	分分	一

上揭二號既可完全綴合，不但伍倫 36 號的"身份"問題得到了解決，也證明濱田藏卷至少有一部分是可靠的。

（四）推斷殘卷時代

了解古書的成書和抄刻時代，才能確知它的史料價值或校勘價值。敦煌寫本大都殘缺不全，斷頭少尾，有紀年可確定具體年代者不多，所以爲寫本斷代是敦煌文獻整理研究的先行工作之一。姜亮夫先生把敦煌寫本的"定時"作爲進入正式研究的前提，"能確切定時，則一切準備工作，可謂基本成熟了"。[2] 多年以前，我在談到敦煌殘卷的斷代時，曾提出據内容斷代、據書法

---

① 參看張涌泉、徐鍵《濱田德海舊藏敦煌殘卷兩種研究》，《浙江社會科學》2017 年第 3 期，第 99—101 頁。
② 姜亮夫《敦煌學規劃私議》，《敦煌學論文集》，上海古籍出版社，1987 年，第 1013—1014 頁。

斷代、據字形斷代、據紙質和形制斷代四種方法，^①這些都是行之有效的。本文想討論另一種斷代方法，而且也許是更重要的斷代方法，即據綴合斷代。當我們面對一個孤立的殘卷甚至斷片時，寫卷能提供給我們的時代信息往往是有限的，但如果把相關的殘卷繫聯起來，有關的信息就可成倍地增加，從而會給殘卷的斷代提供直接或間接的幫助。下面我們就打算從以下四個方面就此展開討論：確定殘卷抄寫年份；確定殘卷抄寫時代；糾正殘卷斷代的疏誤；補充殘卷斷代的證據。

1. 確定殘卷抄寫年份

有的寫本會在卷尾或其他位置標出具體的抄寫年份甚至日期，這是寫本斷代最直接的證據。但當一個完整的寫卷被割裂肢解成多個殘片後，會導致部分殘片抄寫年份的缺失。如能把相關的殘片綴合在一起，則有可能使原有的抄寫年份失而復得。如下面的例子：

例十七　斯 12050 號，殘片，如圖 78 右部所示，僅存 5 殘行，無題，IDP 未定名。又斯 11631 號，殘片，如圖 78 中部所示，僅存 4 殘行，無題，IDP 未定名。

按：此二號應皆爲《佛名經》（十二卷本）卷五殘片，且內容前後相連，可以綴合。綴合後如圖 78 右部所示，二號左右相接，銜接處斷痕吻合，上部界欄對接，比較完整文本，斯 12050 號末行與斯 11631 號首行之間差一個佛名，正是斯 12050 號末行殘缺的下欄佛名，符合敦煌本《佛名經》佛名部分多分上下兩欄抄寫的體例。

上揭二號綴合後，所存文句略有增加，抄寫時代仍無法確定。我們進而發現此二號與斯 635 號似本爲一卷之撕裂。後者前殘尾全，存 45 行，前部如圖 78 左部所示，尾題“佛說佛名經卷第五”，尾有題記“開皇十六年五月八日，比丘尼明暉供養”，《英圖》定作“佛名經（十二卷本）卷五”。

斯 12050 號 + 斯 11631 號與斯 635 號不能直接綴合，中缺約 80 行，綴合示意圖如圖 78 所示。此三號行款格式相同（皆有烏絲欄，天頭高度相同，行

---

^①《敦煌寫本斷代研究》，原載《中國典籍與文化》2010 年第 4 期，第 61—69 頁。

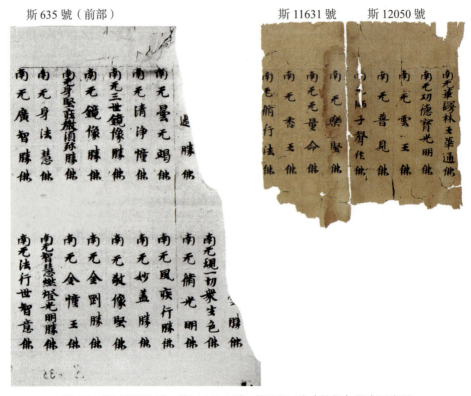

圖 78　斯 12050 號 + 斯 11631 號⋯斯 635 號（前部）綴合示意圖

距、字距、字體大小相近，前二號銜接處水漬痕迹契合），書風近同（筆墨均匀，字體清秀，結構規整，筆勢右上傾，折筆圓潤），書迹似同（比較表 24 所列例字），可資參證。三號綴合後，所存内容始“南无華鬘林王華通佛”句，訖尾題，相應文字參見《大正藏》T14/140C14—142B19。

　　上揭三號既可綴合爲一，據斯 635 號尾部題記，前二殘片的抄寫時間亦可比定作“開皇十六年五月八日”，抄寫人亦爲明暉。又，該組寫卷的字體結字已完全具備楷書的基本特徵，係楷書無疑，《英圖》條記目録稱斯 635 號爲隷楷，當不確。①

────────

① 參看劉溪《敦煌本早期〈佛名經〉寫本研究》第二章，浙江師範大學碩士學位論文，2016 年 5 月，第 27—28 頁。

表 24　斯 12050 號、11631 號與斯 635 號字迹比較表

例字　卷號	南無	佛	脩	雲	香	堅	樂
斯 12050 號	南无	佛	/	雲	/	/	/
斯 11631 號	南无	佛	脩	/	香	堅	樂
斯 635 號	南无	佛	脩	雲	香	堅	樂

　　有些敦煌寫本，尤其是吐蕃統治時期（約 786—848）的敦煌寫本，多用地支（或干支）紀年，通過綴合，有時我們可以獲知地支（或干支）紀年，但確切的年份，則需要輔以其他佐證材料。如下面的例子：

　　例十八　北敦 8066 號（北 8256；字 66），首全後殘，後部如圖 79 右部所示，存 43 行。首題“佛説閻羅王受記令四衆逆修生七齋功德經”。《國圖》條記目錄稱此卷爲 9—10 世紀歸義軍時期寫本。

　　按：此號未見抄寫時間，所以《國圖》只能給出一個大致的時間段。後來張小艷發現此號可與斯 4530 號綴合，後者前殘尾全，存 47 行，前部如圖 80 左部所示，尾題“閻羅王授記經”，卷末有題記“戊辰年二月廿四日八十五▢▢▨傳”。此二號內容前後相承，可以綴合。綴接後如圖 79 所示，接縫處邊緣大體吻合，原本分屬二號的“薩”“殊”“薩”三字得成完璧。又二號行款格式相同，字迹書風似同（比較二號共有的“常”“菩”“薩”“閻”“羅”“天”“子”等字），可資參證。二號綴合後，形成了一個首尾大體完整的全本。[①]

　　上揭二號既可綴合爲一，則北敦 8066 號亦可比照斯 4530 號定作“戊辰年二月廿四日”寫本。但這個“戊辰年”具體是哪一年，則是一個新的疑問。考北敦 1226 號（列 26）亦爲《佛説閻羅王授記經》，末有題記云：“戊辰年八月一日，八十五老人手書流傳，依教不脩，生入地獄。”該本字體與斯

---

① 參看張小艷《敦煌疑僞經三種殘卷綴合研究》，《浙江大學學報》2016 年第 3 期，第 30 頁。

4530 號同，當出於同一人之手，據此，斯 4530 號末尾題記可以校補作"戊辰年二月廿四日，八十五□□▨（老人手書流）傳"，這兩個"戊辰年"，池田温《中國古代寫本識語集錄》皆定作公元 908 年，① 極是。敦煌文獻中有一批《金剛經》《閻羅王授記經》寫本，抄寫者署名爲"八十二老人""八十三老人""八十四老人""八十八老人"等，其中斯 5534 號《金剛經》寫本末題"時天復五年歲次乙丑（905）三月一日寫竟，信心受持，老人八十有二"，斯 5451 號《金剛經》寫本末題"天祐三年丙寅（906）二月二日，八十三老人，手自刺血寫之"，皆爲同一人所書，"天祐三年"後兩年，正是"戊辰年"，書者則變爲"八十五老人"。② 據此，我們可以確定北敦 8066 號 + 斯 4530 號爲公元 908 年八十五老人所書；《國圖》條記目錄稱北敦 8066 號爲 9—10 世紀歸義軍時期寫本，接近而不確。

斯 4530 號（前部）　　　　　　北敦 8066 號（後部）

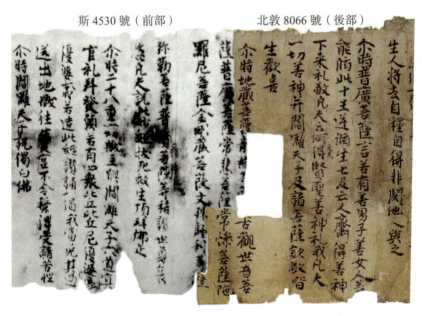

圖 79　北敦 8066 號（後部）+ 斯 4530 號（前部）綴合圖

---

①《中國古代寫本識語集錄》，東京大學東洋文化研究所，1990 年，第 453 頁。

② 參看羅慕君《敦煌〈金剛經〉八十老人抄本考》，《古籍研究》2017 年第 2 期，第 101—130 頁。

2. 確定殘卷抄寫時代

大多數敦煌寫卷没有標注具體的抄寫年代，後人只能根據行款、字迹、紙張等來判斷其大致的抄寫時代。但完整的寫卷撕裂成殘卷或殘片後，由於存量太少，寫卷的性質不易判明，極易導致誤判誤斷。而把相關的殘卷殘片綴合在一起，則有可能明了其性質，并進而判明其抄寫時代。如下例：

例十九　北敦 9269 號（唐 90），殘片，首尾皆殘，僅存 2 殘紙 23 行，局部如圖 80 右部所示，所存部分皆爲佛名，原卷缺題，《國圖》擬題“佛名經（十二卷本）卷一”，條記目録稱該卷爲 5—6 世紀南北朝時期寫本。

按：如前所説，《佛名經》版本衆多，此號殘片所存殘文在各種《佛名經》版本中都可見到相近内容，但由於所存文句太少，要判定其具體來源及抄寫時代却非易事。後來我們發現此號可與北敦 7484 號（北 532；官 84）綴合。

北敦 7484 號（前部）　　北敦 9269 號（後部）

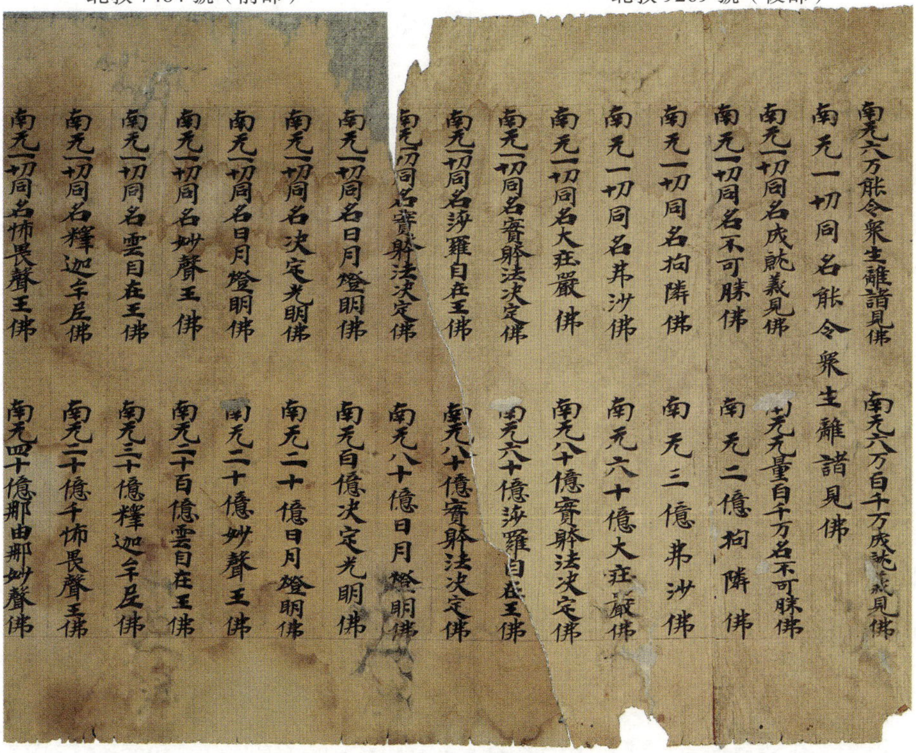
南无六万能令衆生離諸見佛
南无一切同名能令衆生離諸見佛
南无一切同名成就義見佛
南无一切同名不可勝佛
南无一切同名拘隣佛
南无一切同名弗沙佛
南无一切同名大莊嚴佛
南无一切同名寶髻法決定佛
南无一切同名娑羅自在王佛
南无一切同名寶髻法決定佛
南无一切同名日月燈明佛
南无一切同名決定光明佛
南无一切同名日月燈明佛
南无一切同名妙聲王佛
南无一切同名雲自在王佛
南无一切同名釋迦牟尼佛
南无一切同名怖畏聲王佛
南无六万百千万成就義見佛
南无无量百千万名不可勝佛
南无二億拘隣佛
南无三億弗沙佛
南无六十億大莊嚴佛
南无八十億寶髻法決定佛
南无六十億娑羅自在王佛
南无八十億寶髻法決定佛
南无八十億日月燈明佛
南无百億決定光明佛
南无二十億日月燈明佛
南无二十億妙聲王佛
南无二十百億雲自在王佛
南无三十億釋迦牟尼佛
南无二十億千怖畏聲王佛
南无四十億那由那妙聲佛

圖 80　北敦 9269 號（後部）+ 北敦 7484 號（前部）綴合圖

後者首尾皆殘，存 2 紙 38 行，局部如圖 81 左部所示，原卷缺題，《劫餘録》定作十二卷本《佛説佛名經》卷一；《國圖》改題"佛名經（二十卷本）卷一"，條記目録稱該卷爲 5—6 世紀南北朝時期寫本。北敦 9269 號與北敦 7484 號内容前後相承，可以完全綴合。綴合後如圖 80 所示，北敦 9269 號末三行與北敦 7484 號首三行左右上下相接，銜接處斷痕吻合，上下界欄對接無間，銜接處原本分屬二號的"自在""南""八""同名寶躰"諸字復合爲一。又二號行款格式相同，書風書迹近同，可資參證。

　　上揭二號綴合後，文本内容大幅增加，從而爲推尋其具體來源創造了條件。將此二號與十二卷本《佛説佛名經》卷一（《大正藏》本）進行對比，可以發現二者存在異文：北敦 9269 號第 9 行"南无一切同名盧舍那佛"，十二卷本作"南无一切同名毗盧舍那佛"；北敦 7484 號第 2—3 行"南无八十億寶體法決定佛""南无八十億日月燈明佛"二句中的"八十億"，十二卷本均作"十八億"；北敦 7484 號第 15 行"南无須弥微塵數一切功德山王勝名佛"句，十二卷本作"南无須彌山微塵數一切功德山王勝名佛"。再比對版本所屬明確的二十卷本卷一（如斯 6511 號），上述文句完全對應。由此可見，這一組寫卷亦應屬於二十卷本《佛名經》系統。《國圖》將北敦 7484 號定作二十卷本卷一，甚是，又把北敦 9269 號定作十二卷本卷一，則不妥；《劫餘録》將北敦 7484 號定作十二卷本卷一，也不妥。

　　確定了文本所屬，就可以來進一步判定其抄寫時代。如上所述，二十卷本《佛名經》形成於隋代，上揭一組寫卷既可確定屬於二十卷本系統，則其抄寫年代也只能在隋代以後，《國圖》敘録稱該二號爲 5—6 世紀南北朝時期寫本，顯然是錯誤的。[①]

　　例二十　北敦 5286 號（北 586；夜 86），前殘後缺，存 4 紙 79 行，後部如圖 81 右部所示，原卷無題，《劫餘録》擬題"佚本二十卷本《佛説佛名經》卷十"，《國圖》同。《國圖》條記目録稱該卷爲 6 世紀南北朝寫本。

[①] 參看張涌泉、劉溪《二十卷本〈佛名經〉敦煌殘卷綴合研究》，《佛教文化研究》第 5 輯，南京大學出版社，2018 年，第 5—7 頁。

又北大敦 182 號，前後皆缺，存 3 紙 38 行，前部如圖 81 左部所示，原卷無題，《北大》擬題"佛説佛名經卷第十"。《北大》敍録稱該卷爲唐寫本。

北大敦 182 號（前部）　　　　　　　　北敦 5286 號（後部）

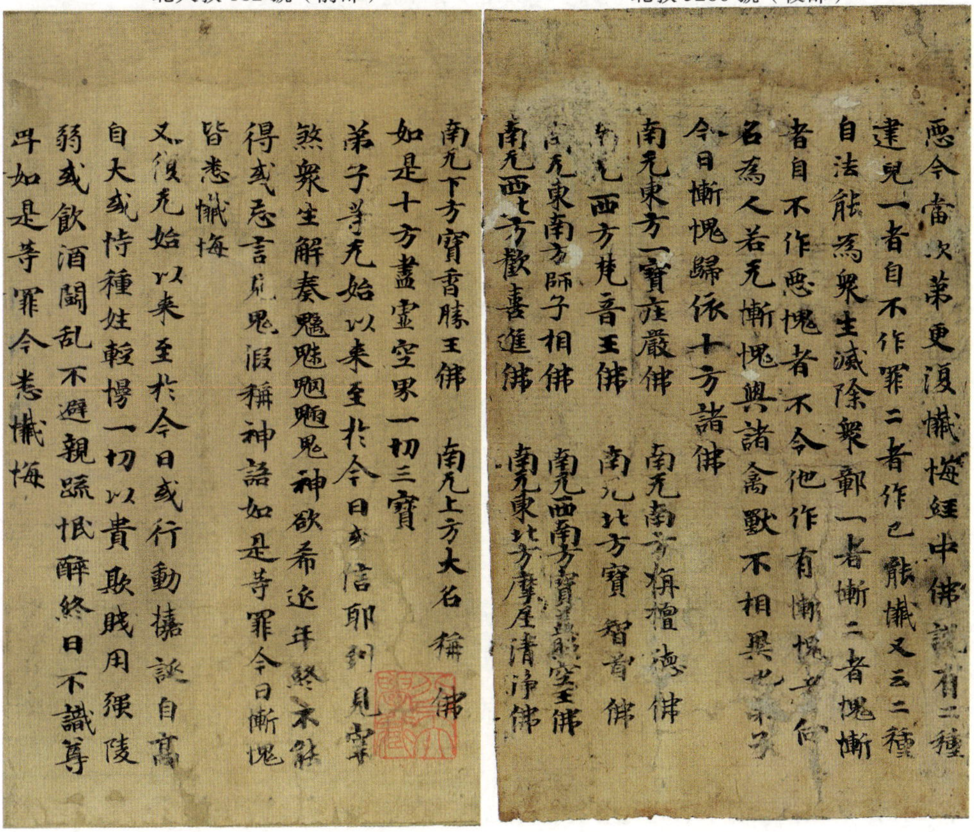

圖 81　北敦 5286 號（後部）+ 北大敦 182 號（前部）綴合圖

按：上揭二號皆爲二十卷本《佛説佛名經》卷十殘卷，且其内容前後相承，可以綴合。綴合後如圖 81 所示，二號左右相接，斷痕大抵吻合，内容連接，[1]中無缺字。又此二號行款格式相同，書風書迹近同（比較表 25 所列例字），可資參證。二號綴合後，所存内容始"南无智光明雲光佛"句左側殘字，訖"建

---

[1] 北敦 5286 號末句"南无東北方摩尼清浄佛"句之後，北敦 1069 號（北 7421；辰 68）《佛説佛名經》卷十作"南无上方大名稱佛，南无下方寶香勝王佛"，北大敦 182 號此二句先後顛倒，餘略同。

立菩提,荷負衆生"句,約存整卷三分之一強,與存有該卷大部的北敦1069號(北7421;辰68)相應部分重合,但文本質量較後者爲優,可作校勘之資。

表25 北敦5286號與北大敦182號字迹比較表

例字 卷號	南	猛	香	無	今	愧	懺	勝
北敦5286號	南	猛	香	无	今	愧	懺	勝
北大敦182號	南	猛	香	无	今	愧	懺	勝

又,如前文所考,二十卷本《佛名經》成書於隋,此二號既出於同一人之手,爲同一寫卷之撕裂,則其書寫時代不應有別,從其字體書風來觀察,似爲唐代前期寫本,《北大》稱北大敦182號爲唐寫本,不失謹慎;《國圖》條記目錄稱北敦5286號爲6世紀南北朝寫本,則顯然不妥。[①]

3.糾正殘卷斷代的疏誤

給古代寫本斷代是一項系統工程,需要對古代歷史、寫本制度、語言文字、紙張等許多方面有深刻的了解,稍有不慎,就會導致判斷疏誤。尤其是面對一個個撕裂的殘卷或殘片,發生疏誤的可能性更會大大增加。但如果把相關的殘卷繫聯起來,有關的信息成倍增加,從而會給殘卷的斷代提供直接或間接的幫助,前人斷代的疏誤或矛盾之處也會凸顯出來。

例二一 北敦7183號(北573;師83),前後皆殘,僅存2紙26行,後部如圖82右部所示。原卷缺題,《劫餘録》定作佚本二十卷本《佛説佛名經》卷五,《國圖》同,《國圖》條記目錄稱該卷爲5—6世紀南北朝時期寫本。

又北敦2192號(北574;藏92),前殘後缺,存10紙241行,前部如圖82左部所示。原卷缺題,《劫餘録》定作佚本二十卷本《佛説佛名經》卷五,《國圖》同,《國圖》條記目錄稱該卷爲8—9世紀吐蕃統治時期寫本。

按:上揭二號皆爲佚本二十卷本《佛説佛名經》卷五殘卷,且其內容前

---

① 參看張涌泉、劉溪《二十卷本〈佛名經〉敦煌殘卷綴合研究》,《佛教文化研究》第5輯,第22—24頁。

後相承，可以綴合。綴合後如圖82所示，二號左右上下相接，銜接處斷痕吻合，上下界欄對接無間，原本分屬二號的“香”“佛”二字復合爲一。又二號行款格式相同，書風書迹近同，可資參證。上揭二號既可綴合爲一，而《國圖》條記目録稱北敦7183號爲5—6世紀南北朝時期寫本，又稱北敦2192號爲8—9世紀吐蕃統治時期寫本，斷代不一，似皆未切當。據二十卷本《佛名經》形成於隋代以後考之，結合書迹書風的總體觀察，此組或以斷作唐代前期寫本爲近真。①

北敦2192號（前部）　　北敦7183號（後部）

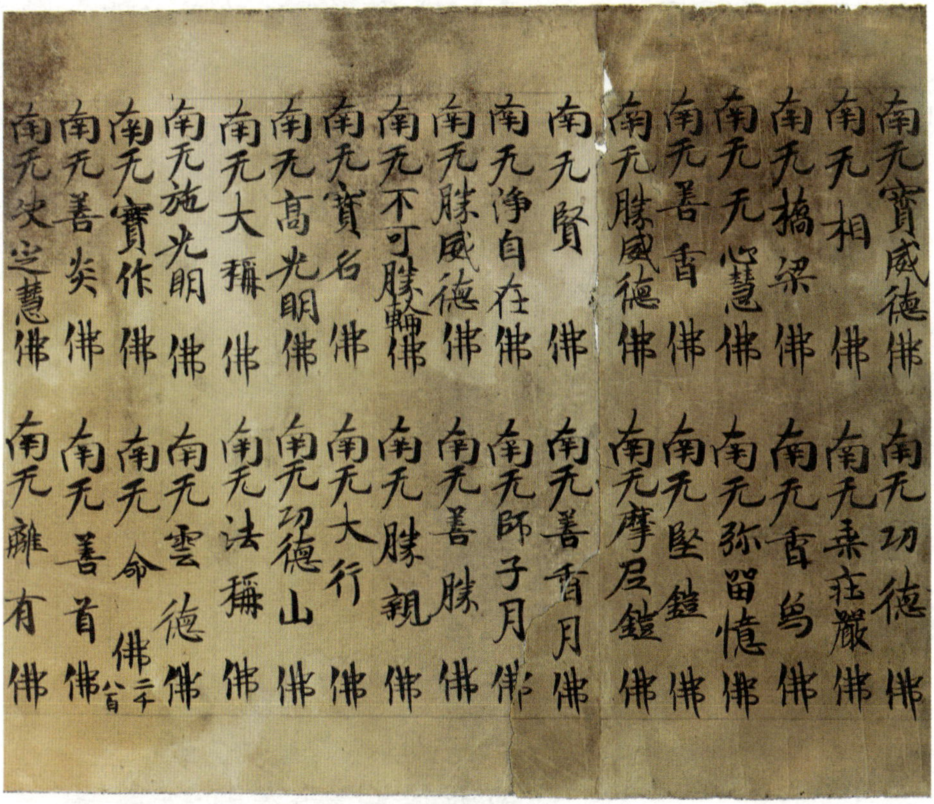
南无寶威德佛　南无功德佛
南无相佛　南无柔莊嚴佛
南无橋梁佛　南无香烏佛
南无無心慧佛　南无弥留憶佛
南无善香佛　南无堅鎧佛
南无勝威德佛　南无摩尼鎧佛
南无賢佛　南无善香月佛
南无淨自在佛　南无師子月佛
南无勝威德佛　南无善勝佛
南无不可勝輪佛　南无勝親佛
南无寶名佛　南无大行佛
南无高光明佛　南无功德山佛
南无大稱佛　南无法稱佛
南无施光明佛　南无雲德佛
南无寶作佛　南无命佛
南无善炎佛　南无善首佛
南无決定慧佛　南无離有佛

圖82　北敦7183號（後部）+北敦2192號（前部）綴合圖

① 參看張涌泉、劉溪《二十卷本〈佛名經〉敦煌殘卷綴合研究》，《佛教文化研究》第5輯，第12—13頁。

　　例二二　北敦10108號（北臨237），殘片，如圖83下部所示，存13殘行（其中3─5行空白無字）。原卷無題，《國圖》擬題"護身命經"，條記目錄稱原卷分兩部分：前一部分存2行，爲7─8世紀唐寫本；後一部分存8行，爲9─10世紀歸義軍時期寫本。

　　又北敦11465號（北臨1594），殘片，如圖83上部所示，存18殘行。原卷無題，《國圖》擬題"護身命經"，條記目錄稱該卷爲8世紀唐寫本。

　　按：上揭二號內容前後相承，可以綴合。綴合後如圖83所示，北敦11465號與北敦10108號後一部分上下相接，接縫處邊緣吻合，綴後第8─10行連成整行，原本分屬二號的"皆來集會"的"會"和"儻爲惡魔"的"惡"大抵復合爲一。北敦10108號第12行行末"无有"下添"病苦"二字，北敦11456號第7行行首"橫死"上增"无有"二字，爲補增的脫文，"无有病苦／无有橫死"一句復得完整。又二號行款格式相同（行距、字距、字體大小相近），字迹書風似同（參看表26），可資參證。

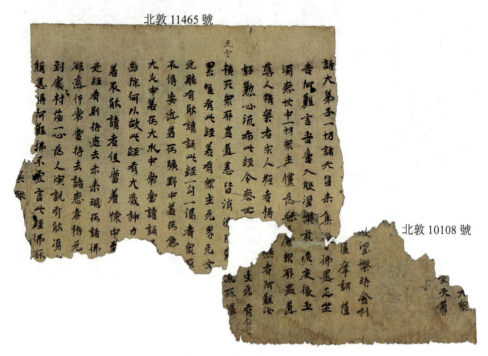

圖83　北敦10108號＋北敦11465號綴合圖

表 26　北敦 11465 號、北敦 10108 號字迹比較表

例字 卷號	衆	天	大	蠱	道	無	佛	生
北敦 10108 號前 2 行	衆	天	大	/	/	/	/	/
北敦 10108 號後 8 行	衆	/	/	盡	道	无	佛	生
北敦 11465 號	衆衆	天	大	盡	道	无	佛	生

《護身命經》，全稱爲《救護身命濟人病苦厄經》，又稱《救護身命經》《護身經》等，或稱竺無蘭譯，或題流支譯，一卷，最早著録於梁僧祐《出三藏記集》卷四，歸在失譯録；隋代法經的《衆經目録》卷四將其收入疑經録。經調查，敦煌文獻中共存《護身命經》寫本 20 號，曹凌《中國佛教疑僞經綜録》根據其内容分成甲、乙兩個不同系統的經本①。從綴合後的寫本看，前 2 行文字爲《護身命經》乙種經本的末尾，後 19 行文字則是甲種經本的卷首部分，從兩種經本共有的字形（"衆""天""大"）寫法看，前後兩部分其實出於同一抄手，也就是説，北敦 11465 號＋北敦 10108 號寫本係同一抄手分別將乙、甲兩種《護身命經》抄了一遍。《國圖》條記目録稱北敦 11465 號爲 8 世紀唐寫本，北敦 10108 號前 2 行爲 7—8 世紀唐寫本，後 8 行爲 9—10 世紀歸義軍時期寫本，出於同一人之手的寫經被割裂成了三個互不相同的時間段，這偏差就不是一般的大了。從字體書風觀察，此卷抄寫時間不會太早，斷作 9—10 世紀歸義軍時期寫本，庶幾近是。②

4. 補充殘卷斷代的證據

有的殘卷，根據紙張、行款、字體、書風等要素，可以推斷抄寫的大致時間段，但無法得出更確切的結論。而通過與其他殘卷的綴合，則會給斷代補充更有

---

① 曹凌《中國佛教疑僞經綜録》，第 205—207 頁。

② 參看張小豔《敦煌疑僞經六種殘卷綴合研究》，《文獻》2017 年第 1 期，第 30—31 頁。

用的證據。如下例：

　　例二三　俄敦 2643 號，殘片，如圖 84-1 右下部所示，僅存 3 殘行，《孟録》擬題 "佛名經"，歸入未入三藏的經典，并稱該卷抄寫於 9—11 世紀。《俄藏》泛題 "佛説佛名經"。

　　又俄敦 807 號，殘片，如圖 84-1 左上部所示，僅存 7 殘行，《孟録》擬題 "佛名經"（《俄藏》同），歸入未入三藏的經典，并稱該卷抄寫於 9—11 世紀。

　　按：比勘臺圖 16 號佚本十六卷本《佛説佛名經》卷七全本對應部分（局部如圖 84-2 所示），此二號所存内容與臺圖 16 號相同，故皆可擬定爲《佛名經》（十六卷本）卷七殘片。[1] 且俄敦 2643 號屬於俄敦 807 號右下角撕裂的碎片，可以完全綴合，綴合後如圖 84-1 所示，俄敦 807 號第 2—4 行與俄敦 2643 號第 1—3 行上下左右相接，斷痕吻合，銜接處原本分屬二號的 "切寶" "智威德" "无月輪清净佛" 諸字皆得成完璧（諸字左側筆畫皆撕裂在俄敦 807 號，右側筆畫皆撕裂在俄敦 2643 號）。又此二號行款格式相同，書風書迹近同，可資參證。

　　此二號綴合後，我們發現俄敦 807 號首行殘存一彩繪佛像的左側邊沿，這爲殘片斷代提供了重要綫索。考北敦 6824 號、中村 112 號、斯 3691 號等十餘號《佛名經》寫本皆有基本相同的尾題："敬寫《大佛名經》貳伯捌拾捌卷，伏願城隍安泰，百姓康寧，府主尚書曹公己躬永壽，繼紹長年；合宅枝羅，常然慶吉。于時大梁貞明陸年歲次庚辰伍月拾伍日記。" 這些寫本局部如圖 84-3 所示，其明顯特徵是，在羅列三寶總數的 "從此以上某百（或某千百）佛十二部經一切聖賢" 句子上端都有一彩繪佛像。上揭俄敦 807 號首行應爲 "從此以上五千八百佛十二部經一切賢聖" 句，雖此行文字已殘缺不存，但行端彩繪佛像的左側邊緣仍依稀可見，符合後梁貞明六年伍月拾伍日寫經的特徵，故此組寫卷可以斷作貞明六年（920）歸義軍時期寫本。《孟録》稱俄敦 807 號、俄敦 2643 號抄寫於 9—11 世紀，皆失於寬泛。[2]

---

　　[1]《俄藏敦煌文獻叙録》把俄敦 807 號擬定作菩提流支譯十二卷本《佛説佛名經》卷五，俄敦 2643 號擬定作失譯三十卷本《佛説佛名經》卷十三，皆不確。

　　[2] 本組斷代的討論，參看本書下編十六卷本《佛説佛名經》綴合第 28 組。

圖 84-1　俄敦 807 號 + 俄敦 2643 號綴合圖

圖 84-2　臺圖 16 號局部

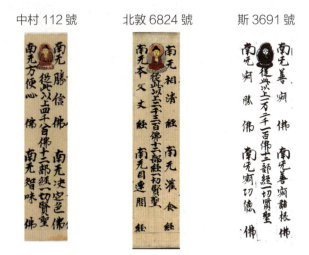

圖 84-3　後梁貞明六年伍月拾伍日寫經局部截圖

（五）明確殘卷攸關方

所謂攸關方，是指跟寫卷傳播密切相關的人員，包括作者、抄者、校勘者、持誦者、收藏者等等。一個完整的寫卷，往往會有與攸關方相關的或多或少的信息，而寫卷的割裂，則會造成這些信息的丟失，綴合後則可使之失而復得。

1. 明確抄者

古代寫本，特別是佛經寫本，往往會在適當的位置標注抄寫人的名字。但當一個完整的寫卷被割裂肢解後，會造成部分殘卷抄寫人題名的缺失。如能把相關的殘卷綴合在一起，則有可能使原有信息得到恢復。例如：

例二四　俄敦 102 號，殘片，如圖 85-1 右上部所示，存 6 殘行，首行存 "佛說佛名經卷" 字樣（右側多殘泐）。《孟録》定作 "佛説佛名經卷第二十一"，《俄藏》及《俄録》同。

又北敦 6350 號（北 751；鹹 50），首尾皆殘，存 9 紙 168 行，前部如圖 85-1 右下部所示，後部如圖 85-1 中右部所示，原卷無題，《國圖》擬題 "佛名經（十六卷本）卷一三"。《國圖》條記目録稱首紙 "卷面脱落一塊殘片，已綴接"。

又北敦 6432 號（北 763；河 32），前後皆殘，存 7 紙 97 行，前部如圖 85 中左部所示，後部如圖 85-1 左部所示，原卷無題，《國圖》擬題 "佛名經（十六卷本）卷一三"。

按：上揭三號《佛説佛名經》殘卷前後皆有殘缺，又缺少完整的卷題，故前賢對其經本及具體卷數都存在歧異。考北敦 6351 號（北 768；鹹 51）殘卷，首殘尾全，存 18 紙 312 行，前部如圖 85-1 左側所示，尾題 "佛名經卷第十三"，尾有題記 "靈應寫"；《國圖》定作 "佛名經（十六卷本）卷一三"。此號與上揭三號皆爲《佛名經》殘卷或殘片，且其內容前後相承，行款格式相同，書風書迹近同，可以完全綴合。綴合後如圖 85-1 所示，銜接處斷痕吻合，上下界欄亦對接無間，原本撕裂在二號的文字皆得以復合爲一。四號綴合後，北敦 6351 號有尾題，則上揭四號應皆爲《佛説佛名經》（十六卷本）卷十三殘卷或殘片無疑；《孟録》及《俄藏》等以俄敦 102 號殘片爲《佛説佛名經》

卷二十一，非是。[①]

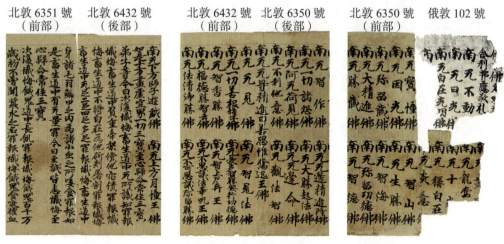

北敦 6351 號　北敦 6432 號　　北敦 6432 號　北敦 6350 號　　北敦 6350 號　俄敦 102 號
（前部）　（後部）　　（前部）　（後部）　　（前部）

圖 85-1　俄敦 102 號 + 北敦 6350 號（前部、後部）+
北敦 6432 號（前部、後部）+ 北敦 6351 號（前部）綴合圖

又，後三號《國圖》條記目録皆推定作 9—10 世紀歸義軍時期寫本，給出了一個抄寫時間的大致範圍。值得注意的是，後一號末尾有“靈應寫”的題記，則可據以確定此四號當皆出於“靈應”之手。又北敦 14456 號（北新 656）“佛説佛名經卷第六”（《國圖》條記目録亦定作 9—10 世紀歸義軍時期寫本）、斯 5341 號“佛説佛名經卷第八”末尾同樣有“靈應寫”題記，經本及題署文字筆迹完全相同（參下圖 85-2），説明這兩個寫經也出自同一個“靈應”之手。

北敦 6351 號　　　北敦 14456 號　　　斯 5341 號

圖 85-2　《佛説佛名經》卷十三、卷六、卷八“靈應”題記

---

① 本組綴合的討論，參看本書下編十六卷本《佛説佛名經》綴合第 46 組。

除上揭三個"靈應"之外，敦煌寫本中"靈應"人名還見於另外五個寫卷，包括三個同名的人：

一是龍興寺轉經僧，生活在吐蕃時期819年前後。伯3947號《吐蕃亥年八月寺卿蔡殷牒》："龍興寺應轉經卌一人，分爲兩蕃，定名如後……第二蕃廿人：段寺主、貞湊、英秀、法智、郭法通、惠素、惠常、志真、彼岸、海印、惟英、法榮、法利、光璨、神藏、靈應、道珍、靈秀、法印、燈判官。"其中的亥年，陳菊霞推定爲819年。①

二是乾元寺僧人。斯2614號背《沙州諸寺僧尼名簿》乾元寺："新沙彌：善光、善安、玄通、法定、法安、惠光、靈應。計僧貳拾人，計沙彌柒人，都計貳拾柒人。"這件名簿的年代，郝春文判斷是在公元十世紀初。又伯2250號背《沙州儭司儭狀》乾元寺僧："靈應：乾李僧政勾却，何法律勾入龍瓊嚴下。"這件儭狀的年代，郝春文定作937年稍前。②俄敦11090號《僧名錄》，有"法定 慈濟 靈應"等，其中的人名法定、靈應與上引《沙州諸寺僧尼名簿》乾元寺的新沙彌，極有可能是同一人。斯6005號《敦煌某社補充社約》，其中有社老"善慈"，社人"☒（靈）應"，此二名亦見於斯2614號背《沙州諸寺僧尼名簿》，分別爲三界寺和乾元寺的"新沙彌"，寧可、郝春文認爲是同一人，并據此推斷"本件的年代比'名簿'要晚，但也不會超過十世紀中葉"。③這個乾元寺的靈應從十世紀初的新沙彌開始，一直生活到大約十世紀中葉，顯得比較活躍。

三是龍興寺沙彌。伯2250號背《沙州儭司儭狀》龍興寺沙彌："靈應：龍索判官勾。"這個靈應的年齡應比同卷同名的乾元寺僧人略微年輕，大約生活在十世紀上半葉，公元937年前後。

前揭六號《佛說佛名經》寫經的抄手"靈應"，極有可能屬於這三個"靈應"之一。據此推斷，其抄寫時間大約可限定在九世紀初吐蕃時期至十世紀中葉歸義軍時期之間；《國圖》條記目錄推定作9—10世紀歸義軍時期寫本，近是

---

① 《敦煌翟氏研究》，民族出版社，2012年，第230頁。

② 《唐後期五代宋初敦煌僧尼的社會生活》，中國社會科學出版社，1998年，第30—31、308頁。

③ 《敦煌社邑文書輯校》，江蘇古籍出版社，1997年，第23頁。

而未確。

例二五　北敦 16247 號（北臨 4114），殘片，如圖 86 右側中上部所示，僅存上部 2 殘行，首行僅存 9 字（末字下部殘泐），次行存 6 字右側殘畫，無題，《國圖》擬題“大乘無量壽經”。《國圖》條記目錄稱此片是從北敦 7450 號《天地八陽神咒經》背面揭下來的古代裱補紙，并判定原卷爲 8—9 世紀吐蕃統治時期寫本。

按：此殘片可與北敦 2727 號（北 7767；吕 27）綴合。後者 5 紙，前部如圖 86 所示，首尾皆全，但前二紙上部有等距離殘損，第 3—4 行上部約缺八九字，首題“⊠（大）乘无量壽經”，尾題“佛說无量壽宗要經”。卷末署“田廣談”字樣。《國圖》條記目錄稱該卷爲 8—9 世紀吐蕃統治時期寫本。北敦 16247 號正是從北敦 2727 號第 3—4 行上部脱落的殘片，可以綴合。綴合後如

北敦 2727 號（前部）　　　　　　　　北敦 16247 號

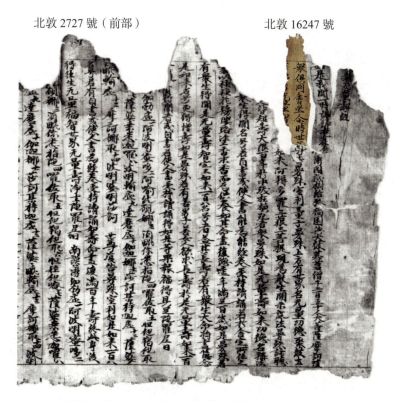

圖 86　北敦 2727 號（前部）+ 北敦 16247 號綴合圖

圖 86 所示，北敦 16247 號所存二殘行可以依次綴補於北敦 2727 號第 3—4 行上方殘缺處，其中北敦 16247 號首行所存完整的文字爲 "衆俱同會坐尒時世☒（尊）"，恰可補北敦 2727 號第 3 行上方之缺，合成完整的滿行（此行 31 字），斷裂處原本分屬二號的 "尊" 字亦可合二爲一，密合無間。①

這二號綴合後，可知此卷出於田廣談之手。除此卷以外，敦煌文獻中署名田廣談的《佛説无量壽宗要經》還有 36 號之多（偶或僅署 "廣談"），其中北敦 2200 號（北 7988；藏 100）《佛説无量壽宗要經》經文末署 "龍興　田廣談"。另外，末署 "義泉勘了　田廣談" 的《大般若波羅蜜多經》卷二八六、卷二八七寫經各一號（斯 1883；羽 474）。義泉是吐蕃時期金光明寺僧人，其名字見於伯希和藏文 1261 號背《吐蕃占領敦煌時期齋儭曆》（唐耕耦《敦煌社會經濟文獻真迹釋録》擬題）。據此，可以得知田廣談爲龍興寺僧人，是一個勤奮高産的寫經生，活動時間約在九世紀前期，《國圖》條記目録推斷這些寫經爲 8—9 世紀吐蕃統治時期寫本，庶幾近是。

2. 明確勘者

古人對傳統儒釋道經典的抄寫，特別是官方寫經，一般比較慎重，程序嚴格，抄好後往往一校再校，確保文字無誤。即便地方或私人寫經，也有校勘方面的要求。如斯 102 號《梵網經盧舍那佛説菩薩心地戒本》卷下題記："右此戒本，前後并廣略，乃至遠年及近寫等，約共勘校一十九本，將爲句義圓滿，文字楷定，稍具備於諸本。……其戒經本，於諸名僧大德，乃至道俗賢能，或隱山谷，或混人間，處處請求勘校，向餘四載，方始畢功。" 這些校經的人，往往會在經本適當位置標出，以示負責。但寫卷撕裂後，會造成校勘者信息的缺失，通過綴合，則有可能使其恢復。例如：

例二六　北敦 11565 號（北臨 1694），卷軸裝殘片，如圖 87-1 右部所示，存 15 行。原卷無題，《國圖》擬題 "金剛般若波羅蜜經"，條記目録稱原卷經黄紙，紙高 24.5 釐米，爲 7—8 世紀唐寫本。

又北敦 1296 號（北 4210；列 96），卷軸裝，前殘尾全，存 6 紙 135 行，

---

① 本組二號殘卷的綴合參看本書正文《大乘無量壽經》綴合第 16 組。

前部如圖 87-1 左部所示，卷尾如圖 87-2 所示，尾題"金剛般若波羅蜜經"，後有題記"惠海勘"。《國圖》條記目錄稱原卷紙高 24.5 釐米，爲 7—8 世紀唐寫本。

　　按：據殘存文字推斷，上揭二號皆爲《金剛經》羅什譯本，且其内容前後相承，可以綴合。綴合後如圖 87-1 所示，二號左右相接，接縫處邊緣吻合，原本分屬二號的"多羅三藐三菩提"七字皆得復合爲一，横縱烏絲欄亦可對接。又二號紙高皆爲 24.5 釐米，行款格式相同，書風字迹似同（比較二號共有的"受""讀""誦""供""養""諸""人""世"等字），可資參證。①

北敦 1296 號（前部）　　北敦 11565 號

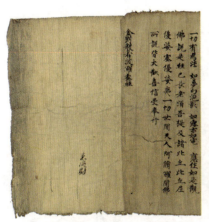 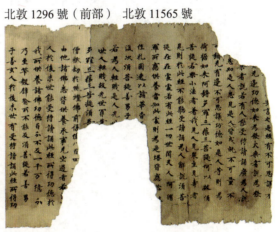

圖 87-2 北敦 1296 號卷尾　　圖 87-1 北敦 11565 號 + 北敦 1296 號（前部）綴合圖

　　上揭二號既原屬同卷，而後號有勘記"惠海勘"，字迹與正文不同，惠海當是此本的校勘者；據此，則可推定前號當亦爲惠海勘定寫本。

　　例二七　俄敦 10996 號，卷軸裝殘片，存 20 行，如圖 88-1 右部所示。原卷無題，《俄藏》未定名。

　　又羽 12 號，卷軸裝，前缺尾全，存 7 紙 199 行，前部如圖 88-1 左部所示，卷尾如圖 88-2 所示，尾題"金剛般若波羅蜜經"，後有題記："咸亨三年五月十三日，左春坊楷書吳禮寫，用小麻紙一十二張；裝潢手解善集；初校群書

---

① 參看羅慕君《敦煌漢文本〈金剛經〉整理研究》，浙江大學博士論文，2018 年，第 491—492 頁。

羽 12 號（前部）　　　　　俄敦 10996 號

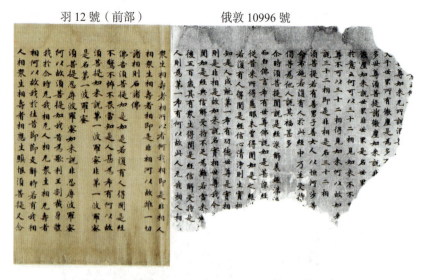

圖 88-1　俄敦 10996 號 + 羽 12 號（前部）綴合圖

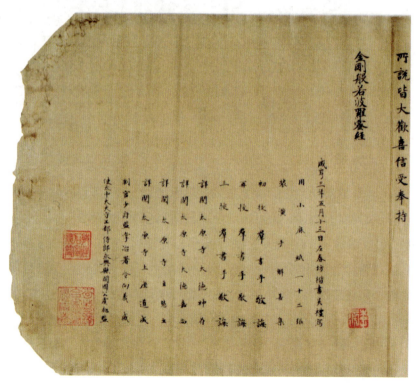

圖 88-2　羽 12 號卷尾

手敬誨，再校群書手敬誨，三校群書手敬誨；詳閲太原寺大德神符，詳閲太原寺大德嘉尚，詳閲太原寺主慧立，詳閲太原寺上座道成；判官少府監掌冶署令向義感、使太中大夫守工部侍郎永興縣開國公虞昶監。"末尾印二顆"敦煌石室秘笈""李盛鐸合家眷屬供養"。

　　按：據殘存文字推斷，前號亦應爲《金剛經》殘片，且與後號皆爲羅什譯本，内容於"此人无我相人相／衆生相壽者相"句前後相承，中無缺字，應可綴合。綴合後如圖 88-1 所示，二號接縫處邊緣吻合，横向烏絲欄亦可對接；卷面上邊緣皆有污漬，這些污漬形狀雷同，循環往復出現，大小、間隔漸次縮小，接縫處污漬邊緣銜接自然；書風字迹似同（比較二號共有的"衆""生""是""人""如""不"等字），行款格式相同（楷書，皆有烏絲欄，卷芯等高，行約 17 字，行距、字距、字體大小相近），可以爲證。

　　上揭二號既原屬同卷，而後號有明確的抄寫時間、機構、書手、用紙、裝潢手、初校、再校、三校、詳閲、監使等信息，是典型的唐代官方寫經樣式，則前號當亦係官方寫經之殘葉。[①]

3. 明確持誦者

　　抄寫佛經是做功德的事，所以抄經者涉及社會各個階層，包括官吏、僧尼及普通民衆。抄好的經本除個人自用或送給寺廟收藏供養外，也會分發給廣大信衆持誦。如伯 3918 號《佛金剛壇廣大清净陀羅尼經》末題記云："癸酉歲十月十五日，西州没落官甘州寺户唐伊西庭節度留後使判官朝散大夫試太僕卿趙彦賓寫，与廣林闍梨審勘校，並無差謬，普願宣通，作大利益。……比丘利貞此本勘後甚定，受持之者，請無疑慮。"本文第二部分在談到古人的綴接修復工作時，曾舉北敦 5788 號《佛説佛名經》卷十三的例子，該卷卷背有"三界寺道真念""三界寺沙門道真受持"等題記，道真就是此卷的修復者、持誦者，而非抄寫者。所以佛經的持有者未必就是抄寫者。很多敦煌寫卷會標注持誦的信衆，但寫卷撕裂後，同樣會導致持有者信息的缺失；而通過綴合，

---

　　① 參看羅慕君、張涌泉《〈俄藏敦煌文獻〉未定名〈金剛經〉殘片綴合研究》，載《國學研究》第 41 卷，北京大學出版社，2019 年，第 196—197 頁。

則可使其失而復得。例如：

例二八　北敦 3243 號（北 1404；致 43），前後皆缺，存 3 紙 84 行（每紙 28 行），後部如圖 89-1 右部所示。卷中有題"金光明經善集品第十二"。《國圖》條記目錄稱該卷爲 7—8 世紀唐寫本。

又北敦 14486 號（新 686），前缺尾全，存 11 紙 285 行（前 10 紙每紙 28 行，後紙 5 行），前部如圖 89-1 左部所示。中題"金光明經鬼神品第十三""金光明經授記品第十四""金光明經除病品第十五"，尾題"金光明經卷第三"。卷末有題記（圖 89-2）："弟子信悟持此經，乾寧四載丁巳歲二月八日，因行城於萬壽寺，請得轉讀，乞甘雨，其年甚熟；後五〔□〕亦少雨，更一遍，亦熟。不可思議。"

北敦 14486 號（前部）　　　　北敦 3243 號（後部）

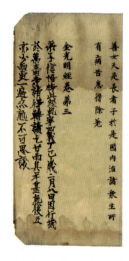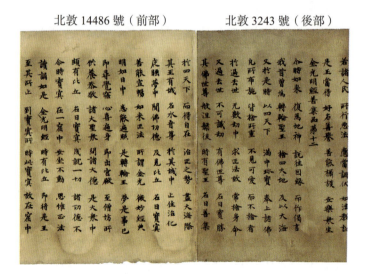

圖 89-2　北敦 14486 號尾部

圖 89-1　北敦 3243 號（後部）+ 北敦 14486 號（前部）綴合圖

按：上揭二號皆爲《金光明經》卷三殘卷，且其内容前後相承，可以綴合。綴合後如圖 89-1 所示，二號左右相接，銜接處斷痕吻合，北敦 3243 號末行行末"名曰善集"與北敦 14486 號首行行首"於四天下"先後銜接，中無缺字。

且二號行款相同，書風字迹相似（比較表 27 所舉例字），可資參證。^①

又按：北敦 14486 號卷末題記與經文書風字迹差距極大，《國圖》條記目錄稱"字迹與經文不同"，極是（比較表 27 所舉例字），經本係信悟"從萬壽寺請得"，當出於其他人之手，而信悟只是"轉讀"者。北敦 14486 號係劉廷琛舊藏之一（中國國家圖書館新 622—新 701 號皆爲劉廷琛舊藏），而劉廷琛係敦煌藏經洞劫餘之物從敦煌運往北京途中李盛鐸盜竊團夥的重要成員，北敦 3243 號與北敦 14486 號的綴接雖在二紙粘合處，但不像自然脱落（綴接處上端有人工撕裂的痕迹），很可能是劉廷琛故意撕裂而盜取有題記的部分所致。^② 今北敦 3243 號與北敦 14486 號重新得以綴合，不但使北敦 3243 號係信悟持誦文本一部分的事實得以明晰，也使劉廷琛一伙撕裂敦煌寫卷以充數的劣迹進一步昭示於天下。

表 27　北敦 3243 號、北敦 14486 號與信悟題記字迹比較表

例字 卷號	於	四	因	不	可	子	亦
北敦 3243 號							
北敦 14486 號							
信悟題記							

例二九　津圖 83 號，卷軸裝，前後皆殘，存 2 紙 30 行，後部如圖 90-1 右部所示。原卷無題，《津圖》擬題"瑜伽師地論卷第七"，叙録稱此卷爲 8—9 世紀吐蕃統治時期寫本。

又津藝 113 號，卷軸裝，前殘尾全，存 9 紙 197 行，前部如圖 90-1 左部

---

① 參看朱若溪《〈金光明經〉敦煌寫本研究》第二編綴合編，浙江大學博士論文，2016 年，第 152—153 頁。
② 董康《書舶庸譚》（《日本藏漢籍善本書志書目集成》第 2 册，北京圖書館出版社，2003 年）卷九載劉幼雲藏"敦煌卷子目録"，載寫卷 20 號，其中 19 號原卷有題記，有題記的卷子如此集中，恐怕跟竊取者特意選擇有題記者下手有關。

津藝 113 號（前部）　　　　　津圖 83 號（後部）

圖 90-1　津圖 83 號（後部）…津藝 113 號（前部）綴合示意圖

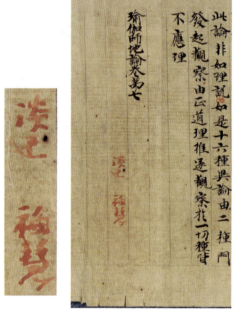

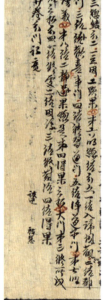

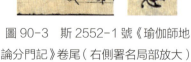

圖 90-2　津藝 113 號尾部（左側署名　　圖 90-3　斯 2552-1 號《瑜伽師地
　　　　　局部放大）　　　　　　　　　　　　論分門記》卷尾（右側署名局部放大）

所示。尾題"瑜伽師地論卷第七"。卷尾有朱筆題名"談迅、福慧"。《津藝》敘錄稱此卷爲唐朝寫卷。

　　按：上揭二號皆爲《瑜伽師地論》卷七殘卷，且内容前後相近，存有綴合的可能性。二號卷面上部皆有等距離喇叭形殘缺，形狀相似；行款格式相同（皆有烏絲欄，滿行皆約 17 字，行距、字距、字體大小相近），書風字迹相似（捺筆多出鋒明顯，略有行書味道），卷面皆有朱筆斷句與科分。由此判定二號確可綴合。然二號不直接相連，據完整文本推算，之間約缺 83 行，綴合後如圖 91-1 所示，所存文字參見《大正藏》T30/309C6—310A8，T30/310C3—313A11。[①]

　　又按：津藝 113 號末尾有朱筆題名"談迅、福慧"，如圖 90-2 所示，字體字迹與正文有別，此二人很可能是該卷的持有者。9 世紀中期，敦煌高僧法成爲門徒開講《瑜伽師地論》，聽講僧人包括談迅、福慧，此本也許就是他們二人爲聽課而準備的。斯 2552-1 號爲《瑜伽師地論分門記》卷十六至二十，卷尾亦有"談迅、福慧"題名，如圖 90-3 所示，字體與正文同，則可能是他們的聽課筆記，可資比較。如果這一推斷可信，則談迅、福慧係津藝 113 號經本的持誦者，津圖 83 號既可與之綴合，則當亦係他們所持有。

4. 明確收藏者

　　如前所説，敦煌藏經洞文獻主要是道真等人搜採自"諸家函藏"，很多寫卷上有其他寺院或公私收藏機構的印記，當然也包括道真所在三界寺的印記。寫卷的脱落或撕裂，會導致部分殘卷收藏機構信息的缺失；而通過綴合，同樣可使其失而復得。例如：

　　例三十　北敦 14002 號（新 202），首尾俱全，經文實抄 17 紙 471 行，另有護首 1 紙（近代裝裱時翻轉拼接改爲扉頁），首尾皆題"大般若波羅蜜多經卷第五百七十一"。《國圖》條記目錄稱該本曾爲日本大谷探險隊所得，爲 9—10 世紀歸義軍時期寫本。護首題記"大般若波羅蜜多經卷第五百七十一，五十八，一，恩"，係原卷經名、帙次、帙内卷次和敦煌報恩寺

---

① 參看徐鍵《敦煌本〈瑜伽師地論〉寫本考》，浙江師範大學碩士學位論文，2015 年，第 65 頁。

北敦 14002 號末紙　　　　北敦 14002 號第 16 紙

舍定天王當知是菩薩摩訶薩行深般若波
羅蜜多方便善巧為度有情無一形類及一
威儀而不能現甚深般若波羅蜜若猶如虛
空無形無相遍通十方界無處不有如虛空
離諸戲論甚深般若波羅蜜多亦復如是遠
諸語言如虛空世所受用甚深般若波羅
蜜多一切聖凡皆受用又如虛空受眾色甚深般若波羅蜜多亦復如是無不別心
又如虛空受眾色甚深般若波羅蜜多亦
別甚深般若波羅蜜多世又如虛空離諸大
舍受一切佛法又如虛空能現象色甚深

般若波羅蜜多亦復能現一切佛法又如虛空
一切草木叢藥花實依之增長如虛空
常非斷非語言法甚深般若波羅蜜多亦復
如是非常非斷非語言法甚深般若波羅
等乃至揮梵不能思測甚深般若波羅蜜多
天王當知甚深般若波羅蜜多無有一法可為
辭爵若善男子善女人等信受般若波
羅蜜

圖 91-1　北敦 14002
號經文第 16 紙、末紙
接縫處

北敦 7274 號　　　　北敦 14002 號經文
　　　　　　　　　　前 16 紙（後部）

圖 91-2　北敦 14002 號
經文前 16 紙（後部）+
北敦 7274 號綴合圖

圖 91-3　北敦 7274
號卷背

簡稱。

又北敦 7274 號（北 3368；帝 74），前缺尾全，存 2 紙 25 行（首紙 16 行，次紙 9 行），如圖 91-2 左部所示，尾題"大般若波羅蜜多經卷第五百七十一"。《國圖》條記目録稱該本爲 7—8 世紀唐寫本，背有勘記"下藏"。

按：如圖 91-1 所示，北敦 14002 號經文前 16 紙與末紙書風字迹差異明顯（比較表 28 所列例字），顯非一人所抄，末紙當是後來拼接的。而北敦 7274 號則與北敦 14002 號前 16 紙所抄内容相接，行款格式相同（行間皆有烏絲欄，烏絲欄高度近同，字體大小相似，字間距及行間距皆相近，行皆 17 字），書風相似（尖鋒入筆，書寫隨意），書迹似同（比較表 28 所列例字），可以綴合。綴合後如圖 91-2 所示，北敦 14002 號第 16 紙末行行末"甚深"可與北敦 7274 號首行行首"般若波羅蜜多亦復能現一切佛法"相連成句，中無缺字，可證北敦 14002 號前 16 紙與北敦 7274 號本當是同一寫卷。二號綴合後，所存内容首尾俱全，相應文字參見《大正藏》T7/947B20—953A1。

又如圖 91-2 左部及圖 91-3 所示，《國圖》條記目録謂北敦 7274 號"卷面殘破。此卷兩紙原爲同一紙；後被撕裂爲二，從撕破處粘接而成。有燕尾。背有古代裱補"。殘破後裱補又導致卷面污濁，加上北敦 7274 號第 6、第 9 兩行中有塗改，卷子本身的殘破與邋遢很可能是卷尾北敦 7274 號被從原卷上拆下的原因。[1]

表 28　北敦 14002 號前 16 紙、北敦 7274 號與北敦 14002 號末紙字迹比較表

卷號 ＼ 例字	無	般	若	波	羅	蜜
北敦 14002 號經文前 16 紙	無	服	若	波	羅	蜜
北敦 7274 號	無	服	若	波	羅	蜜
北敦 14002 號末紙	無	服	若	波	羅	蜜

---

[1] 參看徐浩《敦煌〈大般若經〉寫本研究》，浙江師範大學博士學位論文，2017 年，第 125—127 頁。

如果上面的論證可以成立，則北敦 7274 號同樣應該屬於報恩寺所藏。而且北敦 7274 號背的勘記 "下藏"，可能就是報恩寺放置《大般若波羅蜜多經》的處所。伯 4004 號＋伯 3067 號＋斯 4706 號＋伯 4908 號《庚子年（940）後報恩寺交割常住什物點檢歷》依次有 "《大佛名》壹部，在經藏"，"又銅香爐壹、香盒☒并經桉銅鈴壹，在經藏上；又沙子脚經桉壹，在下藏"，"《大佛名》壹部，在經藏"，"苻僧正鎖壹副，并鑰匙具全，在般若藏；又候糟頭大鎖壹副，并鑰匙具全，在雜藏；又鄧懸（縣）令鎖壹☒（副），☒☒☒（并鑰匙）具全，在花嚴藏" 的記載。羽 457-1 號《大般若波羅蜜多經》卷三五護首經題下方有 "下藏"，"四，恩，五" 字樣，"恩" 也是報恩寺的簡稱，可見報恩寺確有 "下藏"。"經藏" 是統稱，"般若藏" "花嚴藏" "雜藏" 按內容分，"下藏" 及 "經藏上"（應即 "上藏"）則應是按所在位置分。北敦 841 號背（北 679；盈 41）有 "癸未年八月十一日於經藏內再點勘經教現有部袟數目"，每部或一批經後標明存放在 "經藏內" 的具體位置，包括西面藏、南面藏、南面藏上層、南面藏下層、北面藏上層、北面藏下層等等，也是就存放區所位置而言，可以參證。敦煌歸義軍時期藏經處分設 "上藏" "下藏" 的寺廟也許不止一所，[①] 其中就包括報恩寺，北敦 14002 號末部既可與北敦 7274 號重新綴合，北敦 14002 號護首有 "恩"（報恩寺）題署，而北敦 7274 號背有勘記 "下藏"，兩者互證，其爲報恩寺舊物就毫無疑問了。

---

① 本文第二部談到古人的綴接修復工作時，引斯 5046 號《某年四月十三日上下藏〈般若經〉諸袟點欠數目》有 "上藏點《大般若經》欠數" "點下藏欠《般若經》數"，既有 "下藏"，也有 "上藏"。斯 2142 號《當寺上藏內諸雜部帙錄》："右件當寺上藏諸雜部袟。緣無經錄，不知部袟數多少。今見看阡子，抄錄袟數，一一謹具如前。已上都計諸雜經袟一百六袟，《大般若》六十袟。大唐（宋）乾德二年歲次甲子四月廿三日，經司僧政惠晏、法律會慈等，點檢《大般若經》兩部，欠數教（較）多，未得成就。" 其中的 "經司僧政惠晏" 應該是龍興寺負責藏經處的僧人。北敦 1150 號（北 8414；宿 50）《患文一卷》尾題："貞明陸年拾貳月拾三日龍興寺僧惠晏文一本。" 貞明陸年爲公元 920 年，這個 "惠晏" 與斯 2142 號乾德二年（964）任 "經司僧政" 的 "惠晏" 有可能是同一個人。如果這一推斷成立，說明龍興寺也有 "上藏"。伯 4754 號背《壬寅年龍興寺等藏經歷》："嵒索法律手上，上藏經三袟，雜經十一卷。" 另起一行又云："壬寅年九月廿六日，在龍興寺藏，未入經伍拾三卷，袟子六個。" 前行的 "上藏" 既可能屬於 "嵒"（敦煌靈圖寺），也可能屬於敦煌龍興寺，或謂前句是指靈圖寺索法律在龍興寺上藏借走佛經的數目（方廣錩《中國寫本大藏經研究》，上海古籍出版社，2006 年，第 135—136 頁），這個推斷略嫌證據不足，還有待更多的材料來證實。

　　例三一　北敦9485號（殷6），前後皆殘，存2紙24行（首紙爲包首殘紙），如圖92右部所示。首題“□□□□◿（大般若波羅）蜜多經卷第五百六十九”。《國圖》條記目録稱該本爲8世紀唐寫本。

　　又北敦4112號（北3361；水12），前殘尾全，存18紙466行，前部如圖92左部所示，尾題“大般若波羅蜜多經卷第五百六十九”。《國圖》條記目録稱該本爲8—9世紀吐蕃統治時期寫本。

　　按：上揭二號内容前後相接，可以綴合。綴合後如圖92所示，銜接處裂痕吻合，原本分屬左右二號的“無”“珠裝飾瑩治皎”“愛體極”等十字合成完璧。又二號行款格式相同（紙高近同，天頭地脚高度近同，行間皆有烏絲欄，字體大小相似，字間距及行間距皆相近，行皆17字），書風相似（橫細豎粗，尖鋒入筆），書迹相同（比較二號皆有的“無”“不”“爲”“所”“般若”等字），可資參證。上揭二號既爲同一寫卷之撕裂，而《國圖》條記目録稱北敦9485號爲8世紀唐寫本，又稱北敦4112號爲8—9世紀吐蕃統治時期寫本，時代判定不一，宜再斟酌。

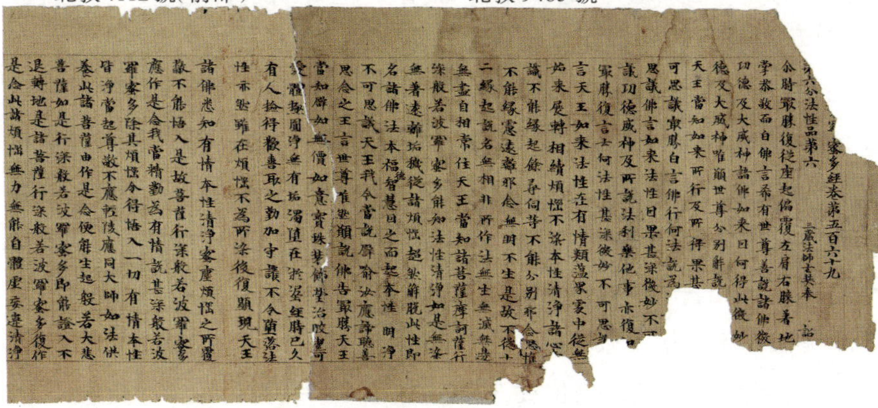

北敦4112號（前部）　　　　　　　北敦9485號

圖92　北敦9485號＋北敦4112號（前部）綴合圖

　　又按：北敦4112號首紙背有勘記“五十七，九，乾”，係原卷帙次、帙内卷次和敦煌乾元寺簡稱；北敦9485號既可與之直接綴合，則亦必屬敦煌乾元寺舊物。[1]

———————————

[1] 參看徐浩《敦煌〈大般若經〉寫本研究》，浙江師範大學博士論文，2017年，第133頁。

（六）明確殘卷屬性

敦煌文獻的主體是寫本文獻，具有實用的性質，其中既有精美的寺院寫經，也有業已遺棄的兌廢經卷，既有各級官府的文稿案卷，也有底層百姓的便條雜寫，既有正式的法律文書，也有學郎的習字文樣，各種文本混雜其間。人們在定名和撰寫敘錄時，往往需要判斷殘卷的具體屬性，如官府公文、文樣、兌廢稿、雜寫、習字等等。另外寫卷的行款、用紙等等，也需要在敘錄中加以交代。但敦煌文獻殘損嚴重，所能提供的卷面信息非常有限，加之霉污老化，導致卷面模糊，要作出準確的判斷并不容易。而通過與其他殘卷的綴合，比較核驗，就有可能發現彼此矛盾之處，并進而尋求確切的判斷。

1. 明確殘卷性質

所謂殘卷性質，是指寫卷的具體屬性，包括正式文本、文樣、習字、雜抄、兌廢稿等。綴合有助於殘卷性質的判斷。例如：

例三二　北敦 7422 號（北 7946；官 22），如圖 93-1 所示，前後皆缺，存 1 紙 26 行。原卷無題，《索引》及《國圖》擬題“無量壽宗要經”。《國圖》條記目錄稱該卷爲 8—9 世紀吐蕃統治時期寫本。

按：就卷面而言，此卷抄得似乎還算規整，但仔細一看，却有些問題。一是第 1 行“若有自書寫”句，《大正藏》所據高楠順次郎藏敦煌本作“有自畫（書）”，校記引大英博物館藏古寫本作“若自書”，皆無“寫”字；再查異本斯 1875-2 號、斯 1892 號、斯 2909 號、伯 2142 號、伯 3134 號、伯 3323 號、北敦 99-2 號、北敦 103 號等本作“若有自書”，伯 3131 號作“若自書”，斯 1875-1 號作“有自書”，亦均無“寫”字；再看底卷，“寫”和下句的“或使”二字擠在一起，三字只占二格位置，明顯有改動過的痕迹。二是第 9 行中部的“等一”二字似乎是後加的，也顯得非常擁擠而不協調。

進而我們發現此號與斯 4777 號、斯 1676 號内容前後相承，可以綴合。斯 4777 號，首尾皆缺，存 1 紙 26 行，後部天頭有一“兌”字，原卷無題，《索引》擬題“大乘無量壽經”（爲《無量壽宗要經》的異名）。斯 1676 號，首尾皆缺，存 1 紙 26 行，原卷無題，黃永武《寶藏》擬題“大乘無量壽經”，《英圖》

條記目錄謂"卷上邊有朱筆勘記'兒'"，故擬題"無量壽宗要經（兒廢稿）"。

北敦 7422 號就是斯 4777 號、斯 1676 號之前殘缺的一紙，其綴合順序爲：北敦 7422 號＋斯 4777 號＋斯 1676 號。三號綴合後如圖 93-2 所示，北敦

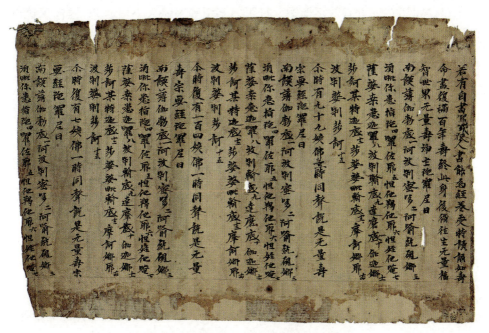

圖 93-1　北敦 7422 號《無量壽宗要經》

斯 1676 號（前部）　斯 4777 號（後部）　　　斯 4777 號（前部）　　北敦 7422 號（後部）

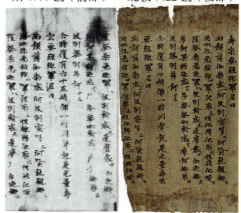

圖 93-2　北敦 7422 號（後部）＋斯 4777 號（前部、後部）＋斯 1676 號（前部）綴合圖

7422 號末句 "怛姪他唵七" 與斯 4777 號首句 "薩婆桑悉迦囉八"、斯 4777
號末句 "陁羅尼曰" 與斯 1676 號首句 "南謨薄伽勃底一" 皆先後接續，中無
缺字。又三號行款格式相同（皆有烏絲欄，行約 17 字，咒語部分換行頂格抄
寫，每條咒語右下方有數字標識，行距、字距和字體大小相近），書體筆迹近
同（比較二號或三號皆有的 "謨" "唎" "姟" "訶" "耶" "經" "復" 等字），
可資參證。①

　　上揭三號綴合後，我們可以進一步來討論它們的性質。斯 1676 號，《英圖》
已據 "卷上邊有朱筆勘記'兑'" 擬定爲 "兑廢稿"。斯 4777 號，後部天頭
有一 "兑" 字，顯然也屬於兑廢稿。北敦 7422 號的性質各家無説，今既考定
此號與前二號乃同一卷之撕裂，可以綴合，并考慮到北敦 7422 號原卷多處塗
改痕迹，此號恐怕也得判定爲 "兑廢稿"。

2. 明確殘卷行款

　　行款是指文字的書寫順序和排列形式等，包括行距、字距、字體大小、
界欄有無、界欄寬窄、紙高、框高、天頭地脚高度等書寫要素。綴合有助於
殘卷行款的判斷。例如：

　　例三三　北敦 8881 號（有 2），卷軸裝，首尾皆殘，存 2 紙 41 殘行。原卷無題，
《國圖》擬題 "金剛般若波羅蜜經"，條記目録稱原卷有烏絲欄。

　　又敦研 89 號，卷軸裝，首尾皆殘，存 2 紙 36 殘行。原卷無題，《甘藏》
擬題 "金剛般若波羅蜜經"，敘録稱原卷無界欄。

　　按：據殘存文字推斷，上揭二號皆爲《金剛經》羅什譯本。據完整文本
推算，滿行皆約 17 字。二號內容前後相承，可以綴合。綴合後如圖 94 所示，
接縫處邊緣吻合，原本分屬二號的 "提譬如" "囨（一）" "菩" "以" "提"
七字皆得復合爲一。又二號行款格式相同，書風字迹似同（比較二號共有的
"須" "菩" "提" "人" "身" "長" "大" "何" 等字），可資參證。

　　上揭二號既原屬同卷，而《國圖》條記目録稱前號有烏絲欄，《甘藏》敘
録稱後號無界欄，標注不一，必有一誤。經拜託中國國家圖書館劉波和敦煌

---

　　① 本組殘卷的綴合，參看本書下編《大乘無量壽經》綴合第 22 組。

研究院梁旭澍二位分別目驗原卷，此二號皆無烏絲欄或界欄，①《國圖》條記目錄的描述有誤。

敦研 89 號（前部）

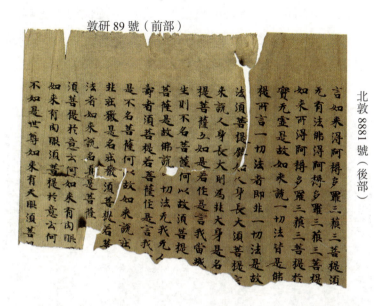

北敦 8881 號（後部）

圖 94　北敦 8881 號（後部）＋敦研 89 號（前部）綴合圖②

　　例三四　北敦 8863 號（國 84），卷軸裝殘片，如圖 95 右部所示，首略殘，後殘，存 11 行（末行僅存中部 2 字右部殘筆），行約 17 字。首題"金剛般若波羅蜜經"右部略有殘損。楷書。有烏絲欄。《國圖》條記目錄稱原卷紙高 24.5 釐米，爲 8—9 世紀吐蕃統治時期寫本。又北敦 7806 號（北 3576；制 6），卷軸裝，前後皆殘，存 7 紙 144 行，行約 17 字，前部如圖 95 左部所示。楷書。有烏絲欄。原卷無題，《國圖》擬題"金剛般若波羅蜜經"，條記目錄稱原卷紙高 26 釐米，爲 7—8 世紀唐寫本。

　　按：據殘存文字推斷，上揭二號皆爲《金剛經》羅什譯本，且二號內容前後相承，可以綴合。綴合後如圖 95 所示，接縫處邊緣吻合，原本

---

①2020 年 8 月 18 日，借去敦煌研究院參加會議之便，筆者偕郝春文、榮新江二位親去敦煌研究院文物庫房查看，敦研 89 號確無界欄。

②敦研 89 號彩色照片承蒙敦煌研究院陳列中心文物保管部梁旭澍拍攝并目驗。

分屬二號的"其心佛言善哉善""所説"九字皆得復合爲一，橫縱烏絲欄亦可對接。又二號行款格式相同（天頭地脚等高，皆有烏絲欄，滿行皆約17字，行距、字距、字體大小相近），書風字迹似同（比較二號共有的"善""女""人""諸""菩""薩""阿""耨""羅"等字），可資參證。二號綴合後，所存内容參見《大正藏》T8 / 748C17—750C9。

北敦 7806 號（前部）　　　　　北敦 8863 號

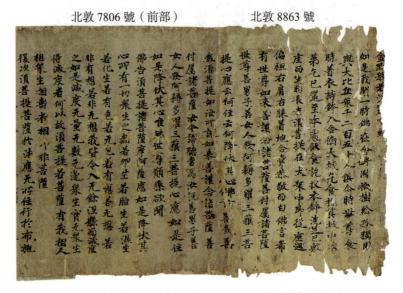

圖 95　北敦 8863 號 + 北敦 7806 號（前部）綴合圖

　　上揭二號既屬同卷，且接縫處可拼合爲一紙，據綴合圖觀察，二號紙高亦相近，但《國圖》條記目録稱前號紙高 24.5 釐米，爲 8—9 世紀吐蕃統治時期寫本；後號紙高 26 釐米，爲 7—8 世紀唐寫本。紙高測録相差較大，斷代亦有不同，宜當再酌。①

3. 明確殘卷紙質

　　紙質是指紙張的質地、入潢與否、顔色等要素。綴合有助於殘卷紙質的判斷。例如：

---

　　① 參看張涌泉、羅慕君《敦煌殘卷綴合與寫卷敘録——以〈金剛般若波羅蜜經〉寫本爲中心》，《中國古籍文化研究（稻畑教授退休紀念論文集）》，東京：東方書店，2018 年，第 64 頁。

例三五　敦研 307 號、敦博 26 號、敦研 135 號、敦研 136 號、敦研 129 號、敦研 217 號六號皆爲《金光明經》第二卷四天王品第六殘片，分別存 7 至 28 行不等。《甘藏》敘錄指出敦研 307 號、敦研 129 號、敦研 217 號爲白麻紙，敦博 26 號、敦研 136 號爲黃麻紙，敦研 135 號爲粗白麻紙，又稱其中的敦研 307 號與敦研 217 號，敦研 135 號與敦研 136 號、敦研 129 號，可依次綴合。

表 29　敦博 26 號 + 敦研 135 號 + 敦研 136 號 + 敦研 129 號與敦研 307 號、

敦研 217 號字迹比較表

例字 卷號	是	所	亦	如	王	等	那	人
敦研 307 號	是	所	亦	如	王	等	那	人
敦博 26 號 + 敦研 135 號 + 敦研 136 號 + 敦研 129 號	是	所	亦	如	王	等	那	人
敦研 217 號	是	所	亦	如	王	等	那	人

按：上揭六號內容先後相接或相鄰，行款格式相近（行約 17 字，天頭地腳高度、卷高及欄寬均相近），書風相似（皆隸楷，字體方正，筆墨濃淡相近），筆迹似同（比較表 29 所舉例字），乃同一寫卷之撕裂，可按敦研 307 號…敦博 26 號 + 敦研 135 號 + 敦研 136 號 + 敦研 129 號…敦研 217 號的順序綴合，綴合後如圖 96 所示。其中敦研 307 號與敦研 217 號不能直接綴接，其間還缺失大段文字（包括敦博 26 號、敦研 135 號、敦研 136 號、敦研 129 號四號及丟失的殘片共計約 80 行）。敦研 307 號與敦博 26 號內容先後相承，但難以完全銜接，其間略有殘缺，其中敦研 307 號第 8 行上部殘存的 "▨（等）今▨（日）" 與敦博 26 號第 1 行中部所存的殘字 "▨▨（利益）" 上下相接，其間缺 "長夜" 二字。敦博 26 號與敦研 135 號左右相接，斷痕吻合，敦博 26 號第 18 行上部大半行左側殘泐的部分撕裂在敦研 135 號，二號拼合，原本分屬二號的 "諸威德是故我等及无量鬼神常" 13 字復合爲一。而敦研 129 號與敦研 217

號則難以完全銜接，如圖 96 左部所示，二號之間還缺失約 26 行。六號綴合後，所存內容始《金光明經》卷二"增益身力"句，訖"有大名稱"句，相應文字參見《大正藏》T16/341A2—342B9。

上揭六號既可綴合爲一，而《甘藏》敍錄稱述各殘片用紙有白麻紙、黃麻紙、粗白麻紙之別，歧互不一，顯有不妥。① 敦煌研究院張先堂核驗原卷後賜告："敦院藏幾件《金光明經》寫本原來應該都是白麻紙，但因爲有幾件天頭、地脚有煙熏變黃的痕迹，故被誤判爲黃麻紙了。"又説："敦博這件我放大看，與本院藏卷相同，應該還是白麻紙，天頭、地脚部分有煙熏變黃的痕迹。"敦煌研究院陳列中心文物保管部梁旭澍拍攝提供了上揭敦研寫卷的彩色照片，也説"經核實，這幾個卷子的材質都是白麻紙"。②

例三六　北敦 10876 號（北臨 1005），殘片，如圖 97 右上部所示，存 7 殘行。原卷無題，《國圖》擬題"佛名經（十六卷本）卷一二"，條記目錄稱該卷經黃紙，爲 7—8 世紀唐寫本。

又北敦 4773 號（北 734；號 73），前殘尾全，存 21 紙，前部如圖 97 左下部所示，存 566 行。尾題"佛名經卷第十二"。《劫餘錄》定作佚本三十卷本《佛説佛名經》卷十二；《國圖》改題"佛名經（十六卷本）卷一二"，條記目錄稱該卷經黃打紙，爲 7—8 世紀唐寫本。

按：上揭二號內容前後相承，北敦 10876 號屬於北敦 4773 號卷端右上角被撕裂的碎片，二號可以完全綴合，綴合後如圖 97 所示，銜接處斷痕吻合，北敦 10876 號第 3、4 行的末字"佛"下部有少許筆畫撕裂在北敦 4773 號，北敦 4473 號第 7 行"寶精進日""光"諸字右側有少許殘畫撕裂在北敦 10876 號末行，二號綴合後，諸字皆得復合爲一，各成完璧。又此二號行款格式相同，書風書迹似同（比較二號共有的"南""无""佛""寶""勝""嚴""華""斷"等字），可資參證。二號綴合後，所存內容始"南无能斷一切業佛"句，訖尾題，與同爲十六卷本《佛名經》卷十二且內容完整的北敦 2215 號對應部分大體相同，

---

① 參看張涌泉、朱若溪《敦煌本〈金光明經〉殘卷綴合研究》，《敦煌研究》2016 年第 1 期。

②2020 年 8 月 18 日，借去敦煌研究院參加會議之便，筆者偕郝春文、榮新江二位親去敦煌研究院文物庫房查看，上揭敦研五號寫卷確應皆爲白麻紙，纖維較粗，但因歷年久遠，紙色已然變黃。

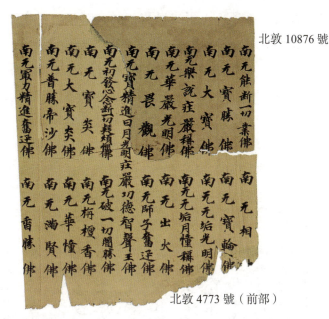

北敦 10876 號

北敦 4773 號（前部）

圖 97　北敦 10876 號＋北敦 4773 號（前部）綴合圖

可以比勘。①

　　上揭二號既可綴合爲一，如前文所考，北敦 10876 號乃北敦 4773 號首部右上側撕裂的殘片，其紙質必然是相同的，《國圖》條記目錄稱北敦 10876 號經黃紙，又稱北敦 4773 號經黃打紙，對用紙的判斷表述不一，有所不妥。②

　　例三七　北敦 2161 號（北 3553；藏 61），卷軸裝，前缺後殘，存 10 紙 275 行（首紙 23 行，第 2—10 紙各 28 行；末行下殘）。原卷無題，《國圖》擬題“金剛般若波羅蜜經”，條記目錄稱原卷係未入潢麻紙。

　　又北敦 2170 號（北 4392；藏 70），卷軸裝，前殘尾全，存 3 紙 30 行（首紙 1 行，中紙 28 行，末紙 1 行；首行僅存下部 4 字左側殘筆），行約 17 字。尾題“金剛般⊘□□⊘（若波羅蜜）經”。《國圖》條記目錄稱原卷經黃紙。

——————————

　　① 本組殘卷的綴合，最早見於筆者研究生劉溪的碩士論文《敦煌本早期〈佛名經〉寫本研究》（浙江師範大學，2016 年）初稿，并經筆者審定，但因十六卷本《佛名經》殘卷綴合部分的篇幅太大，最終未收入正式提交的學位論文。

　　② 方廣錩先生賜告：經黃紙是一種麻紙，無簾紋或有極爲模糊的簾紋，厚薄均勻，入潢，質量較好。打紙是一種對紙張進行捶打使之纖維緻密的工藝，經黃打紙即經過捶打的經黃紙。

按：據殘存文字推斷，上揭二號皆爲《金剛經》羅什譯本，且内容前後相承，可以綴合。綴合後如圖98所示，接縫處邊緣吻合，原本分屬二號的“德”“不”“應”“貪”四字皆得復合爲一，横縱烏絲欄亦可對接。北敦2161號末紙28行，北敦2170號首紙1行，二號拼接，合成一紙凡28行，正與前號第2—10紙、後號中紙完整諸紙每紙28行的用紙規格相合。又二號紙高皆約26釐米，行款格式相同，書風字迹似同（比較二號共有的“不”“受”“福”“須”“菩”“提”“何”等字），可資參證。

北敦2170號（前部）　北敦2161號（後部）

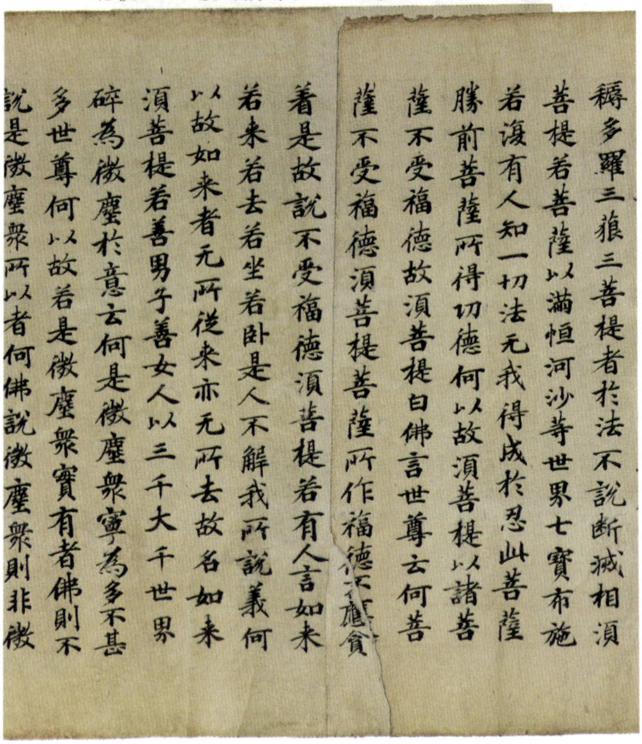
耨多羅三藐三菩提者於法不說斷滅相須
菩提若菩薩以滿恒河沙等世界七寶布施
若復有人知一切法无我得成於忍此菩薩
勝前菩薩所得功德何以故須菩提以諸菩
薩不受福德故須菩提白佛言世尊云何菩
薩不受福德須菩提菩薩所作福德不應貪
著是故說不受福德須菩提若有人言如来
若来若去若坐若卧是人不解我所說義何
以故如来者无所從来亦无所去故名如来
須菩提若善男子善女人以三千大千世界
碎為微塵於意云何是微塵衆寧為多不甚
多世尊何以故若是微塵衆實有者佛則不
說是微塵衆所以者何佛說微塵衆則非微

圖98　北敦2161號（後部）+北敦2170號（前部）綴合圖

二號既原屬同卷，而《國圖》條記目録稱前號所用爲未入潢紙，後號所用爲經黄紙，紙質判斷有偏差，當有一誤。中國國家圖書館劉波目驗原卷告知：“兩個卷子用的都是入潢的紙張，原卷入潢特徵明顯，呈亮黄色。不過北敦2161號前後紙色有些變化，卷首部分偏暗，我想可能是由於這個緣故，做目録的時候判斷它是未入潢麻紙。其實都是入潢的紙張。"①

　　例三八　北敦 10651 號（北臨 780）、北敦 10320 號（北臨 449）、北敦 9887 號（北臨 16）、北敦 10298 號（北臨 427）四號皆爲殘片，原卷無題，其中北敦 9887 號《國圖》擬題"佛名經（十二卷本）卷一〇"，其餘三號《國圖》擬題"佛名經（十六卷本）卷一三"。《國圖》條記目録指出北敦 10320 號與北敦 10298 號可以綴合。

　　按：此四號殘片内容前後相承，實皆爲同一寫卷之撕裂，可以綴合。綴合後如圖 99 所示，銜接處斷痕嚴絲合縫，吻合無間。又此四號行款格式相同，書風近同，書迹似同（比較四號共有的"南""无""佛"等字），可資參證。此四號綴合後，所存内容始"南无摩尼向佛"句"摩尼"二字殘畫，訖"南无戒分佛"句前三字右側大部，與同爲佚本十六卷本《佛名經》卷十三且内容完整的伯 2252 號對應部分大體相同，《國圖》將北敦 9887 號定作"佛名經（十二卷本）卷一〇"，未確。

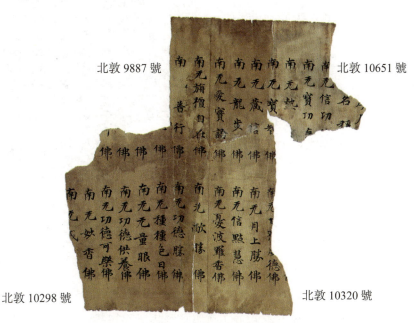

圖 99　北敦 10651 號＋北敦 10320 號＋北敦 9887 號＋北敦 10298 號綴合圖

---

① 參看羅慕君《敦煌漢文本〈金剛經〉整理研究》，浙江大學博士學位論文，2018 年，第 121—122 頁。

上揭四號既可綴合爲一，而《國圖》條記目錄稱北敦 10320 號、北敦 10298 號爲經黄紙，對北敦 9887 號、北敦 10651 號的用紙則未作描述，顯然不妥，後二號也宜據原卷一併定作經黄紙。①

（七）分辨殘卷字體

如前所説，字體相同是殘卷綴合的重要參考。反之，當根據其他一些方法確認某一組殘卷可以綴合，而對其中單個殘卷字體的判斷却出現了歧異，這時排除了不同抄手抄寫的因素後，那就説明字體的判斷肯定出了問題。例如：

例三九　北敦 11814 號（北臨 1943），殘片，如圖 100 上部所示，存 10 行，每行存上部 8—14 字不等，首行存"佛説佛名經卷第一" 8 字左半。《國圖》擬題"佛名經（十二卷本）卷一"，條記目錄稱該卷楷書，爲 7—8 世紀唐寫本。

又北敦 9894 號（北臨 23），殘片，如圖 100 下部所示，僅存 4 行，每行存下部 1—4 字不等。原卷無題，《國圖》擬題"佛名經（十二卷本）卷一"，條記目錄稱該卷隸書，爲 5—6 世紀南北朝時期寫本。

按：上揭二號皆爲《佛名經》（十二卷本）卷一殘片，且其内容前後相承，可以綴合。綴合後如圖 100 所示，北敦 11814 號第 2—5 行與北敦 9894 號第 1—4 行上下相互

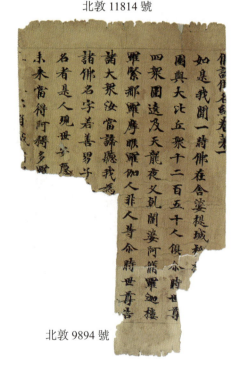

北敦 11814 號

北敦 9894 號

圖 100　北敦 11814 號 + 北敦 9894 號綴合圖

① 本組殘卷的綴合，參看本書下編十六卷本《佛説佛名經》綴合第 50 組。

衔接，衔接處原本分屬二片的"尒""脩""時"諸字皆得成完璧（此三字上部筆畫在北敦 11814 號，下部筆畫在北敦 9894 號），接合凹凸處亦密合無間，其爲同一卷之撕裂可以無疑。又此二號行款格式相同，書風近同，書迹似同（比較二號共有的"世""羅"等字），可資參證。

　　上揭二號既可綴合爲一，而《國圖》條記目錄稱北敦 11814 號爲 7—8 世紀唐代楷書寫本，又稱北敦 9894 號爲 5—6 世紀南北朝時期隸書寫本，字體及斷代皆所不同，必然有誤。通過分析寫卷的用字特徵（結體多呈正方形，中宫緊收）、筆法（已經具備典型的楷書寫法），可知原卷應爲 6—7 世紀楷書寫本，個別筆畫帶有隸意，但絕非隸書。①

　　例四十　北敦 10695 號（北臨 824），殘片，如圖 101 右部所示，存 9 行。原卷無題，《國圖》擬題"摩訶僧祇比丘尼戒本"，條記目錄稱該卷爲 6 世紀南北朝隸楷寫本。

北敦 11486 號　　　　　　　　北敦 10695 號

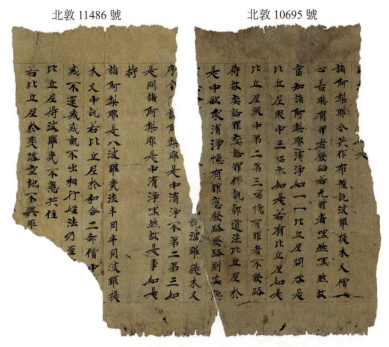

圖 101　北敦 10695 號 + 北敦 11486 號綴合圖

① 參看劉溪《敦煌本早期〈佛名經〉寫本研究》第二章，第 21—22 頁。

又北敦 11486 號（北臨 1615），殘片，如圖 101 左部所示，存 9 行。原卷無題，《國圖》擬題 "摩訶僧祇比丘尼戒本"，條記目録稱該卷爲 5—6 世紀南北朝隸書寫本。

按：上揭二號皆出於《摩訶僧祇律比丘尼戒本》，且内容前後相承，可以綴合。綴合後如圖 101 所示，二號銜接處斷痕吻合，原本撕裂在二號的 "隱" "波羅" 三字得以復合爲一。又此二號行款相近，字迹書風相近，可資參證。

此二號既爲同一寫卷所撕裂，而《國圖》條記目録稱北敦 10695 號爲 6 世紀隸楷寫本，北敦 11486 號爲 5—6 世紀隸書寫本，字體判斷及抄寫時段皆所不同，顯有不妥。就字體而言，恐既非隸楷，更非隸書，而是早期的楷書寫本。[①]

例四一　北敦 3341 號（北 8160；雨 41），前後皆殘，存 2 紙 50 行（前紙 29 行，後紙 21 行），後部如圖 102-1 右部所示。原卷無題，《國圖》擬題 "無量壽宗要經"，條記目録稱該卷行楷，爲 8—9 世紀吐蕃統治時期寫本。

又北敦 12276 號（北臨 2405），殘片，如圖 102-1 中上部所示，存 5 殘行。原卷無題，《國圖》擬題 "無量壽宗要經"，條記目録稱該卷楷書，爲 8—9 世紀吐蕃統治時期寫本。

又北敦 8078 號（北 8115；字 78），前殘尾全，存 3 紙 64 行（前紙 11 行，次紙 30 行，後紙 23 行，另有空白 7 行），前部如圖 102-1 左部所示，尾題 "佛説無量壽宗要經"。卷末署 "孟郎子" 字樣。《國圖》條記目録稱該卷行楷，爲 8—9 世紀吐蕃統治時期寫本。

按：上揭三號皆爲《大乘無量壽經》殘卷或殘片，且其内容前後相承，可以綴合。綴合後如圖 102-1 所示，北敦 12276 號恰好爲北敦 3341 號與北敦 8078 號二號中間所缺之殘文，綴合後三件相互銜接，斷裂處密合無間，銜接處原本撕裂在相鄰二號的 "受持讀誦如" "硯" "娜" "薩" 等三十餘字皆得成完璧。北敦 3341 號後紙 21 行，北敦 12276 號存 5 殘行，北敦 8078 號前紙 11 行，三號拼合後該紙 30 行，與北敦 8078 號整紙 30 行的用紙規格相合。又三

---

①參看張涌泉、劉丹《敦煌本〈摩訶僧祇律〉殘卷綴合研究》，《敦煌學輯刊》2018 年第 2 期，第 83—84 頁。參看本書下編之十八《摩訶僧祇比丘尼戒本》本組綴合。

北敦 12276 號

北敦 8078 號（前部）　　　　　北敦 3341 號（後部）

圖 102-1　北敦 3341 號（後部）＋北敦 12276 號＋北敦 8078 號（前部）綴合圖

北敦 8078 號　　　　　津文 17 號　　　　　北敦 14096 號

圖 102-2　"孟郎子"手迹比對圖

號抄寫行款格式相同，書風相同，筆迹相近，可資參證。①

上揭三號既可綴合爲一，而《國圖》條記目録稱北敦 3341 號、北敦 8078 號字體爲行楷，又稱北敦 12276 號爲楷書，顯有不妥。此三號蓋皆出於"孟郎子"之手，雖一些筆法略有行書意味，某些偏旁（如"氵""刂""女""心"等）的書寫明顯有連帶，但整體觀之，多數字形仍保持楷書寫法，故更近於楷書。"孟郎子"或作"孟朗子""孟郎郎"，是敦煌吐蕃占領初期非常活躍的一個寫經生，如圖 102-2 所示，至少 16 號《大乘無量壽經》寫卷、1 號《大般若波羅蜜多經》有他的署名，其中津文 17 號《佛説无量壽宗要經》末尾題記："大曆十年八月，弟子吏達奉爲父母福壽增長，敬寫《无量壽宗要經》十部，供養受持。"另行有"孟郎子校"字樣，可見其大約生活在公元 8 世紀中後期。《國圖》條記目録把前揭三號定作 8—9 世紀吐蕃統治時期寫本，近是而未確。

例四二　北敦 11120 號（北臨 1249），殘片，如圖 103 右上部所示，僅存 6 行，每行存上部 3—11 字。原卷無題，《國圖》擬題"摩訶僧衹律卷五"，條記目録稱該卷爲 5—6 世紀南北朝楷書寫本。

又津圖 126 號，殘片，如圖 103 左下部所示，存 13 行（前六行上部及後三行下部殘缺）。原卷無題，《天圖目録》擬題"摩訶僧衹律卷五"，稱該卷爲 5—6 世紀南北朝行書寫本。

按：上揭二號皆出自《摩訶僧衹律》卷五，且内容前後相承，可以綴合。綴合後如圖 103 所示，二號左右上下相接，衔接處斷痕吻合，原本撕裂在二號的"婬""年""年老年"五字皆得復合爲一；北敦 11120 號第 3 行"説"字與津圖 126 號第 3 行"婬欲語者"相連成句，中無缺字。又此二號行款格式相同，字迹書風近同，可資參證。

上揭二號既爲同一寫卷所撕裂，而《國圖》條記目録稱北敦 11120 號爲 5—6 世紀南北朝楷書寫本，《天圖目録》稱津圖 126 號爲 5—6 世紀南北朝行書寫本，字體判斷不同。總體而言，此二號顯然是行書筆法，故當從後者定爲行書。②

---

① 參看本書正文《大乘無量壽經》綴合第 6 組。

② 參看張涌泉、劉丹《敦煌本〈摩訶僧衹律〉殘卷綴合研究》，《敦煌學輯刊》2018 年第 2 期，第 96 頁。參看本書下編之十七《摩訶僧衹律》第 2 組綴合第四部分。

津圖 126 號　　　　　　　北敦 11120 號

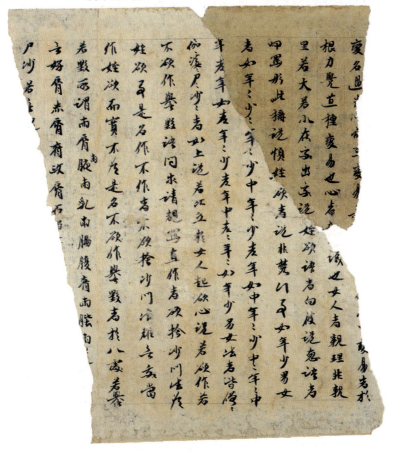

圖 103　北敦 11120 號 + 津圖 126 號綴合圖

（八）判定殘卷真偽

　　敦煌文獻主要是指敦煌莫高窟藏經洞所出的古寫本及少量印本文獻。凡不屬於莫高窟藏經洞所出，而從其他地方混入或後人仿冒假託的，皆可稱之爲偽卷。由於種種原因，敦煌文獻中混入了不少非藏經洞文獻甚至近人偽造的文獻，所以寫卷身份的鑒別也是敦煌學研究的一項基礎工作。假如"問題"寫卷能與可靠的敦煌寫卷綴合，就可證明其可靠性，從而爲其平反昭雪。如

1944年莫高窟中寺土地廟發現的一批古代寫卷的來源，學術界曾有不同的聲音，後來施萍婷發現這批文獻有不少可與其他散藏的可靠的敦煌寫卷綴合，從而令人信服地證明了它們確爲藏經洞之物。[①] 又如下面的例子：

例四三　2019年7月14號，伍倫春季文物藝術品拍賣會上，伍倫7號拍品“周紹良舊藏敦煌唐人寫《金剛般若波羅蜜經》”殘卷（以下簡稱“伍倫7號”；國家圖書館出版社2023年出版的《伍倫經眼古經圖錄》收入此卷，編號爲伍倫62號）以4025000元人民幣的高價成交，一時引起轟動。該卷爲著名敦煌學者兼文物鑒定專家周紹良舊藏，有“周紹良經眼”朱印。卷前有著名書畫家兼文物鑒定家啓功題尚“唐人寫金剛經”，并鈐印“啓”“啓功私印”“元伯”朱印。原卷卷軸裝，前缺尾全，存9紙181行（前8紙每紙22行，末紙5行），前部如圖104左部所示。尾題“金剛般若波羅蜜經一卷”。卷中“世”字缺末筆，行間有非漢文夾注。另附有舊藏者李章蠱紙箋，云：“此卷經文旁間有梵字音注，與衆卷不同，亦一特色也。”伍倫官網上附載的方廣錩敍錄稱：“從原件形態考察，確屬藏經洞所出敦煌遺書。……在3600多號敦煌遺書《金剛經》中，此種在漢文經文旁加注藏文本，唯此一件，可謂第一次漢藏文化大交流的又一見證，彌足珍貴。”有這麼多重量級學者經眼鑒定，此卷的可靠性看來是不容懷疑的。然而，除了中、英、法、俄四大國家館藏敦煌文獻來歷清楚、基本可靠外，其他公私機構和民間保存流傳的敦煌遺書大多來歷不明，真偽參半，購藏和研究都需特別謹慎。伍倫7號出現在拍賣行，被定爲敦煌唐人寫經，半卷佛經拍出四百多萬的天價，然其真偽如何，人們不免還是有些疑慮。

後來我們在對敦煌本《金剛經》作全面普查的基礎上，在3700多號經本中，發現北大敦20號與伍倫7號內容前後相承，可以綴合。北大敦20號，卷軸裝，前殘後缺，存3紙51行（首紙7行，第2—3紙各22行），後部如圖104右部所示。“世”字缺末筆，行間有非漢文夾注。原卷無題，《北大》擬題作《金剛般若波羅蜜經》後秦鳩摩羅什譯本。北大敦20號與伍

---

①　施萍婷《敦煌研究院藏土地廟寫本源自藏經洞》，《敦煌研究》1999年第2期，第39—46頁。參看《甘肅藏敦煌文獻》卷首施萍婷所撰“概述”。

倫 7 號乃同一寫卷之撕裂，綴合後如圖 104 所示，二號内容於"忍 / 辱波羅蜜"句前後相連，中無缺字；二號接縫處皆爲紙張失黏所致脱落，邊緣整齊，接縫處行間非漢文夾注字母殘字可拼合爲一，橫向烏絲欄亦可對接；卷面皆有規則呈現的污漬，污漬大小、形狀近似，間隔相近，循環出現，接縫處污漬邊緣吻合。又二號行款格式相仿，字迹書風似同（比較二號共有的"世""波""羅""蜜""人""如""來""須""菩""提"等字），可資參證。

伍倫 7 號（前部）　　　　　　北大敦 20 號（後部）

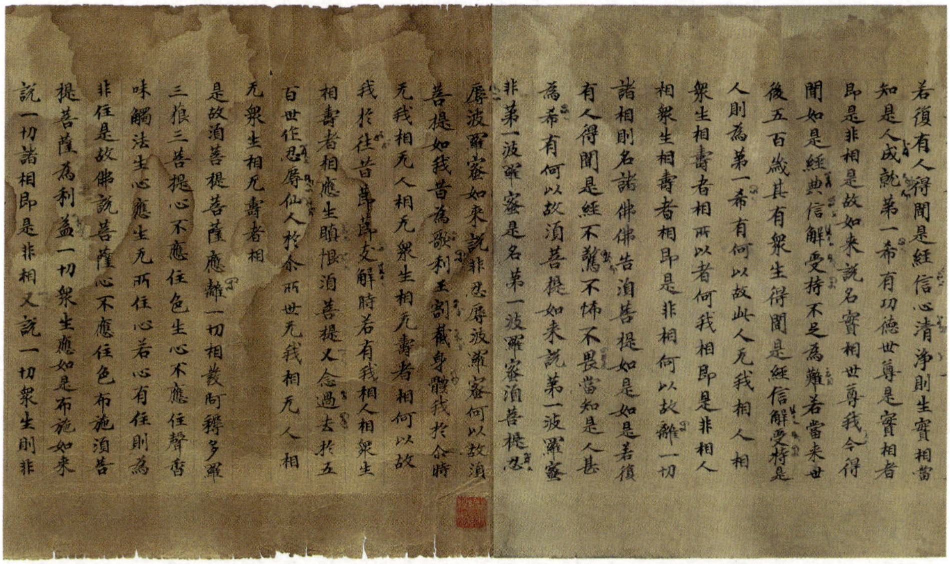

圖 104　北大敦 20 號（後部）+ 伍倫 7 號（前部）綴合圖

至於這兩個殘卷行間非漢文夾注字母的性質，伍倫 7 號所附紙箋稱之爲"梵字音注"，方廣錩認爲是藏文；《北大》敘録則稱爲婆羅謎（又譯作"婆羅米"）字母。後者的判斷是正確的。根據復旦大學余柯君博士的研究，這些夾注屬於草體于闐婆羅謎字母，是爲旁邊漢字所作的注音。[1] 在 3700 多號《金剛經》敦煌經本中，只有這兩件夾注了婆羅謎字母注音，顯得很特别，這就進一步

---

① 説詳余柯君《"北伍二件"敦煌漢文寫經夾注字母初探》，《敦煌研究》，2022 年第 2 期，第 92-98 頁。

證明了這兩個殘卷確實出自同一人之手，爲同一寫卷所撕裂。①

既然伍倫 7 號可與北大敦 20 號完全綴合，不但使這一海内孤本得以更加完整的面貌呈現在世人面前，而且也有力地證明了這兩個殘卷的可靠性，提升了它們的文獻和文物價值。

例四四　羽 137 號，卷軸裝，前缺尾全，存 7 紙 157 行，前部如圖 105 左部所示，尾題“首羅比丘經”。

按：此號可與伯 3019 號綴合。後者前殘後缺，存 4 紙 113 行，後部如圖 105 右部所示。原卷無題，《法藏》擬題“首羅比丘經”。上揭二號内容前後相承，綴合後如圖 105 所示，伯 3019 號末行行末“示衆生有三”與羽 137 號首行行端“毒”相連成句，中無缺字；二號接縫處爲紙張失黏所致脱落，邊緣整齊，横向烏絲欄可以對接。又二號行款格式相同，書風相似，字迹似同（比較二號共有的“首”“羅”“經”等字，如表 30 所示），可資參證。

羽 137 號（前部）　　　　伯 3019 號（後部）

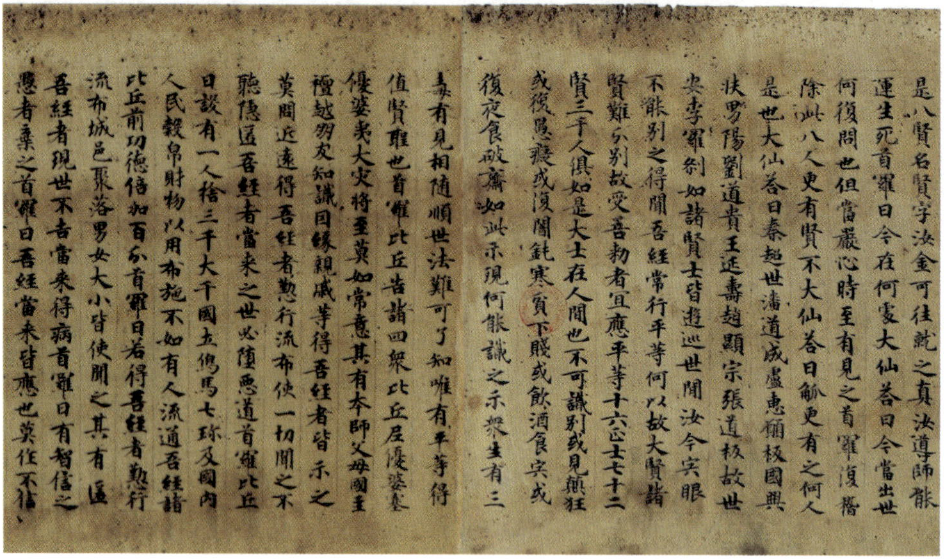
是八賢名賢字汝金可往就之真汝導師能
運生死首羅曰令在何處大仙荅曰令當出世
何復問也但當嚴心時至有見之首羅復啓
除此八人更有賢不大仙荅曰踰更有之何人
是也大仙荅曰秦趙世濤道成盧惠楨板國典
狀男陽劉道貴王廷壽趙顯宗張道板故世
安李羅剎如諸賢士皆遊巡世間汝今宍眼
不能別之得聞吾經常行平等何以故大賢諸
賢難可別故受吾勅者宜應平等十六公士七十二
賢三千人俱如是大士在人間也不可識別或見顛狂
或復愚癡或復闍鈍寒貧下賤或飲酒食宍或
復夜食破齋如此示現何能識之示衆生有三
毒有見相隨順世法難可了知唯有平等得
值賢難世首羅比丘告諸四衆比丘尼優婆塞
優婆夷大臣將軍莫如常意其有本師父母國王
種姓朋友知識因緣親戚等得吾經者皆示之
莫問近遠得吾經者勲行流布使一切聞之不
聽隱匿吾經者當來之世必墮惡道首羅比丘
日設有一人捨三千大千國土鴿馬七珎及國內
人民穀帛財物以用布施不如有人流通吾經諸
比丘前功德倍加百分首羅曰若得吾經者勲行
流布城邑聚落男女大小皆使聞之其有隱
吾經者現世不吉當來得病首羅曰有智信之
愚者棄之首羅曰吾經當來皆應世莫作不信

圖 105　伯 3019 號（後部）+ 羽 137 號（前部）綴合圖

① 羅慕君、張涌泉《海内孤本周紹良舊藏〈金剛經〉殘卷綴合記》，《敦煌研究》，2021 年第 5 期，第 103—106 頁。

表 30　伯 3019 號、羽 137 號字迹比較表

例字卷號	首	羅	大	仙	賢	世	問	吾	經
伯 3019 號	首	羅	大	仙	賢	世	問	吾	經
羽 137 號	首	羅	大	仙	賢	世	問	吾	經

又按：羽 137 號爲日本杏雨書屋藏卷，該館藏卷主要來源於李盛鐸舊藏。該號即《李木齋氏鑒藏敦煌寫本目録》中的“百卅七，首羅比邱經一卷，尾全”，正來源於李氏藏卷。李盛鐸曾從甘肅押運入京的敦煌寫本中攫取部分精華，所以李氏藏卷多數是可靠的。但李氏去世後，其印章落入書商手中，書商爲擡高自己經手的敦煌寫本的身價，便加蓋李氏鑒賞印章，甚或僞造李氏印章鈐印其上。但也正是由於後一原因，李氏藏卷的可靠性就打了折扣。[1]但假如李氏藏卷能與可靠的敦煌寫卷綴合，則其可靠性就得到了保證。今羽 137 號既可與伯 3019 號綴合，説明此件確實源於藏經洞，是可靠的。[2]

例四五　俄敦 9899 號，卷軸裝袖珍本，前後皆殘，僅存 13 行，前部如圖 106 左部所示，中有科分標題“正信希有分弟六”。《俄藏》未定名。

按：據殘存文字及科分標題推斷，此號乃《金剛經》羅什譯本三十二分本殘片，且其前可與北敦 12224 號（北臨 2353）＋北敦 10975 號（北臨 1104）二號綴合。北敦 12224 號，卷軸裝袖珍本，首尾皆殘，存 2 紙 24 行，後部如圖 106 右部所示，中有科分標題，從“善現起請分弟二”至“大乘正宗分弟三”，《國圖》擬題“金剛般若波羅蜜經（三十二分本）”，條記目録稱原卷爲 9—10 世紀歸義軍時期寫本。北敦 10975 號，卷軸裝袖珍本，前後皆殘，僅存 20 行，

---

① 有關李盛鐸藏卷來歷的詳細論述，參榮新江《李盛鐸藏敦煌寫卷的真與僞》，載《辨僞與存真——敦煌學論集》，上海古籍出版社，2010 年，第 47—50 頁。

② 參看張小豔《敦煌疑僞經六種殘卷綴合研究》，載《文獻》2017 年第 1 期，第 26—27 頁。

圖 106　北敦 12224 號（後部）＋北敦 10975 號＋俄敦 9899 號綴合圖

如圖 106 中部所示，中有科分標題，從“妙行无住分弟四”至“如理實見分弟五”，《國圖》擬題“金剛般若波羅蜜經（三十二分本）”，條記目錄稱原卷爲 9—10 世紀歸義軍時期寫本。

此三號内容前後相承，可以綴合。北敦 12224 號＋北敦 10975 號綴合後如圖 106 右部所示，接縫處邊緣吻合，原本分屬二號的“相即”二字得以復合爲一，橫縱烏絲欄亦可對接。北敦 10975 號與俄敦 9899 號綴合後如圖 106 左部所示，接縫處邊緣大體吻合（二號間仍略有缺損），原本分屬二號的“相皆”二字亦得成完璧，橫向烏絲欄亦可對接。又三號行款格式相同，書風字迹似同，可資參證。

又按，“北臨”編號係中國國家圖書館 1990 年前後對以前整理剩餘的兩箱敦煌殘片的編號，“是當年甘肅解京之舊物”，[①] 來源没有異議。但俄敦 9585—10150 號却屬於“問題”寫卷，有人認爲係奥登堡於 1909 年購自黑水城等地，非敦煌所出。[②] 不過這種説法“似乎没有得到整理俄藏敦煌文獻者的響應”。[③] 現在俄敦 9899 號既可與北敦 12224 號、北敦 10975 號完全綴合，説明這批卷子也有來自敦煌藏經洞的文獻，來源并不單純，其謎底仍有待進一步解開。[④]

（九）破解藏經洞文獻之謎

敦煌藏經洞文獻的性質，學術界衆説紛紜，莫衷一是，至今仍是一個未解之謎。通過對業已刊布的敦煌文獻的徹底全面調查，我們確認殘卷比例達

---

① 方廣錩《北京圖書館藏敦煌遺書勘查初記》，《敦煌學輯刊》，1991 年第 2 期，第 10 頁。

② 吴其昱《列寧格勒所藏敦煌寫本概況》，《漢學研究》1986 年第 2 期，第 74 頁。參看《孟録》上册，譯者前言，第 2 頁。

③ 榮新江《〈俄藏敦煌文獻〉中的黑水城文獻》，收入《辨僞與存真 敦煌學論集》，上海古籍出版社，2010 年，第 170 頁。

④ 參看羅慕君、張涌泉《〈俄藏敦煌文獻〉未定名〈金剛經〉殘片綴合研究》，載《國學研究》第 41 卷，第 159—161 頁。

90% 以上，而且其中至少四分之一以上的殘卷可以綴合，從而證明敦煌藏經洞文獻主要爲來自“諸家函藏”的“古壞經文”，匯聚的目的是爲了“修補頭尾”，即爲拼接修復做準備。對此，上文第一節已有討論，此不詳述。

下　編　敦煌殘卷綴合實證

一、變　文

　　變文作爲一種失傳已久的文學體裁，自藏經洞文獻發現以來，一直受到學術界的高度重視。然而由於種種原因，絕大多數的敦煌文獻都是殘缺不全的，同一個卷子撕裂爲多個殘卷或殘片的情形屢見不鮮，變文寫本亦是如此。因此，想要對變文展開研究，一個重要的任務就是將源自同一寫卷的殘卷匯集在一起，按照正確的順序拼合，儘可能地恢復其原來的樣貌。相關學者在整理研究變文寫卷時就認識到殘卷綴合的問題，并發現了不少可綴合的寫卷。遺憾的是，這些綴合成果散落於各類文獻中，時間跨度大，查檢不易；且部分成果未附載綴合圖，使綴合的可信度大打折扣。

　　有鑒於此，我們在對業已刊布的敦煌圖版全部普查的基礎上，對變文寫卷做了全面的匯錄，發現了一批新的變文寫卷，包括若干可以綴合的殘卷，同時對前代學者的綴合成果做了全面的匯集，共發現可綴變文殘卷 28 組 91 號。與此同時，課題組向英國國家圖書館、法國國家圖書館、俄羅斯科學院東方文獻研究所、中國國家圖書館四大敦煌文獻收藏機構及其他公私藏書機構購置了變文寫本的彩色照片。利用這批高清彩色圖版，殘卷銜接處邊緣的吻合程度，殘字的契合狀況、卷背雜寫的拼合等諸多細節得以更加清晰地呈現。茲把全部可綴變文殘卷綴合匯集如下。各組綴合大致參考《敦煌變文校注》（中華書局 1997 年）的順序排列，同一文獻下的條目按照綴合後所存內容先後程度爲序。

孟姜女變文

1. 俄敦 11018 號＋北敦 11731 號＋伯 5019 號

　　（1）俄敦 11018 號，見自購彩照。殘片。雙面書寫，正面如圖 1-1 左部所示，存殘文 10 行（首行僅存 1 字左側殘筆），楷書；背面爲圖畫，如圖 1-2 右部所示。原卷無題，《俄藏》未定名。

（2）北敦 11731 號（北臨 1860），見自購彩照。殘片。雙面書寫，正面如圖 1-1 中部所示，存殘文 14 行（首行僅存 2 字左側殘筆，末行僅存 4 字右側殘筆），楷書；背面爲圖畫，如圖 1-2 中部所示。原卷無題，《國圖》擬題“孟姜女變文附變相”，條記目録稱原卷爲 9—10 世紀歸義軍時期寫本。

（3）伯 5019 號，見自購彩照。殘片。雙面書寫，正面如圖 1-1 右部所示，存殘文 13 行，楷書；背面爲圖畫，如圖 1-2 左部所示。原卷無題，《索引》擬題“孟姜女變文”，未著録卷背文獻；《索引新編》將正背面文獻擬題爲“孟姜女變文”“畫稿”；《法藏》分別擬題爲“孟姜女變文”“白畫背篆人”。

按：上揭三塊殘片正背文獻密切關聯，內容前後接續，可以完全綴合。劉波、林世田在整理國圖藏寫卷時，首先發現了北敦 11731 號可與伯 5019 號綴合，并按從右向左的順序録文。[1] 隨後，張新朋在俄藏敦煌文獻中又認定了俄敦 11018 號亦爲《孟姜女變文》殘片，且可以和北敦 11731 號直接綴合。正面綴合後如圖 1-1 所示，諸相鄰二號接縫處邊緣吻合，原本分屬前二號的“阻天寒”三字，分屬後二號的“鄉而”“曉夜”“戲（戲）勝”六字皆得復合爲一，綴合後共 32 行。張文進而發現，三片綴合後的文本并非右起左行，而是左起右行，各片的先後順序應爲：俄敦 11018 號＋北敦 11731 號＋伯 5019 號，所寫依次爲夫妻話別、丈夫服役、客死他鄉的場景，故事情節逐步發展，環環相扣。[2]

三號背面皆有繪畫，同樣可以前後相接。綴合後如圖 1-2 所示，原本撕裂於各號的關口、山峰、河流皆得以拼合。卷背的繪畫爲《孟姜女變相》，內容有殘缺的山峰，彎曲的河流，關口的城牆，負重的民工，描寫的正是築長城的情景。原卷圖文結合，保存了變文類講唱文學作品的典型範式。

---

① 劉波、林世田《〈孟姜女變文〉殘卷的綴合、校録及相關問題研究》，《文獻》2009 年第 2 期，第 18—25 頁。
② 張新朋《〈孟姜女變文〉〈破魔變〉殘片考辨二題》，《文獻》2010 年第 4 期，第 21—25 頁。

俄敦 11018 號　　　　　　北敦 11731 號　　　　　　伯 5019 號

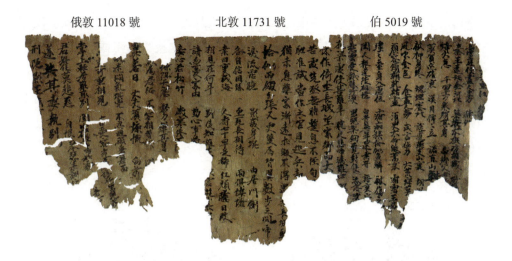

圖 1-1　俄敦 11018 號＋北敦 11731 號＋伯 5019 號綴合圖

伯 5019 號背　　　　　　北敦 11731 號背　　　　　　俄敦 11018 號背

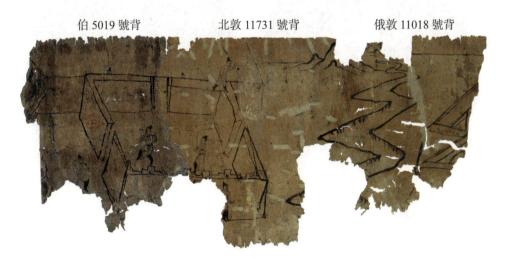

圖 1-2　俄敦 11018 號背＋北敦 11731 號背＋伯 5019 號背綴合圖

張良變文

2. 俄敦 2320 號＋俄敦 2321 號

俄敦 2320 號＋俄敦 2321 號，見自購彩照。包含兩個册葉裝的殘片，《俄藏》已將二號拼合爲一。各葉紙上下皆有不同程度殘泐，每半葉 5—6 行，共

21 行，行 9—10 字。從内容判斷，二號正背文獻内容前後相承。《孟録》擬題"張良變文"，并稱原卷"講述的内容是，張良拒絶接受漢王賜給他的獎賞，而請求賞軍。提到韓信"，《俄藏》《俄録》定名同。張鴻勳根據柴劍虹的抄本較早刊布了殘卷的録文，稱之爲"漢王與張良故事"。[①]《新見敦煌變文寫本敘録》[②]對原卷重新録文，肯定了張鴻勳的定名，認爲其"殘損過甚，殘文未見變文常見的韻散結合的文體，也没有'……處若爲'等變文的標誌性用語，故本篇是否爲變文作品仍是疑問"。

俄敦 2320 號背　　俄敦 2321 號背　　　　　俄敦 2321 號　　俄敦 2320 號

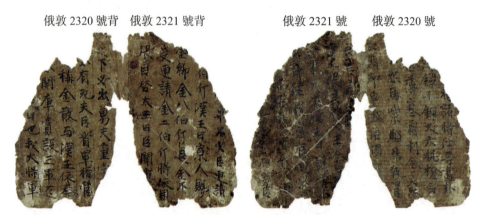

圖 2　俄敦 2320 號 + 俄敦 2321 號綴合示意圖

漢將王陵變

3. 北大敦 188 號 + 潘吉星舊藏本

（1）北大敦 188 號，見自購彩照。册葉裝，共 8 葉 16 個半葉。首全尾殘，首葉爲封面，第 5 葉背面、第 6 葉正面空白一對葉，有題記數行，内容有"太平興國三年索清子""孔目官孖仕郎索靖子書記耳。後有人讀誦者，請莫恠也""辛巳年九月廿日"等；其餘各葉皆抄《漢將王陵變》，如圖 3 前 2 欄及第 3 欄前部所示，每半葉 5—7 行，行 8—14 字不等。楷書，字迹較拙；有界

① 張鴻勳《俄藏"漢王與張良故事"殘卷懸解》，《敦煌研究》1996 年第 1 期，第 150—151 頁。
② 張涌泉《新見敦煌變文寫本敘録》，《文學遺産》2015 年第 5 期，第 130—152 頁。

欄，首題"漢將王陵變"。《北大》敘録稱該件原爲邵洵美舊藏，紙高 10.5 釐米，廣 15.2 釐米，字框高大於 13 釐米。

（2）潘吉星舊藏本，見自購彩照。册葉裝，共 6 葉 12 個半葉。首尾皆殘，如圖 3 第 3 欄後部及第 4 欄所示，每半葉 5—7 行，行 8—14 字不等。楷書，字迹較拙，有界欄。原卷無題。梅維恒對此卷有過研究。[1]

按：上揭二號殘葉皆抄有《漢將王陵變》，《敦煌變文校注》已指出潘吉星舊藏本"與北大藏卷正好綴合"。今試作綴合圖如圖 3 所示，二號皆爲册葉

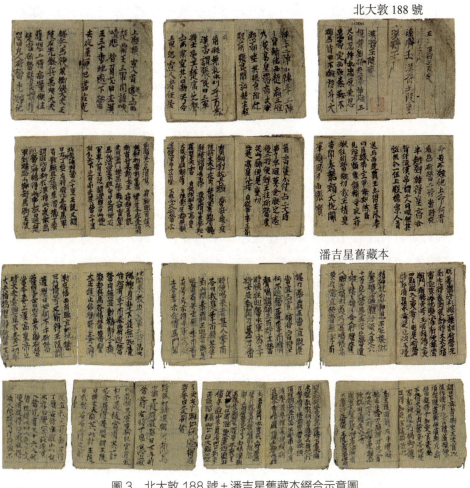

北大敦 188 號

潘吉星舊藏本

圖 3　北大敦 188 號＋潘吉星舊藏本綴合示意圖

① Victor Mair: *A Newly Identified Fragment of the "Translation of Wang Ling"*, Chinoperl Papers, 1983.

裝殘葉，各殘葉規格接近，抄寫行款相同（每半葉皆約 5—7 行，皆有烏絲欄，欄綫畫製隨意），書風字迹似同（比較二號共有的"將""王""之""營""軍"等字），內容於"項羽帳中盛侵（寢）之次，不覺／精神恍忽，神思不安"句前後相接，比勘斯 5437 號等相對完整的《漢將王陵變》寫卷，中無缺字。

捉季布變文

4. 伯 2747 號 + 伯 2648-1 號 + 斯 8459 號…伯 2648-2 號 + 伯 3386 號 + 伯 3582 號

（1）伯 2747 號，見自購彩照。卷軸裝，3 紙。後部如圖 4-1 右部所示，存 43 行（末行僅存部分文字右側殘筆），每行七言韻文 3 句。楷書。有烏絲欄。原卷無題，《索引》及《索引新編》《法藏》擬題"捉季布傳文"。

（2）伯 2648 號，見自購彩照。包含兩個互不相連的卷軸裝殘段：第一部分共 2 紙，前部如圖 4-1 左部所示，後部如圖 4-2 右部所示，存 35 行（首行部分文字的右側稍有殘泐，末行僅存上部 7 字右側殘筆），每行七言韻文 3 句，有烏絲欄；第二部分共 3 紙，前部如圖 4-2 左部所示，後部如圖 4-3 右部所示，存 28 行（首行僅存上部 4 字左側殘筆，末行僅存上部 4 字右側殘筆），每行七言韻文 3 句，第一紙有烏絲欄，其餘二紙無烏絲欄。楷書。原卷無題，《索引》及《索引新編》《法藏》擬題"捉季布傳文"。

（3）斯 8459 號，見自購彩照。卷軸裝殘片。如圖 4-2 中部所示，存 17 行，前 5 行下部有殘泐，每行七言韻文 3 句。楷書。有烏絲欄。原卷無題，《英藏》擬題"捉季布傳文"。

（4）伯 3386 號 + 伯 3582 號，見自購彩照。卷軸裝，3 紙。《法藏》已將伯 3582 號併入伯 3386 號之下（如圖 4-3 中部、左部所示，接縫處位於第 31 行），共包含兩種文獻：第 1—11 行爲前一種，每行七言韻文 3 句，有尾題"大漢三年季布罵陣詞文一卷"；第 12—57 行爲後一種，每行五言韻文 4 句，首題"楊滿川詠孝經壹拾捌章"，末尾有題記"維大晉天福七年壬寅歲七月廿二日三界寺孝士郎張富盈記""戊辰年十月卅日三界寺學士"，後附學郎詩一首。

楷書，兩種文獻的字迹相同，當爲同一人所書。

　　按：前三號及後者前一種皆爲《捉季布傳文》殘卷，且內容前後相承，可以綴合。《敘錄》在著錄《捉季布傳文》時，已指出了伯 2747 號、伯 2648 號、伯 3386 號原爲同卷。後來，《英藏》刊布斯 8459 號圖版時於卷號後括注了法藏寫卷的卷號，表明該殘片與法藏的三號殘卷亦爲同一寫卷之裂，但未説明具體的綴接關係。

　　伯 2747 號與伯 2648-1 號綴合後如圖 4-1 所示，接縫處上部的邊緣吻合，前號末行上部存留的殘筆可補全後號首行"初更""黑人行少""越墻"八字，橫向烏絲欄亦可對接，內容於"□□□（須投分）義舊情親。／初更乍黑人行少，越□□□（墻直入）馬坊門"前後銜接，中無缺字。伯 2648-1 號、斯 8459 號、伯 2648-2 號綴合後如圖 4-2 所示，其中伯 2648-1 號、斯 8459 號可以直接綴合，接縫處邊緣吻合，原本分屬二號的"院長不須""恐嚇"六字皆成完璧，內容於"却著言詞怪主人：／院長不須相恐嚇"一句前後相接；斯 8459 號與伯 2648-2 號無法直接相連，據完整文本推算，二號間殘缺約 75 行。伯 2648-2 號與伯 3386 號綴合後如圖 4-3 所示，前號末二行與後號前二行可綴接爲完整的兩行，接縫處邊緣完全吻合，原本分屬二號的"遂令武士齊""以朕煎熬"

伯 2648-1 號（前部）　　　　　　　　　伯 2747 號（後部）

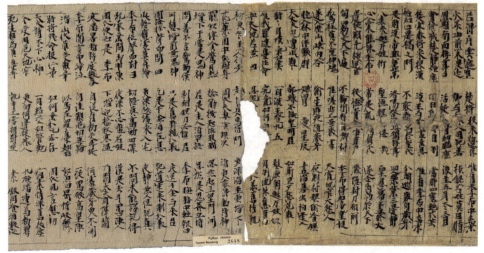

圖 4-1　伯 2747 號（後部）＋伯 2648-1 號（前部）綴合圖

等字皆得復合爲一，横縱烏絲欄亦可對接，内容於"遂令武士／齊擒捉：'以朕煎熬不用存！'"一句前後銜接，中無缺字。又各號行款格式相同（行距、字距、字體大小相同，韻文部分每行皆 3 句），書風字迹似同（比較各號共有的"季""布""皇""帝"等字），可以參證。

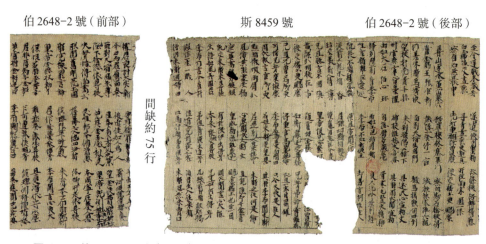

圖 4-2　伯 2648-1 號（後部）+ 斯 8459 號…伯 2648-2 號（前部）綴合示意圖

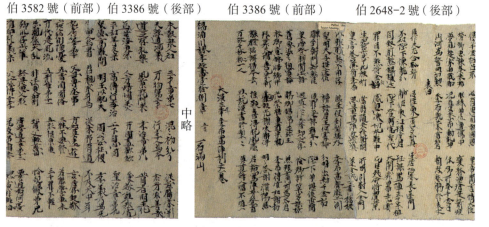

圖 4-3　伯 2648-2 號（後部）+ 伯 3386 號（前部、後部）+ 伯 3582 號（前部）綴合圖

韓朋賦

5. 斯 4901 號＋斯 3904 號＋斯 10291 號

（1）斯 4901 號（翟 7175），見自購彩照。卷軸裝殘片，雙面抄寫。正面抄《韓朋賦》，如圖 5-1 右部所示，存 27 行（前 10 行、第 24—26 行上殘，末行上下皆殘），行 20—23 字；楷書；原卷無題，《索引》及《寶藏》《英藏》《索引新編》皆擬題作"韓朋賦"。背面如圖 5-2 右部所示，有契約、《千字文》、《新集嚴父教》等雜寫。

（2）斯 3904 號（翟 7176），見自購彩照。卷軸裝殘片，雙面抄寫。正面抄《韓朋賦》，如圖 5-1 左部所示，存 25 行，前 6 行下殘，第 7—8 行中殘，行約 20—24 字，楷書。原卷無題，《索引》及《寶藏》《英藏》《索引新編》皆擬題作"韓朋賦"。背面如圖 5-2 左部所示，有《千字文》《新集嚴父教》等雜寫 9 行。

（3）斯 10291 號，見自購彩照。殘片，雙面抄寫。正面抄《韓朋賦》，如圖 5-1 下部所示，存 7 殘行（首行僅存 2 字左側殘筆，末行僅存 1 字右側殘筆），行存中下部 1—16 字；楷書；無題，《英藏》擬題"韓朋賦"。背面如圖 5-2 上部所示，有《新集嚴父教》等雜寫 6 行。

按：據殘存文字推斷，上述三號正面皆抄《韓朋賦》，且内容前後相承，可以綴合。《翟録》在著録斯 3904 號時就已指出該號與斯 4901 號可能出自同一寫卷；王利器肯定了二卷可合爲一；[①] 榮新江最早指出後一號爲《韓朋賦》殘片，後來又指出此三號可以綴合；[②] 張錫厚最早把此三號合併爲一人校。[③] 綴合後如圖 5-1 所示，斯 4901 號與斯 3904 號前後相連，斯 10291 號恰可補入二號下部的缺口；接縫處邊緣大體吻合，斯 4901 號、斯 3904 號接縫處的"使

---

① 王利器：《敦煌文學中的〈韓朋賦〉》，《文學遺產增刊》第一輯，第 434 頁。

② 榮新江：《英國圖書館藏敦煌漢文非佛教文獻殘卷目録》，新文豐出版公司，1994 年；《〈英國圖書館藏敦煌漢文非佛教文獻殘卷目録〉補正》，宋家鈺、劉忠編《英國收藏敦煌漢藏文獻研究：紀念敦煌文獻發現一百周年》，中國社會科學出版社，2000 年，第 379—387 頁。

③ 張錫厚録校《敦煌賦彙》，江蘇古籍出版社，1996 年，第 369 頁。

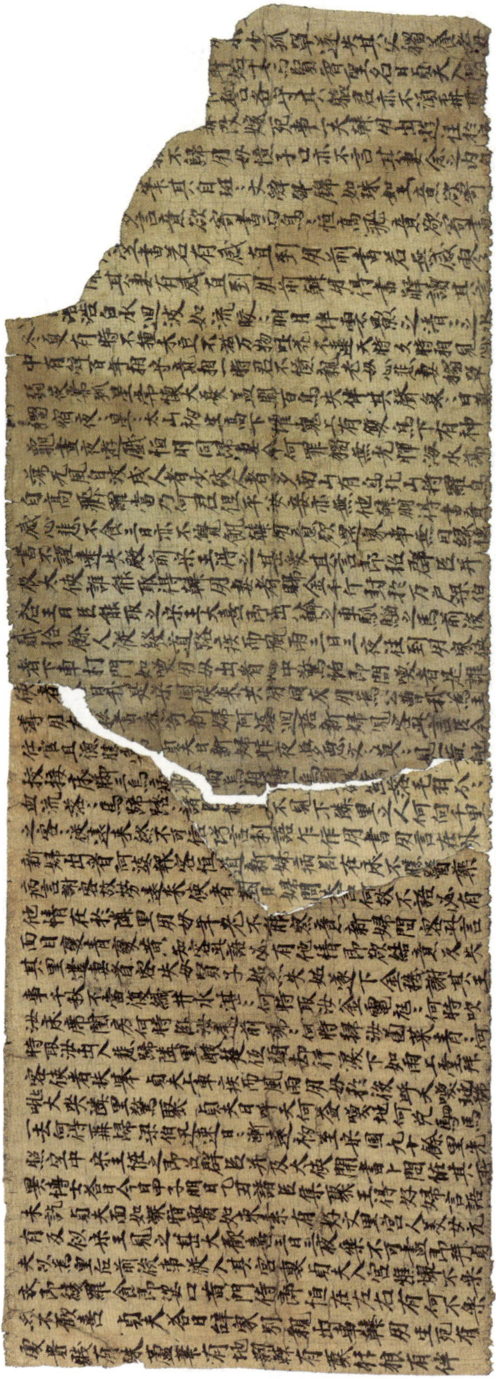

斯 4901 號

斯 3904 號

斯 10291 號

圖 5-1　斯 4901 號＋斯 3904 號＋斯 10291 號綴合圖

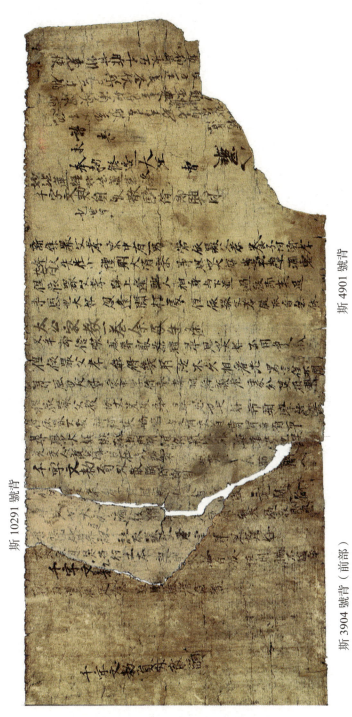

斯 10291 號背

斯 3904 號背（前部）

斯 4901 號背

圖 5-2　斯 4901 號背＋斯 3904 號背（前部）＋斯 10291 號背綴合圖

者”“常”等三字，斯 4901 號、斯 10291 號接縫處的“黄虵”“飛”“搏一鳥頭破齒”“赫”等十字，斯 3904 號、斯 10291 號接縫處的“諸”“信”“道”“勝醫”“對”“夫言何”“能”等十字皆得復合爲一，中無缺字。又三號行款格式相同（滿行字數相近，行距、字距、字體大小相同），書風字迹似同（比較三號共有的“朋”“書”“言”等字），可以參證。

寫卷正面的《韓朋賦》既可綴合爲一，卷背的雜寫則亦可綴合，綴合後如圖 5-2 所示。從綴合圖可以看出，卷背的這些雜寫主要包含《押衙張萬千貸織物契抄》《新集嚴父教》兩部分相對完整的内容，行間另夾雜了《千字文》《太公家教》等雜寫。

孔子項託相問書

6. 俄敦 1356 號…俄敦 2451 號

俄敦 1356 號…俄敦 2451 號，見自購彩照。包含 4 個册葉裝殘葉：俄敦 1356 號，正背二面，分別如圖 6A、B 所示，2 葉 4 個半葉，共 28 行，行約 18 字；俄敦 2451 號，正背二面，分別如圖 6C、D 所示，2 葉 4 個半葉，共 31 行，行約 18 字。行楷。原卷無題，《孟録》擬題“孔子項託相問書”，并指出該二號應爲同一寫卷之分裂册上／頁 592，册下／頁 474，《俄藏》將二號圖版歸併爲一。

按：據殘存文字判斷，上揭二號皆爲《孔子項託相問書》殘葉，且内容前後相連，可以綴合。二號形製相同，皆爲册葉裝的散葉，書口上下角皆裁剪爲形狀相似的弧形，内容前後相承。又二號行款格式相同（每行約 16—18 字，韻文每行 14 字，行距、字距、字體大小相同），書風字迹似同（比較二號共有的“兒”“無”“夫”“子”“何”等字），可以參證。試作綴合圖如圖 6 所示，各殘葉的先後順序爲：A 左＋B 右…C 左＋D 右＋D 左＋C 右…B 左＋A 右。綴合後，殘存内容起“何謂怪乎”句的“乎”字，至“阿孃不忍見兒血”句止。據完整文本推算，其中 A 紙前缺 1 紙，B、C 兩紙間缺 2 紙。

7. 俄敦 2352 號＋羽 33 號

（1）俄敦 2352 號，見自購彩照。殘片。如圖 7 上部所示，存 18 殘行（末行僅存 2 字右側殘筆），每行下部皆殘，行存上部 2—13 字。楷書。殘片無題，《孟録》擬題“孔子項託相問書”，稱原卷爲 9—11 世紀寫本册下／474，《俄藏》《俄録》定名同。

（2）羽 33 號，見《秘笈》1／231—232。卷軸裝，2 紙。如圖 7 下部所示，存 30 行（末行僅存下部 1 字），各行上部皆殘，左下部有“李盛鐸印”“敦煌石室秘笈”印章。楷書。原卷無題，《秘笈》擬題“孔子見項橐”，并稱原卷爲粗惡厚紙，紙色青白橡。

俄敦 2352 號

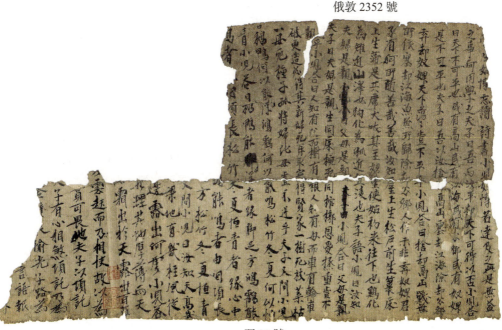

羽 33 號

圖 7　俄敦 2352 號＋羽 33 號綴合圖

按：據殘存文字判斷，上揭二號皆爲《孔子項託相問書》殘卷，且内容前後相連，可以綴合。《敦煌變文校注》校記稱有李木齋藏卷，見《索引》散録 222 號，擬名爲《孔子見項橐》，原卷下落不明。《新見敦煌變文寫本敍録》

指出，羽33號正是《敦煌變文校注》所稱的"李木齋藏卷"，且該號與俄敦2352號乃一卷之撕裂。綴合後如圖7所示，俄敦2352號可綴接於羽33號前18行上部，接縫處邊緣大體吻合，原本分屬二號的"汝""江""乎""却""屋""坐""丘""親""根""豈""浮"十一字皆得復合爲一。綴合後，羽33號前17行基本完整，中無缺字。又二號行款格式相同（行距、字距、字體大小相同），書風字迹似同（比較二號共有的"小""兒""江""海""天""下"等字），可以參證。

晏子賦

8. 俄敦925號…俄敦5174號…俄敦10740-2號＋俄敦5565號

（1）俄敦925號，見自購彩照。殘片。如圖8右部所示，本文獻所在的一層紙撕裂嚴重，僅存5殘行，其中第2行相對完整。楷書。有烏絲欄。殘片無題，《俄藏》及《俄録》皆擬題"晏子賦"。《孟録》稱原卷紙色淡褐，爲9—11世紀寫本。

（2）俄敦5174號，見自購彩照。殘片。如圖8下部所示，僅存2殘行，各行上部皆殘，前行存8字，後行存7字。楷書。有烏絲欄。殘片無題，《俄藏》未定名，《俄録》稱原卷内容未檢出。

（3）俄敦10740-2號，見自購彩照。殘片。俄敦10740號包含了14塊殘片，本殘片爲其中第二片，如圖8中部所示，存3殘行，行存6—13字。楷書。有烏絲欄。殘片無題，《俄藏》及《俄録》皆未定名。

（4）俄敦5565號，見自購彩照。殘片。如圖8左部所示，存4殘行，行存4—12字。楷書。有烏絲欄。殘片無題，《俄藏》未定名，《俄録》擬題"晏子賦"。

按：據殘存文字判斷，上揭四號皆爲《晏子賦》殘卷，且内容前後相連，存在綴合的可能性。張新朋將俄敦5174號、俄敦10740-2號、俄敦5565號考定爲《晏子賦》殘片，並考察了四號的綴合關係。[①]試作綴合如圖8所示，

---

① 張新朋：《敦煌詩賦殘片拾遺》，《敦煌研究》2011年第5期，第79—80頁。

其中俄敦925號位於前部，據完整文本推算，與俄敦5174號之間有1行的殘缺；俄敦5174號的末行與俄敦10740-2號首行可前後相連，但由於殘損嚴重，無法直接拼合；俄敦5565號可綴接於俄敦10740-2號的後部。又各號行款格式相同（滿行皆約24字，皆有烏絲欄，行距、字距、字體大小相同），書風字迹似同（比較各號交互出現的"王""曰""不""大""對"等字），可以參證。

　　上述各殘片皆爲雙面書寫，背面皆爲習字。此外，俄敦2487號、俄敦4758號、俄敦8852號、俄敦5961號、俄敦11240號及俄敦10740號其餘殘片的背面亦爲習字，且與上述殘片存在綴合的可能性。田衛衛對這批殘片進行了系統的整理研究，發現其背面的習字來源於《重修開元寺行廊功德碑并序》，正面則包含了《晏子賦》《秦婦吟》《秦將賦》《大乘百法明門論開宗義決》《王梵志詩》《開蒙要訓》等多種文獻，是古人取用了多個寫卷，利用卷背空白進行書法練習的結果[①]。

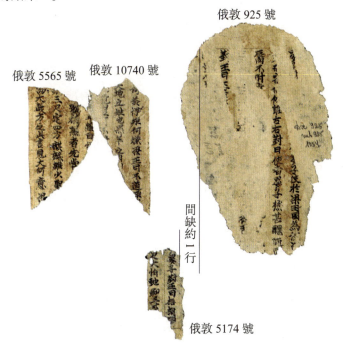

圖8　俄敦925號…俄敦5174號…俄敦10740-2號+俄敦5565號綴合示意圖

———————————
① 田衛衛：《敦煌寫本北宋〈重修開元寺行廊功德碑并序〉習書考》，《文史》2016年第1輯，第117—132頁。

燕子賦（一）

9. 俄敦 1347 號 + 俄敦 1395 號 + 俄敦 1343 號 ⋯ 俄敦 5415 號 ⋯ 俄敦 796 號

（1）俄敦 796 號、俄敦 1343 號、俄敦 1347 號、俄敦 1395 號。原卷雙面書寫，正面抄有《燕子賦》，背面爲雜寫，共包含四個流水號，《俄藏》將它們綴合爲兩個殘片。前一塊殘片較大，包括俄敦 1347 號、俄敦 1395 號、俄敦 1343號，正面如圖 9-1 右部所示，存 35 殘行；背面如圖 9-2 左部所示，有 "氾文" "維大唐" "緣" "張" 等雜寫。後一塊較小的殘片爲俄敦 796 號，正面如圖 9-1 左部所示，存 21 殘行，前 9 行上下殘，其餘各行皆上殘；背面如圖 9-2右部所示，有學郎題記 "▨▨（月）廿日龍興寺孝郎石慶通、周宗（？）兒、朱再住（？）▨▨子、王俊"。《孟録》稱它們爲 "同一寫卷的 2 件殘卷，彼此不相連貫"，并稱原卷 "紙色淡褐，紙質厚"，爲 9—11 世紀寫本。

（2）俄敦 5415 號。[①] 殘片。如圖 9-1 中部所示，存 25 殘行，前 6 行上下殘，其餘各行皆上殘。楷書。原卷無題，《俄藏》擬題 "燕子賦"，《俄録》定名同。

按：上揭各殘片正面皆抄有《燕子賦》，且内容前後相連，存在綴合的可能性。其中前四號殘片《俄藏》已歸併在一起。黄征經過比對筆迹與内容，認定俄敦 5415 號與俄敦 796 號等各號爲同一寫本的不同殘片，可接在第二、三紙之間。[②]各殘片最終的綴合順序爲 "俄敦 1347 號＋俄敦 1395 號＋俄敦 1343 號⋯俄敦5415 號⋯俄敦 796 號"，試作綴合圖如圖 9-1 所示，據完整文本推算，俄敦1343 號末行的殘筆與俄敦 5415 號首行的殘筆當屬於同一行，但由於殘損嚴重，無法直接拼合；俄敦 5415 號與俄敦 796 號間殘缺約 3 行。部分殘片卷背有雜寫，試作綴合圖如圖 9-2 所示。

---

① 《俄藏》未刊布俄敦 5415 號卷背圖版，應空白無字。

② 參黄征《〈燕子賦〉研究》，《敦煌研究》2003 年第 1 期，第 38—42 頁。

10. 俄敦 4803 號＋北敦 9251 號

（1）俄敦 4803 號，見自購彩照。殘片。正面如圖 10-1 上部所示，存 7 殘行，各行下部皆殘，行存上部 6—10 字，楷書。殘片無題，《俄藏》未定名，黃征將其考定爲《燕子賦》并有校録，《俄録》定名同。背面有雜寫 1 行，如圖 10-2 上部所示，内容爲 "左青龍右白虎"。

（2）北敦 9251 號（唐 72），見自購彩照。殘片。正面如圖 10-1 下部所示，首尾皆殘，存 22 殘行，各行上部皆有殘泐，後 5 行下部殘缺較多，其餘各行下部略有殘缺；殘片無題，《國圖》擬題 "燕子賦"，條記目録稱原卷與《敦煌變文校注》本對照，"行文有不同，可供校勘"。背面如圖 10-2 下部所示，有 "☒年在" 等雜寫。

俄敦 4803 號

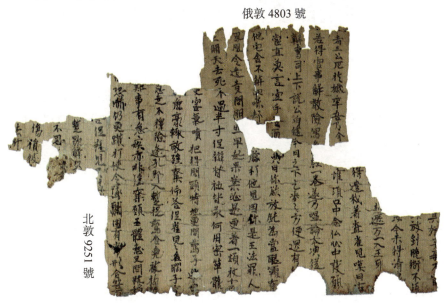

北敦 9251 號

圖 10-1　俄敦 4803 號＋北敦 9251 號綴合圖

按：據殘存文字判斷，上揭二號皆爲《燕子賦》殘片。《新見敦煌變文寫本叙録》指出二號內容前後相承，可以綴合。綴合後如圖 10-1 所示，俄敦 4803 號可綴接於北敦 9251 號第 6—12 行上部，接縫處部分邊緣吻合，原本分屬二號的 "今""不" 二字皆得復合爲一。二號綴合後，其中 7 行大體完整。

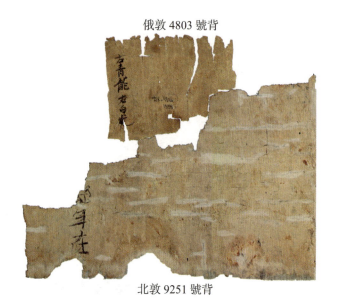

俄敦 4803 號背

北敦 9251 號背

圖 10-2　北敦 9251 號背＋俄敦 4803 號背綴合圖

又二號行款格式相同（行距、字距、字體大小相同，據完整文本推算，原卷每行約抄 21 字），書風字迹似同（比較二號共有的"今""下""乃""得"等字），可以參證。

茶酒論

11. 斯 5774B 號＋斯 5774C 號＋斯 5774A 號

　　斯 5774 號（翟 7258），見自購彩照。包含 A—C 三塊矩形殘片：A 片，如圖 11-1 左部所示，前殘後全，存 7 殘行，首行僅殘留了 2 字左側殘筆，其餘各行存中部 17—19 字，背面空白無字，如圖 11-2 右部所示；B 片，如圖 11-1 右部所示，存 4 殘行，末行僅存 4 字右側少許殘畫，首題"茶酒論一首 并序，鄉賢進仕王敷撰"，卷背有 1 行文字，如圖 11-2 左部所示，内容爲"留殘師兄姓是 以（張？），衍⊠（鷄）師兄姓是宋，貴之取藥藥"；C 片，如圖 11-1 中部所示，存 5 殘行，各行下部皆殘，行存上部 11—13 字，背面僅左下角有一殘字，如圖 11-2 中部所示。楷書。《翟録》稱三塊殘片都是翟

7498（即斯 4761 號《新集吉凶書儀》）卷背揭下的裱補紙。

　　按：上揭三塊殘片正面所抄皆《茶酒論》，爲同一寫卷卷背的裱補紙，且
內容前後相連，可以綴合。試作綴合圖如圖 11-1 所示，綴合順序爲：B 片＋
C 片＋ A 片。各殘片接縫處邊緣吻合，B 片末行存留的少許殘痕恰可補全 C
片首行的"撮""之陳蘖"四字，A 片首行存留的殘痕則恰可補全 C 片末行"一世"
二字。又各殘片行款格式相同（行距、字距、字體大小相同，據完整文本推算，
滿行皆約 20 字），書風字迹似同（比較各號交互出現的 "人""茶""酒""之"
等字），可以參證。綴合後，C 片上部及 A 片上下部仍殘缺不全，係因裱補殘
片製作時割裂所致。

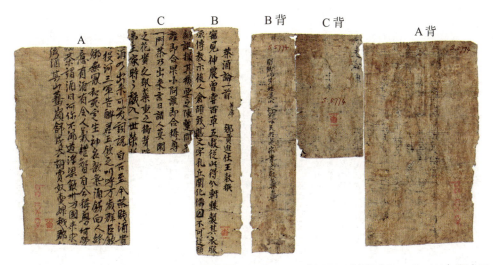

圖 11-1　斯 5774 號（B ＋ C ＋ A）綴合圖　　圖 11-2　斯 5774 號背（A ＋ C ＋ B）綴合圖

太子成道經

12. 斯 2682 號背＋伯 3128 號背

　　（1）斯 2682 號背（翟 6495）。卷軸裝，12 紙，雙面抄寫。正面抄《大
佛略懺》，後部如圖 12-1 右部所示，首尾皆殘，存 212 行，前 4 行上殘，末
行僅殘存部分文字右側殘筆，行約 24 字。楷書。有烏絲欄。背面後部如圖
12-2 右部所示，首行題 "惠深之書"，墨迹較淡；隨後抄寫《太子成道經》，

起“我大師釋迦如來”句，訖“雪山修道證菩提”句，存 174 行，行 17—24
字不等；《索引》及《寶藏》《索引新編》擬題作“佛本行集經變文”，《英藏》
改題“太子成道經”。

（2）伯 3128 號背。卷軸裝，5 紙，雙面抄寫。正面抄《大佛略懺》，前
部如圖 12-1 左部所示，首殘尾全，首行多數文字右側有殘缺，末行部分文字
右側稍有殘泐，行約 24 字。楷書。有烏絲欄。背面共 96 行（末行僅存下部 2
字左側殘筆），後部如圖 12-2 左部所示，包含了多種文獻，前兩種爲“社齋文”
及“曲子詞”，剩餘文獻的書寫方向與前兩部分相倒，《索引》稱之爲“殘讚
文一節”，《索引新編》擬題“殘讚文一節”“散座文”，《法藏》擬題“解座文”“太
子成道經”。

伯 3128 號（前部）　　　　　　　　　斯 2682 號（後部）

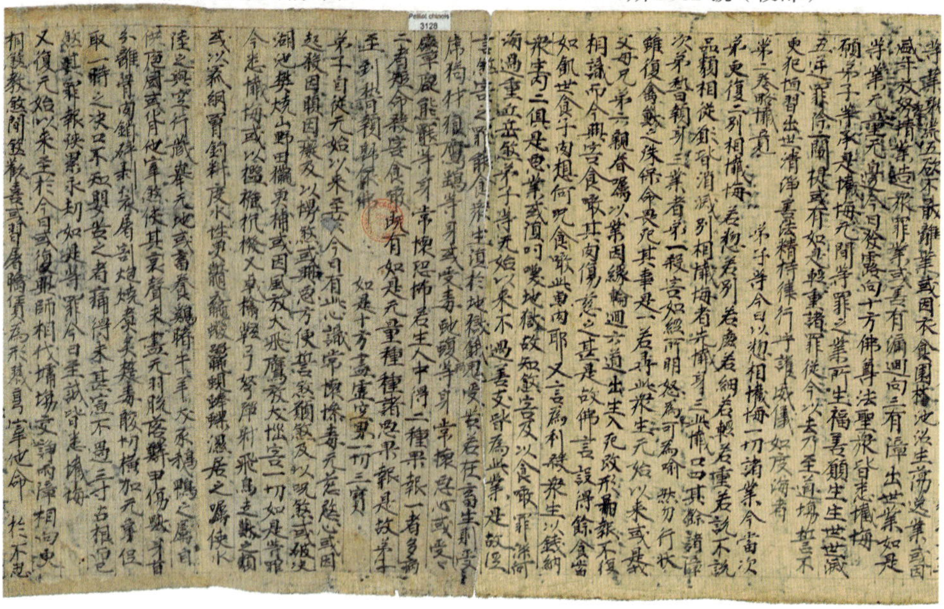

圖 12-1　斯 2682 號（後部）＋伯 3128 號（前部）綴合圖

按：上揭二號寫卷皆爲雙面抄寫，且内容前後相承，可以綴合。譚茹從
寫本情境的角度對這兩件寫本做了考察研究，發現伯 3128 號背所抄韻文爲《太
子成道經》的解座文，且可與斯 2682 號背綴合成一件首尾完整的全卷。[1]

① 譚茹《寫本情境下斯 2682 ＋伯 3128 綜合研究》，《天水師範學院學報》2018 年第 3 期，第 23—26 頁。

　　二號殘卷正面的《大佛略懺》綴合後如圖 12-1 所示，接縫處邊緣吻合，前號末行存留的殘筆恰可補全後號首行部分文字右側所缺，橫向烏絲欄亦可對接。比照《大正藏》本《佛説佛名經》卷五，二號內容綴接處前後內容爲“是故經／言煞害之罪，能食衆生墮於地獄餓鬼受苦”，中無缺字。又二號行款格式相同（行距、字距、字體大小相同，天頭地脚等高，皆有烏絲欄，滿行皆約 24 字），書風字迹似同（比較二號共有的“如”“是”“故”“或”“因”等字），可以參證。

　　二號卷背的《太子成道經》綴合後如圖 12-2 所示，伯 3128 號背首行存留的殘筆可補全斯 2682 號背末行下部“道證”二字，二號內容於“捨却世間一切事，雪山修道證菩提。／先開有教益群情，此（次）説空宗令悟解”等句前後銜接，中無缺字。又二號行款格式相同（行距、字距、字體大小相同，韻文每行皆七言 3 句），書風字迹似同（比較二號共有的“雪”“山”“道”“開”等字），可以參證。

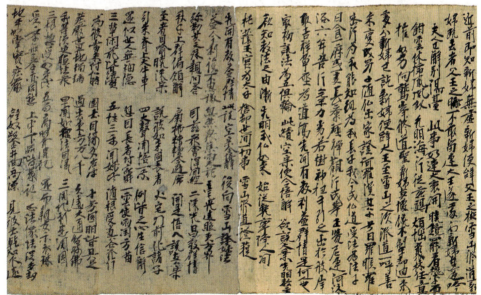

　　　　伯 3128 號背（前部）　　　　　　　　　斯 2682 號背（後部）

圖 12-2　斯 2682 號背（後部）＋伯 3128 號背（前部）綴合圖

須大拏太子好施因緣

13. 俄敦 2960 號 + 俄敦 2167 號 … 俄敦 2150 號 + 俄敦 3020 號 + 俄敦 3123 號 + 俄敦 285 號

此組共包含三塊殘片：俄敦 2960 號 + 俄敦 2167 號，如圖 13-1 右部所示，存 31 行，第 22—27 行相對完整，其餘各行皆有不同程度的殘缺，首行僅存 1 字左側殘筆；俄敦 2150 號 + 俄敦 3020 號 + 俄敦 3123 號，如圖 13-1 中部所示，存 31 行，第 4—9 行相對完整，其餘各行皆有不同程度的殘缺；俄敦 285 號，如圖 13-1 左部所示，存 19 行，首行及後 5 行下殘。原卷無題，《孟録》擬題“太子成道變文”，《俄藏》及《俄録》擬題“須大拏太子變文”，《敦煌變文集補編》（北京大學出版社 1989 年）擬題“須大拏太子本生因緣”，《敦煌變文校注》改題作“須大拏太子好施因緣”。《新見敦煌變文寫本敘録》著録了本組殘片，認爲《敦煌變文集補編》的定名更爲貼切，兹從之定名。

按：上揭各殘片已由《俄藏》歸併爲一，并綴合爲三塊殘片。比照内容近似的北敦 8006 號寫卷以及《太子須大拏經》的文本，殘片與卷號間的對應關係可得以進一步明確。正面綴合後如圖 13-1 所示，其中前兩塊殘片内容前後相承，但寫卷邊緣殘損嚴重，無法直接拼合；俄敦 3123 號末行所存文字可與俄敦 285 號首行則可以上下對接，後號首行“是”字末筆捺畫的少量殘筆殘留於前號末行，綴合後，原本分屬二殘片的“是”字完整無缺。

本組殘片卷背包含多種文獻，其中主體部分抄有《沙州某寺布帛支破曆》，上部空白處另有《太子成道變文》6 行，以及保宣祭奠慈母的祭文。依據正面的綴合順序，俄敦 285 號背後部與 3123 號背前部的部分邊緣應當可以相互對接，試作綴合如圖 13-2 所示。

破魔變

14. 俄敦 410 號＋俄敦 409 號⋯俄敦 5853 號＋俄敦 5802 號⋯俄敦 6043 號⋯俄敦 10737 號＋俄敦 11139 號

（1）俄敦 410 號，見自購彩照。殘片。如圖 14 右部所示，存 9 殘行，行存中上部 3—11 字。楷書。殘片無題，《俄藏》及《俄録》泛題作 "變文"。

（2）俄敦 409 號，見自購彩照。殘片。如圖 14 右部所示，存 4 殘行（首行僅存 6 字左側殘筆），行存中下部 4—12 字。楷書。殘片無題，《俄藏》及《俄録》擬題 "讚文"。

（3）俄敦 5853 號＋俄敦 5802 號，見自購彩照。此二號《俄藏》已綴合（右側較小殘片爲俄敦 5853 號，左側較大殘片爲俄敦 5802 號），如圖 14 中右部所示，綴合後共 14 殘行，各行下部皆殘，行存上部 5—8 字。楷書。殘片無題，《俄藏》未定名，《俄録》擬題 "發願文"。

（4）俄敦 6043 號，見自購彩照。殘片。如圖 14 中左部所示，存 8 殘行，各行下部皆殘，行存上部約 7—9 字。楷書。殘片無題，《俄藏》未定名，《俄録》誤擬爲 "放妻書"。

（5）俄敦 10737 號，見自購彩照。殘片。如圖 14 左部所示，該號由兩塊小殘片組成，《俄藏》已將它們前後拼合，共 9 殘行，其中第 3 行基本完整，行 14 字，其餘各行下部皆有不同程度殘泐。楷書。殘片無題，《俄藏》未定名，《俄録》擬題 "願文"。

（6）俄敦 11139 號，見自購彩照。殘片。如圖 14 左部所示，存 3 殘行（首行僅存 5 字左側殘筆），行存上部 5—8 字。楷書。殘片無題，《俄藏》未定名，《俄録》泛題作 "變文"。

按：上揭各號皆爲《破魔變》殘卷，且内容前後相連，存在綴合的可能性。黄征首先對這些殘片作了梳理，分別指出了俄敦 410 號＋俄敦 409 號、俄敦 5853 號＋俄敦 5802 號、俄敦 10737 號＋俄敦 11139 號三組殘片間的綴合關係，

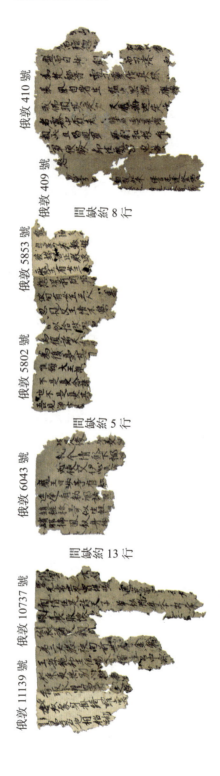

圖 14　俄敦 410 號＋俄敦 409 號…俄敦 5853 號＋俄敦 5802 號…俄敦 6043 號…
俄敦 10737 號＋俄敦 11139 號綴合示意圖

同時發現了前兩組字體特徵完全一致，應爲同一抄本的不同碎片①。後來，張新朋進一步指出俄敦5853號＋俄敦5802號、俄敦6043號、俄敦10737號、俄敦11139號五號行款相近（散文行17字左右，韻文行14字），書風相近，字體相類，且内容不相重複，乃同一寫卷之裂，可以綴合②。《新見敦煌變文寫本敘録》綜合了黄征、張新朋二家之説，認爲以上各號實皆爲同一寫卷的殘片，可以綴合，每組之間不能完全銜接。

試作綴合圖如圖14所示，俄敦409號、俄敦410號直接相連，接縫處"便發""魔宫惡毒"等六字皆得以大致復原；俄敦5853號、俄敦5802號前後相接，邊緣吻合；俄敦10737號、俄敦11139號亦能直接相連，接縫處"香取水瞿曇"等五字皆得復合爲一。其餘各殘片間無法直接拼合，據完整文本推算，分別有5—13行左右的殘缺。又各號行款格式相同（行距、字距、字體大小相同），書風字迹似同（硬筆書寫，比較各號交互出現的"魔""王""自""有""身"等字），可以參證。

上述各號殘片既同屬《破魔變》，《俄藏》《俄録》却將它們擬定爲"變文""讚文""發願文""放妻書""願文"等名稱，或是有失寬泛，或是定名有誤，皆應予以匡正。

降魔變文

15. 斯5511號＋胡適舊藏本

（1）斯5511號（翟6308）。殘片。如圖15右部所示，首全尾殘，前部另粘有一塊殘片，繪有腰部佩劍的武士圖，後抄有變文11行（後5行文字上殘，末行文字左殘），行約23字。首題"降魔變文一卷"（《索引》《索引新編》《英藏》皆據之定名）。楷書。有烏絲欄。

（2）胡適舊藏本。卷軸裝。前部如圖15左部所示，首殘尾全，存340行，

---

① 黄征《〈破魔變〉殘卷考證》，《姜亮夫、蔣禮鴻、郭在貽先生紀念文集》，上海教育出版社，2003年，第348—357頁。

② 張新朋《〈孟姜女變文〉〈破魔變〉殘片考辨二題》，《文獻》2010年第4期，第25—29頁。

行約23字，首行文字下殘，次行下部文字僅存左側殘形，尾題"降魔變文一卷"，後有題記"或見不是處，有人讀者，即与政（正）着"。楷書。有烏絲欄。

按：上揭二號皆爲《降魔變文》殘卷，且内容前後相承，可以綴合。《敦煌變文集》（人民文學出版社1957年）合二爲一，稱"原卷全卷完整，但裂爲二段……驗其筆迹及殘缺處，適……相符合"。後來，黃征對胡適藏卷的真迹進行了核驗，確認了二號的拼合關係，并刊布了綴合圖，使綴合關係更加明確[①]。

此二號綴合後如圖15所示，接縫處邊緣大體吻合，前號末行的殘字可與後號次行下部的文字對接，綴接處前後的文句爲"聞經者使四心不倒，五眼／晶暉，四果咸遭。我人三／▨▨□（賢，得遊）八政（正）；我人四想（相），了體性而皆空；六／類有情，咸歸滅度"，内容通順連貫。又二號行款格式相同（皆有烏絲欄，行距、字距、字體大小相同），書風字迹似同（比較二號共有的"如""來""法""魔""言"等字），皆有形狀相同的句讀號，可以參證。

胡適舊藏本（前部）　　　　　　　　　　　　　　斯5511號

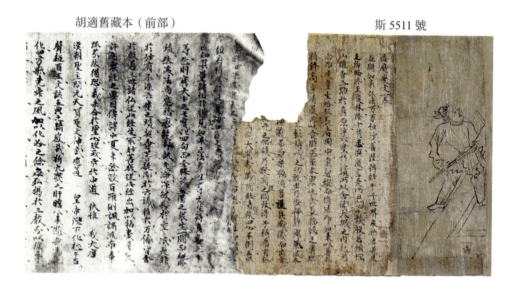

圖15　斯5511號＋胡適舊藏本（前部）綴合圖

---

① 黃征《〈降魔變文〉研究》，《南京師大學報》，2002年第4期，第184—192頁。

維摩詰經講經文（一）

16. 斯 4571-3 號 + 斯 4571-4 號 … 斯 4571-1 號 + 斯 8167 號 + 斯 4571-5 號 … 斯 4571-6 號 … 斯 4571-2 號

斯 4571 號（翟 5952）。原卷由多個卷軸裝殘段組成，《英藏》及 IDP 刊布的圖版將其作了初步綴接，綴合爲 6 個殘段，但前後順序錯亂。今據 IDP 圖版的先後順序編號爲 1—6，據内容則應按 3…4…1…5…6…2 爲序排列，重新拼接連綴如下：斯 4571-3 號，後部如圖 16-1 右部所示，存 131 行；斯 4571-4 號，前部如圖 16-1 左部所示（與斯 4571-3 號接縫處邊緣大體吻合，原本分屬二號的 "能" 字復合爲一），後部如圖 16-2 右部所示，存 196 行；斯 4571-1 號，前部如圖 16-2 左部所示，後部如圖 16-3 右部所示，存 69 行，末行僅存 3 字右側殘形；斯 4571-5 號，前部如圖 16-3 左部所示，後部如圖 16-4 右部所示，存 30 行；斯 4571-6 號，前部如圖 16-4 左部所示，後部如圖 16-5 右部所示，存 170 行；斯 4571-2 號，前部如圖 16-5 左部所示，存 255 行。行書。原卷無題，《索引》及《索引新編》《英藏》擬題 "維摩詰經講經文"。

（2）斯 8167 號。殘片。如圖 16-3 中部所示，存 17 殘行。行書。殘片倒數第 4 行有 "弟一世間醫偈" 字樣，《英藏》擬題 "押座文" "第一世間醫偈"。

按：上揭二號寫卷包含多個殘片或殘段，它們的抄寫行款、書風字迹相同，當爲同一寫卷撕裂而來。《敦煌變文集》《敦煌變文校注》都收錄了斯 4571 號寫卷，已將該號的六個殘段按實際内容先後排列。張鑫媛、普慧依據此件的講經體例和内容進一步討論斷片的缺文問題，推補了各斷片缺失的文字。[①]《新見敦煌變文寫本敘錄》指出，斯 8167 號殘片與斯 4571 號出自同一寫卷，且可以直接綴接於後者 1、5 兩個殘段之間。試作綴合如圖 16-3 所示，其中斯 4571-1 號、斯 8167 號、斯 4571-5 號可前後直接相連，銜接處邊緣大體吻合，

---

① 張鑫媛、普慧《敦煌遺書 S. 4571〈維摩詰經講經文〉考論》，《西南民族大學學報》2021 年第 10 期，第 58—65 頁。

斯4571-1號與斯8167號接縫處的"或""牙""殿族龍腦▨""佛""虔心""烈
（列）座前"等字，斯8167號與斯4571-5號接縫處"眼深豈""四支沉▨（重）"
等字皆得大體復合完整。"弟二世間醫偈"當校讀作"弟一、世間医〔王，善
疗众病〕。偈"，"偈"後用冒號，領起其下韻文八句。與下文"弟二、世間
父母憂其男女病。偈"云云格式正同，都是演繹上文所引用的《佛說維摩詰經》
經文"以現其身，爲大醫王善療衆病"云云之意。

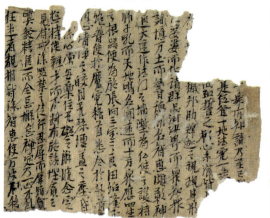

斯4571-4號（前部）　　　　　　　　　斯4571-3號（後部）

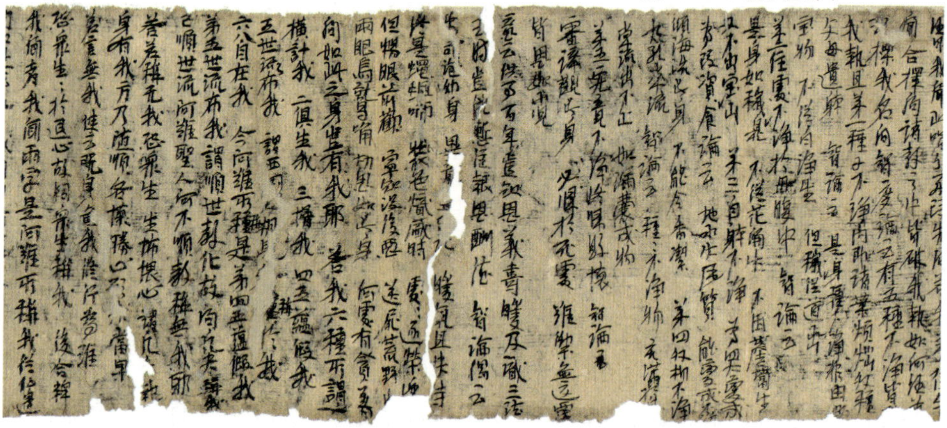

圖16-1　斯4571-3號（後部）＋斯4571-4號（前部）綴合圖

斯4571-1號（前部）　　　　　　　　　斯4571-4號（後部）

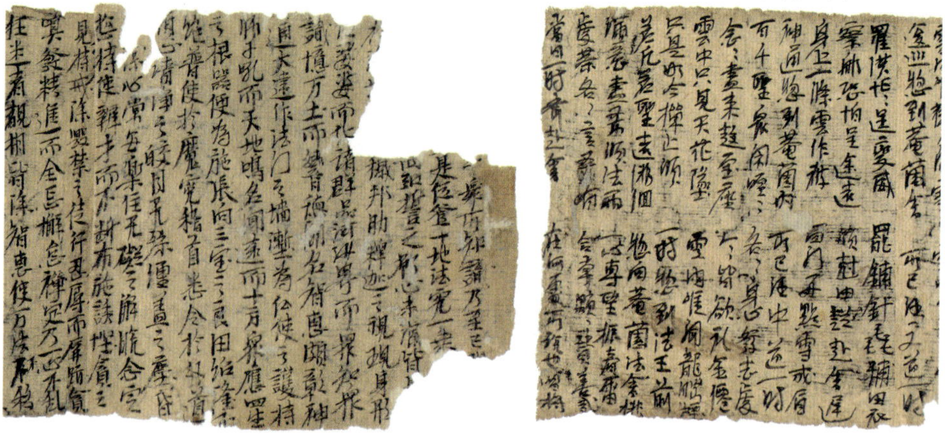

圖16-2　斯4571-4號（後部）…斯4571-1號（前部）綴合示意圖

斯 4571-5 號（前部）　　　　斯 8167 號　　　　斯 4571-1 號（後部）

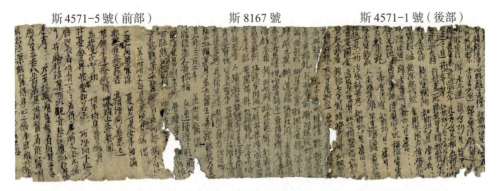

圖 16-3　斯 4571-1 號（後部）＋斯 8167 號＋斯 4571-5 號（前部）綴合圖

斯 4571-6 號（前部）　　　　　　斯 4571-5 號（後部）

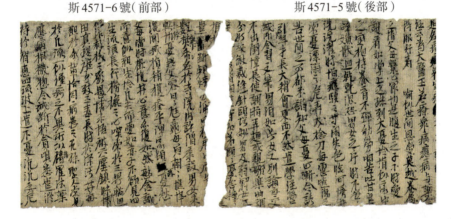

圖 16-4　斯 4571-5 號（後部）⋯斯 4571-6 號（前部）綴合示意圖

斯 4571-2 號（前部）　　　　　　斯 4571-6 號（後部）

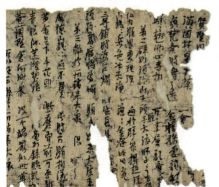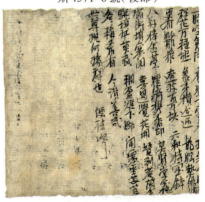

圖 16-5　斯 4571-6 號（後部）⋯斯 4571-2 號（前部）綴合示意圖

大目乾連冥間救母變文

17. 伯 4988 號背 ＋ 羽 19 號背

（1）伯 4988 號，見自購彩照。卷軸裝，1 紙，正背雙面抄寫。正面爲《莊子·讓王篇》，如圖 17-1 右部所示，存 28 行，行約 17 字，前 4 行下殘，後 5 行上殘，有上下界欄，折疊欄。背面爲本文獻，後部如圖 17-2 右部所示，存 34 行，前 6 行上殘，後 6 行下殘；楷書；原卷無題，《索引》及《索引新編》稱之爲 “目連變文卅四行”，《法藏》擬題 “大目乾連冥間救母變文”，IDP 稱原卷紙高 26.6 釐米。

（2）羽 19 號，見《秘笈》1 / 170A—170B。卷軸裝，1 紙，正背雙面抄寫。正面爲《莊子·讓王篇》，如圖 17-1 左部所示，存 33 行，行約 17 字，前 5 行下殘，有上下界欄，折疊欄；背面爲本文獻，如圖 17-2 左部所示，存 42 行，前 6 行上殘；楷書；原卷無題，《秘笈》擬題 “大目乾連冥問救母變文”（“問” 應爲 “間” 字誤排），并稱原卷紙高 26.6 釐米，紙質麻紙，紙色黃橡，有染。

按：上揭二號殘卷皆爲雙面抄寫，且兩面的文獻皆前後相承，可以綴合。正面的《莊子·讓王篇》綴合後如圖 17-1 所示，接縫處邊緣密合無間，原本分屬二號的 “此閭之家也” “審” “顔闔” “爲國” “之餘事” 等 13 字皆得成完璧，橫向界欄亦可對接。

此二號卷背應皆爲《大目乾連冥間救母變文》，《新見敦煌變文寫本敘録》指出二號爲一卷之裂。綴合後如圖 17-2 所示，伯 4988 號背後 6 行恰好與羽 19 號背前 6 行對接爲完整的 6 行，原本分屬二號的 “問於慈母” “汝母” “閻浮” “長者” “阿孃不見路” 等 15 字皆得復合爲一，縱向的折疊欄亦可上下對接。又二號紙高相同，行款格式相同（皆有折疊欄，滿行皆約 25 字，韻文每行 28 字，行距、字距、字體大小相同），書風字迹相同（比較二號共有的 “目” “連” “羅” “王” “母” 等字），可以參證。

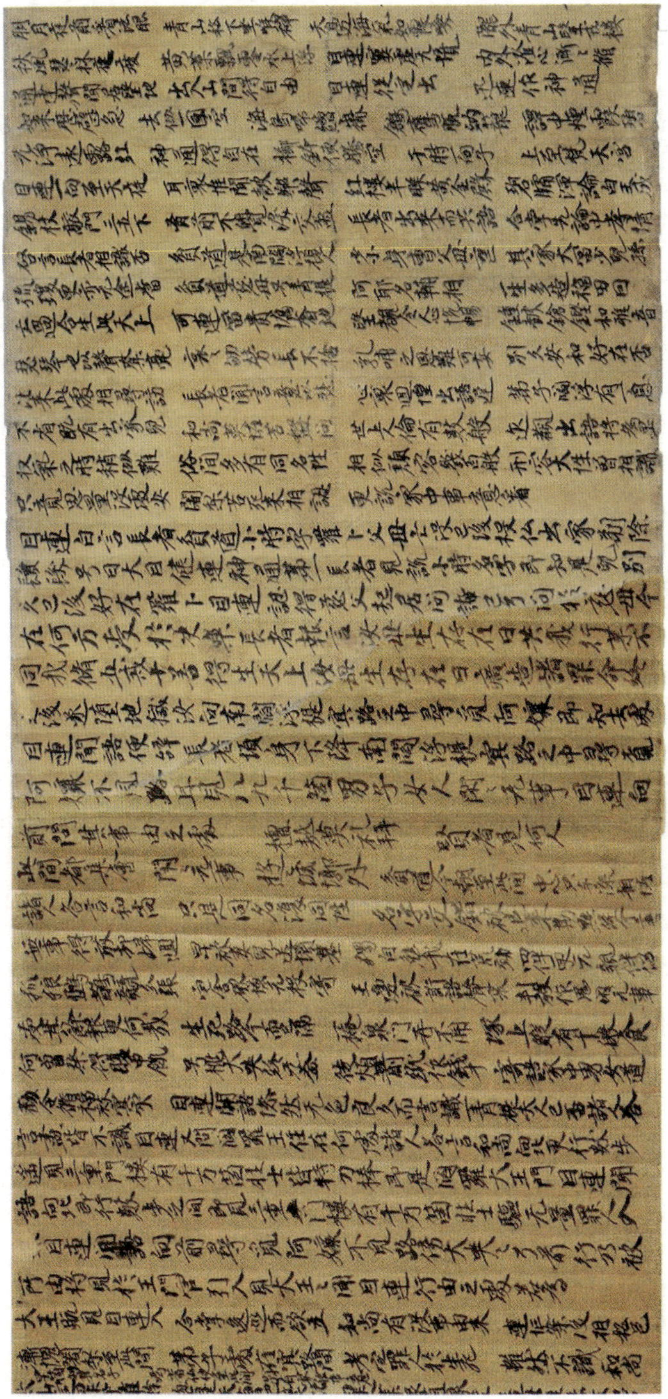

圖 17-2　伯 4988 號背（後部）＋羽 19 號背（前部）綴合圖

18. 北敦 12303 號＋北敦 4085 號＋北敦 3789 號

（1）北敦12303號（北臨2432），見自購彩照。殘片。如圖18-1右上部所示，存9殘行，各行下部皆殘，行存中上部7—14字。原卷無題，《國圖》擬題“大目乾連冥間救母變文”，條記目録稱原卷爲9—10世紀歸義軍時期楷書寫本。

（2）北敦4085號（北8445；麗85），見自購彩照。卷軸裝，4紙。前部如圖18-1左部所示，後部如圖18-2右部所示，前後皆殘，存63行（首末二行上殘），有朱筆點標。原卷第31行題有“卷第二”，《索引》《索引新編》擬題“目連救母變文”（“連”字《索引》作“蓮”），《國圖》擬題“大目乾連冥間救母變文（二卷本）”，條記目録稱原卷爲9—10世紀歸義軍時期行楷寫本。

（3）北敦3789號（北8443；霜89），見自購彩照。卷軸裝，3紙。前部如圖18-2右部所示，前後皆殘，存63行（末行文字僅存右側殘筆），有朱筆行間校加字。原卷無題，《索引》及《索引新編》《國圖》皆擬題“目連救母變文”（“連”字《索引》作“蓮”），《國圖》條記目録稱原卷爲9—10世紀歸義軍時期楷書寫本。

按：上揭三號皆爲《大目乾連冥間救母變文》殘卷，且内容前後相連，可以綴合。岡野誠根據北敦4085號與北敦3789號卷背裱補的唐律殘片判定了二號殘卷之間的綴合關係；[①] 後來，陳麗萍又新發現了北敦12303號殘片亦爲同一寫卷撕裂而來。[②] 北敦12303號可綴接於北敦4085號右上部，綴合後如圖18-1所示，接縫處邊緣大體吻合，前號末行末字存留的點畫恰可補全後號首行“孃”字，二號内容於“▨（縱）向墳中澆却万石酒，不如爲／孃孃抄寫一行▨（經）”一句前後相連，中無缺字。北敦4085號與北敦3789號前後相連，綴合後如圖18-2所示，接縫處邊緣完全吻合，前號末行與後號首行對接爲完整的一行，原本分屬二號的“竟未除”三字皆得復合爲一，二號内容於“慳貪究竟未／除，見兒將得飯鉢來”一句前後相接，中無缺字。又三

---

① 岡野誠《敦煌資料と唐代法典研究——西域発見の唐律・律疏断簡の再檢討》，池田温編《講座敦煌》《敦煌漢文文獻》，大東出版社，1992年，第507—532頁；同氏《論中國國家圖書館所藏唐律殘片——和〈目連救母變文〉有關的一些問題》，收入郝春文主編《敦煌文獻論集》，遼寧人民出版社，2001年，第102—113頁。

② 陳麗萍《國家圖書館藏四件敦煌變文抄本研讀記》，《出土文獻研究》第九輯，中西書局，2016年，第450—472頁。

號行款格式相同（行距、字距、字體大小相同），書風字迹似同（比較三號共有的“如”“不”“阿”“孃”等字），可以參證。

　　三號既爲同一寫卷之裂，《國圖》條記目録却稱北敦 12303 號、北敦 3789 號的字體爲楷書，北敦 4085 號的字體爲行楷，字體判定不一。就全卷整體風格而言，當以定作楷書爲穩妥。

背敦 4085 號（前部）　　　　　　　　　　　北敦 12303 號

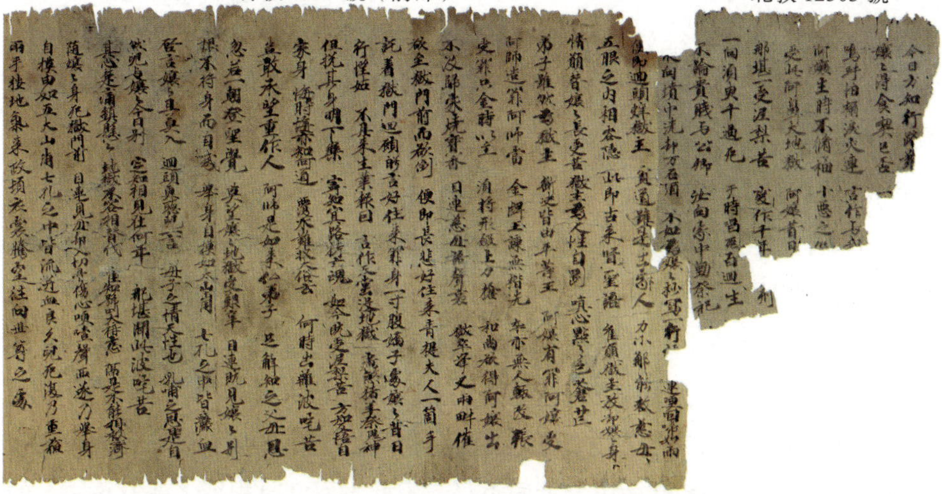

圖 18-1　北敦 12303 號＋北敦 4085 號（前部）綴合圖

背敦 3789 號（前部）　　　　　　　　　北敦 4085 號（後部）

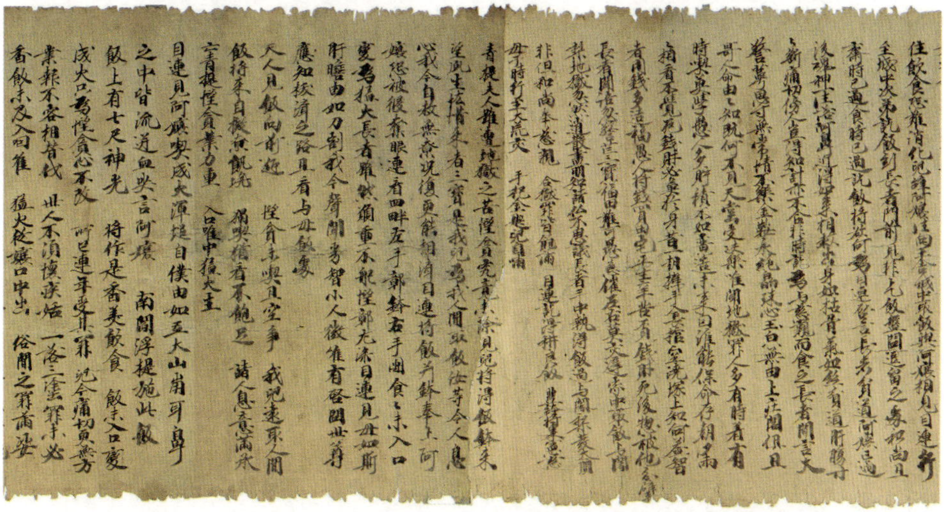

圖 18-2　北敦 4085 號（後部）＋北敦 3789 號（前部）綴合圖

兄常勸弟奉修三寶，弟不敬信，兄得生天緣

19. 俄敦 1064 號＋俄敦 1703 號＋俄敦 1702 號＋俄敦 1701 號＋俄敦 1699 號＋俄敦 1704 號＋俄敦 1700 號

此組包含 8 個册葉裝殘葉，16 個半葉，《俄藏》已將它們綴合爲一，并按先後順序大致排列。每葉的外側及下部皆有不同程度的殘泐。該册葉抄有多種文獻，本文獻前還抄有“會興題”闕題七言詩、《故圓鑒大師二十四孝押座文》、《洗頭擇吉日法》等三種文獻；第四紙的後一葉起至第八紙爲本文獻（編號爲俄敦 1701 號、俄敦 1699 號、俄敦 1704 號、俄敦 1700 號）。各殘葉如圖 19 所示。首全尾殘，每半葉 6—7 行，共 58 行，行約 15 字。楷書。原卷無題，《孟録》將其歸入“變文類作品”，指出該文獻“根據佛經《雜寶藏經》的寓言故事，講述兄弟倆走上了懿德之道”，又稱其“紙色微黄灰，紙質厚，網格大”，爲 9—11 世紀寫本。《俄藏》及《俄録》擬題“講經文”。李小榮進一步指出，元魏吉迦夜共曇曜所譯的《雜寶藏經》卷七有《兄常勸弟奉行三寶，弟不敬信，兄得生天緣》，與本變文的内容大同小異，因此本變文是根據《雜寶藏經》的相關内容演繹而成的。[1]

俄敦 1703 號　　　　　　　　　　俄敦 1064 號

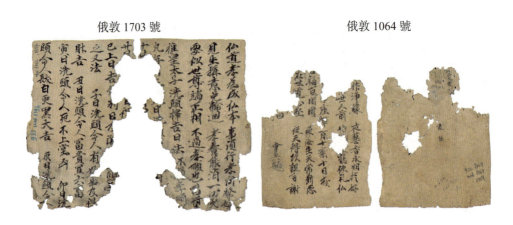

---

① 李小榮《〈兄常勸弟奉修三寶，弟不敬信，兄得生天緣〉校注》，《敦煌研究》2001 年第 2 期。

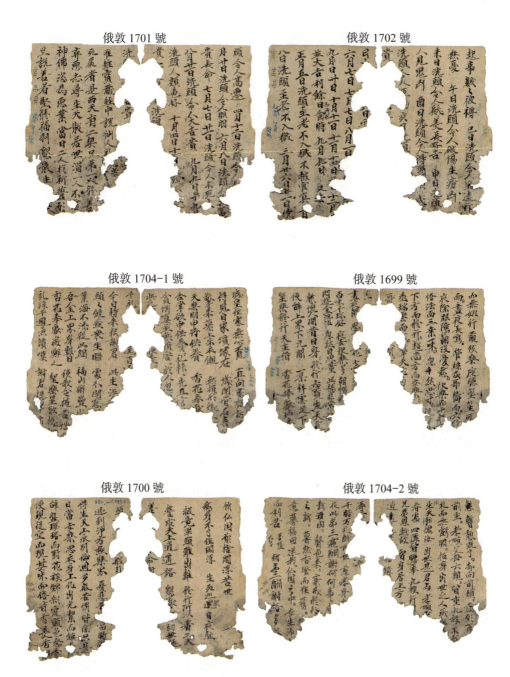

圖 19　俄敦 1064 號＋俄敦 1703 號＋俄敦 1702 號＋俄敦 1701 號＋俄敦 1699 號＋俄敦
1704 號＋俄敦 1700 號綴合示意圖

變　文（？）

20. 俄敦 50 號、"俄敦 949 號、俄敦 951 號" ＋俄敦 1583 號

（1）俄敦 50 號，見自購彩照。如圖 20 右部所示，1 紙，前後皆殘，存 18 行，行 20—25 字。楷書。有烏絲欄。內容韻散結合，《孟録》將其歸入 "變文" 類，指出 "經文中描述的是某人到了地獄，在地獄看見了地獄的餓鬼以及有罪者受到的折磨。可能是佚失的部分變文《唐太宗入冥記》。與《變文集》中刊載的殘卷（第 209—214 頁）不相符"，又稱俄敦 949 號、俄敦 951 號、俄敦 1583 號 "也是這個手卷的一部分"。

（2）"俄敦 949 號、俄敦 951 號" ＋俄敦 1583 號，見自購彩照。由兩塊殘片前後拼接而成，右片爲 "俄敦 949 號、俄敦 951 號"，存 14 行，如圖 20 中部所示；左片爲俄敦 1583 號，存 14 行，如圖 20 左部所示。二殘片前後相連，接縫處 "得方之" "莫" 四字皆得復合爲一。楷書。有烏絲欄。《孟録》著録了俄敦 1583 號："變文類作品。講述真正友誼的片斷。引用的事例有管（仲）與鮑（叔牙）之間的友誼及陳（余）與張（耳）之間的友誼。"《俄藏》將此三號綴合歸併於俄敦 50 號之下，擬題作 "講經文"，《俄録》定名同。

按：上揭各號殘卷關係密切，俄敦 50 號與其餘三號殘片的行款格式相同，書風字迹似同（比較表 1 所示例字），存在綴合的可能性，試作綴合圖如圖 20 所示。李小榮認爲俄敦 50 號與後三號的內容前後并不協調連貫，不宜拼合；又根據俄敦 50 號寫卷內容中有描述阿鼻地獄之情節，將其擬名作 "阿鼻地獄變文"[①]。《新見敦煌變文寫本敘録》指出，俄敦 50 號與後三號 "皆用韻散結合的文體，在一段散文後雜以五言韻文八句，行款、字體也很相似，確有可能爲同一寫卷之撕裂。唯前者描述地獄之苦，後者敘交友之道，內容確乎不同。一種可能的解釋是這兩頁殘紙本身并不連屬，而只是一個較長的寫卷的一個殘段，反映的其中的一個局部，所以所寫內容可以完全不同。但

---

① 李小榮：《〈阿鼻地獄變文〉校注》，《敦煌研究》2004 年第 5 期，第 100—101 頁。

從所存部分來看，文中既沒有引述經文和'……唱將來'的講經文的典型文句，也沒有'……處若爲'的講史變文的標誌性用語，在沒有進一步的證據以前，要把它們歸入變文或講經文都有些勉強，恐怕還是以存疑爲是"。

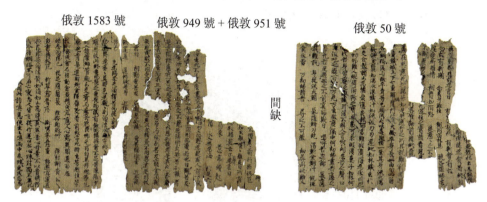

圖 20　俄敦 50 號、"俄敦 949 號、俄敦 951 號" + 俄敦 1583 號綴合示意圖

表 1　俄敦 50 號與"俄敦 949 號、俄敦 951 號" + 俄敦 1583 號字迹比較表

例字 卷號	爲	斷	無	盡	之
俄敦 50 號	爲	斷	無	盡	之
"俄敦 949 號、俄敦 951 號" + 俄敦 1583 號	爲	斷	無	盡	之

禪宗變文（？）

21. 北敦 12194D 號…北敦 12194C 號 + 北敦 11032 號

（1）北敦 12194 號（北臨 2323），見自購彩照。由 A—E 五塊雙面書寫的殘片組成，其中 C、D 二塊與本文獻有關：C 片，正面如圖 21-1 中部所示，存韻文 5 行，末行上部殘 3 字；背面如圖 21-2 中部所示，存習字 7 行，前 2 行上殘，首行僅存左側"亻"旁，其餘各行抄有"義""終""掌""禪"四字各 1 行及"稱"字 2 行。D 片，原卷上部稍有殘泐，正面如圖 21-1 右部所示，

存 4 行，首行上部 8 字僅存左側殘形；背面如圖 21-2 左部所示，存習字 5 行，首行習字僅存左側殘筆，末行僅存下部 3 字右側殘筆。殘片無題，《國圖》條記目録將二片正面的文獻擬題作"禪宗變文"，背面文獻擬題"習字"，稱原卷爲 9—10 世紀歸義軍時期楷書寫本。

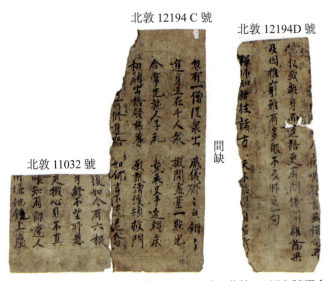

圖 21-1　北敦 12194D 號⋯北敦 12194C 號＋北敦 11032 號綴合示意圖

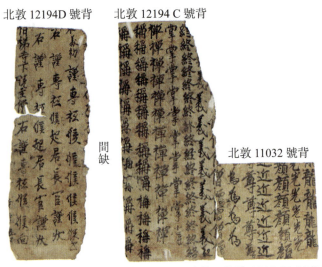

圖 21-2　北敦 11032 號背＋北敦 12194C 號背⋯北敦 12194D 號背綴合示意圖

（2）北敦 11032 號（北臨 1161），見 IDP。殘片。正面如圖 19-1 左部所示，存韻文 5 殘行，各行上部皆殘，僅存下部 6 字；背面如圖 21-2 右部所示，存習字 7 行，各行分別抄有"龍""光""顏""近""爲""僧"，行存 5—7 字。原卷無題，《國圖》將正面擬題作"待考佛教文獻殘片"，背面擬題作"習字雜寫"，條記目録稱原卷爲 9—10 世紀歸義軍時期楷書寫本。

　　按：北敦 11032 號與北敦 12194 號 C、D 二片存在綴合的可能性。正面試作綴合如圖 21-1 所示，北敦 11032 號可綴接於北敦 12194C 號的左下角，接縫處邊緣吻合，北敦 12194C 號末行末字所存留的少許殘筆恰可補全北敦 11032 號首行行末的"根"字。二號卷背的習字亦可綴合，綴合後如圖 21-2 所示，接縫處的習字皆可復原爲"僧"字。此外，《國圖》條記目録指出了北敦 12194 號 C、D 二片"爲同一寫卷"，甚是。但此二殘片之間仍有殘缺，無法直接相連。北敦 12194D 號前三行爲散文，末行爲韻文，其中韻文部分首句入韻，"方"字與北敦 12194C 號的"鏘""光""床"三字相押。下文換韻後的首句"和顏出語啓慈尊"亦入韻，其例相同。據此可推知北敦 12194D 號應位於北敦 12194C 號之前。

　　綴合後的文本主要講述了在某次規模盛大的説法活動中，一位揚名天下的禪師與諸多僧人論説交流、講解佛法的故事。其中一位禪僧在諸僧衆中站起，施弟子之禮并靠近禪師的繩床，啓請他説解六祖慧能創立的頓教之義與修行方法。禪師隨即微笑發言，旁徵博引，對禪僧提出的問題作了精妙的講解。此外，雖有其他禪僧問佛問祖，敘説因果，對這一問題多般推演，但都不及這位禪師所説的一句話。本篇採用了韻散結合的形式，其中韻文部分是對散文部分的重複與鋪陳。由於北敦 11032 號殘損嚴重，故《國圖》暫以"待考佛教文獻殘片"稱之。北敦 12194 號 C、D 二片《國圖》擬題作"禪宗變文"，其依據大約是存文部分禪宗説法的主題及韻散結合的特徵。[1]

————————

[1] 除北敦 12194 號、北敦 11032 號外，北敦 13145 號、北敦 13139-1 號亦爲同一寫卷撕裂，這些殘片上的習字主要來源於《化度寺故僧邕禪師舍利塔銘》，也包含了實用性的書狀及雜寫；此外，殘片中另有《白描畫》《修建擇吉文書》等文獻。詳細綴合及研究參看沈秋之、張涌泉《追尋敦煌殘卷的"生命歷程"——以北敦 12194 號及相關殘片綴合復原爲例》，《中華文史論叢》2023 年第 3 期，第 57—77 頁。

盂蘭盆經講經文

22. 俄敦 12642 號＋俄敦 12010 號＋俄敦 11862 號…俄敦 10734 號

（1）俄敦 12642 號，見《俄藏》16/153A。殘片。如圖 22 右下部所示，存 6 殘行，首行僅存 1 字左側殘筆，末行僅存 4 字右側殘筆，行存下部 4—7 字。行楷。原卷無題，《俄藏》未定名，《俄録》擬題“殘佛經”。

（2）俄敦 12010 號，見《俄藏》16/18B。殘片。如圖 22 右上部所示，存 5 殘行，各行下部皆殘，行存下部 4—7 字。行楷。原卷無題，《俄藏》未定名，《俄録》擬題“發願文”。

（3）俄敦 11862 號，見自購彩照。殘片。如圖 22 中下部所示，存 5 殘行，各行上部皆殘，行存下部 2—7 字。行楷。原卷無題，《俄藏》未定名，《俄録》擬題“目連變文”。

（4）俄敦 10734 號，見《俄藏》15/20B。殘片。如圖 22 左部所示，存 11 殘行，各行下部皆有不同程度的殘缺，行存 7—14 字。行楷。原卷無題，《俄藏》未定名，《俄録》擬題“盂蘭盆經譯經題記”。

按：上揭四號皆爲講經文殘片，且内容密切相關，存在綴合的可能性。鄭阿財《〈盂蘭盆經疏〉與〈盂蘭盆經講經文〉》一文首先將俄敦 10734 號、俄敦 11862 號擬題爲《盂蘭盆經講經文》。[1] 隨後，張新朋又發現俄敦 12642 號、俄敦 12010 號亦爲《盂蘭盆經講經文》殘片，且與前二號爲同一寫本撕裂而來，并對具體的拼接關係及文本内容作了考察和研究。[2] 試作綴合圖如圖 22 所示，俄敦 12642 號可與俄敦 11862 號前後相連，接縫處邊緣吻合，二號銜接處的“障”“此盂蘭”等四字皆成完璧。俄敦 12010 號可綴接於俄敦 12642 號、俄敦 11862 號的上部，殘片間雖稍有殘泐，但上下相連後，文義通順連貫，銜

---

① 鄭阿財《〈盂蘭盆經疏〉與〈盂蘭盆經講經文〉》，收入《敦煌佛教文獻與文學研究》，上海古籍出版社，2011 年，第 169—170 頁。

② 張新朋《俄藏敦煌文獻中的兩片〈盂蘭盆經講經文〉殘片考辨》，《中國典籍與文化》2022 年第 3 期，第 64—69 頁。

接處前後内容爲"☒☒法爲☒本☒（願）☒，／莫①爲青提（停）罪障深。墮落三途極苦☒，／☒此盂蘭拔苦教。／救度輪回惡道☒，／目連孝養爲慈親"。此三號綴合後，殘存内容爲《盂蘭盆經講經文》押座文部分。俄敦10734號與前三號無法直接綴合，内容爲押座文和講經釋題，當置於其餘三號後部。又各號行款格式相同（行距、字距、字體大小相同），書風字迹似同（比較俄敦10734號與前三號共有的"盂""目""連""孝""衆"等字），可以參證。

俄敦 10734 號　　　　　　　　　　　　俄敦 12010 號

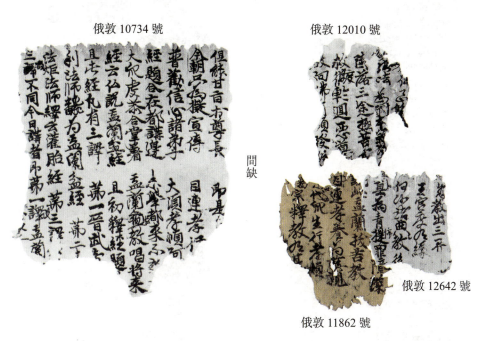

間缺

俄敦 12642 號

俄敦 11862 號

圖 22　俄敦 12642 號 + 俄敦 12010 號 + 俄敦 11862 號⋯俄敦 10734 號綴合示意圖

大般涅槃經講經文

23. 俄敦 17469 號 + 俄敦 17442 號、俄敦 17470 號

（1）俄敦 17469 號，見自購彩照。殘片。如圖 23-1 右部所示，存 13 殘行，每行抄有七言韻文 2 句，前句相對完整，後句殘損嚴重，末行上部亦有殘泐。

---

① "莫"字右側有一"卜"形符號，表示删除。

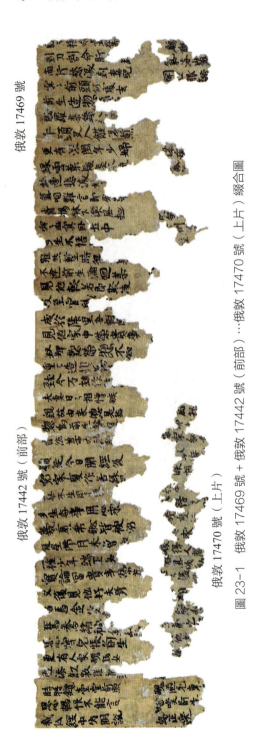

圖 23-1　俄敦 17469 號 + 俄敦 17442 號（前部）…俄敦 17470 號（上片）綴合圖

圖 23-2　俄敦 17470 號

楷書。原卷無題，《俄藏》未定名，《俄録》稱之爲“殘佛經”，認爲其不可定名。

（2）俄敦17442號，見自購彩照。卷軸裝，4紙。前部如圖23-1左部所示，存66行（首行上部2字僅存殘墨痕），每行抄有七言韻文2句，各行下部皆殘（其中前30行殘損較嚴重，僅殘存了前句韻文）。楷書。原卷無題，《俄藏》未定名，李小榮《敦煌佛教音樂文學研究》將本號歸爲“佛教音樂勸化文學”，擬題“寂寂幽冥卧□□”，[①]《俄録》擬題“詩”。

（3）俄敦17470號，見自購彩照。包含十餘塊殘片，其中上部的殘片規格相對較大，存17殘行，各行僅存1—4殘字，如圖23-1左下部所示；其餘各殘片規格較小，僅殘存了1—3殘行的文字，部分殘片甚至只留有少量殘筆，如圖23-2下部所示。楷書。原卷無題，《俄藏》未定名，《俄録》以“殘片”稱之。

按：上揭各號殘卷中，前二號皆爲講經文殘卷，且内容前後相連，可以直接綴合。綴合後如圖23-1所示，接縫處邊緣大體吻合，俄敦17442號首行殘留的墨痕恰可補全俄敦17469號倒數第二行上部的“揚林”二字，且俄敦17442號次行可以和俄敦17469號的末行上下對接爲“寂寂幽冥卧／土中”一句，文義順暢；二號下部皆有形狀相同的殘洞，漸次縮小。俄敦17470號殘損極爲嚴重，張新朋指出，其中較大的殘片當爲俄敦17442號13—29行下欄所缺文字的一部分，其餘殘片則因過於殘碎，所存文字過少，暫時無法復原。又各殘片抄寫行款相近（行距、字距、字體大小相同），書風字迹似同（字迹較拙，比較交互出現的“生”“起”“有”“人”“風”“之”等字），可以參證。三號綴合後，張新朋判定係據《大般涅槃經·聖行品》演繹的講經文，擬題爲“大般涅槃經講經文”。[②]

---

① 李小榮：《敦煌佛教音樂文學研究》，福建人民出版社，2007年，第530—531頁。

② 見張新朋《Дx17469+Дx17442+Дx17470號綴合及其性質初探》（未刊稿）一文。

頻婆娑羅王后宮綵女功德意供養塔生天因緣變

24. 俄敦 10739 號 + 俄敦 11182 號

（1）俄敦 10739 號，見自購彩照。殘片。雙面抄寫，正背皆抄本篇，正面如圖 24-1 上部所示，存 9 殘行，行存上部 6—15 字，末行僅存右側殘筆，有烏絲欄；背面如圖 24-2 上部所示，存 8 殘行，行存上部 11—16 字，無烏絲欄。楷書，正背面字迹相同。殘片無題，《俄藏》未定名，《俄録》將正背面皆擬題爲“願文”。

（2）俄敦 11182 號，見《俄藏》15/186B。殘片。雙面抄寫，正背皆抄本篇，正面如圖 24-1 左下部所示，存 3 殘行，行存下部 5—7 字，有烏絲欄；背面如圖 24-2 右下部所示，存 3 殘行（首行僅存 1 字左側殘筆），行存下部 1—7 字，無烏絲欄。楷書，正背面字迹相同。殘片無題，《俄藏》未定名，《俄録》將正背面皆擬題爲“佛經論釋”，稱内容“未檢出”。

按：上揭二號殘片皆雙面抄寫，經比較，其正背面的文字與斯 3491 號、伯 3051 號所抄的《頻婆娑羅王后宮綵女功德意供養塔生天因緣變》基本相同，[1]且二號内容前後相承，爲同一寫卷之裂，可直接綴合。正面綴合後如圖 24-1 所示，接縫處邊緣大體吻合，原本分屬二號的“微”字復合爲一，縱向烏絲欄亦可對接；背面綴合後如圖 24-2 所示，原本分屬二號的“念”字復合爲一。又二號行款格式相同（正面有烏絲欄，背面無烏絲欄，行距、字距、字體大小相同），書風字迹似同（比較二號共有的“我”“生”“即”“今”等字），可以參證。二號殘片既可綴合，且内容爲《頻婆娑羅王后宮綵女功德意供養塔生天因緣變》，《俄録》却將它們擬定爲“願文”“佛經論釋”等名稱，顯然不妥。

---

① 俄敦 10739 號由張涌泉定名，俄敦 11182 號由西南大學漢語言文獻研究所王子鑫定名。

俄敦 10739 號　　　　　　　　　　　俄敦 10739 號背

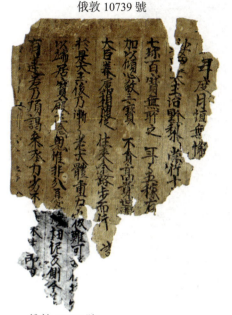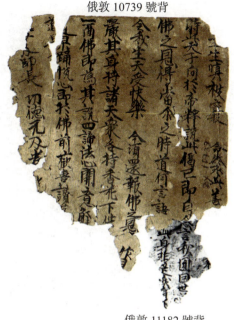

俄敦 11182 號　　　　　　　　　　　俄敦 11182 號背

圖 24-1　俄敦 10739 號 + 俄敦　　　　圖 24-2　俄敦 10739 號背 + 俄敦
　　　　11182 號綴合圖　　　　　　　　　　　11182 號背綴合圖

佛説阿彌陀經押座文

25. 北敦 7883 號 + 北敦 9541 號

（1）北敦 7883 號（北 8735；制 83）。卷軸裝，3 紙。前後皆殘，如圖
25 右部所示，存 32 行（前 3 行及末行皆上殘），行約 16 字（其中韻文每行
七言 2 句）。有烏絲欄。原卷無題，《索引》稱之爲 "俟考諸經"，《索引新編》
擬題 "講唱押座文"；《國圖》擬題 "押座文"，條記目録稱原卷 "爲押座文
前部文字"，紙高 28 釐米，爲 9—10 世紀歸義軍時期行楷寫本。

（2）北敦 9541 號（殷 62）。殘片。如圖 25 左部所示，存 10 行，每行
七言韻文 2 句（首行僅存上句後 5 字的左側殘筆，次行下句後 4 字殘泐）。有
烏絲欄。原卷無題，《敦煌變文集》卷五據伯 2122 號爲底本收載 "佛説阿彌

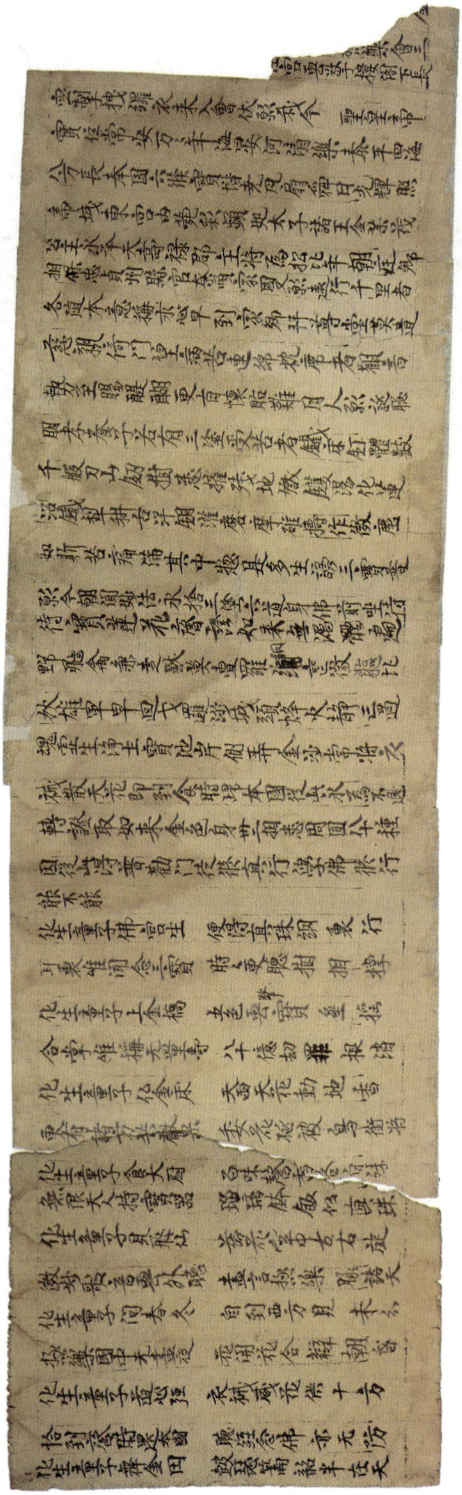

圖 25　北敦 7883 號＋北敦 9541 號綴合圖

陀經講經文"一種，并將伯 3210 號及本號作爲異本入校，《敦煌變文校注》
改題"佛説阿彌陀經押座文"；《國圖》擬題"阿彌陀經押座文"，條記目録
稱原卷紙高 28.4 釐米，爲 9—10 世紀歸義軍時期楷書寫本。

　　按：上揭二號皆爲《佛説阿彌陀經押座文》殘卷，且内容前後相承，《新
見敦煌變文寫本敍録》指出二號"行款、字迹全同，乃一卷之裂"。綴合後如
圖 25 所示，接縫處邊緣大體吻合，前號後 2 行及後號前 2 行恰可對接爲完整
的兩行，接縫處内容爲"更有／諸方共獻果""百味馨／香各自殊"，中無缺
字，横縱烏絲欄亦可對接。又二號行款格式相同（皆有烏絲欄，韻文每行皆
七言 2 句，行距、字距、字體大小相同），書風字迹似同（比較二號共有的
"化""生""童""子""朝"等字），可以參證。綴合後，寫卷前部仍殘缺嚴
重，後部則僅殘缺了七言韻文的五聯。

　　二號既可綴合爲一，《國圖》條記目録却稱前號字體爲行楷，後號爲楷書，
判定不一。就總體風格而言，宜當從後號一併判定爲楷書。《國圖》條記目録
又認爲北敦 7883 號所存"爲押座文前部文字"，不確。

解座文二首

26. 俄敦 1073 號 + 俄敦 5877 號 + 俄敦 2169 號

　　（1）俄敦 1073 號、俄敦 2169 號，見《俄藏》7／299B—300A。俄敦
1073 號，如圖 26 右部所示，存 5 行，行 12—16 字，首行題"貧窮緣去"；
俄敦 2169 號，前部如圖 26 左部所示，1 紙，前後皆殘，存 18 行（首行僅存
左側殘畫），行約 15 字，後部及卷背有習書"貧窮緣去"及人名"劉進盈"等。
行楷。《孟録》指出二號屬同一寫卷，但無法直接相接，擬題"貧窮緣法"（"法"
字誤），并稱原卷"紙色褐，紙質厚，紙面粗糙，網格大"，爲 10—11 世紀寫本；
《俄藏》已把俄敦 2169 號歸併於俄敦 1073 號下，擬題作"貧窮緣去"，《俄録》
定名同。

圖 26　俄敦 1073 號＋俄敦 5877 號＋俄敦 2169 號綴合圖

（2）俄敦 5877 號，見自購彩照。卷軸裝，1 紙。如圖 26 中部所示，前後皆殘，存 17 行（末行左側少半殘泐），行約 14 字。行楷。原卷無題，《俄藏》未定名，《俄録》擬題“變文”。

按：上揭三號殘卷内容前後相連，可以綴合，綴合次序爲：俄敦 1073 號＋俄敦 5877 號＋俄敦 2169 號。綴合後如圖 26 所示，俄敦 1073 號與俄敦 5877 號前後相連，内容於“八節／夫妻頻咒願”句相接，中無缺字；俄敦 5877 號與俄敦 2169 號前後相連，接縫處邊緣吻合，前號末行與後號首行拼合成完整的一行，前後内容爲“索何用媒人□（斗）秤量。娘子既言百匹錦，娘娘呼我作上／馬郎”。又三號行款格式相同（每行皆約 15 字，行距、字距、字體大小相同），書風字迹似同（比較各號交互出現的“貧”“窮”“娘”“婆”“娑”等字），皆使用了形狀相同的句讀號，可以參證。《新見敦煌變文寫本敍録》進一步比較後發現，俄敦 1073 號＋俄敦 5877 號＋俄敦 2169 號所載即爲《敦煌變文校注》卷七據伯 3128 號載《解座文二首》後一首的異本。

搜神記（一）

27. 北敦 11871 號…伯 5545 號

（1）北敦 11871 號（北臨 2000），見自購彩照。殘片。如圖 27 右下部所示，存 15 殘行，各行上部皆殘，行存下部 4—12 字，據内容推算，滿行約 30 字。楷書。原卷無題，《國圖》擬題“搜神記（異本）”，條記目録稱原卷爲 9—10 世紀歸義軍時期寫本。

（2）伯 5545 號，見自購彩照。卷軸裝，4 紙。首殘尾全，未抄完，前部如圖 27 左部所示，共 95 行，第 19—36 行下部殘缺，行約 30 字。楷書。原卷無題，《索引》及《索引新編》《法藏》擬題“搜神記”。

按：上揭二號皆爲《搜神記》殘卷，且内容前後相承，存在綴合的可能性。敦煌文獻中的《搜神記》按照寫本内容可分爲三個系統，文字頗有不同。《新見敦煌變文寫本敍録》指出，本組殘卷的内容與中村 139 號非常接近，當屬

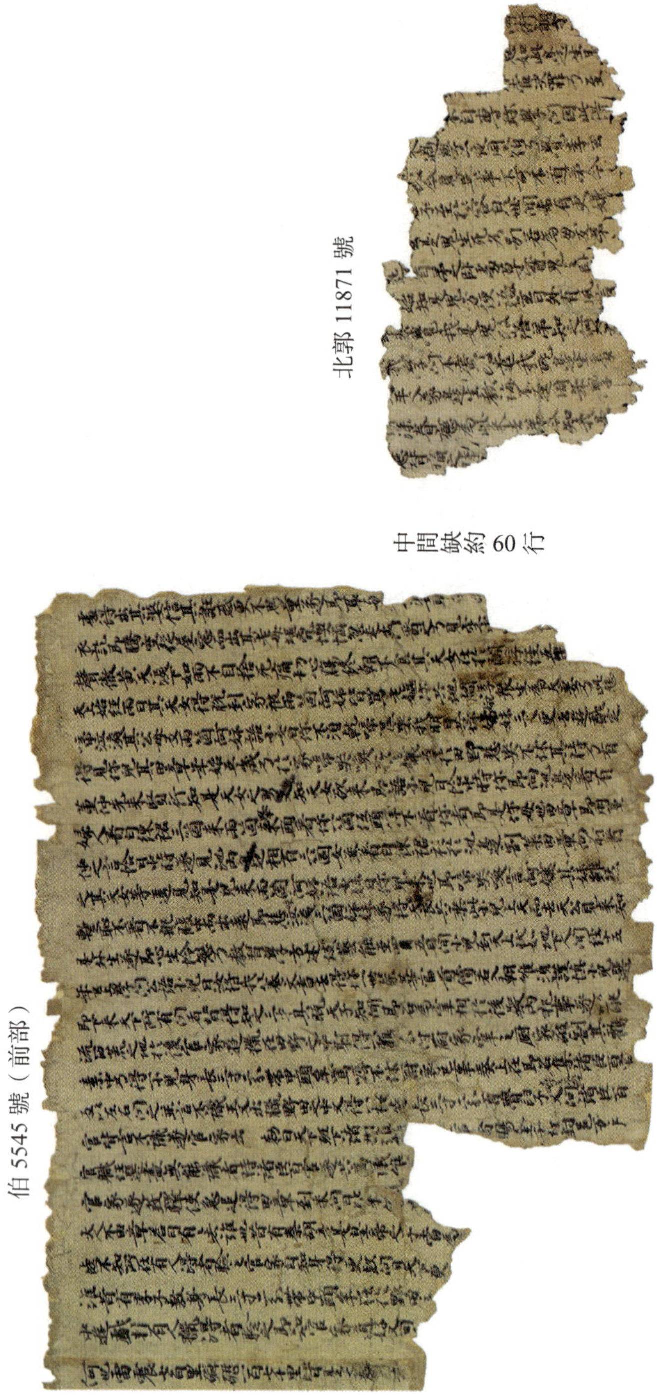

北敦 11871 號

中間缺約 60 行

伯 5545 號（前部）

圖 27　北敦 11871 號⋯伯 5545 號綴合示意圖

同一系統；且二號殘卷行款格式相同（滿行字數皆約30字，行距、字距、字體大小相同），書風字迹似同（比較表2所示例字），據此判斷二號應係同一寫卷之撕裂。試作綴合如圖27所示，二號無法完全銜接，參考中村139號寫卷，二號之間殘缺約60行。

表2　北敦11871號、伯5545號字迹比較表

例字 卷號	是	不	我	爲	知
北敦11871號	是	不	我	爲	知
伯5545號	是	不	我	爲	知

搜神記（三）

28. 伯5588-4號＋斯6022號

（1）伯5588-4號，見自購彩照。原卷爲伯5588號下附列的殘片之一。如圖28右下部所示，存11殘行，首行僅存下部文字左側殘筆，末行僅存1字右側殘筆，行存2—13字。楷書。原卷無題，《索引新編》稱之爲"不知名文書九殘行"，《法藏》擬題"搜神記"。

（2）斯6022號（翟7243），見自購彩照。卷軸裝殘片。前後皆殘，前部如圖28左上部所示，存69行，各行上部稍有殘泐（殘缺1—4字不等），下部皆有較多殘缺（7—11字左右）。楷書，不同片段字迹存在差別，似由二三位書手合抄。原卷無題，《索引》及《索引新編》擬題"勾道興搜神記"，《英藏》擬題"搜神記"。

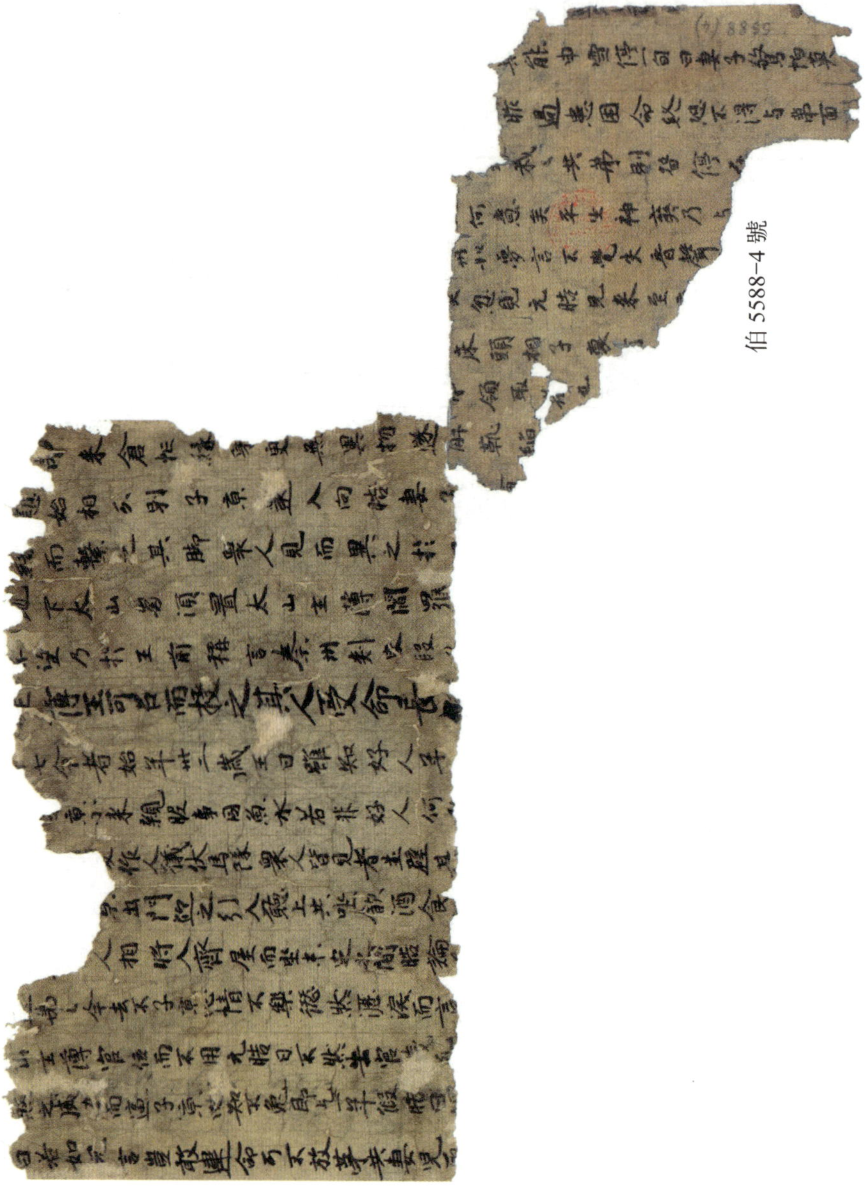

伯 5588-4 號

斯 6022 號（前部）

圖 28　伯 5588-4 號＋斯 6022 號（前部）綴合圖

　　按：上揭二號皆爲《搜神記》殘卷，且内容前後相連，可以綴合。《敦煌小説合集》已指出二號的拼接關係，并按綴合後的情形做了詳細校録，可以參看。[1]綴合後如圖 28 所示，伯 5588-4 號爲斯 6022 號右下部撕裂而來的殘片，斯 6022 號的首行與伯 5588-4 號第 10 行上下對接，内容於"緣身更無異物，遂／解靴綹▢▢▢▢"一句前後相連，中無缺字。又二號行款格式相同（行距、字距、字體大小相同），書風字迹似同（比較二號共有的"不""子""乃""言"等字），可以參證。

---

① 竇懷永、張涌泉匯輯校注《敦煌小説合集》，浙江文藝出版社，2010 年，第 200—215 頁。

二、佛本行集經

　　《佛本行集經》,亦稱《本行集經》,六十卷,隋時來華印度僧人闍那崛多譯。此經“集”多種佛傳、異説而成,講述佛祖釋迦牟尼誕生、出家、成道、傳法、涅槃的故事,是佛祖本行系列中内容最爲繁博的一部。該經最早著録於隋費長房《歷代三寶紀》卷十二:“開皇七年七月起手,十二年二月訖功。沙門僧曇、學士費長房、劉憑等筆受,沙門彦琮製序。”歷代大藏經均有收載。

　　經對業已刊布的敦煌文獻的普查,共有《佛本行集經》寫本 81 號,相關寫本 8 號,包括:國圖藏 13 號,英藏 14 號,法藏 8 號,俄藏 43 號,散藏 11 號。其中首尾完整者僅 5 號(伯 2221 號、大谷敦 1-1 號,卷一;伯 3157 號,卷六;斯 293 號,卷七;北敦 14121 號,卷一九),其餘 84 號皆有不同程度的殘損。

　　本次將其中 17 號綴合爲 6 組。

　　1. 俄敦 3679 號 + 俄敦 3569 號 + 俄敦 3284 號 + 俄敦 3295 號…俄敦 3192A 號

　　(1)俄敦 3679 號,見《俄藏》11/23A。殘片。如圖 1 右部所示,僅存 6 殘行(末行僅存中部 2 字右側殘筆),行存中部 2—4 字。楷書。有烏絲欄。原卷無題,《俄藏》未定名,《曾良》及《俄録》判定爲《佛本行集經》卷五賢劫王種品下。

　　(2)俄敦 3569 號,見《俄藏》10/335B—336A。卷軸裝殘片。如圖 1 上部所示,僅存 23 殘行(第 10 行空白無字,末行僅存右側少許殘畫),行存中部 5—10 字。楷書。有烏絲欄。原卷無題,《俄藏》及《俄録》判定爲《佛本行集經》卷五賢劫王種品下。

　　(3)俄敦 3284 號,見《俄藏》10/253A。卷軸裝殘片。如圖 1 下部所示,僅存 18 殘行（第 10 行及末行空白無字，第 3、8、13 行僅存少許殘畫），行存下部 1—3 字。楷書。有烏絲欄。原卷無題，《俄藏》泛題"佛經"，《曾良》及《俄録》判定爲《佛本行集經》卷五賢劫王種品下。

（4）俄敦 3295 號，見《俄藏》10/256B。殘片。如圖 1 中左下部所示，僅存 4 殘行，行存下部 2 字。楷書。有烏絲欄。原卷無題，《俄藏》泛題"佛經"，《俄録》判定爲《佛本行集經》卷五賢劫王種品下。

（5）俄敦 3192A 號，見《俄藏》10/211A。殘片。如圖 1 左側所示，僅存 6 殘行，行存中部 5—7 字。楷書。有烏絲欄。原卷無題，《俄藏》泛題"佛經"，《曾良》及《俄録》判定爲《佛本行集經》卷五賢劫王種品下。

表 1　俄敦 3679 號、俄敦 3569 號、俄敦 3284 號、俄敦 3295 號、
俄敦 3192A 號字迹比較表

例字 卷號	子	名	爲	王	諸
俄敦 3679 號	子	名	爲	/	/
俄敦 3569 號	子	名	爲	王	諸
俄敦 3284 號	子	名	爲	王	/
俄敦 3295 號	/	/	/	王	/
俄敦 3192A 號	子	/	/	王	諸

　　按：上揭五號皆爲《佛本行集經》卷五賢劫王種品下殘片，且内容前後相承，存在綴合可能性。試作綴合如圖 1 所示，前四號諸相鄰二號接縫處邊緣吻合。俄敦 3679 號與俄敦 3569 號左右相接，接縫處原本分屬二號的"大"字復合爲一；俄敦 3569 號與俄敦 3284 號上下相接，接縫處原本分屬二號的"子""受""无""後""種"五字皆得復合爲一；俄敦 3569 號與俄敦 3295

圖 1　俄敦 3679 號＋俄敦 3569 號＋俄敦 3284 號＋俄敦 3295 號……俄敦 3192A 號綴合示意圖

號上下相接，接縫處原本分屬二號的"消""具"二字得成完璧。俄敦 3192A 號與前四號內容相鄰，比對此號與前四號共有的"子""王"等字，如表 1 所示，字跡書風似同，但二者不可直接綴合，間缺約 1 行。又此五號行款格式相同（皆有烏絲欄，行距、字距、字體大小相近），字跡書風似同（比較五號間交互出現的"子""名""爲""王"等字，如表 1 所示），可資參證。五號綴合後，所存內容起"除憂王子名爲勝將"句"王"字下部殘形，訖"焚燒王屍"句"屍"字的右側殘畫，相應文字參見《大正藏》T3/674A11—674B16。

2. 俄敦 3274 號 + 俄敦 8934 號 + 俄敦 8946 號

（1）俄敦 3274 號，見《俄藏》10/248B。殘片。如圖 2 右部所示，僅存 10 殘行（首行與末行各僅存二三字少許殘畫），行存中上部 3—7 字。楷書。有烏絲欄。原卷無題，《俄藏》泛題"佛經"，《曾良》及《俄錄》擬題爲"佛本行集經卷十七捨宮出家品下"。

（2）俄敦 8934 號，見《俄藏》14/105B。殘片。如圖 2 中部所示，僅存 2 殘行（前行存字爲"▨集經剃髮▨"，首字與末字僅存殘畫；後行僅存一字右側一筆末梢）。楷書。有烏絲欄。原卷無題，《俄藏》未定名。

（3）俄敦 8946 號，見《俄藏》14/107A。殘片。如圖 2 左部所示，僅存 10 殘行，行存中上部 2—11 字。楷書。有烏絲欄。原卷無題，《俄藏》未定名。

按：據殘存文字推斷，上揭三號皆爲《佛本行集經》卷十七捨宮出家品第二十一下至剃髮染衣品第二十二上殘片（《俄錄》定名同），[①]且內容前後相承，可以綴合。綴合後如圖 2 所示，諸相鄰二號接縫處邊緣吻合，俄敦 3274 號與俄敦 8934 號左右相接，接縫處原本分屬二號的"行""集""剃"三字皆得復合爲一；俄敦 8934 號前行下端與俄敦 8946 號首行上下相接，接縫處原本分屬二號的"染"字得成完璧；俄敦 8946 號次行"從"字末捺筆的末梢撕裂在俄敦 8934 號後行，二號拼合，此字完整無缺。又俄敦 3274 號與俄敦 8946 號

---

① 後二號爲《佛本行集經》卷十七殘片，較早見於張磊、李毓琳《敦煌本〈佛本行集經〉殘卷定名與綴合研究》（《浙江師範大學學報》2014 年第 6 期）及李毓琳的碩士論文《敦煌本〈佛本行集經〉及其演繹作品調查與研究》（浙江師範大學，2016 年 5 月，以下簡稱"李毓琳文"）。後來出版的《俄錄》定名同。本篇以下類似情況僅括注"《俄錄》定名同"，不再一一出注說明。

皆有烏絲欄，此三號行款格式相同（行距、字距、字體大小相近），字迹書風似同（楷書而略帶隸意，筆畫多橫細豎粗，比較俄敦 3274 號與俄敦 8946 號共有的 "行" "不" "時" "如" "是" "太" "子" 等字），可資參證。三號綴合後，所存內容起 "告彼當馬臣如是言" 句 "臣如" 二殘字，訖 "到彼處已" 句 "彼"字的右側殘畫，相應文字參見《大正藏》T3/733B13—733C3。

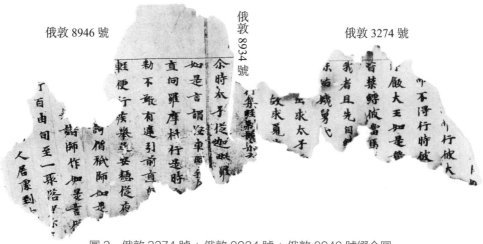

圖 2　俄敦 3274 號 + 俄敦 8934 號 + 俄敦 8946 號綴合圖

3. 俄敦 9938 號 + 俄敦 10087 號

（1）俄敦 9938 號，見《俄藏》14/218A。殘片。如圖 3-1 所示，僅存 5殘行，行存中部 4—8 字。楷書。有烏絲欄。原卷無題，《俄藏》未定名。此號拍攝時紙張可能有所撕裂或未放置平整，現將原圖稍作調整，復原後如圖 3-2右部所示。

（2）俄敦 10087 號，見《俄藏》14/231A。殘片。如圖 3-2 左下部所示，僅存 3 殘行，行存中部 2—6 字。楷書。有烏絲欄。原卷無題，《俄藏》未定名。

按：據殘存文字推斷，上揭二號皆爲《佛本行集經》卷三五耶輸陀因緣品下殘片（《俄錄》定名同），且二號內容前後相承，可以綴合。綴合後如圖3-2 所示，接縫處邊緣吻合，縱向烏絲欄亦可對接，俄敦 9938 號第 4—5 行分別與俄敦 10087 號第 1—2 行相接，原本分屬二號的 "提" "彼菩薩" 四字皆得復合爲一。又二號行款格式相同（皆有烏絲欄，行距、字距、字體大小相近），字迹書風似同（字體方正，筆墨濃粗，提筆出鋒不明顯），可資參證。二號綴合後，所存内容起"護明菩薩大士不久從彼兜率天下"句"大士不久"四殘字，訖"多諸勢力"句前三字，相應文字參見《大正藏》T3/815C3—815C8。

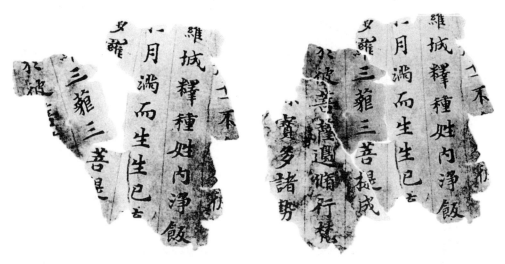

圖 3-1　俄敦 9938 號《俄藏》圖版　　圖 3-2　俄敦 9938 號＋俄敦 10087 號綴合圖

4. 文研院 78 號＋文研院 77 號…俄敦 6419 號

（1）文研院 78 號，見《文研院》128B。殘片。如圖 4 右上部所示，僅存 2 殘行（首行僅存二字左側殘畫），次行存上部 2 字"伽度"。楷書。有烏絲欄。原卷無題，《文研院》擬題"佛本行集經卷第三十七那羅陀出家品第四十一上"。

（2）文研院 77 號，見《文研院》128A。殘片。如圖 4 左上部所示，僅存 5 殘行，行存上部 2—3 字（第 4 行存雙行小字 6 字）。楷書。有烏絲欄。原卷無題，《文研院》擬題"佛本行集經卷第三十七那羅陀出家品第四十一上"。

（3）俄敦 6419 號，見《俄藏》13/102B。殘片。如圖 4 下部所示，僅存 4 殘行，行存下部 3—7 字（首行首字僅存下部殘筆；末行首字及尾字僅存殘畫）。楷書。有烏絲欄。原卷無題，《俄藏》未定名。

按：據殘存文字推斷，上揭三號應皆爲《佛本行集經》卷第三十七那羅

陀出家品第四十一上殘片（後號
《俄錄》定名同），《文研院》條
記目錄已指出前二號當爲同一寫
本。今謂上揭三號內容前後相承，
存在綴合的可能性。綴合後如圖
4 所示，文研院 78 號與文研院 77
號接縫處基本吻合；文研院 77 號
與俄敦 6419 號內容上下銜接，中
缺 8—9 字。又三號行款格式相同
（皆有烏絲欄，滿行皆約 17 字，
行距、字距、字體大小相近），字
迹書風近同（如前二號"伽"與"迦"
字的同一部件"加"寫法一致，
後二號"又"與"彼"捺畫寫法
相近，"現"與"他"豎彎鈎畫寫
法相近），可資參證。三號綴合後，
所存內容起"汝今頗知世間釋迦
如來、多陀阿伽度、阿羅呵、三

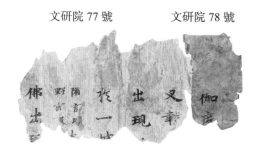

文研院 77 號　　　文研院 78 號

中間缺 8—9 行

俄敦 6419 號

圖 4　文研院 78 號＋文研院 77 號…俄敦
6419 號綴合示意圖

藐三佛陀出現世未"句"伽度"二殘字，訖"若無有佛出現世間"句"佛出現"
三殘字，相應文字參見《大正藏》T3/826A10—826A15。

5. 俄敦 8790 號 + 俄敦 8835 號左片

（1）俄敦 8790 號，見《俄藏》14/90A。殘片。如圖 5-1 所示，僅存 4 殘行（首
行與末行僅存零星殘筆），行存下部 1—4 字。楷書。《俄藏》未定名。此號拍
攝時紙張可能有所撕裂或未放置齊整，現將原圖稍作調整復原後如圖 5-3 右
部所示。

（2）俄敦 8835 號，見《俄藏》14/94B。殘片。如圖 5-2 所示，包括二殘片。
左片存 3 殘行，行存下部 1—5 字。右片存 2 殘行，首行 2 字，末行僅 1 殘畫，
殘字模糊難辨，與左片似非同一內容。楷書。《俄藏》未定名。

圖 5-1　俄敦 8790 號《俄藏》圖版

圖 5-2　俄敦 8835 號《俄藏》圖版

按：據殘存文字，前號與後號左片皆爲《佛本行集經》卷四二優波斯那品第四十五上殘片（《俄録》定名同），且内容前後相承，可以綴合。綴合後如圖 5-3 所示，二號左右相接，俄敦 8835 號首行"事☒（也）"二字似有少許筆畫撕裂在俄敦 8790 號；原卷滿行約 17 字，據完整文本，俄敦 8835 號首行"善"上可擬補"今當往彼處訶責何故作是不"12 字，

俄敦 8835 號左片

俄敦 8790 號

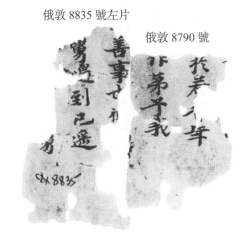

圖 5-3　俄敦 8790 號 + 俄敦 8835 號左片綴合圖

俄敦 8790 號末行行末"我"字正可與"今當往彼處訶責"相連成句。又二號行款格式相同（行距、字距、字體大小相近），字迹書風似同（字體方正，筆墨濃粗，提筆出鋒不明顯，豎鈎寫法相近），可資參證。二號綴合後，所存内容起"於若干年"句，訖"向舅而説偈言"句"舅"字右下部殘形，相應文字參見《大正藏》T3/851A20—851A24。

6. 俄敦 7639 號左片 + 俄敦 7645 號

（1）俄敦 7639 號，見《俄藏》13/323A。存二殘片。左片如圖 6-1 左部、6-2 右部所示，存 3 殘行，行存 2—5 字（首行二字僅存左側殘形）。右片如圖 6-1 右下部所示，存 2 行，行存 3 字。楷書。有烏絲欄。原卷無題，《俄藏》未定名，《俄錄》擬題爲 "佛本行集經卷第四十二優波斯那品第四十五上"。

（2）俄敦 7645 號，見《俄藏》13/323B。殘片。如圖 6-2 左部所示，僅存 3 殘行（首行僅存二字左側殘畫），行存 2—5 字。楷書。有烏絲欄。原卷無題，《俄藏》未定名，李毓琳文及《俄錄》擬題爲 "佛本行集經卷第四十二優波斯那品第四十五上"。

圖 6-1　俄敦 7639 號
《俄藏》圖版

俄敦 7645 號　　俄敦 7639 號左片

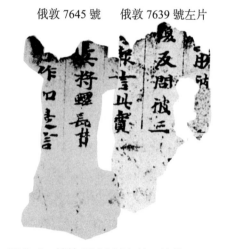

圖 6-2　俄敦 7639 號左片 + 俄敦 7645
號綴合圖

按：俄敦 7639 號左片與俄敦 7645 號皆爲《佛本行集經》卷四二優波斯那品第四十五上殘片，且内容前後相承，可以綴合。綴合後如圖 6-2 所示，俄敦 7639 號左片與俄敦 7645 號左右相接，接縫處邊緣基本吻合，綴合後原本分屬二號的 "報" "言" 二字皆得以大體復合完整。又此二號行款格式相同（皆有烏絲欄，行距、字距、字體大小相近），字迹書風似同（比較二號共有的 "言" 及其他相同或相近的偏旁筆畫），可資參證。二號綴合後，所存内容起 "實如蛇脱彼故皮" 句 "脱彼" 二殘字，訖 "作如是言"，相應文字參見《大正藏》T3/851B2—851B7。

　　俄敦 7639 號右片所存文字雖見存於多部佛經，但不見存於《佛本行集經》，右片應是他經殘片混入。

卷號簡目

　　根據對已刊布文獻的普查以及上述綴合成果，梳理出敦煌《佛本行集經》寫本卷號如下：

　　卷一　　伯 2221 號°、大谷敦 1-1 號°；

　　卷一或卷二　俄敦 16633 號；①

　　卷四　　首博 32·581 號、斯 1747 號；

　　卷五　　俄敦 3679 號＋俄敦 3569 號＋俄敦 3284 號＋俄敦 3295 號…俄敦 3192A 號；

　　卷六　　伯 3157 號°；

　　卷七　　斯 293 號°、斯 5837 號；

　　卷一〇　斯 4873 號；

　　卷一一　斯 1826 號；

　　卷一二　俄敦 4449 號；

　　卷一四　俄敦 15829 號；

　　卷一五　俄敦 8983 號；

　　卷一六　俄敦 15953 號；

　　卷一七　北敦 7635 號、俄敦 3274 號＋俄敦 8934 號＋俄敦 8946 號；

　　卷一九　北敦 14121 號°；

　　卷二〇　斯 1054 號、俄敦 7062 號、俄敦 9345 號；

　　卷二一　Sam.Fogg1-1821 號、北敦 2307 號、俄敦 3276A 號、俄敦 8132 號；

　　卷二三　斯 920 號、俄敦 4237 號；

---

　　① 俄敦 16633 號，殘片，僅存 4 殘行，可辨認“▨▨（菩薩）記”“授一菩薩”等字，《佛本行集經》卷一、卷二均屢見相應文句，但具體出處難以確定。

卷二四　俄敦 7692 號；

卷二七　俄敦 6906 號、斯 4778 號；

卷二九　伯 3680 號；

卷三〇　俄敦 1975 號、俄敦 9019 號、俄敦 9408 號；

卷三一　北敦 8171 號、斯 8613 號；

卷三三　斯 10923 號、北敦 2888 號、俄敦 12056 號；

卷三四　俄敦 6972 號、北敦 10591 號；

卷三五　俄敦 9938 號 + 俄敦 10087 號；

卷三七　文研院 78 號、文研院 77 號、俄敦 6419 號、俄敦 9271 號；

卷三九　北敦 10849 號；

卷四〇　俄敦 7390 號；

卷四一　俄敦 5823 號、浙敦 142 號；

卷四二　俄敦 7100 號、俄敦 8790 號 + 俄敦 8835 號、俄敦 7639 號左片、俄敦 7645 號；

卷四三　俄敦 18211 號、斯 6068 號、俄敦 4987 號；

卷四四　津圖 179 號；

卷四五　北敦 7811 號；

卷四六　伯 4752 號；

卷四七　俄敦 2 號；

卷四九　北敦 9240 號、羽 213 號；

卷五〇　俄敦 7587 號；

卷五一　津藝 48 號、俄敦 11025 號；

卷五三　斯 266 號、北敦 9650 號；

卷五四　伯 3539-1 號、北敦 9648 號；

卷五六　北敦 9242 號、首博 32・558（6）號；

卷五七　斯 3776-1 號。

除了上述出處大抵明確的經文寫本外，另有《佛本行集經》經題 4 號：伯 2376 號背 2、斯 559（A—S）號、俄敦 3717 號、北敦 9241 號。此外還有若干節抄、雜抄及疑似的殘卷或殘片，簡介如下：

伯 2837 號：《佛本行集經》節抄，共 190 行，行 30 字左右，所抄內容見於經本卷三、卷四、卷五、卷七、卷八、卷九、卷十一、卷二七、卷二八、卷三三等卷。

伯 2303 號背：《佛本行集經》節抄，共 27 行，行 30 字左右，前 22 行爲經文卷七摘抄，有"降王宮品""樹下誕生品"品題（前一品題傳本作"俯降王宮品"）；後 5 行爲經文卷十一摘抄。

上圖 111 號背：《佛本行集經》節抄，共 13 紙 234 行，行 28 字左右，所抄內容見於經本卷五至卷十，有"護明菩薩上生兜率品第四""樹下誕生品六""從園入城第七"等品題。

俄敦 16863 號：殘片，僅存 1 殘行，存"今莫生"3 字。此 3 字相連，分別見於《大般涅槃經》《佛本行集經》《聖善住意天子所問經》等，具體出處不詳。

三、摩訶般若波羅蜜經

甲、《摩訶般若波羅蜜經》寫本

《摩訶般若波羅蜜經》，又稱《摩訶般若經》《大品般若經》《大品經》，古印度龍樹菩薩造，鳩摩羅什於後秦弘始五至六年（403—404）譯出。主要講述佛教般若空觀的理論，乃大乘佛教初期説般若空觀之經典。該經有同名二經，一爲“小品”，即鳩摩羅什於後秦弘始十年（408）譯出的《摩訶般若波羅蜜經》十卷，相當於《大般若經》第四會；一爲“大品”，即本經。

本經傳世多爲二十七卷本及三十卷本，通行的《大正藏》本係據《高麗藏》本排印，爲二十七卷本系統，《中華大藏經》影印的《金藏》本，亦爲二十七卷本系統，共八十九品，每卷二至五品。《思溪藏》《磧砂藏》《普寧藏》等所收録的爲三十卷本系統，共九十品，每卷三品。另有四十卷本及二十四卷本，但流傳不廣。日本正倉院《聖語藏》本爲四十卷本。《房山石經》（以下簡稱《房山》）既有三十卷本，又有四十卷本。

通過對現已刊布的影印圖版的普查，敦煌文獻中確定爲《摩訶般若波羅蜜經》的寫本有 261 號，其中四十卷本 132 號、二十七卷本 94 號、三十卷本 31 號，另有異卷 3 號、[①] 勘經記 1 號；按收藏地而言，包括國圖藏 93 號，英藏 69 號，法藏 4 號，俄藏 42 號，散藏 52 號。

上述敦煌本《摩訶般若波羅蜜經》寫本，首尾完整者有 47 號，其餘 214 號皆有不同程度的殘損。已有綴合成果共計將確定爲該經寫卷的 41 號綴合爲 19 組。包括：《中田録》綴合 1 組：北敦 11344 號＋斯 7445 號；《國圖》條記

[①] 本文所謂“異卷”指卷品開合與二十七卷本、三十卷本、四十卷本都不一致的寫卷。

目録綴合 6 組：北敦 951 號＋北敦 6905 號，北敦 2198 號＋北敦 2250 號＋北敦 2247 號，北敦 2229 號＋北敦 2237 號，北敦 4697 號＋北敦 4475 號，北敦 7828 號＋北敦 7831 號，北敦 14840MA 號＋北敦 14840MB 號；《孟録》綴合 2 組：[①]俄敦 182 號＋俄敦 183 號，俄敦 2019 號＋俄敦 2046 號；《俄藏》補綴 1 組、新綴 9 組：俄敦 2019 號＋俄敦 2046 號＋俄敦 2021 號，"俄敦 2159 號、俄敦 3113 號、俄敦 3119 號"，"俄敦 3118 號、俄敦 3422 號"，"俄敦 3252 號、俄敦 3769 號、俄敦 4208 號"，"俄敦 3270 號、俄敦 3604 號"，"俄敦 3625 號、俄敦 3635 號"，"俄敦 4093 號、俄敦 4163 號"，"俄敦 5835 號、俄敦 5864 號"，"俄敦 9208 號、俄敦 9210 號、俄敦 9211 號"，[②]"俄敦 9948 號、俄敦 9950 號"。

　　本次補綴 3 組，新綴 20 組，共計將 57 號綴合爲 23 組，其中前 10 組爲二十七卷本，第 11—14 組爲三十卷本，第 15—23 組爲四十卷本。

1. 斯 8479 號＋津圖 2 號

　　（1）斯 8479 號，見 IDP。殘片。如圖 1 右部所示，存 12 行，行約 17 字（首行僅存行末 3 字左側殘形，末行僅存下部 7 字右側殘形）。楷書。有烏絲欄。原卷無題，IDP 未定名。

　　（2）津圖 2 號，見《津圖》2B。殘片。如圖 1 左部所示，存 5 行，行 17 字（首行僅存上部，次行下部有殘損）。楷書。有烏絲欄。原卷無題，《津圖》擬題"摩訶般若波羅蜜經卷一"。

　　按：據殘存文字推斷，前一號亦當爲《摩訶般若波羅蜜經》卷一殘卷，且此二號内容前後相承，可以綴合。綴合後如圖 1 所示，銜接處斷痕吻合，縱向烏絲欄亦可對接，原本分屬二號的"羅""提光明""復如是尒時世尊"等字得以合成完璧。又二號行款格式相同（天頭地脚等高，皆有烏絲欄，行距、

---

　　① 另有 1 組俄敦 2134 號⋯俄敦 1882 號，《孟録》已綴，但係《孟録》誤定爲《摩訶般若波羅蜜經》，實爲《大智度論》。

　　② 此三號《俄藏》歸併在俄敦 9208 號之下，但具體殘片對應的卷號不明，《俄録》將存 3 行、行存 2—3 字的殘片記作俄敦 9211 號，定作西晉竺法護譯的《佛昇忉利天爲母説法經》卷三，其餘二號定作《摩訶般若波羅蜜經》卷二七常啼品第八十八，擬題當是。

字距、字體大小相近），書風相似（捺筆出鋒、"灬"旁連書），字迹相同（比較二號共有的"三""大""光""遍""照"等字），可資參證。二號綴合後，爲二十七卷本《摩訶般若波羅蜜經》卷一殘卷，存文内容始於"三昧一切三昧悉入其中"句"三昧一"三殘字，訖"必得阿耨多羅三藐三菩提"句"菩"字，相應文字參見《大正藏》T8/217b9—217b25。

津圖 2 號　　　　　斯 8479 號

圖 1　斯 8479 號＋津圖 2 號綴合圖

2. 俄敦 16924 號 + 俄敦 16934 號

（1）俄敦 16924 號，見《俄藏》17/33A。殘片。如圖 2 左上部所示，存 15 行（前 7 行上下皆有殘損，後 8 行中部有殘損），行約 19 字。楷書而略帶隸意。有烏絲欄。有墨漬。有殘洞。原卷第七行有標題"摩訶般若波羅蜜品第二"，《俄藏》未定名；《俄録》定作"摩訶般若波羅蜜經卷第一序品第一至奉鉢品第二"。

（2）俄敦 16934 號，見《俄藏》17/35B。殘片。如圖 2 右下角所示，存 4 行，行存中部 4—6 字。楷書而略帶隸意。有烏絲欄。原卷無題，《俄藏》未定名；《俄錄》定作 "大智度論卷第三十四釋初品中信持無三毒義第五十二"。

　　按：據殘存文字推斷，上揭二號應皆爲二十七卷本《摩訶般若波羅蜜經》卷一殘片，[①] 且其内容前後相承，可以綴合。綴合後如圖 2 所示，俄敦 16924 號第 3 行止於 "法无滅盡" 句 "滅" 字的上部，俄敦 16934 號首行首字爲此字的左下部殘筆；俄敦 16924 號第四行與俄敦 16934 號第二行上下連接，綴合爲 "我得阿耨多羅三藐三菩提□（時）" 句，其中的 "羅" 字上部殘筆在

俄敦 16924 號

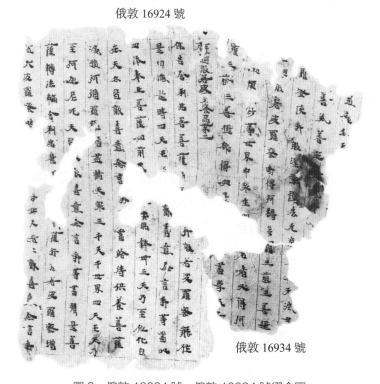

俄敦 16934 號

圖 2　俄敦 16924 號 + 俄敦 16934 號綴合圖

---

　　① 本組二號殘卷的定名，由我們的學術團隊 2011—2012 年普查時確認，在此基礎上，范麗婷的碩士學位論文《敦煌漢文寫本〈摩訶般若波羅蜜經〉研究》作了進一步的考證（浙江師範大學 2018 年 5 月，以下或簡稱 "本篇初稿"）。後來出版的《俄錄》部定定名同，惜未能參考。下文同類情況，必要時在文中括注《俄錄》定名同"，不再一一出注加以說明。

俄敦 16924 號，下部大半在俄敦 16934 號，二號綴合，其字可得其全。又二號行款格式相同（皆有烏絲欄、行距和字體大小相近），書風相似（字體略帶隸意、墨迹較濃），字迹相近（比較二號共有的 "无" "三" "善" "提" "得" "阿" 等字），可證此二號確爲同一寫卷之撕裂。二號綴合後，所存內容始 "愚癡亦无三毒之名" 句前四字殘形，至 "我等當爲是人作父母妻子、親族知識" 句 "我" 字止，相應文字參見《大正藏》T8/221A13—221B2。

　　《俄錄》謂俄敦 16924 號爲《摩訶般若波羅蜜經》卷一殘片，甚是。又謂俄敦 16934 號爲《大智度論》卷三四殘片，則不確。孤立地看，俄敦 16934 號所見殘文確實又見於《大智度論》卷三四釋初品中信持無三毒義第五十二，但此號既可與俄敦 16924 號完全綴合，而後者原卷本身就有《摩訶般若波羅蜜經》標題，則該號只能比照俄敦 16924 號定作《摩訶般若波羅蜜經》卷一序品第一殘片。

　　3. 俄敦 8320 號 + 俄敦 8324 號

　　（1）俄敦 8320 號，見《俄藏》14/42A。殘片。如圖 3 右部所示，存 7 殘行，行存中部 2—7 字，首行僅存 2 字左部殘筆。楷書。有烏絲欄。原卷無題，《俄藏》未定名；《俄錄》定作《摩訶般若波羅蜜經》卷二往生品第四殘片。

　　（2）俄敦 8324 號，見《俄藏》14/42B。殘片。如圖 3 左部所示，存 3 殘行，行存中部 3—4 字。楷書。有烏絲欄。原卷無題，《俄藏》未定名；《俄錄》泛題 "殘佛經"，稱 "不可定名"。

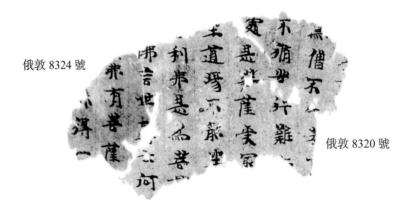

俄敦 8324 號

俄敦 8320 號

圖 3　俄敦 8320 號 + 俄敦 8324 號綴合圖

按：據殘存文字推斷，上揭二號應皆爲二十七卷本《摩訶般若波羅蜜經》卷二往生品第四殘片，且其内容前後相承，可以綴合。綴合後如圖3所示，二號左右相接，接縫處邊緣吻合，原本分屬二號的“言”“世”二字皆得復合爲一，“尊”字的輪廓也得以大致呈現。又此二號行款格式相同（皆有烏絲欄，字體大小、字間距及行間距相近），書風相似，字迹相同（比較二號共有的“菩”“薩”等字），可資參證。二號綴合後，所存可辨識文字始“是菩薩得阿耨多羅三藐三菩提時以菩薩爲僧”句後二字，至“得一切種智”句前二字止，相應文字參見《大正藏》T8/228A11—228A19。後一號既可與俄敦8320號完全綴合，則該號亦應比照俄敦8320號定作《摩訶般若波羅蜜經》卷二往生品第四殘片，就是無可懷疑的了。

4. 斯7047號+北敦226號

（1）斯7047號，見《寶藏》54/341A。殘片。如圖4右部所示，存16行，行17字。楷書。有烏絲欄。有校讀符號。原卷無題，《寶藏》擬題“摩訶般若波羅蜜經卷第四”。

（2）北敦226號（北3474；宇26），見《國圖》4/151B—160A。卷軸裝，16紙。前部如圖4左部所示，存426行，行17字。楷書。有烏絲欄。有行間校讀符號。卷中有品題“乘品第十六”“四念處品第十八”“勝出品第廿一”“含受品第廿二”“无生品第廿五”“勸特（持）品第卅三”“校舍利品第卅六”“隨喜迴向品第卅八”“大度品第卅九”等。原卷無經名，《劫餘録》稱該卷摘抄二十七卷本《摩訶般若波羅蜜經》句義品、乘乘品、廣乘品、勝出品、照明品等十品；《索引》題“摩訶般若經”，《寶藏》《索引新編》題“摩訶般若波羅蜜經句義品第十二至照明品第四十”；《國圖》條記目録稱“此遺書節抄《摩訶般若波羅蜜經》，現存經文十一段”，“品名多異，品次有參差”，擬題“摩訶般若波羅蜜經鈔”，定爲7世紀隋唐寫本。

按：上揭二號内容前後相承，斯7047號末行行末“乃至十八不共”與北敦226號首行行首“法无處所”相連成句，中無缺字，存有綴合的可能性。二號接縫處邊緣整齊，可以對接。比較二號共有的“无”“所”“不”“是”“摩”“羅”“法”等字，如表1所示，字迹似同。又二號行款格式相同（卷心高度近同，皆有烏絲欄，行 17 字，行距、字距和字體大小均相近），書風相似（鈎筆較重、豎畫撇筆較長、捺筆出鋒明顯、收筆頓挫分明）。由此判定，此二號確可綴合。綴合後如圖 3 所示，所存內容始"菩薩摩訶薩行般若波羅蜜時"句後五字，至"生十善道四禪四无量心"句止，相應文字參見《大正藏》T8/242A1—302B14。

　　又按：據北敦 226 號，可知原卷係《摩訶般若波羅蜜經》節抄，所抄內容出於二十七卷本經本卷四至卷七、卷九至卷十一，共涉及十品，但所抄內容不完全連貫，《國圖》擬題"摩訶般若波羅蜜經鈔"，甚是。斯 7047 號及北敦 226 號前部所抄內容見於該經卷四句義品第十二，孤立地看，《寶藏》爲斯 7047 號擬題"摩訶般若波羅蜜經卷四"好像沒有問題，但此號既可與北敦226 號綴合，則亦應比照後者改題"摩訶般若波羅蜜經鈔"。

北敦 226 號（前部）　　　　　　　　　　　　　　斯 7047 號

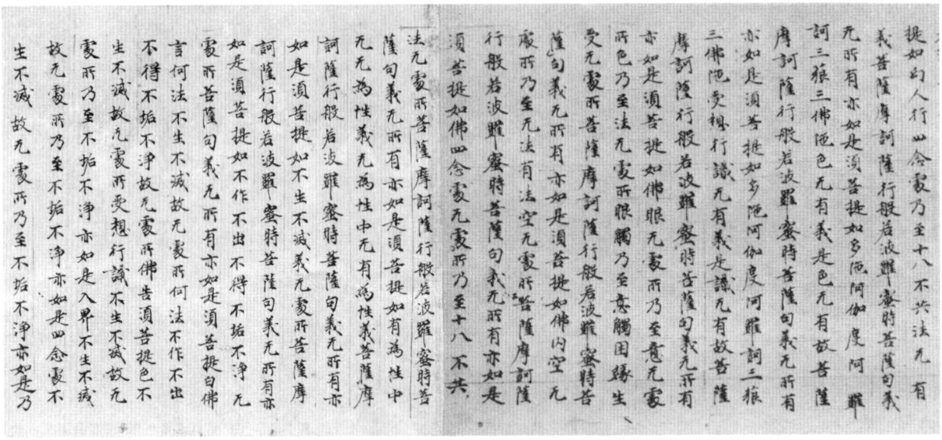

圖 4　斯 7047 號＋北敦 226 號（前部）綴合圖

表 1　斯 7047 號、北敦 226 號字迹比較表

例字 卷號	無	所	不	是	摩	羅	法
斯 7047 號	无	所	不	是	摩	羅	法
北敦 226 號	无	所	不	是	摩	羅	法

5. 北敦 10571 號＋北敦 9904 號＋北敦 2198 號＋北敦 2250 號＋北敦 2247 號

（1）北敦 10571 號（北臨 700），見《國圖》108/31B。殘片。前後皆殘，存 5 行，如圖 5-1 右下部所示，每行僅存下部 3—6 字。有烏絲欄。原卷無題，《國圖》擬題 “摩訶般若波羅蜜經卷一六”。《國圖》條記目錄稱原卷爲 6 世紀南北朝楷書寫本。

（2）北敦 9904 號（北臨 33），見《國圖》107/17A。殘片。前後皆殘，存 4 行，如圖 5-1 右上部所示，每行僅存上部 5—7 字。有烏絲欄。原卷無題，《國圖》擬題 “摩訶般若波羅蜜經卷一六”。《國圖》條記目錄稱原卷爲 7—8 世紀唐楷書寫本。

（3）北敦 2198 號（北 3442；藏 98），見《國圖》30/426A—427B。卷軸裝。4 紙。前後皆殘。前部與後部分別如圖 5-1 左部及 5-2 右部所示，存 63 行，行 17 字（前 3 行上下殘，後 4 行下殘）。有烏絲欄。有殘洞。原卷無題，《劫餘錄》及《寶藏》等定作 “摩訶般若波羅蜜經大如品五十四”，《國圖》擬題 “摩訶般若波羅蜜經卷一六”。《國圖》條記目錄稱原卷爲 5—6 世紀南北朝隸楷寫本。

（4）北敦 2250 號（北 3443；閏 50），見《國圖》31/388B。卷軸裝。1 紙。前後皆殘。如圖 5-2 中部所示，存 19 行，行 17 字。有烏絲欄。原卷無題，《劫餘錄》及《寶藏》等定作 “摩訶般若波羅蜜經大如品五十四”，《國圖》擬題 “摩訶般若波羅蜜經卷一六”。《國圖》條記目錄稱原卷爲 5—6 世紀南北朝楷書寫本。

北敦 2198 號（前部）　　北敦 9904 號

北敦 10571 號

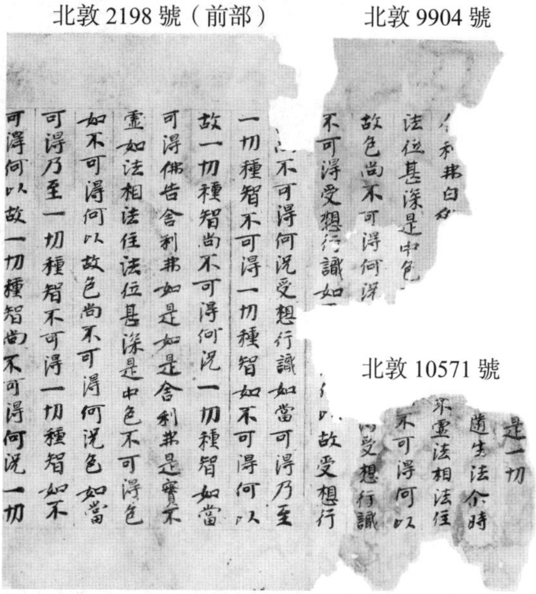

圖 5-1　北敦 10571 號＋北敦 9904 號＋北敦 2198 號（前部）綴合圖

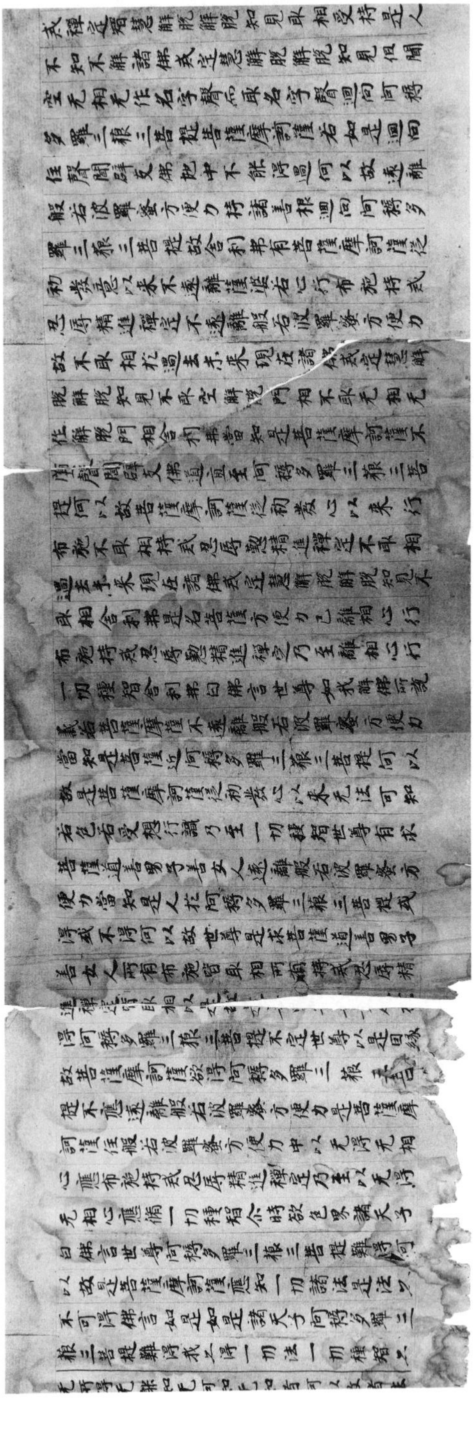

圖 5-2 北敦 2198 號（後部）＋北敦 2250 號＋北敦 2247 號綴合圖

（5）北敦 2247 號（北 3444；閏 47），見《國圖》31/370B。卷軸裝。2 紙。前後皆殘。前部如圖 5-2 左部所示，存 24 行，行 17 字。有烏絲欄。原卷無題，《劫餘録》及《寶藏》等定作“摩訶般若波羅蜜經大如品五十四”，《國圖》擬題“摩訶般若波羅蜜經卷一六”。《國圖》條記目録稱原卷爲 5—6 世紀南北朝楷書寫本。

按：《國圖》條記目録已指出後三號可綴合，甚是；今謂前三號亦可綴合爲一，五號綴合後如圖 5-1 及 5-2 所示，相鄰二號左右相接，内容先後相承，接縫處邊緣吻合無間，原本分屬北敦 9904 號、北敦 2198 號二號的“是”“中”“色”“可”“行”五字皆可合成完璧，可證前三號確爲同一寫卷之撕裂。此外，從行款格式看，北敦 9904 號與後三號天頭等高，北敦 10571 號與後三號地脚高度近同，皆有烏絲欄，行距、字句、字體大小皆相近；從書風書迹看，字體方正，有連筆、橫畫頓筆（比較三號共有的“可”“法”“得”“不”四字），亦可資參證。五號綴合後，爲二十七卷本《摩訶般若波羅蜜經》卷十六殘卷，所存内容自“是一切法皆無所有”句“是”字始，至“虛空不作是念”句“是”字右部殘筆止，相應文字參見《大正藏》T8/336A13—337B4。

另，上揭五號既可綴合爲一，而《國圖》條記目録稱北敦 10571 號爲 6 世紀南北朝楷書寫本，北敦 9904 號爲 7—8 世紀唐楷書寫本，北敦 2198 號爲 5—6 世紀南北朝隸楷寫本，北敦 2250 號、北敦 2247 號爲 5—6 世紀南北朝楷書寫本，抄寫年代與字體判定皆有所不同，顯有不妥。就字體而言，此卷已是成熟的楷書，其抄寫年代北敦 9904 號定作 7—8 世紀，庶幾近是。

6. 斯 6980 號 + 斯 5156 號

（1）斯 6980 號，見《寶藏》54/191A—192A。卷軸裝。前缺後殘，後部如圖 6 右部所示，存 56 行（末行下殘），行 17 字。楷書。原卷無題，《索引》泛題“佛經”，《寶藏》及《索引新編》擬題“摩訶般若波羅蜜經卷第二十一”。

（2）斯 5156 號，見《寶藏》40/379A—379B。卷軸裝。前後皆殘，前部如圖 6 左部所示，存 38 行，行 17 字（首行上殘，末行下殘）。楷書。原卷無題，《索引》泛題“佛經”，《寶藏》及《索引新編》擬題“摩訶般若波羅蜜經卷第二十一”。

　　按：上揭二號皆出於二十七卷本《摩訶般若波羅蜜經》卷二一，且其内容前後相承，可以綴合。綴合後如圖6所示，接縫處邊緣吻合，原本分屬二號的“人”字得以復合爲一。又此二號行款格式相同（天頭地脚等高，行約17字，行距、字距、字體大小相近），書風相近（有連筆，豎畫較短，橫畫頓筆明顯，捺筆出鋒），字迹似同（比較二號共有的“亦”“化”“三”“提”等字），可資參證。二號綴合後，所存内容始“无所得平等法中應學”句後二字，至“當知佛与化佛无有差別”句前八字止，相應文字參見《大正藏》T8/374A6—375A16。

斯5156號（前部）　　　　　　　　斯6980號（後部）

圖6　斯6980號（後部）＋斯5156號（前部）綴合圖

7. 俄敦 7255 號 + 俄敦 7264 號

　　（1）俄敦7255號，見《俄藏》13/283B。殘片。如圖7右部所示，存4行，行存上部4—12字（末行僅存上部4字右側殘筆）。楷書。有烏絲欄。原卷無題,《俄藏》未定名,《俄録》泛題“般若經”, 稱出處“未檢出”。

（2）俄敦 7264 號, 見《俄藏》13/285A。殘片。如圖 7 左部所示, 存 5 行, 行存上部 1—11 字（首行僅存 1 字殘形）。楷書。有烏絲欄。原卷無題,《俄藏》未定名。

按：據殘存文字推斷, 上揭二號應皆爲二十七卷本《摩訶般若波羅蜜經》卷二一殘片（後一號《俄録》定名同）, 且二號内容前後相承, 可以綴合。綴合後如圖 7 所示, 二號接縫處邊緣吻合, 俄敦 7255 號末行始於“阿耨多羅三藐三菩提”句“藐”字右下部殘筆, 俄敦 7264 號首行首字爲此字的左上部大半, 二號綴合,“藐”字可得其全。又二號行款格式相同（天頭等高, 皆有烏絲欄, 字體大小相似, 行距與字距均相近）, 書風字迹相似（比較二號共有的“若”“波”“蜜”“无”“所”等字）, 可資參證。二號綴合後, 所存内容始“菩薩爲何事故行般若波羅蜜”句後八字, 至“佛告須菩提諸法无所爲”句前二字止, 相應文字參見《大正藏》T8/374B3—374B10。

二號綴合後, 仔細比勘《摩訶般若波羅蜜經》經本, 尚存疑問。兹按《大正藏》經本, 列出殘卷對應經文如下：

何事故行般若波羅蜜佛言无所爲故行般

若波羅蜜何以故一切諸法无所爲无所作

般若波羅蜜亦无所爲无所作阿耨多羅三

藐三菩提亦无所爲无所作菩薩亦无所爲

无所作如是須菩提菩薩摩訶薩應行般若

波羅蜜无所爲无所作須菩提白佛言世尊

若諸法无所爲无所作不應分別有三乘聲

聞辟支佛佛乘佛告須菩提諸法无所爲

黑體的爲殘卷存留或留有殘字的部分, 其中有兩處異文：一是第二行“一切諸法”殘卷作“一切種智”, 原因不詳；二是第八行“佛乘”殘卷作“乘乘”, 當屬抄手筆誤。這兩處異文, 似不足推翻殘卷出於《摩訶般若波羅蜜經》的結論, 存疑待考。

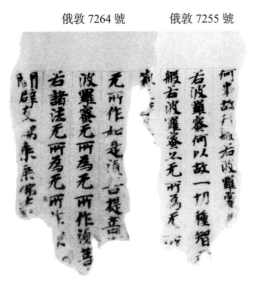

圖 7　俄敦 7255 號 + 俄敦 7264 號綴合圖　圖 8　俄敦 10968 號 + 斯 55 號（前部）綴合圖

8. 俄敦 10968 號 + 斯 55 號

（1）俄敦 10968 號，見《俄藏》14/215B。殘片。如圖 8 右下部所示，存 7 行，行存下部 2—11 字。有烏絲欄。原卷無題，《俄藏》未定名；《俄錄》擬題 "摩訶般若波羅蜜經卷第二十五實際品第八十"。

（2）斯 55 號（翟 814），見《英圖》1/296A-301B。卷軸裝。9 紙，首殘尾殘。前部如圖 8 左上部所示。存 244 行，行 17 字（首 4 行下殘）。有烏絲欄。中題 "摩訶般若波羅蜜品第八十一"。《英圖》擬題 "摩訶般若波羅蜜經卷二五"，條記目錄稱 "與《大正藏》對照，品名不同"，爲 "5—6 世紀南北朝隸書寫本"。

　　按：上揭二號皆爲二十七卷本《摩訶般若波羅蜜經》卷二五殘卷，且其内容前後相承，可以綴合。綴合後如圖 8 所示，接縫處邊緣吻合，原本分屬二號的 "何求""空" 三字大抵得以復合完整。又二號行款格式相同（皆有烏絲欄，字體大小及字間距皆相近），字迹書風似同（比較二號共有的 "提""亦""法""不"等字），可資參證。二號綴合後，所存内容始 "自生阿耨多羅三藐三菩提道"句 "生" 字左部殘形，至 "我當不得阿耨多羅三藐三菩提" 句 "羅" 字，相應文字參見《大正藏》T8/402B15—405B15。

　　又按，原卷用字應爲楷書，但部分筆畫帶有隸意（如捺畫），不少異寫字形爲隋代前後寫經所常見，如"色"（色）、"那"（那）、"惱""惱""惱"（惱）、"受"（受）、"卅"（卅）、"貌"（貌）等，可定作 6 世紀寫本；《英圖》判定爲 5—6 世紀南北朝隸書寫本，略嫌偏早。

9. 斯 12889 號＋斯 11834 號

　　（1）斯 12889 號，見 IDP，殘片。如圖 9 右上部所示，存 4 殘行，行存上部 4—5 字。楷書。原卷無題，IDP 未定名。

　　（2）斯 11834 號，見 IDP，殘片。如圖 9 左下部所示，存 9 殘行，行存上部 1—12 字（首行僅存一字左側殘點，末行僅存二三字右側殘點）。楷書。中題"□□□□▨（摩訶般若波）羅蜜經净佛國□□□"，IDP 未定名。

　　按：後號經題"净佛國"下所缺首字或爲"品"，《大正藏》本《摩訶般若波羅蜜經》卷二六之首爲"净土品第八十二"，品題下附注及原書校記稱品名宋、元、明、宮本皆作"净佛國品"，後者與殘卷相合。據殘存文字推斷，此二號應皆爲二十七卷本《摩訶般若波羅蜜經》卷二六殘片，且其內容前後相承，可以綴合。綴合後如圖 9 所示，二號接縫處邊緣大體吻合，原本撕裂在二號的"訶薩道一"四字基本得以拼合完整。又二號行款格式相同，書風字迹似同（比較二號共有的"薩""道""不"三字），可資參證。此二號綴合後，從次行起，可辨認的文字按行復原如下：

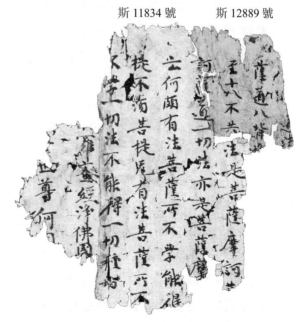

圖 9　斯 12889 號＋斯 11834 號綴合圖

薩道八背▨（捨）▨▨▨（九次第定是菩薩摩訶薩道佛十力乃）

至十八不共法是菩薩摩訶▨（薩）▨▨▨（道一切法亦是菩薩摩）

訶薩道一切法亦是菩薩摩▨▨▨（薩道須菩提於汝意）

云何頗有法菩薩所不學能得▨▨▨（阿耨多羅三藐三菩）

提不須菩提无有法菩薩所不▨▨▨（應學者何以故若菩薩）

不學一切法不能得一切種智

□□□□▨（**摩訶般若波**）**羅蜜經净佛國**▨▨▨

□□□□▨（須菩提白佛言）世尊何▨（因）▨▨▨（緣故不住是中）

相應文字可比勘《大正藏》T8/407B13—408A10。但品名上下的文字《大正藏》本皆在“净土品”之下，而本卷却分列在品名前后。品名之下的“世尊何因緣”云云，與上文“不能得一切種智”間《大正藏》本另有四十餘行文字，而本卷未見。又“一切法亦是菩薩摩薩道”句本卷似乎重出，而《大正藏》本僅一見。種種迹象顯示，本卷或係習書摘抄，而非正規的寫經。

10. 津藝 85 號＋北敦 14747 號

（1）津藝 85 號，見《津藝》2/121A—124B。卷軸裝，6 紙。首全尾缺。後部如圖 10 右部所示，存 156 行，行 17 字。有烏絲欄。首題“摩訶般若波羅蜜法上品第八十九”。《津藝》擬題“摩訶般若波羅蜜經法上品第八十九”，敘録稱該卷楷書，有隸意，爲隋朝寫卷。

（2）北敦 14747 號（北新 947），見《國圖》133/52B。殘片。如圖 10 左部所示，存 14 行，行 17 字。有烏絲欄。原卷無題，《國圖》擬題“摩訶般若波羅蜜經（思溪本）卷三〇”，條記目録云：“與《大正藏》本對照，本號缺‘不動三昧，無念三昧’等 8 字，依《大正藏》校記，本號與《思溪藏》（三十卷本）、《普寧藏》（三十卷本）、《嘉興藏》（三十卷本）以及日本正倉院《聖語藏》（四十卷本）、宮内省圖書寮（三十卷本）均相同。今依《思溪藏》本，作卷三〇。”又稱該卷爲 6 世紀南北朝時期楷書寫本。

按：上揭二號内容前後相承，津藝 85 號末行“如金剛等故，當知般若波羅蜜亦等諸法”與北敦 14747 號首行“无分别故當知般若波羅蜜亦无分别”先後相接，中無缺字，存有綴合的可能性。二號接縫處邊緣整齊，可以對接，橫向烏絲欄亦可對接。比較二號共有的"法""邊""離""故""亦""波""當"等字，如表 2 所示，字迹書風似同（此二號字兼隸楷，部分筆畫帶有隸意，有些異寫字形帶有隋代前後寫經風味，如"象"作"**鳥**"、"曼"作"**雺**"、"惱"作"**憽**"等，但大多已是純正的楷書，《津藝》稱之爲有隸意的隋朝楷書寫卷，庶幾近是）。又二號行款格式相同（天頭地腳等高、皆有烏絲欄、行 17 字、字體大小及字距、行距皆相近）。由此判定，此二號確可綴合。綴合後如圖 10 所示，所存內容始經文"法上品"首題，至"如是等得六百万諸三昧門"句，相應文字參見《大正藏》T8/421B24—423C2。

又按：與二十七卷本的《大正藏》本比勘，北敦 14747 號經文無"不動三昧，無念三昧"八字，與三十卷系統的《思溪藏》《普寧藏》等本以及四十卷系統的日本正倉院《聖語藏》本合，所存經文三十卷系統本在第三十卷，《國圖》條記目錄因據以把北敦 14747 號判定爲"摩訶般若波羅蜜經（思溪本）卷三十"。然而同樣屬於二十七卷本系統的《金藏》廣勝寺本，同樣沒有上揭八字。顯然，個別字句的有無難以作爲判定經本系統的重要證據。而且此卷既可與津藝 85 號綴合爲一，而後者有"摩訶般若波羅蜜［經］法上品第八十九"的

首題，此品題與二十七卷系統經本略同（品題"法上品"《大正藏》本及《金藏》廣勝寺本作"法尚品"，"尚""上"音近義通，西晉無羅叉譯《放光般若經》卷二十也作"法上品第八十九"）；而三十卷系統的《思溪藏》等經本則作"曇無竭品"，與寫卷不合。據此，此二號綴合後宜一併定作二十七卷系統本卷二七爲宜。

北敦 14747 號　　　津藝 85 號（後部）

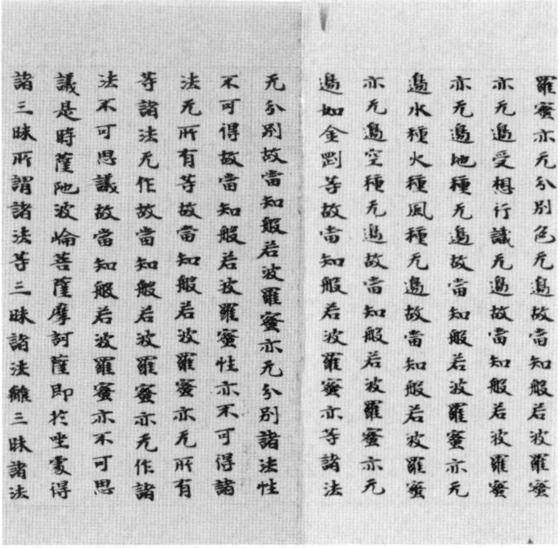

圖 10　津藝 85 號（後部）+ 北敦 14747 號綴合圖

表 2　津藝 85 號、北敦 14747 號字迹比較表

卷號　　例字	法	邊	離	故	亦	波	當
津藝 85 號	法	邊	離	故	亦	波	當
北敦 14747 號	法	邊	離	故	亦	波	當

11. 俄敦 4136 號 + 俄敦 5006 號…俄敦 4093 號

（1）俄敦 4136 號，《俄藏》11/140B。殘片。前後皆殘，如圖 11 右下部所示，存 6 殘行，行存下部 5—9 字。隸書。有烏絲欄。此號與《俄藏》歸併在一起的俄敦 4093 號原卷無題，《俄藏》未定名，曾良擬題 "摩訶般若波羅蜜經遣異品第三十五"，[①]《俄録》擬題 "摩訶般若波羅蜜經卷第九遣異品第三十五"。

（2）俄敦 5006 號，《俄藏》12/1B。殘片，前後上下皆殘，如圖 11 右上部所示，存 7 殘行，行存上部 2—9 字。隸書。有烏絲欄。原卷無題，《俄藏》未定名，勝義擬題 "摩訶般若波羅蜜經卷第九大明品第三十二"，[②]《俄録》擬題 "摩訶般若波羅蜜經卷第九遣異品第三十五"。

（3）俄敦 4093 號，《俄藏》11/140B。殘片。前後皆殘，上部亦有殘泐。如圖 11 左下部所示，存 4 殘行，行 2—4 字。隸書。有烏絲欄。

按：二十七卷本《摩訶般若波羅蜜經》卷九和《大智度論》卷五八皆有與上揭三號殘片基本相同的字句，且内容前後相承，可以綴合。綴合後如圖 11 所示，俄敦 5006 號與俄敦 4136 號上下相接，接縫處邊緣吻合無間，縱向烏絲欄亦可對接，且原本分屬二號的 "飾""所""兵" 三字基本可得其全；《俄藏》所綴接的俄敦 4136 號與俄敦 4093 號前後有誤，今參照文本先後順序復原，據完整文本推算，中缺 11 行，與俄敦 5006 號間缺 9 行。從行款格式看，皆有烏絲欄，滿行皆約 17 字，行距、字距及字體大小皆相近；從書風書迹看，

① 曾良《敦煌佛經字詞與校勘研究》，廈門大學出版社，2010 年，第 216 頁。
② 勝義《〈俄藏敦煌文獻〉第十二册校讀記》，《戒幢佛學》第二卷，2002 年，第 595 頁。

皆爲隸書，頓筆較重，撇筆與豎筆較細；從異文看，"不類"皆作"不及"，"惡魔"之"惡"皆從俗作"恚"，可資參證。

上揭三號綴合後，存文內容自"四種兵來至佛所"句"種"字左側殘點始，至"釋提桓因即時誦念"句後二字右側殘筆止，與《摩訶般若經》《大智度論》經本比勘，主要異文有：1.第4行"所不及"，經本諸本多作"所不類"，但務本堂31號（經本）無；論本諸本多無此三字，但《房山》本論本作"所不類"。2.第5—6行"是惡魔化▨▨（作四）種兵"，《房山》三十卷本、《中華藏》校記引《普寧藏》《永樂南藏》本經本與此同，《金藏》《麗藏》再雕本及《大正藏》本等經本作"此是惡魔化作四種兵"，《大正藏》校記引聖本經本與《中華藏》校記引《房山》四十卷本經本以及論本諸本無。比較而言，上揭殘片所存經文與經本三十卷本較爲相似，茲暫定爲該本，擬題"摩訶般若波羅蜜經卷十梵志品第三十五"，相應文字參見《大正藏》T8/287B23—287C17。各家定作經本卷九"遣異品第三十五"或"大明品第三十二"，皆與此三號綴合後的文本頗有出入，當不確。

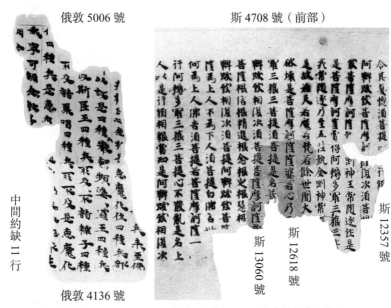

圖11　俄敦4136號＋俄敦5006號…俄敦4093號綴合圖

圖12　斯4708號（前部）＋斯12357號＋斯12618號＋斯13060號綴合圖

12. 斯 4708 號 + 斯 12357 號 + 斯 12618 號 + 斯 13060 號

（1）斯 4708 號（翟 802），見《寶藏》37/369A。20 紙，前殘尾全。前部如圖 12 左上部所示，存 585 行（前 13 行下殘），行約 17 字。楷書，但隸意較重。中題"摩訶般若波羅蜜經燈炷品第五十七""摩訶般若波羅蜜經夢中入三昧品第五十八"，尾題"摩訶般若波羅蜜經卷第十九"。《翟録》稱"約公元 600 年的好寫卷"。

（2）斯 12357 號，見 IDP，殘片。如圖 12 右下部所示，存 6 殘行，行存中部 2—9 字。楷書，但隸意較重。原卷無題，IDP 未定名。

（3）斯 12618 號，見 IDP，殘片。如圖 12 右中下部所示，存 4 殘行，存中部 4—8 字。楷書，但隸意較重。原卷無題，IDP 未定名。

（4）斯 13060 號，見 IDP，殘片。如圖 12 中下部所示，存 2 殘行，行存中部 3—5 字。楷書，但隸意較重。原卷無題，IDP 未定名。

按：後三號當亦爲《摩訶般若波羅蜜經》卷十九殘卷（三十卷本）。[1] 此四號內容前後相承，可以綴合。綴合後如圖 12 所示，斯 4708 號前九行與斯 12357 號、斯 12618 號上下相接，斯 13060 號右部與斯 12618 號左下部相接、左部與斯 4708 號第 10 行右下部相接，四號接縫處邊緣大體吻合，原本撕裂的"得""性""餘世間大""訶""名""菩提菩薩"等字得以基本拼合完整。又此四號行款格式相同（行距、字距、字體大小相近），書風書迹似同（楷書，但隸意較重，捺筆粗重、豎畫與橫畫出鋒），可資參證。四號綴合後，所存內容始於"不陵易虜掠他人令其憂惱"句"令"字，訖尾題"摩訶般若波羅蜜經卷第十九"，相應文字見《大正藏》T8/342A20—349B12。卷中頗有唐代之前流行的異體俗字，如"狼"（貌）、"狠"（貌）、"邊"（邊）、"離"（離）、"刹"（刹）等等，《翟録》定作約公元 600 年寫卷，近是。

---

[1] 從斯 4708 號品題"燈炷品第五十七""夢中入三昧品第五十八"看，與《契丹藏》本品名完全相同；與聖本（分別作"燈柱品""夢中入三昧品"）基本相同；與宋本、元本、明本、宮本（分別作"燈炷深奧品""夢行品"）略有出入；與《大正藏》本、《金藏》本（分別作"深奧品""夢行品"）差別也較大；從尾題"摩訶般若波羅蜜經卷第十九"看，此二品三十卷系統的宋本、元本、明本、宮本亦在卷十九，而二十七卷系統的《大正藏》本、《金藏》本在卷十七；"燈柱品"在《聖語藏》本中爲卷二十五的末品、"夢中入三昧品"爲卷二十六的首品。綜上，可以確定上揭四號應屬於三十卷本系統。

13. 俄敦 12543 號 + 俄敦 10538 號 + 俄敦 10814 號

（1）俄敦 12543 號，見《俄藏》16/141A。殘片。如圖 13 右上部所示，存 6 殘行，行存中上部 3—14 字。楷書。有烏絲欄。原卷無題，《俄藏》未定名。

（2）俄敦 10538 號，見《俄藏》14/320A。殘片。如圖 13 右下部所示，存 4 行，行存下部 3—4 字。楷書。有烏絲欄。原卷無題，《俄藏》未定名。

（3）俄敦 10814 號，見《俄藏》15/58A。殘片。如圖 13 左部所示，存 19 行，行 17 字（前後部分下部殘缺，首行、末行皆僅存上部 4 字殘形）。楷書。有烏絲欄。原卷無題，《俄藏》未定名。

按：上揭三號《俄藏》均未定名，郭曉燕判定前二號皆爲《大智度論》卷七九殘片，且可綴合。[①] 本篇初稿判定後二號皆爲二十七卷本《摩訶般若波羅蜜經》卷十九殘片，且可綴合。[②]《俄録》判定前二號爲《摩訶般若波羅蜜經》卷十九殘片，後一號爲《大智度論》卷七九殘片。今加核驗，上揭三號殘片與二十七卷本《摩訶般若波羅蜜經》卷十九和《大智度論》卷七九經文均基本相同，且其内容前後相承，可以綴合。綴合後如圖 13 所示，俄敦 12543 號後二行與俄敦 10538 號前二行上下相接，接縫處殘字分別補足爲"固未""訶薩"二字後，合於下文行 17 字之數，且前後文句銜接無間；俄敦 12543 號、俄敦 10538 號與俄敦 10814 號左右上下相接，接縫處邊緣吻合，原本撕裂在二號的"忍法須菩""菩"五字得以大致拼合完整。又三號行款格式相同（皆有烏絲欄，行距、字距、字體大小相近），書風字迹相似（比較三號共有的"得""无""佛""説""法""菩""薩"等字），可資參證。

三號綴合後，所存内容始於"如阿閦佛爲菩薩時所行所學"句"薩時"二殘字，訖"住如中已當得阿耨多羅三藐三菩提"句"得阿耨多"四殘字右側殘形，與《摩訶般若波羅蜜經》《大智度論》經本比勘，主要異文有四：1. 殘片先後兩次出現"當住阿毗拔致地"（另出現"□□拔致菩薩"一處，缺字當爲"阿毗"），其中的"毗拔"，經本北敦 3481 號、《房山》三十卷本與《崇

---

① 郭曉燕《敦煌本〈大智度論〉寫本考》，浙江師範大學碩士學位論文，2015 年，第 155—156 頁。

② 范麗婷《敦煌漢文寫本〈摩訶般若波羅蜜經〉研究》，浙江師範大學碩士論文，2018 年，第 64—65 頁。

寧藏》《金藏》《麗藏》再雕本及《大正藏》本作"惟越"，北敦 5909 號、北敦 669 號、《房山》四十卷本作"鞞跋"；論本各本亦作"鞞跋"，"鞞跋""毗拔""惟越"爲譯音用字之異，可不細究。2. 殘片"信解一切法虚誑不實，不堅固"句，論本諸本皆同此；經本諸本在"不實"二字後多作"無所有"三字，但《房山》三十卷本及《大正藏》校記引聖語藏本經本無，與殘卷同。3. 殘片"歡喜自讚嘆稱揚名字"句，其中"名字"二字，經本《房山》三十卷本、《金藏》本、《麗藏》再雕本及《大正藏》本與殘卷同，敦煌本（北敦 669 號、北敦 3481 號、北敦 5909 號）、《房山》四十卷本、《崇寧藏》本以及《大正藏》校記引宋本、元本、明本、聖本經本作"名姓"；論本各本亦皆作"名姓"。4. 殘片"□（信）解已，如説住、如説行。如説☑（行）"，後一"如説行"經本北敦 5909 號、北敦 669 號、《房山》三十卷、四十卷本及《大正藏》校記引聖語藏本同，北敦 3481 號及《崇寧藏》《大正藏》等作"如説住、如説行"；論本諸本中，唯《大正藏》校記引宋本亦作"如説行"，其餘如《房山》《崇

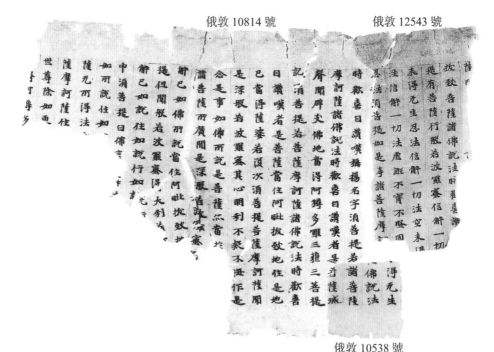

俄敦 10814 號　　　　俄敦 12543 號

俄敦 10538 號

圖 13　俄敦 12543 號＋俄敦 10538 號＋俄敦 10814 號綴合圖

寧藏》《麗藏》本及《大正藏》本作"如説住、行……"，《金藏》本論本則單作"行"。

凡此雖均屬於傳抄或傳刻導致的差異，但依上揭三號後三例與《房山》三十卷本經本"用字一致"的特點，可判定其同出一源。則上揭三號宜比照後者定名爲"摩訶般若波羅蜜經卷二十一稱揚品第六十五（三十卷本）"，相應文字參見《大正藏》T8/361B9—361C5。

14. 北敦 11934 號＋斯 2414 號

（1）北敦 11934 號（北臨 2063），見《國圖》110/159B。殘片。如圖 14 右部所示，存 6 行，行 17 字（首後二行上部或下部各有殘缺）。有烏絲欄。原卷無題，《國圖》擬題"摩訶般若波羅蜜經卷二三"，條記目録稱該卷爲 6 世紀南北朝時期隸楷寫本。

（2）斯 2414 號（翟 809），見《英圖》40/187A—197A。卷軸裝，14 紙。前部如圖 14 左部所示，首殘尾全。存 397 行，行 17 字。有烏絲欄。中有品題"摩訶般若波羅蜜經四攝品第七十八"，尾題"摩訶般若波羅蜜經卷第廿六"。《翟録》："摩訶般若波羅蜜經卷二六品七七、品七八（相當於《大正藏》卷二三、二四）。七世紀非常好的寫卷。"《索引》及《寶藏》《索引新編》擬題"摩訶般若波羅蜜經卷第二十六"。《英圖》題"摩訶般若波羅蜜經（異卷）卷二六"，條記目録云："與《大正藏》本對照，本文獻之分卷不同。相當於《大正藏》本卷二三後部分及卷二四前部分。與歷代大藏經分卷均不相同，屬於異卷。"并稱該卷爲 6—7 世紀隋隸楷寫本。

按：上揭二號内容前後相承，可以綴合。綴合後如圖 14 所示，接縫處邊緣吻合無間，原本分屬二號的"色性""説""菩提如是"七字皆得拼合完整。又二號行款格式相同（皆有烏絲欄，行約 17 字、字體大小及字間距皆相近），字迹書風似同（比較二號共有的"説""位""示""可""菩"等字），可資參證。二號綴合後，所存内容始"受想行識是有所得"句"所得"二殘字，至"以此四事而攝取之"句，相應文字《大正藏》本分屬《摩訶般若波羅蜜經》第二十三卷六喻品第七十七、第二十四卷四攝品第七十八（T8/391C3—396B20）；《房山石經》本（三十卷本）品名品次同，但均歸屬第二十六卷，與寫卷合。據此，北敦 11934 號亦當比照斯 2414 號擬題作 "摩訶般若波羅蜜經卷第廿六（三十卷本）"。

斯 2414 號（前部）　　　　　　　北敦 11934 號

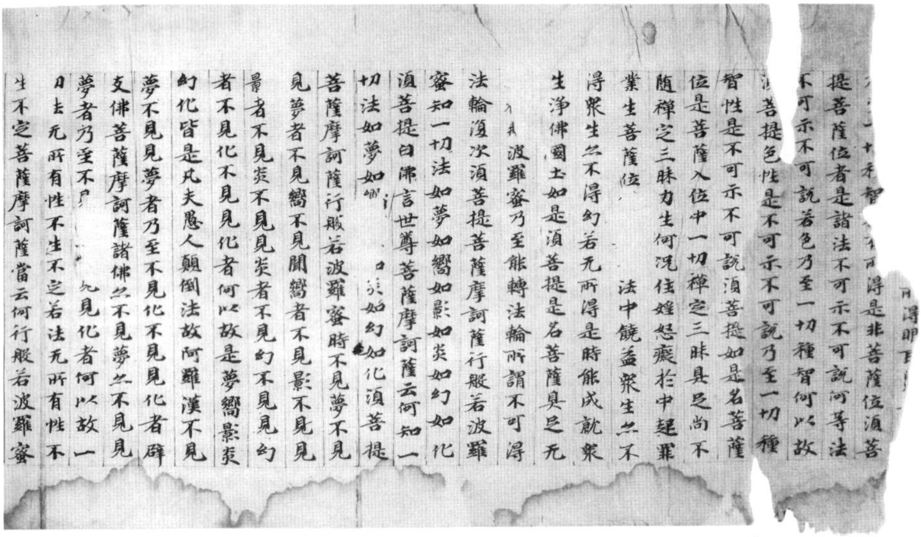

圖 14　北敦 11934 號 + 斯 2414 號（前部）綴合圖

又，上揭二號既可綴合爲一，而《國圖》條記目録稱北敦 11394 號爲 6 世紀南北朝時期隸楷寫本，《英圖》條記目録又稱斯 2414 號爲 6—7 世紀隋隸楷寫本，《翟録》稱後者爲 "七世紀非常好的寫卷"，抄寫年代判定略有不同；就字體來看，原卷已是成熟的楷書，但確有少數字形帶有隸書演變而來的痕跡，如 "惚"（惱）、"邊"（邊）、"象"（象）等，爲六朝晚期寫經所經見，此二號可一併定爲 6 世紀南北朝後期楷書寫本。

15. 俄敦 4564 號 + 俄敦 4551 號

（1）俄敦 4564 號，見《俄藏》11/271B。殘片。如圖 15 右部所示，存 5 行，行存上部 1—7 字（首行僅存 1 字左側殘形，末行僅存 1 字右側殘點）。楷書。有烏絲欄。原卷無題，《俄藏》未定名；《俄録》擬題 "摩訶般若波羅蜜經卷第五廣乘品第十九" 或 "大智度論釋四念處品第十九"。

（2）俄敦 4551 號，見《俄藏》11/266B。殘片。如圖 15 左部所示，存 12 行，行存 5—11 字。楷書。有烏絲欄。原卷無題，《俄藏》未定名；《俄録》擬題 "摩訶般若波羅蜜經卷第五廣乘品第十九”。

　　按：二十七卷本《摩訶般若波羅蜜經》卷五和《大智度論》卷四八皆有與上揭二號殘片基本相同的字句，且其内容前後相承，可以綴合。綴合後如圖15所示，接縫處邊緣吻合，原本撕裂在二號的“命”字得以復合爲一。又二號行款格式相同（天頭高度近同，皆有烏絲欄，行距、字距、字體大小相近），書風相似（橫畫捺筆出鋒，收筆頓筆明顯），字迹相同（比較二號共有的“力”“也”“命”等字），可資參證。

俄敦 4551 號

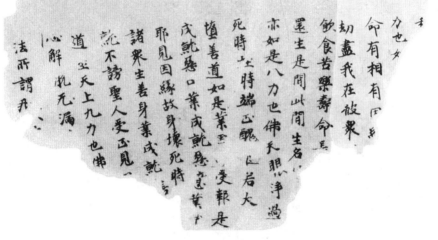

圖15　俄敦 4564 號＋俄敦 4551 號綴合圖

　　二號綴合後，所存内容始“如實知他衆生種種欲解”句後一“種”字殘形，訖“法所謂☒☒（我生）”句。與《摩訶般若經》《大智度論》經本比勘，主要異文有五：1.第6行“此間生名☒”句中的“名☒”，經本除《房山》三十卷本缺、《大正藏》校記引聖語藏本作“名如”字外，其餘諸本皆作“名姓”；論本則幾乎皆作“姓名”，僅《房山》本及《大正藏》校記引石山寺本作“名姓”。2.第11行“見因緣故”，經本敦煌本（北敦2237號、北敦5204號、北敦6094號、北敦14012號。本條下“敦煌本”所指同此）、《房山》四十卷本（三十卷本缺）、《崇寧藏》本與殘卷同，而《麗藏》《金藏》《大正藏》本作“見業因緣故”；論本諸本亦多作“見業因緣故”，但《毗盧藏》本及《大正藏》校記引聖本亦無“業”字，與殘卷同。3.第12行“諸衆生善身業成就”句中的“善身”，經本敦煌本與《房山》《崇寧藏》本及《大正藏》校記引宋本、元本、明本、聖本同，《麗藏》《金藏》《大正藏》本則作“身善”；論本諸本皆作“善身”，與殘卷同。4.第13行“不謗聖人”句中的“謗”，經本敦煌本及《房山》四十卷本與此同，其餘經本諸本皆作“謗毀”；論本諸本亦多作“謗毀”，但敦煌本北敦14454號及《大正藏》校記引宋本、元本、明本、聖本則單作“謗”。

　　凡此雖屬於傳抄傳刻導致的差異，但比較而言，上揭二號所存經文與敦煌本及《房山石經》四十卷經本顯示出最大的一致性，應同出一源，爲《摩訶般若波羅蜜經》經本。但因北敦2237號爲節抄本，此品品題《摩訶般若波羅蜜經》四念處品第十八”；北敦5204號、北敦6094號與北敦14012號爲四十卷本，北敦6094號品題缺，尾題“《摩訶般若波羅蜜經》卷八”，北敦14012號品題與北敦2237號同，尾題“《摩訶般若波羅蜜經》卷八”；《房山石經》品題“《摩訶般若波羅蜜經》四念處品第十八”，尾題“《摩訶般若波羅蜜經》卷八”。職此之故，上揭二號可從北敦14012號擬題作“《摩訶般若波羅蜜經》卷八四念處品第十八（四十卷本）”，相應文字參見《大正藏》T8/255B5—255B21。

　　16. 斯4108號+甘博20號

　　（1）斯4108號（翟833），見《寶藏》34/22B—23A。殘片。後部如圖16右部所示，前後皆缺，存28行，行17字。楷書。原卷無題，《翟録》定作“摩訶般若波羅蜜經”，公元七世紀寫本；《寶藏》及《索引新編》擬題“摩訶般若波羅蜜經卷第七”。

　　（2）甘博20號，見《甘藏》4/150B—158B。14紙。首缺尾全。前部如圖16左部所示，存366行，行17字。楷書。中有品題“摩訶般若波羅蜜經無生品第廿五”，尾題“摩訶般若波羅蜜經卷第十一”，《甘藏》擬題“摩訶般若波羅蜜經卷第七無生品第廿五”。《甘藏》敘録云：“本卷從紙張、書體和‘世’字減筆避諱以及書寫格式規整看，頗似唐秘書省、弘文館等處書手所書。”

按：上揭二號内容前後相承，斯 4108 號末行“般若波羅蜜離故般若”與甘博 20 號首行“波羅蜜性無故”先後相接，中無缺字，存有綴合的可能性。二號接縫處邊緣整齊，可以對接。比較二號共有的“羅”“可”“菩”“故”“是”“无”“空”等字，如表 3 所示，字迹書風似同。又二號行款格式相同（滿行皆約 17 字、字體大小及字距、行距皆相近）。由此推斷，此二號確可綴合。綴合後如圖 16 所示，所存内容始“如我諸法亦如是无自性”句“法”字，至尾題，原卷屬於四十卷本系統，相應文字四十卷本《房山石經》正在卷十一。而二十七卷系統的《大正藏》本相應文字在卷七（T8/267B17—272A27），《甘藏》不顧甘博 20 號“卷第十一”的尾題，硬與《大正藏》本相牽合，定作卷七，顯然不妥；斯 4108 號既可與甘博 20 號綴合，則亦必爲四十卷本《摩訶般若波羅蜜經》卷十一，《寶藏》《索引新編》定作卷七，同樣不妥。

甘博 20 號（前部）　　　　斯 4108 號（後部）

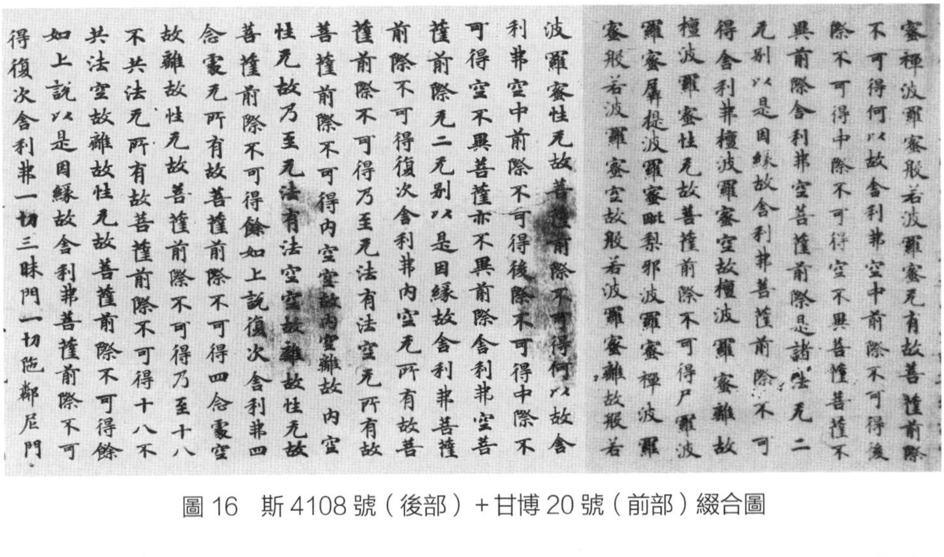
蜜禅波羅蜜般若波羅蜜无有故菩薩前際
不可得何以故舍利弗空中前際不可得後
際不可得中際不可得空不異菩薩菩薩不
異前際舍利弗空菩薩前際是諸法无二
无别以是因緣故舍利弗菩薩前際不可
得舍利弗檀波羅蜜空故檀波羅蜜離故
檀波羅蜜性无故菩薩前際不可得尸羅波
羅蜜羼提波羅蜜毗梨耶波羅蜜禅波羅
蜜般若波羅蜜空故般若波羅蜜離故般若
波羅蜜性无故菩薩前際不可得何以故舍
利弗空中前際不可得後際不可得中際不
可得空不異菩薩亦不異前際舍利弗空菩
薩前際无二无别以是因緣故舍利弗菩薩
前際不可得復次舍利弗内空无所有故菩
薩前際不可得乃至无法有法空无所有故
菩薩前際不可得内空空故内空離故 内空
性无故乃至无法有法空空故離故性无故
菩薩前際不可得餘如上説復次舍利弗四
念處无所有故菩薩前際不可得四念處空
故離故性无故菩薩前際不可得乃至十八
不共法无所有故菩薩前際不可得十八不
共法空故離故性无故菩薩前際不可得餘
如上説以是因緣故舍利弗菩薩前際不可
得復次舍利弗一切三昧門一切陁鄰尼門

圖 16　斯 4108 號（後部）+ 甘博 20 號（前部）綴合圖

又按，此卷楷書純正，應爲唐代早期寫經，《翟録》推測爲公元七世紀寫本，近是；《甘藏》敘録推測“頗似唐秘書省、弘文館等處書手所書”，亦不無可能。但該卷“世”字大抵作“**世**”形，不存在減筆，不宜據以作爲判斷抄寫時代的依據。

表 3　斯 4108 號、甘博 20 號字迹比較表

例字 卷號	羅	可	菩	故	是	無	空
斯 4108 號	羅	可	菩	故	是	无	空
甘博 20 號	羅	可	菩	故	是	无	空

17. 斯 9163 號 + 北敦 14013 號

（1）斯 9163 號，見 IDP。卷軸裝，2 紙。前後皆缺，後部如圖 17 右部所示，存 56 行，行 17 字。楷書。有烏絲欄。原卷無題，IDP 未定名。

（2）北敦 14013 號（北新 213），見《國圖》118/332B—341A。卷軸裝，13 紙。前部如圖 17 左部所示，前後皆缺，存 364 行，行 17 字。有烏絲欄。中題 "摩訶般若波羅蜜經校舍利品第卅六"。《國圖》擬題 "摩訶般若波羅蜜經（四十卷本）卷一五"，條記目錄云："與《大正藏》本對照，分卷不同，品名品次也不相同，經文相當於《大正藏》本《摩訶般若波羅蜜經》卷第九尊導品第三十六的後半部及卷第十法稱品第三十七（本件作校舍利品第三十六）的大部分。本號據正倉院聖語藏本判定卷次。" 又稱本卷爲 7—8 世紀唐楷書寫本。

按：後一號《國圖》擬題可從，前一號亦當爲四十卷本《摩訶般若波羅蜜經》卷十五殘卷，且二號內容前後相承，斯 9163 號末句行末 "復次" 與北敦 14013 號首句 "善男子善女人受持般若波羅蜜乃至正憶念時" 先後相接，中無缺字，存有綴合的可能性。二號接縫處邊緣大體吻合，橫向烏絲欄亦可對接。比較二號共有的 "女""人""受""若""不""是""波" 等字，如表 4 所示，字迹似同。又此二號行款格式相同（天頭地腳等高，皆有烏絲欄，每紙均 28 行，每行雖均約 17 字，行距、字體大小相近，但字距大小不一，以致每行文字橫向比較錯落不齊），書風相似（橫畫較長且其起筆出鋒與收筆頓筆明顯、捺筆出鋒）。由此推斷，此二號確可綴合。綴合後如圖 17 所示，所存內容始於 "但稱譽般若波羅蜜" 句後五字，訖 "求辟支佛道人學是般若波羅蜜得辟支佛道"

句前五字，原卷屬於四十卷本系統，相應文字四十卷本《房山石經》都在卷十五阿難稱譽品第三十六之下。①

北敦 14013 號（前部）　　　　斯 9163 號（後部）

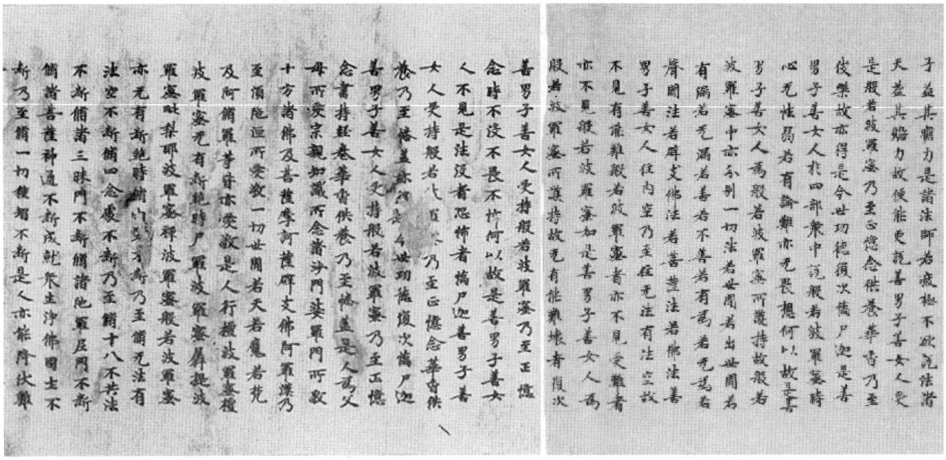

圖 17　斯 9163 號（後部）＋北敦 14013 號（前部）綴合圖

表 4　斯 9163 號、北敦 14013 號字迹比較表

例字 卷號	女	人	受	若	不	是	波
斯 9163 號	 女	 人	 受	 若	 不	 是	 波
北敦 14013 號	 女	 人	 受	 若	 不	 是	 波

另據《國圖》條記目録，北敦 14013 號原爲日本大谷探險隊所得。如衆所知，日本所藏敦煌寫卷來歷複雜，可靠性多有可疑。今此號既可與斯 9163 號綴合，而英圖藏卷的可靠性没有疑問，則可證明北敦 14013 號也應該是可靠的藏經洞文獻。

---

①《房山石經》本卷十五“阿難稱譽品第三十六”，北敦 14013 號作“校舍利品第卅六”，品名不一；《大正藏》本卷十作“法稱品第三十七”，校記稱宋、元、明、宫本作“舍利品第三十七”，《聖語藏》本作“舍利校量品第三十七”，可參。

18. 俄敦 9915 號＋斯 4922 號

（1）俄敦 9915 號，見《俄藏》14/215B。殘片。如圖 18 右部所示，存 7 行，行存 2─11 字。楷書。有烏絲欄。原卷無題，《俄藏》未定名；《俄録》擬題“摩訶般若波羅蜜經卷第十五成辦品第五十”，又稱“另《大智度論》也相符”。

（2）斯 4922 號（翟 796），見《寶藏》38/565B─571A。首殘尾全。前部如圖 18 左部所示，存 220 行，行 17 字（前六行上部及下部頗有殘缺）。楷書。有烏絲欄。中題“摩訶般若波羅蜜經船喻品第五十”，尾題“摩訶般若波羅蜜經卷廿二”。

斯 4922 號（前部）　　　　　　　　　　俄敦 9915 號

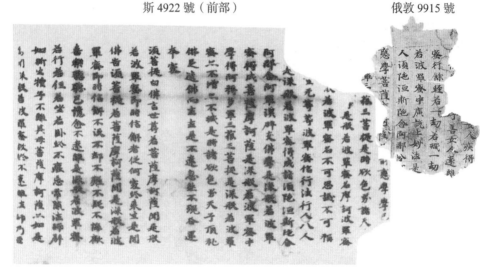

圖 18　俄敦 9915 號＋斯 4922 號（前部）綴合圖

按：上揭二號内容前後相承，可以綴合。綴合後如圖 18 所示，俄敦 9915 號末二行“菩薩▨▨▨▨（摩訶薩亦）”“▨▨（羅三）”分别與斯 4922 號首二行“所應學學已”“藐三菩提”先後相接，“所應學學已”“羅三藐三菩提”間補足“得阿耨多”四字後，前後文句銜接無間。又二號行款格式相同（皆有烏絲欄、字體大小及字距、行距皆相近），書風相近（字體方正、捺筆較粗），字迹似同（比較二號共有的“若”“波”“蜜”“人”“含”等字），可資參證。二號綴合後，所存内容始於“善男子善女人疾得涅槃”句“女”字，訖尾題“摩訶般若波羅蜜經卷廿二”，相應文字《房山石經》四十卷系統本正在卷二二，唯品名作大事起品第五十、譬喻品第五十一，略有不同。①

上揭二號既可綴合爲一，則俄敦9915號亦當比照斯4922號定作《摩訶般若波羅蜜經》卷二二殘片；《俄録》定作卷十五，又稱《大智度論》也相符，皆不可從。

19. 斯8994號＋北敦9770號

（1）斯8994號，見IDP。殘片。如圖19右下部所示，存9殘行，行存下部2—15字（首行僅存上部七八字左側殘筆，末行僅存下端2字右側殘筆）。有烏絲欄。原卷無題，IDP未定名。

（2）北敦9770號（坐91），見《國圖》106/264B。卷軸裝，1紙。如圖19左上部所示，存23行（首8行下殘），行17字。有烏絲欄。原卷無題，《國圖》條記目録擬題"摩訶般若波羅蜜經卷一九"，稱該卷爲5—6世紀南北朝時期隸書寫本。

按：比勘佛經經文，與上揭二號殘片文字大致相同的有《摩訶般若波羅蜜經》卷十九和《大智度論》卷七八。此二號内容前後相承，可以綴合。綴合後如圖19所示，二號接縫處邊緣吻合，原本分屬二號的"二""如""惡""无""近諸""僧祇""二地"十字皆得合成完璧。又二號行款格式相同（地脚等高，皆有烏絲欄，行距、字距、字體大小相近），書風字迹似同（比較二號共有的"藐""喜""惡""終""根"等字，二號皆楷書而略帶隸意，《國圖》條記目録稱後號爲隸書，不確），可資參證。

二號綴合後，所存内容始於"爲破魔境界故生"句後四字左側殘筆，訖"汝見更有法得阿耨多羅三藐三菩提不"句前11字（前"三"字僅存殘點），與《摩訶般若經》《大智度論》經本比勘，主要異文有四：1.第3—4行"若有人於菩薩能如是隨喜迴向者"句"菩薩"，經本敦煌本（北敦669號、北敦3481號、北敦5909號）、《房山》本同，《大正藏》校記引聖本亦同此，但《崇寧藏》《金藏》《麗藏》再雕本及《大正藏》本則作"菩薩心"；論本《崇寧藏》《金藏》《大

_____

① 此組相應文字二十七卷系統的《大正藏》本在卷十五成辦品第五十、譬喻品第五十一（T8/328B29—331B7），可參。

正藏》本亦與殘卷同，但《房山》本及《大正藏》校記引石山寺本作"菩薩心"。2. 殘卷第6行云"終无不隨念"，經本敦煌本（北敦669號、北敦3481號、北敦5909號）、《房山》三十卷本、《崇寧藏》本等同，《大正藏》校記引元本作"終無不隨惡念"，引明本作"終不隨惡念"；論本《大正藏》本亦作"終不隨惡念"，《麗藏》《金藏》本作"無不隨惡念"，《崇寧藏》《房山》及《大正藏》校記引宋本則作"終無不隨念"，與殘卷同。3. 殘卷第7行"佛國"，經本北敦669號、北敦5909號與《房山》本及《大正藏》校記引明本、聖本同，《崇寧藏》《金藏》《麗藏》再雕本及《大正藏》本作"佛土"，北敦3481號作"佛界"；論本《房山》本及《大正藏》校記引元本、明本、石本亦作"佛國"，與殘卷同，但《崇寧藏》《大正藏》等本則作"佛界"。4. 殘卷作"阿毗拔致"，《經》《論》諸本皆不與此同，《房山》三十卷本經本及《崇寧藏》《金藏》《麗藏》再雕本等經本作"阿惟（維）越致"，北敦669號、北敦5909號經本則作"阿鞞跋致"，《大智度論》諸本亦作"阿鞞跋致"。

北敦 9770 號　　　　　　　　　　　斯 8994 號

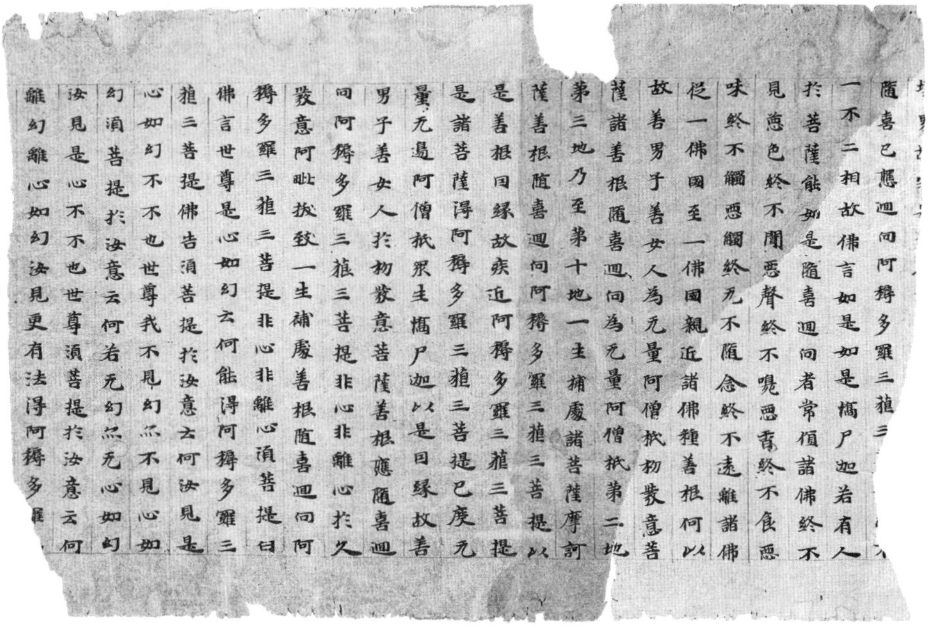

圖 19　斯 8994 號＋北敦 9770 號綴合圖

上揭各例與經本及論本的異文，除後例屬於譯音用字之異外，其餘各例與北敦 5909 號、北敦 669 號經本完全一致，應出自同一底本，宜比照後者定名爲"摩訶般若波羅蜜經卷二十八隨喜品第六十三（四十卷本）"，相應文字參見《大正藏》T8/358C24—359A20。

20. 斯 2194-2 號 + 北敦 14020 號

（1）斯 2194-2 號（翟 820），見《英圖》36/39B—40A。卷軸裝，前殘後缺，存 1 紙 25 行，如圖 20 右部所示，行 17 字（前 9 行下殘）。有烏絲欄。卷面有水漬、變色。斯 2194-1 號爲護首，原題"摩訶般若經卷第卅"，《翟錄》該號一併定作"摩訶般若波羅蜜經卷四〇"，稱原卷"兩殘片，其一僅由護首題名構成。該卷與《大藏》不符"；《寶藏》擬題"摩訶般若波羅蜜經卷第二十"；《英圖》分別定作"護首（摩訶般若波羅蜜經）""摩訶般若波羅蜜經卷二〇"，條記目錄稱"本遺書抄《摩訶般若波羅蜜經》卷二〇，已殘破，有人將《摩訶般若波羅蜜經》卷四十的護首與之抄在一起，形成目前形態"，又稱原卷經黃打紙，爲 7—8 世紀唐楷書寫本。

（2）北敦 14020 號（北新 220），見《國圖》118/412A—422B。卷軸裝。16 紙，前缺尾全。前部如圖 20 左部所示，存 420 行，行 17 字。有烏絲欄。有朱筆校改。中題"摩訶般若波羅蜜經方便品第六十八"，尾題"摩訶般若波羅蜜經卷第卅"，《國圖》定作"摩訶般若波羅蜜經（四十卷本）卷三〇"，條記目錄稱原卷打紙，爲 6 世紀隋楷書寫本，又云："與《大正藏》本對照，分卷不同。經文相當於《大正藏》本《摩訶般若波羅蜜經》卷第二十攝五品第六十八（丹本六度相攝品）的後部，卷第二十一方便品第六十九的全部（本件爲方便品第六十八）。"

按：上揭二號內容前後相承，斯 2194-2 號末行"以是持戒"與北敦 14020 號首行"无法可取"先後相接，中無缺字，存有綴合的可能性。二號接縫處邊緣整齊，可以對接，橫向烏絲欄亦可對接。又二號行款格式相同（天頭地腳等高，皆有烏絲欄，滿行皆約 17 字，字體大小及字距、行距皆相近），書風相近（鈎筆較重，撇筆較長，捺筆出鋒明顯，收筆頓挫分明），字迹似同（比較二號共有的"外""多""何""菩""蜜""藐"等字，如表 5 所示）。由此推斷，此二號確可綴合。綴合後如圖 15 所示，所存内容始"須菩提白佛言"，至尾題"摩訶般若波羅蜜經卷第卅"。二號既可綴合，斯 2194-2 號亦宜比照北敦 14020 號定作四十卷系統本卷三十[①]。相應文字二十七卷系統的《大正藏》本在卷二十、卷二一（T8/367B22—373A8），分卷不同。又《英圖》條記目録稱斯 2194 號爲經黄打紙，7—8 世紀唐寫本，《國圖》條記目録則稱北敦 14020 號爲打紙，6 世紀隋寫本，紙質及抄寫年代判定不一。考後號多見"㤟"（惱）、"慯"（慢）、"祣"（旐）、"㪅"（殺）、"邊"（邊）、"𡛸"（奭）等一批具有隋代前後寫經特徵的隸變俗字，《國圖》條記目録定作 6 世紀隋寫本，庶幾近是。

北敦 14020 號（前部）　　　　　　　　　　斯 2194-2 號

圖 20　斯 2194-2 號＋北敦 14020 號（前部）綴合圖

另據《國圖》條記目録，北敦 14020 號原爲日本大谷探險隊所得。此件既可與來歷可靠的英圖藏卷綴合，則其來自藏經洞文獻同樣也就得到了證實。

———————

① 斯 2194-1 號護首題"摩訶般若經卷第卅"，《英圖》條記目録認爲係有人將不相干的《摩訶般若波羅蜜經》卷四十的護首與本殘葉粘接在一起，近是。但也不能排除"卌"爲"卅"之誤。

表 5　斯 2194-2 號、北敦 14020 號字迹比較表

例字 卷號	外	多	何	菩	蜜	藐
斯 2194-2 號	外	多	何	菩	蜜	藐
北敦 14020 號	外	多	何	菩	蜜	藐

21. 北敦 14840MA 號 + 北敦 14840MB 號 + 北大敦 10 號

（1）北敦 14840MA 號（北新 1040），見《國圖》134/248B。殘片。如圖 21 右部所示，存 8 行，行 17 字（首行僅存下部七八字左側殘形，末行僅存五六字右側殘筆）。卷面有小殘洞。有民國收藏家魏榮"寶梁閣""八覺居士（三十三年五月）"題跋各一條，前者稱："隋大業寫經殘片，二十五年所得，德化李氏廎廔館中物也。"①原卷無題，《國圖》擬題"摩訶般若波羅蜜經卷二一"，條記目録稱其爲 6 世紀南北朝隸楷寫本，後部可與北敦 14840MB 號綴合。

（2）北敦 14840MB 號（北新 1040），見《國圖》134/249A。殘片。如圖 21 中部所示，存 7 殘行，行存中部 4—14 字。卷面有小殘洞。有魏榮"忍槎"題跋，稱："此幅與前幅隋經乃同體之物而裂缺者。'轉輪聖''如''不得波'等字，均可相聯屬。而余不諳裝池，又無天孫之技，不能補綴如一也。"原卷無題，《國圖》擬題"摩訶般若波羅蜜經卷二一"，條記目録稱其爲 6 世紀南北朝隸楷寫本，前部可與北敦 14840MA 號綴合。

（3）北大敦 10 號，見《北大》1/50A—56B。12 紙。前殘尾全。前部如圖 21 左部所示，存 335 行，行 17 字（首四行上殘）。尾題"摩訶般若波羅蜜經卷第卅"，《北大》敘録稱其爲隋楷書精寫卷子，"有'寋梁閣'、②'忍槎考藏'、

---

① 魏榮，字忍槎，號八覺居士，室名寶梁閣、不因人熱之室，生卒不詳，民國書畫家、收藏家。

② "寋梁閣"應爲"寶梁閣"誤認，"寶梁閣"爲魏榮藏書樓名，北敦 14840MA 號所附魏榮題跋之一末署"寶梁閣藏"，魏榮舊藏端石"洛神賦"硯銘末署"寶梁閣主魏忍槎珍藏"（見網文《端木蕻良：富貴少爺的"紅樓舊夢"》），可證。"寶"字《説文》古文作"𡥑"，"寶梁閣"的印章應該用的就是這個古字，形近"寋"，易於誤認。

'曾在不因人熱之室'三朱文方印。……《大正藏》標爲二十一卷"。

　　按：原藏家魏榮已判定前二號"乃同體之物而裂缺者"，可以"聯屬"；《國圖》條記目錄同。北大敦 10 號有魏榮的收藏印，當亦本係魏氏舊藏，且與前二號內容前後相承，亦可以綴合。此三號綴合後如圖 16 所示，接縫處邊緣大體吻合無間，原本分屬後二號的"般""夫""般若"四字皆得復合爲一。又二號行款格式相同（行約 17 字，字體大小及字間距皆相近），字迹書風似同（字體方正，比較三號共有的"離""波""羅""蜜""亦""如"等字），可資參證。三號綴合後，所存內容始"成就如是方便力者甚希有"句中間八九字殘形，至尾題"摩訶般若波羅蜜經卷第卅"，卷次和文字內容與四十卷本系統的《房山石經》本相合，《磧砂藏》本及《大正藏》校記所引宮內廳本亦均在卷三十末段；而《大正藏》相應文字在卷二一（T8/368C21—373A8），《國圖》據前二號殘文，把北敦 14840MA 號、北敦 14840MB 號定作《摩訶般若波羅蜜經》卷二一，不確。

北敦 14840MB 號

北大敦 10 號（前部）　　　　　　　　　　　　　　　北敦 14840MA 號

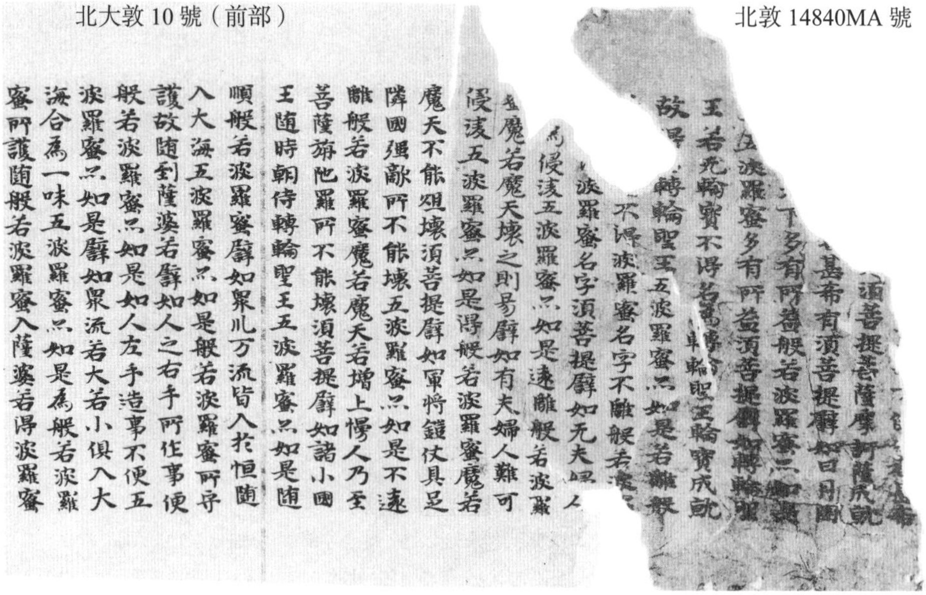

圖 21　北敦 14840MA 號＋北敦 14840MB 號＋北大敦 10 號（前部）綴合圖

又按，上揭三號既可綴合爲一，而《國圖》條記目録稱前二號爲 6 世紀南北朝隸楷寫本，《北大》敘録稱後一號爲隋楷書精寫卷子，抄寫時間與字體均所不同，顯有不妥。就字體而言，原卷確爲楷書，但隸意仍存，如卷中常見的"𡔰"（導）、"亂"（亂）、"離"（離）、"敵"（敵）、"執"（執）等皆帶有隸書楷變的意味，爲隋代前後寫經所經見，《北大》敘録稱爲隋寫卷子，近是。

22."俄敦 3113 號、俄敦 3119 號"…俄敦 2159 號＋俄敦 1281 號

（1）俄敦 3113 號、俄敦 3119 號，見《俄藏》9/53A。殘片。《俄藏》已把此二號與俄敦 2159 號綴合爲一，附列在俄敦 2159 號之下，茲據原卷上的標號和《孟録》提示，把俄敦 2159 號單列，俄敦 3113 號、俄敦 3119 號如圖 22 右部所示，上片 6 行，下片 7 行，每片行存 2—10 字，末行皆僅存右側殘畫。楷書。原卷無題，《俄藏》擬題"摩訶般若波羅蜜經三慧品第七十"；《俄録》連同下號定作"摩訶般若波羅蜜經卷第二十一三慧品第七十"。

（2）俄敦 2159 號（卷背標有俄敦 2159 號的編號），見《俄藏》9/53A。殘片。如圖 22 中部所示，存 19 行，行存 9—17 字。楷書。原卷無題，《孟録》及《俄録》定作"摩訶般若波羅蜜經卷第二十一，三慧品第七十"，《孟録》又稱存文見"《大正藏》第 8 卷 376 頁中 9 行—下 23 行，多處有異文"，爲 9—11 世紀寫本；《俄藏》擬題"摩訶般若波羅蜜經三慧品第七十"。

（3）俄敦 1281 號，見《俄藏》8/57B。殘片。如圖 22 左部所示，存 2 行，前行 12 字，後行題"摩訶般若波羅蜜經遍學品第七十三，卅二"。楷書。《孟録》定作"摩訶般若波羅蜜經卷第三十二，遍學品第七十三"，《孟録》稱"品和卷的編號與《大正藏》中的經文相符，但不是在主要藏本中，而是在《聖語藏》本第四十卷中"，爲 9—11 世紀寫本；《俄藏》及《俄録》題"摩訶般若波羅蜜經卷第三十二"。

按：《俄藏》已將前三號綴合爲一，當是；今謂後二號亦可綴合。四號綴合後如圖 22 所示，相鄰二號左右相接，内容先後相承。比照《大正藏》本，"俄敦 3113 號、俄敦 3119 號"末行行末"復次須菩提☒（是）"與俄敦 2159 號首行"波羅蜜"之間缺"般若"二字，不過就俄敦 2159 號首行"波羅蜜"之上殘缺的空間而言，大約可抄十字，而原文僅缺二字，存疑。又俄敦 2159 號末行行末"須菩提无"與俄敦 1281 號前行"☒（所）得即是得"相連成句，中無缺字。又二號行款格式相同（字距、行距皆較小，皆有塗改痕迹），書風字迹似同（字體呆板，似屬習書性質；運筆相似，如"彳"旁的第一筆皆作"丶"形，比較四號共有的"是""无""以""波""羅"等字），可資參證。四號綴合後，所存內容始"皆法如法性實際"句後二殘字，至尾題"摩訶般若波羅蜜經遍學品第七十三，卅二"，當出於四十卷本系統卷三二。所見經文二十七卷本系統的《大正藏》本在第二十一卷三慧品第七十（T8/376B3—376C25），《孟錄》《俄錄》等據以把前三號定作"摩訶般若波羅蜜經卷第二十一三慧品第七十"，不確。

俄敦 1281 號　　　　俄敦 2159 號　　　　俄敦 3113 號、俄敦 3119 號

圖 22　"俄敦 3113 號、俄敦 3119 號"…俄敦 2159 號＋俄敦 1281 號綴合圖

23. 斯 9912 號＋斯 7435 號＋斯 4568 號

（1）斯 9912 號，見 IDP。殘片。如圖 23 右部所示，存 5 殘行，行 5—11 字（末行僅存中部一"相"字及下部四字殘筆）。楷書。原卷無題，IDP 未定名。

（2）斯7435號，見《寶藏》55/136B。殘片。如圖23中部所示，存18行，行17字（前後多殘損，末行僅存約10殘字）。楷書。原卷無題，《寶藏》擬題"摩訶般若波羅蜜經卷第二十四"。

（3）斯4568號（翟5485），見《寶藏》36/579B—580B。卷軸裝，3紙。前後皆殘，存58行，行17字（前二行下部殘缺，末行僅存首字右側殘畫）。前部如圖23左部所示。楷書。原卷無題，《索引》泛題"佛經"，《寶藏》及《索引新編》擬題"摩訶般若波羅蜜經卷第二十四"。

按：比勘佛經經文，與上揭三號殘卷文字大致相同的有二十七卷本《摩訶般若波羅蜜經》卷二四和《大智度論》卷八八，且此三號內容前後相承，可以綴合。綴合後如圖23所示，據完整文本，斯9912號末行殘字"相"下可補足爲"□□□□□□□□□（滅一切有對相不念一切異）"，補足的"不念一切異"與斯7435號首行殘字"相故"相連成句。斯7435號與斯4568號二號左右相接，接縫處邊緣吻合，原本撕裂在二號的"轉梵輪諸沙門婆""若"八字皆得拼合完整。又三號行款格式相同（行間距、字間距皆相近，滿行皆約17字），字迹書風相近（比較三號共有的"是""爲""无"等字），可資參證。

三號綴合後，所存內容始"以寂滅行離行攝心"句後三殘字，至"佛音

斯4568號（前部）　　　　　　　　　　斯7435號

斯9912號

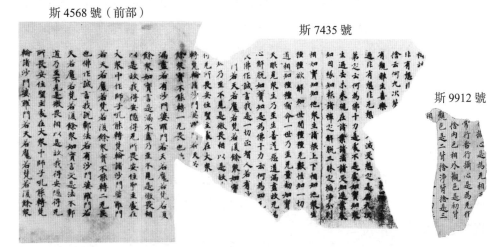

圖23　斯9912號…斯7435號＋斯4568號（前部）綴合圖

聲遍滿三千大千國土"句前八字止，與《摩訶般若經》《大智度論》經本比勘，重要的異文有：1. 殘片多處出現"背捨"一詞，經本斯 2414 號、斯 3217 號、斯 3781 號、國博 42 號及《大正藏》本校記引宋本、元本、明本、聖本與此同，《麗藏》《崇寧藏》《金藏》及《大正藏》本則作"解脫"；論本諸本則皆作"背捨"，與殘卷同。2. 第 24 行"一无畏也"句"畏也"，經本斯 2414 號、斯 3217 號、斯 3781 號、國博 42 號及《房山》四十卷本、《崇寧藏》本及《大正藏》本校記引宋本、元本、明本與此同，《房山》三十卷本及《麗藏》《金藏》《大正藏》本則作"所畏"；論本諸本亦作"畏也"，與殘卷同。3. 第 48 行"一、諸佛身無失，二、口無失"句，除斯 2414 號外，國博 42 號等經本皆與此同；論本浙敦 27 號及《麗藏》《金藏》《大正藏》本作"一者…，二者…"，中村 61 號作"一者…，二…"，《毗盧藏》《房山》本則與殘卷同；4. 斯 4568 號末倒 4 行"遍照三千大千世界"句，其中"世界"一詞，經本國博 42 號、《崇寧藏》本、《房山》四十卷本及《大正藏》本校記引宋、元、明、聖本與此同，斯 2414 號、斯 3217 號、斯 3781 號、《房山》三十卷本及《麗藏》《崇寧藏》《金藏》《大正藏》本作"國土"；論本浙敦 27 號、《房山》本亦作"國土"，但中村 61 號及《毗盧藏》《大正藏》等本則作"世界"，與殘卷同。

　　上面列舉的異文多是用字之異，很難作爲判定寫卷源出的鐵證。但值得注意的是，國博 42 號經本文字與此三號完全相同，不能排除同出一源。國博 42 號首題"摩訶般若波羅蜜經四攝品第七十七，卅五"，爲四十卷本經本，據此，上揭三號或亦可據以定名爲"摩訶般若波羅蜜經卷三五四攝品第七十七（四十卷本）"，相應文字《大正藏》在卷二四（T8/394C28—395C25）。後二號《寶藏》據以擬題"摩訶般若波羅蜜經卷第二十四"，則未必妥當。

卷號簡目

　　根據對已刊布文獻的普查以及上述綴合成果，按二十七卷本、三十卷本、四十卷本、異卷本不同系統，分別梳理出可確定的敦煌《摩訶般若波羅蜜經》寫本卷號如下：

二十七卷本

卷一　斯 8479 號 * ＋津圖 2 號、<u>俄敦 3625 號</u>、<u>俄敦 3635 號</u>、俄敦 15189 號 *、俄敦 9136 號 *、俄敦 16959 號 *、俄敦 16883 號 *、俄敦 16924 號 * ＋俄敦 16934 號 *、俄敦 16963 號 *、俄敦 11492 號 *、俄敦 4388 號 *、斯 13274 號 *、俄敦 16890 號 *；

卷二　俄敦 12850 號 *、俄敦 17935 號 *、北敦 5720 號、北敦 14825CK 號、俄敦 8320 號 * ＋俄敦 8324 號 *、伯 5559（2）號、<u>北敦 11344 號＋斯 7445 號</u>、津文 1 號；

卷三　北敦 161 號；

卷四　伯 4776 號、北敦 4732 號；

卷五　斯 2906 號、北敦 5204 號、斯 10188 號 *、斯 9297 號 *；

卷七　甘圖 22 號、北敦 9659 號、北敦 15068 號、北敦 14898 號；

卷八　俄敦 4564 號＋俄敦 4551 號、守屋孝藏 194 號、敦研 104 號；

卷十　北大敦 147 號；

卷十一　俄敦 12048 號 *、北大敦 125 號、斯 292 號、羽 85 號；

卷十二　上圖 87 號；

卷十三　俄敦 7476 號 *、斯 2726 號、俄敦 7695 號 *；

卷十四　斯 4068 號、斯 9072 號 *；

卷十六　北敦 10571 號＋北敦 9904 號＋北敦 2198 號＋<u>北敦 2250 號＋北敦 2247 號</u>；

卷十七　北敦 10884 號、斯 455 號；

卷二十　俄敦 16525 號 *；

卷二一　斯 6980 號＋斯 5156 號、俄敦 7274B 號、<u>俄敦 7255 號 * ＋俄敦 7264 號 *</u>；

卷二三　北敦 7667 號、北敦 1986 號、北敦 5864 號；

卷二五　<u>俄敦 10968 號＋斯 55 號</u>；

卷二六　北敦 1065 號、北敦 700 號；

卷二七　津藝 85 號＋北敦 14747 號；

節抄　斯 2133 號[○]、斯 938 號[○]、北敦 8217 號、北敦 6355 號、<u>北敦 2229 號＋北敦 2237 號</u>、敦研 326 號、斯 7047 號 * ＋北敦 226 號 *、北敦 956 號、斯 1445 號、斯 6538 號、傅圖 4 號、斯 12889 號 * ＋斯 11834 號 *、斯 3555 號；

護首　斯 12072 號 *、斯 11028 號 *、啓功 39（4）號、斯 9422 號 *；

勘經記　伯 5027（5）號。

三十卷本

卷一　北敦 14961 號[○]；

卷十　<u>俄敦 4136 號＋俄敦 5006 號…俄敦 4093 號</u>；

卷十二　斯 488 號；

卷十四　北敦 14701 號[○]、伯 4504 號；

卷十六　首博 32・545 號[○]；

卷十七　俄敦 16801 號 *、俄敦 10822 號 *；

卷十九　斯 4708 號＋斯 12357 號 * ＋斯 12618 號 * ＋斯 13060 號 *；

卷二一　俄敦 12543 號＋俄敦 10814 號 * ＋俄敦 10538 號 *、北敦 14974 號、北敦 14648 號；

卷二二　上圖 41 號；

卷二三　斯 6868 號；

卷二四　北敦 14687 號[○]；

卷二五　北敦 15016 號[○]、斯 2196 號；

卷二六　斯 3217 號、北敦 11934 號＋斯 2414 號；

卷二七　甘博 73 號[○]、北敦 1006 號；

卷二八　三井 22 號、許 4 號；

卷二九　北敦 14866 號。

四十卷本

卷一　臺圖 43 號；

卷二　津藝 37 號[○]、北敦 1278 號、羽 576 號、俄敦 10826 號 *；

卷三　上圖 48 號[○]、斯 1085 號；

卷四　甘博 28 號[○]、斯 4067 號、北敦 5997 號、斯 3174 號；

卷五　斯 1933 號、津藝 263 號；

卷六　斯 12067 號 *、北敦 14011 號、北敦 4350 號、北敦 6915 號；

卷七　斯 2192 號、斯 1831 號、北敦 14839 號；

卷八　北敦 14012 號°、北敦 6094 號、北敦 14938 號；

卷九　北敦 6414 號；

卷十　北敦 14014 號；

卷十一　北敦 4380 號、北敦 56 號、北敦 15128 號、斯 4108 號＋甘博 20 號、羽 556 號；

卷十二　北敦 14557 號°、北敦 14015 號；

卷十三　北敦 3370 號、北敦 4550 號、三井 9 號、務本 31 號；

卷十五　北敦 14733 號°、斯 9163 號 *＋北敦 14013 號；

卷十六　北敦 15338 號°、津藝 31 號°、斯 3463 號、北敦 1289 號、羽 579 號、北敦 1040 號；

卷十七　斯 2209 號、中國書店 29 號、斯 7370 號、俄敦 18904 號 *；

卷十九　三井 21 號°、北敦 15152 號°。

卷二十　上博 52 號°、國贈 26724 號°、斯 3410 號、守屋孝藏 147 號（未見原卷，起止不明）；

卷二一　羽 212 號；

卷二二　北敦 14016 號°、斯 948 號°、中村 14 號、俄敦 9915 號＋斯 4922 號；

卷二三　斯 2195 號、斯 2193 號、斯 6941 號；

卷二四　津藝 29 號°、北敦 14017 號、斯 9600 號 *；

卷二五　浙敦 25 號°、上圖 167 號°、津藝 291 號°、津藝 277 號°、北敦 2655 號、北敦 6657 號、斯 2229 號；

卷二六　北敦 14996 號°、北敦 14718 號°、上圖 178 號；

卷二七　北敦 14018 號°；

卷二八　北敦 669 號°、北敦 5909 號、斯 8994 號 *＋北敦 9770 號；

卷二九　北敦 14019 號°、北敦 3806 號；

卷三十　斯 2194-2 號＋北敦 14020 號、俄敦 10828 號 *、<u>北敦 14840MA 號＋北敦 14840MB 號</u>＋北大敦 10 號；

卷三一　斯 10903 號 *、北敦 3481 號、北敦 4102 號、<u>北敦 7828 號＋北敦 7831 號</u>；

卷三二　上圖 81 號○、斯 1422 號、<u>"俄敦 3113 號、俄敦 3119 號"</u>…俄敦 2159 號＋俄敦 1281 號、北敦 14021 號；

卷三三　北敦 14022 號○、斯 3619 號○、北敦 14950 號○、臺圖 44 號、<u>北敦 4697 號＋北敦 4475 號</u>；

卷三四　斯 2188 號、北敦 755 號；

卷三五　斯 3781 號○、國博寫經 42 號○、南博 7 號○、斯 9912 號＋斯 7435 號＋斯 4568 號、守屋孝藏 214 號；

卷三六　斯 2149 號；

卷三七　北敦 15339 號○、北敦 898 號○、北敦 11111 號；

卷三八　北敦 2982 號、斯 2619 號○、傅圖 6 號；

卷三九　北敦 15300 號○、北敦 15389 號○、守屋孝藏 130 號；

卷四十　守屋孝藏 228 號○、上圖 105（2）號；

護首：北敦 11746 號、斯 2194-1 號。

異卷本

卷十四　斯 4033 號；

卷十七　北敦 14944 號；

卷十八　斯 680 號。

乙、《摩訶般若經》或《大智度論》存疑寫本

　　由於《大智度論》爲《摩訶般若經》的釋經論，對《摩訶般若經》作了系統解説及論證，解説論證前先抄列經文，故二書經文部分有重合，部分殘片因篇幅較短，暫不能確定其出自《摩訶般若經》還是《大智度論》，這類

寫經共有 338 號，包括原未定名本次新考定的殘片或殘卷共 136 號。[①] 郭曉燕《敦煌本〈大智度論〉寫本考》已整理出尚不能確定其具體出處的綴合 14 組，[②]本次續綴 11 組，共計將 52 號綴合爲 25 組。

1. 俄敦 16075 號 + 俄敦 16477 號

（1）俄敦 16075 號，見《俄藏》16/278B。殘片。如圖 1 上部所示，存 4 殘行，行存中部 3—4 字。楷書。有烏絲欄。原卷無題，《俄藏》未定名。

（2）俄敦 16477 號，見《俄藏》16/309B。殘片。如圖 1 右下部所示，存 2 殘行，行存中部 5 字。楷書。有烏絲欄。原卷無題，《俄藏》未定名。

按：查《摩訶般若波羅蜜經》卷四和《大智度論》卷四四皆有與上揭二號殘片完全相同的字句，且此二號内容前後相承，可以綴

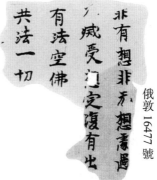

俄敦 16075 號

俄敦 16477 號

圖 1　俄敦 16075 號 + 俄敦 16477 號綴合圖

合。綴合後如圖 1 所示，接縫處邊緣吻合，俄敦 16075 號前二行下接俄敦 16477 號二殘行，原本分屬二號的 "想" "想" "定" 三字大致得以復原。又此二片行款格式相同（行約 17 字，皆有烏絲欄，行間距相等，字間距相似，字

---

① 敦煌文獻未定名殘片，我們的學術團隊在 2011—2012 年全面普查時曾做過系統的比定，其中包括《摩訶般若波羅蜜經》及《大智度論》未定名殘片，在此基礎上，郭曉燕的《敦煌本〈大智度論〉寫本考》（浙江師範大學碩士學位論文，2015 年 5 月）、范麗婷的《敦煌漢文寫本〈摩訶般若波羅蜜經〉研究》（浙江師範大學碩士學位論文，2018 年 6 月）作了進一步的考證（以下或簡稱 "本篇初稿"）。其中部分定名後來出版的《俄録》略同，可以互勘。本文下文關於《俄藏》未定名殘片的定名，《俄録》有相同定名的，均同此，不再逐號標出定名先後。

② 郭文綴合併入本文的 14 組分別是：俄敦 16075 號 + 俄敦 16477 號、俄敦 16450 號 + 俄敦 16035 號、俄敦 7689 號 + 俄敦 8488 號、俄敦 15081 號 + 俄敦 18491 號、俄敦 7801 號 + 俄敦 8573 號、俄敦 16545 號 + 俄敦 16904 號、俄敦 14811 號…俄敦 4099 號、俄敦 16417 號 + 俄敦 14485 號、俄敦 7160 號…俄敦 7398 號、俄敦 12471 號…俄敦 12338 號 + 俄敦 12469 號、俄敦 9522 號 + 俄敦 5028 號、俄敦 16395 號 + 俄敦 16385 號、俄敦 5615 號 + 俄敦 5613 號、俄敦 9599 號 + 俄敦 9592 號。

體大小相近），書風相似（字形方正，筆墨均勻，橫豎筆畫粗細相當），字迹似同（比較二號共有的"非""有""想"的寫法），可資參證。二號綴合後，相應內容參見《大正藏》T8/243A20—243A23（《摩訶般若波羅蜜經》）、T25/381B22—381B25（《大智度論》），具體出處難以確考。《俄錄》把此二號一併定作前者，未必是。

2. 俄敦 16450 號＋俄敦 16035 號

（1）俄敦 16450 號，見《俄藏》16/307B。殘片。如圖 2 右部所示，存 4 殘行，行存中部 2—11 字。楷書。原卷無題，《俄藏》未定名。

（2）俄敦 16035 號，見《俄藏》16/274A。殘片。如圖 2 左部所示，存 4 殘行，行存中部 3—8 字。楷書。原卷無題，《俄藏》未定名。

按：查《摩訶般若波羅蜜經》卷六和《大智度論》卷四九皆有與上揭二號殘片完全相同的字句，此二號內容前後相承，可以綴合。綴合後如圖 2 所示，俄敦 16450 號第 4 行下接俄敦

圖 2　俄敦 16450 號＋俄敦 16035 號綴合圖

16035 號首行，與《大正藏》相應字句對照，俄敦 16450 號該行殘字應爲"十方"，與俄敦 16035 號"☒（眾）生忍苦"句上下銜接，中無缺字。又二號行款格式相同（行距較寬，字間距相似，字體大小相近），書風相似（筆墨濃重、均勻，字體微向右傾斜），字迹似同（比較二號共有的"眾""生""是"以及"何"與"河"的部件"可"的寫法），可資參證。二號綴合後，相應內容參見《大正藏》T8/258A13—258A20（《摩訶般若波羅蜜經》）、T25/413A1—413A8（《大智度論》），具體出處難以確考。《俄錄》把此二號一併定作前者，未必是。

3. 俄敦7689號＋俄敦8488號

（1）俄敦7689號，見《俄藏》13/328A。殘片。如圖3右上部所示，存7殘行（首行僅存3字左側殘畫，末行僅存1字右側殘畫），行存中部1—7字。楷書。原卷無題，《俄藏》未定名。

（2）俄敦8488號，見《俄藏》14/57B。殘片。如圖3左下部所示，存5殘行，行存中部5—10字。楷書。原卷無題，《俄藏》未定名。

按：查《摩訶般若波羅蜜經》卷六和《大智度論》卷五十皆有與上揭二號殘片基本相同的字句，此二號內容前後相承，可以綴合。綴合後如圖3所示，接縫處邊緣吻合，俄敦7689號第6行下接俄敦8488號首行，綴合處“諸”字筆畫可得完整。據殘文推斷，此二號每行皆約17字。由於俄敦8488號影印圖版卷面較爲模糊，看起來二號的筆畫粗細程度略有差異，但仔細比較二號共有的“法”“不”“生”“菩”“薩”“知”等字的筆形，相似性仍比較明顯。綴合後存文起“云何菩薩一切衆生中慈悲智具足”句前3字，訖“云何菩薩轉☒（見）”，相應內容參見《大正藏》T8/259A14—259A24（《摩訶般若波羅蜜經》）、T25/416B25—416C6（《大智度論》），[①] 具體出處難以確考。《俄

圖3　俄敦7689號＋俄敦8488號綴合圖

① 上揭二號綴合後，與《摩訶般若經》及《大智度論》經本比勘，第六行“☒（菩）薩无忍生”一句經、論各本皆作“菩薩無生忍”，寫卷蓋傳抄誤倒。

録》把此二號一併定作前者，又稱俄敦 8488 號 "另與鳩摩羅什譯《大智度論》也相符"，定名不一，蓋未留意此前我們已把此二號綴合爲一。

4. 俄敦 16507 號 + 俄敦 16309 號

（1）俄敦 16507 號，見《俄藏》16/314B—315A。殘片。如圖 4 上部所示，存 30 行，行存上部 4—8 字。楷書。有烏絲欄。原卷無題，《俄藏》未定名。

（2）俄敦 16309 號，見《俄藏》16/292A。殘片。如圖 4 中下部所示，存 2 行，共 12 字。楷書。有烏絲欄。原卷無題，《俄藏》未定名。

俄敦 16507 號

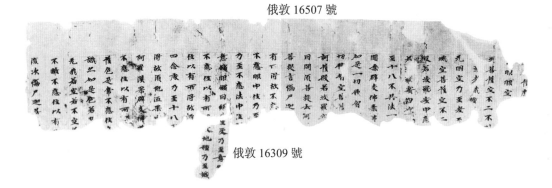

俄敦 16309 號

圖 4　俄敦 16507 號 + 俄敦 16309 號綴合圖

按：本篇初稿把此二號一併定作《摩訶般若波羅蜜經》卷七問住品第二十七 (丹本作 "天主品") 殘片，并指出此二號內容前後相承，可以綴合。《俄録》定名同。進一步核檢，與此二號殘片文字完全相同的還有《大智度論》卷五四。二片綴合後如圖 4 所示，二片上下相接，俄敦 16507 號第 19 行末殘字與俄敦 16309 號首行行首殘字可以拼合成一個完整的 "生" 字；二號縱向烏絲欄亦可對接。又二號行款格式相同 (字體大小相似，行距與字距相近，皆有烏絲欄)，書風相似 (有連筆，橫畫較長)，據此判斷，此二號確爲同一寫卷之撕裂，可以綴合爲一。二號綴合後，所存內容始 "憍尸迦菩薩摩訶薩般若波羅蜜中應如是住" 句 "迦菩薩摩" 四殘字，至 "復次憍尸迦菩薩摩訶薩" 句前六字止，相應文字分別見《摩訶般若波羅蜜經》卷七問住品第二十七 (《大正藏》T8/274A25—274C2)、《大智度論》卷五四釋天主品第二十七 (《大正藏》

T25/445 B 4—445 C 9)。其確切出處，尚無法確定。^① 本篇初稿及《俄録》皆把此二號定作《摩訶般若波羅蜜經》卷七殘片，未必準確。

5. 俄敦 15081 號＋俄敦 18491 號

（1）俄敦 15081 號，見《俄藏》16/219B。殘片。如圖 5 右部所示，存 2 殘行，行存中部 8—9 字。楷書。原卷無題，《俄藏》未定名。

（2）俄敦 18491 號，見《俄藏》17/202A，殘片。如圖 5 左部所示，存 4 殘行，行存中部 3—7 字。楷書。原卷無題，《俄藏》未定名。

按：查《摩訶般若波羅蜜經》卷八和《大智度論》卷五六皆有與上揭二號殘片完全相同的文句，此二號前後相承，可以綴合。綴合後如圖 5 所示，俄敦 15081 號末行後接俄敦 18491 號首行，據殘存文字推算，此二號完整行均爲 17 字，如據《大正藏》補全所缺字句，則內容前後可銜接無間。又二號行款格式相同（滿行皆約 17 字，行距、

圖 5　俄敦 15081 號＋俄敦 18491 號綴合圖

字距、字體大小相近），書風相似（筆墨濃重，筆畫粗細均匀），字迹似同（比較二號共有的“以”“衆”“生”“長”“於”等字），可資參證。二號綴合後，存文起“安立衆生於檀波羅蜜中”句後 4 字，訖“以衆生長夜愚癡故”句首字，相應內容參見《大正藏》T8/281A17—281A22（《摩訶般若波羅蜜經》）、T25/460B26—460C2（《大智度論》），具體出處難以確定。《俄録》把此二號一併定作前者，未必是。

---

① 上揭二號綴合後，與《摩訶般若經》《大智度論》經本比勘，有兩處異文：1. 俄敦 16507 號第 4 行上端殘字“乃至識種”句“識”上衍一字，似“老”殘字（此下經文屢見“乃至老”字樣，此處或涉下而衍）；2. 俄敦 16507 號第 4 行與第 5 行之間脱“空乃至識種空菩薩空不二不別憍尸迦菩薩摩訶薩般若波羅蜜中應如是住無明無明空乃至老死老死空無明滅無明滅空乃至老死滅老死滅空菩薩菩薩空憍尸迦”67 字，約 4 行，當皆係抄手傳抄脱漏。

6. 俄敦 7801 號 + 俄敦 8573 號

（1）俄敦 7801 號，見《俄藏》13/339A。殘片。如圖 6 右部所示，存 5 殘行，行存中部 4—5 字。楷書。原卷無題，《俄藏》未定名；《俄錄》定作《摩訶般若波羅蜜經》卷第十法施品第三十八。

（2）俄敦 8573 號，見《俄藏》14/65A。殘片。如圖 6 左部所示，存 4 殘行，行存中部 1—5 字（首行僅存 1 字左側殘點）。楷書。原卷無題，《俄藏》未定名，本篇初稿定作《摩訶般若波羅蜜經》卷十殘片；《俄錄》定作《摩訶般若波羅蜜經》卷第十法施品第三十八，又云"另《大智度論》也相符"。

按：查《摩訶般若波羅蜜經》卷十和《大智度論》卷六十皆有與上揭二號殘片完全相同的文句，其內容前後相承，可以綴合。綴合後如圖 6 所示，二號左右相接，俄敦 7801 號末行"諦"字與俄敦 8573 號首行殘點恰可復合爲一；比勘傳本經文，俄敦 7801 號末行"☒（四）聖諦內☒（空）"與俄敦 8573 號次行"八不共法"間缺"乃至无法有法空佛十力乃至十"13 字，與殘片殘缺空間吻合。又二號行款格式相同（滿行皆約 17 字，行距、字距、字體大小相近），字迹書風似同（比較二號共有的"羅""三"等字），可資比勘。二號綴合後，相應內容參見《大正藏》T8/293C25—294A4（《摩訶般若波羅蜜經》）或 T25/481B27—481C5（《大智度論》），確切出處有俟續考。此二號既可綴合，出處必然同一，《俄錄》及本篇初稿的擬題未盡穩妥。

俄敦 8573 號　　　　　　　俄敦 7801 號

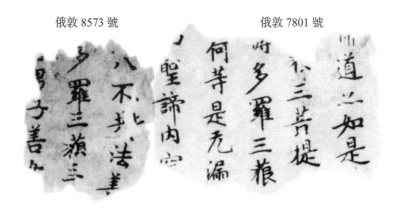

圖 6　俄敦 7801 號 + 俄敦 8573 號綴合圖

7. 北敦 9760 號＋斯 8398 號

（1）北敦 9760 號（坐 81），見《國圖》106/257A。殘片。後部如圖 7 右部所示，存 15 行，行存 17 字（首三行下殘，末五行上殘）。楷書。有烏絲欄。原卷無題，《國圖》擬題 "摩訶般若波羅蜜經卷一二"，條記目錄稱其爲 6 世紀南北朝寫本。

（2）斯 8398 號，見 IDP。殘片。如圖 7 左部所示，存 8 行，行存 4—17 字。楷書。有烏絲欄。原卷無題，IDP 未定名。

斯 8398 號　　　　　　　　　　　　　　北敦 9760 號

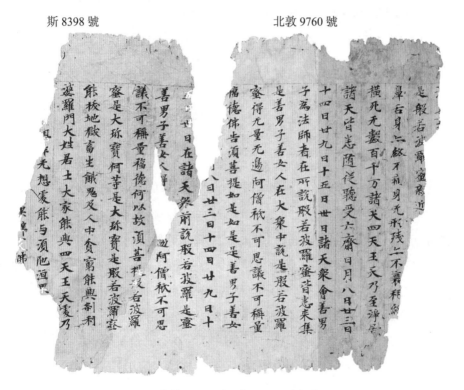

圖 7　北敦 9760 號＋斯 8398 號綴合圖

按：比勘佛經經文，與上揭二號殘片文字基本相同的有《摩訶般若波羅蜜經》卷十二和《大智度論》卷六五，且此二號內容前後相承，可以綴合。綴合後如圖 7 所示，接縫處邊緣吻合，縱向烏絲欄、橫向烏絲欄亦可對接；原本撕裂在二號的 "衆" "提" "般" "蜜" 四字得以大致拼合完整。又二號行款格式相同（天頭地脚皆等高，皆有烏絲欄，行距、字距、字體大小相近），書風相似（捺筆出鋒，頓筆明顯），字迹相同（比較二號共有的"善""是""般""若"等字），可資參證。二號綴合後，所存內容始"受持是般若波羅蜜"句後六字，訖"阿羅漢果、辟支佛道"句"果辟支佛"四殘字，相應文字分別見《摩訶般若波羅蜜經》卷十二無作品第四十三（《大正藏》T8/310C1—310C20）、《大智度論》卷四十八釋四念處品第十九（《大正藏》T25/515A8—515A26）。^①其確切出處，尚無法確定。《國圖》把北敦9760號定作前者，未必確切。

8. 津圖160號+津圖161號

（1）津圖160號，見《津圖》231，殘片。如圖8右部所示，存5行，行17字。楷書。有烏絲欄。原卷無題，《津圖》擬題"摩訶般若波羅蜜經卷一三"。

（2）津圖161號，見《津圖》232，殘片。如圖8左部所示，存6行，行17字。楷書。有烏絲欄。原卷無題，《津圖》擬題"摩訶般若波羅蜜經卷一三"。

按：比勘佛經經文，與上揭二號殘片文字基本相同的有《摩訶般若波羅蜜經》卷十三和《大智度論》卷六六，且此二號內容前後相承，可以綴合。綴合後如圖8所示，接縫處邊緣吻合，橫向烏絲欄亦可對接；津圖160號末行行末"乃至非有想"與津圖161號首行"非无□□（想處）"句先後銜接，中無缺字。又二號行款格式相同（天頭地脚等高，皆有烏絲欄，行17字，行距、字距、字體大小相近），書風字迹似同（比較二號共有的"人""行""亦""令""无"等字），可資參證。二號綴合後，所存內容始"令无量衆生得樂"句後五字，訖"亦教他人令行般若波羅蜜"句前三字，相應文字分別見《摩訶般若波羅

---

① 上揭二號綴合後，與《大正藏》本《摩訶般若經》《大智度論》經文比勘，主要異文三：1. 第三行"身无形殘亦不衰耗"句，其中的"形殘""衰耗"，《摩訶般若經》分別作"形殘""衰老"，但校記引聖本後者作"衰耄"，《大智度論》則分別作"刑殘""衰耄"；2. 第六、七行"善男子爲法師者在所説……"句，《大智度論》同，《摩訶般若經》"善男子"後多"善女人"三字；3. 第12、13行"在諸天衆前説般若波羅蜜是善男子……"句，《大智度論》同，《摩訶般若經》"蜜"後多一"義"字，但校記引聖本無。凡此異文當係傳抄傳刻所致，尚不足以判定殘卷的具體出處。

蜜經》卷十三聞持品第四十五（《大正藏》T8/315C3—315C15）、《大智度論》卷六六釋欺信行品第四十五（《大正藏》T25/525C13—525C24），其確切出處，難以確定。①《津圖》把此二號皆擬定爲"摩訶般若波羅蜜經卷一三"，未必確切。

津圖 161 號　　津圖 160 號

俄敦 6939 號

俄敦 7732 號

圖 8　津圖 160 號＋津圖 161 號綴合圖　　圖 9　俄敦 7732 號＋俄敦 6939 號綴合圖

9. 俄敦 7732 號＋俄敦 6939 號

（1）俄敦 7732 號，見《俄藏》13/332A。殘片。如圖 9 右部所示，存 3 殘行，行存 2—5 字。楷書。原卷無題，《俄藏》未定名；《俄錄》擬題"摩訶般若波羅蜜經卷第十三聞持品第四十五"。

（2）俄敦 6939 號，見《俄藏》13/228B。殘片。如圖 9 左部所示，存 3 殘行，行存 2—8 字，楷書。原卷無題，《俄藏》未定名，本篇初稿定作《摩訶般若

———————

① 上揭二號殘片綴合後，其中"檀波羅蜜""禪波羅蜜"殘片各二見，《大正藏》本《大智度論》同，而《摩訶般若波羅蜜經》皆作"檀那波羅蜜""禪那波羅蜜"，但《大正藏》校記引聖本皆作"檀波羅蜜""禪波羅蜜"，與寫卷同。此類異文蓋由音譯不同所致，尚不足據以判定其具體所出。

波羅蜜經》卷十三殘片；《俄録》擬題"摩訶般若波羅蜜經卷第十三聞持品第四十五"。

　　按：比勘佛經經文，與上揭二號殘片文字基本相同的有《摩訶般若波羅蜜經》卷十三和《大智度論》卷六七，且此二號内容前後相承，可以綴合，綴合後如圖9所示，接縫處邊緣吻合，俄敦6939號首行"巳如六波羅"之上應缺"生易得應六波羅蜜深經☒得"11字，首字"生"與俄敦7732號末行"（是善男子善）女人後身轉"相連成句。又二號行款格式相同（行距、字距、字體大小相近），書風書迹相似（比較二號共有的"六""波""羅"三字），可資參證。二號綴合後，所存内容始"爲阿耨多羅三藐三菩提故"句"藐三"二字，訖"得阿耨多羅三藐三菩提"句"提"字，相應文字分别見《摩訶般若波羅蜜經》卷十三聞持品第四十五（《大正藏》T8/318B7—318B12）、《大智度論》卷六七釋歎信行品第四十五之餘（《大正藏》T25/532B4—532B9），其確切出處，尚無法確定。[①]《俄録》及本篇初稿定作前者，未必恰當。

　　10. 斯8970號+斯9377號

　　（1）斯8970號，見IDP。殘片。如圖10右部所示，存7行，行存3—14字。楷書。有烏絲欄。原卷無題，IDP未定名。

　　（2）斯9377號，見IDP。殘片。如圖10左下角所示，存5行，行存中下部1—7字。楷書。有烏絲欄。原卷無題，IDP未定名。

　　按：比勘佛經經文，與上揭二號殘片文字完全相同的有《摩訶般若波羅蜜經》卷十四和《大智度論》卷六九，且此二號内容前後相承，可以綴合。綴合後如圖10所示，接縫處邊緣吻合，縱向烏絲欄亦可對接；原本撕裂在二號的"羅""諸""相"三字得以復合爲一。又二號行款格式相同（地脚等高，有烏絲欄，滿行皆約17字，行距、字距、字體大小相近），書風相似（字體方正、捺筆出鋒），字迹相同（比較二號共有的"蜜""須""是""提""佛"等字），可資參證。二號綴合後，所存内容始"諸佛常以佛眼視是人"句後五字，訖"須

_____

[①] 上揭二號殘片綴合後，有一處異文：第五行"☒（乃）至淨佛國土"，其中的"國土"，《大正藏》本《摩訶般若波羅蜜經》同，而《大智度論》作"世界"，但《大正藏》校記引聖本、聖乙本、石本作"國土"。此爲音譯之别，尚不足以判定具體所出。

菩提，以是故，深般若波羅蜜能生諸佛"句首字右側殘形，相應文字分別見《摩訶般若波羅蜜經》卷十四佛母品第四十八(《大正藏》T8/323B14—323B23)、《大智度論》卷六九釋佛母品第四十八(《大正藏》T25/542C24—543A9)。其確切出處，尚無法確定。

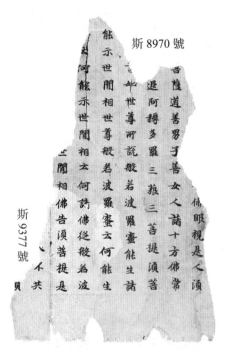

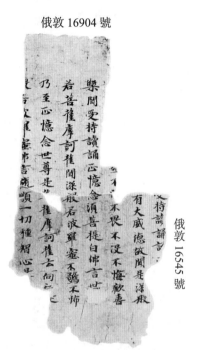

圖 10　斯 8970 號＋斯 9377 號綴合圖　　　圖 11　俄敦 16545 號＋俄敦 16904 號綴合圖

11. 俄敦 16545 號＋俄敦 16904 號

（1）俄敦 16545 號，見《俄藏》16/325A。殘片。如圖 11 下部所示，存 7 殘行，行存下部 6—9 字。楷書。有烏絲欄。原卷無題，《俄藏》未定名。

（2）俄敦 16904 號，見《俄藏》17/30A。殘片。如圖 11 上部所示，存 5 殘行，第 1 行僅存中部 3 字左側殘畫，其餘各行每行存上部 8—9 字。楷書。有烏絲欄。原卷無題，《俄藏》未定名。

按：查《摩訶般若波羅蜜經》卷十五和《大智度論》卷七一皆有與上揭二號殘片基本相同的文句，其内容前後相承，可以綴合。綴合後如圖 11 所示，接縫處邊緣吻合，俄敦 16904 號 5 殘行下接俄敦 16545 號第 3—7 行，接縫處原本分屬二號的"念""般""菩""隨"四字皆得以大體復合爲一。又二號行款格式相同（皆有烏絲欄，滿行皆約 17 字，行距、字距、字體大小相近），書風相似（筆墨均匀，横筆較細，豎筆較粗，字形微向右傾斜），字迹似同（比較二號共有的"菩""持""摩""訶"等字，尤其是"薩"字皆寫作"𡧃"形，較特異），可資參證。二號綴合後，存文起"受、持、讀、誦、説、正憶念"句前 6 殘字，訖"是菩薩摩訶薩應如是行般若波羅蜜"句首字，相應内容參見《大正藏》T8/334B6—334B13（《摩訶般若波羅蜜經》）、T25/561B29—561C6（《大智度論》），具體出處有俟續考。①《俄録》把此二號一併定作前者，未必是。

12. 俄敦 14811 號…俄敦 4099 號

（1）俄敦 14811 號，見《俄藏》16/207B。殘片。如圖 12 右下部所示，存 3 殘行，行存中部 3—4 字。楷書。有烏絲欄。原卷無題，《俄藏》未定名。

（2）俄敦 4099 號，見《俄藏》11/141B。殘片。如圖 12 左上部所示，存 3 殘行，行存上部 1—4 字。楷書。有烏絲欄，原卷無題，《俄藏》未定名。

按：查《摩訶般若波羅蜜經》卷十六和《大智度論》卷七二皆有與上揭二號殘片完全相同的字句，且其内容前後相鄰，存有綴合的可能性。據完整文本推算，滿行皆約 17 字。二號行款格式相同（皆有烏絲欄，滿行皆約 17 字，行距、字距、字體大小相近），字迹書風似同。由此推斷，二號確有綴合之可能。試作綴合如圖 12 所示，二號不直接相連，比對完整文本推算，俄敦 14811 號末行末字與俄敦 4099 號首行首字間缺 22 字，試按此二號的行款格式，擬補如下：

　　▭▭▭（空，虚空不作是念：我）☒（當）得阿☒（耨）▭▭（多羅三藐三）
　　▭▭▭（菩提。若菩薩摩訶薩信解一切諸法空如虚）
　　空，▭▭▭（是阿耨多羅三藐三菩提易得者，今恒河）

補出後，每行 17 字，中間所缺一行文字的最後一字恰能與俄敦 4099 號首行首字"空"字相接。二號綴合後，相應内容參見《大正藏》T8/337B5—

---

①此組綴合後有一處異文：第 6 行"☒（菩）薩摩訶薩云何☒☒（行是）般若波羅蜜"，《大正藏》本《摩訶般若經》卷十五與此同（校記引聖本、中本無"是"字），而《大智度論》卷七一各本皆無"是"字。據此，此組或以出於前者的可能性爲大。

337B10（《摩訶般若波羅蜜經》）或 T25/566C22—566C28（《大智度論》）。《俄録》未注意本篇初稿已把此二號綴合爲一，稱前一號出於《摩訶般若波羅蜜經》卷十六或《大智度論》卷七二，後一號則僅定作前者，顯有不妥。

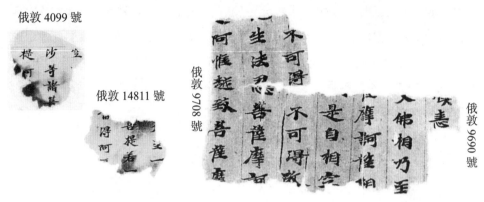

俄敦 4099 號

俄敦 14811 號

俄敦 9708 號

俄敦 9690 號

圖 12　俄敦 14811 號…俄敦 4099 號綴合示意圖　　圖 13　俄敦 9690 號＋俄敦 9708 號綴合圖

13. 俄敦 9690 號＋俄敦 9708 號

（1）俄敦 9690 號，見《俄藏》14/195B。殘片。如圖 13 右部所示，存 3 行，行存中部 2—5 字。楷書。有烏絲欄。原卷無題，《俄藏》未定名。

（2）俄敦 9708 號，見《俄藏》14/197B。殘片。如圖 13 左部所示，存 5 行，行存中部 5—8 字。楷書。有烏絲欄。原卷無題，《俄藏》未定名。

按：據殘存文字推斷，本篇初稿指出上揭二號有可能係《摩訶般若波羅蜜經》卷十六不退品第五十五殘片，且其內容前後相承，可以綴合。綴合後如圖 13 所示，二號左右相接，接縫處邊緣吻合，原本撕裂在二號的“薩摩訶薩相”五字大致得以復合爲一。又此二號行款格式相同（皆有烏絲欄，行距、字距、字體大小相近），書風筆迹相似（比較二號共有的“相”字，以及“摩”的“手”旁與“訶”的“可”旁），可資參證。二號綴合後，所存內容始於“婬欲瞋恚愚癡相”句“▨（瞋）恚”二字，訖“□□（當知）▨（是）阿惟越致菩薩摩訶薩”句“摩”字上部殘形，相應文字參見《大正藏》T8/341A27—341B6。《俄録》未注意本篇初稿已把此二號綴合爲一，稱前一號出於《摩訶般若波羅蜜經》卷十六，又稱“《大智度論》也相符”，後一號則僅定作前者，顯有不妥。

　　不過《大智度論》卷七三釋阿毘跋致品第五十五確有與上揭二號殘片綴合後基本相同的文字，唯最後一行"阿惟越致"一名有異文，此名《大正藏》本經文同，《大正藏》校記引宋、元、明、宮本作"阿毘跋致"，聖本作"阿鞞跋致"；《大智度論》各本則皆作"阿鞞跋致"，但《大智度論》此品品名却作"阿毘跋致"或"阿鞞跋致"，可見作"惟越""毘跋""鞞跋"乃傳本譯音用字之異，不能據此異文完全排除上揭殘片出於《大智度論》的可能性，故存此疑，以待質證。

　　14. 俄敦 11004 號 + 俄敦 11166 號

　　（1）俄敦 11004 號，見《俄藏》15/122B。殘片。如圖 14 右部所示，存 25 行，行存上部 5—12 字（末行左側多有殘損）。楷書。有烏絲欄。原卷無題，俄藏未定名；本篇初稿指出殘文見於《大智度論》卷七五和《摩訶般若波羅蜜經》卷十七，《俄錄》擬題"摩訶般若波羅蜜經卷第十七夢行品第五十八"。

　　（2）俄敦 11166 號，見《俄藏》15/185A。殘片。如圖 14 左部所示，存 3 行，行存上部 4—5 字（首行僅存 4 字左側殘筆）。楷書。有烏絲欄。原卷無題，俄藏未定名；本篇初稿指出殘文見於《摩訶般若波羅蜜經》卷十七，《俄錄》擬題"摩訶般若波羅蜜經卷第十七夢行品第五十八"。

俄敦 11166 號　　　　　　　　　　　　　　　　俄敦 11004 號

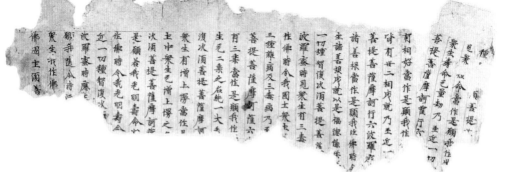

圖 14　俄敦 11004 號 + 俄敦 11166 號綴合圖

按：比勘佛經經文，與上揭二號殘片文字基本相同的有《摩訶般若波羅蜜經》卷十七和《大智度論》卷七五，且此二號内容前後相承，可以綴合。綴合後如圖 14 所示，接縫處邊緣吻合，橫向烏絲欄亦可對接；原本撕裂在二號的“願我隨尒”四字大抵得以復合爲一。又二號行款格式相同（天頭等高，皆有烏絲欄，滿行皆約 17 字，行距、字距、字體大小相近），書風相似（捺筆出鋒明顯、橫畫頓筆較重），字迹相同（比較二號共有的“衆”“生”“作”“佛”“國”“土”“須”等字），可資參證。二號綴合後，所存内容始“乃至近一切種智”句“種”字，訖“須菩提，菩薩摩訶薩作如是行”句前二字，相應文字分別見《摩訶般若波羅蜜經》卷十七夢行品第五十八（《大正藏》T8/349A5—349B4）、《大智度論》卷七五釋夢中入三昧品第五十八（《大正藏》T25/590B4—590C4）。其確切出處，尚無法確定。[①] 本篇初稿和《俄録》的擬題，均未必完全妥當。

15. 俄敦 16417 號 + 俄敦 14485 號

（1）俄敦 16417 號，見《俄藏》16/301A。殘片。如圖 15 上部所示，存 4 殘行，第 1 行僅存左側若干殘畫，其餘三行每行存中部 4—10 字。楷書。原卷無題，《俄藏》未定名。

（2）俄敦 14485 號，見《俄藏》16/195B。殘片。如圖 15 下部所示，存 3 殘行，每行存中部 1—4 字。楷書。原卷無題，《俄藏》未定名；《俄録》泛題殘佛經，稱“極殘，不可定名”。

按：查《摩訶般若波羅蜜經》卷十八和《大智度論》卷七六皆有與上揭二號殘片完全相同的文句，且其内容前後相承，可以綴合。綴合後如圖 15 所示，接縫處邊緣吻合，俄敦 16417 號第 2 行下接俄敦 14485 號首行殘筆，接縫處原本分屬二號的“扶”字可大致拼合，俄敦 16417 號後 2 行下接俄敦 14485 號後 2 行，接縫處原本分屬二號的“喻”“道”二字得成完璧。又二號行款格式相同（行間距較大，字間距較小，字體大小相近），書風相似（筆墨均匀，筆畫較細，橫豎筆畫粗細相當），字迹似同（比較二號共有的“安”和

①上揭二號殘片綴合後，有一處較爲重要的異文：殘片末行“（令我一國土如恒河沙等諸）佛國土”句“國土”經本各本同；《大正藏》本《大智度論》作“世界”，但校記引聖本、石本又作“國土”。故據此異文尚無法確定其具體所出。

"妻"的部件"女"的寫法），可資參證。二號綴合後，存文起"倍復歡喜"
句"喜"字殘筆，訖"多有怨賊潛伏劫害"句首字殘筆，相應内容參見《大
正藏》T8/350B15—350B18（《摩訶般若波羅蜜經》）、T25/592B27—592C1（《大
智度論》），具體出處有俟續考。《俄錄》把前一號定作前者，未必是。

圖 15　俄敦 16417 號＋俄敦 14485 號綴合圖　　圖 16　俄敦 7160 號…俄敦 7398 號綴合圖

16. 俄敦 7160 號…俄敦 7398 號

（1）俄敦 7160 號，見《俄藏》13/264B。殘片。如圖 16 上部所示，存
11 殘行（首行僅存一二字殘畫），行存中上部 2—10 字。楷書。有烏絲欄。
原卷無題，《俄藏》未定名。

（2）俄敦 7398 號，見《俄藏》13/272B。殘片。如圖 16 下部所示，存 3
殘行（第 1 行僅存中部 3 字左側殘畫，且筆迹模糊），行存中部 3—5 字。楷書。
有烏絲欄。原卷無題，《俄藏》未定名。

　　按：查《摩訶般若波羅蜜經》卷十八和《大智度論》卷七六皆有與上揭
二號殘片完全相同的文句，其内容前後相承，可以綴合。綴合後如圖 16 所示，
俄敦 7160 號第 6—8 行下接俄敦 7398 號第 1—3 行，中有殘缺，比照經文，
此 3 行可綴接校補如下：

　　　三菩提。是菩薩▨（摩）□□□□□▨▨□（訶薩念著是遠離，而輕易）

諸餘求佛道清▨（淨）□□□□（比丘以爲憒）閙，以憒閙▨（爲）

不憒閙，以不憒閙爲憒▨（閙），□□▨▨（應恭敬而）不恭▨（敬）

補足殘缺文字，每行17字，合於殘片行款格式。又二號書風相似（筆墨濃重，筆畫粗細均勻），字迹似同（比較二號共有的“憒”“閙”“不”“恭”“以”等字），可資參證。二號綴合後，内容起“我所説實遠離法”句後3字，訖“輕餘菩薩摩訶薩”句“餘”字右下部殘形，相應内容參見《大正藏》T8/353B15—353B26（《摩訶般若波羅蜜經》）、T25/596B26—596C6（《大智度論》），具體出處有俟續考。《俄録》把此二號一併定作前者，未必是。

17. 斯 11870 號 + 斯 1379 號

（1）斯 11870 號，見 IDP。殘片。如圖 17 右下部所示，存 3 殘行，行存下部 5—7 字。楷書。有烏絲欄。原卷無題，IDP 未定名。

（2）斯 1379 號（翟 966），見《英圖》21/240A—241B。卷軸裝。3 紙。前後皆殘。前部如圖 17 左部所示，存 55 行，行存 6—18 字（首行僅存行末四字左側殘形）。楷書。有烏絲欄。原卷無題，《寶藏》及《索引新編》《英圖》擬題 “摩訶般若波羅蜜經卷第十八”。《英圖》條記目録稱其爲 6 世紀南北朝寫本。

按：比勘佛經經文，與上揭二號殘片文字基本相同的有《摩訶般若波羅蜜經》卷十八和《大智度論》卷七七，且二號内容前後相承，可以綴合。綴合後如圖 17 所示，接縫處邊緣吻合，原本撕裂在二號的 “説是般若波” 五字基本得以合成完璧。又二號行款格式相同（地脚高度略同，皆有烏絲欄，行距、字距、字體大小相近），書風字迹似同（比較二號共有的 “菩”“提”“人” 等字），可資參證。二號綴合後，所存内容始 “持是善根迴向阿耨多羅三藐三菩提” 句後三字殘形，訖 “若是諸法皆不行般若波羅蜜” 句後七字，相應文字分別見《摩訶般若波羅蜜經》卷十八夢誓品第六十一（《大正藏》T8/354b21—355B9）、《大智度論》卷七七釋夢中不證品第六十一之餘（《大正藏》T25/599B5—600A19）。其確切出處，尚無法確定。《寶藏》等以斯 1379 號爲《摩訶般若波羅蜜經》，未必恰當。

斯 1379 號（前部）

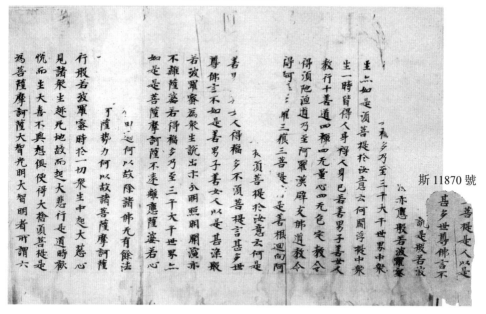

圖 17　斯 11870 號＋斯 1379 號（前部）綴合圖

18. 俄敦 12471 號…俄敦 12338 號＋俄敦 12469 號

（1）俄敦 12471 號，見《俄藏》16/125A。殘片。如圖 18-1 右部所示，存 4 殘行，行存中部 3—7 字。楷書。原卷無題，《俄藏》未定名。

（2）俄敦 12338 號，見《俄藏》16/105A。殘片。如圖 18-1 左上部所示，存 5 殘行，行存中部 2—3 字。楷書。原卷無題，《俄藏》未定名。

（3）俄敦 12469 號，見《俄藏》16/124B。殘片。如圖 18-1 左下部所示，存 7 殘行（第 7 行僅存 2 字右側殘畫），行存中部 2—7 字。楷書。原卷無題，《俄藏》未定名。

按：查《摩訶般若波羅蜜經》卷二一和《大智度論》卷八二皆有與上揭三號殘片完全相同的文句，其內容前後相承，可以綴合。綴合後如圖 18-1 所示，前二號不直接相連，據完整文本推算，間缺約 19 行。俄敦 12338 號後 4 行下接俄敦 12469 號前 4 行，接縫處邊緣吻合，原本分屬二號的"能""性""菩"三字皆得拼合完整。又三號行款格式相同（據完整文本推算，滿行皆約 17 字，行距、字距、字體大小相近），書風相似（筆墨濃重，筆畫粗細均勻），字迹似同（比較三號共有的"法"字和其中二號共有的"須""菩""薩""一""切""色"等字），卷背均抄有回鶻文佛教文獻，也可綴合，綴合後如圖18-2所示，可資參證。三號綴合後，存文起"乃⊠（至）一切種智"，訖"色不合不散"句前2字殘形，相應内容參見《大正藏》T8/371B24—371C25（《摩訶般若波羅蜜經》）、T25/635A23—635B23（《大智度論》），具體出處有俟續考。《俄録》把此三號一併定作後者，未必是。

俄敦 12338 號　　俄敦 12471 號

中間約缺 19 行

俄敦 12469 號

圖 18-1　俄敦 12471 號⋯俄敦 12338 號＋俄敦 12469 號正面綴合示意圖

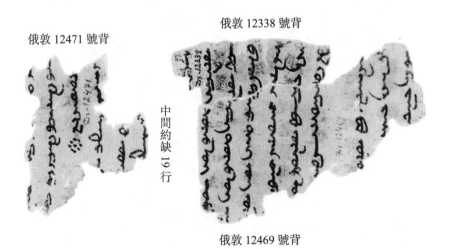

俄敦 12471 號背　　俄敦 12338 號背

中間約缺 19 行

俄敦 12469 號背

圖 18-2　俄敦 12471 號背⋯俄敦 12338 號背＋俄敦 12469 號背綴合示意圖

19. 俄敦 9522 號 + 俄敦 5028 號

（1）俄敦 9522 號，見《俄藏》14/170A。殘片。如圖 19 右部所示，存 11 殘行（首行和末行各僅存 1 殘字），行存上部 1—11 字。楷書。有烏絲欄。原卷無題，《俄藏》未定名。

（2）俄敦 5028 號，見《俄藏》12/5A。殘片。如圖 19 左部所示，存 4 殘行，行存上部 1—4 字。楷書。有烏絲欄。原卷無題，《俄藏》未定名。

按：查《摩訶般若波羅蜜經》卷二一和《大智度論》卷八二，皆有與上揭二號殘片完全相同的文句，且其内容前後相承，可以綴合。綴合後如圖 19 所示，俄敦 5028 號前 3 行下接俄敦 9522 號後 3 行，接縫處邊緣吻合，原本分屬二號的"言""薩"二字皆得成完璧。又二號行款格式相同（據完整文本推算，滿行皆約 17 字，天頭等高，皆有烏絲欄，行距、字距、字體大小相近），書風相似（筆墨濃重、均勻，字形方正），字迹似同（比較二號共有的"若""菩""尊""何"等字），可資參證。二號綴合後，存文起"是名一切種智如相"句"智"字殘筆，訖"受、想、行、識不合不散"句"受"字殘筆，相應内容參見《大正藏》T8/371C18—371C26（《摩訶般若波羅蜜經》）、

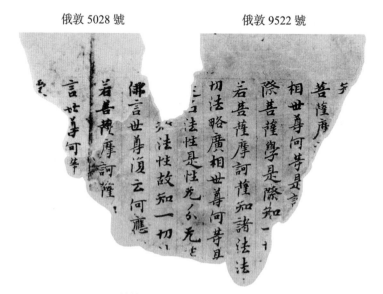

俄敦 5028 號　　　　　　　　俄敦 9522 號

圖 19　俄敦 9522 號 + 俄敦 5028 號綴合圖

T25/635B13—635B24（《大智度論》），具體出處有俟續考。《俄録》未能參考我們關於此二號的定名和綴合討論，把前號定作前者，又稱"另《大智度論》也相符"，近是；又把後號定作《大般若波羅蜜多經》卷第三百五十九初分多問不二品第六十一之九，誤。《大般若經》卷三五九相應位置，并無與後一殘片完全契合的段落。

20. 俄敦 16395 號＋俄敦 16385 號

（1）俄敦 16395 號，見《俄藏》16/297B。殘片。如圖 20 右下部所示，存 8 殘行，行存下部 4—11 字。楷書。原卷無題，《俄藏》未定名。

（2）俄敦 16385 號，見《俄藏》16/296A。殘片。如圖 20 左上部所示，存 5 殘行（首行僅存 2 字左側殘畫），行存中部 2—9 字。楷書。原卷無題，《俄藏》未定名。

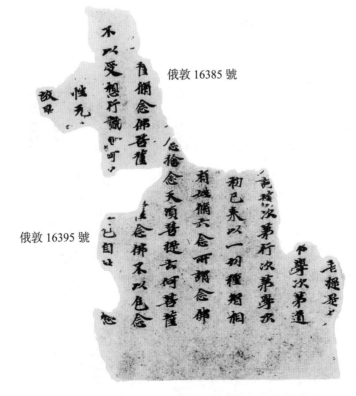

圖 20　俄敦 16395 號＋俄敦 16385 號綴合圖

　　按：查《摩訶般若波羅蜜經》卷二三和《大智度論》卷八七皆有與上揭二號殘片完全相同的文句，且其內容前後相承，可以綴合。綴合後如圖20所示，俄敦16385號首行殘筆下接俄敦16395號第6行首字殘筆，綴合爲“念”字大部，俄敦16385號第2—3行下接俄敦16395號第7—8行，拼合之後仍有殘缺；俄敦16395號第7行行末“不以色念”與俄敦16385號第3行行首“不以受、想、行、識☒（念）”先後銜接，中無缺字。又二號行款格式相同（行間距、字間距相似，字體大小相近），書風相似（筆墨濃重，筆畫向右上傾斜），字迹似同（比較二號共有的“念”“佛”“菩”“薩”“不”“以”等字），可資參證。二號綴合後，存文起“須菩提是名初發意菩薩摩訶薩次第”句“菩提是名”四殘字，訖“是爲念佛”句“是”殘字，相應內容參見《大正藏》T8/385B13—385B22（《摩訶般若波羅蜜經》）、T25/667B5—667B14（《大智度論》），具體出處有俟續考。《俄録》把此二號一併定作前者，未必是。

21. 斯9380號+斯9384號

　　（1）斯9380號，見IDP。殘片。如圖21右上部所示，存6行，行存上部2—10字，末行僅存中部2字右側殘筆。楷書。原卷無題，IDP未定名。

　　（2）斯9384號，見IDP。殘片。如圖21左下部所示，存4行，行存中下部4—13字。楷書。原卷無題，IDP未定名。

　　按：比勘佛經經文，與上揭二號殘片文字大致相同的有《摩訶般若波羅蜜經》卷二三和《大智度論》卷八七，且二號內容上下相接，可以綴合。綴合後如圖21所示，接縫處邊緣吻合，原本撕裂在二號的“三菩”“无”三字皆得拼合完整。又二號行款格式相同（皆有烏絲欄、

圖21　斯9380號+斯9384號綴合圖

行間距、字間距皆相近)，字迹書風似同(比較二號共有的"得""果""提""道""羅"等字)，可資參證。二號綴合後，所存內容始"諸得相者，无有道、无有果"句"得相者""道无有"等殘字，至"爲欲壞法性。須菩提白佛言"等句前九字止，相應文字分別見《摩訶般若波羅蜜經》第二十三卷一念品第七十六(《大正藏》T8/386B16—386B23)、《大智度論》卷八七釋一心具萬行品第七十六(《大正藏》T25/670C1—670C7)。[①]其確切出處，尚無法確定。

22. 伯 5565 號＋俄敦 4028 號＋俄敦 5154 號

(1)伯 5565 號，見《法藏》34/244A—244B。卷軸裝，2 紙。後部如圖 22 右部所示，首尾皆殘，存 28 行，行 17 字(首行僅存上端 3 字左側殘筆，末行存上端 2 殘字)。楷書。原卷無題，《索引》泛題"殘佛經"，《寶藏》及《索引新編》定作"摩訶般若波羅蜜經卷第二十五實際品第八十"，《法藏》擬題"摩訶般若波羅蜜經實際品第八十"。

(2)俄敦 4028 號，見《俄藏》11/128B。殘片。如圖 22 中部所示，首尾皆殘，存 23 行，行 17 字(首行僅存行末 3 字左側殘筆，末行僅存上端 1 字右側殘筆)。楷書。原卷無題，《俄藏》未定名；曾良擬題"摩訶般若波羅蜜經卷二十五"，[②]《俄錄》擬題《摩訶般若波羅蜜經》卷第二十五實際品第八十。

(3)俄敦 5154 號，見《俄藏》12/37A。殘片。如圖 22 左部所示，存 11 行，行約 17 字(前 7 行上部殘缺，後 3 行下部殘缺，末行僅存上端 2 字右側殘形)。楷書。原卷無題，《俄藏》未定名；勝義擬題《摩訶般若波羅蜜經》卷第二十五具足品第八十一，[③]《俄錄》擬題《摩訶般若波羅蜜經》卷第二十五實際品第十八。

按：上揭三號原卷無題，各家皆定作《摩訶般若波羅蜜經》殘卷。查

[①] 此二號殘片綴合後，與上揭經本有一條異文，殘片云"(須菩提，無所得)即是道，即是即☑☐(是阿)耨多羅三☑☐☑(藐三菩)提"，後一"即是"後《摩訶般若波羅蜜經》《大智度論》經本皆有一"果"字，寫卷當係抄脫。

[②] 曾良《敦煌佛經字詞與校勘研究》，廈門大學出版社，2010 年，第 215 頁。

[③] 勝義《〈俄藏敦煌文獻〉第十二冊校讀記上》，《戒幢佛學》第二卷，2002 年，第 612—613 頁。

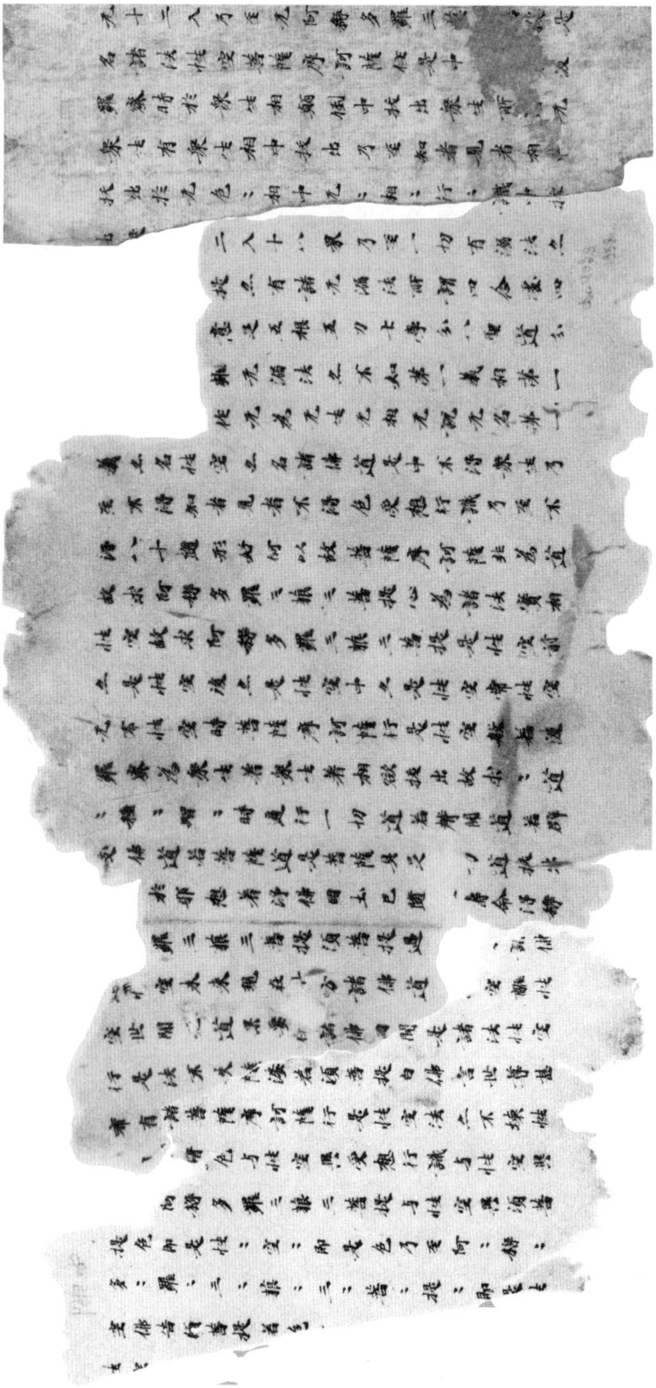

圖 22　伯 5565 號（後部）＋俄敦 4028 號＋俄敦 5154 號綴合圖

二十七卷本《摩訶般若波羅蜜經》卷二五和《大智度論》卷九十都有與此三號基本相同的經文，且其內容前後相承，可以綴合。綴合後如圖 22 所示，三號接縫處邊緣大體吻合，伯 5565 號末 2 行與俄敦 4028 號首行左右相接，原本分屬二號的行末“識中拔”三字皆得拼合完整。俄敦 4028 號與俄敦 5154 號左右相接，原本分屬二號的“聞”“薩”二字得以拼合完整。又此三號行款格式相同（行間距、字間距皆相近），筆迹書風相近（比較三號共有的“乃”“空”“性”“色”等字），可資參證。三號綴合後，與《大正藏》本經本卷二五（四十卷本系統在卷三六）實際品第八十（《大正藏》T8/402C10—403B8）及論本卷九十釋實際品第八十（T25/694B25—695A21）所引經文大抵相同，具體出處尚有待確定。

23. 俄敦 5615 號 + 俄敦 5613 號

（1）俄敦 5615 號，見《俄藏》12/198A。殘片。如圖 23 右部所示，存 15 殘行，行存中部 5—7 字。楷書。原卷無題，《俄藏》未定名。

（2）俄敦 5613 號，見《俄藏》12/197A。殘片。如圖 23 左部所示，存 18 殘行，行存中下部 6—9 字。楷書。原卷無題，《俄藏》未定名。

按：查《摩訶般若波羅蜜經》卷二五和《大智度論》卷九十皆有與上揭二號殘片完全相同的文句，其內容前後相承，可以綴合。綴合後如圖 23 所示，俄敦 5615 號與俄敦 5613 號前 10 行每行末字與次行首字間約缺 11 字，俄敦 5615 號末行行末殘字“從”與俄敦 5613 號首行行端殘字“是”中間亦恰好

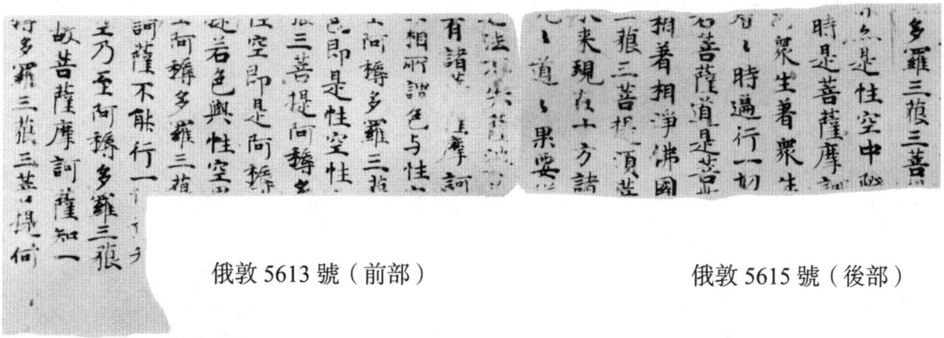

俄敦 5613 號（前部）　　　　　　　　　　俄敦 5615 號（後部）

圖 23　俄敦 5615 號（後部）+ 俄敦 5613 號（前部）綴合圖

缺 11 字（可補足爲 "親近諸佛，聞是諸法性空，行"）。又二號行款格式相同（滿行皆約 17 字，行距、字距、字體大小相近），字迹書風似同（比較二號共有的 "羅" "薩" "藐" "是" "菩" "行" 等字，如表 1 所示），可資參證。二號綴合後，存文起 "☑（无）爲无生无相"，訖 "不壞色等諸法相" 句前 5 字，相應内容參見《大正藏》T8/403A13—403B19（《摩訶般若波羅蜜經》）、T25/695A12—695B2（《大智度論》），具體出處有俟續考。《俄録》把此二號一併定作前者，未必是。

表 1　俄敦 5615 號、俄敦 5613 號字迹比較表

卷號　　例字	羅	薩	藐	是	菩	行
俄敦 5615 號	羅	薩	藐	是	菩	行
俄敦 5613 號	羅	薩	藐	是	菩	行

24. 俄敦 9599 號 + 俄敦 9592 號

（1）俄敦 9599 號，見《俄藏》14/190B。殘片。如圖 24 右部所示，存 3 殘行，行存中部 3—5 字，末行僅存三字右側殘筆。楷書。原卷無題，《俄藏》未定名。

（2）俄敦 9592 號，見《俄藏》14/189B。殘片。如圖 24 左部所示，存 3 殘行，行存中部 3—4字，首行三字右側有殘損。楷書。原卷無題，《俄藏》未定名。

按：查《摩訶般若波羅蜜經》卷二七和《大智度論》卷九七皆有與上揭二號殘片完全相同的文句，

俄敦 9592 號

俄敦 9599 號

圖 24　俄敦 9599 號 + 俄敦 9592 號綴合圖

且其内容前後相承，可以綴合。綴合後如圖 24 所示，俄敦 9599 號末行後接俄敦 9592 號首行，接縫處原本撕裂在二號的"也須菩"三字得以部分復合爲一。又二號行款格式相同（滿行皆約 17 字，行距、字距及字體大小相近），書風字迹似同（比較二殘片橫筆和捺筆的寫法），可資參證。二號綴合後，存文起"若二三四五六七日七夜"句"三四五"三殘字，訖"尒時無有異心"句前二殘字，相應内容參見《大正藏》T8/416C21—416C25(《摩訶般若波羅蜜經》)、T25/734A11—734A15 (《大智度論》)，具體出處有俟續考。《俄録》未能參考我們的前期成果，把此二號一併定作前者，又稱前號"另《大智度論》也相符"，未盡妥當。

25. 俄敦 4842（2-2）號[①]⋯俄敦 3888 號

（1）俄敦 4842（2-2）號，見《俄藏》11/336B。殘片。如圖 25 上部所示，存 7 行，行存上部 2—5 字。楷書。有烏絲欄。原卷無題，《俄藏》未定名。

（2）俄敦 3888 號，見《俄藏》11/82A。殘片。如圖 25 下部所示，存 8 行，行存下部 2—5 字（首行、末行各僅存 2 殘字）。楷書。有烏絲欄。原卷無題，《俄藏》未定名，曾良擬題"摩訶般若波羅蜜經卷第二十七常啼品第八十八"。[②]

按：上揭二號本篇初稿皆定作《摩訶般若波羅蜜經》卷二十七殘片，可以綴合。後一號《俄録》定名同；前一號《俄録》擬題"摩訶般若波羅蜜經卷第二十七常啼品第八十八"，或"大智度論釋薩陀波崙品第八十八之餘"。今查《摩訶般若波羅蜜經》卷二十七和《大智度論》卷九八皆有與此二號殘片大致相同的字句，且其内容上下相承，可以綴合。綴合後如圖 25 所示，俄敦 4842 號所存七行依次與俄敦 3888 號前七行上下遥接，内容接續。比對《大正藏》本，復原後如右圖所示，合於每行滿行 17 字之數。又此二號行款格式相同（皆有烏絲欄、行距相近），書風筆迹相似（比較二號共有的"故""以"二字和氵旁），可資參證。二號綴合後，所存内容起"是薩陀波崙菩薩愛法自賣其身"句"法自賣"三殘字，訖"自欲賣身供養般若波羅蜜及曇無竭菩薩"

---

① 俄敦 4842（2-1）號爲《金剛般若波羅蜜經》，與俄敦 4842（2-2）號非同一卷内容。

② 曾良《敦煌佛經字詞與校勘研究》，廈門大學出版社，2010 年，第 212 頁。

句"供養"二字的殘形，相應文字見《摩訶般若波羅蜜經》卷二十七常啼品第八十八（《大正藏》T8/418C21—418C29）、《大智度論》卷九八釋薩陀波崙品第八十八之餘（T25/738B27—738C6），具體出於何經，則有待確考。①

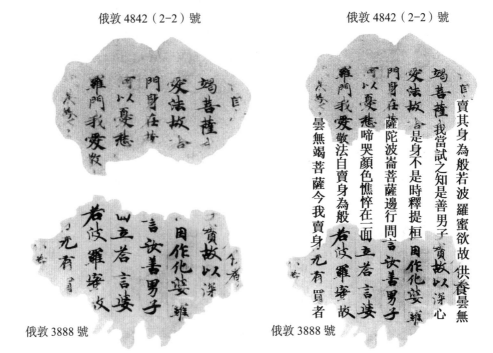

俄敦 4842（2-2）號　　　　　　俄敦 4842（2-2）號

俄敦 3888 號　　　　　　　　俄敦 3888 號

圖 25　俄敦 4842（2-2）號…俄敦 3888 號綴合示意圖

卷號簡目

經普查，業已刊布的敦煌文獻中共有不能確定其出自《摩訶般若經》還是《大智度論》的寫卷 338 號，茲按其在二十七卷本系統《摩訶般若經》中出現的順序排列如下：

卷一　俄敦 10382 號*、俄敦 15721 號*、俄敦 14542 號*、俄敦 16625 號*、

①《摩訶般若波羅蜜經》和《大智度論》皆有"知是善男子，實以深心愛法故，捨是身不"句，俄敦 3888 號殘片"實"下多一"故"字，當係涉下而衍。又如二經皆作"釋提桓因化作婆羅門身"，殘片"化作"作"作化"，蓋係抄手誤倒。

俄敦 16355 號 *、俄敦 9157 號 *、斯 13296 號 *、俄敦 16059 號 *；

卷二　俄敦 17456 號 *、斯 13301 號 *、斯 13070 號 *、俄敦 15775 號 *、斯 9398 號 *；

卷三　俄敦 4476 號、北敦 14777（2）號、俄敦 8035 號、俄敦 6588 號、津圖 48 號；

卷四　俄敦 3340 號、俄敦 18855 號 *、斯 13034 號 *、俄敦 16075 號 * ＋俄敦 16477 號、俄敦 16479 號 *、俄敦 2019 號＋俄敦 2046 號＋俄敦 2021 號、俄敦 1115 號、北敦 11975 號、俄敦 5002 號、俄敦 11516 號 *、俄敦 6871 號、北敦 11735 號、俄敦 3213B 號、俄敦 14510 號、俄敦 15519 號 *、俄敦 10819 號、俄敦 8091 號 *；

卷五　俄弗 265 號、俄敦 1687 號、俄敦 10825 號、斯 9985 號 *；

卷六　斯 1886 號、俄敦 16450 號＋俄敦 16035 號、俄敦 7689 號＋俄敦 8488 號、俄敦 16169 號 *、斯 9123 號 *、俄敦 3297 號、伯 4943 號；

卷七　俄敦 4497 號、斯 8997 號 *、北敦 9768 號、俄敦 10006 號 *、俄敦 12232 號、北敦 14757H 號、北敦 14757K 號、北敦 12253 號、俄敦 17008 號 *、俄敦 16507 號 * ＋俄敦 16309 號 *、俄敦 16572 號、北敦 10511 號、斯 10731 號 *、俄敦 16722 號 *、北敦 14915B 號；

卷八　俄敦 4676A 號、俄敦 12282 號 *、俄敦 15081 號 * ＋俄敦 18491 號、俄敦 15236 號 *、俄敦 12229 號、俄敦 12281（3-1）號 *；

卷九　斯 9893 號 *、俄敦 3677 號、"俄敦 3252 號、俄敦 3769 號、俄敦 4208 號"、俄敦 15865 號 *、中國書店 10 號、俄敦 3383 號、俄敦 6987 號；

卷十　斯 9696 號 *、俄敦 17931 號 *、俄敦 7801 號＋俄敦 8573 號 *；

卷十一　俄敦 6451 號、俄敦 9086 號、俄敦 8833 號 *、俄敦 7923 號 *、伯 4582 號、俄敦 12048 號 *、斯 8541 號 *、斯 8491 號 *、俄敦 14217 號 *、國博寫經 9 號、俄敦 8581 號、俄敦 8594 號、俄敦 8604 號、俄敦 15925 號 *、俄敦 8445 號、俄敦 8446 號 *、斯 3245 號、俄敦 15783A 號、斯 11827 號 *、津圖 159 號、俄敦 16398 號、俄敦 3682 號、俄敦 12433 號；

卷十二　俄敦 8205 號 *、斯 5719 號、斯 9773 號 *、俄敦 3232 號、俄敦

7637 號、北敦 9760 號＋斯 8398 號 *、俄敦 4367 號 *、俄敦 7259 號 *、俄敦 16420 號 *、俄敦 3758 號、俄敦 16022 號 *、北敦 11690 號、北敦 11414 號；

卷十三　俄敦 6814 號、俄敦 4221 號 *、俄敦 7019 號 *、津圖 160 號＋津圖 161 號、斯 835 號、俄敦 8836 號、俄敦 7732 號＋俄敦 6939 號 *、俄敦 16951B 號 *；

卷十四　俄敦 9070 號、北敦 14825CM 號、羽 590（11）號、俄敦 16430 號 *、俄敦 3354A 號、斯 8970 號 *＋斯 9377 號 *、伯 5589（5）號、國博寫經 8 號、北敦 10501 號、北敦 6892 號、國博寫經 35 號、俄敦 16599 號 *、俄敦 18492 號、俄敦 18489 號；

卷十五　斯 9391 號 *、津藝 12 號、俄敦 10820 號、斯 1325 號、俄敦 16586 號 *、俄敦 16545 號＋俄敦 16904 號；

卷十六　俄敦 4119A 號、俄敦 4121 號、俄敦 5162 號、俄敦 14342 號 *、俄敦 15761 號、俄敦 14811 號 *…俄敦 4099 號、俄敦 15962 號 *、斯 9379 號 *、俄敦 9980 號 *、俄敦 17998 號 *、俄敦 17646 號、碎片 62 號、俄敦 9690 號 *＋俄敦 9708 號 *；

卷十七　斯 7266 號、斯 11909 號 *、俄敦 817 號、北敦 15047 號、俄敦 7484 號 *、俄敦 12251 號 *、斯 12310 號 *、俄敦 11004 號＋俄敦 11166 號 *、俄敦 3301 號；

卷十八　俄敦 4992 號 *、俄敦 16417 號＋俄敦 14885 號、俄敦 6958 號 *、俄敦 17564 號 *、俄敦 1521 號、俄敦 3630 號、伯 3059 號、北敦 7075 號、俄敦 5057 號、俄敦 7160 號…俄敦 7398 號、俄敦 17559 號 *、北敦 11386 號、俄敦 8727 號 *、斯 11870 號 *＋斯 1379 號；

卷十九　北敦 10448 號、俄敦 3480 號、俄敦 3385 號、斯 8511 號 *；

卷二十　俄敦 688 號、俄敦 1630F 號、羽 274 號、斯 10100 號 *、俄敦 9299 號 *、羽 338 號、斯 10750 號 *、俄敦 11261 號、北敦 11005 號、俄敦 10821 號、北敦 9729 號、俄敦 15500 號 *、俄敦 1729 號、俄敦 9576 號 *；

卷二一　俄敦 8559 號、斯 10814 號 *、斯 4377 號、北敦 4933 號、北敦 10716 號、北敦 6823 號、俄敦 12471 號…俄敦 12338 號 *＋俄敦 12469 號、

俄敦 9522 號＋俄敦 5028 號、北敦 9877 號、國博寫經 23 號、俄敦 10978 號、俄敦 7274B 號、羽 139 號、俄敦 7275A 號、北敦 951 號＋北敦 6905 號、俄敦 11457 號 *、斯 4538 號、俄敦 12259 號；

卷二二　斯 4532 號、斯 5167 號、斯 10788 號 *、俄敦 15041 號 *、俄弗 219 號、俄敦 16903A 號、俄敦 3633 號、俄敦 12150 號、斯 9952 號 *、"俄敦 9948 號 *、俄敦 9950 號 *"、斯 3936 號、俄敦 8265 號 *；

卷二三　俄敦 9280 號、俄敦 16395 號 *＋俄敦 16385 號 *、斯 9380 號 *＋斯 9384 號 *、北敦 5432 號、俄敦 3522 號、俄敦 4160 號、俄敦 7199 號、俄敦 7200 號、俄敦 6294B 號 *＋俄敦 7886 號、俄敦 606 號、斯 10500 號 *、北敦 11734 號；

卷二四　"俄敦 3118 號、俄敦 3422 號"、俄敦 16754 號、俄敦 7380 號 *、俄敦 15309 號 *、斯 2730 號、俄敦 12872 號、俄敦 7269 號 *、斯 7409 號、斯 2641 號、啟功 42（3）號、俄敦 6108 號、俄敦 182 號＋俄敦 183 號、俄敦 17565 號 *、俄敦 18522 號 *、俄敦 8420 號 *、北敦 14897（2）號；

卷二五　俄敦 4196 號、伯 5565 號＋俄敦 4028 號＋俄敦 5154 號、俄敦 5615 號＋俄敦 5613 號、斯 398 號、北敦 15663 號、俄敦 1613 號、北敦 14897（1）號、北敦 11978 號、傅圖 5 號、俄敦 7665 號 *、俄敦 15770 號、俄敦 8642 號 *、俄敦 14294 號 *；

卷二六　斯 10782 號 *、斯 12633 號 *、俄敦 12406 號 *、俄敦 3768 號、俄敦 17658 號、俄敦 9402 號 *、俄敦 4667 號 *、俄敦 9015 號 *、俄敦 2872 號、俄敦 7792 號 *、"俄敦 3270 號、俄敦 3604 號"、俄敦 2549 號、俄敦 10827 號 *、俄敦 15656 號 *、俄敦 5071 號；

卷二七　俄敦 12875 號 *、俄敦 9599 號 *＋俄敦 9592 號 *、俄敦 10058 號 *、"俄敦 9208 號 *、俄敦 9210 號 *"、俄敦 3492 號、俄敦 9054 號 *、"俄敦 5835 號、俄敦 5864 號"、俄敦 4842（2-2）號…俄敦 3888 號 *、俄敦 9323 號 *、北敦 15138 號、俄敦 7131 號 *、俄敦 7117 號 *、俄敦 9702 號 *、俄敦 9700 號 *、北敦 9819 號、北敦 10447 號、伯 2180P1 號；

存疑　俄敦 3253 號。

四、《般若波羅蜜多心經》及其注疏

《般若波羅蜜多心經》，或稱《般若多心經》《佛説多心經》，簡稱《心經》，一卷。該經濃縮了六百卷《大般若經》之要義，不僅展示了《大般若經》的中心思想，同時闡明般若真空之妙理，是佛教信衆日常誦讀的經典。

《心經》漢文譯本衆多，大致可分爲廣本及略本兩種，廣本有序分、正宗分、流通分；略本只有正宗分。前者有法成本、法月本、般若共利言本，後者有玄奘本、鳩摩羅什本，其中玄奘譯本言簡意賅，流傳最廣。敦煌文獻中存有四種譯本和九種注疏，共計376號。四種《心經》譯本共337號，分別爲：1.唐玄奘譯本，存309號；2.唐法成譯本，存2號；3.失譯者名《別譯般若波羅蜜多心經》，存25號；4.唐般若共利言等譯本，存1號。其中玄奘譯本是略本，其餘譯本均爲廣本。九種注疏寫卷共38號，分別爲：1.唐慧净《般若波羅蜜多心經疏》，存5號；2.唐智詵《般若波羅蜜多心經疏》，存15號；3.唐净覺《注般若波羅蜜多心經》，存2號；4.唐智融《般若波羅蜜多心經注》，存3號；5.遼文沼《注般若波羅蜜多心經》，存4號；6.佚名甲本《般若波羅蜜多心經注》，存4號；7.佚名乙本《般若波羅蜜多心經注解》，存1號；8.佚名《夾注般若波羅蜜多心經》，存3號；9.佚名《般若波羅蜜多心經還源述》，存2號。這9種注疏風格各異，但所注皆爲玄奘譯本。就館藏而言，337號《心經》譯本包括《英藏》101號，《俄藏》103號，《國圖》93號，《法藏》20號，散藏20號；39號《心經》注疏寫卷包括英藏14號，《國圖》9號，《法藏》7號，《俄藏》5號，散藏4號。

以上376號寫卷中，首尾完整者有143號，其餘233號皆有不同程度的殘損。前賢已將其中25號綴合爲11組，包括《孟録》綴合4組：俄敦1912號＋俄敦1930號＋俄敦1977號，俄敦2257號＋俄敦2284號，俄敦1053號＋俄敦 1069 號，俄敦 1172 號＋俄敦 1221 號；《俄藏》綴合 7 組："俄敦 397-1 號、俄敦 1235 號、俄敦 2025 號"，"俄敦 6703 號、俄敦 6755 號、俄敦 6766 號"，"俄敦 5689 號、俄敦 5734 號"，"俄敦 1141 號、俄敦 1800 號"，"俄敦 2831 號、俄敦 3089 號"，"俄敦 332 號、俄敦 2456 號"，"俄敦 515 號、俄敦 2930 號"。

本次補綴 1 組，新綴 13 組，共計將 32 號綴合爲 14 組。

1. 俄敦 2288 號＋俄敦 10727 號＋俄敦 12625 號

（1）俄敦 2288 號，見《俄藏》9/131B。殘片。如圖 1 右上部所示，存 11 殘行，行存中上部 3—12 字。首題"□□⊘（般若多）心經"。楷書。有烏絲欄。《孟録》考定爲《般若波羅蜜多心經》玄奘譯本。《孟録》定作 9—11 世紀寫本。

（2）俄敦 10727 號，見《俄藏》15/18A。殘片。如圖 1 左部所示，存 7 行，行約 17 字，首 4 行中下殘。楷書。有烏絲欄。尾題"般若多心經一卷"。

（3）俄敦 12625 號，見《俄藏》16/151B。殘片。如圖 1 中下部所示，存 3 殘行，行存下部 3—4 字。楷書。有烏絲欄。原卷無題，《俄藏》未定名；陳虹妙《敦煌漢文寫本〈般若波羅蜜多心經〉及其注疏考》稱"玄奘本《心經》及失譯者名別譯本中均有'故知般若波羅蜜多是大神咒，是大明咒，是無上咒，是無等等咒，能除一切苦，真實不虛'一句，故存文部分當屬上述兩種譯本之一"；[①]《俄録》定作唐玄奘譯本《般若波羅蜜多心經》。

按：據殘存文句判斷，前二號應皆爲唐玄奘譯本《般若波羅蜜多心經》，《俄録》定名同，[②] 且上揭三號內容前後相承，可以綴合。綴合後如圖 1 所示，諸相鄰二號接縫處邊緣吻合，橫縱烏絲欄亦可對接。前二號左右相接，接縫

---

①陳虹妙《敦煌漢文寫本〈般若波羅蜜多心經〉及其注疏考》，浙江師範大學碩士學位論文，2018 年，第 84 頁。敦煌文獻未定名殘片，我們的學術團隊在 2011—2012 年全面普查時曾做過系統的比定，在此基礎上，陳虹妙等參與此項工作師生的相關論文有的又作過進一步的考證。同類情況以下不再出注說明。

②俄敦 2288 號與俄敦 10727 號二號皆爲唐玄奘譯本《般若波羅蜜多心經》且可以綴合，較早見於本團隊張磊、陳虹妙《敦煌本〈心經〉殘卷綴合研究》一文（《唐研究》第 22 卷，北京大學 2016 年）及陳虹妙的碩士論文《敦煌漢文寫本〈般若波羅蜜多心經〉及其注疏考》。後來出版的《俄録》定名同。以下類似情況僅括注 "《俄録》定名同"，不再逐條出注說明。

處原本分屬二號的“礙无罣礙故”五字皆得成完璧；俄敦 12625 號係從俄敦
10727 號右下部掉落的殘片，接縫處原本分屬二號的“除”“切”二字亦得成
完璧。又此三號行款格式相同（皆有烏絲欄，滿行皆約 17 字，行距、字距、
字體大小相近），字體書風相似（筆墨濃淡不一，字體傾斜，橫筆兩頭較重），
字迹似同（比較三號間交互出現的“一”“大”“是”“心”“經”“无”“不”“般”“若”
等字），可資參證。三號綴合後，所存內容參見《大正藏》T8/848C4—
848C24。

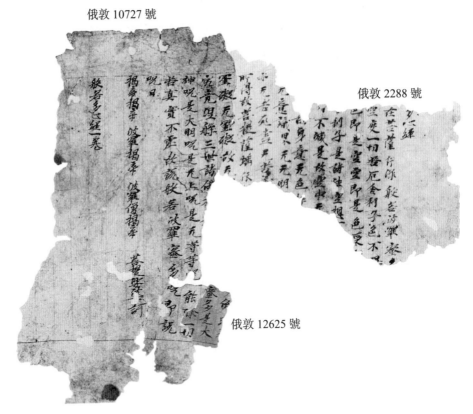

圖 1　俄敦 2288 號＋俄敦 10727 號＋俄敦 12625 號綴合圖

　　三號既原屬同卷，則可推定後號亦必爲《心經》玄奘譯本，而非別譯本。
又，《孟錄》考定前號爲 9—11 世紀寫本，若此説無誤，則後二號亦當爲 9—
11 世紀寫本。

2. 俄敦 6157 號 + 俄敦 2489 號

（1）俄敦 6157 號，見《俄藏》13/24A。卷軸裝殘片。如圖 2 上部所示，前殘尾全，存 18 殘行，行存中上部 4—11 字。首題 "▨▨▨（蜜）多心▨（經）"，尾題 "般若波羅蜜多心經"。楷書。

（2）俄敦 2489 號，見《俄藏》9/229A。卷軸裝殘片。如圖 2 下部所示，存 9 殘行，行存下部 6—7 字。楷書。原卷無題，《孟錄》考定爲《般若波羅蜜多心經》玄奘譯本。《孟錄》稱此爲 7—8 世紀寫本。

俄敦 6157 號

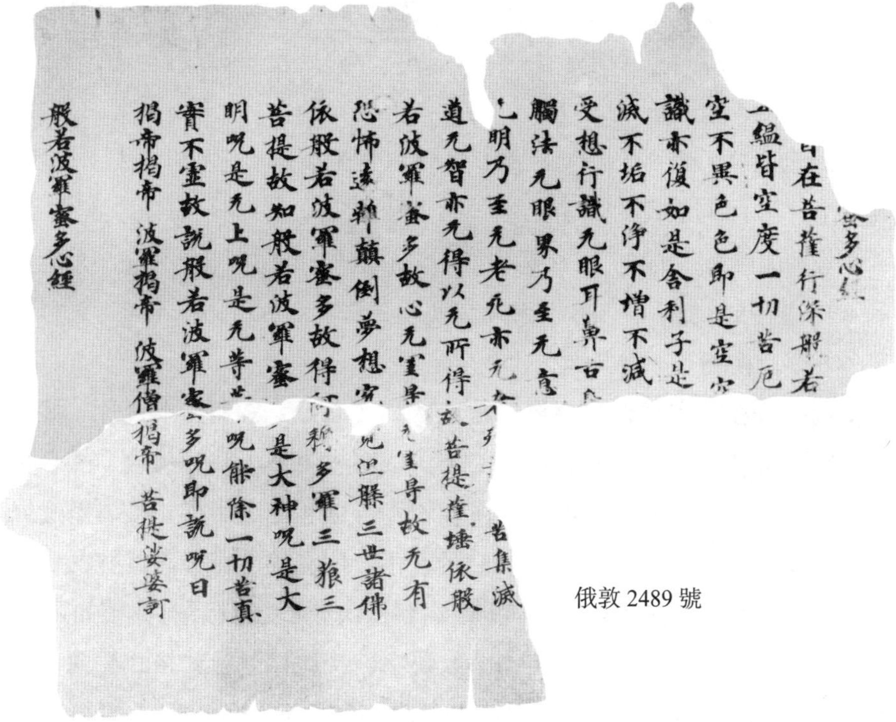

俄敦 2489 號

圖 2　俄敦 6157 號 + 俄敦 2489 號綴合圖

按：據殘存文字推斷，上揭二號應皆爲《心經》玄奘譯本殘片（《俄錄》定名同）。據完整文本推算，二號滿行皆約 17 字。二號內容前後相承，可以綴合。綴合後如圖 2 所示，前號第 9—17 行與後號所存 9 行依次上下相接，綴接處邊緣吻合，綴後第9、10、13—17行接縫處原本分屬二號的"老""故""阿""多""等""蜜""僧"七字大抵可以復合完整；第11、12行內容依次於"心无罣▨（导）/▨(无)罣导故""▨（究）/▨（竟）涅槃"句前後相接，中無缺字。又此二號行款格式相同（滿行皆約17字，行距、字距及字體大小相近），字體書風相似（皆爲楷書，字體端秀，筆墨勻厚，結構規整），書迹似同（比較二號共有的"菩""薩""般""即""是""无""多""故""罣""导""羅""不""呪""説""揭""帝"等字），可資參證。二號綴合後，所存內容參見《大正藏》T8/848C4—848C24。

二號既原屬同卷，而《孟録》稱後號爲7—8世紀寫本，若《孟録》斷代無誤，則可推知前號亦爲同一時期寫本。

3. 斯3794號＋斯9518號

（1）斯3794號，見《寶藏》31/418A。卷軸裝殘片。如圖3左上部所示，首殘尾全，存17行，行約17字，首7行下殘。楷書。首題稍模糊，可辨爲"▨▨（般若）波羅蜜多心經"，尾題"般若多心經"。

（2）斯9518號，見IDP。殘片。如圖3右下部所示，存5殘行，行存下部4—10字。楷書。原卷無題，IDP未定名。

按：據殘存文字推斷，上揭二號應皆爲《心經》玄奘譯本殘片。據完整文本推算，後號滿行亦約17字，且二號內容前後相承，可以綴合。綴合後如圖3所示，前號第3至7行與後號所存5殘行依次上下相接，接縫處邊緣基本吻合。綴合後第5行原本分屬二號的"不"字和第7行分屬二號的"無明亦"三字皆得大體合成完璧；第4、6行內容依次於"受想行識/亦復如是""無眼/耳鼻舌身意"兩句前後相接，中無缺字。又此二號行款格式相同（滿行皆約17字，行距、字距及字體大小相近），書風相似（字體方正，捺筆出鋒），字迹似同（比較二號共有的"舍""利""子""色""空""不""是""諸""無""意"等字），可資參證。二號綴合後，所存內容參見《大正藏》T8/848C4—848C24。

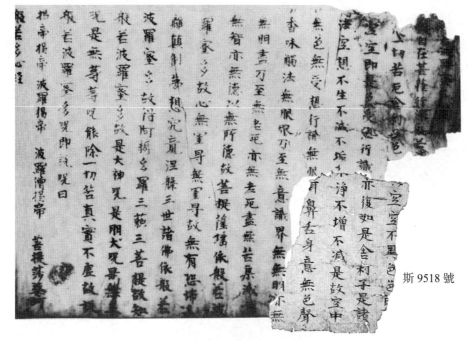

圖3　斯3794號＋斯9518號綴合圖

4.斯12585號＋斯12366號＋斯13296號

（1）斯12585號，見IDP。卷軸裝殘片。如圖4上部所示，存17行，前14行下殘，行約17字。首行題“般若波羅蜜多心經　三囗（藏）”字樣。楷書。有烏絲欄。

（2）斯12366號，見IDP。殘片。如圖4中下部所示，存7殘行，行存中下部3—8字。楷書。有烏絲欄。原卷無題，IDP未定名。

（3）斯13296號，見IDP。殘片。如圖4中下部所示，存2殘行，行存中部5—6字。楷書。有烏絲欄。原卷無題，IDP未定名。

按：據前號首題及殘存文字推斷，上揭三號應皆爲《心經》玄奘譯本。據完整文本推算，後二號滿行亦約17字，且三號內容前後相承，可以綴合。綴合後如圖4所示，接縫處邊緣吻合，前二號綴後第6、7、9、10、11行接縫處原本分屬二號的“无”“香”“滅”“般”“離”五字皆得合成完璧，第8、12

行接縫處內容於 "亦无 / 无明盡" "三世諸佛依般若波羅 / 蜜多故" 句前後相接，縱向烏絲欄亦可對接；後二號接縫處原本分屬二號的 "受" "觸" 二字皆得成完璧。又此三號行款格式相同（皆有烏絲欄，滿行皆約 17 字，行距、字距、字體大小相近），字迹書風似同（比較三號間交互出現的 "无" "行" "想" "識" 等字），可資參證。三號綴合後，所存內容參見《大正藏》T8/848C4─848C23。

斯 12585 號

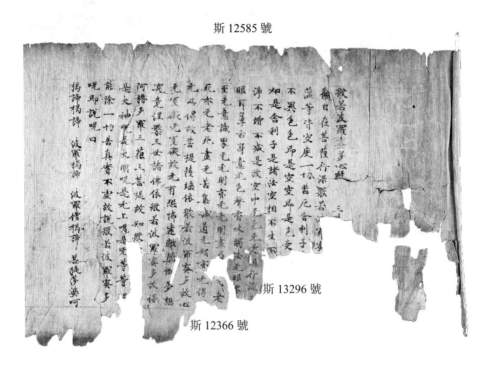

圖 4　斯 12585 號 + 斯 12366 號 + 斯 13296 號綴合圖

5. 俄敦 6259 號 + 俄敦 6127 號

（1）俄敦 6259 號，見《俄藏》13/64B。卷軸裝殘片。如圖 5 上部所示。存 14 殘行，首行題 "般若波羅蜜多心經一卷"，其餘 13 行每行存上部 4─8 字（末行僅存上部 4 字右側殘筆，前部另有 1 行空白無字）。楷書。有烏絲欄。

（2）俄敦 6127 號，見《俄藏》13/13B。卷軸裝殘片。如圖 5 下部所示，存 12 殘行（末行僅存中部 2 字右側殘筆，其餘 11 行每行存下部 7─10 字，前部另有 3 行空白無字）。楷書。有烏絲欄。原卷無題，《俄藏》未定名。

　　按：據殘存文字，上揭二號應皆爲《心經》玄奘譯本殘片（《俄録》定名同），且二號内容前後相承，可以綴合。綴合後如圖5所示，二號接縫處邊緣大體吻合（部分綴後仍有缺損），縱向烏絲欄亦可對接，原本分屬二號的"般""厄""諸""色""明""苦""佛"七字皆可合成完璧。又此二號行款格式相同（皆有烏絲欄，行距、字距及字體大小相近），書風相近（筆墨濃淡不一，頓筆有力，筆意相連），字迹似同（比較二號共有的"般""若""波""羅""多""心""行""空""舍""利""子""色""不""異""即""是""識""亦"等字），可資參證。二號綴合後，所存内容參見《大正藏》T8/848C4—848C18。

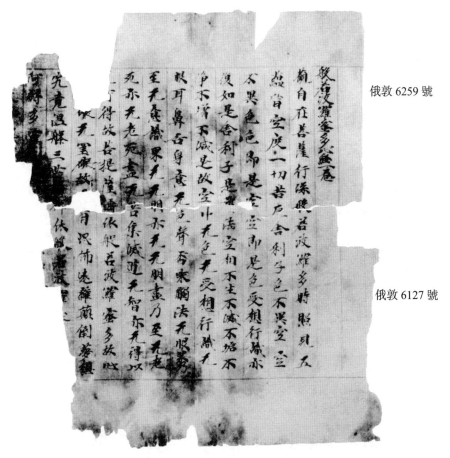

俄敦 6259 號

俄敦 6127 號

圖5　俄敦 6259 號 + 俄敦 6127 號綴合圖

6. 俄敦 5354 號 + 俄敦 4388 號 + "俄敦 5689 號、俄敦 5734 號"

（1）俄敦 5354 號，見《俄藏》12/104B。卷軸裝殘片。如圖 6 下部所示，存 16 殘行（第 15 殘行空白無字），行存下部 0—9 字。楷書。有烏絲欄。原卷無題，《俄藏》未定名。

（2）俄敦 4388 號，見《俄藏》11/216A。殘片。如圖 6 右上部所示，存 4 殘行（末行僅存上部 1 字右側殘筆），行存上部 1—6 字。楷書。有烏絲欄。原卷無題，《俄藏》未定名。

（3）"俄敦 5689 號、俄敦 5734 號"，見《俄藏》12/219A。卷軸裝殘片。如圖 6 左上部所示，《俄藏》已將此二號圖版拼合，共存 15 殘行，行存上部 3—10 字。尾題"▢▢▢▢（多）心經"。楷書。有烏絲欄。《俄藏》未定名。

按：據殘存文字推斷，上揭四號應皆爲《心經》玄奘譯本（前號與後一組《俄錄》定名同；中間一號《俄錄》定作"摩訶般若波羅蜜經卷第一序品第一"，非是），且其內容前後相承，皆可綴合。綴合後如圖 6 所示，接縫處邊緣大體吻合（部分邊緣因二次殘損綴後仍略有缺口），橫縱烏絲欄亦可對接。俄敦 4388 號可補入"俄敦 5689 號、俄敦 5734 號"右上角，補入後第 3 行接縫處原本分屬二號的"是"字得以復合爲一，第 2 行接縫處內容於"▢▢（亦復）如是 / 舍利子"句前後相接。"俄敦 5689 號、俄敦 5734 號"與俄敦 5354 號上下相接，綴合後第 5、6、8、10 行接縫處原本分屬兩片的"无""聲""集""有"四字皆得大致拼合完整，第 4、7、9、11 至 14、16 行接縫處內容前後相接，依次爲"是諸法空 / 相""无无明 / 亦无无明盡""菩提薩埵 / 依般若波羅蜜多故""三世諸佛 / 依般若波羅蜜多故""得阿▢▢▢（耨多羅）三藐三▢（菩）/ 提""是大明呪 / 是无上呪""真實不 / 虛""波 / 羅僧揭帝"，中無缺字。四號綴合後，俄敦 5354 號第 3—14 行行末與俄敦 4388 號 + "俄敦 5689 號、俄敦 5734 號"第 2—13 行行首的內容亦皆前後相接。又此四號行款格式相同（皆有烏絲欄，行距、字距、字體大小相近），字迹書風似同（比較四號間交互出現的"異""是""不""无""多"等字），可資參證。四號綴合後，所存內容參見《大正藏》T8/848C7—848C24。

"俄敦 5689 號、俄敦 5734 號"　　　　　　　俄敦 4388 號

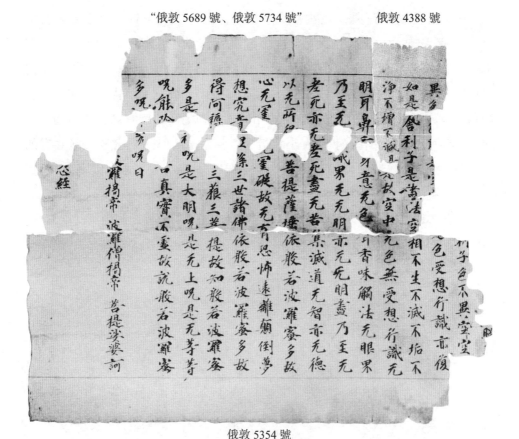

俄敦 5354 號

圖 6　俄敦 5354 號＋俄敦 4388 號＋"俄敦 5689 號、俄敦 5734 號"綴合圖

7. 北敦 11825 號＋北敦 11112 號

（1）北敦 11825 號（北臨 1954），見《國圖》110/97A。卷軸裝殘片。如圖 7 左上部所示，存 17 行，前 11 行下殘，行約 17 字。楷書。有烏絲欄。尾題"般若波羅蜜多心經一卷"。《國圖》條記目録稱此爲 9—10 世紀歸義軍時期寫本。

（2）北敦 11112 號（北臨 1241），見《國圖》109/22B。殘片。如圖 7 右下部所示，存 9 殘行，行存下部 3—7 字。楷書。有烏絲欄。原卷無題，《國圖》擬題"般若波羅蜜多心經"。《國圖》條記目録稱此爲 8—9 世紀吐蕃統治時期寫本。

　　按：據前號尾題與二號殘存文字推斷，上揭二號應皆爲《心經》玄奘譯本。據完整文本推算，北敦 11112 號滿行亦約 17 字。二號內容前後相承，可以綴合。綴合後如圖 7 所示，接縫處邊緣吻合，原本分屬二號的"色""不""受""聲""明""苦""般""諸佛""般"十字皆得成完璧，横縱烏絲欄亦可對接。又二號行款格式相同（地脚等高，皆有烏絲欄，滿行皆約 17 字，行距、字距、字體大小相近），字迹書風似同（比較二號共有的"若""法""想""識""波""不""无""眼""亦""波""般"等字），可資參證。二號綴合後，所存內容參見《大正藏》T8/848C7—848C24。

　　二號既原屬同卷，而《國圖》條記目錄稱前號爲 9—10 世紀歸義軍時期寫本，後號爲 8—9 世紀吐蕃統治時期寫本，斷代不一，宜再斟酌。

北敦 11825 號

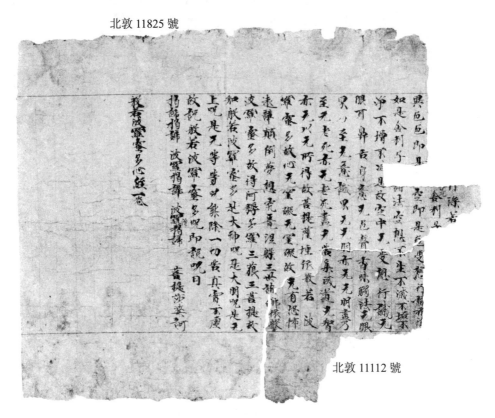

北敦 11112 號

圖 7　北敦 11825 號＋北敦 11112 號綴合圖

8. 斯10156號+斯6046號

（1）斯10156號，見IDP。殘片。如圖8右部所示，存5殘行（行存下部2—9字，其前另有2行空白無字）。楷書。有烏絲欄。原卷無題，IDP未定名。

（2）斯6046號，見《寶藏》44/692B。卷軸裝殘片。如圖8左部所示，前殘尾全，存11殘行，行約17字，每行中上部有殘損。尾題"☒（般）若波羅蜜多心經"。楷書。有烏絲欄。

按：據殘存文字推斷，上揭二號皆爲《心經》玄奘譯本殘片，且內容前後相承，可以綴合。綴合後如圖8所示，前號末行與後號首行是鄰行，據殘行所存文字，比對《大正藏》及其他完整寫本，此二行文字可復原如下：□□□□□□□□□□□□□□□□□（是故，空中无色，无受、想、行、識，无眼、耳、鼻）、舌、身、/□□□□□□□□□☒（意，无色、聲、香、味、觸、法，无）眼界，乃至无意識界。復原後，行各17字，與全卷每行字數大致吻合。又此二號行款格式相同（地脚等高，行距字距、字體大小相近），書風相似（字體端秀，筆墨勻厚，橫筆收頓明顯，捺筆出鋒），字迹似同（比較二號共有的

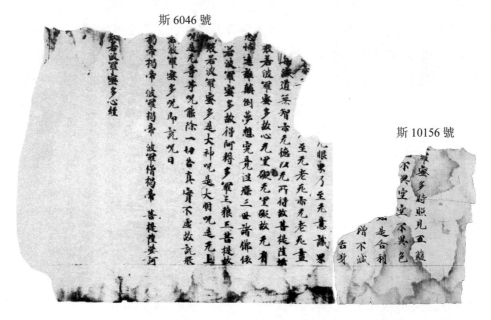

斯6046號

斯10156號

圖8　斯10156號+斯6046號綴合圖

"蜜""多""不""是"等字,如表1所示),可資參證。二號綴合後,所存內容參見《大正藏》T8/848C7—848C24。

表1　斯10156號、斯6046號字迹比較表

例字 卷號	蜜	多	不	是
斯10156號	蜜	多	不	是
斯6046號	蜜蜜蜜	多多多	不	是是

9. 俄敦7762號+俄敦8731號

(1)俄敦7762號,見《俄藏》13/335B。殘片。如圖9上部所示,存7殘行,行存中部2—4字。楷書。有烏絲欄。原卷無題,《俄藏》未定名。

(2)俄敦8731號,見《俄藏》14/83A。殘片。如圖9下部所示,存6殘行,行存中部3—4字。楷書。有烏絲欄。原卷無題,《俄藏》未定名。

按:據殘存文字推斷,上揭二號應皆爲《心經》玄奘譯本殘片(《俄録》定名同)。據完整文本推算,滿行皆約17字。二號內容前後相承,可以綴合。綴合後如圖9所示,二號上下相接,綴接處邊緣吻合,縱向烏絲欄亦可對接。綴合後第1行內容於"般若/☒(波)羅☒(蜜)"句前後相接,中無缺字;第2、3、4行接縫處原本分屬二號的"利""色""不"三字皆得復合爲一。又此二號行款格式相同(皆有烏絲欄,滿行皆約17字,行距、字距及字體大小相近),字體書風相似(皆爲楷書,筆墨

俄敦7762號

俄敦8731號

圖9　俄敦7762號+俄敦8731號綴合圖

勻厚，筆畫有力，筆意相連），可資參證。二號綴合後，所存内容參見《大正
藏》T8/848C7—848C13。

10. 俄敦 1473 號 + 俄敦 10728 號

（1）俄敦 1473 號，見《俄藏》8/198A。卷軸裝，1 紙。如圖 10 右部所示，
前後皆缺，存 17 行，行約 10 字。楷書。有行間校加字。原卷無題，《孟録》及《俄
録》考定爲《般若波羅蜜多心經》玄奘譯本。《孟録》稱此爲 9—10 世紀寫本。

（2）俄敦 10728 號，見《俄藏》15/18B。卷軸裝，1 紙。如圖 10 左部所
示，前缺尾全，存 9 行，行約 10 字。尾題“佛説多心經一卷”。楷書。

按：據殘存文字推斷，後號亦應爲《心經》玄奘譯本殘卷（《俄録》定名同），
且上揭二號内容前後相承，可以綴合。綴合後如圖 10 所示，二號左右相接，
接縫處邊緣大體吻合，俄敦 1473 號末行“三世諸佛依般若波羅密多”與俄敦
10728 號首行首字“故”相連成句，中無缺字。又此二號行款格式相同（行距、
字距及字體大小相近），書風相近（字間距疏朗，筆墨濃淡不一，缺少鋒芒），
字迹似同（比較二號共有的“一”“切”“苦”“不”“是”“无”“得”“密”“多”“故”
等字，如表 2 所示），可資參證。二號綴合後，所存内容參見《大正藏》
T8/848C8—848C24。

該寫本中存在較多別字，如“无受、想、行、識”句“受”字寫作“壽”，
“无色、聲、香、味、觸、法”句“味”字寫作“未”，“以无所得故”句“以”
寫作“亦”，及“无”多寫作“元”形，等等，且字體潦草，筆畫生硬，或出
於文化程度較低者之手。

表 2　俄敦 1473 號、俄敦 10728 號字迹比較表

例字 卷號	一	切	苦	不	是	無	得	密	多	故
俄敦 1473 號	一	切	苦	不	是	无	得	密	多	故
俄敦 10728 號	一	切	苦	不	是	无	得	密	多	故

圖 10　俄敦 1473 號＋俄敦 10728 號綴合圖

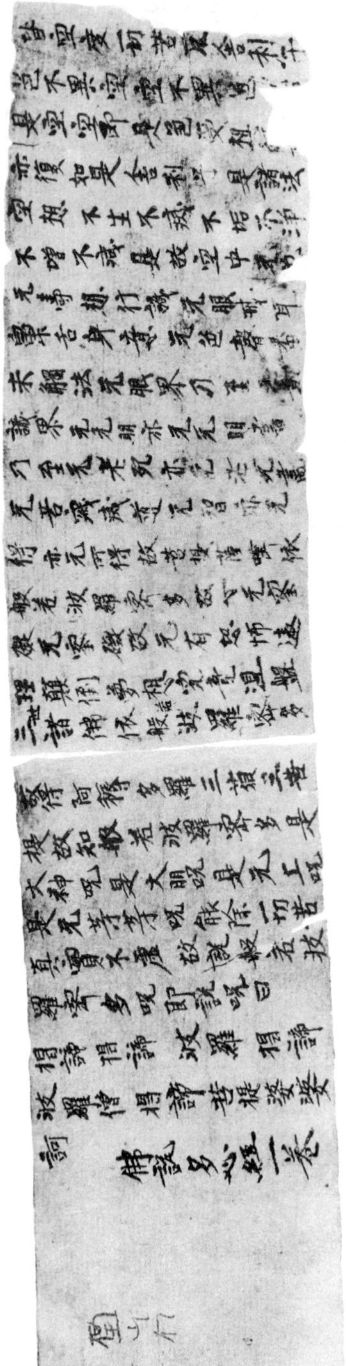

　　二號既原屬同卷，而《孟録》稱前號爲9—10世紀寫本，若《孟録》斷代無誤，則可推知後號亦爲同一時期寫本。

　　11. 俄敦 1748 號…俄敦 11036 號

　　（1）俄敦1748號，見《俄藏》8/324B。册葉裝，存1紙2個半葉。如圖11右部所示，前後皆殘，前一個半葉僅存4行（有殘缺），後一個半葉7行，行約9字。原卷缺題，《孟録》及《俄録》考定爲《般若波羅蜜多心經》玄奘譯本。楷書。有行間校加字。《孟録》稱此爲9—11世紀寫本。

　　（2）俄敦11036號，見《俄藏》15/142B—143A。册葉裝，存2紙半5個半葉。如圖11中左部所示，存17行，行約9字。尾題"般若多心經一卷"。尾題後有宋番番題記及"浄口業真言""大身真言""隨心真言"17行。楷書。《俄藏》未定名。

　　按：據殘存文字推斷，後號應亦爲《心經》玄奘譯本殘葉（《俄録》定名同），且上揭二號内容前後相承，可以綴合。爲方便比對，現將俄敦11036號前1紙稱爲"俄敦11036號A片"，後1紙半分別稱爲"俄敦11036號B片""俄敦11036號C片"，分别如圖11中部和左部所示。二號綴合後如圖11所示，俄敦1748號末行行末"無苦"二字與俄敦11036號A片首行行首"集滅道"相連成句，中無缺字。又此二號行款格式相同（紙張等高，滿行字數皆9字左右，行距、字距及字體大小相近），書風相近（筆墨濃粗，頓筆有力），字迹似同（比較二號共有的"亦""明""是""切""無""故"等字，如表3所示），可證此二號確爲同一册子之撕裂。又俄敦1748號末行上部缺口與俄敦11036號A片首行上部缺口對稱，又俄敦11036號A片末行上部缺口與俄敦11036號B片首行上部缺口對稱，俄敦11036號B片末2行上部缺口與俄敦11036號C片首2行上部缺口對稱，可知其缺口是紙張折疊狀態下遭破損形成，亦可資參證。二號綴合後，所存内容參見《大正藏》T8/848C8—848C24。

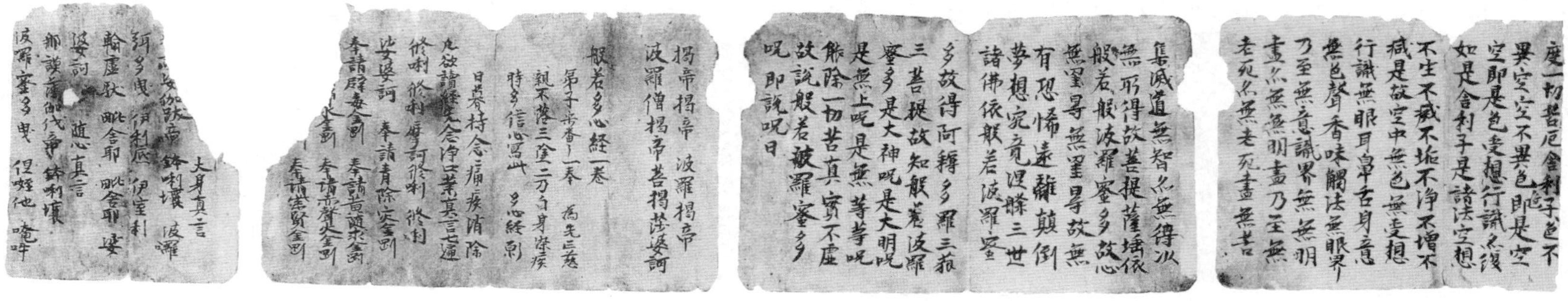

俄敦 1748 號

俄敦 11036 號 A 片

俄敦 11036 號 B 片

俄敦 11036 號 C 片

圖 11　俄敦 1748 號……俄敦 11036 號綴合示意圖

表 3　俄敦 1748 號、俄敦 11036 號字迹比較表

卷號＼例字	亦	明	是	切	無	故
俄敦 1748 號	亦	明	是	切	無	故
俄敦 11036 號	亦	明	是	切	無	故

二號既原屬同卷，而《孟録》稱前號爲 9—11 世紀寫本，若《孟録》斷代無誤，則可推知後號亦爲同一時期寫本。

12. 斯 12163 號＋斯 12286 號

（1）斯 12163 號，見 IDP。殘片。如圖 12 右部所示，存 3 殘行，行存下部 6—7 字。楷書。有烏絲欄。原卷無題，IDP 未定名。

（2）斯 12286 號，見 IDP。殘片。如圖 12 左部所示，存 4 殘行，行存下部 4—7 字。楷書。有烏絲欄。原卷無題，IDP 未定名。

按：據殘存文字推斷，上揭二號應皆爲《心經》玄奘譯本殘片，且内容前後相承，可以綴合。綴合後如圖 12 所示，二號左右相接，接縫處邊緣吻合，底部橫向烏絲欄亦可對接，綴合後第 3 行原本分屬二號的殘字"舌""無色聲"四字可合成完璧。又此二號行

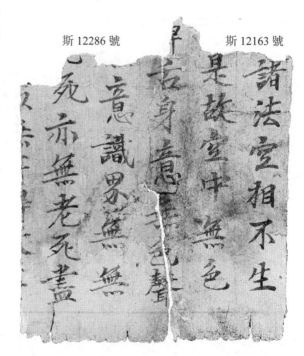

斯 12286 號　　　斯 12163 號

圖 12　斯 12163 號＋斯 12286 號綴合圖

款格式相同（地脚等高，皆有烏絲欄，滿行皆約 16 字，行距、字距及字體大小相近），書風相似（筆墨均匀，結構規整，筆意相連），書迹似同（比較二號共有的"無""意"等字），可資參證。二號綴合後，所存内容參見《大正藏》T8/848C10—848C15。

13. 俄敦 4419 號＋俄敦 1591 號

（1）俄敦 4419 號，見《俄藏》11/231A。殘片。如圖 13 右部所示，存 3 行（首行僅存上部 1 字的左側殘形，末行僅存若干字右側殘筆），行約 17 字。楷書。有烏絲欄。原卷無題，《俄藏》未定名；《俄録》稱未檢到出處，泛題"殘佛經"。

（2）俄敦 1591 號，見《俄藏》8/245B。卷軸裝殘片。如圖 13 左部所示，凡三篇，後二篇爲《佛説救苦觀世音經》《佛説續命經》。前一篇前殘尾全，存 7 殘行，行存中上部 2—16 字，尾題"般若波羅蜜多心經一卷"。楷書，有烏絲欄。《孟録》已考定爲《般若波羅蜜多心經》法成譯本，并稱其爲 9—11世紀寫本；《俄録》定作唐般若共利言等譯《般若波羅蜜多心經》。

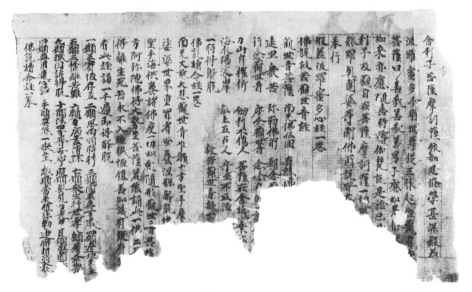

俄敦 1591 號　　　　　　　　　　　　　　　　俄敦 4419 號

圖 13　俄敦 4419 號＋俄敦 1591 號綴合圖

按：據殘存文字比對，前號與後號前一篇應皆爲《心經》別譯本殘片（内容與法成本有出入），且内容前後相承，可以綴合。綴合後如圖13所示，二號内容左右相接，接縫處邊緣吻合，橫向烏絲欄亦可對接。前號中行"舍利子，菩薩摩訶薩依如是修學甚深般若"與後號首行行端"波羅蜜多"相連成句，中無缺字；後號首行"波""蜜""尒""世""從""昧"六字右側有少許筆尖撕裂在前號末行，二號拼合，上揭諸字可成完璧。又此二號行款格式相同（皆有烏絲欄，行距、字距及字體大小相近），字體書風相似（皆爲楷書，筆墨勻厚，橫細豎粗，筆意相連），字迹似同（比較二號共有的"菩""薩""訶""子""修"等字），可資參證。上揭二號綴合後，前一篇經文所存内容始"舍利子"，至尾題止。

14. 俄敦149號…北敦6146號

（1）俄敦149號，見《俄藏》6/100B。卷軸裝殘片。如圖14右部所示，存13殘行，有注，注文雙行小字，行存中上部2—10大字。原卷無題，《孟録》列在玄奘譯《般若波羅蜜多心經》之下，稱"有注釋"；《俄藏》及《俄録》擬題"般若波羅蜜多心經注"。楷書。有烏絲欄。《孟録》稱該寫本爲7—9世紀寫本。

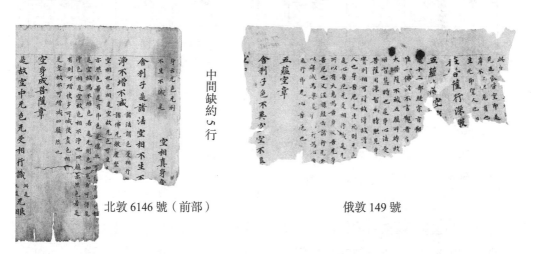

北敦6146號（前部）　　　　　俄敦149號

圖14　俄敦149號…北敦6146號（前部）綴合示意圖

（2）北敦 6146 號，見 IDP。卷軸裝，3 紙。前部如圖 14 左部所示，前殘尾全，存 44 行，有注，注文雙行小字，行存 6—13 大字。尾題"般若波羅蜜多心經"。楷書。有烏絲欄。《國圖》擬題爲"般若波羅蜜多心經注（智融本）"，IDP 定名爲"般若波羅蜜多心經"。《國圖》條記目錄稱此爲 7—8 世紀唐寫本。

按：據殘存文字推斷，上揭二號皆爲《心經》注本。二號內容前後相承，有可能可以綴合。試作綴合如圖 14 所示，二號行款格式相同（皆有烏絲欄，行距、字距及字體大小相近），字體書風相似（皆爲楷書，筆墨勻厚、筆畫有力、結構規整），字迹似同（比較二號共有的"章""舍""不""空""无""是"等字，如表 4 所示），據此判斷，此二號確應爲同一寫本所撕裂。但二號難以直接綴合，比勘方廣錩主編《〈般若心經〉譯注集成》整理的文本，[1] 根據每行字數判斷，二號之間應缺約 5 行。

表 4　俄敦 149 號、北敦 6146 號字迹比較表

例字 \ 卷號	章	舍	不	空	無	是
俄敦 149 號	章	舍	不	空	无	是
北敦 6146 號	章	舍	不	空	无	是是

卷號簡目

根據對已刊布文獻的普查以及上述綴合成果，梳理出敦煌《般若波羅蜜多心經》及其注疏漢文寫本卷號如下：

《心經》譯本四種

1. 唐玄奘譯《般若波羅蜜多心經》309 號　北敦 439 號背°、北敦 693-5 號°、北敦 896B 號°、北敦 2864-2 號°、北敦 2868 號°、北敦 3874A 號°、北敦

---

[1]《〈般若心經〉譯注集成》，上海古籍出版社，2011 年，第 362—376 頁。該注本《大正藏》未見。

3932A 號○、北敦 4544-3 號○、北敦 5026 號○、北敦 5907 號○、北敦 5949 號○、北敦 6565-1 號○、北敦 6607-2 號○、北敦 6862 號○、北敦 6928 號○、北敦 6941 號○、北敦 7016-1 號○、北敦 7047 號○、北敦 7575 號○、北敦 7640-1 號○、北敦 7640-2 號○、北敦 7668 號○、北敦 7684 號○、北敦 7779A 號○、北敦 7928A-2 號○、北敦 8043-2 號○、北敦 8068 號○、北敦 8155-3 號○、北敦 8312 號○、北敦 8321 號○、北敦 8344-2 號○、北敦 8489 號○、北敦 9101 號○、北敦 9109 號○、北敦 9111 號○、北敦 14010 號○、北敦 14170 號○、北敦 15000 號背 5○、北敦 15155 號○、北敦 15174-2 號○、北敦 15376 號○、俄弗 105-1 號○、俄弗 106 號○、<u>"俄敦 397-1 號、俄敦 1235 號、俄敦 2025 號○"</u>、俄敦 467 號○、俄敦 1765-2 號○、俄敦 2824-1 號○、伯 3136-2 號○、伯 3351 號○、伯 3448 號○、伯 3580 號○、伯 3820 號○、伯 3824-4 號○、伯 3932-2 號○、伯 4550 號○、斯 91 號○、斯 273 號○、斯 472 號○、斯 519 號○、斯 864 號○、斯 1001 號○、斯 1215-1 號○、斯 1303 號○、斯 1305 號○、斯 1340 號○、斯 1554 號○、斯 1855-2 號○、斯 2678 號○、斯 2840 號○、斯 3228-2 號○、斯 3252 號○、斯 3457 號○、斯 3521 號○、斯 3523 號○、斯 3524 號○、斯 3566 號○、斯 3938 號○、斯 4001 號○、斯 4079 號○、斯 4109 號○、斯 4182-2 號○、斯 4216 號○、斯 4406 號○、斯 4409 號○、斯 4441 號○、斯 4734 號○、斯 4832 號○、斯 4946 號○、斯 5065 號○、斯 5377 號○、斯 5418 號○、斯 5458-3 號○、斯 5492 號○、斯 5493 號○、斯 5531-9 號○、斯 5535-2 號○、斯 5577-3 號○、斯 5677-1 號○、斯 5904 號○、斯 6188 號○、斯 6257-1 號○、斯 7000 號○、津藝 283 號○、上圖 74 號○、北大敦 D53-2 號○、羽 387-1 號○、羽 472 號○、北敦 1348-2 號○、北敦 5656 號○、北敦 6733A 號○、俄敦 468 號○、俄敦 2933 號○、伯 3045 號○、斯 429 號○、斯 1067 號○、斯 5035 號○、斯 5643-1 號○、北大敦 D26 號○、俄弗 107 號○、俄弗 108 號○、斯 5909 號○、北敦 4838 號○、俄敦 305 號○、北敦 2392A 號○、北敦 9094-1 號○、俄敦 462 號○、俄敦 465 號○、<u>俄敦 2257 號＋俄敦 2284 號</u>、斯 945 號○、俄敦 297 號○、伯 2168 號○、伯 2731 號○、斯 4289 號○、斯 5410 號○、俄敦 882 號○、俄敦 11697 號 *○、津圖 124 號○、俄敦 11689 號 *、<u>"俄敦 6703 號 *、俄敦 6755 號 *、俄敦 6766 號 *"</u>、俄敦 1912 號＋

俄敦 1930 號＋俄敦 1977 號、俄敦 11037 號[*]、斯 8717 號[*]、俄敦 6536 號[*]、北敦 3957A 號、北敦 7362-2 號、俄敦 276 號、伯 2855 號背 1、斯 2650 號、北敦 9104 號、北敦 11982 號、北敦 9103 號、北敦 8034-1 號、斯 3716 號、俄敦 6117 號[*]、斯 9148 號[*]、俄敦 5954 號[*]、北敦 445B 號、北敦 8378 號、斯 3251 號、伯 4093-5 號、斯 5846 號、北敦 7016-2 號、斯 5414 號、北敦 2360-2 號、斯 6897 號背 2、北敦 9100-2 號、斯 1306-5 號、北敦 11979 號、斯 1599 號、斯 1449 號、斯 865-2 號、俄敦 3036 號、斯 5502 號、北敦 9107 號、俄敦 1785 號、北敦 9099 號、斯 11830 號[*]、俄敦 2079 號、北敦 10947 號、俄敦 5521 號[*]、斯 12088 號[*]、北敦 11155 號、俄敦 701 號、俄敦 927-6 號、北敦 12974 號、伯 3360 號背 4、斯 4896 號背、俄敦 5889 號[*]、俄敦 4866 號[*]、斯 6125 號、俄敦 10504 號[*]、斯 8903 號[*]、斯 6722-2 號、北敦 10037 號、浙敦 51 號、北敦 11702 號、北敦 7510 號背、羽 707 號背 2、北敦 12774 號、北敦 11694 號、俄敦 5892 號[*]、俄敦 5832 號[*]、斯 1576 號背、北敦 13111 號、俄敦 10730 號[*]、斯 950 號、俄敦 292 號、北敦 9096 號、北敦 9476 號、北敦 8601-1 號、北敦 3292 號、俄敦 5440 號[*]、斯 7164 號、北敦 9108 號、<u>俄敦 1053 號＋俄敦 1069 號</u>、斯 11604 號[*]、北敦 12249 號、斯 8918 號[*]、俄敦 6157 號[*]＋俄敦 2489 號、俄敦 2288 號＋俄敦 10727 號[*]＋俄敦 12625 號[*]、斯 3794 號＋斯 9518 號[*]、斯 12585 號[*]＋斯 12366 號[*]＋斯 13296 號[*]、津圖 143 號、俄敦 1596 號、俄敦 6259 號[*]＋俄敦 6127 號[*]、“俄敦 1141 號、俄敦 1800 號”、斯 1765 號、北敦 11981 號、<u>俄敦 1172 號＋俄敦 1221 號</u>、北敦 7928A-1 號、俄敦 1171 號、俄敦 10731 號[*]、俄敦 6644 號[*]、俄敦 737 號、俄敦 911 號、北敦 10663 號、俄敦 2997 號、俄敦 5354 號[*]＋俄敦 4388 號[*]＋<u>“俄敦 5689 號[*]、俄敦 5734 號[*]”</u>、斯 10156 號[*]＋斯 6046 號、北敦 11825 號＋北敦 11112 號、北敦 11355 號、斯 5581-1 號、羽 420 號、斯 1632 號、俄敦 1150 號、俄敦 5538 號[*]、俄敦 2769 號、俄敦 7762 號[*]＋俄敦 8731 號[*]、俄敦 1748 號…俄敦 11036 號[*]、俄敦 1473 號＋俄敦 10728 號[*]、俄敦 2295 號、斯 137 號、斯 742 號、俄敦 6221 號[*]、<u>“俄敦 8375 號、俄敦 8403 號[*]”</u>、俄敦 7216 號[*]、俄敦 1136 號、羽 636-3 號、北敦 11243 號、俄敦 1951 號、羽 101-1 號、伯 2884 號、<u>“俄敦 2831 號、俄</u>

<u>敦 3089 號</u>"、俄敦 706 號、斯 9877A 號 *、斯 12163 號 * ＋斯 12286 號 *、俄敦 1890 號、北敦 8344-1 號、北敦 9106 號、俄敦 228 號、俄敦 689 號、俄敦 4963 號 *、北敦 8007-2 號、北敦 11531 號、中村 115 號、斯 8643 號 *、文研院 xj103—660.84、北敦 8043-1 號、斯 9230 號 *、斯 11038 號、俄敦 1024 號。

2. 唐法成譯《般若波羅蜜多心經》2 號　伯 4882 號、羽 39 號背 5。

3. 失譯者名《別譯般若波羅蜜多心經》25 號　北敦 5653 號○、伯 3748-1 號○、伯 3919C 號○、北敦 7755 號、俄敦 10725 號 *、俄敦 10726 號 *、俄敦 4419 號 * ＋俄敦 1591 號、<u>"俄敦 332 號、俄敦 2456 號"</u>、俄敦 10724 號 *、斯 5447-2 號、俄敦 10732 號 *、伯 3908-2 號、斯 1251 號、伯 3332-1 號、斯 1306-1 號、北敦 15429A 號、北敦 6277 號、俄敦 11878 號 *、俄敦 4598 號 *、俄敦 5886 號 *、北敦 14892-1 號、俄敦 919 號、俄敦 5715 號 *。

4. 唐般若共利言等譯《般若波羅蜜多心經》1 號　斯 6897 號背○。

《心經》注疏九種

1. 唐慧净《般若波羅蜜多心經疏》5 號　斯 5850 號、斯 554 號、北敦 4412 號、北大敦 D201 號、斯 9974 號 *。

2. 唐智詵《般若波羅蜜多心經疏》15 號　伯 4940 號、伯 2178 號背 3、北敦 9110 號、北敦 3652 號、北敦 9222 號、斯 6166 號、北敦 4909 號、北敦 13631 號、伯 3229 號背、斯 839 號、斯 10238 號 *、斯 10587 號背 *、斯 8685 號 *、俄敦 5583 號背 *。

3. 唐净覺《注般若波羅蜜多心經》2 號　敦博 77F 號○、① 斯 4556 號 2 號。

4. 唐智融《般若波羅蜜多心經注》3 號　伯 3131 號、俄敦 149 號…北敦

---

① 敦博 77 號，爲唐釋神會撰《菩提達摩南宗定是非論》、《南陽和上頓教解脱禪門直了性壇語》、《南宗定邪正五更轉》、唐釋法海集《南宗頓教最上大乘壇經》、唐釋净覺《注般若波羅蜜多心經》等五種禪籍合抄（後二種之間另抄有目録兩行），2008 年列入中華人民共和國文化部發布的第一批《國家珍貴古籍名録》，并都被定爲"歸義軍時期寫本"。其實此五種禪籍并非同一時期的寫本，前四種確有可能爲"歸義軍時期寫本"，而敦博 77F 號《注心經》則是較晚的抄本；後者出現了一批其他可靠的敦煌寫本未見或罕見的異體俗字，包括"薩（薩）""畄（留）""灯（燈）""还（還）""难（離）""覔（覺）"等等，這些字不但爲該號前四種文獻所未見，而且亦爲其他敦煌寫本所未見或罕見，它們大多是宋代甚至是元代以後才産生的；據此，可以斷定該寫本可能是元代以後（甚至藏經洞文獻流散後）補抄的，而非敦煌藏經洞固有之物。參看張涌泉《敦博本〈注心經〉抄寫時間考》，《漢字漢語研究》2018 年第 1 期；人大複印資料《語言文字學》2018 年第 8 期全文轉載。

6146 號。

5. 遼文沼《注般若波羅蜜多心經》4 號　斯 2421 號°、"俄敦 515 號、俄敦 2930 號"、斯 5771 號背。

6. 佚名甲本《般若波羅蜜多心經注》4 號　津藝 256 號°、伯 3904-1 號°、北敦 3610 號、津藝 275 號。①

7. 佚名乙本《般若波羅蜜多心經注解》1 號　伯 3902A-1 號。②

8. 佚名《夾注般若波羅蜜多心經》3 號　伯 2903 號、斯 9229-2 號*、俄敦 10715 號。③

9. 佚名《般若波羅蜜多心經還源述》2 號　斯 3019 號、斯 7519 號。

---

① 對應方广錩《〈般若心經〉譯注集成》中注疏一四，本文新增津藝 256 號、津藝 275 號二號。

② 對應方广錩《〈般若心經〉譯注集成》中注疏一七。

③ 其中伯 2903 號爲《夾注六家般若波羅蜜多心經》，斯 9229-2 號爲《夾注五家般若波羅蜜多心經》，俄敦 10715 號暫擬題 "夾注多家般若波羅蜜多心經"。

五、大寶積經

《大寶積經》，又稱《寶積經》，唐菩提流志等譯，共一百二十卷，分四十九會、七十七品。此經是一部叢書體的經集，係古印度大乘佛教流行時期陸續出現并經最後編纂而成，具體編纂者不詳。魏晉至隋唐諸經師，如曹魏康僧鎧、西晉竺法護、姚秦鳩摩羅什、北齊那連提耶舍、隋朝闍那崛多、唐玄奘等，用不同經名陸續譯出其中的二十三會八十一卷，稱爲"舊譯"；南印度來華高僧菩提流志於唐中宗神龍二年 (706) 至唐玄宗先天二年（713）又新譯出二十六會三十九卷，稱爲"新譯"，并匯集諸舊譯而編成此經。内容涉及大乘佛教的各種主要法門，每一會幾乎相當於一部經，各有其獨立主題。此經收載於《大正藏》《中華大藏經》（交錯使用《金藏》《高麗藏》爲底本影印）等歷代重要經藏。

經普查，業已刊布的敦煌文獻中共有《大寶積經》259 號，包括國圖藏 110 號，英藏 38 號，法藏 11 號，俄藏 79 號，散藏 21 號。[①] 這些寫經大多抄寫於唐五代宋初（上圖 88 號背有"太平興國三年戊寅歲三月十五日下手發心寫《大寶積經》，至六月十五日畢供（功）斷手。當寺僧守秀，上伴一人智忍新戒……計壹拾肆人等，同發信心，敬寫《大寶積經》一部，施永安寺藏，永充供養"的發願文，俄敦 1362 號有同一發願文，文字略有不同），但標明抄寫時間的經本僅有斯 4793 號一號（該號爲《大寶積經》卷一〇一殘卷，末署"時當同光二載三月廿三日東漢國鄜州觀音"字樣）。中村 110 號"諸經摘録"抄有《思益經》

---

① 各家館藏敦煌文獻，多有未定名殘片，我們的學術團隊在 2011—2012 年全面普查時曾做過系統的比定，其中包括俄藏《大寶積經》未定名殘卷的定名，在此基礎上，團隊成員邱湘的碩士論文《敦煌〈大寶積經〉寫本考暨異體字彙輯》（浙江師範大學，2014 年）作了進一步的考證。其中部分定名後來出版的《俄録》略同，可以互勘。凡邱文已先於《俄録》作出正確定名的，本文必要時括注"《俄録》定名同"，不再一一出注説明。

《維摩經》等多種佛經的片段，其中也包括《大寶積經》卷四五、卷四七、卷五〇的片段，該號末尾有"（前蜀）武成三年六月八日沙門慧覺寫訖"題記，可參。

　　敦煌多個寺廟都有收藏《大寶積經》的記録。如伯 3010 號《龍興寺歷年配補藏經録》"□年九月一日已後新寫藏經入藏目録"，有"《大寶積經》一百廿卷"。斯 8885 號背《丁酉年五月廿二日大雲寺截得經名目》："《大寶積經》拾貳袟；《四阿鋡經》拾貳袟；《大方□（等）大集經》陸袟。"伯 4000 號《壬寅年（1002）六月十日勘校報恩寺藏舊經帙數》，第一種就是"《大寶積經》，壹百貳［拾］卷"。可見龍興寺、大雲寺、報恩寺都有整部的《大寶積經》。敦煌藏經洞所在的三界寺也藏有《大寶積經》。敦研 345 號《三界寺藏内經論目録》："《大寶積經》一袟，十卷。"又載未標卷數《大寶積經》一種，與《藥王藥上經》等"八經同袟"；又載未標卷數的《大寶積抄》一種，與《諸法無行經》等"八經同袟"。斯 3624 號《三界寺見一切入藏經目録》："《大寶積經》一部，一百廿卷，十二袟。"可見三界寺不但有一部完整的 120 卷本的《大寶積經》，又有零本若干種。另外北敦 841 號背（北 679；盈 41）《點勘雜録》也記載："《大寶積經》，一部，十二袟，十一袟内欠一百四卷。在南面藏上層。"斯 375 號背《勘經部帙數目》："《大寶積經》，内欠弟十卷。《大寶積經》弟四袟，弟一卷見在，更九卷全欠。"這都説明該經是敦煌寺廟的重點收藏。

　　敦煌《大寶積經》寫本雖有 259 號之多，但某一卷首尾完整者僅 11 號，其餘卷號皆有不同程度的殘損甚或整卷未見（整卷缺失的達 32 卷），其中頗有本爲一卷而撕裂爲數號者。《俄藏》已將 2 號綴合爲 1 組，即："俄敦 3462 號、俄敦 3578 號"。《國圖》條記目録已將 9 號綴合爲 4 組，即：北敦 3637 號＋北敦 3639 號，北敦 6596 號＋北敦 6292 號，北敦 8159 號＋北敦 6310-1 號，北敦 16189B 號＋北敦 16189A 號…北敦 16189C 號。

　　本次新將 35 號綴合爲 16 組。

1. 俄敦 8351 號＋俄敦 383 號

　　（1）俄敦 8351 號，見《俄藏》14/45A。殘片。背面有"城半囗""早響""雲樹千重山河一"等字樣，似爲文範殘段。正面如圖 1 右上部所示，存 6 殘行，行存上部 2—5 字。楷書。有烏絲欄。原卷無題，《俄藏》未定名。

（2）俄敦 383 號，見《俄藏》6/264B。殘片。背面有雜字一二個。正面如圖 1 左部所示，存 10 行，行約 17 字（首行僅存上下部各 3—4 字的左側殘形，末行僅存中部 3 字右側殘筆）。楷書。有烏絲欄。原卷無題，《俄藏》擬題"佛經"。

　　按：據殘存文字推斷，上揭二號皆爲《大寶積經》卷四殘片（《俄録》定名同）。據完整文本推算，前號滿行亦約 17 字。二號內容前後相承，可以綴合。綴合後如圖 1 所示，接縫處邊緣大體吻合，前號末行"因"字之下缺"盡故即離，離故即滅，我爲有情了知故。説"16 字，末字"説"正好與俄敦 383 號首行上部之"▨▨▨□□□□（一切諸法本性自性）"前 3 殘字相銜接。

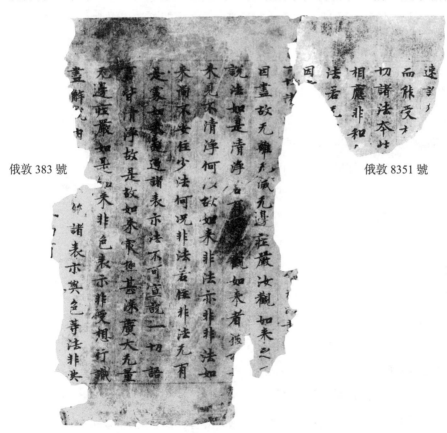

俄敦 383 號

俄敦 8351 號

圖 1　俄敦 8351 號 + 俄敦 383 號綴合圖

又此二號卷面皆有墨漬，行款格式相同（天頭等高，皆有烏絲欄，滿行皆約17字，行距、字距、字體大小相近），書風相似（字間距較大、筆意流暢），字迹似同（比較二號共有的"切""因""非""法""諸""若"等字），可資參證。二號綴合後，存文起"能速證獲陀羅尼門"句"速☒☒（證獲）"三字，訖"而於一切有爲無爲"句"一切有"三殘字，相應内容參見《大正藏》T11/24B21—25A27。

2. 俄敦 5010 號 + 俄敦 4655 號

（1）俄敦 5010 號，見《俄藏》12/2A。殘片。如圖 2 右部所示，存 5 殘行，行存上部 1—6 字（末行僅存四五字右側殘筆）。楷書。有烏絲欄。原卷無題，《俄藏》未定名。

（2）俄敦 4655 號，見《俄藏》11/290B。殘片。如圖 2 左部所示，存 2 殘行，每行存上部 5 字（首行 5 字右側有少許筆畫殘損）。楷書。有烏絲欄。原卷無題，《俄藏》未定名。

按：據殘存文字推斷，上揭二號皆爲《大寶積經》卷三五殘片（《俄録》定名同）。據完整文本推算，滿行皆約 17 字。二號内容前後相承，可以綴合。綴合後如圖 2 所示，接縫處邊緣吻合，原本分屬二號的"諸長者一切"五字皆得成完璧，上部橫向烏絲欄亦可對接。又此二號行款格式相同（天頭等高，皆有烏絲欄，滿行皆約17字，行距、字距、字體大小相近），書風相似（字體規整、橫細豎粗），字迹似同（比較二號共有的"者"字，以及"長""寂"等字的橫畫），可資參證。二號綴合後，存文起"无能无力從衆緣轉"句的"衆"字，訖"依於衆緣，羸劣无力"句的"无"字，相應内容參見《大正藏》T11/199B29—199C4。

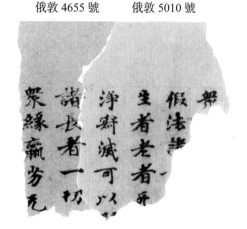

俄敦 4655 號　　俄敦 5010 號

圖 2　俄敦 5010 號 + 俄敦 4655 號綴合圖

3. 俄敦 4074 號 + 俄敦 4067 號

（1）俄敦 4074 號，見《俄藏》11/138A。殘片。如圖 3 右部所示，存 3 殘行，行存中部 4—8 字。楷書。原卷無題，《俄藏》未定名，《曾良》定作《大寶積經》卷三八。

（2）俄敦 4067 號，見《俄藏》11/137A。殘片。如圖 3 左部所示，存 3 殘行，行存中部 4—5 字。楷書。原卷無題，《俄藏》未定名。

按：據殘存文字推斷，上揭二號皆爲《大寶積經》卷三八殘片（《俄錄》定名同）。據完整文本推算，滿行皆約 17 字。二號內容前後相承，存有綴合的可能性。綴合後如圖 3 所示，俄敦 4074 號末行"☒（念）而並"後可補"知之。又舍利子，如來如實了知，一切" 14 字，其後正好接俄敦 4067 號首行之"☒（有）情隨"等字，內容先後銜接。又二號行款格式相同（滿行皆約 17 字，行距、字距、字體大小相近），書風相似（字間距

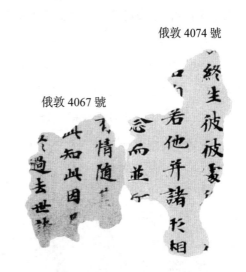

俄敦 4074 號

俄敦 4067 號

圖 3　俄敦 4074 號 + 俄敦 4067 號綴合圖

較大、筆畫橫細豎粗），字迹似同。由此推斷，此二號確可綴合。綴合後存文起"終生彼彼處"句，訖"☒（於）過去世☒（諸）心相續"句之"諸"字上部，相應內容參見《大正藏》T11/221C4—221C9。

4. 俄敦 7413 號 + 俄敦 14235 號

（1）俄敦 7413 號，見《俄藏》13/303A。殘片。如圖 4 下部所示，存 4 殘行，行存中部 2—5 字。楷書。有烏絲欄。原卷無題，《俄藏》未定名。

（2）俄敦 14235 號，見《俄藏》16/188A。殘片。如圖 4 上部所示，存 3 殘行，行存中部 2—4 字。楷書。有烏絲欄。原卷無題，《俄藏》未定名。

按：據殘存文字推斷，上揭二號皆爲《大寶積經》卷四二殘片（《俄錄》定名同）。二號內容前後相承，可以綴合。綴合後如圖 4 所示，接縫處邊緣吻

合，原本分屬二號的"恭""悟""蜜"三字皆得成完璧，縱向烏絲欄亦可對接。又此二號行款格式相同（皆有烏絲欄，行距相近，字間距較大，字體大小相近），字迹似同（比較二號共有的"敬"字，以及"速""提"等字的捺筆），可資參證。二號綴合後，存文起"發語無麁鄙"句的"麁鄙"2殘字，訖"諸菩薩摩訶薩行尸羅波羅蜜多時"句之後5字，相應內容參見《大正藏》T11/243A18—243A23。

5. 俄敦 7851 號…俄敦 9464 號

（1）俄敦 7851 號，見《俄藏》13/344B。殘片。如圖 5 下部所示，存 3 殘行，行存中部 0—7 字（次行空白無字）。楷書。有烏絲欄。原卷無題，《俄藏》未定名。

（2）俄敦 9464 號，見《俄藏》14/164B 上。殘片。如圖 5 上部所示，存 5 殘行，行存上部 3—9 字（首行僅存 3 字左側殘形，末行僅存 7 字右側殘形）。楷書。有烏絲欄。原卷無題，《俄藏》未定名。

按：據殘存文字推斷，上揭二號皆爲《大寶積經》卷四二殘片（《俄錄》定名同）。據完整文本推算，滿行皆約 17 字。二號內容前後相承，存有綴合的可能性。試作綴合如圖 5

俄敦 14235 號

俄敦 7413 號

圖 4　俄敦 7413 號＋俄敦 14235 號綴合圖

俄敦 9464 號

俄敦 7851 號

圖 5　俄敦 7851 號…俄敦 9464 號綴合示意圖

所示，俄敦 7851 號首行存"供養乃" 3 字殘畫，俄敦 9464 號首行行端存"及貯"二字殘畫，補足殘缺文字，可連成"勤加恭敬奉事供養，乃至施及貯水之器"二句，正好前後銜接；俄敦 9464 號次行存"復次舍利子，菩薩摩訶薩"句之前九字（"訶"字存上部殘畫），正好與俄敦 7851 號第三行所存的"☒（行）尸羅波羅蜜☒□（多時）"句前後銜接。且此二號行款格式相同（皆有烏絲欄，滿行皆約 17 字，行距、字距、字體大小相近），書風相似（字體俊朗、字間距較小），由此判定二號確可綴合。二號綴合後，存文起"勤加恭敬奉事供養"句之"供養"二殘字，訖"多諸苦惱多諸過患"句後七字右側殘形，相應內容參見《大正藏》T11/243A25—243A29。

6. 俄敦 5344 號＋俄敦 720 號

（1）俄敦 5344 號，見《俄藏》12/102A。殘片。背面爲習字，抄有"菩薩藏會第十二之十四卷冊"字樣；《俄錄》擬題"佛經目錄"。正面如圖 6-1 右部所示，存 5 殘行，行存中部 5—13 字。楷書。有烏絲欄。原卷無題，《俄藏》未定名。

（2）俄敦 720 號，見《俄藏》7/72B。卷軸裝殘片。背面爲習字，抄有"如來梵網經""共彈指是二音聲""得是真净大法"等習字（後二句見於《妙法蓮華經》），《俄藏》題"雜寫"。正面如圖 6-1 左部所示，存 24 殘行，行存 3—14 字。楷書。有烏絲欄。原卷無題。《俄藏》擬題"大寶積經卷第四十六"。

按：據殘存文字推斷，前一號正面部分亦爲《大寶積經》卷四六殘片（《俄錄》定名同），且上揭二號內容前後相承，可以綴合。綴合後如圖 6-1 所示，接縫處邊緣吻合，原本分屬二號的"等""等覺"三字皆得成完璧。又此二號行款格式相同（皆有烏絲欄，滿行皆約 17 字，行距、字距、字體大小相近），字迹似同（比較二號共有的"衆""世""勝""白""如"等字），可資參證。二號綴合後，存文起"亦如今者勝觀如來"句的"來"字，訖"善拔衆生憂毒箭"句，相應內容參見《大正藏》T11/270C21—271A20。

又此二號背面部分亦可綴合，綴合後如圖 6-2 所示，銜接處邊緣吻合，可以參證。此二號背面綴合後，所抄文字既有《大寶積經》"菩薩藏會"的會

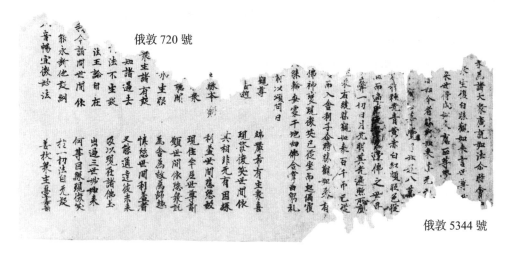

圖 6-1　俄敦 5344 號 + 俄敦 720 號綴合圖

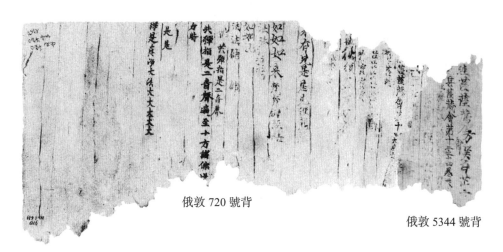

圖 6-2　俄敦 5344 號背 + 俄敦 720 號背綴合圖

題，又有《妙法蓮華經》字句摘抄，且字句多有重複，顯然屬於習字雜抄性質，可一併擬題"習字"。《俄錄》把俄敦 5344 號背題作"佛經目錄"，不妥。

7. 俄敦 4398 號…俄敦 6200 號 + 俄敦 902 號

（1）俄敦 4398 號，見《俄藏》11/219B。殘片。如圖 7 右部所示，存 11 殘行，行存中上部 2—12 字。楷書。有烏絲欄。原卷無題，《俄藏》未定名。

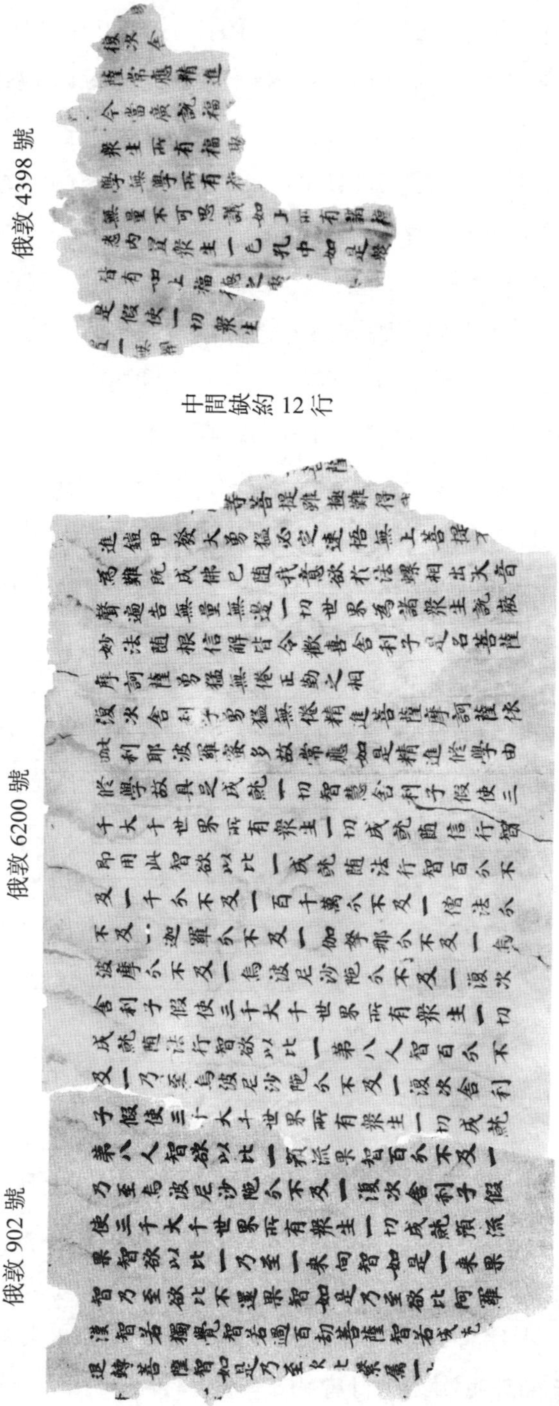

圖 7　俄敦 4398 號…俄敦 6200 號＋俄敦 902 號綴合示意圖

（2）俄敦 6200 號，見《俄藏》13/40A。殘片。如圖 7 中部所示，存 20 行（前後 3 行上下部皆有殘損），行約 17 字。楷書。有烏絲欄。原卷無題，《俄藏》未定名。

（3）俄敦 902 號，見《俄藏》7/191A。殘片。如圖 7 左部所示，存 9 行（首 2 行下部有殘損，末行僅存 3 字右側殘筆），行約 17 字。楷書。有烏絲欄。原卷無題。《俄藏》定名爲"佛經"，《曾良》定作《大寶積經》卷四六。

按：據殘存文字推斷，上揭三號皆爲《大寶積經》卷四六殘片（《俄録》定名同）。據完整文本推算，前號滿行亦約 17 字。三號内容前後相承，存有綴合的可能性。考三號行款格式相同（皆有烏絲欄，滿行皆約 17 字，行距、字距、字體大小相近），字迹似同（比較三號共有的"一""切"等字，前二號共有的"無""學""生"等字，後二號共有的"就""烏""勇""猛"等字）。由此判定此三號確可綴合。綴合後如圖 7 所示，前二號不直接相連，據完整文本推算，間缺約 14 行；後二號接縫處邊緣吻合，原本分屬二號的"三""大千世""預流果智""一"九字皆得成完璧。三號綴合後，存文起"復次舍利子，如是勇猛不倦正勤菩薩摩訶薩"句前三字，訖"皆應廣説。無量無邊算數譬喻所不能及"二句"皆""説""無"三字的殘筆，相應内容參見《大正藏》T11/272B27—273A17。

8. "俄敦 3462 號、俄敦 3578 號" + 俄敦 5003 號

（1）"俄敦 3462 號、俄敦 3578 號"，見《俄藏》10/304B。殘片。如圖 8 右上部及左部所示，存 14 殘行，行存 5—16 字。楷書。有烏絲欄。原卷無題，《俄藏》擬題"佛經"，《曾良》定作《大寶積經》卷八七。

（2）俄敦 5003 號，見《俄藏》12/1B。殘片。如圖 8 右下部所示，存 7 殘行，行存下部 2—8 字。楷書。有烏絲欄。原卷無題，《俄藏》未定名。

按：據殘存文字推斷，上揭三號應皆爲《大寶積經》卷八七殘片（《俄録》定名同），且三號内容前後相承，可以綴合。綴合後如圖 8 所示，接縫處邊緣大體吻合（部分綴後仍有殘缺），接縫處原本分屬二號的"无""信""无☐（亂）""則无住"七字皆大體得成完璧，縱向烏絲欄亦可對接。又此三號行款格式相同（皆有烏絲欄，滿行皆約 17 字，行距、字距、字體大小相

近），書風相似（字間距較大、橫細豎粗），字迹似同（比較二號共有的
"无""邪""顚""我""正"等字，其筆法走勢相當），可資參證。三號
綴合後，存文起"於三界中説无願想"句"无願想"三字的左側殘畫，訖
"得智慧故得廣大心"句後七字，相應內容參見《大正藏》T11/497B13—
497B27。

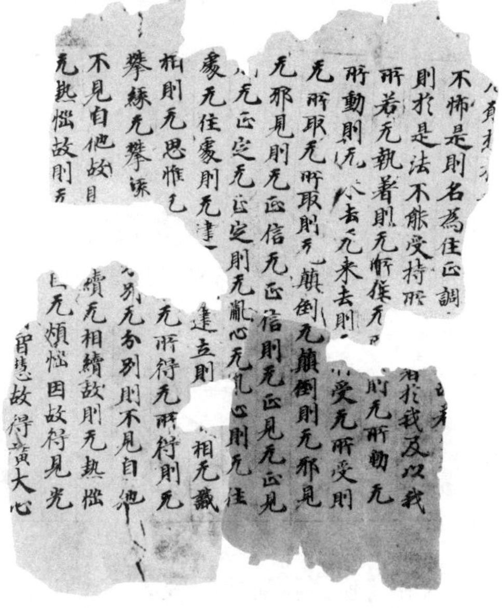

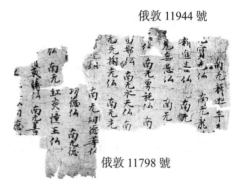

圖 8　"俄敦 3462 號、俄敦 3578 號"
　　　 ＋俄敦 5003 號綴合圖

圖 9　俄敦 11944 號＋俄敦
　　　 11798 號綴合圖

9. 俄敦 11944 號＋俄敦 11798 號

（1）俄敦 11944 號，見《俄藏》16/8A。殘片。如圖 9 右部所示，存 8 殘行，
行存中部 4—9 字。楷書。原卷無題，《俄藏》未定名，《俄錄》擬題"佛説佛
名經卷第十六"。

（2）俄敦 11798 號，見《俄藏》15/336A。殘片。如圖 9 左部所示，存 5
殘行，行存中下部 6—8 字。楷書。原卷無題，《俄藏》未定名，《俄錄》擬題"佛
説決定毗尼經"。

　　按：據殘存文字推斷，上揭二號實皆爲《大寶積經》卷九〇殘片，且二號內容前後相承，可以綴合。綴合後如圖9所示，接縫處邊緣吻合，原本分屬二號的"南"字得成完璧。又此二號行款格式相同（行距、字距、字體大小相近，各個佛名間約空一格），字迹似同（比較二號共有的"南""无""仏"等字），可資參證。二號綴合後，存文起"南无釋迦牟尼佛"前6字，訖"南无周匝莊嚴功德佛"句後6字殘畫或殘形，相應內容參見《大正藏》T11/515C27—516A11。

　　上揭二號綴合後，大致相同的文字亦見於《大正藏》所載三十卷本《佛説佛名經》卷十六和《佛説決定毗尼經》，但三十卷本《佛説佛名經》敦煌文獻中未見，而且殘片所見"□▨（南无）寶光佛"三十卷本《佛説佛名經》卷十六作"南無普光佛"，存在異文。同樣，除了一二個存疑殘片外，《佛説決定毗尼經》的可靠文本敦煌文獻中亦別無所見，僅斯2180號《現在十方千五百佛名并雜佛同號》引有此經，但無論《大正藏》本抑或後者所引，都與上揭二號殘片多有不同，如殘片所見"□□□□□□□□佛，南无紅炎幢王佛""□□▨（南无鬭）戰勝佛"，後二者皆作"南无（無）善名稱功德如來，南无（無）蚊炎幢王如來""南无（無）鬭戰勝如來"，頗多歧異。相反，殘片所見文字與《大寶積經》卷九十相應部分幾乎完全一致。由此可見，《俄録》把此二殘片分別定作《佛説佛名經》卷十六和《佛説決定毗尼經》，恐怕都是不對的。

10. 北敦6972號+北敦16180號

　　（1）北敦6972號（北8495；翔72），見《國圖》94/292B—293A。卷軸裝。後部如圖10右部所示，前後皆缺，存29行，行約17字。楷書。有烏絲欄。原卷無題，《劫餘録》及《寶藏》《索引新編》《國圖》等定作《大寶積經》卷九三。《國圖》條記目録稱此卷紙高26.1釐米，爲8世紀唐寫本。

　　（2）北敦16180號（北臨4096），見《國圖》145/223A。卷軸裝。前部如圖10左部所示，前缺尾全，存18行，行約17字。尾題"大寶積經卷九十三"。存文起"所謂阿脩羅人三惡道苦"句之後九字，訖尾題。楷書。有烏絲欄。《國圖》條記目録稱此卷紙高25.1釐米，爲9—10世紀歸義軍時期寫本。

北敦 6972 號（後部）

北敦 16180 號

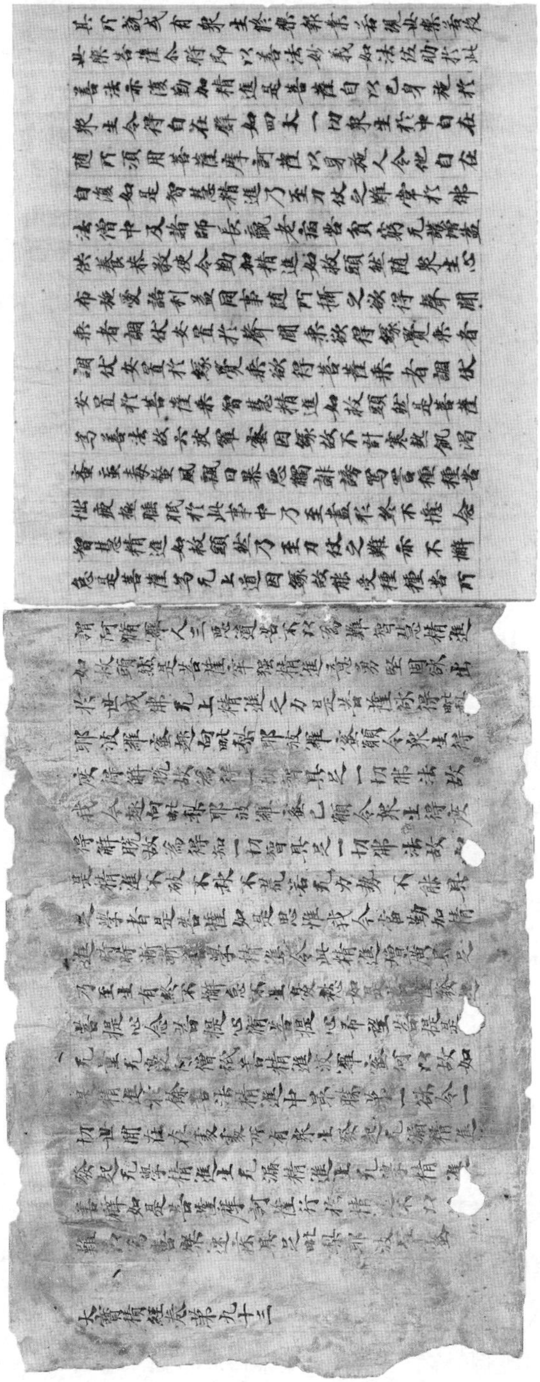

圖 10　北敦 6972 號（後部）＋北敦 16180 號綴合圖

按：上揭二號應皆爲《大寶積經》卷九三殘卷，且二號內容於"所／謂阿脩羅人三惡道苦"句前後相接，中無缺字，存有綴合的可能性。二號接縫處皆爲失黏所致脱落，邊緣整齊，橫向烏絲欄可以對接。又此二號行款格式相同（卷心及天頭地脚等高，皆有烏絲欄，滿行皆約 17 字，行距、字距、字體大小相近），書風相似（文字右上揚、橫短豎長、字間距較大），字迹似同（參看表 1 字迹比較表）。由此判定，此二號確可綴合。綴合後如圖 10 所示，存文起"復次善臂"句之"臂"字，訖"速疾具足毗梨耶波羅蜜"句，相應內容參見《大正藏》T11/532B13—533A4。

表 1　北敦 6972 號、北敦 16180 號字迹比較表

例字 卷號	懈	怠	於	之	令	是	菩
北敦 6972 號	懈	怠	於	之	令	是	菩
北敦 16180 號	懈	怠	於	之	令	是	菩

上揭二號既屬同卷，而《國圖》條記目錄稱前號爲 8 世紀唐寫本，後號爲 9—10 世紀歸義軍時期寫本，斷代不一，宜再斟酌。

11. 俄敦 5556 號＋俄敦 4361 號

（1）俄敦 5556 號，見《俄藏》12/180A。殘片。如圖 11 右部所示，存 10 殘行，行存中下部 1—9 字（首行僅存中部 2 字左側殘筆，末行僅存下部 2 字右側殘筆）。楷書。有烏絲欄。原卷無題，《俄藏》未定名。

（2）俄敦 4361 號，見《俄藏》11/206B。殘片。如圖 11 左部所示，存 16 行（首行僅存中部 5 字左側殘筆），行約 17 字。楷書。有烏絲欄。原卷無題，《俄藏》未定名。

按：據殘存文字推斷，上揭二號皆爲《大寶積經》卷一百殘片（《俄録》定名同），且二號內容前後相承，可以綴合。綴合後如圖 11 所示，接縫處邊緣吻合，原本分屬二號的"藏菩薩慧嚴""悦""法"七字皆得成完璧。又二號行款格式相同（地脚等高，皆有烏絲欄，滿行皆約 17 字，行距、字距、字

體大小相近），書風相似（字間距較小、橫細豎粗），字迹似同（比較二號共有的 "八""入""大""是""王" 等字），可資參證。二號綴合後，存文起 "▨（皆）是阿羅漢" 句，訖 "共論斯事" 句，相應內容參見《大正藏》T11/556A7—556A29。

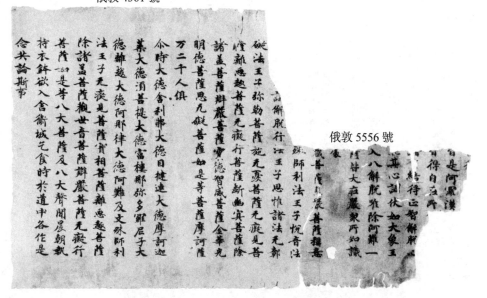

俄敦 4361 號

俄敦 5556 號

圖 11　俄敦 5556 號＋俄敦 4361 號綴合圖

12. 伯 4590 號＋斯 6843 號

（1）伯 4590 號，見法圖彩照。卷軸裝。後部如圖 12 右部所示，前後皆殘，存 54 行（末行中部左側略殘），行約 17 字。楷書。有烏絲欄。卷面多墨漬。原卷無題，《索引》題 "殘佛經一節"，《寶藏》及《索引新編》擬題 "大寶積經第一百零三善住意天子會第三十六之二開寶義品"，《法藏》及《法錄》（IDP）擬題 "大寶積經善住意天子會"。

（2）斯 6843 號（翟 1564），見《英卷》102/559—578。卷軸裝。前部如圖 12 左部所示，前缺尾全，存 386 行，行約 17 字。楷書。有烏絲欄。卷面多墨漬。尾題 "大寶積經卷第一百三"。

按：上揭二號皆爲《大寶積經》卷一〇三殘卷，且二號內容於 "若使菩

薩 / 有退轉者, 彼終不能成等正覺" 句前後相接, 中無缺字, 存有綴合的可能性。
考二號行款格式相同(皆有烏絲欄, 滿行皆約17字, 行距、字距、字體大小相近),
書風相似 (字體修長), 字迹似同 (參看表2字迹比較表)。另外二號卷面上、
下部皆有墨漬。由此判定二號確可綴合。綴合後如圖12所示, 存文起 "▨ (詣)
文殊師利" 句, 訖 "乃名爲菩薩" 句, 相應内容參見《大正藏》T11/576C4—
582A5。

斯 6843 號（前部）　　　　　　　　　　　　　　　伯 4590 號（後部）

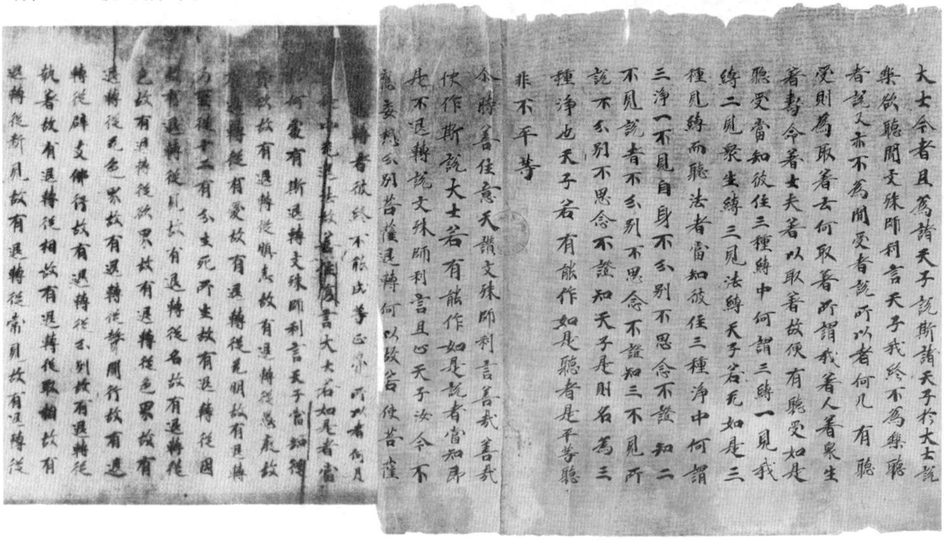

圖 12　伯 4590 號（後部）＋斯 6843 號（前部）綴合圖

表 2　伯 4590 號、斯 6843 號字迹比較表

例字　　卷號	不	子	於	是	今	足	等
伯 4590 號	不	子	扵	是	令	足	荨
斯 6843 號	不	子	扵	是	令	足	荨

13. 俄敦 11168 號＋俄敦 11621 號

（1）俄敦 11168 號，見《俄藏》15/185A。正背面抄。正面如圖 13-1 右下部所示，存 2 殘行，前行存中部 11 字，後行僅存中部若干字右側殘筆。楷書。背面如圖 13-2 左部所示，存 2 殘行，前行僅存中部約 11 字左側殘形，後行存中部 13 字。楷書。原卷正背面皆無題，《俄藏》未定名。

（2）俄敦 11621 號，見《俄藏》15/281B。正背面抄。正面如圖 13-1 左部所示，存 2 殘行，行存中部 10 字。楷書。背面如圖 13-2 右部所示，存 3 殘行，行存中部 10—12 字（前行僅存 11 字左側殘形，後行 10 字左側有殘損）。楷書。原卷正背面皆無題，《俄藏》未定名。

按：據殘存文字推斷，此二號正面皆爲《大寶積經》卷一一二殘片（《俄録》定名同），且二號内容前後相承，可以綴合。綴合後如圖 13-1 所示，前

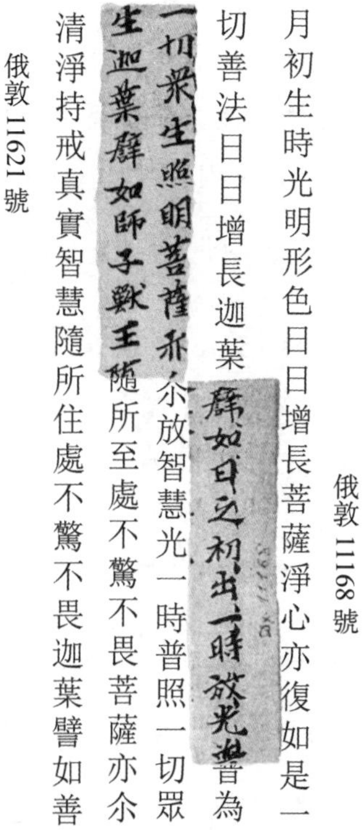

俄敦 11621 號

清淨持戒真實智慧隨所住處不驚不畏迦葉譬如善
一切衆生照明菩薩亦尒放智慧光一時普照一切衆
生迦葉辟如師子獸王隨所至處不驚不畏菩薩亦尒
辟如日之初出一時放光普為

俄敦 11168 號

月初生時光明形色日日增長菩薩淨心亦復如是一
切善法日日增長迦葉
辟如日之初出一時放光普為

圖 13-1　俄敦 11168 號＋俄敦 11621
號綴合圖

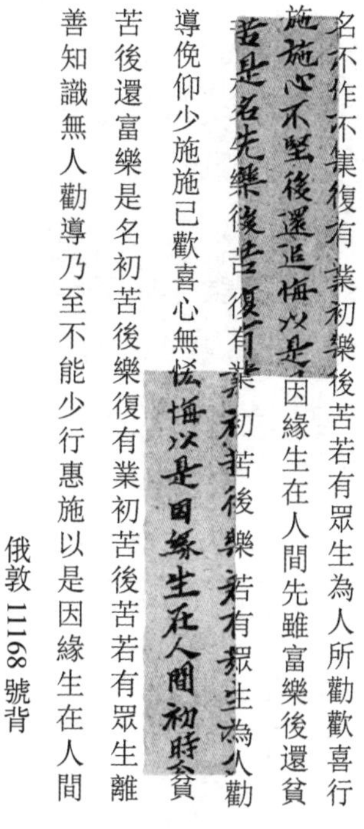

俄敦 11621 號背

名不作不集復有業初樂後苦若有衆生為人所勸歡喜行
施施心不堅後還退悔以是因緣生在人間先雖富樂後還貧
苦是名先樂後苦復有業初苦後樂若有衆生為人勸
導倪仰少施施已歡喜心無悋初苦後樂復有業初苦後苦若有衆生離

善知識無人勸導乃至不能少行惠施以是因緣生在人間

俄敦 11168 號背

苦後還富樂是名初苦後樂復有業初苦後苦若有衆生
辟初若後樂若有衆生為人勸
悔以是因緣生在人間初時貧

圖 13-2　俄敦 11621 號背＋俄敦 11168
號背綴合圖

號左上角與後號右下角皆爲同一"尒"字殘筆；二號内容於"譬如日之初出，一時放光，▨□（普爲）/ 一切衆生照明，菩薩亦 / ▨▨□▨▨（尒放智慧光）"句前後相承。又此二號行款格式相同（滿行皆23字左右，行距、字距、字體大小相近），書風相似（文字右上揚、筆墨濃重），字迹似同（比較二號共有的"譬""如""一"等字），可資參證。二號綴合後，存文起"譬如日之初出一時放光"句，訖"隨所至處不驚不畏"句"隨"殘畫，相應内容參見《大正藏》T11/633A28—633B2。

又按，此二號背面《俄録》皆定作《佛爲首迦長者説業報差別經》殘片，甚是。此二號背面内容前後相承，可以綴合。綴合後如圖13-2所示，俄敦11621號背左下角與俄敦11168號背右上角皆爲同一"業"字殘筆；二號内容於"▨▨▨▨▨▨▨▨▨（是名先樂後苦，復有業）/ ▨▨▨▨▨▨▨▨▨▨▨□（初苦後樂，若有衆生，爲人勸）/ □（導）"句前後相承。又此二號行款格式相同（滿行23字左右，行距、字距、字體大小相近），書風相似，字迹似同（比較二號共有的"以""是"等字），可資參證。二號綴合後，存文起"是名不作不集"句後五字殘形，訖"初時貧苦"句前三字，相應内容參見《大正藏》T1/893C21—893C27。

14. 北敦5426號+斯5664號

（1）北敦5426號（北98；果26），見《國圖》73/155A—160B。經折裝，7紙。後部如圖14右部所示，首全後缺，存34個半葉，每半葉7行，共238行，行約34字。首題"大寶積經寶聚會第四十之一，沙門品第一"。有烏絲

表3　北敦5426號、斯5664號字迹比較表

卷號＼例字	第	於	足	沙	念	比	等
北敦5426號	莤	扵	㢱	沙	念	化	苹
斯5664號	莤	扵	㢱	沙	念	化	苹

欄。卷面略有墨漬。《劫餘録》及《寶藏》《索引新編》確定爲"大寶積經卷第一百一十二、第一百一十三",《國圖》擬題"大寶積經卷一一三"。《國圖》條記目録稱此卷爲7—8世紀唐楷書寫本。

（2）斯5664號（翟1567），見《寶藏》44/264B—266A。經折裝。前缺尾全,存13個半葉,每半葉7行,共91行,行約34字,前部如圖14左部所示。前2行爲《大寶積經》卷第一百一十三末行和尾題,尾題"大寶積經卷第一百一十三";其後爲《大寶積經》卷一一四,首題"大寶積經寶梁聚會卷第四十四之二,卷一百一十四,蘭若比丘品第五"。楷書。有烏絲欄。行頂部及底部稍有墨漬。《翟録》及《索引》《寶藏》《索引新編》等擬題爲"大寶積經卷一一三"。

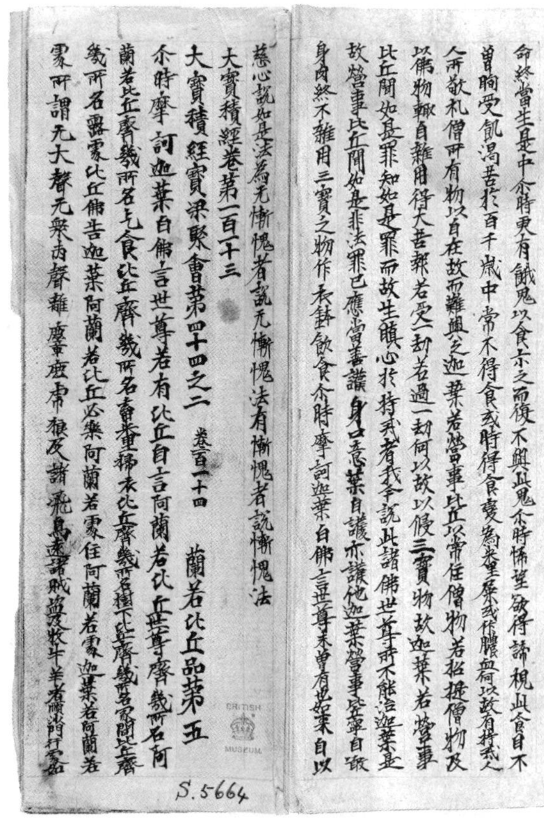

按：上揭二號抄《大寶積經》卷一一三、卷一一四,所抄内容於"如來自以/慈心説如是法"句前後相接,中無缺字,存有綴合的可能性。此二號行款格式相同（皆有烏絲欄,每半葉皆7行,滿行皆約34字,行距、字距、字體大小相近）,書風相似（文字右上揚,橫細豎粗,用筆欠精到,結體多失衡）,字迹近似（參看表3）,可以參證。試作綴合局部如圖14所示,綴合後《大寶積經》卷一一三首尾完整,卷一一四後部稍有

圖14　北敦5426號（後部）＋斯5664號（前部）綴合圖

缺失，相應内容參見《大正藏》T11/638C11—647B11。《劫餘録》等把前一號定作"大寶積經卷一一二、一一三"，《索引》等把後一號擬題作"大寶積經卷一一三"，都不準確。

15. 俄敦 12659 號 + 俄敦 10770 號

（1）俄敦 12659 號，見《俄藏》16/155A。殘片。如圖 15 右上部所示，存 2 殘行，行存中部 6 字。楷書。有烏絲欄。原卷無題，《俄藏》未定名。

（2）俄敦 10770 號，見《俄藏》15/42A。殘片。如圖 15 左下部所示，存 5 行（首 2 行上殘），行約 27 字。楷書。有烏絲欄。原卷無題，《俄藏》未定名。

　　按：據殘存文字推斷，上揭二號皆爲《大寶積經》卷一一三殘片（《俄録》定名同），且二號内容前後相承，可以綴合。綴合後如圖 15 所示，接縫處邊緣吻合，原本分屬二號的"⊠（慧）""故""義"三字皆得復合爲一，縱向烏絲欄亦可對接。綴合後，首句於"所謂沙⊠（門）/⊠（者）"句前後相接，中無缺字。又二號行款格式相同（皆有烏絲欄，滿行皆約 27 字，行距、字距、字體大小相近），字迹似同（比較二號共有的"故""門""如""實"等字），可資參證。二號綴合後，存文起"佛告迦葉"句之"佛告"二字，訖"如實修一切善法故"句前七字，相應内容參見《大正藏》T11/638C16—638C23。

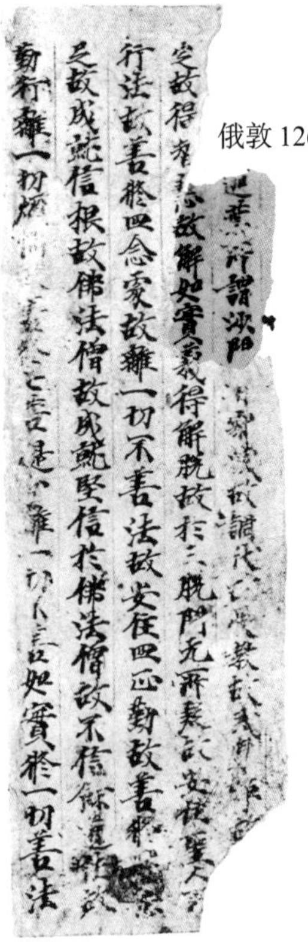

16. 俄敦 4430 號背 + 北敦 9800 號背… 北敦 9800 號 + 俄敦 4430 號

（1）俄敦 4430 號，見《俄藏》11/234A，經折裝殘片，正背面抄，背面如圖 16-1 右

俄敦 10770 號

俄敦 12659 號

圖 15 　俄敦 12659 號 + 俄敦 10770 號綴合圖

部所示，正面如圖16-2左部所示，各存5殘行，行存中上部14—16字。楷書。背面部分原卷無題，《俄藏》未定名。正面部分次行爲"大寶積經卷第一百一十八"尾題，第三行爲"佛説天請問經"，其下抄該經經文。

（2）北敦9800號（朝21），見《國圖》106/296B-297A，經折裝殘片，正背面抄，背面如圖16-1左部所示，正面如圖16-2右部所示，各5行，行約20字。楷書。原卷無題，正面部分《國圖》擬題"大寶積經卷一一七"，背面部分擬題"大寶積經卷一一八"。《國圖》條記目録稱原卷朱絲欄，兩端有書口欄，爲8世紀唐寫本。

按：據殘存文字推斷，俄敦4430號背、北敦9800號背所抄皆爲《大寶積經》卷一一七内容，北敦9800號正面及俄敦4430號正面前二行所抄皆爲《大寶積經》卷一一八内容（前號《俄録》定名同，《國圖》對北敦9800號正背面的擬題錯亂），内容分別前後相承，有可能可以綴合。俄敦4430號背末行殘損，據完整文本，行末"賢☒（者）"後補"舍利弗聞説"五字，正與北敦9800號背首行行端"斯頌"相連成句。北敦9800號、俄敦4430號正面内容於"天龍鬼神健沓和阿

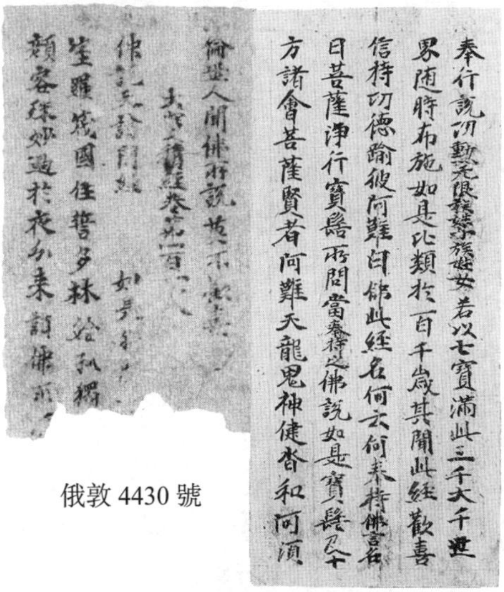

北敦9800號　　北敦9800號背

俄敦4430號　　　　　　　　　　　　　　　　　　　俄敦4430號背

圖16-2　北敦9800號+　　　　　圖16-1　俄敦4430號背+
　　俄敦4430號綴合圖　　　　　　　北敦9800號背綴合圖

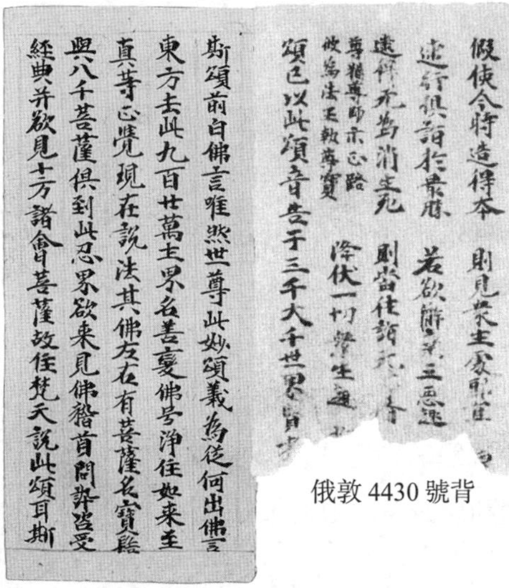

須/倫世人"句前後相接，中無缺字。比較二號背面共有的"頌""正""界""欲"等字，正面共有的"説""所""佛""經"等字，字迹似同。又二號正背面行款格式相同（半葉皆抄 5 行大字，天頭等高，行距、字距、字體大小相近），書風相似（字體方整、字間距小、筆墨濃重）。由此判定，此二號正背面確可分別綴合。背面綴合後如圖 16-1 所示，存文起"假使今時造德本"句，訖"斯頌之音"句的"斯"字，相應内容參見《大正藏》T11/657C15—657C28。正面綴合後如圖 16-2 所示，存文起"何況聞持而奉行説"句的"奉行説"三字，訖"莫不歡喜"句，相應内容參見《大正藏》T11/672C3—672C10。二號綴合後，背面與正面文句不直接相連，有大段殘缺。

附録：俄敦 12486 號 + 俄敦 8630 號

（1）俄敦 12486 號，見《俄藏》16/128A。殘片。如圖 17-1 右上部所示，殘片，存 7 殘行，行存上部 2—7 字。楷書。原卷無題，《俄藏》未定名，邱湘定作《大寶積經》卷一一六殘片，[①]《俄録》則定作梁曼陀羅仙譯《文殊師利所説摩訶般若波羅蜜經》卷上。

（2）俄敦 8630 號，見《俄藏》14/70A。殘片。如圖 17-1 左下部所示，殘片，存 5 殘行，行存中部 2—4 字。楷書。原卷無題，《俄藏》未定名，邱湘定作《大寶積經》卷一一六殘片，《俄録》則定作梁曼陀羅仙譯《文殊師利所説摩訶般若波羅蜜經》卷上。

俄敦 12486 號

俄敦 8630 號

圖 17-1　俄敦 12486 號 + 俄敦 8630 號綴合圖

①邱湘《敦煌〈大寶積經〉寫本考暨異體字彙輯》第 94 頁，浙江師範大學碩士論文，2014 年。

　　按:《大寶積經》卷一一五至卷一一六"文
殊説般若會"係據梁曼陀羅仙譯《文殊師利
所説摩訶般若波羅蜜經》匯入,故二者文句
大同小異,具體出處有時不易確定。考上揭
二號殘片内容前後相承,可以綴合。綴合後
如圖 17-1 所示,接縫處邊緣吻合,原本分
屬兩號的"不""切""故"三字皆得成完璧。
又此二號行款格式相同(滿行皆約17字,行距、
字距、字體大小相近),書風相似(字體方

圖 17-2　俄敦 12486 號背

正、筆墨濃厚、橫細豎粗),字迹似同(比較二號共有的"法""故""性""不"
等字),可資參證。二號綴合後,我們發現殘文第七行"非果"句前可據《文
殊師利所説摩訶般若波羅蜜經》補足爲:"一切業緣皆住實際,不來不去,非
因非果",補足後前一行合於每行 17 字之數。而《大寶積經》卷一一六"非
因非果"句作"非因果非不因果",既與第七行殘文"非果"不合,且字數
增加,前一行會超出 17 字之數。據此,上揭二號殘片《俄録》定作《文殊師
利所説摩訶般若波羅蜜經》卷上更爲穩妥。其可辨認的文字起"非知非不知"
句前四字,迄"法界无邊无前无後故"句的"法界无"三字,相應内容參見《大
正藏》T11/652C12—652C18。

　　又按:俄敦 12486 號背有用龜兹語(《俄録》題"民族文字殘片")書寫
的殘文,如圖 17-2 所示。俄敦 8630 號背面顯然也應該有相應文字,可惜《俄
藏》没有給出相應照片,有待核驗并作綴合。

卷號簡目

　　根據對已刊布文獻的普查以及上述綴合成果,梳理出敦煌《大寶積經》
寫本卷號如下:

卷一　北敦 164-1 號;

卷四　俄敦 8351 號 * ＋俄敦 383 號 *;

卷七　北敦 7783 號、中村 156-1 號;

卷八　敦研 48 號、敦研 121 號；

卷一〇　斯 3990-4 號、斯 3953-1 號；

卷一一　斯 3953-3 號；

卷一二　北敦 6898 號；

卷一五　定博 1 號；

卷一七　斯 3478 號、北敦 6912 號；

卷二〇　俄敦 15638 號*、俄敦 15420 號*、俄敦 3269 號*、俄敦 3503 號*、俄敦 3221 號*、斯 3953-5 號；

卷二二　斯 3953-6 號；

卷二三　北敦 7815 號；

卷二六　北敦 520 號；

卷二七　羽 457-4 號、北敦 7065 號；

卷三〇　斯 4419 號；

卷三一　俄敦 17714 號*；

卷三三　俄敦 2539 號背；

卷三四　斯 2944-3 號；

卷三五　北敦 10332 號、俄敦 3602 號*、俄敦 5010 號*＋俄敦 4655 號*；

卷三六　俄敦 4681 號*；

卷三七　俄敦 9480 號*；

卷三八　俄敦 4074 號*＋俄敦 4067 號*、北敦 8629 號；

卷三九　伯 4791 號、俄敦 1964 號；

卷四〇　斯 3214 號、俄敦 14209 號*、北敦 3662 號；

卷四一　斯 5198-4 號、甘博 122 號；

卷四二　俄敦 7413 號*＋俄敦 14235 號*、俄敦 7851 號*＋…俄敦 9464 號*、俄敦 6492 號*；

卷四四　俄敦 2222 號*、敦博 57-1 號；

卷四五　北敦 7402 號；

卷四六　斯 5198-2 號、羽 66 號背、俄敦 7675 號*、俄敦 5344 號*＋俄

敦 720 號、俄敦 4398 號 *…俄敦 6200 號 * ＋俄敦 902 號 *；

　　卷四七　敦博 57-2 號、俄敦 4711 號 *、俄敦 1552 號 *、斯 3990-3 號；

　　卷四八　北敦 9805 號；

　　卷四九　伯 3279-1 號、斯 3953—10 號、斯 1644 號；

　　卷五一　俄敦 7710 號 *；

　　卷五二　俄敦 7204 號 *；

　　卷五三　北敦 7168 號；

　　卷五四　北敦 3637 號＋北敦 3639 號、俄敦 9425 號 *、俄敦 7959 號 *；

　　卷五六　北敦 3356-1 號○；

　　卷五八　北敦 2319 號背 2；

　　卷五九　北敦 6504 號；

　　卷六一　北敦 7090A 號、北敦 7090B 號、北敦 5460 號；

　　卷六二　北敦 6596 號＋北敦 6292 號、北敦 5528 號；

　　卷六三　北敦 6954 號；

　　卷六四　北敦 2401 號、北敦 10416 號；

　　卷六五　伯 2178 號背 4○；

　　卷六七　北敦 4206 號、俄敦 6387 號 *、俄敦 7028 號 *、斯 2034 號；

　　卷七一　斯 3959-2 號、斯 4166 號、斯 3956-2 號、北敦 2767-2 號、北敦 7526 號、北敦 5400 號；

　　卷七二　北敦 9691 號；

　　卷七四　北敦 2894 號、斯 3893 號；

　　卷七六　斯 3953-2 號 *；

　　卷七七　俄敦 3899 號 *、津藝 172-2 號、俄敦 16011 號 *；

　　卷七八　北敦 3277-1 號；

　　卷七九　俄弗 278 號、俄敦 4488 號 *、斯 7171 號；

　　卷八五　上圖 76 號○；

　　卷八七　"俄敦 3462 號、俄敦 3578 號" * ＋俄敦 5003 號 *；

　　卷八八　北敦 8544 號；

卷八九　羽 347 號；

卷九〇　北敦 14836 號背 1、俄敦 11944 號 *＋俄敦 11798 號 *、俄敦 11693 號 *、俄敦 11508 號背 *、俄敦 8200B 號 *、斯 3953-8 號、斯 3953-9 號、斯 362 號；

卷九一　北敦 7063 號；

卷九二　北敦 3356-2 號°；

卷九三　北敦 6972 號＋北敦 16180 號；

卷九四　北敦 10314 號；

卷九七　斯 3477 號、北大敦 27 號；

卷九八　俄敦 2539 號；

卷一〇〇　俄敦 5556 號 *＋俄敦 4361 號 *；

卷一〇一　斯 4793 號、斯 2944-1 號、北敦 8159 號＋北敦 6310-1 號；

卷一〇二　北敦 6310-2 號°、斯 1684 號°、北敦 15221 號；

卷一〇三　北敦 6310-3 號°、北敦 14133 號°、斯 5301 號、伯 4590 號＋斯 6843 號、北敦 3277-2 號、俄敦 16441 號 *、北敦 641 號；

卷一〇四　北敦 15317 號、北敦 6310-4 號、斯 2944-4 號；

卷一〇五　斯 4883 號°、北敦 2019 號；

卷一〇六　北敦 14836-1 號、俄敦 7885 號 *、俄敦 18707 號 *、俄敦 18607 號 *；

卷一一〇　北敦 6750 號；

卷一一一　北敦 14836 號背 2、俄敦 4774 號 *、俄敦 948 號；

卷一一二　俄弗 112-3 號°、北敦 14836-2 號、俄敦 5692A 號 *、俄敦 3887 號背 *、俄敦 11168 號 *＋俄敦 11621 號 *、俄敦 2648 號 *、俄敦 8023 號 *、俄敦 3887 號；

卷一一三　俄敦 12659 號 *＋俄敦 10770 號 *、伯 4931 號、俄敦 18 號 *、俄敦 4024 號 *、北敦 16189B 號＋北敦 16189A 號…北敦 16189C 號；

卷一一四　北敦 15545 號、浙敦 158 號；

卷一一五　俄敦 6405 號 *、俄敦 7503 號 *；

卷一一六 俄敦 10628 號 *、俄敦 3589 號 *、俄敦 7997 號 *；

卷一一七 斯 351 號○、北敦 2612 號、北敦 7125 號、北敦 4235 號、北敦 7121 號；

卷一一八 俄敦 6253 號 *、羽 113 號；

卷一一九 斯 3990-1 號；

卷一二○ 北敦 15085 號○；

卷一二至卷一三 羽 319 號；

卷一一三至卷一一四 北敦 5426 號＋斯 5664 號○；

卷一一七至卷一一八 俄敦 4430 號背 *＋北敦 9800 號背 *…北敦 9800 號 *＋俄敦 4430 號 *；

另外，斯 5665 號係十餘種佛經散葉（很可能是兌廢稿）的集合，其中數量最多的是《大寶積經》散葉，涉及卷一、卷十、卷一四、卷一七、卷二一、卷二二、卷三十、卷六一、卷七十、卷七一、卷八十、卷九二、卷一百、卷一一二、卷一一九，共十五卷①。

護首 北敦 11384 號、北敦 12447 號、北敦 12395 號、北敦 12399 號、北敦 12403 號、北敦 12404 號、北敦 12405 號、北敦 12482 號、北敦 12532 號、北敦 12534 號、北敦 12551 號、北敦 12554 號、北敦 12614 號、北敦 12626 號、北敦 12648 號、北敦 12669 號、北敦 12691 號、北敦 12692 號、北敦 12699 號、北敦 12739 號、北敦 12746 號、北敦 12771 號、北敦 12772 號、北敦 12894 號、北敦 12905 號、北敦 12945 號、北敦 12994 號、北敦 13022 號、北敦 13023 號、北敦 13063 號、北敦 13099 號、北敦 13168 號、北敦 13367 號、北敦 13385 號、

① 《敦煌寶藏》據縮微膠卷影印的斯 5665 號圖版，爲每葉照片編了角碼，共 47 號，并有每號内容的提示，因每葉大抵含兩個半葉，兹參考《敦煌寶藏》的提示及方廣錩《敦煌遺書斯 5665 號與經折裝》（載《文史》2005 年第 1 輯）一文，把每葉編爲 A 和 B，其中涉及《大寶積經》寫本的編號如下：卷一，21A ＋ 10B ＋ 23A ＋ 9B ＋ 9A，又 19A…13B（此二片與前四片内容基本重合，但互不銜接，屬於又一本）；卷十，8 ＋ 10A ＋ 22B ＋ 11A ＋ 20B，又 14A、18B（14A 内容與 10A 重合，18B 内容與 11A 重合）；卷一四，20A；卷一七，19B；卷二一，15A…22A；卷二二，43A…17B ＋ 15B；卷三十，21B…14B；卷六一，46A…45B；卷七十，43B；卷七一，12B；卷八十，13A；卷九二，17A；卷一百，16B；卷一一二，12A…29A ＋ 5A ＋ 40B；卷一一九，11B。

北敦 15620 號、北敦 15624 號。

經題　大谷敦 2—12 號、羽 707 號背 2。

廢稿綴卷　北敦 4724 號。

雜抄或摘抄　北敦 6634-2 號、北敦 7197 號、北敦 7776 號背、北敦 12704 號、北敦 14573 號、伯 3017 號、伯 3348 號、伯 3354 號背 1、伯 3444 號背 1、伯 4569 號、伯 3660 號背 2、斯 3539 號、斯 3713 號、北大敦 27 號背、中村 110 號、中村 157-9 號。

另有目録 2 號：俄敦 5355 號 *、俄敦 10812 號 *。難字 7 號：俄敦 11022 號、斯 2142 號背、伯 3823-2 號、伯 3222 號、伯 3660 號、北敦 1826 號背、北敦 4843 號背。寫經用紙數卷號 1 號：羽 76 號背。

六、《觀無量壽經》及其注疏

　　《觀無量壽經》，又稱《佛説觀無量壽佛經》《觀無量壽佛經》《無量壽佛觀經》《無量壽觀經》《十六觀經》，簡稱《觀經》，劉宋畺良耶舍譯，一卷。大乘佛教净土宗開宗立派的經典之一，與《阿彌陀經》《無量壽經》合稱"净土三經"。該經進一步發揮了《無量壽經》的净土思想，叙述釋迦牟尼佛應韋提希夫人之請，在頻婆娑羅宮爲信衆講述三福十六觀等往生净土的方法，是對《無量壽經》所體現的净土思想的進一步發揚。隋、唐、宋時期，涌現了大量注解《觀經》的著作，但大多已經亡佚，留存至今的很少。

　　《觀無量壽經》歷代大藏經皆有收藏。經普查，業已刊布的敦煌文獻中共有該經及其注疏寫本 135 號（包括注疏寫本 17 號），包括：國圖藏 31 號，英藏 51 號，俄藏 35 號，法藏 2 號，散藏 16 號。其中，首尾完整者僅 1 號（北敦 2026 號），其餘 134 號皆有不同程度的殘損，其中不乏本爲同一寫卷而被撕裂爲數號者。《俄藏》已將《觀無量壽經》俄敦 3544 號、俄敦 3584 號綴合爲 1 組；方廣錩將《無量壽義記》斯 2158 號…斯 2693 號綴合爲 1 組；[1] 方廣錩又指出北敦 7443 號、龍谷大學圖書館藏甲本、斯 327 號可以綴合，并擬題"無量壽觀經讚述"，[2] 西本照真又在方文的基礎上，把伯 3014 號＋北敦 7443 號…龍谷大學圖書館藏甲本第 2 紙至第 5 紙…龍谷大學圖書館藏甲本第 1 紙＋北敦 15002 號＋斯 327 號 5 號綴合爲一。[3]

---

① 方廣錩執筆"無量壽義記"條，《敦煌學大辭典》，上海辭書出版社，1998 年，第 661 頁。

② 方廣錩執筆"無量壽觀經讚述"條，同上。

③ 西本照真《"無量寿観経讚述"の新出写本について》，《印度學佛教學研究》第 53 卷第 2 號，2005 年。張涌泉、方曉迪《敦煌本〈觀無量壽經〉及其注疏殘卷綴合研究》（《中國典籍與文化》2020 年第 2 期）也發現伯 3014 號與北敦 7443 號可以直接綴合，但却没有注意到西本照真早已把這一組 5 號綴合爲一，失檢之過，記以自責。

本次補綴 1 組，新綴 13 組，共計將 34 號綴合爲 14 組。

1. 斯 10355 號 + 斯 6953 號

（1）斯 10355 號，見 IDP。殘片。如圖 1 右下部所示，存 16 殘行，行存下部 5 字（首行僅存殘畫）。楷書。有烏絲欄。原卷無題，IDP 未定名。

（2）斯 6953 號（翟 3717），見《寶藏》54/107。卷軸裝，14 紙。前部如圖 1 左部所示，存 384 行，行 17 字，前四行上下皆殘，5—13 行下部殘缺。尾題 "觀无量壽佛經一卷"。楷書。有烏絲欄。

按：據殘存文字推斷，前號亦爲《觀經》殘卷，比對完整文本，滿行約 17 字。上揭二號內容前後相承，可以綴合。綴合後如圖 1 所示，前號恰可補入後號右下角，綴接處邊緣吻合。綴合後第 5、8、9、11、13、14 行接縫處原本分屬二號的 "唯" "皆" "是" "佛" "我" "我" 六字得以復合爲一；第 3、4、6、7、10、12、15 行內容於 "地獄餓 / 鬼畜生" "願我未來不聞惡聲 / 不見惡人" "尒時世尊放眉 / 間光" "還住佛 / 頂化爲金臺" "復有國土如頗 / 梨鏡" "時韋提希

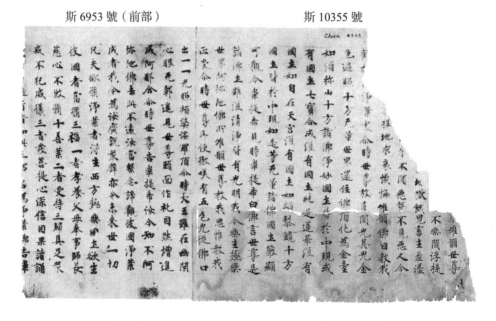

斯 6953 號（前部）　　　　　　　斯 10355 號

圖 1　斯 10355 號 + 斯 6953 號（前部）綴合示意圖

白/佛言”“有五/色光”句依次前後相接,中無缺字。又此二號行款格式相同(皆有烏絲欄,滿行皆約17字,行距、字距及字體大小相近),書風相似(字形方正,橫畫起筆出鋒,收筆頓筆,筆畫粗細對比鮮明等),字迹似同(比較二號共有的“世”“尊”“不”“樂”“提”“見”等字),可資參證。二號綴合後,所存內容參見《大正藏》T12/341B15—346B21。

2. 北敦 9091 號 + 北敦 8482 號 + 羽 599 號

(1)北敦 9091 號(陶 12),見《國圖》104/402B—403A。卷軸裝,3 紙。後部如圖 2-1 右部所示,前缺後殘,存 37 行(首紙 8 行,次紙 28 行,末紙 1 殘行),行約 17 字。首紙紙背有勘記一行:“無量受(壽)灌(觀)經。”楷書。《國圖》擬題“觀無量壽佛經”。《國圖》條記目錄稱原卷紙高 25.5 釐米,通卷下邊有等距殘缺,爲 7—8 世紀唐寫本。

(2)北敦 8482 號(北 203;裳 82),見《國圖》103/63A—64A。卷軸裝,2 紙。前部如圖 2-1 左部所示,後部如圖 2-1 右部所示,前後皆殘,存 56 行(每紙各 28 行;前紙首 7 行上殘,後紙末 2 行下殘),行約 17 字。楷書。原卷無題,《劫餘録》及《索引》《寶藏》等定作《佛説觀無量壽佛經》。《國圖》條記目錄稱原卷紙高 25.6 釐米,通卷下邊有等距離殘缺,爲 8—9 世紀吐蕃統治時期寫本。

(3)羽 599 號,見《秘笈》8/134B—140A。卷軸裝,12 紙。前部如圖 2-2 左部所示,前殘尾全,存 328 行(首紙 2 行,上殘;第 2、3 紙各 28 行;第 4—12 紙每紙各 30 行;末紙尾 3 行,上殘),行約 17 字。經中論及經名“此經名觀極樂國土无量壽佛,觀{觀}世音菩薩,大勢至菩薩,亦名浄業郡”。楷書。《秘笈》擬題“觀無量壽經”。《秘笈》敘録稱原卷紙高 25.8 釐米。

按:上揭三號皆爲《觀經》殘卷,且其內容前後相承,可以綴合。前二號綴合後如圖 2-1 所示,接縫處邊緣吻合,原本分屬二號的“嚴顯”“觀令”四字皆得成完璧;後二號綴合後如圖 2-2 所示,接縫處邊緣吻合,原本分屬二號的“者除八”三字皆得復合爲一。三號綴合後綴接處皆得以拼合成大體完整的一紙 28 行,與該本前部整紙皆 28 行的規格相符。又此三號行款格式相同(天頭地脚等高,滿行皆約 17 字,行距、字距及字體大小相近),”字

北敦 8482 號（前部）　　北敦 9091 號（後部）

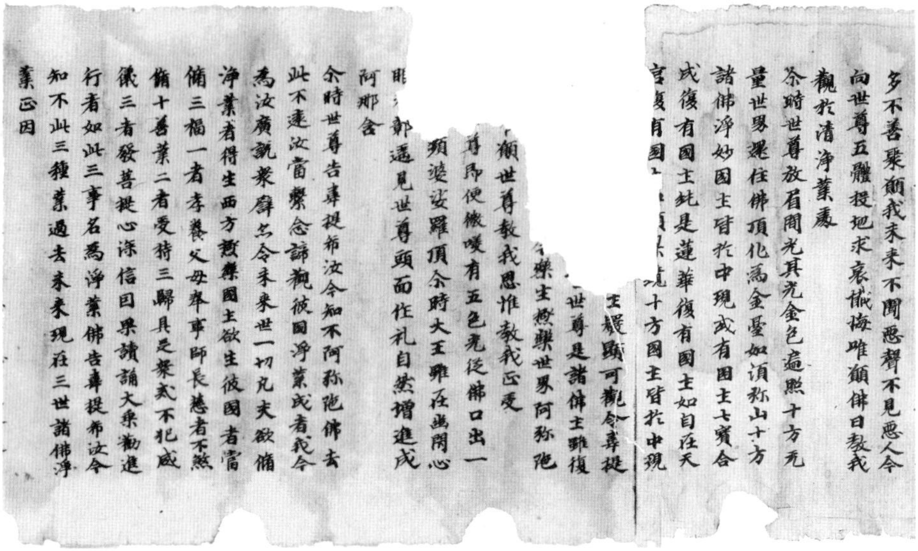
多不善聚願我未來不聞惡聲不見惡人今
向世尊五體投地求哀懺悔唯願佛日教我
觀於清淨業處
尒時世尊放眉間光其光金色遍照十方无
量世界還住佛頂化為金臺如須弥山十方
諸佛淨妙國土皆於中現或有國土七寶合
成復有國土純是蓮華復有國土如自在天
宮復有國……十方國土皆於中現
……可觀令韋提
……世尊是諸佛土雖復
……樂生極樂世界阿弥陀
……願世尊教我思惟教我正受
……尊即便微咲有五色光從佛口出一
……頻婆娑羅頂尒時大王雖在幽閉心
眼……遙見世尊頭面作礼自然增進成
阿那含
尒時世尊告韋提希汝今知不阿弥陀佛去
此不遠汝當繫念諦觀彼國淨業成者我今
為汝廣說衆譬亦令未來世一切凡夫欲脩
淨業者得生西方極樂國土欲生彼國者當
脩三福一者孝養父母奉事師長慈心不煞
脩十善業二者受持三歸具足衆戒不犯威
儀三者發菩提心深信因果讀誦大乘勸進
行者如此三事名為淨業佛告韋提希汝今
知不此三種業過去未來現在三世諸佛淨
業正因

圖 2-1　北敦 9091 號（後部）+ 北敦 8482 號（前部）綴合圖

羽 599 號（前部）　　北敦 8482 號（後部）

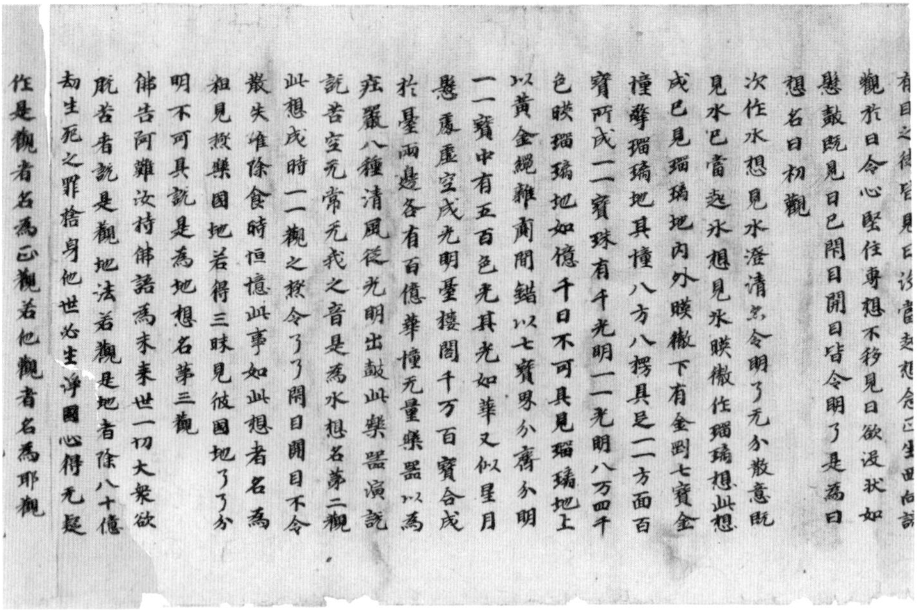
有目之徒皆見日沒當起想念正坐西向諦
觀於日令心堅住專想不移見日欲沒狀如
懸鼓既見日已閉目開目皆令明了是為日
想名曰初觀
次作水想見水澄清亦令明了无分散意既
見水已當起氷想見氷映徹作瑠璃想此想
成已見瑠璃地內外映徹下有金剛七寶金
幢擎瑠璃地其幢八方八楞具足一一方面百
寶所成一一寶珠有千光明一一光明八万四千
色映瑠璃地如億千日不可具見瑠璃地上
以黃金繩雜廁間錯以七寶界分齊分明
一一寶中有五百色光其光如華又似星月
懸處虛空成光明臺樓閣千万百寶合成
於臺兩邊各有百億華幢无量樂器以為
莊嚴八種清風從光明出鼓此樂器演說
說苦空无常无我之音是為水想名第二觀
此想成時一一觀之極令了了閉目開目不令
散失唯除食時恒憶此事如此想者名為
粗見極樂國地若得三昧見彼國地了了分
明不可具說是為地想名第三觀
佛告阿難汝持佛語為未來世一切大衆欲
脫苦者說是觀地法若觀是地者除八十億
劫生死之罪捨身他世必生淨國心得无疑
作是觀者名為正觀若他觀者名為邪觀

圖 2-2　北敦 8482 號（後部）+ 羽 599 號（前部）綴合圖

迹似同（比較三號共有的"作""是""十""國""觀""土""爲"等字），可資參證。三號綴合後，所存内容參見《大正藏》T12/341A18—346B20。

三號既原屬同卷，而《國圖》條記目録稱北敦9091號爲7—8世紀唐寫本，北敦8482號爲8—9世紀吐蕃統治時期寫本，斷代不一，宜再斟酌。羽599號的抄寫年代，《秘笈》未作交代，宜比照前二號一併考慮。

3. 斯10733號＋斯13005號＋斯10474號

（1）斯10733號，見IDP。殘片。如圖3右部所示，存5殘行，行存中下部4—14字。楷書。有烏絲欄。原卷無題，IDP未定名。

（2）斯13005號，見IDP。殘片。如圖3中下部所示，存2殘行，前行存3字左側殘形，後行存"☒（惡）王貪國"4字。楷書。有烏絲欄。原卷無題，IDP未定名。

（3）斯10474號，見IDP。殘片。如圖3左部所示，存7殘行（首行僅存中下部2字左側殘形），行存下部2—7字。楷書。有烏絲欄。原卷無題，IDP未定名。

按：據殘存文字推斷，上揭三號皆爲《觀經》殘片，且内容前後相承，可以綴合。綴合後如圖3所示，三號左右上下相接，綴接處邊緣吻合，斯10733號與斯13005號接縫處的"言大王"三字，斯10733號與斯10474號接縫處的"諸"字，斯10733號與斯10474號、斯13005號接縫處的"惡"字，皆得復合成完璧。又此三號行款格式相同（皆

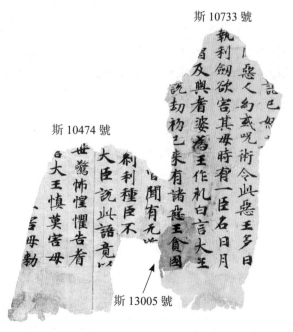

圖3　斯10733號＋斯13005號＋斯10474號綴合圖

有烏絲欄，行距、字距及字體大小相近），書風相似（字形方正，橫畫起筆出鋒，收筆頓筆），字迹似同（比較三號共有的"王"字及斯 10733 號與斯 10474 號共有的"臣""害""母""有""此"等字），可資參證。三號綴合後，所存內容參見《大正藏》T12/341A18—341B1。

4. 北敦 8044 號 + 俄敦 793 號 + 北敦 5845 號

（1）北敦 8044 號（北 202；字 44），見《國圖》100/178A—178B。卷軸裝，2 紙。後部如圖 4 右部所示，存 34 行（前紙 28 行；後紙 6 殘行，上殘），行約 17 字。楷書。有烏絲欄。原卷無題，《劫餘錄》及《索引》《寶藏》等定作《佛說觀無量壽佛經》。《國圖》條記目錄稱原卷紙高 25.5 釐米，卷面有水漬，前後上下有破裂，爲 7—8 世紀唐寫本。

（2）俄敦 793 號，見《俄藏》7/117A。卷軸裝殘片。如圖 4 中部所示，存 25 行，行約 17 字（天頭及每行首字殘）。楷書。有烏絲欄。原卷無題，《孟錄》及《俄藏》擬題"觀無量壽佛經"。

（3）北敦 5845 號（北 208；菜 45），見《國圖》78/338B—339A。卷軸裝，1 紙。前部如圖 4 左部所示，存 28 行，行約 17 字。楷書。有烏絲欄。原卷無題，《劫餘錄》及《索引》《寶藏》《索引新編》擬題"佛說觀無量壽佛經"，《國圖》擬題"觀無量壽佛經"。《國圖》條記目錄稱原卷紙高 25.5 釐米，卷內有一殘洞，爲 7—8 世紀唐寫本。

按：上揭三號皆爲《觀經》殘卷，且其內容前後相承，可以綴合。綴合後如圖 4 所示，三號左右相接，綴接處邊緣吻合。前二號接縫處的"逼云""衆生應""一切衆生"八字，皆得復合成完璧。後二號內容於"除八十億／劫生死之罪"句前後相接，中無缺字。比對二號共有的"想""見""觀""金""色""億""出"等字，如表 1 所示，字迹書風似同。又此三號行款格式相同（皆有烏絲欄，行距、字距及字體大小相近），書風相似（字形方正，橫畫起筆出鋒，收筆頓筆），字迹似同（比較三號共有的"一""切""生""見"等字），可資參證。三號綴合後，所存內容參見《大正藏》T12/341B25—342C1。

表 1　俄敦 793 號、北敦 5845 號字迹比較表

例字 卷號	想	見	觀	金	色	億	出
俄敦 793 號	想	見	觀	金	色	億	出
北敦 5845 號	想	見	觀	金	色	億	出

5. "俄敦 6754 號、俄敦 6767 號" + 北敦 3360 號

（1）"俄敦 6754 號、俄敦 6767 號"，見《俄藏》13/194B。卷軸裝殘片。此二號《俄藏》已綴合爲一，如圖 5 右部所示，存 15 行（前 4 行中上殘，後 3 行上下殘），行約 17 字。楷書。有烏絲欄。原卷無題，《俄藏》未定名，《俄録》擬題 "佛説觀無量壽佛經"。

（2）北敦 3360 號（北 205；雨 60），見 IDP，另見《國圖》46/105B—114A。卷軸裝，15 紙。前部如圖 5 左部所示，存 371 行（前 2 行上下殘），

北敦 3360 號（前部）　　　　　　"俄敦 6754 號、俄敦 6767 號"

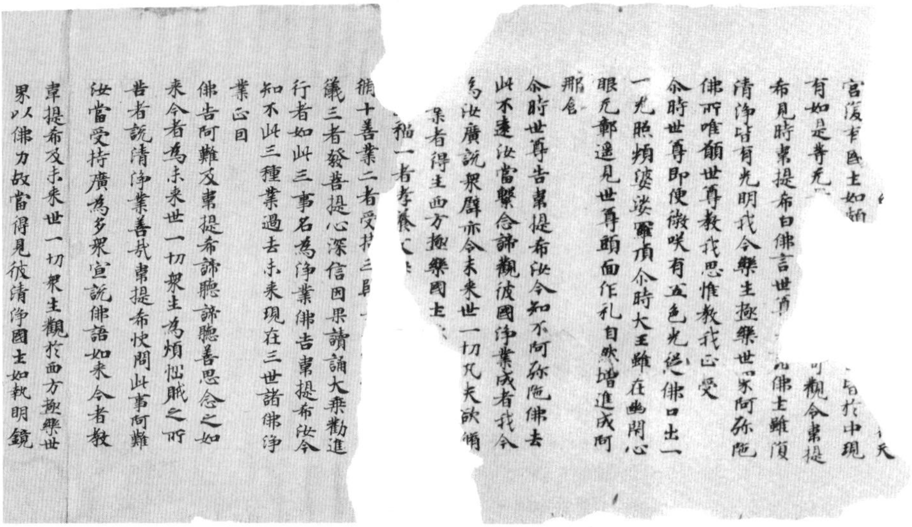

圖 5　"俄敦 6754 號、俄敦 6767 號" + 北敦 3360 號（前部）綴合圖

行約 17 字。尾題 “佛説無量壽觀經一卷”。楷書。有烏絲欄。《國圖》條記目錄稱原卷紙高 26.5 釐米，卷面有殘裂，爲 6—7 世紀隋寫本。

　　按：上揭二號皆爲《觀經》殘卷，且其内容前後相承，可以綴合。綴合後如圖 5 所示，二號左右相接，綴接處邊緣吻合，接縫處原本分屬二號的 “福一者” 三字皆得復合爲一。又此二號行款格式相同（皆有烏絲欄，行約 17 字，行距、字距及字體大小相近），書風相似（字形方正，捺畫粗大，横畫起筆出鋒，收筆頓筆），字迹似同（比較二號共有的 “一”“切”“如”“今” 等字），可資參證。二號綴合後，所存内容參見《大正藏》T12/341B25—346B21。

　　6. 俄敦 8683 號 ＋ 俄敦 16250 號

　　（1）俄敦 8683 號，見《俄藏》14/79B。殘片。如圖 6 上部所示，存 3 行，行存 1—2 字。楷書。有烏絲欄。原卷無題，《俄藏》未定名，《俄録》擬題 “佛説觀無量壽佛經”。

　　（2）俄敦 16250 號，見《俄藏》16/289A。殘片。如圖 6 下部所示，存 3 行，行存 3—4 字。楷書。有烏絲欄。原卷無題，《俄藏》未定名，《俄録》擬題 “佛説觀無量壽佛經”。

　　按：據殘存文字推斷，上揭二號皆爲《觀經》殘卷,其内容前後相承，可以綴合。綴合後如圖 6 所示，二號上下相接，綴接處原本撕裂在二號的 “衆” 字得成完璧。又此二號行款格式相同（皆有烏絲欄，行距、字距及字體大小相近），書風相似（字形方正，左高右低），字迹似同，可資參證。二號綴合後，所存内容參見《大正藏》T12/341C28—342A1。

俄敦 8683 號

俄敦 16250 號

圖 6　俄敦 8683 號 ＋ 俄敦 16250 號綴合圖

　　7. 斯 8640 號 ＋ 北敦 1276 號

　　（1）斯 8640 號，見 IDP。殘片。如圖 7 右部所示，存 11 殘行，行存上部 2—

13 字（首行、末行僅存殘畫）。楷書。有烏絲欄。原卷無題，IDP 未定名。

（2）北敦 1276 號（北 204；列 76），見 IDP，另見《國圖》19/145B—153B。卷軸裝殘片，14 紙。前部如圖 7 左部所示，存 375 行，行約 17 字（首6 行上殘）。尾題"佛説無量壽觀經"，首紙上邊有雜寫"地藏菩"三字。楷書。有烏絲欄。《劫餘録》及《索引》《寶藏》等定作《佛説觀無量壽佛經》。《國圖》條記目録稱原卷紙高 26.1 釐米，爲 7—8 世紀唐寫本。

北敦 1276 號（前部）　　　　　　　　斯 8640 號

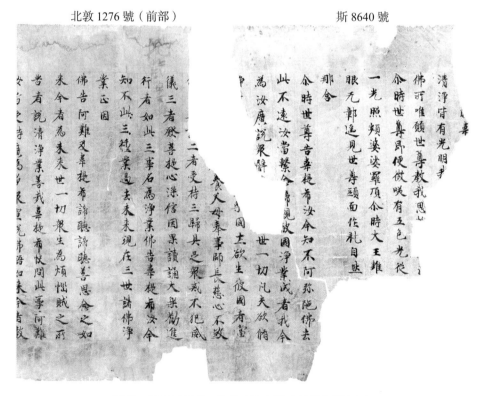

圖 7　斯 8640 號 + 北敦 1276 號（前部）綴合圖

按：據殘存文字推斷，前一號亦爲《觀經》殘卷，且上揭二號內容前後相承，可以綴合。綴合後如圖 7 所示，二號上下相接，接縫處基本吻合。二號內容於"阿/ 弥陀佛去此不遠""諦觀彼 / 國淨業成者"句前後相接，中無缺字。比對二號共有的"清""淨""佛""世""告""提""希"等字，如表 2 所示，字迹書風似同。又此二號行款格式相同（皆有烏絲欄，行距、字距及字體大小相近），書風相似（橫畫起筆出鋒，收筆頓筆，撇畫飄逸等），字迹似同，可資參證。二號綴合後，所存內容參見《大正藏》T12/341B27—346B21。

表2　斯8640號、北敦1276號字迹比較表

例字卷號	清	净	佛	世	告	提	希
斯8640號	清	淨	佛	世	告	提	希
北敦1276號	清	淨	佛	世	告	提	希

8. 斯10161號+斯3243號

（1）斯10161號，見IDP。殘片。如圖8右下部所示，存5殘行（末行空白無字），行存下部6字（首行僅存殘畫）。楷書。有烏絲欄。原卷無題，IDP未定名。

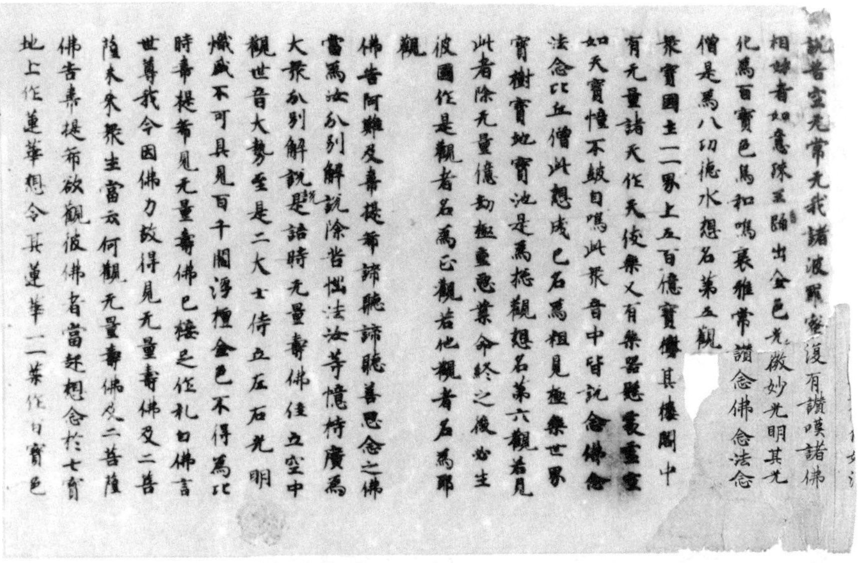

斯3243號（前部）　　　　　　　　斯10161號

圖8　斯10161號+斯3243號（前部）綴合圖

（2）斯 3243 號（翟 3710），見《寶藏》27/81。卷軸裝殘片，3 紙。前部如圖 8 左部所示，前殘尾全，存 301 行，行 17 字，首四行下部殘缺。尾題"佛說無量壽觀經"。楷書。有烏絲欄。

按：據殘存文字推斷，前號亦爲《觀經》殘卷，且上揭二號内容前後相承，可以綴合。綴合後如圖 8 所示，二號左右相接，綴接處原本撕裂在二號的"蜜""光""讚"三字得成完璧。又此二號行款格式相同（皆有烏絲欄，行距、字距及字體大小相近），書風相似（字形方正，橫畫起筆出鋒且向左延伸，收筆頓筆，豎彎鉤出鉤短小等），字迹似同(比較二號共有的"有""諸""佛""光""明"等字)，可資參證。二號綴合後，所存内容參見《大正藏》T12/342B29—346B21。

9. 俄敦 2551 號 + 北敦 4334 號

（1）俄敦 2551 號，見《俄藏》9/257B。卷軸裝殘片。如圖 9 右部所示，存 20 行，行存 3—17 字（首行僅存上部三字，2—4 行下殘，17—19 行上殘，尾行上殘且中下部有四字殘缺）。楷書。有烏絲欄。原卷無題，《孟録》及《俄藏》擬題"觀無量壽佛經"。

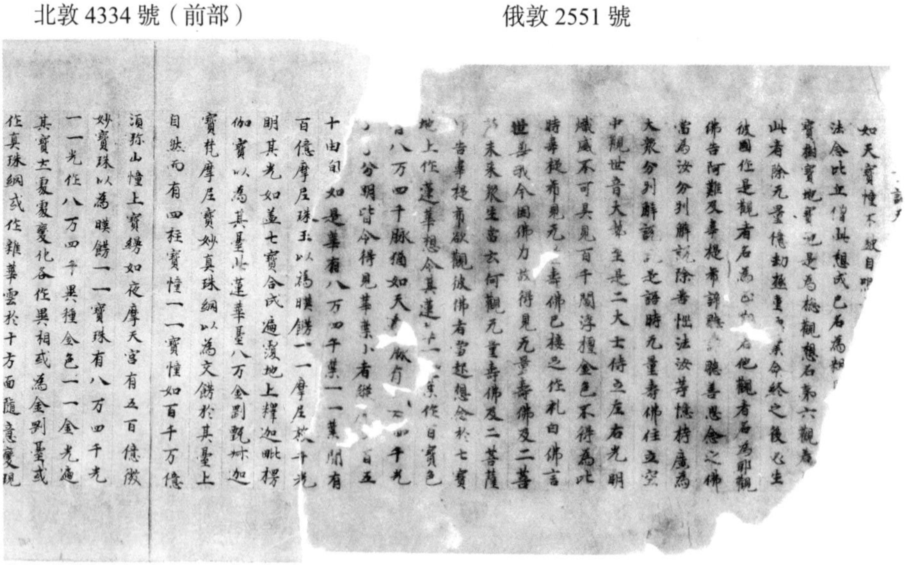

北敦 4334 號（前部）　　　　　　　　俄敦 2551 號

圖 9　俄敦 2551 號 + 北敦 4334 號（前部）綴合圖

（2）北敦 4334 號（北 209；出 34），見 IDP，另見《國圖》58/248B—255A。卷軸裝殘片，11 紙。前部如圖 9 左部所示，存 277 行，行 17 字（首 2 行下殘）。尾題"佛説觀無量壽經"。楷書。有烏絲欄。《國圖》條記目録稱原卷紙高 27.8 釐米，爲 7—8 世紀唐寫本。

按：上揭二號皆爲《觀經》殘卷，且其内容前後相承，可以綴合。綴合後如圖 9 所示，二號左右相接，綴接處原本撕裂在二號的"珠""王""以""爲""映""飾""一""放""千""光"等字，皆得復合成完璧。又此二號行款格式相同（皆有烏絲欄，行距、字距及字體大小相近），書風相似（字形方正，折筆圓潤，横畫起筆出鋒，收筆頓筆），字迹似同（比較二號共有的"一""金""光""千"等字），可資參證。二號綴合後，所存内容參見《大正藏》T12/342C8—346B21。

10. 斯 1515 號 + 斯 10031 號

（1）斯 1515 號（翟 3705），見 IDP，另見《英圖》23/317—323。卷軸裝，10 紙。前部如圖 10 上部及左部所示，存 268 行，行 17 字。尾題"無量壽觀經"。尾有題記："大唐上元二年四月廿八日，佛弟子清信女張氏，發心敬造《无量壽觀經》一部，及《觀音經》一部，願以此功德，上資天皇天后，聖化无窮；下及七代父母，并及法界倉生，並超煩惱之門，俱登浄妙國土。"楷書。有烏絲欄。《英圖》條記目録稱原卷爲 675 年唐寫本。

（2）斯 10031 號，見 IDP。殘片。如圖 10 右下部所示，存 7 殘行（第 3 行空白無字），行存下部 3—5 字。楷書。有烏絲欄。原卷無題，IDP 未定名。

按：據殘存文字推斷，前號亦爲《觀經》殘卷，且上揭二號内容前後相承，可以綴合。綴合後如圖 10 所示，二號上下相接，綴接處原本撕裂在二號的"當""入""諸"三字得以大致復合爲一。又此二號行款格式相同（皆有烏絲欄，行距、字距及字體大小相近），書風相似（字形方正，横畫起筆出鋒，收筆頓筆），字迹似同（比較二號共有的"者""當""想""佛""一"等字），可資參證。二號綴合後，所存内容參見《大正藏》T12/343A16—346B21。

斯 1515 號（前部）

圖 10　斯 1515 號（前部）＋斯 10031 號綴合圖

斯 10031 號

11. 俄敦 16703 號＋俄敦 16617 號

（1）俄敦 16703 號，見《俄藏》17/1A。殘片。如圖 11 上部所示，存 3 行，行存上部 2 字。楷書。有烏絲欄。原卷無題，《俄藏》未定名，《俄録》定名爲“佛説觀無量壽佛經”。

（2）俄敦 16617 號，見《俄藏》16/340A。殘片。如圖 11 下部所示，存 3 行，行存下部 14 字。楷書。有烏絲欄。原卷無題，《俄藏》未定名，《俄録》定名爲“佛説觀無量壽佛經”。

按：據殘存文字推斷，上揭二號皆爲《觀經》殘卷，且其内容前後相承，可以綴合。綴合後如圖 11 所示，二號上下相接，綴接處原本分屬二號的“佛”“諸”二字得以復合爲一。又此二號行款格式相同（皆有烏絲欄，行距、字距及字體大小相近），書風相似（字形方正短小，横畫起筆出鋒，收筆頓筆），字迹似同

俄敦 16703 號

俄敦 16617 號

圖 11　俄敦 16703 號＋俄敦 16617 號綴合圖

（比較二號共有的“佛”字），可資參證。二號綴合後，所存内容參見《大正藏》T12/343C15—343C18。

12. 俄敦 5468 號 + 斯 1703 號 + 斯 9650 號

（1）俄敦 5468 號，見《俄藏》12/149B。卷軸裝殘片。如圖 12 右部所示，前殘後缺，存 20 行，行 17 字。楷書。有烏絲欄。原卷無題，《俄藏》未定名。

（2）斯 1703 號（翟 3718），見《英圖》26/299A—299B。卷軸裝，2 紙。如圖 12 中部所示，前缺後殘，存 39 行，行 17 字。楷書。有烏絲欄。原卷無題，《翟録》及《寶藏》《索引新編》等定作《佛説無量壽觀佛經》。《英圖》條記目録稱原卷爲 7—8 世紀唐寫本。

（3）斯 9650 號，見 IDP。殘片。如圖 12 左下部所示，存 13 殘行，前 11 行上部殘缺不等。楷書。有烏絲欄。原卷無題，IDP 未定名。

表 3　俄敦 5468 號、斯 1703 號字迹比較表

例字 卷號	作	上	之	名	十	正	阿
俄敦 5468 號	作	上	之	名	十	正	阿
斯 1703 號	作	上	之	名	十	正	阿

按：據殘存文字推斷，前後二號亦應爲《觀經》殘卷（前一號筆者已定名，[①]《俄録》定名同），且上揭三號内容前後相承，可以綴合。三號接縫處邊緣吻合，横向、縱向烏絲欄可以對接。前二號於“此菩薩天冠有五／百寶華”句前後相接，中無缺字，比較二號共有的“作”“上”“之”“名”“十”“正”“阿”等字，如表 3 所示，字迹似同。後二號左右相接，綴接處原本分屬二號的“靈”“真”“是”“但”“二”“想”“提”“發”“誠”“心”“何”等字得以複合爲一（因紙張殘損問題部分字中間仍有空隙）。又此三號行款格式相同（天

---

① 張涌泉、方曉迪《敦煌本〈觀無量壽經〉及其注疏殘卷綴合研究》，《中國典籍與文化》2020 年第 2 期，第 13-14 頁。

頭地腳等高，皆有烏絲欄，滿行皆約 17 字，行距、字距及字體大小相近），書風相似（字形端正，起筆出鋒，比較三號共有的"上""十""名"等字）。由此判定，此三號確可綴合。綴合後如圖 12 所示，所存內容參見《大正藏》T12/344A4—344C17。

13."俄敦 3544 號、俄敦 3584 號"+俄敦 4089 號

（1）"俄敦 3544 號、俄敦 3584 號"，見《俄藏》10/327B。此二號《俄藏》已綴合爲一，如圖 13 右部和左部所示，共存 14 殘行（首行僅存下部 3 字左側殘筆），行存下部 3—7 字。楷書。原卷無題，《俄藏》擬題"觀無量壽佛經"。

（2）俄敦 4089 號，見《俄藏》11/140A。殘片。如圖 13 中部所示，存 3 殘行（末行僅存中部 1 字右側殘筆），行存 1—5 字。楷書。原卷無題，《俄藏》未定名，《曾良》定作《佛説觀無量壽佛經》。

按：據殘存文字推斷，上揭三號爲《觀經》殘片，且其内容前後相承，可以綴合。綴合後如圖 13 所示，後一號正是前二號中間脱落的部分，綴合後三號正好連爲一體，接縫處邊緣吻合，原本分屬二者的"異此菩""地"四字皆得合成完璧。又此三號行款格式相同（行距、字距及字體大小皆相近），書風相近（字體方正，筆墨匀厚，結構規整），字迹相同（比較二者共有的"無""有"等字），可資參證。三號綴合後，相應文字參見《大正藏》T12/344A22—344B8。

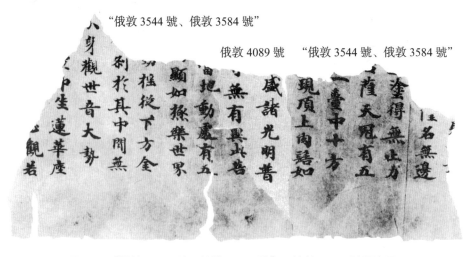

"俄敦 3544 號、俄敦 3584 號"

俄敦 4089 號　　"俄敦 3544 號、俄敦 3584 號"

圖 13　"俄敦 3544 號、俄敦 3584 號"+俄敦 4089 號綴合圖

14. 斯 12061 號＋斯 12364 號＋斯 11510 號

（1）斯 12061 號，見 IDP。殘片。如圖 14 右上部所示，存 6 殘行，行存中上部 1—8 字（首行僅存上部 1 字左側殘形，末行僅存中部 1 字右側殘筆）。楷書。有烏絲欄。原卷無題，IDP 未定名。

（2）斯 12364 號，見 IDP。殘片。如圖 14 右下部所示，存 5 殘行，行存下部 1—11 字（末行僅存 1 字右部殘形）。楷書。有烏絲欄。原卷無題，IDP 未定名。

（3）斯 11510 號，見 IDP。殘片。如圖 14 左部所示，存 9 殘行，行存中上部 2—16 字（首行僅存上部 2 字左側殘形，末行僅存若干字右側殘筆）。楷書。有烏絲欄。原卷無題，IDP 未定名。

按：據殘存文字推斷，上揭三號皆爲《觀經》殘片，且其內容前後相承，可以綴合。綴合後如圖 14 所示，前二號上下相接，綴接處邊緣吻合，縱向烏絲欄亦可對接，接縫處原本分屬二號的“不”“諸”“授”三字皆得復合爲一；斯 12061 號＋12364 號與斯 11510 號左右相接，接縫處原本分屬二者的“无”“亦”二字亦得成完璧。又此三號行款格式相同（皆有烏絲欄，行距、字距及字體大小相近），書風相近（字體端秀，結構規整，橫筆起筆出鋒，筆意相連），字迹似同（比較三號共有的“生”“佛”

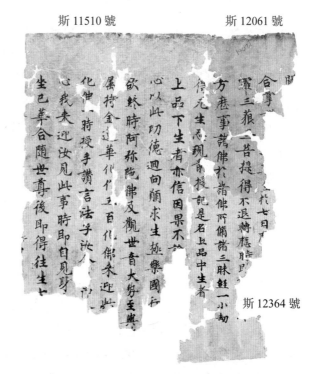

斯 11510 號　　　　斯 12061 號

斯 12364 號

圖 14　斯 12061 號＋斯 12364 號＋
斯 11510 號綴合圖

等字，及斯 11510 號與斯 12061 號共有的 "事" "得" "合" 等字，斯 12061
號與斯 12364 號共有的 "三" 字），可資參證。三號綴合後，所存內容參見《大
正藏》T12/345A16—345B1。

卷號簡目

根據對已刊布文獻的普查以及上述綴合成果，梳理出敦煌《觀經》及其
注疏寫本卷號如下：

《**觀經**》**118 號**　北敦 2026 號°、斯 4763 號、羽 177 號、北敦 3388 號、
北敦 3354 號、北敦 14446 號、俄敦 9092 號 *、北敦 9091 號＋北敦 8482 號＋
羽 599 號、斯 10733 號 *＋斯 13005 號 *＋斯 10474 號 *、斯 12278 號 *、斯
13025 號 *、俄敦 3325 號、北敦 14448 號、斯 1956 號、斯 4631 號、北敦 1833 號、
斯 1950 號、羽 188 號、斯 3695 號、俄敦 3678 號 *、北敦 7943 號、津藝 74 號、
北敦 14471 號、首博 Y62 號、斯 10355 號＋斯 6953 號、俄敦 16704 號、斯
12468 號 *、北敦 8044 號＋俄敦 793 號＋北敦 5845 號、"俄敦 6754 號、俄敦
6767 號" ＋北敦 3360 號、斯 8640 號＋北敦 1276 號、斯 6764 號、俄敦 4983
號、北敦 11587 號、斯 8637 號 *、俄敦 1205 號、北敦 5347 號、北敦 799 號、
北敦 12386 號、俄敦 3283 號、津藝 254 號、斯 6497 號、俄敦 8683 號＋俄
敦 16250 號、斯 7255 號、俄敦 16822 號 *、俄敦 2576 號、斯 10161 號＋斯
3243 號、斯 4842 號、斯 2537 號、俄敦 2551 號＋北敦 4334 號、甘博 40 號、
俄敦 9039 號、上博 20 號、津藝 36 號、北敦 6449 號、斯 1515 號＋斯 10031
號、傅圖 15 號、斯 4404 號、斯 13120 號 *、斯 3115 號、俄敦 16394 號、斯
9048 號 *、斯 9777 號 *、斯 939 號、俄敦 16667 號、北敦 10770 號、津藝 253
號、俄敦 5864 號、俄敦 1505 號、俄敦 16873 號、斯 12057 號 *、俄敦 16703
號＋斯 16617 號、俄敦 5468 號 *＋斯 1703 號＋斯 9650 號、斯 9228 號 *、俄
敦 16176 號、"俄敦 3544 號＋俄敦 3584 號" ＋俄敦 4089 號 *、俄敦 9077 號、
北敦 1551 號背、北敦 10064 號、俄敦 4147 號 *、俄敦 16702 號、斯 9650 號 *、
北敦 8186 號、斯 1783 號、斯 2971 號、斯 4193 號、俄敦 16628 號、斯 1789
號、斯 12061 號 *＋斯 12364 號 *＋斯 11510 號 *、俄敦 17874 號 *、斯 4278

號、俄敦 16674 號、北敦 5937 號、俄敦 3364 號、斯 10523 號*、北敦 7874 號、俄敦 16068 號、北敦 6271 號、斯 5798 號。

　　《觀經》注疏寫本 17 號　斯 524 號背（首題"无量壽觀經義記一卷"），<u>斯 2158 號…斯 2693 號</u>（後號尾題"无量壽義記下卷"），斯 2422 號（《寶藏》擬題"無量壽經義記下卷"），北敦 7394 號（《國圖》擬題"觀無量壽經義疏"），北敦 6378 號背 2（《國圖》擬題"觀無量壽經義疏"），伯 2720 號（《法藏》擬題"觀無量壽佛經疏釋"），<u>伯 3014 號＋北敦 7443 號…龍谷大學圖書館藏甲本第 2 紙至第 5 紙…龍谷大學圖書館藏甲本第 1 紙＋北敦 15002 號＋斯 327 號</u>（方廣錩、西本照真擬題"無量壽觀經讚述"），龍谷大學圖書館藏 MS00532 號（尾題"無量壽觀經讚述"），南京博物院藏卷（《南博》擬題"觀無量壽佛經疏"），甘博 101 號（《甘肅藏敦煌文獻》擬題"佛説觀無量壽佛經疏"），碎片 104 號（《敦煌寶藏》擬題"觀無量壽佛經甘露疏"）。

　　另有《觀經》相關文獻 4 號：伯 3156 號（《法藏》擬題"觀經十六觀讚"）、斯 2544 號背（《英圖》擬題"壁畫榜題稿"）、北敦 9092-2 號（首題"无量壽佛觀相"，《國圖》條記目録稱本文獻可能爲《觀無量壽佛經》變相榜文稿）、北敦 9092-1 號（《國圖》擬題"觀無量壽佛經十六觀"）。

七、佛説阿彌陀經

《佛説阿彌陀經》一卷，簡稱《阿彌陀經》，姚秦鳩摩羅什譯，爲印度大乘佛教經典。另有劉宋求那跋陀羅譯的《小無量壽經》、唐玄奘譯的《稱讚净土佛攝受經》，爲同經異譯。求那跋陀羅譯本僅剩下經尾的《拔一切業障根本得生净土陀羅尼》，即通常所説的《往生咒》。流傳至今的完整經本只有鳩摩羅什和玄奘的譯本，其中羅什譯本文句流暢優美、流傳最廣，敦煌文獻中保存的主要就是羅什譯本。

經普查，敦煌文獻中共有羅什譯本《佛説阿彌陀經》315 號。其中已公布圖版的有 310 號，包括：國圖藏 145 號，英藏 78 號，法藏 9 號，俄藏 58 號，① 散藏 20 號；未公布圖版的有散藏 5 件，分別爲：故宫博物院藏 1 件、日本龍谷大學藏 1 件、《二樂叢書》收 1 件、唐招提寺藏 1 件、大谷家藏 1 件。已公布圖版的 310 號敦煌本《佛説阿彌陀經》中，首尾完整者僅 30 號，其餘 280 號皆有不同程度的殘損。已有綴合成果共計將該經 10 號綴合爲 3 組。包括《國圖》條記目録指出北敦 15904 號與北敦 15887 號可以綴合，北敦 10062 號 A—F 六片原屬同卷；《俄藏》將俄敦 4961 號中 A、B 二殘片並置。

本次補綴 3 組，新綴 30 組，共計將 80 號綴合爲 33 組，其中斯 74 號＋斯 9547 號一組綴合的討論已見於本書上編，這裏不再列入。

---

① 敦煌《佛説阿彌陀經》未定名殘片，我們的學術團隊在 2011—2012 年全面普查時曾做過系統的比定，其中包括《俄藏》未定名殘卷的定名，在此基礎上，陳琳的碩士論文《敦煌〈阿彌陀經〉寫本考》（浙江師範大學，2015 年）作了進一步的考證。其中部分定名後來出版的《俄録》略同，可以互勘。凡陳文已先於《俄録》作出正確定名的，本篇酌情括注"《俄録》定名同"，讀者可自行參看。

1. 北敦 9205 號 + 斯 727 號

（1）北敦 9205 號（唐 26），見 IDP，另見《國圖》105/149B。殘片。如圖 1 右部所示，首全後缺，存 24 行，行 17 字。首題"佛説阿弥陁經"。有烏絲欄。《國圖》條記目録稱原卷紙高 25 釐米，爲 7—8 世紀唐楷書寫本。

（2）斯 727 號（翟 3743），見《英圖》12/331A—333A。卷軸裝。4 紙。前部如圖 1 左部所示，前缺尾全，存 90 行，行 17 字。尾題"佛説阿弥陁經"。有烏絲欄。《英圖》條記目録稱原卷紙高 25 釐米，爲 7—8 世紀唐楷書寫本。

按：上揭二號皆爲《佛説阿彌陀經》殘卷，且二號內容前後相承，存有綴合的可能性。試作綴合如圖 1 所示，二號接縫處皆爲失黏所致脱落，邊緣整齊，橫向烏絲欄可以對接；北敦 9205 號末行"極樂國土成就如是功德莊嚴"正與斯 727 號首行"又舍利弗彼佛國土常作天樂"前後相接，中無缺字。比較二號共有的"弗""就""莊""極""因""彌"等字，如表 1 所示，字迹似同。又二號行款格式相同（滿行皆約 17 字，行距、字距、字體大小相近），書風相近（筆畫有力，字體方正）。由此判定，此二號確可綴合。綴合後前後題皆具，全卷完整。

斯 727 號（前部）　　　　　　　　　北敦 9205 號

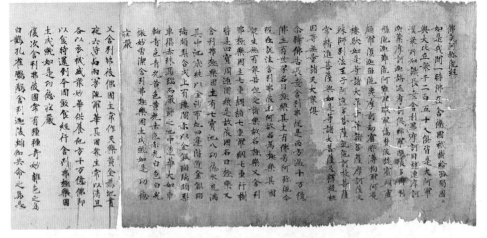

圖 1　北敦 9205 號 + 斯 727 號（前部）綴合圖

表 1　北敦 9205 號、斯 727 號字迹比較表

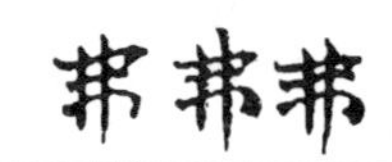

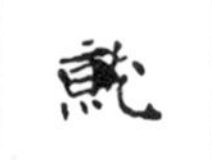

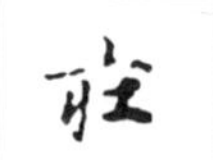

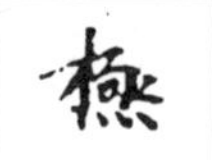

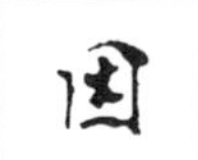

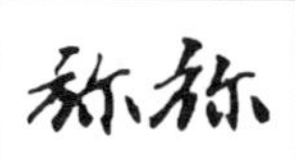

例字 卷號	弗	就	莊	極	因	彌
北敦 9205 號	弗弗弗	就	莊	極	因	弥弥
斯 727 號	弗弗弗	就	莊	極	因	弥弥

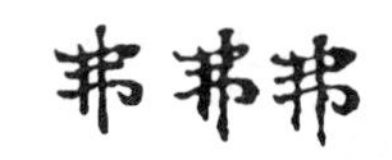

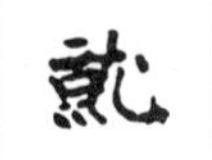

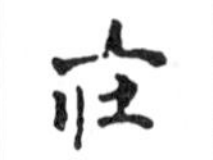

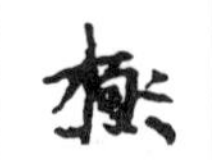

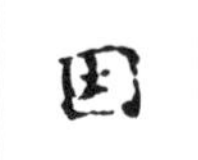

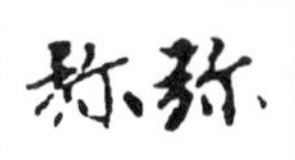

2. 斯 8768 號 + 斯 3027 號

（1）斯 8768 號，見 IDP。殘片。如圖 2 右上部所示，存 2 行。首題 "佛說阿弥陁經"。楷書。有烏絲欄。

（2）斯 3027 號（翟 3726），見《寶藏》25/313B—316A。卷軸裝。前部如圖 2 左部所示，前殘尾全，存 110 行（首行僅存下部 8 字），行 17 字。楷書。有烏絲欄。原卷無題，《翟録》及《寶藏》《索引新編》擬題 "佛說阿彌陀經"，《索引》泛題 "佛經"。

斯 3027 號（前部）　　　　　　　　　　　　斯 8768 號

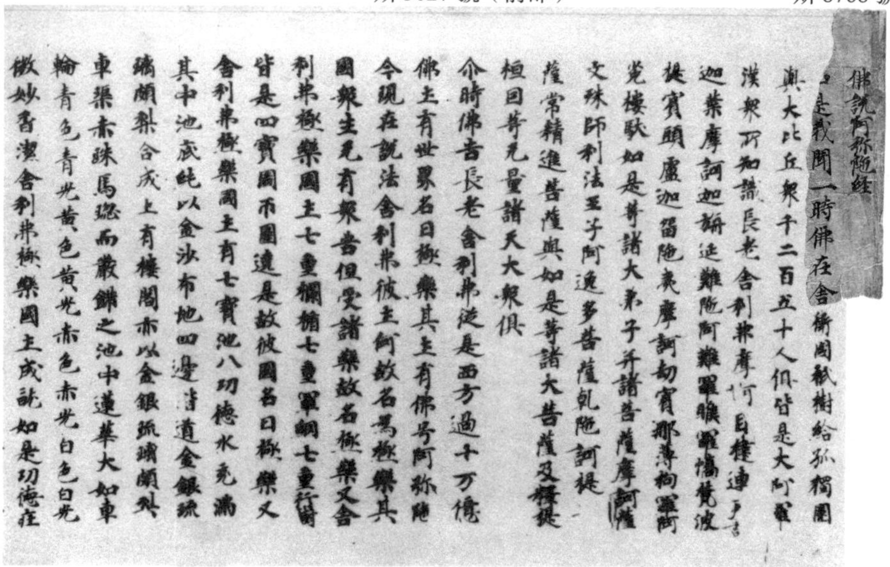

圖 2　斯 8768 號 + 斯 3027 號（前部）綴合圖

　　按：上揭二號皆爲《佛説阿彌陀經》殘卷。斯 8768 號次行上部所存的
"▨▨（如是）我聞一時佛在舍"與斯 3027 號首行下部所存的"衛國祇樹
給孤獨園"前後相連成句，中無缺字，存有綴合的可能性。比較二號共有的
"經""聞""佛""一""在"等字，字迹似同。且二號行款格式相同（皆有
烏絲欄，滿行皆約 17 字，行距、字距、字體大小相近）、書風相近（楷書，
字體端正、用筆較重）。由此判定，此二號確可綴合。綴合後如圖 2 所示，全
卷基本完整。

3. 北敦 5604 號 + 北敦 1478 號

　　（1）北敦 5604 號（北 127；李 4），見《國圖》75/243B—244B。卷軸裝，
2 紙。後部如圖 3 右部所示，首全後缺，存 55 行，行 17 字。首題"佛説阿弥
陁經"。有烏絲欄。卷面下邊緣有污漬。《國圖》條記目録稱原卷紙高 25.3 釐米，
有朱筆點標及行間校加字，爲 8 世紀唐楷書寫本。

　　（2）北敦 1478 號（北 176；寒 78），見 IDP，另見《國圖》21/350B—
351B。卷軸裝，2 紙。前部如圖 3 左部所示，前後皆殘，存 56 行（每紙各 28 行，

北敦 1478 號（前部）　　　　　　　　　　北敦 5604 號（後部）

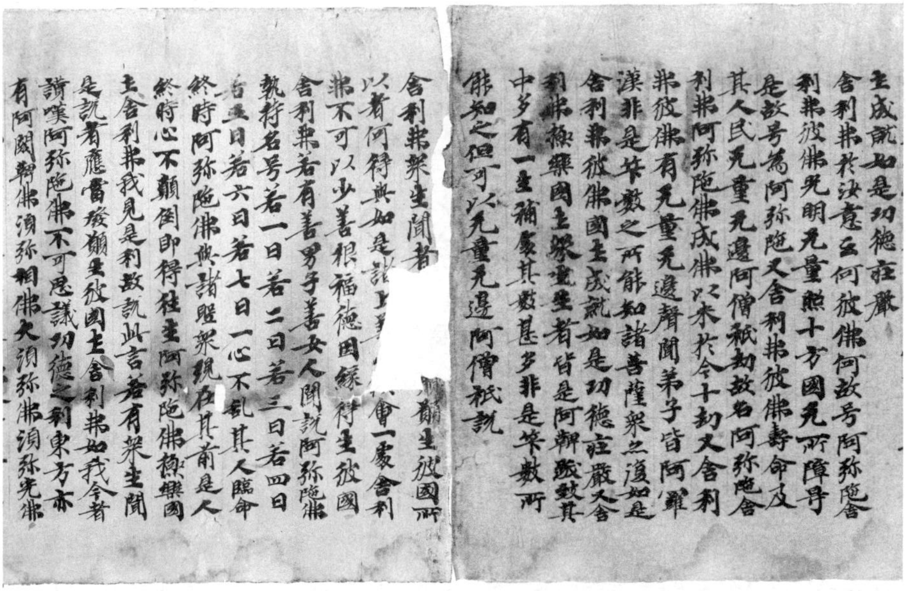

圖 3　北敦 5604 號（後部）+ 北敦 1478 號（前部）綴合圖

首 2 行中部略有殘損，末 3 行下部有殘損），行 17 字。有烏絲欄。卷面下邊緣有污漬。原卷無題，《劫餘録》及《索引》《國圖》等定作《佛説阿彌陀經》。《國圖》條記目録稱原卷經黃紙，紙高 25.2 釐米，有朱筆校改、點標，爲 7—8 世紀唐楷書寫本。

　　按：上揭二號皆爲《佛説阿彌陀經》殘卷，二號內容於“但可以无量无边阿僧祇説 / 舍利弗”諸句前後相連，中無缺字，存有綴合的可能性。試作綴合如圖 3 所示，二號接縫處邊緣大體吻合（中部綴後仍有缺損），卷面下邊緣皆有污漬，這些污漬形狀雷同，間隔相近，循環出現，逐漸變小。又比較二號共有的“極”“數”“衆”“土”“彼”“念”等字，如表 2 所示，“極”字下部作四點，“數”右部作“支”形，“衆”字豎畫帶鉤，“土”二橫間右部贅一短橫，“彼”左旁下部向左側傾斜，“念”字“心”旁上作“二”形，等等，字迹似同。且二號行款格式相同（整紙皆 28 行，紙高近同，天頭地腳等高，皆有烏絲欄，滿行皆約 17 字，行距、字距、字體大小相近），書風相近（楷書，字體端正，結體嚴謹，筆墨濃重，用筆有力，橫畫多輕入頓收，撇輕捺重，橫細豎粗，書寫風格一致），皆有朱筆標點及校改。由此判定，此二號確可綴合。二號綴合後，相應內容參見《大正藏》T12/346B25—348A18。

表 2　北敦 5604 號、北敦 1478 號字迹比較表

例字 卷號	極	數	衆	土	彼	念
北敦 5604 號	撤	數	衆	土	彼	念
北敦 1478 號	極	數	衆	土	彼	念

　　上揭二號既可綴合，而《國圖》條記目録稱北敦 5604 號爲 8 世紀唐寫本，又稱北敦 1478 號爲 7—8 世紀唐寫本，抄寫時代的判定稍有出入。《國圖》條記目録又稱北敦 1478 號原卷爲經黃紙，而對北敦 5604 號的用紙却未作交代，恐係疏漏。

4. 北敦 14822 號 + 北敦 8663 號

（1）北敦 14822 號（北新 1022），見《國圖》134/94B—95A。卷軸裝，2 紙。後部如圖 4 右部所示，首全後缺，存 23 行，行 17 字。首題“佛説阿弥陁經”。有烏絲欄。《國圖》條記目録稱原卷紙高 26 釐米，爲 7—8 世紀唐楷書寫本。

（2）北敦 8663 號（北 156；位 63），見 IDP，另見《國圖》103/358B—359A。卷軸裝，1 紙。前部如圖 4 左部所示，前後皆缺，存 24 行，行 17 字。有烏絲欄。原卷無題，《劫餘録》及《索引》《國圖》等定作《佛説阿彌陀經》。《國圖》條記目録稱原卷紙高 26 釐米，爲 7—8 世紀唐楷書寫本。

北敦 8663 號（前部）　　北敦 14822 號（後部）

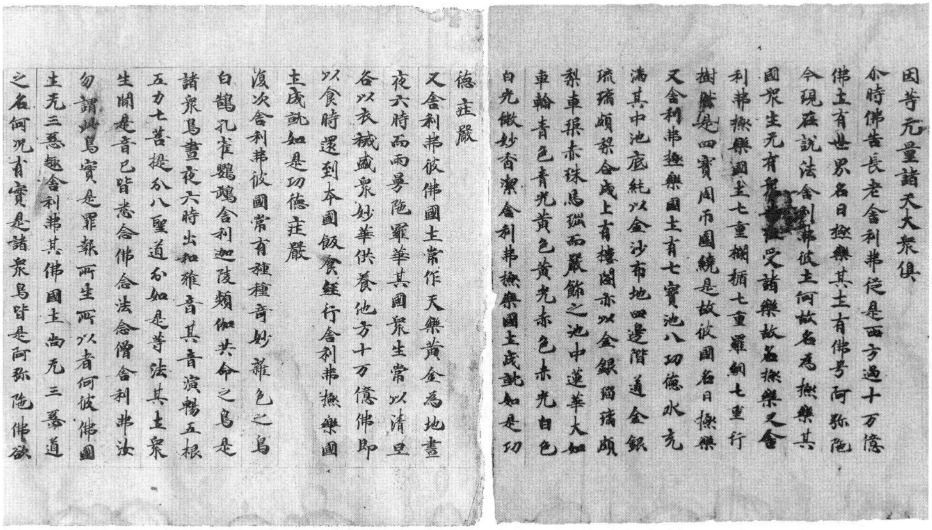

因等无量諸天大衆俱
尒時佛告長老舍利弗從是西方過十万億
佛土有世界名曰極樂其土有佛号阿弥陁
今現在説法舍利弗彼土何故名為極樂其
國衆生无有衆苦但受諸樂故名極樂又舍
利弗極樂國土七重欄楯七重羅網七重行
樹皆是四寶周帀圍繞是故彼國名曰極樂
又舍利弗極樂國土有七寶池八功德水充
滿其中池底純以金沙布地四邊階道金銀
瑠璃頗梨合成上有樓閣亦以金銀瑠璃頗
梨車𤦲赤珠馬瑙而嚴飾之池中蓮華大如
車輪青色青光黃色黃光赤色赤光白色
白光微妙香潔舍利弗極樂國土成就如是功

德莊嚴
又舍利弗彼佛國土常作天樂黃金為地晝
夜六時而雨曼陁羅華其國衆生常以清旦
各以衣裓盛衆妙華供養他方十万億佛即
以食時還到本國飯食經行舍利弗極樂國
土成就如是功德莊嚴
復次舍利弗彼國常有種種竒妙雜色之鳥
白鵠孔雀鸚鵡舍利迦陵頻伽共命之鳥是
諸衆鳥晝夜六時出和雅音其音演暢五根
五力七菩提分八聖道分如是等法其土衆
生聞是音已皆悉念佛念法念僧舍利弗汝
勿謂此鳥實是罪報所生所以者何彼佛國
土无三惡趣舍利弗其佛國土尚无三惡道
之名何况有實是諸衆鳥皆是阿弥陁佛欲

圖 4　北敦 14822 號（後部）+ 北敦 8663 號（前部）綴合圖

按：上揭二號皆爲《佛説阿彌陀經》殘卷，二號内容於“舍利弗極樂國土成就如是功 / 德莊嚴”句前後相連，中無缺字，存有綴合的可能性。試作綴合如圖 4 所示，比較二號共有的“是”“就”“今”“土”“弗”“以”“其”“衆”等字，如表 3 所示，“就”字左下部的“小”寫成一提筆，“今”字中部作“二”形，“土”中右部的點帶有回鋒，等等，字迹書風似同。且此二號行款格式相同（紙高皆 26 釐米，天頭地脚等高，皆有烏絲欄，滿行皆 17 字，行距、字距、字體大小相近）。由此判定，此二號確可綴合。二號綴合後，存文起首題，訖

"皆阿羅漢"句前二字，相應内容參見《大正藏》T12/346B25—347B1。

表 3　北敦 14822 號、北敦 8663 號字迹比較表

例字 卷號	是	就	今	土	弗	以	其	衆
北敦 14822 號	是	就	今	土	弗	以	其	衆
北敦 8663 號	是	就	今	土	弗	以	其	衆

5. 北敦 15612 號 + 北敦 11448 號

（1）北敦 15612 號（北簡 71841），見《國圖》144/90A—90B。殘片。如圖 5 上部所示，存 25 行（前 2 行僅存中部 5 殘字，後 23 行多存上部 9—11 字）。有烏絲欄。原卷無題，《國圖》擬題"阿彌陀經"。《國圖》條記目録稱原卷經黄打紙，爲 7—8 世紀唐楷書寫本。

（2）北敦 11448 號（北臨 1577），見《國圖》109/209B。殘片。如圖 5 下部所示，存 19 行（第一行僅剩殘筆，第 17 行空白無字），行存中下部 3—9 字。有烏絲欄。原卷無題，《國圖》擬題"阿彌陀經"。《國圖》條記目録稱該卷爲 7—8 世紀唐楷書寫本。

按：上揭二號皆爲《佛説阿彌陀經》殘片，且二號内容前後相承，可以綴合。綴合後如圖 5 所示，接縫處邊緣吻合，原本分屬二號的"多""等""衆""諸""彼""土""其"諸字皆得復合爲一，縱向烏絲欄亦可對接。又二號行款格式相同（皆有烏絲欄，行距、字距、字體大小相近），字迹書風似同（皆楷書，另比較二號共有的"佛""名""光""色"等字），可資參證。二號綴合後，存文起"一時佛在舍衛國祇樹給孤獨園"句"時佛在舍衛"五殘字，訖"其國衆生"句的"其"殘字，相應内容參見《大正藏》T12/346B28—347A8。

上揭二號既可完全綴合，而《國圖》條記目録稱北敦 15612 號用經黄打紙，北敦 11448 號下却未交代用紙，恐係疏漏。

北敦 15612 號

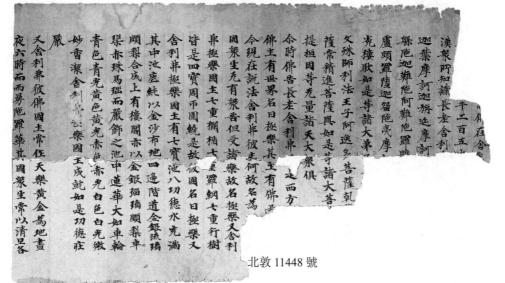

北敦 11448 號

圖 5　北敦 15612 號 + 北敦 11448 號綴合圖

6. 斯 6282 號 + 斯 10216 號

（1）斯 6282 號（翟 3735），見《寶藏》45/201B。殘片。如圖 6 右上部所示，首全後殘，存 22 行（後 4 行下部殘損），行約 17 字。楷書。首題"佛説阿弥陁經"。

（2）斯 10216 號，見 IDP。殘片。如圖 6 左下部所示，存 4 行，行存下部 8—10 字。楷書。原卷無題，IDP 未定名。

按：據殘存文字推斷，後號亦爲《佛説阿彌陀經》殘片，且上揭二號内容上下相接，可以綴合。綴合後如圖 6 所示，後號可補入前號左下角，接縫處原本分屬二號的"有""而"二字皆得成完璧。又二號行款格式相同（行距、字距、字體大小相近），書風相近（楷書，字體俊秀，筆畫有力），字迹似同（比較二號共有的"四""七""大""池"等字），可資參證。二號綴合後，存文起首題，訖"池中蓮花大如車輪"句前六字，相應内容參見《大正藏》T12/346B25—347A4。

斯 6282 號

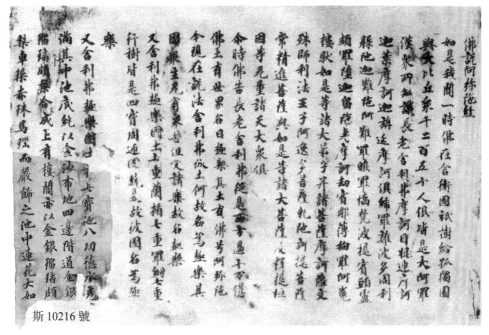

圖 6　斯 6282 號 + 斯 10216 號綴合圖

7. 斯 7368 號 + 斯 9980 號

（1）斯 7368 號，見《寶藏》55/78A—78B。殘片。前部如圖 7 上部所示，首略殘，後殘，存 20 行（前 11 行下部有不同程度殘損，末 2 行上下各有殘損），行 17 字。首題“佛説阿弥陁經”。楷書。有烏絲欄。

（2）斯 9980 號，見 IDP。殘片。如圖 7 下部所示，存 5 行，行存下部 3—5 字。楷書。有烏絲欄。原卷無題，IDP 未定名。

按：據殘存文字推斷，後號亦爲《佛説阿彌陀經》殘片，且上揭二號内容前後相承，可以綴合。綴合後如圖 7 所示，接縫處邊緣吻合，原本分屬二號的“離”“波”“薄”“薩”“提”“菩”六字皆得合成完璧。又二號行款格式相同（皆有烏絲欄，行距、字距、字體大小相近），字迹書風似同（比較二號共有的“摩”“訶”“薩”“阿”“提”等字），可資參證。二號綴合後，存文起首題，訖“亦以金”三字，相應内容參見《大正藏》T12/346B25—347A3。

斯 7368 號

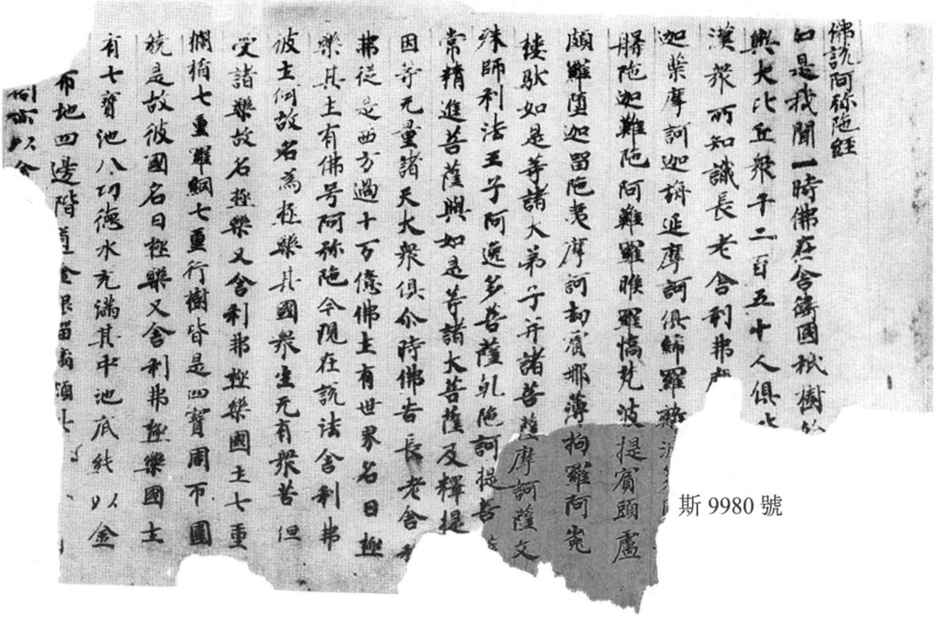

斯 9980 號

圖 7　斯 7368 號 + 斯 9980 號綴合圖

8. 俄敦 4562 號 + 俄敦 6648 號

（1）俄敦 4562 號，見《俄藏》11/270A。殘片。如圖 8 右上部所示，存 3 行（後 2 行存上部十二三字右側殘形）。首題 "佛説阿弥陁經"。楷書。

（2）俄敦 6648 號，見《俄藏》13/164B。殘片。如圖 8 下部所示，存 7 行，行存下部 5—9 字。楷書。原卷無題，《俄藏》未定名。

按：據殘存文字推斷，後號亦爲《佛説阿彌陀經》殘片；《俄録》擬題 "佛説阿彌陀佛根本秘密神咒經"，不確。上揭二號内容前後相承，可以綴合。綴合後如圖 8 所示，俄敦 4562 號次行末殘字與俄敦 6648 號首行前殘字拼合成一個完整的 "樹" 字。又二號行款格式相同（行距、字距、字體大小相近），書風相近（字體方正，筆畫較粗），字迹近似（比較二號共有的 "是" "阿" 等字），可資參證。二號綴合後，所存内容起首題，訖 "并諸菩薩摩◪□（訶薩）" 句，相應内容參見《大正藏》T12/346B25—346C6。

俄敦 4562 號

斯 12284 號

俄敦 6648 號

斯 12123 號

圖 8　俄敦 4562 號＋俄敦 6648 號綴合圖　　圖 9　斯 12284 號＋斯 12123 號綴合圖

9. 斯 12284 號＋斯 12123 號

（1）斯 12284 號，見 IDP。殘片。如圖 9 上部所示，存 3 行，行存上部 4 字（末行僅存右部殘筆）。楷書。有烏絲欄。IDP 未定名。

（2）斯 12123 號，見 IDP。殘片。如圖 9 下部所示，存 3 行，行存下部 3—8 字（末行僅存右部殘筆）。楷書。有烏絲欄。IDP 未定名。

按：據殘存文字推斷，上揭二號皆爲《佛説阿彌陀經》殘片，且二號内容上下相接，可以綴合。綴合後如圖 9 所示，接縫處邊緣吻合，原本分屬二號的“彌”“聞”二字皆得成完璧。又二號行款格式相同（行距、字距、字體大小相近），書風相近（筆畫較粗、筆鋒不明顯），字迹近似（如二者横畫皆尖鋒入筆），可資參證。二號綴合後，存首題，經文可以辨識的内容僅開端“如是我聞，一時佛在舍衛國”11 字，末行所存右部殘筆難以確定，相應内容參見《大正藏》T12/346B25—346B29。

10. 俄敦 4607 號 + 北敦 5457 號

（1）俄敦 4607 號，見《俄藏》11/281A。如圖 10-1 所示，此號撕裂爲四片，兹分別稱其爲殘片 A、B、C、D：殘片 A 存 4 殘行，行存 2—9 字；殘片 B、殘片 C，《俄藏》粘合在一起，不妥，應分作 B、C 兩片，殘片 B 存 3 殘行，但可以辨識的僅"樂其土"三字，殘片 C 存 4 殘行，行存 1—2 字；殘片 D 存 9 行，行存下部 2—9 字。楷書。原卷無題，《俄藏》未定名。

（2）北敦 5457 號（北 154；果 57），見《國圖》73/281A—284A。卷軸裝，5 紙。前部如圖

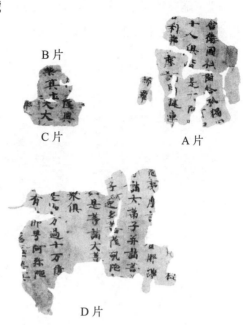

B 片
C 片
A 片
D 片

圖 10-1　俄敦 4607 號《俄藏》圖版

10-2 左上部所示，前殘尾全，存 112 行（首行僅存上部 2—6 字左部殘形，前 14 行下部有不同程度殘損），行 17 字。尾題"佛説阿弥陁經"。楷書。有烏絲欄。《國圖》條記目録稱該卷爲 9—10 世紀歸義軍時期寫本。

按：據殘存文字推斷，前號亦爲《佛説阿彌陀經》殘片（《俄録》定名同），且上揭二號內容前後相承，可以綴合。綴合後如圖 10-2 所示，北敦 5457 號前 3 行與俄敦 4607 號 D 片前 3 行上下相接，其中後 2 行接縫處僅缺半格的縫隙；北敦 5457 號第 4—7 行與俄敦 4607 號 C 片上下相接，北敦 5457 號＋俄敦 4607 號 C 片第 7—9 行與俄敦 4607 號 B 片上下相接，進而北敦 5457 號＋俄敦 4607 號 C 片＋俄敦 4607 號 B 片與俄敦 4607 號 D 片第 4—9 行上下相接，接縫處原本分屬二號的"薩""天""樂""爲極樂"六字皆可拼合；俄敦 4607 號 A 片與北敦 5457 號左右相接，中無缺行，但二號銜接的二行僅存 2—7 個殘字，殘缺較多。又二號行款格式相同（滿行皆約 17 字，行距、字距、字體大小相近），字迹書風似同（比較二號共有的"其""土""菩""薩""阿"

"弥""陁"等字），可資參證。二號綴合後，存文起經文首行下部，訖尾題，相應内容參見《大正藏》T12/346B28—348A29。

北敦 5457 號（前部）

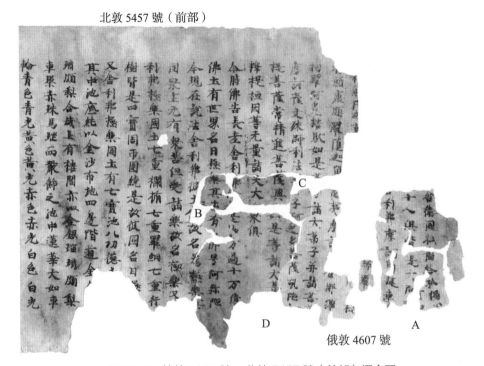

俄敦 4607 號

圖 10-2　俄敦 4607 號＋北敦 5457 號（前部）綴合圖

11. 北敦 7503 號＋斯 12359 號

（1）北敦 7503 號（北 134；人 3），見《國圖》97/195A—196A。卷軸裝，2 紙。前部如圖 11 左部所示，前殘後缺，存 49 行（前 5 行上部殘損），行約 17 字。楷書。有烏絲欄。原卷無題，《劫餘録》及《索引》《國圖》等定作《佛説阿彌陀經》。《國圖》條記目録稱該卷爲 8 世紀唐寫本。

（2）斯 12359 號，見 IDP。殘片。如圖 11 右上部所示，存 4 行，行存上部 1—6 字。楷書。有烏絲欄。原卷無題，IDP 未定名。

按：據殘存文字推斷，後號亦爲《佛説阿彌陀經》殘片，且上揭二號内容上下相接，可以綴合。綴合後如圖 11 所示，接縫處邊緣吻合，原本分屬二號的"長""訶""迦""旒""槃""陁"六字皆得合成完璧。又二號行款格式相同（皆有烏絲欄，行距、字距、字體大小相近），字迹書風似同（比較二號共有的"摩""衆""所""知"等字），可資參證。二號綴合後，相應内容參見《大正藏》T12/346B28—347B3。

北敦 7503 號（前部）　　　　　斯 12359 號

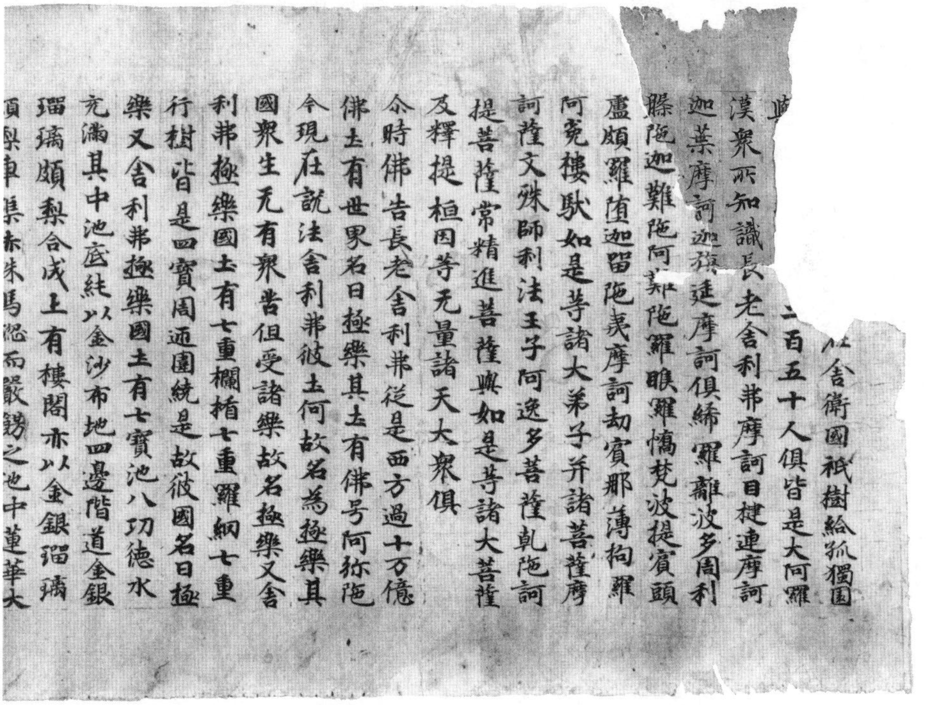

圖 11　北敦 7503 號（前部）+ 斯 12359 號綴合圖

12. 斯 8324A 號 + 斯 3542 號

（1）斯 8324A 號，見 IDP。殘片。如圖 12 右部所示，前後皆殘，存 23 行，行存上部 2—14 字（後 4 行下部殘損漸次加劇，末行僅存 2 字右側殘筆）。楷書。有烏絲欄。原卷無題，《方録》擬題"阿彌陀經"，并定爲唐寫本。

（2）斯 3542 號（翟 3754），見 IDP。前部如圖 12 左部所示，前殘尾全，存 96 行，行約 17 字（首 3 行僅存中部 2—7 字，第 4—9 行下部殘損 1—5 字）。尾題"佛説阿弥陁經"，後有題記："長壽三年六月一日，佛弟子翟氏敬造《阿弥陁經》一部。"（"年""月""日"三字原卷皆作武周新字）楷書。有烏絲欄。

據卷尾題記，該卷寫於公元 694 年。

　　按：上揭二號皆爲《佛説阿彌陀經》殘卷，且其内容前後相承，可以綴合。綴合後如圖 12 所示，接縫處邊緣吻合，原本分屬二號的"池""利弗極樂""德"五字皆得拼合完整，橫向烏絲欄亦可對接。又二號行款格式相同（天頭等高，皆有烏絲欄，行距、字距、字體大小相近），書風相近（楷書，字體端莊秀麗，筆畫舒展），字迹似同（比較二號共有的"舍""利""弗""極""樂"等字），可資參證。二號綴合後，存文起"與大比丘衆千二百五十人俱"句前五字殘形，訖尾題，相應内容參見《大正藏》T12/346B29—348A29。

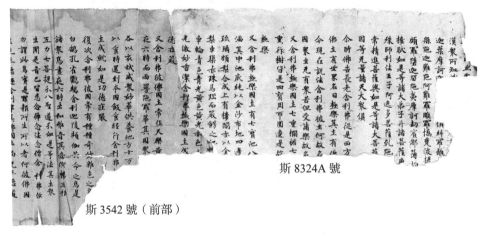

斯 8324A 號

斯 3542 號（前部）

圖 12　斯 8324A 號 + 斯 3542 號（前部）綴合圖

　　又，二號既原屬同卷，而後號有明確紀年，則可推知前號亦抄寫於公元 694 年。

13. 北敦 15913 號 + 北敦 15904 號 + 北敦 15887 號

　　（1）北敦 15913 號（簡 71483），見《國圖》145/35B。殘片。如圖 13 右上部所示，存 5 行（首行僅存若干左側殘筆），行存上部 2—9 字。有烏絲欄。原卷無題，《國圖》擬題"阿彌陀經"。《國圖》條記目録稱該卷爲 7—8 世紀唐楷書寫本。

　　（2）北敦 15904 號（簡 71483），見《國圖》145/30B。殘片。如圖 13 左上部所示，存 15 行（首行僅存 2 字左側殘筆），行存中上部 2—9 字。有烏絲欄。原卷無題，《國圖》擬題“阿彌陀經”。《國圖》條記目録稱該卷爲7—8世紀唐楷書寫本，後接北敦15887號。

（3）北敦15887號（簡71483），見《國圖》145/22A。殘片。如圖13下部所示，存13行（首行僅存2字左側殘畫，第5行空白無字），行存下部2—9字。楷書。有烏絲欄。原卷無題，《國圖》擬題“阿彌陀經”。《國圖》條記目録稱該卷爲7—8世紀唐楷書寫本，前接北敦15904號。

按：上揭三號皆爲《佛説阿彌陀經》殘片，原編號皆爲“簡71483”，屬於國圖後來通過不同途徑陸續收集的，既然編爲同一個號，意味著同一來源甚至同一卷所撕裂，可以綴合的可能性也就更高。《國圖》條記目録已指出北敦15904號與北敦15887號可以綴合。今謂北敦15913號與北敦15904號＋北敦15887號亦可綴合。綴合後如圖13所示，北敦15913號與北敦15904號左右上下相接，接縫處邊緣吻合，原本分屬二號的“摩”“陁”“樓馱”四字皆可拼合；北敦15904號與北敦15887號上下相接，接縫處邊緣吻合，原本分

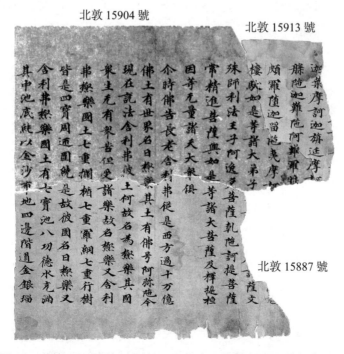

圖13　北敦15913號＋北敦15904號＋北敦15887號綴合圖

屬二號的"樂""七""布"三字皆得合成完璧。又三號行款格式相同（前二號天頭等高，皆有烏絲欄，行距、字距、字體大小相近），書風字迹似同，可資參證。三號綴合後，存文起"迦葉摩訶迦栴延摩▨（訶）"，訖"四邊階道，金銀瑠璃、頗梨合成"句前七字，相應内容參見《大正藏》T12/346C2—347A2。

14. 北敦 5036 號 + 北敦 509 號

（1）北敦 5036 號（北 137；珠 36），見 IDP，另見《國圖》67/168A。殘片。如圖 14 右部所示，前殘後缺，存 20 行（首行右半殘損），行 17 字。有烏絲欄。原卷無題，《劫餘録》及《索引》《國圖》等定作《佛説阿彌陀經》。《國圖》條記目録稱原卷經黄打紙，紙高 24.3 釐米，爲 7—8 世紀唐楷書寫本。

（2）北敦 509 號（北 158；荒 9），見 IDP，另見《國圖》8/38A—39B。卷軸裝，4 紙。前部如圖 14 左部所示，前缺尾全，存 97 行（後 10 行爲"阿彌陀佛説咒"），行約 17 字。有烏絲欄。原卷無題，《劫餘録》及《索引》《國圖》等定作《佛説阿彌陀經》。《國圖》條記目録稱原卷經黄紙，紙高 25.6 釐米，爲 7—8 世紀唐楷書寫本。

北敦 509 號（前部）　　　　　　　　北敦 5036 號（後部）

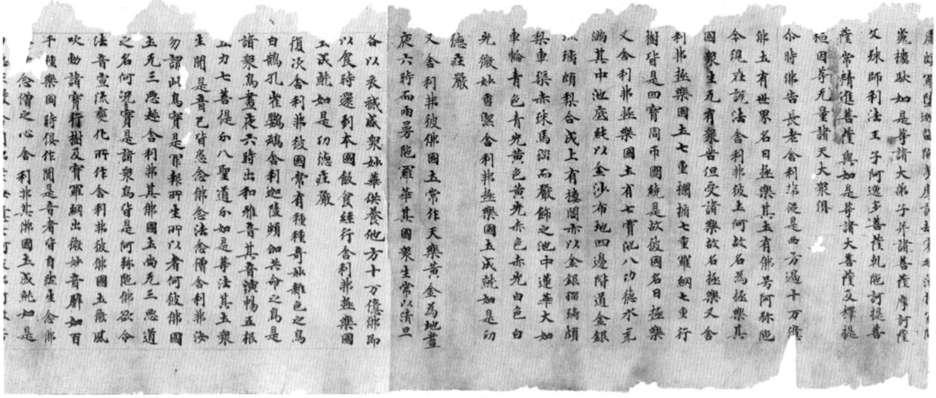

圖 14　北敦 5036 號（後部）+ 北敦 509 號（前部）綴合圖

按：上揭二號皆爲《佛説阿彌陀經》殘卷。二號内容於"常以清旦 / 各以衣裓盛衆妙華"句前後相連，中無缺字，存有綴合的可能性。試作綴合如圖

14 所示，比較二號共有的"功""土""沙""莊""成"等字，如表 4 所示，"功"字起筆作一短橫、輕入頓收，"土"字豎筆向左側傾斜，等等，字迹似同。且二號行款格式相同（框高相同，皆有烏絲欄，滿行皆約 17 字，行距、字距、字體大小相近），書風略近（楷書，字體端正），可資參證。二號綴合後，存文起人名"賓頭盧頗羅墮"後四殘字，訖阿彌陀佛説咒語，相應内容參見《大正藏》T12/346C4—348B6。

表 4　北敦 5036 號、北敦 509 號字迹比較表

例字 卷號	功	土	沙	莊	成
北敦 5036 號	切功	土土	沙	莊	成
北敦 509 號	切功	土土	沙	莊	成

但《國圖》條記目録稱北敦 5036 號紙高 24.3 釐米，經黄打紙，北敦 509 號紙高 25.6 釐米，經黄紙，紙高頗有出入，紙質也有不同，有待進一步目驗原卷。另就影印圖版而言，北敦 509 號用筆稍重，墨色顯得濃一些，上下欄綫墨濃而粗；北敦 5036 號筆畫纖秀，墨色較淡，上下欄綫墨淡而細。凡此種種，顯示此二號存在一定的差異，究竟是否爲同一卷所撕裂，仍存在疑問。

15. 俄敦 6086 號 + 北敦 2196 號

（1）俄敦 6086 號，見《俄藏》12/353A。殘片。如圖 15 右上部所示，存 14 行，行存上部 5—9 字。楷書。有烏絲欄。原卷無題，《俄藏》未定名。

（2）北敦 2196 號（北 155；藏 96），見 IDP，另見《國圖》30/421A—424A。卷軸裝，5 紙。前部如圖 15 左下部所示，前殘尾全，存 106 行（首行僅存行末約 3 字左側殘筆，次行所存部分空白無字，前 13 行上部殘損），行約 17 字。尾題"佛説阿弥陁經一卷"。楷書。有烏絲欄。《國圖》條記目録稱該卷爲 8—9 世紀吐蕃統治時期寫本。

按：據殘存文字推斷，前號亦爲《佛説阿彌陀經》殘片（《俄録》定名同），且上揭二號内容前後相承，可以綴合。綴合後如圖 15 所示，二號上下相接，

接縫處邊緣大體吻合（部分綴後仍有缺損），原本分屬二號的"諸""是""青光"四字皆可拼合，橫縱烏絲欄亦可對接。又二號行款格式相同（天頭等高，皆有烏絲欄，行距、字距、字體大小相近），書風相近（字體方正，筆墨濃重），字迹似同（比較二號共有的"舍""利""弗""極""樂""色"等字），可資參證。二號綴合後，存文起"文殊師利法王子"後五字，訖尾題，相應內容參見《大正藏》T12/346C6—348A29。

俄敦 6086 號

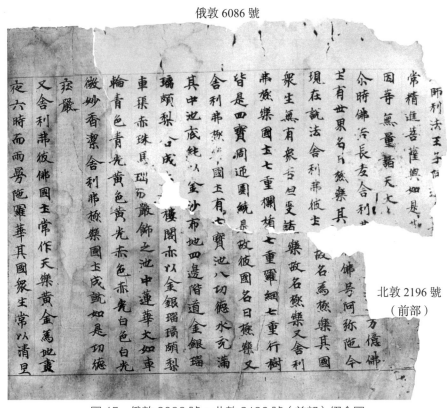

北敦 2196 號
（前部）

圖 15　俄敦 6086 號 + 北敦 2196 號（前部）綴合圖

16. 北敦 11426A 號 + 北敦 11593 號…北敦 11426B 號 + 北敦 11591 號

（1）北敦 11426A 號（北臨 1555A），見《國圖》109/196A。殘片。如圖 16 右上部所示，存 5 行，行存上部 5—6 字（末行僅存右部殘形）。楷書。有烏絲欄。原卷無題，《國圖》擬題"阿彌陀經"。《國圖》條記目錄稱該卷爲 7—8 世紀唐寫本。

（2）北敦 11593 號（北臨 1722），見《國圖》109/290B。殘片。如圖 16 右下部所示，存 3 行，行存中部 2—6 字。楷書。有烏絲欄。原卷無題，《國圖》擬題“阿彌陀經”。《國圖》條記目録稱該卷爲 7—8 世紀唐寫本。

（3）北敦 11426B 號（北臨 1555B），見《國圖》109/196B。殘片。如圖 16 左上部所示，存 5 行（首行僅存左部殘形，末行僅存右部殘形），行存上部 5—6 字。楷書。有烏絲欄。原卷無題，《國圖》擬題“阿彌陀經”。《國圖》條記目録稱原卷相應内容對應《大正藏》T12/347C6—347C10，爲 7—8 世紀唐寫本。

（4）北敦 11591 號（北臨 1720），見《國圖》109/289B。殘片。如圖 16 左下部所示，存 3 行（首行右部殘損嚴重），行存下部 10—12 字。楷書。有烏絲欄。原卷無題，《國圖》擬題“阿彌陀經”。《國圖》條記目録稱原卷相應内容對應《大正藏》T12/347B20—347B23，爲 7—8 世紀唐寫本。

按：上揭四號皆爲《佛説阿彌陀經》殘片，且其内容相承，可以綴合。綴

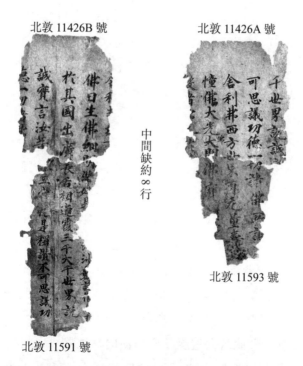

北敦 11426B 號　　　　北敦 11426A 號

中間缺約 8 行

北敦 11593 號

北敦 11591 號

圖 16　北敦 11426A 號 + 北敦 11593 號…北敦 11426B 號 +
北敦 11591 號綴合图

合後如圖 16 所示，北敦 11426A 號與北敦 11593 號上下相接，接縫處邊緣吻合，原本分屬二號的"切""世"二字皆得復合爲一；北敦 11426B 號與北敦 11591 號上下相接，接縫處邊緣吻合，原本分屬二號的"明"字亦得復合爲一。又此四片行款格式相同（皆有烏絲欄，行距、字距、字體大小相近），書風字迹似同（比較四片共有的"佛"字），可資參證。四片綴合後，北敦 11426A 號＋北敦 11593 號存文起"遍覆三千大千世界説誠實言"句"千世界説誠實"六字，訖"各於其國"句前二殘字，相應内容參見《大正藏》T12/347B27—347C2；北敦 11426B 號＋北敦 11591 號存文起"舍利弗，北方世界有焰肩佛"句前五殘字，訖"一切諸佛所護念經"句前四殘字，相應内容參見《大正藏》T12/347C6—347C10；北敦 11426A 號＋北敦 11593 號與北敦 11426B 號＋北敦 11591 號不直接相連，據完整文本推算，間缺 2 行。

又，北敦 11591 號上接北敦 11426B 號，所存内容見《大正藏》T12/347C6—347C10；《國圖》條記目録以爲北敦 11426B 號見《大正藏》T12/346C6—347C10（起始的"346C6"應是"347C6"之誤），北敦 11591 號見《大正藏》T12/347B20—347B23，皆不確。

17. 伯 4669 號 + 北敦 6082 號

（1）伯 4669 號，見 IDP，另見《法藏》33/66A。殘片。如圖 17 右部所示，前殘後缺，存 19 行（首行下部略有殘損），行 17 字。楷書。有烏絲欄。原卷無題，《索引》泛題"殘佛經"，《寶藏》及《索引新編》《法藏》擬題"佛説阿彌陀經"，《法録》擬題"阿彌陀經"。

（2）北敦 6082 號（北 162；芥 82），見 IDP，另見《國圖》81/367A—369A。前部如圖 17 左部所示，前缺尾全，存 88 行，行 17 字。尾題"佛説阿弥陁經"。楷書。有烏絲欄。《國圖》條記目録稱該卷爲 7—8 世紀唐寫本。

按：上揭二號皆爲《佛説阿彌陀經》殘卷。二號内容於"舍利弗極樂國／土成就如是功⊘⊘（德莊）嚴"句前後相連，中無缺字，存有綴合的可能性。二號接縫處爲失黏所致脱落，邊緣整齊，橫向烏絲欄可以對接。比較二號共有的"土""經""就""莊""微""舍""衆""且"等字，如表 5 所示，字迹似同。且二號行款格式相同（天頭地脚等高，皆有烏絲欄，滿行皆約 17 字，行距、字距、字體大小相近），書風相近（字體端莊，筆墨濃厚）。由此判定二號確可綴合，綴合後如圖 17 所示，存文起"常精進菩薩"，訖尾題，相應內容參見《大正藏》T12/346C7—348A28。

表5　伯4669號、北敦6082號字迹比較表

北敦 6082 號（前部）　　　　　　　伯 4669 號

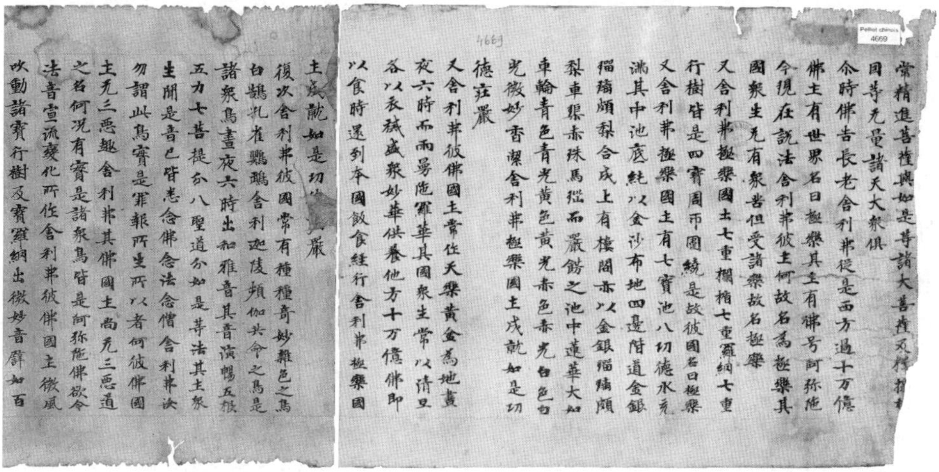

圖 17　伯 4669 號 + 北敦 6082 號（前部）綴合圖

例字 卷號	土	經	就	莊	微	舍	衆	旦
伯 4669 號	土	經	就	莊	微	舍	衆	旦
北敦 6082 號	土	經	就	莊	微	舍	衆	但

18. 北敦 6887 號 + 北敦 15852 號

（1）北敦 6887 號（北 195；羽 87），見《國圖》94/151A—152B。卷軸裝，4 紙。後部如圖 18 右部所示，前後皆殘，存 74 行（首 14 行上部殘損，末 5 行下部殘損漸增），行 17 字。有烏絲欄。有朱筆斷句。原卷無題，《劫餘錄》及《索引》《國圖》等定作《佛說阿彌陀經》。《國圖》條記目錄稱原卷紙

高 24.5 釐米，爲 8 世紀唐楷書寫本。

（2）北敦 15852 號（北簡 71483），見《國圖》145/4B。殘片。如圖 18 左部所示，存 6 行（首行僅存中上部 1 字左側殘筆，次 2 行上端殘損 1—3 字），行約 17 字。有烏絲欄。有朱筆斷句。原卷無題，《國圖》擬題"阿彌陀經"。《國圖》條記目錄稱原卷紙高 27.1 釐米，爲 7—8 世紀唐楷書寫本。

按：上揭二號皆爲《佛説阿彌陀經》殘卷，且其內容前後相承，可以綴合。綴合後如圖 18 所示，接縫處邊緣吻合，原本分屬二號的"經""弗""摩"三字皆得復合爲一，橫縱烏絲欄亦可對接。二號卷面皆有朱筆斷句。又二號行款格式相同（天頭地腳等高，皆有烏絲欄，滿行皆約 17 字，行距、字距、字體大小相近；二號紙高有出入，或與藏家修復裝裱裁剪有關），書風相近（楷書，字體端莊秀麗，筆畫老練有力），字迹似同（比較二號共有的"界""佛""眾""生""所""護""念""經"等字），可資參證。二號綴合後，

北敦 15852 號

北敦 6887 號（後部）

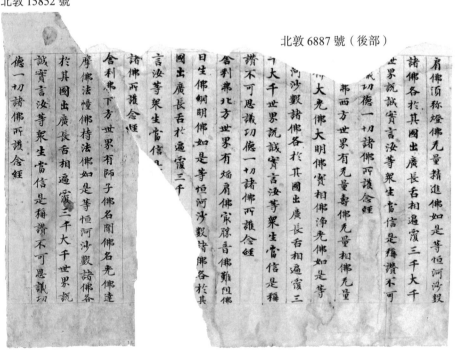

圖 18　北敦 6887 號（後部）+ 北敦 15852 號綴合圖

所存内容始"與如是等諸大菩薩"句後三字（"大"字僅存下部殘形），訖"一
切諸佛所護念經"，相應内容參見《大正藏》T12/346C8—347C15。

　　上揭二號既可綴合爲一，而《國圖》條記目録稱北敦6887號爲8世紀唐寫本，
北敦15852號爲7—8世紀唐寫本，斷代不一，宜再斟酌。

19. 俄敦 12802 號 + 俄敦 12540 號

　　（1）俄敦12802號，見《俄藏》16/171B。
殘片。如圖19下部所示，存5行，行存中部1—
8字。楷書。原卷無題，《俄藏》未定名。

　　（2）俄敦12540號，見《俄藏》16/140B。
殘片。如圖19上部所示，存4行，行存上部2—
3字。楷書。原卷無題，《俄藏》未定名。

　　按：據殘存文字推斷，上揭二號皆爲《佛説
阿彌陀經》殘片（《俄録》定名同），且内容前後
相接，可以綴合。綴合後如圖19所示，接縫處
邊緣吻合，原本分屬二號的"在""生""極"三
字皆得合成完璧。又二號行款格式相同（行距、
字距、字體大小相近），書風相近（楷書，字體
端正，筆墨濃厚），字迹似同（比較二號共有的
"國""衆""有"等字），可資參證。二號綴合後，
存文起"佛告長老舍利弗"句"利"字左側殘形，
訖"七重欄楯"句"七"字上部殘形，相應内容
參見《大正藏》T12/346C10—346C14。

俄敦 12540 號

俄敦 12802 號

圖 19　俄敦 12802 號 +
俄敦 12540 號綴合圖

20. 北敦 9197 號 + 北敦 11794 號 + 北敦 9202 號

　　（1）北敦9197號（唐18），見IDP，另見《國圖》105/145B。殘片。如
圖20右部所示，存19行（前2行殘損嚴重，僅見個別殘字；第3行上部有殘字，
下部空白；第13—15行和後3行上部有殘損），行17字。有烏絲欄。原卷無題，
《國圖》擬題"阿彌陀經"。《國圖》條記目録稱原卷紙高25釐米，爲8世紀
唐楷書寫本。

（2）北敦 11794 號（北臨 1923），見《國圖》110/77B。殘片。如圖 20 中上部所示，存 4 行，首行僅存二三字左側殘筆，後 3 行約存 5 字。有烏絲欄。原卷無題，《國圖》擬題 "阿彌陀經"。《國圖》條記目錄稱該卷爲 8 世紀唐楷書寫本。

（3）北敦 9202 號（唐 23），見 IDP，另見《國圖》105/148A。殘片。如圖 20 左部所示，存 20 行（首行上部殘損，末行左下部殘損），行 17 字。有烏絲欄。原卷無題，《國圖》擬題 "阿彌陀經"。《國圖》條記目錄稱原卷紙高 25.1 釐米，爲 7—8 世紀唐楷書寫本。

北敦 9202 號（前部）　　　　北敦 11794 號　　北敦 9197 號（後部）

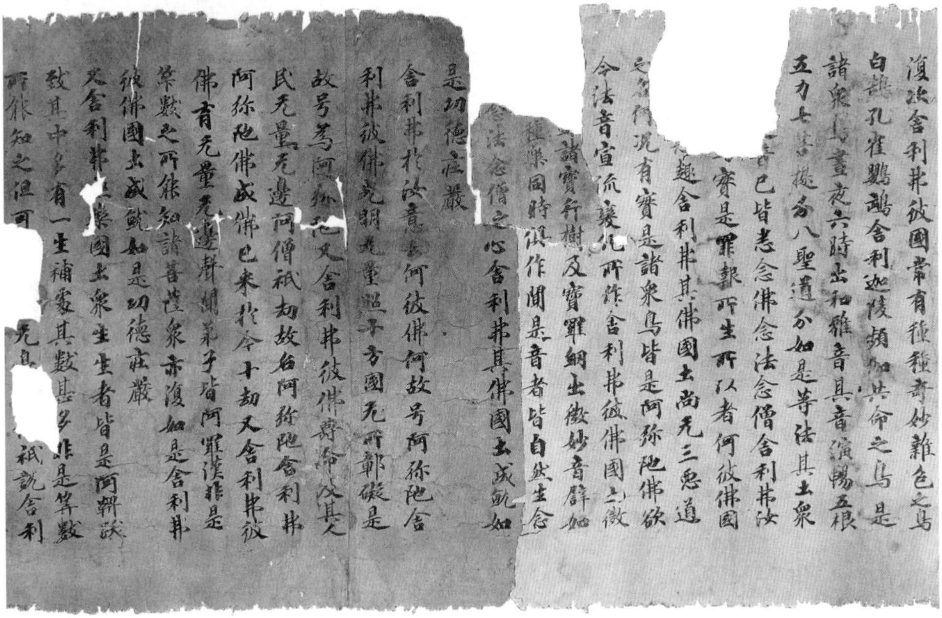

圖 20　北敦 9197 號（後部）+ 北敦 11794 號 + 北敦 9202 號（前部）綴合圖

按：據殘存文字推斷，上揭三號皆爲《佛説阿彌陀經》殘卷，且其内容前後相承，可以綴合。綴合後如圖 20 所示，北敦 9197 號與北敦 9202 號左右相接，此二號綴合後接縫處上部仍有三四行殘損，所缺正是北敦 11794 號。三號綴合後，北敦 9197 號與北敦 11794 號接縫處的 "變" "化" "俱" 三字皆得成完璧，北敦 11794 號與北敦 9202 號接縫處的 "之" 字復合爲一。又此三號行款格式相同（皆有烏絲欄，行距、字距、字體大小相近，前、後二號紙高近同，天頭地脚等高），書風字迹似同，可資參證。三號綴合後，存文起"赤色赤光"句後二殘字，訖"心不顛倒"句前三字，相應内容參見《大正藏》T12/347A5—347B14。

21. 斯 9969 號＋斯 13180 號＋北敦 7578 號

（1）斯 9969 號，見 IDP。殘片。如圖 21 右上部所示，存 10 行，行存中上部 4—12 字，前後二行殘損嚴重，其中前二行下部有一"匚"形缺口。楷書。有烏絲欄。原卷無題，IDP 未定名。

（2）斯 13180 號，見 IDP。殘片。如圖 21 中右部所示，存 2 殘行，行存 4 殘字。楷書。有烏絲欄。原卷無題，IDP 未定名。

（3）北敦 7578 號（北 175；人 78），見《國圖》97/371B—373A。前部如圖 21 左部所示，前殘尾全，存 73 行（首 10 行僅存下部小半），行約 17 字。楷書。有烏絲欄。原卷無題，《劫餘録》及《索引》《國圖》等定作《佛説阿彌陀經》。《國圖》條記目録稱該卷爲 7—8 世紀唐寫本。

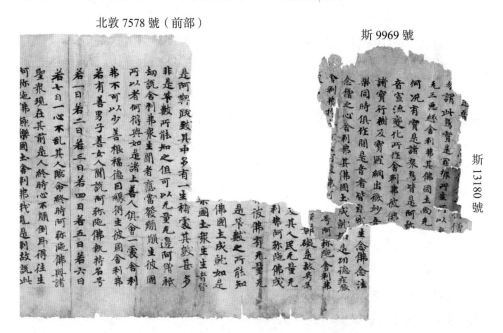

圖 21　斯 9969 號＋斯 13180 號＋北敦 7578 號（前部）綴合圖

　　按：據殘存文字推斷，前二號亦爲《佛説阿彌陀經》殘卷，且上揭三號内容前後相承，可以綴合。綴合後如圖 21 所示，斯 13180 號殘片恰可補入斯 9969 號前二行下部的"匚"形缺口處，接縫處邊緣正相吻合，原本分屬二號的"念""報""所"三字皆可拼合；斯 9969 號與北敦 7578 號上下相接，接縫處邊緣吻合，原本分屬二號的"然""就""如""鄣"四字皆得合成完璧。又此三號行款格式相同（皆有烏絲欄，行距、字距、字體大小相近），書風相近（楷體，字體端莊，筆墨濃重），字迹似同（比較三號共有的"所"和斯 9969 號、北敦 7578 號共有的"念""土""阿""弥""佛""弗""成就"等字），可資參證。三號綴合後，存文起"其土衆生聞是音已"句"是音"二字，訖"作礼而去"，相應内容參見《大正藏》T12/347A16—348A28。

22. 斯 7218 號 + 北敦 9198 號

　　（1）斯 7218 號，見《寶藏》54/543B—545A。後部如圖 22 右部所示，前後皆殘，存 64 行（前 5 行下部殘損漸少，後 3 行下部殘損漸多），行 17 字。楷書。有烏絲欄。原卷無題，《寶藏》擬題"佛説阿彌陀經"，《方録》擬題"阿彌陀經"，并定爲唐寫本。

　　（2）北敦 9198 號（唐 19），見 IDP，另見《國圖》105/146A。卷軸裝，2 紙。如圖 22 左部所示，前殘尾全，存 17 行（前 3 行上部殘損漸少），行 17 字。尾題"佛説阿弥陁經一卷"。楷書。有烏絲欄。後紙 6 行與前面部分字體不同，或係修補時拼接。《國圖》條記目録稱該卷爲 7—8 世紀唐寫本。

　　按：上揭二號皆爲《佛説阿彌陀經》殘卷，且其内容前後相承，可以綴合。綴合後如圖 22 所示，接縫處邊緣吻合，原本分屬二號的"等""皆""弗""阿"四字皆得大致復合。又二號行款格式相同（皆有烏絲欄，滿行皆約 17 字，行距、字距、字體大小相近）；前號與後號前 11 行書風相近（楷書，字體頎長、端莊秀麗），字迹似同（比較二號共有的"功""德""舍""利""弗""阿""耨""多""羅""藐"等字），可資參證。二號綴合後，存文起"微風吹動諸寶行樹"句"風吹動"三殘字，訖尾題，相應内容參見《大正藏》T12/347A21—348A29。

北敦 9198 號（前部）　　　　　　　　斯 7218 號（後部）

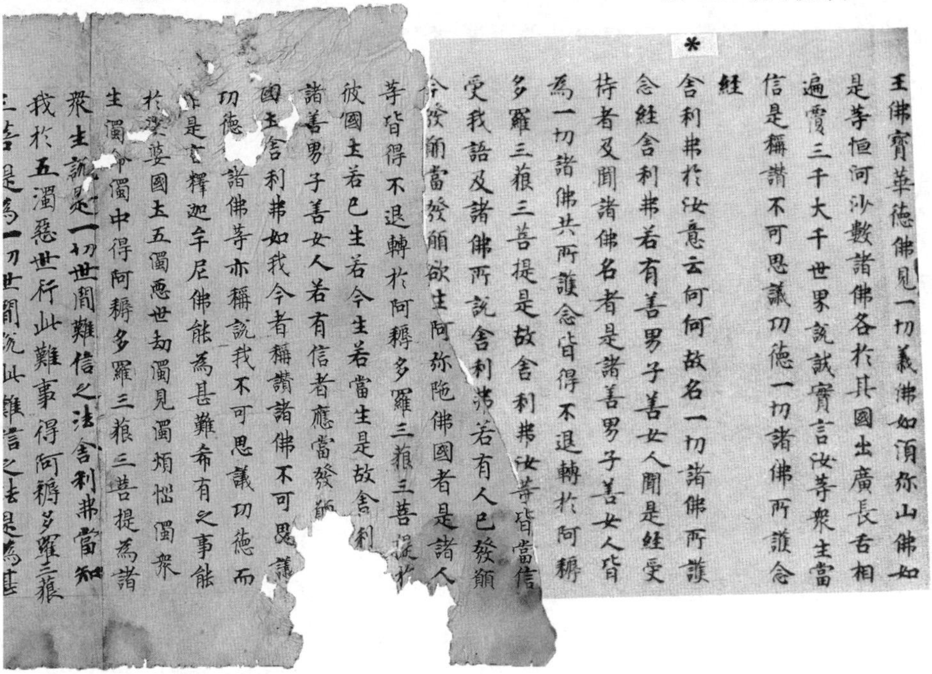

圖 22　斯 7218 號（後部）＋ 北敦 9198 號（前部）綴合圖

23. 俄敦 3259 號 + 俄敦 15462 號

（1）俄敦 3259 號，見《俄藏》10/241B。殘片。如圖 23 下部所示，存 6 行，行存下部 3—4 字。楷書。有烏絲欄。原卷無題，《俄藏》及《俄錄》擬題"佛説阿彌陀經"。

（2）俄敦 15462 號，見《俄藏》16/237B。殘片。如圖 23 左上部所示，存 3 行，存上部 2—5 字。楷書。有烏絲欄。原卷無題，《俄藏》未定名。

按：據殘存文字推斷，後號亦爲《佛説阿彌陀經》殘片（《俄錄》定名同）。

俄敦 15462 號

俄敦 3259 號

圖 23　俄敦 3259 號 + 俄敦 15462 號綴合圖

前號末行"彼佛國"三殘字與後號首行"土成就如是□□□□（功德莊嚴）"前後相連，中無缺字，存有綴合的可能性。比較二號共有的橫、豎、撇、捺、點等筆畫，橫畫輕起重收，豎畫重起輕收，橫豎筆畫皆尖鋒入筆，撇畫有力，捺畫捻管轉鋒後平筆出鋒，點畫輕入後頓筆回鋒，字迹似同。且二號行款格式相同（皆有烏絲欄，行距、字距、字體大小相近），書風相近（字體頎長，筆畫舒展）。由此判定二號確可綴合，綴合後如圖23所示，存文起"照十方國無所障礙"句末三字，訖"又舍利弗，極樂國土衆生生者"句前三字，相應內容參見《大正藏》T12/347A26—347B4。

24. 伯4942號＋斯7050號＋斯5號

（1）伯4942號，見IDP，另見《法藏》33/292B—293A。殘片。後部如圖24右部所示，前後皆殘，存32行（倒數第2行8—11字左側殘損漸增，其下殘缺，末行僅存首字右側殘畫），行17字。有烏絲欄。原卷無題，《索引》泛題"殘佛經"，《寶藏》及《法録》《索引新編》《法藏》擬題"阿彌陀經"。

（2）斯7050號，見《寶藏》54/344A—344B。殘片。如圖24中部所示，存28行（首行存下部10字，前4字右部殘損漸減；次行首字右部稍有殘損；倒數第2行存上部7字，後三字左部殘損漸增；末行僅存第2—3字右側殘筆），行17字。有烏絲欄。原卷無題，《寶藏》及《方録》定作《佛說阿彌陀經》。《方録》定爲唐寫本。

（3）斯5號（翟3739），見IDP，另見《英圖》1/34B。殘片。前部如圖24左部所示，前殘尾全，存17行（首行存下部13字，右側有殘損；次行首字缺，第2、3字右側有殘損），行17字。尾題"佛說阿弥陁經"。有烏絲欄。《英圖》條記目録稱原卷隸楷字體，爲7—8世紀唐寫本。

按：上揭三號皆爲《佛說阿彌陀經》殘卷，且其內容前後相承，可以綴合。綴合後如圖24所示，諸相鄰二號接縫處邊緣吻合，橫縱烏絲欄亦可對接。伯4942號與斯7050號左右相接，接縫處原本分屬二號的"明佛寶相""等"五字皆可拼合；斯7050號與斯5號左右相接，接縫處原本分屬二號的"語及""舍""弗""人""已""願""今"八字亦得合成完璧。又此三號行款相同（滿行皆約17字，行距、字距、字體大小相近），書風相近（字體俊秀，筆畫有力），

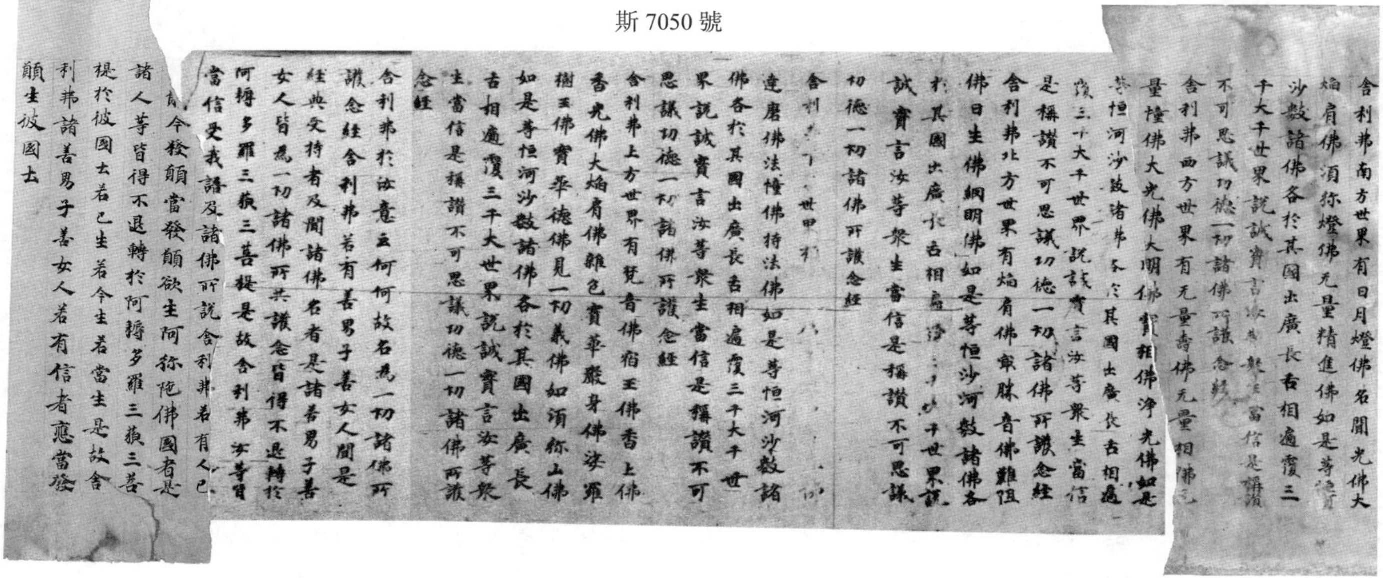

圖 24　伯 4942 號（後部）＋斯 7050 號＋斯 5 號（前部）綴合圖

字迹似同（比較三號共有的"佛""廣""不""可""思""議"等字），可資參證。三號綴合後，存文起"无量无邊阿僧祇劫"句的"邊阿"二殘字，訖尾題，相應內容參見《大正藏》T12/347A28—348A29。

又，三號字體應皆爲楷書，《英圖》條記目錄稱斯5號爲隸楷字體，判斷不確。

25. 斯 8765 號 + 北敦 14567 號

（1）斯 8765 號，見 IDP。殘片。如圖 25 右部所示，存 11 行（第 4 行所存部分空白），行存下部 1—4 字。楷書。未見豎欄，下部邊欄係刻畫欄。原卷無題，IDP 未定名。

（2）北敦 14567 號（北新 767），見《國圖》129/360B—363A。卷軸裝，4 紙。前部如圖 25 左部所示，前殘尾全，存 81 行（前 2 行中下部有殘損），行約 17 字。尾題"阿弥陁經一卷"。楷書。《國圖》條記目錄稱原卷豎欄爲折疊欄（中間有四條烏絲欄），上下邊欄係刻畫欄，爲 8 世紀唐寫本。

北敦 14567 號（前部）

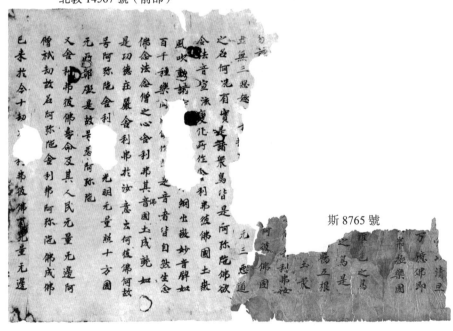

斯 8765 號

圖 25　斯 8765 號 + 北敦 14567 號（前部）綴合圖

　　按：據殘存文字推斷，前號亦爲《佛説阿彌陀經》殘片，且上揭二號内容前後相承，可以綴合。綴合後如圖 25 所示，接縫處邊緣大體吻合（綴後部分仍有缺損）。北敦 14567 號第 2 行行末 "惡" 字末筆撕裂在斯 8765 號第 11 行行末，二號拼合，"惡" 字可得復合爲一。斯 8765 號第 9 行行末 "▢（舍）利弗，汝" 與北敦 14567 號第 1 行行首 "勿謂" 相連成句，斯 8765 號第 10 行行末 "彼佛國" 與北敦 14567 號第 2 行行首 "土無三惡趣" 相連成句。又二號行款格式相同（地脚等高，下邊欄皆爲刻畫欄，行距、字體大小相近；字距不一，故行末字皆錯落不齊），書風似同（字體拙劣，似初學者），字迹似同（比較二號共有的 "舍""利""弗""佛""國""極""樂" 等字），可資參證。二號綴合後，存文起 "▢▢（常以）清旦"，訖尾題，相應内容參見《大正藏》T12/347A9—348A29。

26. 伯 4841 號 + 北敦 4367 號

　　（1）伯 4841 號，見 IDP，另見《法藏》33/213B。殘片。如圖 26 右部所示，存 10 行（首行僅存行末 2 字左側殘畫，第 2—4 行、第 8—9 行上部有殘損，末行僅存行末 1 字右側殘形），行約 18 字。楷書。有烏絲欄。原卷無題，《索引》泛題 "殘佛經"，《寶藏》及《索引新編》《法藏》擬題 "佛説阿彌陀經"，《法録》擬題 "阿彌陀經"。

　　（2）北敦 4367 號（北 179；出 67），見《國圖》59/43A—44B。卷軸裝，3 紙。前部如圖 26 所示，前殘尾全，存 56 行，行約 18 字（首行僅存中部 8 字，第 2—5 行上部小半殘損）。尾題 "阿弥陁經"。楷書。有烏絲欄。《國圖》條記目録稱該卷爲 8 世紀唐寫本。

　　按：上揭二號皆爲《佛説阿彌陀經》殘卷，且其内容前後相承，可以綴合。綴合後如圖 26 所示，接縫處邊緣吻合，原本分屬二片的 "佛""應" 二字皆得成完璧。又二號行款格式相同（天頭地脚等高，皆有烏絲欄，滿行皆約 18 字，行距、字距、字體大小相近），書風相近（楷書，字體端正，筆墨濃重），字迹似同（比較二號共有的 "阿""弥""陁""佛""舍""利""弗""國""是" 等字），可資參證。二號綴合後，存文起 "但可以无量无邊阿僧祇劫説" 句末四殘字，訖尾題，相應内容參見《大正藏》T12/347B6—348A29。

北敦 4367 號（前部）　　　　　　　　　　　伯 4841 號

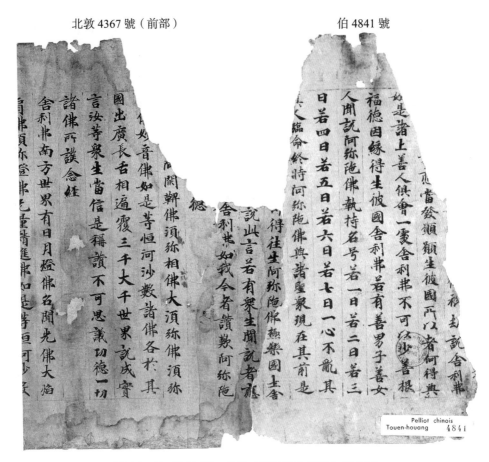

圖 26　伯 4841 號 + 北敦 4367 號（前部）綴合圖

27. 俄敦 2734 號 + 北敦 3083 號

（1）俄敦 2734 號，見《俄藏》10/18A。殘片。如圖 27 右部所示，前後皆殘，存 15 行（首行僅存左側殘畫，末行上端約缺二字、其下所存八字左側有殘損），行約 17 字。楷書。原卷無題，《孟録》考定爲《阿彌陀經》，《俄藏》及《俄録》擬題 "佛説阿彌陀經"。《孟録》稱該卷爲 7—8 世紀寫本，

（2）北敦 3083 號（北 181；雲 83），見 IDP，另見《國圖》42/92B—93B。卷軸裝，3 紙。前部如圖 27 所示，前殘尾全，存 47 行（前 4 行上部有殘損），行約 17 字。尾題 "佛説阿弥陁經"。楷書。《國圖》條記目録稱該卷爲 9—10 世紀歸義軍時期寫本。

按：上揭二號皆爲《佛説阿彌陀經》殘卷，且其内容前後相承，可以綴合。綴合後如圖 27 所示，接縫處邊緣吻合，原本分屬二號的"量"字復合爲一；俄敦 2734 號第 14 行"各於其國"與北敦 3083 號第 3 行"出廣長舌相"相連成句；俄敦 2734 號第 15 行與北敦 3083 號第 4 行左右相接，原本分屬二號的"千世界説誠實言汝"八字皆得成完璧。又二號行款格式相同（皆無欄綫，滿行皆約 17 字，行距、字距、字體大小相近），書風相近（楷書，字體端正，筆墨濃重），字迹似同（比較二號共有的"衆""是""等""於""汝"等字），可資參證。二號綴合後，存文起"與諸聖衆現在其前"句後七字，訖尾題，相應内容參見《大正藏》T12/347B13—348A29。

北敦 3083 號（前部）

俄敦 2734 號

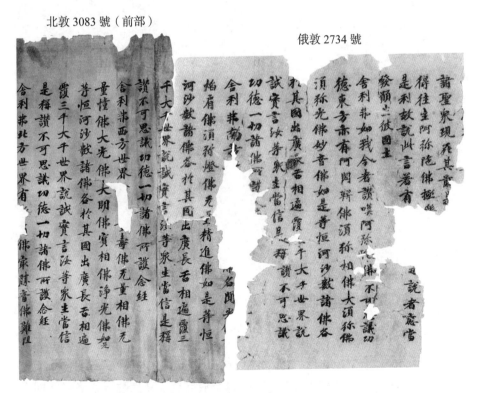

圖 27　俄敦 2734 號 + 北敦 3083 號（前部）綴合圖

上揭二號既可綴合爲一，而《孟録》稱俄敦 2734 號爲 7—8 世紀唐寫本，《國圖》條記目録稱北敦 3083 號爲 9—10 世紀歸義軍時期寫本，斷代不一，宜再斟酌。

28. 北敦 9565 號 + 北敦 10061 號

（1）北敦 9565 號（殷 86），見 IDP，另見《國圖》106/95A。殘片。如圖 28 上部所示，存 23 行，行存上部 9—15 字。楷書。有烏絲欄。原卷無題，《國圖》擬題"阿彌陀經"。《國圖》條記目錄稱該卷爲 7—8 世紀唐寫本。

（2）北敦 10061 號（北臨 190），見《國圖》107/102B。殘片。如圖 28 下部所示，存 14 行，行存下部 2—6 字。楷書。有烏絲欄。原卷無題，《國圖》擬題"阿彌陀經"。《國圖》條記目錄稱該卷爲 7—8 世紀唐寫本。

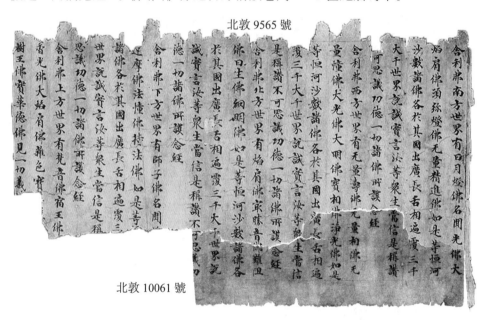

圖 28　北敦 9565 號 + 北敦 10061 號綴合圖

按：上揭二號皆爲《佛説阿彌陀經》殘卷，且其内容上下相接，可以綴合。綴合後如圖 28 所示，接縫處邊緣吻合，原本分屬二號的"等""覆""念""佛""廣""衆""佛""諸""可"九字皆得合成完璧。又二號行款格式相同（皆有烏絲欄，行距、字距、字體大小相近），書風相近（楷書，字體端正，筆墨濃重），字迹似同（比較二號共有的"生""世""界""舌""相""佛"等字），可資參證。二號綴合後，存文起"舍利弗南方世界有日月燈佛"，訖"見一切義☒（佛）"，相應内容參見《大正藏》T12/347B24—348A2。

29. 斯 10067 號 + 北敦 4204 號

（1）斯 10067 號，見 IDP。殘片。如圖 29 右下部所示，存 8 行，行存下部 2—7 字。楷書。有烏絲欄。原卷無題，IDP 未定名。

（2）北敦 4204 號（北 184；玉 4），見《國圖》57/7B—8B。卷軸裝，3 紙。前部如圖 29 左上部所示，存 44 行（首行僅存行端首字左側殘畫，第 2—6 行下部有殘損），行 17 字。楷書。有烏絲欄。原卷無題，《劫餘録》及《索引》《國圖》等定作《佛説阿彌陀經》。《國圖》條記目録稱該卷爲 8 世紀唐寫本。

按：據殘存文字推斷，前號亦爲《佛説阿彌陀經》殘片。據完整文本推算，前號滿行亦約 17 字。上揭二號内容上下相接，可以綴合。綴合後如圖 29 所示，接縫處邊緣吻合，原本分屬二號

北敦 4204 號（前部）

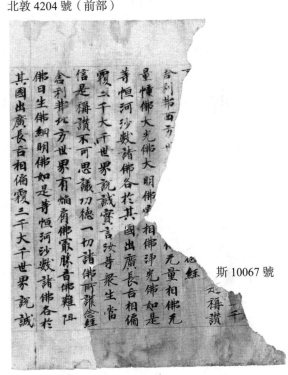

圖 29　斯 10067 號 + 北敦 4204 號（前部）
綴合圖

的 "國" "言" "佛" 三字皆可拼合，横縱烏絲欄亦可對接。又二號行款格式相同（地脚等高，皆有烏絲欄，行距、字距、字體大小相近），書風相近（楷書，字體俊秀，筆畫有力），字迹似同（比較二號共有的 "佛" "衆" "生" "護" "念" 等字），可資參證。二號綴合後，存文起 "遍覆三千大千世界" 句的 "三千" 二殘字，訖 "作礼而去"，相應内容參見《大正藏》T12/347B27—348A28。

30. 北敦 11060 號…北敦 10062B 號…北敦 10062A 號…北敦 10062F 號+北敦 10062C 號…北敦 10062E 號+北敦 10062D 號

（1）北敦 11060 號（北臨 1189），見《國圖》108/310B。殘片。如圖 30 右部所示，存 5 行，行存上部 4—9 字（末行僅存右側殘筆）。原卷無題，《國圖》擬題 "阿彌陀經"。《國圖》條記目録稱該卷爲 9—10 世紀歸義軍時期楷書寫本。

（2）北敦 10062B 號（北臨 191），見《國圖》107/103B。殘片。如圖 30 中右部所示，存 5 行，行約 18 字。

北敦 10062A 號（北臨 191），見《國圖》107/103A。殘片。如圖 30 中部所示，存 6 行，行約 17 字。

北敦 10062F 號（北臨 191），見《國圖》107/105B。殘片。如圖 30 中左部上部所示，存 3 行，行存上部 5 字。

北敦 10062C 號（北臨 191），見《國圖》107/104A。殘片。如圖 30 中左部下部所示，存 5 行（最后一行有殘筆），行存下部 8—12 字。

北敦 10062E 號（北臨 191），見《國圖》107/105A。殘片。如圖 30 左上側所示，存 5 行（第一行有殘筆），行存上部 2—6 字。

北敦 10062D 號（北臨 191），見《國圖》107/104B。殘片。如圖 30 左下側所示，存 4 行（末行所存部分空白），行存下部 0—13 字。

上揭北敦 10062 號 A—F 各片原卷均無題，《國圖》一併擬題爲 "阿彌陀經"，《國圖》條記目録已指出此六片原屬同卷，爲 7—8 世紀唐楷書寫本；但各片未按經文順序排列，多有錯亂。

按：（1）（2）皆爲《佛説阿彌陀經》殘片。《國圖》條記目録謂北敦 10062 號六片原爲同卷，甚是。據經本，其先後順序爲北敦 10062B 號…北敦 10062A 號…北敦 10062F 號＋北敦 10062C 號…北敦 10062E 號＋北敦 10062D 號。其中北敦 10062F 號與北敦 10062C 號、北敦 10062E 號與北敦 10062D 號可分別上下拼接，綴合後如圖 30 左部所示，接縫處邊緣吻合，原本分屬上下二片的 "迦""土" 和 "經""等" 四字皆得復合爲一。而其他殘片間仍多有殘缺，據完整文本推算，北敦 10062B 號與北敦 10062A 號之間約缺 1 行，北敦 10062A 號與北敦 10062F 號＋北敦 10062C 號之間約缺 1 行，北敦 10062F 號＋北敦 10062C 號與北敦 10062E 號＋北敦 10062D 號之間約缺 2 行。又北敦 11060 號與北敦 10062B 號内容前後相近，且北敦 11060 號與北敦 10062 號各片行款格式相同（天頭等高，行距、字距、字體大小相近），書風相近（楷書，字體方正，筆墨濃厚），字迹似同（比較二者共有的"舍""利""弗""議""功""德""等"等字，如表 6 所示），由此判定二者可以綴合。但北敦 11060 號與北敦 10062B 號之間也不能直接綴合，據完整文本推算，二者之間約缺 2 行。（1）（2）綴合後如圖 30 所示，存文起"佛各於其國出廣長舌相"句前五殘字，訖"作礼而去"，相應内容參見《大正藏》T12/347C13—348A28。

又北敦 11060 號與北敦 10062 號各片既原屬同一寫本，則應寫於同一時期，而《國圖》條記目録稱北敦 11060 號爲 9—10 世紀歸義軍時期寫本，北敦 10062 號各片爲 7—8 世紀唐寫本，斷代不一，宜再斟酌。

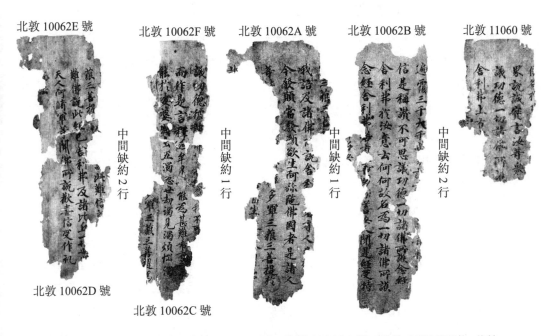

北敦 10062E 號　　北敦 10062F 號　　北敦 10062A 號　　北敦 10062B 號　　北敦 11060 號

北敦 10062D 號　　北敦 10062C 號

圖 30　北敦 11060 號…北敦 10062B 號…北敦 10062A 號…北敦 10062F 號＋北敦 10062C 號…北敦 10062E 號＋北敦 10062D 號綴合圖

表6　北敦 11060 號、北敦 10062 號字迹比較表

例字 卷號	舍	利	弗	議	功	德	等
北敦 11060 號	舍	利	弗	議	功	德	等
北敦 10062 號	舍	利	弗	議	功	德	等

31. 北敦 11582 號＋北敦 9206 號＋北敦 11064 號

（1）北敦 11582 號（北臨 1711），見《國圖》109/283B。卷軸裝殘片。正背面抄，背面抄殘書狀 5 行；正面爲本篇，如圖 31 右下部所示，存 12 行，行存中下部 3—8 字。有烏絲欄。原卷無題，《國圖》擬題“阿彌陀經”。《國圖》條記目録稱該卷爲 8—9 世紀吐蕃統治時期楷書寫本。

（2）北敦 9206 號（唐 27），見《國圖》105/150A-B。卷軸裝。前後皆殘，如圖 31 上部所示，存 28 行（第 18 行爲空行），行存上部 8—13 字。有烏絲欄。中題“佛説阿弥陁經呪”，末題“佛説阿弥陁經一卷”。《國圖》條記目録定作 7—8 世紀唐楷書寫本。

（3）北敦 11064 號（北臨 1193），見《國圖》108/313A。殘片。如圖 31 左下部所示，存 11 行（第 9、10 兩行空白），行存下部 0—6 字。有烏絲欄。原卷無題，《國圖》擬題“阿彌陀經”。《國圖》條記目録稱該卷爲 8—9 世紀吐蕃統治時期楷書寫本。

按：北敦 9206 號含兩部分，前一部分爲經文，17 行；空一行後接抄“佛説阿弥陁經呪”，共 9 行，呪語後另行題“佛説阿弥陁經一卷”，可見呪語應爲經文的一部分。《國圖》把此號分爲《阿彌陀經》《阿彌陀經佛説呪》兩種文獻，恐怕不妥。北敦 11064 號其實也包括兩部分，前 8 行爲經文，最後 1 行爲呪語，《國圖》一併擬題作“阿彌陀經”，甚是。上揭三號正面部分皆爲《佛説阿彌陀經》殘片，且前後相承，可以綴合。綴合後如圖 31 所示，北敦 11582 號上接於北敦 9206 號右下部，北敦 11064 號上接於北敦 9206 號中下部，諸相鄰二號接縫處邊緣吻合，縱向烏絲欄亦可對接。前二號接縫處原本分屬二號的

圖 31　北敦 11582 號＋北敦 9206 號＋北敦 11064 號綴合圖

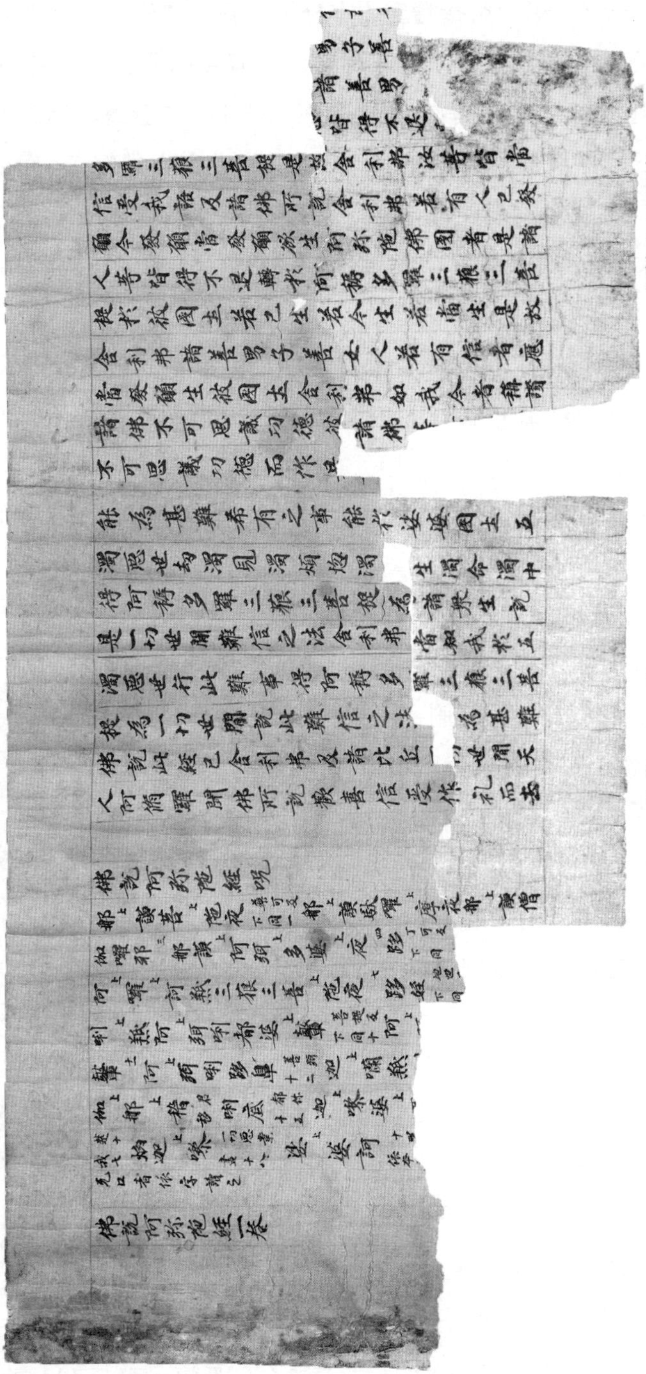

"故""説""阿"三字，後二號接縫處原本分屬二號的"於""羅""作""夜"四字，皆得合成完璧。又三號行款格式相同（皆有烏絲欄，滿行皆約17字，行距、字距、字體大小相近，北敦11582號與北敦11064號地脚等高），書風字迹似同（比較三號共有的"我""生""三""藐""菩"等字），可資參證。三號綴合後，存文起"若有善男子善女人"句"男子善"三殘字，訖尾題，相應内容參見《大正藏》T12/348A8—348A28、T12/352A20—352B3（後者爲咒語部分）。

又，上揭三號既原屬同卷，而《國圖》條記目録稱北敦9206號爲7—8世紀唐寫本，北敦11064號和北敦11582號爲8—9世紀吐蕃統治時期寫本，斷代不一，宜再斟酌。

32. 俄敦4961A號···俄敦5904號+俄敦4961B號+俄敦5723號

（1）俄敦4961號，見《俄藏》11/370A。此號含左右二片，《俄藏》圖版已並置。按經文順序，左側一片在前，今編爲俄敦4961A號，右側一片在後，今編爲俄敦4961B號，《俄藏》圖版排列順序不妥。A片如圖32右上部所示，存6行，行存上部15—17字；B片如圖32左上部所示，存5行，行存上部8—15字，尾題"佛説阿彌陁經一卷"。楷書。有烏絲欄。

（2）俄敦5904號，見《俄藏》12/272B。殘片。如圖32右下部所示，存6行，行存下部3—5字。楷書。有烏絲欄。原卷無題，《俄藏》未定名。

（3）俄藏5723號，見《俄藏》12/228A。殘片。如圖32左下部所示，存5行（其中後2行空白），行存下

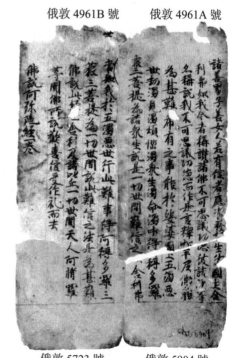

俄敦4961B號　　俄敦4961A號

俄敦5723號　　　俄敦5904號

圖32　俄敦4961A號···俄敦5904號+俄敦4961B號+俄敦5723號綴合圖

部 3—5 字。楷書。有烏絲欄。原卷無題，《俄藏》未定名。

按：據尾題和殘存文字推斷，上揭四片皆爲《佛説阿彌陀經》殘片（《俄録》定名同）。據完整文本推算，滿行皆約 20 字。此四片内容前後相承，可以綴合。綴合後如圖 32 所示，俄敦 4961A 號與俄敦 5904 號上下相接，但不直接相連，中間仍約缺半個到一個字；俄敦 4961B 號與俄敦 5723 號上下相接，接縫處邊緣吻合，原本分屬二號的“耨”“是”“人”三字皆得成完璧。又此四片行款格式相同（俄敦 4961A 號與俄敦 4961B 號天頭等高，俄敦 5904 號與俄敦 5723 號地脚等高，皆有烏絲欄，滿行皆約 20 字，行距、字距、字體大小相近），書風相近（楷書，字體拙劣，似初學者），字迹似同（比較四片間交互出現的“舍”“利”“弗”“生”“阿”“多”“三”等字），可資參證。四片綴合後，存文起“諸善男子、善女人若有信者”句，訖尾題，相應内容參見《大正藏》T12/348A16—348A29。

卷號簡目

根據對已刊布文獻的普查以及上述綴合成果，梳理出敦煌《佛説阿彌陀經》寫本 310 號。卷號如下：

北敦 14123 號°、北敦 15070 號°、北敦 1675（1）號°、北敦 1898 號°、北敦 224 號°、北敦 2360 號°、北敦 2741 號°、北敦 3346 號°、北敦 3460（3）號°、北敦 3598 號°、北敦 4752（1）號°、北敦 5191 號°、北敦 5340 號°、北敦 6820 號°、北敦 8258 號°、北敦 9205 號＋斯 727 號°、伯 2226-2 號°、伯 2272 號°、伯 3915-5 號°、津藝 121°、首博 32·535 號°、斯 1283 號°、斯 2434 號°、斯 3350 號°、斯 8768 號＊＋斯 3027 號°、羽 655-1 號°、北敦 6055 號°、津藝 20 號°、斯 2107 號°、斯 4930 號°、斯 6367-4 號°、伯 2066-3 號°、斯 6839 號、北敦 2152 號、北敦 5604 號＋北敦 1478 號、北敦 2571 號、北敦 14822 號＋北敦 8663 號、斯 1706 號、斯 6282 號＋斯 10216 號＊、斯 7368 號＋斯 9980 號、俄敦 2261 號、北敦 9153（2）號、北敦 2372 號、斯 74 號＋斯 9547 號、北敦 11361 號、俄敦 4562 號＊＋俄敦 6648 號＊、俄敦 765 號、俄敦 2732-2 號、斯 12284 號＊＋斯 12123 號＊、成賢齋 14 號、俄敦

4607 號 *＋北敦 5457 號、斯 4801 號、北大敦 D72 號、斯 5150 號、斯 3073 號、北敦 7503 號＋斯 12359 號 *、北大敦 D70 號、北敦 15612 號＋北敦 11448 號、北敦 10909 號、斯 10225 號 *、北敦 12228 號、北敦 7816 號、斯 2638 號、斯 8324A 號＋斯 3542 號、北敦 7784 號、北敦 7852 號、斯 12261 號 *、俄敦 2899 號、斯 5131 號、斯 1023-1 號、北敦 5954 號、北敦 7742 號、斯 4182-1 號、俄敦 12802 號 *＋俄敦 12540 號 *、北敦 7880（1）號、斯 7151 號、北敦 10534 號、北敦 4319 號、北敦 9203 號、斯 5211 號、北敦 6048（1）號、甘博 68 號、俄敦 89 號、上圖 14 號、俄敦 10308 號 *、北敦 5927（1）號、啟功 31-2 號、北敦 2476 號、斯 9722、斯 3837 號、斯 363-1 號、俄敦 878 號、北敦 2515 號、北敦 11590 號、北敦 15913 號＋<u>北敦 15904 號＋北敦 15887 號</u>、北敦 9200 號、俄敦 9766 號 *、北敦 10729 號、俄敦 3372 號、北敦 2271 號、北敦 5036 號＋北敦 509 號、北敦 6637 號、斯 4259 號、羽 190 號、北敦 6157（1）號、北敦 11586 號、北敦 3876 號、俄敦 12580 號 *、俄敦 5054 號 *、北敦 2363 號、北敦 915 號、俄敦 6086 號 *＋北敦 2196 號、北敦 6019（1）號、北敦 2824 號、伯 4669 號＋北敦 6082 號、北敦 7071（1）號、北敦 6887 號＋北敦 15852 號、北敦 15584 號、北敦 4451 號、斯 3388 號、俄敦 2740 號、俄敦 10310 號 *＋俄敦 10311 號 *、北敦 10542 號、北敦 5735 號、上圖 180 號、北大敦 D73 號、北敦 5570（1）號、北敦 4059 號、北敦 9204 號、俄敦 4884 號 *、北敦 6428 號、俄弗 104 號、斯 117 號、斯 3940 號、斯 9969 號＋斯 13180 號 *＋北敦 7578 號、俄敦 11102 號 *、北敦 2815 號、斯 2424 號、北敦 9199 號、北敦 10518 號、俄敦 18493 號 *、北敦 8299 號、北敦 5821（1）號、斯 7218 號＋北敦 9198 號、斯 8766 號、斯 7054 號、北敦 6010（1）號、俄敦 4258 號 *、北敦 15258（1）號、北敦 7707 號、北敦 9201 號、俄敦 3259 號 *＋俄敦 15462 號 *、俄敦 542 號＋俄敦 656 號、俄敦 4837 號 *、伯 4942 號＋斯 7050 號＋斯 5 號、斯 181 號、斯 2386 號、北敦 6923 號、俄敦 5072 號 *、北敦 9197 號＋北敦 11794 號＋北敦 9202 號、俄敦 2716 號、伯 4602 號、斯 7404 號、北敦 6035 號、北敦 6476（1）號、斯 9736 號、北敦 3126 號、斯 951 號、北敦 2406 號、北敦 2644 號、斯 8765 號＋北敦 14567 號、斯 7439 號、斯 9701 號、北敦 5530 號、

斯 4161 號、北敦 15136 號、俄敦 6201 號 *、北敦 1897 號、北敦 8412 號、俄
敦 2734 號 + 北敦 3083 號、斯 3923 號、北大敦 D71 號、津圖 10 號、臺圖 6 號、
俄敦 3626 號 *、俄敦 16173 號 *、俄敦 5569 號 *、俄敦 5430 號 *、北敦 9565 號 +
北敦 10061 號、上圖 147 號、斯 10067 號 *+ 北敦 4204 號、北敦 7647 號、北
敦 15954 號、北敦 15781 號、北敦 11592 號、北敦 2594 號、北敦 14178（1）
號、斯 5411 號、斯 8767 號、俄敦 15220 號 *、伯 4841 號 + 北敦 4367 號、斯
5337 號、北敦 5105 號、北大敦 D74-1 號、俄敦 10309 號 *、北敦 7062 號、
斯 8312 號、俄敦 7440 號 *、俄敦 4943 號 *、北敦 11060 號…<u>北敦 10062B
號…北敦 10062A 號…北敦 10062F 號＋北敦 10062C 號…北敦 10062E 號＋北
敦 10062D 號</u>、北敦 5363 號、北敦 8170 號、俄敦 289 號、俄敦 16629 號 *、
北敦 2488 號、北敦 5664 號、北敦 6040 號、斯 1455 號、北敦 11426A 號 + 北
敦 11593 號…北敦 11426B 號 + 北敦 11591 號、北敦 11427 號 B、北敦 5740
號、津藝 49 號、俄敦 6550 號 *、俄敦 2359 號、北敦 5961 號、<u>俄敦 4961A
號 *…俄敦 5904 號 *+ 俄敦 4961B 號 *</u>+ 俄敦 5723 號 *、北敦 11802 號、俄
敦 2554-1 號、俄敦 11142 號 *、斯 12405 號 *、斯 317 號、北敦 9998 號、斯
10417 號 *、斯 1910 號、俄敦 6194 號 *、俄敦 437 號、俄敦 8443 號 *、北敦
9305 號、俄敦 3170 號、北敦 1659 號、斯 5024 號、斯 1708 號、北敦 11582 號 +
北敦 9206 號 + 北敦 11064 號、俄敦 7257 號 *、羽 232 號、北敦 7046 號、斯
2112 號、斯 2171 號、斯 2175 號、斯 4075 號、俄敦 2554-2 號、北敦 10640 號、
北敦 6125 號、斯 8449 號、伯 2575-6 號背、英藏碎片 104 號、北敦 8811-2 號、
北敦 13205 號、北敦 12977 號、斯 10934 號 *、斯 11702 號 *；

　　另有未見《佛説阿彌陀經》5 號　故宮博物院藏 1 件、日本龍谷大學藏 1 件、
二樂叢書收 1 件、唐招提寺藏 1 件、大谷家藏 1 件。

　　此外，有敦煌《稱讚浄土佛攝受經》寫本 6 號　北敦 15371 號、北敦 1657 號、
臺圖 7 號、斯 443 號、北敦 15727 號、津圖 61。其中，北敦 15371 號首尾完整，
其餘 4 號均有殘損，方廣錩將其中 2 號綴合爲 1 組，即北敦 1657 號 + 臺圖 7①。

---

① 季羨林主編《敦煌學大辭典》，上海辭書出版社，1998 年，第 660 頁。

八、大方等大集經

　　《大方等大集經》，簡稱《大集經》，北涼曇無讖等譯。本經是大乘佛教大集部經典的匯編，以闡釋大乘六波羅蜜法和諸法性空爲主要內容，同時含有濃厚的密教色彩。全經有十七分，第一至第十一分共二十六卷、第十三分共三卷由北涼曇無讖譯，第十二分共四卷由南朝宋智嚴、寶雲譯，第十四分至十六分共二十五卷由隋那連提耶舍譯，第十七分共二卷由東漢安世高譯，合計六十卷，係隋沙門僧就匯編而成。

　　經普查，業已刊布的敦煌文獻中共有《大集經》209 號，包括：國圖藏46 號，英藏 61 號，法藏 10 號，俄藏 74 號，散藏 18 號。這些寫本，大多與通行的六十卷本相符，但每卷的起合并不完全相同。另外還包括若干早期別出單行的本子（下文標舉時用“異本”括注）。其中某一卷首尾完整者僅 5 號（津藝 141 號，卷四；甘博 10 號，卷六；臺圖 13 號，卷一二；北敦 14925號，卷二六，異本；津藝 76 號，卷二七，異本），其餘 204 號皆有不同程度的殘損，其中不乏本爲同一寫卷而被撕裂爲數號者。前賢業已做過少量的綴合，如《國圖》條記目錄指出北敦 15681 號＋北敦 15682 號、北敦 14825CF 號＋北敦 14825BH 號的綴合，《法藏》伯 2499 號＋伯 4058 號背 1 的綴合、《俄藏》“俄敦 6369A 號、俄敦 6386 號”的綴合。

　　在前賢綴合的基礎上，我們爲敦煌本《大方等大集經》補綴 2 組，新綴 11 組，共計將 38 號殘卷綴合爲 13 組（其中俄敦 15327 號＋俄敦 15362 號＋俄敦15227 號＋俄敦 12852 號、俄敦 10823A 號＋俄敦 10823B 號 2 組綴合的討論已見於本書上編，這裏不再列入），初稿曾以《敦煌本〈大方等大集經〉殘卷綴合研究》爲題，發表在《浙江大學學報》2016 年第 5 期。①稍後張炎在復旦大學出土文獻與古文字研究中心網站發表《敦煌本〈大集經〉殘卷綴合研究》一文（2016 年 9 月），新綴 8 組 18 號，目録如下：北敦 11437 號＋斯 10711號…北敦 9856 號＋俄敦 10210 號、斯 10705 號…俄敦 3908 號、北敦 10550 號＋伯 2866 號、敦研 51 號＋敦研 24 號、北敦 14840EA 號＋石谷風 17 號、北敦7438 號＋中村 54 號、北敦 11216 號…伯 2108 號、北敦 9400 號…斯 1261 號。

1. 北敦 9617 號…北敦 10846 號…北敦 6812 號＋北敦 14825CF 號＋北敦 14825BH 號

（1）北敦 9617 號（湯 38），見 IDP，另見《國圖》106/133B。殘片。如圖 1-1右部所示，存 10 行（首行上部殘損，末行僅存首字右側殘形），行 17 字。原卷無題，《國圖》擬題"大方等大集經卷三"，條記目録斷作 5 世紀南北朝時期隸書寫本。

（2）北敦 10846 號（北臨 975），見《國圖》108/182A。卷軸裝，2 紙。如圖 1-1 中部所示，前後皆殘，存 11 行（前紙 6 行，後紙 5 行；首行下部右側略殘，後 3 行下部有殘損），行 17 字。原卷無題，《國圖》擬題"大方等大集經卷三"，條記目録斷作 5—6 世紀南北朝時期隸書寫本。

（3）北敦 6812 號（北 8504；羽 12），見《國圖》93/253A—253B。卷軸裝，3 紙。前部如圖 1-1 左部所示，後部如圖 1-2 右部所示，前後皆殘，存32 行（前紙 3 行，中紙 23 行，後紙 6 行；首行上下部、次 2 行下部、倒數第 2—8 行上部有殘損，末行僅存下部 1 字右側殘筆），行 17 字。原卷無題，《國圖》擬題"大方等大集經卷三"，條記目録斷作 5—6 世紀南北朝時期隸楷寫本。

（4）北敦 14825CF 號（北新 1025），見《國圖》134/133B。殘片。如圖 1-2中部所示，存 7 行（首行僅存中上部 5 殘字，次 3 行下部殘缺，第 5 行倒數

---

① 各家館藏敦煌文獻，多有未定名殘片，我們的學術團隊在 2011—2012 年全面普查時曾做過系統的比定，其中包括俄藏《大方等大集經》未定名殘卷的定名，此文也吸收了這次集體定名的成果。其中部分定名後來出版的《俄録》略同，可以互勘。凡此文已先於《俄録》作出正確定名的，本文必要時括注"《俄録》定名同"，讀者可自行參看。

北敦 6812 號（前部）　　　　　　北敦 10846 號　　　　　　北敦 9617 號

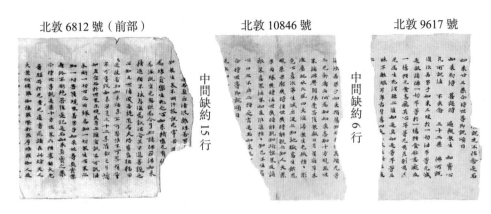

圖 1-1　北敦 9617 號…北敦 10846 號…北敦 6812 號（前部）綴合示意圖

北敦 14825BH 號（前部）　　　　北敦 14825CF 號　　　北敦 6812 號（後部）

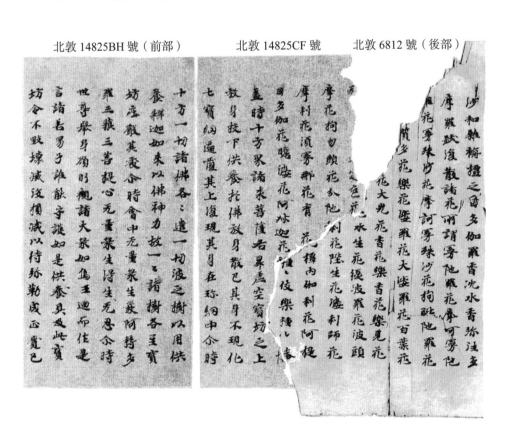

圖 1-2　北敦 6812 號（後部）＋ 北敦 14825CF 號 ＋ 北敦 14825BH 號（前部）綴合圖

第3字右側略有殘損），行17字。原卷無題，《國圖》擬題"大方等大集經卷三"，條記目録斷作6世紀南北朝時期隸書寫本，後部可與北敦14825BH號綴合。

（5）北敦14825BH號（北新1025），見《國圖》134/126B—127A。3殘片，内容先後相承，凡16行（前2片皆7行，後1片2行；後3行下部有殘損），行17字。第1片如圖1—2左部所示。原卷無題，《國圖》擬題"大方等大集經（聖本）卷三"。其中第4—5行"尒時世尊舉身顧眄觀諸大衆"以下《大正藏》歸屬卷四，但正倉院聖語藏本與底卷同，故《國圖》在擬題後括注"聖本"二字。《國圖》條記目録斷作5—6世紀南北朝時期隸楷寫本，并稱前部可與北敦14825CF號綴合。

按：據殘存文字推斷，上揭五號應皆爲《大集經》卷三之殘片，且其内容相近或相接，比較五號共有的"十""尒""菩""時"等字，字迹似同，行款格式相同（字體大小相似，字間距及行間距皆相近，行皆17字），書風相似（皆楷書，字體娟秀，筆墨粗重），當爲同一寫卷之撕裂，可以綴合。綴合後如圖1—1、圖1—2所示。據北敦6812號及各號每行完整字數，可知原卷每紙23行，行17字，據此推算并參考《大正藏》本經文，北敦9617號與北敦10846號、北敦10846號與北敦6812號均不能直接綴合，其間應分别缺6行、15行經文（北敦10846號後紙5行，北敦6812號前紙3行，加上缺失的15行正好合於原卷每紙23行之數）；北敦6812號與北敦14825CF號、北敦14825CF號與北敦14825BH號皆左右相接，可以直接綴合，接縫處邊緣吻合，綴合後原本分屬北敦6812號與北敦14825CF號二號的"花""利""花""種""幡""坊"6字得以合成完璧，北敦14825CF號末行行末"尒時"2字與北敦14825BH號首行行首"十方一切諸佛"6字相連爲句，中無缺字。後一號3殘片的前15行係同一紙之撕裂（後一片二行間有接縫綫，可知末行屬於下一紙），加上北敦6812號後紙與北敦14825CF號綴合的8行，亦正合於原卷每紙23行之數。五號綴合後，所存内容始"□□□（凡所演）説先不作念"句，至"□□（置何）器中▨▨□□□□□□（而守護之令不毁壞）"句止，相應文字參見《大正藏》T13/20A23—22B17。

又上揭五號既可綴合爲一，而《國圖》條記目録稱北敦9617號爲5世紀南北朝時期隸書寫本，北敦 10846 號爲 5—6 世紀南北朝時期隸書寫本，北敦 14825CF 號爲 6 世紀南北朝時期隸書寫本，北敦 6812 號、北敦 14825BH 號爲 5—6 世紀南北朝時期隸楷寫本，字體、抄寫年代皆歧互不一，顯然不妥。就總體風格而言，原卷字體可判定爲楷書或隸楷，全卷以楷書爲主，僅個別字仍帶有隸意。另外，很多佛經的分卷在寫本時代往往還不固定，上揭《大集經》寫卷與《大正藏》本分卷不同，正反映了寫本時代佛經的特點。[①]《國圖》據此把其中的北敦 14825BH 號判定爲"聖本"之屬，未必妥當。

2. 北敦 7653 號…北敦 10843 號 + 北敦 11437 號…北敦 14825BA 號 + 北敦 10540 號 + 北敦 9856 號

（1）北敦 7653 號（北 8505；皇 53），見《國圖》98/82A—82B。卷軸裝，2 紙。後部如圖 2-1 右部所示，前後皆殘，存 27 行（前紙 23 行，後紙 4 行；末 5 行上部殘損），行 17 字。原卷無題，《劫餘録》及《國圖》定作《大方等大集經》卷四。《國圖》條記目録斷爲 5—6 世紀南北朝時期隸楷寫本。[②]

（2）北敦 10843 號（北臨 972），見《國圖》108/180B。殘片。如圖 2-1 中右部所示，存 4 行（首行中下部殘損，末行僅存中部一字右側殘點），行 17 字。原卷無題，《國圖》擬題"大方等大集經卷四"，條記目録斷爲 5—6 世紀南北朝時期隸書寫本。

（3）北敦 11437 號（北臨 1566），見《國圖》109/203A。殘片。如圖 2-1 中左部所示，存 13 行（首行僅存下部一二字左側殘點，次行右側、末行左側稍有殘損），行 17 字。原卷無題，《國圖》擬題"大方等大集經卷四"，條記目録斷爲 5—6 世紀南北朝時期隸書寫本。

（4）北敦 14825BA 號（北新 1025），見《國圖》134/117A—117B。3 殘片。前一殘片如圖 2-1 左部所示，後一殘片如圖 2-2 右部所示，前後皆殘，存 20 行（前 2 行中上部殘損，末行僅存下部 1 字右側殘筆），行 17 字。原卷無題，《國圖》擬題"大方等大集經卷四"，條記目録斷爲 5—6 世紀南北朝時期隸書寫本。

[①] 參看張涌泉《敦煌寫本文獻學》，甘肅教育出版社，2013 年，第 57—60 頁。

[②]《國圖》條記目録稱此卷有烏絲欄，查核圖版原卷，似未見。本組所論北敦 14825BA 號情況同此。

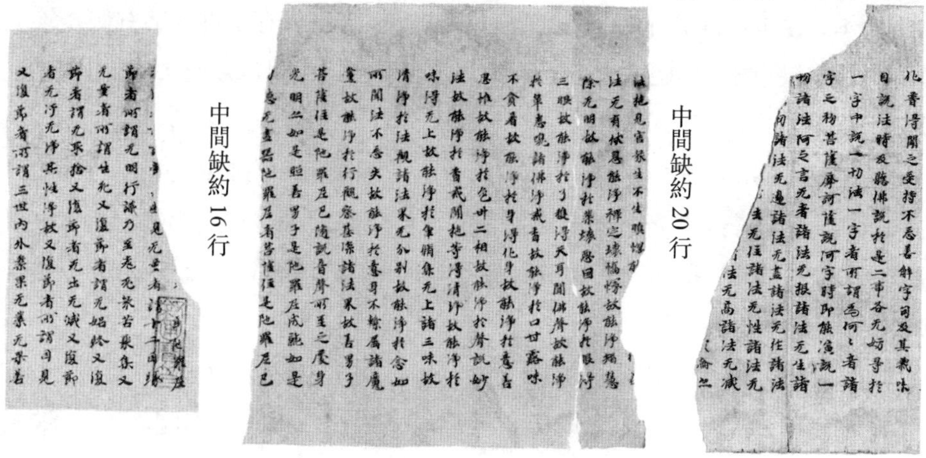

圖 2-1　北敦 7653 號（後部）…北敦 10843 號＋北敦 11437 號…
北敦 14825BA 號（前片）綴合示意圖

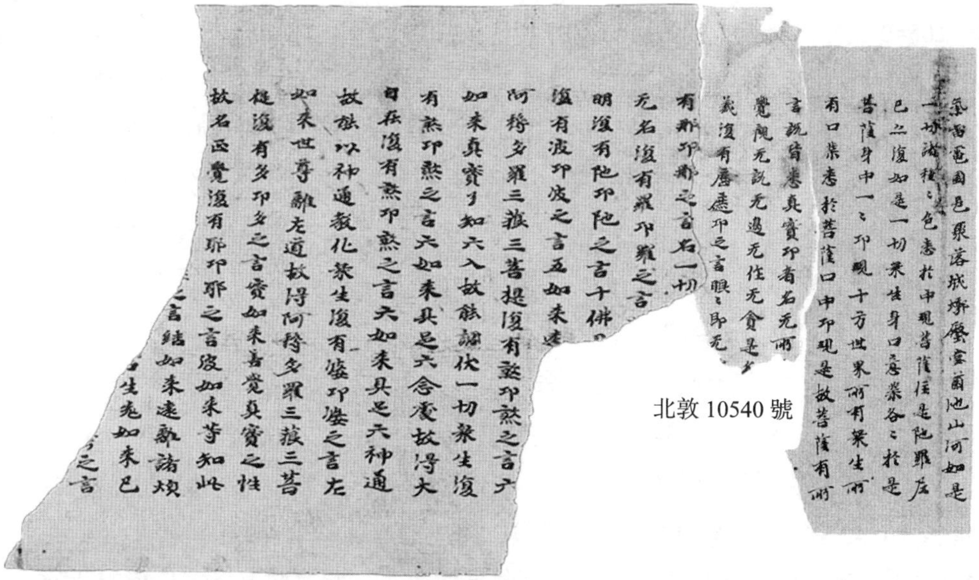

圖 2-2　北敦 14825BA 號（後片）＋北敦 10540 號＋北敦 9856 號綴合圖

（5）北敦 10540 號（北臨 669），見《國圖》108/16A。殘片。如圖 2-2 中部所示，存 4 殘行（前 3 行存上部 11—13 字，末行僅存上部 5 字右側殘筆）。原卷無題，《國圖》擬題 "大方等大集經卷四"，條記目録斷爲 5—6 世紀南北朝時期隸書寫本。

（6）北敦 9856 號（朝 77），見 IDP，另見《國圖》106/345B。殘片。如圖 2-2 左部所示，存 15 行（首行右部有殘損，首 4 行下部殘，後 3 行上部殘），行 17 字。原卷無題，《國圖》擬題 "大方等大集經卷四"，條記目録斷爲 5—6 世紀南北朝時期隸書寫本。

按：上揭六號皆爲《大集經》卷四殘片。據完整文本推算，北敦 10540 號滿行亦約 17 字。六號内容前後相承，可以綴合。綴合後如圖 2-1、圖 2-2 所示，其中北敦 7653 號與北敦 10843 號仍有缺行，據《大正藏》本，其間約缺 20 行經文；北敦 10843 號與北敦 11437 號左右相接，接縫處邊緣吻合，原本分屬二號的 "得" "能" 2 字可得復合；北敦 11437 號與北敦 14825BA 號亦難直接綴合，據《大正藏》本，其間約缺 16 行經文；北敦 14825BA 號與北敦 10540 號左右相接，接縫處邊緣吻合，北敦 14825BA 號倒數第 2 行行末 "是故菩薩有所" 與北敦 10540 號首行行首 "言説皆悉真實" 相連成句，中無缺字；北敦 10540 號與北敦 9856 號左右相接，接縫處邊緣密合無間，原本分屬二號的 "那印那之言" 5 字皆得成完璧。又此六號行款格式相同（字體大小相似，字間距及行間距皆相近，滿行皆約 17 字），書風相似（筆墨粗重，撇輕捺重），字迹相同（比較六號共有的 "无" 字及各號多見的 "所" "於" "尼" "能" "邊" 等字），可資參證。六號綴合後，所存内容始 "一者淨聲光明陀羅尼" 句後 4 字左側殘形，至 "復有曇印曇之言法" 句 "之言" 2 字止，相應文字參見《大正藏》T13/22C11—24A13。

又上揭六號既可綴合爲一，而《國圖》條記目録稱北敦 7653 號爲隸楷，北敦 10843 號、北敦 11437 號、北敦 14825BA 號、北敦 10540 號、北敦 9856 號五號爲隸書，顯有不妥。就整體風格而言，此六號宜皆定作楷書或隸楷爲妥。

3. 俄敦 6487 號＋俄敦 8050 號…俄敦 18338 號

（1）俄敦 6487 號，見《俄藏》13/114B。殘片。如圖 3 右上部所示，存 8 殘行（首行僅存上部 2 字左側殘畫，末行僅存上部 2 字右側殘筆）。隸楷。有上界欄。原卷無題，《俄藏》未定名。

（2）俄敦 8050 號，見《俄藏》14/17B。殘片。如圖 3 右下部所示，存 4 殘行（前 3 行僅存 3—4 字，末行僅存 1 字右側殘點）。隸楷。原卷無題，《俄藏》未定名。

（3）俄敦 18338 號，見《俄藏》17/189A。殘片。如圖 3 左部所示，存 3 殘行（首行僅存 3 字殘筆，後 2 行存中部 3—5 字）。隸楷。原卷無題，《俄藏》未定名。

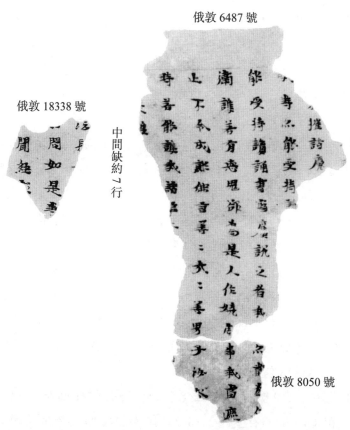

圖 3　俄敦 6487 號＋俄敦 8050 號…俄敦 18338 號綴合示意圖

按：據殘存文字推斷，上揭三號應皆爲《大集經》卷六寶女品第三之二殘片（《俄録》定名同），且其内容前後相承，可以綴合。綴合後如圖 3 所示，其中俄敦 6487 號 4—7 行與俄敦 8050 號 1—4 行上下相接，接縫處邊緣吻合，比勘《大正藏》本，前 3 行可依次復原如下（二號衝接處以斜杠 / 爲界）：

能受持讀誦書寫廣説之者，我 / □（等）/ 亦當爲作

衛護。若有惡鬼欲爲是人作嬈害 / 事，我當遮

止不令成就。佛言：善哉善哉！善男 / 子，汝⊠□（於爾）

時若能護我諸⊠⊠□（弟子者）……

其中前二行二號直接相接，中無缺字。俄敦 6487 號與俄敦 18338 號難以直接綴合，據《大正藏》本，其間約缺 7 整行。又此三號行款格式相同（字體大小相似，字間距及行間距皆相近），書風相似（尖鋒入筆，橫細豎粗，撇輕捺重），字迹相同（比較三號多見的 "我" "亦" 等字），可資參證。三號綴合後，所存内容始 "壞煩惱義" 句末字左下側殘筆，至 "聞經⊠□（歡喜）" 句止，相應文字參見《大正藏》T13/40B2—40B18。

4. 北敦 9793 號 + 斯 627 號…北敦 11119 號

（1）北敦 9793 號（朝 14），見 IDP，另見《國圖》106/290B。卷軸裝，2 紙。如圖 4 右部所示，前後皆殘，存 18 行（前紙 11 行，後紙 7 行；首行僅存行首 1 字上端殘筆，第 2—8 行下部殘損，後 4 行上部殘損，末行僅存下部 1 字右側殘筆），行 17 字。有烏絲欄。原卷無題，《國圖》擬題 "大方等大集經卷七"，條記目録斷作 6 世紀南北朝時期楷書寫本。

（2）斯 627 號，見《英圖》10/312B—315B。前部如圖 4 中右部所示，後部如圖 4 中左部所示，前後皆殘，存 117 行（首行僅存下部 1 字左側殘筆，次 3 行上部殘損，末行上部殘損），行 17 字。有烏絲欄。原卷無題，《英圖》擬題 "大方等大集經卷第七不眴菩薩品第四"。《英圖》條記目録稱此爲 6 世紀南北朝時期隸楷寫本。

（3）北敦 11119 號（北臨 1248），見《國圖》109/26A。殘片。如圖 4 左部所示，存 8 殘行，行存上部 2—8 字。有烏絲欄。原卷無題，《國圖》擬題 "大方等大集經卷七"，條記目録斷作 7—8 世紀唐代楷書寫本。

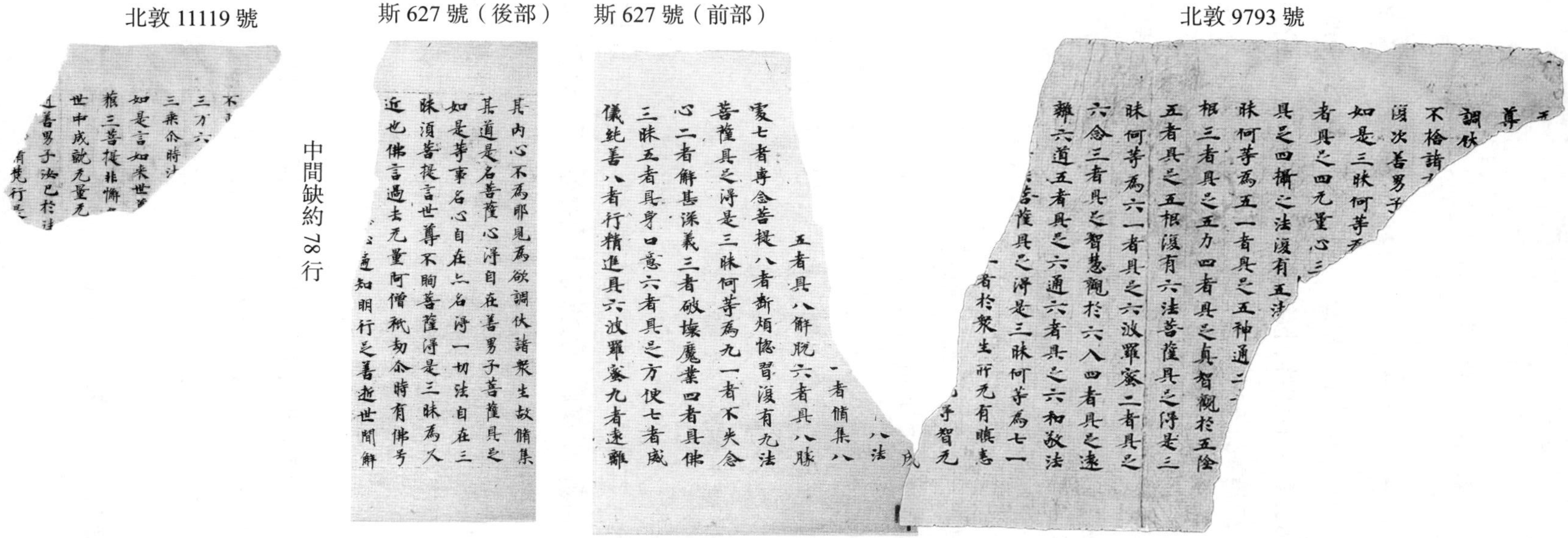

圖 4　北敦 9793 號＋斯 627 號（前部、後部）……北敦 11119 號綴合示意圖

北敦 9793 號

斯 627 號（前部）

斯 627 號（後部）

中間缺約 78 行

北敦 11119 號

　　按：上揭三號皆爲《大集經》卷七之殘片。據完整文本推算，北敦 11119 號滿行亦約 17 字。且其內容前後相承，可以綴合。綴合後如圖 4 所示，其中北敦 9793 號與斯 627 號左右相接，接縫處邊緣基本吻合，原本分屬二號的 "成"字復合爲一；斯 627 號與北敦 11119 號難以直接綴合，據《大正藏》本，其間約缺 78 行。又此三號行款格式相同（皆有烏絲欄，字體大小相似，字間距及行間距皆相近，滿行皆約 17 字），書風相似（撇輕捺重，結體端正），字迹相同（比較各號多見的 "无""尒""提""於" 等字），可資參證。三號綴合後，所存內容始 "無相三昧" 句首字左側殘筆，至 "修梵行是" 句後一字上端殘筆止，相應文字參見《大正藏》T13/43A2—45B22。

　　又上揭三號既可綴合爲一，而《國圖》條記目録稱北敦 9793 號爲 6 世紀南北朝時期楷書寫本，又稱北敦 11119 號爲 7—8 世紀唐代楷書寫本，《英圖》條記目録則稱斯 627 號爲 6 世紀南北朝時期隸楷寫本，字體、抄寫年代皆判定不一，顯然不妥。據原卷字體判斷，此三號皆以定作 7—8 世紀唐代楷書寫本爲妥。

5. 北敦 11137 號 + 俄敦 744 號…北敦 11017 號

　　（1）北敦 11137 號（北臨 1266），見《國圖》109/35A。殘片。如圖 5 右部所示，存 5 行（首行僅存行端二字左側殘筆），行存上部 2—7 字。有烏絲欄。原卷無題，《國圖》擬題 "大方等大集經卷七"，條記目録斷作 7—8 世紀唐代楷書寫本。

　　（2）俄敦 744 號，見《俄敦》7/84B。殘片。如圖 5 中部所示，前後皆殘，存 17 殘行（首行僅存中部二字左側殘筆，第 2、3 行上下部殘損），行存中上部 2—14 字。有烏絲欄。原卷無題，《孟録》擬題 "大方等大集經不眴菩薩品第四"，并斷作 7—8 世紀寫本。

　　（3）北敦 11017 號（北臨 1146），見《國圖》108/287B。殘片。如圖 5 左下部所示，存 6 殘行（末行僅存 1 字右側殘點），行存下部 1—6 字。有烏絲欄。原卷無題，《國圖》擬題 "大方等大集經卷七"，條記目録斷作 6 世紀南北朝時期楷書寫本。

　　按：上揭三號皆爲《大集經》卷七不眴菩薩品第四之殘片。據完整文本

俄敦 744 號　　　　　　　北敦 11137 號

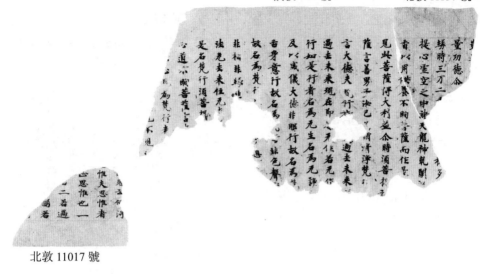

北敦 11017 號

圖 5　北敦 11137 號 + 俄敦 744 號···北敦 11017 號綴合圖

推算，滿行皆約 17 字。且其内容前後相承，可以綴合。綴合後如圖 5 所示，其中北敦 11137 號與俄敦 744 號左右上下相接，接縫處邊緣吻合無間，原本分屬二號的“諸”“供”二字得以拼合；俄敦 744 號與北敦 11017 號内容基本銜接，俄敦 744 號末行可擬補作“□□□□□□□☑（等見諸法名爲正見）不見☑□□□□□□（之見乃名正見若）”，北敦 11017 號首行可擬補作“□□□□□□□□□□☑☑☑☑☑☑（不見者云何得名爲正見耶若無正見云何得）”，前者末字“若”與後者“不見者”相連成句，中無缺行。又此三號行款格式相同（皆有烏絲欄，滿行皆約 17 字，字體大小相似，字間距及行間距皆相近），書風相似（撇輕捺重，結體端正），字迹相同（比較三號多見的“惟”“諸”“尒”“夫”等字），可資參證。三號綴合後，所存内容始“豈異人乎”句首三字左側殘筆，至“是名爲嚮（響）若”句後二字止，相應文字參見《大正藏》T13/45B24—45C20。

又上揭三號既可綴合爲一，而《國圖》條記目錄稱北敦 11137 號爲 7—8 世紀唐代楷書寫本，北敦 11017 號爲 6 世紀南北朝時期楷書寫本，抄寫年代判定不一，顯然不妥。據原卷字體判斷，此三號宜以定作 7—8 世紀唐代楷書寫本爲妥。

6.“俄敦8962號、俄敦8963號”+俄敦9091號

（1）俄敦8962號、俄敦8963號，見《俄藏》14/108B。殘片。如圖6右部所示，存7行（首行下部殘損，第2—4行中部殘損，第6行下部殘缺，末行下部殘損），行17字。楷書。有烏絲欄。原卷無題，《俄藏》未定名。

（2）俄敦9091號，見《俄藏》14/123B。殘片。如圖6左下部所示，存5殘行（首行僅存中部3殘字，末行僅存行末1字右側殘筆），行存中下部1—11字。楷書。有烏絲欄。原卷無題，《俄藏》未定名。

按：據殘存文字推斷，上揭三號皆應爲《大集經》卷十一海慧菩薩品第五之四殘片（《俄録》定名同），且其內容前後相承，可以綴合。綴合後

“俄敦8962號、俄敦8963號”

俄敦9091號

圖6　“俄敦8962號、俄敦8963號”+
俄敦9091號綴合圖

如圖6所示，“俄敦8962號、俄敦8963號”與俄敦9091號接縫處邊緣吻合，下界欄亦可對接，原本分屬二片的“佛”“大”“隨他語何”諸字得成完璧。又此二片行款格式相同（皆有烏絲欄，字體大小相似，字間距及行間距皆相近，滿行皆約17字），書風相似（尖鋒入筆，筆粗墨重），字迹相同（比較二片皆有的“具”“足”“諸”“法”“慧”等字），可資參證。二片綴合後，所存內容始“何菩薩修▨▨▨□□□（行大乘不隨他語）”句，至“復有四法生得畢竟”句首字右側殘筆止，相應文字參見《大正藏》T13/69A15—69A24。

7.北敦11123號+北敦7438號

（1）北敦11123號（北臨1252），見《國圖》109/28A。殘片。如圖7右上部所示，存7殘行，行存上部2—11字（首行僅存中部一二字左側殘點，

末行左側略殘）。有烏絲欄。原卷無
題，《國圖》擬題"大方等大集經卷
二一"，條記目録斷作 5—6 世紀南
北朝時期楷書寫本。

（2）北敦 7438 號（北 8679；
官 38），見《國圖》97/63A—63B。
殘片。前部如圖 7 左下部所示，前
殘後缺，存 26 行（首 6 行上部殘損），
行 17 字。有烏絲欄。原卷無題，《劫
餘録》列入"俟考諸經"，《國圖》
擬題"大方等大集經卷二一"。《國圖》
條記目録稱後 2 行文字與《大正藏》
本有異，并稱此卷爲 6 世紀南北朝
時期隸書寫本。

　　按：上揭二號皆見於六十卷本
《大集經》卷二一，且二號内容前後

北敦 7438 號（前部）　　北敦 11123 號

圖 7　北敦 11123 號 + 北敦 7438 號
（前部）綴合圖

相承，可以綴合。綴合後如圖 7 所示，北敦 11123 號與北敦 7438 號上下、左
右相接，接縫處邊緣吻合，縱橫烏絲欄對接無間，原本分屬二號的"貌""法""貌
三菩""量諸佛"八字皆得合成完璧。又此二號行款格式相同（皆有烏絲欄，
字體大小相似，字間距及行間距皆相近，滿行皆約 17 字），書風相似（字體娟秀，
筆墨濃重），字迹相同（"惱"右部皆寫作"忽"而左下側多一點，又比較二
號共有的"衆""惡""提""壞"等字），可資參證。二號綴合後，存 27 行經文，
所存内容始"釋迦牟尼佛告諸梵天帝釋四王"句"告諸"二字左側殘畫，至"提
頭賴吒王毗婁"句止，前 25 行經文參見《大正藏》T13/150B28—150C24，後
2 行文字與《大正藏》本不同，但與《大正藏》校記所引的宋、元、明、宮本
相同，其間的大段咒語寫卷略去。

　　又上揭二號既可綴合爲一，而《國圖》條記目録稱北敦 11123 號爲 5—
6 世紀南北朝時期楷書寫本，又稱北敦 7438 號爲 6 世紀南北朝時期隸書寫

本，時代、字體皆判定不一，顯有不妥。本組綴合刊布後，張炎又發現北敦7438號可與中村54號直接綴合，而後者有“大隨開皇十五年歲次乙卯十月十九日”“弟子州省事董孝纘仰爲亡考鳴沙縣令董哲敬寫”題記，則上揭二號亦應爲隋董孝纘寫經，字體宜定作楷書。又此三號綴合後六十卷本在卷二一至二二，而中村54號有“大方等大集經卷第廿”尾題，是所據底本分卷不同，抑或底卷係別出單行異本，存疑待考。

8. 俄敦6369A號 + 俄敦6369B號 [①]

（1）俄敦6369A號，見《俄藏》13/95A。殘片。如圖8右部所示，存3殘行，行存上部5—7字，首行右側殘損。楷書。有烏絲欄。原卷無題，《俄藏》未定名。

（2）俄敦6369B號，見《俄藏》13/95A。殘片。如圖8左部所示，存3殘行，行存上部6—7字。楷書。有烏絲欄。原卷無題，《俄藏》未定名。

按：據殘存文字推斷，上揭二號應皆爲《大集經》卷二三之殘片（《俄録》定名同），且其内容前後相承，可以綴合。綴合後如圖8所示，俄敦6369A號與俄敦6369B號左右相接，接縫處邊緣大致吻合，上界欄對接；據《大正藏》本，俄敦6369A號末行可擬補作“孤稚少失覆蔭◨□□□□□□□□□（自隨其心無教告者唯願大）”，俄敦6369B號首行可擬補作“士施我智慧令◨□□□□□□□□□□（我識知善惡等業及了衆生）”，前者行末“唯願大”與後者行首“士施我智慧”相連成句，中無缺行。又此二號行款格

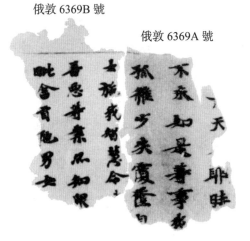

俄敦6369B號

俄敦6369A號

圖8　俄敦6369A號 + 俄敦6369B號綴合圖

①《俄藏》俄敦6386號下括注“見俄敦6369”，疑俄敦6369A、俄敦6369B號中有一號原編號爲俄敦6386號，後來編者以此二片可以綴合，挪歸一處，改以俄敦6369A、俄敦6369B號重新編號。

式相同（皆有烏絲欄，字體大小相似，字間距及行間距皆相近），書風相似（尖鋒入筆，筆墨濃厚），字迹相同（比較二號共有的"等""我"等字），可資參證。二號綴合後，所存內容始"智慧諸天身耶"句後四字左側殘形，至"毗舍、首陀、男女"句止，相應文字參見《大正藏》T13/163C5—163C11。

9. 俄敦 6301 號 + 俄敦 6304 號

（1）俄敦 6301 號，見《俄藏》13/76B。殘片。如圖 9 右部所示，存 7 行（首行上下皆殘，倒數第 2—3 行下殘，末行僅存行首 1 字右側殘點及中部 1 字右側殘形），行約 16 字。楷書。有烏絲欄。原卷無題，《俄藏》未定名。

（2）俄敦 6304 號，見《俄藏》13/77A。殘片。如圖 9 左部所示，存 14 行（首行僅存下部 5 字左側殘字，次行上端右側略殘，且中部有殘損，倒數第 2—4 行下殘，末行僅存上部 1 字右側殘字），行 16 字。楷書。有烏絲欄。原卷無題，《俄藏》未定名。

俄敦 6304 號　　　　　　俄敦 6301 號

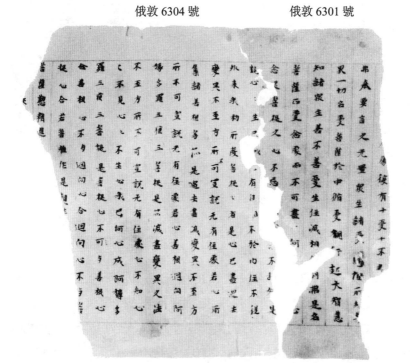

圖 9　俄敦 6301 號 + 俄敦 6304 號綴合圖

按：據殘存文字推斷，上揭二號應皆爲《大集經》卷三十無盡意菩薩品第十二之四殘片，且其内容前後相承，可以綴合（《俄録》説同）。綴合後如圖9所示，俄敦6301號與俄敦6304號左右相接，接縫處邊緣吻合，上下界欄相接，原本分屬二號的"説"字復合爲一。又此二號行款格式相同（天頭地脚高度近同，皆有烏絲欄，字體大小相似，字間距及行間距皆相近，行約16字），書風相似（横細豎粗，撇輕捺重），字迹相同（比較二號共有的"滅""菩""薩""盡""住""處"等字），可資參證。二號綴合後，所存内容始"九衆生居處復有十受"句"居"字左側殘畫，至"又復思惟觀察其深十二因緣不失因果"句"不"字右側殘形止，相應文字參見《大正藏》T13/207C7—207C25。

10. 俄敦 11332 號 + 俄敦 11360 號

（1）俄敦11332號，見《俄藏》15/206A。殘片。如圖10右部所示，存2殘行，行存中部4—7字。楷書。原卷無題，《俄藏》未定名。

（2）俄敦11360號，見《俄藏》15/207A。殘片。如圖10左部所示，存4殘行（末行僅存1字右側殘點），行存中部1—12字。楷書。原卷無題，《俄藏》未定名。

按：據殘存文字推斷，上揭二號應皆爲《大集經》卷三四之殘片（《俄録》定名同），且其内容前後相承，可以綴合。綴合後

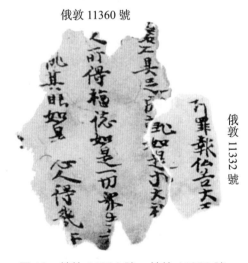

俄敦 11360 號

俄敦 11332 號

圖 10　俄敦 11332 號 + 俄敦 11360 號
綴合圖

如圖10所示，俄敦11332號與俄敦11360號左右相接，接縫處邊緣吻合，原本分屬二號的"就""如""是""等"四字皆得合成完璧。又此二號行款格式相同（字體大小相似，字間距及行間距皆相近，滿行皆約17字），書風相似（捺筆較長，有行楷意味），字迹相同（比較二號皆有的"大"字"如"字），可資參證。二號綴合後，所存内容始"□□□▨（當得幾許）罪報"句，可辨識

文字至"如☒☒（是惡）人得☒☒□（幾許罪）"句止，相應文字參見《大正藏》
T13/236B22—236C1。

11. 北敦 11202 號 + 北敦 10555 號

（1）北敦 11202 號（北臨 1331），見《國圖》109/73B。殘片。如圖 11
右下部所示，存 10 殘行，行存下部 5—15 字（首行僅存 7 字左側殘形，末行
僅存 5 字右側殘筆）。背面有雜寫五個"㮣"字。原卷無題，《國圖》擬題"大
方等大集經鈔"，稱所抄内容屬《大集經》卷三四中的三段經文。其中第 1 行"在
曠野"殘字起至第 4 行中部"免出"止，相當於《大正藏》T13/235A12—

235A18；第 4 行下部"若在"
起至第 5 行末"此得"止，相
當於《大正藏》T13/235B26—
235B28；第 6 行 上 部 "信
故"殘字起至第 10 行末"是
之"止，相當於《大正藏》
T13/235C8—235C16。《國圖》
條記目録稱原卷薄皮紙，爲
7—8 世紀唐楷書寫本。

（2） 北 敦 10555 號
（ 北 臨 684），見《國圖》
108/23B。殘片，如圖 11 左上
部所示，存 11 行，每行存 3—
27 字（首行僅存中部 3 字左
側殘筆，末行僅存約 10 字右
側殘筆）。原卷無題，《國圖》
擬題"大方等大集經鈔"，稱
所抄内容屬《大集經》卷三四
中的四段經文（《國圖》條記
目録原稱三段，不確）。其中

北敦 10555 號

北敦 11202 號

圖 11　北敦 11202 號 + 北敦 10555 號
綴合圖

第 1 行 "得无眼" 三字左側殘畫起至第 3 行末 "復墮地獄" 止，相當於《大正藏》T13/235A13—235A18；第 4 行上部 "種種資生" 前二字左側殘筆起至第 5 行中部 "重增彼罪" 止，相當於《大正藏》T13/235B26—235B28；第 5 行中部 "如是" 起至第 10 行中部 "功德" 止，相當於《大正藏》T13/235C7—235C16；第 10 行中部 "若有" 起至第 11 行上部右側殘筆止，大致相當於《大正藏》T13/235C5—235C20。《國圖》條記目録稱此爲 9—10 世紀歸義軍時期楷書寫本。

按：上揭二號皆爲《大集經》卷三四節抄之殘片，其内容前後相承，可以綴合。綴合後如圖 11 所示，北敦 11202 號與北敦 10555 號上下、左右相接，接縫處邊緣吻合，原本分屬二號的 "无眼"、"大"①、"獄"、"幾"、"信"、"别"、"不"、"門"、"舍"、"梵行如是之" 15 字皆可拼合，其中 "无" "舍" "梵行如是之" 七字堪稱合成完璧，其餘諸字亦得以基本復合，可見二號確爲同一寫卷之撕裂。又此二號行款格式相同（字體大小相似，字間距及行間距皆相近），書風相似（書寫草率，筆意相連），字迹似同（比較二號共有的 "復" "所" "業" "報" "種" "説" 等字），可資參證。

又上揭二號既可綴合爲一，而《國圖》條記目録稱北敦 11202 號爲 7—8 世紀唐代寫本，又稱北敦 10555 號爲 9—10 世紀歸義軍時期寫本，抄寫年代判定不一，顯有不妥，宜再斟酌。

卷號簡目

根據對已刊布文獻的普查以及上述綴合成果，梳理出敦煌《大方等大集經》寫本卷號如下：

卷一　北敦 334 號、北敦 4718 號、俄敦 11542 號 *、俄敦 18068 號、俄敦 10045 號 *；

卷二　斯 5299 號、斯 10705 號 *…俄敦 3908 號、斯 9836 號 *、斯 11929

---

① "大" 字在第三行衔接處，與上下文綴合成 "雖得人身，大无眼目，亦无手足" 句，"大" 字疑有誤，傳本作 "常"，義長。

號*、斯 10213 號*、斯 2334 號;

卷三　斯 2328 號、羽 596 號、北敦 9617 號…北敦 10846 號…北敦 6812 號＋北敦 14825CF 號＋北敦 14825BH 號、斯 12583 號*、北敦 15681 號＋北敦 15682 號、斯 10816 號*;

卷四　津藝 141 號°、北敦 7653 號…北敦 10843 號＋北敦 11437 號＋斯 10711 號…北敦 14825BA 號＋北敦 10540 號＋北敦 9856 號＋俄敦 10210 號、斯 745-2 號、斯 9013 號*、斯 10822 號*、斯 7126 號、斯 8984 號*、北敦 10659 號、斯 743 號、北敦 9828 號、北敦 14825CH 號、斯 9799 號*、斯 8983 號*、斯 8961 號*、北敦 11207 號、斯 10521 號*、啓功 26-5 號*(《啓功》35C 左下片);

卷五　斯 4434 號、俄敦 8465 號*;

卷六　北敦 10550 號＋伯 2866 號°、甘博 10 號°、斯 295 號、敦研 51 號＋敦研 24 號、俄敦 1063 號、敦研 17 號、斯 295 號背、俄敦 6487 號*＋俄敦 8050 號*…俄敦 18338 號*;

卷七　斯 6774 號、斯 4249 號、北敦 9793 號＋斯 627 號…北敦 11119 號、北敦 11137 號＋俄敦 744 號…北敦 11017 號、俄敦 15327 號*＋俄敦 15362 號*＋俄敦 15227 號*＋俄敦 12852 號*、俄敦 14656 號*;

卷八　斯 7515 號、英藏碎片 152 號(見《敦煌寶藏》第 55 册第 409 頁)、北敦 6091 號、俄敦 10823A 號*＋俄敦 10823B 號*、俄敦 16072 號*、斯 10233 號* T13/48A2—48A6;

卷九　斯 628 號、斯 2562 號;

卷一〇　北敦 2712 號背、俄敦 7038 號*、斯 9097 號*、斯 12613 號*、斯 12283 號*;

卷一一　"俄敦 8962 號*、俄敦 8963 號*"＋俄敦 9091 號*、俄敦 7880 號*、俄敦 7973 號*、北敦 14840EA 號＋石谷風 17 號、斯 8981 號*、北敦 11753 號;

卷一二　臺圖 13 號°、斯 2022 號、俄敦 9484 號*、俄敦 14161 號*;

卷一三　俄敦 3398 號、俄敦 14534 號*;

卷一四　北敦 1143 號;

卷一五　俄敦 12406 號 *；

卷一六　俄敦 7768 號 *、俄敦 4498 號 *、伯 4525（5）號；

卷一七　俄敦 7945 號 *、俄敦 17440 號 *、斯 4169 號；

卷一八　俄敦 8668 號 *、俄敦 4727 號 *、北敦 1228 號、斯 3935 號（異本）、北敦 6555 號（異本）；

卷一九　俄敦 6624 號 *；

卷二○　俄敦 14564 號 *、俄敦 4165 號 *、伯 2499 號＋伯 4058 號背 1、伯 4525（15）號；

卷二一　斯 12341 號 *、斯 9069 號 *、斯 9040 號 *、斯 9081 號 *、斯 12528 號 *、斯 9074 號 *、斯 9068 號 *、北敦 11123 號＋北敦 7438 號＋中村 54 號（異本？）、斯 1444 號（異本）；

卷二二　中村 43 號、俄敦 16778 號 *、俄敦 4587 號 *、俄敦 7914 號 *、俄敦 8566 號 *、俄敦 7722 號 *、俄敦 7016 號 *；

卷二三　俄敦 7489 號 *、俄敦 15915 號 *、羽 593 號、俄敦 6369A 號 *＋俄敦 6369B 號 *（含俄敦 6386 號 *）、北敦 179 號、俄敦 11469 號 *、斯 3372 號、北敦 9400 號…斯 1261 號（異本）；

卷二四　斯 11705 號 *、斯 12427 號 *、北敦 11216 號…伯 2108 號（異本）；

卷二五　斯 3371 號（異本）、斯 582 號（異本）、斯 304 號（異本）；

卷二六　俄敦 12457 號 *、俄敦 6425 號 *、北敦 846 號（異本）、北敦 14925 號（異本）°；

卷二七　斯 12697 號 *、斯 12623 號 *、斯 8607-1 號 *、俄敦 1185 號、斯 8607-2 號 *、津藝 76 號（異本）°；

卷二八　北敦 14843E 號；

卷二九　俄敦 6821 號 *、中國書店 17 號、三井 25 號（異本）；

卷三○　俄敦 16349 號 *、俄敦 3670 號 *、俄敦 6301 號 *＋俄敦 6304 號 *、俄敦 8599 號 *；

卷三一　俄敦 8434 號 *；

卷三二　俄敦 7463 號 *、斯 12620 號 *；

卷三三　　傅圖 16 號；

卷三四　　北敦 9651 號、俄敦 11332 號 * ＋俄敦 11360 號 *；

卷四〇　　伯 2427-3 號；

卷四五　　斯 4683 號；

卷四六　　北敦 11134 號；

卷五〇　　伯 5590（7）號、俄敦 12366 號 *、伯 5029I 號、伯 5590（6）號、俄敦 17825 號 *；

卷五一　　羽 159 號、俄敦 3763 號、俄敦 14339 號 *、俄敦 15517 號 *；

卷五二　　北敦 9610-1 號、北敦 8368-1 號、俄敦 12137 號 *、俄敦 12250 號 *；

卷五五　　俄敦 7003 號 *；

卷五七　　俄敦 14234 號 *。

另有節抄本 4 號，即北敦 11202 號＋北敦 10555 號、斯 126 號背、甘博 110 號；護首及其他 3 號，即俄敦 4477 號 *、斯 2663 號、北敦 11877 號。

九、佛説佛名經

　　《佛説佛名經》，簡稱《佛名經》，是僧人日常持誦的經典之一。《佛名經》版本衆多，傳世的有十二卷本、三十卷本兩個系統。敦煌文獻中除十二卷本外，另有已失傳的二十卷本、十六卷本兩個系統，而三十卷本未見①。十二卷本是《佛名經》諸本中最早的一部，由北印度僧人菩提流支在元魏正光年間（520—525）譯成，最早著録於隋法經等撰《衆經目録》，是該經最早的形態，也是唯一的真經。二十卷本、十六卷本都是在菩提流支所譯十二卷本《佛名經》的基礎上改編而成的，分别産生於隋代和唐初，唐代經録或稱之爲“僞經”。

甲、十二卷本

　　十二卷本《佛名經》敘述佛在舍衛城祇樹給孤獨園對大衆説三世十方諸佛名號，持誦者可遠離諸難，得無上正等正覺。經中每隔若干佛名便會有一段持誦功德文，并有關於諸佛給菩薩授記、佛之壽命、懺悔方法及時間等問題的敘述，總計列出佛名 11093 個。

　　敦煌十二卷本《佛名經》寫卷，有首題或尾題的，與傳世的十二卷本《佛名經》卷次劃分存在較大差異，《國圖》把這一類寫卷大多歸入十二卷本異卷，而《寶藏》《秘笈》等則未加以區分。

　　敦煌十二卷本《佛名經》與北系《房山石經》最爲接近，如果不論石經

---

① 據方廣錩研究，《大正藏》所收三十卷本《佛名經》是晚唐以後通過民間渠道從中國傳到朝鮮的本子，而在敦煌寫卷中未見。詳見方廣錩《關於敦煌遺書〈佛説佛名經〉》，見姜亮夫、郭在貽等編《敦煌吐魯番學研究論文集》，漢語大詞典出版社，1990 年；後收入《方廣錩敦煌遺書散論》，上海古籍出版社，2010 年，第266—276 頁。

卷末的"歸命如是等無量無邊佛"諸字，則敦煌本與石經本卷六至卷八起訖文字相同，加上綴合後的殘卷（詳見下文第三、五組），開合相同的卷帙應該占到一半以上。與中系《高麗藏》的十二卷本《佛名經》則存在較大差別：二者僅卷五、卷十二結束的文字以及卷一、卷六起始的文字相同，其餘大部分卷次劃分都存在差異。至於南系《磧砂藏》的十二卷本《佛名經》，大概後人進行了重排，所以每卷的佛名均以整數累增，與他本均不同。再看千字文號，《開元釋教録》和北系的《房山石經》爲長、信，《金藏》《高麗藏》等中系爲恃、己，而《磧砂藏》等南系則爲己、長，[①]可見北、中、南三個系統所收録的十二卷本《佛名經》并不完全一致。由此，基本可以斷定敦煌本與遼代依據契丹藏所刻《房山石經》的十二卷本《佛名經》屬於同一系統的不同分支。

經普查，業已刊布的敦煌文獻中共有《佛名經》十二卷本 76 號，包括：國圖藏 40 號，英藏 12 號，法藏 2 號，俄藏 17 號，散藏 5 號，這些寫本某一卷次完整者幾乎未見，而皆有不同程度的殘損。已有綴合成果共計將該經 7 號綴合爲 2 組，皆由《俄藏》綴合，包括："俄敦 9147 號、俄敦 9154 號、俄敦 9160 號"，"俄敦 439 號、俄敦 1519 號、俄敦 1526 號、俄敦 1559 號"。

本次補綴 1 組，新綴 6 組，共計將 18 號綴合爲 7 組，其中北敦 11814 號＋北敦 9894 號、羽 291 號＋北敦 3320 號、斯 12050 號＋斯 11631 號…斯 635 號三組綴合的討論已見於本書上編，這裏不再列入。

1. 俄敦 9750 號＋"俄敦 9154 號、俄敦 9160 號"下片＋"俄敦 9154 號、俄敦 9160 號"左上片＋俄敦 12367 號…俄敦 9147 號

（1）俄敦 9750 號，見《俄藏》14/202B。殘片。如圖 1 右上部所示，存 5 殘行，行存上部 5—7 字。楷書。有烏絲欄。原卷無題，《俄藏》未定名。

（2）"俄敦 9147 號、俄敦 9154 號、俄敦 9160 號"，見《俄藏》14/129A。包括 3 殘片，《俄藏》已將三號圖版並置。右上片如圖 1 左上部所示，圖版上標有俄敦 9147 號字樣，存 7 殘行（末行僅存行端"南"字右上部大半），行

---

① 何梅《歷代漢文大藏經目録新考》，社會科學文獻出版社，2014 年，第 854 頁。

存上部 1—6 字；左上片如圖 1 中上部所示，存 10 殘行，行存上部 4—10 字；下片如圖 1 右下部所示，存 16 殘行（末行僅存 1 字右側殘點），行存下部 1—9 字。左上片與下片對應卷號不明，以下分別稱爲"俄敦 9154 號、俄敦 9160 號"左上片、下片。楷書。有烏絲欄。原卷無題，《俄藏》未定名。

（3）俄敦 12367 號，見《俄藏》16/109A。殘片。如圖 1 左下部所示，存 14 殘行（首行僅存 2 字左側殘畫），行存下部 2—11 字。楷書。有烏絲欄。原卷無題，《俄藏》未定名。

俄敦 9147 號　　　　　　　　"俄敦 9154 號、俄敦 9160 號"左上片

俄敦 9750 號

俄敦 12367 號　　　　　　　"俄敦 9154 號、俄敦 9160 號"下片

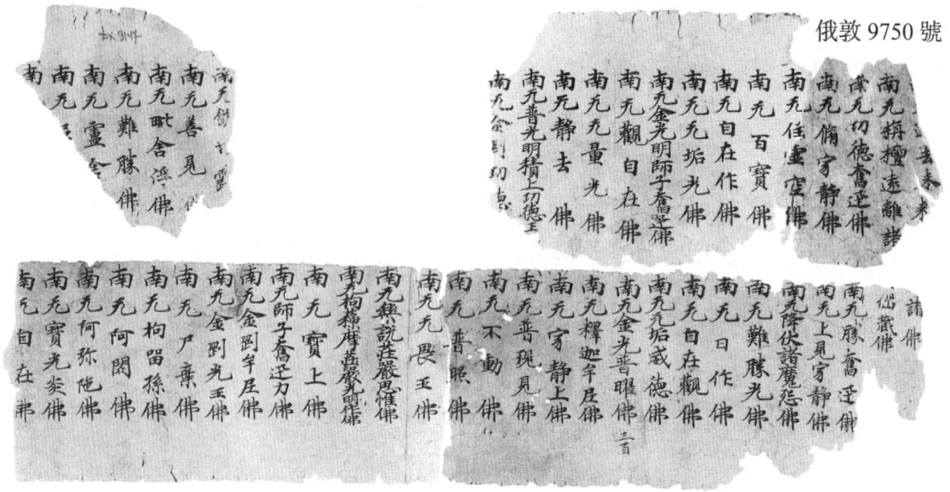

圖 1　俄敦 9750 號 + "俄敦 9154 號、俄敦 9160 號"下片 + "俄敦 9154 號、俄敦 9160 號"左上片 + 俄敦 12367 號…俄敦 9147 號綴合示意圖

按：據殘存文字推斷，上揭五號皆爲《佛名經》（十二卷本）卷一殘片。《俄藏》已將（2）中三號圖版並置，但位置有誤。今謂此五號内容前後相承，皆可綴合[1]。綴合後如圖 1 所示，其中俄敦 9750 號與"俄敦 9154 號、俄敦 9160 號"

---

[1] 此五號爲菩提流支譯《佛説佛名經》卷一殘片，這一定名由我們的學術團隊普查時確認，在此基礎上，劉溪的碩士論文《敦煌本早期〈佛名經〉寫本研究》作了進一步的考證（浙江師範大學碩士學位論文，2016 年 5 月，第 24—25 頁）。後來出版的《俄録》定名同。《俄録》謂俄敦 9147 號與俄敦 9154 號（指"俄敦 9154 號、俄敦 9160 號"下片）"可上下直接拼合"，不確。

左上片左右相接，接縫處邊緣吻合，原本分屬二號的"无住虚"三字皆得成完璧；此二片綴合後又與"俄敦9154號、俄敦9160號"下片前14行上下相接，各行内容大抵前後相接，中無缺字；"俄敦9154號、俄敦9160號"下片與俄敦12367號左右相接，接縫處邊緣吻合，原本分屬二號的"普照佛""无"四字皆得成完璧；俄敦9147號與俄敦12367號第8—14行上下相接，各行内容前後相接，俄敦9147號前二行、後三行銜接處略有缺字。又五號行款格式相同（皆有烏絲欄，行距、字距、字體大小相近），書風相近（筆畫纖細，字體略向右上傾），字迹似同（比較五號共有的"佛""南""无"等字），可資參證。五號綴合後，存文起"南无過去未來現在諸佛"句前六殘字和後二字，訖"南无自在佛"句，相應内容參見《大正藏》T14/115C28—116A22。

2. 北敦10686號 + 北敦1454號

（1）北敦10686號（北臨815），見《國圖》108/93A。卷軸裝殘片。如圖2右部所示，前後皆殘，存9行（前紙5行，後紙4行；首行僅存2字右側殘畫，末行下部有殘損），行約17字。楷書。有烏絲欄。原卷無題，《國圖》擬題"佛名經（十二卷本）卷七"，條記目錄稱原卷紙高27.4釐米，爲7—8世紀唐寫本。

（2）北敦1454號（北504；寒54），見IDP，另見《國圖》21/247B—255B。卷軸裝，15紙。前部如圖2左部所示，前殘後缺，存333行（首紙21行，末紙拖尾，其餘諸紙各24行；首行上部殘損），行約17字。楷書。有烏絲欄。《劫餘錄》將此號歸入菩提流支譯十二卷《佛說佛名經》，但没有説明具體卷次；《索引》及《寶藏》《索引新編》擬題"佛説佛名經"；《國圖》改題"佛名經（十二卷本異卷）卷七"，條記目錄稱"與《大正藏》本比較，本件分卷不同，經文爲卷七後半部分及卷八前半部分，與現知諸藏分卷均不同"，又稱原卷紙高27.5釐米，爲7—8世紀唐寫本。

按：上揭二號内容前後相承，可以綴合。綴合後如圖2所示，北敦10686號末行與北敦1454號首行上下左右相接，接縫處邊緣吻合，原本分屬二號的"第十一人是人彼"七字皆得成完璧；又北敦10686號後紙4行，北敦1454號首紙21行，二號拼合，重合處減去1行，正好合於該卷整紙24行的規格。

又二號行款格式相同（紙高近同，皆有烏絲欄，行距、字距、字體大小相近），書風相近（結構規整，字體清秀，橫筆右上傾斜），字迹似同（比較二號共有的“比”“丘”“微”“塵”“尼”“數”“名”等字），可資參證。

北敦 1454 號（前部）　　　　　　　　　　北敦 10686 號

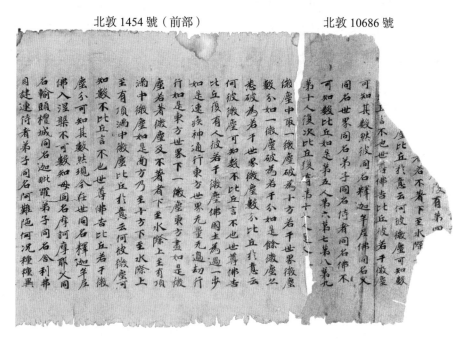

圖 2　北敦 10686 號＋北敦 1454 號（前部）綴合圖

　　上揭二號綴合後，所存内容次行起“如是盡諸微塵”句末字左下側殘筆，訖“南无師子智橋梁佛”句，與《房山石經》十二卷本《佛名經》卷七後部文字基本相同，相應文字可以參看《房山石經》第 11 册第 493 頁第 15 行至第 495 頁第 19 行。故二號可據以一併定作“佛名經（十二卷本）卷七”。而《國圖》編者拘泥於《大正藏》本，既稱北敦 1454 號爲“佛名經（十二卷本異卷）卷七”，又稱該號“經文爲卷七後半部分及卷八前半部分，與現知諸藏分卷均不同”，均不妥。

3. 北敦 9849 號＋俄敦 2496 號

　　（1）北敦 9849 號（朝 70），見 IDP，另見《國圖》106/340A。殘片。如圖 3 右部所示，前後皆殘，存 16 行（首行僅存上部 4 殘字，前 4 行下部殘

損，末行左側略有殘損），行約 17 字。有烏絲欄。原卷無題，《國圖》擬題
"佛名經（十二卷本）卷九"。《國圖》條記目録稱所存文字對應《大正藏》
T14/167B27—167C13，説明云"個別佛名的排列順序有不同"，并稱原卷爲 5—
6 世紀南北朝時期隸楷寫本。

　　（2）俄敦 2496 號，見《俄藏》9/232B。殘片。如圖 3 左部所示，存 14
行（通卷下略殘，首行僅存中部六七字左側殘形），行約 17 字。原卷無題，《孟録》
列入未定名經藏，稱該卷爲 6—7 世紀隸楷字體寫本；《俄藏》及《俄録》擬題"佛
説佛名經卷第九"。

俄敦 2496 號　　　　　　北敦 9849 號

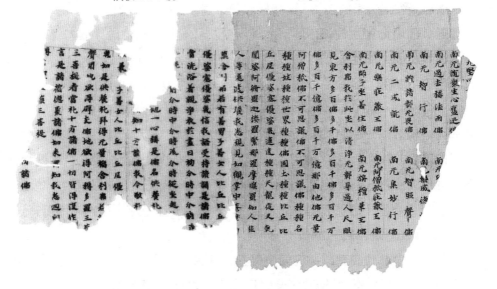

圖 3　北敦 9849 號 + 俄敦 2496 號綴合圖

　　按：上揭二號皆爲《佛名經》（十二卷本）卷九殘片，且其内容前後相承，
可以綴合。綴合後如圖 3 所示，二號左右相接，接縫處邊緣吻合，原本分
屬二號的"遶供養我悉現"六字皆得復合爲一（此六字左側少許筆畫在俄敦
2496 號首行，右側大部在北敦 9849 號末行）。又二號行款格式相同（天頭等高，
皆有烏絲欄，行距、字距、字體大小相近），書風相近（皆隸楷字體，筆畫有力，
結構規整），字迹似同（比較二號共有的"比""丘""種""佛""阿""舍""我"

等字），可資參證。

　　又，北敦 9849 號共存 14 個佛名，其中第 2—4 行的個別佛名序次與《大正藏》有所不同，如下所列：

　　　　南无隨衆生心奮迅▨（佛）　　□□□

　　　　南无過去稱法雨佛　　　　南▨▨□□□□（无功德炎華佛）

　　　　南无智行佛　　　南无樂威德□□（燈佛）

而《大正藏》本作：

　　　　南無隨衆生心奮迅佛　　南無功德炎華佛

　　　　南無无邊稱娑羅幢佛　　南無知（原注：丹本作"智"）行佛

　　　　南無過去稱法雨佛　　　南無樂威德燈佛

中間四個佛名的序次先後不同，故《國圖》條記目録稱二者"個別佛名的排列順序有不同"。然而比對《房山石經》本《佛名經》（十二卷本）卷九（第 11 册第 501 頁第 22—23 行），其佛名順序與北敦 9849 號完全一致（北敦 9849 號第 2 行下部的佛名亦可據石經校補作"南无无邊稱娑羅幢佛"），據此亦可證明敦煌十二卷本《佛名經》寫卷往往與北系大藏經吻合，而與本於中系的《大正藏》則有所不同。《國圖》編者找錯了比勘的對象，自然就常常會有方鑿圓枘之感了。上揭二號綴合後，存文起"南无堅心意精進佛"句"无堅心意"四殘字，訖"應當歸命東方一切諸佛"句末三字，對應《房山石經》第 11 册第 501 頁第 22—29 行。

　　又，上揭二號既爲同一寫卷之撕裂，其書寫年代自然應是一致的，根據寫卷内容及字體特徵，《國圖》條記目録將北敦 9849 號斷作 5—6 世紀南北朝時期寫本，略嫌偏早；而《孟録》將俄敦 2496 號定作 6—7 世紀寫本，庶幾近是。

　　4. 北敦 3368 號 + 北敦 10462 號

　　（1）北敦 3368 號（北 513；雨 68），見 IDP，另見《國圖》46/142B—151A。卷軸裝，14 紙。後部如圖 4 右部所示，前後皆殘，存 362 行（首紙 15 行，末紙 23 行，其餘各紙大多每紙 27 行；首行僅存 2 字殘形，末行僅存行首 4 字右側殘畫），行約 17 字。楷書。有烏絲欄。《劫餘録》將此號歸入菩提

流支譯十二卷本《佛説佛名經》，但没有標出具體卷次；《索引》及《寶藏》《索
引新編》擬題 "佛説佛名經"；《國圖》改題 "佛名經（十二卷本）卷一二"，
條記目録稱該卷爲 5—6 世紀南北朝時期寫本。

（2）北敦 10462 號（北臨 591），見 IDP，另見《國圖》107/318A。殘片。
如圖 4 左部所示，存 9 殘行（首紙 6 行，首行僅存 2 字殘形；次紙 3 行），行
存中下部 2—12 字。楷書。有烏絲欄。原卷無題，《國圖》擬題 "佛名經（十二
卷本）卷一二"，條記目録稱該卷爲 7—8 世紀唐寫本。

北敦 3368 號（後部）

北敦 10462 號

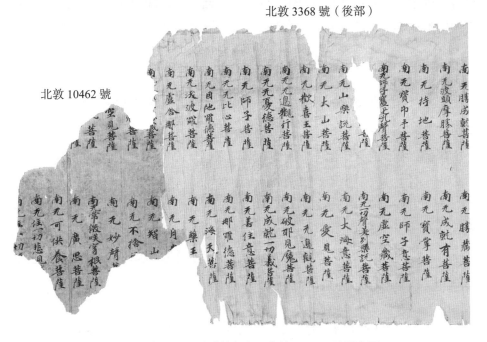

圖 4　北敦 3368 號（後部）＋北敦 10462 號綴合圖

　按：上揭二號皆爲十二卷本《佛名經》第十二卷殘卷，且其内容前後相承，
可以綴合。綴合後如圖 4 所示，北敦 3368 號末二行與北敦 10462 號前二行上
下左右相互銜接，接合處邊緣吻合，北敦 10462 號首行的 "月" 右上角有少
許筆畫撕裂在北敦 3368 號倒二行，二號拼合後，"月" 字得成完璧；又北敦
3368 號末紙 23 行，北敦 10462 號首紙 6 行，二號拼合，重合處減去 2 行，正
好合於該卷整紙大多 27 行的規格。又二號行款格式相同（皆有烏絲欄，行距、

字距、字體大小相近），書風相近（橫畫略向右上傾斜，筆墨均匀，結構規整），字迹似同（比較二號共有的“南”“无”“菩”“薩”“寂”“供”“見”等字），可資參證。二號綴合後，存文起“南无吼聲降伏一切佛”句末二字殘畫，訖“南无住一切聲菩薩”句前六字右側殘畫，相應文字見《大正藏》T14/179A9—182C22。

　　又，上揭二號既爲同一寫卷之撕裂，而《國圖》條記目録稱北敦3368號爲5—6世紀南北朝時期寫本，又稱北敦10462號爲7—8世紀唐寫本，斷代不一。根據敦煌本《佛名經》的演變及流傳，結合該組寫卷的特徵，或以定作6—7世紀寫本爲妥。

卷號簡目

　　根據對已刊布文獻的普查以及上述綴合成果，梳理出敦煌《佛名經》（十二卷本）寫本卷號如下：①

　　卷一　北敦3317號、北敦9263號、北敦10267號、北敦11146號、北敦11814號＋北敦9894號、北敦14122號、北敦14741A號＋北敦14741B號、俄敦9750號＊＋“俄敦9154號、俄敦9160號”下片＊＋“俄敦9154號、俄敦9160號”左上片＊＋俄敦12367號＊…俄敦9147號＊、津藝257號；

　　卷二　北敦9974號、“俄敦439號、俄敦1519號、俄敦1526號、俄敦1559號”、羽291號#②＋北敦3320號；

　　卷三　俄敦11433號＊；

　　卷四　北敦9891號、北敦12131號、斯1175號、俄敦11586號＊；

　　卷五　斯1037號；斯12050號＊＋斯11631號＊…斯635號、俄敦860號；

　　卷六　北敦8308號、北敦10897號、斯581號、伯6011（10）號、俄敦1724號、甘博21號#；

---

　　① 本經“簡目”每卷寫本按北敦、英、法、俄四大館藏及散藏（首字音序）并卷號升序排列。以下三種《佛名經》寫經同此。

　　② 右上標注“#”的5號，前賢定名有誤，兹改正。參見劉溪《敦煌本早期〈佛名經〉寫本研究》，浙江師範大學碩士論文，2016年，第68—69、77頁。

卷七　北敦 3080 號、北敦 4950 號、北敦 5943 號、北敦 6438 號、北敦 9685 號、北敦 10686 號＋北敦 1454 號、斯 3107 號；

卷八　北敦 313 號、北敦 459 號、北敦 2616 號、北敦 5844 號[#]、北敦 15073 號、斯 1110 號、斯 2582 號、俄敦 279 號[#]、俄弗 272 號；

卷九　北敦 1152 號、北敦 1330 號[#]、北敦 2482 號、北敦 8056 號、北敦 9849 號＋俄敦 2496 號、北敦 10038 號、伯 5589 號（15）、津藝 249 號；

卷一〇　北敦 1867 號、北敦 2739 號、斯 3352 號；

卷一一　北敦 9272 號、北敦 11900 號、斯 4323 號；

卷一二　北敦 3368 號＋北敦 10462 號、北敦 14717 號、斯 1930 號、俄敦 342 號、羽 176 號。

乙、二十卷本

《佛名經》在中原地區廣爲流傳，隋代又産生了二十卷本《佛名經》，係國人依託佛説，在菩提流支所譯十二卷本《佛名經》的基礎上改編而成，[①]共録佛法僧名號 13300 個。此本未見歷代經録記載，歷代藏經也没有收入，但却大量留存在敦煌遺書中。多數卷次可以在敦煌文獻中直接或通過綴合得到較爲完整的文本，僅第十三卷殘缺較多。

關於二十卷本《佛名經》的體例，方廣錩和張磊皆有研究，他們認爲該經各卷體例大致相同：首先禮拜佛寶，羅列佛名；其次禮拜法寶，羅列經典名，以"次禮十二部經般若海藏"句領起；再次禮拜僧寶，羅列諸菩薩名號與辟支佛名號，以"次禮諸大菩薩摩訶薩衆"領起；禮拜三寶之後多是持誦功德文、懺悔文等，最後依次節録僞經《大乘蓮花寶達菩薩問答報應沙門經》；每羅列一百個名稱，即有統計所羅列三寶總數的標記。[②]但普查現存敦煌寫卷，我們發現二十卷本《佛名經》的體例并非如他們所説那樣統一。如"法寶""僧

① 參見張磊《敦煌遺書〈佛説佛名經〉（二十卷本）研究》，上海師範大學碩士論文，2008 年，第 46、6—28 頁。

② 張磊《敦煌遺書〈佛説佛名經〉（二十卷本）研究》，第 46—51 頁。

寶”領起句，其實更多是採用“南无十二部經般若海藏”“南无諸大菩薩摩訶薩衆”“南无聲聞緣覺一切辟支佛”的形式。又如羅列三寶總數的方式不盡相同，主要有“從此已（以）上某百（或某千某百）佛十二部經一切賢聖”“從此已（以）上某百（或某千某百）佛”“某百（或某千某百）佛”三種方式，有些寫卷甚至存在多種方式共存的情況，如北敦 2449 號，在“南无善住摩尼山王佛”句後用“從此已上六百佛”來計數，但在之後的皆採用“某百（或某千某百）佛”的形式來計數。此外，二十卷本《佛名經》寫卷記佛數存在缺漏的情況，如北敦 2056 號中“六百”處未作標記；再如第一卷首尾皆全的斯 6511 號僅有“從此以上四百佛”這一處的計數。甚至同一卷次的不同寫卷中記佛數標記都有不同，如同爲卷三的北敦 172 號與“北敦 1473 號＋北敦 1719 號＋北敦 1576 號＋北敦 1687 號＋北敦 1711 號＋北敦 1717 號＋北敦 1764 號＋北敦 1699 號＋北敦 1707 號＋北敦 1726 號＋北敦 1457 號＋北敦 1672 號＋北敦 1773 號＋北敦 1769 號”這組綴合，通卷在計數方面存在較大的差異，北敦 172 號在“彼如來授名光明輪勝威德菩薩阿耨多羅三藐三菩提記”（參 T14/122B7—122B8）句後標有“一千四百”，而後者則是在“南无名樂法奮迅佛”（參 T14/120C26）句後標注“一千四百”，兩句之間相差甚遠。上述歧異的産生，大概是因爲二十卷本《佛名經》由國人依託佛説，在菩提流支所譯十二卷本《佛名經》的基礎上改變而成，此後在民間流傳且流傳時間較短，并未入藏，亦未經仔細刊定，故對佛名的計數歧互不一。

　　經對業已刊布圖版的全面普查，敦煌文獻中共有《佛名經》二十卷本 114 號，包括：國圖藏 61 號，英藏 37 號，俄藏 10 號，散藏 6 號，其中首尾完整者僅 11 號，其餘 103 號皆有不同程度的殘損。已有綴合成果共計將該經 18 號綴合爲 7 組，包括《國圖》條記目録綴合 4 組：北敦 1576 號＋北敦 1687 號、北敦 1711 號＋北敦 1717 號＋北敦 1764 號＋北敦 1699 號＋北敦 1707 號＋北敦 1726 號，北敦 1773 號＋北敦 1769 號、[①] 北敦 11295 號＋北敦 145 號；張麗、張磊綴合 3 組：

---

　　① 《國圖》條記目録指出以上三組可以綴合，甚是，但却將這些寫卷定作“佛名經（十二卷本）卷二”，不確，詳見本篇第四組綴合。

北敦 1457 號＋北敦 1672 號、北敦 7651 號＋北敦 7592 號、北敦 7979 號＋斯 6720 號。①

　　本次補綴 4 組，新綴 13 組，共計將 44 號綴合爲 14 組，其中北敦 7183 號＋ 北敦 2192 號、北敦 5286 號＋北大敦 182 號二組綴合的討論已見於本書上編， 這裏不再列入。

1. 北敦 9269 號＋北敦 7484 號

　　（1）北敦 9269 號（唐 90），見 IDP，另見《國圖》105/208A—208B。卷軸裝， 2 紙。後部如圖 1 右部所示，前後皆殘，存 23 行（首行僅存下部 5 字左側殘形， 末 3 行下殘，末行僅存行端 8 字右側殘形），所存部分皆爲佛名，多分上下欄 抄寫，上下欄各抄 1 佛名。楷書。有烏絲欄。原卷無題，《國圖》擬題“佛名經（十二 卷本）卷一”，條記目録稱原卷紙高 26.2 釐米，爲 5—6 世紀南北朝時期寫本。

　　（2）北敦 7484 號（北 532；官 84），見 IDP，另見《國圖》97/156B— 157B。卷軸裝，2 紙。前部如圖 1 左部所示，前後皆殘，存 38 行（前 3 行上 部皆有殘損，首行僅存下端 4 殘字，末行僅存上欄佛名右側殘畫），所存部分 皆爲佛名，多分上下欄抄寫，上下欄各抄 1 佛名。楷書。有烏絲欄。原卷無題， 《劫餘録》定作佚本十六卷本《佛説佛名經》卷一；《索引》擬題“佛説佛名 經”；《寶藏》《索引新編》擬題“佛説佛名經卷第一”；《國圖》改題“佛名 經（二十卷本）卷一”，條記目録稱原卷紙高 26 釐米，爲 5—6 世紀南北朝時 期寫本。

　　按：上揭二號内容前後相承，可以綴合。綴合後如圖 1 所示，北敦 9269 號末 3 行與北敦 7484 號首 3 行左右上下相接，接縫處邊緣吻合，原本分屬 二號的“自在”“南”“八”“同名實躰”八字皆得復合爲一，縱向烏絲欄亦 可對接。又二號行款格式相同（紙高近同，皆有烏絲欄，行距、字距、字體 大小相近），書風相近（字體娟秀，筆墨匀厚），字迹似同（比較二號共有的

---

① 張麗、張磊整理《佛説佛名經（二十卷本）》，《藏外佛教文獻》第 10—15 輯，中國人民大學出版社， 2008—2011 年。

“南”“无”“佛”“王”“一”“切”“同”“名”“億”等字），可資參證。二號綴合後，存文起“南无一切同名迦葉佛”句“一切同”三字左側殘畫，訖“南无遠離怖畏毛豎稱佛”句右側殘畫，相應内容參見《大正藏》T14/115B13—116A17。

上揭二號既爲同一寫本之撕裂，其分卷系統應是一致的。將此二號與

北敦 7484 號（前部）　　　　　　　　北敦 9269 號（後部）

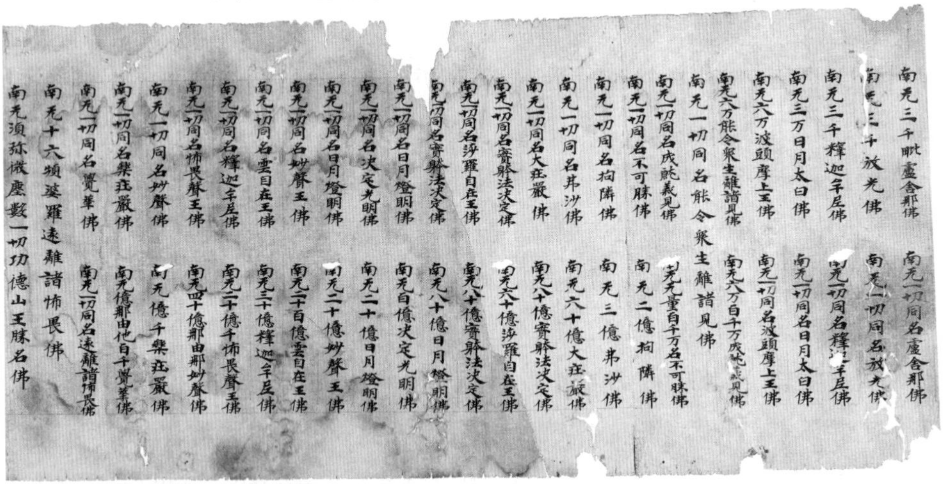

圖 1　北敦 9269 號（後部）＋北敦 7484 號（前部）綴合圖

十二卷本《佛名經》卷一進行對比，可以發現二者存在異文：北敦 9269 號第 9 行“南无一切同名盧舍那佛”，《大正藏》與《房山石經》十二卷本《佛名經》卷一均作“南无一切同名毘盧舍那佛”；北敦 7484 號第 2—3 行“南无八十億實體法決定佛”“南无八十億日月燈明佛”二句中的“八十億”，《大正藏》與《房山石經》十二卷本《佛名經》卷一均作“十八億”；北敦 7484 號第 15 行“南无須弥微塵數一切功德山王勝名佛”句，《大正藏》與《房山石經》十二卷本《佛名經》卷一均作“南无須彌山微塵數一切功德山王勝名佛”。再比對明確版本所屬的斯 6511 號（二十卷本卷一），此二號上述幾處文字與後者大致對應。由此可見，這一組寫卷亦應屬於二十卷本《佛名經》系統。《國圖》將北敦 7484 號定作二十卷本卷一，甚是，又把北敦 9269 號定作十二卷本卷一，則不妥；《劫餘録》將北敦 7484 號定作十二卷本《佛說佛名經》，亦不妥。

又如本文開頭所述，二十卷本《佛名經》形成於隋代，上揭一組寫卷既可確定屬於二十卷本系統，則其抄寫年代也只能在隋代以後，《國圖》條記目録稱該二號爲5—6世紀南北朝時期寫本，顯然也有問題。結合字體行款等特點，或可推定爲隋末唐初寫本。[1]

2. 斯 10836 號＋斯 7529 號＋北敦 2449 號

（1）斯 10836 號，見 IDP。殘片。如圖 2 右下部所示，存 8 殘行，多分上下欄各抄 1 佛名，上下佛名皆有殘缺。首行似標題，存"第二"字樣。有烏絲欄。IDP 未定名。

（2）斯 7529 號，見《寶藏》55/210A。卷軸裝，1 紙。如圖 2 中部所示，前殘後缺，存 19 行（前 2 行下部殘損嚴重，首行僅存行端 5 殘字），行字不等。有烏絲欄。原卷無題，《寶藏》擬題"佛名經卷第一"；《方録》同，歸入十六卷本系統，并稱原卷楷書字體帶有隸意，紙高 26.3 釐米，爲唐寫本。

（3）北敦 2449 號（北 554；成 49），見 IDP，另見《國圖》34/223B—234B。卷軸裝，前部如圖 2 左部所示，前缺尾全，存 18 紙 445 行，所存部分多爲佛名，每行多分上下欄各抄 1 佛名，行字不等。尾題"佛名經卷第二"。

北敦 2449 號（前部）　　　　　斯 7529 號　　　　　　斯 10836 號

圖 2　斯 10836 號＋斯 7529 號＋北敦 2449 號（前部）綴合圖

---

[1] 參看張涌泉、劉溪《二十卷本〈佛名經〉敦煌殘卷綴合研究》，《佛教文化研究》第 5 輯，南京大學出版社 2018 年，第 5—7 頁。

有烏絲欄。《劫餘録》定作佚本二十卷本《佛説佛名經》卷二,《國圖》同。《國圖》條記目録稱原卷紙高 26.5 釐米,爲 8 世紀唐楷書寫本。

按:上揭三號内容前後相承,可以綴合。綴合後如圖 2 所示,斯 10836 號與斯 7529 號左右上下相接,接縫處邊緣吻合,原本分屬二號的"痓(莊)""痓(莊)""善"三字皆得復合爲一,縱向烏絲欄亦可對接;斯 7529 號與北敦 2449 號左右相接,二號内容前後相承,接縫處皆爲失黏所致脱落,邊緣整齊,橫向烏絲欄可以對接。後二號遇到佛名較長時通常把"南无"二字連寫作"**竞**"形。又此三號行款格式相同(後二號紙高近同,皆有烏絲欄,行距、字距、字體大小相近),書風相近(筆墨均勻,豎筆較粗),字迹似同(比較三號共有的"南""心""佛""明""量""波"等字,又"莊"字皆寫作"痓"形),可資參證。

三號綴合後,可進一步澄清其定名問題。北敦 2449 號有尾題,《劫餘録》及《國圖》定作二十卷本《佛説佛名經》卷二,甚是。斯 10836 號首行存"第二"字樣,據殘存内容,其上殘損的很可能是"佛名經卷"四字。成問題的是斯 7259 號,《寶藏》及《方録》擬題"佛名經卷第一",就該號孤立地看,本號所存内容的確與十二卷本、十六卷本卷一相應部分大致相同,但上揭三號綴合後,則只與二十卷本卷二的内容才能完全一一對應,很顯然,這組寫卷皆應屬於二十卷本《佛名經》系統,應定名爲"《佛説佛名經》(二十卷本)卷二"。

3. 北敦 11600 號 + 北敦 4828 號

(1)北敦 11600 號(北臨 1729),見 IDP,另見《國圖》109/294A。殘片。如圖 3 右部所示,前後皆殘,存 15 行(前 3 行下部殘損,末行僅存行端 1 字右側殘畫),所存部分皆爲佛名,每行分上下欄各抄寫 1 佛名。楷書。有烏絲欄。原卷無題,《國圖》擬題"佛名經(十六卷本)卷一"。《國圖》條記目録稱原卷卷紙高 26.5 釐米,爲 9—10 世紀歸義軍時期寫本。

(2)北敦 4828 號(北 555;巨 28),見 IDP,另見《國圖》64/277B—288B。卷軸裝,17 紙。前部如圖 3 左部所示,前殘尾全,存 432 行,所存部分多爲佛名,每行多上下欄各抄 1 佛名。尾題"佛名經卷第二"。楷書。有烏絲欄。《劫餘録》及《國圖》定作二十卷本《佛説佛名經》卷二。《國圖》條記目録稱原卷紙高 27 釐米，爲 8 世紀唐寫本。

　　按：上揭二號内容前後相承，可以綴合。綴合後如圖 3 所示，二號左右相接，接縫處邊緣吻合，横縱烏絲欄亦可對接，接縫處北敦 4828 號首行行端 “南”

北敦 4828 號（前部）　　　　　　　　北敦 11600 號

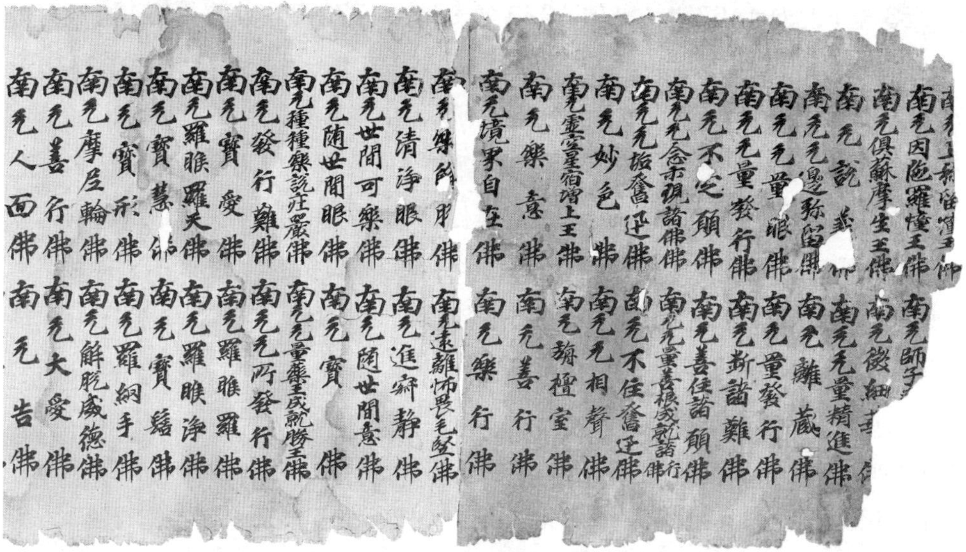

圖 3　北敦 11600 號＋北敦 4828 號（前部）綴合圖

字右側有少許筆畫撕裂在北敦 11600 號末行，二號拼合，其字右上部完整無缺。又二號行款格式相同（紙高近同，皆有烏絲欄，行距、字距、字體大小相近），書風相近（筆墨濃厚，字體方正，頓筆明顯），字迹似同（比較二號共有的 “南”“无”“行”“自”“念”“佛”“量” 等字），可資參證。二號綴合後，存文起 “南无上弥留幢王佛” 句殘字，訖尾題。

　　上揭二號既爲同一寫本之撕裂，則北敦 11600 號亦應屬於二十卷本《佛説佛名經》卷二殘片，二號綴合後其内容與完整的二十卷本卷二寫卷（如北敦 2056 號）完全對應，其出於同一系統可以無疑。《國圖》將北敦 11600 號定作十六卷本卷一，非是。根據二十卷本產生於隋朝而十六卷本產生於 8 世

紀之後，^① 結合字體行款等特點，《國圖》條記目錄稱北敦 4828 號爲 8 世紀唐
寫本，近是；而稱北敦 11600 號爲 9—10 世紀歸義軍時期寫本，則略嫌滯後。

4. 北敦 1473 號＋北敦 1719 號＋北敦 1576 號＋北敦 1687 號＋北敦
1711 號＋北敦 1717 號＋北敦 1764 號＋北敦 1699 號＋北敦 1707 號＋北敦
1726 號＋北敦 1457 號＋北敦 1672 號＋北敦 1773 號＋北敦 1769 號

（1）北敦 1473 號（北 553；寒 73），見 IDP，另見《國圖》21/332B—
333A。卷軸裝，2 紙。後部如圖 4-1 右部所示，前後皆殘，存 26 行（前 2 行上殘，
末 3 行下殘，末行僅存行端 1 字右側殘筆），所存部分皆爲佛名，每行多分上
下欄各抄寫 1 佛名。有烏絲欄。原卷無題，《劫餘録》定作佚本二十卷本《佛
説佛名經》卷二；《索引》擬題 "佛説佛名經"；《寶藏》《索引新編》擬題 "佛
説佛名經卷第二"；《國圖》改題 "佛名經（十二卷本）卷二"，條記目錄稱
原卷爲 9—10 世紀歸義軍時期楷書寫本。

（2）北敦 1719 號（北 557；往 19），見《國圖》24/49A—49B。卷軸裝，2 紙。
前部如圖 4-1 中右部所示，後部如圖 4-1 中左部所示，前後皆殘，存 23 行（首
行存下端末字殘形，次行僅存下端 3 殘字，末行僅存上部 6 字右側殘筆），所
存部分皆爲佛名，每行分上下欄各抄寫 1 佛名。有烏絲欄。原卷無題，《劫餘録》
定作佚本二十卷本《佛説佛名經》卷三；《索引》擬題 "佛説佛名經"；《寶藏》
《索引新編》擬題 "佛説佛名經卷第三"；《國圖》改題 "佛名經（十二卷本）
卷二"，條記目錄稱原卷爲 9—10 世紀歸義軍時期楷書寫本。

（3）北敦 1576 號（北 558；來 76），見 IDP，另見《國圖》22/310A—
311A。卷軸裝，3 紙。前部如圖 4-1 左部所示，前後皆殘，存 49 行（首行僅
存下部 4 字左側殘畫，末行上半大部殘損），所存部分多爲佛名，每行多分上
下欄各抄寫 1 佛名。有烏絲欄。原卷無題，《劫餘録》定作佚本二十卷本《佛
説佛名經》卷三；《索引》擬題 "佛説佛名經"；《寶藏》《索引新編》擬題 "佛
説佛名經卷第三"；《國圖》改題 "佛名經（十二卷本）卷二"，條記目錄稱
原卷爲 9—10 世紀歸義軍時期楷書寫本，并指出後接北敦 1687 號。

---

① 參方廣錩《中國寫本大藏經研究》，上海古籍出版社，2006 年，第 3—4 頁。

（4）北敦 1687 號（北 559；暑 87），見《國圖》23/307B—308B。卷軸裝，2 紙。後部如圖 4-2 右部所示，前後皆殘，存 39 行（首行下部略有殘損，末行左側略有殘損），行字不等。有烏絲欄。原卷無題，《劫餘録》定作佚本二十卷本《佛説佛名經》卷三；《索引》擬題 "佛説佛名經"；《寶藏》《索引新編》擬題 "佛説佛名經卷第三"；《國圖》改題 "佛名經（十二卷本）卷二"，條記目録稱原卷爲 9—10 世紀歸義軍時期楷書寫本，并指出首接北敦 1576 號。

（5）北敦 1711 號（北 560；往 11），見 IDP，另見《國圖》24/36B—37A。卷軸裝，3 紙。前部如圖 4-2 左部所示，前後皆殘，存 36 行（首行僅存左側殘字，末行僅存上部 5 殘字），所存部分多爲佛名，每行多分上下欄各抄寫 1 佛名。有烏絲欄。原卷無題，《劫餘録》定作佚本二十卷本《佛説佛名經》卷三；《索引》擬題 "佛説佛名經"；《寶藏》《索引新編》擬題 "佛説佛名經卷第三"；《國圖》改題 "佛名經（十二卷本）卷二"，條記目録稱原卷爲 9—10 世紀歸義軍時期楷書寫本，并指出後接北敦 1717 號。

（6）北敦 1717 號（北 561；往 17），見《國圖》24/46B—47A。卷軸裝，2 紙。前殘後缺，存 35 行（首行僅存左側殘字），行約 17 字。有烏絲欄。原卷無題，《劫餘録》定作佚本二十卷本《佛説佛名經》卷三；《索引》擬題 "佛説佛名經"；《寶藏》《索引新編》擬題 "佛説佛名經卷第三"；《國圖》改題 "佛名經（十二卷本）卷二"，條記目録稱原卷爲 9—10 世紀歸義軍時期隸楷寫本，并指出首接北敦 1711 號、後接北敦 1764 號。

（7）北敦 1764 號（北 562；往 64），見《國圖》24/245B—246B。卷軸裝，3 紙。前缺後殘，存 41 行（末行上部左側略有殘損），行約 17 字。有烏絲欄。原卷無題，《劫餘録》定作佚本二十卷本《佛説佛名經》卷三；《索引》擬題 "佛説佛名經"；《寶藏》《索引新編》擬題 "佛説佛名經卷第三"；《國圖》改題 "佛名經（十二卷本）卷二"，條記目録稱原卷爲 9—10 世紀歸義軍時期楷書寫本，并指出首接北敦 1717 號、後接北敦 1699 號。

（8）北敦 1699 號（北 563；暑 99），見《國圖》24/1A—2A。卷軸裝，3 紙。前殘後缺，存 43 行（首行僅存上部若干字左側殘畫），行約 17 字。有烏絲欄。原卷無題，《劫餘録》定作佚本二十卷本《佛説佛名經》卷三；《索引》擬題 "佛説佛名經";《寶藏》《索引新編》擬題 "佛説佛名經卷第三";《國圖》改題 "佛名經（十二卷本）卷二"，條記目録稱原卷爲 9—10 世紀歸義軍時期楷書寫本，并指出首接北敦 1764 號、後接北敦 1707 號。

（9）北敦 1707 號（北 564；往 7），見《國圖》24/14A—15A。卷軸裝，3 紙。前後皆殘，存 39 行（首行僅存上部 2 字左側殘畫，末行存下部 8 字右側殘畫），行約 17 字。有烏絲欄。原卷無題，《劫餘録》定作佚本二十卷本《佛説佛名經》卷三；《索引》擬題 "佛説佛名經";《寶藏》《索引新編》擬題 "佛説佛名經卷第三";《國圖》改題 "佛名經（十二卷本）卷二"，條記目録稱原卷爲 9—10 世紀歸義軍時期楷書寫本，并指出首接北敦 1699 號、後接北敦 1726 號。

（10）北敦 1726 號（北 565；往 26），見 IDP，另見《國圖》24/87A—88A。卷軸裝，2 紙。後部如圖 4-3 右部所示，前後皆殘，共 36 行（首行下部右側略有殘損），行約 17 字。有烏絲欄。原卷無題，《劫餘録》定作佚本二十卷本《佛説佛名經》（未定卷數）；《索引》擬題 "佛説佛名經";《寶藏》《索引新編》擬題 "佛説佛名經卷第三";《國圖》改題 "佛名經（十二卷本）卷二"，條記目録稱原卷爲 9—10 世紀歸義軍時期楷書寫本，并指出首接北敦 1707 號。

（11）北敦 1457 號（北 566；寒 57），見 IDP，另見《國圖》21/259B—260B。卷軸裝，3 紙。前部如圖 4-3 左部所示，前缺後殘，存 38 行（末行僅存中部 5 字右側殘筆），所存部分多爲三寶名，行字不等。有烏絲欄。原卷無題，《劫餘録》定作佚本二十卷本《佛説佛名經》卷三；《索引》擬題 "佛説佛名經";《寶藏》《索引新編》擬題 "佛説佛名經卷第三";《國圖》擬題 "佛名經（二十卷本）卷三"，條記目録稱原卷爲 9—10 世紀歸義軍時期楷書寫本。

（12）北敦 1672 號（北 567；暑 72），見 IDP，另見《國圖》23/252A—253A。卷軸裝，2 紙。後部如圖 4-4 右部所示，前後皆殘，存 40 行（首行右側略有殘損，末行存上部近 10 字右側殘形），行約 17 字。有烏絲欄。原卷無題，《劫餘録》定作佚本二十卷本《佛説佛名經》卷三；《索引》擬題 "佛説佛名經";《寶藏》《索引新編》擬題 "佛説佛名經卷第三";《國圖》擬題 "佛名經（二十卷本）卷三"，條記目録稱原卷爲 9—10 世紀歸義軍時期隸楷寫本。

　　（13）北敦 1773 號（北 568；往 73），見 IDP，另見《國圖》24/261A—261B。卷軸裝，2 紙。前部如圖 4-4 左部所示，前殘後缺，存 29 行（首行上部約 7 字右側殘損），行約 17 字。有烏絲欄。原卷無題，《劫餘録》定作佚本二十卷本《佛説佛名經》卷三；《索引》擬題“佛説佛名經”；《寶藏》《索引新編》擬題“佛説佛名經卷第三”；《國圖》改題“佛名經（三十卷本）卷三”，條記目録稱原卷爲 7—8 世紀唐隸楷寫本，并指出後接北敦 1769 號。

　　（14）北敦 1769 號（北 569；往 69），見《國圖》24/253A—254A。卷軸裝，2 紙。前殘尾全，存 33 行（首行僅存行首 1 字左側殘畫），行約 17 字。尾題“佛名經卷弟三”。有烏絲欄。《劫餘録》稱該號屬於佚本二十卷本系統；《國圖》則稱該號爲《佛名經》三十卷本，條記目録稱原卷爲 9—10 世紀歸義軍時期隸楷寫本，并指出首接北敦 1773 號。

　　按：《國圖》條記目録已指出北敦 1576 號＋北敦 1687 號、北敦 1711 號＋北敦 1717 號＋北敦 1764 號＋北敦 1699 號＋北敦 1707 號＋北敦 1726 號、北敦 1773 號＋北敦 1769 號這 3 組可綴，張麗、張磊亦已指出北敦 1457 號＋北敦 1672 號可綴，皆是。

　　今謂上揭十四號内容前後相承，皆可綴合，綴合順序爲“北敦 1473 號＋北敦 1719 號＋北敦 1576 號＋北敦 1687 號＋北敦 1711 號＋北敦 1717 號＋北敦 1764 號＋北敦 1699 號＋北敦 1707 號＋北敦 1726 號＋北敦 1457 號＋北敦 1672 號＋北敦 1773 號＋北敦 1769 號”。

　　本文補綴部分綴合後如圖 4-1 至 4-4 所示，諸相鄰二號左右相接，接縫處邊緣吻合，横縱烏絲欄亦可對接。北敦 1473 號與北敦 1719 號綴合後如圖 4-1 右部所示，接縫處原本分屬二號的“佛”“无竭”“南”四字皆得復合爲一；北敦 1719 號與北敦 1576 號綴合後如圖 4-1 左部所示，接縫處原本分屬二號的“善夜摩佛”“南无善行佛”“南”十字皆得其全；北敦 1687 號與北敦 1711 號綴合後如圖 4-2 所示，接縫處原本分屬二號的“南无散香上勝如來，南无多寶如來”14 字皆得成完璧；北敦 1726 號與北敦 1457 號綴合後如圖 4-3 所示，接縫處原本分屬二號的“心”“彼如”“授”四字皆得成完璧，北敦 1726 號末行“彼如來授名勝慧菩薩阿耨”與北敦 1457 號首行“多羅三藐三菩提記”相

北敦 1576 號（前部）　　　　　　北敦 1719 號　　　　　　北敦 1473 號（後部）

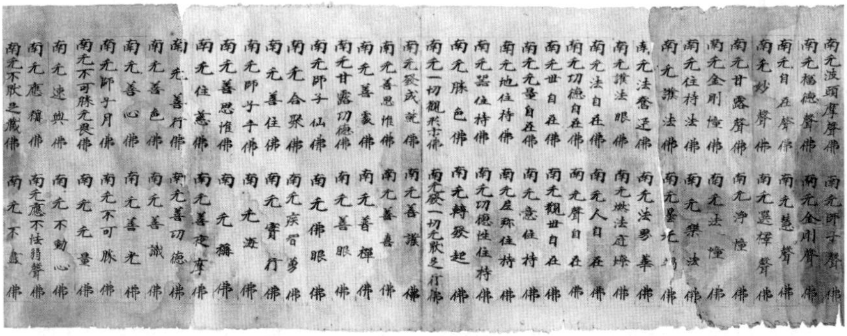

圖 4-1　北敦 1473 號（後部）+ 北敦 1719 號 + 北敦 1576 號（前部）綴合圖

北敦 1711 號（前部）　　北敦 1687 號（後部）

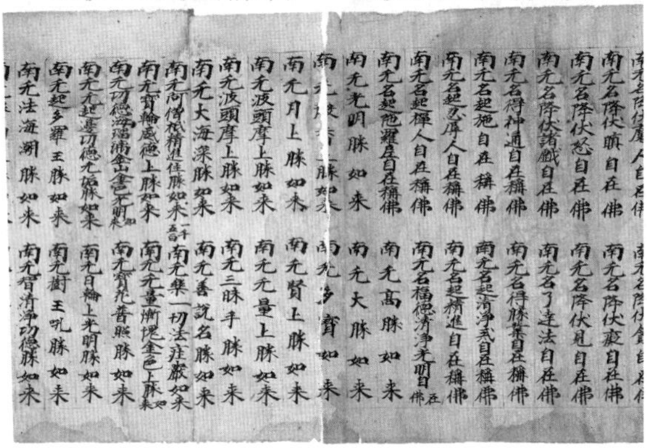

圖 4-2　北敦 1687 號（後部）+ 北敦 1711 號（前部）綴合圖

北敦 1457 號（前部）　　北敦 1726 號（後部）

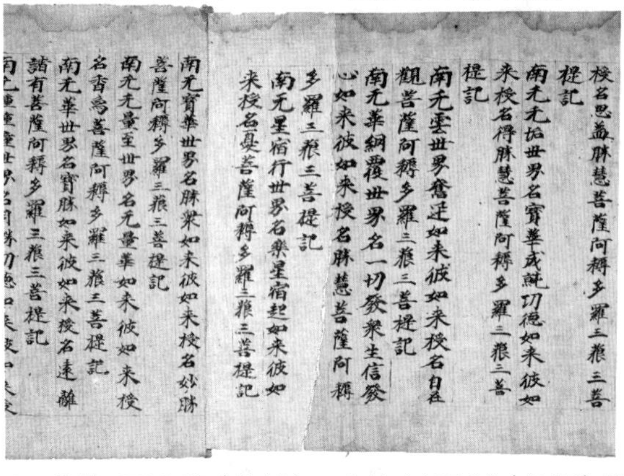

圖 4-3　北敦 1726 號（後部）+ 北敦 1457 號（前部）綴合圖

連成句，中無缺字；北敦 1672 號與北敦 1773 號綴合後如圖 4-4 所示，接縫處原本分屬二號的“等今日至心歸依十方諸佛”11 字亦得復合爲一。

北敦 1773 號（前部）　　北敦 1672 號（後部）

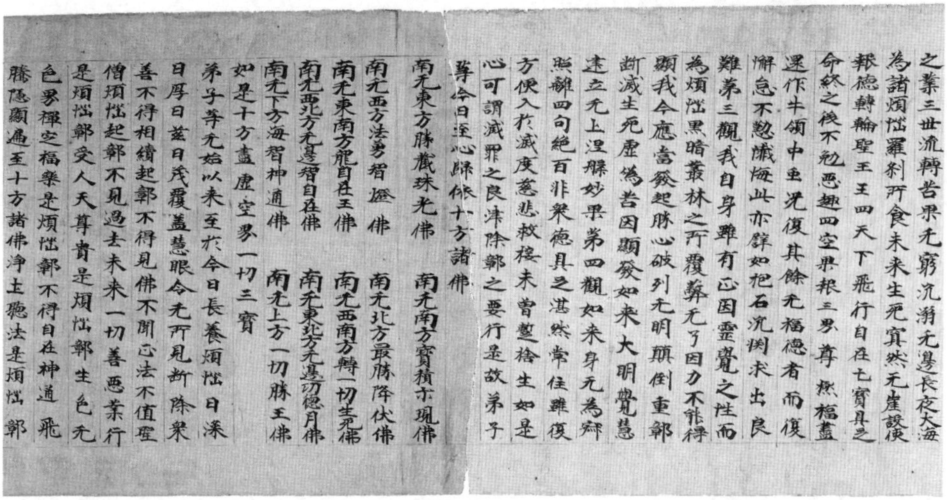
之業三世流轉苦果无窮沉溺无邊長夜大海
為諸煩惱羅刹所食未來生死冥然无崖設使
報德轉輪聖王王四天下飛行自在七寶具足
命終之後不免惡趣四空果報三界尊極福盡
還作牛領中虫況復其餘无福德者而復
懈怠不懃懺悔此亦譬如抱石沉渊求出良
難弟三觀我自身雖有正因靈覺之性而
為煩惱黑暗叢林之所覆蔽无了因力不能得
顯我今應當發起勝心破列无明顛倒重鄣
斷滅生死虛偽苦因顯發如來大明覺慧
建立无上涅槃妙果弟四觀如來身无為寂
照離四句絕百非衆德具足湛然常住雖復
方便入於滅度慈悲救接未曾暫捨生如是
心可謂滅罪之良津除鄣之要行是故弟子
等今日至心歸依十方諸佛
南无東方勝藏珠光佛　南无南方寶積示現佛
南无西方法勇智燈佛　南无北方最勝降伏佛
南无東南方龍自在王佛　南无西南方轉一切生死佛
南无西北方无邊智自在佛　南无東北方无邊功德月佛
南无下方海智神通佛　南无上方一切勝王佛
如是十方盡虛空界一切三寶
弟子等无始以來至於今日長養煩惱日深
日厚日茲日茂覆蓋慧眼令无所見斷除衆
善不得相續起鄣不得見佛不聞正法不值聖
僧煩惱起鄣不見過去未來一切善惡業行
是煩惱鄣受人天尊貴是煩惱鄣生色无
色界禪定福樂是煩惱鄣不得自在神通飛
騰隱顯遍至十方諸佛淨土聽法是煩惱鄣

圖 4-4　北敦 1672 號（後部）+ 北敦 1773 號（前部）綴合圖

又這十四號殘卷抄寫行款格式相近（皆有烏絲欄，天頭地脚大致等高，[①] 行距、字距、字體大小相近），書風相近（筆墨匀厚，筆畫略傾斜，起筆、頓筆痕迹明顯，捺筆出鋒），字迹似同（如“无”字多作“无”形，起筆作短撇；“界”字多作“界”形，下部近似“分”；[②]“在”字多作“在”，前二筆連書，等等），可資參證。據字迹書風判斷，上揭十四號寫卷應皆出於同一人之手，其爲同一寫卷之撕裂應可無疑。

此十四號綴合後，共 493 行，存文起“□□□▨（南无无邊）光明佛”，訖尾題“佛名經卷苐三”。比較張麗、張磊整理的二十卷本《佛名經》，本卷前缺約 18 行，卷首所存内容比張麗、張磊據以作爲底本的北敦 172 號《佛名經》卷三還要多出 12 行，是一個比較完整的本子，頗可珍視。

---

① 北敦 1457 號前 3 行的天頭地脚與後面部分天頭地脚的高度不相同，但比對字迹可知兩部分皆出自一人之手，上下界欄高度不一大約是由不同尺寸的紙張粘接造成的。

② 伯 2011 號《王一・怪韻》：“介，通俗作介。”可參。

　　原有研究對上揭各號所屬系統、卷數、字體、抄寫時代等關鍵屬性的判斷歧見紛紜，差別甚大。今既判定這十四號爲同一寫本之撕裂，則可進一步澄清以下問題：

　　（1）所屬系統

　　《大正藏》收載元魏菩提流支譯的十二卷本《佛名經》和失譯人名的三十卷本《佛名經》；今人張麗、張磊又據敦煌寫本整理了二十卷本《佛名經》（其中的卷三係以北敦 172 號爲底本，以北敦 1457 號＋北敦 1672 號參校）。《劫餘録》把上揭 14 號均定作二十卷本《佛説佛名經》系統，甚是。《國圖》把上揭寫卷前 10 號定作十二卷本卷二，又把北敦 1457 號、北敦 1672 號二號定作二十卷本卷三，把北敦 1773 號、北敦 1769 號二號定作三十卷本卷三。就各號孤立地看，前 10 號所存內容的確與十二卷本卷二對應部分大致相同，後二號所存內容也與三十卷本卷三對應部分大致相同，但各號綴合後，只與二十卷本卷三的內容才完全一一對應，很顯然，這一組寫卷皆應屬於二十卷本《佛名經》系統。

　　（2）卷數

　　北敦 1769 號尾題“佛名經卷弟三”，可證上揭十四號寫卷應皆爲該經卷三之殘卷。《國圖》把前 10 號寫卷擬題作“佛名經（十二卷本）卷二”，顯然不妥。《劫餘録》把北敦 1473 號定作二十卷本《佛説佛名經》卷二，恐亦未是，[①] 但《劫餘録》把除未定卷數的北敦 1726 號以外的十二號均定作二十卷本《佛説佛名經》卷三，則甚是。

　　（3）字體

　　《國圖》條記目録稱北敦 1717 號、北敦 1672 號、北敦 1773 號、北敦 1769 號四號所書字體爲隸楷字體，稱其餘 10 號所書字體爲楷書字體。如前考

―――――――――

　　① 北敦 1473 號殘卷有少數佛名亦見於同屬二十卷本且首尾完具的北敦 2056 號《佛説佛名經》卷二（如“南无月光明佛”“南无日光明佛”“南无妙鼓聲佛”“南无天聲佛”“南无師子聲佛”“南无妙聲佛”“南无法幢佛”等），但多數佛名未見，且所載佛名序次大異，不能據以牽合爲一。更明確的證據是北敦 1473 號“南无雲勝聲佛”以下 12 行亦見於尾題“佛名經卷第三”的北敦 172 號之首，且先後順序全合，後者《劫餘録》亦定作二十卷本《佛説佛名經》卷三。

定，這十四號寫卷乃同一寫卷之撕裂，且出於同一人之手，則其字體不應有別，或宜根據其總體特點一併定作楷書字體爲穩妥。

（4）書寫時代

《國圖》條記目録稱北敦1773號爲7—8世紀唐寫本，其餘13號則定爲9—10世紀歸義軍時期寫本；尤其是《國圖》條記目録稱北敦1773號可與北敦1769號綴合，而後者却被判定爲9—10世紀歸義軍時期寫本之一，自相矛盾。從其字體書風觀察，或以定作8世紀唐寫本爲穩妥。

5. 斯10734號＋斯3114號

（1）斯10734號，見IDP。殘片。如圖5右下部所示，存5殘行，行存下部1—9字。楷書。有烏絲欄。原卷無題，IDP未定名。

（2）斯3114號（翟4804），見《寶藏》26/110B—115A。卷軸裝。前部如圖5左上部所示，前殘後缺，存166行（前3行下部有殘損），所存部分皆爲三寶名，每行多分上下欄各抄一個三寶名。楷書。有烏絲欄。原卷無題，《索引》及《寶藏》《索引新編》擬題"佛名經"。

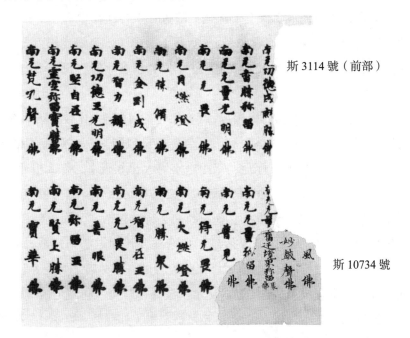

斯3114號（前部）

斯10734號

圖5　斯10734號＋斯3114號（前部）綴合圖

按：比勘二十卷本《佛名經》卷四完整文本（如斯 1628 號），斯 3114 號所存內容與後者對應部分大致相同，故當爲《佛名經》（二十卷本）卷四殘卷。而斯 10734 號恰可補入斯 3114 號卷端右下角，可以完全綴合。二號綴合後如圖 5 所示，斯 3114 號第 1—3 行與斯 10734 號第 3—5 行上下相接，接縫處邊緣吻合，斯 3114 號 “量” “弥” 二字右下側有少許筆畫撕裂在斯 10734 號，二號拼合後此二字皆得成完璧。又此二號行款格式相同（皆有烏絲欄，行距、字距、字體大小相近），書風相近（皆爲楷書字體，字體方正，筆畫平直），字迹似同（比較二號共有的 “佛” “留” “界” “妙” 等字），可資參證。

6. 斯 7559 號…斯 7297 號

（1）斯 7559 號，見《寶藏》55/232B。殘片。如圖 6 右部所示，存 10 行（首行上下皆殘損，末 2 行下部皆殘損，末行上部亦有殘損），行約 17 字。有烏絲欄。原卷無題，《寶藏》擬題 “佛名經卷第六”；《方錄》改題 “佛名經（十六卷本）卷三”，并稱原卷行楷，紙高 27.1 釐米，爲唐寫本。

（2）斯 7297 號，見《寶藏》54/631A。殘片。如圖 6 左部所示，存 11 行（首行上下皆有殘損，末 2 行上下部殘損嚴重，末行僅存中部 4 字右側殘形），行約 17 字。有烏絲欄。原卷無題，《寶藏》擬題 “佛名經卷第六”；《方錄》改題 “佛名經（十六卷本）卷三”，并稱原卷楷書字體，紙高 27 釐米，爲歸義軍時期寫本。

按：上揭二號內容前後相近，存有綴合的可能性。比較二號共有的 “悔” “今日” “等” “罪” “如” “是” 等字，字迹書風似同。又二號行款格式相同（紙高近同，皆有烏絲欄，行距、字距、字體大小相近），書風相近（筆墨均勻，筆畫纖細，字體清秀）。由此推斷，此二號確可綴合。綴合後如圖 6 所示，二號不直接相連，據完整文本推算，間缺 2 行，包括 “又復無始以來至於今日，穿踰牆壁，斷道抄掠，抵捍債息，負情違要，面欺心口，或非道凌” 34 字，正好合於該二號行 17 字的格式。二號綴合後，存文起 “如是等罪，今悉懺悔” 句（前四字有殘損），訖 “迴向滿足檀波羅蜜” 句 “向滿足檀” 四字殘形。

比勘二十卷本《佛名經》卷五完整文本（如北敦 633 號），上揭二號所存內容與後者對應部分完全相同，此二號係二十卷本《佛名經》卷五無疑。而

比勘同爲十六卷本卷三且內容完整的寫卷（如北敦6824號），可以發現兩者
存在異文：斯7559號第6行"今悉發露皆當懺悔"，北敦6824號則作"今日
至到皆悉懺悔"；斯7297號第3行"今日慇重"，而北敦6824號作"今日至
到"。故《方録》將此組寫卷定作"佛名經（十六卷本）卷三"，當不確。

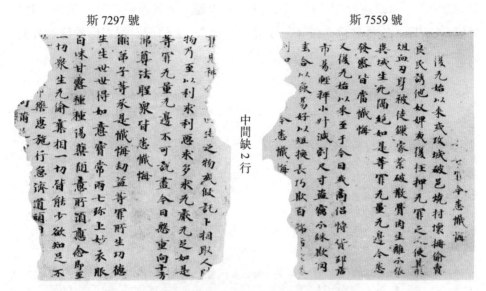

斯7297號　　　　　　　　　　　斯7559號

中間缺2行

圖6　斯7559號…斯7297號綴合示意圖

又《方録》稱斯7559號行楷字體，爲唐寫本；又稱斯7297號楷書字體，
爲歸義軍時期寫本，二號寫卷字體與抄寫時間的推定皆有出入，顯有不妥。
比較而言，字體方面當以後説近是；但根據各版本《佛名經》的流傳和演變
情況來看，抄寫時間定作歸義軍時期則明顯滯後。

7. 北敦8308號＋斯581號

（1）北敦8308號（北575；衣8），見IDP，另見《國圖》102/118B—
119B。卷軸裝，2紙。後部如圖7右部所示，前殘後缺，存56行（每紙28行），
所存部分皆爲佛名，每行分上下欄各抄一個佛名。楷書。有烏絲欄。原卷無題，
《劫餘録》定作佚本二十卷本《佛説佛名經》卷六；《索引》擬題"佛説佛名經"；
《寶藏》《索引新編》擬題"佛説佛名經卷第六"；《國圖》改題"佛名經（十二
卷本）卷四"，條記目録稱原卷經黄打紙，紙高26釐米，爲7—8世紀唐寫本。

（2）斯581號（翟4795），見IDP，另見《英圖》9/342B—347B。卷軸裝，8紙。前部如圖7左部所示，前缺尾全，存193行（前6紙每紙28行，第7紙25行），所存部分多爲佛名，每行多分上下欄各抄寫一個佛名，其他部分行約17字。尾題"佛名經卷第六"，中有品題"大乘蓮華寶達問答報應沙門品第廿八"，末紙有題記"沙門法瓊礼"，背題"佛名經第六"。楷書。有烏絲欄。《英圖》定作"佛名經（二十卷本）卷六"，條記目録稱原卷經黄打紙，紙高26釐米，爲7—8世紀唐寫本。

斯581號（前部）　　　　　　　　　　　北敦8308號（後部）

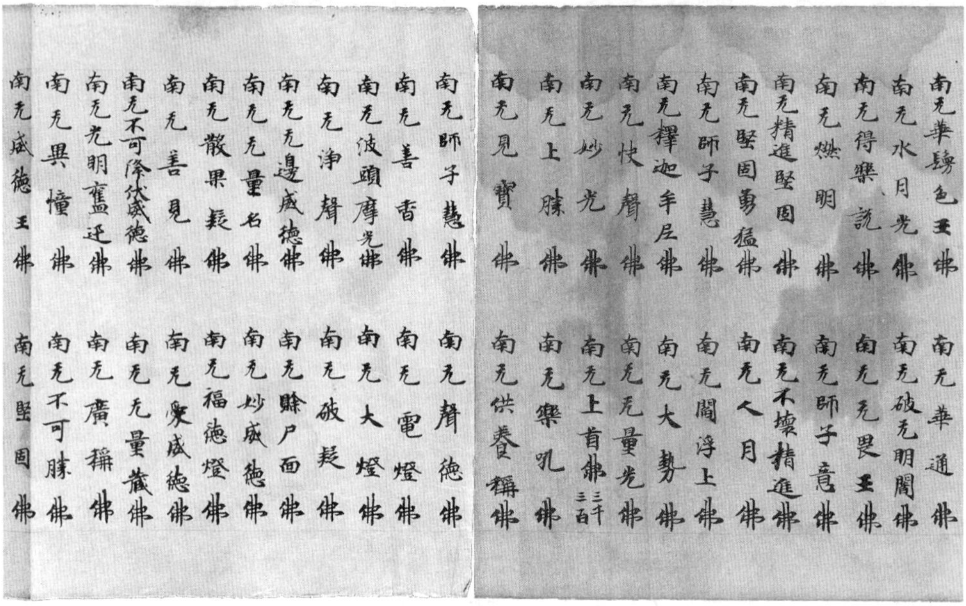

圖7　北敦8308號（後部）+斯581號（前部）綴合圖

按：斯581號經文中有"次礼十二部經般若海藏"的内容，符合二十卷本《佛説佛名經》的基本特徵，應爲二十卷本系統無疑。北敦8308號《國圖》定作十二卷本卷四，但敘録同時也指出："與《大正藏》本對照，佛名略有顛倒和不同"，其實該號《劫餘録》定作二十卷本《佛説佛名經》卷六完全正確。上揭二號皆係二十卷本《佛説佛名經》卷六殘卷，且内容前後相承，可以綴合。綴合後如圖7所示，二號左右相接，接縫處皆爲失黏所致脱落（前後紙均爲 28 行，合於全卷每紙滿行 28 行之數），邊緣整齊，橫向烏絲欄可以對接。比較二號間交互出現的 "寂""无""在""香""勝""藏""寶" 七字，如表 1 所示，字迹似同。二號皆用經黄打紙，紙高皆 26 釐米，又行款格式相同（天頭地脚等高，皆有烏絲欄，行距、字距、字體大小相近），書風相近（筆畫舒朗，結構規整），可資參證。二號綴合後，所存内容與同爲二十卷本《佛説佛名經》卷六且内容接近完整的斯 3076 號（僅尾部殘缺近 20 行）對應部分大體相同，可以比勘。

表 1　北敦 8308 號、斯 581 號字迹比較表

例字 卷號	寂	無	在	香	勝	藏	寶
北敦 8308 號	寂	无 无	在	香	勝	藏	寶
斯 581 號	寂	无 无	在	香	勝	藏	寶

8. 斯 12015 號 + 俄敦 10484 號 + 北敦 4323 號

（1）斯 12015 號，見 IDP。殘片。如圖 8 右部所示，前後皆殘，存 11 殘行（前 5 行上下殘、後 2 行下殘），所存部分皆爲佛名，每行分上下欄各抄一個佛名。楷書。有烏絲欄。原卷無題，IDP 未定名。

（2）俄敦 10484 號，見《俄藏》14/302B。殘片。如圖 8 中下部所示，存 9 殘行，行存下部 3—8 字。楷書。有烏絲欄。原卷無題，《俄藏》未定名；《俄録》定作菩提流支譯《佛説佛名經》卷第四，又稱 "另失譯《佛説佛名經》卷第十也相符"。

（3）北敦 4323 號（北 577；出 23），見《國圖》58/202B—213B。卷軸裝，18 紙。前部如圖 8 左上部所示，前殘尾全，存 424 行（首行僅存上中部 4 字的殘形或殘筆，其後 7 行下部多殘缺），所存部分多爲佛名，每行多分上下欄各抄一個佛名，其餘行約 17 字。尾題 "佛名經卷第七"。有烏絲欄。《劫餘録》及《國圖》定作二十卷本《佛説佛名經》卷七。《國圖》條記目録稱原卷爲 8

世紀唐楷書寫本。

　　按：前二號亦應皆爲二十卷本《佛説佛名經》卷七殘片，且與後一號內容前後相承，可以綴合。綴合後如圖8所示，諸相鄰二號接縫處邊緣吻合，橫縱烏絲欄亦可對接。斯12015號下部與俄敦10484號上下左右相接，俄敦10484號首行"普"字有少許筆畫撕裂在斯12015號，二號綴合後得成完璧；斯12015號上部與北敦4323號上下左右相接，接縫處原本分屬二號的"南""寂光佛"四字皆得復合爲一（斯12015號末行"南""寂""光"三字左側有少許筆畫撕裂在斯4323號，斯4323號第二行上部"佛"字右上側有少許筆畫撕裂在斯12015號）；斯4323號第1—8行與俄敦10484號第2—9行上下左右相接，接縫處原本分屬二號的七個"南"字和"无心意"三字皆得復合爲一。又此三號行款格式相同（天頭地脚高度近同，皆有烏絲欄，行距、字距、字體大小相近），書風相近（筆畫較細，頓筆不明顯），字迹似同（比較三號共有的"南""佛""供""養"等字），可資參證。三號綴合後，存文起"南无海智佛"句末二字左側殘畫，訖尾題，與同爲二十卷本《佛説佛名經》卷七且首尾完整的北敦3135號對應部分大體相同，可以比勘。《俄録》把俄敦10484號定作菩提流支譯《佛説佛名經》卷四或失譯《佛説佛名經》卷十，皆不確。

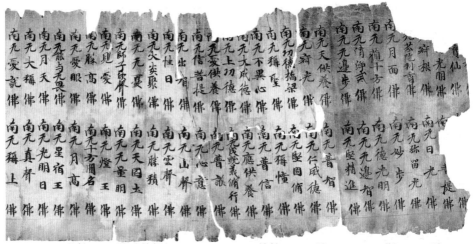

北敦 4323 號（前部）　　　　　　俄敦 10484 號　　　　　　斯 12015 號

圖 8　斯 12015 號＋俄敦 10484 號＋北敦 4323 號（前部）綴合圖

9. 北敦 4811 號＋北敦 4860 號＋北敦 4975 號

（1）北敦 4811 號（北 579；巨 11），見《國圖》64/162A—165A。卷軸裝，5 紙。後部如圖 9 上右部所示，前殘後缺，存 128 行（每紙 26 行），所存部分皆爲佛名，多分上下欄各抄寫一個佛名。楷書。有烏絲欄。原卷無題，《劫餘録》定作佚本二十卷本《佛説佛名經》卷八；《索引》擬題“佛説佛名經”；《寶藏》《索引新編》擬題“佛説佛名經卷第八”；《國圖》改題“佛名經（十二卷本）卷五”，條記目録稱原卷紙高 27.6 釐米，爲 8 世紀唐寫本。

（2）北敦 4860 號（北 501；巨 60），見《國圖》65/49A—54A。卷軸裝，8 紙。前部如圖 9 上左部所示，後部如圖 9 下右部所示，前後皆缺，存 208 行（每紙 26 行），所存部分皆爲佛名，多分上下欄各抄寫一個佛名。楷書。有烏絲欄。原卷無題，《劫餘録》定作十二卷本《佛説佛名經》（未標卷次）；《索引》《寶藏》擬題“佛説佛名經”；《索引新編》擬題“佛説佛名經卷”；《國圖》改題“佛名經（十二卷本）卷五”，條記目録稱原卷紙高 27.4 釐米，爲 7—8 世紀唐寫本。

（3）北敦 4975 號（北 580；闕 75），見 IDP，另見《國圖》66/237A—239B。卷軸裝，4 紙。前部如圖 9 下左部所示，前缺尾全，存 99 行（前 3 紙每紙 26 行，末紙 21 行，末尾另有 5 行空白），行約 17 字。尾題“佛名經卷第八”。楷書。有烏絲欄。《劫餘録》及《國圖》定作二十卷本《佛説佛名經》卷八；《國圖》條記目録稱原卷紙高 27.5 釐米，爲 7—8 世紀唐寫本。

按：後一號有尾題，且文句符合二十卷本的特徵，故爲二十卷本《佛説佛名經》卷八各家無疑義。前二號所存部分皆爲佛名，其内容既見於傳世的十二卷本《佛説佛名經》卷五，亦見於失傳的二十卷本《佛説佛名經》卷八，故各家題名紛紜不定。今考上揭三號内容前後相承，中無缺字，存有綴合的可能性。諸相鄰二號接縫處皆爲失黏所致脱落，邊緣整齊，橫向烏絲欄可以對接。比較三號間交互出現的“猛”“无”“勝”“光”“佛”“稱”“德”“藏”等字，如表 2 所示，字迹似同。且此三號行款格式相同（紙高近同，皆有烏絲欄，行距、字距、字體大小相近），書風相近（字體端正，結構均勻）。由此判定，此三號確可綴合，前二號綴合後如圖 9 上部所示，後二號綴合後如圖 9 下部所示，三號綴合後，存文起“□□☑（南无樂）聲佛”，訖尾題，比

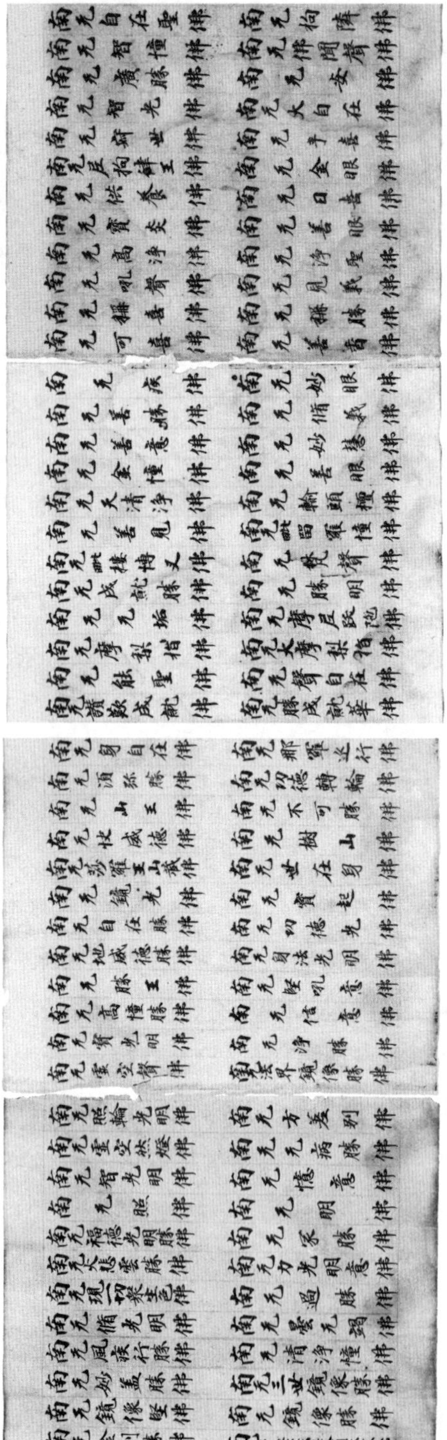

圖 9　北敦 4811 號（後部）＋北敦 4860 號（前部、後部）＋北敦 4975 號（前部）綴合圖

較張麗、張磊整理的二十卷本《佛名經》卷八（《藏外佛教文獻》第12輯），本卷除卷首前3行經文上部有殘損外，僅缺卷端首題（首題下則爲空白行，此二行加上北敦4811號首紙存有文字的24行，正好合於該卷每紙26行之數），卷首所存內容較張麗、張磊據以作爲底本的斯2797號還要多出38行，幾近完帙，殊可寶貴。

上揭三號既爲同一寫卷之撕裂，可以綴合，則北敦4811號、北敦4860號自亦應定爲二十卷本《佛説佛名經》卷八殘卷；《劫餘錄》將前號、《國圖》將此二號一併定作十二卷本系統，非是。

表2　北敦4811號、北敦4860號、北敦4975號字迹比較表

例字 卷號	猛	無	勝	光	佛	稱	德	藏
北敦4811號	猛	无	勝	光	佛	稱	德	藏
北敦4860號	猛	无	勝	光	佛	稱	德	藏
北敦4975號	猛	无	勝	光	佛	稱	德	藏

10. 斯10839號+斯2797號

（1）斯10839號，見IDP。殘片。如圖10右下部所示，存7殘行（首行僅存行末1字左側，末行存下欄行端2殘字），行存下部1—6字不等。有烏絲欄。楷書字體。原卷無題，IDP未定名。

（2）斯2797號（翟4716），見《寶藏》23/454B—465B。前部如圖10左上部所示，前殘尾全，存399行（前部殘損嚴重，前10行下部殘損）所存部分多爲佛名，每行多分上下欄各抄一個佛名，其餘行約17字。尾題"佛名經卷第八"。楷書。有烏絲欄。

按：據殘存文字推斷，上揭二號皆爲二十卷本《佛説佛名經》卷八殘卷，且其內容前後相承，可以綴合。綴合後如圖10所示，斯2797號第4—10行與斯10839號第1—7行上下相接，接縫處"南无普光佛"句"南"字左側豎

畫撕裂在斯 2797 號，"佛"字右下側有少許筆畫撕裂在斯 10839 號，二號拼合，此二字皆得以復合爲一。又此二號行款格式相同（皆有烏絲欄，行距、字距、字體大小相近），書風相近（字行方正，筆畫有力），字迹似同（比較二號共有的"佛""留""界""妙"等字），可資參證。二號綴合後，存文起"南无妙信佛"句殘字，訖尾題，卷首殘缺近 40 行。

斯 2797 號（前部）

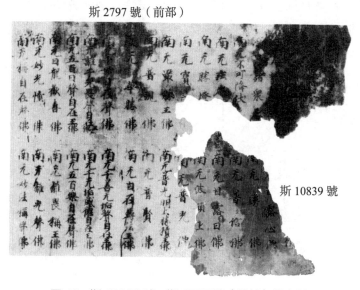

斯 10839 號

圖 10　斯 10839 號＋斯 2797 號（前部）綴合圖

11. 北敦 695 號＋北敦 560 號＋斯 7581 號

（1）北敦 695 號（北 599；日 95），見 IDP，另見《國圖》10/108B—112A。卷軸裝，7 紙。後部如圖 11 右部所示，前殘後缺，存 132 行，所存部分多爲佛名，每行分上下欄各抄一個佛名，其餘行約 17 字。楷書。有烏絲欄。有行間校加字。原卷無題，《劫餘録》及《國圖》定作佚本二十卷本《佛説佛名經》卷二十。《國圖》條記目録稱原卷紙高 25 釐米，爲 7—8 世紀唐寫本。

（2）北敦 560 號（北 600；荒 60），見 IDP，另見《國圖》8/218A—220A。卷軸裝，5 紙。前部如圖 11 中右部所示，後部如圖 11 中左部所示，前後皆殘，存 97 行（首行下部殘 1 字，倒二行下部左側略有殘損，末行僅存上部 8 字右側殘形），行約 17 字。楷書。有烏絲欄。原卷無題，《劫餘録》及《國圖》定作佚本二十卷本《佛説佛名經》卷二十；《索引》擬題 "佛説佛名經"；
《寶藏》《索引新編》擬題 "佛説佛名經卷第二十"。《國圖》條記目録稱原卷
紙高 25 釐米，爲 7—8 世紀唐寫本。

（3）斯 7581 號，見《寶藏》55/247B。殘片。前部如圖 11 左部所示，
首殘後缺，存 14 行（首行僅存行末 6 字左側殘畫，次行上部殘損），行約 17
字。楷書。有烏絲欄。原卷無題，《寶藏》擬題 "佛名經卷"；《方録》改題 "佛
名經（二十卷本）卷二十"，并稱原卷紙高 25.1 釐米，爲唐寫本。

按：上揭三號皆爲二十卷本《佛説佛名經》卷二十殘卷，且其內容前後相承，
可以綴合。前二號綴合後如圖 11 右部所示，二號左右相接，內容前後相連，
中無缺字；二號接縫處皆爲失黏所致脱落，邊緣整齊，橫向烏絲欄可以對接；
比較二號共有的 "南""菩""薩""寶""光" 等字，字迹書風似同。後二號
綴合後如圖 11 左部所示，二號左右上下相接，接縫處邊緣吻合，原本分屬二
號的 "遮法説爲四重" 六字皆得成完璧。又此三號紙高皆 25 釐米左右，行款
格式相同（皆有烏絲欄，行距、字距、字體大小相近），書風相近（字體端秀，
筆畫遒勁，筆墨勻厚），字迹似同，可資參證。三號綴合後，存文起 "信樂受持"
句後三字，訖 "三十捨墮" 句前二字，與全卷完整的北敦 3587 號《佛説佛名經》
卷二十相應部分略同，約近整卷之一半。

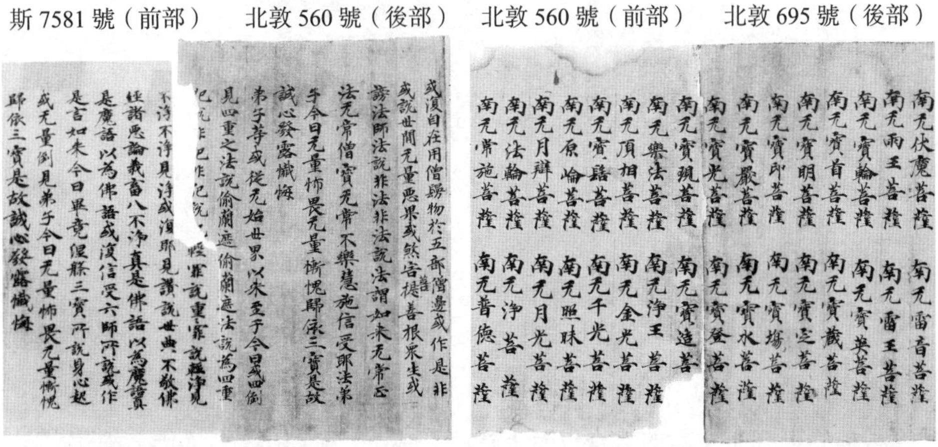

斯 7581 號（前部）　北敦 560 號（後部）　北敦 560 號（前部）　北敦 695 號（後部）

圖 11　北敦 695 號（後部）＋北敦 560 號（前部、後部）＋斯 7581 號（前部）綴合圖

12. 斯 10254 號 + 斯 10658 號

（1）斯 10254 號，見 IDP。殘片。如圖 12 右上部所示，存 8 殘行，行存中部 4—7 字。隸楷。有烏絲欄。IDP 未定名。

（2）斯 10658 號，見 IDP。殘片。如圖 12 左下部所示，存 8 殘行（第 6 行空白無字），行存下部 0—4 字。隸楷。有烏絲欄。IDP 未定名。

按：比勘二十卷本《佛名經》卷二十完整文本（如北敦 3587 號），上揭二號所存內容與其相應部分完全相同，故此二號應爲二十卷本《佛説佛名經》卷二十殘片。二號內容前後相承，可以綴合。綴合後如圖 12 所示，斯 10254 號第 7—8 行與斯 10658 號第 1—2 行上下相接，接縫處邊緣吻合；斯 10254 號第 7 行末字“謗”的右下部殘畫撕裂在斯 10685 號首行，二號拼合，此字得成完璧，縱向烏絲欄亦可對接。又此二號行款格式相同（皆有烏絲欄，行距、字距、字體大小相近），書風相近（皆爲隸楷字體，筆墨均匀，折筆圓潤），字迹似同，可資參證。二號綴合後，存文起“无量倒見煩惱惡業不可具陳”句“業不可具”四字，訖“作一闡提行”句後四字。據字迹判斷，二號應爲早期寫本。

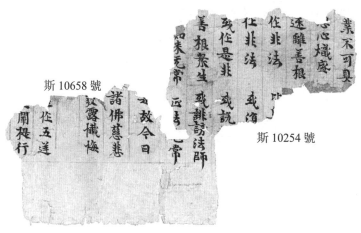

斯 10658 號

斯 10254 號

圖 12　斯 10254 號 + 斯 10658 號綴合圖

卷號簡目

根據對已刊布文獻的普查以及上述綴合成果，梳理出敦煌《佛名經》（二十卷本）寫本卷號如下：

卷一　北敦 3163 號、北敦 9269 號#①＋北敦 7484 號、斯 752 號、斯 6511 號、俄敦 9998 號*；

卷二　北敦 2056 號○、北敦 11600 號#＋北敦 4828 號、斯 10836 號*＋斯 7529 號#＋北敦 2449 號、北大敦 114 號#；

卷三　北敦 172 號、北敦 1473 號#＋北敦 1719 號#＋北敦 1576 號#＋北敦 1687 號#＋北敦 1711 號#＋北敦 1717 號#＋北敦 1764 號#＋北敦 1699 號#＋北敦 1707 號#＋北敦 1726 號#＋北敦 1457 號＋北敦 1672 號＋北敦 1773 號#＋北敦 1769 號、俄敦 12169 號*、俄敦 12691 號*；

卷四　北敦 3828 號、北敦 8417 號#、北敦 10747 號#、斯 240 號○、斯 577 號、斯 1628 號○、斯 2246 號、斯 10734 號*＋斯 3114 號#、俄敦 37 號、俄敦 3004 號；

卷五　北敦 633 號○、北敦 7183 號＋北敦 2192 號#、斯 7559 號…斯 7297 號、俄敦 2011 號#、俄敦 4862 號*；

卷六　北敦 8308 號#＋斯 581 號、斯 3076 號；

卷七　北敦 3135 號○、北敦 1451 號、斯 2108 號、斯 12015 號*＋俄敦 10484 號*＋北敦 4323 號；

卷八　北敦 4811 號＋北敦 4860 號#＋北敦 4975 號、北敦 7428 號、斯 10839 號*＋斯 2797 號*；

卷九　北敦 4322 號、北敦 1860 號、斯 2965 號、斯 5080 號○、津圖 150 號、津圖 38 號；

卷一○　北敦 1069 號、北敦 5286 號＋北大敦 182 號、俄敦 56 號；

卷一一　北敦 1405 號、北敦 8597 號、斯 2549 號○；

卷一二　北敦 14202 號、斯 2291 號○、斯 7186 號#、斯 7504 號#；

卷一三　北敦 6952 號；

卷一四　北敦 3010 號、北敦 7651 號＋北敦 7592 號、津圖 149 號；

卷一五　北敦 7979 號＋斯 6720 號、斯 12545 號*、羽 764 號#；

---

① 右上標注 "#" 的 28 號，前賢定名有誤，本書重新考定。參看劉溪《敦煌本早期〈佛名經〉寫本研究》，浙江師範大學碩士論文，2016 年，第 69—77 頁。

卷一六　北敦 12243 號、斯 5317 號；

卷一七　北敦 3289 號、北敦 6423 號、<u>北敦 11295 號＋北敦 145 號</u>、斯 2312 號°、斯 6717 號、斯 7579 號#；

卷一八　北敦 2010 號°、斯 3276 號；

卷一九　北敦 2512 號、斯 6761 號#；

卷二〇　北敦 695 號＋北敦 560 號＋斯 7581 號、北敦 3587 號°、北敦 5422 號、北敦 5820 號、北敦 14124 號、斯 5428 號#、斯 6654 號、斯 10254 號﹡＋斯 10658 號﹡、俄弗 139 號。

丙、十六卷本

十六卷本《佛說佛名經》，亦名《大佛名經》《馬頭羅剎佛名經》，[1] 是在二十卷本《佛名經》的基礎上擴充改編而成。該本曾一度入藏，《貞元錄》卷首《特承恩旨錄》收有當時令有司將該經入藏的敕文，但經文在藏經中早已不見蹤影，只在敦煌遺書及日本古寫經中找到。敦煌遺書中十六卷本《佛名經》寫卷的數量遠多於其他系統的《佛名經》，由此推測十六卷本《佛名經》是當時流傳最廣的一種傳本。

經過普查敦煌寫卷，可以發現，較之十二卷本和二十卷本，十六卷本《佛名經》的體例是最規範的，形式基本統一。該本的體例可概括如下：每卷首先禮拜佛寶，每一百個佛名後面有一句"從此以上某百（或某千百）佛十二部經一切賢聖"；其次禮法寶，以"次禮十二部尊經大藏法輪"領起，一般每部分錄二十八部經典，每卷羅列五十六部經典；再次禮僧寶，以"次禮諸大菩薩摩訶薩眾"領起菩薩名，以"次禮聲聞緣覺一切賢聖"或"復次應稱辟支佛"領起辟支佛名；結尾是懺悔文，以"禮三寶已次復懺悔領起"。其中第十二卷前半懺悔文之後，抄錄了一段《大乘蓮花寶達菩薩問答報應沙門經》，并稱"此經有六十品，略此一品流行"；第十四至第十六卷前後每部分均依

---

[1] 參看季羨林主編《敦煌學大辭典》，上海辭書出版社，1998 年，第 731 頁。

次節録《佛説罪惡應報教化地獄經》經文。懺悔文多採用三疊的形式，即同一懺悔文重復出現三次。需要指出的是，雖然懺悔文採用三疊的形式，但其内容并不是完全相同的，各卷之間存在著細微的差異，這也爲區分卷次提供了依據。

　　關於十六卷本的成書時間，大約是在唐初。方廣錩認爲十六卷本《佛名經》應是隋或唐初形成的。[1]張磊《敦煌遺書〈佛説佛名經〉（二十卷本）研究》認爲："二十卷本《佛名經》所收佛經的譯介下限是隋大業年間（大業年間出的《大方等善住意天子所問經》），由此可以證明二十卷本《佛名經》的産生上限應在隋代。"[2]大業年間已屬隋晚期。十六卷本係據二十卷本改編而來，自然時間更晚。唐代智昇開元十八年（730）編的《開元釋教録》收録十六卷本《佛名經》，稱"似是近代所集"，可參。

　　經普查，敦煌文獻中共有《佛名經》（十六卷本）670號，包括：國圖藏339號，英藏120號，法藏11號，俄藏136號，散藏64號，其中某一卷首尾完整者僅31號，其餘639號皆有不同程度的殘損，不乏本爲同一寫卷被撕裂爲數號者。已有綴合成果共計將該經75號綴合爲31組。包括《國圖》條記目録綴合15組（按綴後内容先後爲序，下同）：北敦6587號＋北敦6589號，北敦3687號＋北敦3688號，北敦1380號＋北敦1597號，北敦1474號＋北敦1396號＋北敦1412號＋北敦1471號＋北敦1641號，北敦4038號＋北敦4169號，北敦4481號＋北敦4484號，北敦3313號＋北敦3315號，北敦3921號＋北敦4055號，北敦3964號＋北敦3965號，北敦5424號＋北敦5355號，北敦12086號＋北敦12085號，北敦10320號…北敦10298號，北敦4644號＋北敦4463號，北敦4459號＋北敦4512號＋北敦4486號＋北敦4721號，北敦4721號＋北敦4771號；《孟録》綴合10組：俄敦1599號＋俄敦1632號，俄敦1837號＋俄敦2102號，俄敦2457號＋俄敦2484號，俄

　　[1] 方廣錩《關於敦煌遺書〈佛説佛名經〉》，載《方廣錩敦煌遺書散論》，上海古籍出版社，2010年，第270頁。

　　[2] 張磊《敦煌遺書〈佛説佛名經〉（二十卷本）研究》，上海師範大學碩士論文，2008年，第46頁。

敦 1848 號＋俄敦 1905 號，俄敦 808 號＋俄敦 1051 號，① 俄敦 866 號＋俄敦 1134 號＋俄敦 1135 號，俄敦 1222 號＋俄敦 1223 號，俄敦 580 號＋俄敦 582 號＋俄敦 584 號，俄敦 2217 號…俄敦 669 號，俄敦 2338 號＋俄敦 2354 號；《俄藏》新綴合 5 組："俄敦 810 號、俄敦 2217 號"，"俄敦 2461 號、俄敦 2564 號、俄敦 3410 號"，"俄敦 2042 號、俄敦 2922 號"，"俄敦 8785 號、俄敦 8793 號、俄敦 8795 號、俄敦 8801 號、俄敦 8832 號、俄敦 8842 號"，② 俄敦 9527 號＋俄敦 9530 號；《俄藏》補綴 1 組："俄敦 1050 號、俄敦 1599 號"＋俄敦 1632 號；《浙藏敦煌文獻校錄整理》綴合 1 組：浙敦 145 號＋浙敦 144 號。

本次補綴 17 組（其中有原兩組合綴爲 1 組），新綴 58 組，共計將 213 號綴合爲 74 組，其中北敦 2862 號＋北敦 3225 號、北敦 1614A 號＋北敦 3163A 號＋北敦 1614B 號＋北敦 3163B 號、北敦 299 號＋北敦 47B 號＋北敦 47A 號＋北敦 3723 號、北敦 9259 號＋北敦 2051B 號、北敦 10876 號＋北敦 4773 號、俄敦 9530 號＋俄敦 9527 號、北敦 11567 號…北敦 5679B 號等七組的綴合本書上編已作討論，這裏不再列入。

卷 一

1. 斯 4806 號＋斯 10073 號

（1）斯 4806 號（翟 3851），見《寶藏》38/83B—87A。卷軸裝。前部如圖 1 左上部所示，首全後殘，存 144 行（前 12 行下部殘損嚴重，末 3 行中下部亦有殘損），所存部分多爲佛名，每行分上下欄各抄一個佛名，行字不等。首題"大佛名經卷第一"。《寶藏》改題"佛說佛名經卷第一"。

（2）斯 10073 號，見 IDP。殘片。如圖 1 右下部所示，存 7 殘行，行存下部 1—6 字不等，末行僅存行末 1 字右側殘點。原卷無題，IDP 未定名。

按：比勘十六卷本《佛名經》卷一前部相對完整文本（如北敦 3534 號、

① 《俄藏》在俄敦 808 號之下，有俄敦 371B、俄敦 1051 號兩個附號，但俄敦 371 號下僅有"維摩詰經卷上"殘片一種，未見 A、B 的區分，疑俄敦 371B 附號係《俄藏》誤入。

② 此六號寫卷綴合存在錯誤，本文重新綴合。

斯 4806 號（前部）

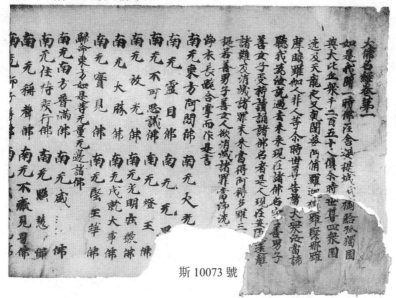

斯 10073 號

圖 1　斯 4806 號（前部）＋斯 10073 號綴合圖

北敦 4577 號），斯 4806 號所存内容與後者對應部分大致相同，且有首題，該號係十六卷本《佛名經》卷一無疑。而斯 10073 號則屬於斯 4806 號卷端右下角撕裂的碎片，可以完全綴合。二號綴合後如圖 1 所示，斯 4806 號第 2—7 行（行數計算含首題）與斯 10073 號第 1—6 行上下相接，接縫處邊緣吻合，斯 4806 號 "樹" "迦樓" "字" "隱" 五字右側或下側有部分筆畫撕裂在斯 10073 號，二號拼合後此五字大致得成完璧。又此二號行款格式相同（行距、字距、字體大小相近），書風相近（頓筆明顯，筆畫粗細不一），字迹似同（比較二號共有的 "羅" "善" "男" "子" "衆" "世" "尊" 等字），可資參證。二號綴合後，存文起首題，訖 "南无十八億實體法決定☒（佛）" 句，與十六卷本《佛說佛名經》卷一首尾基本完整的北敦 2862 號＋北敦 3225 號寫本對應部分基本相同，可以比勘。

2. 北敦 4298 號＋北敦 2591 號

（1）北敦 4298 號（北 520；玉 98），見《國圖》58/98B—99B。卷軸裝，2 紙。後部如圖 2 右部所示，前後皆殘，存 46 行（首行僅存 7 字左側殘畫，末行僅存行末 1 字右側殘畫），所存部分多爲佛名，每行多分上下欄各抄寫一個佛名，行字不等。楷書。有烏絲欄。原卷無題，《劫餘録》定作佚本十六卷本《佛説佛名經》卷一；《索引》擬題“佛説佛名經”；《寶藏》及《索引新編》擬題“佛説佛名經卷第一”；《國圖》改題“佛名經（十二卷本）卷一”，條記目録稱原卷經黄紙，紙高 24.3 釐米，爲 9—10 世紀歸義軍時期寫本。

　　（2）北敦 2591 號（北 525；歲 91），見 IDP，另見《國圖》35/407B—426B。卷軸裝，28 紙。前部如圖 2 左部所示，前殘尾全，存 771 行（首行僅存上部 1 字左側殘畫），所存部分多爲佛名，每行分上下欄各抄一個佛名，其餘行約 15 字。尾題“佛名經卷第一”。楷書。有烏絲欄。《劫餘録》及《國圖》定作十六卷本《佛説佛名經》卷一。《國圖》條記目録稱原卷經黄紙，紙高 25 釐米，爲 7—8 世紀唐寫本。

北敦 2591 號（前部）　　　　　　　　北敦 4298 號（後部）

圖 2　北敦 4298 號（後部）＋北敦 2591 號（前部）綴合圖

　　按：上揭二號内容前後相承，可以綴合。綴合後如圖 2 所示，二號左右相接，接縫處邊緣吻合，横向烏絲欄亦可對接，北敦 2591 號次行行末“現”字右側有少許筆畫撕裂在北敦 4298 號末行，北敦 4298 號倒二行“如”字左側有少許筆畫撕裂在北敦 2591 號首行，二號拼合，此二字完整無缺。又二號用紙及行款格式相同（皆經黄紙，紙高近同，皆有烏絲欄，行距、字距、字體大小相近），書風相近（筆墨匀厚，字體方正，筆畫起筆明顯），字迹似同（比較二號共有的"觀""菩""實""寂""邊""弥"等字及"疒"旁），可資參證。二號綴合後，存文起"歸命西方如是等无量无邊佛"句前九字左側殘畫，訖尾題，與十六卷本《佛説佛名經》卷一首尾基本完整的北敦 2862 號＋北敦 3225 號寫本對應部分基本相同，可以比勘。

又，二號既原屬同卷，北敦 2591 號有尾題，《劫餘録》及《國圖》定作十六卷本《佛説佛名經》卷一，甚是，可與之綴合的北敦 4298 號亦必爲十六卷本《佛説佛名經》卷一，而《國圖》定作十二卷本卷一，非是。又《國圖》條記目録稱北敦 4298 號爲 9—10 世紀歸義軍時期寫本，北敦 2591 號爲 7—8 世紀唐寫本，斷代不一，亦宜再酌。

3. 北敦 2455B 號＋北敦 2455A 號＋北敦 5950 號

（1）北敦 2455 號（北 523；成 55），見 IDP，另見《國圖》34/265A—267A。卷軸裝，6 紙。前後皆殘，存 92 行（各紙行數分別爲 6、28、3、2、28、25，《國圖》條記目録稱原卷 4 紙，各紙行數分別爲 5、31、30、24，不確；首行僅存行端 4 字左側殘畫，末行僅存行末 2 字右側殘形），所存部分皆爲佛名，每行多分上下欄各抄寫一個佛名，其餘行約 16 字。楷書。有烏絲欄。有朱筆行間加行，有硃筆校改、塗抹。原卷無題，《劫餘録》及《國圖》定作十六卷本《佛説佛名經》卷一，甚是；《索引》擬題"佛説佛名經"，《寶藏》及《索引新編》擬題"佛説佛名經卷第一"，不準確。《國圖》條記目録稱原卷紙高 25.5 釐米，爲 7—8 世紀唐寫本。

（2）北敦 5950 號（北 537；重 50），見 IDP，另見《國圖》80/95A—96A。卷軸裝，2 紙。前部如圖 3 左部所示，前殘後缺，存 53 行（前紙 25 行，後紙 28 行；首行僅存 3 字左側殘畫），所存部分皆爲佛名，每行多分上下欄各抄寫一個佛名，行字不等。楷書。有烏絲欄。原卷無題，《劫餘録》及《國圖》定作十六卷本《佛説佛名經》卷一，甚是；《索引》擬題"佛説佛名經"，《寶藏》及《索引新編》擬題"佛説佛名經卷第一"，不準確。《國圖》條記目録稱原卷紙高 25.5 釐米，爲 7—8 世紀唐寫本。

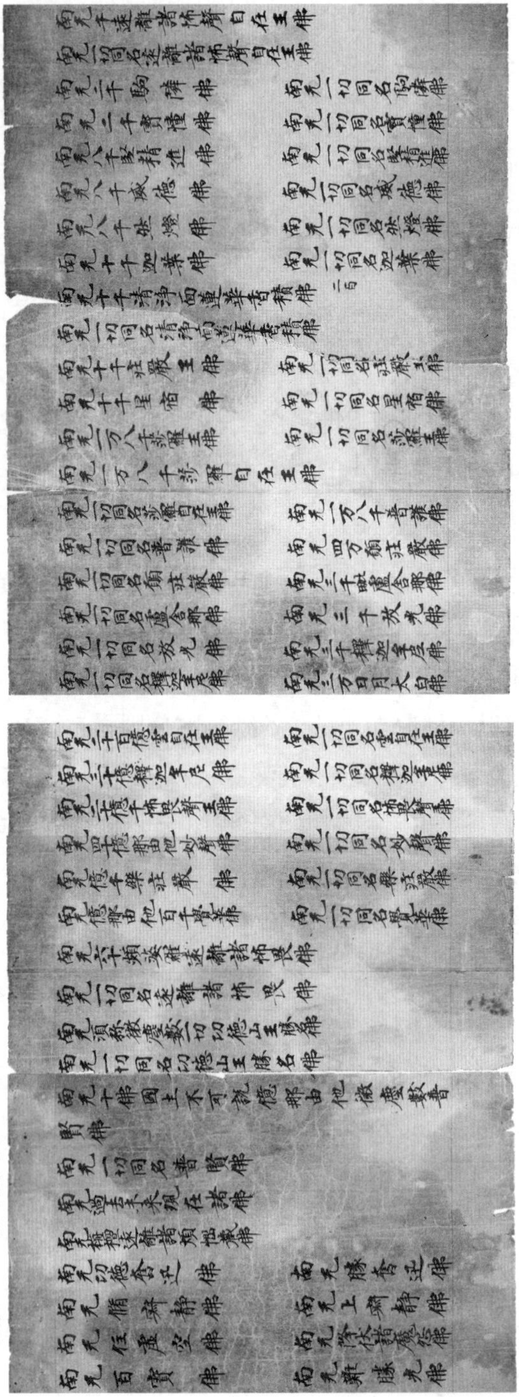

圖 3　北敦 2455B 號（後部）＋北敦 2455A 號（前部、後部）＋北敦 5950 號（前部）綴合圖

　　按：北敦 2455 號可分作兩部分：前三紙 37 行（卷首至 "南无一切同名功德山王勝名王佛" 句止）重新編號爲北敦 2455A 號，前部如圖 3 中右部所示，後部如圖 3 中左部所示；後三紙 55 行（從 "南无成就義佛" 句諸字的左側殘字至末）重新編號爲北敦 2455B 號，後部如圖 3 右部所示。《國圖》條記目錄已指出北敦 2455B 號在前，北敦 2455A 號在後，應重新綴接。二者綴合後如圖 3 右部所示，接縫處原本撕裂的 "南无十千" "面蓮華香" "嚴王佛" 11 字皆可成完璧。重新綴接後的北敦 2455B 號＋北敦 2455A 號又可與北敦 5950 號綴合，綴合後如圖 3 左部所示，接縫處邊緣吻合，北敦 2455A 號末行 "一" "名" "佛" 三字左側有少許筆畫撕裂在北敦 5950 號首行，二號拼合，此三字可得其全。又北敦 2455B 號末紙 25 行，北敦 2455A 號首紙 6 行，二者綴接後得 28 行；北敦 2455B 號＋北敦 2455A 號末紙 3 行，北敦 5950 號首紙 25 行，二者綴合後亦爲 28 行，正與此二號整紙 28 行之數吻合，可資參證。又此二號行款格式相同（紙高相同，皆有烏絲欄，行距、字距、字體大小相近），書風相近（字體娟秀，筆畫較細，結構均勻），字迹似同（比較二號共有的 "南" "无" "莊" "嚴" "寶" "能" "藏" "一" "切" "名" 等字），亦可助證。二號綴合後，存文起 "南无成就義佛" 句諸字的左側殘形，訖 "南无一切衆生道師佛" 句，與十六卷本《佛説佛名經》卷一首尾基本完整的北敦 2862 號＋北敦 3225 號寫本對應部分基本相同，可以比勘。

　　4. 俄敦 5785 號＋北敦 6904 號＋俄敦 3107 號＋北敦 6756 號

　　（1）俄敦 5785 號，見《俄藏》12/244A。殘片。如圖 4 右側所示，存 3 殘行，行存中部 3—4 字。楷書。有烏絲欄。原卷無題，《俄藏》未定名；《俄録》定作菩提流支譯《佛説佛名經》卷第一。

　　（2）北敦 6904 號（北 526；翔 4），見《國圖》94/178—183。卷軸裝，5 紙。前部如圖 4 右部所示，後部如圖 4 中右部所示，前後皆殘，存 113 行（首紙 12 行，末紙 1 殘行，其餘 4 紙每紙 25 行；前 2 行上下皆有殘損，末 2 行上部殘損，末行僅存 2 字右側殘畫），所存部分多爲佛名，每行多分上下欄各抄寫一個佛名，行字不等。有烏絲欄。原卷無題，《劫餘録》及《國圖》定作十六卷本《佛説佛名經》卷一；《索引》擬題 "佛説佛名經"，《寶藏》及《索引新編》擬題 "佛

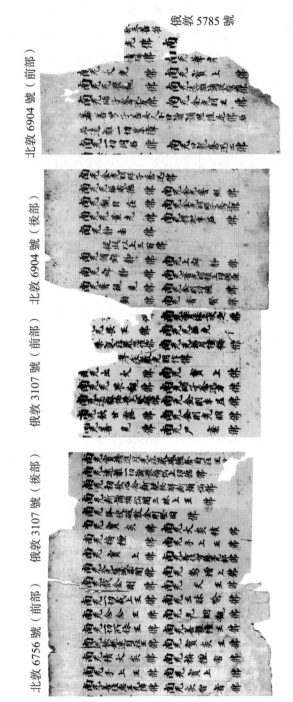

圖 4　俄敦 5785 號＋北敦 6904 號（前部、後部）＋俄敦 3107 號（前部、後部）＋北敦 6756 號（前部）綴合圖

説佛名經卷第一"。《國圖》條記目録稱原卷爲 9—10 世紀歸義軍時期寫本。

（3）俄敦 3107 號，見《俄藏》10/188B—189A。殘片。前部如圖 4 中左部所示，後部如圖 4 左部所示，前後皆殘，存 25 殘行（前 5 行上部有殘損，末 5 行中上部有殘損，末行僅存行末 1 字右側殘畫），所存部分皆爲佛名，每行多分上下欄各抄寫一個佛名，行字不等。楷書。有烏絲欄。原卷無題，《俄藏》及《俄録》擬題 "佛説佛名經卷第一"。

（4）北敦 6756 號（北 535；潛 56），見《國圖》93/157A—157B。卷軸裝，2 紙。前部如圖 4 左側所示，前後皆殘，存 30 行（首紙 5 行，次紙 25 行；前 5 行中下部有殘損，首行僅存 2 字左側殘點，末行左側略殘），所存部分多爲佛名或經名，每行多分上下欄各抄寫一個佛名，行字不等。楷書。有烏絲欄。《劫餘録》及《國圖》定作十六卷本《佛説佛名經》卷一；《索引》擬題 "佛説佛名經"；《寶藏》及《索引新編》擬題 "佛説佛名經卷第一"。《國圖》條記目録稱該卷爲 9—10 世紀歸義軍時期寫本。

按：上揭四號當皆爲十六卷本《佛説佛名經》卷一殘卷（《俄録》以前一號爲菩提流支譯本，不確），且其内容前後相承，可以綴合。俄敦 5785 號與北敦 6904 號左右相接，綴合後如圖 4 右部所示，接縫處邊緣吻合，原本分屬二號的 "幢稱佛""南" 四字皆得復合爲一；北敦 6904 號與俄敦 3107 號左右相接，綴合後如圖 4 中部所示，接縫處邊緣吻合，俄敦 3107 號首行行末"決""定"二字有少許筆畫撕裂在北敦 6904 號末行，二號拼合後此二字得成完璧；俄敦 3107 號與北敦 6756 號左右上下相接，綴合後如圖 4 左部所示，接縫處邊緣吻合，原本分屬二號的 "无""佛""南""住智""上""佛" 七字皆得復合爲一，橫縱烏絲欄亦可對接。北敦 6904 號與俄敦 3107 號、俄敦 3107 號與北敦 6756 號拼合後相接處每紙皆爲 25 行，與該卷前後整紙 25 行的用紙規格一致。又此四號行款格式相同（皆有烏絲欄，行距、字距、字體大小相近），書風相近（筆墨濃匀，橫細豎粗），字迹似同（比較四號共有的 "佛""南""光" 等字），可資參證。四號綴合後，存文起 "未來畢竟得阿耨多羅三藐三菩提" 句後四字，訖 "南无雜阿毗曇經" 句，與十六卷本《佛説佛名經》卷一首尾基本完整的北敦 2862 號＋北敦 3225 號寫本對應部分基本相同，可以比勘。

5. 北敦 6114 號 + 北敦 2165 號 + 北敦 4062 號

（1）北敦 6114 號（北 530；薑 14），見 IDP，另見《國圖》82/64B—66B。卷軸裝，4 紙。後部如圖 5 右部所示，前殘後缺，存 83 行（各紙依次爲 10、25、24、24 行；首行上部略殘），所存部分皆爲佛名，每行分上下欄各抄一個佛名，行字不等。楷書。有烏絲欄。原卷無題，《劫餘録》及《國圖》定作十六卷本《佛説佛名經》卷一，甚是；《索引》擬題“佛説佛名經”，《寶藏》及《索引新編》擬題“佛説佛名經卷第一”，不準確。《國圖》條記目錄稱原卷紙高 26.5 釐米，爲 8 世紀唐寫本。

（2）北敦 2165 號（北 533；藏 65），見 IDP，另見《國圖》30/229A—231A。卷軸裝，5 紙。前部如圖 5 中右部所示，後部如圖 5 中左部所示，前缺後殘，存 101 行（前 4 紙每紙 25 行，末紙僅存首行行端 2 字；《國圖》條記目錄稱原卷 4 紙，末紙 26 行，不確；倒 2 行中下部左側有殘損），行約 17 字。楷書。有烏絲欄。原卷無題，《劫餘録》及《國圖》定作十六卷本《佛説佛名經》卷一，甚是；《索引》擬題“佛説佛名經”，《寶藏》及《索引新編》擬題“佛説佛名經卷第一”，不準確。《國圖》條記目錄稱原卷紙高 26.4 釐米，爲 9—10 世紀歸義軍時期寫本。

（3）北敦 4062 號（北 547；麗 62），見 IDP，另見《國圖》55/254B—258B。卷軸裝，8 紙。前部如圖 5 左部所示，前後皆殘，存 176 行（首紙僅存末行中部若干字左側殘畫，其餘諸紙每紙 25 行，其中次紙首行上端殘損，殘存部分空白），行約 17 字。楷書。有烏絲欄。原卷無題，《劫餘録》及《國圖》定作十六卷本《佛説佛名經》卷一，甚是；《索引》擬題“佛説佛名經”，《寶藏》及《索引新編》擬題“佛説佛名經卷第一”，不準確。《國圖》條記目錄稱原卷紙高 26.3 釐米，爲 9—10 世紀歸義軍時期寫本。

按：上揭三號皆爲十六卷本《佛説佛名經》卷一殘卷，且其内容前後相承，可以綴合。其中北敦 6114 號與北敦 2165 號左右相接，綴合後如圖 5 右部所示，接縫處邊緣吻合，比勘内容完整的十六卷本《佛説佛名經》卷一北敦 2862 號＋北敦 3225 號寫卷，北敦 6114 號末句“南无拘留孫佛”與北敦 2165 號首句“南无難勝佛”先後連接，中無缺字；北敦 2165 號與北敦 4062 號左右相接，綴合後如圖 5 左部所示，接縫處邊緣吻合，原本分屬二號的 "如此實爲可" 五字皆得成完璧。北敦 2165 號末行與北敦 4062 號次行拼接，正好合於該卷每紙大抵 25 行之數。又此三號行款格式相同（紙高近同，皆有烏絲欄，行距、字距、字體大小相近），書風相近（筆有連意，筆畫粗細不一，捺筆出鋒明顯），字迹似同（比較三號共有的 "金" "剛" "南" "衆" "生" "藏" "切" "尼" 等字），可資參證。三號綴合後，存文起 "南无二千寶幢佛" 句，訖 "南无堅勇猛破陣佛" 句。

北敦 4062 號（前部）　　北敦 2165 號（後部）　　北敦 2165 號（前部）　　北敦 6114 號（後部）

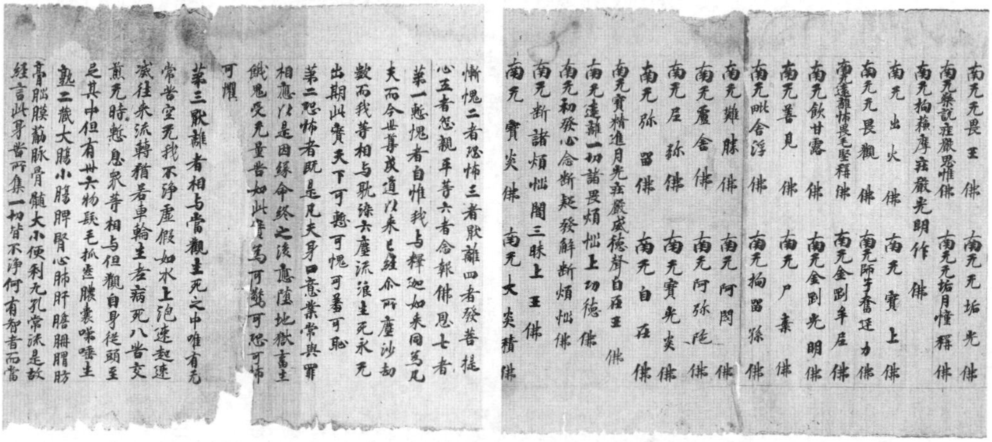

圖 5　北敦 6114 號（後部）＋北敦 2165 號（前部、後部）＋北敦 4062 號（前部）綴合圖

上揭三號既原屬同卷，而《國圖》條記目錄稱北敦 6114 號爲 8 世紀唐寫本，又稱後二號爲 9—10 世紀歸義軍時期寫本，斷代不一，宜斟酌統一。

6. 北敦 4691 號＋北敦 4554 號＋北敦 4494 號

（1）北敦 4691 號（北 531；劍 91），見《國圖》62/357B—360B。卷軸裝，5 紙。後部如圖 6 右部所示，前缺後殘，存 130 行（每紙 26 行；末行下部略殘），行約 18 字。楷書。有烏絲欄。原卷無題，《劫餘録》及《國圖》定作十六卷本《佛說佛名經》卷一，甚是；《索引》擬題 "佛說佛名經"，《寶藏》及《索引新編》擬題 "佛說佛名經卷第一"，不準確。《國圖》條記目錄稱原卷紙高 25.8 釐米，爲 9—10 世紀歸義軍時期寫本。

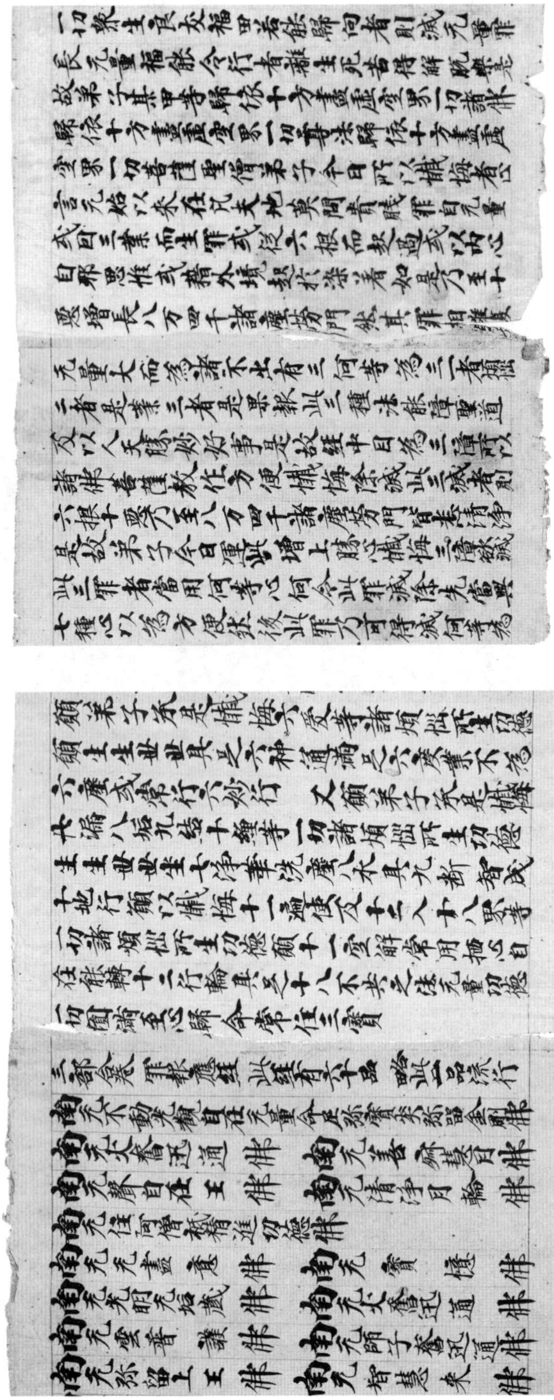

圖 6　北敦 4691 號（後部）＋北敦 4554 號（前部、後部）＋北敦 4494 號（前部）綴合圖

（2）北敦 4554 號（北 551；崗 54），見 IDP，另見《國圖》61/177A—180A。卷軸裝，6 紙。前部如圖 6 中右部所示，後部如圖 6 中左部所示，前後皆殘，存 131 行（首紙僅存末行中下部若干字左側殘畫；後五紙每紙 26 行，末行上部數字左側略有殘損），行約 18 字。楷書。有烏絲欄。原卷無題，《劫餘録》及《國圖》定作十六卷本《佛説佛名經》卷一，甚是；《索引》擬題"佛説佛名經"，《寶藏》及《索引新編》擬題"佛説佛名經卷第一"，不準確。《國圖》條記目録稱原卷紙高 26.3 釐米，爲 8 世紀唐寫本。

（3）北敦 4494 號（北 543；崑 94），見 IDP，另見《國圖》60/282A—290A。卷軸裝，15 紙。前部如圖 6 左部所示，前殘尾全，存 329 行（首紙僅存末行上部 4 字左側殘畫，其後各紙大多 26 行），行約 18 字。尾題"佛説佛名經卷第一"。楷書。有烏絲欄。《劫餘録》及《國圖》定作十六卷本《佛説佛名經》卷一。《國圖》條記目録稱原卷紙高 26.2 釐米，爲 9—10 世紀歸義軍時期寫本。

按：上揭三號皆爲十六卷本《佛説佛名經》卷一殘卷，且其内容前後相承，可以綴合。其中北敦 4691 號與北敦 4554 號左右相接，綴合後如圖 6 右部所示，北敦 4691 號末行"諸""相雖復"四字左側有少許筆畫撕裂在北敦 4554 號首行，二號綴合後得成完璧；北敦 4554 號與北敦 4494 號左右相接，綴合後如圖 6 左部所示，接縫處原本分屬二號的"滿至心歸"四字皆得復合爲一（此四字右側大部在北敦 4554 號末行，左側有少許筆畫撕裂在北敦 4494 號首行），橫向烏絲欄亦可對接。此三號行款格式相同（紙高近同，皆有烏絲欄，行距、字距、字體大小相近），書風相近（字體方正，筆畫舒展，"南"字筆墨濃黑），字迹似同（比較三號共有的"南""或""德""方""樂"等字），可資參證。三號綴合後，存文起"南无三億弗沙佛"句，訖尾題。

上揭三號既原屬同卷，而《國圖》條記目録稱北敦 4554 號爲 8 世紀唐寫本，又稱其餘二號爲 9—10 世紀歸義軍時期寫本，斷代不一。結合十六卷本《佛名經》的成書年代和書迹書風綜合考量，此組或以斷作 9—10 世紀歸義軍時期寫本爲宜。

卷 二

7. 北敦 2046 號 + 北敦 2263 號

（1）北敦 2046 號（北 604；冬 46），見 IDP，另見《國圖》28/252A—262A。卷軸裝，16 紙。後部如圖 7 右部所示，首全後缺，存 368 行（前 15 行下部稍有殘損，末行僅存下部 1 字右側少許殘點），行約 19 字。首題"佛說佛名經卷第二"。楷書。有烏絲欄。《劫餘錄》定作佚本三十卷本《佛說佛名經》卷二；《國圖》改題"佛名經（十六卷本）卷二"，條記目錄稱原卷紙高 31.3 釐米，爲 9—10 世紀歸義軍時期楷書寫本。

（2）北敦 2263 號（北 605；閏 63），見 IDP，另見《國圖》32/87B—94A。卷軸裝，11 紙。前部如圖 7 左部所示，前缺尾全，存 236 行，行約 19 字。尾題"佛說佛名經卷苐二"。有烏絲欄。《劫餘錄》定作佚本三十卷本《佛說佛名經》卷二；《國圖》改題"佛名經（十六卷本）卷二"，條記目錄稱原卷紙高 31.5 釐米，爲 9—10 世紀歸義軍時期隸楷寫本。

北敦 2263 號（前部）　　　　　　　　北敦 2046 號（後部）

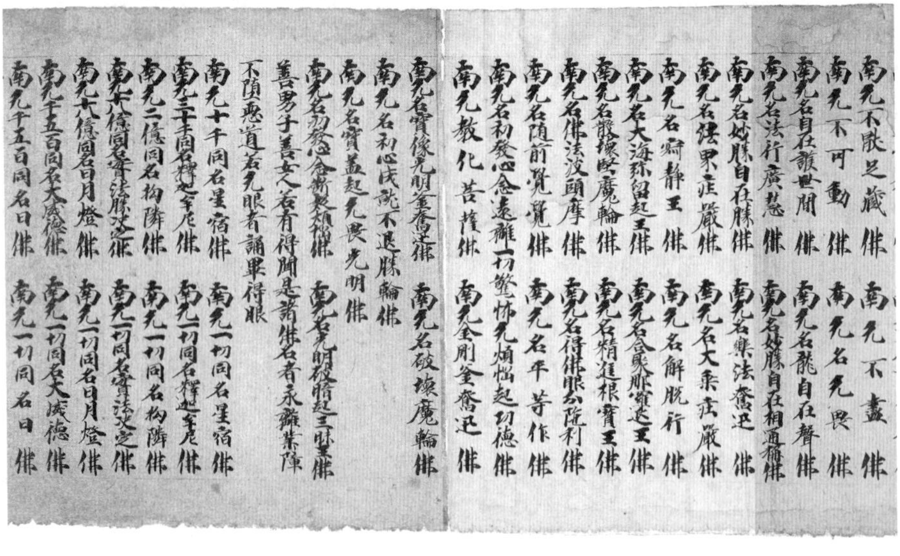

圖 7　北敦 2046 號（後部）＋北敦 2263 號（前部）綴合圖

　　按：上揭二號皆爲十六卷本《佛説佛名經》卷二殘卷，且其内容前後相承，可以綴合。綴合後如圖 7 所示，二號左右相接，接縫處邊緣吻合，橫向烏絲欄亦可對接，北敦 2263 號首行"破"字末筆末稍撕裂在北敦 2046 號末行，二號拼合，其字得成完璧。又二號行款格式相同（紙高近同，皆有烏絲欄，行距、字距、字體大小相近），書風相近（字體端正，筆畫有力，筆墨匀厚），字迹似同（比較二號共有的"南""无""作""藏""拘""決"等字），可資參證。二號綴合後，所存内容首尾完具，幾近完整（僅前 16 行下部略有殘損）。

　　上揭二號既可綴合爲一，且前後字體同一，應出於同一經生之手，而《國圖》條記目録稱北敦 2263 號爲隸楷字體，北敦 2046 號爲楷書字體，所定字體不同，顯然不妥；就總體風格而言，此卷或宜定作楷書字體爲穩妥。又《劫餘録》將此二號歸入佚本三十卷本，其實《劫餘録》中的佚本三十卷實際上就是十六卷本（《劫餘録》中十六卷本條目下僅涉及卷一的寫卷；佚本三十卷本條目下僅有卷二至卷十六的寫卷，并無卷十七至卷三十的寫卷），[①] 類似問題《劫餘録》中多見，以下不再一一指出。

8. 斯 1450A 號＋俄敦 2277 號＋斯 1450B 號＋俄敦 5970 號

　　（1）斯 1450 號（翟 4684），見《英圖》22/345A—348B。前殘後缺，存134 行，第 40 行與 41 行之間有缺行。《英圖》條記目録已將此號分作兩部分處理。斯 1450A 號，見《英圖》22/345A—346A，後部如圖 8 右側所示，前後皆殘，存 40 行（前 9 行中下部有殘損，末 2 行中上部殘損）；斯 1450B號，見《英圖》22/346A—348B，前部如圖 8 中部所示，後部如圖 8 中左部所示，前殘後缺，存 94 行（首行僅存 1 字左側殘畫）。所存部分多爲佛名，每行多分上下欄各抄一個佛名，行字不等。楷書。原卷無題，《翟録》歸屬《佛説佛名經》，《索引》及《寶藏》《索引新編》擬題"佛名經"；《英圖》定作"佛名經（十六卷本）卷二"，條記目録稱原卷爲 9—10 世紀歸義軍時期寫本。

　　（2）俄敦 2277 號，見《俄藏》9/129A。殘片。如圖 8 中右部所示，存 4

---

　　① 參看方廣錩《關於敦煌遺書〈佛説佛名經〉》，載《方廣錩敦煌遺書散論》，上海古籍出版社，2010 年，第 266—284 頁。

殘行（首行僅存行端 2 字左側殘形），行存 2—15 字。楷書。原卷無題，《孟録》擬題《佛名經》，稱抄寫於 9—11 世紀；《俄藏》及《俄録》定作“佛説佛名經卷第一”，《俄録》稱“失譯”。

（3）俄敦 5970 號，見《俄藏》12/300A。殘片。如圖 8 左側所示，存 4 殘行，行存下部 3—8 字。楷書。原卷無題，《俄藏》未定名；《俄録》定作菩提流支譯《佛説佛名經》卷第一。

俄敦 5970 號　斯 1450B 號（後部）　　斯 1450B 號（前部）俄敦 2277 號 斯 1450A 號（後部）

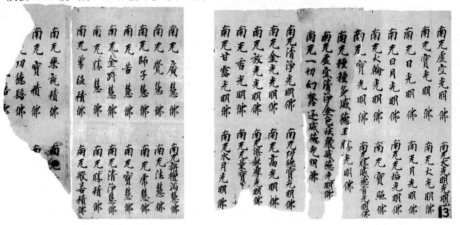

圖 8　斯 1450A 號（後部）＋俄敦 2277 號＋斯 1450B 號（前部、後部）＋
俄敦 5970 號綴合圖

按：《英圖》條記目録已指出斯 1450A 號與斯 1450B 號原屬同卷，但中間有殘缺，不能直接綴接。今謂上揭四者内容前後相承，可以綴合。前三者綴合後如圖 8 右部所示，諸相鄰二者接縫處邊緣吻合，原本分屬斯 1450A 號、俄敦 2277 號的“南无”“勝光”四字與分屬俄敦 2277 號、斯 1450B 號的“明”皆得復合爲一。後二者綴合後如圖 8 左部所示，二號接縫處邊緣整齊，或皆爲失黏所致脱落，斯 1450B 號與俄敦 5970 號内容前後相承，中無缺字。又此四者行款格式相同（天頭地脚高度近同，行距、字距、字體大小相近），書風相近（字體潦草，折筆頓筆明顯），字迹似同（比較四者共有的“南”“无”“佛”“德”等字），可資參證。

上揭三號綴合後，存文起“南无无量行佛”句首字左側殘形，訖“南无大髻佛"後三字殘畫，比勘十六卷本《佛名經》卷二完整文本（如中村 111 號），斯 1450 號所存內容與後者對應部分大致相同，故可擬定爲《佛名經》（十六卷本）卷二。而俄敦 2277 號則屬於斯 1450 號卷中撕裂的碎片，可以完全綴合，俄敦 5970 號與斯 1450B 號左右相接，故此二號亦可定作《佛名經》（十六卷本）卷二，《俄藏》及《俄録》定作《佛説佛名經》卷第一，不確。關於該組寫卷的書寫時間，《孟録》稱俄敦 2277 號抄寫於 9—11 世紀，稍嫌寬泛，據書迹書風的總體觀察，此組或以斷作 9—10 世紀寫本爲近真。

9. 北敦 11420 號 + 北敦 425 號

（1）北敦 11420 號（北臨 1549），見《國圖》109/193A。殘片。如圖 9 右上部所示，存 8 殘行（末行僅存行端 1 字右側殘畫），行存上部 1—7 字。楷書。有烏絲欄。《國圖》擬題"佛名經（十六卷本）卷二"，條記目録稱原卷爲 9—10 世紀歸義軍時期寫本。

北敦 425 號（前部）　　　　　北敦 11420 號

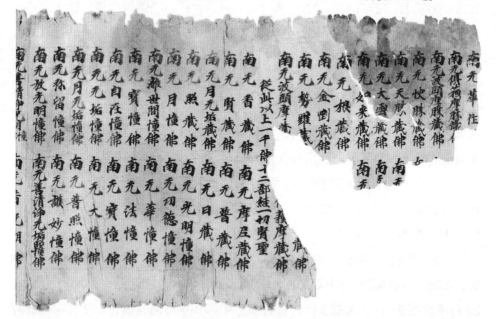

圖 9　北敦 11420 號 + 北敦 425 號（前部）綴合圖

（2）北敦 425 號（北 611；洪 25），見《國圖》6/388A—401A。卷軸裝，23 紙。前部如圖 9 左下部所示，前殘尾全，存 591 行（前 7 行上部和前 11 行中下部多有殘損），所存部分多爲佛名，每行多分上下欄各抄一個佛名，行字不等。尾題“佛説佛名經卷第二”。楷書。有烏絲欄。《劫餘録》定作佚本三十卷本《佛説佛名經》卷二；《國圖》改題“佛名經（十六卷本）卷二”，條記目録稱原卷爲 9—10 世紀歸義軍時期寫本。

按：上揭二號皆爲十六卷本《佛説佛名經》卷二殘卷，且北敦 11420 號乃北敦 425 號卷端右上角撕裂的碎片，可以完全綴合。二號綴合後如圖 9 所示，北敦 11420 號第 2—8 行與北敦 425 號第 1—7 行上下左右相接，接縫處邊緣吻合，原本分屬二號的“藏”“勝”“无”“如”“南”五字皆得成完璧（前四字上部皆在北敦 11420 號，下部皆在北敦 425 號；後二字左側皆在北敦 425 號，右側皆在北敦 11420 號）。又此二號行款格式相同（皆有烏絲欄，行距、字距、字體大小相近），書風相近（皆爲字體方正，筆畫舒朗），字迹似同（比較二號共有的“无”“作”“華”“藏”等字），可資參證。二號綴合後，存文起“南无華作佛”句前四字，訖尾題，與該卷全本中村 111 號寫本對應部分大體相同，可以比勘。

10. 浙敦 75 號 + 北敦 5424 號 + 北敦 5355 號

（1）浙敦 75 號（浙博 50），見《浙藏》197B。卷軸裝，2 紙。如圖 10 右側所示，存 10 行（前紙 6 行，後紙 4 行；前 3 行、末 2 行中上部有殘損，末行僅存行末 3 殘字），所存部分大抵爲佛名，每行多分上下欄各抄寫一個佛名，行字不等。楷書。有烏絲欄。原卷無題，《浙藏》擬題“佛説佛名經”，敘録稱原卷紙高 27.8 釐米，爲唐寫本；《浙藏敦煌文獻校録整理》定作“佛説佛名經（十二卷本）卷第一”。

（2）北敦 5424 號（北 612；果 24），見《國圖》73/153A—153B。卷軸裝，2 紙。前部如圖 10 中右部所示，後部如圖 10 中左部所示，前後皆殘，存 24 行（首紙 21 行，末紙 3 行；首行僅存中部 2 字左側殘畫；末 2 行中上部有殘損，末行僅存行末 5 字右側殘形），所存部分皆爲佛名，每行多分上下欄各抄寫一個佛名，行字不等。楷書。有烏絲欄。原卷無題，《劫餘録》定作佚本三十卷本《佛説佛名經》卷二；《索引》擬題"佛説佛名經"；《寶藏》及《索引新編》擬題"佛説佛名經卷第二"；《國圖》改題"佛名經（十六卷本）卷二"。《國圖》條記目録稱原卷紙高 29 釐米，爲 9—10 世紀歸義軍時期寫本。

　　（3）北敦 5355 號（北 613；光 55），見《國圖》72/72B—90A。卷軸裝，26 紙。前部如圖 10 左側所示，前殘尾全，存 577 行（首紙 22 行，末紙 3 行，其餘諸紙每紙 23 行；前 2 行中下部皆有殘損），行約 18 字。尾題"佛名經卷弟二"。楷書。有烏絲欄。《劫餘録》定作三十卷本《佛説佛名經》卷二；《國圖》改題"佛名經（十六卷本）卷二"，條記目録稱原卷紙高 29.6 釐米，爲 9—10 世紀歸義軍時期寫本。

北敦 5355 號（前部）　北敦 5424 號（後部）　北敦 5424 號（前部）　　浙敦 75 號

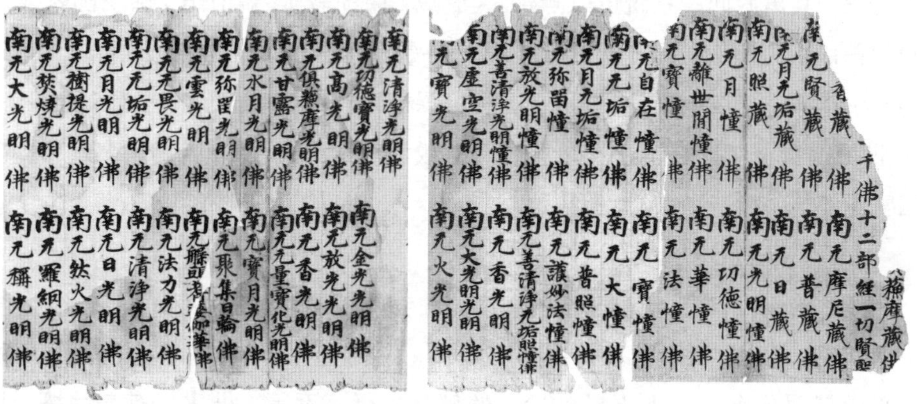

圖 10　浙敦 75 號＋北敦 5424 號（前部、後部）＋北敦 5355 號（前部）綴合圖

　　按：《國圖》條記目録已指出後二號可綴合，甚是。今謂前二號内容前後相承，亦可綴合。前二號綴合後如圖 10 右部所示，二號左右上下相接，接縫處邊緣吻合，浙敦 75 號倒二行中部"佛"字左側有少許筆畫撕裂在北敦 5424 號，末行行末"幢"字左上側有少許筆畫撕裂在北敦 5424 號，後者次行"南无寶幢佛"句"寶"字末筆撕裂在浙敦 75 號，二號拼合，此三字皆得以復合爲一，縱向烏絲欄亦可對接。北敦 5424 號與北敦 5355 號綴合後如圖 10 左部所示，二號左右上下相接，接縫處邊緣吻合，原本分屬二號的"光明佛""南""耆婆伽華"八字皆得復合爲一，縱向烏絲欄亦可對接。又浙敦 75 號後紙 4 行，

北敦5424號首紙21行（浙敦75號末2行與北敦5424號前2行左右上下相接）；北敦5424號末紙3行，北敦5355號首紙22行（北敦5424號末2行與北敦5355號前2行左右上下相接），三號綴合後銜接之紙正好合於該卷每紙23行之數。又此三號行款格式相同（天頭地腳高度近同，皆有烏絲欄，行距、字距、字體大小相近），書風相近（字體方正，頓筆明顯，筆墨勻厚），字迹似同（比較三號共有的"明""佛""藏""寶""功""德"等字），可資參證。三號綴合後，存文起"□□▨（南无俱）蘇摩藏▨（佛）"句，訖尾題，與該卷全本中村111號寫本對應部分大體相同，可以比勘。

上揭三號既原屬同卷，則浙敦75號亦應屬於十六卷本《佛説佛名經》卷二殘片，三號綴合後其內容與完整的十六卷本卷二寫卷（如中村111號）完全對應，其出於同一系統可以無疑。《浙藏》將浙敦75號定作《佛説佛名經》，過於籠統，《浙藏敦煌文獻校錄整理》將浙敦75號定作"佛説佛名經（十二卷本）卷第一"，亦未是。《國圖》條記目錄稱北敦5424號與北敦5355號爲9—10世紀歸義軍時期寫本，近是；而《浙藏》敘錄稱浙敦75號爲唐寫本，則略嫌寬泛。

11. 俄弗226號+斯2477號

（1）俄弗226號，見《俄藏》4/289A。卷軸裝殘片。後部如圖11右部所示，前殘後缺，存21行（前4行中部有殘損，首行僅存行端4字左側殘形），所存部分皆爲佛名，分上下欄各抄一個佛名，行字不等。楷書。有烏絲欄。原卷無題，《孟錄》定作未入藏的"佛名經卷第一"，稱原卷抄寫於8—9世紀；《俄藏》僅泛題"佛名經"；《俄錄》定作菩提流支譯《佛説佛名經》卷第一。

（2）斯2477號（翟4685），見《寶藏》20/76B—92B。卷軸裝。前部如圖11左部所示，前缺尾全，存509行，行約17字。尾題"佛名經卷第二"。楷書。有烏絲欄。

按：斯2477號經文中有"次礼十二部尊經大藏法輪"的內容，符合十六卷本《佛説佛名經》的基本特徵，應爲十六卷本系統無疑。比勘內容完整的十六卷本卷二寫卷中村111號，俄弗226號末句"南无光作佛"與斯2477號首句"南无火作佛"內容先後相連，中無缺字，存有綴合的可能性。二號接縫處皆爲失黏所致脱落，邊緣整齊，橫向烏絲欄可以對接。比較兩號間交互出現的“願”“邊”“照”“海”“得”“威”“樂”“勝”等字，如表1所示，字迹似同。又二號行款格式相同（天頭地脚高度近同，行距、字距、字體大小相近），書風相近（筆畫纖細，結構規整）。由此判定，此二號確可綴合，綴合後如圖11所示，存文起“南无常滿足手佛”句前四字左側殘形，訖尾題，與該卷全本中村111號寫本對應部分大體相同，可以比勘。

斯2477號（前部）　　　　俄弗226號（後部）

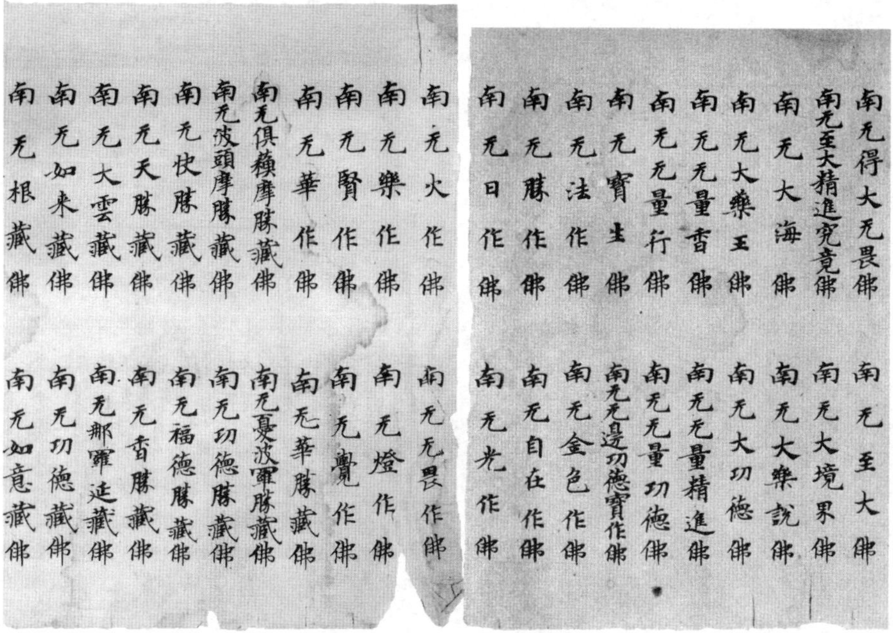

圖11　俄弗226號（後部）＋斯2477號（前部）綴合圖

表1　俄弗226號、斯2477號字迹比較表

例字　　卷號	願	邊	照	海	得	威	樂	勝
俄弗226號	願	邊	照	海	得	威	樂	勝
斯2477號	願	邊	照	海	得	威	樂	勝

上揭二號既可綴合爲一，則俄弗 226 號亦應爲十六卷本《佛説佛名經》卷二殘片；《孟録》將其定作卷一，《俄録》又定作菩提流支譯《佛説佛名經》卷一，皆非是。

12. 北敦 2910 號 + 北敦 3260 號

（1）北敦 2910 號（北 615；陽 10），見 IDP，另見《國圖》39/167B—170B。卷軸裝，6 紙。後部如圖 12 右部所示，前殘後缺，存 143 行（首紙 3 行，其餘諸紙每紙 28 行；前 2 行中上部有殘損），行約 17 字。楷書。有烏絲欄。原卷無題，《劫餘録》定作佚本三十卷本《佛説佛名經》卷二；《索引》擬題"佛説佛名經"；《寶藏》及《索引新編》擬題"佛説佛名經卷第二"；《國圖》改題"佛名經（十六卷本）卷二"，條記目録稱原卷經黄紙，紙高 25.2 釐米，爲 7—8 世紀唐寫本。

北敦 3260 號（前部）　　　　　　北敦 2910 號（後部）

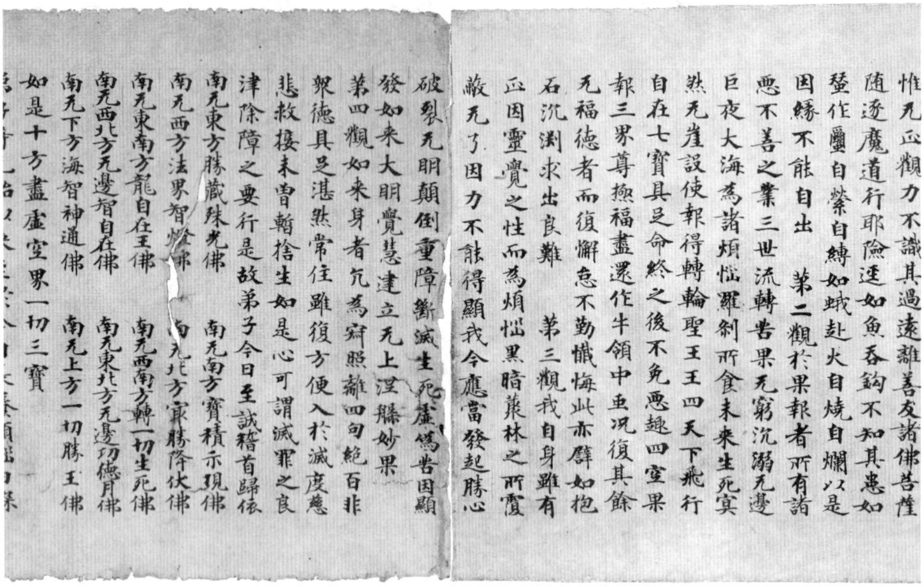

圖 12　北敦 2910 號（後部）+ 北敦 3260 號（前部）綴合圖

（2）北敦 3260 號（北 603；致 60），見 IDP，另見《國圖》44/289A—296A。卷軸裝，12 紙。前部如圖 12 左部所示，前缺後殘，存 336 行（每紙 28 行；

末行下部略有殘損），行約 17 字。楷書。有烏絲欄。原卷無題，《劫餘録》定作佚本三十卷本《佛説佛名經》卷二；《索引》擬題 "佛説佛名經"；《寶藏》及《索引新編》擬題 "佛説佛名經卷第二"；《國圖》改題 "佛名經（十六卷本）卷二"，條記目録稱原卷經黃打紙，紙高 25.2 釐米，爲 7—8 世紀唐寫本。

　　按：據殘存文字推斷，上揭二號皆爲十六卷本《佛名經》卷二殘卷。比勘內容完整的十六卷本卷二寫卷中村 111 號，北敦 2910 號末句 "我今應當發起勝心" 與北敦 3260 號首句 "破裂无明" 先後相連，中無缺字，存有綴合的可能性。二號接縫處在二紙的粘連處（前後紙均爲 28 行，合於全卷每紙 28 行之數），比較二號共有的 "莊" "第" "聲" "薩" "礙" "藏" "觀" 等字，如表 2 所示，字跡似同。又此二號行款格式相同（紙高相同，有烏絲欄，行距、字距、字體大小相近），書風相近（字體俊秀，筆畫舒朗，結構規整）。由此判定，此二號確可綴合。綴合後如圖 12 所示，存文起 "南无不動處世佛" 句後五字，訖 "或作四重六▨▨▨▨（重八重障）聖道□（業）" 句，與中村 111 號寫本對應部分大體相同，可以比勘。

表 2　北敦 2910 號、北敦 3260 號字迹比較表

卷號＼例字	莊	第	聲	薩	礙	藏	觀
北敦 2910 號	莊	第	聲	薩	礙	藏	觀
北敦 3260 號	莊	第	聲	薩	礙	藏	觀

13. 北敦 10642 號＋北敦 3330 號

　　（1）北敦 10642 號（北臨 771），見《國圖》108/70A。殘片。如圖 13 右上部所示，存 8 殘行，行存上部 2—9 字。楷書。有烏絲欄。原卷無題，《國圖》擬題 "佛名經（十六卷本）卷二"，條記目録稱原卷爲 7—8 世紀唐寫本。

　　（2）北敦 3330 號（北 601；雨 30），見 IDP，另見《國圖》45/345B—355B。卷軸裝，20 紙。前部如圖 13 左下部所示，前殘尾全，存 433 行（前 9 行中上部有殘損，首行僅存行末 2 字左側殘畫），行約 15 字。尾題 "佛名經

卷第二"。楷書。有烏絲欄。《劫餘録》定作佚本三十卷本《佛説佛名經》卷二；《國圖》改題"佛名經（十六卷本）卷二"，條記目録稱原卷爲 8 世紀唐寫本。

北敦 3330 號（前部）

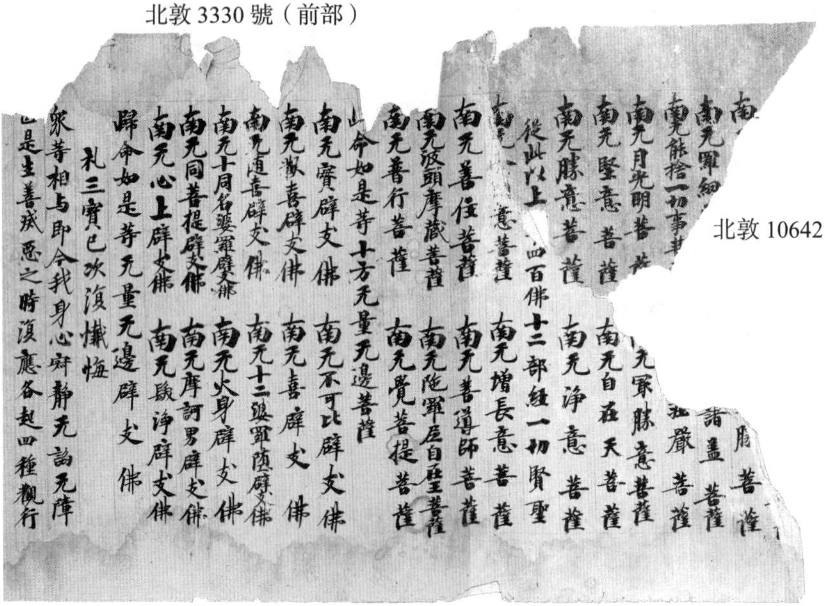

北敦 10642 號

圖 13　北敦 10642 號 + 北敦 3330 號（前部）綴合圖

按：上揭二號皆爲十六卷本《佛名經》卷二殘卷，且其内容前後相承，可以綴合。綴合後如圖 13 所示，二號上下左右相接，接縫處邊緣吻合，原本分屬二號的"薩"字得以復合爲一，橫縱烏絲欄亦可對接。又此二號行款格式相同（天頭高度近同，有烏絲欄，行距、字距、字體大小相近），書風相近（筆墨濃厚，筆畫粗黑，結構規整），字迹似同（比較二號共有的"南""无""能""一""切""捨""羅""堅"等字），可資參證。二號綴合後，存文起"南无寶勝菩薩"句末二字左側殘畫，訖尾題，與該卷全本中村 111 號寫本對應部分大體相同，可以比勘。

14. 北敦 10730 號 + 北敦 5967 號

（1）北敦 10730 號（北臨 859），見《國圖》108/116B。殘片。如圖 14 右部所示，存 18 殘行（前 7 行、後 3 行上部或下部有殘損，末行僅存行端 3 字右側殘畫），行 17 字。楷書。有烏絲欄。原卷無題，《國圖》擬題"佛名經（十六卷本）卷二"，條記目録稱原卷打紙，紙高 26.5 釐米，爲 7—8 世紀唐寫本。

（2）北敦 5967 號（北 602；重 67），見《國圖》80/194A—202B。卷軸装，14 紙。前部如圖 14 左部所示，前殘尾全，存 365 行（前 3 行有殘損，首行僅存 5 字左側殘畫），行 17 字。尾題"佛名經卷第二"。楷書。有烏絲欄。《劫餘録》定作佚本三十卷本《佛説佛名經》卷二；《國圖》改題"佛名經（十六卷本）卷二"，條記目録稱原卷打紙，紙高 25.5 釐米，爲 7—8 世紀唐寫本。

北敦 5967 號（前部）　　　　　　　北敦 10730 號

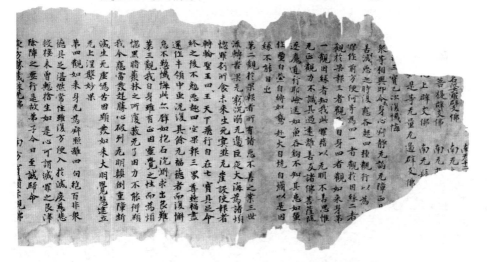

圖 14　北敦 10730 號 + 北敦 5967 號（前部）綴合圖

按：上揭二號皆爲十六卷本《佛名經》卷二殘卷，且其内容前後相承，可以綴合。綴合後如圖 14 所示，北敦 10730 號末 3 行與北敦 5967 號前 3 行上下左右相接，接縫處邊緣吻合，原本分屬二號的"者""諸惡不善""无""煩惱""羅"九字皆得復合爲一，横縱烏絲欄亦可對接。又此二號用紙及行款格式相同（皆打紙，卷心高度相同，有烏絲欄，行距、字距、字體大小相近），書風相近（筆墨匀厚，字體方正），字迹似同（比較二號共有的"等""觀""佛""善""復""緣"等字），可資參證。二號綴合後，存文起"南无十二婆羅墮辟支佛"句前四字左側殘畫，訖尾題，與該卷全本中村111 號寫本對應部分大體相同，可以比勘。

卷　三

15. 北敦 9258 號＋斯 6544 號

（1）北敦 9258 號（唐 79），見 IDP，另見《國圖》105/198A—198B。卷軸裝，1 紙。後部如圖 15 右部所示，前殘後缺，存 26 行（前 2 行上部有殘損），行 17 字左右。楷書。原卷無題，《國圖》擬題"佛名經（十六卷本）卷三"，條記目錄稱原卷爲 9—10 世紀歸義軍時期寫本。

（2）斯 6544 號（翟 4694），見《寶藏》48/272A—286B。前部如圖 15 左部所示，前缺尾全，存 474 行，行 17 字左右。尾題"佛名經卷第三"。楷書。《索引》《寶藏》從原卷尾題，《索引新編》錄作"佛名經卷第七"，誤。

斯 6544 號（前部）　　　　　　　　　　北敦 9258 號（後部）

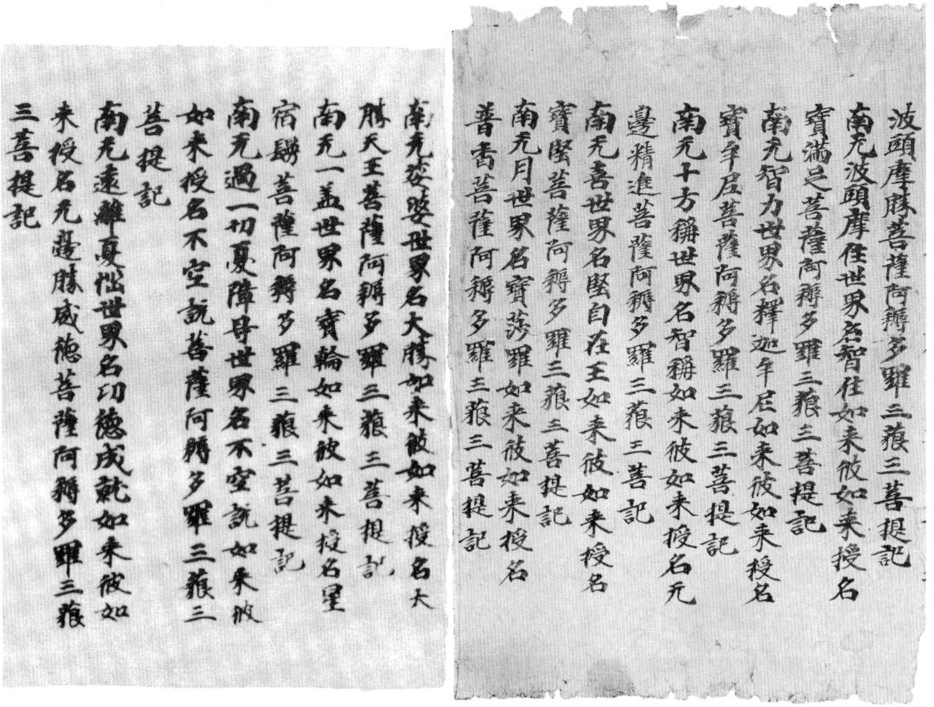

圖 15　北敦 9258 號（後部）＋斯 6544 號（前部）綴合圖

按：據殘存文字推斷，上揭二號應皆爲十六卷本《佛名經》卷三殘卷。比勘内容完整的十六卷本卷三寫卷羽 485 號，北敦 9258 號末 2 行"南无月世界名寶莎羅如來"云云與斯 6544 號首行"南无娑婆世界名大勝如來"云云先後相連，中無缺字，存有綴合的可能性。比較二號共有的"菩""羅""稱""在""如""藐""多"等字，如表 3 所示，字迹似同。又此二號行款格式相同（行距、字距、字體大小相近），書風相近（筆墨濃厚，筆畫有力，結構規整）。由此判定，此二號確可綴合。綴合後如圖 15 所示，存文起"南无香世界名寶勝光明如來"句後五字，訖尾題，與該卷全本羽 485 號寫本對應部分大體相同，可以比勘。

表 3　北敦 9258 號、斯 6544 號字迹比較表

例字 卷號	菩	羅	稱	在	如	藐	多
北敦 9258 號	菩	羅	稱	在	如	藐	多
斯 6544 號	菩	羅	稱	在	如	藐	多

16. 北敦 782 號＋北敦 461 號

（1）北敦 782 號（北 618；月 82），見 IDP，另見《國圖》11/125B—126B。卷軸裝，4 紙。後部如圖 16 右部所示，前後皆殘，存 57 行（首紙 2 行，末紙 1 殘行，中 2 紙每紙 27 行；首行僅存行端 1 字左側殘形，末行僅存下部 1 字右側殘畫），行 20 字左右。楷書。有烏絲欄。原卷無題，《劫餘録》定作佚本三十卷本《佛説佛名經》卷三；《索引》擬題"佛説佛名經"；《寶藏》及《索引新編》擬題"佛説佛名經卷第三"；《國圖》改題"佛名經（十六卷本）卷三"，條記目録稱原卷紙高 31.4 釐米，爲 9—10 世紀歸義軍時期寫本。

（2）北敦 461 號（北 622；洪 61），見 IDP，另見《國圖》7/132B—142A。卷軸裝，18 紙。前部如圖 16 左部所示，前殘尾全，存 471 行（前 17 紙每紙 27 行，末紙 12 行；首行下部稍有殘損），行 20 字左右。尾題"佛説佛名經卷第三"。楷書。有烏絲欄。《劫餘録》定作佚本三十卷本《佛説佛名經》

卷三;《國圖》改題“佛名經(十六卷本)卷三”,條記目録稱原卷紙高32.3釐米,爲9—10世紀歸義軍時期寫本。

北敦461號（前部）　　　　北敦782號（後部）

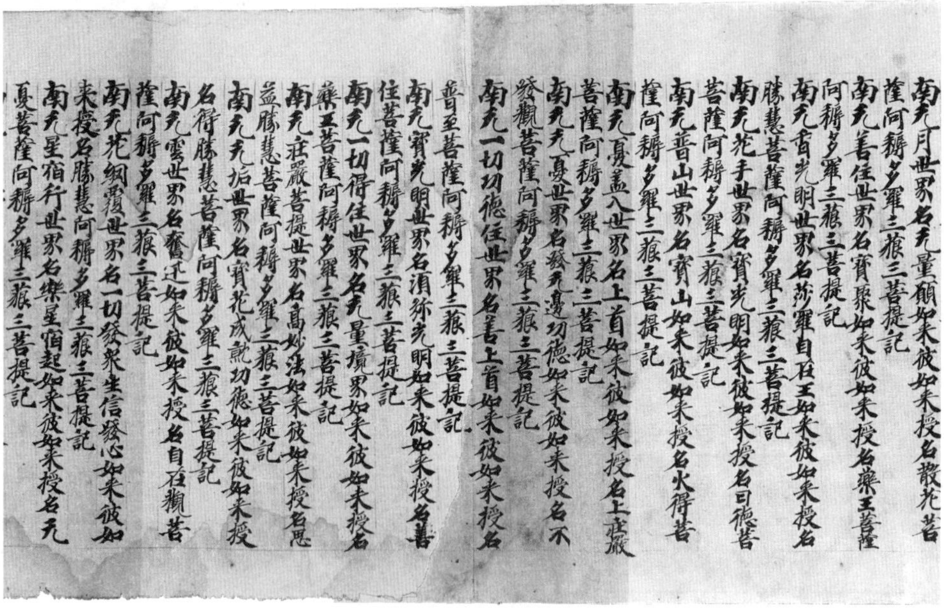
南无月世界名无量願如来彼如来授名散花菩
薩阿耨多羅三藐三菩提記
南无善住世界名寶聚如来彼如来授名藥王菩薩
阿耨多羅三藐三菩提記
南无香光明世界名莎羅自在王如来彼如来授名
勝慧菩薩阿耨多羅三藐三菩提記
南无花手世界名寶光明如来彼如来授名功德菩
薩阿耨多羅三藐三菩提記
南无普山世界名寶山如来彼如来授名火得菩
薩阿耨多羅三藐三菩提記
南无覆蓋入世界名上首如来彼如来授名上莊嚴
菩薩阿耨多羅三藐三菩提記
南无无覆世界名發无邊功德如来彼如来授名不
發觀菩薩阿耨多羅三藐三菩提記
南无一切功德住世界名善上首如来彼如来授名
普至菩薩阿耨多羅三藐三菩提記
南无寶光明世界名須弥光明如来彼如来授名普
住菩薩阿耨多羅三藐三菩提記
南无一切得住世界名无量境界如来彼如来授名
藥王菩薩阿耨多羅三藐三菩提記
南无莊嚴菩提世界名高妙法如来彼如来授名思
益勝慧菩薩阿耨多羅三藐三菩提記
南无无垢世界名寶花成就功德如来彼如来授
名得勝慧菩薩阿耨多羅三藐三菩提記
南无雲世界名奮迅如来彼如来授名自在觀菩
薩阿耨多羅三藐三菩提記
南无花網覆世界名一切發衆生信發心如来彼如
来授名勝慧阿耨多羅三藐三菩提記
南无星宿行世界名樂星宿起如来彼如来授名无
憂菩薩阿耨多羅三藐三菩提記

圖16　北敦782號（後部）+北敦461號（前部）綴合圖

按：上揭二號皆爲十六卷本《佛説佛名經》卷三殘卷，且其内容前後相承，可以綴合。綴合後如圖16所示，二號左右上下相接，接縫處邊緣吻合，北敦461號首行行末“記”字右側有少許筆畫撕裂在北敦782號末行，二號拼合，其字完整無缺，横縱烏絲欄亦可對接。又二號行款格式相同（完整諸紙每紙27行，紙高接近，皆有烏絲欄，行距、字距、字體大小相近），書風相近（筆畫粗細不一，筆墨濃厚），字迹似同（比較二號共有的“阿”“耨”“多”“羅”“如”“界”“等”“降”“發”“无”等字），可資參證。二號綴合後，存文起“彼如來授名勝德菩薩阿耨多羅三藐三菩提記”句“阿”字左側殘形，訖尾題，與該卷全本羽485號寫本對應部分大體相同，可以比勘。

卷　五

17. 俄敦 7197 號＋北敦 9267 號

（1）俄敦 7197 號，見《俄藏》13/272A。殘片。如圖 17 右下部所示，存 7 殘行，行存下部 4—7 字。楷書。有烏絲欄。原卷無題，《俄藏》未定名；《俄録》定作菩提流支譯本《佛説佛名經》卷第四。

（2）北敦 9267 號（唐 88），見 IDP，另見《國圖》105/206B。殘片。如圖 17 左部所示，存 10 殘行（首行中下部有殘損，末行中上部有殘損），所存部分多爲佛名，分上下欄各抄一個佛名，行字不等。楷書。有烏絲欄。原卷無題，《國圖》定作"佛名經（十六卷本）卷五"，條記目録稱原卷爲 7—8 世紀唐寫本。

北敦 9267 號

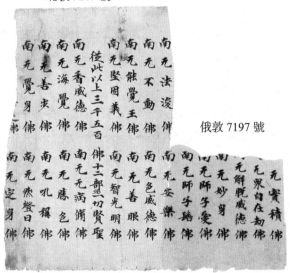

俄敦 7197 號

圖 17　俄敦 7197 號＋北敦 9267 號綴合圖

按：上揭二號應皆爲十六卷本《佛説佛名經》卷五殘卷，且其內容前後相承，可以綴合。綴合後如圖 17 所示，二號左右相接，接縫處邊緣吻合，原本分屬二號的"南无安樂"四字皆得復合爲一（此四字左側分別在北敦 9267 號首行，

右側在俄敦 7197 號末行），横向烏絲欄亦可對接。又二號行款格式相同（地
脚高度近同，皆有烏絲欄，行距、字距、字體大小相近），書風相近（筆畫舒
朗，結構從容），字迹似同（比較二號共有的 "南""无""佛""身" 等字），
可資參證。二號綴合後，存文起 "南无實積佛" 句後四字，訖 "南无定身佛"，
與十六卷本《佛説佛名經》卷五全本北敦 3478 號寫本對應部分大體相同，可
以比勘。《俄録》把俄敦 7197 號殘片定作菩提流支譯本《佛説佛名經》卷四，
不確。

18. 北敦 1474 號＋北敦 1396 號＋北敦 1412 號＋北敦 1471 號＋北敦
1641 號＋北敦 1380 ＋北敦 1597 號

（1）北敦 1474 號（北 638；寒 74），見 IDP，另見《國圖》21/333B—
335B。卷軸裝，4 紙。前後皆殘，存 83 行（首紙 8 行，後 3 紙每紙 25 行；
末 2 行下部有殘損）。《國圖》條記目録稱原卷紙高 29.2 釐米。

（2）北敦 1396 號（北 639；張 96），見 IDP，另見《國圖》20/412B—
414B。卷軸裝，4 紙。前殘後缺，存 77 行（首紙 2 殘行，首行僅存行末字左
側殘畫，次行中上部右側殘損；後 3 紙每紙 25 行）。《國圖》條記目録稱原卷
紙高 29.5 釐米。

（3）北敦 1412 號（北 640；寒 12），見 IDP，另見《國圖》21/49A—
51A。卷軸裝，3 紙。前缺，尾略殘，存 75 行（每紙 25 行）。《國圖》條記目
録稱原卷紙高 29.4 釐米。

（4）北敦 1471 號（北 641；寒 71），見 IDP，另見《國圖》21/325B—
328A。卷軸裝，4 紙。前缺，尾略殘，存 100 行（每紙 25 行）。《國圖》條記
目録稱原卷紙高 29.4 釐米。

（5）北敦 1641 號（北 642；暑 41），見 IDP，另見《國圖》23/150A—
152B。卷軸裝，6 紙。後部如圖 18 右部所示，前後皆殘，存 102 行（首紙素紙，
2—5 紙每紙 25 行；末紙存 2 殘行，中上部有殘損，末行僅存下部 1 字右側殘
形）。《國圖》條記目録稱原卷紙高 29.2 釐米。

上揭五號原卷整行皆行約 17 字，有烏絲欄；無題，《劫餘録》定作佚本
三十卷本《佛説佛名經》卷五；《索引》擬題 "佛説佛名經"；《寶藏》及《索

引新編》擬題"佛説佛名經卷第五";《國圖》改題"佛名經(十六卷本)卷五",條記目録皆定作9—10世紀歸義軍時期寫本,并指出此五號乃同一寫卷之撕裂,可依次互相綴合。

(6)北敦1380號(北644;張80),見IDP,另見《國圖》20/365A—367B。卷軸裝,4紙。前部如圖18左部所示,前後皆殘,存100行(每紙25行;前2行中下部有殘損)。《國圖》條記目録稱原卷紙高29.3釐米。

(7)北敦1597號(北645;來97),見IDP,另見《國圖》22/402A—404B。卷軸裝,5紙。前缺,尾略殘,存92行(首紙1行,次紙24行,[①]3、4紙每紙25行,末紙17行)。尾題"佛名經卷苐五"。《國圖》條記目録稱原卷紙高29.2釐米。

北敦1380號(前部)　　　　　　北敦1641號(後部)

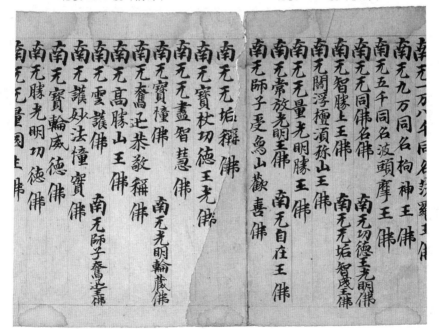

圖18　北敦1641號(後部)+北敦1380號(前部)綴合圖

---

①第2紙存24行(末行僅存上部若干字左側殘畫),比勘完整寫卷,此紙末尾尚缺一行,可能是紙與紙粘接失誤覆蓋有字部分造成。

　　後二號原卷整行皆行約 17 字，有烏絲欄；無題，《劫餘録》定作佚本三十卷本《佛説佛名經》卷五；《索引》擬題"佛説佛名經"；《寶藏》及《索引新編》擬題"佛説佛名經卷第五"；《國圖》改題"佛名經（十六卷本）卷五"，條記目録皆定作 9—10 世紀歸義軍時期寫本，又稱此二號乃同一寫卷之撕裂，可以綴合。

　　按：《國圖》條記目録已指出北敦 1474 號＋北敦 1396 號＋北敦 1412 號＋北敦 1471 號＋北敦 1641 號、北敦 1380＋北敦 1597 號二組可各自綴合，甚是。今謂此二組可通過北敦 1641 號與北敦 1380 號進一步綴合，合二爲一。北敦 1641 號與北敦 1380 號綴合後如圖 18 所示，接縫處邊緣吻合，原本分屬二號的"垢稱佛""佛"四字皆得復合爲一（此四字左側分別在北敦 1380 號首 2 行，右側在北敦 1641 號末 2 行），橫縱烏絲欄亦可對接；北敦 1641 號末紙 2 殘行與北敦 1380 號首紙 25 行拼合後爲 25 整行，合於全卷每紙滿行 25 行之數。又上揭七號抄寫行款格式相近（紙高皆在 29.2—29.5 釐米之間，皆有烏絲欄，行距、字距、字體大小相近），書風相近（筆墨濃黑，字體方正），字迹似同（比較諸號共有的"南""无"等字），可資參證。七號綴合後，存文起"南无數聲佛"句左側殘形，訖尾題，約占全卷六分之五强。

　　19. 俄敦 12561 號＋俄敦 10483 號＋北敦 5977 號

　　（1）俄敦 12561 號，見《俄藏》16/143B。殘片。如圖 19 右部所示，存 5 殘行（末行僅存 1 字右側殘畫），行存中上部 1—6 字。楷書。有烏絲欄。原卷無題，《俄藏》未定名；《俄録》定作菩提流支譯本《佛説佛名經》卷第四。

　　（2）俄敦 10483 號，見《俄藏》14/302A。殘片。如圖 19 中部所示，存 24 殘行，行存上部 5—10 字。楷書。有烏絲欄。原卷無題，《俄藏》未定名；《俄録》定作菩提流支譯本《佛説佛名經》卷第四，又稱"另失譯《佛説佛名經》卷第十也相符"。

　　（3）北敦 5977 號（北 643；重 77），見 IDP，另見《國圖》80/247B—249B。卷軸裝，3 紙。前部如圖 19 左部所示，前殘後缺，存 84 行（前 2 行上部略殘），所存部分皆爲佛名，分上下欄各抄一個佛名，行字不等。楷書。有烏絲欄。原卷無題，《劫餘録》及《國圖》定作十六卷本《佛説佛名經》卷五；《索引》擬題"佛説佛名經";《寶藏》及《索引新編》擬題"佛説佛名經卷第五"。
《國圖》條記目録稱原卷爲 7—8 世紀唐寫本。

北敦 5977 號（前部）　　　　俄敦 10483 號

俄敦 12561 號

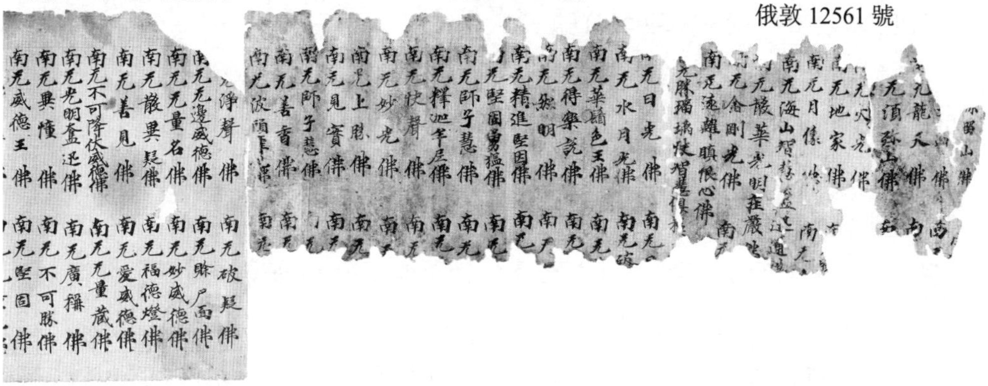

圖 19　俄敦 12561 號 + 俄敦 10483 號 + 北敦 5977 號（前部）綴合圖

　　按：上揭三號應皆爲十六卷本《佛説佛名經》卷五殘卷，且其内容前後
相承，可以綴合。綴合後如圖 19 所示，俄敦 12561 號與俄敦 10483 號左右相接，
接縫處邊緣吻合，原本分屬二號的"无"字復合爲一；俄敦 10483 號與北敦
5977 號左右相接，二號佛名前後相承，接縫處邊緣整齊，應爲失黏所致脱落。
又此三號行款格式相同（天頭等高，皆有烏絲欄，行距、字距、字體大小相近），
書風相近（筆墨均匀，豎筆較粗），字迹似同（比較三號共有的"南""无""佛""山"
等字），可資參證。三號綴合後，存文起"南无彌留山佛"句"彌"字殘畫，
訖"南无寶炎佛"句，與該卷全本北敦 3478 號寫本對應部分大體相同，可以
比勘。《俄録》把俄敦 12561 號、俄敦 10483 號殘片定作菩提流支譯本《佛説
佛名經》卷四，或《大正藏》收載的三十卷本失譯《佛説佛名經》卷九（《俄録》
誤作卷十），不確。

　　《國圖》條記目録稱北敦 5977 號爲 7—8 世紀唐寫本，上揭三號寫卷既
可綴合爲一，若北敦 5977 號斷代無誤，則前二號寫卷的書寫年代亦可參此
推定。

卷 六

20. 浙敦 191 號＋浙敦 189 號

（1）浙敦 191 號（浙博 166），見《浙藏》229A。卷軸裝，1 紙。後部如圖 20 右部所示，首全後殘，存 23 殘行（下部多有殘損），所存部分多爲佛名，分上下欄各抄一個佛名，行字不等。首題"佛説佛名經卷第六"。楷書。有烏絲欄。《浙藏》題"佛説佛名經卷第六"，敘録稱"參見《大正藏》第 440 號（北魏）菩提流支譯《佛説佛名經》（十二卷本）卷第四（第 14 册第 136 頁上欄第 13 行至第 28 行）"，又稱原卷麻紙，框高 25.9 釐米，欄寬 2 釐米，唐寫本，張宗祥原藏。《浙藏敦煌文獻校録整理》稱"本卷實際内容爲《佛説佛名經》（十二卷本）卷第四。或唐代佛經分卷與《大正藏》不同"。

浙敦 189 號（前部） 浙敦 191 號（後部）

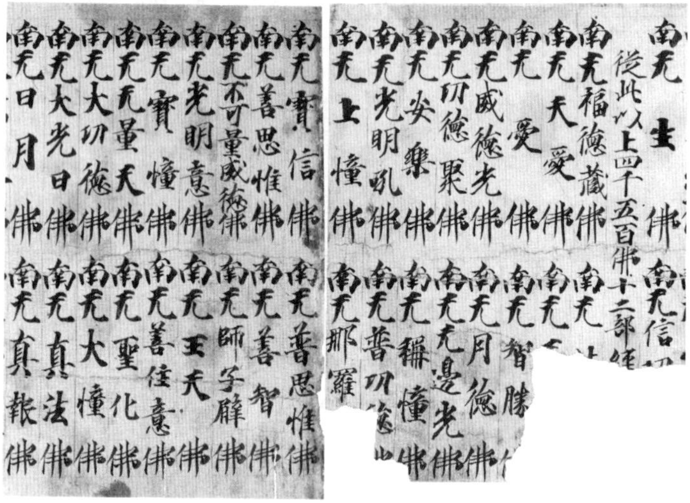

圖 20　浙敦 191 號（後部）＋浙敦 189 號（前部）綴合圖

（2）浙敦 189 號（浙博 164），見《浙藏》228A。卷軸裝，1 紙。前部如圖 20 左部所示，前後皆缺，存 24 行，所存部分皆爲佛名，分上下欄各抄一個佛名，行字不等。楷書。有烏絲欄。原卷無題，《浙藏》擬題"佛説佛名經"，

敘録稱"據《大正藏》定名。見《大正藏》第440號（北魏）菩提流支譯《佛
説佛名經》（十二卷本）卷第四（第14册第136頁上欄第28行至下欄第17行）"，
又稱原卷麻紙，框高25.9釐米，欄寬2釐米，唐寫本，張宗祥原藏。《浙藏敦
煌文獻校録整理》題"佛説佛名經（十二卷本）卷第四"。

　　按：據殘存文字推斷，上揭二號應皆爲十六卷本《佛説佛名經》卷六殘
卷。比勘十六卷本《佛説佛名經》卷六全本中村112號、北敦2472號，浙敦
191號末句"南无那羅□□（延佛）"與浙敦189號首句"南无寶信佛"先後
連接，中無缺句，存有綴合的可能性。二號接縫處爲失黏所致脱落，邊緣整齊，
横向烏絲欄可以對接。比較二號共有的"南""德""步""量""无""聚""師"
等字，如表4所示，字迹似同。又此二號用紙及行款格式相同（皆麻紙，紙
高相同，皆有烏絲欄，行距、字距、字體大小相近），書風相近（頓筆明顯，
豎畫粗横畫細）。由此推斷，此二號確可綴合。綴合後如圖20所示，起首題，
訖"南无勝藏佛"句，所存内容與該卷全本（如中村112號、北敦2472號）
對應部分大體相同，其爲十六卷本《佛説佛名經》卷六可以無疑。《浙藏》及
《浙藏敦煌文獻校録整理》拘泥於《大正藏》本收載的菩提流支譯十二卷本，
故所作擬題及開示的經文出處多有不妥。

表4　浙敦191號、浙敦189號字迹比較表

例字 卷號	南	德	步	量	無	聚	師
浙敦191號	南	德	步	量	无	聚	師
浙敦189號	南	德	步	量	无	聚	師

21. 北敦4188號＋北敦4038號＋北敦4169號＋北敦3945號

　　（1）北敦4188號（北658；水88），見《國圖》56/380B—383A。卷軸裝，
4紙。後部如圖21-1右部所示，前殘後缺，存103行（前紙19行，後3紙每
紙28行；首行僅行端4字左側殘畫），所存部分多爲佛名，分上下欄各抄一

個佛名，行字不等。楷書。有烏絲欄。原卷無題，《劫餘録》定作佚本三十卷本《佛説佛名經》卷六；《索引》擬題“佛説佛名經”；《寶藏》及《索引新編》擬題“佛説佛名經卷第六”；《國圖》改題“佛名經（十六卷本）卷六”，條記目録稱原卷經黃打紙，紙高 25.8 釐米，爲 9—10 世紀歸義軍時期寫本。

（2）北敦 4038 號（北 663；麗 38），見 IDP，另見《國圖》55/145A—149A。卷軸裝，6 紙。前部如圖 21-1 左部所示，前後皆缺，存 168 行（每紙 28 行），行 17 字左右。楷書。有烏絲欄。原卷無題，《劫餘録》定作佚本三十卷本《佛説佛名經》卷六；《索引》擬題“佛説佛名經”；《寶藏》及《索引新編》擬題“佛説佛名經卷第六”；《國圖》改題“佛名經（十六卷本）卷六”，條記目録稱原卷經黃打紙，紙高 25.5 釐米，爲 7—8 世紀唐寫本。

（3）北敦 4169 號（北 664；水 69），見《國圖》56/308A—310B。卷軸裝，4 紙。後部如圖 21-2 右部所示，前後皆缺，存 112 行（每紙 28 行），行 17 字左右。楷書。有烏絲欄。原卷無題，《劫餘録》定作佚本三十卷本《佛説佛名經》卷六；《索引》擬題“佛説佛名經”；《寶藏》及《索引新編》擬題“佛説佛名經卷第六”；《國圖》改題“佛名經（十六卷本）卷六”，條記目録稱原卷經黃打紙，紙高 25.9 釐米，爲 9—10 世紀歸義軍時期寫本。

（4）北敦 3945 號（北 653；生 45），見 IDP，另見《國圖》54/188A—194A。卷軸裝，9 紙。前部如圖 21-2 左部所示，前缺尾全，存 248 行（前 8 紙每紙 28 行，末紙 24 行），行 17 字左右。尾題“佛名經卷第六”。楷書。有烏絲欄。《劫餘録》定作佚本三十卷本《佛説佛名經》卷六；《國圖》改題“佛名經（十六卷本）卷六”，條記目録稱原卷經黃紙，紙高 25.7 釐米，爲 7—8 世紀唐寫本。

按：上揭四號皆爲十六卷本《佛説佛名經》卷六殘卷，《劫餘録》及《國圖》條記目録皆已指出其中的北敦 4038 號與北敦 4169 號可以綴合。比勘該卷完整無缺的中村 112 號、北敦 2472 號，可知北敦 4188 號末句“南无法洲佛”與北敦 4038 號首句“南无甘露功德佛”、北敦 4169 號末句“南无智作佛”與北敦 3945 號首句“南无普寶佛”皆前後相接，中無缺字，應可綴合。北敦 4188 號與北敦 4038 號綴合後如圖 21-1 所示，北敦 4169 號與北敦 3945 號綴

北敦 4038 號（前部）　　　　北敦 4188 號（後部）

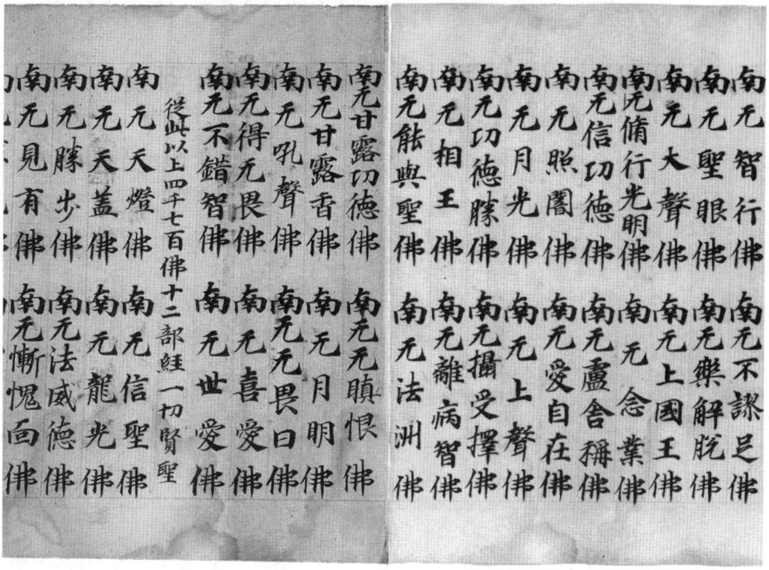

圖 21-1　北敦 4188 號（後部）＋北敦 4038 號（前部）綴合圖

北敦 3945 號（前部）　　　　北敦 4169 號（後部）

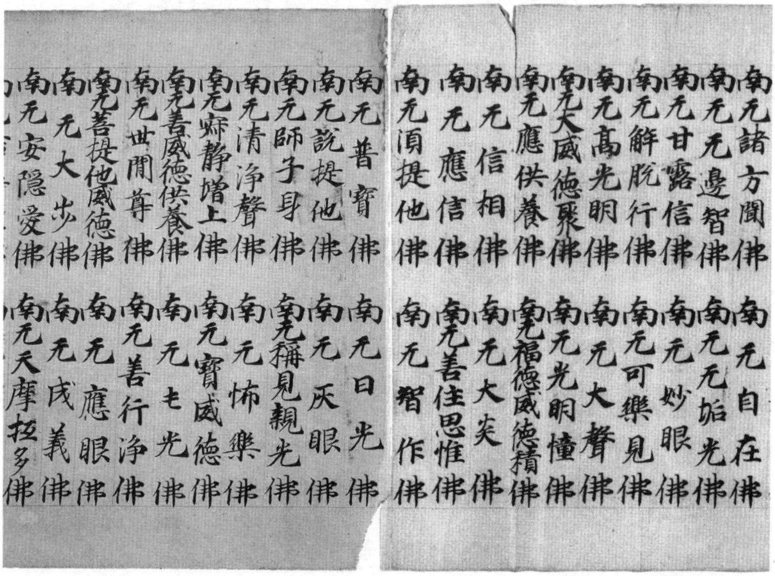

圖 21-2　北敦 4169 號（後部）＋北敦 3945 號（前部）綴合圖

合後如圖 21-2 所示，接縫處皆在二紙的粘連處（前後紙均爲 28 行，合於全卷每紙滿行 28 行之數），皆爲失黏所致脱落，邊緣整齊，橫向烏絲欄可以對接。比較四號間交互出現的"解""成""聚""愛""道""勝""步"等字，如表 5 所示，字迹似同。又四號行款格式相同（紙高近同，皆有烏絲欄，行距、字距、字體大小相近），書風相近（字體方正，筆畫舒展，筆墨匀厚），可資參證。此四號綴合後，存文起"南无蓋天佛"句前四字左側殘畫，訖尾題，内容近乎完整（僅卷首略有殘缺），與該卷全本中村 112 號、北敦 2472 號寫本對應部分大體相同，可以比勘。

表 5　北敦 4188 號、北敦 4038 號、北敦 4169 號、北敦 3945 號字迹比較表

例字 卷號	解	成	聚	愛	道	勝	步
北敦 4188 號	解	成	聚	愛	道	勝	步
北敦 4038 號	解	/	聚	愛	道	勝	步
北敦 4169 號	解	成	聚	愛	道	/	步
北敦 3945 號	解	成	聚	愛	/	勝	步

　　上揭四號既原屬同卷，其抄寫年代應基本相同。根據其字迹書風等因素考慮，《國圖》條記目録把北敦 4188 號、北敦 4169 號斷作 9—10 世紀歸義軍時期寫本，近是；但把北敦 4038 號、北敦 3945 號斷作 7—8 世紀唐寫本，則恐不妥。

　　22. "俄敦 2457 號、俄敦 2484 號" +北敦 11910 號

　　（1）"俄敦 2457 號、俄敦 2484 號"，見《俄藏》9/210A。殘片。《俄藏》已將此二號綴合爲一，如圖 22 右部所示，存 14 殘行，所存部分皆爲佛名，分上下欄各抄一個佛名，行字不等（7—14 行下欄佛名殘缺，末行僅存上部 4 字右側殘形）。楷書。有烏絲欄。原卷無題，《孟録》題"佛名經"，歸入未入三藏的經典，稱原卷抄寫於 9—11 世紀；《俄藏》改題"佛説佛名經卷第四"；

《俄録》定作菩提流支譯本《佛説佛名經》卷第四。

（2）北敦 11910 號（北臨 2039），見《國圖》110/146B。殘片。如圖 22 左部所示，存 11 殘行（前 5 行上部殘損，第 6 行 2—4 字存左部殘形，末行僅存若干字右側殘畫），所存部分皆爲佛名，分上下欄各抄一個佛名，行字不等。楷書。有烏絲欄。原卷無題，《國圖》擬題“佛名經（十六卷本）卷六”，條記目録稱該卷爲 9—10 世紀歸義軍時期寫本。

北敦 11910 號　　　　　　“俄敦 2457 號、俄敦 2484 號”

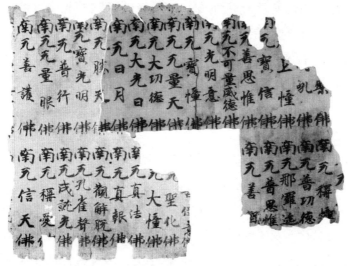

圖 22　“俄敦 2457 號、俄敦 2484 號”＋北敦 11910 號綴合圖

按：前組應亦爲十六卷本《佛説佛名經》卷六殘片，且與後號内容前後相承，可以綴合。綴合後如圖 22 所示，前組 9—14 行與後號第 1—6 行上下左右相接，接縫處邊緣吻合，“南无日月佛”句末字三豎畫下部少量筆畫撕裂在後號，“南无勝天佛”句後四字右側有部分筆畫撕裂在前組上，三號拼合，五字皆得以復合爲一，横縱烏絲欄亦可對接。又此三號行款格式相同（框高相同，皆有烏絲欄，行距、字距、字體大小相近），書風相近（皆爲筆墨均匀），字迹似同（比較三號共有的“南”“无”“佛”“天”“大”“普”“幢”等字），可資參證。三號綴合後，存文起“南无无邊光佛”句二、三字左側殘畫，訖“南无大威佛”諸字右側殘畫，與該卷全本中村 112 號、北敦 2472 號寫本對應部分大體相同，

可以比勘。《俄藏》將前組擬題作 "佛説佛名經卷第四",《俄録》進而坐實爲菩提流支譯本《佛説佛名經》卷第四, 皆不確。

　　上揭三號既原屬同卷, 根據十六卷本産生時期并結合字體行款等特點,《國圖》條記目録稱北敦 11910 號爲 9—10 世紀歸義軍時期寫本, 近是; 而《孟録》稱 "俄敦 2457 號、俄敦 2484 號" 抄寫於 9—11 世紀, 則過於寬泛。

　　23. 北敦 4478 號 + 北敦 4481 號 + 北敦 4484 號

　　（1）北敦 4478 號（北 661; 崑 78）, 見《國圖》60/237A—238A。卷軸裝, 2 紙。後部如圖 23 右部所示, 前殘後缺, 存 55 行（前紙 25 行, 後 3 紙每紙 30 行; 前 5 行下部殘損, 首行僅存上部 3 字左側殘畫）, 所存部分多爲佛名, 分上下欄各抄一個佛名, 行字不等。楷書。有烏絲欄。原卷無題,《劫餘録》及《國圖》定作十六卷本《佛説佛名經》卷六;《索引》擬題 "佛説佛名經";《寶藏》及《索引新編》擬題 "佛説佛名經卷第六"。《國圖》條記目録稱原卷紙高 26.9 釐米, 爲 9—10 世紀歸義軍時期寫本。

　　（2）北敦 4481 號（北 662; 崑 81）, 見《國圖》60/242A—243B。卷軸裝, 2 紙。前部如圖 23 左部所示, 前後皆缺, 存 60 行（每紙 30 行）, 所存部分多爲佛名, 每行多分上下欄各抄寫一個佛名, 行字不等。楷書。有烏絲欄。原卷無題,《劫餘録》及《國圖》定作十六卷本《佛説佛名經》卷六;《索引》擬題 "佛説佛名經";《寶藏》及《索引新編》擬題 "佛説佛名經卷第六"。《國圖》條記目録稱原卷紙高 27 釐米, 爲 8 世紀唐寫本, 并指出該號後接北敦 4484 號。

　　（3）北敦 4484 號（北 665; 崑 84）, 見《國圖》60/248A—250B。卷軸裝, 4 紙。前後皆缺, 存 104 行（前 3 紙每紙 30 行, 後紙 14 行）, 所存部分多爲三寶名, 每行多分上下欄各抄寫一個三寶名, 行字不等。有烏絲欄。原卷無題,《劫餘録》及《國圖》定作十六卷本《佛説佛名經》卷六;《索引》擬題 "佛説佛名經";《寶藏》及《索引新編》擬題 "佛説佛名經卷第六"。《國圖》條記目録稱原卷紙高 26.8 釐米, 爲 8 世紀唐寫本, 并指出該號首接北敦 4481 號。

　　按: 上揭三號皆爲十六卷本《佛説佛名經》卷六殘卷,《國圖》條記目録已指出後二號可以綴合, 甚是。比勘該卷完整無缺的中村 112 號、北敦 2472 號, 可知北敦 4478 號末句 "南无功德稱佛" 與北敦 4481 號首句 "南无善智慧佛"

前後相接，中無缺字，存有綴合的可能性。此三號兩兩相接，接縫處皆處在二紙的粘連處（前後紙均爲 30 行，合於全卷每紙滿行 30 行之數）。比較三號間交互出現的"喜""謬""净""嚴""稱""修""土"等字，如表 6 所示，字迹似同。又此三號行款格式相同（紙高近同，皆有烏絲欄，行距、字距、字體大小相近），書風相近（筆畫舒朗，筆有連意）。由此推斷，此三號確可綴合，前二號綴合如圖 23 所示。三號綴合後，存文起"南无普行佛"句後三字左側殘形，訖"礼三寶已，次復懺悔"句，與該卷全本中村 112 號、北敦2472 號寫本對應部分大體相同，可以比勘。

北敦 4481 號（前部）　　　　　　　北敦 4478 號（後部）

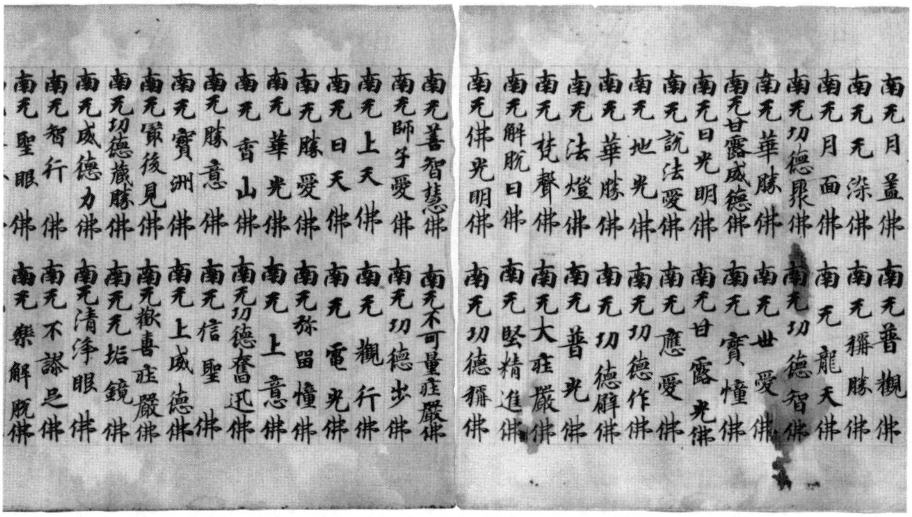

圖 23　北敦 4478 號（後部）＋北敦 4481 號（前部）綴合圖

表 6　北敦 4478 號、北敦 4481 號、北敦 4484 號字迹比較表

例字　　卷號	喜	謬	净	嚴	稱	修	土
北敦 4478 號	喜	謬	净	嚴	稱	修	土
北敦 4481 號	喜	謬	净	嚴	稱	修	土
北敦 4484 號	喜	/	净	嚴	稱	修	/

上揭三號既原屬同卷，而《國圖》條記目錄稱北敦 4478 號爲 9—10 世紀歸義軍時期寫本，北敦 4481 號、北敦 4484 號爲 8 世紀唐寫本，斷代不一，宜再斟酌。

24. 斯 2357 號＋北敦 1877 號＋北敦 1602 號

（1）斯 2357 號（翟 4717），見《寶藏》18/554A—559B。卷軸裝，10 紙。後部如圖 24 右側所示，前缺後殘，存 202 行（前 9 紙每紙 22 行，末紙 4 行；末 2 行上部略有殘損），所存部分多爲三寶名，每行多分上下欄各抄寫一個三寶名，行字不等。楷書。有烏絲欄。原卷無題，《翟錄》及《寶藏》《索引》擬題 "佛名經"；《英圖》定作 "佛名經（十六卷本）卷六"，條記目錄稱原卷紙高 29.8 釐米，爲 8 世紀唐寫本。

（2）北敦 1877 號（北 647；秋 77），見 IDP，另見《國圖》26/92B—95B。卷軸裝，6 紙。前部如圖 24 中右部所示，後部如圖 24 中左部所示，前殘後缺，存 130 行（首紙 20 行，其餘諸紙每紙 22 行；前 2 行多殘損，首行僅存 2 字左側殘畫），所存部分多爲佛名，每行多分上下欄各抄寫一個佛名，行字不等。楷書。有烏絲欄。原卷無題，《劫餘錄》定作佚本三十卷本《佛説佛名經》卷六；《索引》擬題 "佛説佛名經"；《寶藏》及《索引新編》擬題 "佛説佛名經卷第六"；《國圖》改題 "佛名經（十六卷本）卷六"，條記目錄稱原卷紙高 29.5 釐米，爲 9—10 世紀歸義軍時期寫本。

（3）北敦 1602 號（北 652；暑 2），見 IDP，另見《國圖》23/4A—6A。卷軸裝，4 紙。前部如圖 24 左側所示，前後皆缺，存 88 行（每紙 22 行），所存部分皆爲佛名，多分上下欄抄寫，行字不等。楷書。有烏絲欄。原卷無題，《劫餘錄》定作佚本三十卷本《佛説佛名經》卷六；《索引》擬題 "佛説佛名經"；《寶藏》及《索引新編》擬題 "佛説佛名經卷第六"；《國圖》改題 "佛名經（十六卷本）卷六"，條記目錄稱原卷紙高 29 釐米，爲 7—8 世紀唐寫本。

按：上揭三號應皆爲十六卷本《佛説佛名經》卷六殘卷（其中斯 2357 號經本有 "次礼十二部尊經大藏法輪" 的内容，符合十六卷本《佛説佛名經》的基本特徵），且其内容前後相承，可以綴合。斯 2357 號與北敦 1877 號綴合後如圖 24 右部所示，二號左右相接，接縫處邊緣吻合，原本分屬二號的 "无量""南无""常定""乱菩"八字皆得成完璧（此八字右側筆畫皆在斯2357號，左側筆畫皆在北敦1877號），横縱烏絲欄亦可對接；北敦1877號與北敦1602號綴合後如圖24左部所示，二號左右相接，接縫處邊緣吻合，横向烏絲欄亦可對接，比勘該卷完整無缺的中村112號、北敦2472號，可知北敦1877號末句"南无精進信佛"與北敦1602號首句"南无高光明佛"前後相接，中無缺字。又斯2357號末紙4行，北敦1877號首紙20行，二號拼合後該紙22行；北敦1877號與北敦1602號綴合在二紙的粘連處，其前後紙均爲22行，俱合於全卷每紙滿行22行之數。又此三號行款格式相同（紙高近同，皆有烏絲欄，行距、字距、字體大小相近），書風相近（字體端正，結構均勻），字迹似同（比較三號共有的"南""无""佛""德""寂""善""步"等字），可資參證。三號綴合後，存文起"南无月愛佛"句，訖"從此以上五千二百佛十二部經一切賢聖"句，與該卷全本中村112號、北敦2472號寫本對應部分大體相同，可以比勘。

北敦1602號（前部）北敦1877號（後部）　　北敦1877號（前部）　　斯2357號（後部）

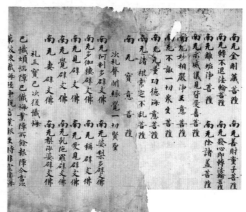

圖24　斯2357號（後部）＋北敦1877號（前部、後部）＋北敦1602號（前部）綴合圖

上揭三號既原屬同卷，而《英圖》條記目録稱斯2357號爲8世紀唐寫本，《國圖》條記目録稱北敦1877號爲9—10世紀歸義軍時期寫本，北敦1602號爲7—8世紀唐寫本，斷代不一，宜再斟酌。

25. 俄敦 486 號＋俄敦 10493 號

（1）俄敦 486 號，見《俄藏》6/314A。殘片。如圖 25 右部所示，存 15 殘行（後 4 行僅存行末數字），所存部分皆爲佛名，分上下欄各抄一個佛名，行字不等。楷書。有烏絲欄。原卷無題，《孟録》考定爲《佛名經》，歸入未入三藏的經典，稱原卷抄寫於 7—9 世紀；《俄藏》定作“佛說佛名經卷第四”；《俄録》進而坐實作菩提流支譯“佛說佛名經卷第四”。

（2）俄敦 10493 號，見《俄藏》14/305B。殘片。如圖 25 左部所示，存 10 殘行（前 4 行下部、後 3 行中下部多有殘損），所存部分皆爲佛名，分上下欄各抄一個佛名，行字不等。楷書。有烏絲欄。原卷無題，《俄藏》未定名；《俄録》定作菩提流支譯“佛說佛名經卷第四”。

俄敦 10493 號　　　　　　　　　　俄敦 486 號

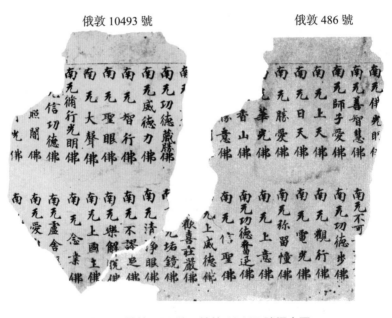

圖 25　俄敦 486 號＋俄敦 10493 號綴合圖

按：上揭二號所存佛名既見於菩提流支譯十二卷本《佛說佛名經》卷四，也見於十六卷本《佛說佛名經》卷六，且其内容前後相承，可以綴合。綴合後如圖 25 所示，接縫處邊緣吻合，俄敦 486 號後 5 行與俄敦 10493 號前 5 行上下左右相接，原本分屬二號的“清浄”和“解脱”四字皆得復合爲一（“清”“解”

二字右下側有些許筆畫撕裂在俄敦484號，主體筆畫皆在俄敦10493號；
"净""脱"二字左側有些許筆畫撕裂在俄敦10493號,主體筆畫皆在俄敦484號），
縱向烏絲欄亦可對接。又此二號行款格式相同（天頭地脚高度近同,皆有烏絲欄,
行距、字距、字體大小相近），書風相近（筆畫均勻，字體清秀），字迹似同（比
較二號共有的"南""无""德""上""愛""佛""光"等字），可資參證。二
號綴合後，存文起"南无佛光明佛"句，訖"南无上聲佛"句"无"字右側
殘畫，與《大正藏》所載十二卷本卷四和敦煌寫本中村112號、北敦2472號
所見十六卷本卷六對應部分全同,《俄藏》《俄録》拘泥於十二卷本，未必妥當。

卷　七

26. 北敦2613號+北敦11629號

（1）北敦2613號（北670；律13），見IDP，另見《國圖》36/52A—
67B。卷軸裝，24紙。後部如圖26右部所示，前殘後缺，存645行（前4行
上下皆有殘損），行18字左右。楷書。有刻畫欄。原卷無題，《劫餘録》定
作佚本三十卷本《佛説佛名經》卷七；《索引》擬題"佛説佛名經"；《寶藏》
擬題"佛説佛名經卷第七"；《索引新編》擬題"佛説佛名經卷第六"；《國圖》
改題"佛名經（十六卷本）卷七"，條記目録稱原卷紙高27.5釐米，爲9—10
世紀歸義軍時期寫本。

（2）北敦11629號（北臨1758），見《國圖》109/311A。殘片，1紙。
如圖26左部所示，存2行，前行10字，後行爲尾題"佛説佛名經卷第七"。
楷書。《國圖》擬題"佛名經（十六卷本）卷七"，條記目録稱原卷紙高27.7
釐米，爲9—10世紀歸義軍時期寫本。

按：上揭二號應皆爲十六卷本《佛説佛名經》卷七殘卷，且其内容前後
相承，北敦2613號末行行末"无量"與北敦11629號首行行首"功德一切
圓滿"相連成句，中無缺字，存有綴合的可能性。二號接縫處皆爲失黏所致
脱落，邊緣整齊，接縫處邊緣吻合，横向烏絲欄可以對接。比較二號共有的
"佛""經""一""切""滿""説"等字，字迹似同。又二號行款格式相同（紙

高近同，行距、字距、字體大小相近），書風相近（筆墨濃淡不一，筆畫間有連意）。由此推斷，此二號確可綴合。綴合後如圖26所示，存文起"南无疾行佛"句末字左側殘形，訖尾題，與十六卷本《佛説佛名經》卷七全本臺圖16號寫本對應部分大體相同，可以比勘。

北敦 11629 號　　　　　　　　北敦 2613 號（後部）

圖 26　北敦 2613 號（後部）＋北敦 11629 號綴合圖

又《國圖》條記目録稱北敦 2613 號卷尾背端有小字題記："功德一切圓滿，作礼一拜。卷第七了。"其實前十字并非題記，其中"功德一切圓滿"六字乃正面末尾殘缺的經文，而"作礼一拜"四字原卷字形略小，則是經文末尾的小字提示文字。大約該卷卷尾（即北敦 11629 號）撕裂散佚之後，其他僧人在北敦 2613 號卷背補足了正面缺失的文字（卷背文字與正面經文字迹不一，不是出於同一人之手）。

27. 俄敦 12205 號＋俄敦 12129 號

（1）俄敦 12205 號，見《俄藏》16/63A。殘片。如圖 27 上部所示，存10 殘行，行存上部 1—9 字。楷書。有烏絲欄。原卷無題，《俄藏》未定名；《俄

《録》定作菩提流支譯"佛説佛名經卷第五"。

（2）俄敦 12129 號，見《俄藏》16/39A。殘片。如圖 27 下部所示，存 10 殘行，行存下部 2—9 字。楷書。有烏絲欄。原卷無題，《俄藏》未定名；《俄録》定作菩提流支譯"佛説佛名經卷第五"。

按：上揭二號殘片所載佛名，既見於菩提流支譯十二卷本《佛説佛名經》卷五，也見於臺圖 16 號十六卷本《佛説佛名經》卷七，序次全同，但其中"南無師子多羅脩佛"，臺圖 16 號作"南無師子脩多羅佛"，十二卷本（《大正藏》）

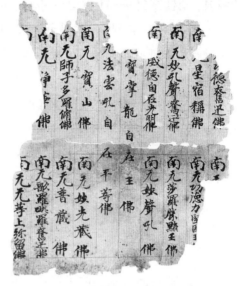

俄敦 12205 號

俄敦 12129 號

圖 27　俄敦 12205 號＋俄敦 12129 號綴合圖

則作"南無師子多羅稱佛"，"多羅脩"疑爲"脩多羅"之倒，據此，或以定作十六卷本殘片爲長。又二號内容前後相承，可以綴合。綴合後如圖 27 所示，二號上下相接，接縫處邊緣大體吻合，俄敦 12205 號第 5—6 行的"☐☒（南无）寶掌龍自""☒☒（南无）法雲吼自"分别與俄敦 12129 號的第 5—6 行的"在王佛""在平等佛"相連成句，中無缺字。又此二號行款格式相同（皆有烏絲欄，行距、字距、字體大小相近），書風相近（筆畫纖細，撇筆較長），字迹似同（比較二號共有的"南""无""佛""在""羅""德"等字），可資參證。二號綴合後，存文起"☐☒☒（南无功）德奮迅佛"句，訖"☒（南）无无等上彌留☒（佛）"句，與該卷全本臺圖 16 號寫本對應部分全同，可以比勘。

28. 俄敦 807 號＋俄敦 2643 號…北敦 11320 號＋北敦 11801 號

（1）俄敦 807 號，見《俄藏》7/127A。殘片。如圖 28-1 右圖左上部所示，存 7 殘行（前 4 行中下部有殘損，首行爲彩繪佛像的左側邊沿，末行僅存 5 字右側殘形），所存部分皆爲佛名，分上下欄各抄一個佛名，行字不等。楷書。

有烏絲欄。原卷無題，《孟錄》定作《佛名經》（《俄藏》同），歸入未入三藏的經典，稱抄寫於 9—11 世紀；《俄錄》定作菩提流支譯"佛説佛名經卷第五"。

（2）俄敦 2643 號，見《俄藏》9/309A。殘片。如圖 28-1 右圖右下部所示，存 3 殘行（上部殘損，末行僅存行末 4 字右側殘形），所存部分皆爲佛名，分上下欄各抄寫一個佛名。楷書。有烏絲欄。原卷無題，《孟錄》定作《佛名經》，歸入未入三藏的經典，稱原卷抄寫於 9—11 世紀；《俄藏》泛題"佛説佛名經"；《俄錄》定作"佛説佛名經卷第十三"（《大正藏》收載的三十卷本）。

（3）北敦 11320 號（北臨 1449），見《國圖》109/137B。殘片。如圖 28-1 左圖右部所示，存 7 殘行（上欄僅存 5—7 行底部殘點），行存 3—7 字不等，存下欄佛名。楷書。有烏絲欄。原卷無題，《國圖》擬題"佛名經（十六卷本）卷七"，條記目錄稱原卷爲 9—10 世紀歸義軍時期寫本。

（4）北敦 11801 號（北臨 1930），見《國圖》110/81B。殘片。前部如圖 28-1 左圖左部所示，前後皆殘，存 19 行（前 3 行中上部、末 2 行左上部有殘損，末行僅存行末 4 字右側殘畫），所存部分皆爲佛名，分上下欄各抄一個佛名，行字不等。楷書。有烏絲欄。原卷無題，《國圖》擬題"佛名經（十六卷本）卷七"，條記目錄稱原卷爲 9—10 世紀歸義軍時期寫本。

按：俄敦 807 號、俄敦 2643 號與十六卷本《佛説佛名經》卷七全本臺圖 16 號對應部分（局部如圖 28-2 所示）所存內容相同，可考定爲《佛名經》（十六卷本）卷七。上揭四號內容前後相承，可以綴合。前二號綴合後如圖 28-1 右部所示，俄敦 2643 號可補入俄敦 807 號右下角，接縫處邊緣吻合，原本分屬二號的"切寶""智威德""无月輪清净佛"11 字皆得成完璧（諸字左側筆畫皆撕裂在俄敦 807 號，右側筆畫皆撕裂在俄敦 2643 號）。後二號綴合後如圖 28-1 左部所示，接縫處邊緣整齊，應爲失黏所致脱落，橫向烏絲欄亦可對接，北敦 11320 號末行"南无功德山佛"與北敦 11801 號首行"□◿（南无）功德海勝佛"中缺一佛名，契合原卷每行多分上下欄各抄一個佛名的體例。但俄敦 807 號與北敦 11320 號則難以完全綴合，比勘全本臺圖 16 號，其間約缺 9 行。又此四號行款格式相同（皆有烏絲欄，行距、字距、字體大小相近），書風相近（皆爲楷書字體，筆畫粗細不一，筆墨濃厚），字迹似同（比較四號共有的

"佛""留""界""妙"等字），可資參證。此四號綴合後，存文起"南无住持一切寶間錯莊嚴佛"句，訖"南无高幢勝佛"句後四字右側殘形，與該卷全本臺圖 16 號寫本對應部分全同，可以比勘。

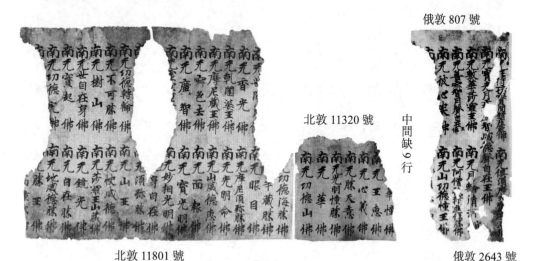

圖 28-1　俄敦 807 號＋俄敦 2643 號…北敦 11320 號＋北敦 11801 號（前部）綴合圖

又考北敦 6824 號、中村 112 號、斯 3691 號等十餘號十六卷本《佛名經》寫本皆有基本相同的尾題："敬寫《大佛名經》貳伯捌拾捌卷，伏願城隍安泰，百姓康寧，府主尚書曹公己躬永壽，繼紹長年；合宅枝羅，常然慶吉。于時大梁貞明陸年歲次庚辰伍月拾伍日記。"這些寫本局部如圖 28-3 所示，其明顯特徵是，在統計所羅列的三寶總數標記的句子"從此以上某百（或某千百）佛十二部經一切聖賢"上端都有一彩繪佛像。上揭俄敦 807 號首行應爲"從此以上五千八百佛十二部經一切賢聖"句，雖此行文字已殘損不存，但行端彩繪佛像的左側邊緣仍依稀可見，符合後梁貞明六年伍月拾伍日寫經的特徵，故此組寫卷可以斷作貞明六年（920）歸義軍時期寫本。《孟録》稱俄敦 807 號、俄敦 2643 號抄寫於 9—11 世紀，《國圖》條記目録稱北敦 11320 號、北敦 11801 號抄寫於 9—10 世紀歸義軍時期，皆失於寬泛。據此，可以進一步證明本組四號皆爲十六卷本《佛説佛名經》卷七殘片，《俄録》把俄敦 807 號、俄敦 2643 號分別定作菩提流支譯本卷五和三十卷本卷十三，皆不確。

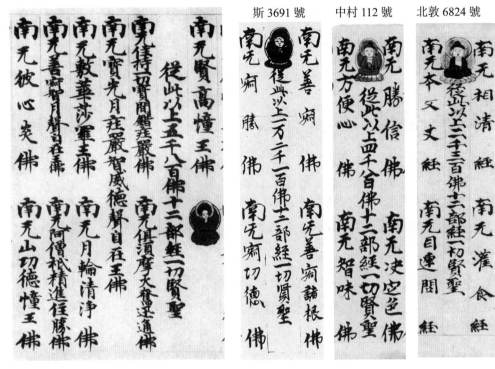

斯 3691 號　　　中村 112 號　　　北敦 6824 號

圖 28-2　臺圖 16 號（局部）圖版　　　圖 28-3　後梁貞明六年伍月拾伍日寫經局部截圖

29.“俄敦 2461 號、俄敦 2564 號、俄敦 3410 號”＋俄敦 5938 號

（1）“俄敦 2461 號、俄敦 2564 號、俄敦 3410 號”，見《俄藏》9/212A—212B。卷軸裝，1 紙。《孟録》首先指出此三號可以綴合，《俄藏》已將三號圖版綴合爲一。後部如圖 29 右部所示，前殘後缺，存 28 行，行約 16 字。楷書。有烏絲欄。原卷無題，《孟録》考定爲三十卷本《佛説佛名經》卷一，稱原卷抄寫於 8—10 世紀；《俄藏》《俄録》擬題同。

（2）俄敦 5938 號，見《俄藏》12/282A。殘片。如圖 29 左部所示，存 16 行（第 8—16 行中上部殘缺，末行僅存行末 1 字右側殘畫），行約 17 字。楷書。有烏絲欄。原卷無題，《俄藏》未定名；《俄録》定作三十卷本《佛説佛名經》卷一。

按：前組與後號內容前後相承，前組末行行末“如是等罪无量”與後號首行行端“无邊”相連成句，中無缺字，存有綴合的可能性。比較四號間交互出現的"因""罪""惱""道""或"等字，如表 7 所示，字迹似同。又二者行款格式相同（天頭地脚高度近同，皆有烏絲欄，行距、字距、字體大小相近），書風相近（筆墨勻厚，字體方正）。由此推斷，二者確可綴合。綴合後如圖 29 所示，存文起"如影隨形"句末字，訖"或因八罪造一切罪"句"切"字右側殘畫。

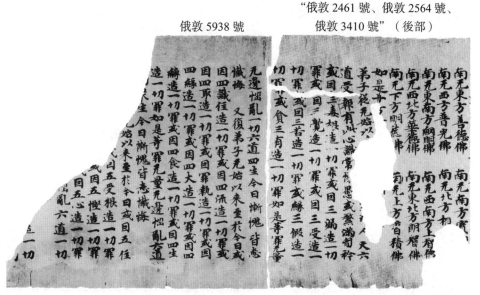

圖 29　"俄敦 2461 號、俄敦 2564 號、俄敦 3410 號"（後部）+ 俄敦 5938 號綴合圖

表 7　"俄敦 2461 號、俄敦 2564 號、俄敦 3410 號"與俄敦 5938 號字迹比較表

例字　　卷號	因	罪	惱	道	或
俄敦 2461、俄敦 2564、俄敦 3410 號	囙	罪	惱	道	或
俄敦 5938 號	囙	罪	惱	道	或

上揭四號綴合後，所存主要内容既見於二十卷本《佛名經》卷一，又見於十六卷本《佛名經》卷一、卷七、卷十四，《大正藏》所收三十卷本《佛名經》

卷一、卷十六也有大致相同的文句。① 如前所説,《大正藏》所收三十卷本《佛名經》是晚唐以後通過民間渠道從中國傳到朝鮮的本子,而在敦煌寫卷中未見,故《孟録》《俄録》等把前一組殘片定作三十卷本《佛説佛名經》卷一的可能性首先可以排除。再仔細比對各卷文句,可以發現此組綴合後的文本只與十六卷本《佛名經》卷七(如臺圖 16 號、北敦 6008 號)相應部分完全一致,而與其他各本各卷均存在細微的差距,② 由此可以斷定,上揭四號寫卷皆係十六卷本《佛名經》卷七殘卷。

卷 八

30. 俄敦 1042 號 + 俄敦 5515 號

(1)俄敦 1042 號,見《俄藏》7/280B。殘片。如圖 30 右部所示,存 14 殘行(末行僅存 2 字右側殘畫),行存中上部 2—10 字。首題殘存“☒☒(經卷)第八”字樣。楷書。《孟録》考定爲“佛説佛名經卷第八”(《俄藏》同),歸入未入三藏的經典,稱原卷抄寫於 8—10 世紀;《俄録》定作菩提流支譯本《佛説佛名經》卷第八,又稱“與現刊本分卷不同,現刊本爲卷六”。

(2)俄敦 5515 號,見《俄藏》12/169A。殘片。如圖 30 左部所示,存 15 殘行(首行僅存 1 字左側殘畫),下部多有殘損。楷書。原卷無題,《俄藏》未定名;《俄録》定作菩提流支譯本《佛説佛名經》卷六。

按:據殘存文字推斷,上揭二號應皆爲十六卷本《佛説佛名經》卷八殘片,

---

① 較之《大正藏》所收三十卷本《佛名經》卷一,該本卷十六與本組殘卷所存文句更爲接近。

② 如“俄敦 2461 號、俄敦 2564 號、俄敦 3410 號”第 6 行“因惡業☒(故)故得苦果”句,臺圖 16 號、北敦 6008 號十六卷本卷七同,而二十卷本卷一(斯 6511 號)作“以因緣故得苦惡報”,十六卷本卷一(北敦 3225 號)、卷十四(津藝 67 號)皆作“惡業因緣故得苦果”;又如“俄敦 2461 號、俄敦 2564 號、俄敦 3410 號”第 16 行“今日運此增上善心歸依佛”句,臺圖 16 號、北敦 6008 號十六卷本卷七同,而二十卷本卷一(斯 6511 號)作“今日運此增上善心歸依十方諸佛”;俄敦 5938 號第 1 行“惱亂一切六道四生”句,其中的“四生”臺圖 16 號、北敦 6008 號十六卷本卷七同,而二十卷本卷一(斯 6511 號)作“衆生”;俄敦 5938 號第 2—3 行“或因四識住造一切罪”句,其中的“四識住”臺圖 16 號、北敦 6008 號十六卷本卷七同,而二十卷本卷一(斯 6511 號)作“四識”,等等。

且二號内容前後相承，可以綴合。綴合後如圖 30 所示，二號左右相接，接縫處邊緣吻合，原本撕裂在二號的“前”“逆罪”三字皆得復合爲一，横向烏絲欄亦可對接。又此二號行款格式相同（天頭高度近同，行距、字距、字體大小相近），書風相近（筆畫濃黑，筆畫均匀），字迹似同（比較二號共有的“南”“无”“若”“善”“男”“子”“奮”“迅”“勝”“受”“持”等字），可資參證。二號綴合後，存文起首題殘字，訖“是人超越世間千劫”句首字，與十六卷本《佛説佛名經》卷八全本北敦 15077 號寫本對應部分全同，可以比勘。菩提流支譯本《佛説佛名經》卷六確有與此二號完全相同的段落，但俄敦 1042 號卷首既然存有“卷第八”的篇題，則此二號顯然只能是十六卷本《佛説佛名經》卷八。《俄録》搞錯了對象，故有“與現刊本分卷不同”的疑問。

俄敦 5515 號　　　　　　　　　　俄敦 1042 號

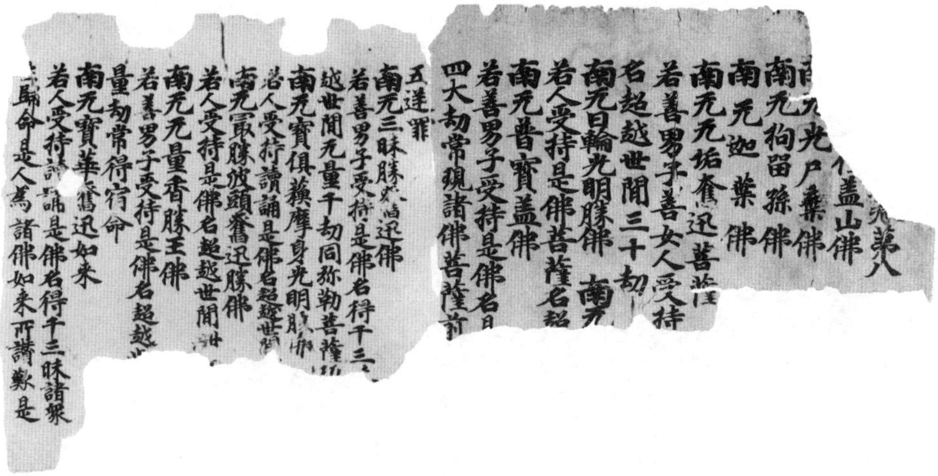

圖 30　俄敦 1042 號 + 俄敦 5515 號綴合圖

31. 北敦 6360 號 + 北敦 6447 號 + 北敦 6621 號

（1）北敦 6360 號（北 681；鹹 60），見《國圖》85/204A—206A。卷軸裝，3 紙。後部如圖 31 右側所示，前殘後缺，存 56 行（首紙 12 行，後二紙各 22 行，次紙末 2 行空白無字；前 4 行中上部有殘損），所存部分多爲佛名，行 16 字左右。楷書。有烏絲欄。原卷無題，《劫餘録》定作佚本三十卷本《佛説佛名經》卷八；《索引》擬題“佛説佛名經”；《寶藏》及《索引新編》擬題“佛説佛名經卷第八”；《國圖》改題“佛名經（十六卷本）卷八”，條記目録稱原卷紙高 29 釐米，爲 9—10 世紀歸義軍時期寫本。

（2）北敦 6447 號（北 686；河 47），見《國圖》87/179B—183A。卷軸裝，5 紙。前部如圖 31 中右部所示，後部如圖 31 中左部所示，前缺後殘，存 110 行（每紙 22 行；末行首字左上部稍有殘損），行 17 字左右。楷書。有烏絲欄。原卷無題，《劫餘録》定作佚本三十卷本《佛説佛名經》卷八；《索引》擬題“佛説佛名經”；《寶藏》及《索引新編》擬題“佛説佛名經卷第八”；《國圖》改題“佛名經（十六卷本）卷八”，條記目録稱原卷紙高 29.1 釐米，爲 9—10 世紀歸義軍時期寫本。

（3）北敦 6621 號（北 688；鱗 21），見《國圖》91/183A—197B。卷軸裝，23 紙。前部如圖 31 左側所示，前殘尾全，存 474 行（首紙僅存末行首字左上側殘畫，末紙 10 行，其餘各紙多爲 22 行），行約 17 字。尾題“佛名經卷弟八”。楷書。有烏絲欄。《劫餘録》定作佚本三十卷本《佛説佛名經》卷八；《國圖》改題“佛名經（十六卷本）卷八”，條記目録稱原卷紙高 28.8 釐米，爲 8 世紀唐寫本。

北敦 6621 號（前部）　北敦 6447 號（後部）　　北敦 6447 號（前部）　北敦 6360 號（後部）

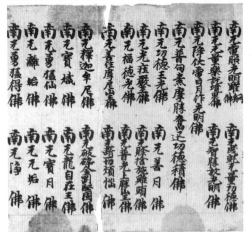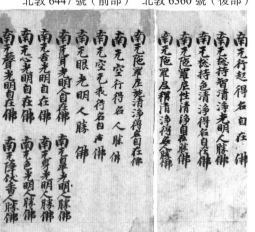

圖 31　北敦 6360 號（後部）＋北敦 6447 號（前部、後部）＋北敦 6621 號（前部）綴合圖

按：上揭三號應皆爲十六卷本《佛説佛名經》卷八殘卷，且其内容前後相承，可以綴合。其中北敦6360號與北敦6447號左右相接，綴合後如圖31右部所示，接縫處邊緣吻合，比勘該卷完整無缺的北敦15077號，可知北敦6360號末句"南无陀羅尼稱清净得名人勝佛"與北敦6447號首句"南无陀羅尼施清净得名自在佛"前後相接，中無缺字。北敦6447號與北敦6621號亦左右相接，綴合後如圖31左部所示，接縫處邊緣吻合，北敦6447號末行行端"南"字左上側有少許筆畫撕裂在北敦6621號首行，二號拼合，"南"字得成完璧，縱向烏絲欄亦可對接。又此三號行款格式相同（紙高近同，皆有烏絲欄，行距、字距、字體大小相近），書風相近（筆墨濃黑，結構規整），字迹似同（比較三號共有的"佛""迅""寶""藏""世""名"等字，又此三號所抄佛名的首字"南"皆略大於其他字），可資參證。三號綴合後，存文起"南无日光明菩薩"句，訖尾題，與十六卷本《佛説佛名經》卷八全本北敦15077號寫本對應部分基本相同，可以比勘。

上揭三號既原屬同卷，而《國圖》條記目録稱北敦6360號、北敦6447號爲9—10世紀歸義軍時期寫本，又稱北敦6621號爲8世紀唐寫本，斷代不一，顯有不妥。

附帶指出，北敦6360號次紙第20行为"南无嫉人勝佛，南无降伏！"，其中前一佛上一行已見，此行誤抄重出，及至抄至下欄"降伏"二字時發現其誤，故用"！"號表示抄寫終止（應係古代常見的豎式三點廢棄符號的變體），廢去此紙，其後的兩行空白也正是由於這個緣故。另外此號第3紙第9行"南无起思惟得名人勝佛"句北敦15077號"起"作"戒"，第14—15行"南无禪思惟得名自在佛"與"南无般若思惟得名人勝佛"間北敦15077號多"南无起思惟得名人勝佛"一句，第20—21行"南无總持色清净得名自在佛"與"南无陀羅尼性清净自在勝佛"間北敦15077號多"南无總持雨清净得名人勝佛"一句，疑皆以後者爲長，而前者有脱誤。據此，北敦6360號很有可能屬於疏誤過多而被廢棄的"兑廢"紙，而北敦6447號之前改正重抄的部分并没有真正找到。

32.“俄敦 582 號、俄敦 584 號…俄敦 580 號”…俄敦 12154 號

（1）“俄敦 580 號、俄敦 582 號、俄敦 584 號”，[①] 見《俄藏》6/376B—378A。卷軸裝，3 殘紙。前部如圖 32-1 所示，前後皆殘，存 52 殘行（首行僅存行端 1 字左側殘畫，末行僅存 5 字右側殘畫），僅存上部，中下部殘損嚴重，所存部分皆爲佛名。楷書。有烏絲欄。原卷無題，《孟錄》歸列“佛名經”，歸入未入三藏的經典，稱原卷抄寫於 8—10 世紀；《俄藏》擬題“佛説佛名經卷第六”；《俄錄》定作菩提流支譯《佛説佛名經》卷六。

（2）俄敦 12154 號，見《俄藏》16/48B。殘片。如圖 32-2 左下部所示，存 11 殘行，行存 3—8 字，所存部分皆爲佛名。楷書。有烏絲欄。原卷無題，《俄藏》未定名；《俄錄》定作菩提流支譯《佛説佛名經》卷六釋轉不轉品第五十六。

按：據殘存文字推斷，上揭四號應皆爲十六卷本《佛説佛名經》卷八殘卷。《孟錄》已指出前組三號可綴，《俄藏》已將三號圖版並置，但位置有誤。俄敦 580 號與俄敦 582 號的接縫處在圖 32-1 末行，雖然俄敦 580 號末行爲“南”字右側殘畫，而俄敦 582 號正好首行“南”字右側筆畫殘缺，但從圖 32-1 可看出這兩行拼合後“南”字的綴接并不自然；更大的問題是此二號內容并不相連，比勘完整的十六卷本卷八寫卷北敦 2988 號、北敦 15077 號，俄敦 580 號後部“南无不動佛”後末 2 行的上欄應分別爲“南无无量命佛”“南无炎弥留佛”（該號從“南无不動佛”的前一行開始每行分上下欄，抄兩個佛名），俄敦 582 號首行殘字應爲“南无業勝得名自在佛”的前四字（該號每行只抄一個佛名，不作上下欄），二者并不連接，《俄藏》原來的綴合顯然有誤。按內容，可把此組綴合分作兩部分處理，前部 18 行（末行僅存行端 1 字的右側殘畫）編爲俄敦 580 號（圖 32-2 中部），其後部分編爲“俄敦 582 號、俄敦 584 號”（圖 32-2 右部），分拆後，根據內容的先後，可按照“俄敦 582 號、俄敦 584 號…俄敦 580 號”的順序重新綴合，不過二者綴合後卷中仍有殘缺，“俄敦 582 號、俄敦 584 號”的末行殘字應爲“南无觸光明人勝佛”的前五字，

---

① 《俄藏》把若干殘卷綴合爲一組，各號排列通常按編號大小爲序，圖版列在最小一號寫卷之下，而不管它在綴合後圖版中的實際位置。故此組圖版是否依次爲俄敦 580 號、俄敦 582 號、俄敦 584 號其實是不確定的。下文爲了敘述的方便，姑且按《俄藏》的編號順序來指稱。

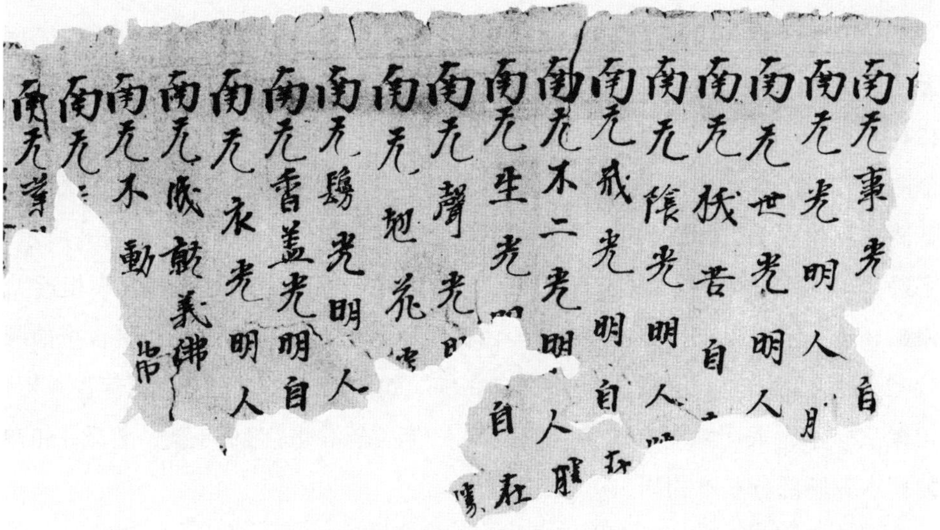

圖 32-1　"俄敦 580 號、俄敦 582 號、俄敦 584 號"（前部）《俄藏》圖版

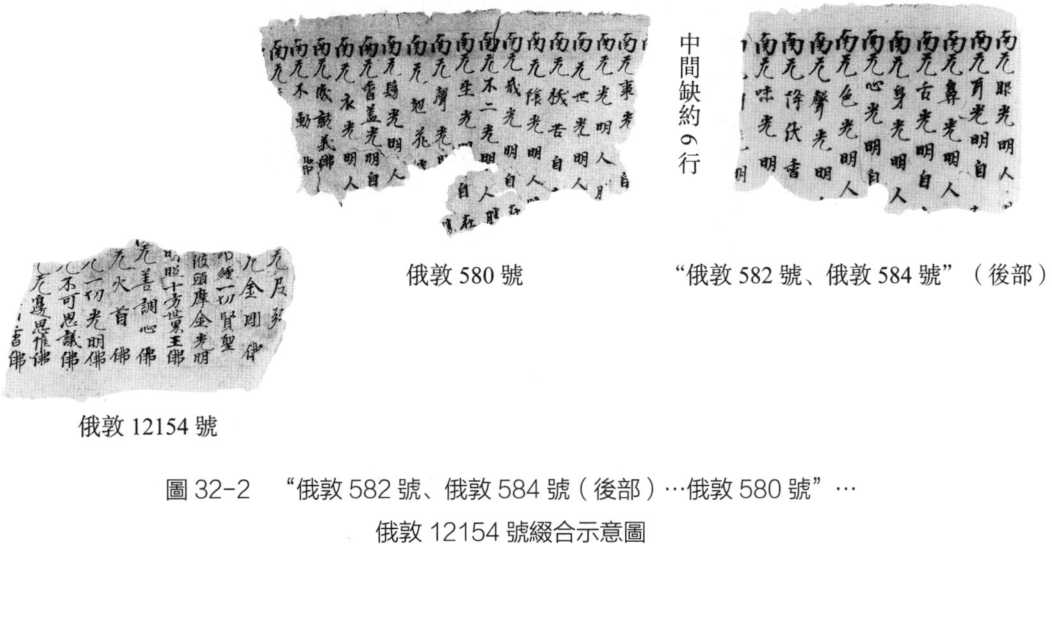

俄敦 580 號　　　　　"俄敦 582 號、俄敦 584 號"（後部）

俄敦 12154 號

圖 32-2　"俄敦 582 號、俄敦 584 號（後部）…俄敦 580 號"…
俄敦 12154 號綴合示意圖

俄敦 580 號的首行殘字應爲 "南无風光明自在佛" 句的 "南"，其間另缺 "南无法光明自在佛，南无炎光明人勝佛，南无讚歎光明自在佛，南无火光明人勝佛" 四行。

又後號與前三號内容前後相承，亦可綴合。俄敦 580 號末 2 行上欄殘字 "南无☒（无）☐☐（量命佛）" "☒（南）☐☐☐☐☐（无炎弥留佛）" 與俄敦 12154 號首 2 行下欄殘字 "☐（南）无尼☒（弥）☐（佛）" "☐（南）☒（无）金剛☒（佛）" 上下相接，僅中間殘缺三五字，存有綴合的可能性。比較四號間交互出現的 "无" "光" "明" "不" "南" "聲" "尼" 等字，如表 8 所示，字迹似同。又此四號行款格式相同（皆有烏絲欄，行距、字距、字體大小相近），書風相近（筆畫纖細，筆法疏拙）。由此推斷，此四號確可綴合，綴合後如圖 32-2 所示，存文起 "南无業勝得名自在佛" 句前四殘字，訖 "南无善智香佛" 句後三殘字，與十六卷本《佛説佛名經》卷八全本北敦 2988 號、北敦 15077 號寫本對應部分基本相同，可以比勘。

表 8 "俄敦 582 號、俄敦 584 號"、俄敦 580 號、俄敦 12154 號字迹比較表

例字 卷號	無	光	明	不	南	聲	尼
俄敦 582 號、俄敦 584 號	无	光	明	/	南	聲	尼
俄敦 580 號	无	光	明	不	南	聲	/
俄敦 12154 號	无	光	明	不	/	/	尼

上揭四號綴合後，可進一步澄清其定名問題。俄敦 12154 號第 3 行所存内容爲 "☒（部）經一切賢聖"，符合十六卷本特徵，比勘完整的十六卷本卷八寫卷（如北敦 2988 號、北敦 15077 號），所存内容與後者相應部分完全對應，其出於同一系統可以無疑。既然上揭四號寫卷可以綴合，其出處自然應該一致，

《孟録》將前一組三號歸入未入三藏的經典，甚是，但僅定作"佛名經"，未能確指其具體出處；《俄藏》擬題"佛説佛名經卷第六"，《俄録》進而坐實爲菩提流支譯本卷六，孤立地看，該三號所存內容的確與十二卷本卷六、二十卷本卷九相應部分大致相同，但上揭四號綴合後，則只與十六卷本卷八的內容才能完全對應，可見這組寫卷應皆屬於十六卷本《佛名經》系統，應定名爲《佛説佛名經》（十六卷本）卷八。

卷 九

33. 斯 6364 號 + 北敦 9271 號

（1）斯 6364 號（翟 4734），見《寶藏》45/399B—414B。後部如圖 33 右部所示，前殘後缺，存 217 行，行 25 字左右。楷書。有烏絲欄。原卷無題，《翟録》定作《佛説佛名經》卷九，《索引》及《寶藏》等擬題"佛名經"。

（2）北敦 9271 號（唐 92），見 IDP，另見《國圖》105/209B。殘片。如圖 33 左部所示，前缺尾全，存 5 行，行 25 字左右。尾題"佛名經卷第九"。楷書。有烏絲欄。《國圖》定作"佛名經（十六卷本）卷九"，條記目録稱原卷爲 9—10 世紀歸義軍時期寫本。

　　按：據殘存文字推斷，上揭二號應皆爲十六卷本《佛説佛名經》卷九殘卷，且二號左右相接，接縫處邊緣吻合，斯 6364 號末行"承是懺悔"與北敦 9271 號首行"殺害等罪所生功德"相連成句，中無缺字，存有綴合的可能性。二號接縫處皆爲失黏所致脱落，邊緣整齊，橫向烏絲欄可以對接。比較二號共有的"佛""功""剛""然""壽""微""聲"等字，如表 9 所示，字跡似同。又二號行款格式相同（行距、字距、字體大小相近），書風相近（筆墨濃淡不一，筆有連意）。由此推斷，此二號確可綴合。綴合後如圖 33 所示，存文起"南无疾行佛"句末字左側殘畫，訖尾題，與同爲十六卷本《佛説佛名經》卷九且內容接近完整的俄弗 154 號寫本對應部分大致相同，可以比勘。

北敦 9271 號

斯 6364 號（後部）

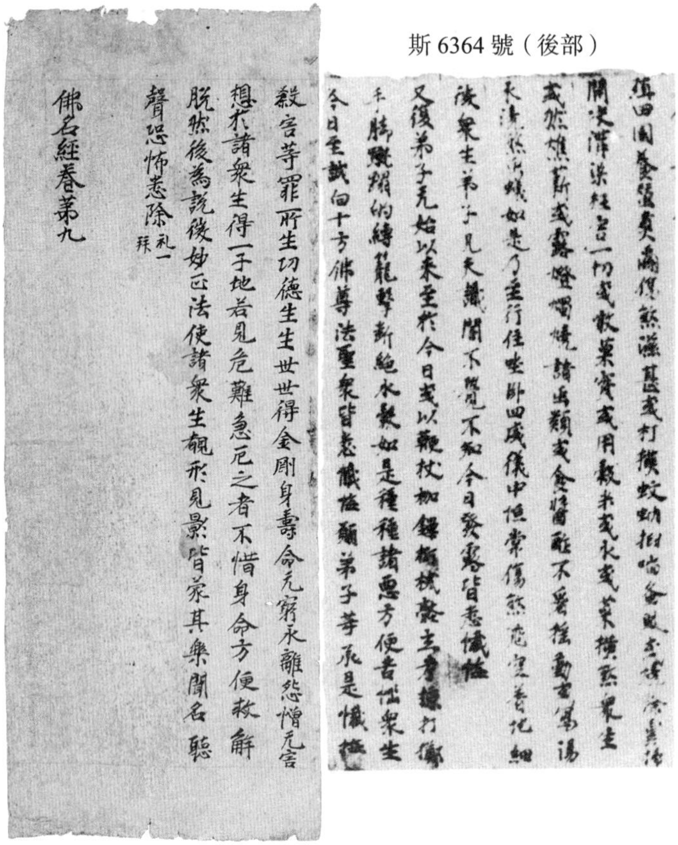

圖 33　斯 6364 號（後部）＋北敦 9271 號綴合圖

表 9　斯 6363 號、北敦 9271 號字迹比較表

例字　卷號	佛	功	剛	然	壽	微	聲
斯 6364 號	佛	切	剛	然	壽	後	聲
北敦 9271 號	佛	切	剛	然	壽	後	聲

34. 斯578號+斯698號+斯5482號

（1）斯578號（翟4736），見《英圖》9/291B—292B。卷軸裝，2紙。後部如圖34右側所示，前後皆缺，存54行（每紙27行），行約18字。楷書。有烏絲欄。原卷無題，《翟録》及《索引新編》斷作《佛説佛名經》，《索引》及《寶藏》擬題"佛名經"；《英圖》定作"佛名經（十六卷本）卷九"，條記目録稱原卷紙高32.3釐米，爲9—10世紀歸義軍時期寫本。

（2）斯698號（翟4738），見《英圖》12/16B—17B。卷軸裝，2紙。前部如圖34中右部所示，後部如圖34中左部所示，前後皆缺，存54行（每紙27行），行約17字。楷書。有烏絲欄。原卷無題，《翟録》斷作《佛説佛名經》，《索引》《索引新編》擬題"佛名經"；《英圖》定作"佛名經（十六卷本）卷九"，條記目録稱原卷紙高32.2釐米，爲9—10世紀歸義軍時期寫本。

（3）斯5482號（翟4740），見《寶藏》43/146A—155B。前部如圖34左側所示，前缺尾全，存416行（影印本每紙行數不易確定，但首紙可以斷定爲27行），行18字左右。楷書。有烏絲欄。尾題"佛名經卷苐九"，有題記"弟子高盈信，心无懈怠，至心持誦，時不暫捨，惟願如來，伏降慈悲護助，所求遂心"。

斯5482號（前部）　　斯698號（後部）　　　　斯698號（前部）　　斯578號（後部）

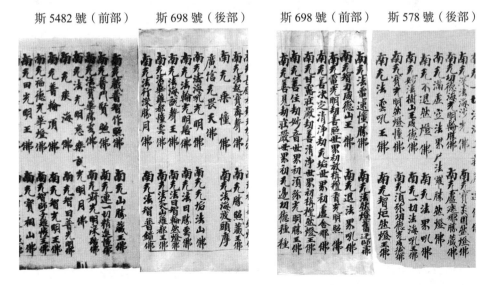

圖34　斯578號（後部）＋斯698號（前部、後部）＋斯5482號（前部）綴合圖

　　按：據殘存文字推斷，上揭三號應皆爲十六卷本《佛説佛名經》卷九殘卷，且三號左右相接，其内容前後相承，中無缺字，存有綴合的可能性。諸相鄰二號接縫處皆位於二紙的粘連處（前後紙均爲27行，合於全卷每紙滿行27行之數），接縫處邊緣吻合，橫向烏絲欄亦可對接。比較三號間交互出現的"訶""德""然""嚴""那""藏""等"等字，如表10所示，字迹似同。又此三號行款格式相同（天頭地腳高度近同，皆有烏絲欄，行距、字距、字體大小相近），書風相近（筆墨濃黑，筆畫粗細不一，橫筆略向右上傾斜）。由此推斷，此三號確可綴合。綴合後如圖34所示，存文起"諸佛如來壽命住世亦復如是"句末三字，訖尾題，與同爲十六卷本《佛説佛名經》卷九且内容接近完整的俄弗154號對應部分大體相同，可以比勘。

表 10　斯 578 號、斯 698 號、斯 5482 號字迹比較表

例字 卷號	訶	德	然	嚴	那	藏	等
斯 578 號	/	德	然	嚴	那	藏	等
斯 698 號	訶	德	然	嚴	那	藏	等
斯 5482 號	訶	德	然	嚴	那	藏	等

卷　十

35. 北敦 4590 號＋北敦 11980 號＋斯 10674 號

（1）北敦 4590 號（北 712；崗 90），見 IDP，另見《國圖》61/304B—322A。卷軸裝，26 紙。後部如圖35 右部所示，首全後殘，存 699 行（首紙爲護首，次紙27 行，其餘諸紙每紙28 行），行約 15 字。第 6 紙以後上部和中下部有等距離出現的殘洞，尾紙下邊殘缺。楷書。有烏絲欄。首題"佛名經卷弟十"。《劫餘録》定作佚本三十卷本《佛説佛名經》卷十；《國圖》改題"佛

名經（十六卷本）卷一〇”，條記目録稱原卷經黄打紙，有朱筆間隔符，爲7—8世紀唐寫本。

（2）北敦11980號（北臨2109），見《國圖》110/184A。卷軸裝，1紙。如圖35中部所示，前缺後殘，存21殘行（末行僅存5字右側殘畫），行約16字。楷書。有烏絲欄。上部和中下部有等距離出現的殘洞，上下邊殘缺。原卷無題，《國圖》擬題“佛名經（十六卷本）卷四”，條記目録稱原卷經黄打紙，有朱筆行間校加字，爲7—8世紀唐寫本。

（3）斯10674號，見IDP。殘片。如圖35左部所示，前殘尾全，存4殘行（首行僅存9字左側殘形，第三行無字，另有4行空白），行字不等。上部和中下部有等距離出現的殘洞，上下邊殘缺。楷書。有烏絲欄。尾題“佛名經卷第十”。

按：上揭三號内容前後相承，可以綴合。綴合後如圖35所示，諸相鄰二號接縫處邊緣吻合，北敦4590號與北敦11980號左右相接，北敦4590號末行“想身樂華綺縣（錦）”六字與北敦11980號首行“繡繒穀”相連成句，中無缺字，橫向烏絲欄亦可對接；北敦11980號與斯10674號亦左右相接，斯10674號首行“等”“從方便”四字右側有少許筆畫撕裂在北敦11980號，二號拼合，此四字皆得復合爲一。北敦11980號21行，斯10674號共8行（4行無字），二號相綴後得28行（接縫處一行重合），正和全卷每紙滿行28行之數相合。三號卷面皆有破洞，破洞形狀相似。據《國圖》條記目録，前二號皆爲經黄打紙，有朱筆校改痕迹。又此三號行款格式相同（天頭地脚高度近同，皆有烏絲欄，行距、字距、字體大小相近），書風相近（筆畫較細，頓筆不明顯），字迹似同（比較三號共有的“方”“佛”“生”“十”等字），可資參證。三號綴合後，首尾題全具，全卷基本完整。

又，前後二號有標題，比勘十六卷本《佛説佛名經》卷十全本北敦6285號，此二號内容與之基本相同，故皆可定作十六卷本《佛説佛名經》卷十殘卷。次號所存内容既見於十六卷本《佛説佛名經》卷四、卷十，亦見於二十卷本《佛説佛名經》卷七，定名易存在分歧。然上揭三號既原屬同卷，則北敦11980號自亦應定爲十六卷本《佛説佛名經》卷十殘卷；《國圖》定作十六卷本《佛説佛名經》卷四，非是。

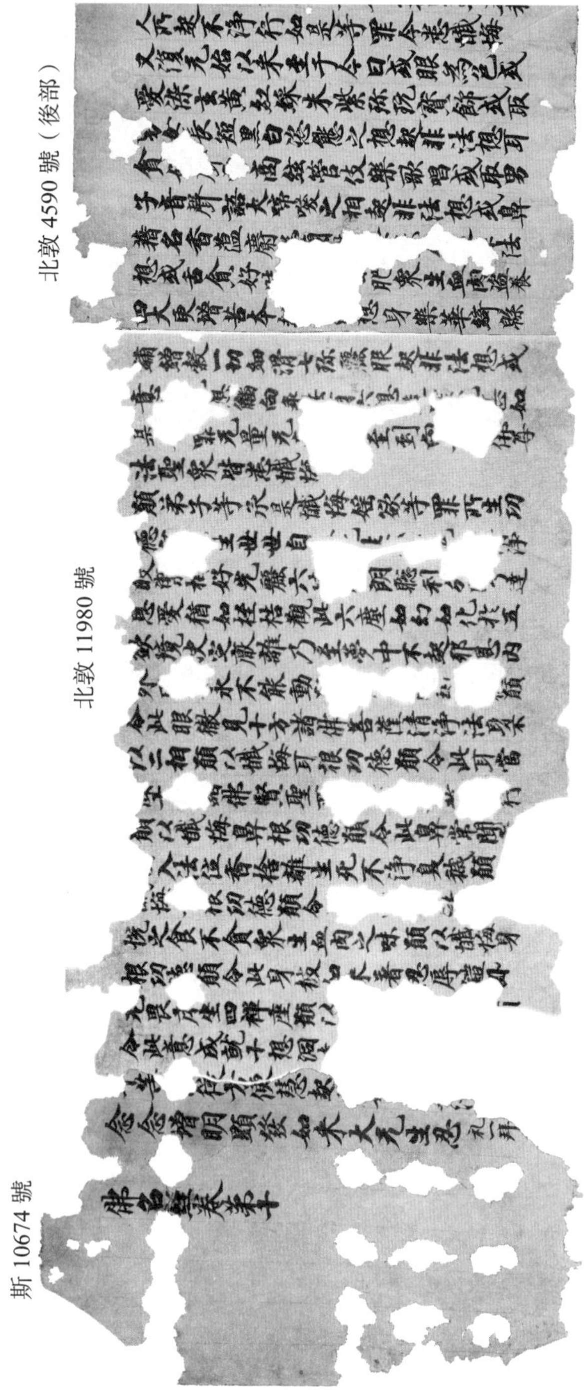

圖 35　北敦 4590 號（後部）＋北敦 11980 號＋斯 10674 號綴合圖

36. 北敦 9281 號 + 北敦 11543 號

（1）北敦 9281 號（周 2），見 IDP，另見《國圖》105/217A。殘片。如圖 36 上部所示，存 13 殘行（末行僅存首字右側殘畫），行存上部 1—13 字。首題"佛説佛名經卷第十"。有烏絲欄。《國圖》擬題"佛名經（十六卷本）卷一〇"，又稱原卷爲 8 世紀唐行楷寫本。

（2）北敦 11543 號（北臨 1672），見 IDP，另見《國圖》109/263B。殘片。如圖 36 下部所示，存 6 殘行（4—5 行無文字），行存下部 7—9 字。有烏絲欄。原卷無題，《國圖》擬題"佛名經（十二卷本）卷七"，又稱原卷爲 7—8 世紀唐楷書寫本。

北敦 9281 號

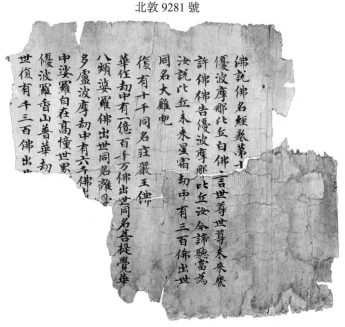

北敦 11543 號

圖 36　北敦 9281 號 + 北敦 11543 號綴合圖

按：上揭二號內容前後相承，可以綴合。綴合後如圖 36 所示，第 2—7 行與北敦 11543 號第 1—6 行上下相接，接縫處邊緣吻合，原本分屬二號的"言""那""佛""世"四字皆得復合爲一（此四字上側筆畫皆在北敦 9281 號，下側筆畫皆在北敦 11543 號），縱向烏絲欄亦可對接。又此二號行款格式相同（皆有烏絲欄，行距、字距、字體大小相近），書風相近（字體端正，筆墨均匀），字迹似同（比較二號共有的"世""比""丘""劫""中""有""華""同""名""三""百"等字），可資參證。二號綴合後，存文起首題，訖"復有劫中世億佛出世"句首字殘筆，與同爲十六卷本《佛説佛名經》卷十且內容完整、首尾題完具的北敦 6285 號寫本對應部分完全相同，可以比勘。

又，北敦 11543 號所存內容既見於傳世的十二卷本《佛説佛名經》卷七，亦見於失傳的十六卷本《佛説佛名經》卷十，然而上揭二號既原屬同卷，則北敦 11543 號亦必爲十六卷本《佛説佛名經》卷十殘片，而《國圖》條記目錄定作十二卷本卷七，顯然是錯誤的。又《國圖》條記目錄稱北敦 9281 號字體爲行楷，北敦 11543 號字體爲楷書字體，字體不一，顯然不妥，宜據其整體風格一併定作楷書字體爲合宜。

37. 北敦 4711 號 + 北敦 11761 號 + 北敦 5947 號

（1）北敦 4711 號（北 708；號 11），見《國圖》63/64A—67B。卷軸裝，6 紙。後部如圖 37 右部所示，前缺後殘，存 124 行（前 5 紙每紙 21 行，末紙 19 行，末行僅存 5 字右側殘筆），所存部分多爲佛名，每行多分上下欄各抄寫一個佛名，行字不等。楷書。有烏絲欄。原卷無題，《劫餘録》定作佚本三十卷本《佛説佛名經》卷十；《索引》擬題"佛説佛名經"；《寶藏》及《索引新編》擬題"佛説佛名經卷第十"；《國圖》改題"佛名經（十六卷本）卷一〇"，條記目錄稱原卷紙高 31.8 釐米，爲 8—9 世紀吐蕃統治時期寫本。

（2）北敦 11761 號（北臨 1890），見《國圖》110/60B。殘片。如圖 37 中部所示，存 10 行（首行右側略殘，末行下端殘損），所存部分多爲三寶名，分上下欄各抄一三寶名，行字不等。楷書。有烏絲欄。原卷無題，《國圖》擬題"佛名經（十六卷本）卷一〇"，條記目錄稱原卷紙高 31 釐米，爲 9—10 世紀歸義軍時期寫本。

（3）北敦 5947 號（北 709；重 47），見《國圖》80/88B—91A。卷軸裝，5 紙。前部如圖 37 左部所示，前後皆殘，存 81 行（首紙 12 行，末紙 6 行，其餘諸紙每紙 21 行；前 8 行中下部有殘損，首行僅存 2 字左側殘畫，末行僅存若干字右側殘筆），所存部分多爲三寶名及懺悔文，三寶名多分上下欄抄寫；内有懺悔文，行約 20 字。楷書。有烏絲欄。原卷無題，《劫餘録》定作佚本三十卷本《佛説佛名經》卷十；《索引》擬題"佛説佛名經"；《寶藏》及《索引新編》擬題"佛説佛名經卷第十"；《國圖》改題"佛名經（十六卷本）一〇"，條記目録稱原卷紙高 31 釐米，爲 9—10 世紀歸義軍時期寫本。

北敦 5947 號（前部）　　　　北敦 11761 號　　　　北敦 4711 號（後部）

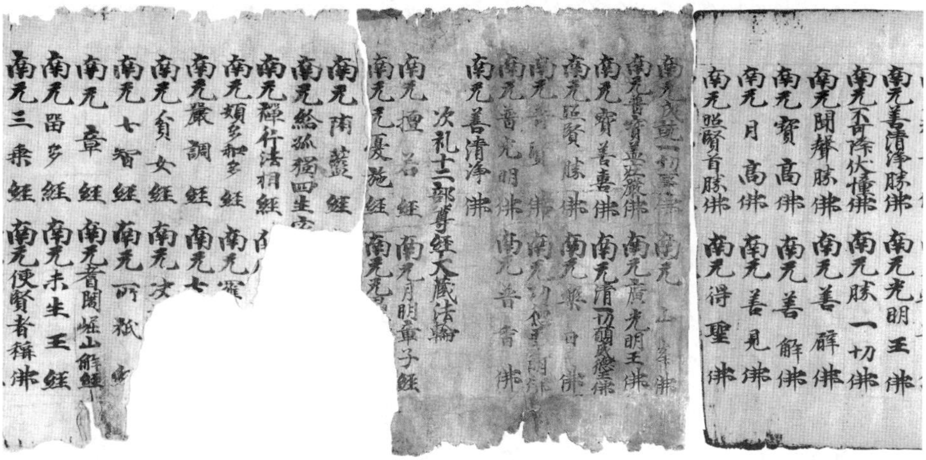

圖 37　北敦 4711 號（後部）＋北敦 11761 號＋北敦 5947 號（前部）綴合圖

按：上揭三號應皆係十六卷本《佛説佛名經》卷十殘片，且其内容前後相承，可以綴合。綴合後如圖 37 所示，諸相鄰二號接縫處邊緣吻合，横向烏絲欄亦可對接。北敦 4711 號與北敦 11761 號左右相接，北敦 11761 號首行"南无""就""佛""无"五字右側有少許筆畫撕裂在北敦 4711 號末行，二號拼合，五字皆得成完璧。北敦 11761 號與北敦 5947 號亦左右相接，北敦 11761 號末行"憂施"二字左側有少許筆畫撕裂在北敦 5947 號首行，二號綴接，此二字皆得復合爲一。北敦 11761 號殘紙存 10 行，北敦 5947 號首紙 12 行，二號綴合該紙計 21 行，合於前後二號整紙大多 21 行之數。又此三號行款格式相同（紙高近同，皆有烏絲欄，行距、字距、字體大小相近），書風相近（結構規整，筆墨濃厚），字迹似同（比較三號共有的"寶""南""无""佛""善""賢""勝"等字），可資參證。三號綴合後，存文起"南无初勝藏山佛"句，可辨識的文字訖“入法流水念念增明”句前三字，與同爲十六卷本《佛説佛名經》卷十且内容完整、有首尾題的北敦 3680 號、北敦 6285 號寫本對應部分大致相同，可以比勘。

又，上揭三號既原屬同卷，而《國圖》條記目録稱前一號爲 8—9 世紀吐蕃統治時期寫本，後二號爲 9—10 世紀歸義軍時期寫本，斷代不一，宜再斟酌。

38. 浙敦 145 號＋浙敦 144 號＋浙敦 107 號

（1）浙敦 145 號（浙博 120），見《浙藏》216A。殘片。如圖 38 右部所示，存 5 殘行（首行上下部皆殘損，末行中下部殘損，自上而下殘損加劇），行 15—19 字。楷書。有烏絲欄。原卷無題，《浙藏》擬題“佛説佛名經”，敘録稱原卷册葉，麻紙，紙高 24.3 釐米，爲唐寫本；《浙藏敦煌文獻校録整理》改題“佛説佛名經（十二卷本）卷第七”。

（2）浙敦 144 號（浙博 119），見《浙藏》216A。殘片。如圖 38 中部所示，存 9 殘行（首行中上部殘損，自下而上殘損加劇），行 13—19 字。楷書。有烏絲欄。原卷無題，《浙藏》擬題“佛説佛名經”，敘録稱原卷册葉，麻紙，紙高 24.4 釐米，爲唐寫本；《浙藏敦煌文獻校録整理》改題“佛説佛名經（十二卷本）卷第七”。

（3）浙敦 107 號（浙博 82），見《浙藏》204B。殘片。如圖 38 左部所示，存 8 行（末行上部殘損），行 13—16 字。楷書。有烏絲欄。原卷無題，《浙藏》擬題“佛説佛名經”，敘録稱原卷單葉紙，麻紙，紙高 25.3 釐米，爲唐寫本；《浙藏敦煌文獻校録整理》改題“佛説佛名經（十二卷本）卷第七”。

按：浙敦 145 號與十二卷本《佛説佛名經》卷七（據《大正藏》本）文句有所不同：該號末 2 行“汝見我現在我也”，十二卷本作“汝見我現在身耶”。再比勘十六卷本《佛説佛名經》卷十完整文本（如北敦 6285 號），上揭三號與該本對應部分大致相同，故此三號實爲《佛説佛名經》（十六卷本）卷十殘片，而非十二卷本《佛説佛名經》卷七殘片。又《浙藏敦煌文獻校録整理》已指出前二號可綴合，甚是；今謂後二號亦可綴合。三號綴合後如圖 38 所示，浙敦 145 號與浙敦 144 號左右相接，接縫處邊緣吻合，浙敦 145 號末行“我”“在我也舍利弗言如是世尊”12 字左側有部分筆畫撕裂在浙敦 144

號首行（撕裂筆畫自上而下逐漸增多），浙敦 144 號首行下部"今"字有少許筆畫撕裂在浙敦 145 號末行，二號拼合，此 13 字皆得成完璧；浙敦 144 號與浙敦 107 號左右相接，接縫處邊緣吻合，浙敦 144 號末行行末"何況異名"與浙敦 107 號首行行端"佛"字相連成句，中無缺字。又此三號用紙及行款格式相同（皆麻紙，紙高接近，皆有烏絲欄，行距、字距、字體大小相近），書風相近（字體娟秀，筆畫舒展，筆墨勻厚），字迹似同（比較三號共有的"如""是""佛""舍""利""弗""在"等字），可資參證。三號綴合後，存文起"舉要言之"句後三字殘畫，訖"復有劫千同名然大單荼自在王聲佛"句末字，與同爲十六卷本《佛説佛名經》卷十且内容完整、首尾題完具的北敦 6285 號寫本對應部分完全相同，可以比勘。

浙敦 107 號　　　　　　浙敦 144 號　　　　　浙敦 145 號

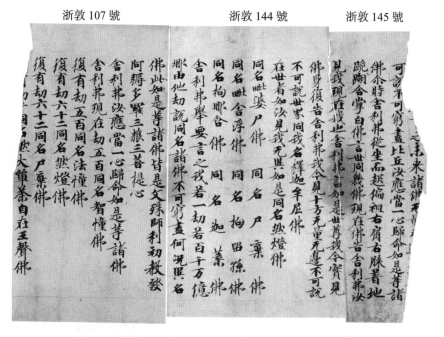

圖 38　浙敦 145 號＋浙敦 144 號＋浙敦 107 號綴合圖

又，此三號既爲同一卷之撕裂，其裝幀方式必然也是相同的，《浙藏》敘錄稱前二號爲册葉，又稱後一號爲單葉紙，孤立地看，似乎是册葉，但綴合後，綜合考慮各種因素，此三號原卷應爲卷軸裝。

卷十一

39. 斯 2921 號 + 北敦 14608 號

（1）斯 2921 號（翟 4751），見《寶藏》24/452B—453B。卷軸裝。後部如圖 39 右部所示，前後皆殘，存 54 行（前紙 26 行，後紙 28 行；前 5 行下部殘損，末行中部左側殘損），行約 17 字。首題“佛説佛名經卷第十一”。楷書。有烏絲欄。

（2）北敦 14608 號（北新 808），見《國圖》130/259A—271A。卷軸裝，20 紙。前部如圖 39 左部所示，前殘尾全，存 557 行（前 19 紙每紙 28 行，末紙 25 行；前 3 行中下部殘損），行約 17 字。尾題“佛名經卷第十一”。楷書。有烏絲欄。《國圖》擬題“佛名經（十六卷本）卷一一”，條記目録稱原卷爲 8 世紀唐寫本。

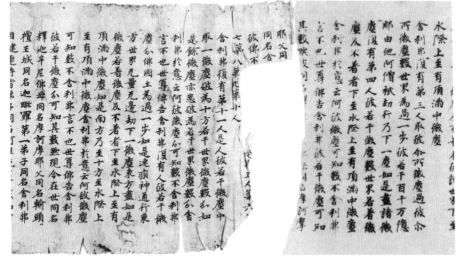

北敦 14608 號（前部）　　　　　　　　　斯 2921 號（後部）

圖 39　斯 2921 號（後部）+ 北敦 14608 號（前部）綴合圖

按：據殘存文字推斷，上揭二號皆爲《佛名經》卷十一殘卷。斯 2921 號末行“母同名摩訶摩”殘字與北敦 14608 號首行“耶”字相連成句，中無缺字，存有綴合的可能性。二號接縫處皆爲失黏所致脱落，邊緣整齊，横向烏絲欄可以對接。比較二號共有的"微""分""尊""城""第""説""牟"等字，如表 11 所示，字迹似同。二號中完整諸紙每紙皆 28 行，用紙規格相合。又此二號行款格式相同（皆有烏絲欄，行距、字距、字體大小相近），書風相近（筆畫纖細，結構規整）。由此推斷，此二號確可綴合，綴合後如圖 39 所示，該卷首尾題完具，内容接近完整，與同爲十六卷本《佛名經》卷十一且内容完整的北敦 1148 號大體相同，可以比勘。

表 11　斯 2921 號、北敦 14608 號字迹比較表

例字 卷號	微	分	尊	城	第	説	牟
斯 2921 號	微	分	尊	城	茅	説	牟
北敦 14608 號	微	分	尊	城	茅	説	牟

40. 北敦 4018 號＋北敦 3921 號＋北敦 4055 號＋北敦 4063 號

（1）北敦 4018 號（北 716；麗 18），見《國圖》55/55B—57B。卷軸裝，4 紙。後部如圖 40 右側所示，前後皆殘，存 106 行（前紙 22 行，後 3 紙每紙 28 行；首行僅存中下部若干殘字，末行中下部左側殘損），行約 17 字。楷書。有烏絲欄。原卷無題，《劫餘録》定作佚本三十卷本《佛説佛名經》卷十一；《索引》擬題"佛説佛名經"；《寶藏》及《索引新編》擬題"佛説佛名經卷第十一"；《國圖》改題"佛名經（十六卷本）卷一一"，條記目録稱原卷紙高 28.2 釐米，爲 9—10 世紀歸義軍時期寫本。

（2）北敦 3921 號（北 717；生 21），見《國圖》54/35B—39A。卷軸裝，7 紙。前部如圖 40 右部所示，後部如圖 40 中右部所示，前後皆殘，存 160 行（首紙 1 行，末紙 19 行，其餘諸紙每紙 28 行；首行上部殘損，末行僅存中下部右側殘畫），行約 17 字。楷書。有烏絲欄。原卷無題，《劫餘録》定作佚本三十卷本《佛説佛名經》卷十一；《索引》擬題"佛説佛名經"；《寶藏》及《索引新編》擬題"佛説佛名經卷第十一"；《國圖》改題"佛名經（十六卷

本）卷一一", 條記目録稱原卷紙高 28.4 釐米, 爲 9—10 世紀歸義軍時期寫本, 并指出後接北敦 4055 號。

（3）北敦 4055 號（北 718；麗 55）, 見《國圖》55/226B—230B。卷軸裝, 8 紙。前部如圖 40 中左部所示, 後部如圖 40 左部所示, 前後皆殘, 存 181 行（首紙 10 行, 末紙 3 行, 其餘諸紙每紙 28 行；首行中下部右側有殘損, 末 2 行中上部殘損, 末行僅存行末 4 字右側殘形）, 行約 17 字。楷書。有烏絲欄。原卷無題,《劫餘録》定作佚本三十卷本《佛説佛名經》卷十一;《索引》擬題 "佛説佛名經";《寶藏》及《索引新編》擬題 "佛説佛名經卷第十一";《國圖》改題 "佛名經（十六卷本）卷一一", 條記目録稱原卷紙高 28.4 釐米, 爲 9—10 世紀歸義軍時期寫本, 并指出前接北敦 3921 號。

（4）北敦 4063 號（北 719；麗 63）, 見《國圖》55/259A—263A。卷軸裝, 7 紙。前部如圖 40 左側所示, 前殘尾全, 存 169 行（首紙 27 行, 末紙 2 行, 其餘諸紙每紙 28 行；前 2 行中下部殘損）, 行約 16 字。楷書。有烏絲欄。尾題 "佛名經卷第十一"。《劫餘録》定作佚本三十卷本《佛説佛名經》卷十一;《國圖》改題 "佛名經（十六卷本）卷一一", 條記目録稱原卷紙高 28.2 釐米, 爲 9—10 世紀歸義軍時期寫本。

按：上揭四號皆爲《佛名經》卷十一殘卷,《國圖》條記目録已指出北敦 3921 號與北敦 4055 號可以綴合。今謂上揭四號內容前後相承, 可依次綴合爲一。綴合後如圖 40 所示, 諸相鄰二號左右相接, 接縫處邊緣吻合, 橫縱烏絲欄亦可對接。北敦 4018 號與北敦 3921 號接縫處原本分屬二號的 "門將詣道場示其諸" "舍" 9 字皆得復合爲一；北敦 3921 號與北敦 4055 號接縫處原本分屬二號的 "方无" "佛" "南无北方覺華生德佛" 12 字皆得復合爲一；北敦 4055 號與北敦 4063 號接縫處 "无畏城亦名无畏" "火德母名" 11 字左部筆畫皆撕裂在北敦 4063 號前 2 行, 右部筆畫皆撕裂在北敦 4055 號末 2 行, 二號綴合, 此 11 字皆得成完璧。又北敦 4018 號末紙 28 行與北敦 3921 號首紙 1 殘行拼合, 北敦 3921 號末紙 19 行與北敦 4055 號首紙 10 行拼合, 北敦 4055 號末紙 3 行與北敦 4063 號首紙 27 行拼合, 拼合後該紙皆爲 28 行, 合於全卷每紙滿行 28 行之數。又上揭四號行款格式相同（紙高近同, 皆有烏絲欄, 行距、字距、

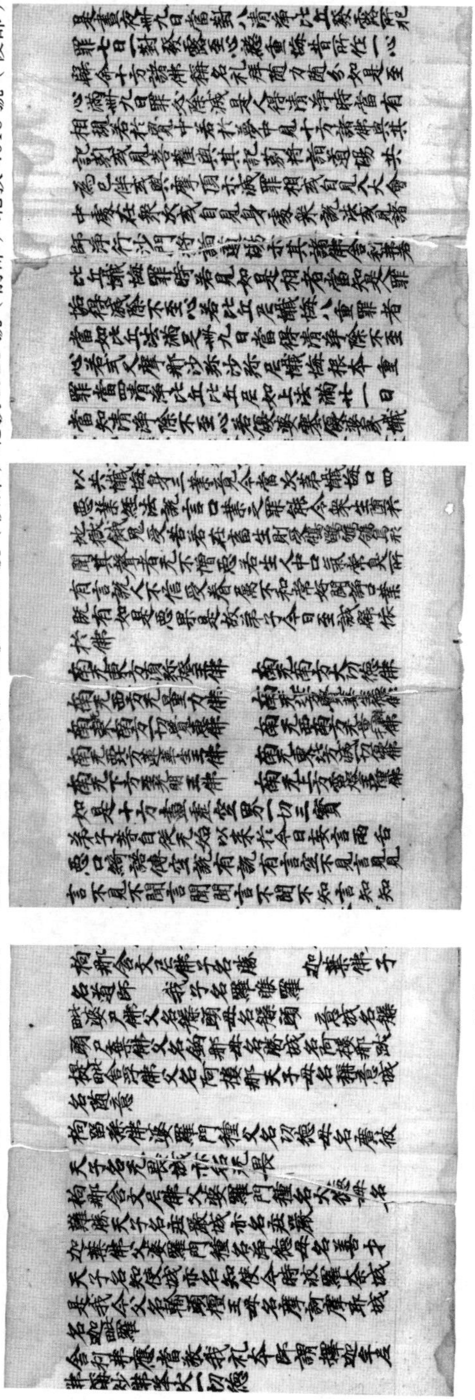

圖 40　北敦 4018 號（後部）＋北敦 3921 號（前部、後部）＋北敦 4055 號
（前部、後部）＋北敦 4063 號（前部）綴合圖

字體大小相近），書風相近（筆畫舒展，筆墨勻厚），字迹似同（比較四號共有的“過”“復”“有”“第”“名”“世”“門”“佛”等字），可資參證。四號綴合後，存文起“□⊘□⊘（滿中微塵）”句，迄尾題，近乎完帙（前缺約 4 行），與該卷全本北敦 1148 號對應部分大體相同，可以比勘。

41. 斯 11665 號＋斯 10787 號＋斯 12250 號

（1）斯 11665 號，見 IDP。殘片。如圖 41 右部所示，存 4 殘行，行存中下部 2—12 字（末行中部 8 字僅存右側殘形）。楷書。有烏絲欄。原卷無題，IDP 未定名。

（2）斯 10787 號，見 IDP。殘片。如圖 41 中部所示，存 4 殘行，行存中下部 2—9 字（首行僅存中部 7 字左側殘形，末行僅存 3 字右側殘形）。楷書。有烏絲欄。原卷無題，IDP 未定名。

（3）斯 12250 號，見 IDP。殘片。如圖 41 左部所示，存 3 殘行，行存中下部 3—7 字不等（末行僅存 4 字右側殘畫）。楷書。有烏絲欄。原卷無題，IDP 未定名。

按：上揭三號應皆爲十六卷本《佛名經》卷第十一殘片，且其内容前後相承，可以綴合。綴合後如圖 41 所示，三號依次左右相接，諸相鄰二號接縫處邊緣吻合。綴合後第 4 行“十方世界舍利弗”句七字當中縱向撕裂，分屬斯 11665 號與斯 10787號，二號拼合，七字皆得以復合爲一；斯 12250 號首行“爲過”二字右側有部分筆畫撕裂在斯 10787 號末行，二號拼合，此二字基本輪廓可見。又此三號行款格式相同（皆有烏絲欄，行距、字距、字體大小相近），書風相近（筆畫平直，筆墨均勻），字迹似同（比較前二號

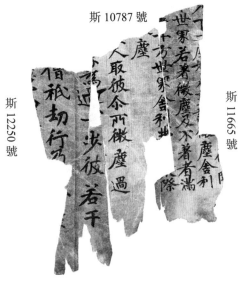

斯 10787 號

斯 12250 號

斯 11665 號

圖 41　斯 11665 號＋斯 10787 號＋
斯 12250 號綴合圖

共有的"微""塵"等字，後二號共有的"彼"字），可資參證。三號綴合後，存文起"彼人如是過百千萬億那由他阿僧祇劫行乃下一塵"句"他"字左側殘畫，可辨識文字訖"彼若干百千萬億那由他阿僧祇劫行乃下一塵"句後八字（或其殘畫），所存内容與該卷全本（如北敦 1148 號）對應部分完全相同。

42. 羽 479 號 + 斯 3504 號

（1）羽 479 號，見《秘笈》4/242—246。卷軸裝，6 紙。後部如圖 42 右部所示，前後皆缺，行約 15 字。楷書。有烏絲欄。原卷無題，《秘笈》定作"佛名經殘卷"。

（2）斯 3504 號（翟 4755），見《寶藏》29/161B—163A。前部如圖 42 左部所示，前缺後殘，存 72 行，行約 15 字。楷書。有烏絲欄。《翟録》歸列《佛説佛名經》，《索引》及《寶藏》等擬題"佛名經"。

按：據殘存文字推斷，上揭二號皆爲十六卷本《佛説佛名經》卷十一殘卷。羽 479 號末行"阿僧祇劫中有如是等七十一億佛"與斯

斯 3504 號（前部）　　　羽 479 號（後部）

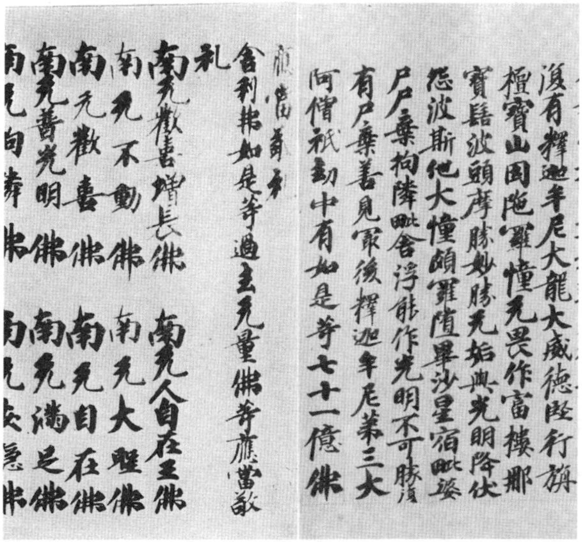

圖 42　羽 479 號（後部）+ 斯 3504 號（前部）綴合圖

3504 號首行"應當敬礼"前後相承，中無缺字，存有綴合的可能性。二號接縫處皆爲失黏所致脱落，邊緣整齊，橫向烏絲欄可以對接。比較二號共有的"聚""舍""香""佛""等""菩""尊"等字，如表 12 所示，字迹似同。又此二號行款格式相同（卷心高度近同，行距、字距、字體大小相近），書風相近（筆勢略向右傾，結構規整）。由此推斷，此二號確可綴合，綴合後如圖 42 所示，存文起"舍利弗！復過廿千佛國土"句，訖"南无功德相嚴菩薩"

句後六字殘形，約存整卷三分之一强，與該卷全本北敦 1148 號對應部分大體
相同，可以比勘。

表 12　羽 479 號、斯 3504 號字迹比較表

例字 卷號	聚	舍	香	佛	等	菩	尊
羽 479 號	聚	舍	香	佛	苐	菩	尊
斯 3504 號	聚	舍	香	佛	苐	菩	尊

43. 北敦 12086 號 + 北敦 12085 號 + 北敦 9260 號

（1）北敦 12086 號（北臨 2215），見《國圖》110/244B。殘片。如圖
43 右部所示，存 7 殘行，行存 1—14 字（通卷下殘，首行僅存首字上部殘形，
末行左部略有殘損）。楷書。有烏絲欄。原卷無題，《國圖》擬題"佛名經
（十二卷本）卷八"，條記目録稱原卷爲 9—10 世紀歸義軍時期寫本，後接北
敦 12085 號。

（2）北敦 12085 號（北臨 2214），見《國圖》110/244A。殘片。如圖
43 中部所示，存 8 殘行，行存 1—14 字（通卷下殘，首行僅存首字左側殘畫，
末行行端殘損，其下存 10 字左側皆有殘損）。楷書。有烏絲欄。原卷無題，《國
圖》擬題"佛名經（十二卷本）卷八"，條記目録稱原卷爲 9—10 世紀歸義軍
時期寫本，前承北敦 12086 號。

（3）北敦 9260 號（唐 81），見 IDP，另見《國圖》105/200B。殘片。如
圖 43 左部所示，存 24 行，行存 2—14 字（通卷下殘，首行僅存行首和下部
3 殘字，末行僅存行端 2 字右側殘形）。楷書。有烏絲欄。原卷無題，《國圖》
擬題"佛名經（十六卷本）卷一一"，條記目録稱原卷爲 9—10 世紀歸義軍時
期寫本。

按：《國圖》條記目録已指出前二號可以綴合，甚是。今謂上揭三號實爲
同一寫卷之撕裂，可依次綴合爲一。綴合後如圖 43 所示，三號依次左右相接，
諸相鄰二號上部接縫處邊緣吻合，橫向烏絲欄亦可對接；北敦 12086 號末行

首字"尒"左側小半撕裂在北敦 12085 號首行，二號拼接，此字得成完璧；北敦 12085 號末行"尼佛"二字左側少許筆畫撕裂在北敦 9260 號首行，北敦 9260 號首行"拘"字右下角少許筆畫撕裂在北敦 12085 號末行，二號綴合，此三字基本輪廓可見。又上揭三號行款格式相同（天頭高度近同，皆有烏絲欄，行距、字距、字體大小相近），書風相近（筆畫舒展，筆墨勻厚），字迹似同（比較三號共有的"佛"字），可資參證。

北敦 9260 號　　　　　北敦 12085 號　　北敦 12086 號

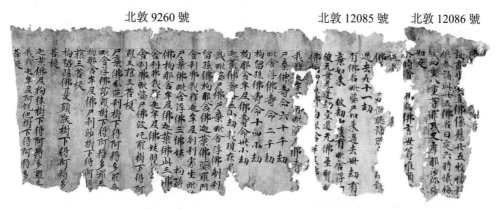

圖 43　北敦 12086 號＋北敦 12085 號＋北敦 9260 號綴合圖

　　三號綴合後，存文起"舍利弗"句首字上部殘形，訖"阿説他樹下得阿耨多□□□□（羅三藐三）菩提"句，與十二卷本《佛説佛名經》卷八（《大正藏》本）進行對比，發現二者存在異文：北敦 12086 號第 5 行"四重八重等罪"，十二卷本作"四重八禁等罪"；北敦 9260 號第 7—8 行"我現在⊠□□□□（最少壽命一百）歲"，末字"歲"十二卷本作"年"；北敦 9260 號第 10—11 行"毗⊠□□（婆尸佛）、尸棄佛、毗舍浮佛三佛姓拘隣"，"三佛"十二卷本作"此三佛"；北敦 9260 號第 14 行"舍利弗，毗婆尸佛波吒羅樹下得阿□□（耨多）羅三藐三菩提"，十二卷本無"舍利弗"三字；再比對版本所屬明確的北敦 1148 號、羽 479 號十六卷本《佛名經》卷十一，此三號所存內容與後者相應部分完全對應。據此，此組寫卷應屬於十六卷本《佛名經》卷十一殘片，《國圖》將北敦 9260 號定作十六卷本卷十一，甚是；却又把北敦 12086 號與北敦 12085 號定作十二卷本卷八，則非是。

卷十二

44. 俄敦 2440 號 + 俄敦 6231 號…北敦 2460 號

（1）俄敦 2440 號，見《俄藏》9/203B。殘片。如圖 44 右部所示，存 14 殘行，行存上部 1—14 字（末行僅存 1 字左側些微殘畫）。楷書。有烏絲欄。原卷無題，《孟録》考定爲三十卷本 "佛説佛名經卷第二十"，稱原卷抄寫於 9—11 世紀；《俄藏》《俄録》定名同。

（2）俄敦 6231 號，見《俄藏》13/52A—52B。卷軸裝。如圖 44 中部所示，前後皆缺，存 21 殘行（第 3 行開始上下多有殘損），所存部分皆爲佛名，行字不等。楷書。有烏絲欄。原卷無題，《俄藏》未定名；《俄録》定作菩提流支譯本《佛説佛名經》卷第九。

（3）北敦 2460 號（北 737；成 60），見 IDP，另見《國圖》34/284A—287B。卷軸裝，6 紙。前部如圖 44 左部所示，前殘後缺，存 126 行（前 2 行上下皆有殘損，首行僅存 5 字左側殘畫），行約 18 字。楷書。有烏絲欄。原卷無題，《劫餘録》定作佚本三十卷本《佛説佛名經》卷十二；《索引》擬題 "佛説佛名經"；《寶藏》及《索引新編》擬題 "佛説佛名經卷第十二"；《國圖》改題 "佛名經（十六卷本）卷一二"，條記目録稱原卷爲 9—10 世紀歸義軍時期寫本。

按：據殘存文字推斷，上揭三號應皆爲十六卷本《佛説佛名經》卷十二殘卷，且其内容前後相承，可以綴合。綴合後如圖 44 所示，俄敦 2440 號與俄敦 6231 號左右相接，接縫處邊緣吻合，俄敦 6231 號首行 "无" 字末筆的少許鋒筆撕裂在俄敦 2440 號末行，二號綴合後，此字得成完璧。俄敦 6231 號與北敦 2460 號亦左右相接，内容前後相承，存有綴合的可能性，但因北敦 2460 號首行諸字右側殘損，不能直接拼接。比較三號間交互出現的 "爲" "雞" "善" "南" "勝" "界" "作" "摩" 等字，如表 13 所示，字迹似同；又各三寶名首字 "南" 較其他字更大，墨迹更濃；三號行款格式相同（皆有烏絲欄，行距、字距、字體大小相近），書風相近（筆墨濃匀，頓筆明顯，筆有連意），可資參證。三號綴合後，存文起"南无師子光明滿足功德海佛"句前四字殘形，訖"南无上方月幢王佛"句末字，比勘十六卷本《佛名經》卷十二且内容完整的寫卷（如北敦 2215 號），此三號所存内容與後者相應部分大致相同。而三十卷本《佛名經》爲敦煌文獻所不載，《孟録》《劫餘録》將俄敦 2440 號、北敦 2460 號分別定作三十卷本，《俄録》又把俄敦 6231 號定作十二卷本，恐皆不確①。

北敦 2460 號（前部）　　　　　俄敦 6231 號　　　　　　　俄敦 2440 號

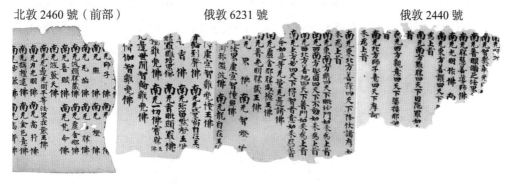

圖 44　俄敦 2440 號＋俄敦 6231 號…北敦 2460 號（前部）綴合圖

表 13　俄敦 2440 號、俄敦 6231 號、北敦 2460 號字迹比較表

例字 卷號	爲	雞	善	南	勝	界	作	摩
俄敦 2440 號	爲	/	善	南	勝	界	作	摩
俄敦 6231 號	爲	雞	善	南	勝	界	/	摩
北敦 2460 號	爲	雞	善	南	勝	界	作	摩

① 此三號殘卷綴合後與三十卷本、十二卷本《佛名經》字句皆有所不同，如北敦 2460 號有"從此以上九千一百佛十二部經一切賢聖""次禮十二部經大藏法輪""次禮十方諸大菩薩"等屬於十六卷本《佛名經》典型特徵的句式；又如俄敦 2440 號"南无光明作佛"句，北敦 2215 號十六卷本《佛名經》卷十二同，而三十卷本《佛名經》作"南无普光明作佛"，多一"普"字。

45. 北敦 400 號 + 浙敦 111 號

（1）北敦 400 號（北 740；宙 100），見 IDP，另見《國圖》6/212A—226A。卷軸裝，23 紙。後部如圖 45 右部所示，前殘後缺，存 486 行（首紙 2 行，後 22 紙每紙 22 行），行約 15 字。楷書。有烏絲欄。原卷無題，《劫餘錄》定作佚本三十卷本《佛説佛名經》卷十二；《索引》擬題 "佛説佛名經"；《寶藏》及《索引新編》擬題 "佛説佛名經卷第十二"；《國圖》改題 "佛名經（十六卷本）卷一二"，條記目錄稱原卷紙高 30 釐米，爲 10 世紀歸義軍時期寫本。

（2）浙敦 111 號（浙博 86），見《浙藏》205B。卷軸裝，1 紙。如圖 45 左部所示，前缺尾全，存 4 行（第 3 行空白），行約 14 字。尾題 "佛名經卷第十二"。楷書。有烏絲欄。《浙藏》敘錄稱原卷紙高 27 釐米，爲唐寫本。

浙敦 111 號　　　　　　北敦 400 號（後部）

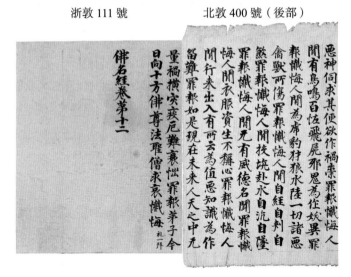

圖 45　北敦 400 號（後部）+ 浙敦 111 號綴合圖

按：據殘存文字推斷，上揭二號皆爲十六卷本《佛名經》卷十二殘卷，且二號內容前後相承，北敦 400 號末行行末 "无" 字與浙敦 111 號首行 "量禍橫災疫厄難衰惱罪報" 諸字相連成句，中無缺字，存有綴合的可能性。二號接縫處皆爲失黏所致脱落，邊緣整齊，橫向烏絲欄可以對接。比較二號共有的 "聖" "經" "悔" "懺" "第" "弟" "禍" 等字，如表 14 所示，字迹似同。

又此二號行款格式相同（框高近同，皆有烏絲欄，行距、字距、字體大小相近），書風相近（筆畫舒朗，結構規整，折筆圓潤）。由此推斷，此二號確可綴合。綴合後如圖45所示，所存内容可辨識文字始"南无薩和達王經"句後四殘字，訖尾題，約占全卷三分之二強，與該卷全本北敦2215號對應部分大體相同，可以比勘。

表14　北敦400號、浙敦111號字迹比較表

例字 卷號	聖	經	悔	懺	第、弟	禍
北敦400號	聖	経	悔	懺	弟弟	禍
浙敦111號	聖	経	悔	懺	弟弟	禍

又，《國圖》條記目録稱北敦400號爲10世紀歸義軍時期寫本，近是；而《浙藏》敘録稱浙敦111號爲唐寫本，則過於寬泛。

卷十三

46. 俄敦102號+北敦6350號+北敦6432號+北敦6351號

（1）俄敦102號，見《俄藏》6/74A。殘片。如圖46右上部所示，存6殘行，行存上部1—7字（末行僅存首字右側殘形）。首題"佛説佛名經卷"字樣（右側多殘損）。楷書。有烏絲欄。《孟録》定作"佛説佛名經卷第二十一"，《俄藏》及《俄録》同。

（2）北敦6350號（北751；鹹50），見IDP，另見《國圖》85/105B—111A。卷軸裝，9紙。前部如圖46右下部所示，後部如圖46中右部所示，前後皆殘，存168行（首紙16行，後8紙每紙19行；前5行上下皆有殘損；末行存14字右側殘形），行約19字。楷書。有烏絲欄。原卷無題，《劫餘録》定作佚本三十卷本《佛説佛名經》卷第十三；《索引》擬題"佛説佛名經"；《寶藏》及《索引新編》擬題"佛説佛名經卷第十三"；《國圖》改題"佛名經（十六

卷本）卷一三”，條記目録稱首紙“卷面脱落一塊殘片，已綴接”，又稱原卷紙高 28 釐米，爲 9—10 世紀歸義軍時期寫本。

（3）北敦 6432 號（北 763；河 32），見 IDP，另見《國圖》87/69B—72B。卷軸裝，7 紙。前部如圖 46 中左部所示，後部如圖 46 左部所示，前後皆殘，存 97 行（首紙 1 行，第 2—6 紙每紙 19 行，末紙 1 行；首行存 14 字左側殘形，末行僅存 3 字右側殘點），行約 19 字。楷書。有烏絲欄。原卷無題，《劫餘録》定作佚本三十卷本《佛説佛名經》卷第十三；《索引》擬題“佛説佛名經”；《寶藏》及《索引新編》擬題“佛説佛名經卷第十三”；《國圖》改題“佛名經（十六卷本）卷一三”，條記目録稱原卷紙高 31.8 釐米，爲 9—10 世紀歸義軍時期寫本。

（4）北敦 6351 號（北 768；鹹 51），見 IDP，另見《國圖》85/111B—121B。卷軸裝，18 紙。前部如圖 46 左側所示，前殘尾全，存 312 行（首紙 1 行，僅存 1 字左側殘點；第 9 紙 18 行，末紙 8 行，其餘諸紙每紙 19 行），行約 19 字。尾題“佛名經卷第十三”，後有題記“靈應寫”。楷書。有烏絲欄。《劫餘録》定作佚本三十卷本《佛説佛名經》卷第十三；《國圖》改題“佛名經（十六卷本）卷一三”，條記目録稱原卷紙高 31.4 釐米，爲 9—10 世紀歸義軍時期寫本。

按：上揭四號皆爲《佛名經》殘卷，且其內容前後相承，可以綴合。各號綴合後，諸相鄰二號左右相接，接縫處邊緣吻合，橫向烏絲欄亦可對接。前二號綴合後如圖 46 右部所示，俄敦 102 號第 4—5 行與北敦 6350 號第 3—4 行上下直接相接，中無缺字。中二號綴合後如圖 46 中部所示，二號左右相接，接縫處原本分屬二號的“南无无尋精進日善思惟奮迅王佛”14 字皆得復合爲一。後二號綴合後如圖 46 左部所示，北敦 6432 號倒 2 行行首“畜”字上部橫筆左側有少許筆畫撕裂在北敦 6351 號首行，北敦 6351 號第 2 行“喋食”二字右側有少許筆畫撕裂在北敦 6432 號末行，二號拼合，三字皆得成完璧。後三號接縫處在二紙的粘連處，北敦 6432 號首紙 1 行、末紙 1 行與前後紙拼接後，北敦 6351 號首紙 1 行與前紙拼接後，皆合成完整的整紙 19 行，合於全卷每紙大抵 19 行之數。又此四號行款格式相同（天頭地腳高度近同，皆有烏絲欄，行距、字距、字體大小相近），書風相近（結構規整，筆墨濃黑），字跡似同（比較四號共有的“南”“无”“自”“在”“舍”“利”“弗”“礼”“佛”“明”等字），

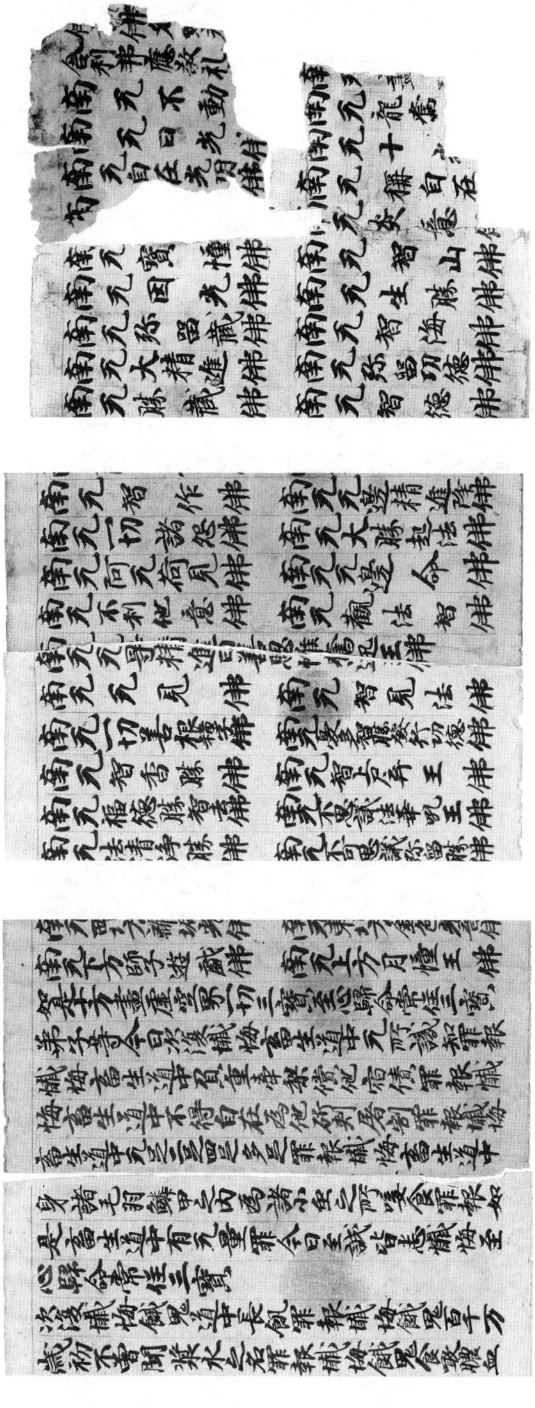

圖 46　俄敦 102 號＋北敦 6350 號（前部、後部）＋北敦 6432 號（前部、後部）＋
北敦 6351 號（前部）綴合圖

可資參證。四號綴合後，存文起首題殘字，訖尾題，近乎完帙，與十六卷本《佛名經》卷十三且内容完整的伯 2252 號對應部分大體相同，可以比勘。

又，上揭四號既原屬同卷，而北敦 6351 號存有尾題，則前三號應皆爲《佛説佛名經》（十六卷本）卷十三殘卷或殘片無疑；《孟録》《俄藏》以俄敦 102 號殘片爲《佛説佛名經》卷二十一，非是。

47. 北敦 4092 號 + 北敦 4233 號

（1）北敦 4092 號（北 754；麗 92），見《國圖》55/372B—374A。卷軸裝，3 紙。後部如圖 47 右部所示，前殘後缺，存 74 行（首紙 18 行，後 2 紙每紙 28 行），行 17 字。楷書。有烏絲欄。卷面呈現有規則污漬。原卷無題，《劫餘録》定作佚本三十卷本《佛説佛名經》卷第十三；《索引》擬題 "佛説佛名經"；《寶藏》及《索引新編》擬題 "佛説佛名經卷第十三"；《國圖》改題 "佛名經（十六卷本）卷一三"，條記目録稱原卷紙高 25.2 釐米，爲 7—8 世紀唐寫本。

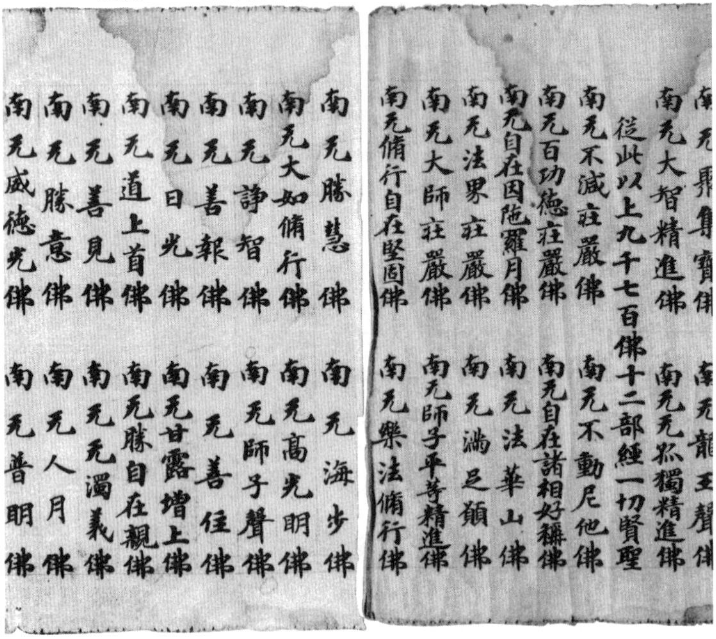

北敦 4233 號（前部）　　　　北敦 4092 號（後部）

圖 47　北敦 4092 號（後部）+ 北敦 4233 號（前部）綴合圖

（2）北敦 4233 號（北 760；玉 33），見《國圖》57/152A—155B。卷軸裝，6 紙。前部如圖 47 左部所示，前後皆缺，存 168 行（每紙 28 行），行約 17 字。楷書。有烏絲欄。卷面呈現有規則污漬。《劫餘録》定作佚本三十卷本《佛説佛名經》卷第十三；《索引》擬題"佛説佛名經"；《寶藏》及《索引新編》擬題"佛説佛名經卷第十三"；《國圖》改題"佛名經（十六卷本）卷一三"，條記目録稱原卷紙高 25.5 釐米，爲 7—8 世紀唐寫本。

按：上揭二號皆爲十六卷本《佛名經》卷十三殘卷。北敦 4092 號末句"南无樂法脩行佛"與北敦 4233 號首句"南无勝慧佛"内容前後相接，中無缺字，存有綴合的可能性。二號接縫處皆爲失黏所致脱落，邊緣整齊，横向烏絲欄可以對接。比較二號共有的"經""華""勝""寂""莊""嚴""男""善""功"等字，字迹似同。二號卷面皆呈現有規則污漬，這些污漬形狀雷同，循環出現，大小、間隔漸次縮小。又二號行款格式相同（紙高近同，每紙 28 行，皆有烏絲欄，行距、字距、字體大小相近），書風相近（落筆有力，筆墨匀厚，結構規整）。由此推斷，此二號確可綴合。綴合後如圖 47 所示，存文起"南无勝一切須弥山王佛"句殘字，訖"至心頂礼常住三寶"句，約占全卷三分之一強，與該卷全本伯 2252 號對應部分大體相同，可以比勘。

48. "俄敦 8793 號…俄敦 8785 號+俄敦 8842 號+俄敦 8801 號+俄敦 8795 號…俄敦 8832 號"

（1）俄敦 8793 號，見《俄藏》14/89A。殘片。如圖 48 右部所示，存 8 殘行，行存上部 1—6 字。

（2）俄敦 8785 號，見《俄藏》14/89A。殘片。如圖 48 中右部所示，存 6 殘行，行存 3—13 字。

（3）俄敦 8842 號，見《俄藏》14/89B。殘片。如圖 48 中右部所示，存 4 殘行，行存下部 1—7 字。

（4）俄敦 8801 號，見《俄藏》14/89B。殘片。如圖 48 中部所示，存 5 殘行，行存下部 3—7 字。

（5）俄敦 8795 號，見《俄藏》14/89A。殘片。如圖 48 中左部所示，存 11 殘行，行存中部 2—8 字。

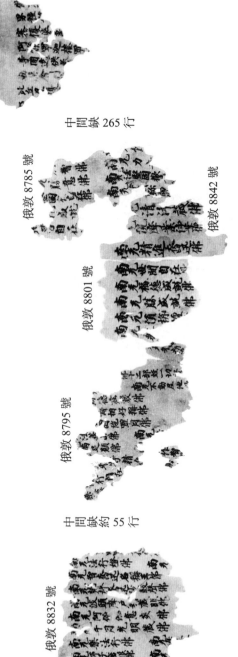

圖48　"俄敦 8793 號…俄敦 8785 號＋俄敦 8842 號＋俄敦 8801 號＋俄敦 8795 號…俄敦 8832 號" 綴合示意圖

（6）俄敦 8832 號，見《俄藏》14/89B。殘片。如圖 48 左部所示，存 10 殘行，行存中上部 8—11 字。

按：上揭六殘片原卷皆楷書，有烏絲欄，無題，《俄藏》已按俄敦 8785 號、俄敦 8793 號、俄敦 8795 號、俄敦 8801 號、俄敦 8832 號、俄敦 8842 號的順序列在俄敦 8785 號之下，但未定名，且圖版序次有錯亂，今仍將此六號做獨立卷號處理，并按照"俄敦 8793 號…俄敦 8785 號＋俄敦 8842 號＋俄敦 8801 號＋俄敦 8795 號…俄敦 8832 號"的順序進行重新綴合。①

比勘完整的十六卷本《佛名經》卷第十三寫卷（如伯 2252 號），此六號所存內容與後者對應部分大致相同，且俄敦 8795 號第 2 行"▨▨▨▨▨▨▨▨（從此以上九千七百佛）十二部經一切▨□（賢聖）"，符合十六卷本特徵，故上揭六號應皆爲《佛名經》（十六卷本）卷第十三殘片，且內容前後相承，可以綴合。綴合後如圖 48 所示，其中俄敦 8793 號與俄敦 8785 號不直接相連，比勘伯 2252 號，二號之間約缺 26 行；俄敦 8785 號第 4 行與俄敦 8842 號首行左右相接，接縫處邊緣吻合，"弥"字左上角有少許筆畫撕裂在俄敦 8842 號首行，此二號綴合後"弥"字左上角完整無缺；俄敦 8842 號與俄敦 8801 號左右相接，俄敦 8842 號末行"南无精進奮迅佛"與俄敦 8801 號首行"南无世間自在▨（佛）"之間缺一佛名（該佛名伯 2252 號爲"南无无碍精進佛"，在"南无世間自在佛"的上欄），符合《佛名經》每行上下二欄抄寫的體例；俄敦 8801 號末行"南无▨□□□（聚集寶佛）"與俄敦 8795 號首行"□▨▨▨▨□（南无大智精進佛）"左右相接，接縫處的二行皆殘損，二號之間稍有縫隙；俄敦 8795 號與俄敦 8832 號不直接相連，比勘伯 2252 號，二號之間約缺 55 行。又此六號行款格式相同（皆有烏絲欄，行距、字距、字體大小相近），書風相近（筆墨濃黑，結構規整），字迹似同（比較後五號共有的"南""无""佛"等字，俄敦 8793 號與俄敦 8785 號共有的"羅"字），可資參證。六號綴合後，存文起"无量阿僧祇佛"句末字左上側殘畫，訖"南无

①《俄藏》數號殘片拼合在一起時，通常歸併在最小的卷號之下，并按數字大小順序排列附屬的其他卷號，這種從小到大的卷號序次和影印的圖版并不完全對應（甚至完全不對應），但由於多數圖版上看不到編號，所以每個殘片的實際編號不得而知，爲了敘述的方便，本組仍按《俄藏》的順序給殘片編號。

无邊精進降佛”句前三字，基本對應伯 2252 號《佛名經》卷十三相關部分，可以比勘。《俄録》稱本組殘片綴合順序應爲俄敦 8793 號＋俄敦 8795 號＋俄敦 8785 號＋俄敦 8801 號＋俄敦 8832 號＋俄敦 8842 號，每號又分割爲 A 和 B，稱 A 組出於失譯三十卷本《佛説佛名經》卷第二十一，B 組出於菩提流支譯本《佛説佛名經》卷第十，强行一分爲二，完全亂了套。

49. 俄敦 11675 號＋俄敦 1050 號＋俄敦 1599 號＋俄敦 1632 號

（1）俄敦 11675 號，見《俄藏》15/305B。殘片。如圖 49 右部所示，存 13 殘行，行存上部 5—12 字，所存部分皆爲佛名。楷書。有烏絲欄。原卷無題，《俄藏》未定名；《俄録》定作菩提流支譯本《佛説佛名經》卷第十。

（2）俄敦 1050 號＋俄敦 1599 號＋俄敦 1632 號，見《俄藏》7/285A—286A。《俄藏》根據《孟録》提示已將此三號綴合爲一，前部如圖 49 左部所示，存 40 殘行，所存部分皆爲佛名，行字不等，下部循環呈現三角形殘缺。楷書。有烏絲欄。原卷無題，《孟録》疑爲《佛説佛名經》卷十二，稱該卷抄寫於 9—11 世紀；[①]《俄藏》擬題“佛説佛名經卷第十三”；《俄録》定作菩提流支譯本《佛説佛名經》卷第十。

按：據殘存文字推斷，（1）（2）應皆爲十六卷本《佛名經》卷十三殘片，且其内容前後相承，可以綴合。綴合後如圖 49 所示，銜接處斷痕吻合，下部組合成近似三角形的殘缺，與（2）組循環出現的殘缺情況相似，俄敦 11675 號末行“南无威德光▨（佛）”與（2）組首行“南无大莊嚴佛”同屬上欄，其間没有殘缺（據伯 2252 號《佛名經》卷十三，俄敦 11675 號“南无威德光佛”下缺下欄“南无普明佛”）。又此四號行款格式相同（皆有烏絲欄，行距、字距、字體大小相近），書風近同（筆法疏拙，部分筆畫粘連），書迹似同（比較二者共有的“勝”“法”“莊”“德”“南”“嚴”等字，如表 15 所示），可資參證。（1）（2）綴合後，存文起“南无百功德莊嚴佛”句前六字左側殘畫，訖“南无摩甍沙口聲去佛”句首字右側殘畫，其中包括“從此以上九千八百佛十二

---

① 《孟録》上册俄敦 1050 號下稱此卷抄寫於 9—10 世紀；同書下册俄敦 1599 號＋俄敦 1632 號下稱該二號前可與俄敦 1050 號綴合，抄寫於 9—11 世紀，故當以後來的説法爲準。

部經一切賢聖"這樣帶有十六卷本特徵的典型句式，與同爲十六卷本《佛名經》卷十三且内容完整的伯 2252 號對應部分大體相同，可以比勘。《俄録》定作菩提流支譯本卷十，非是。

俄敦 1050 號＋俄敦 1599 號＋
俄敦 1632 號（前部）

俄敦 11675 號

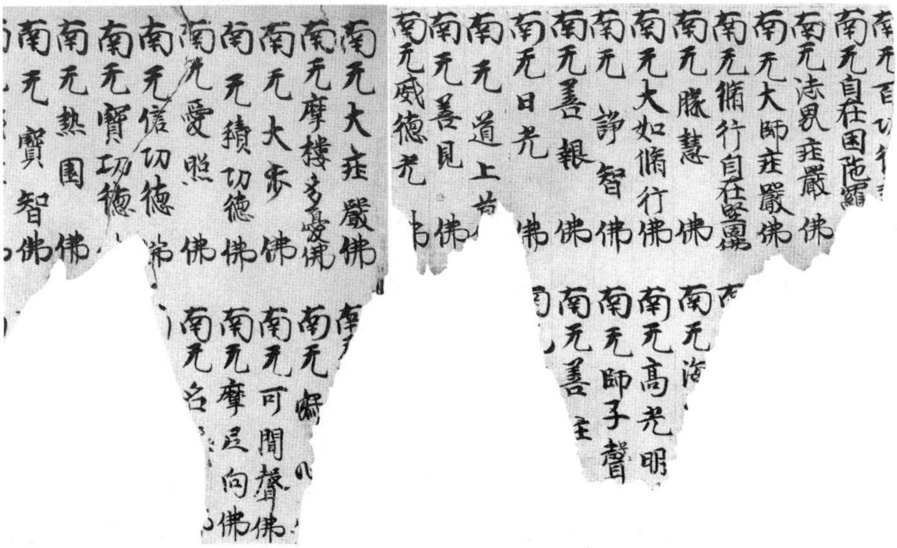

圖 49　俄敦 11675 號＋俄敦 1050 號＋俄敦 1599 號＋俄敦 1632 號（前部）綴合圖

表 15　俄敦 11675 號與俄敦 1050 號＋俄敦 1599 號＋俄敦 1632 號字迹比較表

例字　　卷號	勝	法	莊	德	南	嚴
俄敦 11675 號	勝	法	莊	德	南南	嚴
俄敦 1050 號＋俄敦 1599 號＋俄敦 1632 號	 勝	 法	 莊	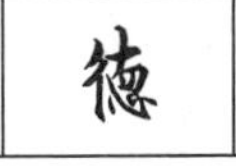 德	 南南	 嚴

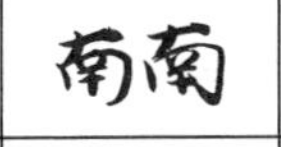

50. 北敦 10651 號＋北敦 10320 號＋北敦 9887 號＋北敦 10298 號

（1）北敦 10651 號（北臨 780），見 IDP，另見《國圖》108/74B。殘片。如圖 50 右上部所示，存 6 殘行，行存上部 2—5 字（首行僅存 2 字左側殘畫）。楷書。有烏絲欄。原卷無題，《國圖》擬題"佛名經（十六卷本）卷一三"，條記目錄稱原卷爲7—8世紀唐寫本。

（2）北敦10320號（北臨449），見IDP，另見《國圖》107/241B。殘片。如圖50中下部所示，存6殘行，行存中下部1—9字（首行僅存行末1字左側殘畫）。楷書。有烏絲欄。原卷無題，《國圖》擬題"佛名經（十六卷本）卷一三"，條記目錄稱原卷經黃紙，爲7—8世紀唐寫本，後部可與北敦10298號綴合。

（3）北敦9887號（北臨16），見IDP，另見《國圖》107/8B。殘片。如圖50中部所示，存6殘行，行存2—11字（首行僅存行端2字左側殘畫，次4行下部殘缺，末行下端左側殘缺）。楷書。有烏絲欄。原卷無題，《國圖》擬題"佛名經（十二卷本）卷一○"，條記目錄稱原卷爲7—8世紀唐寫本。

（4）北敦10298號（北臨427），見IDP，另見《國圖》107/229B。殘片。如圖50左下部所示，存7殘行，行存下部3—9字（首行僅存4字左側殘形）。楷書。有烏絲欄。原卷無題，《國圖》擬題"佛名經（十六卷本）卷一三"，條記目錄稱原卷經黃紙，爲7—8世紀唐寫本，前部可與北敦10320號綴合。

按：據殘存文字推斷，上揭四號應皆爲十六卷本《佛説佛名經》卷十三殘片。《國圖》條記目錄已指出北敦10320號與北敦10298號可以綴合，近是，二號間仍略有缺損。今謂上揭四號內容前後相承，皆可綴合。綴合後如圖50所示，諸相鄰二號接縫處邊緣吻合，橫縱烏絲欄亦可對接；北敦10651號與北敦9887號左右相接，北敦10651號末行"南无"二字左側部分筆畫撕裂在北敦9887號首行，二號綴合後此二字得成完璧；北敦10651號末行又與北敦10320號第2行上下相接，接縫處北敦10651號末行"寶"字與北敦10320號第二行"智佛"二字相連成句，中無缺字；北敦10320號與北敦9887號左右上下相接，接縫處原本分屬二號的"信""南无敵勝"五字皆得大體復合爲一；北敦9887號與北敦10298號左右相接，北敦9887末行"南无善行佛，南无功德勝佛"二句前"佛"字首筆、後"南"字左下側豎筆少許筆畫及"功德勝"三字左側大半撕裂在北敦10298號，二號綴合，五字皆得以拼合完整。又此四號行款格式相同（天頭或地脚高度近同，皆有烏絲欄，行距、字距、字體大小相近），書風相近（字體方正，筆畫纖細），字迹似同（比較四號共有的

"南""无""佛"等字），可資參證。四號綴合後，存文起"南无摩尼向佛"句"摩尼"二字殘畫，訖"南无戒分佛"句前3字右側大部，與同爲十六卷本《佛名經》卷十三且內容完整的伯2252號對應部分大體相同，可以比勘。《國圖》將北敦10651號、北敦10320號、北敦10298號定作"佛名經（十六卷本）卷一三"，甚是；又將北敦9887號定作"佛名經（十二卷本）卷一〇"，則未確。

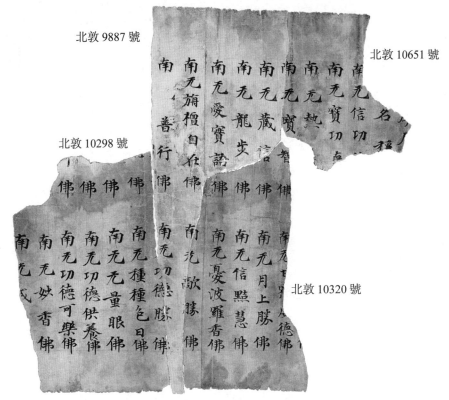

圖50　北敦10651號＋北敦10320號＋北敦9887號＋北敦10298號綴合圖

又按，《國圖》條記目録稱北敦10320號、北敦10298號爲經黄紙，而對北敦9887號、北敦10651號的用紙則未作描述，欠妥。

51. 斯12238號＋斯12586號

（1）斯12238號，見IDP。殘片。如圖51右部所示，存4殘行，行存下部5—7字。楷書。有烏絲欄。原卷無題，IDP未定名。

（2）斯 12586 號，見 IDP。殘片。如圖 51 左部所示，存 8 殘行，行存 1—17 字（首行僅存 1 字左側殘筆）。楷書。有烏絲欄。原卷無題，IDP 未定名。

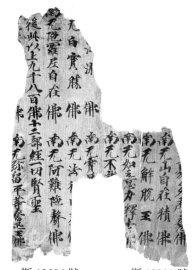

斯 12586 號　　　　斯 12238 號

圖 51　斯 12238 號＋斯 12586 號綴合圖

按：據殘存文字推斷，上揭二號應皆爲十六卷本《佛説佛名經》卷十三殘片，且其内容前後相承，可以綴合。綴合後如圖 51 所示，二號上下左右相接，接縫處邊緣吻合，斯 12238 號第 3 行“南”字左下側豎筆、末行“意”字上部皆有少許筆畫撕裂在斯 12586 號前 2 行，二號拼接，其字得成完璧。又此二號行款格式相同（皆有烏絲欄，行距、字距、字體大小相近），書風相近（筆墨均匀，結構規整），字迹似同（比較二號共有的“佛”“南”“无”“自”“在”等字），可資參證。二號綴合後，存文起“南无憂多摩意佛”句後六字殘畫，訖“南无彌留平等奮迅佛”句，與該卷全本伯 2252 號對應部分大體相同，可以比勘。

52. 北敦 4637 號＋北敦 4613 號＋北敦 4625 號

（1）北敦 4637 號（北 766；劍 37），見 IDP，另見《國圖》62/134A—136A。卷軸裝，4 紙。後部如圖 52 右側所示，前後皆殘，存 89 行（前 3 紙每紙 28 行，後紙 5 行；首行僅存六字左側殘畫，末行僅存 5 字右側殘畫），行約 16 字。楷書。有烏絲欄。原卷無題，《劫餘録》定作佚本三十卷本《佛説佛名經》卷第十三；《索引》擬題“佛説佛名經”；《寶藏》及《索引新編》擬題“佛説佛名經卷第十三”；《國圖》改題“佛名經（十六卷本）卷一三”，條記目録稱原卷紙高 28.3 釐米，爲 9—10 世紀歸義軍時期寫本。

（2）北敦 4613 號（北 770；劍 13），見 IDP，另見《國圖》62/59B—63A。卷軸裝，6 紙。前部如圖 52 中右部所示，後部如圖 52 中左部所示，前後皆殘，存 164 行（首紙 25 行，末紙 27 行，其餘諸紙每紙 28 行；首行僅存

8 字左側殘畫，末行僅存右側殘畫），所存部分多爲佛名，每行多分上下欄各抄寫一個佛名，行字不等。楷書。有烏絲欄。原卷無題，《劫餘録》定作佚本三十卷本《佛説佛名經》卷第十三；《索引》擬題"佛説佛名經"；《寶藏》及《索引新編》擬題"佛説佛名經卷第十三"；《國圖》改題"佛名經（十六卷本）卷一三"，條記目録稱原卷紙高 28.5 釐米，爲 8—9 世紀吐蕃統治時期寫本。

（3）北敦 4625 號（北 773；劍 25），見 IDP，另見《國圖》62/91B—94B。卷軸裝，6 紙。前部如圖 52 左側所示，前殘尾全，存 137 行（首紙 2 行，末紙 23 行，其餘諸紙每紙 28 行；首行右側稍有殘損），行約 16 字。尾題"佛名經卷第十三"。楷書。有烏絲欄。《劫餘録》定作佚本三十卷本《佛説佛名經》卷第十三；《國圖》改題"佛名經（十六卷本）卷一三"，條記目録稱原卷紙高 28.5 釐米，爲 8—9 世紀吐蕃統治時期寫本。

北敦 4625 號（前部）　北敦 4613 號（後部）　　北敦 4613 號（前部）　北敦 4637 號（後部）

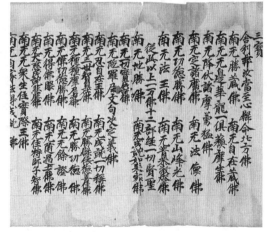

圖 52　北敦 4637 號（後部）＋北敦 4613 號（前部、後部）＋北敦 4625 號（前部）綴合圖

按：上揭三號應皆爲十六卷本《佛名經》卷十三殘卷，且其内容前後相承，可以綴合。諸相鄰二號左右相接，接縫處邊緣吻合，橫縱烏絲欄亦可對接。前二號綴合後如圖 52 右部所示，北敦 4637 號倒二行"南""南""成就如來家佛"八字左側少許筆畫撕裂在北敦 4613 號首行，北敦 4613 號次行"无""實成就佛"五字有少許筆畫撕裂在北敦 4637 號末行，二號綴合後，此 13 字皆

得成完璧。後二號綴合後如圖 52 左部所示，接縫處原本分屬二號的 "南无師子幢佛" "南无普行佛" 11 字皆得復合爲一（此 11 字右側少許筆畫撕裂在北敦 4613 號末行，左側大部筆畫在北敦 4625 號首行）。三號綴合後，接縫處皆得拼合爲整紙 28 行，合於全卷每紙滿行 28 行之數。又此三號行款格式相同（紙高近同，皆有烏絲欄，行距、字距、字體大小相近），書風相近（字體方正，筆墨匀厚），字迹似同（比較三號共有的 "南" "万" "德" "善" "賢聖" 等字），可資參證。三號綴合後，存文起 "南无妙行世界精進慧菩薩" 句 "妙行世" "進慧" 五殘字，訖尾題，與該卷全本伯 2252 號對應部分大體相同，可以比勘。

　　上揭三號既原屬同卷，而《國圖》條記目録稱北敦 4637 號爲 9—10 世紀歸義軍時期寫本，又稱另二號爲 8—9 世紀吐蕃統治時期寫本，斷代不一，宜再斟酌。

53. 北敦 5315 號 + 北敦 5322 號

　　（1）北敦 5315 號（北 767；光 15），見《國圖》71/240A—244B。卷軸裝，9 紙。後部如圖 53 右部所示，前後皆殘，存 208 行（首紙 14 行，末紙 19 行，其餘諸紙每紙 25 行；前 13 行下部殘損，首行僅存 4 字左側殘畫，後 10 行中上部皆殘損，末行僅存行末 2 字右側殘畫），行約 16 字。楷書。有烏絲欄。原卷無題，《劫餘録》定作佚本三十卷本《佛説佛名經》卷第十三；《索引》擬題 "佛説佛名經"；《寶藏》及《索引新編》擬題 "佛説佛名經卷第十三"；《國圖》改題 "佛名經（十六卷本）卷一三"，條記目録稱原卷紙高 29 釐米，爲 9—10 世紀歸義軍時期寫本。

　　（2）北敦 5322 號（北 772；光 22），見《國圖》71/274A—277B。卷軸裝，8 紙。前部如圖 53 左部所示，前殘尾全，存 146 行（首紙 10 行，第 7 紙 11 行，末紙拖尾，其餘諸紙每紙 25 行；前 4 行上下部殘損，首行僅存 4 字左側殘畫），行約 16 字。尾題 "佛名經卷第十三"。楷書。有烏絲欄。《劫餘録》定作佚本三十卷本《佛説佛名經》卷第十三；《國圖》改題 "佛名經（十六卷本）卷一三"，條記目録稱原卷紙高 29.1 釐米，爲 7—8 世紀唐寫本。

　　按：上揭二號應皆爲十六卷本《佛名經》卷十三殘卷，且其内容前後相承，可以綴合。綴合後如圖 53 所示，北敦 5322 號第 1—4 行與北敦 5315 號末四行上下左右相接，接縫處邊緣吻合，原本分屬二號的"南""南""護佛"四字皆得復合爲一，下部界欄亦可對接。北敦 5315 號末紙 19 行，北敦 5322 號首紙 10 行，二號拼合後爲 25 行，合於全卷每紙滿行 25 行之數。又二號行款格式相同（紙高近同，皆有烏絲欄，行距、字距、字體大小相近），書風相近（結構規整，筆墨勻厚，折筆圓潤），字迹似同（比較二號共有的"堅""固""藏""勝""幢""稱""婆""聲"等字），可資參證。二號綴合後，存文次行起"死亦不持一文而去"句後四字，訖尾題，約占全卷二分之一强，與該卷全本伯 2252 號對應部分基本相同，可以比勘。

北敦 5322 號（前部）　　　　　　北敦 5315 號（後部）

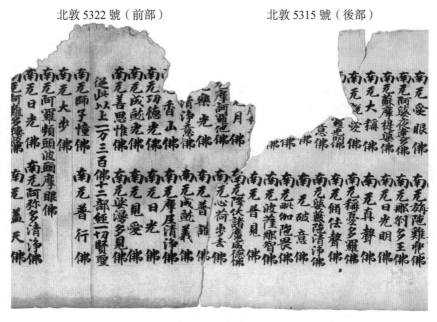

圖 53　北敦 5315 號（後部）＋北敦 5322 號（前部）綴合圖

　　二號既原屬同卷，而《國圖》條記目録稱北敦 5315 號爲 9—10 世紀歸義軍時期寫本，而稱北敦 5322 號爲 7—8 世紀唐寫本，斷代不一，宜再斟酌。

54. 北敦 3827 號＋北敦 3884 號

　　（1）北敦 3827 號（北 769；金 27），見《國圖》53/116A—119B。卷軸裝，6 紙。後部如圖 54 右部所示，前後皆缺，存 168 行（每紙 28 行），行約 16 字。楷書。有烏絲欄。卷面上部呈現有規則污漬。原卷無題，《劫餘録》定作佚本三十卷本《佛説佛名經》卷第十三；《索引》擬題"佛説佛名經"；《寶藏》及《索引新編》擬題"佛説佛名經卷第十三"；《國圖》改題"佛名經（十六卷本）卷一三"，條記目録稱原卷經黄紙，紙高25.6釐米，爲7—8世紀唐寫本。

（2）北敦3884號（北771；金84），見IDP，另見《國圖》53/297B—300B。卷軸裝，5紙。前部如圖54左部所示，前缺尾全，存133行（前四紙每紙28行，後紙21行），行約16字。楷書。有烏絲欄。卷面上部呈現有規則污漬。尾題"佛名經卷第十三"。《劫餘録》定作佚本三十卷本《佛説佛名經》卷第十三；《國圖》改題"佛名經（十六卷本）卷一三"，條記目録稱原卷經黄紙，紙高25.3釐米，爲7—8世紀唐寫本。

北敦3884號（前部）　　　　　北敦3827號（後部）

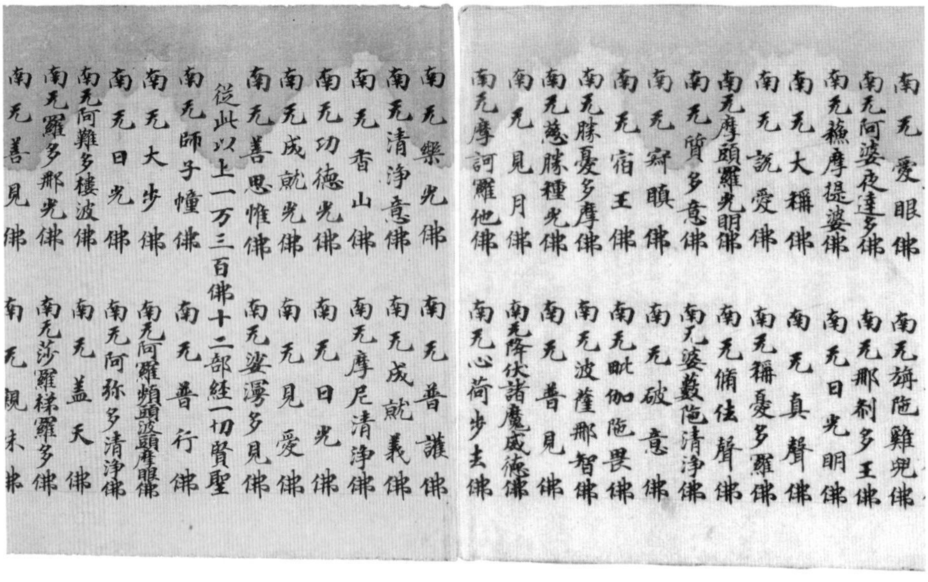

圖54　北敦3827號（後部）＋北敦3884號（前部）綴合圖

按：據殘存文字推斷，上揭二號應皆爲十六卷本《佛名經》卷十三殘卷，且二號左右相接，内容前後相承，中無缺字，存有綴合的可能性。二號接縫處皆爲失黏所致脱落，邊緣整齊，横向烏絲欄可以對接。接縫處在二紙的粘連處，前後紙均爲28行，合於全卷每紙滿行28行之數。比較二號共有的"懺""鬼""滿""聲""觀""斷""藏""兜""荷"等字，如表16所示，字迹似同。二號卷面上部皆呈現有規則污漬，接縫處污漬邊緣吻合。又二號用紙及行款格式相同（皆經黃紙，紙高近同，皆有烏絲欄，行距、字距、字體大小相近），書風相近（結構規整，筆墨均匀，筆畫有力）。由此推斷，此二號確可綴合。綴合後如圖54所示，存文起"次復懺悔一切鬼神脩羅道中諭（諛）諂詐稱罪報"句，訖尾題，約占全卷二分之一强，與該卷全本伯2252號對應部分基本相同，可以比勘。

表 16　北敦 3827 號、北敦 3884 號字迹比較表

例字 卷號	懺	鬼	滿	聲	觀	斷	藏	兜	荷
北敦 3827 號	懴	鬼	滿	聲	觀	斷	藏	兜	荷
北敦 3884 號	懴	鬼	滿	聲	觀	斷	藏	兜	荷

卷十四

55. 伯 4938 號 + 斯 2548 號

（1）伯 4938 號，見 IDP，另見《法藏》33/290A。殘片。後部如圖 55 右部所示，前後皆殘，存 24 行（末行存下端 3 字，且前字、後字皆有殘損），所存多爲佛名，每行多分上下欄各抄一個佛名，行字不等。楷書。有烏絲欄。原卷無題，《索引》稱"殘佛經（與《佛名經》相似）"，《寶藏》及《法藏》擬題"佛名經卷第十"，《索引新編》題"佛名經"。

（2）斯 2548 號（翟 4768），見《寶藏》20/610B—628B。前部如圖 55 左部所示，前殘尾全，存 659 行（首行下端殘損），行 20 字左右。尾題"佛名經卷第十四"。楷書。有烏絲欄。

按：上揭二號應皆爲十六卷本《佛名經》卷十四殘卷，且其内容前後相承，可以綴合。綴合後如圖 55 所示，二號左右相接，接縫處邊緣吻合，伯 4938 號末行"華"字左上側部分筆畫撕裂在斯 2548 號首行，二號拼合，此字得成完璧。又此二號行款格式相同（卷心高度近同，皆有烏絲欄，行距、字距、字體大小相近），書風相似（筆畫平直，頓筆明顯，筆墨均匀），字迹似同（比

較二號共有的"從""此""華""觀""聚""聖""羅""功""德"等字），可資參證。二號綴合後，存文起"南无无礙光佛"句末字，訖尾題，全卷近乎完整（僅前部缺4行），與同爲十六卷本《佛名經》卷十四且内容完整的津藝67號對應部分基本相同，可以比勘。

斯2548號（前部）　　　伯4938號

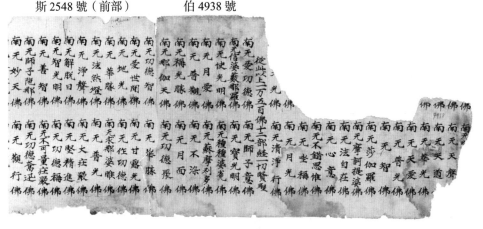

圖55　伯4938號＋斯2548號（前部）綴合圖

斯2548號有尾題，且卷中有"次礼十二部經大藏法輪"屬於十六卷本的典型句式，其爲十六卷本《佛名經》卷十四無疑；伯4938號既可與斯2548號綴合，則亦應爲十六卷本《佛名經》卷第十四殘片，《寶藏》及《法藏》擬題作"佛名經卷第十"，不確。

56.北敦4588號＋北敦4465號＋北敦4430號＋北敦4715號＋北敦4644號＋北敦4463號

（1）北敦4588號（北775；崗88），見《國圖》61/301A—302A。卷軸裝，3紙。後部如圖56-1右側所示，前後皆殘，存48行（前紙19行，次紙27行，後紙2行；末2行上中部殘損，末行僅存行末5字右側殘形），所存部分多爲佛名，每行多分上下欄各抄寫一個佛名，行字不等。楷書。有烏絲欄。原卷無題，《劫餘録》定作佚本三十卷本《佛説佛名經》卷第十四；《索引》擬題"佛説佛名經"；《寶藏》及《索引新編》擬題"佛説佛名經卷第十四"；《國圖》改題"佛名經（十六卷本）卷一四"，條記目録稱原卷紙高31.5釐米，爲9—

10 世紀歸義軍時期寫本。

（2）北敦 4465 號（北 780；崑 65），見《國圖》60/205A—206A。卷軸裝，2 紙。前部如圖 56-1 中右部所示，後部如圖 56-1 中左部所示，前後皆殘，存 41 行（前紙 27 行，後紙 14 行；前 2 行中下部有殘損，首行僅存行端 3 字左側殘形，末 2 行上部殘損），所存部分多爲佛名，每行多分上下欄各抄寫一個佛名，行字不等。楷書。有烏絲欄。原卷無題，《劫餘録》定作佚本三十卷本《佛説佛名經》卷第十四；《索引》擬題 "佛説佛名經"；《寶藏》及《索引新編》擬題 "佛説佛名經卷第十四"；《國圖》改題 "佛名經（十六卷本）卷一四"，條記目録稱原卷紙高 31.7 釐米，爲 9—10 世紀歸義軍時期寫本。

（3）北敦 4430 號（北 785；崑 30），見《國圖》60/51B—52B。卷軸裝，2 紙。前部如圖 56-1 左側所示，後部如圖 56-2 右側所示，前殘後缺，存 42 行（前紙 15 行，後紙 27 行；前 2 行中下部有殘損，首行僅存行端 4 字左側殘形），所存部分多爲佛名，每行多分上下欄各抄寫一個佛名，行字不等。楷書。有烏絲欄。原卷無題，《劫餘録》定作佚本三十卷本《佛説佛名經》卷第十四；《索引》擬題 "佛説佛名經"；《寶藏》及《索引新編》擬題 "佛説佛名經卷第十四"；《國圖》改題 "佛名經（十六卷本）卷一四"，條記目録稱原卷紙高 31.8 釐米，爲 9—10 世紀歸義軍時期寫本。

（4）北敦 4715 號（北 787；號 15），見《國圖》63/84A—85A。卷軸裝，2 紙。前部如圖 56-2 中右部所示，後部如圖 56-2 中左部所示，前缺後殘，存 41 行（前紙 27 行，後紙 14 行；末行僅存下部 4 字右側殘形，倒 2 行上部左側稍有殘損），所存部分多爲佛名，每行多分上下欄各抄寫一個佛名，行字不等。楷書。有烏絲欄。原卷無題，《劫餘録》定作佚本三十卷本《佛説佛名經》卷第十四；《索引》擬題 "佛説佛名經"；《寶藏》及《索引新編》擬題 "佛説佛名經卷第十四"；《國圖》改題 "佛名經（十六卷本）卷一四"，條記目録稱原卷紙高 31.8 釐米，爲 9—10 世紀歸義軍時期寫本。

（5）北敦 4644 號（北 788；劍 44），見《國圖》62/150A—150B。卷軸裝，2 紙。前部如圖 56-2 左側所示，前後皆殘，存 42 行（前紙 15 行，後紙 27 行；首行僅存上部 4 字左側殘形，次行下部前 4 字右側稍有殘損，末行左側有殘損），所存部分多爲三寶名，每行多分上下欄各抄寫一個三寶名，行字不等。楷書。有烏絲欄。原卷無題，《劫餘録》定作佚本三十卷本《佛説佛名經》卷第十四；《索引》擬題"佛説佛名經"；《寶藏》及《索引新編》擬題"佛説佛名經卷第十四"；《國圖》改題"佛名經（十六卷本）卷一四"，條記目録稱原卷紙高32釐米，爲9—10世紀歸義軍時期寫本，并指出後部可與北敦4463號綴合。

（6）北敦4463號（北789；崑63），見《國圖》60/202A—202B。卷軸裝，3紙。前後皆殘，存37行（前紙3行，次紙27行，後紙7行；首行僅存1字左側殘畫，次行中上部有殘損），所存部分多爲三寶名，每行多分上下欄各抄寫一個三寶名，行字不等。楷書。有烏絲欄。原卷無題，《劫餘録》定作佚本三十卷本《佛説佛名經》卷第十四；《索引》擬題"佛説佛名經"；《寶藏》及《索引新編》擬題"佛説佛名經卷第十四"；《國圖》改題"佛名經（十六卷本）卷一四"，條記目録稱原卷紙高32釐米，爲9—10世紀歸義軍時期寫本，并指出前部可與北敦4644號綴合。

　　按：上揭六號皆爲十六卷本《佛名經》卷十四殘卷。《國圖》條記目録已指出後二號可綴，甚是。今謂上揭六號内容前後相承，皆可綴合。北敦4588號末2行與北敦4465號前2行上下左右相接，綴合後如圖56-1右部所示，接縫處原本分屬二號的"南无光""行""南无勝吼佛"九字皆得以復合爲一；北敦4465號末2行與北敦4430號前2行左右相接，綴合後如圖56-1左部所示，接縫處北敦4430號首行"南无大山"四字、第二行"佛"字右側部分筆畫撕裂在北敦4465號末2行，北敦4465號末行"南无趣菩提佛"句諸字左側有少許筆畫撕裂在北敦4430號第二行，二號綴合後，此11字皆得成完璧；北敦4430號與北敦4715號左右相接，綴合後如圖56-2右部所示，二號内容前後相連，中無缺字；北敦4715號末2行與北敦4644號前2行左右相接，綴合後如圖56-2左部所示，接縫處北敦4715號倒2行"從此以上一"五字左側少許筆畫撕裂在北敦4644號首行，北敦4644號次行"南无无過"四字右側少許筆畫撕裂在北敦4715號末行，二號綴合後，九字皆得完整。諸相鄰各號接縫處邊緣吻合，横縱烏絲欄亦可對接。上揭六號兩兩相綴後，綴接處殘紙拼合後皆

北敦 4430 號（前部）　北敦 4465 號（後部）　　北敦 4465 號（前部）　　北敦 4588 號（後部）

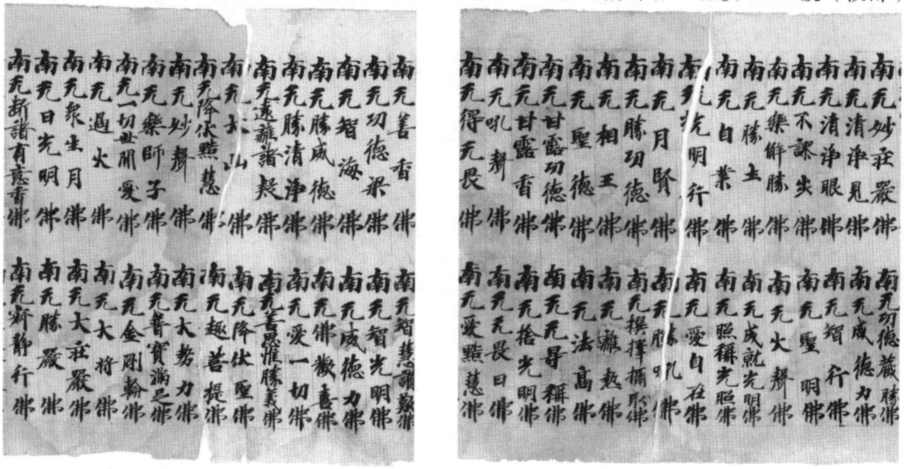

圖 56-1　北敦 4588 號（後部）+ 北敦 4465 號（前部、後部）+ 北敦 4430 號（前部）綴合圖

北敦 4644 號（前部）　北敦 4715 號（後部）　　北敦 4715 號（前部）　　北敦 4430 號（後部）

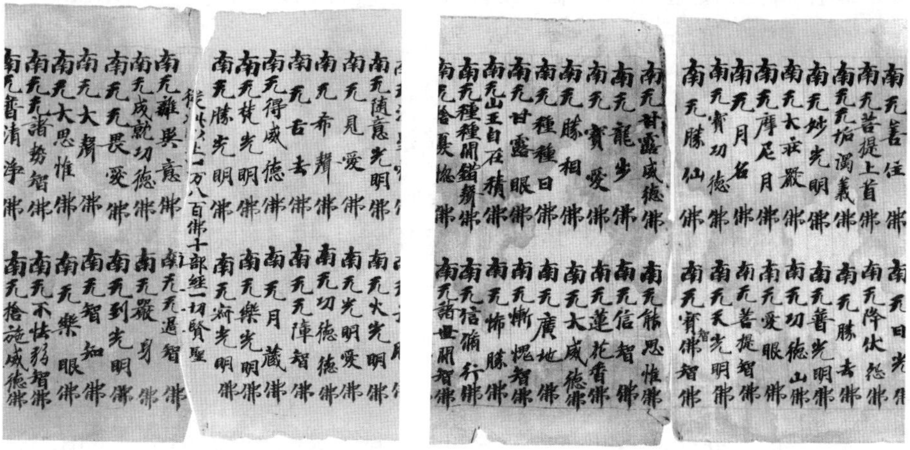

圖 56-2　北敦 4430 號（後部）+ 北敦 4715 號（前部、後部）+ 北敦 4644 號（前部）綴合圖

爲整紙 27 行，合於全卷每紙滿行 27 行之數。又此六號行款格式相近（紙高近同，皆有烏絲欄，行距、字距、字體大小相近），書風相近（筆畫粗細不一，筆墨濃黑），字迹似同（比較六號共有的“南”“无”“佛”“賢”“聖”“經”“功”等字），可資參證。六號綴合後，存文起“南无天道佛”句後四字殘形，訖“礼三寳已復懺悔”句，與同爲十六卷本《佛名經》卷十四且内容完整的津藝 67 號對應部分基本相同，可以比勘。

57. 北敦 4491 號＋北敦 4312 號＋北敦 4650 號＋北敦 4518 號＋北敦 4566 號＋北敦 4770 號＋北敦 4717 號＋北敦 4285 號＋北敦 4673 號＋北敦 4761 號＋北敦 4459 號＋北敦 4512 號＋北敦 4486 號＋北敦 4721 號＋北敦 4771 號

（1）北敦 4491 號（北 548；崑 91），見《國圖》60/273B—274A。卷軸裝，2 紙。後部如圖 57-1 右側所示，前缺後殘，存 35 行（前紙 20 行，後紙 15 行，末行僅存上部右側殘畫），行約 21 字。楷書。有烏絲欄。原卷無題，《劫餘録》及《國圖》定作十六卷本《佛説佛名經》卷一；《索引》擬題“佛説佛名經”；《寶藏》及《索引新編》擬題“佛説佛名經卷第一”。《國圖》條記目録稱原卷紙高 32 釐米，爲 9—10 世紀歸義軍時期寫本。

（2）北敦 4312 號（北 550；出 12），見《國圖》58/154A—154B。卷軸裝，2 紙。前部如圖 57-1 中右部所示，後部如圖 57-1 中左部所示，前後皆殘，存 31 行（前紙 14 行，後紙 17 行；首行上部右側有殘損，末 3 行上中部殘損），行約 21 字。楷書。有烏絲欄。原卷無題，《劫餘録》及《國圖》定作十六卷本《佛説佛名經》卷一；《索引》擬題“佛説佛名經”；《寶藏》及《索引新編》擬題“佛説佛名經卷第一”。《國圖》條記目録稱原卷紙高 32 釐米，爲 9—10 世紀歸義軍時期寫本。

（3）北敦 4650 號（北 539；劍 50），見《國圖》62/163A—163B。卷軸裝，2 紙。前部如圖 57-1 左側所示，後部如圖 57-2 右側所示，前後皆殘，存 33 行（前紙 14 行，後紙 19 行；首行僅存首字左側殘筆，其次 3 行中下部殘損，末行僅存 1 字右側殘畫），行約 21 字。楷書。有烏絲欄。原卷無題，《劫餘録》定作十六卷本《佛説佛名經》卷一；《索引》擬題“佛説佛名經”；《寶藏》及《索引新編》擬題"佛説佛名經卷第一";《國圖》改題"佛名經(十六卷本)卷一四"。《國圖》條記目録稱原卷紙高 32 釐米,爲 9—10 世紀歸義軍時期寫本。

(4)北敦 4518 號(北 542;崗 18),見《國圖》61/23B。卷軸裝,2 紙。如圖 57-2 中部所示,前後皆殘,存 22 行(前紙 9 行,後紙 13 行;首行上部數字稍有殘損,後 4 行中上部殘損),行約 22 字。楷書。有烏絲欄。原卷無題,《劫餘録》及《國圖》定作十六卷本《佛説佛名經》卷一;《索引》擬題"佛説佛名經";《寶藏》及《索引新編》擬題"佛説佛名經卷第一"。《國圖》條記目録稱原卷紙高 32 釐米,爲 9—10 世紀歸義軍時期寫本。

(5)北敦 4566 號(北 774;崗 66),見《國圖》61/221A—221B。卷軸裝,2 紙。前部如圖 57-2 左側所示,後部如圖 57-3 右側所示,前後皆殘,存 29 行(前紙 18 行,後紙 11 行;前 4 行中下部殘損,首行僅存行端 2 殘字,末行僅存中下部 6 字右側殘畫,倒二行上端 3 字左側有殘損),行約 22 字。楷書。有烏絲欄。原卷無題,《劫餘録》定作佚本三十卷本《佛説佛名經》卷第十四;《索引》擬題"佛説佛名經";《寶藏》及《索引新編》擬題"佛説佛名經卷第十四";《國圖》改題"佛名經(十六卷本)卷一四"。《國圖》條記目録稱原卷紙高 32 釐米,爲 9—10 世紀歸義軍時期寫本。

(6)北敦 4770 號(北 793;號 70),見《國圖》63/307B—308B。卷軸裝,2 紙。前部如圖 57-3 左部所示,後部如圖 57-4 右部所示,前後皆殘,存 41 行(前紙 18 行,後紙 23 行;首行及次行下部右側殘損,首行僅存行端 3 字左側殘畫,末 2 行左側殘損〈末行僅存行端及下端 4 字右側殘畫〉),所存部分多爲佛名,每行多分上下欄各抄寫一個佛名,行字不等。楷書。有烏絲欄。原卷無題,《劫餘録》定作佚本三十卷本《佛説佛名經》卷第十四;《索引》擬題"佛説佛名經";《寶藏》及《索引新編》擬題"佛説佛名經卷第十四";《國圖》改題"佛名經(十六卷本)卷一四"。《國圖》條記目録稱原卷紙高 32 釐米,爲 9—10 世紀歸義軍時期寫本。

(7)北敦 4717 號(北 667;號 17),見《國圖》63/86B。卷軸裝,2 紙。如圖 57-4 中部所示,前後皆殘,存 25 行(前紙 6 行,後紙 19 行;前 2 行有

殘損，首行僅存 4 字左側殘形，末 3 行有殘損，末行僅存 2 字右側殘畫），所
存部分皆爲佛名，每行分上下欄各抄寫一個佛名，行字不等。楷書。有烏絲欄。
原卷無題，《劫餘録》定作佚本三十卷本《佛説佛名經》卷第六；《索引》擬
題 "佛説佛名經"；《寶藏》及《索引新編》擬題 "佛説佛名經卷第六"；《國
圖》擬題 "佛名經（十六卷本）卷一四"。《國圖》條記目録稱原卷紙高 32 釐
米，爲 7—8 世紀唐寫本。

（8）北敦 4285 號（北 795；玉 85），見《國圖》58/34A—34B。卷軸裝，2 紙。
前部如圖 57-4 左部所示，後部如圖 57-5 右部所示，前後皆殘，存 36 行（前
紙 11 行，後紙 25 行；首行僅存行端 3 字左側殘畫，次行中下部殘損，末行僅
存行端 3 字右側殘畫），所存部分多爲佛名，每行多分上下欄各抄寫一個佛名，
行字不等。楷書。有烏絲欄。原卷無題，《劫餘録》定作佚本三十卷本《佛説
佛名經》卷第十四；《索引》擬題 "佛説佛名經"；《寶藏》及《索引新編》擬
題 "佛説佛名經卷第十四"；《國圖》改題 "佛名經（十六卷本）卷一四"。《國
圖》條記目録稱原卷紙高 32 釐米，爲 9—10 世紀歸義軍時期寫本。

（9）北敦 4673 號（北 797；劍 73），見《國圖》62/265A—265B。卷軸裝，
2 紙。前部如圖 57-5 中右部所示，後部如圖 57-5 中左部所示，前後皆殘，存
29 行（前紙 4 行，後紙 25 行；首行僅存中部 2 字左側殘畫，次行上端 3 字右
側稍有殘損，後 4 行上部有殘損，末行僅存行末 2 字右側殘畫），所存部分皆
爲佛名，每行多分上下欄各抄寫一個佛名，行字不等。楷書。有烏絲欄。原
卷無題，《劫餘録》定作佚本三十卷本《佛説佛名經》卷第十四；《索引》擬
題 "佛説佛名經"；《寶藏》及《索引新編》擬題 "佛説佛名經卷第十四"；《國
圖》改題 "佛名經（十六卷本）卷一四"。《國圖》條記目録稱原卷紙高 32 釐
米，爲 9—10 世紀歸義軍時期寫本。

（10）北敦 4761 號（北 798；號 61），見《國圖》63/281A—281B。卷
軸裝，3 紙。前部如圖 57-5 中左側所示，後部如圖 57-6 右側所示，前後皆殘，
存 35 行（前紙 6 行，次紙 27 行，後紙 2 行；首行僅存行端 1 字左上側殘畫，
次後 2 行中下部殘損，第 4 行行末 2 字右側略有殘損，末 2 行上部有殘損），
所存部分多爲佛名，每行多分上下欄各抄寫一個佛名，行字不等。楷書。有

烏絲欄。原卷無題，《劫餘録》定作佚本三十卷本《佛説佛名經》卷第十四；《索引》擬題"佛説佛名經"；《寶藏》及《索引新編》擬題"佛説佛名經卷第十四"；《國圖》改題"佛名經（十六卷本）卷一四"。《國圖》條記目録稱原卷紙高 32 釐米，爲 9—10 世紀歸義軍時期寫本。

（11）北敦 4459 號（北 799；崑 59），見《國圖》60/177B—178A。卷軸裝，2 紙。前部如圖 57-6 左側所示，前後皆殘，存 36 行（前紙 27 行，後紙 9 行；前 2 行中下部有殘損，末 2 行中上部有殘損），所存部分皆爲佛名，每行多分上下欄各抄寫一個佛名，行字不等。楷書。有烏絲欄。原卷無題，《劫餘録》定作佚本三十卷本《佛説佛名經》卷第十四；《索引》擬題"佛説佛名經"；《寶藏》及《索引新編》擬題"佛説佛名經卷第十四"；《國圖》改題"佛名經（十六卷本）卷一四"。《國圖》條記目録稱原卷紙高 32 釐米，爲 9—10 世紀歸義軍時期寫本，并指出後部可與北敦 4512 號綴合。

（12）北敦 4512 號（北 800；崗 12），見《國圖》61/13A—13B。卷軸裝，2 紙。前後皆殘，存 28 行（前紙 20 行，後紙 8 行；首行僅存下部 1 字左側殘畫，次行上下皆有殘損，末 3 行中下部殘損，末行僅存上部 5 字右側殘形），所存部分多爲佛名，每行多分上下欄各抄寫一個佛名，行字不等。楷書。有烏絲欄。原卷無題，《劫餘録》定作佚本三十卷本《佛説佛名經》卷第十四；《索引》擬題"佛説佛名經"；《寶藏》及《索引新編》擬題"佛説佛名經卷第十四"；《國圖》改題"佛名經（十六卷本）卷一四"。《國圖》條記目録稱原卷紙高 32 釐米，爲 9—10 世紀歸義軍時期寫本，并指出前部、後部可分別與北敦 4459 號、北敦 4486 號綴合。

（13）北敦 4486 號（北 801；崑 86），見《國圖》60/252A—252B。卷軸裝，2 紙。前後皆殘，存 29 行（前紙 22 行，後紙 7 行；首行僅存下部 5 字左側殘畫，次 3 行上部有殘損，後 2 行下部殘損），所存皆爲經名或菩薩名，行字不等。楷書。有烏絲欄。原卷無題，《劫餘録》定作佚本三十卷本《佛説佛名經》卷第十四；《索引》擬題"佛説佛名經"；《寶藏》及《索引新編》擬題"佛説佛名經卷第十四"；《國圖》改題"佛名經（十六卷本）卷一四"。《國圖》條記目録稱原卷紙高 32 釐米，爲 9—10 世紀歸義軍時期寫本，并指出前部、後部可分別與北敦 4512 號、北敦 4721 號綴合。

（14）北敦 4721 號（北 802；號 21），見《國圖》63/104A—104B。卷軸裝，2 紙。前後皆殘，存 33 行（前紙 22 行，後紙 11 行；前 2 行中上部殘損〈首行僅存末 2 殘字，末行存上下端右側殘字〉，行約 21 字。楷書。有烏絲欄。原卷無題，《劫餘錄》定作佚本三十卷本《佛說佛名經》卷第十四；《索引》擬題 “佛說佛名經”；《寶藏》及《索引新編》擬題 “佛說佛名經卷第十四”；《國圖》改題 “佛名經（十六卷本）卷一四”。《國圖》條記目錄稱原卷紙高 32 釐米，爲 9—10 世紀歸義軍時期寫本，并指出前部、後部可分別與北敦 4486 號、北敦 4771 號綴合。

（15）北敦 4771 號（北 803；號 71），見《國圖》63/309A—310B。卷軸裝，3 紙。前殘尾全，存 52 行（前紙 17 行，次紙 27 行，後紙 8 行；首行上下端右側有殘損），行約 21 字。尾題 “佛名經卷第十四”。楷書。有烏絲欄。《劫餘錄》定作佚本三十卷本《佛說佛名經》卷第十四,《國圖》改題 “佛名經（十六卷本）卷一四”。《國圖》條記目錄稱原卷紙高 32 釐米，爲 9—10 世紀歸義軍

北敦 4650 號（前部）　北敦 4312 號（後部）　　北敦 4312 號（前部）　北敦 4491 號（後部）

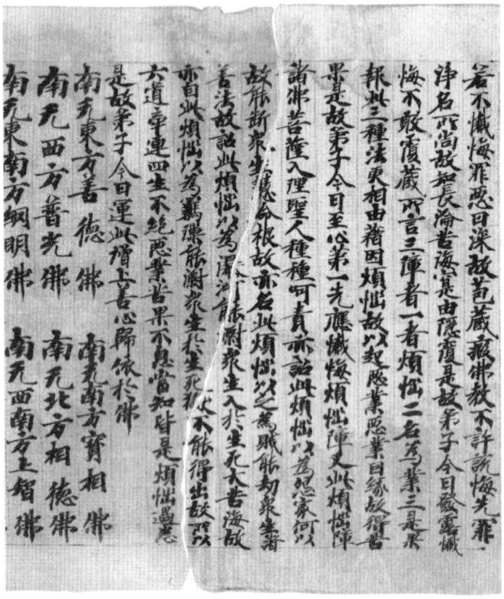

圖 57-1　北敦 4491 號（後部）＋北敦 4312 號（前部、後部）＋
北敦 4650 號（前部）綴合圖

時期寫本，并指出前部可與北敦 4721 號綴合。

　　按：《國圖》條記目録已指出後五號可以綴合，甚是。今謂上揭十五號内容前後相承，中無缺字，諸相鄰二號接縫處邊緣吻合，上下界欄亦可對接，實皆爲同一寫卷之割裂，可以依次綴合爲一。其中北敦 4491 號與北敦 4312 號左右相接，綴合後如圖 57-1 右部所示，北敦 4312 號首行的"佛國土成就衆生""命"等字有少許筆畫撕裂在北敦 4491 號末行，二號拼合，此八字皆得成完璧；北敦 4312 號後 4 行與北敦 4650 號前 4 行上下左右相接，綴合後如圖 57-1 左部所示，接縫處原本分屬二號的"諸""衆生慧命""瀑河能漰""死獄不能"13 字皆得復合爲一。

　　又北敦 4650 號與北敦 4518 號左右相接，綴合後如圖 57-2 右部所示，北敦 4518 號首行的"无"字末筆有少許筆畫撕裂在北敦 4650 號末行，二號綴合，"无"字得成完璧；北敦 4518 號後 4 行與北敦 4566 號前 4 行上下左右相接，綴合後如圖 57-2 左部所示，接縫處原本分屬二號的"又願""坐七净花""八界等一""輪具""十""共"14 字皆得復合爲一。

　　又北敦 4566 號末 2 行與北敦 4770 號首 2 行左右相接，綴合後如圖 57-3 所示，接縫處"南无解脱行佛"句前三字左側部分筆畫撕裂在北敦 4770 號首行，"南无大聲佛"句諸字右側少許筆畫撕裂在北敦 4566 號末行，二號綴合，八字皆得復合爲一。

　　又北敦 4770 號與北敦 4717 號左右相接，綴合後如圖 57-4 右部所示，北敦 4770 號倒 2 行"佛""无解脱"四字左側有部分筆畫撕裂在北敦 4717 號首行，北敦 4717 號次行行首"南无"二字、行末"佛"字右側少許筆畫皆撕裂在北敦 4770 號首行，二號綴合，七字皆復合爲一；北敦 4717 號末 3 行與北敦 4285 號首三行左右相接，綴合後如圖 57-4 左部所示，接縫處原本分屬二號的"南无勝""佛""南无虚""佛"八字皆得復合爲一。

　　又北敦 4285 號與北敦 4673 號上下左右相接，綴合後如圖 57-5 右部所示，北敦 4285 號倒 2 行上部"在""佛"二字撇筆的少許末稍撕裂在北敦 4673 號首行，北敦 4673 號次行行首"南无寶"3 字右側有少許筆畫撕裂在北敦 4285 號末行，二號綴合，此五字皆得成完璧；北敦 4673 號末四行與北敦 4761 號

北敦 4566 號（前部）　　　　　北敦 4518 號　　　　　北敦 4650 號（後部）

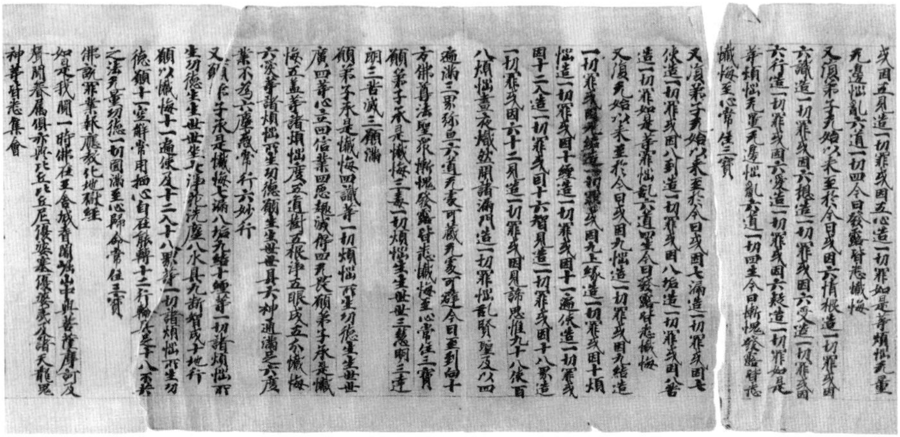

圖 57-2　北敦 4650 號（後部）＋北敦 4518 號＋北敦 4566 號（前部）綴合圖

北敦 4770 號（前部）　　　　　　　　北敦 4566 號（後部）

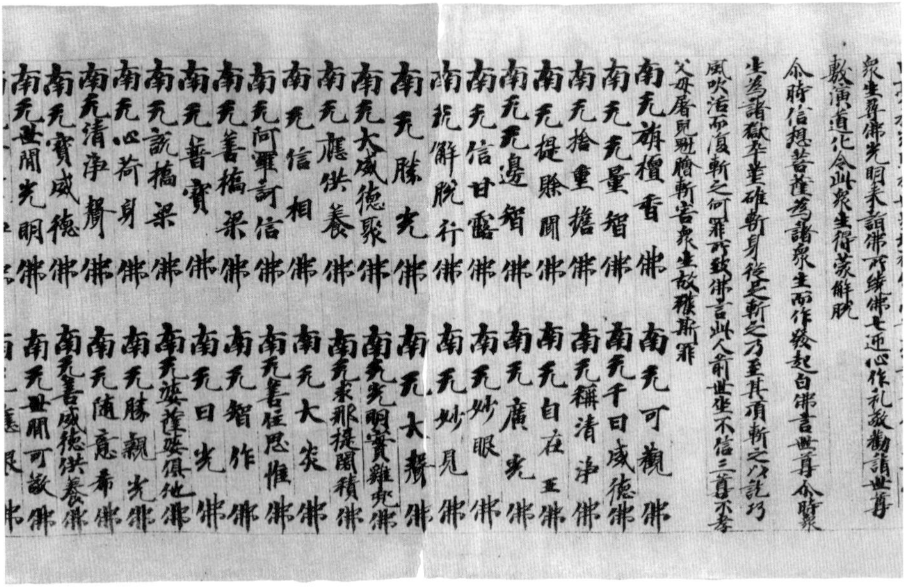

圖 57-3　北敦 4566 號（後部）＋北敦 4770 號（前部）綴合圖

首 4 行上下左右相接，綴合後如圖 57-5 左部所示，接縫處原本分屬二號的
“南”“无邊寶莊嚴”“南无須弥”“寂佛”12 字皆得復合爲一。

北敦 4285 號（前部）　　　　　北敦 4717 號　　　　　北敦 4770 號（後部）

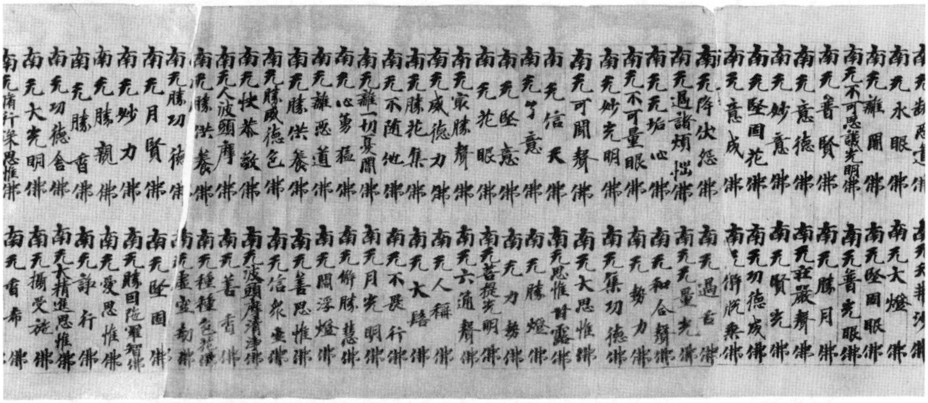

圖 57-4　北敦 4770 號（後部）＋北敦 4717 號＋北敦 4285 號（前部）綴合圖

北敦 4761 號（前部）　北敦 4673 號（後部）　　北敦 4673 號（前部）　北敦 4285 號（後部）

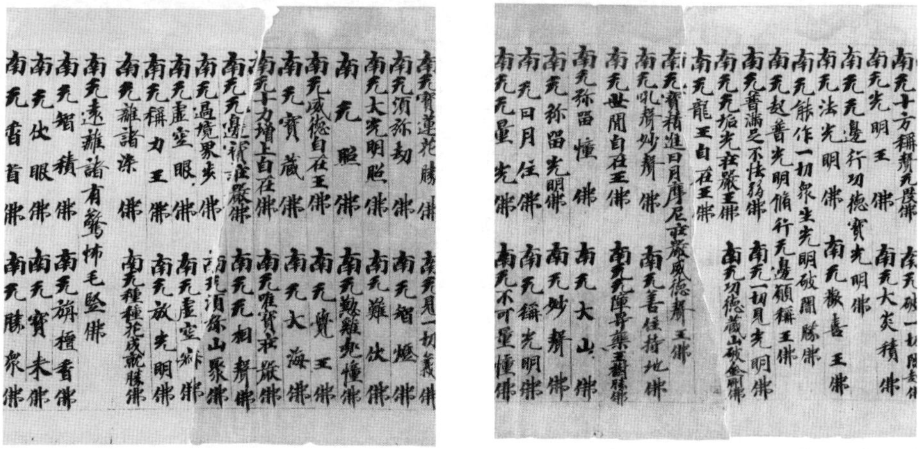

圖 57-5　北敦 4285 號（後部）＋北敦 4673 號（前部、後部）＋北敦 4761 號（前部）綴合圖

又北敦 4761 號後 2 行與北敦 4459 號前 2 行左右上下相接，綴合後如圖
57-6 所示，接縫處“南无无邊輪奮迅佛”句諸字右側有少量筆畫撕裂在北敦
4761 號，“南无衆上道佛”句“南无”二字、“南无寶像佛”句“像”字右側
皆有部分筆畫撕裂在北敦 4459 號，二號綴合，此 11 字皆得成完璧。

上揭十五號綴合後，除前二號接縫處殘紙拼接後該紙 28 行外，其餘各號

北敦 4459 號（前部）　　　　北敦 4761 號（後部）

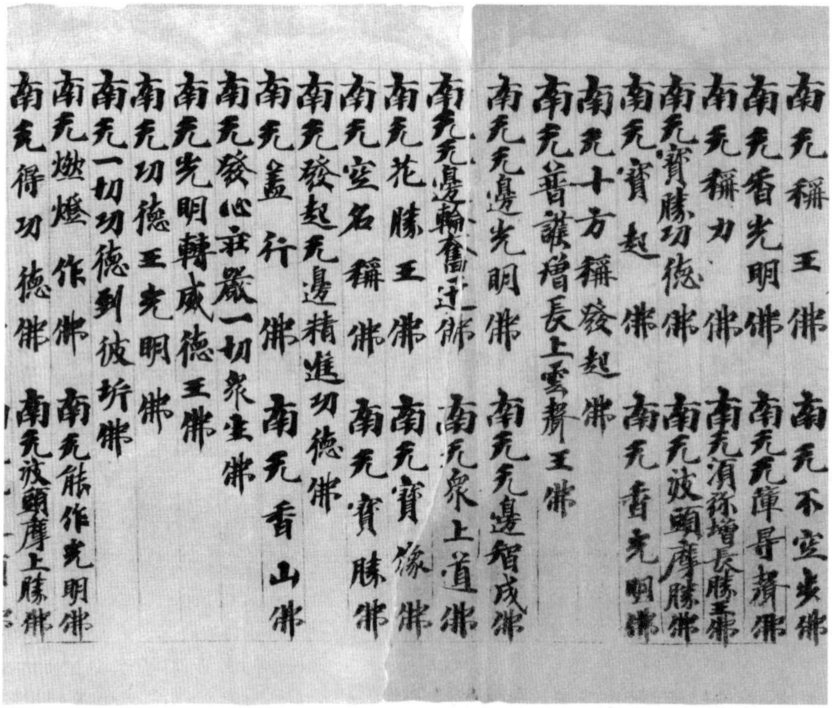

圖 57-6　北敦 4761 號（後部）＋ 北敦 4459 號（前部）綴合圖

接縫處殘紙拼接後每紙均爲 27 行，與北敦 4761 號、北敦 4771 號所見整紙 27
行的紙張規格相合。又此十五號行款格式相近（紙高皆 32 釐米，皆有烏絲欄，
行距、字距、字體大小相近），書風相近（筆墨濃黑，撇筆較粗），字迹似同（比
較十五號共有的 "南""无""佛" 等字），可資參證。據此，可見上揭十五號
寫卷應皆出於同一人之手，其爲同一寫卷之撕裂應可無疑。

　　上揭十五號中，《劫餘錄》把其中的北敦 4491 號、北敦 4312 號、北敦
4518 號、北敦 4650 號四號定作十六卷本《佛説佛名經》卷一，《國圖》北敦
4491 號、北敦 4312 號、北敦 4518 號三號擬題同《劫餘錄》。孤立地看，此
四號所存内容的確與十六卷本卷一對應部分大致相同，但各號綴合後，則此
十五號寫卷只與十六卷本卷十四的内容才完全一一對應，更何况北敦 4771 號
有 "佛名經卷第十四" 的尾題，可見上揭各號應皆爲該經卷十四殘卷無疑。《國

圖》把北敦 4650 號改題 "佛名經（十六卷本）卷一四"，甚是。另外，《劫餘録》把北敦 4717 號定作佚本三十卷本《佛説佛名經》卷六，但事實上并不對應，應係誤判，《國圖》改題作十六卷本卷十四應該是正確的。此十五號殘卷綴合後，存文起 "夫欲礼懺必須先敬三寶"，訖尾題，約占全卷二分之一強，與同爲十六卷本《佛説佛名經》卷十四且首尾完整的津藝 67 號對應部分大體相同，可以比勘。

58. 北敦 4618 號 + 北敦 4529 號

（1）北敦 4618 號（北 791；劍 18），見《國圖》62/77B—80B。卷軸裝，6 紙。後部如圖 58 右部所示，前後皆殘，存 113 行（各紙分別爲 21、20、19、18、20、15 行，末行末字左側稍有殘損），行約 17 字。楷書。有烏絲欄。原卷中有品題 "佛説罪業報就教化地獄經"，《劫餘録》定作佚本三十卷本《佛説佛名經》卷第十四；《索引》擬題 "佛説佛名經"；《寶藏》及《索引新編》擬題 "佛説佛名經卷第十四"；《國圖》改題 "佛名經（十六卷本）卷一四"。《國圖》條記目録稱原卷紙高 27.3 釐米，爲 7—8 世紀唐寫本。

（2）北敦 4529 號（北 794；崗 29），見《國圖》61/62B—69A。卷軸裝，13 紙。前部如圖 58 左部所示，前殘後缺，存 252 行（前紙 4 行，其後各紙每紙 18—23 行不等；首行僅存末字左側殘筆），行約 17 字。楷書。有烏絲欄。《劫餘録》定作佚本三十卷本《佛説佛名經》卷第十四；《索引》擬題 "佛説佛名經"；《寶藏》及《索引新編》擬題 "佛説佛名經卷第十四"；《國圖》改題 "佛名經（十六卷本）卷一四"。《國圖》條記目録稱原卷紙高 27.5 釐米，爲 7—8 世紀唐寫本。

按：上揭二號應皆爲十六卷本《佛名經》卷十四殘卷，且其内容前後相承，可以綴合。綴合後如圖 58 所示，二號左右相接，接縫處邊緣吻合，北敦 4618 號末行行末 "佛" 字左側有少許筆畫撕裂在北敦 4529 號首行，二號拼合，此字得成完璧，橫向烏絲欄亦可對接。二號接縫處前後殘紙拼合後該紙爲 18 行，與前後各紙每紙行數相近。又二號行款格式相同（紙高近同，皆有烏絲欄，行距、字距、字體大小相近），書風相近（字體清秀），字迹似同（比較二號共有的 "聲" "賢" "解" "脱" "大" "南" "无" "佛" 等字），可資參證。二號綴合後，存文起"十方盡虛空界一切三寶"句殘字，訖"當尒之時一切怨對皆來證據"句前六字，與該卷全本津藝 67 號對應部分大體相同，可以比勘。

北敦 4529 號（前部）　　　　　　北敦 4618 號（後部）

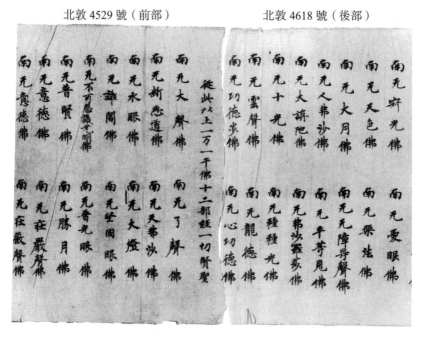

圖 58　北敦 4618 號（後部）＋北敦 4529 號（前部）綴合圖

59. 俄敦 406 號＋北敦 5076 號

（1）俄敦 406 號，見《俄藏》6/277A。殘片。如圖 59 右部所示，存 9 殘行（後 4 行中下部殘損，末行僅存行端 2 字右側殘畫），行約 16 字。楷書。有烏絲欄。原卷無題，《孟錄》定作三十卷本"佛說佛名經卷第十六"，稱原卷抄寫於 9—10 世紀；《俄藏》《俄錄》定名同。

（2）北敦 5076 號（北 792；珠 76），見《國圖》68/31B—34B。卷軸裝，5 紙。前部如圖 59 左部所示，前殘後缺，存 134 行（首紙 22 行，其餘諸紙每紙 28 行；前 3 行上部多殘損），行約 16 字。楷書。有烏絲欄。原卷中有品題"佛說罪業報應教化地獄經"，《劫餘錄》定作佚本三十卷本《佛說佛名經》卷第十四；《索引》擬題"佛說佛名經"；《寶藏》及《索引新編》擬題"佛說佛名經卷第十四"；《國圖》改題"佛名經（十六卷本）卷一四"。《國圖》條記目録稱原卷爲7—8世紀唐寫本。

　　按：上揭二號内容前後相承，可以綴合。綴合後如圖59所示，俄敦406號末3行與北敦5076號前3行左右上下相接，接縫處邊緣吻合，原本分屬二號的"造一切罪""疑造""等"七字皆得復合爲一（此七字右側部分筆畫均撕裂在俄敦406號，左側筆畫均撕裂在北敦5076號），横縱烏絲欄亦可對接。二號拼接，首紙正好合於該卷每紙滿行28行之數。又二號行款格式相同（天頭地脚高度近同，皆有烏絲欄，行距、字距、字體大小相近），書風相近（筆墨濃黑，起筆明顯），字迹似同（比較二號共有的"一""切""罪""或""因""於""惱""六""道"等字），可資參證。二號綴合後，存文起"或因五蓋造一切罪"句後三字左下側殘形，訖"南无无諍行佛"句，存文與津藝67號十六卷本《佛説佛名經》卷十四對應部分大體相同，可證《國圖》把北敦5076號定作十六卷本《佛名經》卷十四甚是；而《孟録》及《俄藏》

北敦5076號（前部）　　　　　　　　　　俄敦406號

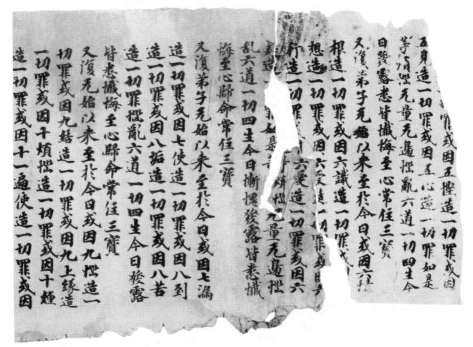

圖59　俄敦406號＋北敦5076號（前部）綴合圖

《俄録》把俄敦406號定作三十卷本《佛名經》卷第十六，則不確。① 又《國圖》條記目録稱北敦5076號爲7—8世紀唐寫本，而《孟録》稱俄敦406號抄寫於9—10世紀，斷代頗有出入，宜再酌。

卷十五

60. 俄敦3013號 + 俄弗121號

（1）俄敦3013號，見《俄藏》10/164A。殘片。如圖60右部所示，存8殘行，行存中上部4—7字。楷書。首題存"▨（經）卷第十五"。《俄藏》擬題"佛説佛名經卷第十五"，《俄録》同。

（2）俄弗121號，見《俄藏》3/254A—265B。卷軸裝，5紙。前部如圖60左部所示，前殘後缺，存486行，行約17字（首行僅存7字左側殘形）。楷書。原卷無題，《孟録》定作未入三藏的"佛名經卷第十七或十八"，稱原卷抄寫於7—8世紀；《俄藏》改題"佛名經"；《俄録》定作"佛説佛名經"，稱原文分別見於三十卷本卷二五、卷二六、卷十一、卷十二等，又稱"有異文""所存經名和次序均與現刊本不同""與現刊本分卷不同"等等。

按：上揭二號内容前後相承，可以綴合。綴合後如圖60所示，俄敦3013號與俄弗121號左右相接，接縫處邊緣吻合，俄敦3013號末行"稱名""佛""南"四字左側有部分筆畫撕裂在俄弗121號首行，二號拼合，四字皆得復合爲一，橫向烏絲欄亦可對接。又二號行款格式相同（天頭高度近同，行距、字距、字體大小相近），書風相近（結構規整，筆畫粗細不一），字迹似同（比較二號共有的"南""无""佛""王""智""成"等字），可資參證。

二號綴合後，存文起首題殘字，訖"南无无勿成就佛"句，比勘北敦3448號首尾完整的十六卷本《佛説佛名經》卷十五對應部分，其内容大體相同，

---

① 俄敦406號 + 北敦5076號綴合後，與三十卷本《佛名經》卷十六出入極大，即便局限於俄敦406號殘片，也頗有不同，如俄敦406號"今日發露，悉皆懺悔，至心［歸］常住三寶"（"歸命"二字據北敦5076下文同類句式及異本津藝67號擬補）等句，津藝67號同，而三十卷本《佛名經》卷十六則作"今日發露，歸命懺悔"，字句有出入。

故原卷應定作十六卷本《佛名經》卷十五；《孟録》《俄録》搞錯了譯本系統，故卷次游移不定，并生發出了種種疑問。

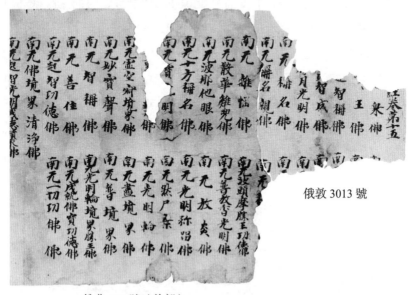

俄敦 3013 號

俄弗 121 號（前部）

圖 60　俄敦 3013 號 + 俄弗 121 號（前部）綴合圖

61. 北敦 12218 號 + 北敦 5255 號

（1）北敦 12218 號（北臨 2347），見《國圖》110/331B。殘片。如圖 61 右上部所示，存 9 殘行（首行僅存中部 2 字左側殘畫，末行僅存中部 2 字右側殘畫），行存中上部 2—11 字。楷書。有烏絲欄。原卷無題，《國圖》擬題 “佛名經（十六卷本）卷一五”，條記目録稱原卷爲 9—10 世紀歸義軍時期寫本。

（2）北敦 5255 號（北 810；夜 55），見《國圖》70/251A—264B。卷軸裝，21 紙。前部如圖 61 左下部所示，前殘尾全，存 552 行，行 19 字左右（前 5 行中上部殘損，首行僅存行末 1 字左下側殘畫）。尾題 “佛名經卷第十五”。楷書。有烏絲欄。《劫餘録》定作佚本三十卷本《佛説佛名經》卷十五；《國圖》改題 “佛名經（十六卷本）卷一五”，條記目録稱原卷爲 9—10 世紀歸義軍時期寫本。

按：上揭二號皆爲十六卷本《佛名經》卷十五殘卷，且其内容前後相承，可以綴合。綴合後如圖 61 所示，北敦 12218 號末五行與北敦 5255 號 2—6 行上下左右相接，接縫處原本分屬二號的"輪境""佛""南"四字皆得復合爲一（此四字左側皆在北敦 5255 號，右側皆在北敦 12218 號），縱向烏絲欄亦可對接。又此二號行款格式相同（天頭地腳高度近同，有烏絲欄，行距、字距、字體大小相近），書風相近（筆墨濃厚，頓筆明顯），字迹似同（比較二號共有的"稱""界""寶""普""聲"等字），可資參證。二號綴合後，存文起"□□□□▨▨□（南无散華雞兜佛）"句殘字，訖尾題，近乎完整寫卷（前缺約 9 行），與同爲十六卷本《佛説佛名經》卷十五且首尾完整的北敦 3448 號對應部分大體相同，可以比勘。

北敦 12218 號

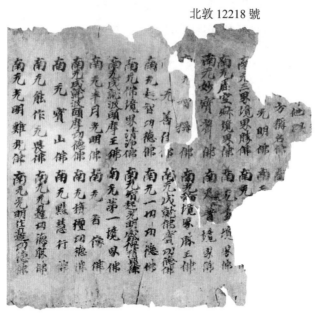

北敦 5255 號（前部）

圖 61　北敦 12218 號＋北敦 5255 號（前部）綴合圖

62. 北敦 2785 號＋羽 586 號

（1）北敦 2785 號（北 808；呂 85），見《國圖》37/380A—384B。卷軸裝，8 紙。後部如圖 62 右部所示，前殘後缺，存 209 行（首紙 13 行，後 7 紙每紙 28 行），行約 17 字。楷書。有烏絲欄。原卷無題，《劫餘錄》定作佚本三十卷本《佛説佛名經》卷十五；《國圖》改題"佛名經（十六卷本）卷一五"，條記目録稱原卷經黄打紙，紙高 25 釐米，爲 7—8 世紀唐寫本。

（2）羽 586 號，見《秘笈》4/22A—29A。卷軸裝，15 紙。前部如圖 62 左部所示，前缺尾全，存 408 行（每紙 28 行），行約 17 字。尾題"佛名經卷第十五"。楷書。有烏絲欄。《秘笈》稱原卷麻紙，紙高 25.3 釐米。

羽 586 號（前部）　　　　　　　　北敦 2785 號（後部）

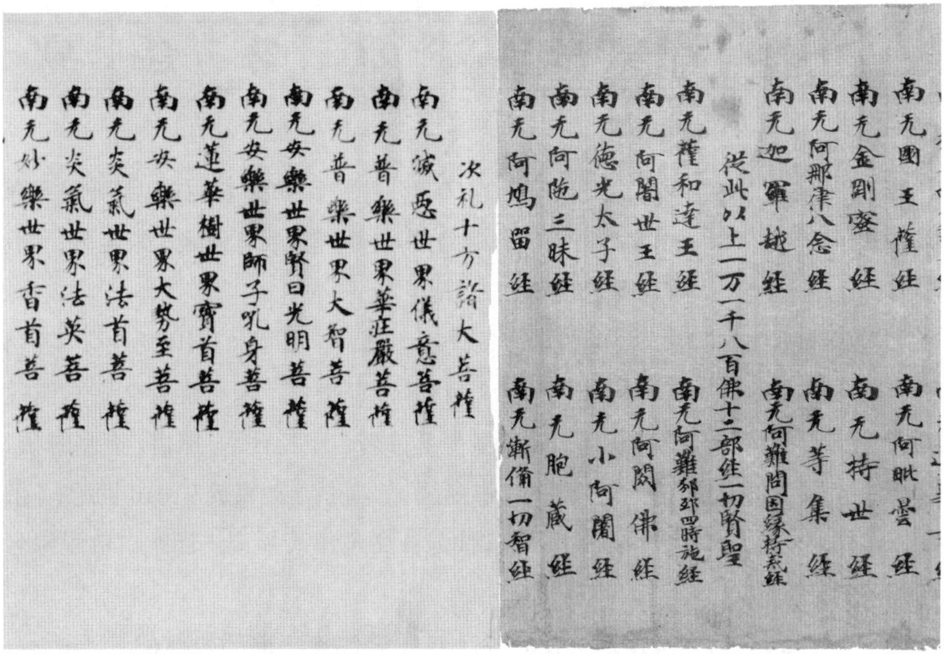

圖 62　北敦 2785 號（後部）＋羽 586 號（前部）綴合圖

按：據殘存文字推斷，上揭二號皆爲十六卷本《佛名經》卷十五殘卷，且二號左右相接，內容前後相承，中無缺字，存有綴合的可能性。二號接縫處皆爲失黏所致脱落，邊緣整齊，橫向烏絲欄可以對接。比較二號共有的"寶""弥""弗""聚""能""猛""寂"等字，如表 17 所示，字迹似同。接縫處在二紙的粘連處，前後紙均爲 28 行，合於全卷每紙滿行 28 行之數。又此二號行款格式相同（紙高近同，有烏絲欄，行距、字距、字體大小相近），書風相近（筆畫舒朗，結構規整）。由此推斷，此二號確可綴合。綴合後如圖

62 所示，存文起"南无三界淨界勢佛"句後五字，訖尾題，全卷近乎完整（前缺約 13 行），與該卷全本北敦 3448 號對應部分大體相同，可以比勘。

表 17　北敦 2785 號、羽 586 號字迹比較表

例字 卷號	寶	彌	弗	聚	能	猛	寂
北敦 2785 號	寶	祢	弗	聚	能	猛	寂
羽 586 號	寶	祢	弗	聚	能	猛	寂

63. 俄敦 8652 號 + 俄敦 1041 號 + 羽 251 號

（1）俄敦 8652 號，見《俄藏》14/74B。殘片。如圖 63 右上部所示，存 8 殘行，行存上部 1—11 字。楷書。有烏絲欄。原卷無題，《俄藏》未定名；《俄録》定作三十卷本"佛説佛名經卷第二十五"。

（2）俄敦 1041 號，見《俄藏》7/279B。殘片。如圖 63 中部所示，存 14 行殘行（前 5 行上中部有殘損，末 2 行上下皆有殘損，末行僅存 2 字右側殘筆），所存部分皆爲佛名，分上下欄各抄一個佛名，行字不等。楷書。有烏絲欄。原卷無題，《孟録》定作未入三藏的《佛名經》，稱原卷抄寫於 9—10 世紀；《俄藏》定作"佛説佛名經卷第十七"；《俄録》又定作菩提流支譯本"佛説佛名經卷第十一"。

（3）羽 251 號，見《秘笈》4/26—27。卷軸裝，2 紙。前部如圖 63 左部所示，前殘後缺，存 36 行（首行上下殘損，前 6 行下部略殘），所存部分多爲佛名，每行多分上下欄各抄寫一個佛名，行字不等。楷書。有烏絲欄。原卷無題，《秘笈》定作菩提流支譯本"佛説佛名經卷第十一"。

按：上揭三號應皆爲十六卷本《佛名經》卷十五殘卷，且其內容前後相承，可以綴合。綴合後如圖 63 所示，諸相鄰二號接縫處邊緣吻合，横縱烏絲欄亦可對接；俄敦 8652 號 4—8 行與俄敦 1041 號 1—5 行上下左右相接，原本分屬二號的"南""南""南""對佛"五字皆得復合爲一；俄敦 1041 號末 2 行與羽 251 號前 2 行左右相接，羽 251 號前 2 行"發脩行佛""南""无

无"七字右側部分筆畫撕裂在俄敦 1041 號末 2 行，二號綴合後，此七字皆得復合爲一。又此三號行款格式相同（皆有烏絲欄，行距、字距、字體大小相近），書風相近（筆墨勻厚，結構均勻），字迹似同（比較三號共有的"南""无""佛""光""成""就"等字），可資參證。

羽 251 號（前部）　　　　　俄敦 1041 號　　　　　俄敦 8652 號

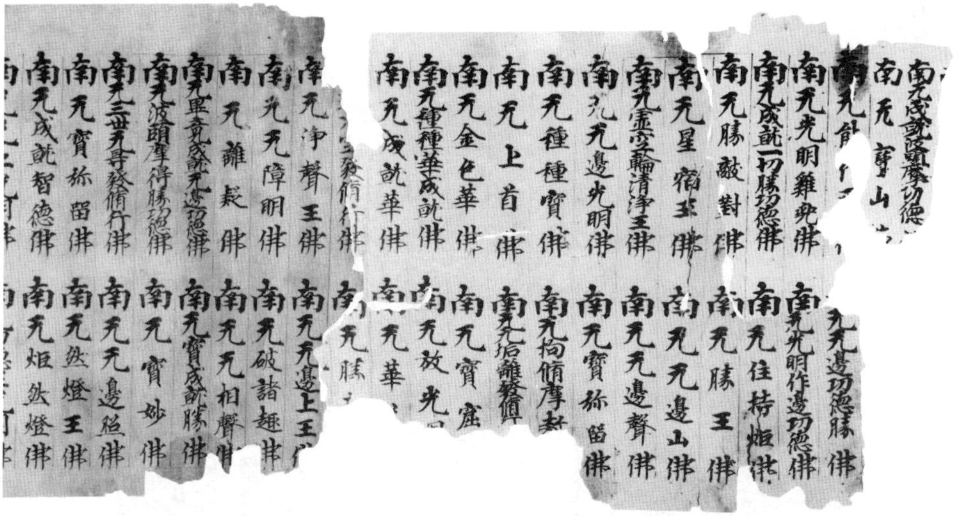

圖 63　俄敦 8652 號＋俄敦 1041 號＋羽 251 號（前部）綴合圖修后圖

上揭三號綴合後，存文起"南无半月光明佛"句首字左側殘畫，訖"南无作无邊功德佛"句，比勘北敦 3448 號十六卷本《佛説佛名經》卷十五對應部分，此三號内容與之大體相同；羽 251 號有"從此以上一萬一千五百佛十二部經一切賢聖"的内容，亦符合十六卷本《佛説佛名經》的基本特徵，故原卷應定作十六卷本《佛名經》卷十五；《俄藏》《俄録》《秘笈》各家把此三號分別定作三十卷本、菩提流支本，皆不確。

64. 北敦 3104 號＋斯 6244 號

（1）北敦 3104 號（北 814；騰 4），見 IDP，另見《國圖》42/171A—182B。卷軸裝，18 紙。後部如圖 64 右部所示，前殘後缺，存 503 行，行約 17 字。楷書。有烏絲欄。原卷無題，《劫餘録》定作佚本三十卷本《佛説佛名經》卷十五；《索引》擬題"佛説佛名經"；《寶藏》及《索引新編》擬題"佛說佛名經卷第十五";《國圖》改題"佛名經（十六卷本）卷一五"，又稱"與七寺本對照，本卷中部及卷尾多抄《罪業應報教化地獄經》兩段，卷中爲 14 行，卷尾爲 2 行"。《國圖》條記目録稱該卷爲 7—8 世紀唐寫本。

（2）斯 6244 號（翟 4776），見《寶藏》45/165A。前部如圖 64 左部所示，前缺尾全，存 17 行，行約 17 字。楷書。有烏絲欄。尾題"佛名經卷第十五"。

北敦 3104 號（後部）　　　斯 6244 號（前部）

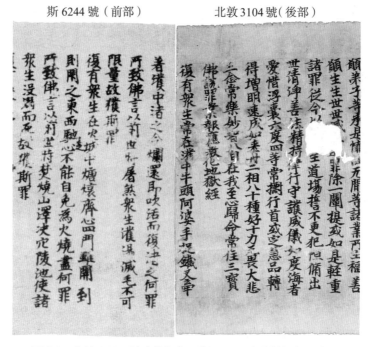

圖 64　北敦 3104 號（後部）＋斯 6244 號（前部）綴合圖

按：據殘存文字推斷，上揭二號應皆爲十六卷本《佛名經》卷十五殘卷，且二號左右相接，北敦 3104 號末行末字"牽"與斯 6244 號首行"着濩（鑊）中渚（煮）之令爛"相連成句，中無缺字，存有綴合的可能性。二號接縫處邊緣整齊，橫向烏絲欄可以對接。比較二號共有的"衆""生""佛""所""罪""或""稱"等字，字迹似同。又此二號行款格式相同（皆有烏絲欄，行距、字距、字體大小相近），書風相近（筆墨濃厚，筆畫舒朗）。由此推斷，此二號確可綴合。綴合後如圖 64 所示，存文起"南无佛波頭摩妙佛"句後二字左側殘畫，訖尾題，與該卷全本北敦 3448 號對應部分大體相同，可以比勘。

卷十六

65. 俄敦 3442 號 + 俄敦 7068 號

（1）俄敦 3442 號，見《俄藏》10/297B。殘片。如圖 65 右部所示，存 5 殘行，行存下部 1—4 字。楷書。有烏絲欄。原卷無題，《俄藏》及《俄錄》擬題 "佛説佛名經卷第十二"，《俄錄》判定爲菩提流支譯本。

（2）俄敦 7068 號，見《俄藏》13/248A。殘片。如圖 65 左部所示，存 8 殘行，行存下部 4—8 字。楷書。有烏絲欄。原卷無題，《俄藏》未定名；《俄錄》定作菩提流支譯本《佛説佛名經》卷十二。

按：上揭二號内容前後相承，可以綴合。綴合後如圖 65 所示，俄敦 3442 號與俄敦 7068 號左右相接，接縫處邊緣吻合，俄敦 3442 號末行 "喜" "嚴" 二字左側有部分筆畫撕裂在俄敦 7068 號首行，二號拼接，此二字皆得復合爲一，横向烏絲欄亦可對接。又此二號行款格式相同（地脚高度近同，皆有烏絲欄，

俄敦 7068 號

俄敦 3442 號

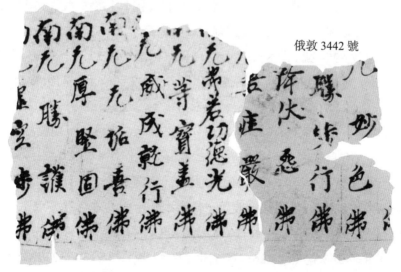

圖 65　俄敦 3442 號 + 俄敦 7068 號綴合圖

行距、字距、字體大小相近），書風相近（筆畫略向右上傾斜），字迹似同（比較二號共有的“行”“佛”“勝”等字），可資參證。

　　此二號綴合後，存文起“南无功德山佛”句末字左側殘畫，訖“南无虚空步佛”句，佛名及序次與北敦 5679 號十六卷本《佛説佛名經》卷十六完全相同，而與菩提流支譯本《佛説佛名經》卷十二比勘，則存有一處異文：本卷“南无厚堅固佛”之後，與之並列的爲“南无勝護佛”，據空間，其間應只缺“南无无垢雲王佛”一個佛名，而北敦 3368 號及《大正藏》本菩提譯本此二句間却有“南无无垢雲王佛，南无无垢臂佛，南无義成就佛”三個佛名（“南无无垢臂佛”“南无義成就佛”二個佛名北敦 5679 號在下文十餘佛名之後，并且不直接相連），有所不同。據此推斷，本組二號爲十六卷本《佛説佛名經》卷十六殘片的可能性更大；《俄録》定作菩提譯本卷十二，恐不確。

66. 北敦 221 號…北敦 6959 號＋北敦 163 號

　　（1）北敦 221 號（北 819；宇 21），見《國圖》4/120A—128B。卷軸裝，14 紙。後部如圖 66 右側所示，首全後缺，存 325 行（首紙 22 行，後 4 紙每紙 24 行，其餘諸紙每紙 23 行；末 2 行上端有殘損），行 19 字左右。首題“佛説佛名經卷第十六”。楷書。有烏絲欄。《劫餘録》定作佚本三十卷本《佛説佛名經》卷十六；《國圖》改題“佛名經（十六卷本）卷一六”，條記目録稱原卷紙高 31.4 釐米，爲 9—10 世紀歸義軍時期寫本。

　　（2）北敦 6959 號（北 824；翔 59），見《國圖》94/275A—276B。卷軸裝，4 紙。前部如圖 66 中右部所示，後部如圖 66 中左部所示，前後皆殘，存 65 行（4 紙分別爲 17、23、24、1 行；前 6 行中上部殘損，首行僅存末字左側大半，末行僅存末字右側殘形），所存部分多爲佛名，多分上下兩欄抄寫，行字不等。楷書。有烏絲欄。原卷無題，《劫餘録》定作佚本三十卷本《佛説佛名經》卷十六；《索引》擬題“佛説佛名經”；《寶藏》及《索引新編》擬題“佛説佛名經卷第十六”；《國圖》改題“佛名經（十六卷本）卷一六”，條記目録稱原卷紙高 31.5 釐米，爲 9—10 世紀歸義軍時期寫本。

　　（3）北敦 163 號（北 826；黃 63），見《國圖》3/213A—219B。卷軸裝，11 紙。前部如圖 66 左側所示，前殘尾全，存 229 行（前 2 紙 24 行，第 10 紙

20 行，末紙拖尾，其餘諸紙每紙 23 行；首行末字右下側殘損），行約 19 字。尾題"佛説佛名經卷第十六"。楷書。有烏絲欄。《劫餘録》定作佚本三十卷本《佛説佛名經》卷十六；《國圖》改題"佛名經（十六卷本）卷一六"，條記目録稱原卷紙高 31.5 釐米，爲 10 世紀歸義軍時期寫本。

　　按：上揭三號應皆爲十六卷本《佛説佛名經》卷十六殘卷，且其内容前後相承，可以綴合。北敦 221 號與北敦 6959 號綴合後如圖 66 右部所示，二號不直接相連，比勘首尾完整的北敦 5679 號十六卷本《佛説佛名經》卷十六，此二號間缺 6 行，此 6 行加上北敦 6959 號首紙殘存的 17 行，正合於全卷整紙每紙 23—24 行之數。北敦 6959 號與北敦 163 號綴合後如圖 66 左部所示，二號左右相接，接縫處邊緣吻合，北敦 163 號首行末"佛"字右下部撕裂在北敦 6959 號末行，二號拼接，此字得成完璧，橫向烏絲欄亦可對接。比較三號間交互出現的"南""藏""聲""莊""就""佛"等字，如表 19 所示，字迹似同。又此三號行款格式相同（紙高近同，皆有烏絲欄，行距、字距、字體大小相近），書風相近（筆墨濃黑，筆有連意），可資參證。三號綴合後，首尾題完具，全卷基本完整，與原本首尾完整的異本北敦 5679 號大抵相同，可以互勘。

北敦 163 號（前部）　北敦 6959 號（後部）

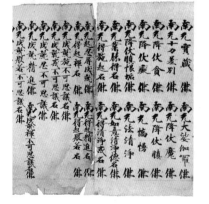

中間缺約 6 行

北敦 6959 號（前部）　　　北敦 221 號（後部）

圖 66　北敦 221 號…北敦 6959 號（前部、後部）+ 北敦 163 號（前部）綴合示意圖

表 19　北敦 221 號、北敦 6959 號、北敦 163 號字迹比較表

例字 / 卷號	南	藏	聲	莊	就	佛
北敦 221 號	南	藏	聲	莊	就	佛
北敦 6959 號	南	藏	聲	莊	就	佛
北敦 163 號	南	藏	聲	莊	就	佛

又，上揭三號既可綴合爲一，而《國圖》條記目録稱前二號爲 9—10 世紀歸義軍時期寫本，又稱後號爲 10 世紀歸義軍時期寫本，斷代略有不同，宜再斟酌。

佛名經鈔

67. 斯 161 號+斯 10201 號

（1）斯 161 號（翟 6484），見 IDP，另見《英圖》3/132A—137A。卷軸裝，9 紙。前部如圖 67 左上部所示，前後皆殘，存 212 行（末 2 行殘損，末行僅存 1 字右側殘畫），行約 18 字。楷書。有烏絲欄。原卷無題，《翟録》定作"懺悔文（含佛名）"，《索引》泛題"佛經"；《寶藏》擬題"佛説佛名經卷第一"；《索引新編》題"佛名經"，稱"經與現刊本失譯者名的三十卷本《佛名經》校對，絕大多數佛名被去掉而保留正文及懺悔部分。此卷現存一至四卷的上述兩部分。此件與常見之敦煌石室遺書中的《佛名經》很不相同"；《英圖》擬題"佛名經（十六卷本）鈔"，條記目録稱原卷"抄録十六卷本《佛名經》卷一、卷二前後各兩段的懺悔文（含若干佛名）"，爲 8—9 世紀吐蕃統治時期寫本。

（2）斯 10201 號，見 IDP。殘片。如圖 67 右下部所示，存 7 殘行，行存下部 3—8 字。楷書。有烏絲欄。IDP 未定名。

按：上揭二號内容前後相承，可以綴合。綴合後如圖 67 所示，斯 161 號 4—10 行與斯 10201 號 1—7 行上下左右相接，接縫處邊緣吻合，原本分屬二號的

“實”“恒”“勇”“有”“相從因”七字皆得復合爲一，横縱烏絲欄亦可對接。又此二號行款格式相同（地脚高度近同，皆有烏絲欄，行距、字距、字體大小相近），書風相近（字體清秀，筆有連意），字迹似同（比較二號共有的“衆”“生”“經”“緣”“報”“等”等字），可資參證。二號綴合後，存文起“於一切衆生起慈悲心”句後四字，可以確定的文字止於倒 2 行“行善之人現在見苦者，是過去生中生報後報惡業熟故”句“人現在見苦者是”七字（“人”字僅存捺筆）。

斯 161 號（前部）

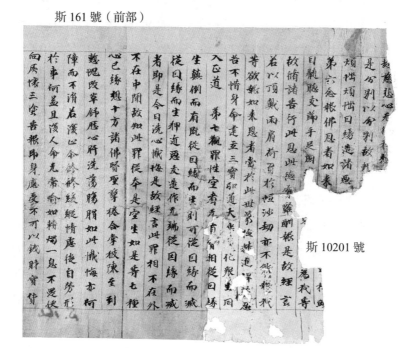

斯 10201 號

圖 67　斯 161 號（前部）＋斯 10201 號綴合圖

關於斯 161 號的題名，各家説法不一，該寫卷僅抄録了十六卷本卷一、卷二中的四段懺悔文，故《英圖》擬作“佛名經（十六卷本）鈔”，當是。

卷號簡目

根據對已刊布文獻的普查以及上述綴合成果，梳理出敦煌《佛名經》（十六卷本）寫本卷號如下：

　　卷一　北敦 68 號背、北敦 1614A 號＋北敦 3163A 號＋北敦 1614B 號＋北敦 3163B 號、北敦 2165 號、北敦 2455B 號＋北敦 2455A 號＋北敦 5950 號、北敦 2862 號＋北敦 3225 號°、北敦 3012 號、北敦 3092 號、北敦 3534 號、北敦 3684 號、北敦 4298 號＋北敦 2591 號、北敦 4577-2 號、北敦 4691 號＋北敦 4554 號＋北敦 4494 號、北敦 4915 號、北敦 5193 號、北敦 5517 號、北敦 5883 號、北敦 6114 號＋北敦 2165 號＋北敦 4062 號、北敦 6308 號、北敦 6484 號、<u>北敦 6587 號＋北敦 6589 號</u>、北敦 7206 號、北敦 8320 號、北敦 9253 號、北敦 9256 號、北敦 9264 號、北敦 9265 號、北敦 9268 號、北敦 9657 號、北敦 10109 號、北敦 10202 號、北敦 10664 號、北敦 10726 號、北敦 11441 號、北敦 11451 號#、[①]北敦 14495 號、伯 3153 號#、伯 5596 號、俄敦 237 號*、俄敦 430 號*、俄敦 3107 號、俄敦 1797 號#、<u>俄敦 2338 號＋俄敦 2354 號</u>、俄敦 3214 號、俄敦 3812 號、俄敦 3623 號#、俄敦 5785 號*＋北敦 6904 號＋俄敦 3107 號＋北敦 6756 號、斯 672 號、斯 1226 號、斯 2452 號、斯 3101 號、斯 3328 號、斯 4806 號＋斯 10073 號*、斯 6250-1 號、斯 7191 號、斯 7202 號、伍倫 33 號、羽 80 號、羽 89 號、羽 297 號#；

　　卷二　北敦 279 號、北敦 2046 號＋北敦 2263 號°、北敦 2055 號、北敦 2910 號＋北敦 3260 號、北敦 3203 號、北敦 4422 號、北敦 4665 號、北敦 7179 號、北敦 9257 號、北敦 10642 號＋北敦 3330 號、北敦 10666 號、北敦 10682 號、北敦 10730 號＋北敦 5967 號、北敦 11367 號、北敦 14187 號、北敦 11420 號＋北敦 425 號、俄弗 226 號#＋斯 2477 號、俄敦 4323 號*、俄敦 5865 號*、俄敦 6713 號*、俄敦 10930 號*、斯 548 號、斯 823 號、斯 834 號、<u>斯 1450A 號#</u>＋俄敦 2277 號#＋<u>斯 1450B 號#</u>＋俄敦 5970 號*、斯 2555 號、斯 3240 號、斯 5159 號、斯 7596 號#、斯 12511 號*、斯 11543 號*、浙敦 75 號＋<u>北敦 5424 號＋北敦 5355 號</u>、羽 267 號#、中村 111 號°、務本 13 號*、上圖 44 號、俄敦 150 號#；

---

①　右上標注"#"的 115 號，前賢定名有誤，筆者重新考定，現歸入正確的版次內。

卷三　北敦 299 號＋北敦 47B 號＋北敦 47A 號＋北敦 3723 號、北敦 782 號＋北敦 461 號、北敦 1058 號、北敦 1459 號、北敦 1915 號、<u>北敦 3687 號＋北敦 3688 號</u>、北敦 4865 號、北敦 5799 號、北敦 6824 號[○]、北敦 9258 號＋斯 6544 號、北敦 10389 號、北敦 11659 號、俄敦 3680 號[#]、斯 5260 號、上圖 12 號、羽 244 號、羽 485 號、浙敦 80 號[#]、浙敦 97 號[#]；

卷四　北敦 2793 號、北敦 4856 號、北敦 5642 號、北敦 6600 號[○]、北敦 9259 號[#]＋北敦 2051B 號、俄敦 156 號、<u>"俄敦 810 號、俄敦 2217 號…俄敦 669 號"</u>、<u>俄敦 1837 號[#]＋俄敦 2102 號</u>、俄敦 10491 號 *、斯 571 號、斯 3199 號、斯 3536 號、斯 3572 號[#]、斯 4240 號[○]、斯 5202 號、斯 6902 號、斯 10753 號 *、臺圖 15 號、羽 567 號；

卷五　<u>北敦 1474 號＋北敦 1396 號＋北敦 1412 號＋北敦 1471 號＋北敦 1641 號＋北敦 1380 ＋北敦 1597 號</u>、北敦 3132 號、北敦 3478 號、北敦 3655 號、北敦 5802 號、北敦 7019 號、俄敦 224 號[#]、俄敦 243 號[#]、俄敦 278-1 號[#]、俄敦 894A 號、俄敦 3037 號[#]、俄敦 7197 號 *＋北敦 9267 號、俄敦 10475 號 *、俄敦 12561 號 *＋俄敦 10483 號 *＋北敦 5977 號、斯 1718 號[#]、斯 2836 號、斯 3010 號、斯 3571 號[#]、斯 12538 號 *、斯 10854 號 *、上圖 86 號[#]、甘博 104 號、羽 507 號[#]、羽 574 號、中研院 25 號；

卷六　北敦 191 號、北敦 1886 號、北敦 2472 號[○]、北敦 2668 號、北敦 3165 號、北敦 3679 號[○]、北敦 4188 號＋<u>北敦 4038 號＋北敦 4169 號＋北敦 3945 號</u>、北敦 4478 號＋<u>北敦 4481 號＋北敦 4484 號</u>、北敦 4917 號、北敦 6057 號、北敦 6356 號、北敦 6684 號、北敦 6748 號、北敦 7249 號、北敦 10707 號、北敦 11092 號、北敦 14456 號、俄敦 45 號[#]、俄敦 486 號[#]＋俄敦 10493 號 *、俄敦 804 號、<u>俄敦 866 號＋俄敦 1134 號＋俄敦 1135 號</u>、"<u>俄敦 2457 號[#]、俄敦 2484 號[#]</u>"＋北敦 11910 號、俄敦 10485 號 *、斯 1981 號、斯 1059 號[#]、斯 2184 號、斯 2357 號[#]＋北敦 1877 號＋北敦 1602 號、斯 2164 號[#]、斯 12025 號 *、津圖 128 號、上圖 31 號、上博 25 號、浙敦 191 號[#]＋浙敦 189 號[#]、中村 112 號[○]、中村 160-4 號[#]；

卷七　北敦 976 號、北敦 2523 號、北敦 2613 號＋北敦 11629 號、北敦

4095 號、北敦 6008 號、北敦 6130 號、北敦 14746 號、北敦 15095 號、俄敦 579 號[#]、"俄敦 807 號、俄敦 2643 號[#]"…北敦 11320 號＋北敦 11801 號、俄敦 1867 號[#]、俄敦 1598 號[#]、俄敦 2120 號[#]、<u>"俄敦 2461 號[#]、俄敦 2564 號[#]、俄敦 3410 號[#]"</u>＋俄敦 5938 號、俄敦 4364 號[*]、俄敦 6596 號[*]、俄敦 10473 號[*]、俄敦 12205 號[*]＋俄敦 12129 號[*]、斯 590 號、斯 659 號[○]、斯 4891 號[○]、斯 4981 號、斯 6486 號、斯 6542 號、斯 6887 號[#]、斯 7109 號、斯 12122 號[*]、敦研 5 號[#]、甘博 103 號[#]、津圖 51 號、津藝 64 號[#]、青島博 7 號、臺圖 16 號[○]；

　　卷八　北敦 798 號、北敦 841 號、北敦 818 號、北敦 2217 號、北敦 2988 號[○]、<u>北敦 3313 號＋北敦 3315 號</u>、北敦 4368 號、北敦 4435 號[○]、北敦 5836 號、北敦 6322 號、北敦 6360 號＋北敦 6447 號＋北敦 6621 號、北敦 7957 號、北敦 9266 號、北敦 11920 號、北敦 15077 號[○]、伯 2772 號、俄敦 1042 號[#]＋俄敦 5515 號[*]、俄敦 4448 號[*]、俄敦 4523 號[*]、<u>"俄敦 582 號[#]＋俄敦 584 號[#]…俄敦 580 號[#]"</u>…俄敦 12154 號[*]、斯 29 號、斯 62 號、斯 1642 號、斯 3116 號、斯 3600 號[#]、斯 5341 號[○]、斯 6844 號、斯 6938 號、斯 11965 號[*]、斯 12467 號[*]、津圖 147 號、津藝 309 號、首博 32・533 號、羽 181 號、ZSD22 號、ZSD36 號、浙敦 77 號；

　　卷九　北敦 343 號、北敦 739 號、斯 3503 號、北敦 1516 號、北敦 3817 號、北敦 4310 號、北敦 5159 號、北敦 8145 號、北敦 9271 號、伯 2111 號、伯 3276 號、俄弗 154 號[○]、俄敦 857 號[#]、<u>"俄敦 2042 號[#]、俄敦 2922 號"</u>、俄敦 2838 號[#]、斯 101 號、斯 578 號＋斯 698 號[#]＋斯 5482 號、斯 2727 號[#]、斯 3772 號、斯 5265 號、斯 6364 號[#]、斯 7212 號、斯 12070 號[*]、務本 22 號[*]、羽 245 號、浙敦 166 號[#]；

　　卷十　北敦 1042 號、北敦 2974 號、北敦 3680 號[○]、北敦 4248 號、北敦 4590 號＋北敦 11980 號＋斯 10674 號[*]、北敦 3991 號、北敦 4711 號＋北敦 11761 號＋北敦 5947 號、北敦 5418 號、北敦 5483 號、北敦 5903 號、北敦 6285 號[○]、北敦 7106 號、北敦 9281 號＋北敦 11543 號[#]、北敦 8649 號、北敦 10689 號、俄敦 1043 號[#]、俄敦 6626B 號[*]、斯 1094 號[#]、斯 1791 號、斯

2091 號、斯 2343 號、斯 2458 號、斯 3760 號[#]、斯 3805 號[#]、成賢齋 5 號、敦研 378 號[#]、津圖 148 號、上圖附 1 號、務本 10 號[*]、西北師大 7 號[#]、浙敦 144 號[#]＋浙敦 145 號[#]＋浙敦 107 號[#]；

　　卷十一　北敦 1148 號[○]、北敦 2163 號、北敦 3300 號、北敦 3588 號、北敦 3629 號、北敦 4018 號＋<u>北敦 3921 號＋北敦 4055 號</u>＋北敦 4063 號、北敦 4922 號、北敦 5848 號、北敦 6213 號、北敦 6706 號、北敦 10625 號、<u>北敦 12086 號[#]＋北敦 12085 號[#]</u>＋北敦 9260 號、俄敦 752 號、俄敦 885 號[#]、<u>俄敦 1848 號[#]＋俄敦 1905 號</u>、俄敦 3632 號[#]、俄敦 4491A 號[*]、俄敦 6241 號[*]、俄敦 6206 號[*]、俄敦 9035 號[*]、斯 1038 號[#]、斯 1092 號[#]、斯 1984 號、斯 2921 號＋北敦 14608 號、斯 3249 號、斯 3335 號、斯 6936 號、敦博 70 號[#]、羽 175 號、羽 479 號[#]＋斯 3504 號[#]；

　　卷十二　北敦231號、北敦244號、北敦400號＋浙敦111號[#]、北敦1074號、北敦 1122 號、北敦 1194 號[○]、北敦 2091 號、北敦 2122 號、北敦 2215 號[○]、北敦 2412 號、北敦 2693 號、北敦 6166 號、北敦 7158 號、北敦 10052 號、北敦 10876 號＋北敦 4773 號、北敦 11395 號、北敦 14197 號、北敦 14752 號、俄敦 809 號[#]、俄敦 896 號、俄敦 2613 號[#]、俄敦 2440 號[#]＋俄敦 6231 號[*]…北敦 2460 號、俄敦 4436 號[*]、斯 450 號、斯 2427 號、斯 3780 號[#]、斯 3964 號[#]、斯 4261 號[#]、斯 6531-1 號、羽 582 號；

　　卷十三　北敦2號[○]、北敦101號、北敦1733號、北敦2256號、北敦2802號、北敦 3827 號＋北敦 3884 號、<u>北敦 3964 號＋北敦 3965 號</u>、北敦 4133 號、北敦 4092 號＋北敦 4233 號、北敦 4637 號＋北敦 4613 號＋北敦 4625 號、北敦 5315 號＋北敦 5322 號、北敦 5788 號[○]、北敦 5934 號、北敦 5968 號、北敦 6175 號、北敦 6471 號、北敦 6668 號、北敦 6933 號、北敦 8384 號、北敦 10651 號＋<u>北敦 10320 號</u>＋北敦 9887 號[#]＋<u>北敦 10298 號</u>、北敦 10967-1 號、北敦 11345 號、伯 2252 號[○]、伯 2312 號、伯 5587（10）號[#]、俄敦 102 號[#]＋北敦 6350 號＋北敦 6432 號＋北敦 6351 號、俄敦 334 號、俄敦 11675 號＋<u>"俄敦 1050 號、俄敦 1599 號＋俄敦 1632 號"</u>、俄敦 2496 號、俄敦 2526 號[#]、俄敦 4794 號[*]、俄敦 4898 號[*]、俄敦 4998 號[*]、俄敦 6674 號[*]、俄敦 5938

號 *、俄敦 7242 號 *、"俄敦 8793 號 *…俄敦 8785 號 *＋俄敦 8842* 號＋俄敦 8801 號 *＋俄敦 8795 號 *…俄敦 8832 號 *"、俄敦 12174 號 *、斯 379 號、斯 3336 號、斯 12238 號 *、斯 11665 號 *＋斯 10787 號 *＋斯 12250 號 *；

　　卷十四　北敦 2029 號、北敦 2030 號、北敦 2364 號、北敦 2534 號、北敦 3479 號、北敦 3915 號、北敦 4146 號、北敦 4297 號、北敦 4430 號、北敦 4491 號 #＋北敦 4312 號 #＋北敦 4650 號＋北敦 4518 號 #＋北敦 4566 號＋北敦 4770 號＋北敦 4717 號＋北敦 4285 號＋北敦 4673 號＋北敦 4761 號＋北敦 4459 號＋北敦 4512 號＋北敦 4486 號＋北敦 4721 號＋北敦 4771 號、北敦 4512 號、北敦 4588 號＋北敦 4465 號＋北敦 4430 號＋北敦 4715 號＋北敦 4644 號＋北敦 4463 號、北敦 4618 號＋北敦 4529 號、北敦 4680 號、北敦 4780 號、北敦 6161 號、北敦 6237 號、北敦 7942 號、北敦 8146 號、北敦 10573 號、北敦 10908 號、北敦 11037 號、北敦 11718 號、伯 4938 號 #＋斯 2548 號、伯 5587（7）# 號、俄敦 406 號 #＋北敦 5076 號、俄敦 808 號 *、俄敦 371B 號＋俄敦 1051 號、俄敦 1222 號 #＋俄敦 1223 號 *、俄敦 5423 號 *、俄敦 9530 號 *＋俄敦 9527 號 *、俄敦 335 號 #＋俄敦 10494 號 *、俄敦 11672 號 *、斯 995 號 #、斯 4187 號 #、斯 5076 號、斯 11661 號 *、津藝 67 號○；

　　卷十五　北敦 2785 號＋羽 586 號、北敦 3104 號、北敦 3448 號○、北敦 4415 號、北敦 4799 號、北敦 4833 號、北敦 5154 號、北敦 5257 號、北敦 5985 號、北敦 6327 號○、北敦 7916 號、北敦 9254 號、北敦 11633 號、北敦 12218 號＋北敦 5255 號、俄敦 8652 號 *＋俄敦 1041 號 #＋羽 251 號 #、俄敦 2746 號 #、俄敦 3013 號＋俄弗 121 號 #、俄敦 11094 號 *、斯 1740 號、斯 1026 號、斯 2470 號、斯 3691 號、斯 4772 號 #、斯 6244 號、斯 6662 號、浙敦 192 號 #；

　　卷十六　北敦 12 號○、北敦 221 號…北敦 6959 號＋北敦 163 號、北敦 2087 號、北敦 2206 號、北敦 2254 號○、北敦 5559 號○、北敦 6211 號、北敦 9261 號、北敦 9270 號、北敦 11567 號…北敦 5679B 號○、北敦 14120 號、北敦 15008 號、北敦 15122 號○、俄敦 1226 號、俄敦 2471 號 #、俄敦 3397 號 #、俄敦 3442 號 #＋俄敦 7068 號、俄敦 9036 號 *、斯 2556 號、斯 3224-1 號 #、斯 5385 號、羽 241 號。

《佛名經》鈔或《佛名經》禮懺文　北敦 2257 號、北敦 6004 號、伯 2042 號背 2、斯 161 號＋斯 10201 號 *、斯 354 號。

丁、系統卷次不明本

敦煌本《佛名經》版本系統衆多，且各個系統之間内容多有雷同，因而一小塊殘卷或殘片的文字可能見於多個不同的系統或同一系統不同的卷次，要確定其具體歸屬有時并不容易。此類歸屬或卷次不明的殘卷暫歸入此類。

敦煌文獻中共有系統卷次不明的《佛名經》殘卷 193 號，包括：國圖藏 12 號，英藏 44 號，法藏 9 號，俄藏 126 號，散藏 2 號。

本次將其中 4 號殘片綴合爲 2 組。

1. 俄敦 335 號＋俄敦 10494 號

（1）俄敦 335 號，見《俄藏》6/235A。殘片。如圖 1 右下部所示，存 12 殘行，行存中下部 3—8 字（末行僅存 3 字右側殘形）。楷書。原卷無題，《孟録》定作未入藏的《佛名經》，稱原卷抄寫於 7—9 世紀；《俄藏》改題 "佛説佛名經卷第十"，《俄録》進而定作菩提流支譯本《佛説佛名經》卷十。

（2）俄敦 10494 號，見《俄藏》14/306A。殘片。如圖 1 左上部所示，存 16 殘行，行存上中部 1—13 字。楷書。有烏絲欄。原卷無題，《俄藏》未定名；《俄録》定作菩提流支譯本《佛説佛名經》卷十。

按：上揭二號寫經内容前後相承，可以綴合。綴合後如圖 1 所示，二號上下相接，接縫處邊緣吻合，俄敦 10494 號第 4、5 行末字 "佛" 字下部皆有少許筆畫分别撕裂在俄敦 335 號的第 5、6 行，二號綴合後，此二字皆得復合爲一，縱向烏絲欄亦可對接。又此二號行款格式相同（皆有烏絲欄，行距、字距、字體大小相近），書風相近（收筆明顯，横筆右上傾斜），字迹似同（比較二號共有的 "南" "无" "大" "思" "惟" "威" "德" "佛" 等字），可資參證。

上揭二號綴合後，存文起 "南无普威德佛" 句末字下部殘形，訖 "南无大將佛" 句首字，所存佛名既見於菩提流支譯本《佛説佛名經》卷十，也見

於十六卷本《佛說佛名經》卷十四（據津藝 67 號，該號該卷首尾完整），[①]
其確切出處尚待研究。

俄敦 10494 號　　　　　俄敦 335 號

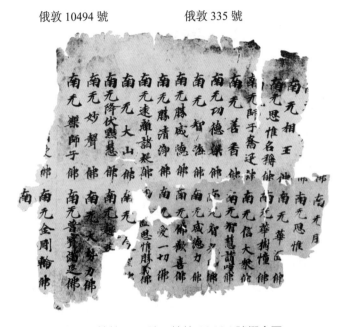

圖 1　俄敦 335 號＋俄敦 10494 號綴合圖

2. 俄敦 11962 號＋俄敦 11783 號

（1）俄敦 11962 號，見《俄藏》16/11B。殘片。如圖 2 上部所示，存 14
殘行，行存上部 6—12 字。楷書。有烏絲欄。原卷無題，《俄藏》未定名，《俄
錄》定作菩提流支譯本《佛說佛名經》卷第七。

（2）俄敦 11783 號，見《俄藏》15/334A。殘片。如圖 2 左下部所示，
存 5 殘行（首行僅存 1 字下部殘畫），行存下部 2—6 字。楷書。有烏絲欄。
原卷無題，《俄藏》未定名，《俄錄》定作菩提流支譯本《佛說佛名經》卷第七。

按：上揭二號內容前後相承，可以綴合。綴合後如圖 2 所示，後號恰可
補入前號左下角，前號第 10—14 行與後號第 1—5 行上下相接，接縫處邊緣

---

① 本組"南无華樹幢佛"菩提流支譯本和津藝 67 號十六卷本皆作"南无（無）樹幢佛"，係本組唯一的
一處異文。

吻合，原本分屬二號的"微""世""來"三字皆得成完璧，縱向烏絲欄亦可對接。又此二號行款格式相同（皆有烏絲欄，行距、字距、字體大小相近），書風相近（皆爲楷書字體，筆畫纖細，字體清秀），字迹似同（比較二號共有的"同""名""佛"等字），可資參證。

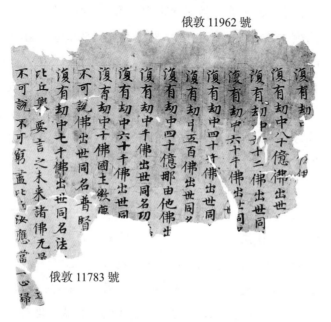

圖 2　俄敦 11962 號＋俄敦 11783 號綴合圖

　　二號綴合後，存文起"復有劫中百億佛出世"句前四字，訖"汝應當一心歸命如是等佛"句前六字，完全相同的内容確實見於菩提流支譯本《佛説佛名經》卷七，但亦見於二十卷本《佛説佛名經》卷十一、十六卷本《佛名經》卷十，其確切出處暫無從判斷；《俄録》認定爲菩提譯本，其實未必妥當。

卷號簡目

　　根據對已刊布文獻的普查以及上述綴合成果，梳理出系統卷次不明的敦煌《佛名經》寫本卷號如下：

　　北敦 3356 號背、北敦 4278 號背、北敦 7092 號、北敦 7224 號、北敦 9499 號、北敦 9945 號、北敦 10293 號、北敦 11132 號、北敦 11835 號、北敦 12117 號、

北敦 14137-1 號、北敦 15112-2 號、伯 2420 號背、伯 4692 號背、伯 4898 號、伯 5596 號背、伯 6006（1）號、伯 6011（11）號、伯 6015 號、俄敦 229 號、俄敦 2506-3 號、俄敦 2540-3 號、俄敦 2707 號、俄敦 278-2 號、俄敦 2914 號、俄敦 3054 號、俄敦 3206 號、俄敦 3316 號、俄敦 335 號、俄敦 3427 號、俄敦 3504 號、俄敦 3647 號、俄敦 856 號、俄敦 993 號、俄敦 1231 號、俄敦 1488 號、俄敦 1506 號、俄敦 1507 號、俄敦 1530 號、俄敦 1554 號、俄敦 1943 號、俄敦 1983 號、俄弗 120 號、俄弗 172 號背 2、俄弗 238 號、俄弗 355C 號、俄弗 97-1 號、俄敦 4595 號、俄敦 4674 號、俄敦 4741 號、俄敦 4753 號、俄敦 4980 號、俄敦 5048 號、俄敦 5229 號、俄敦 5332 號、俄敦 5443 號、俄敦 5589 號、俄敦 5676 號、俄敦 5709 號、俄敦 5799 號、俄敦 5813 號、俄敦 6015 號、俄敦 6137 號、俄敦 6336 號、俄敦 6355 號、俄敦 6519 號、俄敦 6549 號、俄敦 6971 號、俄敦 7031 號、俄敦 7068 號、俄敦 7114 號、俄敦 7284 號、俄敦 7479 號、俄敦 7500 號、俄敦 7588 號、俄敦 7711 號、俄敦 7860 號、俄敦 7970 號、俄敦 8029 號、俄敦 8319 號、俄敦 8450 號、俄敦 8652 號、俄敦 8675 號、俄敦 8742 號、俄敦 8853 號、俄敦 8856 號、俄敦 8943 號、俄敦 9098 號、俄敦 9104 號、俄敦 9159 號、俄敦 9184 號、俄敦 9215 號、俄敦 9216 號、俄敦 9250 號、俄敦 9313 號、俄敦 9731 號、俄敦 9907 號、俄敦 9913 號、俄敦 10004 號、俄敦 10469 號、俄敦 10472 號、俄敦 10474 號、俄敦 10478 號、俄敦 10479 號、俄敦 10480 號、俄敦 10490 號、俄敦 10495 號、俄敦 10496B 號、俄敦 10499 號、俄敦 11477 號、俄敦 11486 號、俄敦 11489 號、俄敦 11723 號、俄敦 11779 號、俄敦 11857 號、俄敦 11962 號＋俄敦 11783 號、俄敦 12078 號、俄敦 12258 號、俄敦 12321 號、俄敦 12376 號、俄敦 12436 號、俄敦 12634 號、俄敦 14205 號、俄敦 14358 號、俄敦 14619 號、俄敦 14879 號、俄敦 14960 號、俄敦 15336 號、俄敦 15632 號、俄敦 16078 號、俄敦 16225 號、俄敦 16436 號、俄敦 16446 號、俄敦 16528 號、俄敦 16689 號、俄敦 16712 號、俄敦 16737 號、俄敦 16769 號、俄敦 16830 號、俄敦 16998 號、俄敦 17340 號、俄敦 17787 號、俄敦 18504 號、俄敦 18524 號、斯 746 號背、斯 2264 號、斯 253 號、斯 2989 號、斯 3008 號背、斯 3339 號背、

斯 4963 號背、斯 5412 號、斯 5667 號、斯 10167 號、斯 10504 號、斯 10702號、斯 10912 號、斯 10954A 號、斯 10964 號、斯 10984 號、斯 10997 號、斯10998 號、斯 11024 號、斯 11029 號、斯 11296 號、斯 11738 號、斯 11894 號、斯 11948 號、斯 11961 號、斯 12037 號、斯 12146 號、斯 12184 號、斯 12241 號、斯 12292 號、斯 12390 號、斯 12419 號、斯 12446 號、斯 12630 號、斯 12686 號、斯 12687 號、斯 12688 號、斯 12719 號、斯 12912 號、斯 13208 號、英藏碎片 122 號、英藏碎片 122 號、英藏碎片 200 號、英藏碎片 200 號、浙敦 125 號、浙敦 81 號。

《佛名經》雜寫　伯 2999 號背 2、伯 3212 號背 2。

拼接絲路文明

——敦煌殘卷綴合研究

（下）

張涌泉　等　著

十、藥師琉璃光如來本願功德經

《藥師經》，大乘佛教經典之一，講述藥師如來之本願及其功德。該經共有五種漢文譯本，每種譯本經名不一，依次爲：1.東晉建武元年至永昌元年（317—322）帛尸梨蜜多羅譯，名《佛説灌頂拔除過罪生死得度經》，一卷，譯出時間最早，是《灌頂經》第十二卷之別出單本；2.南北朝劉宋大明元年（457）慧簡譯，名《藥師琉璃光經》，已佚；3.隋昌達元年（615）達摩笈多譯，名《佛説藥師如來本願經》，一卷；4.唐永徽元年（650）玄奘譯，名《藥師琉璃光如來本願功德經》，又稱《藥師如來本願功德經》《藥師如來本願經》《藥師本願功德經》《藥師本願經》，一卷；5.唐景龍元年（707）義净譯，名《藥師琉璃光七佛本願功德經》，二卷。五個譯本中，玄奘譯的《藥師琉璃光如來本願功德經》（以下簡稱《藥師經》）流傳最廣，敦煌文獻中該譯本的抄本最多。除玄奘譯本外，敦煌文獻另有帛尸梨蜜多羅譯本，如北敦 32 號（北 7474；地 32）等；又有義净譯本，如北敦 14457 號（北新 657），末有景龍元年義净的譯經題記；又有隋達摩笈多譯本，如北敦 3566 號（北 246；結 66）＋北敦 3568 號（北 249；結 68）等，但卷號都比較有限。本文主要討論玄奘譯本。

經普查，業已刊布的敦煌文獻中共有玄奘譯本《藥師經》352 號，包括：國圖藏 123 號，英藏 112 號，法藏 6 號，俄藏 80 號，散藏 31 號。其中首尾完整者僅 2 號（北敦 14150 號、斯 135 號），其餘 350 號皆有不同程度的殘損。已有綴合成果共計將該經 14 號綴合爲 7 組。包括：《國圖》條記目録綴合 2 組：北敦 16 號＋北敦 35 號，北敦 10179A 號＋北敦 10179B 號；《孟録》綴合 4 組：俄敦 1628 號、俄敦 2015 號，俄敦 1662 號＋俄敦 2287 號，俄敦 272 號＋俄敦 1841 號，俄敦 621 號＋俄敦 1160 號；《津圖》敘録綴合 1 組：津圖 60 號＋津圖 59 號。

本次補綴 3 組，新綴 33 組，共計將 87 號綴合爲 36 組（其中伯 4925 號 + 伯 4554 號 1 組的綴合本書上編已討論，此不重出），依次介紹如下：

1. 俄敦 784 號 + 斯 2787 號

（1）俄敦 784 號，見《俄藏》7/105B—106A。後部如圖 1 右部所示，首全後殘，存 24 行，行約 17 字。首題 "藥師瑠璃光如來本願功德經"，下署 "沙門玄奘奉詔譯"。楷書。有烏絲欄。《孟錄》稱該卷爲 8—10 世紀寫本。

（2）斯 2787 號（翟 3588），見《寶藏》23/405A—410B。前部如圖 1 左部所示，前後皆殘，存 245 行，行約 17 字。楷書。有烏絲欄。原卷無題，《翟錄》定作 "藥師琉璃光如來功德經"，《索引》泛題 "佛經"，《寶藏》擬題 "藥師琉璃光本願功德經"，《索引新編》擬題 "藥師琉璃光如來本願功德經"。

斯 2787 號（前部）　　　　　　　俄敦 784 號（後部）

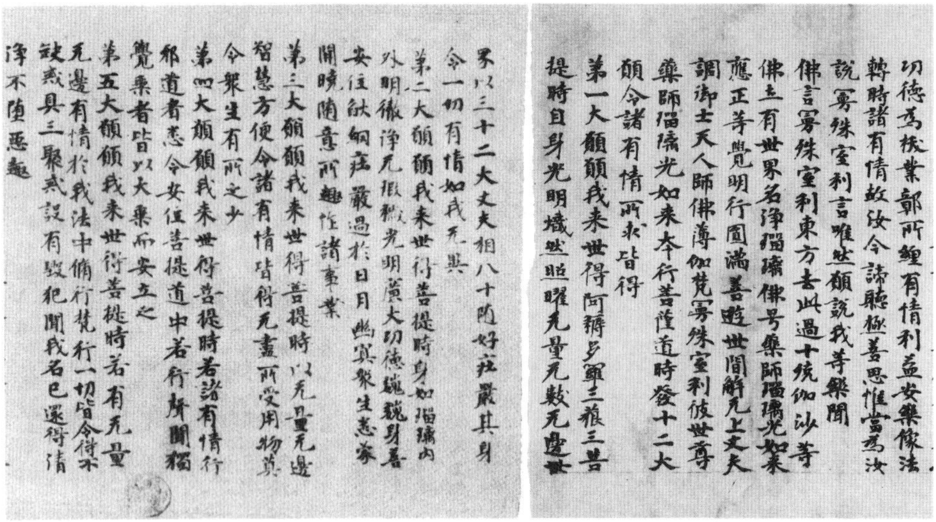

圖 1　俄敦 784 號（後部）＋斯 2787 號（前部）綴合圖

按：上揭二號皆爲《藥師經》玄奘譯本殘卷，且其内容於 "照曜无量无數无邊世 / 界" 句前後相接，中無缺字，存有綴合的可能性。比較二號共有的 "世""求""滿""蒭""瑠""界""曼" 等字，如表 1 所示，字迹似同。且二號行款格式相同（滿行皆約 17 字，行距、字距、字體大小相近），書風相近（皆爲楷書，筆墨濃重，書寫比較散，橫畫細豎畫粗）。由此推測，此二號極有可能可以綴合。綴合後如圖 1 所示，所存内容參見《大正藏》T14/404C12—408A15。

表 1　俄敦 784 號、斯 2787 號字迹比對表

例字 卷號	世	求	滿	菊	瑠	界	曼
俄敦 784 號	世 世 世	求	滿	菊	瑠	界	雾
斯 2787 號	世 世 世	求	滿	菊	瑠	界	雾

2. 斯 8805 號 + 斯 10662 號

（1）斯 8805 號，見 IDP。殘片。如圖 2 上部所示，存 11 殘行，行存上部 2—11 字。首題"藥師瑠璃光如來本願▨▨□（功德經）"。楷書。有烏絲欄。卷面有污漬。

（2）斯 10662 號，見 IDP。殘片。如圖 2 下部所示，存 6 殘行，行存中下部 7—9 字（首行與末行空白無字）。楷書。有烏絲欄。卷面有污漬。原卷無題，IDP 未定名。

按：據殘存文字推斷，後號亦爲玄奘譯本《藥師經》殘片，且二號内容上下相接，可以綴合。綴合後如圖 2 所示，接縫處邊緣吻合，原本分屬二號的"子""薄""是""者"四字皆得成完璧，縱向烏絲欄亦可對接。二號卷面皆有污漬，接縫處污漬邊緣吻合。又二號行款格式相同（皆有烏絲欄，行距、字距、字

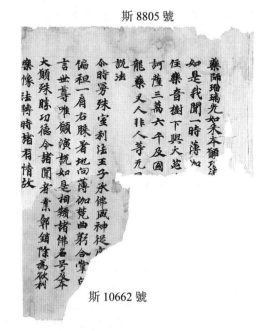

斯 8805 號

斯 10662 號

圖 2　斯 8805 號 + 斯 10662 號綴合圖

體大小相近），字迹書風似同（比較二號共有的“諸”“薄”“本”等字），可資參證。二號綴合後，所存内容參見《大正藏》T14/404C12—404C24。

3. 俄敦 1981 號＋俄敦 10153 號

（1）俄敦 1981 號，見《俄藏》8/410A。如圖 3 右上部所示，存 1 行，存“藥師瑠璃⊠（光）”5 字，楷書，《俄藏》擬題“藥師琉璃光如來本願功德經經題”，《俄録》定作“藥師琉璃光如來本願功德經題籤”。

（2）俄敦 10153 號，見《俄藏》14/235A。如圖 3 左下部所示，殘片。存 6 行，行約 17 字。首行標題上缺 4—5 字，存“⊠如來本願功德經”諸字。楷書。有烏絲欄。原卷無題，《俄藏》未定名。

按：據殘存首題及文字推斷，上揭二號皆爲玄奘譯本《藥師經》殘片（後號《俄録》定名同），① 且二號内容前後相承，可以綴合。綴合後如圖 3 所示，前號可補全後號右上角，接縫處邊緣吻合，原本分屬二號的“光”字可以大致復合（“光”字中間橫筆、左下部撇筆的頂端撕裂在俄敦 10153 號，其

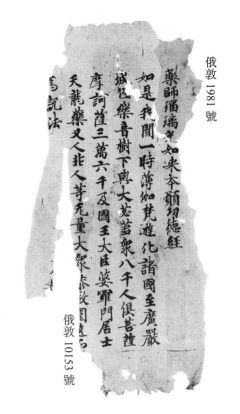

圖 3　俄敦 1981 號＋俄敦 10153 號綴合圖

① 敦煌《藥師琉璃光如來本願功德經》未定名殘片，我們的學術團隊在 2011—2012 年全面普查時曾做過系統的比定，其中包括《俄藏》未定名殘卷的定名，後劉豔紅據以寫入其碩士論文《敦煌本〈藥師琉璃光如來本願功德經〉寫本考》（浙江師範大學碩士學位論文，2015 年 5 月），部分成果又收載張涌泉、劉豔紅、張宇《敦煌本〈藥師琉璃光如來本願功德經〉殘卷綴合研究》一文，《浙江師範大學學報》2014 年第 6 期。後來出版的《俄録》部分定名略同，可以互勘。凡上述二文已先於《俄録》作出正確定名的，本文必要時括注“《俄録》定名同”，讀者可自行參看。

餘部分在俄敦 1981 號）。又二號書風相近（筆墨濃重，書寫規整），字迹似同（比較二號共有的“藥”字），字體大小接近，可資參證。二號綴合後，首題“藥師瑠璃光如來本願功德經”基本完整，訖“而爲説法”四殘字，相應内容參見《大正藏》T14/404C12—404C19。

4. 北敦 10918 號＋北敦 3335 號

（1）北敦 10918 號（北臨 1047），見《國圖》108/231A。殘片。如圖 4 右部所示，存 6 行（其中末行第 7 字“説”左下部略殘），行存上部 2—12 字。有烏絲欄。原卷無題，《國圖》擬題“藥師琉璃光如來本願功德經”，條記目録稱原卷爲 7—8 世紀唐楷書寫本。

（2）北敦 3335 號（北 257；雨 35），見《國圖》45/382B—389B。卷軸裝，11 紙。前部如圖 4 左部所示，前殘，尾略殘，存 296 行（首行存下部 11 字，其中第 1 字僅存左下部殘筆），行 17 字。有烏絲欄。尾題存“佛説藥師瑠璃光如”八字。《國圖》擬題“藥師琉璃光如來本願功德經”，條記目録稱原卷經黄打紙，爲 7—8 世紀唐楷書寫本。

北敦 3335 號（前部）　　　　北敦 10918 號

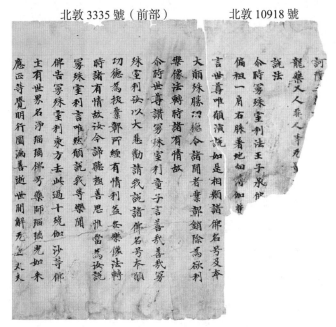

圖 4　北敦 10918 號＋北敦 3335 號（前部）綴合圖

按：上揭二號皆爲玄奘譯本《藥師經》殘卷，且其內容前後相承，可以綴合。綴合後如圖4所示，接縫處邊緣吻合，原本分屬二號的"説"字復合爲一，橫向烏絲欄亦可對接。又此二號行款格式相同（天頭等高，皆有烏絲欄，行距、字距、字體大小相近），書風相近（皆爲楷體，字體方正，筆墨濃重），字迹似同（比較二號共有的"時""尊""殊""曼""又""一"等字，特別是"一"字，提筆上挑、收筆下壓，運筆一致），可資參證。二號綴合後，存文起"菩薩摩訶薩三萬六千"句"訶薩三萬六"殘字，訖尾題，相應內容參見《大正藏》T14/404C17—408B25。

上揭二號既可綴合，《國圖》條記目錄稱北敦3335號爲經黃打紙，而北敦10918號下却未見用紙的介紹，蓋係疏漏，應予補充。

5. 俄敦 5505 號 + 斯 870 號

（1）俄敦5505號，見《俄藏》12/165B。卷軸裝殘片。如圖5右上部所示，存21殘行，行存上部3—10字。楷書。有烏絲欄。原卷無題，《俄藏》未定名。

（2）斯870號（翟3582），見《英圖》15/59A—65A。卷軸裝，9紙。前部如圖5左下部所示，前後皆殘，存243行（前19行上半殘缺），行約17字。楷書。有烏絲欄。卷面多橫裂。原卷無題，《翟錄》已考定爲《藥師琉璃光如來本願功德經》，《英圖》條記目錄稱該卷爲7—8世紀唐寫本。

按：據殘存文字推斷，前一號亦爲玄奘譯本《藥師經》殘片（《俄錄》定名同），且上揭二號內容前後相承，可以綴合。綴合後如圖5所示，接縫處邊緣大體吻合（綴後仍有部分缺損），綴後第6、16、17、19行內容前後相連，依次爲"令諸☒（聞）/者業障銷除""薄伽/梵""本行/菩薩道時""願我來世得/阿耨多羅三藐三菩/提時"，中無缺字，第7、13、14、15、18、20、21行原本分屬二號的"故""去""佛""善""得""曜""相"七字皆得成完璧，橫縱烏絲欄亦可對接。又二號行款格式相同（皆有烏絲欄，行距、字距、字體大小相近），字迹書風似同（比較二號共有的"世""尊""曼""殊""室""利""十""二""大"等字），可資參證。二號綴合後，所存內容參見《大正藏》T14/404C18—407C20。

俄敦 5505 號

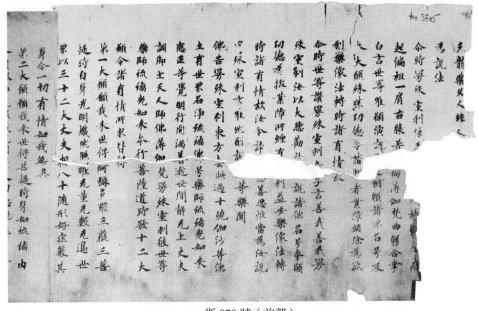

斯 870 號（前部）

圖 5　俄敦 5505 號 + 斯 870 號（前部）綴合圖

6. 北敦 2902 號 + 北敦 9983 號

（1）北敦 2902 號（北 273；陽 2），見《國圖》39/110B—117B。卷軸裝，10 紙。前部如圖 6 下部所示，前殘尾全，存 301 行（首行僅存上部 2 字左側殘筆，第 2—13 行上部殘損），行約 17 字。尾題"藥師經"。有烏絲欄。《國圖》擬題"藥師琉璃光如來本願功德經"，條記目録稱原卷爲 7—8 世紀唐楷書寫本。

（2）北敦 9983 號（北臨 112），見《國圖》107/60B。殘片。如圖 6 中上部所示，存 6 殘行，行存中上部 3—8 字（末行僅存中部 3 字右側殘筆）。有烏絲欄。原卷無題，《國圖》擬題"藥師琉璃光如來本願功德經"，條記目録稱該卷爲 7—8 世紀唐楷書寫本。

按：上揭二號皆爲玄奘譯本《藥師經》殘卷，且其内容前後相承，可以綴合。綴合後如圖 6 所示，接縫處邊緣大體吻合（綴後仍有部分缺損），橫縱烏絲欄亦可對接。綴後第 4 行内容於"唯 / 願演説如是相類諸佛名号"句前後相連，中無缺字；第 5—9 行原本分屬二號的"功""轉""曼""悲""鄣"五字皆得成完璧。又二號行款格式相同（天頭等高，皆有烏絲欄，滿行皆約 17 字，行距、字距、字體大小相近），字迹書風似同（皆楷書，比較二號共有的 "世""曼""殊""室""利""願"等字），可資參證。二號綴合後，所存內容參見《大正藏》T14/404C19—408B25。

北敦 9983 號

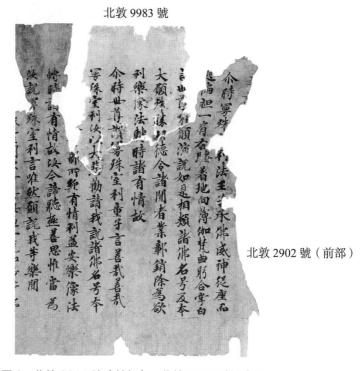

北敦 2902 號（前部）

圖 6　北敦 2902 號（前部）+ 北敦 9983 號綴合圖

7. 斯 8809 號 + 斯 3154 號

（1）斯 8809 號，見 IDP。殘片。如圖 7 右部所示，存 9 行，行 17 字。楷書。有烏絲欄。原卷無題，IDP 未定名。

（2）斯 3154 號（翟 3589），見《寶藏》26/278A—279A。卷軸裝。前部如圖 7 左部所示，前後皆殘，存 58 行，行約 17 字。楷書。原卷無題，《翟錄》已考定爲《藥師琉璃光如來本願功德經》。

按：據殘存文字推斷，前號亦爲玄奘譯本《藥師經》殘片，且二號內容前後相承，可以綴合。綴合後如圖 7 所示，接縫處邊緣吻合，原本分屬二號的"説我等樂聞"五字皆得成完璧。又二號行款格式相同（滿行皆約17字，行距、字距、字體大小相近），字迹書風似同（比較二號共有的"言""願""世""殊""室""利"等字），可資參證。二號綴合後，所存內容參見《大正藏》T14/404C22—405C1。

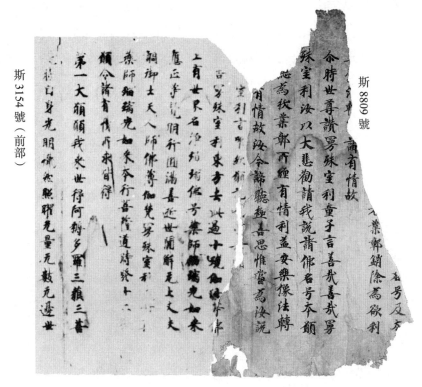

圖7　斯8809號＋斯3154號（前部）綴合圖

8. 俄敦10680號＋斯281號

（1）俄敦10680號，見《俄藏》14/374B。卷軸裝殘片。如圖8右部所示，存18行（首行僅存下端4—5字左側殘畫，第2—8行上部殘約2—7字），行約17字。楷書。有烏絲欄。原卷無題，《俄藏》未定名。

（2）斯281號，見《英圖》5/13B—19B。卷軸裝，11紙。前部如圖8左部所示，前殘尾全，存278行，行約17字。尾題"藥師經"。楷書。有烏絲欄。《英圖》條記目錄稱原卷爲7—8世紀唐寫本。

按：據殘存文字推斷，前一號亦爲玄奘譯本《藥師經》殘片（《俄録》定名同），且上揭二號内容於"身如瑠璃内/外明徹"句前後相接，中無缺字，存有綴合的可能性。試作綴合如圖8所示，二號左右相接，接縫處邊緣吻合，横向烏絲欄亦可對接。比較二號共有的"曼""願""得""滿""提"等字，如表2所示，字迹似同。且二號行款格式相同（天頭地脚等高，皆有烏絲欄，滿行皆約17字，行距、字距、字體大小相近），書風相近（方正楷體，書寫清晰）。由此判定，此二號確可綴合。二號綴合後，存文起"爲欲利樂像法轉時諸有情故"句末二字，訖尾題，相應内容參見《大正藏》T14/404C23—408B25。

斯 281 號（前部）　　　　　　俄敦 10680 號

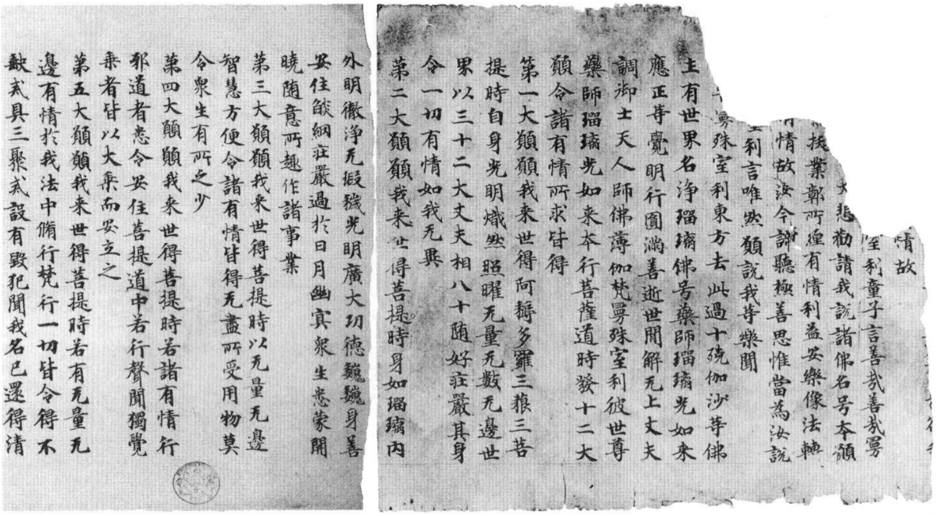

圖8　俄敦 10680 號＋斯 281 號（前部）綴合圖

表2　俄敦 10680 號、斯 281 號字迹比較表

例字 卷號	曼	願	莊	得	解	滿	所	提	求
俄敦 10680 號	曼	願	莊	得	解	滿	所	提	求
斯 281 號	曼	願	莊	得	解	滿	所	提	求

9. 斯 8792 號 + 斯 10147 號

（1）斯 8792 號，見 IDP。殘片。如圖
9 上部所示，存 8 殘行（末行僅存上部 2 字
右側殘點），行存上部 2—10 字。楷書。有
烏絲欄。卷面有污漬。原卷無題，IDP 未定名。

（2）斯 10147 號，見 IDP。殘片。如
圖 9 下部所示，存 8 殘行（第 2 行空白無字，
末行僅存下部 2 字右側殘點），行存下部 0—
9 字。楷書。有烏絲欄。卷面有污漬。原卷
無題，IDP 未定名。

按：據殘存文字推斷，上揭二號皆爲玄
奘譯本《藥師經》殘片，且二號內容上下
相接，可以綴合。綴合後如圖 9 所示，接
縫處邊緣大體吻合，原本分屬二號的“☒
（業）”“子”“我”“有”“聽”“說”六字皆
得成完璧，縱向烏絲欄亦可對接。又二號行
款格式相同（皆有烏絲欄，行距、字距、字
體大小相近），字迹書風似同（比較二號共
有的“諸”“情”“汝”“利”等字），可資參證。

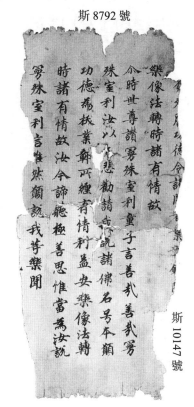

斯 8792 號

斯 10147 號

圖 9　斯 8792 號 + 斯 10147 號
綴合圖

二號綴合後，所存內容參見《大正藏》T14/404C23—405A1。

10. 俄敦 4558 號 + 北敦 1984 號 + 俄敦 5115 號

（1）俄敦 4558 號，見《俄藏》11/268A。卷軸裝殘片。如圖 10 右上部所示，
存 13 殘行（首行僅存中部 4 字左側殘筆），行存中上部 4—10 字。楷書。有
烏絲欄。原卷無題，《俄藏》未定名。

（2）北敦 1984 號（北 276；收 84），見《國圖》27/361B—363B。卷軸裝，
4 紙。前部如圖 10 左上部所示，前後皆殘，存 88 行，行約 17 字。原卷無題，
《國圖》擬題“藥師瑠璃光如來本願功德經”，條記目錄稱原卷經黃紙，爲 7—
8 世紀唐楷書寫本。

（3）俄敦 5115 號，見《俄藏》12/23B。殘片。如圖 10 中下部所示，存 5 殘行，行存中下部 1—7 字。楷書。有烏絲欄。原卷無題，《俄藏》未定名。

北敦 1984 號（前部）　　　　　　　　俄敦 4558 號

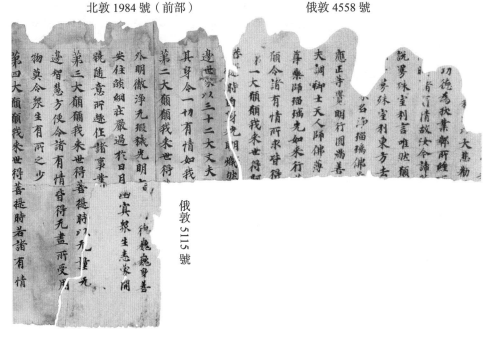

圖 10　俄敦 4558 號 + 北敦 1984 號（前部）+ 俄敦 5115 號綴合圖

按：據殘存文字推斷，前後二號亦皆爲玄奘譯本《藥師經》殘片（《俄録》定名同），且上揭三號內容前後相承，可以綴合。綴合後如圖 10 所示，諸相鄰二號接縫處邊緣大體吻合（綴後仍有部分缺損），原本分屬（1）（2）二號的“菩提”“自身光明熾”七字，（2）（3）二號的“⊠（廣）”“業”“時以无量”“用”七字皆可大體拼合完整，橫縱烏絲欄亦可對接。又三號行款格式相同（地脚等高，皆有烏絲欄，滿行皆約 17 字，行距、字距、字體大小相近），字迹書風似同（比較三號間交互出現的“善”“无”“衆”“生”等字），可資參證。三號綴合後，所存內容參見《大正藏》T14/404C25—406A12。

11. 北敦 6584 號 + 北敦 5256 號

（1）北敦 6584 號（北 263；淡 84），見《國圖》90/131A—132B。卷軸裝，3 紙。後部如圖 11 右部所示，前後皆殘，存 72 行（首紙 15 行，首行僅存中部 3 字左側殘筆；次二紙每紙 28 行；末紙僅存首行下部 2 字右側殘筆），行約 17 字。有烏絲欄。卷面有規則污漬。原卷無題，《國圖》擬題“藥師琉璃光如來本願功德經”，條記目録稱原卷經黄打紙，紙高 25.7 釐米，爲 7—8 世紀唐楷書寫本。

（2）北敦 5256 號（北 287；夜 56），見《國圖》70/265A—269B。卷軸裝，8 紙。前部如圖 11 左部所示，前殘尾全，存 222 行（前七紙每紙 28 行，末紙 26 行），行約 17 字。尾題“藥師經”。有烏絲欄。卷面有規則污漬。《國圖》題“藥師琉璃光如來本願功德經”。《國圖》條記目録稱原卷經黄紙，紙高 25.8 釐米，爲 7—8 世紀唐楷書寫本。

北敦 5256 號（前部）　　　　北敦 6584 號（後部）

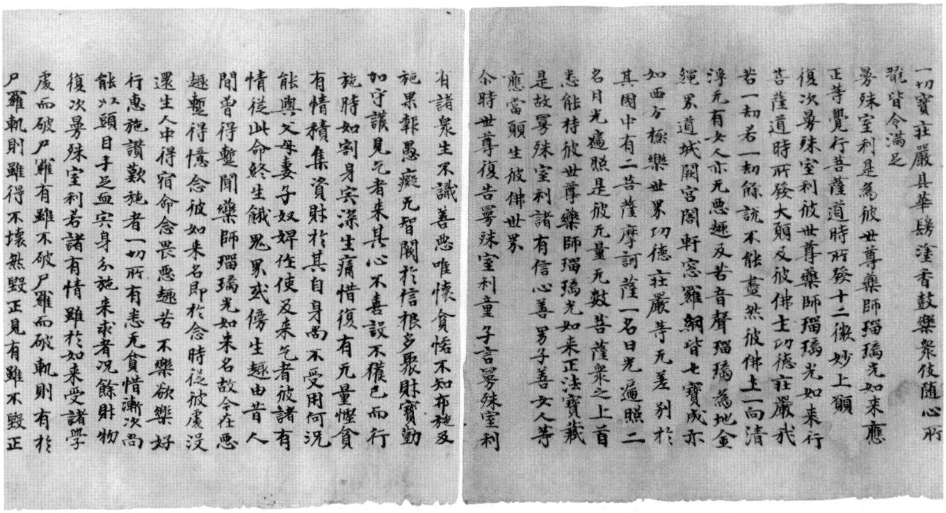
一切寶莊嚴具華鬘塗香鼓樂衆伎隨心所
翫皆令滿足
曼殊室利是為彼世尊藥師瑠璃光如來應
正等覺行菩薩道時所發十二微妙上願
復次曼殊室利彼世尊藥師瑠璃光如來行
菩薩道時所發大願及彼佛土功德莊嚴我
若一劫若一劫餘說不能盡然彼佛土一向清
淨无有女人亦无惡趣及苦音聲瑠璃為地金
繩界道城闕宮閣軒窗羅網皆七寶成亦
如西方極樂世界功德莊嚴等无差別於
其國中有二菩薩摩訶薩一名日光遍照二
名月光遍照是彼无量无數菩薩衆之上首
悉能持彼世尊藥師瑠璃光如來正法寶藏
是故曼殊室利諸有信心善男子善女人等
應當願生彼佛世界
介時世尊復告曼殊室利童子言曼殊室利
有諸衆生不識善惡唯懷貪悋不知布施及
施果報愚癡无智闕於信根多聚財寶勤
加守護見乞者來其心不喜設不獲已而行
施時如割身肉深生痛惜復有无量慳貪
有情積集資財於其自身尚不受用何況
能與父母妻子奴婢作使及來乞者彼諸有
情從此命終生餓鬼界或傍生趣由昔人
間曾得蹔聞藥師瑠璃光如來名故今在惡
趣蹔得憶念彼如來名即於念時從彼處沒
還生人中得宿命念畏惡趣苦不樂欲樂好
行惠施讚歎施者一切所有悉无貪惜漸次尚
能以頭目手足血肉身分施來求者況餘財物
復次曼殊室利若諸有情雖於如來受諸學
處而破尸羅有雖不破尸羅而破軌則有於
尸羅軌則雖得不壞然毀正見有雖不毀正

圖 11　北敦 6584 號（後部）+ 北敦 5256 號（前部）綴合圖

按：上揭二號皆爲玄奘譯本《藥師經》殘卷，且二號内容於“曼殊室利 / 有諸衆生”句前後相接，中無缺字，存有綴合的可能性。二號接縫處邊緣整齊，應皆爲失黏所致脱落，横向烏絲欄亦可對接。北敦 5256 號首行行末“施及”二字有少許筆畫撕裂在北敦 6584 號，二號拼合，其字得成完璧。二號卷面上部及下部皆有污漬，這些污漬形狀雷同，循環出現，大小、間隔漸次縮小，接縫處污漬邊緣吻合。比較二號共有的“有”“子”“生”“一”“瑠”“璃”等字，如表 3 所示，字迹書風似同。又二號行款格式相同（完整每紙皆 28 行，紙高近同，天頭地脚等高，皆有烏絲欄，滿行皆約 17 字，行距、字距、字體大小相近）。由此推測，此二號確可綴合。綴合後如圖 11 所示，所存内容參見《大正藏》T14/404C26—408B25。

表 3　北敦 6584 號、北敦 5256 號字迹比較表

例字 卷號	有	子	生	極	願	瑠	曼	璃
北敦 6584 號	有	子	生	極	願	瑠	曼	璃璃
北敦 5256 號	有	子	生	極	願	瑠	曼	璃璃

上揭二號既可綴合，而《國圖》條記目録稱北敦 6584 號經黄打紙，又稱北敦 5256 號經黄紙，紙質判定略有不同，應進一步核驗後予以規範統一。

12. 北敦 8946 號＋斯 6562 號

（1）北敦 8946 號（有 67），見《國圖》104/271A。殘片。如圖 12 右部所示，存 14 行（前 7 行下部殘損），行約 17 字。有烏絲欄。原卷無題，《國圖》擬題 "藥師琉璃光如來本願功德經"，條記目録稱原卷爲 7—8 世紀唐楷書寫本。

斯 6562 號（前部）　　　　　北敦 8946 號

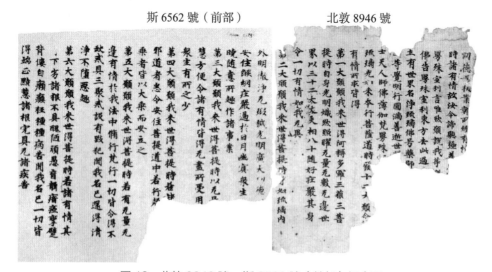

圖 12　北敦 8946 號＋斯 6562 號（前部）綴合圖

（2）斯 6562 號，見《寶藏》48/477B—484A。卷軸裝。前部如圖 12 左部所示，前殘尾全，存 273 行（前 8 行下部殘約 3—4 字），行約 17 字。楷書。尾題 "藥師琉璃光如來本願功德經"。

　　按：上揭二號皆爲玄奘譯本《藥師經》殘卷，且其內容於 "身如琉璃內／外明徹" 句前後相接，中無缺字，存有綴合的可能性。比較二號共有的 "得""无""光""界""曼""此""滿" 等字，如表 4 所示，字迹書風似同。且二號行款格式相同（滿行皆約 17 字，行距、字距、字體大小相近）。由此推斷，此二號確可綴合，綴合後如圖 12 所示，相應內容參見《大正藏》T14/404C27—408B25。

表 4　北敦 8946 號、斯 6562 號字迹比較表

例字 卷號	得	無	光	界	曼	此	滿
北敦 8946 號	得得	无	光	界	曼	此	滿
斯 6562 號	得得	无	光	界	曼	此	滿

13. 酒博 8 號 + 斯 6594 號

　　（1）酒博 8 號，見《甘藏》2/271A—273B。卷軸裝，5 紙。後部如圖 13 右部所示，前殘後缺，存 124 行（首紙 12 行，後 4 紙各 28 行；首行僅存中部 2 字左側殘筆），行 17 字。楷書。有烏絲欄。原卷無題，《甘藏》考定爲《藥師琉璃光如來本願功德經》。

　　（2）斯 6594 號（翟 3638），見《寶藏》49/143B—147B。卷軸裝，6 紙。前部如圖 13 左部所示，前缺尾全，存 166 行（首 5 紙各 28 行，末紙 26 行），行 17 字。尾題 "藥師經"。楷書。有烏絲欄。《翟録》已考定爲《藥師琉璃光如來本願功德經》。

　　按：上揭二號皆爲玄奘譯本《藥師經》殘卷，且二號內容於 "而／本善根亦未窮盡" 句前後相接，中無缺字，存有綴合的可能性。二號接縫處

邊緣整齊，應皆爲失黏所致脱落，横向烏絲欄亦可對接。比較二號共有的“人”“世”“尊”“生”“於”“女”“瑠”“璃”“光”等字，如表5所示，字迹書風似同。又二號行款格式相同（皆有烏絲欄，滿行皆約17字，行距、字距、字體大小相近）。由此推測，此二號確可綴合。綴合後如圖13所示，所存内容參見《大正藏》T14/404C29—408B25。

酒博8號（後部）

斯6594號（前部）

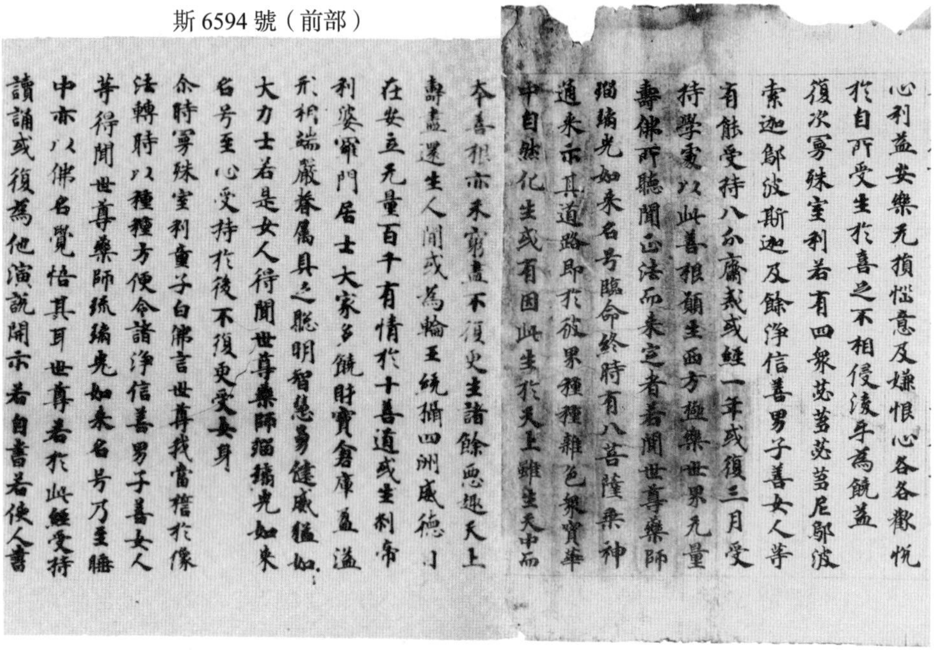

圖13　酒博8號（後部）+斯6594號（前部）綴合圖

表5　酒博8號、斯6594號字迹比較表

例字 / 卷號	人	世	尊	生	於	女
酒博8號	人	世	尊	生	扵	女
斯6594號	人	世	尊	生	扵	女

14. 俄敦 11974 號 + 俄敦 11980 號

（1）俄敦 11974 號，見《俄藏》16/177B。殘片。如圖 14 下部所示，存 8 行，行存中部 4—9 字。楷書。有烏絲欄。原卷無題，《俄藏》未定名。

（2）俄敦 11980 號，見《俄藏》16/15A。殘片。如圖 14 上部所示，存 6 行，行存上部 4—6 字。楷書。有烏絲欄。原卷無題，《俄藏》未定名。

按：據殘存文字推斷，此二號應皆爲玄奘譯本《藥師經》殘片（《俄録》定名同），且内容前後相承，可以綴合。綴合後如圖 14 所示，接縫處邊緣吻合，原本分屬二號的"明""天""璃""情"四

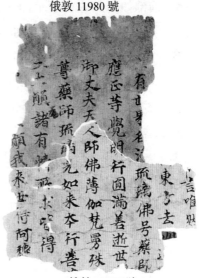

俄敦 11980 號

俄敦 11974 號

圖 14　俄敦 11974 號 + 俄敦
11980 號綴合圖

字皆可大體復合，縱向烏絲欄亦可對接。又二號行款格式相同（皆有烏絲欄，行距、字距、字體大小相近），書風相近（筆墨濃重，書寫清晰，方正楷體），字迹似同（比較二號共有的"藥""琉"等字），可資參證。二號綴合後，存文起"曼殊室利言"句"言"字，訖"願我來世得阿耨多羅三藐三菩提時"句前七字，相應内容參見《大正藏》T14/404C29—405A7。

15. 北敦 10549 號 + 北敦 10405 號 + 北敦 4719 號

（1）北敦 10549 號（北臨 678），見《國圖》108/20B。殘片。如圖 15 右上部所示，存 9 殘行，行存上部 2—9 字。有烏絲欄。原卷無題，《國圖》擬題"藥師琉璃光如來本願功德經"，條記目録稱該卷爲 7—8 世紀唐楷書寫本。

（2）北敦 10405 號（北臨 534），見《國圖》107/287A。殘片。如圖 15 右下部所示，存 6 殘行（第 4 行空白無字），行存中下部 0—10 字。有烏絲欄。原卷無題，《國圖》擬題"藥師琉璃光如來本願功德經"，條記目録稱該卷爲 7—8 世紀唐楷書楷書寫本。

（3）北敦 4719 號（北 269；號 19），見《國圖》63/95B—102B。卷軸裝，

11紙。前部如圖15左部所示，前殘尾全，存283行（首行僅存下部2字左側殘字），行17字。尾題"藥師琉璃光如來本願功德經"。有烏絲欄。《國圖》條記目錄稱該卷爲7—8世紀唐楷書寫本。

按：上揭三號皆爲玄奘譯本《藥師經》殘卷。據完整文本推算，前二號滿行亦約17字。此三號內容前後相承，可以綴合。綴合後如圖15所示，諸相鄰二號接縫處邊緣大體吻合（前二號接縫處調整後如圖右側小圖所示），原本分屬（1）（2）二號的"得"字，（1）（3）二號的"提""以三""二大丈"六字，（2）（3）二號的"三菩""數无"四字皆得成完璧，橫縱烏絲欄亦可對接。又三號行款格式相同（天頭地脚等高，皆有烏絲欄，滿行皆約17字，行距、字距、字體大小相近），字迹書風似同（比較三號間交互出現的"大""願""茅""世""有""情"等字），可資參證。三號綴合後，所存內容參見《大正藏》T14/405A1—408B25。

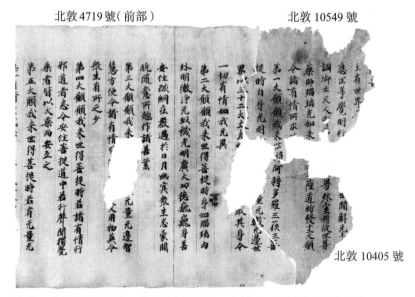

北敦4719號（前部）　　　　　　　　　北敦10549號

北敦10405號

圖15　北敦10549號＋北敦10405號＋北敦4719號（前部）綴合圖

16."俄敦1628號、俄敦2015號"＋俄敦6796號

（1）"俄敦1628號、俄敦2015號"，見《俄藏》8/262B。包括2殘片：殘片1，如圖16右下部所示，存9殘行（第5、9行空白無字），行存中下部0—

5 字；殘片 2，如圖 16 左上部所示，存 11 殘行，行存中上部 2—10 字。楷書。有烏絲欄。原卷無題，《孟錄》已考定爲《藥師琉璃光如來本願功德經》，并稱此爲 7—8 世紀唐寫本。

（2）俄敦 6796 號，見《俄藏》13/204A。殘片。如圖 16 右上部所示，存 3 殘行，行存 6—9 字。楷書。有烏絲欄。原卷無題，《俄藏》未定名。

按：據殘存文字推斷，後一號亦爲玄奘譯本《藥師經》殘片（《俄錄》定名同），且上揭三號内容相承或相鄰，可以綴合。綴合後如圖

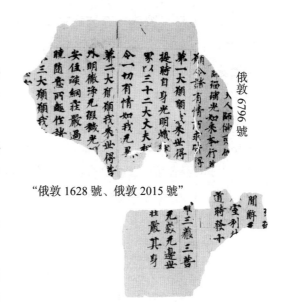

"俄敦 1628 號、俄敦 2015 號"

圖 16　"俄敦 1628 號、俄敦 2015 號" + 俄敦 6796 號綴合圖

16 所示，俄敦 6796 號與 "俄敦 1628 號、俄敦 2015 號" 殘片 2 左右相接，接縫處邊緣吻合，原本分屬二片的 "願令諸有情所求皆得" 九字皆得合成完璧。俄敦 6796 號 + "俄敦 1628 號、俄敦 2015 號" 殘片 2 與 "俄敦 1628 號、俄敦 2015 號" 殘片 1 上下相接，但每行中間殘缺 1—4 字。又三號行款格式相同（皆有烏絲欄，滿行皆約 17 字，行距、字距、字體大小相近），字迹書風似同（比較三號間交互出現的 "如" "无" "來" "身" "三" 等字），可資參證。三號綴合後，所存内容參見《大正藏》T14/405A2—405A16。

17. 北敦 11399 號 + 北敦 10721 號

（1）北敦 11399 號（北臨 1528），見《國圖》109/179B。殘片。如圖 17 上部所示，存 6 殘行，行存上部 7—12 字。有烏絲欄。原卷無題，《國圖》擬題 "藥師琉璃光如來本願功德經"，條記目錄稱原卷經黃紙，爲 7—8 世紀唐楷書寫本。

（2）北敦 10721 號（北臨 850），見《國圖》108/112A。殘片。如圖 17 下部所示，存 3 殘行，行存下部 4—8 字。有烏絲欄。原卷無題，《國圖》擬題 "藥師琉璃光如來本願功德經"，條記目錄稱該卷爲 7—8 世紀唐楷書寫本。

按：上揭二號皆爲玄奘譯本《藥師經》殘片，
且内容前後相承，可以綴合。綴合後如圖 17 所示，
接縫處邊緣吻合，原本分屬二號的 "時" "廣" "冥"
三字皆得合成完璧，縱向烏絲欄亦可對接。又二號
行款格式相同（皆有烏絲欄，行距、字距、字體大
小相近），字迹書風似同（比較二號共有的 "大" "如"
等字），可資參證。二號綴合後，所存内容參見《大
正藏》T14/405A10—405A15。

上揭二號既可綴合，《國圖》條記目錄稱北敦
11399 號用紙係經黄紙，而北敦 10721 號的紙質却
未作介紹，應屬疏漏，宜核驗原卷補敘。

18. 北敦 11611 號 + 北敦 8936 號 + 北敦 4964 號

（1）北敦 11611 號（北臨 1740），見《國圖》
109/300A。殘片。如圖 18 右部所示，存 5 行（末
行僅存下部 5 殘字），行約 17 字。有烏絲欄。卷面有污漬。原卷無題，《國圖》
擬題 "藥師琉璃光如來本願功德經"，條記目錄稱原卷紙高 26.2 釐米，爲 7—
8 世紀唐楷書寫本。

（2）北敦 8936 號（有 57），見《國圖》104/264A。殘片。如圖 18 中部
所示，存 8 行（首行下殘），行約 18 字。有烏絲欄。卷面有污漬。原卷無題，《國
圖》擬題 "藥師琉璃光如來本願功德經"，條記目錄稱原卷紙高 26 釐米，爲 8—
9 世紀吐蕃統治時期楷書寫本。

（3）北敦 4964 號（北 247；闞 64），見《國圖》66/150A—156A。卷軸
裝，10 紙。前部如圖 18 左部所示，前缺尾全，存 245 行，行約 18 字。尾題
"藥師瑠璃光如來本願功德經"。有烏絲欄。卷面有污漬。《國圖》條記目錄稱
原卷紙高 26.4 釐米，爲 9—10 世紀歸義軍時期楷書寫本。

按：上揭三號皆爲玄奘譯本《藥師經》殘卷，且其内容前後相承，可以
綴合。綴合後如圖 18 所示，諸相鄰二號接縫處邊緣吻合，原本分屬前二號的

北敦 11399 號

北敦 10721 號

圖 17　北敦 11399 號 +
北敦 10721 號綴合圖

“所”“用物莫”四字皆得成完璧，後二號内容於“不 / 墮惡趣”句前後相連，中無缺字，橫縱烏絲欄亦可對接。三號卷面皆有污漬，接縫處污漬邊緣銜接自然。又三號行款格式相同（紙高相近，天頭地脚等高，皆有烏絲欄，滿行皆約 17 字，行距、字距、字體大小相近），字迹書風似同（比較三號間交互出現的“苐”“大”“願”“來”“世”“菩”“提”等字，如表 6 所示），可資參證。三號綴合後，所存内容參見《大正藏》T14/405A12—408B25。

北敦 4964 號（前部）　北敦 8936 號　北敦 11611 號

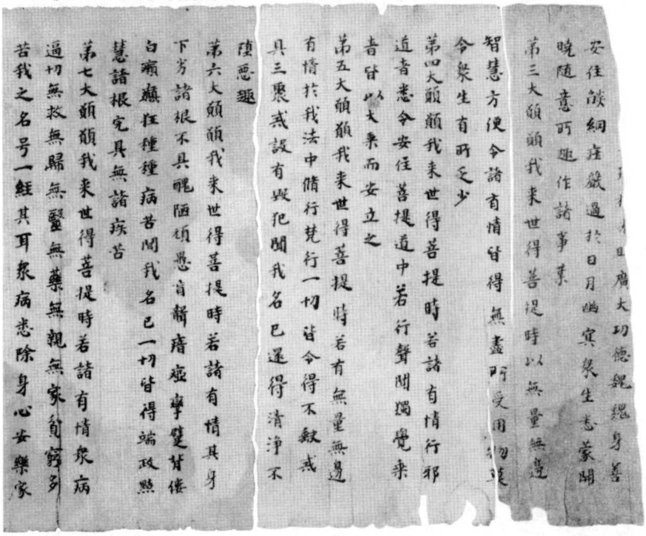
廣大功德巍巍身善
安住焰網莊嚴過於日月幽冥衆生悉蒙開
曉隨意所趣作諸事業
苐三大願願我来世得菩提時以無量無邊
智慧方便令諸有情皆得無盡所受用物莫
令衆生有所乏少
苐四大願願我来世得菩提時若諸有情行邪
道者悉令安住菩提道中若行聲聞獨覺乘
者皆以大乘而安立之
苐五大願願我来世得菩提時若有無量無邊
有情於我法中脩行梵行一切皆令得不缺戒
具三聚戒設有毀犯聞我名已還得清淨不
墮惡趣
苐六大願願我来世得菩提時若諸有情其身
下劣諸根不具醜陋頑愚盲聾瘖瘂攣躄背僂
白癩顛狂種種病苦聞我名已一切皆得端正黠
慧諸根完具無諸疾苦
苐七大願願我来世得菩提時若諸有情衆病
逼切無救無歸無醫無藥無親無家貧窮多
苦我之名号一經其耳衆病悉除身心安樂家

圖 18　北敦 11611 號 + 北敦 8936 號 + 北敦 4964 號（前部）綴合圖

表 6　北敦 11611 號、北敦 8936 號、北敦 4964 號字迹比較表

例字 / 卷號	第	願	大	來	世	菩	提
北敦 11611 號	苐	願	大	来	世	菩	提
北敦 8936 號	苐	願	大	来	世	菩	提
北敦 4964 號	苐	願	大	来	世	菩	提

上揭三號既原屬同卷，而《國圖》條記目錄稱前號爲 7—8 世紀唐寫本，次號爲 8—9 世紀吐蕃統治時期寫本，後號爲 9—10 世紀歸義軍時期寫本，斷代不一，宜再斟酌。

19. 北敦 8934 號 + 北敦 13672 號

（1）北敦 8934 號（有 55），見《國圖》104/260B—262B。卷軸裝，4 紙。後部如圖 19 右部所示，前後皆殘，通卷下部微殘，存 85 行（首紙 24 行，次二紙 28 行，末紙 5 行），行約 17 字。有烏絲欄。原卷無題，《國圖》擬題 "藥師琉璃光如來本願功德經"，條記目錄稱原卷經黃紙，紙高 25.8 釐米，爲 7—8 世紀唐楷書寫本。

（2）北敦 13672 號（北臨 3801），見《國圖》112/284A—287B。卷軸裝，7 紙。前部如圖 19 左部所示，前殘尾全，通卷下部微殘，存 194 行（首紙 27 行，中五紙 28 行，末紙 27 行；前 4 行中缺，首行僅存 1 字左側殘筆），行約 17 字。有烏絲欄。原卷無題，《國圖》擬題 "藥師琉璃光如來本願功德經"，條記目錄稱原卷經黃紙，紙高 26.2 釐米，爲 7—8 世紀唐楷書寫本。

北敦 13672 號（前部）　　北敦 8934 號（後部）

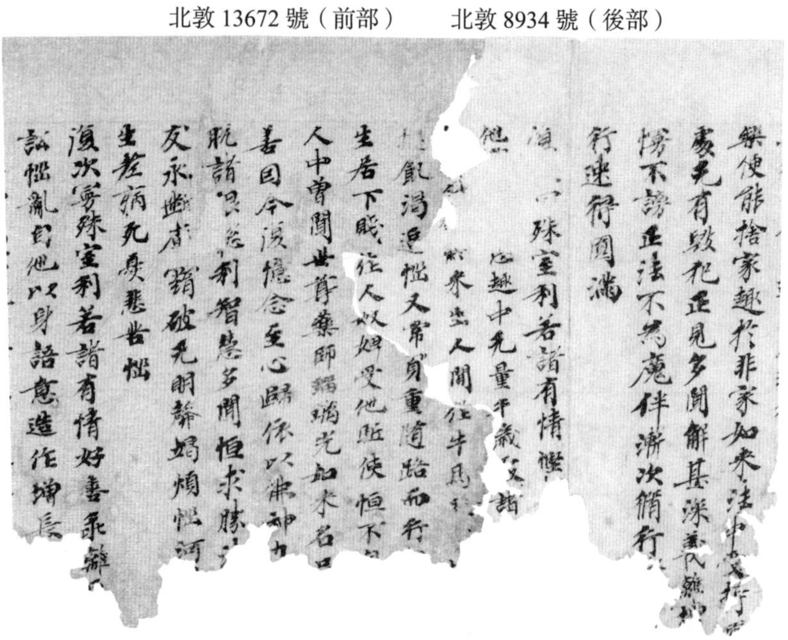

圖 19　北敦 8934 號（後部）+ 北敦 13672 號（前部）綴合圖

　　按：上揭二號皆爲玄奘譯本《藥師經》殘片，且其内容前後相承，可以綴合。綴合後如圖 19 所示，接縫處邊緣大體吻合，原本分屬二號的"千""諸""☒（彼）""作""逼""負""作""奴"八字皆得大致拼接完整。北敦 13672 號末紙 5 行，北敦 13672 號首紙 27 行，二紙拼合，合成完整一紙 28 行，正與前後完整各紙行數吻合。又二號行款格式相同（皆經黄紙，天頭等高，皆有烏絲欄，滿行皆約 17 字，行距、字距、字體大小相近），字迹書風似同（比較二號共有的"如""來""人""无""中""諸"等字），可資參證。二號綴合後，所存内容參見《大正藏》T14/405A16—408B24。

　　20. 北敦 15726 號…北敦 15757 號 + 津圖 60 號 + 津圖 59 號…北敦 15733 號

　　（1）北敦 15726 號（北簡 71484），見《國圖》144/175B。卷軸裝殘片。如圖 20 右側所示，存 14 行，行 17 字。有烏絲欄。卷面呈現有規則污漬。原卷無題，《國圖》擬題"藥師琉璃光如來本願功德經"，條記目録稱原卷紙高 25.8 釐米，爲 8 世紀唐楷書寫本。

　　（2）北敦 15757 號（北簡 71484），見《國圖》144/195A。卷軸裝殘片。如圖 20 中右部所示，存 13 行，行 17 字。有烏絲欄。卷面呈現有規則污漬。原卷無題，《國圖》擬題"藥師琉璃光如來本願功德經"，條記目録稱原卷紙高 26 釐米，爲 8 世紀唐楷書寫本。

　　（3）津圖 60 號，見《津圖》301。卷軸裝殘片。如圖 20 中片所示，存 13 行，行 17 字。有烏絲欄。卷面呈現有規則污漬。原卷無題，《津圖》擬題"藥師琉璃光如來本願功德經"，《天津圖書館藏敦煌遺書目録》稱原卷紙高 25.9 釐米，爲 7—8 世紀唐楷書寫本，并指出後接津圖 59 號。[①]

　　（4）津圖 59 號，見《津圖》301。卷軸裝殘片。如圖 20 中左部所示，存 9 行，行 17 字。有烏絲欄。卷面呈現有規則污漬。原卷無題，《津圖》擬題"藥師琉璃光如來本願功德經"，《天津圖書館藏敦煌遺書目録》稱原卷紙高 25.9 釐米，爲 7—8 世紀唐楷書寫本，并指出前接津圖 60 號。

---

　　① 天津圖書館歷史文獻部《天津圖書館藏敦煌遺書目録》，《敦煌吐魯番研究》第 8 卷，2005 年，第 311—358 頁。下同。

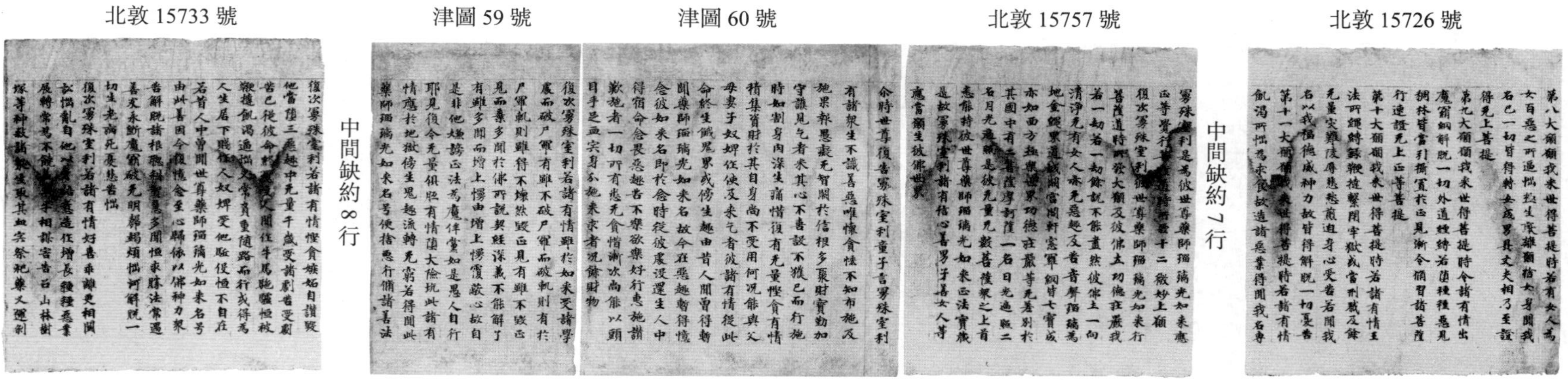

北敦 15726 號

中間缺約 7 行

北敦 15757 號

津圖 60 號

津圖 59 號

北敦 15733 號

中間缺約 8 行

圖 20　北敦 15726 號…北敦 15757 號＋津圖 60 號＋津圖 59 號＋北敦 15733 號綴合圖

　　（5）北敦 15733 號（簡 71484），見《國圖》144/179A。卷軸裝殘片。如圖 20 左側所示，前後皆缺，存 14 行，行 17 字。有烏絲欄。卷面呈現有規則污漬。原卷無題，《國圖》擬題"藥師琉璃光如來本願功德經"，條記目錄稱原卷紙高 26 釐米，爲 8 世紀唐楷書寫本。

　　按：上揭五號皆爲玄奘譯本《藥師經》殘片。《津圖録》已指出（3）（4）二號可以綴合，甚是。今謂上揭五號内容前後相承，皆存有綴合的可能性。五號接縫處皆爲整齊斷裂，邊緣吻合，（2）（3）（4）號横向烏絲欄亦可對接。五號卷面皆有污漬，這些污漬形狀雷同，循環出現，大小、間隔漸次縮小。比較五號間交互出現的"一""有""情""得""諸"等字，如表 7 所示，字迹書風似同。又五號行款格式相同（紙高及框高近同，皆有烏絲欄，滿行皆約 17 字，行距、字距、字體大小相近）。由此推測，此五號確可綴合。綴合後如圖 20 所示，（2）（3）號内容於"應當願生彼佛世界 / 尒時"句前後相連，（3）（4）號内容於"況餘財物 / 復次，曼殊室利"句前後相連，中無缺字；（1）與（2）、（4）與（5）不直接相連，據完整文本推算，分別間缺約 7 行、8 行。五號綴合後，所存内容參見《大正藏》T14/405B5—406A28。

表 7　北敦 15726 號、北敦 15757 號、津圖 60 號、津圖 59 號、北敦 15733 號字迹比較表

卷號＼例字	一	有	情	得	諸
北敦 15726 號	一	有	情	得	諸
北敦 15757 號	一	有	/	/	諸
津圖 60 號	一	有	情	得	諸
津圖 59 號	/	有	情	得	諸
北敦 15733 號	一	有	情	得	諸

21. 北敦 11299 號 + 北敦 11443 號

（1）北敦 11299 號（北臨 1428），見《國圖》109/124B。卷軸裝殘片。如圖 21 右部所示，存 14 殘行（首行僅存下部 1 字左側殘筆，第 5、10 行空白無字，第 14 行左側殘損），行存下部 0—6 字。有烏絲欄。卷面有污漬。原卷無題，《國圖》擬題"藥師琉璃光如來本願功德經"，條記目錄稱該卷紙高 9.2 釐米，經黃紙，爲 7—8 世紀唐楷書寫本。

（2）北敦 11443 號（北臨 1572），見《國圖》109/206B。卷軸裝殘片。如圖 21 左部所示，存 16 殘行（首行僅存下部 5 字左側殘筆，第 10 行空白無字），行存下部 0—6 字。有烏絲欄。卷面有污漬。原卷無題，《國圖》擬題"藥師琉璃光如來本願功德經"，條記目錄稱該卷紙高 8.5 釐米，唐麻紙，爲 7—8 世紀唐楷書寫本。

按：上揭二號皆爲玄奘譯本《藥師經》殘片。據完整文本推算，滿行皆約 17 字。二號內容前後相承，可以綴合。綴合後如圖 21 所示，接縫處邊緣吻合，原本分屬二號的"功德莊嚴我"五字皆得成完璧，橫向烏絲欄可以對接。二號卷面皆有污漬，接縫處污漬邊緣吻合。又二號行款格式相同（地腳等高，皆有烏絲欄，滿行皆約 17 字，行距、字距、字體大小相近），字迹書風似同（比較二號共有的"行""光""上""璃""有""情"等字），可資參證。二號綴合後，所存內容參見《大正藏》T14/405B17—405C17。

上揭二號既可綴合，而《國圖》條記目錄稱北敦 11299 號用紙係經黃紙，又稱北敦 11443 號用紙係唐麻紙，歧互不一，顯有不妥。

22. 北敦 9132 號 + 北敦 2295 號

（1）北敦 9132 號（陶 53），見《國圖》105/32B。卷軸裝殘片。如圖 22 右部所示，前後皆缺，存 14 行，行 17 字。有烏絲欄。卷面有規則污漬。原卷無題，《國圖》擬題"藥師琉璃光如來本願功德經"。《國圖》條記目錄稱原卷紙高 25.2 釐米，打紙，爲 7 世紀唐楷書寫本。

（2）北敦 2295 號（北 285；閏 95），見《國圖》32/270B—275A。卷軸裝，9 紙。前部如圖 22 左部所示，前缺尾全，存 230 行，行 17 字。尾題"藥師琉璃光如來本願功德經"，後有題記"龍興寺僧慈定受持記"。有烏絲欄。卷面

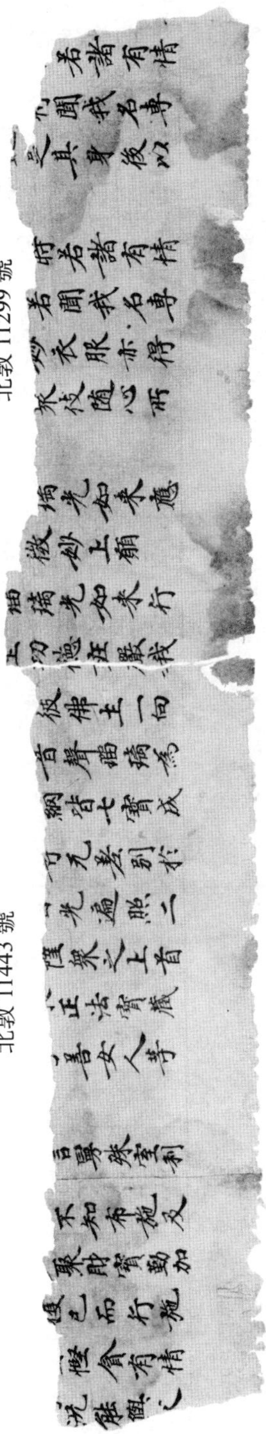

圖 21　北敦 11299 號＋北敦 11443 號綴合圖

有規則污漬。《國圖》條記目録稱原卷紙高 25.5 釐米，經黄打紙，爲 7—8 世紀唐楷書寫本。

按：上揭二號皆爲玄奘譯本《藥師經》殘卷，且其内容於“於其國 / 中”句前後相接，中無缺字，存有綴合的可能性。二號接縫處邊緣整齊，應皆爲失黏所致脱落，横向烏絲欄亦可對接。二號卷面上部、中下部、下部皆有污漬，這些污漬形狀雷同，循環出現，大小、間隔漸次縮小。又二號行款格式相同（紙高及卷心高度近同，皆有烏絲欄，滿行皆約 17 字，行距、字距、字體大小相近），字迹書風似同（比較二號共有的“二”“菩”“薩”“无”“不”“世”“尊”“瑠”“璃”等字，參表 8 所示）。由此推測，此二號確可綴合。綴合後如圖 22 所示，所存内容參見《大正藏》T14/405B21—408B25。

北敦 2295 號（前部）　　北敦 9132 號

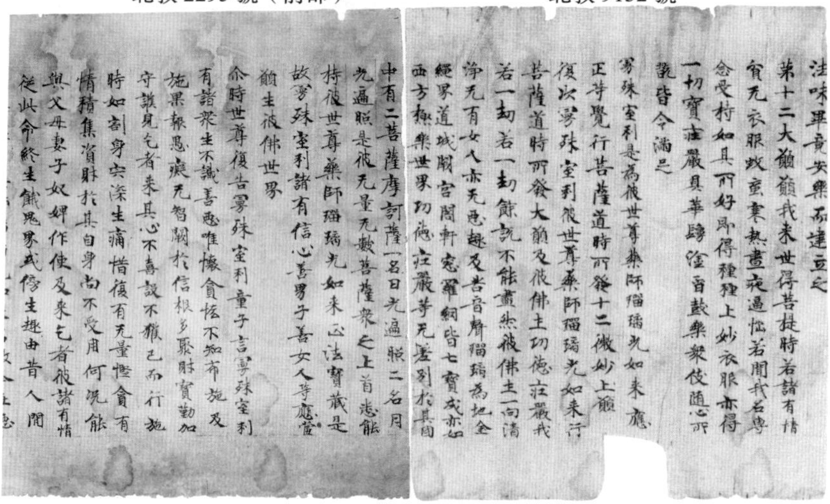
法味畢竟安樂而建立之
第十二大願願我來世得菩提時若諸有情
貧无衣服蚊寅寒熱晝夜逼惱若聞我名專
念受持如其所好即得種種上妙衣服亦得
一切寶莊嚴具華鬘塗香鼓樂衆伎隨心所
翫皆令滿足
曼殊室利是爲彼世尊藥師瑠璃光如來應
正等覺行菩薩道時所發十二微妙上願
復次曼殊室利彼世尊藥師瑠璃光如來行
菩薩道時所發大願及彼佛土功德莊嚴我
若一劫若一劫餘說不能盡然彼佛土一向清
淨无有女人亦无惡趣及苦音聲瑠璃爲地金
繩界道城闕宮閣軒窓羅網皆七寶成亦如
西方極樂世界功德莊嚴等无差別於其國
中有二菩薩摩訶薩一名日光遍照二名月
光遍照是彼无量无數菩薩衆之上首悉能
持彼世尊藥師瑠璃光如來正法寶藏是
故曼殊室利諸有信心善男子善女人等應當
願生彼佛世界
尒時世尊復告曼殊室利童子言曼殊室利
有諸衆生不識善惡唯懷貪悋不知布施及
施果報愚癡无智闕於信根多聚財寶勤加
守護見乞者來其心不喜設不獲已而行施
時如割身肉深生痛惜復有无量慳貪有
情積集資財於其自身尚不受用何況能
與父母妻子奴婢作使及來乞者彼諸有情
從此命終生餓鬼界或傍生趣由昔人間

圖 22　北敦 9132 號 + 北敦 2295 號（前部）綴合圖

表 8　北敦 9132 號、北敦 2295 號字迹比較表

例字 / 卷號	二	願	人	无	不	世	曼
北敦 9132 號	二	願	人	无	不	世	曼
北敦 2295 號	二	願	人	无	不	世	曼

上揭二號既可綴合，而《國圖》條記目錄稱北敦 9132 號用紙係打紙，又稱北敦 2295 號用紙係經黃打紙，判定稍有不同，需進一步目驗原卷認定。

23. 北敦 8232 號 + 北敦 6900 號

（1）北敦 8232 號（北 282；服 32），見《國圖》101/294A—296B。卷軸裝，6 紙。後部如圖 23 右部所示，前後皆殘，存 123 行（首紙 1 行，中 4 紙各 28 行，末紙 10 行；首行僅存下部 2 字左側殘字，末 3 行中下殘），行約 17 字。有烏絲欄。卷面有污漬。原卷無題，《國圖》擬題 "藥師琉璃光如來本願功德經"，條記目錄稱原卷紙高 25 釐米，爲 9—10 世紀歸義軍時期楷書寫本。

（2）北敦 6900 號（北 304；羽 100），見《國圖》94/167B—168B。卷軸裝，2 紙。前部如圖 23 左部所示，前後皆殘，存 48 行（前紙 21 行，後紙 27 行；首 3 行上下殘），行約 17 字。有烏絲欄。卷面有污漬。原卷無題，《國圖》擬題 "藥師琉璃光如來本願功德經"，條記目錄稱原卷紙高 25 釐米，爲 9—10 世紀歸義軍時期楷書寫本。

北敦 6900 號（前部）　　　　　　　　北敦 8232 號（後部）

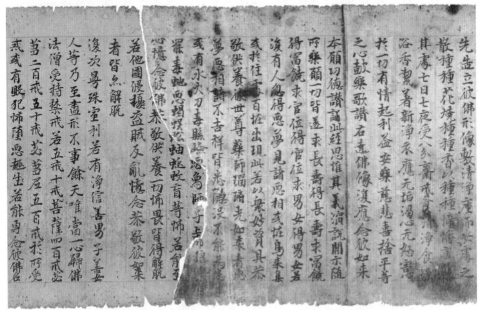

圖 23　北敦 8232 號（後部）+ 北敦 6900 號（前部）綴合圖

按：上揭二號皆爲玄奘譯本《藥師經》殘卷，且其内容前後相承，可以綴合。綴合後如圖 23 所示，接縫處邊緣大體吻合（綴後仍有部分缺損），原本分屬二號的 "惡""虎""蚣蚰""彼佛恭" 七字皆得合成完璧，橫縱烏絲欄亦可對接。前號末紙 10 行，後號首紙 21 行，二號拼接，合成一紙凡 28 行，正與前號中 4 紙每紙 28 行的用紙規格相合。二號卷面皆有污漬，接縫處污漬邊緣吻合。又二號行款格式相同（紙高及天頭地脚高度近同，皆有烏絲欄，滿行皆約 17 字，行距、字距、字體大小相近），字迹書風似同（比較二號共有的 "人""不""一""切""若""得" 等字），可資參證。二號綴合後，所存内容參見《大正藏》T14/405B25—407B21。

24. 俄敦 5572 號 + 北大敦 68 號

（1）俄敦 5572 號，見《俄藏》12/185A。殘片。如圖 24 右上部所示，存 7 殘行，行存上部 5—10 字。楷書。有烏絲欄。原卷無題，《俄藏》未定名。

（2）北大敦 68 號，見《北大》1/263B—264A。卷軸裝，2 紙。前部如圖 24 左下部所示，前後皆殘，存 38 行（首 3 行上下殘，第 4—6 行上殘），行約 17 字。楷書。有烏絲欄。原卷無題，《北大》擬題 "藥師琉璃光如來本願功德經"，敘録稱該卷爲唐（618—907）寫本。

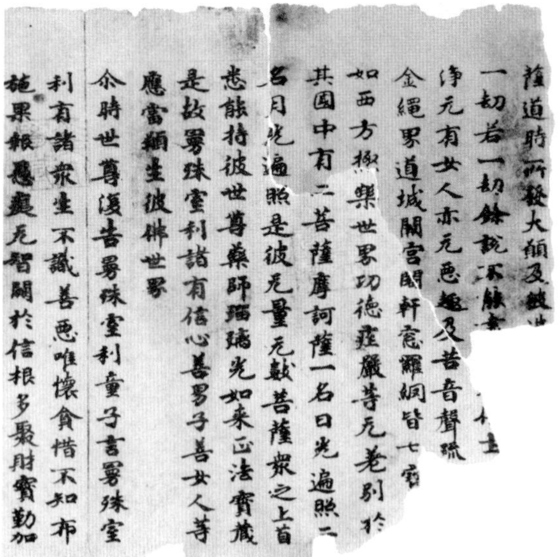

按：據殘存文字推斷，前一號亦爲《藥師琉璃光如來本願功德經》殘片（《俄録》定名同），且上揭二號内容前後相承，可以綴合。綴合後如圖 24 所示，接縫處邊緣吻合，原本分屬二號的 "及""閣""極樂""二""名

北大敦 68 號（前部）　　　俄敦 5572 號

圖 24　俄敦 5572 號 + 北大敦 68 號
（前部）綴合圖

月光遍照”十字皆得成完璧，橫縱烏絲欄亦可對接。又二號行款格式相同（天頭等高，皆有烏絲欄，行距、字距、字體大小相近），字迹書風似同（比較二號共有的“一”“无”“有”“女”“人”等字），可資參證。二號綴合後，所存內容參見《大正藏》T14/405C1—406A12。

25. 斯1199號+斯8808號

（1）斯1199號（翟3584），見《英圖》19/79A—84A。卷軸裝，11紙。後部如圖25右部所示，前後皆殘，存213行，行約17字。楷書。有烏絲欄。原卷無題，《翟錄》已考定爲《藥師琉璃光如來本願功德經》，《英圖》條記目錄稱該卷爲7—8世紀唐寫本。

（2）斯8808號，見IDP。殘片。如圖25左部所示，存11殘行（末行僅存下部1字右側殘筆），行存1—16字。楷書。有烏絲欄。原卷無題，IDP未定名。

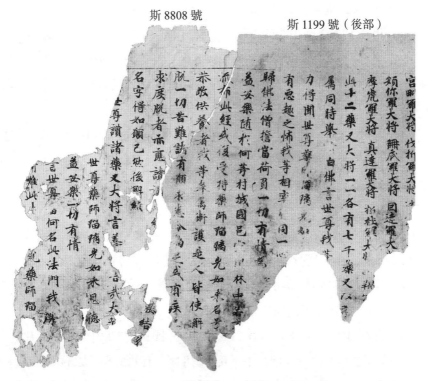

圖25　斯1199號（後部）+斯8808號綴合圖

按：據殘存文字推斷，後號亦爲玄奘譯本《藥師經》殘片。據完整文本推算，滿行約 17 字。上揭二號內容前後相承，可以綴合。綴合後如圖 25 所示，接縫處邊緣吻合，原本分屬二號的“流布此”“養”“諸”五字皆得成完璧，橫縱烏絲欄亦可對接。又二號行款格式相同（皆有烏絲欄，行距、字距、字體大小相近），字迹書風似同（比較二號共有的“一”“切”“言”“世”“尊”“大”“將”等字），可資參證。二號綴合後，所存內容參見《大正藏》T14/405C7—408B19。

26. 北敦 1559 號 + 北敦 12212 號 + 北敦 12320 號 + 北敦 10179A 號 + 北敦 10179B 號

（1）北敦 1559 號（北 290；來 59），見《國圖》22/248A—250A。卷軸裝，4 紙。後部如圖 26 右部所示，前後皆殘，存 88 行（末 6 行上下部殘損），行約 17 字。有烏絲欄。原卷無題，《國圖》擬題“藥師琉璃光如來本願功德經”，條記目錄稱原卷經黃紙，爲 7—8 世紀唐楷書寫本。

（2）北敦 12212 號（北臨 2341），見《國圖》110/328B。卷軸裝，2 紙。如圖 26 左上部所示，前後皆殘，存 22 殘行（首行僅存中部 1 字左側殘筆），行約 17 字。有烏絲欄。原卷無題，《國圖》擬題“藥師琉璃光如來本願功德經”，條記目錄稱原卷經黃打紙，爲 7—8 世紀唐楷書寫本。

（3）北敦 12320 號（北臨 2449），見《國圖》111/36B。殘片。如圖 26 中下部所示，存 5 殘行，行存下部 4—7 字。有烏絲欄。原卷無題，《國圖》擬題“藥師琉璃光七佛本願功德經卷下”，條記目錄稱原卷經黃紙，爲 7—8 世紀唐楷書寫本。

（4）北敦 10179A 號（北臨 308），見《國圖》107/166B。殘片。如圖 26 左中部所示，存 4 殘行，行存中部 1—3 字。有烏絲欄。原卷無題，《國圖》擬題“藥師琉璃光如來本願功德經”，條記目錄稱該卷爲 7—8 世紀唐楷書寫本，并指出與北敦 10179B 號爲同文獻。

（5）北敦 10179B 號（北臨 308），見《國圖》107/166B。殘片。如圖 26 左下部所示，存 5 殘行，行存中下部 4—8 字。有烏絲欄。原卷無題，《國圖》擬題“藥師琉璃光如來本願功德經”，條記目錄稱該卷爲 7—8 世紀唐楷書寫本，并指出與北敦 10179A 號爲同文獻。

　　按：前二號、後二號《國圖》條記目録已指出皆爲玄奘譯本《藥師經》
殘卷，甚是。今謂（3）號亦爲玄奘譯本《藥師經》殘片，且此五號内容前
後相承，可以依次綴合。綴合後如圖 26 所示，接縫處邊緣大體吻合，縱向
烏絲欄亦可對接。接縫處原本分屬（1）（2）二號的"七""清净食澡浴香潔
著""誦"十字，（1）（3）二號的"无""安""其""長壽得"六字，（2）（4）
二號的"若""▨▨（如來）者""善""一"六字，（2）（5）二號"▨▨▨（佛
名號）""▨▨（供養）"五字皆可大致拼合完整。又五號行款格式相同（滿
行皆約 17 字，行距、字距、字體大小相近），字迹書風似同（比較五號間交
互出現的"生""无""樂""女""人""信"等字），可資參證。五號綴合後，
所存内容參見《大正藏》T14/405C12—407A15。

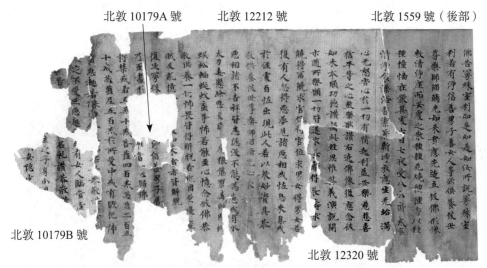

圖 26　北敦 1559 號（後部）+ 北敦 12212 號 + 北敦 12320 號 +
北敦 10179A 號 + 北敦 10179B 號綴合圖

　　上揭五號既可綴合，可見此五號確皆爲《國圖》玄奘譯本《藥師經》殘卷，
《國圖》把北敦 12320 號定作"藥師琉璃光七佛本願功德經卷下"，不確。又《國
圖》條記目録稱北敦 1559 號、北敦 12320 號用紙係經黄紙，又稱北敦 12212
號用紙係經黄打紙，而北敦 10179A 號、北敦 10179B 號的用紙情況却未作介紹，

歧互不一，有待目驗原卷後規範統一。

27. 俄敦 11869 號 + 俄敦 12679 號 + 俄敦 12838 號 + 俄敦 11984 號

（1）俄敦 11869 號，見《俄藏》15/346B。殘片。如圖 27 右上部所示，存 8 行（末行僅存右側若干殘筆），行存上部約 10 字。楷書。有烏絲欄。原卷無題，《俄藏》未定名。

（2）俄敦 12679 號，見《俄藏》16/157B。殘片。如圖 27 中下部所示，存 5 殘行，行存中下部 2—5 字。楷書。原卷無題，《俄藏》未定名。

（3）俄敦 12838 號，見《俄藏》16/177。殘片。如圖 27 左上部所示，存 11 殘行（首行右側略殘），行存上部 3—10 字。楷書。原卷無題，《俄藏》未定名。

（4）俄敦 11984 號，見《俄藏》16/15B。殘片。如圖 27 左下部所示，存 6 殘行，行存中下部 1—5 字。楷書。原卷無題，《俄藏》未定名。

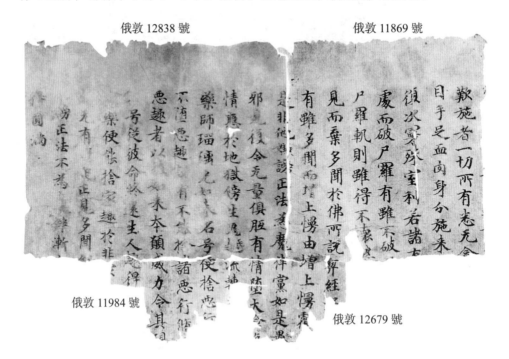

俄敦 12838 號　　　　　　　　　　　俄敦 11869 號

俄敦 11984 號

俄敦 12679 號

圖 27　俄敦 11869 號 + 俄敦 12679 號 + 俄敦 12838 號 + 俄敦 11984 號綴合圖

　　按：據殘存文字推斷，此四號皆爲玄奘譯本《藥師經》殘片（《俄録》定名同），且内容前後相承，可以綴合。綴合後如圖 27 所示，諸相鄰二號接縫處邊緣吻合，橫縱烏絲欄亦可對接。原本分屬（1）（3）二號的 "是非他嫌謗""爲魔" 七字，分屬（2）（3）二號的 "伴""情" 二字，分屬（3）（4）二號的 "諸""威""趣" 三字，分屬（2）（4）二號的 "▨（轉）" 字，分屬（2）（3）（4）二號的 "▨（流）" 字，皆可大致拼合完整。又四號行款格式相同（天頭等高，皆有烏絲欄，滿行皆約 17 字，行距、字距、字體大小相近），書風相近（方正楷體，書寫清晰，筆墨濃重），字迹似同（比較四號間交互出現的 "上""惡""如""令""有""來""不""多""於" 等字），可資參證。四號綴合後，相應内容參見《大正藏》T14/405C22—406A12。

　　28. 北敦 1651 號 + 北敦 3041 號

　　（1）北敦 1651 號（北 296；暑 51），見《國圖》23/170A—171A。卷軸裝，2 紙。後部如圖 28 右部所示，前後皆缺，存 56 行（每紙各 28 行），行約 17 字。有烏絲欄。原卷無題，《國圖》擬題 "藥師琉璃光如來本願功德經"，條記目録稱原卷經黃紙，紙高 26 釐米，爲 7—8 世紀唐楷書寫本。

　　（2）北敦 3041 號（北 301；雲 41），見《國圖》41/214A—217A。卷軸裝，5 紙。前部如圖 28 左部所示，前缺尾全，存 139 行（前 4 紙各 28 行，第 5 紙 27 行），行約 17 字。尾題 "藥師經"。有烏絲欄。《國圖》條記目録稱原卷經黃打紙，紙高 26 釐米，爲 7—8 世紀唐楷書寫本。

　　按：上揭二號皆爲玄奘譯本《藥師經》殘卷，且其内容於 "應生无 / 垢濁心" 句前後相接，中無缺字，存有綴合的可能性。二號接縫處邊緣整齊，應皆爲失黏所致脱落，橫向烏絲欄亦可對接。比較二號共有的 "世""尊""如""人""此""无""子""佛" 等字，如表 9 所示，字迹書風似同。又二號完整每紙各 28 行，紙高皆 26 釐米，行款格式相同（天頭地脚等高，皆有烏絲欄，滿行皆約 17 字，行距、字距、字體大小相近）。據此推斷，此二號確有可能可以綴合。但北敦 1651 號卷面有有規則重複出現的略呈橢圓形的污漬，而爲北敦 3041 號所無，其污漬或爲同一寫卷斷爲殘卷後沾染，存疑。試作綴合如圖 28 所示，所存内容參見《大正藏》T14/406A12—408B25。

北敦 3041 號（前部）　　　　　　北敦 1651 號（後部）

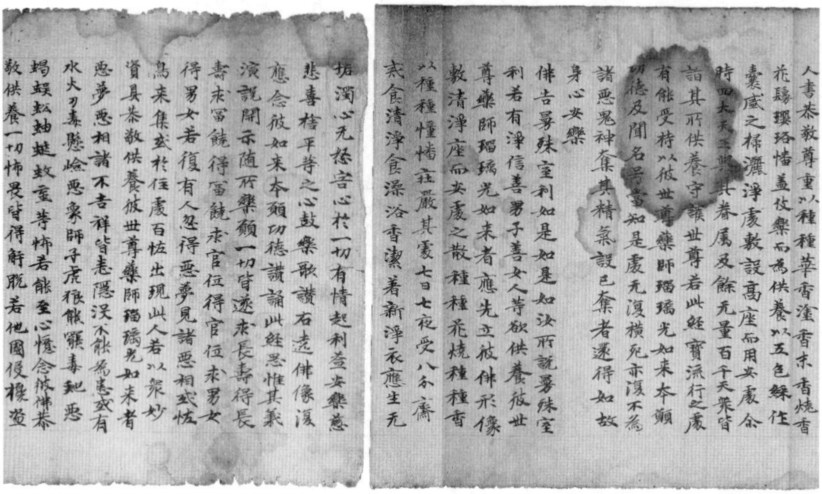

圖 28　北敦 1651 號（後部）+ 北敦 3041 號（前部）綴合圖

表 9　北敦 1651 號、北敦 3041 號字迹比對表

卷號 ＼ 例字	世	尊	如	人	此	无	子	佛
北敦 1651 號	世	尊	如	人	此	无	子	佛
北敦 3041 號	世	尊	如	人	此	无	子	佛

　　上揭二號既可綴合，而《國圖》條記目録稱北敦 1651 號用紙爲經黄紙，又稱北敦 3041 號用紙爲經黄打紙，紙質判定略異，有待目驗原卷後規範統一。

29. 俄敦 10156 號 + 俄敦 11141 號

　　（1）俄敦 10156 號，包括 5 個殘片：俄敦 10156-1 號，見《俄藏》14/236B，如圖 29 右一片所示，存 13 行（末行僅存中部 1 字右側殘筆）；俄敦 10156-2 號，見《俄藏》14/237A，如圖 29 右二片所示，存 17 行（首行僅存中部 2 字左側殘筆）；俄敦 10156-3 號，見《俄藏》14/237B，如圖 29 中右片所示，存 14 行（末行僅存中部 3 字右側殘筆）；俄敦 10156-4 號，見《俄藏》14/238A，如圖 29 中左片所示，存 16 行（首行僅存中部 4 殘字）；俄敦

10156-5 號，見《俄藏》14/238B，如圖 29 左二片所示，存 18 行（末行僅存上部 4 殘字）。行約 17 字。楷書。有烏絲欄。原卷無題，《俄藏》未定名。

（2）俄敦 11141 號，見《俄藏》15/181B。殘片。如圖 29 左一片所示，存 14 行（首行僅存下端 2 字左側殘筆），行約 17 字。楷書。有烏絲欄。原卷無題，《俄藏》未定名。

按：據殘存文字推斷，上揭六片皆爲玄奘譯本《藥師經》殘片（《俄録》定名同），且內容前後相承，可以綴合。綴合後如圖 29 所示，接縫處邊緣大體吻合，原本分屬俄敦 10156-1 號、俄敦 10156-2 號的“諸衆”“☒☒（謀害）”四字，分屬俄敦 10156-3 號、俄敦 10156-4 號的“爲供”“之掃灑”五字，分屬俄敦 10156-5 號、俄敦 11141 號的“二百”“中所受戒”“能專☒（念）”“必定不”“三”十三字皆得大體拼合完整；俄敦 10156-2 號、俄敦 10156-3 號內容於“不復更生諸／餘惡趣”句，俄敦 10156-4 號、俄敦 10156-5 號內容於“右遶佛像／復令念彼如來本願功德”句前後相連，中無缺字。又六片行款格式相同（天頭地脚等高，皆有烏絲欄，滿行皆約 17 字，行距、字距、字體大小相近），字跡書風似同（比較六片間交互出現的“男”“女”“人”“是”“諸”“如”“佛”“言”“世”“尊”“來”“念”“子”等字），可資參證。六片綴合後，所存內容參見《大正藏》T14/406A13—407A23。

30. 北敦 11645 號 + 北敦 7306 號

（1）北敦 11645 號（北臨 1774），見《國圖》109/319B。殘片。如圖 30 右部所示，存 8 行（末行僅存首字右側殘筆），行存上部 1—12 字。有烏絲欄。原卷無題，《國圖》擬題“藥師琉璃光如來本願功德經”，條記目録稱原卷爲經黃打紙，爲 7—8 世紀唐楷書寫本。

（2）北敦 7306 號（北 305；鳥 6），見《國圖》96/143B—146A。卷軸裝，6 紙。前部如圖 30 左部所示，前殘尾全，存 117 行，行 17 字。尾題“藥師琉璃光如來本願功德經”。有烏絲欄。《國圖》條記目録稱原卷經黃紙，爲 7—8 世紀唐楷書寫本。

按：上揭二號皆爲玄奘譯本《藥師經》殘卷，且其內容前後相承，可以綴合。綴合後如圖 30 所示，接縫處邊緣大體吻合，原本分屬二號的“者歡喜利”“奪”

五字皆得拼合完整，横向烏絲欄亦可對接。又二號行款格式相同（天頭等高，皆有烏絲欄，行距、字距、字體大小相近），字迹書風似同（皆爲楷體，筆墨濃重，横畫細豎畫粗），可資參證。二號綴合後，存文起"□（受）持禁戒"，訖尾題，相應内容參見《大正藏》T14/407A9—408B25。

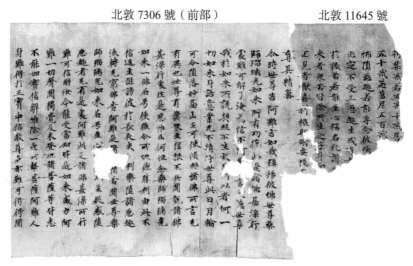

北敦 7306 號（前部）　　　　　　　北敦 11645 號

圖 30　北敦 11645 號 + 北敦 7306 號（前部）綴合圖

上揭二號既可綴合，而《國圖》條記目録稱北敦 11645 號用紙爲經黃打紙，又稱北敦 7306 號用紙爲經黃紙，紙質判定稍有不同，有待目驗原卷後規範統一。

31. 北敦 15925 號 + 北敦 15840 號

（1）北敦 15925 號（北簡 71483），見《國圖》145/41B。殘片。如圖 31 右部所示，存 9 行（前 5 行上殘），行 17 字。有烏絲欄。原卷無題，《國圖》擬題"藥師琉璃光如來本願功德經"，條記目録稱原卷紙高 25.5 釐米，爲 7—8 世紀唐楷書寫本。

（2）北敦 15840 號（北簡 71483），見《國圖》144/257B。殘片。如圖 31 左部所示，存 5 行（第 3、4 行下部微殘），行 17 字。有烏絲欄。原卷無題，《國圖》擬題"藥師琉璃光如來本願功德經"，條記目録稱原卷紙高 25.5 釐米，爲 7—8 世紀唐楷書寫本。

按：上揭二號皆爲玄奘譯本《藥師經》殘片，且其内容於"或二十一／日"句前後相接，中無缺字，存有綴合的可能性。二號接縫處邊緣吻合，横向烏絲欄亦可對接。比較二號共有的"或""十""得""自""瑠""璃""光""如"等字，如表10所示，字迹書風似同。又二號行款格式相同（紙高皆爲25.5釐米，天頭地脚等高，皆有烏絲欄，滿行皆約17字，行距、字距、字體大小相近）。由此推測，此二號確可綴合。綴合後如圖31所示，所存内容參見《大正藏》T14/407B15—407B29。

北敦 15840 號　　北敦 15925 號

圖 31　北敦 15925 號 + 北敦 15840 號
綴合圖

表 10　北敦 15925 號、北敦 15840 號字迹比較表

卷號　＼　例字	或	十	得	自	瑠	璃
北敦 15925 號	或	十	得	自	瑠	璃
北敦 15840 號	或	十	得	自	瑠	璃

32. 北敦 10301 號 + 北敦 8550 號

（1）北敦 10301 號（北臨 430），見《國圖》107/231A。殘片。如圖 32 右部所示，存 11 殘行（第 8 行空白無字，末行僅存中部 1 字右側殘筆），行存中上部 0—16 字。有烏絲欄。原卷無題，《國圖》擬題"藥師琉璃光如來本願功德經"，條記目録稱該卷爲 9—10 世紀歸義軍時期楷書寫本。

（2）北敦8550號（北311；推50），見《國圖》103/170B—172B。卷軸裝，4紙。前部如圖32左部所示，前殘尾全，存82行（前13行中下殘），行約17字。尾題“藥師琉璃光如來本願功德經”。有烏絲欄。《國圖》條記目錄稱該卷爲8—9世紀吐蕃統治時期楷書寫本。

　　按：上揭二號皆爲玄奘譯本《藥師經》殘片，且其内容前後相承，可以綴合。綴合後如圖32所示，接縫處邊緣吻合，橫縱烏絲欄亦可對接。綴後第4—7、11行原本分屬二號的“彼識”“果報”“諸”“藥”“造”七字皆得成完璧；第9、10行内容前後相連，依次爲“阿難問救脱／菩薩曰”“恭敬供養彼世／尊⊠（藥）▢▢▢”，中無缺字。又二號行款格式相同（天頭等高，皆有烏絲欄，行距、字距、字體大小相近），字迹書風似同（比較二號共有的“時”“尊”“師”“七”“十”等字），可資參證。二號綴合後，所存内容參見《大正藏》T14/407B21—408B25。

北敦8550號（前部）

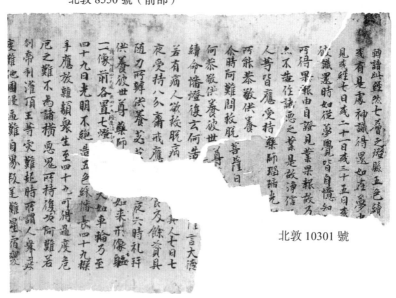

圖32　北敦10301號＋北敦8550號（前部）綴合圖

　　二號既原屬同卷，而《國圖》條記目錄稱前號爲9—10世紀歸義軍時期寫本，後號爲8—9世紀吐蕃統治時期寫本，斷代不一，宜再斟酌。

33. 北敦 10050 號 + 北敦 8935 號

（1）北敦 10050 號（北臨 179），見《國圖》107/96B。殘片。如圖 33 右部所示，存 5 行，行存中部 3—9 字。原卷無題，《國圖》擬題"藥師琉璃光如來本願功德經"，條記目録稱原卷有烏絲欄，爲 7—8 世紀唐楷書寫本。

（2）北敦 8935 號（有 56），見《國圖》104/263A—263B。卷軸裝，2 紙。前部如圖 33 左部所示，存 32 行，行約 17 字，上下部多有殘損。原卷無題，《國圖》擬題"藥師琉璃光如來本願功德經"，條記目録稱原卷有折疊欄，爲 8—9 世紀吐蕃統治時期楷書寫本。

北敦 8935 號（前部）　　　　北敦 10050 號

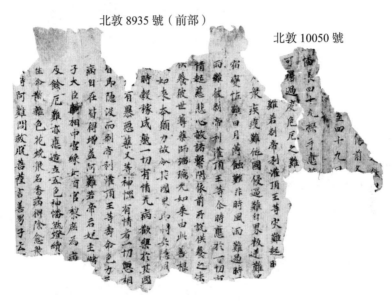

圖 33　北敦 10050 號 + 北敦 8935 號（前部）綴合圖

按：上揭二號皆爲玄奘譯本《藥師經》殘片，且其内容前後相承，可以綴合。綴合後如圖 33 所示，接縫處邊緣吻合，原本分屬二號的"度""厄"二字皆得成完璧。又二號行款格式相同（行距、字距、字體大小相近），書風相近（方正楷體，書寫清朗），字迹似同，可資參證。二號綴合後，存文起"讀誦此經四十九遍"句"遍"字下部殘畫，訖"是爲如來略説横死"句"是"字上部殘字，相應内容參見《大正藏》T14/407C7—408A16。

又，上揭二號既原屬同卷，而《國圖》條記目録稱北敦 10050 號爲 7—8

世紀唐寫本,有烏絲欄;北敦8935號爲8—9世紀吐蕃統治時期寫本,有折疊欄,判定不一。國家圖書館劉波博士目驗原卷後告知:"北敦10050號,無烏絲欄,但是也看不出有折疊欄,殘片很小,很可能修復的時候,上過水,看不出來了。北敦8935號,有明顯的折疊欄痕迹,目前已經没有來回折疊,也已經展平,但是折痕明顯。"據此,可以推知原卷應該有折疊欄,但没有烏絲欄。

34. 俄敦7220號 + 俄敦8860號 + 俄敦5880號 + 俄敦3838號 + 俄敦6763號

(1)俄敦7220號,見《俄藏》13/277A。殘片。如圖34右中部所示,存5殘行,行存中部2—7字。楷書。原卷無題,《俄藏》未定名。

(2)俄敦8860號,見《俄藏》14/98A。殘片。如圖34右下部所示,存6殘行(末行僅存下部四五字右側殘筆),行存下部2—5字。楷書。原卷無題,《俄藏》未定名。

(3)俄敦5880號,見《俄藏》12/264A。殘片。如圖34右上部所示,存13殘行,行存中上部3—16字。楷書。原卷無題,《俄藏》未定名。

(4)俄敦3838號,見《俄藏》11/64A。殘片。如圖34中下部所示,存4殘行,行存下部3—8字。楷書。原卷無題,《俄藏》未定名。

(5)俄敦6763號,見《俄藏》13/196B。殘片。如圖34中下部所示,存18殘行(首行僅存下部1字左側殘筆,第6行空白無字),行存中下部0—15字。尾題存下部"本願功德經"。楷書。《俄藏》未定名。

按:據殘存文字推斷,上揭五號皆爲玄奘譯本《藥師經》殘片(《俄録》定名同)。據完整文本推算,滿行皆約17字。五號内容前後相承,可以綴合。綴合後如圖34所示,接縫處邊緣吻合,原本分屬(1)(2)二號的"我""遭"二字,分屬(1)(3)二號的"☑(福)""企""大"三字,分屬(1)(2)(3)三號的"波"字,分屬(3)(4)二號的"至""作""閑"三字,分屬(3)(5)二號的"師"字,分屬(4)(5)二號的"流""光如來"四字,皆得大致拼接完整。綴後第3、4行内容前後相連,依次爲"衆中有十二藥叉大/將俱在會坐/所謂""伐折羅大將/迷企羅大將安底/羅大將",中無缺字。又五號行款格式相同(滿行皆約17字,行距、字距、字體大小相近),字迹書風似同(比較五號間交互出現的"大""將""羅""佛""有""利""是"等字），可資參證。五號綴合後，所存内容參見《大正藏》T14/408A21—408B25。

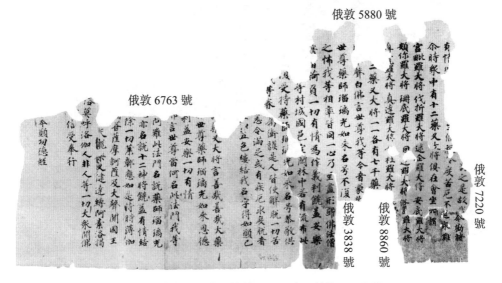

圖 34　俄敦 7220 號 + 俄敦 8860 號 + 俄敦 5880 號 +
俄敦 3838 號 + 俄敦 6763 號綴合圖

35. 斯 8550 號 + 斯 8793 號

（1）斯 8550 號，見 IDP。殘片。尾部如圖 35 下部所示，存 26 殘行，行存中下部 6—16 字。楷書。有烏絲欄。原卷無題，IDP 未定名。

（2）斯 8793 號，見 IDP。殘片。如圖 35 上部所示，存 8 殘行（第 7 行空白無字），行存上部 2—5 字。尾題"藥師經"。楷書。有烏絲欄。

按：據殘存文字推斷，上揭二號皆爲玄奘譯本《藥師經》殘片，且其内容前後相承，可以綴合。綴合後如圖 35 所示，接縫處邊緣吻合，原本分屬二號的"説""大""揭""衆"四字皆得成完璧，縱向烏絲欄亦可對接。又二號行款格式相同（皆有烏絲欄，滿行皆約 17 字，行距、字距、字體大小相近），字迹書風似同（比較二號共有的"一""切""情""聞""伽""大"等字），可資參證。二號綴合後，所存内容參見《大正藏》T14/408B16—408B25。

斯 8793 號

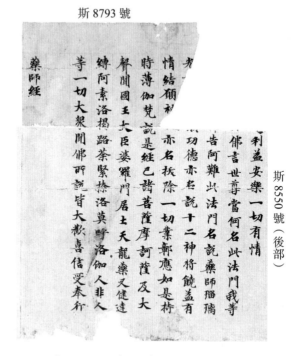

圖 35　斯 8550 號（後部）＋斯 8793 號綴合圖

卷號簡目

根據對已刊布文獻的普查以及上述綴合成果，梳理出敦煌玄奘譯《藥師琉璃光如來本願功德經》寫本卷號如下：

北敦 14150 號°、斯 135 號°、北敦 6515 號、斯 105 號、羽 194 號、北敦 16 號＋北敦 35 號、斯 7690 號、斯 7659 號、斯 7276 號、斯 7692 號、斯 7653 號、北敦 11758 號、俄敦 189A 號、俄敦 16 號、俄敦 5965 號、斯 8791 號、斯 359 號、俄敦 784 號＋斯 2787 號、上圖 104 號、斯 10758 號、俄敦 1981 號＋俄敦 10153 號、斯 8805 號＋斯 10662 號、石谷風 63 號、石谷風 64 號、羽 292 號、俄敦 12766 號、北敦 8945 號、斯 4881 號、北敦 660 號、斯 3815 號、斯 3113 號、斯 3597 號、斯 4713-1 號、斯 1299 號、斯 5214 號、斯 2616 號、斯 11821 號、斯 1911 號、、北敦 11969 號、北敦 6902 號、北敦 2829 號、北敦 10918 號＋北敦 3335 號、北敦 12319 號、俄敦 5505 號＋斯 870 號、北敦

2902 號＋北敦 9983、俄敦 11846 號、俄敦 3081 號、俄敦 2603 號、北敦 8534 號、北敦 7235 號、斯 3160 號、斯 3112 號、斯 3030 號、斯 1905 號、北敦 670 號、北敦 11851A 號、北敦 3528 號、北敦 8273 號、斯 8809 號＋斯 3154 號、北敦 3539 號、北敦 12012 號、斯 8792 號＋斯 10147、俄敦 10154 號、俄敦 10680 號＋斯 281 號、斯 7234 號、敦博 49 號、北敦 15579 號、斯 3625 號、俄敦 4558 號＋北敦 1984 號＋俄敦 5115 號、北敦 130 號、斯 6750 號、斯 10823 號、北敦 6584 號＋北敦 5256 號、北敦 2006 號、北敦 11851B 號、北敦 8946 號＋斯 6562 號、斯 10690 號、北敦 11358 號、臺圖 102 號、北敦 14689 號、俄敦 11974 號＋俄敦 11980 號、北敦 8941 號、酒博 8 號＋斯 6594 號、北敦 8940 號、斯 9393 號、斯 3582 號、北敦 14803 號、斯 3946 號、斯 4463 號、斯 2986 號、北敦 10549 號＋北敦 10405 號＋北敦 4719 號、斯 9796 號、俄敦 6796 號＋“俄敦 1628 號、俄敦 2015 號”、斯 8804 號、北敦 3618 號、北敦 2800 號、北敦 2647 號、北敦 11929 號、斯 7866 號、北敦 6122 號、北敦 1884 號、斯 12606 號、斯 6556 號、俄敦 10155 號 *、斯 9193 號、北敦 11399 號＋北敦 10721 號、斯 12888 號、斯 10132 號、斯 954 號、伯 2900 號、斯 4319 號、斯 5005 號、斯 4843 號、斯 2182 號、斯 3965 號、斯 2980 號、斯 5128 號、北敦 2825 號、斯 10027 號、斯 12464 號、北敦 11912 號、北敦 6516 號、北敦 11611 號＋北敦 8936 號＋北敦 4964 號、北敦 966 號、北敦 15685 號、北敦 2648 號、北敦 10916 號、俄敦 862 號、北敦 2568 號、斯 5125 號、北敦 8934 號＋北敦 13672 號、北敦 11390 號、俄敦 7903 號、北敦 7088 號、斯 7371 號、斯 7951 號、斯 8856 號、<u>俄敦 1662 號＋俄敦 2287 號</u>、斯 5173 號、斯 6815 號、北敦 980 號、津圖 172 號、北敦 12233 號、北敦 6192 號、北敦 7152 號、斯 8135 號、斯 12324 號、俄弗 255 號、俄敦 2730 號、酒博附 5 號、俄敦 5632 號、斯 8788 號、俄敦 11715 號、北敦 15726 號…北敦 15757 號＋<u>津圖 60 號＋津圖 59 號</u>…北敦 15733 號、俄敦 903 號、北敦 6745 號、俄敦 4333 號、俄敦 8947 號、俄敦 4528 號、俄敦 10152 號 *、斯 6475 號、斯 2480 號、斯 2390 號、斯 2308 號、羽 211 號、北敦 1421 號、北敦 5975 號、北敦 15428A 號、北大敦 69 號、北敦 11299 號＋北敦 11443 號、俄敦 10151A 號 *、斯 65 號、北敦 9132 號＋北

敦 2295 號、斯 8480 號、斯 4722 號、北敦 8232 號＋北敦 6900 號、北敦 2014 號、俄敦 8844 號、俄敦 10151B 號 *、斯 7561 號、斯 1414 號、斯 3847 號、俄敦 5572 號＋北大敦 68 號、北敦 3263 號、津藝 168 號、俄敦 4941 號、斯 1199 號＋斯 8808 號、斯 7698 號、津圖 73 號、斯 7398 號、斯 4146 號、斯 3952 號、三井 29 號、俄敦 3727 號、俄敦 7196 號、北敦 1559 號＋北敦 12212 號＋北敦 12320 號＋<u>北敦 10179A 號＋北敦 10179B 號</u>、津藝 298 號、北敦 6564 號、北敦 3628 號、斯 7508 號、俄敦 2290 號、俄敦 2342 號、斯 401 號、俄敦 12537 號、俄敦 11869 號＋俄敦 12679 號＋俄敦 12838 號＋俄敦 11984 號、上圖 99 號、斯 881 號、斯 1581 號、北敦 928 號、斯 9022 號、俄敦 3725 號、斯 8790 號、北敦 15050 號、俄敦 4742 號、伯 4539 號、北敦 894 號、斯 9967 號、北敦 1651 號＋北敦 3041 號、俄敦 4871 號、俄敦 10156 號 *＋俄敦 11141 號、津藝 269 號、斯 4606 號、斯 4597 號、北敦 3198 號、北敦 1391 號、俄敦 5704 號、俄敦 1873 號、首博 32・549 號、俄敦 272 號＋俄敦 1841 號、俄敦 4584 號、伯 4921 號、斯 5359 號、津藝 148 號、北敦 10118 號、北敦 8135 號、北敦 2577 號、俄敦 7608 號、北敦 8930 號、北敦 13674 號、俄敦 5660 號、俄敦 1237 號、俄敦 10778 號、北敦 11946 號、北敦 12313 號、上圖 149 號、斯 1954 號、俄敦 11969 號、俄敦 12526 號、斯 53 號、津圖 75 號、俄敦 12579、北敦 7429 號、俄敦 2583 號、北敦 12393 號、永博 4 號、北敦 11645 號＋北敦 7306 號、俄敦 5088 號、斯 7344 號、北敦 5345 號、北敦 6938 號、北敦 2683 號、北敦 15742 號、北敦 6907 號、北敦 14945 號、北敦 11550 號、北敦 7803 號、斯 8285 號、北敦 14832 號、斯 5335 號、津藝 147 號、斯 6470 號、斯 6353 號、斯 8806 號、北敦 15925 號＋北敦 15840 號、俄弗 206 號、北敦 15541 號、北敦 10301 號＋北敦 8550 號、俄敦 10349 號、津圖 120 號、斯 3639 號、津圖 4、北敦 10050 號＋北敦 8935 號、俄敦 14745 號、伯 4925 號＋伯 4554 號、斯 1029 號、斯 3699 號、俄敦 12589 號、<u>俄敦 621 號＋俄敦 1160 號</u>、北敦 6821 號、津藝 268 號、斯 5922 號、俄敦 6498 號、俄敦 617 號、俄敦 7220 號＋俄敦 8860 號＋俄敦 5880 號＋俄敦 3838 號＋俄敦 6763 號、中村 65 號、斯 8550 號＋斯 8793 號、伯 3519（Pel.sogd.6）背（1-6）號。

十一、佛説觀佛三昧海經

　　《佛説觀佛三昧海經》又稱《觀佛三昧海經》《觀佛三昧經》，東晉天竺三藏佛陀跋陀羅譯，共十卷。該經詳述了觀佛、念佛的方法及其産生的殊勝功德，經中穿插了諸多佛的奇瑞神變，并引用了許多印度神話，富有文學色彩。

　　經普查，業已刊布的敦煌文獻中，可確定爲《佛説觀佛三昧海經》寫本共有 59 號，包括國圖藏 9 號、英藏 11 號、法藏 4 號、俄藏 23 號、散藏 12 號。這些寫卷中首尾完整者僅 1 號（羽 481 號），其餘各號皆有不同程度的殘損。由於部分殘片殘損極爲嚴重，殘存的文字見於多種佛經，又有俄敦 3746 號、俄敦 7790 號、俄敦 15514 號、俄敦 18361 號等 4 號存疑寫卷。《俄藏》出版時已將館藏的 6 號殘卷綴合爲 3 組：俄敦 1547 號 + 俄敦 1548 號、俄敦 15811A 號…俄敦 15811B 號、俄敦 2031 號…俄敦 2206 號。後來，張鳳嬌對敦煌本《佛説觀佛三昧海經》做了全面的匯集和整理，新綴 2 組：北敦 9846 號…北敦 9762 號…北敦 12078 號、北敦 14840LA 號 + 上博 14 號；補綴 1 組：斯 6112 號…俄敦 2031 號…俄敦 2206 號。[①]

　　本次將其中的 5 號寫卷綴合爲 2 組。

1. 北敦 10672 號 + 啓功舊藏本

　　（1）北敦 10672 號（北臨 801），見 IDP。卷軸裝殘片。如卷首彩圖 1 右部所示，長 25.4 釐米，高 25.5 釐米，存 14 行，其中首行僅存上部 3 字左側殘形，第 2—10 行下殘，末行上下殘，行 17 字。所存內容起"手十指爪利如鋒芒，

---

① 張鳳嬌《敦煌本〈佛説觀佛三昧海經〉寫本考暨俗字匯輯》，汕頭大學碩士學位論文，2019 年。

脚有十爪縱横如劍”句之“十爪縱”三字，^① 至“以魔王珠化作四兵”句之“四”字。楷書，略帶隸意。有烏絲欄。原卷無題，《國圖》擬題“觀佛三昧海經卷二”。《國圖》條記目録稱原卷爲5—6世紀南北朝寫本。

（2）啓功舊藏本。該卷原爲啓功舊藏，後經其内侄章景懷先生贈予浙江大學古籍研究所。卷軸裝，3紙。如卷首圖1左部所示，前後皆殘，存32行，首紙3行，次紙28行，末紙1行，其中前6行下殘，末行僅存下部5字，行17字。楷書，略帶隸意。有烏絲欄。原卷長61釐米，紙高25.5釐米，界欄高19.3釐米，行寬1.7釐米。所存內容始“瞿曇善人，或能知呪，當興四兵”句之“善人”二字，訖“菩薩是時儼然不動，入勝意慈”句之“菩薩是”三字。寫卷左下部鈐有啓功“簡靖堂圖書印”一枚。

按：據殘存文字判斷，上揭二號皆爲《佛説觀佛三昧海經》卷二殘卷，且内容前後相承，可以綴合。綴合後如卷首彩圖1所示，二號殘卷左右相接，接縫處邊緣吻合，前號寫卷末行行首存留的殘筆可補全後號首行的“人”字，後號首行所存留的殘筆可補全前號首行的“或”字，原本分屬二號的“人或”二字皆得成完璧，横縱烏絲欄亦可對接。又二號殘卷紙高皆爲25.5釐米，行款格式相同（天頭、地脚等高，皆有烏絲欄，滿行皆17字，行距、字距、字體大小相近），書風字迹似同（比較二號寫卷共有的“一”“人”“十”“三”“大”“是”“如”“千”“其”等字），可資參證。二號綴合後，所存内容參見《大正藏》T15/651B9—651C26。

二號殘卷既可直接綴合，那麽它們必定抄寫於同一時期。《國圖》條記目録稱北敦10672抄於5—6世紀，爲南北朝時期的寫本；而對於啓功舊藏寫卷，啓功先生本人認爲是隋代的作品，^② 柴劍虹在爲寫卷撰寫的跋文中認爲是唐寫經。從原卷字體來看，本組寫經字體工整端正，雖然其中部分筆劃收筆處重按，稍帶有隸意，但通篇基本保留了楷書小字的書寫規範，已體現出隋唐時期楷

---

① 此三字右側殘損嚴重，其中第二字僅存左側“木”旁，疑爲“爪”的增旁繁化字“抓”字之殘（“木”“扌”古書中多混用）；第三字僅存左側“足”旁，應是“蹤”字之殘，“縱”“蹤”二字寫本中通用。

② 見北京師範大學音像出版社2010年出版的DVD《啓功講書法》第一輯“字體的變遷”。該課程録影資料隨後被整理成《啓功講書法》（啓功著、周陽補注，北京師範大學出版社，2016年）一書。

書的氣象。總體而言，我們更傾向於將本組寫卷的抄寫時間判定爲隋至唐初，《國圖》條記目録的斷代相對過早。

2. 俄敦 16284 號…俄敦 16052 號…俄敦 15691 號

（1）俄敦 16284 號，見《俄藏》16/290B。殘片。如圖 2 右下部所示，存 3 殘行，各行上部皆殘，行存下部 2—3 字。楷書，略帶隸意。原卷無題，《俄藏》未定名，《俄録》擬題"佛説觀佛三昧海經卷第三觀相品第三"。

（2）俄敦 16052 號，見《俄藏》16/276B。殘片。如圖 2 中部所示，存 5 殘行，各行上下部皆殘，行存中部 2—11 字。楷書，略帶隸意。原卷無題，《俄藏》未定名，《俄録》擬題"佛説觀佛三昧海經卷第三觀相品第三"。

（3）俄敦 15691 號，見《俄藏》16/250B。殘片。如圖 2 左上部所示，存 2 殘行，各行僅存上部 2 殘字。楷書，略帶隸意。原卷無題，《俄藏》未定名，《俄録》將其稱作"殘佛經"，稱内容未檢出。

按：據殘存内容判斷，上揭二號皆爲《佛説觀佛三昧海經》卷三殘卷，且内容前後相承，存在綴合的可能性。試作綴合示意圖如圖 2 所示，三塊殘片無法直接拼合，但各殘片的行款格式相同（據完整文本推算，滿行皆約 16 字，行距、字距疏朗，字體較小），書風字迹似同（皆爲帶有隸意的楷書，比較各號交互出現的"有""隨"等字），可以參證。綴合後，相應文字參見《大正藏》T15/659C28—660A5。

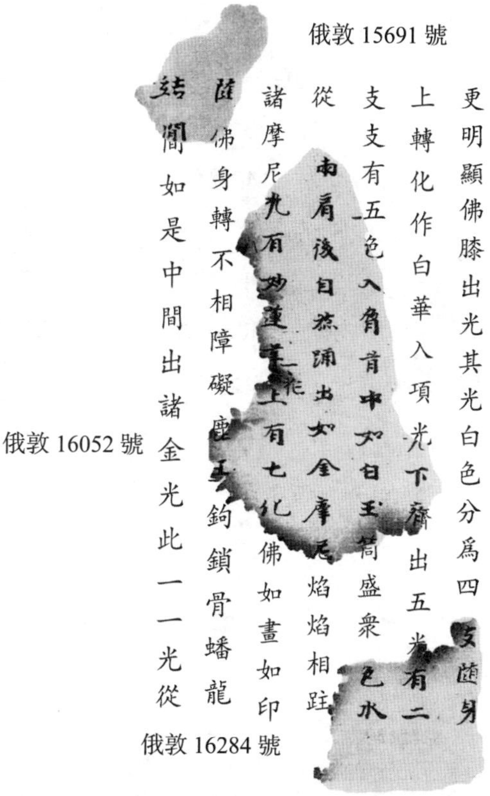

圖 2　俄敦 16284 號…俄敦 16052 號…俄敦 15691 號綴合示意圖

卷號簡目

根據對已刊布文獻的普查以及上述綴合成果，梳理出敦煌《佛説觀佛三昧海經》寫本卷號如下：

卷一 羽 234 號、俄弗 152 號、俄敦 15811A 號…俄敦 15811B 號、俄敦 3248 號、北敦 9846 號…北敦 9762 號…北敦 12078 號、俄敦 9427 號、北敦 14840LA 號 + 上博 14 號、俄敦 3738 號、斯 4615 號；

卷二 斯 9059 號*、首博 32.557 號、北敦 10672 號 + 啓功舊藏本、伯 4687 號、北敦 14615 號、俄敦 15835 號、俄敦 8554 號、俄敦 11914 號；

卷三 斯 11549 號、俄敦 1547 號 + 俄敦 1548 號、敦博 9 號、伯 5592-1 號、敦研 295 號、俄敦 16284 號…俄敦 16052 號…俄敦 15691 號*、北大 155 號、敦研 294 號、斯 3884 號、伯 4751 號；

卷四 伯 2078 號、斯 6112 號…俄敦 2031 號…俄敦 2206 號、斯 7482 號、羽 589-11 號*；

卷五 俄敦 1142 號、斯 1877 號、甘博 3 號、俄敦 806 號、北敦 10944 號；

卷六 羽 481 號°、斯 3274 號、斯 11736 號*、羽 606 號；

卷七 北敦 1247 號、斯 9004 號*；

卷九 俄敦 15086 號、北敦 6521 號、俄敦 3210 號、俄敦 10373 號、俄敦 5581 號、津圖 115 號；

卷十 斯 6821 號、俄敦 7299 號。

十二、《大乘稻芊經》及其注疏

《大乘稻芊經》，又稱《佛説大乘稻芊經》，[①]佛教經典，一卷，譯者不詳，或爲法成。[②]主要内容爲彌勒菩薩應舍利弗之請問，宣説因緣生法有内外二種，并藉稻秆由種生芽，由芽生葉，乃至由花生實之事，比喻十二因緣之生起次第。該經是闡釋佛教緣起法則的重要經典。異譯本有吳支謙譯《了本生死經》、東晉闕譯《佛説稻芊經》、[③]唐不空譯《慈氏菩薩所説大乘緣生稻芊喻經》、宋施護譯《大乘舍黎娑擔摩經》四種，爲歷代大藏經所收載。

此本未爲歷代經録著録，亦未爲歷代大藏經收入，較早由上海商務印書館於 1919 年據京師圖書館藏敦煌本出版單行本，并附《大乘稻芊經隨聽疏》；[④]後由《大正藏》據敦煌寫本收録於第 16 卷。

《大乘稻芊經隨聽疏》《大乘稻芊經隨聽疏決》是《大乘稻芊經》之漢文疏釋，亦僅見於敦煌文獻，《大正藏》收載於第 85 卷。《大乘稻芊經隨聽疏》亦稱《大乘稻芊經隨聽手鏡記》，[⑤]一卷，唐法成集譯并疏釋，主要從"五門"

---

① 經名及經文"今日世尊觀見稻芊"之"稻芊"，敦煌本皆同，"芊"字字書釋草名，經中當爲"秆"的換旁俗字（馬王堆帛書已有同樣用法的"芊"）；整理者或作"竿"，不妥；又或録作"芊"，誤字。"秆"或作"稈"，指禾本植物的莖。經文"芊（秆）"即指稻秆，與竹竿的"竿"無關。

② 季羨林主編《敦煌學大辭典》，上海辭書出版社 1998 年，第 672 頁。

③ 在調查過程中，我們發現敦煌文獻中亦存有《佛説稻芊經》寫卷（如北敦 11589 號、北敦 5252-2 號），可資相關研究。

④ 校勘者江味農於此書跋記中詳細地記載了成書經過："曩聞敦煌經卷中有《稻芊經疏》十餘卷，爲大藏所佚，心嚮往之久矣。去歲來圖書館任編校之役，亟取而閲之，蕉亂譌脱，幾不可讀。爲之爬梳剔抉，排比聯綴，并取重複之卷互勘異同，亦有援據他書以校補者，其不可攷者則存疑焉。積八閲月之力，録成一卷，仍闕首尾。會傅沅叔先生得一殘卷，所闕疏文悉在其中。於是千年祕著，遂成完書。然此疏所依之經，亦非大藏譯本，復於八千餘卷中窮搜徧覓，而竟獲之。"（江味農《佛説大乘稻芊經（附隨聽疏）》，商務印書館，1919 年）

⑤ 敦煌寫卷伯 2284 號，首尾皆全，存文始首題"大乘稻芊經隨聽疏"，訖尾題"大乘稻芊經隨聽手鏡記"，含括"五門"内容。

（立所宗、明歸乘、明歸分、辯歸藏、釋經文）對《大乘稻芉經》進行解讀。敦煌文獻中保存《大乘稻芉經隨聽疏》（《大乘稻芉經隨聽手鏡記》）寫卷 70 號，大多抄寫於吐蕃後期及歸義軍初期，其中北敦 15358 號卷尾有題記“大番國沙州永康寺沙彌於卯年十二月廿五日寫記，歸正”，伯 2208 號背 2 卷首有題記“大中十三年（859）八月廿日歷，經手抄記，此年三月廿日因此臺上設齋供養訖。大中七月三月廿日”，可參。又佚名《大乘稻芉經隨聽疏決》一卷，主要是申述《大乘稻芉經隨聽疏》的未盡之義，即其開篇所言“所有《稻芉》未決義，今當次第略解釋”。

經對業已刊布的敦煌文獻的全面普查，我們共發現《大乘稻芉經》及其注疏寫本 142 號。《大乘稻芉經》62 號，包括：國圖藏 34 號，英藏 17 號，法藏 5 號，俄藏 1 號，散藏 5 號。《大乘稻芉經》注疏寫卷 80 號，包括國圖藏 23 號，英藏 16 號，法藏 25 號，俄藏 9 號，散藏 7 號。這 142 號敦煌本《大乘稻芉經》及其注疏中，首尾完整者僅 14 號，其餘 128 號皆有不同程度的殘損，頗有本爲一卷而被撕裂爲數號者。前賢已將其中的 10 號綴合爲 5 組。包括《中田録》綴合 1 組：北敦 7958 號＋北敦 7975 號；《國圖》條記目録綴合 2 組：北敦 3813 號＋北敦 4037 號、北敦 7665 號＋北敦 8071 號；《俄藏》綴合 1 組：俄敦 302 號＋俄敦 494 號；《法藏》綴合 1 組：伯 3785 號＋伯 3786 號背。

本次補綴 1 組，新綴 10 組，共計將 27 號綴合爲 11 組。

1. 斯 2889 號⋯北敦 3004 號

（1）斯 2889 號（翟 5190），見《寶藏》24/296A—297A。卷軸裝，2 紙。首全後缺，後部如圖 1 右部所示，存 54 行（前紙 26 行，後紙 28 行），行約 17 字。首題“佛說大乘稻芉經”。楷書。有烏絲欄。有行間校加字。

（2）北敦 3004 號（北 468；雲 4），見 IDP，另見《國圖》41/4B—8A。卷軸裝，6 紙。前殘尾全，前部如圖 1 左部所示，存 143 行（首紙 18 行，中 4 紙各 28 行，末紙 13 行；首行上下殘，第 2—7 行下殘），行約 17 字。尾題“佛說大乘稻芉經一卷”。楷書。有烏絲欄。有行間校加字。《國圖》條記目録稱該卷爲 8—9 世紀吐蕃統治時期寫本。

按：上揭二號皆爲《大乘稻芉經》殘卷。二號內容前後相承，存有綴合的可能性。比較二號共有的"是""即""身""此""我""見""正""説"等字，如表1所示，字迹書風似同。二號中完整諸紙每紙皆28行，用紙規格相合。又此二號行款格式相同（皆有烏絲欄，行約17字，行距字距、字體大小相近，皆有行間校加字），書風相似（字體端秀，頓筆有力）。由此判定二號確可綴合。綴合後如圖1所示，二號不直接相連，據津藝72號等完整文本推算，間缺約38行。北敦3004號前紙18行加上缺失的38行，爲2整紙56行，正好合於二號中完整諸紙每紙28行的行數。二號綴合後，所存內容參見《大正藏》T16/823B20—824A15、T16/824B23—826A27。

北敦3004號（前部）　　　　　　　　斯2889號（後部）

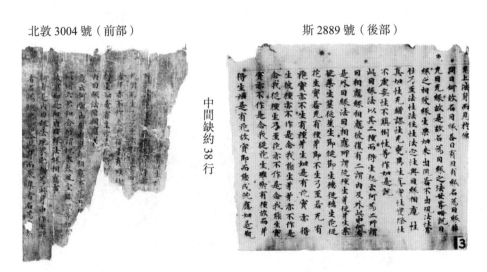

中間缺約38行

圖1　斯2889號（後部）…北敦3004號（前部）綴合示意圖

表1　斯2889號、北敦3004號字迹比較表

例字／卷號	是	即	身	此	我	見	正	説
斯2889號	是	即	身	此	我	見	正	説
北敦3004號	是	即	身	此	我	見	正	説

2. 斯 9174 號…斯 985 號

（1）斯 9174 號，見 IDP。殘片。如圖 2 右部所示，存 7 殘行，行存中上部 7—21 字。首題 "▨（佛）説大乘稻芉經"。楷書。有烏絲欄。

（2）斯 985 號（翟 5864），見《英圖》16/298—301。卷軸裝，6 紙。前5 紙抄《大乘稻芉經》，前部如圖 2 左部所示，前殘，後部未抄完，存 153 行（首行右殘），行約 22 字。有烏絲欄。原卷無題，翟目認爲是 "一部佛教著作注疏"，《索引》泛題 "佛經"；《寶藏》及《索引新編》擬題 "佛説大乘稻芉經"，"芉" 字誤；《英圖》擬題 "大乘稻芉經"。《英圖》條記目録稱該卷爲 8—9 世紀吐蕃統治時期楷書寫本。後紙抄《大乘百法明門論開宗義决》經文，并夾雜大順三年（892）十二月金光明寺比丘福祐題記等；背爲《大乘要語》一卷。

斯 985 號（前部）　　　　　　　　　　斯 9174 號

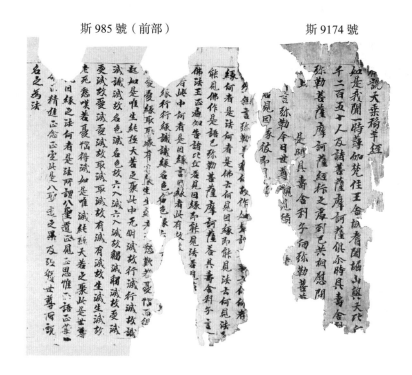

圖2　斯 9174 號…斯 985 號（前部）綴合圖

按：上揭二號皆爲《大乘稻芉經》殘卷，且二號内容前後相承，存有綴合的可能性。比較二號共有的 "是" "諸" "薩" "見" "摩" "相" "彌" 等字，如表 2 所示，字迹似同。據完整文本推算，斯 9147 號末行與斯 985 號首行應是鄰行。根據殘行所存文字，比對《大正藏》及其他完整寫本，此二行文字可復原如下（行與行之間用"/"區隔）：

諸 /□□（比丘），⊠（若）見因⊠（緣），彼即⊠⊠（見法）；□□□□□□□□□（若見於法，即能見佛。作是語已），/⊠⊠（默然）無言。弥勒，⊠⊠⊠（善逝何）故作如⊠⊠（是説）？⊠⊠⊠⊠（其事云何）？何者□（因）/ 緣？

復原後，二行字數分別爲 22、21 字，正和全卷完整每行的字數大致吻合。又此二號行款格式相同（天頭等高，皆有烏絲欄，行距字距、字體大小相近），書風相似（皆楷書，字體方正，筆墨均匀，頓筆有力）。由此判定，此二號確可綴合。綴合後如圖 2 所示，所存内容參見《大正藏》T16/823B20—825C22。

表 2　斯 9174 號、斯 985 號字迹比較表

例字 卷號	是	諸	薩	見	摩	相	彌
斯 9174 號	是	諸	薩	見	摩	相	弥
斯 985 號	是	諸	薩	見	摩	相	弥

3. 北敦 7905 號＋北敦 485-1 號

（1）北敦 7905 號（北 484；文 5），見《國圖》99/248—249。卷軸裝，1 紙。首全後缺，後部如圖 3 右部所示，存 27 行，行 19—26 字。首題"佛説大乘稻芉經一卷"。有烏絲欄。卷面上部、下部呈循環性污漬。《國圖》條記目録稱該卷行楷字體，爲 8—9 世紀吐蕃統治時期寫本。

（2）北敦 485-1 號（北 5964；洪 85），見《國圖》7/293B—294A。卷軸裝，2 紙。前後皆缺，前部如圖 3 左部所示，存 47 行（前紙 28 行，後紙 19 行，後紙尾部另有餘空 7 行），行 19—26 字。有烏絲欄。卷面上部、下部呈循環狀污漬。原卷無題，《劫餘録》定作"稻芉經"；《寶藏》及《索引新編》擬題"大

乘稻芉經”，《國圖》擬題“大乘稻竽經”，“芉”“竽”皆誤。《國圖》條記目錄稱該卷爲8—9世紀吐蕃統治時期楷書寫本。本號之後爲北敦485-2號，凡3紙，抄《妙法蓮華經》卷七。

按：上揭二號皆爲《大乘稻芉經》殘卷，且其內容前後相承，可以綴合。綴合後如圖3所示，二號銜接處裂縫吻合，上下欄綫對接無間，北敦7905號末行“有因”二字與北敦485-1號首行“有緣名爲因緣”相連成句，中無缺字。二號卷面上部、下部皆呈循環狀污漬。又二號行款格式相同（天頭地脚等高，皆有烏絲欄，每行字數參差，約19—26字，行距、字距及字體大小相近），書風相似（字體方正，筆意相連，筆墨濃淡不一），字迹似同（比較表3所示二號共有的“是”“不”“故”“有”“及”“无”“作”等字），可證此二號確爲同一寫卷之撕裂。此二號綴合後，所存內容參見《大正藏》T16/823B20—824C7。

北敦485-1號（前部）　　　　　　　　　　北敦7905號（後部）

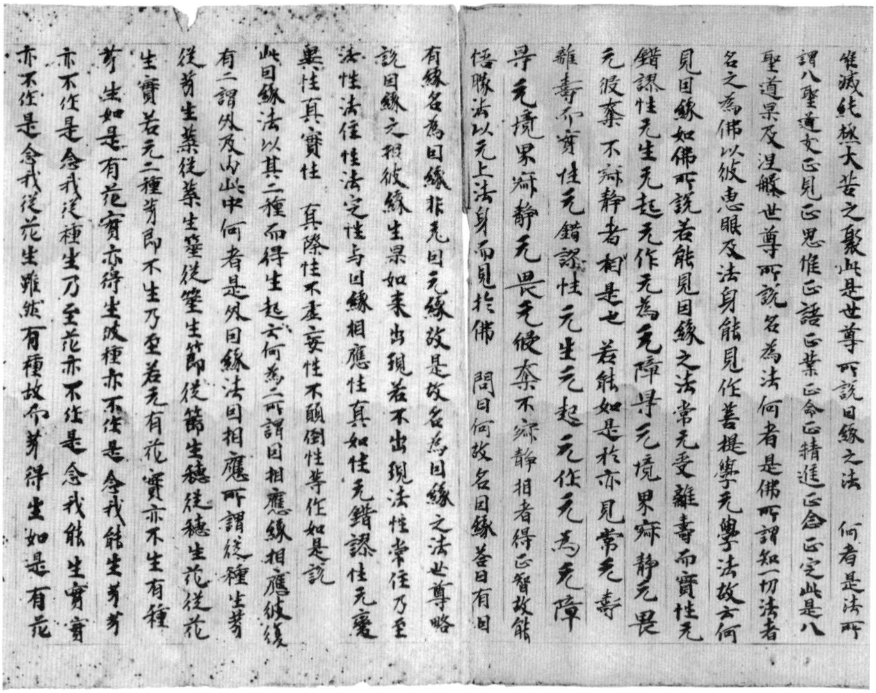

圖3　北敦7905號（後部）＋北敦485-1號（前部）綴合圖

表3　北敦 7905 號、北敦 485-1 號字迹比較表

例字 / 卷號	是	不	故	有	及	無	作
北敦 7905 號	是	不	故	有	及	无	作
北敦 485-1 號	是	不	故	有	及	无	作

上揭二號既原屬同卷，而《國圖》條記目錄稱北敦 7905 號字體爲行楷，北敦 485-1 號字體爲楷書，判斷有出入。就整體風格而言，以定作楷書爲宜。

4. 斯 1091 號 + 斯 3810 號

（1）斯 1091 號（翟 4371），見《英圖》18/96A。卷軸裝殘片。後部如圖 4 右部所示，前後皆殘，存 15 行（首行右側微殘），行約 17 字。有烏絲欄。原卷無題，《翟錄》及《索引》泛題 "佛經"；《寶藏》及《索引新編》擬題 "佛説大乘稻芊經"，"芊" 字誤；《英圖》擬題 "大乘稻芊經"。《英圖》條記目錄稱該卷爲 8—9 世紀吐蕃統治時期楷書寫本。

斯 3810 號（前部）　　　　斯 1091 號（後部）

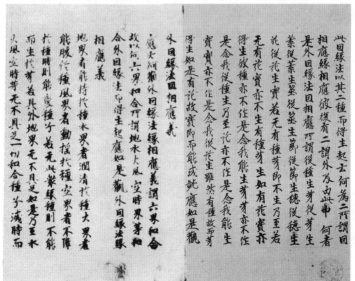

圖 4　斯 1091 號（後部）+ 斯 3810 號（前部）綴合圖

（2）斯 3810 號（翟 4576），見《寶藏》31/478B—479B。卷軸裝，1 紙。前部如圖 4 左部所示，前後皆殘，存 28 行，行約 17 字。楷書。有烏絲欄。原卷無題，《翟録》及《索引》泛題"佛經"，《寶藏》擬題"佛說大乘稻芊經"（"芊"字誤），《索引新編》擬題"佛說大乘稻芊經"。背有藏文三行。

按：上揭二號皆爲《大乘稻芊經》殘卷，且其內容於"應如是觀/外因緣法因相應義"句前後相接，中無缺字，存有綴合的可能性。比較二號共有的"之""芽""外""能""若""念""亦"等字，如表 4 所示，字迹似同。又二號行款格式相同（卷心等高，皆有烏絲欄，行約 17 字，行距、字距及字體大小相近），書風相似（皆楷書，字體端秀，筆畫纖細）。由此判定，此二號確可綴合。綴合後如圖 4 所示，所存內容參見《大正藏》T16/823C29—824B12。

表 4　斯 1091 號、斯 3810 號字迹比較表

例字 卷號	之	芽	外	能	若	念	亦
斯 1091 號	之	芽	外	能	若	念	亦
斯 3810 號	之	芽	外	能	若	念	亦

5. 伯 4804 號 + 斯 9208 號

（1）伯 4804 號，見 IDP，另見《法藏》33/189A。卷軸裝殘片。如圖 5 右部所示，存 12 行（首行中殘，後 4 行中上殘），行 21 字左右。楷書。原卷無題，《索引》及《寶藏》泛題"殘佛經"；《索引新編》擬題"大乘稻芊經"，"芊"字誤；《法藏》擬題"大乘稻芊經"。

（2）斯 9208 號，見 IDP。卷軸裝殘片。如圖 5 左部所示，存 19 行（首行僅存上部 3 字左側殘形，其後 3 行上下殘或下殘，後 5 行中上殘），行約 21 字。楷書。原卷無題，IDP 未定名。

按：據殘存文字推斷，後號亦爲《大乘稻芊經》殘片，且上揭二號內容前後相承，可以綴合。綴合後如圖 5 所示，接縫處邊緣吻合，原本分屬二號的

"此是无""☒（者）此""於""依名色諸""貪著名" 13 字皆得大致拼合完整。前號末 4 行行末與後號首 4 行行首的内容前後相接，依次爲"於諸境界起貪、瞋、癡 /[於諸境界起貪、瞋、癡]☒（者），此是无明緣行"、①"名之爲識 / 與識俱生四取蘊者"、"三法 / 和合"、"☒（名）之爲愛 / 增長愛者"，中無缺字。又此二號行款格式相同（滿行皆約 21 字，行距、字距、字體大小相近），字迹書風似同（皆楷書，比較二號共有的"是""之""生""无""者"等字），可資參證。二號綴合後，所存内容參見《大正藏》T16/824C16—825A21。

斯 9208 號（前部）　　　　　　伯 4804 號

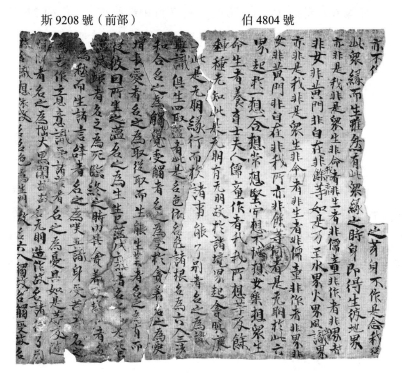

圖 5　伯 4804 號＋斯 9208 號（前部）綴合圖

6. 北敦 9816 號＋俄敦 1123 號＋北敦 7881 號

（1）北敦 9816 號（朝 37），見《國圖》106/310A。卷軸裝殘片。如圖 6 右部所示，存 14 行（後 11 行上殘，末行僅存下部八九字右側殘形），行約 23 字。

---

① 該句寫卷漏抄經文重複的"於諸境界起貪、瞋、癡"八字。

有烏絲欄。有行間校加字。原卷無題,《國圖》擬題"大乘稻竿經","竿"當作"芉"。《國圖》條記目録稱該卷紙高 27.5 釐米,爲 8—9 世紀吐蕃統治時期楷書寫本。

（2）俄敦 1123 號,見《俄藏》7/329B。卷軸裝殘片。如圖 6 中部所示,存 18 殘行,行存中上部 4—22 字。楷書。有烏絲欄。原卷無題,《俄藏》擬題"因緣十二支法"。《孟録》考定該號爲 8—10 世紀寫本。

（3）北敦 7881 號(北 483;制 81),見《國圖》99/194—195。卷軸裝,1 紙。前部如圖 6 左部所示,存 30 行(首 2 行中部殘損),行約 23 字。有烏絲欄。有行間校加字。原卷無題,《劫餘録》定作"佛説大乘稻芉經",《國圖》擬題"大乘稻芉經"。《國圖》條記目録稱該卷紙高 27.5 釐米,爲 9—10 世紀歸義軍時期楷書寫本。

按:據殘存文字推斷,俄敦 1123 號亦應爲《大乘稻芉經》殘片。"因緣十二支法"爲《大乘稻芉經》的重要內容,但本身并非書名,《俄藏》擬題不確。據完整文本推算,俄敦 1123 號滿行亦約 23 字。上揭三號內容前後相承,可以綴合。綴合後如圖 6 所示,俄敦 1123 號首 2 行上部與北敦 9816 號末 2 行下部上下左右相接,接縫處邊緣吻合,原本分屬二片的"憂具如""諸行""別故名"八字皆可拼合完整;俄敦 1123 號末行與北敦 7881 號首行應是相鄰行,接縫處邊緣大體吻合(中部仍有缺損)。根據殘行所存文字,比對《大正藏》及其他完整寫本,此二行文字可復原如下:

雖然,此因緣十二支法互相爲因、互相爲緣,▨□□□□□(非常,非無常,非有)/爲,非无爲,非无□□□□□▨(因,非无緣,非有)受,非盡法,非壞法,非滅/法。

復原後,二行字數分别爲 24、21 字,和全卷完整每行的字數大致吻合。又此三號行款格式相同(天頭地脚等高,滿行皆約 23 字,行距、字距及字體大小相近),可資參證。三號綴合後,所存文字參見《大正藏》T16/824C20—825C17。

又此三號既是同一卷之撕裂,《國圖》條記目録稱北敦 9816 號爲 8—9 世紀吐蕃統治時期寫本,北敦 7881 號爲 9—10 世紀歸義軍時期寫本,而《孟録》

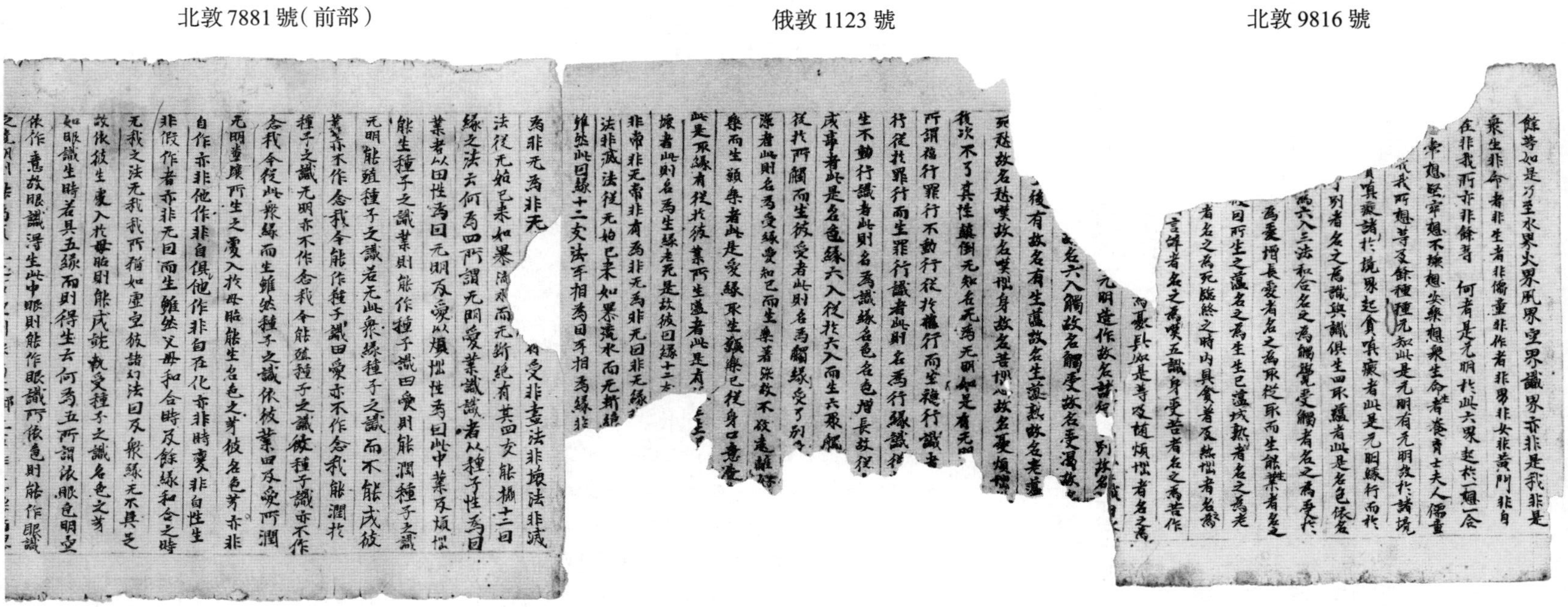

圖 6　北敦 9816 號＋俄敦 1123 號＋北敦 7881 號（前部）綴合圖

北敦 9816 號

俄敦 1123 號

北敦 7881 號（前部）

稱俄敦 1123 號爲 8—10 世紀寫本，斷代頗有出入，宜再斟酌。[①]

7. 伯 4675 號 + 斯 6463 號

（1）伯 4675 號，見《法藏》33/73。卷軸裝。後部如圖 7 右部所示，首全後缺，存 38 行（第 2—6 行下殘），行約 30 字。首題"大乘稻芉經隨聽疏"。行楷。有烏絲欄。有行間校加字。

（2）斯 6463 號，見《寶藏》47/74B—84B。卷軸裝。前部如圖 7 左部所示，前缺尾全。存 498 行，行約 30 字。尾題"大乘稻芉經隨聽手鏡記"。行楷。有烏絲欄。有行間校加字。

斯 6463 號（前部）　　　　　　　　　　伯 4675 號（後部）

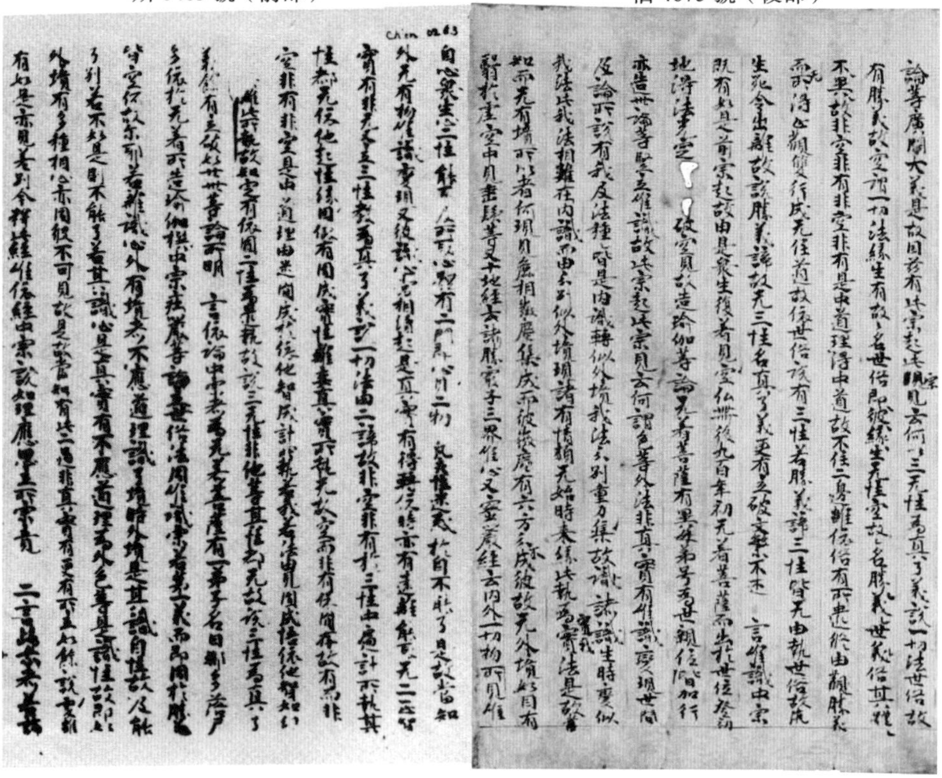

圖 7　伯 4675 號（後部）+ 斯 6463 號（前部）綴合圖

① 此三號的字迹似非出於同一人之手，可能係由兩個抄手輪流抄寫而成，詳見本書上編第三節敦煌殘卷綴合的程序和方法之（三）注意事項"留心古代寫經合抄的情況"小節。

　　按：如前所説，《大乘稻芉經隨聽手鏡記》是《大乘稻芉經隨聽疏》的異名，故上揭二號係同一經疏的殘卷。二號内容於"所見唯／自心"句前後相連，中無缺字，存有綴合的可能性。二號接縫處邊緣整齊，横向烏絲欄可以對接。比較二號共有的"有""能""言""者""故""爲""行"等字，如表5所示，字迹似同。又二號行款格式相同（皆有烏絲欄，滿行皆約30字，行距、字距及字體大小相近），卷面皆有行間校加字，書風相似（筆墨均匀，筆意相連）。由此判定，此二號確可綴合。二號綴合後，如圖7所示，前後題皆具，全卷首尾完整，所存文字參見《大正藏》T85/543C19—556B19。

表5　伯4675號、斯6463號字迹比較表

例字 卷號	有	能	言	者	故	爲	行
伯4675號	有	能	言	考	故	爲	行
斯6463號	有	能	言	考	故	爲	行

　　8. 俄敦302號＋俄敦494號＋俄敦4017號＋俄敦6147號＋俄敦5389號

　　（1）俄敦302號＋俄敦494號，見《俄藏》6/208B—209A，《俄藏》已將二號圖版綴合爲一（該二號背面有編號，知正面部分後部11行爲俄敦494號）。卷軸裝殘片。如圖8右部所示，存23行，行存中上部2—19字（末行僅存2字右部殘形）。有行間校加字。首題"大乘稻芉經隨聽手鏡記"，卷背有"張盈憑""戊午年十一月"字樣。

　　（2）俄敦4017號，見《俄藏》11/123B。殘片。如圖8中上部所示，存3殘行，行存上部7—12字。原卷無題，《俄藏》未定名。

　　（3）俄敦6147號，見《俄藏》13/21A。殘片。如圖8中下部所示，存3殘行，行存中下部5—12字。原卷無題，《俄藏》未定名。

　　（4）俄敦5389號，見《俄藏》12/116A。殘片。如圖8左部所示，存12

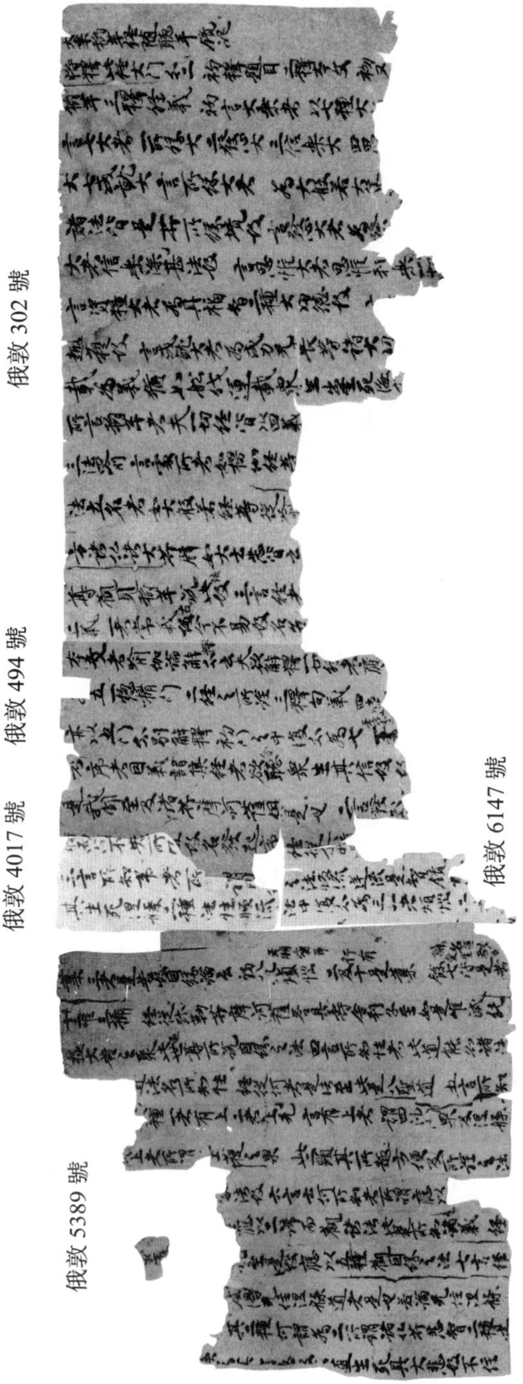

圖 8　俄敦 302 號、俄敦 494 號＋俄敦 4017 號＋俄敦 6147 號＋俄敦 5389 號綴合圖

行（前3行完整，後9行上殘），行24—26字。有行間校加字。原卷無題，《俄藏》未定名，勝義擬題爲"大乘稻芉經隨聽疏"。[①]

表6　俄敦5389號與俄敦302號＋俄敦494號＋俄敦4017號＋

俄敦6147號字迹比較表

例字 卷號	法	故	之	惱	死	所
俄敦5389號	法	故	之	惱	死	所
俄敦302號＋俄敦494號＋俄敦4017號＋俄敦6147號	法	故	之	惱	死	所

　　按：上揭四號應皆爲《大乘稻芉經隨聽手鏡記》殘片（俄敦4017號、俄敦5389號《俄録》擬題"大乘稻芉經隨聽疏"，"芉"當作"芉"；俄敦6147號《俄録》稱"佛教文獻"，出處"未檢出"），[②]且與俄敦494號内容前後相承，可以綴合。綴合後如圖8右中部所示，俄敦494號末2行上部與俄敦4017號首2行上下左右相接，接縫處邊緣吻合，原本分屬二片的"時而問不失所宜""謂因"九字皆得大致拼合完整；俄敦494號末2行下部與俄敦6147號首行左右相接，接縫處邊緣吻合，原本分屬二片的"經從尒時"四字可成完璧；俄敦4017號所存3殘行與俄敦6147號所存3殘行上下相接，其中前2行中間有俄敦494號末部嵌入，但仍然殘破難以直接相接，俄敦4017號第3行末與俄敦6147號第3行首於"順流／法中復分爲三"句前後相連，中無缺字。又俄敦4017號＋俄敦6147號與俄敦5389號左右相接，俄敦

---

① 勝義《〈俄藏敦煌文獻〉第十二册校讀記》（上），《戒幢佛學》第二卷，岳麓書社2002年，第644頁。

② 敦煌本《大乘稻芉經》及其注疏未定名殘片，我們的學術團隊在2011—2012年全面普查時曾做過系統的比定，其中包括《俄藏》未定名殘卷的定名，後劉明據以寫入其碩士論文《敦煌本〈大乘稻芉經〉及其注疏寫本研究》（浙江師範大學碩士學位論文，2017年5月），部分成果又收載張涌泉、劉明《敦煌本〈佛説大乘稻芉經〉及其注疏殘卷綴合研究》一文（《浙江師範大學學報》2017年第2期）。後來出版的《俄録》部分定名略同，可以互勘。凡上述二文已先於《俄録》作出正確定名的，本文必要時括注"《俄録》定名同"，讀者可自行參看。

6147 號末行行末 "二" 下可擬補 "者是" 二字，"二者是" 可與俄敦 5389號首行行首 "業" 字相連成句，適相銜接，俄敦 5389 號與俄敦 302 號＋俄敦 494 號＋俄敦 4017 號＋俄敦 6147 號存有綴合的可能性。比較二者共有的 "法" "故" "之" "惱" "死" "所" 等字，如表 6 所示，字迹似同。又二者行款格式相同（滿行每行字數相近，行距、字距及字體大小相近，皆有行間校加字），書風相近（筆墨勻厚，筆意相連）。由此判定二者確可綴合。五號綴合後，如圖 8 所示，所存文字參見《大正藏》T85/545C21─546B17。

9. 北敦 7958 號 + 北敦 7975 號

（1）北敦 7958 號（北 496；文 58），見 IDP，另見《國圖》100/9─11。卷軸裝，2 紙。後部如圖 9-1 右部所示，前後皆殘，存 38 行（前紙 23 行，後紙 15 行；末行下端殘缺，左側有殘損），行約 25 字。有折疊欄。有行間校加字及校改。本號首行出處不詳，次行起 "大門第五言答難者" 句 "大" 字殘畫，至 "言大道心者，簡異二乘下劣心故" 句 "異" 字右上角殘筆止，相應文字參見《大正藏》T85/546B29─547A27。原卷無題，《劫餘録》定作 "佛説大乘稻芉經隨聽手鏡記"（《索引》《寶藏》《索引新編》"芉" 誤作 "芊"），《國圖》擬題 "大乘稻芉經隨聽疏"。該卷背面 7 行，《國圖》擬題 "佛教名數釋義（擬）"。《國圖》條記目録稱原卷紙高 27 釐米，正背面皆爲 9─10 世紀歸義軍時期行書寫本。

（2）北敦 7975 號（北 497；文 75），見 IDP，另見《國圖》100/44。卷軸裝，2 紙。如圖 9-1 左部所示，前殘後缺，存 15 行（前紙 3 行，後紙 12 行；首行僅存中上部左側殘形），行約 25 字。有折疊欄。有行間校加字。所存內容始 "言道心者" 句左側殘筆，至 "彌勒并是布處故能答" 句止，相應文字參見《大正藏》T85/547A26─547B21。原卷無題，《劫餘録》定作 "佛説大乘稻芉經隨聽手鏡記"（《索引》《寶藏》《索引新編》"芉" 誤作 "芊"），《國圖》擬題 "大乘稻芉經隨聽手鏡記"。《國圖》條記目録稱該卷爲 8─9 世紀吐蕃統治時期寫本。該卷背面 15 行，《國圖》定作 "雜寫三條"。《國圖》條記目録稱原卷紙高 27.5 釐米，正面爲 8─9 世紀吐蕃統治時期行書寫本，背面爲 9─10 世紀歸義軍時期行書寫本。

北敦 7975 號　　　　　　　　　北敦 7958 號（後部）

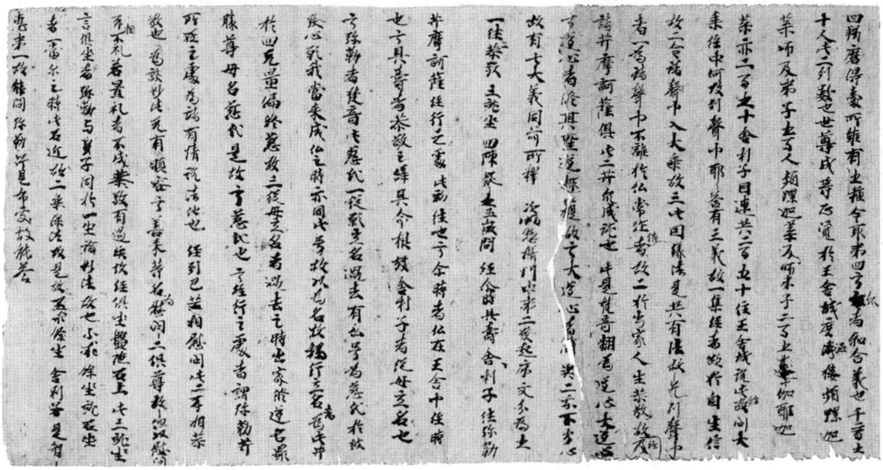

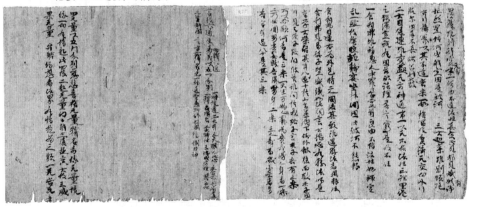

圖 9-1　北敦 7958 號（後部）＋北敦 7975 號綴合圖

北敦 7958 號背（前部）　　　　　　　北敦 7975 號背

圖 9-2　北敦 7975 號背＋北敦 7958 號背（前部）綴合圖

　　按：上揭二號皆爲《大乘稻芉經隨聽手鏡記》殘卷，且其内容前後相承，可以綴合。綴合後如圖 9-1 所示，二號左右相接，銜接處斷痕吻合，原本分屬二號的殘字“言道心者修其聖道趣揵故”“心者簡異”等皆可大致拼合完整。又此二號行款格式相同（紙高相近，皆有折疊欄，行距、字距及字體大小相近，皆有行間校加字），字體書風相似（皆爲行書，筆墨均匀），筆迹似同（比較表 7 所列例字），可資參證。

表 7 北敦 7958 號與北敦 7975 號正面部分用字比較表

例字 卷號	摩	言	者	此	故	經	是
北敦 7958 號	摩	言	者	弋	故	徑	是
北敦 7975 號	摩	言	者	弋	故	經	是

又上揭二號背面部分亦可綴合，如圖 9-2 所示，北敦 7975 號背與北敦 7958 號背左右相接，銜接處斷痕吻合無間。二號綴合後，所存内容依次記述舍利弗等四人被訶不任問疾之由、舍利弗和目連結願求法事、榮啓期答孔子關於三樂事，以及釋"六通"和"四無量"，含括内典與外典，《國圖》條記目録稱北敦 7958 號背面"形態有如正面《大乘稻芉經隨聽疏》之補充釋義"，近是，正面部分正有舍利弗、目連及"四無量"等内容；且正背面皆用行書，字迹書風近似，很可能出於同一人之手。①

又此二號既爲一卷之撕裂，《國圖》條記目録稱北敦 7958 號正背面皆爲9—10世紀歸義軍時期寫本；又稱北敦 7975 號正面爲8—9世紀吐蕃統治時期寫本，而背面爲9—10世紀歸義軍時期寫本，正背面部分的時間判斷有出入。如前所述，《大乘稻芉經隨聽手鏡記》係唐法成集譯并疏釋（法成主要活動於九世紀中，卒於 869 年），大多抄寫於吐蕃後期及歸義軍初期，故可把上述二號正背面部分一併定作九世紀中後期寫本。

10. 俄敦 6593 號背 + 俄敦 10712 號背 + 俄敦 5400 號

（1）俄敦 6593 號背，見《俄藏》13/145A。如圖 10-1 右部所示，存 19 行，行存中部 19—25 字。有行間校加字及校改。原卷無題，《俄藏》未定名。

又此號正面，見《俄藏》13/144B。如圖 10-2 右部所示，存 20 行，行存

---

① 此組二號正背面皆可以綴合，筆者撰寫《敦煌本〈佛説大乘稻芉經〉及其注疏殘卷綴合研究》一文，并於 2016 年 9 月投寄《浙江師範大學學報》（後於 2017 年第 2 期刊布）；2016 年 11 月，我們從國家圖書館通過館際互借複印了日本中田篤郎編的《北京圖書館藏敦煌遺書總目録》（京都：朋友書店，1989 年），發現中田書業已指出此二號正面部分可以綴合，特此説明。

中部 22—27 字，末行僅存右側殘形。原卷無題，《俄藏》未定名。

（2）俄敦 10712 號背，見《俄藏》15/9B。殘片。如圖 10-1 中部所示，存 10 行，行存中部 9—24 字。有行間校加字。原卷無題，《俄藏》未定名。

又此號正面，見《俄藏》15/9A。殘片。如圖 10-2 中部所示，存 12 行，行存中部 10—30 字，首行僅存左側殘形。原卷無題，《俄藏》未定名；《俄録》前 8 行定作"大乘廿二問本"，後 4 行定作"金光明最勝王經卷第二分別三身品第三"。

（3）俄敦 5400 號，見《俄藏》12/120B。殘片。如圖 10-1 左部所示，存 15 行，行存中部 14—25 字。有行間校加字及校改。原卷無題，《俄藏》未定名，勝義擬題"大乘稻芊經隨聽疏"。① 又此號背面，見《俄藏》12/121A。殘片。如圖 10-2 左部所示，存 13 行，行存中部 2—28 字。原卷無題，《俄藏》未定名，《俄録》定作"金光明經疏"。

按：俄敦 5400 號殘片正面勝義定作"大乘稻芊經隨聽疏"，其是。據殘存文字判斷，俄敦 6593 號背、俄敦 10712 號背亦應爲《大乘稻芊經隨聽疏》（《俄録》後號正面定名同，前號正背面一併泛稱"佛經論釋"，稱出處"未檢出"），且俄敦 10712 號背與俄敦 5400 號正面內容左右上下相接，可以綴合。綴合後如圖 10-1 左中部所示，接縫處原本分屬二片的"能除"二字得成完璧。又俄敦 6593 號背與俄敦 10712 號背 + 俄敦 5400 號正面內容前後相承，存有綴合的可能性。二者接縫處邊緣吻合。比較二者共有的"此""經""正""説"等字，字迹似同。比對存有此疏完整文本的伯 2284 號，俄敦 6593 號背末行末字"經"下、俄敦 10712 號背首行首字"經"上補足"如是唯滅純極大苦之聚，此二結也"諸字，則二號適可銜接。又此二者行款格式相同（行距、字距及字體大小相近，行間皆有校加字），書風相似（筆墨均匀，筆意相連）。由此判定二者確可綴合。綴合後如圖 10-1 所示，所存文字參見《大正藏》T85/548A8—549A12。

又，俄敦 6593 號正面、俄敦 10712 號正面、俄敦 5400 號背面內容亦前後相承，可以綴合。綴合後如圖 10-2 所示，俄敦 6593 號正面與俄敦 10712 號正面左

---

① 勝義《〈俄藏敦煌文獻〉第十二册校讀記》（上），《戒幢佛學》第二卷，岳麓書社，2002 年，第 646 頁。

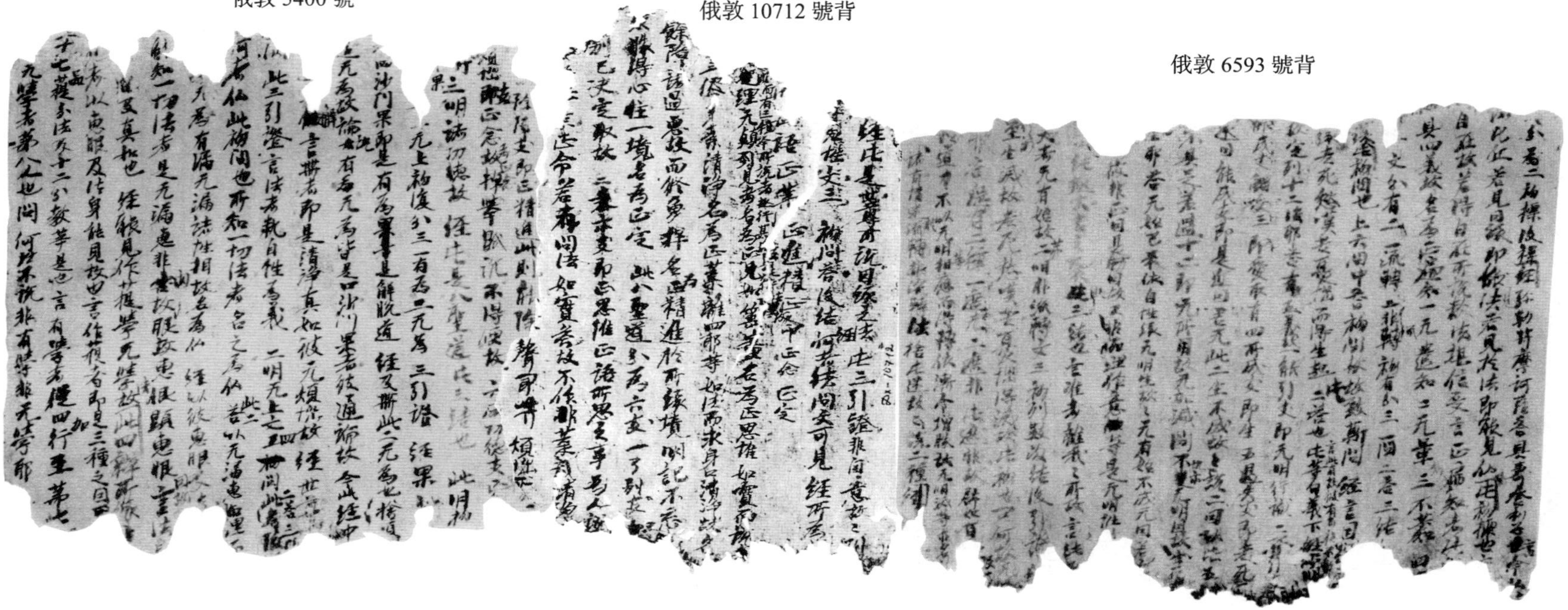

圖 10-1　俄敦 6593 號背＋俄敦 10712 號背＋俄敦 5400 號綴合圖

俄敦 6593 號背

俄敦 10712 號背

俄敦 5400 號

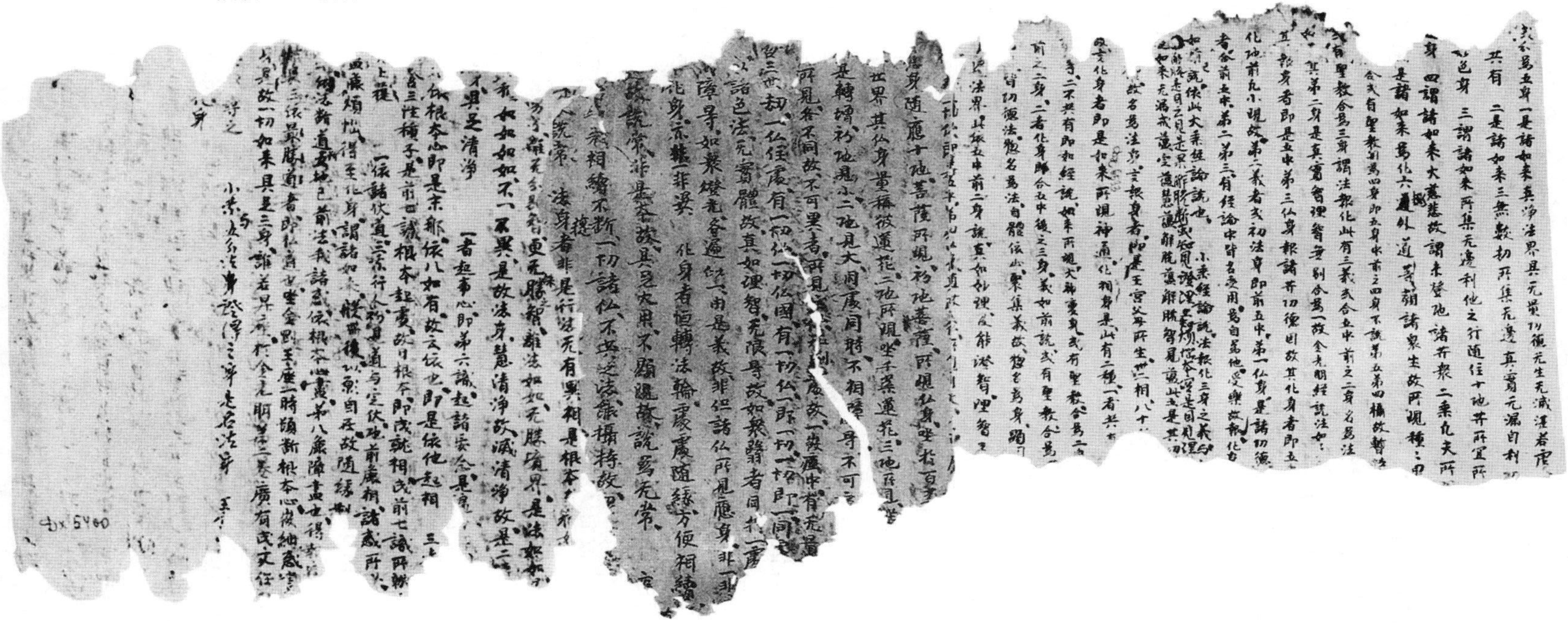

圖 10-2　俄敦 6593 號＋俄敦 10712 號＋俄敦 5400 號背綴合圖

右相接，接縫處斷痕吻合，原本分屬二號的“一切仏即是五中第四仏身隨彼”“仏所現別故應”19字皆得拼合完整；俄敦10712號正面與俄敦5400號背面二號内容左右上下相接，其中俄敦10712號正面第9行“化身者恒轉法輪”起至俄敦5400號背面第4行“□□□▨（是故法身）具足清净”句一段文字，源出《金光明最勝王經》卷二，接縫處原本分屬二片的“故説”“非”“无”“異相”六字皆得以復合爲一，俄敦10712號正面末行“法身者非”與俄敦5400號背首行“是行法”相連成句，中無缺字。又三號行款格式相同（行距、字距及字體大小相近，皆有句讀停頓號），書風相似（字體方正，筆墨均匀），字迹相同（比較三者共有的“身”“法”“相”等字），可資參證。三者綴合後，内容主要是對佛教“三身”的疏釋，前27行半文句（首行至第28行“亦非一非異”）亦見斯2674號《大乘廿二問本》（《大正藏》收入第85册），其後約6行文句亦見《金光明最勝王經》卷二，第34行“一者起事心”以下至末圍繞《金光明最勝王經》卷二不能得至“三身”的“三心”“一者起事心，二者依根本心，三者根本心”展開，全文具體出處不詳。

　　又上揭三號既爲一卷之撕裂，按理抄寫《大乘稻芉經隨聽疏》的部分應在同一面，其對佛教“三身”疏釋的内容應在另一面。從後者綴合後後面有空白似未抄完的情形判斷，抄寫《大乘稻芉經隨聽疏》的一面應是正面，正面經文先抄，然後有人利用背面的空白抄寫與“三身”疏釋有關的内容，未抄完即告終止。據此，《俄藏》把俄敦5400號抄有《大乘稻芉經隨聽疏》的一面定作正面，把抄有“三身”疏釋的一面定作背面，應該是正確的；而把俄敦10712號、俄敦6593號抄有《大乘稻芉經隨聽疏》的一面定作背面，把抄有“三身”疏釋的一面定作正面，則恐怕是錯誤的，應加以改正。

　　11. 北敦11104號背＋北敦10611號

　　（1）北敦11104號（北臨1233），見IDP，另見《國圖》109/17B。卷軸裝殘片，正面如圖11-2下部所示，存11殘行，行存中下部7—16字。原卷無題，《國圖》擬題“辯中邊論頌”。《國圖》條記目録稱該卷爲9—10世紀歸義軍時期楷書寫本。

　　又此號背面，見IDP，另見《國圖》109/18A。如圖11-1上部所示，存

13 殘行，行存中上部 7—17 字。原卷無題，《國圖》擬題 "大乘稻芉經隨聽疏"。《國圖》條記目録稱該卷爲 9—10 世紀歸義軍時期楷書寫本。

（2）北敦 10611 號（北臨 740），見 IDP，另見《國圖》108/53B。殘片。正面如圖 11-1 下部所示，存 5 殘行，行存中下部 7—11 字。原卷無題，《國圖》擬題 "辯中邊論頌"。《國圖》條記目録稱該卷爲 8—9 世紀吐蕃統治時期行楷寫本。

又此號背面，見 IDP，另見《國圖》108/54A。如圖 11-2 上部所示，上下左右皆有殘損，存 5 行，行存中上部 5—10 字。原卷無題，《國圖》擬題 "大乘稻芉經隨聽疏"。《國圖》條記目録稱 "正、背面字迹不同"，但背面字體和抄寫時間的判定同正面。

按：後一號正面圖版内容實爲《大乘稻芉經隨聽疏》，所存内容始 "橫計有故" 句 "計" 字底部殘筆，至 "雖自不生故无生无起" 句第二個 "生" 字頂部殘筆止，相應文字參見《大正藏》T85/549B6—549B13；背面圖版内容則爲《辯中邊論頌》，所存内容始 "異門義如次" 諸字左部殘筆，至 "故別立二空" 句前二字右部殘筆止，相應文字參見《大正藏》T31/478A9—478A19。《國圖》擬題把正背面的内容搞反了。

又按：北敦 11104 號背面與北敦 10611 號正面皆爲《大乘稻芉經隨聽疏》殘片，且其内容前後相承，可以綴合。綴合後如圖 11-1 所示，二號内容上下相接，接縫處斷痕吻合，原本分屬於二片的 "生" 字及 "法" 字右部殘形可復合爲一。又此二號行款格式相同（行距、字距及字體大小相近），書風相似（筆墨均匀，筆意相連），字迹似同（比較二號共有的 "生""此""不""過""去" 等字），可資參證。二號綴合後，所存文字參見《大正藏》T85/549B5—549B25。

又北敦 10611 號背面與北敦 11104 號正面皆爲《辯中邊論頌》，内容前後相承，亦可以綴合。綴合後如圖 11-2 所示，二號内容上下相接，接縫處斷痕吻合，原本分屬二片的 "生死" 之 "死" 字上部殘筆、"仏法" 之 "法" 字右部殘形可復合。又此二號行款格式相同（行距、字距及字體大小相近），書風相似（字體端正，筆墨均匀），字迹似同（比較二號共有的 "能""所""爲""浄""性" 等字），可資參證。

　　又此二號既爲一卷之撕裂,按理抄寫《大乘稻芉經隨聽疏》與《辯中邊頌論》
應分別在同一面,而《國圖》却分屬正面與背面,顯然不合情理,很可能出
版時把北敦 10611 號圖版的正背面搞顛倒了,而《國圖》的擬題和條記目録
并没有跟著調整, 從而導致張冠李戴的錯誤。

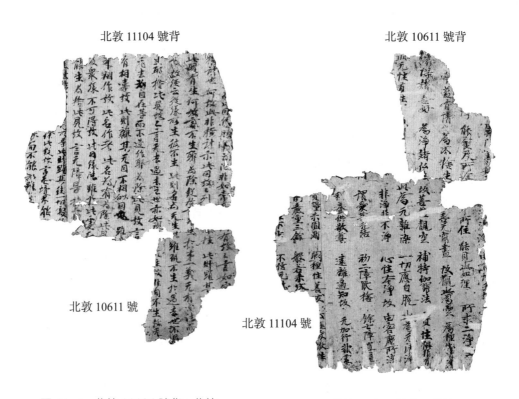

北敦 11104 號背

北敦 10611 號背

北敦 10611 號

北敦 11104 號

　　圖 11-1　北敦 11104 號背＋北敦
10611 號《大乘稻芉經隨聽疏》綴合圖

　　圖 11-2　北敦 10611 號背＋北敦 11104
號《辯中邊論頌》綴合圖

　　又《國圖》條記目録稱北敦 10611 號正背面皆爲 8—9 世紀吐蕃統治時期
行楷寫本,又稱北敦 11104 號正背面皆爲 9—10 世紀歸義軍時期楷書寫本,字體、
斷代均有出入,顯然不妥。就整體風格而言, 以抄寫《大乘稻芉經隨聽疏》
的一面定作行楷、抄寫《辯中邊論頌》的一面定作楷書爲宜。

卷號簡目

根據對已刊布文獻的普查以及上述綴合成果，梳理出敦煌《大乘稻芉經》及其注疏寫本卷號如下：

《大乘稻芉經》62 號　北敦 150 號°、北敦 2268 號°、北敦 6205 號°、北敦 14174 號°、斯 550-1 號°、斯 4877 號°、斯 4893 號°、津藝 72 號°、津藝 138 號°、津藝 159 號°、津藝 271 號°、斯 2889 號 + 北敦 3004 號、北敦 3355-1 號、斯 1065 號、斯 9174 號 *+ 斯 985 號、北敦 3813 號 + 北敦 4037 號、北敦 3867 號、斯 5219 號、北敦 3670 號、伯 4529 號、斯 5017 號、北敦 7905 號 + 北敦 485-1 號、斯 6748 號、北敦 6052 號、北敦 6069 號、北敦 9252 號、北敦 8541 號、北敦 8644 號、北敦 14554 號、北敦 14756 號、北敦 15131 號、北敦 681 號、北敦 6171 號、伯 2241 號、北敦 5768 號、斯 4475 號、北敦 9863 號、北敦 2494 號、北敦 2615 號、伯 2852 號、北敦 7665 號 + 北敦 8071 號、斯 1091 號 + 斯 3810 號、北敦 529 號、斯 7489 號、伯 3250 號、伯 4804 號 + 斯 9208 號 *、北敦 9816 號 + 俄敦 1123 號 + 北敦 7881 號、北敦 6338 號、斯 2993 號、北敦 7565 號、北敦 7327 號、斯 220 號、故宮新 153377 號。

《大乘稻芉經》注疏寫本 80 號　其中《大乘稻芉經隨聽疏》（《大乘稻芉經隨聽手鏡記》）寫卷 70 號，具體卷號爲：伯 2284 號°、上博 43 號°、伯 4675 號 + 斯 6463 號°、伯 2304 號背°、伯 2303-1 號、北敦 260 號背 2、北敦 260 號背 1、北敦 2850 號、伯 2045-7 號、羽 745 號背、伯 2208 號、北敦 3018 號、伯 2461 號背 1、北敦 8413 號、羽 653 號、伯 2303-2 號、北敦 7762 號、俄敦 302 號 + 俄敦 494 號 + 俄敦 4017 號 *+ 俄敦 6147 號 *+ 俄敦 5389 號、北大敦 115 號、伯 3422 號、伯 2569 號背（P.t.113）3、斯 9476 號 *、伯 2208 號背 2、斯 5835 號、伯 2436 號背、北敦 10234 號、伯 2508B 號背、斯 9955 號 *、北敦 12286 號、北敦 3559 號、伯 2639 號背、斯 1475 號、斯 6829 號、北敦 10410 號、啓功 31-4 號 *（《啓功》40B 左片）、斯 6619 號、北敦 7958 號 + 北敦 7975 號、斯 4418-1 號、斯 1080 號、斯 3226 號、伯 2508A 號背、北敦 9524 號背、斯 706 號、伯 3785 號 + 伯 3786 號背、伯 2357 號背、俄敦 6593 號背 *+ 俄敦 10712 號背 *+ 俄敦 5400 號、北敦 2109 號、臺圖 125 號、

伯 2912 號、北敦 11104 號背 + 北敦 10611 號、北敦 2934 號、斯 6616 號背、北敦 6314 號、斯 4681 號、北敦 15702 號、北敦 6359 號、伯 4965 號背、伯 2583-1 號、俄敦 6048 號背 *、斯 8753 號 *、斯 316 號背、伯 2359 號背、北敦 15358 號、斯 4652 號背 2。《大乘稻芉經隨聽疏決》寫卷 3 號：上圖 183A 號背、伯 2328-1 號、伯 3519（Pel.sogd.6）（1—7）號。另有《大乘稻芉經隨聽疏問答（擬）》1 號：北敦 9356 號；疑似《大乘稻芉經隨聽疏》類寫卷 2 號：北敦 5889-2 號、伯 3057-2 號。

另有《大乘稻芉經》異本《佛説稻芉經》3 號：北敦 5252-2 號、北敦 11589 號、斯 4411 號背；《大乘稻芉經》雜寫 1 號：北大敦 115 號背（《北大》擬題"大乘稻芉經隨聽手鏡記補記"）。

十三、大乘無量壽經

《大乘無量壽經》，又名《佛説無量壽宗要經》《無量壽宗要經》《無量壽經》《佛説大乘无量壽經》《佛説無量壽宗要功德經》《佛説大乘無量壽要陁羅尼經》等，大乘佛教經典之一。各家整理者對其定名有所不同，兹從《大正藏》定名。該經敍述無量壽決定王如來所説陁羅尼及其功德，受持誦讀、書寫者可得種種福報功德。漢文本敦煌陷蕃時據藏文本譯出，但未傳入内地，故不被歷代大藏經所收入。日本《大正藏》以高楠順次郎所藏唐代敦煌本爲底本、大英博物館藏古寫本參校加以校録，收於《大正藏》第19卷。此經與《大正藏》所收《佛説大乘聖無量壽決定光明王如來陁羅尼經》爲同本異譯，後者係北宋法天據梵文本所譯。歷代經藏中收載的題曹魏康僧鎧譯《無量壽經》二卷，雖與本經同名，但内容完全不同。

該經藏文本和漢文本在敦煌吐蕃統治時期都十分流行，傳抄很廣，且不少寫卷有抄寫者或校對者題名。經對已刊布圖版的普查，敦煌文獻中的《大乘無量壽經》寫本已達1261號，包括：國圖藏695號，英藏345號，法藏38號，俄藏110號，散藏73號。[①]其中包括甲本1256號，乙本5號。甲本爲《大正藏》第19卷所載録，各本字句基本相同，僅北敦3334號用字略有不同，後者《國圖》條記目録稱爲"異甲本"。乙本内容比甲本簡略，用字也頗有不同。這些寫本，首尾完整者459號，其餘802號皆有不同程度的殘損，其中不乏本爲同一寫卷而被撕裂爲數號者。已有綴合成果共計將該經21號綴合爲9組。包括《孟

---

① 敦煌本《大乘無量壽經》未定名殘片，我們的學術團隊在2011—2012年全面普查時曾做過系統的比定，其中包括《俄藏》未定名殘卷的定名，在此基礎上，左麗萍的碩士論文《敦煌〈大乘無量壽經〉寫本考暨俗字彙輯》（浙江師範大學，2014年6月）作了進一步的考證。其中部分定名後來出版的《俄録》略同，可以互勘。凡左文已先於《俄録》作出正確定名的，下文僅標注"《俄録》定名同"，不再逐一出校説明。

録》綴合 6 組：俄敦 374 號＋俄敦 1577 號＋俄敦 1579 號，俄敦 488 號＋俄敦 491 號，俄敦 716 號＋俄敦 1065 號，俄敦 1285-1 號＋俄敦 2172 號，俄敦 1744 號＋俄敦 4 號，俄敦 1875 號＋俄敦 2032 號，俄敦 2211 號＋俄敦 2958 號，俄敦 2599 號＋俄敦 2604 號＋俄敦 2719 號；《俄藏》綴合 1 組："俄敦 3965 號、俄敦 3972 號、俄敦 4007 號"；匿名評審專家指出可綴 2 組：俄敦 4815 號＋俄敦 4816 號，俄敦 3880 號＋俄敦 4229 號。

本次補綴 1 組，新綴 53 組，共計將 121 號綴合爲 54 組。

1. 北敦 7116A 號＋北敦 7956 號

（1）北敦 7116A 號（北 7942；師 16），見《國圖》95/189B—190A。卷軸裝，2 紙。後部如圖 1 右部所示，首全後殘，存首部 30 行（首 6 行空白無字，末 2 行頂端 2 字左側略有殘損），行約 33 字。首題"大乘无量壽經"；存文起首題，訖"波唎輸底"。有烏絲欄。《國圖》條記目録稱原卷紙高 31.5 釐米，爲 8—9 世紀吐蕃統治時期行楷寫本。

（2）北敦 7956 號（北 8111；文 56），見《國圖》100/6A—7B。卷軸裝。前部如圖 1 左部所示，前殘尾全，存 4 紙存 91 行（首紙僅存末行頂端三字左側殘筆），行約 33 字。尾題"佛説无量壽宗要經"；存文可辨識的文字起"波唎輸底"的"底"，訖尾題。有烏絲欄。《國圖》條記目録稱該卷爲 8—9 世紀吐蕃統治時期行楷寫本。

按：上揭二號皆爲《大乘無量壽經》殘卷，且其内容前後相承，可以綴合。綴合後如圖 1 所示，接縫處邊緣吻合，原本分屬二號的"波唎蜜"三字皆得拼合完整（此三字右部在北敦 7116 號末行頂端，左部 氵旁、口旁、丿畫左端皆在北敦 7956 號首行行端）。北敦 7116 號末行行末的"波唎輸"與北敦 7956 號次行頂端的"底"字相合爲咒語"波唎輸 / 底"句，中無缺字；又二號行款格式相同（紙高相同，天頭地脚等高，皆有烏絲欄，滿行皆約 33 字，行距、字距、字體大小相近），字迹相同（比較二號共有的"无""底""尒""復"等字），書風相似（捺筆較長、末筆較重），可資參證。二號綴合後，所存内容參見《大正藏》T19/82A3—84C29。

北敦 7956 號（前部）　　　　　　　　北敦 7116A 號（後部）

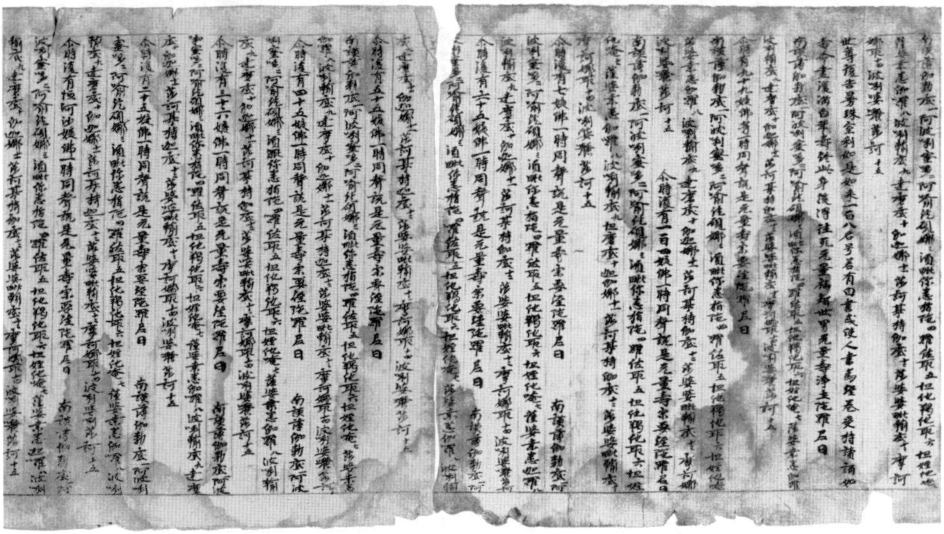

圖 1　北敦 7116A 號（後部）+ 北敦 7956 號（前部）綴合圖

2. 北敦 3944 號 + 北敦 7295 號 + 北敦 4548-1 號

（1）北敦 3944 號（北 7927；生 44），見《國圖》54/187A—187B。卷軸裝，1 紙。後部如圖 2-1 右部所示，首全後缺，存 27 行，行約 27 字。首題“大乘无量壽經”。有烏絲欄。《國圖》條記目錄稱原卷紙高 30.5 釐米，爲 8—9 世紀吐蕃統治時期楷書寫本。

（2）北敦 7295 號 (北 7944；帝 95)，見《國圖》96/130A—130B。卷軸裝，2 紙。前部如圖 2-1 左部所示，後部如圖 2-2 右部所示，前後皆缺，存 30 行（前紙 29 行，後紙僅存首行下部二三字右側殘筆），行約 27 字。有烏絲欄。原卷無題，《劫餘錄》及《寶藏》《索引新編》定作“佛説無量壽宗要經”（《索引》《國圖》無“佛説”二字）。《國圖》條記目錄稱原卷紙高 31 釐米，爲 8—9 世紀吐蕃統治時期行楷寫本。

（3）北 敦 4548-1 號（ 北 8024；崗 48），見 IDP，另 見《 國 圖》61/131—134。卷軸裝。前部如圖 2-2 左部所示，前缺尾全，存 85 行（前 2 紙每紙 29 行，首行下部二三字右側稍有殘損，後紙 27 行），行約 27 字。尾題

北敦 7295 號（前部）　　　　　　北敦 3944 號（後部）

圖 2-1　北敦 3944 號（後部）＋北敦 7295 號（前部）綴合圖

北敦 4548-1 號（前部）　　北敦 7295 號（後部）

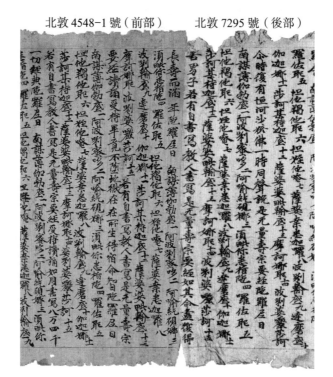

圖 2-2　北敦 7295 號（後部）＋北敦 4548-1 號（前部）綴合圖

"佛説無量壽宗要經"；卷末署"張良友"（"張良友"是《大乘無量壽經》寫本常見的抄手，出現了十餘次之多）。有烏絲欄。《國圖》條記目録稱原卷紙高 31 釐米，爲 8—9 世紀吐蕃統治時期行楷寫本。

　　按：上揭三號皆爲《大乘無量壽經》殘卷，且其内容前後相承，可以綴合。諸相鄰二號接縫處皆爲失黏所致脱落，邊緣整齊，横向烏絲欄可以對接。前二號綴合後如圖 2-1 所示，二號内容於"達摩底+/伽迦娜+一"句前後相接，中無缺字。後二號綴合後如圖 2-2 所示，二號内容於"復得/長壽而滿年"句前後相接，亦無缺字；接縫處邊緣吻合，原本分屬二號的"喻紇硯"三字得成完璧。又三號行款格式相同（整紙滿行 29 行，天頭地脚等高，皆有烏絲欄，滿行皆約 27 字，咒語後皆有數字標識，行距、字距、字體大小相近），字迹書風似同（比較三號共有的"羅""耶""桑""經"等字），可資參證。三號綴合後，所存内容參見《大正藏》T19/82A3—84C29。

　　又三號既原屬同卷，且爲同一人字迹，而《國圖》條記目録稱前號爲楷書字體，後二號爲行楷字體，字體判斷不一。審察原卷，三號字體當以定作楷書爲宜。

3. 北敦 2636 號 + 北敦 1005 號

　　（1）北敦 2636 號（北 7921；律 36），見 IDP，另見《國圖》36/174A—175B。卷軸裝，3 紙。後部如圖 3 右部所示，首全後殘，存 73 行（後 7 行中下殘，倒數第 7 行下部 12 字左側殘損，末行僅存咒語"怛他羯他耶六"中的"羯他耶六"3 字），行約 33 字。首題"大乘无量壽經"。有烏絲欄。《國圖》條記目録稱原卷紙高 31 釐米，爲 8—9 世紀吐蕃統治時期行楷寫本。

　　（2）北敦 1005 號（北 7970；辰 5），見 IDP，另見《國圖》15/22A—23A。卷軸裝，3 紙。前部如圖 3 左部所示，前殘尾全，存 53 行（首 7 行上殘，首行下部"受持讀誦若魔""之眷屬夜叉羅"12 字右側缺損），行約 33 字。尾題"佛説无量壽宗要經"；卷末署"田廣談"，係抄手名字（"田廣談"是《大乘無量壽經》寫本常見的抄手，出現了三十多次）。有烏絲欄。《國圖》條記目録稱原卷紙高 31 釐米，爲 8—9 世紀吐蕃統治時期行楷寫本。

　　按：上揭二號皆爲《大乘無量壽經》殘卷，且其内容前後相承，可以綴合。

綴合後如圖 3 所示，二號接縫處邊緣吻合，北敦 1005 號首 8 行可補北敦 2636 號下方之缺，原本分屬二號的“受持讀誦若魔 ➤ 之眷屬夜叉羅”“伽勃”“薩”“輸底 ⁺³”“誦”“曰”“耶”“怛”等二十餘字皆得成完璧，橫縱烏絲欄亦可對接。衝接處二紙綴合後合 28 行，與後號整紙 28 行的行數相合。二號皆有數字標識於每句咒語右下角，皆有“➤”形重文號。又二號行款格式相同（天頭地腳等高，皆有烏絲欄，滿行皆約 33 字，行距、字距、字體大小相近），字迹書風似同（比較二號共有的“羅”“莎”“桑”等字），可資參證。二號綴合後，所存內容參見《大正藏》T19/82A3—84C29。

北敦 1005 號（前部）　　　　　　北敦 2636 號（後部）

圖 3　北敦 2636 號（後部）+ 北敦 1005 號（前部）綴合圖

4. 北敦 4371 號 + 北敦 4733 號

（1）北敦 4371 號（北 7928；出 71），見《國圖》59/68A—69A。卷軸裝，2 紙。後部如圖 4 右部所示，首全後缺，存 57 行（第 2—8 行下殘，殘約 12 字），行約 33 字。首題“大乘无量壽經”。有烏絲欄。《國圖》條記目録稱原卷紙高 31 釐米，爲 8—9 世紀吐蕃統治時期楷書寫本。

（2）北敦 4733 號（北 8028；號 33），見《國圖》63/161A—162A。卷軸裝，2 紙。前部如圖 4 左部所示，前缺尾全，存 55 行，行約 33 字。尾題“佛説无量壽宗要經一卷"。有烏絲欄。《國圖》條記目録稱原卷紙高 31 釐米，爲 8—9 世紀吐蕃統治時期行楷寫本。

按：上揭二號皆爲《大乘無量壽經》殘卷，且二號内容於"陁羅尼曰／南謨薄伽勃底"句前後相接，中無缺字，存有綴合的可能性。比較二號共有的"迦""波""尼"等字，咒語"莎訶某持迦底"句，字迹書風似同，且此二號"持"字皆寫作"特"形，咒語部分皆無數字標識，卷中有"𠃊"狀省代號。又二號行款格式相同（整紙滿行皆 29 行，紙高相同，天頭地脚等高，皆有烏絲欄，滿行皆約 33 字，行距、字距、字體大小相近）。由此判定，二號確可綴合。綴合後如圖 4 所示，所存内容參見《大正藏》T19/82A3—84C29。

北敦 4733 號（前部）　　　　　北敦 4371 號（後部）

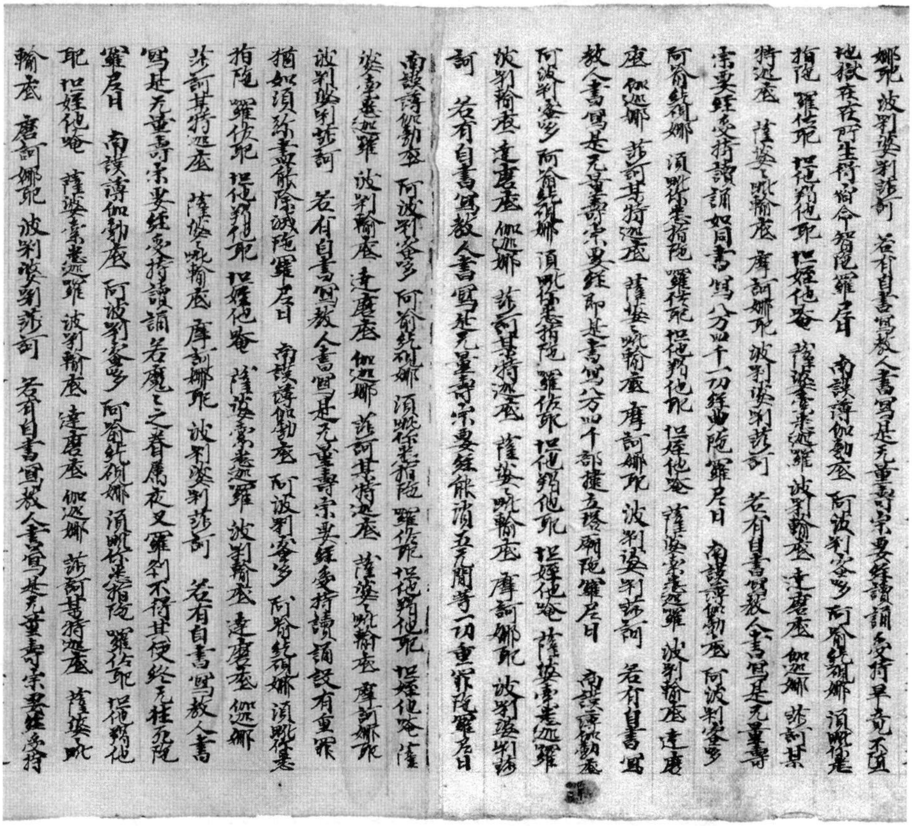

圖 4　北敦 4371 號（後部）＋北敦 4733 號（前部）綴合圖

5.北敦 1270 號 + 北敦 9051 號

（1）北敦 1270 號（北 7916；列 70），見 IDP，另見《國圖》19/105A—106B。卷軸裝，3 紙。後部如圖 5 右部所示，首全後缺，存 95 行，行約 35 字。首題 "大乘无量壽經"。有烏絲欄。《國圖》條記目録稱原卷紙高 32 釐米，爲 8—9 世紀吐蕃統治時期行楷寫本。

（2）北敦 9051 號（虞 72），見《國圖》104/367B—368A。卷軸裝，1 紙。如圖 5 左部所示，前缺尾全，存尾部 17 行，行約 35 字。尾題 "佛説无量壽經"。有烏絲欄。《國圖》條記目録稱原卷紙高 32 釐米，爲 8—9 世紀吐蕃統治時期行楷寫本。

按：上揭二號皆爲《大乘無量壽經》殘卷，且其内容於 "薩婆桑悉迦囉 / 波唎輪底" 句前後相接，中無缺字，存有綴合的可能性。二號接縫處邊緣吻合，橫向烏絲欄亦可對接。比較二號共有的咒語 "南謨薄伽勃底""阿波唎蜜哆""阿喻紇硯娜""波唎波唎莎訶" 等句，"福""養""報""陁" 等字，字迹相同。又二號行款格式相同（天頭地脚等高，皆有烏絲欄，滿行皆約 35 字，字距、

北敦 9051 號　　　　　　　　　　　　　　北敦 1270 號（後部）

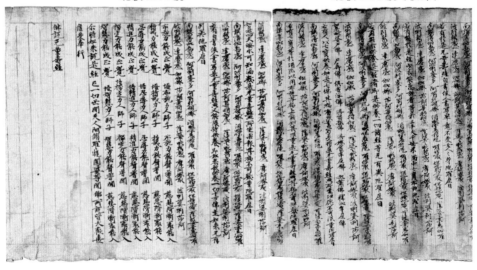

圖 5　北敦 1270 號（後部）+ 北敦 9051 號綴合圖

行間相近，有"𰀁"狀省代號，咒語後皆無數字標識），書風相似（皆爲行楷、字體端正、末筆有力）。由此判定，此二號確可綴合。綴合後如圖 5 所示，所存内容參見《大正藏》T19/82A3—84C29。

6. 北敦 3341 號 + 北敦 12276 號 + 北敦 8078 號

（1）北敦 3341 號（北 8160；雨 41），見 IDP，另見《國圖》45/415A—416A。卷軸裝，2 紙。後部如圖 6 右部所示，前後皆殘，存 50 行（首 12 行中上殘，尾 2 行僅存 2 字），行約 33 字。有烏絲欄。《劫餘録》及《寶藏》《索引新編》等擬題"佛説無量壽宗要經"（《索引》《國圖》無"佛説"二字），《國圖》條記目録稱原卷紙高 31.5 釐米，爲 8—9 世紀吐蕃統治時期行楷寫本。

（2）北敦 12276 號（北臨 2405），見 IDP，另見《國圖》111/9A。殘片。如圖 6 中部所示，存 5 行，行存中上部 12—24 字。有烏絲欄。原卷無題，《國圖》條記目録稱該卷爲 8—9 世紀吐蕃統治時期楷書寫本。

（3）北敦 8078 號（北 8115；字 78），見 IDP，另見《國圖》100/242B—243B。卷軸裝。前部如圖 6 左部所示，前殘尾全，存 64 行（前紙 11 行，前 4 行中上殘；次紙 30 行；後紙 23 行），行約 33 字。尾題"佛説无量壽宗要經"；卷末署"孟郎子"，係抄手名字。有烏絲欄。《國圖》條記目録稱原卷紙高 32 釐米，爲 8—9 世紀吐蕃統治時期行楷寫本。

按：上揭三號皆爲《大乘無量壽經》殘卷，且其内容前後相承，可以綴合。綴合後如圖 6 所示，接縫處邊緣大體吻合，横縱烏絲欄可以對接。前二號原本分屬二號的"持讀誦如""書寫八万四千一切經典陁羅""硯""娜"18 字皆得成完璧；後二號"摩訶娜耶""寫八""阿波唎蜜哆""阿喻紇硯娜""須毗你"19 字亦得復合爲一。衔接處三號拼合成一整紙，計 30 行，正與後號整紙滿行行數相合。又三號行款格式相同（前後二號紙高接近，天頭地脚等高，皆有烏絲欄，字體、字間相近，有數字標識於咒語右下角），書風相似（字體端秀、捺筆有力），字迹似同（比較前二號共有的"娜""耶""囉""羯"等字，後二號共有的"教人書寫是无量壽宗要經""莎訶某持迦底""薩婆婆毗輸底"等句），可資參證。三號綴合後，所存内容參見《大正藏》T19/82A6—84C29。

北敦 8078 號（前部）　　　　北敦 12276 號　　　　北敦 3341 號（後部）

圖 6　北敦 3341 號（後部）+ 北敦 12276 號 + 北敦 8078 號（前部）綴合圖

7. 北敦 6705 號 + 北敦 6302 號

（1）北敦 6705 號（北 7934；潛 5），見《國圖》92/330A—332A。卷軸裝，4 紙。後部如圖 7 右部所示，首全後殘，存 110 行，行約 31 字（末 2 行下殘約 6—8 字）。有烏絲欄。首題"大乘无量壽經"。《國圖》條記目錄稱原卷紙高 31.5 釐米，爲 8—9 世紀吐蕃統治時期行楷寫本。

（2）北敦 6302 號（北 8061；鹹 2），見《國圖》84/21B—22A。卷軸裝，2 紙。前部如圖 7 左部所示，前殘尾全，存尾部 26 行（前 2 行有殘損，僅存下部 6—8 字），行約 31 字。尾題"佛説无量壽宗要經"；卷末署"翟文英寫"。有烏絲欄。《國圖》條記目錄稱原卷紙高 31 釐米，爲 8—9 世紀吐蕃統治時期楷書寫本。

按：上揭二號皆爲《大乘無量壽經》殘卷，且其内容前後相承，可以綴合。綴合後如圖 7 所示，北敦 6302 號首 2 殘行恰可補北敦 6705 號後 2 行下方之缺，接縫處邊緣吻合，原本分屬二號的"尼佛""无"三字皆得成完璧。又二號行款格式相同（紙高接近，天頭地脚等高，皆有烏絲欄，咒語後皆有數字標識，行距、字距、字體大小相近），字迹書風似同（比較二號共有的"絃""詞""硯""毗"等字），可資參證。二號綴合後，所存内容參見《大正藏》T19/82A3—84C29。

北敦 6302 號（前部）　　　　　　北敦 6705 號（後部）

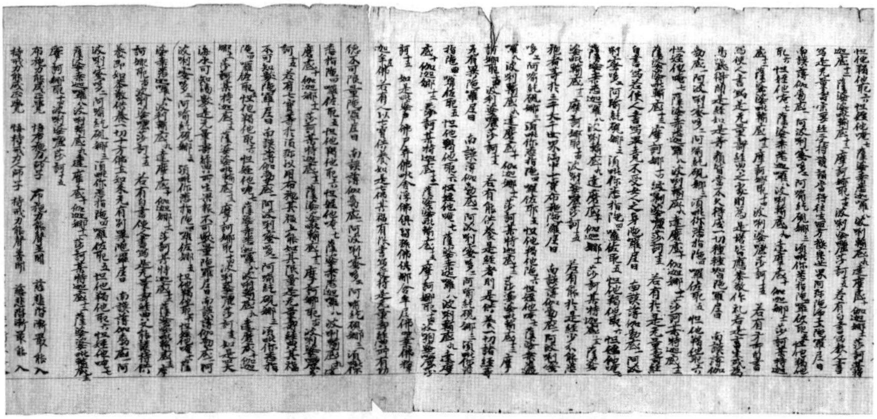

圖 7　北敦 6705 號（後部）+ 北敦 6302 號（前部）綴合圖

又，《國圖》條記目錄稱北敦 6302 號字體爲楷書，北敦 6705 號爲行楷，而今既知二號可綴合爲一，則其判斷顯有不妥。從書風來看，二者字體更接近於楷書。

8. 北敦 7027 號 + 伯 4551 號

（1）北敦 7027 號（北 7940；龍 27），見《國圖》95/41A—41B。卷軸裝，1 紙。後部如圖 8 右部所示，首全後殘，存 34 行（末行僅存若干字右側殘筆），行約 31 字。首題"大乘无量壽經"。有烏絲欄。《國圖》條記目錄稱該卷爲 8—9 世紀吐蕃統治時期行楷寫本。

（2）伯4551號，見 IDP，另見《法藏》32/47A—48A。卷軸裝。前殘尾全，前部如圖8左部所示，存87行，行約31字。尾題"佛説无量壽宗要經"；次行署"曹興朝"，係抄手名字（"曹興朝"爲《大乘無量壽經》常見的抄手，出現了近十次）。行楷。有烏絲欄。

　　按：上揭二號皆爲《大乘無量壽經》殘卷，且其内容前後相承，可以綴合。綴合後如圖8所示，接縫處邊緣吻合，原本分屬二號的"耶""唵""悉迦囉""波""輪底""達""伽迦娜""訶""某持迦底"17字皆得成完璧。又二號行款格式相同（天頭地脚等高，行距、字距、字體大小相近，提行皆不頂格，咒語後皆無數字標識），字迹書風似同（對比二號共有的"娜""莎""迦"等字；且"阿波唎蜜哆"句的"唎"皆省旁作"利"，"哆"皆寫作"多"；"囉佐耶"中"囉"皆作"羅"），可資參證。所存内容參見《大正藏》T19/82A3—84C29。

伯 4551 號（前部）　　　　　　　　北敦 7027 號（後部）

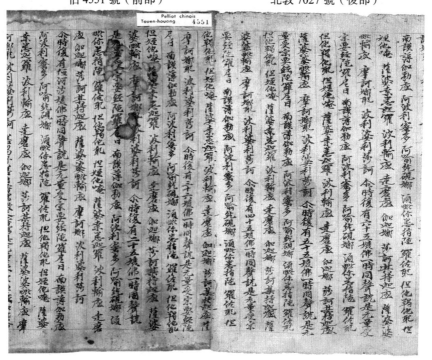

圖 8　北敦 7027 號（後部）+ 伯 4551 號（前部）綴合圖

9. 北敦 1285 號 + 北敦 9075 號

（1）北敦 1285 號（北 7917；列 85），見 IDP，另見《國圖》19/217B—219A。卷軸裝，4 紙。後部如圖 9 右部所示，首全後殘，存 97 行（末 6 行中下殘，末行僅存上端二三字右側殘筆），行約 33 字。首題 "大乘无量壽宗要經"。有烏絲欄。《國圖》條記目錄稱原卷紙高 31.5 釐米，爲 8—9 世紀吐蕃統治時期楷書寫本。

（2）北敦 9075 號（虞 96），見《國圖》104/388A。卷軸裝殘片。如圖 9 左部所示，前殘尾全，存尾部 19 行（第 1 行僅存中部 2 字殘筆，第 2 行上下皆有殘損，第 3—7 行上殘），行約 33 字。尾題 "佛説无量壽宗要經"，卷末署 "令狐晏兒寫"。有烏絲欄。《國圖》條記目錄稱原卷紙高 31.5 釐米，爲 8—9 世紀吐蕃統治時期行楷寫本。

按：上揭二號皆爲《大乘無量壽經》殘卷，且其內容前後相承，可以綴合。綴合後如圖 9 所示，接縫處邊緣吻合，橫縱烏絲欄亦可對接，原本分屬二號的 "摩" "紇" "訶某" "數是" "南謨" 八字皆得成完璧。又二者行款格式相同（天頭地腳等高，皆有烏絲欄，行距、字距、字體大小相近，咒語後皆有數字標識），書風相似（字細小潦草、撇筆較長），字迹似同（比較二號共有的 "若" "壽" "尼" 等字），可資參證。二號綴合後，所存內容參見《大正藏》T19/82A3—84C29。

又，《國圖》條記目錄稱北敦 1285 號字體爲楷書，北敦 9705 號字體爲行楷，今既知二號可綴合爲一，則其判斷顯然不妥。從書風來看，二者字體更接近行楷。

10. 北敦 3349 號 + 北敦 7116B 號

（1）北敦 3349 號（北 7924；雨 49），見《國圖》46/31A—32B。卷軸裝，4 紙。後部如圖 10 右部所示，首全後殘，存 86 行（末 2 行上殘），行約 36 字。首題 "大乘无量壽經"。有烏絲欄。《國圖》條記目錄稱原卷紙高 30 釐米，爲 8—9 世紀吐蕃統治時期行楷寫本。首題之前有四行空白行，又第五行下部存有 "令狐晏兒" 字樣，應是已殘去的另一文獻殘留的抄寫者。

（2）北敦 7116B 號（北 8076；師 16），見《國圖》95/190B—191A。卷軸裝，

2 紙。前部如圖 10 左部所示，前殘尾全，存尾部 27 行（首行僅存中部 13 字），行約 36 字。尾題 "佛説无量壽宗要經"；卷末署 "令狐晏兒寫"。有烏絲欄。《國圖》條記目録稱原卷紙高 31.5 釐米，爲 8—9 世紀吐蕃統治時期行楷寫本。

　　按：上揭二號皆爲《大乘無量壽經》殘卷，且其内容前後相承，可以綴合。綴合後如圖 10 所示，二號左右相接，接縫處邊緣吻合，北敦 7116B 號首 2 行之殘文恰可補北敦 3349 號後二行之缺，原本分屬二號的 "經者" "則是" "切諸經等无有異" "哆" "阿" "悉" 14 字皆得成完璧。又二號抄寫行款相同（地脚等高，皆有烏絲欄，咒語之後皆有數字標識），書風相似（筆粗墨濃、字體潦草、撇筆較長），字迹似同（比較二號共有的 "耶" "伽" "怛" "磨" 等字；前一號首端另一文獻殘留的抄寫者和後一號末署的 "令狐晏兒" 筆迹相同，應即此二號的抄寫者），可資參證。二號綴合後，所存内容參見《大正藏》T19/82A3—84C29。

北敦 7116B 號（前部）　　　　　　北敦 3349 號（後部）

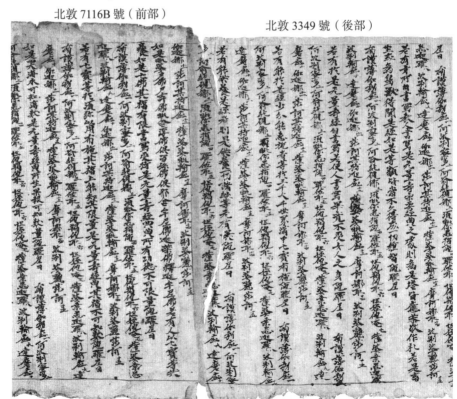

圖 10　北敦 3349 號（後部）＋北敦 7116B 號（前部）綴合圖

11. 北敦 11763 號 + 北敦 1574 號 + 北敦 4239 號

（1）北敦 11763 號（北臨 1892），見 IDP，另見《國圖》110/61B。卷軸裝，1 紙。後部如圖 11-1 右部所示，首全後缺，存首部 27 行，行約 31 字。首題“☒（大）乘无量壽經”。有烏絲欄。《國圖》條記目録稱原卷紙高 30.6 釐米，爲 8—9 世紀吐蕃統治時期楷書寫本。

（2）北敦 1574 號（北 8149；來 74），見 IDP，另見《國圖》22/297B—212B。卷軸裝,2 紙。前部如圖 11-1 左部所示，後部如圖 11-2 右部所示，前後皆缺，存 56 行，行約 31 字。有烏絲欄。原卷無題，《劫餘録》及《寶藏》《索引新編》定作“佛説無量壽宗要經”，《索引》《國圖》無“佛説”二字，《國圖》條記目録稱原卷爲 8—9 世紀吐蕃統治時期行楷寫本。

（3）北敦 4239 號（北 8017；玉 39），見《國圖》57/177B。卷軸裝，1 紙。前部如圖 11-2 左部所示，前缺尾全，存 25 行，行約 31 字。有烏絲欄。原卷無題，《劫餘録》及《寶藏》《索引新編》擬題“佛説無量壽宗要經”（《索引》《國圖》無“佛説”二字），《國圖》條記目録稱原卷紙高 31 釐米，爲 8—9 世紀吐蕃統治時期行楷寫本。

按：上揭三號皆爲《大乘無量壽經》殘卷，且其内容前後相承，存有綴合的可能性。諸相鄰二號接縫處皆爲失黏所致脱落，邊緣整齊，横向烏絲欄可以對接。前二號内容於“阿 / 波唎蜜哆”句前後相接，後二號内容於“陁羅尼曰 / 南謨薄伽勃底”句前後相接，中無缺字。又三號行款格式相同（天頭地脚等高，皆有烏絲欄，行距、字距、字體大小相近，咒語後皆有數字標識於右下角），書風相似（字體細小潦草、筆劃傾斜且纖細），字迹似同（比較三件皆有的“尼”“是”“羯”“那”“麗”“迦”等字）。由此判定，此三號確可綴合。前二號綴合後如圖 11-1 所示，後二號綴合後如圖 11-2 所示，所存内容參見《大正藏》T19/82A3—84C29。

又《國圖》條記目録稱北敦 11763 號字體爲楷書，北敦 1574 號、北敦 4239 號字體皆爲行楷，而今既知三號可綴合爲一，則其判斷顯然不妥，從書風來看，三號更皆接近行楷。

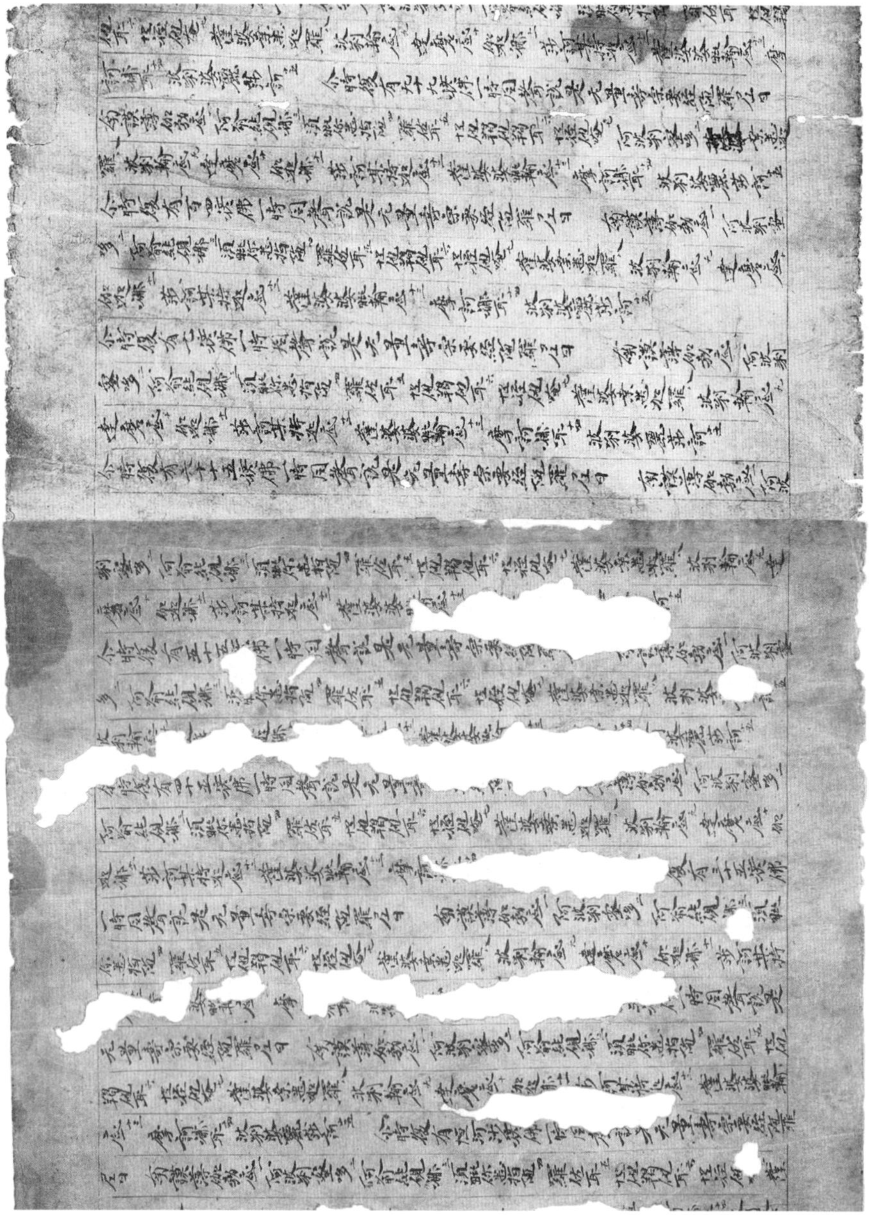

圖 11-1　北敦 11763 號（後部）+ 北敦 1574 號（前部）綴合圖

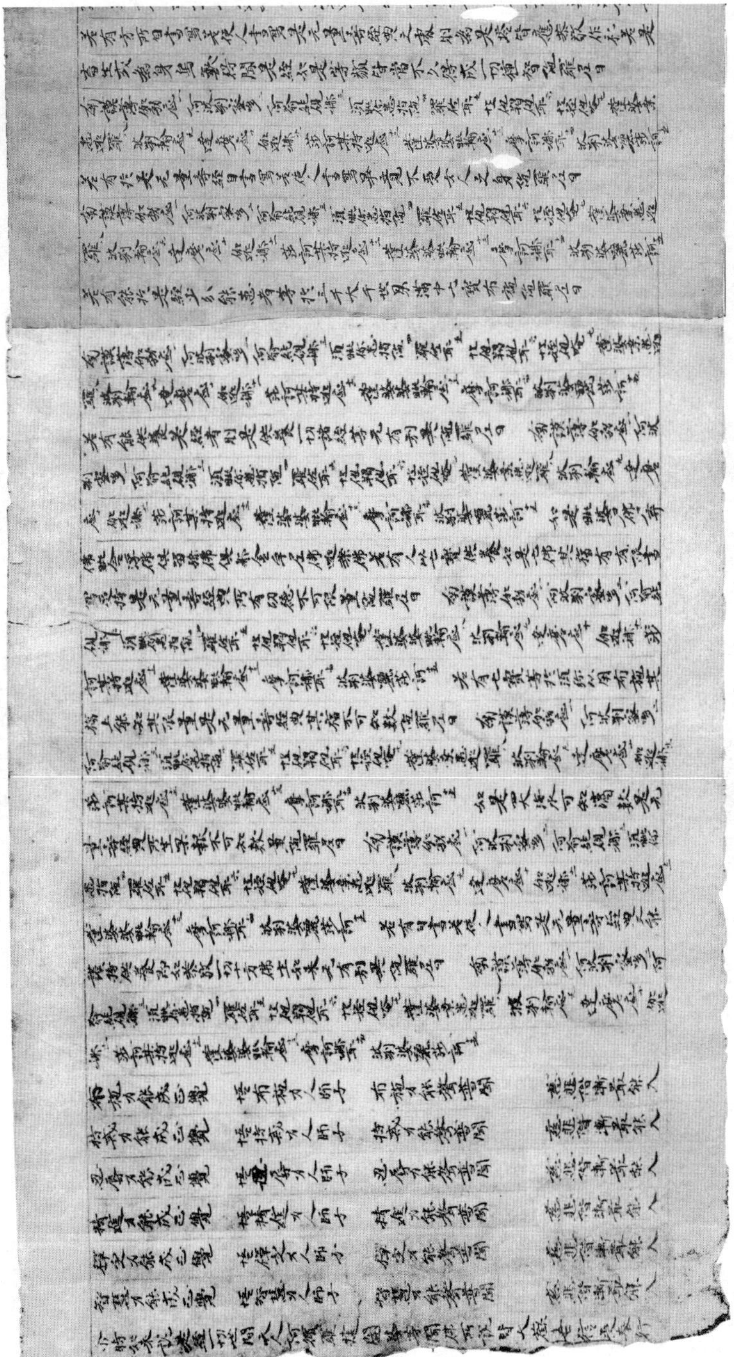

圖 11-2　北敦 1574 號（後部）＋北敦 4239 號綴合圖

北敦 1574 號（後部）

北敦 4239 號

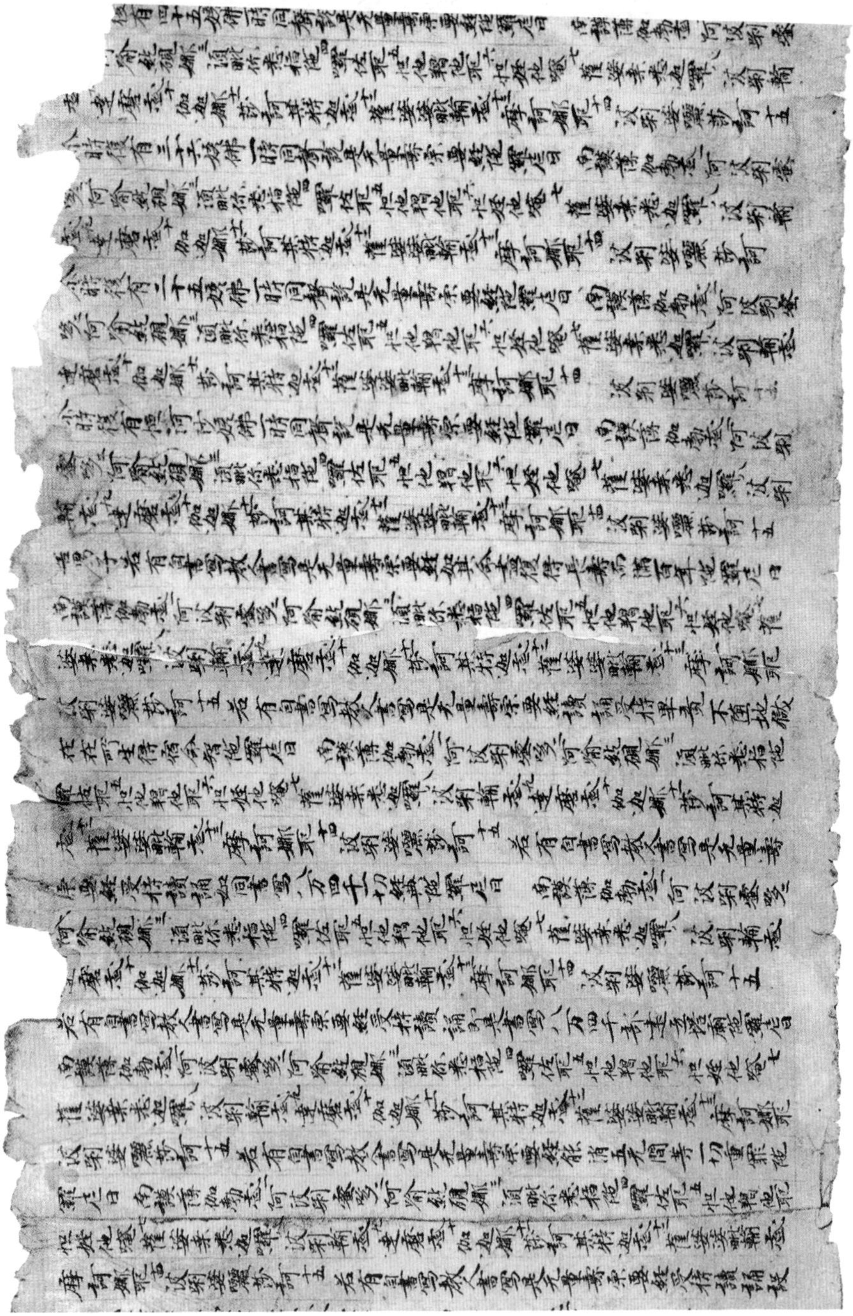

圖 12　北敦 9060 號（後部）＋北敦 7585 號（前部）綴合圖

12. 北敦 9060 號 + 北敦 7585 號

（1）北敦 9060 號（虞 81），見《國圖》104/374B—375B。卷軸裝，2 紙。後部如圖 12 右部所示，前後皆殘，存 46 行（前紙 28 行，首 10 行上殘 3—4 字，下殘約 3 字；後紙 18 行，末行存 11 字殘畫），行約 35 字。有烏絲欄。原卷無題，《國圖》擬題"無量壽宗要經"。《國圖》條記目録稱原卷紙高 31 釐米，爲 8—9 世紀吐蕃統治時期楷書寫本。

（2）北敦 7585 號（北 8092；人 85），見《國圖》97/382B—383B。卷軸裝，3 紙。前部如圖 12 左部所示，前殘尾全，存尾部 69 行（前紙 14 行，首行僅存中部 3 字之殘畫，次行右側有殘損；次紙 30 行；後紙 25 行），行約 35 字。尾題"佛説无量壽宗要經"；卷末署"吕日興"，係抄手名字（"吕日興"爲《大乘無量壽經》的常見抄手，出現了二十次左右）。有烏絲欄。《國圖》條記目録稱原卷紙高 31 釐米，爲 8—9 世紀吐蕃統治時期行楷寫本。

按：上揭二號皆爲《大乘無量壽經》殘卷，且其内容前後相承，可以綴合。綴合後如圖 12 所示，接縫處邊緣吻合，原本分屬二號的"悉迦囉""波唎輸底""達""摩訶娜耶"12 字皆得成完璧。銜接處二號拼合成一整紙，計 30 行，正與後號整紙滿行行數相合。又二號行款格式相同（紙高相同，天頭地脚等高，滿行皆約 35 字，行距、字距、字體大小相近，咒語後皆有數字標識），字迹似同（比較二號共有的"陁""經""唵""耶"等字），可資參證。二號綴合後，所存内容參見《大正藏》T19/82A5—84C29。

又按：《國圖》條記目録稱北敦 9060 號字體爲楷書，北敦 7585 號字體爲行楷，今既知二號可綴合爲一，則其判斷有待商榷。從書風來看，二號字體更皆接近楷書。

13. 北敦 9061 號 + 北敦 450A 號

（1）北敦 9061 號（虞 82），見《國圖》104/376A—376B。卷軸裝。後部如圖 13 右部所示，首略殘，後殘，存 31 行（末 5 行下殘約 2—5 字），行約 33 字。首行爲經題，僅存"大乘无量壽經"左側殘形。有烏絲欄。《國圖》條記目録稱原卷紙高 31.4 釐米，爲 8—9 世紀吐蕃統治時期楷書寫本。

（2）北敦 450A 號（北 7965；洪 50），見 IDP，另見《國圖》7/62B—

圖 13 北敦 9061 號（後部）+ 北敦 450A 號（前部）綴合圖

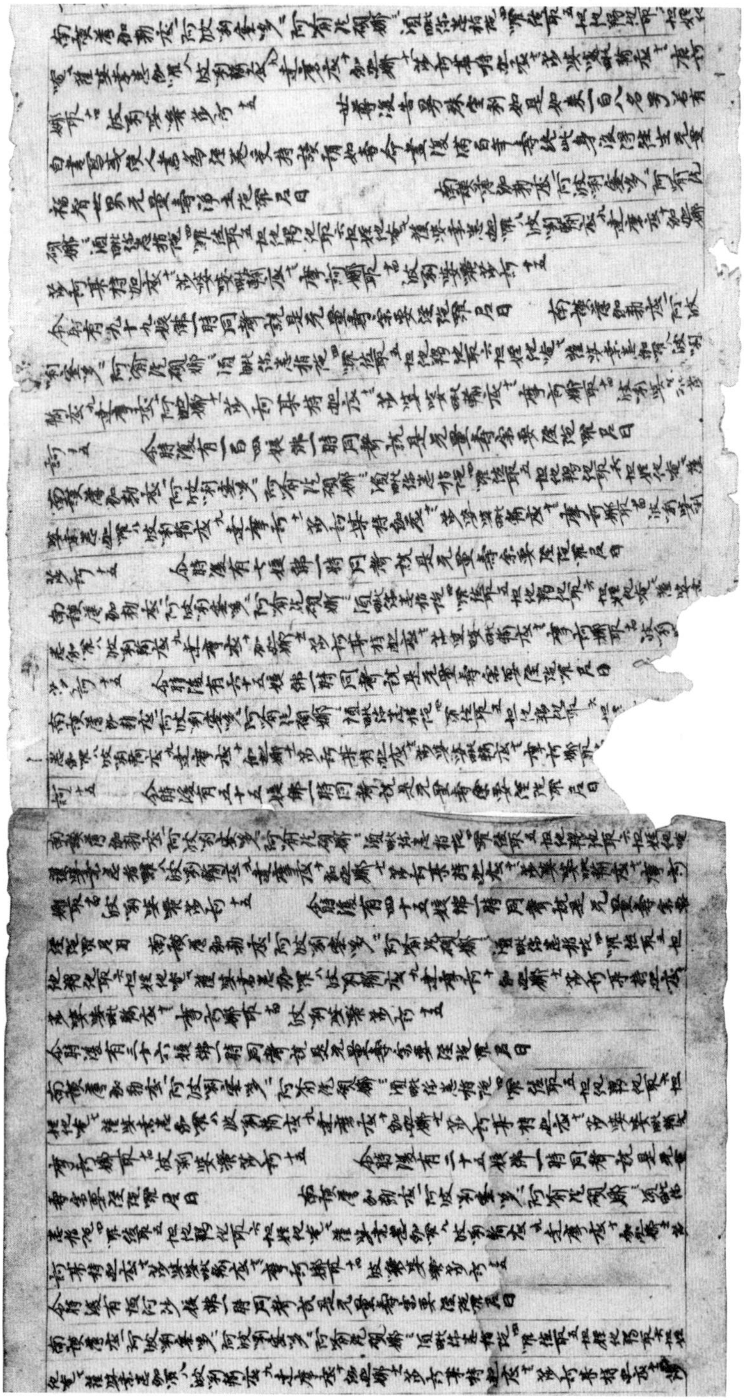

64A。卷軸裝，3 紙。前部如圖 13 左部所示，前殘尾全，存 89 行，行約 33 字。尾題“佛説无量壽宗要經”，卷末有“裴文達”三字，係抄手所署（“裴文達”爲《大乘無量壽經》常見抄手，出現了十餘次）。《國圖》條記目録稱原卷紙高 31.5 釐米，爲 8—9 世紀吐蕃統治時期行楷寫本。

按：上揭二號皆爲《大乘無量壽經》殘卷，且二號内容於“陁羅尼曰 / 南謨薄伽勃底”句前後相接，可以綴合。二號接縫處皆爲失黏所致脱落，邊緣整齊，橫向烏絲欄可以對接。比較二號共有的“薄”“陁”“訶”“哆”等字，構件“口”的寫法，字迹書風似同。又二號行款格式相同（紙高近同，天頭地脚等高，皆有烏絲欄，滿行皆約 33 字，咒語後皆有數字標識）。由此判定，此二號確可綴合。另外，北敦 9061 號背有“社司轉帖”“行人轉帖”等雜寫 6 行，中有“太平興國六年（981）”字樣，北敦 450A 號背有“辛巳年四月十五日立契”字樣，太平興國六年也是辛巳年，這兩號卷背的雜寫很可能是同一個人同一年寫的，可以參證。綴合後如圖 13 所示，所存内容參見《大正藏》T19/82A3—84C29。

又按：《國圖》條記目録稱北敦 9061 號字體爲楷書，北敦 450A 號字體爲行楷，而今既知此二號可綴合爲一，則其判斷顯然不妥。從書風來看，二號字體更皆接近楷書。

14.“俄敦 1875 號、俄敦 2032 號”+ 北敦 1885 號

（1）“俄敦 1875 號、俄敦 2032 號”，見《俄藏》8/374B。卷軸裝殘片。如圖 14 右部所示，首全後殘，存首 10 行（下部殘損，行存 13—31 字不等）。首題“大乘无量壽經”。《孟録》及《俄藏》《俄録》擬題“大乘無量壽經”，《孟録》稱原卷紙高 30 釐米，楷書小字，寫於 9—11 世紀。

（2）北敦 1885 號（北 7982；秋 85），見 IDP，另見《國圖》26/126A—128A。卷軸裝，5 紙。前部如圖 14 左部所示，前殘尾全，存 121 行（首 4 行中上殘，殘 18—23 字不等），行約 36 字。訖尾題“佛説无量壽宗要經”；卷末署“安國興寫”。有烏絲欄。《國圖》條記目録稱原卷紙高 31 釐米，爲 8—9 世紀吐蕃統治時期行楷寫本。

按：（1）（2）皆爲《大乘無量壽經》殘卷，《俄藏》已將俄敦 1875 號、俄

敦 2032 號二號綴合爲一，今謂北敦 1885 號與此二號內容前後相承，亦可綴合。綴合後如圖 14 所示，接縫處邊緣吻合，原本分屬二者的 "如來" "一百八" "如來" "名號" "蜜哆" "阿喻紇硯娜" "須毗你" "囉" 20 字皆得成完璧。又二者行款格式相同（皆有烏絲欄，行距、字體大小相近），筆迹相近（比較二號共有的 "或" "殊" "讀" "誦" 等字），可資參證。三號綴合後，所存內容參見《大正藏》T19/82A2—84C29。

　　又按：《國圖》條記目錄稱北敦 1885 號爲 8—9 世紀吐蕃統治時期行楷寫本；《孟錄》云俄敦 1875 號、俄敦 2032 號皆爲楷書小字，寫於 9—11 世紀。今知此三者既可綴合爲一，故兩書對三號字體、時間的判斷還有待商榷。從書風來看，其字體更接近於楷書。

北敦 1885 號（前部）　　　　　"俄敦 1875 號、俄敦 2032 號"

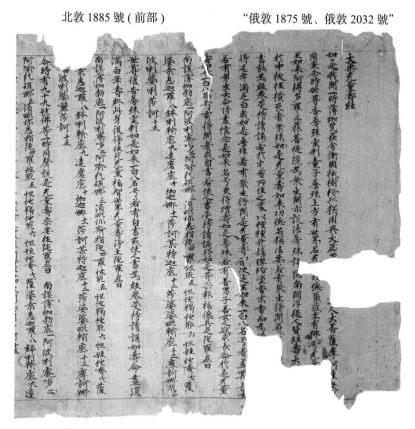

圖 14　"俄敦 1875 號、俄敦 2032 號" + 北敦 1885 號（前部）綴合圖

15. 北敦 7459 號 + 北敦 7919 號

（1）北敦 7459 號（北 7947；官 59），見《國圖》97/102A—103B。卷軸裝，3 紙。後部如圖 15 右部所示，首略殘，後缺，存 72 行（前紙 16 行，後二紙各 28 行），行約 33 字。首題"□（大）乘无量壽宗要經"。標題前署"李加興寫" 4 字，應係抄者署名。有烏絲欄。《國圖》條記目錄稱紙高 31.5 釐米，爲 8—9 世紀吐蕃統治時期楷書寫本。

（2）北敦 7919 號（北 8109；文 19），見《國圖》99/279A—279B。卷軸裝，2 紙。前部如圖 15 左部所示，前缺尾全，存尾部 44 行（前紙 29 行，後紙 15 行），行約 33 字。尾題"佛説无量壽宗要經"，卷末署"李加興寫"。有烏絲欄。《國圖》條記目錄稱原卷紙高 31.5 釐米，爲 8—9 世紀吐蕃統治時期行楷寫本。

北敦 7919 號（前部）　　　　　　　　　北敦 7459 號（後部）

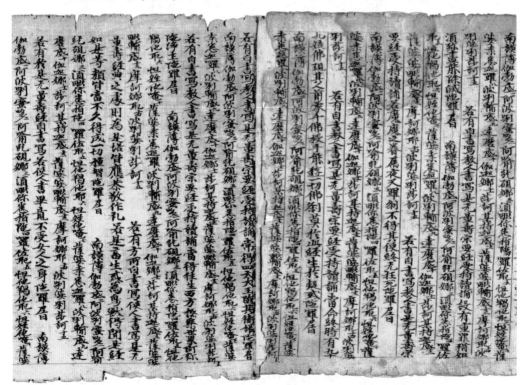

圖 15　北敦 7459 號（後部）+ 北敦 7919 號（前部）綴合圖

按：上揭二號皆爲《大乘無量壽經》殘卷，其内容於“波唎婆唎莎訶 / 若有自書寫”句前後相接，中無缺字，可以綴合。綴合後如圖 15 所示，二號接縫處爲失黏所致脱落，邊緣整齊，横向烏絲欄可以對接。比較二號共有的“絯”“悉”“耶”“唎”等字，字迹似同；又二號行款格式相同（紙高相同，天頭地脚等高，皆有烏絲欄，行距、字距、字體大小相近，咒語後皆有數字標識），書風相似（字體端正、筆粗墨濃），可以參證。二號綴合後，所存内容參見《大正藏》T19/82A3—84C29。

又按：《國圖》條記目録稱北敦 7459 號爲楷書，北敦 7919 號字體爲行楷，今二者既可綴合爲一，兩書判斷顯然不妥。從書風來看，二者字體更接近楷書。

16. 北敦 2727 號 + 北敦 16247 號

（1）北敦 2727 號（北 7767；吕 27），見《國圖》37/86A—88B。卷軸裝，5 紙。前部如圖 16 所示，首殘尾全，存 124 行（第 3—7 行上部殘約 1—9 字），行約 33 字。首題“☒（大）乘无量壽經”；尾題“佛説无量壽宗要經”；卷末署“田廣談”，係抄手名字。有烏絲欄。《國圖》條記目録稱原卷爲 8—9 世紀吐蕃統治時期楷書寫本。

（2）北敦 16247 號（北臨 4114），見 IDP，另見《國圖》146/52B。殘片。如圖 16 右上部所示，存 2 行（第 1 行僅存 8 字，第 2 行存 5 字右側殘畫）。有烏絲欄。原卷無題，《國圖》條記目録稱原卷爲 8—9 世紀吐蕃統治時期楷書寫本。

按：上揭二號皆爲《大乘無量壽經》殘卷，且其内容前後相承，可以綴合。北敦 16247 號係從北敦 2727 號前端上部掉落的碎片，綴合後如圖 16 所示，接縫處邊緣大體吻合（部分綴後仍有缺損），原本分屬二號的“尊”字得成完璧。又二號行款格式相同（皆有烏絲欄，行距、字距、字體大小相近），字迹書風似同（比較二號共有的“衆”“尒”“時”等字），可資參證。二號綴合後，所存内容參見《大正藏》T19/82A3—84C29。

17. 斯 178 號 + 斯 183 號

（1）斯 178 號（翟 5030），見 IDP，另見《英圖》3/200A。卷軸裝。如圖 17 右部所示，首全後缺，存首部 28 行，行約 33 字。首題“大乘无量壽經”。《英

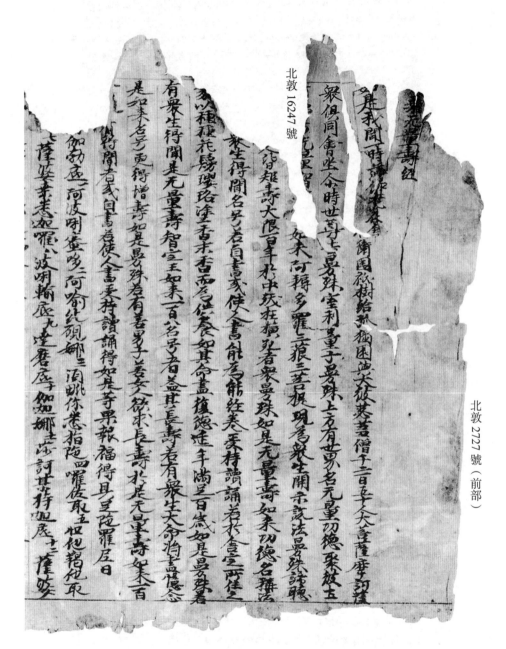

圖16　北敦2727號（前部）＋北敦16247號綴合圖

斯 178 號

斯 183 號（前部）

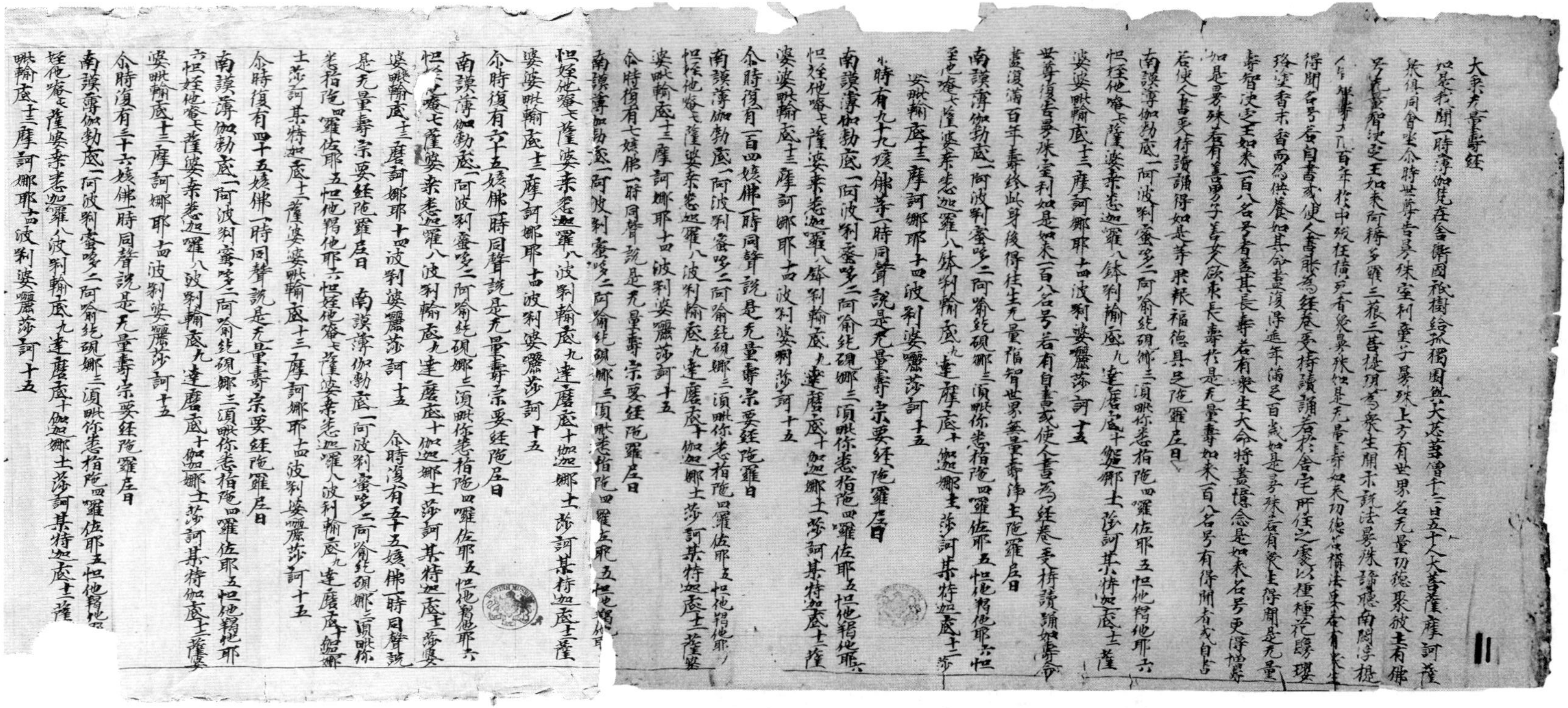

图 17 斯 178 號＋斯 183 號（前部）綴合圖

圖》條記目録稱原卷紙高 31 釐米，爲 8—9 世紀吐蕃統治時期楷書寫本。

（2）斯 183 號（翟 5073），見 IDP，另見《英圖》3/219A—220B。卷軸裝。前部如圖 17 左部所示，前缺尾全，存 109 行，行約 33 字。尾題"佛説无量壽宗要經"；卷末署"孟郎子"，係抄手名字。《英圖》條記目録稱原卷紙高 31 釐米，爲 8—9 世紀吐蕃統治時期楷書寫本。

按：上揭二號皆爲《大乘無量壽經》殘卷，其内容於"怛▨（他）羯 /▨▨（他耶）▯(六) /怛姪他唵七"句前後相接，中無缺字，存有綴合的可能性。比較二號共有的"尒""説""指""囉"等字，字迹似同。又二號行款格式相同（紙高相同，行距、字距、字體大小相近，咒語右下方皆有數字標識），書風相近（楷書、字體端秀）。由此判定，此二號確可綴合。綴合後如圖 17 所示，相應文字參見《大正藏》T19/82A3—84C29。

18. 北敦 9052 號 + 北敦 10863 號 + 北敦 5247 號

（1）北敦 9052 號（虞 73），見《國圖》104/368B。殘片。如圖 18 右上部所示，存 16 行，行存中上部 7—18 字。有烏絲欄。原卷無題，《國圖》擬題"無量壽宗要經"，條記目録稱原卷爲 8—9 世紀吐蕃統治時期行楷寫本。

（2）北敦 10863 號（北臨 992），見《國圖》108/198A。殘片。如圖 18 右下部所示，存 7 行，行存中下部 3—19 字。原卷無題，《國圖》擬題"無量壽宗要經"，條記目録稱原卷爲 8—9 世紀吐蕃統治時期楷書寫本。

（3）北敦 5247 號（北 8034；夜 47），見《國圖》70/200A—202A。卷軸裝，5 紙。前部如圖 18 左部所示，前後皆殘，存 107 行（首 8 行上殘，首行僅存 3 字之殘筆），行約 33 字左右。有烏絲欄。原卷無題，《劫餘録》及《寶藏》《索引新編》擬題"佛説無量壽宗要經"（《索引》《國圖》無"佛説"二字），《國圖》條記目録稱原卷爲 8—9 世紀吐蕃統治時期行楷寫本。

按：上揭三號皆爲《大乘無量壽經》殘卷，且其内容前後相接，可以綴合。綴合後如圖 18 所示，諸相鄰二號接縫處邊緣吻合。北敦 9052 號與北敦 10863 號上下相接，接縫處原本分屬二號的"他""若""福""尼"四字皆得復合爲一；北敦 9052 號＋北敦 10863 號與北敦 5247 號左右、上下相接，接縫處原分屬二號的"娜""磨""薄伽""薩婆""使""書"等字皆得成完璧。又三號行款格式相同（天頭地腳等高，皆有烏絲欄，行距、字距、字體大小相近，咒語後皆有數字標識），字迹似同（比較北敦 9052 號與北敦 108063 號共有的"南謨薄伽勃底""怛姪他唵"等句，北敦 10863 號與北敦 5247 號共有的"摩訶娜耶""波唎婆囉莎訶"等句），可資參證。三號綴合後，所存内容相應文字參見《大正藏》T19/82A12—84C28。

北敦 5247 號（前部）　　　　　　　　　北敦 9052 號

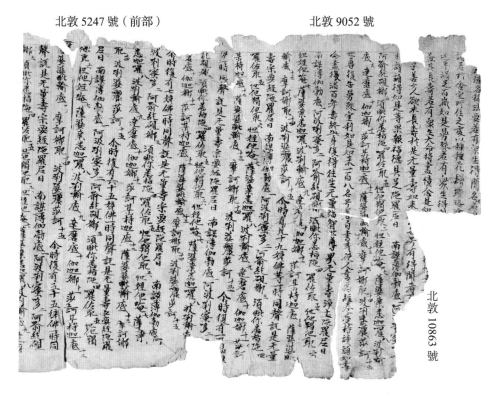

圖 18　北敦 9052 號 + 北敦 10863 號 + 北敦 5247 號（前部）綴合圖

又按：《國圖》條記目録稱北敦 9052 號、北敦 5247 號寫經字體爲行楷，北敦 10863 號爲楷書，今既知三號可綴合爲一，則其判斷有待商榷。從書風來看，三者字體更接近於楷書。

19. 斯 2893 號 + 俄敦 5406 號

（1）斯 2893 號（翟 5050），見《寶藏》24/312B—313A。卷軸裝。後部如圖 19 右部所示，前後皆殘，存 66 行（末 2 行上殘，末行僅存 2 字殘筆），行約33字。楷書。原卷無題,《翟錄》定作"佛説無量壽宗要經"(《索引》及《寶藏》《索引新編》無"佛説"二字)。

（2）俄敦5406號,見《俄藏》12/122B。卷軸裝殘片。前部如圖19左部所示,前殘,尾略殘,存尾部14行(首行僅存上部8字),行約33字。尾題"佛⊠（説)无量壽宗要經"。楷書。

俄敦 5406 號　　　　　　　　　斯 2893 號（後部）

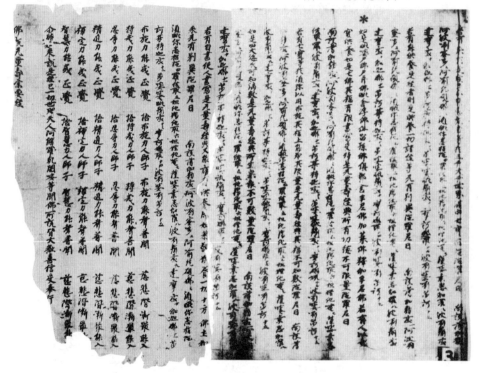

圖 19　斯 2893 號（後部）＋俄敦 5406 號綴合圖

　　按：上揭二號皆爲《大乘無量壽經》殘卷（後號《俄錄》定名同）,且其內容前後相接,可以綴合。綴合後如圖19所示,接縫處邊緣吻合,原本分屬二號的"訶"字得成完璧。又二號行款格式相同（滿行皆約33字,咒語後皆有數字標識,行距、字距、字體大小相近）,字迹書風似同（比較二號共有的"婆""阿""唵"等字）,可資參證。所存內容參見《大正藏》T19/82C20—84C29。

20. 北敦 11342 號＋北敦 8436 號

（1）北敦 11342 號（北臨 1471），見《國圖》109/148B。卷軸裝殘片。如圖 20 右部所示，存 11 行（首行僅存 3 字左側殘畫，末行存下部 3 字殘畫），行約 38 字。有烏絲欄。原卷無題，《國圖》擬題"無量壽宗要經"，條記目錄稱原卷紙高 30.5 釐米，爲 8—9 世紀吐蕃統治時期楷書寫本。

北敦 8436 號（前部）

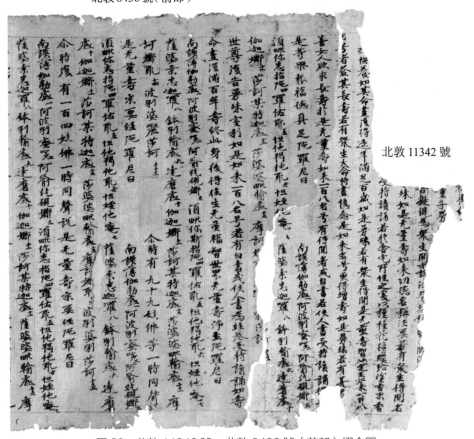

北敦 11342 號

圖 20　北敦 11342 號＋北敦 8436 號（前部）綴合圖

（2）北敦 8436 號（北 8132；裳 36），見《國圖》102/356B—358B。卷軸裝，4 紙。前部如圖 20 左部所示，前殘尾全，存 112 行（首行僅存上部二三字之殘筆；首 5 行中下殘；末行在尾題後，僅存下部五六字右側殘筆，係抄經生題署,《國圖》條記目録謂係 "張没略藏寫畢" 之殘),行約 38 字。尾題 "佛説无量壽宗要經"。有烏絲欄。《國圖》條記目録稱原卷爲 8—9 世紀吐蕃統治時期行楷寫本。

按:上揭二號皆爲《大乘無量壽經》殘卷,且其内容前後相承,可以綴合。綴合後如圖 20 所示,接縫處邊緣大體吻合(部分綴後仍有缺損),原本分屬二號的 "名号""者""量""壽如""他""莎訶" 九字皆得成完璧。又二號行款格式相同(紙高接近,天頭地脚等高,滿行皆約 38 字,咒語後皆有數字標識,皆有烏絲欄,行距相近),字迹書風似同(比較二號共有的 "陁""尼""經""无" 等字;咒語 "波唎輸底" 句中的 "波" 字該二號皆作 "鉢"),可資參證。二號綴合後,所存内容參見《大正藏》T19/82A7—84C29。

又,《國圖》條記目録稱北敦 11342 號字體爲楷書,北敦 8436 號爲行楷,今既知二號可綴合爲一,則其判斷有待商榷。從書風來看,二者字體更接近楷書。

21. 北敦 9068 號 + 北敦 1999 號

(1)北敦 9068 號(虞 89),見《國圖》104/382A。卷軸裝殘片。如圖 21 右部所示,前殘後缺,存 19 行(首行僅存上部 3 字之殘畫),行約 33 字。有烏絲欄。原卷無題,《國圖》擬題 "無量壽宗要經"。《國圖》條記目録稱原卷紙高 31.5 釐米,爲 8—9 世紀吐蕃統治時期行楷寫本。

(2)北敦 1999 號(北 7985;收 99B),見《國圖》27/441A—442B。卷軸裝,3 紙。前部如圖 21 左部所示,前缺尾全,存 86 行,行約 32 字。尾題 "佛説无量壽宗要經",尾題後有藏文寫經人題署。有烏絲欄。《國圖》條記目録稱原卷紙高 31.5 釐米,爲 8—9 世紀吐蕃統治時期行楷寫本。

按:上揭二號皆爲《大乘無量壽經》殘卷,其内容於 "恒姪他唵^七/薩婆桑悉伽羅^八" 句前後相接,中無缺字,存有綴合的可能性。比較二號 "氵""口""阝""言""糸" 等構件的寫法,字迹書風似同。又二號行款格式相同(天頭地脚等高,有烏絲欄,皆有 "ℹ" 狀重文符號)。由此判定,此二號確可綴合。綴合後如圖 21 所示,所存内容參見《大正藏》T19/82B5—84C29。

北敦 1999 號（前部）　　　　　　　　　　　北敦 9068 號

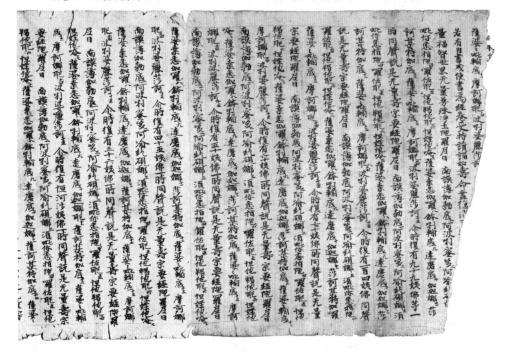

圖 21　北敦 9068 號 + 北敦 1999 號（前部）綴合圖

22. 北敦 7422 號 + 斯 4777 號 + 斯 1676 號

（1）北敦 7422 號（北 7946；官 22），見 IDP，另見《國圖》97/28A—28B。卷軸裝，1 紙。後部如圖 22-1 右部所示，前後皆缺，存 26 行，行約 17字。有烏絲欄。原卷無題，《劫餘録》及《寶藏》《索引新編》擬題"佛説無量壽宗要經"（《索引》《國圖》無"佛説"二字），《國圖》條記目録稱原卷紙高 27.5 釐米，爲 8—9 世紀吐蕃統治時期楷書寫本。

（2）斯 4777 號（翟 5068），見《寶藏》37/660A—660B。卷軸裝。前部如圖 22-1 左部所示，後部如圖 22-2 右部所示，前後皆缺，存 26 行，行約 17字。楷書。有烏絲欄。卷上邊有朱筆勘記"兑"。原卷無題，《翟録》歸列"佛説無量壽宗要經"，《索引》及《寶藏》《索引新編》擬題"大乘無量壽經"。

（3）斯 1676 號（翟 5057），見《英圖》26/148A—148B。卷軸裝。前部如圖 22-2 左部所示，前後皆缺，存 26 行，行約 17 字。楷書。有烏絲欄。卷

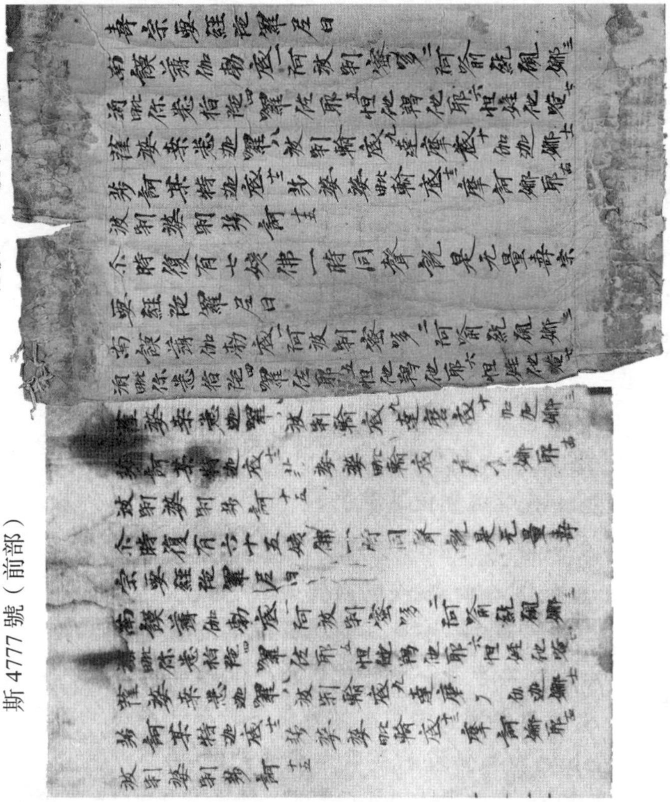

圖 22-1　北敦 7422 號（後部）＋斯 4777 號（前部）綴合圖

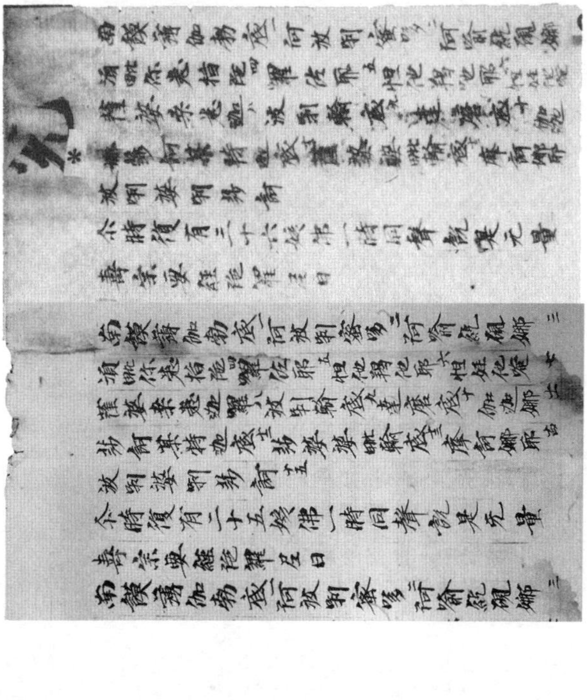

圖 22-2　斯 4777 號（後部）＋斯 1676 號（前部）綴合圖

上邊有朱筆勘記"兑"。原卷無題,《翟録》歸列"佛説無量壽宗要經",《索引》泛題"佛經",《寶藏》及《索引新編》擬題"大乘無量壽經",《英圖》定作"無量壽宗要經(兑廢稿)"。《英圖》條記目録稱原卷紙高 28.3 釐米,爲 8—9 世紀吐蕃統治時期楷書寫本。

按:上揭三號皆爲《大乘無量壽經》殘卷,前二號内容於"恒姪他唵七/薩婆桑悉迦囉八"句前後相接,後二號内容於"陁羅尼曰/南謨薄伽底一"句前後相接,中無缺字,存有綴合的可能性。比較三號共有的"謨""唎""姟""訶""耶""經""復"等字,字迹書風似同。又三號行款格式相同(滿行皆約 17 字,咒語部分皆换行頂格抄寫,咒語後皆有數字標識)。由此判定,此三號確可綴合。前二號綴合後如圖 22-1 所示,後二號綴合後如圖 22-2 所示,三號綴合後,所存内容參見《大正藏》T19/82B1—83A22。

23. 北敦 11352 號 + 北敦 12260 號 + 北敦 7314 號

(1)北敦 11352 號(北臨 1481),見《國圖》109/155A。卷軸裝殘片。如圖 23 右上部所示,存 13 殘行,行存中上部 3—28 字。有烏絲欄。原卷無題,《國圖》擬題"無量壽宗要經",條記目録稱該卷爲 8—9 世紀吐蕃統治時期楷書寫本。

(2)北敦 12260 號(北臨 2389),見《國圖》111/1A。殘片。如圖 23 右下部所示,存 8 殘行,行存下部 1—5 字。有烏絲欄。原卷無題,《國圖》擬題"無量壽宗要經",條記目録稱該卷爲 8—9 世紀吐蕃統治時期楷書寫本。

(3)北敦 7314 號(北 8084;烏 14),見《國圖》96/166A—168A。卷軸裝,4 紙。前部如圖 23 左部所示,前殘尾全,存 98 行(首 3 行上下殘,第 1 行僅存下部 4 字殘畫),行約 32 字。尾題"佛説无量壽宗要經"。有烏絲欄。《國圖》條記目録稱該卷爲 8—9 世紀吐蕃統治時期行楷寫本。

按:上揭三號皆爲《大乘無量壽經》殘卷,且其内容前後相接,可以綴合。綴合後如圖 23 所示,諸相鄰二號接縫處邊緣吻合,北敦 12260 號可補北敦 11352 號和北敦 7314 號下方之缺,接縫處原本分屬二號的"佛""硯""阿喻""底"等字皆得成完璧。北敦 11352 號與北敦 7314 號左右相接,接縫處原本分屬二號的"底""迦""毗""輪""訶"五字皆得復合爲一。又三號行款格式相同(天頭地脚等高,行距、字間、字體大小相近,咒語後皆無數字標識),字迹書風似同（比較北敦 7314 號與北敦 11352 號共有的“某”“須”“經”等字，北敦 7314 號與北敦 12260 號共有的“復”“底”等字），可資參證。三號綴合後所存內容相應文字參見《大正藏》T19/82B13—84C29。

又，《國圖》條記目録稱前二號字體爲楷書，後號爲行楷，今既知三號可綴合爲一，則其判斷有待商榷。從書風來看，三號字體更接近行楷。

北敦 7314 號（前部）　　　　　　　　北敦 11352 號

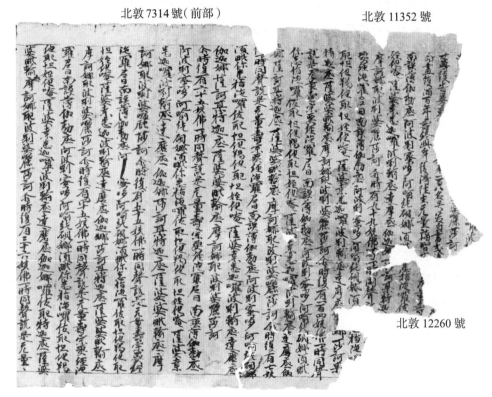

北敦 12260 號

圖 23　北敦 11352 號＋北敦 12260 號＋北敦 7314 號（前部）綴合圖

24. 北敦 3918 號＋北敦 9045 號＋北敦 9065 號

（1）北敦 3918 號（北 7926；生 18），見《國圖》54/31B—32A。卷軸裝，1 紙。後部如圖 24-1 右部所示，首全後缺，存 32 行，行約 40 字。首題“大乘无量壽經”。有烏絲欄。《國圖》條記目録稱原卷紙高 31 釐米，爲 8—9 世紀吐蕃統治時期行楷寫本。

（2）北敦 9045 號（虞 66），見 IDP，另見《國圖》104/363A—363B。卷軸裝，1 紙。前部如圖 24-1 左部所示，後部如圖 24-2 右部所示，前缺後殘，存 32 行（末行僅存中上部四五字，倒數第 2 行下部存右側殘畫），行約 40 字。有烏絲欄。原卷無題，《國圖》擬題"無量壽宗要經"，條記目錄稱原卷紙高 31.5 釐米，爲 8—9 世紀吐蕃統治時期行楷寫本。

（3）北敦 9065 號（虞 86），見 IDP，另見《國圖》104/380A—380B。卷軸裝，2 紙。前部如圖 24-2 左部所示，前後皆殘，存 38 行（首 4 行上殘，第 1 行下部所存文字右側殘損），行約 40 字。有烏絲欄。原卷無題，《國圖》擬題"無量壽宗要經"，條記目錄稱原卷紙高 31.5 釐米，爲 8—9 世紀吐蕃統治時期行楷寫本。

按：上揭三號皆爲《大乘無量壽經》殘卷，且其內容前後相接，可以綴合。前二號綴合後如圖 24-1 所示，二號內容於"波利婆利莎訶/⊠（尒）時復有三十六姝佛"句前後相接，中無缺字；二號接縫處皆爲失黏所致脫落，邊緣整齊，橫向烏絲欄可以對接。後二號綴合後如圖 24-2 所示，接縫處邊緣大體吻合（上部仍有缺損），原本分屬二號的"薩婆""毗輪底""摩訶娜耶""波利婆利莎""寫""是"16 字皆得成完璧。北敦 9045 號存 32 行，北敦 9065 號首紙 4 行，綴合後爲一整紙 34 行，正與後號的整紙行數相合。又三號行款格式相同（天頭地脚等高，滿行皆約 40 字，咒語皆無數字標識，皆有烏絲欄，皆有"〻"狀重文號），字迹書風似同（比較三號共有的"須""持""耶""悉"等字；"波喇婆喇莎訶"句中的"喇"三號皆作"利"），可資參證。三號綴合後，所存內容參見《大正藏》T19/82A5—84C14。

25. 北敦 9088 號 + 北敦 9067 號

（1）北敦 9088 號（陶 9），見《國圖》104/398A—398B。卷軸裝，2 紙。後部如圖 25 右部所示，前後皆殘，存 34 行（首 6 行上下皆殘；尾 2 行中上殘），行約 30 字。有烏絲欄。原卷無題，《國圖》擬題"無量壽宗要經"，條記目錄稱紙高 30.5 釐米，爲 8—9 世紀吐蕃統治時期行楷寫本。

（2）北敦 9067 號（虞 88），見《國圖》104/381B。卷軸裝，2 紙。前部如圖 25 左部所示，前後皆殘，存 22 行（第 1 行僅存上部 2 筆殘畫，第 2—3

行下殘，末行下部殘損），行約 30 字。有烏絲欄。原卷無題，《國圖》擬題"無量壽宗要經"，條記目錄稱紙高 30.5 釐米，爲 8—9 世紀吐蕃統治時期行楷寫本。

　　按：上揭二號皆爲《大乘無量壽經》殘卷，且其内容前後相承，可以綴合。綴合後如圖 25 所示，接縫處邊緣吻合，原本分屬二號的"寫教""波唎蜜哆""阿喻紇硯""伽迦"十二字皆得成完璧。又二號行款格式相同（天頭地脚等高，除最後一句標有"十五"字樣外其餘咒語皆無數字標識，皆有烏絲欄，行距、字距、字體大小相近），字迹書風似同（比較二號共有的"迦""特""怛"等字），可資參證。二號綴合後，所存内容參見《大正藏》T19/82B7—83C3。

北敦 9067 號　　　　　　　　　　　　北敦 9088 號（後部）

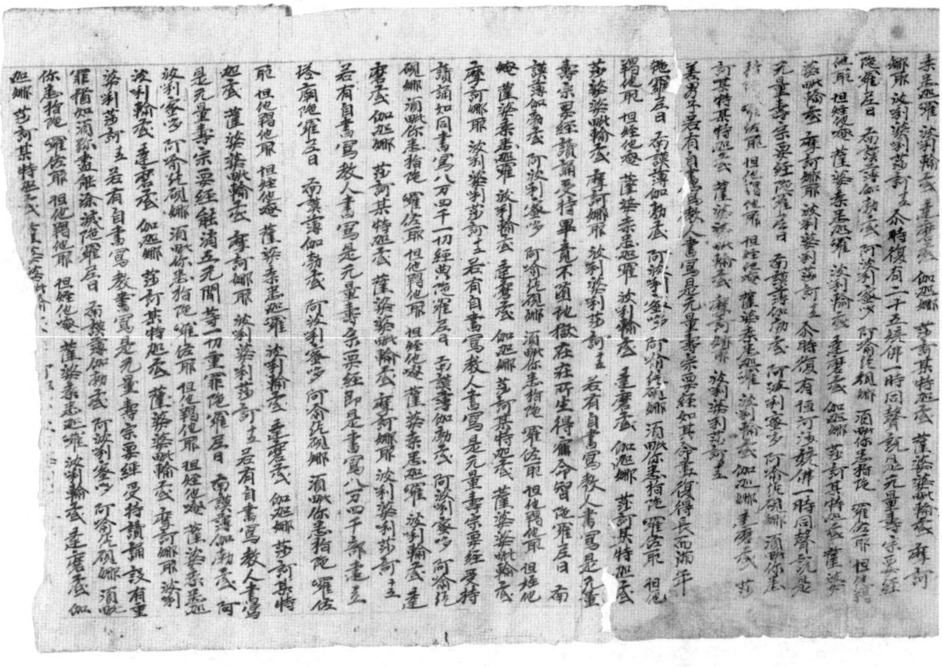

圖 25　北敦 9088 號（後部）＋北敦 9067 號綴合圖

26. 北敦 9050 號 + 北敦 7725 號

　　（1）北敦 9050 號（虞 71），見《國圖》104/367A。卷軸裝，2 紙。後部如圖 26 右部所示，前後皆殘，存 18 行（首 4 行上殘，末行上部有 2 殘畫，下部存 2 字殘筆），行約 35 字。有烏絲欄。原卷無題，《國圖》擬題"無量壽宗要經”，條記目録稱原卷紙高31.5釐米，爲8—9世紀吐蕃統治時期行楷寫本。

（2）北敦7725號（北8096，始25），見《國圖》98/226B—227B。卷軸裝，2紙。前部如圖26左部所示，前殘尾全，存58行，行約35字。尾題“佛説无量壽宗要經一卷”；卷末署“氾子昇寫”。有烏絲欄。《國圖》條記目録稱原卷紙高32釐米，爲8—9世紀吐蕃統治時期楷書寫本。

按：上揭二號皆爲《大乘無量壽經》殘卷，且其内容前後相接，可以綴合。綴合後如圖26所示，接縫處邊緣吻合，原本分屬二號的“滅”“南”“陁”“囉”“佐”五字皆得成完璧，横向烏絲欄可以對接。又二號行款格式相同（紙高接近，天頭地脚等高，滿行皆約35字，咒語後皆有數字標識於右下角，字距、行距相近），字迹似同（比較二號共有的“人”“是”“訶”“桑”“囉”“哆”等字），可資參證。二號綴合後，所存内容參見《大正藏》T19/83A20—84C29。

北敦7725號（前部）　　　　　　　　　北敦9050號

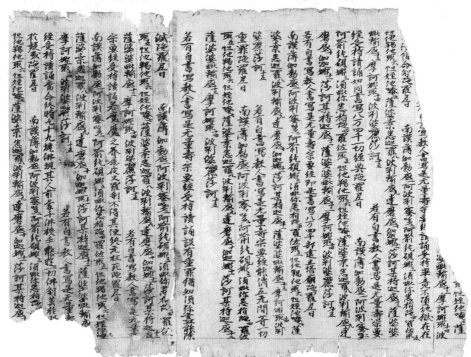

圖26　北敦9050號＋北敦7725號（前部）綴合圖

又，《國圖》條記目録稱北敦 9050 號字體爲行楷，北敦 7725 號爲楷書，然今此二號可綴合爲一，故《國圖》判斷還有待商榷。從書風來看，二號字體更近楷書。

27. 斯 2102 號＋斯 4292 號

（1）斯 2102 號（翟 5060），見《英圖》33/347B—348A。卷軸裝。後部如圖 27 右部所示，前後皆缺，存 31 行，行約 33 字。原卷無題，《翟録》歸列"佛説無量壽宗要經"，《索引》及《寶藏》《索引新編》擬題"大乘無量壽經"，《英圖》定作"無量壽宗要經（甲本）"。《英圖》條記目録稱原卷紙高 31.6 釐米，爲 8—9 世紀吐蕃統治時期楷書寫本。

斯 4292 號（前部）　　　　　　　　　　斯 2102 號（後部）

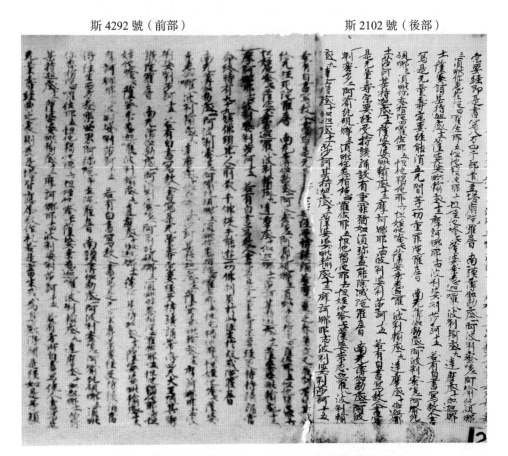

圖 27　斯 2102 號（後部）＋斯 4292 號（前部）綴合圖

（2）斯 4292 號（翟 5122），見《寶藏》35/191B—192A。卷軸裝。前部如圖 27 左部所示，前缺尾全，存 54 行，行約 33 字。楷書。尾題"佛説无量壽經"，卷末有題記"南无大慈大悲救苦觀世音菩薩之像，清信佛弟子張毛毛妻子彭氏一心供養"（"毛"爲"三"古字"弎"的訛變俗字，《翟録》録作"屯"，誤）。

按：上揭二號皆爲《大乘無量壽經》殘卷，且其内容於"波唎婆唎莎訶^{十五}/若有自書寫"句前後相承，中無缺字，可以綴合。綴合後如圖 27 所示，接縫處邊緣吻合，行末原本分屬二號的"其便"二字大體得以拼合完整（此二字右側少量筆畫撕裂在斯 2102 號）。又二號行款格式相同（滿行約 33 字，咒語後有標識的數字），字迹書風似同（比較二號共有的"唵""輸""唎"等字，咒語"南謨薄伽勃底"句中的"謨"字二號皆或寫作"无"字；字體應皆爲行楷，前號《英圖》條記目録定作楷書，或不妥），可資參證。二號綴合後，所存内容參見《大正藏》T19/82C16—84C29。

28. 北敦 7237 號 + 北敦 2321 號

（1）北敦 7237 號（北 8179；帝 37），見 IDP，另見《國圖》96/18B—19A。卷軸裝，1 紙。後部如圖 28 右部所示，前後皆缺，存 28 行，行約 35 字。有烏絲欄。原卷無題，《劫餘録》及《寶藏》《索引新編》定作"佛説無量壽宗要經"（《索引》《國圖》無"佛説"二字），《國圖》條記目録稱原卷紙高 30.5 釐米，該卷爲 8—9 世紀吐蕃統治時期行楷寫本。

（2）北敦 2321 號（北 7990；餘 21），見 IDP，另見《國圖》33/76A—77A。卷軸裝，2 紙。前部如圖 28 左部所示，前殘尾全，存 60 行，行約 35 字。尾題"佛説无量壽宗要經"。有烏絲欄。《國圖》條記目録稱原卷紙高 31 釐米，該卷爲 8—9 世紀吐蕃統治時期行楷寫本。

按：上揭二號皆爲《大乘無量壽經》殘卷，且其内容於"陁羅尼曰/南▨▨（謨薄）伽勃底"句前後相接，中無缺字，存有綴合的可能性。比較二號共有的"姪""薄""訶"等字，字迹似同，且咒語"波唎輸底"中的"波"二卷皆寫作"鉢"。又二號行款格式相同（紙高接近，天頭地腳等高，滿行約 35 字，皆有烏絲欄，咒語後皆有數字標識，字距相近），書風相近（字細瘦、多連筆）。由此判定，此二號確可綴合。綴合後如圖28所示，所存內容參見《大正藏》T19/82C9—84C29。

北敦 2321 號（前部）　　　　　　　北敦 7237 號（後部）

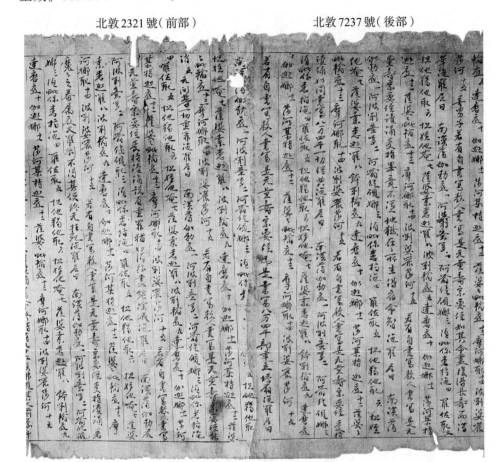

圖 28　北敦 7237 號（後部）＋北敦 2321 號（前部）綴合圖

29. 斯 4181 號 + 北敦 6220 號

（1）斯 4181 號（翟 5046），見《寶藏》34/362B—363B，另見《英卷》66/690—693。卷軸裝。後部如圖 29 右部所示，前後皆殘，存 75 行（首 8 行下殘約 7—8 字，末行僅存下部 6 字殘畫），行約 30 字。首題 "大乘无量壽經"。楷書。有烏絲欄。

（2）北敦 6220 號（北 8171；海 20），見《國圖》83/59A—60A。卷軸裝，

3 紙。前部如圖 29 左部所示，前後皆殘，存 61 行（尾 4 行上殘），行約 30 字。有烏絲欄。原卷無題，《劫餘錄》及《寶藏》《索引新編》定作"佛説無量壽宗要經"（《索引》《國圖》無"佛説"二字），《國圖》條記目錄稱該卷爲 8—9 世紀吐蕃統治時期楷書寫本。

按：上揭二號皆爲《大乘無量壽經》殘卷，且其内容前後相承，可以綴合。綴合後如圖 29 所示，接縫處邊緣吻合，原本分屬二號"摩訶娜耶""波唎婆囉莎訶""除滅陁羅尼曰"十六字皆得成完璧。又二號行款格式相同（滿行皆約 30 字，咒語後皆有數字標識，行距、字距、字體大小相近），書風相似（字體端正，撇、捺兩筆皆較長），字迹似同（比較二號共有的"陁""尼""娜"等字），可資參證。二號綴合後，所存内容參見《大正藏》T19/82A7—84C28。

北敦 6220 號（前部）

斯 4181 號（後部）

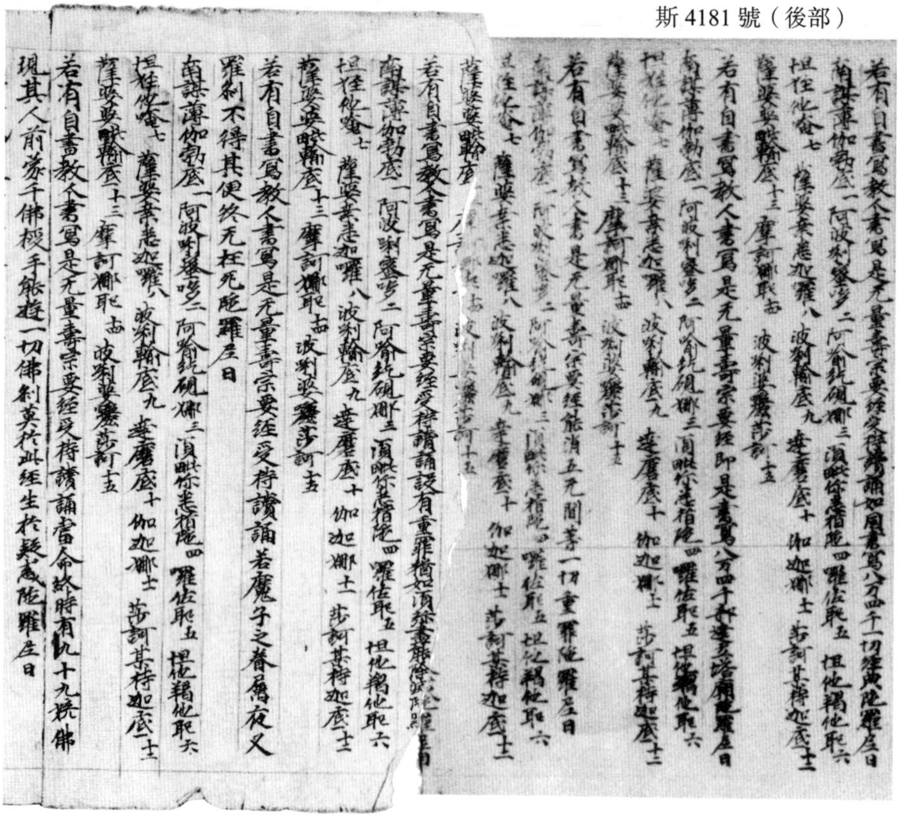

圖 29　斯 4181 號（後部）＋北敦 6220 號（前部）綴合圖

30. 俄敦 2429 號 + 北敦 7067 號

（1）俄敦 2429 號，見《俄藏》9/198A。卷軸裝殘片。如圖 30 右部所示，前後皆殘，存 13 行（後 5 行僅存下部 5—10 字），行約 32 字。原卷無題，《孟錄》及《俄藏》《俄錄》擬題"大乘無量壽經"。

（2）北敦 7067 號（北 8073；龍 67），見《國圖》95/108B—110A。卷軸裝，3 紙。前部如圖 30 左部所示，前殘尾全，存 87 行（首 5 行下殘 5—12 字），行約 32 字。尾題"佛説无量壽宗要經"；卷末署"張略没藏寫"。有烏絲欄。《國圖》條記目録稱該卷爲 8—9 世紀吐蕃統治時期行楷寫本。

北敦 7067 號（前部）　　　　　　　　　　　　　　俄敦 2429 號

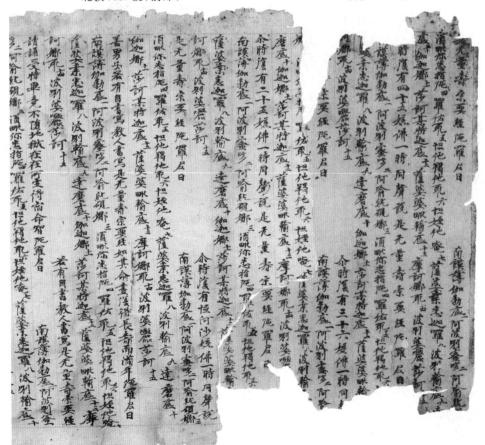

圖 30　俄敦 2429 號 + 北敦 7067 號（前部）綴合圖

　　按：上揭二號皆爲《大乘無量壽經》殘卷，且其内容前後相承，可以綴合。綴合後如圖30所示，接縫處邊緣吻合，原本分屬二號的"羅佐""訶""羅""薩"五字皆得成完璧，縱向烏絲欄亦可對接。又二者行款格式相同（皆有烏絲欄，咒語後皆有數字標識，行距、字距、字體大小相近），書風相似（楷書，字體端正，筆粗墨濃），字迹似同（比較二號共有的"尒""耶""有""達"等字，且咒語"莎訶某持迦底"句中的"持"字二號皆作"特"），可資參證。二號綴合後，所存内容參見《大正藏》T19/82C9—84C29。

31. 北敦61B號 + 北敦4642號

　　（1）北敦61B號（北8145；地61），見IDP，另見《國圖》1/381A—382A。卷軸裝，3紙。後部如圖31右部所示，前後皆殘，存59行（末9行中下殘，殘4—10字不等），行約17字。有烏絲欄。原卷無題，《劫餘録》及《寶藏》《索引新編》定作"佛説無量壽宗要經"（《索引》《國圖》無"佛説"二字），《國圖》條記目録稱原卷紙高27.5釐米，爲8—9世紀吐蕃統治時期楷書寫本。

北敦61B號（後部）

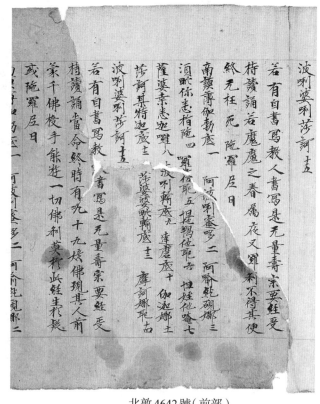

北敦4642號（前部）

圖31　北敦61B號（後部）+
北敦4642號（前部）綴合圖

（2）北敦 4642 號（北 8026；劍 42），見 IDP，另見《國圖》62/146A—148B。卷軸裝，4 紙。前部如圖 31 左部所示，首殘尾全，存 110 行（首 9 行中上殘），行約 17 字。尾題"佛説无量壽宗要經"；卷末題記"第一校光璨，第二校法鸞，第三校建，張英讓寫"。有烏絲欄。《國圖》條記目録稱原卷紙高 28 釐米，爲 8—9 世紀吐蕃統治時期楷書寫本。

按：上揭二號皆爲《大乘無量壽經》殘卷，且其内容前後相承，可以綴合。綴合後如圖 31 所示，接縫處邊緣吻合，原本分屬二號的"波""佐""宗"三字皆得成完璧。又二號行款格式相同（紙高接近，天頭地脚等高，皆有烏絲欄，滿行皆約 17 字，提行和咒語皆頂格抄寫，皆於咒語下方標識數字，行距、字距、字體大小相近），字迹書風似同（皆用楷書，比較二號共有的"勃""底""經"等字），可資參證。二號綴合後，所存内容參見《大正藏》T19/83A9—84C29。

32. 北敦 9057 號 + 伯 4953 號

（1）北敦 9057 號（虞 78），見《國圖》104/371B。卷軸裝，1 紙。後部如圖 32 右部所示，前後皆缺，存 23 行，行約 17 字。有烏絲欄。原卷無題，《國圖》擬題"無量壽宗要經"，條記目録稱該卷爲 8—9 世紀吐蕃統治時期楷書寫本。

（2）伯 4953 號，見 IDP，另見《法藏》33/301A—301B。卷軸裝。前部如圖 32 左部所示，前缺後全，存尾部 39 行，行約 17 字。楷書。原卷無題，《索引》及《寶藏》《法藏》等擬題"佛説無量壽宗要經"。

按：上揭二號皆爲《大乘無量壽經》殘卷，其内容於"陁羅尼曰 / 南謨薄伽勃底﹁"句前後相接，中無缺字，存有可以綴合的可能性。二號接縫處皆爲失黏所致脱落，邊緣整齊，横向烏絲欄可以對接。比較二號共有的"陁""悉""指""唎"等字，字迹似同，且咒語"莎訶某持迦底"中的"持"二號皆作"特"形。又二號行款格式相同（天頭地脚等高，滿行皆約 17 字，咒語後皆有數字標識，行距、字距、字體大小相近），書風相似（正楷、筆粗墨濃）。由此判定，此二號確可綴合。綴合後如圖 32 所示，所存内容參見《大正藏》T19/84A21—84C28。

伯 4953 號（前部）　　　　　　　　北敦 9057 號（後部）

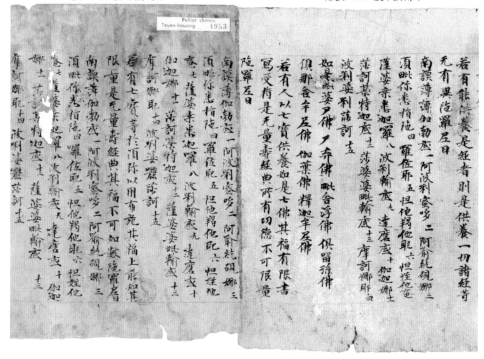

圖 32　北敦 9057 號（後部）＋伯 4953 號（前部）綴合圖

33. 北敦 5841 號 + 北敦 10939 號

（1）北敦 5841 號（北 7931；菜 41），見 IDP，另見《國圖》78/324B—326A。卷軸裝，3 紙。後部如圖 33 右部所示，首全後殘，存 80 行（末行上下皆有殘損），行約 34 字。首題"大乘无量宗要經"。有烏絲欄。《國圖》條記目録稱該卷爲 8—9 世紀吐蕃統治時期楷書寫本。

（2）北敦 10939 號（北臨 1068），見 IDP，另見《國圖》108/241B。卷軸裝殘片。如圖 33 左部所示，前後皆殘，存 13 殘行（首行僅存下部 2 字殘筆），行存中下部 4—20 字。有烏絲欄。原卷無題，《國圖》擬題"無量壽宗要經"，條記目録稱該卷爲 8—9 世紀吐蕃統治時期楷書寫本。

按：上揭二號皆爲《大乘無量壽經》殘卷，且其内容前後相承，可以綴合。綴合後如圖 33 所示，接縫處邊緣吻合，橫向烏絲欄可以對接，原本分屬二號的"薄""羯"二字皆得成完璧。又二者行款格式相同（地脚等高，咒語後皆有數字標識，行距、字距、字體大小相近），字迹書風似同（比較二號共有的"達""底""莎""蜜"等字；皆用行楷，《國圖》條記目録判爲楷書，或不妥），可資參證。二號綴合後，所存内容參見《大正藏》T19/82A3—84B6。

北敦 5841 號（後部）

北敦 10939 號

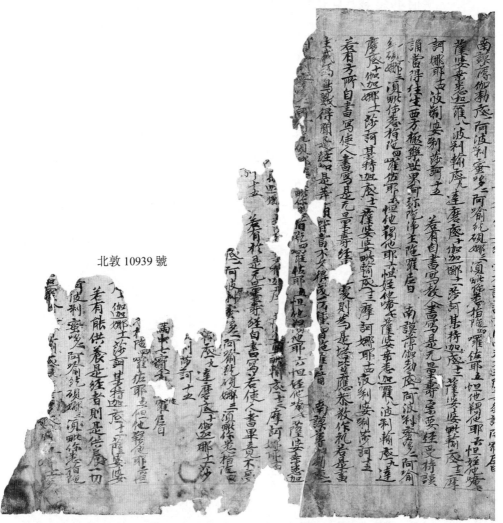

圖 33　北敦 5841 號（後部）＋北敦 10939 號綴合圖

34. 北敦 9040 號 + 伯 4950 號 + 北敦 7560 號

（1）北敦 9040 號（虞 61），見《國圖》104/360A。卷軸裝，2 紙。後部如圖 34 右部所示，前後皆殘，存 25 行（首行、末行皆僅存若干殘筆；第 24 行上下殘），行約 17 字。有烏絲欄。原卷無題，《國圖》擬題 “無量壽宗要經”，條記目錄稱原卷紙高 27 釐米，爲 8—9 世紀吐蕃統治時期楷書寫本。

（2）伯 4950 號，見 IDP，另見《法藏》33/298A。卷軸裝殘片。如圖 34 中部所示，存 18 行（首行、末行僅存上部一殘筆；第 2 行中殘，上存 2 字，下部 3 字右側殘損），行約 17 字。楷書。原卷無題，《索引》及《寶藏》《法藏》等擬題 “佛説無量壽宗要經”。

（3）北敦 7560 號（北 8182；人 60），見《國圖》97/331B—332A。卷軸裝，2 紙。前部如圖 34 左部所示，前後皆殘，存 33 行（首行存 3 字，首字僅存左部女旁），行約 17 字。有烏絲欄。原卷無題，《劫餘錄》及《寶藏》《索引新編》定作 “佛説無量壽宗要經”（《索引》《國圖》無 “佛説” 二字）。《國圖》條記目錄稱原卷紙高 26.5 釐米，爲 8—9 世紀吐蕃統治時期楷書寫本。

北敦 7560 號（前部）　　　　　　伯 4950 號　　　　　　北敦 9040 號（後部）

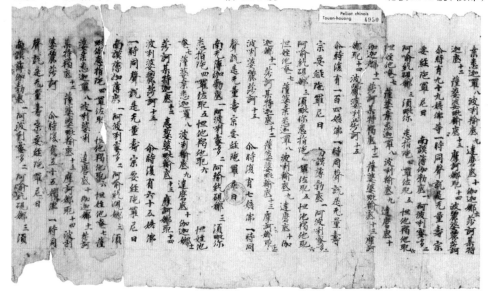

圖 34　北敦 9040 號（後部）+ 伯 4950 號 + 北敦 7560 號（前部）綴合圖

按：上揭三號皆爲《大乘無量壽經》殘卷，且其内容前後相承，可以綴合。綴合後如圖 34 所示，諸相鄰二號接縫處邊緣吻合。前二號接縫處原本分屬二號的“怛”“娜”“輸底”“摩訶”“波麗婆”九字皆得成完璧；後二號接縫處原分屬此二號的“硯”“娜”“你”三字亦得復合爲一。又此三號行款格式相同（紙高接近，天頭地脚等高，滿行皆約 17 字，咒語後皆有數字標識，行距、字距、字體大小相近），字迹書風似同（比較三號共有的“復”“紇”“迦”等字，咒語“波唎婆囇莎訶”中的“囇”三號皆作“麗”），可資參證。三號綴合後，所存内容參見《大正藏》T19/82A17—83A15。

35. 斯 990 號 + 斯 3349 號

（1）斯 990 號（翟 5032），見《英圖》16/325A—325B。後部如圖 35 右部所示，首全後殘，存 27 行，行約 17 字。有烏絲欄。上邊有勘記“兑”。首題“大乘无量壽經”。《英圖》條記目録稱該卷爲 8—9 世紀吐蕃統治時期楷書寫本。

斯 990 號（後部）

斯 3349 號（前部）

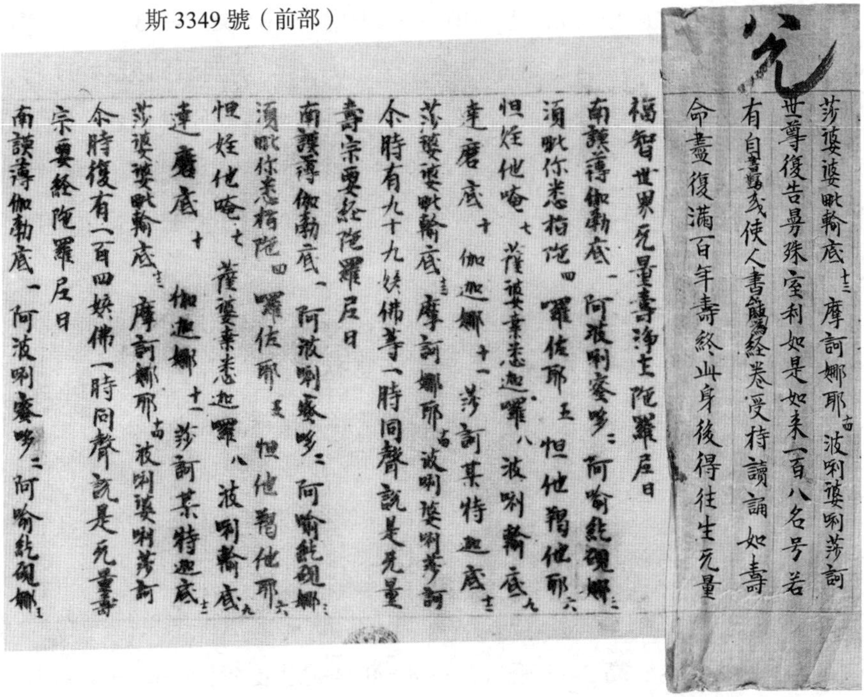
兑
莎婆婆毗輸底十三 摩訶娜耶十四 波唎婆唎莎訶
世尊復告曼殊室利如是如來一百八名号若
有自書或使人書寫此經卷受持讀誦如壽
命盡復滿百年壽終此身後得往生无量
福智世界无量壽淨土陁羅尼曰
南謨薄伽勃底一 阿波唎蜜哆二 阿喻紇硯娜三
須毗你悉指陁四 囉佐耶五 怛他揭他耶六
怛姪他唵七 薩婆桑悉迦囉八 波唎輸底九
達磨底十 伽迦娜十一 莎訶桒特迦底十二
莎婆婆毗輸底十三 摩訶娜耶十四 波唎婆唎莎訶
尒時有九十九姟佛等一時同聲說是无量
壽宗要經陁羅尼曰
南謨薄伽勃底一 阿波唎蜜哆二 阿喻紇硯娜三
須毗你悉指陁四 囉佐耶五 怛他揭他耶六
怛姪他唵七 薩婆桑悉迦囉八 波唎輸底九
達磨底十 伽迦娜十一 莎訶桒特迦底十二
莎婆婆毗輸底十三 摩訶娜耶十四 波唎婆唎莎訶
尒時復有一百四姟佛一時同聲說是无量壽
宗要經陁羅尼曰
南謨薄伽勃底一 阿波唎蜜哆二 阿喻紇硯娜三

圖 35　斯 990 號（後部）+ 斯 3349 號（前部）綴合圖

（2）斯3349號（翟5065），見《寶藏》28/1A—2A。前部如圖35左部所示，前後皆殘。存57行，行約17字。楷書。有烏絲欄。上邊有勘記"兌"。原卷無題，《翟録》歸列"佛説無量壽宗要經"，《索引》及《寶藏》《索引新編》擬題"大乘无量壽經"。

按：上揭二號皆爲《大乘無量壽經》殘卷，且其内容前後相承，存有綴合的可能性。二號接縫處皆爲失黏所致脱落，邊緣整齊，横向烏絲欄可以對接。且二號内容於"得往生无量／福智世界无量壽淨土"句前後相承，中無缺字。又二號行款格式相同（皆有烏絲欄，滿行皆約17字，咒語部分换行頂格，有數字標識於咒語右下角，行距、字距、字體大小相近），書風相似（楷書，字迹端秀），字迹似同（比較二號共有的"无""壽""姪"等字）。由此判定，此二號確可綴合。綴合後如圖35所示，所存内容參見《大正藏》T19/82A3—84A3。

36. 北敦8240號＋北敦10220號＋北敦396號

(1) 北敦8240號（北8192；服40），見《國圖》101/315B—317B。卷軸裝，4紙。後部如圖36右部所示，前後皆殘，存109行（前四紙每紙各27行，後紙僅存1行上部3字右側殘筆），行約12字。有烏絲欄。原卷無題，《劫餘録》及《寶藏》《索引新編》定作"佛説無量壽宗要經"（《索引》《國圖》無"佛説"二字）。《國圖》條記目録稱原卷紙高24釐米，爲9—10世紀歸義軍時期行楷寫本。

（2）北敦10220號（北臨349），見《國圖》107/189B。卷軸裝殘片。如圖36中部所示，存4殘行。有烏絲欄。原卷無題，《國圖》擬題"無量壽宗要經"，條記目録稱該卷爲9—10世紀歸義軍時期楷書寫本。

（3）北敦396號（北7964；宙96），見IDP，另見《國圖》6/196A—199B。卷軸裝，7紙。前部如圖36左部所示，前殘尾全，存174行（前3紙各27行，首行上部3字右側殘損；第1—4行中下殘約3—7字；中3紙各28行，末紙9行），行約12字。有烏絲欄。尾題"佛説无量壽宗要經一卷"。《國圖》條記目録稱原卷紙高24.5釐米，爲8—9世紀吐蕃統治時期楷書寫本。

按：上揭三號皆爲《大乘無量壽經》殘卷，且其内容前後相承，可以綴合。綴合後如圖 36 所示，諸相鄰二號接縫處邊緣吻合，橫縱烏絲欄可以對接。北敦 8240 號與北敦 396 號接縫處原本分屬二號的"怛姪他"三字皆得成完璧；北敦 10220 號與北敦 396 號接縫處原本分屬二號的"磨訶那"三字亦得復合爲一。又三號行款格式相同（前後二號每紙滿行多 27 行，紙高接近，天頭地脚等高，滿行皆約 12 字，首字與上欄空約 3 字；凡咒語部分，皆兩兩抄寫，一行二句；咒語"怛姪他奄"中的"他"與"奄"二字間空約 3 字；皆有烏絲欄），書風相似（筆重墨黑、捺筆有力），字迹似同（比較三號共有的"達""婆""底""那"等字，咒語"怛姪他奄"三號皆省旁作"奄"；"莎訶某持迦底"中的"持"皆作"特"形），可資參證。三號綴合後，所存内容參見《大正藏》T19/82C13—84C29。

又，《國圖》條記目録稱北敦 8240 號、北敦 10220 號二卷爲 9—10 世紀歸義軍時期寫本，而北敦 396 號爲 8—9 世紀吐蕃統治時期寫本，又稱北敦 8240 號爲行楷，北敦 10220 號、北敦 396 號爲楷書，斷代、字體均有所不同；今既知此三號可綴合爲一，則其判斷必然有誤。從書風來看，此三號更接近楷書。

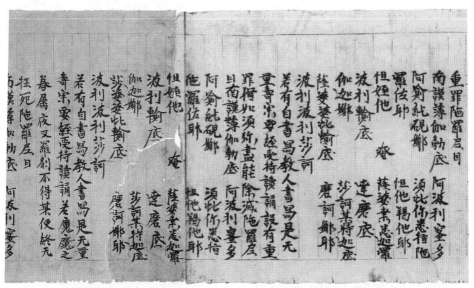

北敦 396 號（前部）　北敦 10220 號　　　　北敦 8240 號（後部）

圖 36　北敦 8240 號（後部）＋北敦 10220 號＋北敦 396 號（前部）綴合図

37. 俄敦 5097 號 + 北敦 7771 號

（1）俄敦 5097 號，見《俄藏》12/19B。卷軸裝殘片。如圖 37 右部所示，前後皆殘，存 7 行（首行僅存上部若干字左側之殘筆，末行僅存 1 字右下部殘筆），行約 34 字。原卷無題，《俄藏》未定名。

（2）北敦 7771 號（北 8100；始 71），見《國圖》98/335A—335B。卷軸裝，2 紙。前部如圖 37 左部所示，前殘尾全，存尾部 37 行（首行存 6 字殘筆），行約 34 字。尾題 "佛説无量壽宗要陁羅尼經一卷"；卷末署 "王瀚"，係抄手名字。有烏絲欄。《國圖》條記目録稱該卷爲 8—9 世紀吐蕃統治時期行楷寫本。

北敦 7771 號（前部）　　　　　　　　俄敦 5097 號

圖 37　俄敦 5097 號 + 北敦 7771 號（前部）綴合圖

　　按：據殘存文字推斷，俄敦 5097 號亦爲《大乘無量壽經》殘片（《俄録》定名同）。二號内容前後相承，可以綴合。綴合後如圖 37 所示，接縫處邊緣吻合，横縱烏絲欄亦可對接，原本分屬二號的"迦囉""波唎輪底""訶"七字皆得成完璧。又二號行款格式相同（皆有烏絲欄，字距、行距相同，咒語後皆有數字標識），字迹書風似同（比較二號共有的"須毗你悉指陁""囉佐耶""怛他羯他耶"等句），可資參證。二號綴合後，所存内容參見《大正藏》T19/84A11—84C29。

38. 俄敦 4284 號 + 俄敦 5388 號

　　（1）俄敦 4284 號，見《俄藏》11/180B。卷軸裝殘片。前後皆殘。如圖 38 下部所示，存 27 殘行，行存下部約 20 字。楷書。有烏絲欄。原卷無題，《俄藏》未定名。

　　（2）俄敦 5388 號，見《俄藏》12/115B。卷軸裝殘片。如圖 38 上部所示，前殘尾全，存 23 殘行，行殘下部約 20 字。楷書。有烏絲欄。尾題"佛説无量受（壽）宗要經"。

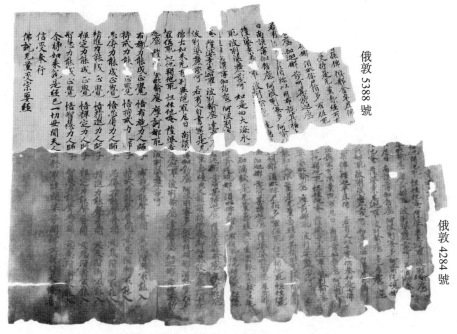

圖 38　俄敦 4284 號 + 俄敦 5388 號綴合圖

　　按：據殘存文字推斷，上揭二號皆爲《大乘無量壽經》殘片（《俄録》定名同），且二號内容前後相承，可以綴合。綴合後如圖 38 所示，接縫處邊緣吻合，原本分屬兩號的 "量" "薄" "波" "師" "師" "師" 六字皆得成完璧，縱向烏絲欄亦可對接。又二號抄寫行款格式相同（行距、字體大小、字距相近），書風相近（字體端正、筆劃有力），字迹似同（比較二者皆有的 "怛" "耶" "囉" 等字；咒語 "波唎婆囉莎訶" 的 "訶" 二號皆作 "呵"；"阿波唎蜜哆" 的 "哆" 皆作 "多"），可資參證。二號綴合後，所存内容參見《大正藏》T19/84A25—84C29。

39. 俄敦 4271 號 + 俄敦 4276 號

　　（1）俄敦 4271 號，見《俄藏》11/176B。卷軸裝殘片。如圖 39 右部所示，存 16 行（末 3 行僅存上部 3—6 字）。楷書。原卷無題，《俄藏》未定名。

俄敦 4721 號

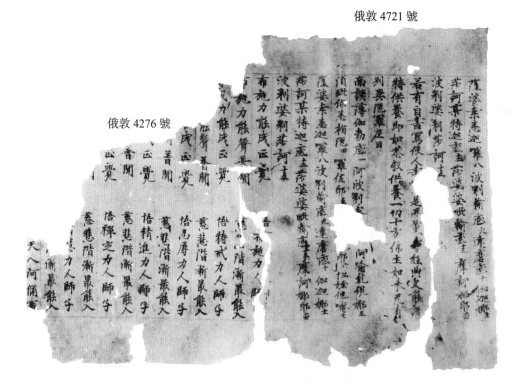

俄敦 4276 號

圖 39　俄敦 4721 號 + 俄敦 4276 號綴合圖

（2）俄敦4276號，見《俄藏》11/177A。卷軸裝殘片。如圖39左部所示，存13行，行存中下部5—10字。楷書。原卷無題，《俄藏》未定名。

按：據殘存文字推斷，上揭二號皆爲《大乘無量壽經》殘片（《俄録》定名同），且二號內容前後相承，可以綴合。綴合後如圖39所示，接縫處邊緣吻合，原本分屬二號的"布""人師""普"四字皆得成完璧。又二號行款格式相同（地脚等高，皆有烏絲欄，行距、字距相近，每兩行偈語之間的間隔相近），字迹書風似同（比較二號共有的"力""能""正""普"等字），可資參證。綴合後所存內容參見《大正藏》T19/84C4—84C27。

40. 俄敦5394號+俄敦5353號

（1）俄敦5394號，見《俄藏》12/118A。卷軸裝殘片。如圖40右部所示，前後皆殘，存16行（首行僅存中部6字左側之殘畫）。楷書。原卷無題，《俄藏》未定名。

俄敦5353號　　　　　　俄敦5394號

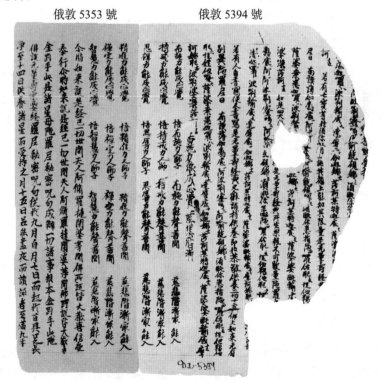

圖40　俄敦5394號+俄敦5353號綴合圖

（2）俄敦 5353 號，見《俄藏》12/104A。卷軸裝殘片。如圖 40 左部所示，首殘尾全，存 8 行。楷書。尾題 "佛説无量壽宗要經"。《俄藏》未定名。末 3 行（包括倒數第 2 行 "佛説无量壽宗要經" 題下的空白部分）抄《諸星母陀羅尼經》末段，筆迹不同，與本經無關。

按：俄敦 5394 號殘片及俄敦 5353 號殘片前一部分應皆爲《大乘無量壽經》之殘文（《俄録》定名同），且二號内容前後相承，應可綴合。綴合後如圖 40 所示，二號左右銜接，於 "慈悲階漸最能入 / 精進力能成正覺" 句前後相接，中無缺字，橫向烏絲欄可以對接。又二號行款格式相同（天頭地脚等高，後部兩偈語之間的間隔相同，均有烏絲欄，行距、字距、字體大小相近），字迹書風似同（比較二號共有的 "能" "最" "階" 等字），可資參證。二號綴合後，所存内容參見《大正藏》T19/84B13—84C29。

41. 北敦 9053 號 + 北敦 11124 號

（1）北敦 9053 號（虞 74），見《國圖》104/369A。卷軸裝，2 紙。如圖 41 右部所示，前後皆殘，存 15 行（首 3 行上下殘，末 3 行上下殘），行約 34 字。有烏絲欄。原卷無題，《國圖》擬題 "無量壽宗要經"，條記目録稱該卷爲 8—9 世紀吐蕃統治時期行楷寫本。

（2）北敦 11124 號（北臨 1253），見《國圖》109/28B。卷軸裝殘片。如圖 41 左側所示，存 10 行，每行存下部 1—14 字。有烏絲欄。原卷無題，《國圖》擬題 "無量壽宗要經"，條記目録稱該卷爲 8—9 世紀吐蕃統治時期楷書寫本。

按：上揭二號皆爲《大乘無量壽經》殘卷，且其内容前後相承，可以綴合。綴合後如圖 41 所示，接縫處邊緣吻合，原本分屬二號的 "无量" "你悉" 四字皆得成完璧，縱向烏絲欄亦可對接。又二者行款格式相同（地脚等高，行距、字體大小、字距相近，咒語後皆有數字標識），書風相似（字體秀麗、筆劃較細），字迹似同（比較二號共有的 "姟" "須" "指" "莎" 等字），可資參證。二號綴合後，所存内容參見《大正藏》T19/82C2—83A21。

又上揭二號既原屬同卷，且爲同一人字迹，而《國圖》條記目録稱前號爲行楷字體，後號爲楷書字體，判斷不一。審察原卷，二號皆以定作行楷爲宜。

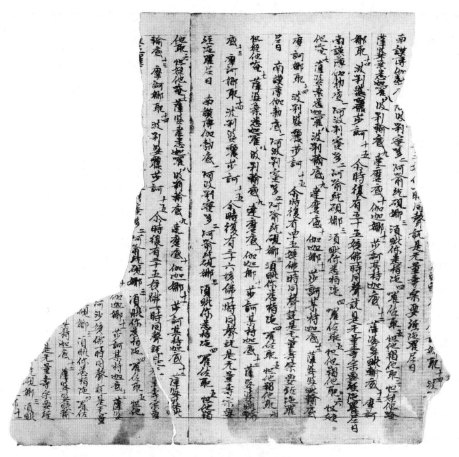

北敦 11124 號　　　　　　　　　　　北敦 9053 號

圖 41　北敦 9053 號＋北敦 11124 號綴合圖

42. 北敦 12247 號＋北敦 9062 號

（1）北敦 12247 號（北臨 2376），見 IDP，另見《國圖》110/347B。卷軸裝，
2 紙。如圖 42 右部所示，前後皆殘，存首部 12 行（首 2 行上殘，末行僅存
中部 3—4 字右側殘畫），行約 33 字。有烏絲欄。原卷無題，《國圖》擬題"無
量壽宗要經"，條記目錄稱原卷紙高 31 釐米，爲 8—9 世紀吐蕃統治時期楷書
寫本。

（2）北敦 9062 號（虞 83），見 IDP，另見《國圖》104/377B。卷軸裝殘片。
如圖 42 左部所示，存 10 行（首 5 行中上殘，末行僅存下部約 3 字殘筆），行約 33 字。有烏絲欄。原卷無題，《國圖》擬題"無量壽宗要經"，條記目録稱原卷紙高 31 釐米，爲 8—9 世紀吐蕃統治時期行楷寫本。

按：上揭二號皆爲《大乘無量壽經》殘卷，且其内容前後相承，可以綴合。綴合後如圖 42 所示，接縫處邊緣吻合，原本分屬二號的"長壽於是""受""持""蜜""怛他""婆桑悉""毗輪底"15 字皆得成完璧，縱向烏絲欄亦可對接。又二號行款格式相同（天頭地脚等高，咒語後皆有數字標識，滿行皆約 33 字左右，行距、字距、字體大小相近），字迹書風似同（比較二號共有的"怛""薄""經""无"等字），可資參證。二號綴合後，所存内容參見《大正藏》T19/82A5—82B8。

又，《國圖》條記目録稱北敦 12247 號字體爲楷書，北敦 9062 號字體爲行楷，而今既

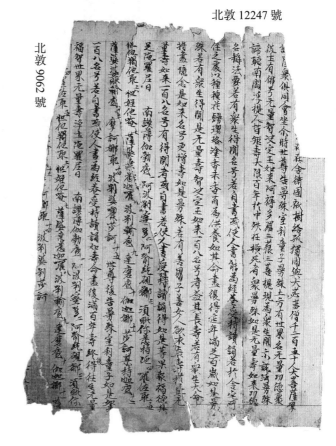

北敦 12247 號

北敦 9062 號

圖 42　北敦 12247 號＋北敦 9062 號綴合圖

知二號可綴合爲一，則其判斷顯有不妥。從書風來看，二者字體更接近楷書。

43. 北敦 10572 號＋北敦 9047 號

（1）北敦 9047 號（虞 68），見《國圖》104/365A—365B。卷軸裝，2 紙。如圖 43 右下部所示，存尾部 31 殘行，行存中下部 5—29 字。原卷無題，《國圖》擬題"無量壽宗要經"，條記目録稱該卷爲 8—9 世紀吐蕃統治時期行楷寫本。

（2）北敦 10572 號（北臨 701），見《國圖》108/32A。卷軸裝殘片。如圖 43 左上部所示，存尾部 15 行，行存中上部 5—26 字。尾題“佛説无量壽□□□（宗要經）”。有烏絲欄。《國圖》條記目録稱該卷爲 8—9 世紀吐蕃統治時期楷書寫本。

按：上揭二號皆爲《大乘無量壽經》殘卷，且其内容前後相承，可以綴合。綴合後如圖 43 所示，二號上下相接，接縫處邊緣吻合，原本分屬二號的“果”“底”“供”“娜”“能”“能”“能”“力”八字皆得成完璧，縱向烏絲欄亦可對接。又二號行款格式相同（皆有烏絲欄，行距、字體大小、字距相近），書風相近（撇筆較長、捺筆有力、筆墨濃重），字迹似同（比較二號共有的“指”“多”“能”“喻”等字；“莎訶某持迦底”中的“訶”字該二號皆作“呵”），可資參證。二號綴合後，所存内容參見《大正藏》T19/84A12—84C28。

北敦 10572 號

北敦 9047 號（後部）

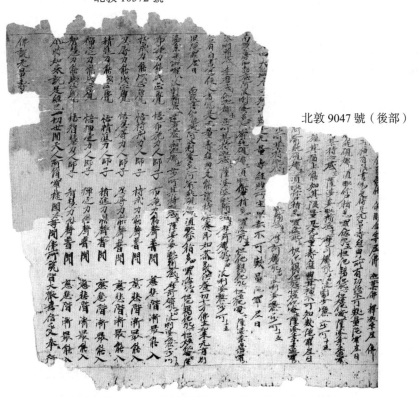

圖 43　北敦 9047 號（後部）＋北敦 10572 號綴合圖

又上揭二號既原屬同卷，且爲同一人字迹，而《國圖》條記目録稱前號爲行楷字體，後號爲楷書字體，判斷不一。審察原卷，二號皆以定作行楷爲宜。

44. 北敦 6747 號…北敦 8161 號

（1）北敦 6747 號（北 7935；潛 47），見 IDP，另見《國圖》93/134A—134B。卷軸裝，2 紙。後部如圖 44 右部所示，前後皆殘，存 30 行（末行中下殘），行約 30 字。首題"大乘无量壽經"。有烏絲欄。《國圖》條記目録稱原卷紙高 31.5 釐米，爲 8—9 世紀吐蕃統治時期行楷寫本。

（2）北敦 8161 號（北 8120；乃 61），見 IDP，另見《國圖》101/88A—89A。卷軸裝，3 紙。如圖 44 左部所示，前殘尾殘，存 65 行（首 3 行中下殘，尾 2 行中下殘），行約 30 字。尾題"佛説无量壽宗要□（經）"。有烏絲欄。《國圖》條記目録稱原卷紙高 31.5 釐米，爲 8—9 世紀吐蕃統治時期行楷寫本。

按：上揭二號皆爲《大乘無量壽經》殘卷，且其内容前後相近，存有綴合的可能性。比較二號共有的"特""底""須""羯"等字，字迹書風似同。又二號行款格式相同（天頭地脚等高，皆有烏絲欄，滿行皆約 30 字，提行不頂格，除最後一句咒語處標有"十五"數字，其餘咒語後皆無數字標示）。由此判定，此二號確應可綴合。綴合後如圖 44 所示，二號不直接相連，據完整文本推算，間缺約 18 行。二號綴合後，所存内容參見《大正藏》T19/82A3—84C29。

45. 北敦 10069 號 + 北敦 11088 號 + 北敦 11078 號

（1）北敦 10069 號（北臨 198），見《國圖》107/109B。殘片。如圖 45 右下部所示，存 4 殘行，行存中部 4—10 字。有烏絲欄。原卷無題，《國圖》擬題"無量壽宗要經"，條記目録稱該卷爲 8—9 世紀吐蕃統治時期楷書寫本。

（2）北敦 11088 號（L1217），見《國圖》109/9B。殘片。如圖 45 右上部所示，存 3 殘行，行存中上部 13—17 字。有烏絲欄。原卷無題，《國圖》擬題"無量壽宗要經"，條記目録稱該卷爲 8—9 世紀吐蕃統治時期楷書寫本。

（3）北敦 11078 號（北臨 1207），見《國圖》109/4A。殘片。如圖 45 左部所示，存 5 殘行，行存中下部 12—25 字。有烏絲欄。原卷無題，《國圖》擬題"無量壽宗要經"，條記目録稱該卷爲 8—9 世紀吐蕃統治時期楷書寫本。

按：上揭三號皆爲《大乘無量壽經》殘卷，且其内容前後相承，可以綴

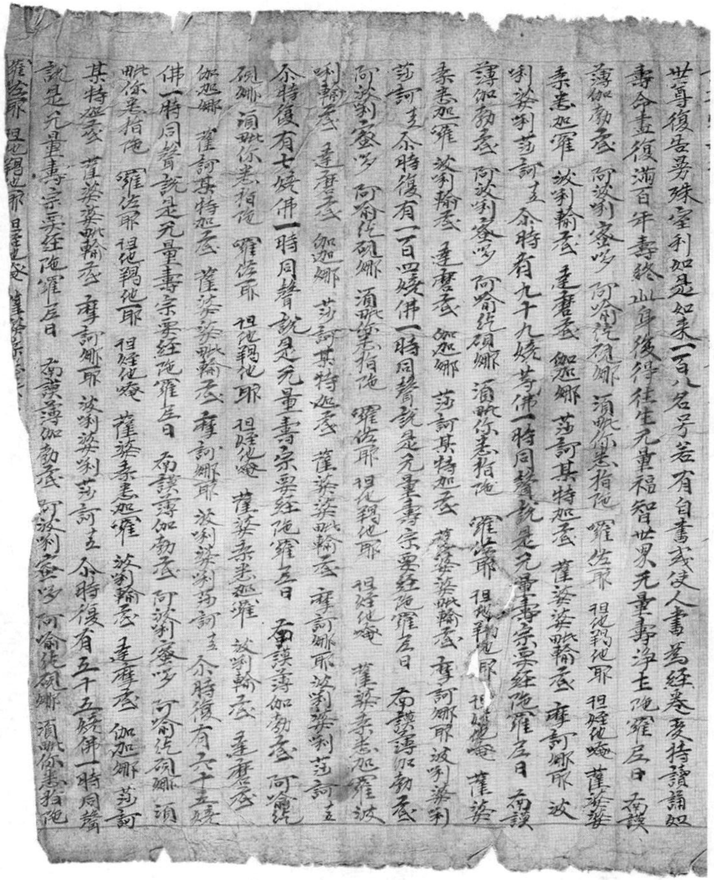

圖 44　北敦 6747 號（後部）……北敦 8161 號（前部）綴合示意圖

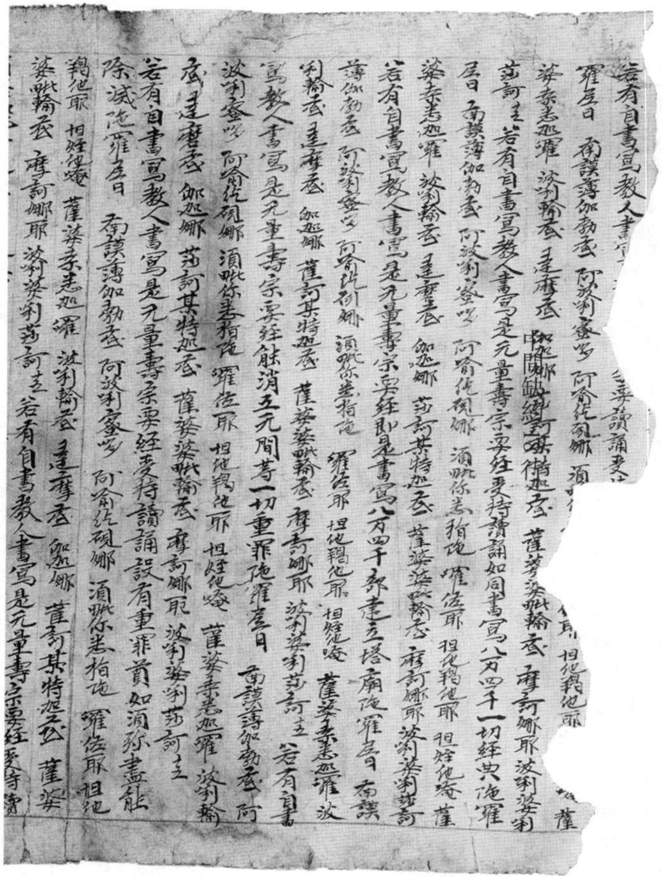

合。綴合後如圖 45 所示，
諸相鄰二號接縫處邊緣吻
合，縱向烏絲欄亦可對
接。北敦 10069 號可補北
敦 11088 號下方之缺，接
縫處分屬二號的 “等” 字
得成完璧；北敦 10069
號＋北敦 11088 號與北敦
11078 號左右相接，接縫
處原本分屬二號的 “阿喻
紇硯娜” “佐耶怛” 八字
皆得成完璧。又三號行款
格式相同（皆有烏絲欄，
行距、字距、字體大小相
近，咒語後皆無數字標
識），書風相似（字體端
正、筆畫較細；似皆爲行
楷，《國圖》條記目錄判
定爲楷書，或不妥），字
迹書風似同（比較北敦
10069 號與北敦 10444 號
共有的 “薩” “怛” “羯”
等字，北敦 11088 號與
北敦 11078 號共有的
“迦” “娜” “呵” 等字），
可資參證。三號綴合後，
所存內容參見《大正藏》
T19/84A26—84B17。

圖 45　北敦 10069 號＋北敦 11088 號＋北敦 11078
號綴合圖

46. 俄敦 12534 號 + 俄敦 11858 號

（1）俄敦 12534 號，見《俄藏》16/139B。殘片。如圖 46 上部所示，存 7 殘行（首行僅存左側殘筆），行存中上部 15—21 字。行楷。有烏絲欄。原卷無題，《俄藏》未定名。

（2）俄敦 11858 號，見《俄藏》15/343B。殘片。如圖 46 下部所示，存 6 殘行，行存中下部 15—18 字。行楷。有烏絲欄。原卷無題，《俄藏》未定名。

按：據殘存文字推斷，上揭二號皆爲《大乘無量壽經》殘片（《俄録》定名略同）。據完整文本推算，滿行皆約 34 字，爲敦煌本《大乘無量壽經》常見抄寫體例。二號内容前後相承，可以綴合。綴合後如圖 46 所示，二號上下相接，接縫處邊緣吻合，原本分屬二號的“无”“硯”“娜”“无”“謀”五字皆得復合爲一，縱向烏絲欄亦可對接。又二號行款格式相同（行間皆有烏絲欄，咒語不換行抄寫，咒語後皆有數字標識），字迹書風似同（皆爲行楷字體，比較二號共有的“訶”“莎”“勃”等字），可資參證。二號綴合後，所存内容參見《大正藏》T19/83B24—83C11。

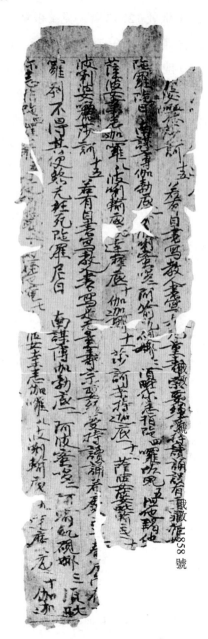

圖 46　俄敦 12534 號 + 俄敦 11858 號綴合圖

47. 俄敦 12747 號 + 俄敦 11906 號

（1）俄敦 12747 號，見《俄藏》16/165B。殘片。如圖 47 上部所示，存 6 殘行，行存中部 5—11 字。行楷。有烏絲欄。原卷無題，《俄藏》未定名。

（2）俄敦 11906 號，見《俄藏》16/1B。卷軸裝殘片。如圖 47 右下部所示，存 3 殘行，行存中部 10—14 字。行楷。有烏絲欄。原卷無題，《俄藏》未定名。

按：據殘存文字推斷，上揭二號皆爲《大乘無量壽經》殘片（《俄録》定名同），且二號內容前後相接，可以綴合。綴合後如圖 47 所示，二號上下相接，接縫處邊緣吻合，原本分屬二號的 "給" "室" "三藐" 四字皆得大體復合爲一。又二號行款格式相同（皆有烏絲欄，行距、字距、字體大小相近），書風相近（行楷，文字細小潦草），可資參證。二號綴合後，所存內容參見《大正藏》T19/82A5—82A10。

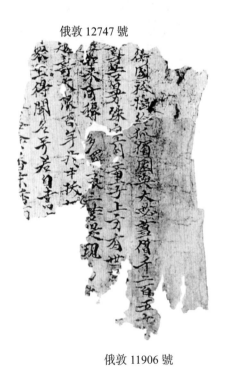

俄敦 12747 號

俄敦 11906 號

圖 47　俄敦 12747 號 + 俄敦 11906 號綴合圖

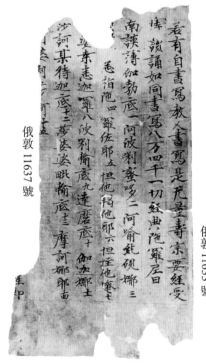

俄敦 11637 號

俄敦 11633 號

圖 48　俄敦 11637 號 + 俄敦 11633 號綴合圖

48. 俄敦 11637 號 + 俄敦 11633 號

（1）俄敦 11637 號，見《俄藏》15/284B。殘片。如圖 48 左上部所示，存 8 行（首 4 行下殘約 7 字，末行僅存下部 2 字殘畫，第 7 行上部存 5 字殘筆），行存 12—19 字。楷書。有烏絲欄。原卷無題，《俄藏》未定名。

（2）俄敦 11633 號，見《俄藏》15/284A。殘片。如圖 48 右下部所示，存 4 殘行（末行 4 字右側略有殘損），行存下部 6—9 字。楷書。有烏絲欄。原卷無題，《俄藏》未定名。

按：據殘存文字推斷，上揭二號皆爲《大乘無量壽經》殘片（《俄録》定名同），且二號內容前後相承，可以綴合。綴合後如圖 48 所示，俄敦 11633 號所存 4 行恰可補俄敦 11637 號右下之殘缺，接縫處邊緣吻合，原本分屬二號的 "量" "經" "哆" "羯他" "怛姪他奄" 九字皆得成完璧，縱向烏絲欄亦可對接。又二號行款格式相同（地腳等高，咒語後皆有數字標識，行距、字距、字體大小相近），字迹書風似同（比較二號共有的 "娜" "他" "羅" "怛" 等字），可資參證。二號綴合後，所存內容參見《大正藏》T19/83B2—83B9。

49. 俄敦 10404 號 + 俄敦 11952 號

（1）俄敦 10404 號，見《俄藏》14/283B。卷軸裝殘片。如圖 49 上部所示，存 15 殘行，行存上部 10—17 字。楷書。有烏絲欄。原卷無題，《俄藏》未定名。

（2）俄敦 11952 號，見《俄藏》16/9B。殘片。如圖 49 下部所示，存 7 殘行，行存中部 4—10 字。楷書。有烏絲欄。原卷無題，《俄藏》未定名。

按：據殘存文字推斷，上揭二號皆爲《大乘無量壽經》殘片（《俄録》定名略同），且二號內容前後相承，可以綴合。綴合後如圖 49 所示，俄敦 10404 號第 4—10 行分別與俄敦 11952 號第 1—7 行上下相接，斷痕基本吻合，原分屬二號的 "於" "薩" "号" 三字皆得成完璧。又二號行款格式相同（皆有烏絲欄，咒語後皆無數字標識，行距、字距、字體大小相近），字迹書風似同（比較二號共有的 "若" "足" "壽" "无" 等字），可資參證。二號綴合後，所存內容參見《大正藏》T19/82A9—82B13。

俄敦 10404 號

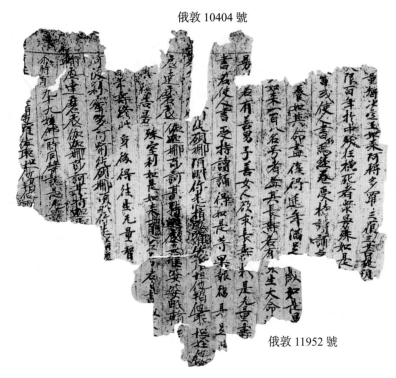

俄敦 11952 號

圖 49　俄敦 10404 號 + 俄敦 11952 號綴合圖

50. 北敦 10315 號 + 北敦 10393 號 + 北敦 9928 號 + 北敦 11625 號

（1）北敦 10315 號（北臨 444），見 IDP，另見《國圖》107/238B。殘片。如圖 50 右上部所示，存 5 殘行，行存中上部 8—16 字。首題"大乘无量壽經一卷"。有烏絲欄。《國圖》條記目錄稱該卷爲 8—9 世紀吐蕃統治時期楷書寫本。

（2）北敦 10393 號（北臨 522），見 IDP，另見《國圖》107/279B。殘片。如圖 50 右下部所示，存 4 殘行，行存中下部 5—12 字。有烏絲欄。原卷無題，《國圖》擬題"無量壽宗要經"，條記目錄稱該卷爲 8—9 世紀吐蕃統治時期楷書寫本。

（3）北敦 9928 號（北臨 57），見 IDP，另見《國圖》107/30A。殘片。如圖 50 中部所示，存 4 殘行（末行僅存右側殘筆），行存中部 3—9 字。有烏絲欄。原卷無題，《國圖》擬題"無量壽宗要經"，條記目錄稱該卷爲 8—9 世紀吐蕃統治時期楷書寫本。

（4）北敦11625號（北臨1754），見《國圖》109/309A。卷軸裝殘片。如圖50左部所示，存14行（首行存5字，右側有殘損，末行僅存2字右側殘筆），行存中上部5—31字。有烏絲欄。原卷無題，《國圖》擬題“無量壽宗要經”，條記目錄稱該卷爲8—9世紀吐蕃統治時期楷書寫本。

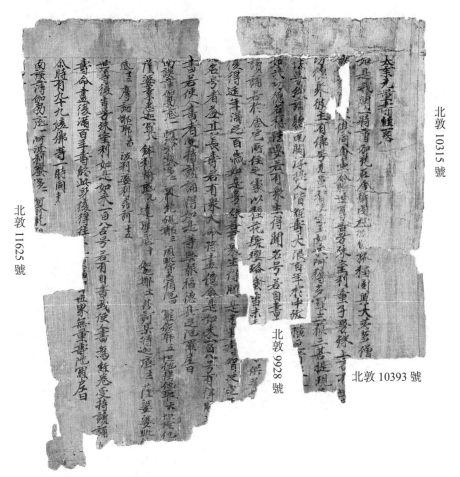

圖50　北敦10315號＋北敦10393號＋北敦9928號＋北敦11625號綴合圖

按：上揭四號皆爲《大乘無量壽經》殘卷，且其内容前後相承，可以綴合。綴合後如圖50所示，諸相鄰二號接縫處邊緣吻合，橫縱烏絲欄可以對接。北敦10393號可補北敦10315號下方之缺，接縫處原本分屬二號的“殊”“來”二字皆得成完璧。北敦11625號與北敦10315號左右銜接，銜接處分屬二號的"法""曼殊諦聽"五字皆得成完璧。北敦9928號首行與北敦10315號於"人皆短/壽"句前後相接，中無缺字。北敦9928號2—3行恰可補入北敦11625號下方，接縫處原本分屬二號的"生""種"二字復成完璧。北敦9928號首句"大限百年，於中殀"與北敦10393號末二字"橫⊠（死）"相承，但中間殘一"枉"字。又四號行款格式相同（天頭等高，皆有烏絲欄，行距、字體大小、字距相近），書風相似（字體端正、捺笔有力），字迹似同（比較各殘片中"壽""曼""殊"等字；似皆行楷，《國圖》條記目録判定爲楷書，或不妥），可資參證。四號綴合後，所存内容參見《大正藏》T19/82A3—82B12。

51.俄敦11931號＋俄敦12541號

（1）俄敦11931號，見《俄藏》16/6B。卷軸裝殘片。如圖51右部所示，存9殘行，行存中部7—14字。楷書。有烏絲欄。原卷無題，《俄藏》未定名。

（2）俄敦12541號，見《俄藏》16/140B。卷軸裝殘片。如圖51左部所示，

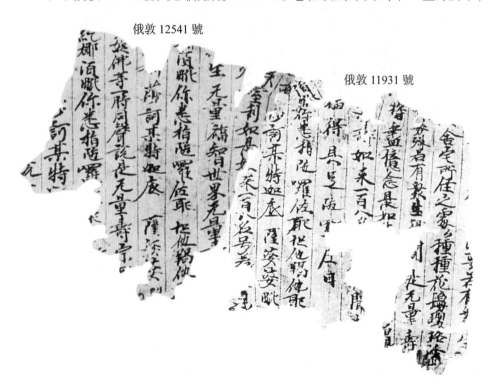

圖51　俄敦11931號＋俄敦12541號綴合圖

存9殘行，行存中部1—14字。楷書。有烏絲欄。原卷無題，《俄藏》未定名。

　　按：據殘存文字推斷，上揭二號皆爲《大乘無量壽經》殘片（《俄録》定名同），且二號内容前後相承，可以綴合。綴合後如圖50所示，接縫處邊緣吻合，原本分屬二號的"如"字大體得以復合爲一，縱向烏絲欄亦可對接。又二號行款格式相同（皆有烏絲欄，咒語後無數字，行距、字距、字體大小相近），書體相似（楷書，字體方正），字迹似同（比較二號共有的"囉""耶""羯"等字），可資參證。二號綴合後，内容所存内容參見《大正藏》T19/82A14—82B15。

52. 俄敦12587號 + 俄敦11825號

　　(1) 俄敦12587號，見《俄藏》16/146B。殘片。如圖52上部所示，存4殘行，行存中上部8—20字。行楷。有烏絲欄。原卷無題，《俄藏》未定名。

　　（2）俄敦11825號，見《俄藏》15/340A。殘片。如圖52下部所示，存7殘行，行存中下部3—21字。行楷。有烏絲欄。原卷無題，《俄藏》未定名。

　　按：據殘存文字推斷，上揭二號皆爲《大乘無量壽經》殘片（《俄録》定名略同），且二號内容前後相承，可以綴合。綴合後如圖52所示，俄敦12587號第2—4行分別與俄敦11825號第1—3行上下相接，斷痕吻合，中間一行原分屬二號的"囉"字復成完璧，縱向烏絲

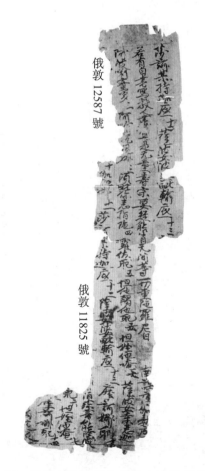

俄敦12587號

俄敦11825號

圖52　俄敦12587號 + 俄敦11825號綴合圖

欄亦可對接。又二號行款格式相同（皆有烏絲欄，咒語後皆有數字標識，行距、字距、字體大小相近），字迹相似（比較二號共有"薩""迦""底""耶"等字），可資參證。二號綴合後，所存内容參見《大正藏》T19/83B15—83C3。

53. 俄敦 10402 號 + 俄敦 6212 號

（1）俄敦 10402 號，見《俄藏》13/44B。卷軸裝殘片。如圖 53 右部所示，前後皆殘，存 17 行（首行僅存上部 3 字殘筆；前 6 行下殘），行約 37 字。楷書。有烏絲欄。原卷無題，《俄藏》未定名。

（2）俄敦 6212 號，見《俄藏》13/44B。卷軸裝殘片。如圖 53 左部所示，前後皆殘，存 14 行（首行上殘，末行存 1 字殘畫，其餘行存 9—36 字），行約 37 字。楷書。有烏絲欄。原卷無題，《俄藏》未定名。

俄敦 6212 號　　　　　　俄敦 10402 號

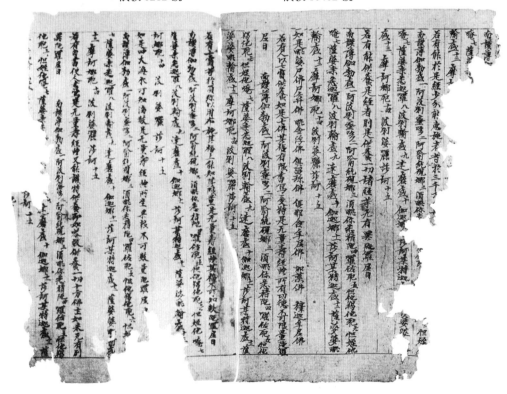

圖 53　俄敦 10402 號 + 俄敦 6212 號綴合圖

按：據殘存文字推斷，上揭二號皆爲《大乘無量壽經》殘片（《俄録》定名同），且二號内容前後相承，可以綴合。綴合後如圖53所示，接縫處邊緣吻合，横縱烏絲欄亦可對接。二號内容於"波唎婆囉莎訶[十五]/若有自書寫"句前後相接，中無缺字。又二號行款格式相同（天頭地脚等高，皆有烏絲欄，咒語後皆有數字標識），字迹相似（比較二號共有的"養""能""於""囉佐耶""波唎婆囉莎訶"等字句），可資參證。綴合後所存内容參見《大正藏》T19/84A20—84C14。

54. 俄敦 7228 號 + 俄敦 5920 號

（1）俄敦 7228 號，見《俄藏》13/279A。殘片。如圖54右上部所示，存4殘行，行存上部4—5字。首題"大乘无量☒□（壽經）"。楷書。《俄藏》未定名。

（2）俄敦 5920 號，見《俄藏》12/276B。卷軸裝殘片。如圖54左部所示，存9殘行，行存中部2—11字，首行僅存"☒（壽）經"字樣，下空白，似爲標題。楷書。《俄藏》未定名。

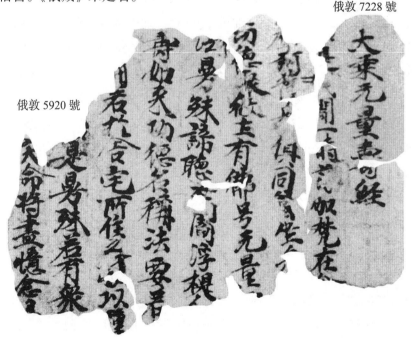

圖 54　俄敦 7228 號 + 俄敦 5920 號綴合圖

　　按：據殘存文字推斷，上揭二號皆爲《大乘無量壽經》殘片（《俄録》定名同），且二號内容前後相承，可以綴合。綴合後如圖 54 所示，俄敦 7228 號所存 4 行可補俄敦 5920 號右上角之缺，接縫處邊緣吻合，前者首行“大乘无量囝（壽）”5 字與後者首行所存“壽”字殘畫及“經”字剛好組成《大乘无量壽經》之首題，其後原本分屬二號的“德”“彼”二字亦得復合爲一。又二號字迹書風似同（比較二號共有的“无”“量”等字），可資參證。綴合後所存内容參見《大正藏》T19/82A3—82A18。

卷號簡目

　　根據對已刊布文獻的普查以及上述綴合成果，梳理出敦煌《大乘無量壽經》寫本卷號如下：

　　甲本 1256 號　北敦 25 號、北敦 37 號、北敦 61B 號＋北敦 4642 號、北敦 96 號、北敦 98 號○、北敦 99-1 號、北敦 99-2 號○、北敦 103 號○、北敦 169 號○、北敦 194 號○、北敦 212 號、北敦 242 號、北敦 248 號、北敦 300 號、北敦 329 號○、北敦 355 號○、北敦 389 號○、北敦 460-1 號、北敦 460-2 號○、北敦 467 號○、北敦 558 號○、北敦 577 號、北敦 581 號、北敦 587 號○、北敦 588-1 號、北敦 588-2 號、北敦 628 號、北敦 649 號、北敦 680 號○、北敦 722B 號、北敦 750 號○、北敦 831-1 號、北敦 831-2 號、北敦 831-3 號○、北敦 837 號、北敦 863 號、北敦 871 號、北敦 876-1 號背、北敦 876-2 號背、北敦 876-3 號背、北敦 975 號、北敦 991 號○、北敦 1054 號、北敦 1064 號○、北敦 1072-1 號、北敦 1072-2 號○、北敦 1134 號○、北敦 1136 號○、北敦 1141 號、北敦 1153 號、北敦 1162 號、北敦 1174 號○、北敦 1197 號○、北敦 1234 號、北敦 1250 號、北敦 1254 號、北敦 1270 號＋北敦 9051 號、北敦 1281 號○、北敦 1285 號＋北敦 9075 號、北敦 1288 號、北敦 1290 號○、北敦 1291-1 號、北敦 1291-2 號、北敦 1318 號○、北敦 1323 號○、北敦 1360 號○、北敦 1376 號○、北敦 1377 號○、北敦 1378 號、北敦 1389 號、北敦 1472 號、北敦 1510 號○、北敦 1547 號、北敦 1556 號、北敦 1627 號、北敦 1633 號○、北敦 1790 號○、北敦 1821 號、北敦 1835 號○、北敦 1879 號、北敦 1887 號、

北敦 1920 號°、北敦 1938 號°、北敦 1971 號°、北敦 1988 號、北敦 1989 號°、
北敦 1998B 號、北敦 2044 號°、北敦 2058 號、北敦 2078 號、北敦 2083 號°、
北敦 2084 號°、北敦 2097 號、北敦 2098-1 號、北敦 2098-2 號°、北敦 2113 號°、
北敦 2127 號、北敦 2134 號°、北敦 2145 號、北敦 2200 號、北敦 2205 號°、
北敦 2267-1 號、北敦 2267-2 號°、北敦 2323 號°、北敦 2325 號、北敦 2343 號、
北敦 2357-1 號°、北敦 2357-2 號°、北敦 2357-3 號°、北敦 2359 號、北敦
2377 號°、北敦 2381 號、北敦 2397 號°、北敦 2408 號、北敦 2425 號°、北
敦 2439 號、北敦 2440-1 號、北敦 2440-2 號°、北敦 2442 號、北敦 2445 號、
北敦 2456-1 號、北敦 2456-2 號、北敦 2467 號、北敦 2468 號°、北敦 2475 號、
北敦 2477 號、北敦 2493 號°、北敦 2513 號、北敦 2519 號、北敦 2525 號、
北敦 2531 號、北敦 2562 號、北敦 2567 號、北敦 2574°號、北敦 2589 號、
北敦 2592 號、北敦 2604 號°、北敦 2625 號°、北敦 2636 號＋北敦 1005 號、
北敦 2694 號、北敦 2699 號、北敦 2700 號、北敦 2707-1 號、北敦 2707-2 號°、
北敦 2708 號、北敦 2709 號、北敦 2717 號°、北敦 2722 號°、北敦 2727 號＋
北敦 16247 號、北敦 2738 號°、北敦 2745 號°、北敦 2752 號、北敦 2764 號°、
北敦 2776 號°、北敦 2778 號、北敦 2782 號、北敦 2799 號°、北敦 2807 號°、
北敦 2820 號、北敦 2831 號°、北敦 2839 號、北敦 2840 號°、北敦 2842 號°、
北敦 2853 號°、北敦 2891 號、北敦 2905 號、北敦 2927 號°、北敦 2939 號、
北敦 3034 號、北敦 3060 號°、北敦 3062 號°、北敦 3064 號°、北敦 3070 號°、
北敦 3089 號、北敦 3090 號、北敦 3102-1 號°、北敦 3102-2 號°、北敦 3103 號、
北敦 3131 號、北敦 3137 號、北敦 3139 號、北敦 3141 號°、北敦 3148 號、
北敦 3177 號、北敦 3186 號、北敦 3191 號、北敦 3211 號°、北敦 3276 號、
北敦 3280-1 號、北敦 3280-2 號、北敦 3334 號°、北敦 3341 號＋北敦 12276 號＋
北敦 8078 號、北敦 3345 號°、北敦 3349 號＋北敦 7116B 號、北敦 3357 號°、
北敦 3393-1 號、北敦 3393-2 號°、北敦 3394 號°、北敦 3398 號°、北敦
3437 號、北敦 3442 號、北敦 3467 號、北敦 3493 號、北敦 3498 號°、北敦
3540 號°、北敦 3562 號°、北敦 3594 號°、北敦 3624 號°、北敦 3659 號°、
北敦 3693 號°、北敦 3800 號°、北敦 3886 號、北敦 3911 號、北敦 3918 號＋

北敦 9045 號＋北敦 9065 號、北敦 3941 號、北敦 3944 號＋北敦 7295 號＋北敦 4548-1 號、北敦 3955 號、北敦 3963 號、北敦 4008 號、北敦 4109 號○、北敦 4155 號○、北敦 4274 號、北敦 4305 號、北敦 4308 號○、北敦 4311 號、北敦 4313 號、北敦 4316 號○、北敦 4324 號、北敦 4325 號○、北敦 4326 號、北敦 4330 號○、北敦 4335 號、北敦 4343 號、北敦 4348 號○、北敦 4371 號＋北敦 4733 號、北敦 4375 號、北敦 4382 號○、北敦 4458 號、北敦 4492 號○、北敦 4538 號、北敦 4539 號○、北敦 4548-2 號、北敦 4561 號○、北敦 4564 號○、北敦 4580 號、北敦 4621 號、北敦 4635 號○、北敦 4659 號○、北敦 4704 號○、北敦 4705 號、北敦 4744 號○、北敦 4774 號、北敦 4822-1 號○、北敦 4822-2 號○、北敦 4824 號、北敦 4891 號○、北敦 4896 號、北敦 4902 號、北敦 4906 號、北敦 4910 號、北敦 4935 號○、北敦 4951 號、北敦 5030 號、北敦 5128 號○、北敦 5129 號、北敦 5158 號○、北敦 5197 號、北敦 5208 號、北敦 5259 號○、北敦 5297 號、北敦 5305 號、北敦 5332 號○、北敦 5359 號、北敦 5383 號○、北敦 5405 號、北敦 5482 號、北敦 5507 號○、北敦 5518-1 號、北敦 5518-2 號○、北敦 5529 號○、北敦 5547 號○、北敦 5561 號○、北敦 5601 號、北敦 5623 號○、北敦 5641 號○、北敦 5673 號、北敦 5676 號、北敦 5682 號○、北敦 5695 號○、北敦 5698 號○、北敦 5701 號○、北敦 5724 號○、北敦 5737 號、北敦 5746 號○、北敦 5750 號○、北敦 5757 號○、北敦 5773 號、北敦 5804 號、北敦 5805 號○、北敦 5818 號○、北敦 5832 號○、北敦 5835 號○、北敦 5841 號＋北敦 10939 號、北敦 5862 號、北敦 5871 號○、北敦 5874 號○、北敦 5891 號○、北敦 5921 號○、北敦 5941 號○、北敦 5957 號○、北敦 5959 號○、北敦 5999 號○、北敦 6012 號、北敦 6067 號、北敦 6070 號、北敦 6073 號○、北敦 6086 號○、北敦 6089 號、北敦 6102 號、北敦 6110 號、北敦 6116 號、北敦 6118 號、北敦 6127 號○、北敦 6128 號○、北敦 6129 號○、北敦 6137 號○、北敦 6138 號、北敦 6141 號、北敦 6153 號○、北敦 6159 號○、北敦 6160 號、北敦 6169 號○、北敦 6172 號○、北敦 6177 號○、北敦 6183 號、北敦 6184 號、北敦 6188 號○、北敦 6195 號○、北敦 6208 號、北敦 6209 號○、北敦 6212 號○、北敦 6216 號○、北敦 6218 號、北敦 6221 號○、北敦 6229 號、北敦 6240 號○、北敦 6242 號、北敦 6243-1 號○、

北敦 6243-2 號、北敦 6245 號〇、北敦 6250 號〇、北敦 6254 號、北敦 6259 號〇、

北敦 6272 號〇、北敦 6276 號〇、北敦 6279 號〇、北敦 6306 號、北敦 6411 號〇、

北敦 6422 號、北敦 6431 號、北敦 6502 號、北敦 6553 號〇、北敦 6556 號〇、

北敦 6599 號、北敦 6636 號〇、北敦 6649 號〇、北敦 6659 號〇、北敦 6694 號、

北敦 6705 號 + 北敦 6302 號、北敦 6725 號〇、北敦 6728 號〇、北敦 6735 號〇、

北敦 6747 號…北敦 8161 號、北敦 6762 號、北敦 6785 號〇、北敦 6816 號、

北敦 6906 號、北敦 6942 號、北敦 6984 號、北敦 7001 號、北敦 7015 號、北

敦 7017 號、北敦 7023 號、北敦 7027 號 + 伯 4551 號、北敦 7028 號、北敦

7032 號、北敦 7072 號、北敦 7101 號、北敦 7109 號、北敦 7110 號、北敦

7111 號、北敦 7116A 號 + 北敦 7956 號、北敦 7154 號、北敦 7156 號、北敦

7161 號、北敦 7164 號、北敦 7169 號、北敦 7173 號、北敦 7185 號、北敦

7219 號〇、北敦 7234 號、北敦 7237 號 + 北敦 2321 號、北敦 7250 號、北敦

7267 號、北敦 7276 號〇、北敦 7282 號〇、北敦 7305 號、北敦 7311 號、北敦

7313 號、北敦 7366 號、北敦 7373 號、北敦 7374 號、北敦 7389 號〇、北敦

7408 號、北敦 7417 號、北敦 7445 號、北敦 7459 號 + 北敦 7919 號、北敦

7471 號、北敦 7479 號、北敦 7491 號〇、北敦 7495 號、北敦 7521 號、北敦

7527 號、北敦 7598 號、北敦 7673 號〇、北敦 7679 號、北敦 7691 號、北敦

7702 號、北敦 7709 號、北敦 7712 號、北敦 7733 號、北敦 7734 號、北敦

7743 號、北敦 7744 號、北敦 7789 號、北敦 7812 號、北敦 7821 號、北敦

7851 號、北敦 7855 號、北敦 7856 號、北敦 7858 號、北敦 7859 號、北敦

7886 號、北敦 7887 號、北敦 7903 號〇、北敦 7947 號、北敦 7951 號、北敦

7981 號、北敦 7986 號、北敦 8025 號、北敦 8060 號、北敦 8064 號、北敦

8087 號、北敦 8097 號、北敦 8134 號、北敦 8140 號、北敦 8157 號、北敦

8172 號、北敦 8224 號〇、北敦 8235 號、北敦 8240 號 + 北敦 10220 號 + 北敦

396 號、北敦 8248 號、北敦 8279 號、北敦 8282 號、北敦 8284 號、北敦

8296 號〇、北敦 8330 號、北敦 8331 號、北敦 8351 號、北敦 8358 號、北敦

8387 號、北敦 8389 號、北敦 8407 號、北敦 8414 號、北敦 8435 號、北敦

8438 號、北敦 8492 號、北敦 8493 號、北敦 8508 號、北敦 8511 號、北敦

8513 號、北敦 8515 號、北敦 8522 號、北敦 8530 號、北敦 8539 號、北敦 8563 號、北敦 8566 號、北敦 8568 號、北敦 8574 號、北敦 8575 號、北敦 8578 號、北敦 8588 號、北敦 8603 號、北敦 8605 號、北敦 8614 號、北敦 8621 號○、北敦 8622 號、北敦 8635 號、北敦 8636 號、北敦 8645 號、北敦 8651 號、北敦 8652 號、北敦 8661 號、北敦 8676 號○、北敦 8678 號、北敦 9037 號、北敦 9038 號、北敦 9039 號、北敦 9040 號＋伯 4950 號＋北敦 7560 號、北敦 9041 號、北敦 9042 號、北敦 9043 號、北敦 9044 號、北敦 9046 號、北敦 9048 號、北敦 9049 號、北敦 9050 號＋北敦 7725 號、北敦 9052 號＋北敦 10863 號＋北敦 5247 號、北敦 9053 號＋北敦 11124 號、北敦 9054 號、北敦 9055 號、北敦 9056 號、北敦 9057 號＋伯 4953 號、北敦 9058 號、北敦 9059 號、北敦 9060 號＋北敦 7585 號、北敦 9061 號＋北敦 450A 號、北敦 9063 號、北敦 9064 號、北敦 9066 號、北敦 9068 號＋北敦 1999 號、北敦 9069 號、北敦 9070 號、北敦 9071 號、北敦 9072 號、北敦 9073 號、北敦 9074 號、北敦 9076 號、北敦 9077 號、北敦 9078 號、北敦 9079 號、北敦 9080 號、北敦 9081 號、北敦 9082 號、北敦 9083 號、北敦 9084 號、北敦 9085 號、北敦 9086 號、北敦 9087 號、北敦 9088 號＋北敦 9067 號、北敦 9089 號、北敦 9090 號、北敦 9158-1 號○、北敦 9158-2 號、北敦 9880 號、北敦 9922 號、北敦 9926 號、北敦 10051 號、北敦 10069 號＋北敦 11078 號＋北敦 11088 號、北敦 10079 號、北敦 10102 號、北敦 10159 號、北敦 10315 號＋北敦 10393 號＋北敦 9928 號＋北敦 11625 號、北敦 10327 號、北敦 10388 號、北敦 10572 號＋北敦 9047 號、北敦 10596 號、北敦 10722 號、北敦 10738 號、北敦 10772 號、北敦 10811 號、北敦 10969 號、北敦 10983 號、北敦 11007 號、北敦 11020 號、北敦 11049 號、北敦 11109 號、北敦 11201 號、北敦 11247 號、北敦 11340 號、北敦 11342 號＋北敦 8436 號、北敦 11352 號＋北敦 12260 號＋北敦 7314 號、北敦 11442 號、北敦 11469 號、北敦 11610 號、北敦 11622 號、北敦 11627 號、北敦 11710 號、北敦 11724 號、北敦 11748 號、北敦 11763 號＋北敦 1574 號＋北敦 4239 號、北敦 11823 號、北敦 11887 號、北敦 12090 號、北敦 12094 號、北敦 12203 號、北敦 12211 號、北敦 12247 號＋北敦 9062 號、

北敦 12308 號、北敦 14096 號[○]、北敦 14097 號[○]、北敦 14098 號[○]、北敦 14099 號[○]、北敦 14100 號[○]、北敦 14101 號[○]、北敦 14102 號[○]、北敦 14103 號[○]、北敦 14104 號[○]、北敦 14105 號[○]、北敦 14108 號[○]、北敦 14176 號[○]、北敦 14192 號[○]、北敦 14598 號[○]、北敦 14629 號[○]、北敦 14715A 號[○]、北敦 14715B 號[○]、北敦 14793 號[○]、北敦 14873 號、北敦 14960 號[○]、北敦 14978 號[○]、北敦 15033 號[○]、北敦 15237 號、北敦 15154 號[○]、北敦 15090 號、北敦 15177 號[○]、北敦 15199 號[○]、北敦 15206 號[○]、北敦 15214 號[○]、北敦 15215 號[○]、北敦 15348 號[○]、北敦 15349 號[○]、北敦 16247 號＋北敦 2727 號、北敦 16268 號、北敦 16423 號、北敦 16424 號、北敦 16425 號、北敦 16426 號、北敦 16428 號、北敦 16429 號、北敦 16433 號、北敦 16441A 號、北敦 16441B 號、北敦 16550 號、北敦 16553 號、北敦 16445 號、伯 2142 號[○]、伯 2740 號、伯 2898 號、伯 2992 號、伯 3131 號[○]、伯 3134 號[○]、伯 3323 號[○]、伯 4514(16)4 號、伯 4518（37) 號、伯 4526 號[○]、伯 4527 號[○]、伯 4528 號[○]、伯 4530 號[○]、伯 4531 號[○]、伯 4532 號[○]、伯 4533 號[○]、伯 4541 號、伯 4546 號[○]、伯 4552 號[○]、伯 4568 號[○]、伯 4589 號、伯 4594 號[○]、伯 4598 號[○]、伯 4599 號[○]、伯 4600 號[○]、伯 4601 號[○]、伯 4609 號[○]、伯 4670 號[○]、伯 4744 號、伯 4759 號、伯 4954 號、伯 5556 號、伯 5589(1) 號、伯 5589(16) 號、伯 5590(12) 號、俄敦 312 號、俄敦 374 號＋"俄敦 1577 號、俄敦 1579 號"、俄敦 479 號、俄敦 488 號＋俄敦 491 號、俄敦 496 號、俄敦 537 號、俄敦 603 號、俄敦 614 號、"俄敦 716 號、俄敦 1065 號"、俄敦 818 號、俄敦 826 號、俄敦 1173 號、"俄敦 2172 號＋俄敦 1285-1 號"、俄敦 1614 號、俄敦 1648 號、俄敦 1706 號＋俄敦 4 號、俄敦 1744 號、俄敦 1752 號、"俄敦 1875 號、俄敦 2032 號"＋北敦 1885 號、俄敦 1931 號、俄敦 2000 號、俄敦 2020 號[○]、俄敦 2104 號、俄敦 2211 號＋俄敦 2958 號、俄敦 2274 號、俄敦 2382 號、俄敦 2423 號、俄敦 2429 號＋北敦 7067 號、"俄敦 2599 號、俄敦 2604 號、俄敦 2719 號"、俄敦 3880 號＋俄敦 4229 號、"俄敦 3965 號、俄敦 3972 號、俄敦 4007 號"、俄敦 3970 號、俄敦 4271 號＊＋俄敦 4276 號＊、俄敦 4284 號＊＋俄敦 5388 號＊、俄敦 4287 號＊、俄敦 4317 號＊、俄敦 4373 號＊、俄敦 4518 號＊、俄敦 4536 號＊、俄敦 4815 號＋

<u>俄敦 4816 號</u>、俄敦 4880 號 *、俄敦 4910 號 *、俄敦 5095 號 *、俄敦 5097 號 *+
北敦 7771 號 *、俄敦 5184 號 *、俄敦 5193 號 *、俄敦 5315 號 *、俄敦 5394 號 *+
俄敦 5353 號 *、俄敦 5399 號 *、俄敦 5873 號 *、俄敦 5957 號 *、俄敦 6006 號 *、
俄敦 6011 號 *、俄敦 6151 號 *、俄敦 6175 號 *、俄敦 6538 號 *、俄敦 6539 號 *、
俄敦 6574 號 *、俄敦 6639 號 *、俄敦 6668 號 *、俄敦 6697 號 *、俄敦 6677 號 *、
俄敦 6714 號 *、俄敦 6764 號 *、俄敦 6774 號 *、俄敦 7228 號 *+ 俄敦 5920 號 *、
俄敦 8750B 號 *、俄敦 8755 號 *、俄敦 8759 號 *、俄敦 9892 號 *、俄敦
10402 號 *+ 俄敦 6212 號 *、俄敦 10404 號 *+ 俄敦 11952 號 *、俄敦 10406 號 *、
俄敦 11450 號 *、俄敦 11637 號 *+ 俄敦 11633 號 *、俄敦 11678 號 *、俄敦
11696 號 *、俄敦 11931 號 *+ 俄敦 12541 號 *、俄敦 11987 號 *、俄敦 12024 號 *、
俄敦 12534 號 *+ 俄敦 11858 號 *、俄敦 12587 號 *+ 俄敦 11825 號 *、俄敦
12747 號 *+ 俄敦 11906 號 *、俄敦 14251 號 *、斯 68 號○、斯 98 號、斯
109-1 號○、斯 109-2 號○、斯 115 號○、斯 121 號○、斯 175 號、斯 176-1 號○、
斯 176-2 號○、斯 177 號○、斯 178 號 + 斯 183 號 9052、斯 197 號、斯 198 號、
斯 290 號、斯 324 號、斯 339 號○、斯 340 號、斯 352 號○、斯 356 號、斯
438 號、斯 452 號、斯 458 號、斯 492 號○、斯 503 號○、斯 549 號○、斯 551 號、
斯 552 號、斯 700 號、斯 701 號、斯 702 號、斯 722 號○、斯 763 號、斯 776 號○、
斯 787 號○、斯 922 號○、斯 941 號、斯 990 號 + 斯 3349 號、斯 1015 號、斯
1068 號○、斯 1069 號、斯 1078 號、斯 1079 號○、斯 1081 號、斯 1082 號、
斯 1106 號、斯 1107 號、斯 1117 號、斯 1132 號、斯 1143 號、斯 1173-1 號、
斯 1173-2 號○、斯 1374 號○、斯 1384 號、斯 1460 號、斯 1545 號、斯
1561-1 號○、斯 1561-2 號、斯 1562 號○、斯 1660 號○、斯 1661 號○、斯
1662 號、斯 1702 號、斯 1711 號○、斯 1712 號○、斯 1713 號○、斯 1714 號○、
斯 1715 號、斯 1716 號、斯 1717 號、斯 1719 號○、斯 1720 號○、斯 1771 號、
斯 1812 號○、斯 1834 號○、斯 1836 號○、斯 1837 號○、斯 1838 號○、斯 1839
號○、斯 1840 號○、斯 1841 號○、斯 1842 號○、斯 1843 號○、斯 1844 號○、
斯 1861 號○、斯 1862 號、斯 1866 號○、斯 1867 號○、斯 1868 號○、斯 1869 號○、
斯 1870 號○、斯 1871 號○、斯 1872 號○、斯 1873 號○、斯 1874 號○、斯 1875

號○、斯 1892 號○、斯 1899 號、斯 1900 號○、斯 1960 號、斯 1982 號、斯
1986 號、斯 1987 號○、斯 1990 號○、斯 1991 號○、斯 1992 號○、斯 1993 號○、
斯 1994 號○、斯 1995 號○、斯 2011 號○、斯 2012 號○、斯 2013 號○、斯 2014
號○、斯 2015 號○、斯 2016 號○、斯 2017 號○、斯 2018 號○、斯 2019 號、斯
2078 號○、斯 2087 號、斯 2102 號＋斯 4292 號、斯 2121 號○、斯 2233 號、
斯 2351 號○、斯 2352-1 號○、斯 2353 號、斯 2355 號、斯 2473 號、斯
2524 號○、斯 2611 號○、斯 2642 號、斯 2644 號、斯 2646 號、斯 2745 號○、
斯 2751 號、斯 2823 號○、斯 2833 號、斯 2858 號、斯 2859 號、斯 2888 號○、
斯 2893 號＋俄敦 5406 號、斯 2909 號○、斯 2913 號○、斯 2949 號○、斯 2950
號○、斯 2954 號、斯 2964 號○、斯 2976 號、斯 2977 號、斯 2982 號○、斯
3009 號、斯 3013 號、斯 3014 號○、斯 3015 號○、斯 3032 號○、斯 3033 號○、
斯 3034 號○、斯 3035 號○、斯 3036 號○、斯 3037 號○、斯 3038 號○、斯 3121
號、斯 3246 號、斯 3279 號○、斯 3280 號○、斯 3281 號○、斯 3282 號○、斯
3283 號、斯 3284 號○、斯 3285 號○、斯 3303 號○、斯 3307 號○、斯 3308 號○、
斯 3309 號○、斯 3310 號○、斯 3311 號○、斯 3314 號、斯 3332 號○、斯 3340 號○、
斯 3345 號○、斯 3440 號、斯 3452 號○、斯 3453 號、斯 3461 號、斯 3493 號、
斯 3531 號、斯 3603 號、斯 3694 號、斯 3724-1 號、斯 3732 號、斯 3733 號、
斯 3745 號、斯 3759 號○、斯 3762 號、斯 3819 號○、斯 3821 號、斯 3842 號、
斯 3843 號、斯 3844 號○、斯 3857 號○、斯 3891 號、斯 3909 號○、斯 3913 號、
斯 3915 號○、斯 3942 號○、斯 4022 號、斯 4023 號、斯 4024 號、斯 4025 號、
斯 4026 號、斯 4035 號○、斯 4048 號、斯 4054 號、斯 4059 號、斯 4061 號○、
斯 4084 號○、斯 4085 號、斯 4087 號○、斯 4088 號○、斯 4141 號○、斯 4142 號○、
斯 4158 號、斯 4171 號、斯 4176 號○、斯 4181 號＋北敦 6220 號、斯 4183 號○、
斯 4184 號○、斯 4185 號○、斯 4201 號○、斯 4203 號、斯 4205 號、斯 4208 號○、
斯 4232 號○、斯 4233 號○、斯 4239 號○、斯 4381 號、斯 4421 號、斯 4574 號、
斯 4591 號、斯 4594 號○、斯 4634 號、斯 4745 號○、斯 4777 號＋北敦 7422 號＋
斯 1676 號、斯 4804 號、斯 4865 號、斯 4866 號、斯 4897 號、斯 4898 號○、
斯 4929 號○、斯 4937 號、斯 4940 號○、斯 4942 號○、斯 4952 號○、斯 5011 號○、

斯 5015 號、斯 5018 號、斯 5021 號、斯 5053 號[○]、斯 5078 號、斯 5100 號[○]、
斯 5139 號、斯 5143 號、斯 5144 號、斯 5161 號[○]、斯 5165 號、斯 5221 號、
斯 5224 號、斯 5228 號、斯 5229 號[○]、斯 5230 號、斯 5231 號、斯 5243 號、
斯 5245 號、斯 5297 號[○]、斯 5300 號[○]、斯 5314 號[○]、斯 5365 號[○]、斯 6152 號、
斯 6286 號、斯 6361 號、斯 6408 號[○]、斯 6430 號[○]、斯 6607 號、斯 6645 號[○]、
斯 6646 號、斯 6647 號[○]、斯 6842 號[○]、斯 6935 號[○]、斯 6975 號、斯 6984 號[○]、
斯 6999 號、斯 7380 號、斯 8538 號 *、斯 8547 號 *、斯 8559 號 *、斯 8570 號 *、
斯 8663A 號 *、斯 8724 號 *、斯 8725 號 *、斯 8727 號 *、斯 8728 號 *、斯
8729 號 *、斯 8730 號 *、斯 8879 號 *、斯 8881 號 *、斯 8882 號 *、斯 9140 號 *、
斯 9165 號 *、斯 9749 號 *、斯 9757A 號 *、斯 10085 號 *、斯 10093 號 *、
斯 10128 號 *、斯 10337 號 *、斯 10402 號 *、斯 10443 號 *、斯 10507 號 *、
斯 10716 號 *、斯 11703 號 *、斯 11762 號 *、斯 11799 號 *、斯 11802 號 *、
斯 11854 號 *、斯 11868 號 *、斯 11880 號 *、斯 12107 號 *、斯 12109 號 *、
斯 12119 號 *、斯 12138 號 *、斯 12273 號 *、斯 12403 號 *、斯 12547 號 *、
斯 12555 號 *、斯 12566 號 *、斯 12584 號 *、斯 12726 號 *、斯 12729 號 *、
斯 12915 號 *、斯 12957 號 *、斯 13354 號 *、北大敦 D94 號、北大敦 D95 號[○]、
傅圖 26-1 號、傅圖 26-2 號[○]、傅圖 26-3 號、定博 3 號[○]、定博 5 號[○]、敦博
59 號[○]、敦博 60 號、敦博 61 號[○]、敦博 62 號[○]、敦博 63 號[○]、敦博 64 號[○]、
敦博 66 號[○]、敦博 68 號[○]、敦博 69 號[○]、敦博 75 號[○]、敦博 80 號[○]、敦研
327 號[○]、敦研 339（1）號、敦研 339（2）號[○]、敦研 339（3）號、敦研 339（4）
號[○]、敦研 339（5）號、敦研 344 號[○]、臺圖 10 號、臺圖 11 號、臺圖 12 號、
臺圖 8 號[○]、臺圖 9 號[○]、甘博 111 號[○]、甘博 112 號[○]、甘博 113 號[○]、甘博
114 號[○]、甘博 115 號、甘博 116 號[○]、甘博 117 號[○]、甘博 118 號[○]、甘博 119
號[○]、甘圖 13 號[○]、酒博 2 號[○]、津藝 23 號[○]、津藝 61D 號、津藝 88 號[○]、津
藝 89 號[○]、津文 17 號[○]、津文 18 號、中國書店 ZSD60 號、中村 91 號[○]、首
博 Y62 號、上博 44 號、上博 65 號[○]、上圖 137 號[○]、上圖 154 號[○]、上圖 58 號、
務本堂 15 號[○]、務本堂 24 號[○]、羽 239 號、羽 352 號、羽 406 號、羽 415 號[○]、
羽 433 號[○]、羽 437 號[○]、羽 438 號[○]、羽 439 號[○]、羽 440 號[○]、羽 473 號[○]、

羽 519 號°、羽 642-2 號、羽 670 號°、羽 684 號、羽 717 號背、羽 752 號背。

　　另有空號　北敦 239 號。

　　乙本 5 號　北敦 6348-1 號、北敦 6348-2 號°、北敦 6348-3 號°、斯 147 號、斯 3824 號。

十四、大佛頂萬行首楞嚴經

　　《大佛頂萬行首楞嚴經》，全稱《大佛頂如來密因修證了義諸菩薩萬行首楞嚴經》，又名《中印度那爛陀大道場經》《大佛頂首楞嚴經》《首楞嚴經》《大佛頂經》《楞嚴經》。敦煌寫本此經首題通常作《大佛頂如來密因修證了義諸菩薩萬行首楞嚴經》，尾題則多簡作《大佛頂萬行首楞嚴經》，茲據後者定名。北敦 6800 號末張球題記又稱作"大佛頂陁羅尼經"。此經《大正藏》本署"大唐神龍元年龍集乙巳五月己卯朔二十三日辛丑，中天竺沙門般剌蜜帝於廣州制止道場譯出，菩薩戒弟子前正諫大夫同中書門下平章事清河房融筆授，烏長國沙門彌伽釋迦譯語"。唐智昇《續古今譯經圖紀》"大唐傳譯之餘"記載略同（稱般剌蜜帝"誦出"），又稱"循州羅浮山南樓寺沙門懷迪證譯"。但同是智昇所撰的《開元釋教錄》卷九則稱沙門釋懷迪"因遊廣府遇一梵僧，齎梵經一夾請共譯之，勒成十卷，即《大佛頂萬行首楞嚴經》是也。迪筆受經旨，兼緝綴文理"。考敦煌寫本西北師大 2 號《楞嚴經》卷一首題前署"神龍元年中天竺沙門般賴蜜帝於廣州制止寺譯，房融執筆"；津藝 9 號《楞嚴經》卷一題署"般賴蜜帝"作"般剌蜜帝"，餘同。伯 2152 號爲《大佛頂萬行首楞嚴經》卷一至卷五殘卷，其中卷一前署"▢▢▢▢蜜帝於廣州制止寺譯，房融執筆"，卷四末題記則稱"右大唐循州沙門懷迪共梵僧於廣州譯，新編入錄"。北敦 14936 號、上博 67 號《大佛頂萬行首楞嚴經》卷三末題記皆稱"右大唐循州沙門懷迪共梵僧於廣州譯"，斯 2762 號《大佛頂萬行首楞嚴經》卷四末題記略同。大概此經的翻譯是以般剌蜜帝、懷迪爲首的梵漢團隊成員共同完成的，故其譯者經錄和經本各卷有不同的題署。

　　《大佛頂萬行首楞嚴經》號稱"宗教司南，性相總要"，被譽爲佛教修行大全，備受禪宗的推崇，譯出後傳抄極廣。經普查，業已刊布的敦煌文獻中共有《大佛頂萬行首楞嚴經》約二百號，包括國圖藏98號，英藏40號，法藏9號，俄藏30號，散藏22號，其中某一卷首尾完整者僅36號，其餘163號皆有不同程度的殘損。《國圖》條記目錄已將該經8號綴合爲4組，包括：北敦14511號…北敦14512號，北敦2328號＋北敦8147號，北敦3244號＋北敦3003號，北敦9238號＋北敦9239號＋北敦9237號。

本次補綴1組，新綴7組，共計將20號綴合爲8組，依次介紹如下。

1. 斯6927號＋斯6782號

（1）斯6927號（翟3926），見《寶藏》53/592B—594A。卷軸裝。後部如圖1右部所示，前後皆殘，存85行（末行左殘），行約17字。原卷無題，《翟錄》已考定爲《大佛頂萬行首楞嚴經》，《索引》泛題"佛經"，《寶藏》及《索引新編》擬題"大佛頂首楞嚴經卷第一"。楷書。有烏絲欄。

（2）斯6782號（翟3927），見《寶藏》51/517A—522A。卷軸裝。前部如圖1左部所示，前殘尾全，存211行（首行右殘），行約17字。尾題"大佛頂萬行首楞嚴經卷第一"。楷書。有烏絲欄。

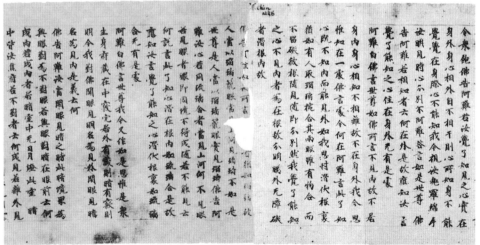

斯6782號（前部）　　　　　　　　　斯6927號（後部）

圖1　斯6927號（後部）＋斯6782號（前部）綴合圖

按：上揭二號皆爲《大佛頂萬行首楞嚴經》卷一殘卷，且其内容前後相承，可以綴合。綴合後如圖 1 所示，接縫處原本分屬二號的 "☒（佛）告阿難如" 五字皆得復合爲一。又此二號行款格式相同（滿行皆約 17 字，行距、字距、字體大小相近），字迹書風似同（比較二號共有的 "阿" "難" "如" "不" "合" "故" "是" 等字），可資參證。二號綴合後，所存内容參見《大正藏》T19/106C05—110A07。

2. 北敦 2980 號＋北敦 3244 號＋北敦 3003 號

（1）北敦 2980 號（北 7391；陽 80），見 IDP，另見《國圖》40/226A—233A。卷軸裝，11 紙。後部如圖 2-1 右部所示，首略殘，後缺，存 306 行（首紙 26 行，其後諸紙各 28 行），行約 17 字。首行存標題 "大佛頂如來密因修證了義諸菩☒" 字樣。《劫餘録》及《寶藏》《索引新編》等定作《大佛頂如來密因修證了義諸菩薩萬行首楞嚴經》卷二。楷書。有烏絲欄。《國圖》條記目録稱原卷紙高 25.4 釐米，爲 9—10 世紀歸義軍時期寫本。

（2）北敦 3244 號（北 7398；致 44），見 IDP，另見《國圖》44/224A—225A。卷軸裝，2 紙。前部如圖 2-1 左部所示，後部如圖 2-2 右部所示，前後皆缺，存 54 行（每紙 27 行），行約 17 字。楷書。有烏絲欄。原卷無題，《劫餘録》及《寶藏》《索引新編》等定作《大佛頂如來密因修證了義諸菩薩萬行首楞嚴經》卷二。《國圖》條記目録稱原卷紙高 25.7 釐米，爲 9—10 世紀歸義軍時期寫本，并指出後接北敦 3003 號。

（3）北敦 3003 號（北 7400；雲 3），見 IDP，另見《國圖》41/3A—4A。卷軸裝，2 紙。前部如圖 2-2 左部所示，前缺尾全，存 44 行（前紙 27 行，後紙 17 行），行約 17 字。尾題 "大佛頂萬行首楞嚴經卷第二"。楷書。有烏絲欄。《國圖》條記目録稱原卷紙高 25.7 釐米，爲 9—10 世紀歸義軍時期寫本，并指出前接北敦 3244 號。

按：上揭三號皆爲《大佛頂萬行首楞嚴經》卷二殘卷，《國圖》條記目録已指出後二號可以綴合。今謂此三號内容前後相承，皆可綴合。綴合後如圖 2-1、圖 2-2 所示，前二號内容於 "然／見眚者終無見咎" 句前後相連，後二號内容於 "譬／如有人以清净目觀暗（晴）明空" 句前後相連，中無缺字。諸相鄰二

北敦 3244 號（前部）　　北敦 2980 號（後部）

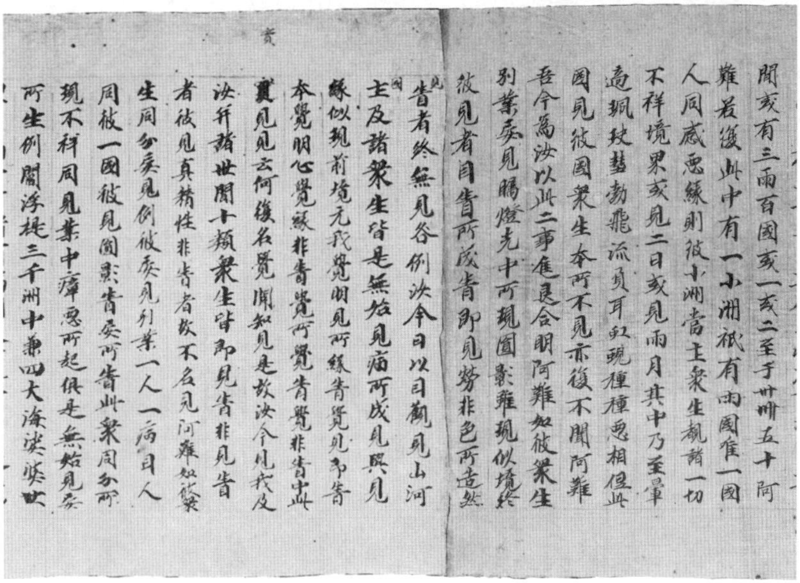

閒或有三兩百國或一或二至于卅卌五十阿
難若復此中有一小洲祇有兩國唯一國
人同感惡緣則彼小洲當土眾生覩諸一切
不祥境界或見二日或見兩月其中乃至暈
適珮玦彗孛飛流負耳虹蜺種種惡相但此
國見彼國眾生本所不見亦復不聞阿難
吾今為汝以此二事進退合明阿難如彼眾生
別業妄見矚燈光中所現圓影雖現似境終
彼見者目眚所成眚即見勞非色所造然
見眚者終無見咎例汝今日以目觀見山河
國土及諸眾生皆是無始見病所成見與見
緣似現前境元我覺明見所緣眚覺見即眚
本覺明心覺緣非眚覺所覺眚覺非眚中此
實見見云何復名覺聞知見是故汝今見我及
汝并諸世間十類眾生皆即見眚非見眚
者彼見真精性非眚者故不名見阿難如彼眾
生同分妄見例彼妄見別業一人一病目人
同彼一國彼見圓影眚妄所生此眾同分所
現不祥同見業中瘴惡所起俱是無始見妄
所生例閻浮提三千洲中兼四大海娑婆世

圖 2-1　北敦 2980 號（後部）+ 北敦 3244 號（前部）綴合圖

北敦 3003 號（前部）　　北敦 3244 號（後部）

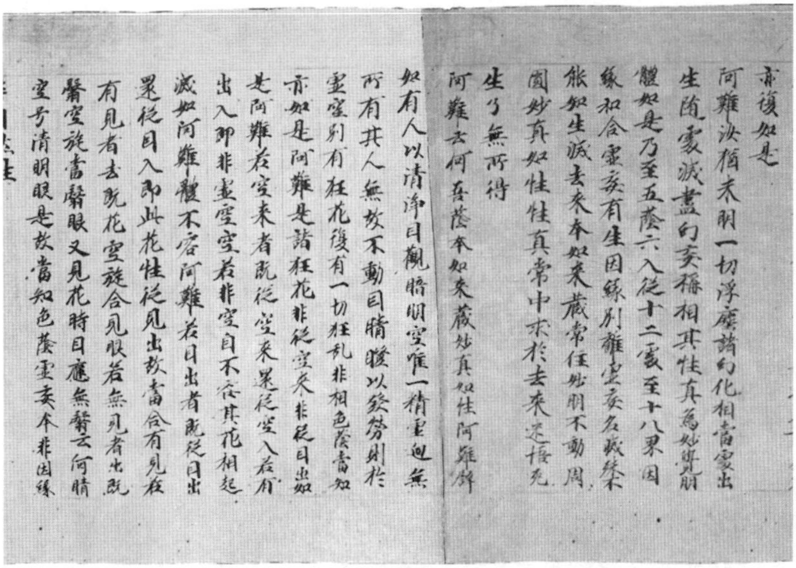

亦復如是
阿難汝猶未明一切浮塵諸幻化相當處出
生隨處滅盡幻妄稱相其性真為妙覺明
體如是乃至五陰六入從十二處至十八界因
緣和合虛妄有生因緣別離虛妄名滅殊不
能知生滅去來本如來藏常住妙明不動周
圓妙真如性性真常中求於去來迷悟死
生了無所得
阿難云何五陰本如來藏妙真如性阿難譬
如有人以清淨目觀晴明空唯一精虛迥無
所有其人無故不動目睛瞪以發勞則於
虛空別見狂花復有一切狂亂非相色陰當知
亦如是阿難是諸狂花非從空來非從目出如
是阿難若空來者既從空來還從空入若有
出入即非虛空空若非空自不容其花相起
滅如阿難體不容阿難若目出者既從目出
還從目入即此花性從目出故當合有見若
有見者去既花空旋合見眼若無見者出既
翳空旋當翳眼又見花時目應無翳云何晴
空號清明眼是故當知色陰虛妄本非因緣

圖 2-2　北敦 3244 號（後部）+ 北敦 3003 號（前部）綴合圖

號接縫處皆爲失黏所致脱落，邊緣吻合，橫向烏絲欄亦可對接。比較三號共有的"非""阿""難""者""所""如"等字，如表2所示，字迹書風似同。又三號卷心高度近同，行款格式相同（天頭地脚等高，皆有烏絲欄，滿行皆約17字，行距、字距、字體大小相近），可資參證。三號綴合後，該經卷二完整，所存内容參見《大正藏》T19/110A11—114C13。

表2　北敦2980號、北敦3244號、北敦3003號字迹比較表

例字 卷號	目	所	別	明	不	非
北敦2980號	 目	 所	 別	 明	 不	 非
北敦3244號	 目	 所	 別	 明	 不	 非
北敦3003號	 目	 所	 別	 明	 不	 非

　　附按：後二號底卷多有行間或天頭改字、補字及删字的情況，每紙行數亦較前一號少了一行，疑係兌廢稿，而前一號後部真正丢失的部分，則仍有待發現。

3. 俄敦16731號 + 俄敦16679C號

　　（1）俄敦16731號，見《俄藏》17/6A。殘片，如圖3右部所示，存3殘行，後一行僅存二三字右側殘畫。楷書。有烏絲欄。原卷無題，《俄藏》未定名。

　　（2）俄敦16679C號，見《俄藏》16/349A。此號包括三塊殘片，兹按從左到右分别編爲A、B、C，前一片存3殘行，後二片各存2殘行。楷書。有烏絲欄。原卷皆無題，《俄藏》未定名，《俄録》稱不可定名。今謂此三片依次爲《悲華經》卷九檀波羅蜜品第五之二、《大方廣佛華嚴經》卷五三入法界品第三十四之十、

俄敦16731號

俄敦16679C號

圖3　俄敦16731號 + 俄敦
16679C號綴合圖

《大佛頂萬行首楞嚴經》卷二殘片，其中 C 片如圖 3 左部所示。

按：俄敦 16731 號及俄敦 16679C 號皆爲《大佛頂萬行首楞嚴經》卷二殘片（前一號《俄錄》定名同），[①]且二片内容前後相承，可以綴合。綴合後如圖 3 所示，接縫處邊緣吻合，原本分屬二號的"傷髮"二字得以大致復合爲一。又二號行款格式相同（皆有烏絲欄，行距、字距、字體大小相近），字迹書風似同，可資參證。二號綴合後，所存内容參見《大正藏》T19/110B25—110B28110B28。

4. 北敦 3049 號 + 北敦 3050 號 + 北敦 11329 號 + 北敦 10106 號

（1）北敦 3049 號（北 7394；雲 49)，見 IDP，另見《國圖》41/281B—284A。卷軸裝，4 紙。後部如圖 4-1 右部所示，前後皆殘，存 99 行（首紙 15 行，其後諸紙各 28 行），行約 17 字。楷書。原卷無題，《劫餘錄》及《寶藏》《索引新編》等定作《大佛頂如来密因修證了義諸菩薩萬行首楞嚴經》卷二。《國圖》條記目錄稱原卷紙高 27 釐米，爲 9—10 世紀歸義軍時期寫本。

（2）北敦 3050 號（北 7395；雲 50)，見 IDP，另見《國圖》41/284B—287B。卷軸裝，5 紙。前部如圖 4-1 左部所示，後部如圖 4-2 右部所示，前後皆缺，存 140 行（每紙各 28 行），行約 17 字。楷書。原卷無題，《劫餘錄》及《寶藏》《索引新編》等定作《大佛頂如来密因修證了義諸菩薩萬行首楞嚴經》卷二。《國圖》條記目錄稱原卷紙高 27 釐米，爲 9—10 世紀歸義軍時期寫本。

（3）北敦 11329 號（北臨 1458)，見 IDP，另見《國圖》109/142A。殘片。如圖 4-2 中部所示，存 3 行，行約 17 字（後行僅存 5 字右側殘筆）。楷書。原卷無題，《國圖》擬題"大佛頂如来密因修證了義諸菩薩萬行首楞嚴經卷二"。《國圖》條記目錄稱原卷紙高 27 釐米，爲 8 世紀唐寫本。

（4）北敦 10106 號（北臨 235)，見 IDP，另見《國圖》107/129A。殘片。如圖 4-2 左部所示，存 16 行（後 11 行破損嚴重），行約 17 字。楷書。原卷無題，《國圖》擬題"大佛頂如来密因修證了義諸菩薩萬行首楞嚴經卷二"。《國圖》

[①] 本組二號殘卷的定名，由我們的學術團隊 2011—2012 年普查時確認，在此基礎上，康小燕的碩士學位論文《敦煌〈楞嚴經〉寫本考暨俗字彙輯》（浙江師範大學，2014 年）作了進一步的考證。後來出版的《俄錄》前一號定名同，惜未能參考。下文同類情況，必要時在文中括注"《俄錄》定名同"，不再一一出注加以説明。

條記目録稱原卷紙高 26.8 釐米，爲 9—10 世紀歸義軍時期寫本。

　　按：上揭四號皆爲《大佛頂萬行首楞嚴經》卷二殘卷，且其内容前後相承，可以綴合。綴合後如圖 4-1、圖 4-2 所示，前二號内容於 "我説/因緣非彼境界" 句前後相連，中二號内容於 "既從空來還從空入/若有出入即非虛空" 句前後相連，後二號内容於 "既從自（目）/出還從自（目）入" 句前後相連，皆先後銜接，中無缺字。前二號與中二號接縫處皆爲失黏所致脱落，邊緣大體吻合。北敦 11329 號末行殘筆恰可補全北敦 10106 號首行 "還從" "此" "合" "見" 等字。比較四號間交互出現的 "是" "阿" "難" "者" "非" "如" "見" "无" "若" 等字，如表 4 所示，字迹書風似同。又四號紙高皆約 27 釐米，行款格式相同（天頭地脚等高，滿行皆約 17 字，行距、字距、字體大小相近），可資參證。四號綴合後，所存内容參見《大正藏》T19/111B24—114B20。

　　四號既原屬同卷，而《國圖》條記目録稱北敦 11329 號爲 8 世紀唐寫本，又稱其餘三號爲 9—10 世紀歸義軍時期寫本，斷代不一，宜再斟酌。

表 4　北敦 3049 號、北敦 3050 號、北敦 11329 號、北敦 10106 號字迹比較表

例字 卷號	自	有	阿	如	非	難
北敦 3049 號	自	有	阿	如	非	難
北敦 3050 號	自	有	阿	如	非	難
北敦 11329 號	自	有	阿	如	非	難
北敦 10106 號	自	有	阿	如	非	難

5. 北敦 8382 號 + 北敦 8302 號

　　（1）北敦 8382 號（北 7396；衣 82），見 IDP，另見《國圖》102/255B—257B。卷軸裝，4 紙。後部如圖 5 右部所示，前後皆殘，存 88 行（首紙 8 行，

北敦 3050 號（前部）　　　　　　北敦 3049 號（後部）

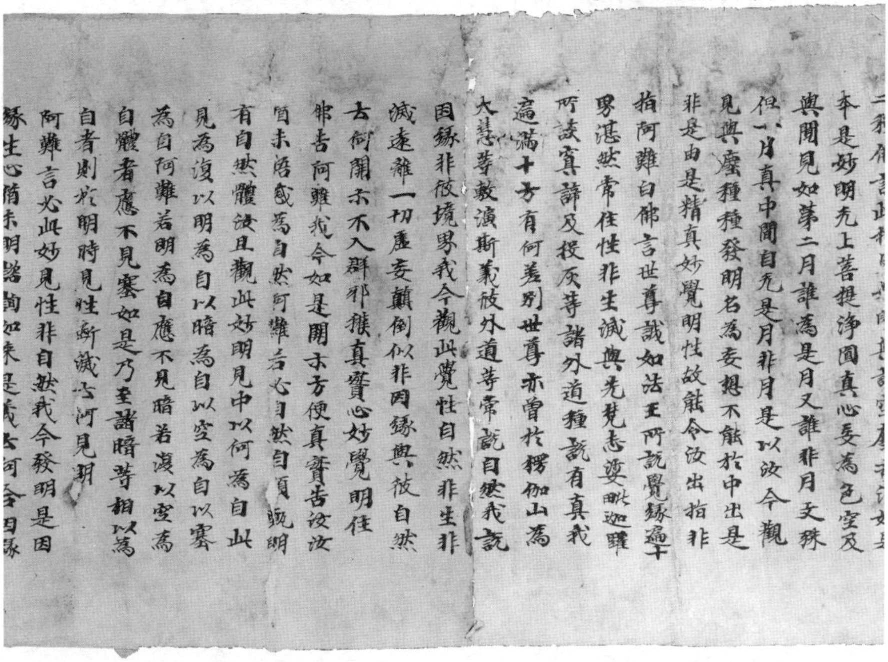

圖 4-1　北敦 3049 號（後部）＋北敦 3050 號（前部）綴合圖

北敦 10106 號　　　　北敦 11329 號　　北敦 3050 號（後部）

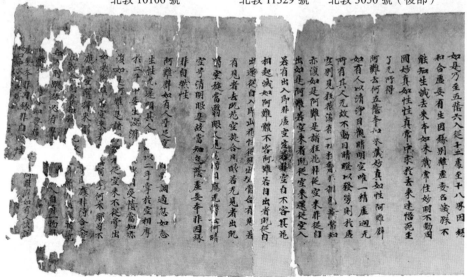

圖 4-2　北敦 3050 號（後部）＋北敦 11329 號＋北敦 10106 號綴合圖

中2紙各28行，末紙24行；首7行上殘，末3行上下殘），行約17字。楷書。有烏絲欄。原卷無題。《劫餘録》及《寶藏》《國圖》已考定爲《大佛頂如來密因修證了義諸菩薩萬行首楞嚴經》卷二。《國圖》條記目録稱此卷爲8世紀唐寫本。

（2）北敦8302號（北7399；衣2），見IDP，另見《國圖》102/103B—106A。卷軸裝，5紙。前部如圖5左部所示，前殘尾全，存99行（首紙7行，中3紙各28行，末紙8行；首8行中下殘），行約17字。楷書。有烏絲欄。原卷無題。《劫餘録》及《寶藏》《國圖》已考定爲《大佛頂如來密因修證了義諸菩薩萬行首楞嚴經》卷二。《國圖》條記目録稱此卷爲9—10世紀歸義軍時期寫本。

北敦8302號（前部）　　　　　　　　　北敦8382號（後部）

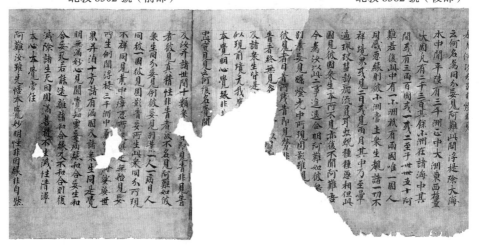

圖5　北敦8382號（後部）＋北敦8302號（前部）綴合圖

按：上揭二號皆爲《大佛頂萬行首楞嚴經》卷二殘卷，且其內容前後相承，可以綴合。綴合後如圖5所示，接縫處邊緣吻合，原本分屬二號的“別”字得成完璧，後號第2行與前號倒數第2行於“彼見者目／眚所成眚”句前後相承，中無缺字。二號拼合，前號末紙與後號首紙合成一紙凡28行，正與二號中間完整諸紙每紙28行的用紙規格相合。又二號行款格式相同（滿行皆約17字，行距、字距、字體大小相近），字迹書風似同（比較二號共有的

"分""所""洲"等字），可資參證。二號綴合後，所存內容參見《大正藏》T19/112C1—114C12。

二號既原屬同卷，而《國圖》條記目錄稱前號爲 8 世紀唐寫本，後號爲 9—10 世紀歸義軍時期寫本，斷代不一，宜再斟酌。

6. 北敦 10047 號＋北敦 9750 號＋北敦 13669 號

（1）北敦 10047 號（北臨 176），見《國圖》107/94B。殘片。如圖 6 中上部所示，存 10 行（前 5 行中下殘，後 3 行中上殘），行約 17 字。楷書。卷面有污漬。原卷無題，《國圖》擬題"大佛頂如來密因修證了義諸菩薩萬行首楞嚴經卷四"，條記目錄稱原卷紙高 25.5 釐米，爲 9—10 世紀歸義軍時期寫本。

（2）北敦 9750 號（坐 71），見 IDP，另見《國圖》106/247B。殘片。如圖 6 右下部所示，存 5 殘行，行存 13—15 字。楷書。卷面有污漬。原卷無題，《國圖》擬題"大佛頂如來密因修證了義諸菩薩萬行首楞嚴經卷四"，條記目錄定作 9—10 世紀歸義軍時期寫本。

（3）北敦 13669 號（北臨 3798），見《國圖》112/276A—276B。卷軸裝，2 紙。前部如圖 6 左部所示，存 51 行（前紙 21 行，後紙 30 行；首 3 行上下殘，末 2 行上殘），行約 17 字。楷書。卷面有污漬。原卷無題，《國圖》擬題"大佛頂如來密因修證了義諸菩薩萬行首楞嚴經卷四"，條記目錄稱原卷紙高 25.3 釐米，爲 9—10 世紀歸義軍時期寫本。

按：上揭三號皆爲《大佛頂萬行首楞嚴經》卷四殘卷，且其內容前後相承，可以綴合。綴合後如圖 6 所示，諸相鄰二號接縫處邊緣大體吻合（部分仍有殘損）。北敦 9750 號恰可補入北敦 10047 號右下角，接縫處原本分屬二號的"然""性""礙""有空""體有見无☒（覺）相織妄成是"十五字皆大致得成完璧；北敦 10047 號與北敦 13669 號左右相接，接縫處原本分屬二號的"憶""相離覺无""滅不停知"九字亦得成完璧。又此三號行款格式相同（天頭地腳等高，滿行皆約 17 字，行距、字距、字體大小相近），字迹書風似同（比較三號間交互出現的"如""是""見""不""於""汝"等字），卷面皆有污漬，可資參證。三號綴合後，所存內容參見《大正藏》T19/122B10—123A11。

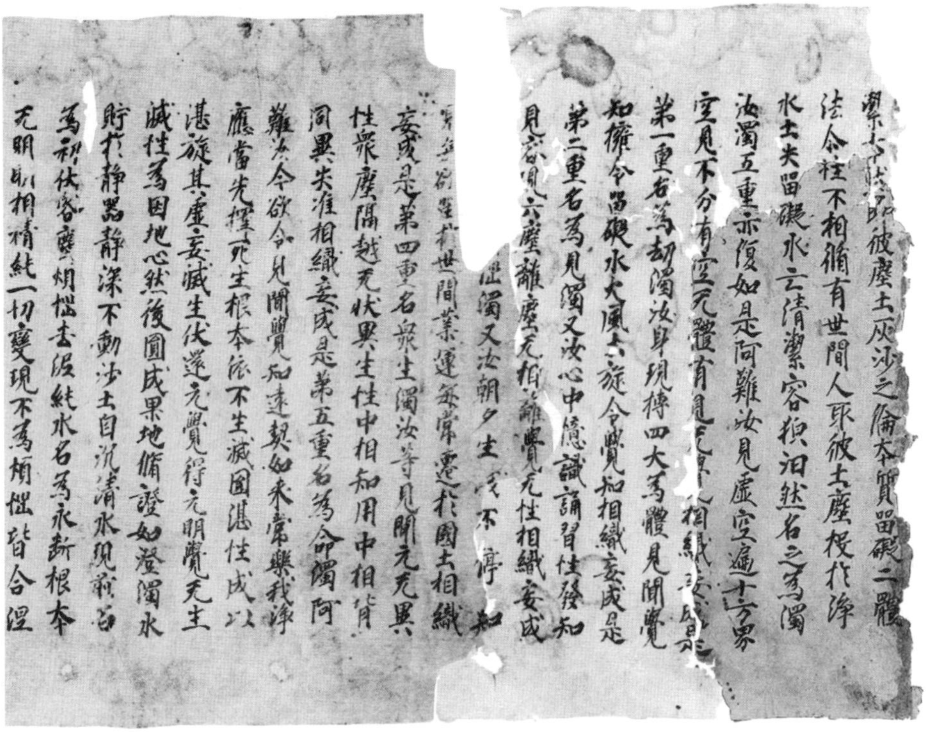

北敦 13669 號（前部）　　　　　　　　　北敦 10047 號　　　　北敦 9750 號

圖 6　北敦 10047 號＋北敦 9750 號＋北敦 13669 號（前部）綴合圖

7. 俄敦 1688 號＋伯 2220 號

（1）俄敦 1688 號，見《俄藏》8/297B。殘片。如圖 7 右部所示，存 12 行（首 9 行上下殘，末 2 行下殘），行約 17 字。楷書。有烏絲欄。原卷無題，《孟録》考定爲《大佛頂如來密因修證了義諸菩薩萬行首楞嚴經》卷五。《孟録》稱其爲 8—10 世紀寫本。

（2）伯 2220 號，見法圖網站彩色照片及《法藏》9/218B—219B。卷軸裝，4 紙。前部如圖 7 左部所示，存 77 行（首 2 行上殘），行約 17 字。尾題"大佛頂經卷第五"。楷書。有烏絲欄。

按：上揭二號皆爲《大佛頂萬行首楞嚴經》卷五殘卷，且其内容前後相承，可以綴合。綴合後如圖 7 所示，接縫處邊緣吻合，原本分屬二號的"隘有不""填或"五字皆得成完璧，橫縱烏絲欄亦可對接。後號首行行末與前號末行行首内容於“▨▨（有不）如法妨損車／馬，我皆平▨（填）”句前後相接，中無缺字。又此二號行款格式相同（地脚等高，滿行皆約 17 字，行距、字距、字體大小相近），字迹書風似同（比較二號共有的“一”“切”“如”“出”“先”“於”“皆”“平”等字），可資參證。二號綴合後，所存内容參見《大正藏》T19/127A27—128B07。

伯 2220 號（前部）

俄敦 1688 號

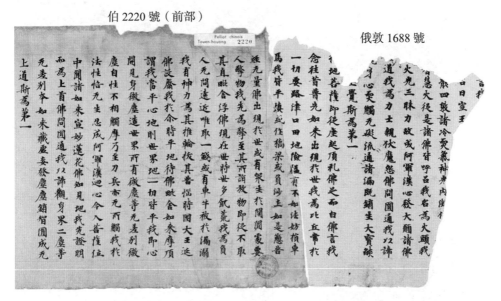

圖 7　俄敦 1688 號＋伯 2220 號（前部）綴合圖

又此二號既原屬同卷，《孟録》考定前號爲 8—10 世紀寫本，則後號亦當爲同一時期寫本。

8. 俄敦 10416 號＋斯 10751 號

（1）俄敦 10416 號，見《俄藏》14/284B。殘片。如圖 8 右部所示，存 6 殘行，行存中上部 4—10 字（首行爲標題，2、3 行空白無字）。楷書。有烏絲欄。首題存“大佛頂如來密因修證▨（了）”，下殘。《俄藏》未定名。

（2）斯 10751 號，見 IDP。殘片。如圖 8 左部所示，存 9 殘行，每行存中上部 1—11 字（首 2 行上下殘，第 3—8 行下殘，末行僅存中上部 1 字右側殘筆）。楷書。有烏絲欄。原卷無題，IDP 未定名。

按：據殘存文字推斷，上揭二號應皆爲《大佛頂萬行首楞嚴經》卷第八殘片（前號《俄録》定名同）。
據完整文本推算，二號滿行
皆約17字。且二號内容前
後相承，可以綴合。綴合後
如圖8所示，接縫處邊緣吻
合，原本分屬二號的"亂⊠
（花）""具""如斯虚"六字
皆部分或全字得以復合，横
縱烏絲欄亦可對接。又此二
號行款格式相同（天頭等高，
滿行皆約17字，行距、字距、

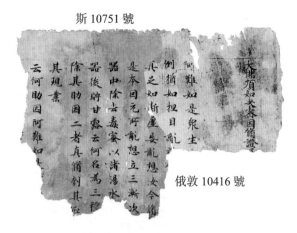

斯 10751 號

俄敦 10416 號

圖 8　俄敦 10416 號＋斯 10751 號綴合圖

字體大小相近），字迹書風似同（比較二號共有的"是""阿""難""如"等字），
可資參證。二號綴合後，所存内容參見《大正藏》T19/141B17—141C02。

卷號簡目

根據對已刊布文獻的普查以及上述綴合成果，梳理出敦煌《大佛頂萬行
首楞嚴經》寫本卷號如下：

卷一　西北師大2號○、羽573號○、津藝9號○、斯3077號○、俄弗138號、
斯4359號、斯7550號、俄敦1478號、斯6927號＋斯6782號、北敦15220
號、北敦14835號、北敦3387號、北敦2328號＋北敦8147號、北敦2211號、
斯1919號、臺圖101號、北敦537號、俄敦5094號*、北敦12822號、北敦
13142號、俄敦512號；

卷二　俄弗90號○、北敦14052號○、斯3052號○、斯5312號○、北敦
6459號、斯2990號、上博35號、北敦3049號＋北敦3050號＋北敦11329號＋
北敦10106號、北敦2980號＋北敦3244號＋北敦3003號、北敦8382號＋
北敦8302號、北敦3325號、北敦2446號、俄敦16731號*＋俄敦16679C號*、
俄敦1808號、俄敦512號背；

卷三　上博67號○、斯2266號○、北敦14936號○、津圖107號、津藝51號、

俄敦 1953 號、北敦 14604 號、斯 4354 號、伯 2229 號、北敦 2347 號、斯 3532 號、俄敦 4949 號、俄敦 340 號、俄敦 17643 號 *、北敦 13105 號；

　　卷四　北敦 14053 號°、斯 2762 號°、西北師大 8 號、羽 138-1 號、斯 353 號、斯 4797 號、北敦 8158 號、斯 836 號、北敦 10842 號、俄敦 5806 號 *、北敦 11277 號、北敦 10047 號＋北敦 9750 號＋北敦 13669 號、北敦 10988 號；

　　卷五　北敦 582 號°、北敦 1222 號°、羽 138-2 號°、斯 3102 號°、斯 5177 號°、斯 314 號、北敦 4591 號、北敦 3299 號、北敦 351 號、北敦 2016 號、北敦 7022 號、酒博 17 號、俄敦 1688 號＋伯 2220 號；

　　卷六　上圖 79 號°、斯 2279 號°、北敦 14054 號°、斯 2305 號°、北敦 15325 號、伯 5595 號、斯 1707 號①、甘博 58 號、斯 6696 號、斯 919 號、斯 264A 號、斯 264B 號、北敦 524 號、北敦 5880 號、北敦 5868 號、北敦 5890 號、北敦 3213 號、北敦 7262 號、北敦 2826 號、俄敦 4890 號 *、俄敦 733 號、俄敦 2318 號、俄敦 10415 號 *、伯 5595V 號、北敦 11927 號；

　　卷七　俄弗 92 號°、津圖 98 號、斯 3782 號、北敦 15127B 號、斯 6680 號、北敦 15081 號、北敦 5791 號、北敦 4990 號、斯 2326 號、俄敦 847 號、俄敦 12507 號背 *、北敦 9917 號、俄敦 12717 號 *、北敦 222 號、北敦 2585 號、北敦 5508 號、北敦 6800 號、北敦 7289 號、北敦 7512 號、北敦 7525 號、北敦 9238 號＋北敦 9239 號＋北敦 9237 號、俄敦 4940 號；

　　卷八　俄弗 93 號°、北敦 14055 號°、北敦 14056 號、斯 4077 號、斯 300 號、斯 3785 號、斯 5378 號、北敦 7231 號、北敦 3582 號、北敦 5246 號、北敦 11800 號、伯 5560（1）號、北敦 11255 號、俄敦 834 號、俄敦 11847 號 *、俄敦 10416 號 *＋斯 10751 號 *、北敦 8607C 號、北敦 12773 號、北敦 12787 號、伯 3354 號背 2；

　　卷九　俄弗 89 號°、俄弗 91 號°、伯 2251 號°、上圖 131 號°、斯 5302 號°、北敦 14057 號°、北敦 14564 號°、北敦 15134 號、北敦 4402 號、斯 6447 號、

────────

　　① 該號《翟録》已指出爲《大佛頂萬行首楞嚴經》卷六殘卷；《寶藏》誤題 "大佛頂萬行首楞嚴經卷十"；《索引新編》泛題 "首楞嚴經"，亦不確。

北敦 2282 號、北敦 1068 號、北敦 14511 號⋯北敦 14512 號、北敦 12719 號;

卷十　敦博 51 號°、上博 70 號°、上圖 170 號°、北敦 14058 號°、上圖 13 號、北敦 8529 號、斯 2803 號、北敦 14198 號、北敦 3584 號、北敦 3021 號、北敦 6797 號、北敦 7266 號、斯 2486 號、北敦 4017 號、北敦 4709 號、北敦 4398 號、北敦 3281 號、北敦 12500 號;

卷一至卷五　伯 2152 號、伯 2349 號;

卷二至卷三　斯 3103 號 [①];

卷三至卷四　羽 257 號;

卷六至卷八　羽 256 號;

卷六至卷十　斯 1362 號;

護首　北敦 11927 號。

另有《大佛頂經音義》2 號:伯 3429 號＋伯 3651 號。

---

① 該號始於《大佛頂萬行首楞嚴經》卷二 "云何二見" 句後 3 字,止《大佛頂萬行首楞嚴經》卷三 "有微風出遍法界" 句前 5 字,文中有 "大佛頂萬行首楞嚴經卷第二" 尾題、"大佛頂如來密因修證了義諸菩薩萬行首楞嚴經第三" 首題,《索引》《寶藏》等擬題 "大佛頂萬行首楞嚴經卷第一、第二",不確。

十五、佛頂尊勝陀羅尼經 佛陀波利譯本

《佛頂尊勝陀羅尼經》，早期密教經典，又名《尊勝陀羅尼經》《尊勝陀羅尼》《净出一切惡道佛頂尊勝陀羅尼》《吉祥能净一切惡道》，凡一卷。講述佛爲善住天子宣説攘災延壽之法，并以此顯示尊勝陀羅尼之靈驗。

該經約自唐高宗時期傳入中國，從其傳入到唐代末，已有八種譯本（不包括後來由此經發展出來的儀軌），分別爲：1.杜行顗譯，名《佛頂尊勝陀羅尼經》；2.地婆訶羅譯，名《佛頂最勝陀羅尼經》；3.佛陀波利譯，名《佛頂尊勝陀羅尼經》；4.地婆訶羅譯，名《最勝佛頂陀羅尼净出除業障經》；5.義净譯，名《佛頂尊勝陀羅尼經》；6.善無畏譯，名《尊勝佛頂修瑜伽法儀軌》；7.不空譯，名《佛頂尊勝陀羅尼念誦儀軌》；8.若那譯，名《佛頂尊勝陀羅尼別法》。宋代還有施護譯《尊勝大明王經》、法天譯《最勝佛頂陀羅尼經》。所有譯本中，唐佛陀波利所譯《佛頂尊勝陀羅尼經》流通最廣，敦煌文獻所見即多爲該本。

經普查，業已刊布的敦煌文獻中共有確定的佛陀波利譯《佛頂尊勝陀羅尼經》167號（另有大廣智不空譯本、《佛頂尊勝陀羅尼神咒》、其他相關寫卷及存疑寫卷共計25號），包括：國圖藏84號，英藏23號，法藏10號，俄藏37號，散藏13號。[1] 其中首尾完整者僅16號，其餘151號皆有不同程度的殘損，其中不乏本爲同一寫卷而被撕裂爲數號者。已有綴合成果共計將該

---

[1] 各家館藏敦煌文獻，多有未定名殘片，我們的學術團隊在2011—2012年全面普查時曾做過系統的比定，其中包括俄藏《佛頂尊勝陀羅尼經》未定名殘卷的定名，在此基礎上，團隊成員楊揚的碩士論文《敦煌本〈佛頂尊勝陀羅尼經〉寫本考暨俗字彙輯》（浙江師範大學，2015年）作了進一步的考證。其中部分定名後來出版的《俄錄》略同，可以互勘。凡楊文已先於《俄錄》作出正確定名的，本篇必要時括注"《俄錄》定名同"，不再一一出注説明。

經 13 號綴合爲 6 組。包括《中田録》綴合 1 組：北敦 4001 號＋北敦 4004
號；《國圖》條記目録綴合 4 組：北敦 3949 號＋北敦 3953 號，北敦 3735 號＋
北敦 3736 號，北敦 10899 號、北敦 10904 號、北敦 10905 號（指出爲同一文
書，但綴合順序未完全明確），北敦 2582 號＋北敦 2335 號；IDP 綴合一組：
斯 10745 號＋斯 10748 號。

本次補綴 2 組，新綴 15 組，共計將 42 號綴合爲 17 組。

1. 北敦 2270 號＋斯 12055 號

（1）北敦 2270 號（北 7325；閏 70），見 IDP，另見《國圖》32/134A—
139A。卷軸裝，9 紙。前部如圖 1 左上部所示（右側三至五行下部的小塊殘
片僅見於 IDP，《國圖》無此殘片），前殘尾全，存 231 行，行約 17 字。全卷
首題 "佛頂尊勝陀羅尼經并序"，經文首題 "佛頂尊勝陀羅尼經，罽賓沙門佛
陀波利奉詔譯"，尾題 "佛頂尊勝陀羅尼經"。《國圖》編爲 2 號：北敦 2270

號 1，擬題 "佛頂尊勝陀羅尼
經（佛陀波利本）序"；北敦
2270 號 2，擬題 "佛頂尊勝陀
羅尼經（佛陀波利本）"。楷書。
有烏絲欄。《國圖》條記目録
稱該卷爲 7—8 世紀唐寫本。

（2）斯 12055 號，見 IDP。
殘片。如圖 1 中下部所示，存 4
殘行，行存中部 1—7 字（末行
僅存 1 字右側殘筆）。楷書。有
烏絲欄。原卷無題，IDP 未定名。

按：據殘存文字推斷，後
號亦爲《佛頂尊勝陀羅尼經》
（佛陀波利譯本）序殘片，據
完整文本推算，滿行約 17 字。

北敦 2270 號（前部）

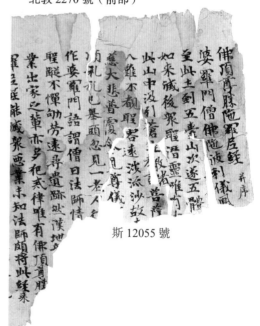

斯 12055 號

圖 1　北敦 2270 號（前部）＋斯 12055 號綴合圖

上揭二號内容前後相承，可以綴合。綴合後如圖1所示，接縫處邊緣吻合，原本分屬二號的"蒼☒生教諸""容""令""尊""老"六字皆得大致合成完璧。又二號行款格式相同（皆有烏絲欄，滿行皆約17字，行距、字距、字體大小相近），字迹書風似同（比較二號共有的"尊""見""故""菩""薩"等字），可資參證。二號綴合後，所存内容參見《大正藏》T19/349B2—352A26、352A28—352B23（寫本中咒語部分）。

2. 羽305號+俄敦4267號

（1）羽305號，見《秘笈》4/416A—419A。卷軸裝，4紙。後部如圖2右部所示，首略殘，尾殘，存80行，行約17字。全卷首題"佛頂尊勝陀羅尼經序"，經文首題"佛頂尊勝陀羅尼經，罽賓沙門佛☒☒☒☒（陀波利奉）詔譯"。楷書。有烏絲欄。

（2）俄敦4267號，見《俄藏》11/175A。卷軸裝殘片。如圖2左部所示，存14行（末行僅存右側殘字），行約17字。楷書。有烏絲欄。原卷無題，《俄藏》未定名。

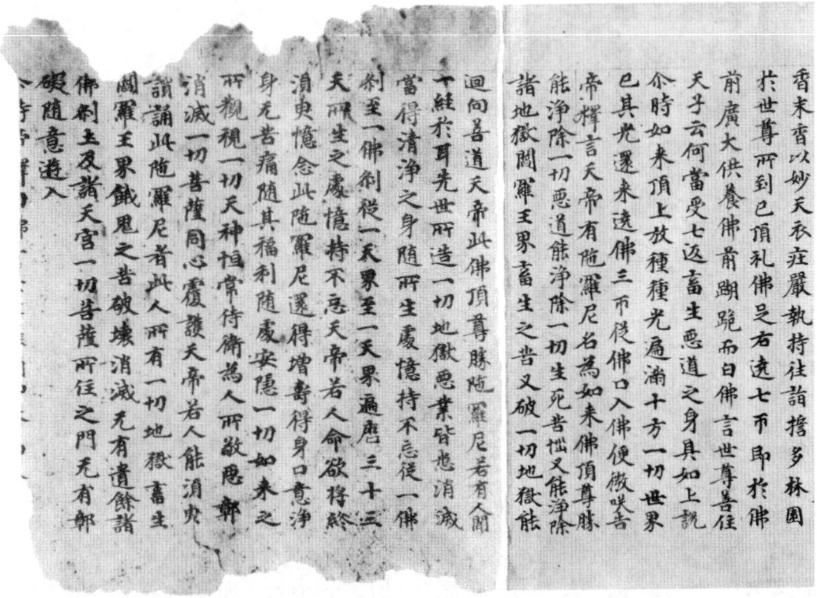

俄敦4267號　　　　　　羽305號（後部）

圖2　羽305號（後部）+俄敦4267號綴合圖

按：據殘存文字推斷，後號亦爲《佛頂尊勝陀羅尼經》（佛陀波利譯本）殘片（《俄録》定名同），且上揭二號內容前後相承，可以綴合。綴合後如圖2所示，二號內容於“又破一切地獄能／迴向善道”句前後相接，中無缺字；接縫處皆爲失黏所致脱落，邊緣吻合，橫向烏絲欄亦可對接。又二號行款格式相同（天頭地脚等高，皆有烏絲欄，滿行皆約17字，行距、字距、字體大小相近），字迹書風似同（比較二號共有的“一”“切”“佛”“之”“勝”“頂”等字，如表1所示），可資參證。二號綴合後，所存內容參見《大正藏》T19/349B2—350B21。

表1　羽305號、俄敦4267號字迹比較表

例字 卷號	一	切	佛	之	勝	頂
羽305號	一	切	佛	之	勝	頂
俄敦4267號	一	切	佛	之	勝	頂

3. 斯12680號+斯12393號+斯12191號

（1）斯12680號，見IDP。殘片。如圖3右下部所示，存5殘行，行存下部2—3字（末行僅見2字右側殘筆）。楷書，有烏絲欄。原卷無題，IDP未定名。

（2）斯12393號，見IDP。殘片。如圖3中上部所示，存3殘行，行存中部4—5字。楷書。有烏絲欄。原卷無題，IDP未定名。

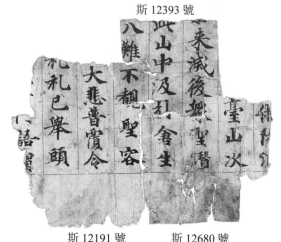

圖3　斯12680號+斯12393號+斯12191號綴合圖

（3）斯 12191 號，見 IDP。殘片。如圖 3 左下部所示，存 4 行，行存 3—5 字。楷書。有烏絲欄。原卷無題，IDP 未定名。

按：據殘存文字推斷，上揭三號皆爲《佛頂尊勝陀羅尼經》佛陀波利譯本序言部分殘片，且三號内容前後相承，可以綴合。綴合後如圖 3 所示，諸相鄰二號接縫處邊緣吻合，縱向烏絲欄亦可對接；接縫處原本分屬前二號的"後衆""引"三字，分屬斯 12680 號、斯 12191 號的"容"字，分屬三號的"▨（覩）"字皆得復合爲一。又三號行款格式相同（皆有烏絲欄，滿行皆約 17 字，行距、字距、字體大小相近），字迹書風似同，可資參證。三號綴合後，所存内容參見《大正藏》T19/349B4—349B11。

4. 北敦 5364 號＋北敦 10280 號

（1）北敦 5364 號（北 7330；光 64），見《國圖》72/127B—132B。卷軸裝，9 紙。前部如圖 4 左上部所示，首殘尾全，存 230 行，行約 17 字。前爲序，序文首殘，前 7 行下部殘缺，後接抄經文。經文首題"佛頂尊勝陀羅尼經"，下署"罽賓沙門佛陀波利奉詔譯"；尾題"佛頂尊勝陀羅尼經一卷"。楷書。有烏絲欄。《國圖》條記目録稱此卷爲 8—9 世紀吐蕃統治時期寫本。

（2）北敦 10280 號，見《國圖》107/220B。殘片。如圖 4 右下部所示，僅存 4 殘行，行存下部 6—8 字（首行右部、末行左部殘損）。楷書。有烏絲欄。原卷無題，《國圖》擬題"佛頂尊勝陀羅尼經（佛陀波利本）序"，條記目録稱此卷爲 9—10 世紀歸義軍時期寫本。

按：上揭二號皆爲《佛頂尊勝陀羅尼經》佛陀波利譯本殘卷，且二號内容前後相承，可以綴合。綴合後如圖 4 所示，接縫處邊緣吻合，綴後第 3 行於"生逢八／難"句前後相接，中無缺字；第 4 行接縫處原本分屬二行的"慈"字得成完璧。又二號行款格式相同（皆有烏絲欄，滿行皆約 17 字，行距、字距、字體大小相近），書風相似（字體瘦長，筆畫細而濃），書迹相似（比較二號皆有的"不""尊""大"等字），可資參證。二號綴合後，所存内容參見《大正藏》T19/349B6—352A26。

二號既原屬同卷，而《國圖》條記目録稱前號爲 8—9 世紀吐蕃統治時期寫本，後號爲 9—10 世紀歸義軍時期寫本，斷代不一，宜再斟酌。

北敦 5364 號（前部）

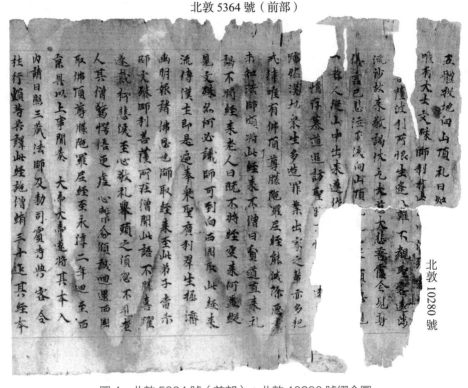

圖 4　北敦 5364 號（前部）＋北敦 10280 號綴合圖

5. 俄敦 2249 號＋北敦 3949 號＋北敦 3953 號

（1）俄敦 2249 號，見《俄藏》9/113B。殘片。如圖 5 右部所示，存 15 行（首 5 行多殘損，末 3 行上殘），行約 17 字。楷書。有烏絲欄。"大帝""敕"等稱謂前有挪擡。原卷無題，《孟録》考定爲"義浄三藏法師碑文"，《俄藏》擬題"三藏聖教序"，《曾良》及《俄録》考定爲"佛頂尊勝陀羅尼經序"。《孟録》稱原卷紙高 26 釐米，天頭及地脚均爲 3 釐米，爲 8—10 世紀寫本。

（2）北敦 3949 號（北 7332；生 49），見 IDP，另見《國圖》54/205A—205B。卷軸裝，1 紙。前部如圖 5 中右部所示，後部如圖 5 中左部所示，前後皆殘，存 28 行（首行下殘，末 5 行上下殘），行約 17 字。第 19 行經文首題"佛頂尊勝陀羅尼經，罽賓沙門佛陀波利奉詔譯"。《國圖》編爲 2 號：前 18 行，編爲"北敦 3949 號 1"，擬題"佛頂尊勝陀羅尼經（佛陀波利本）

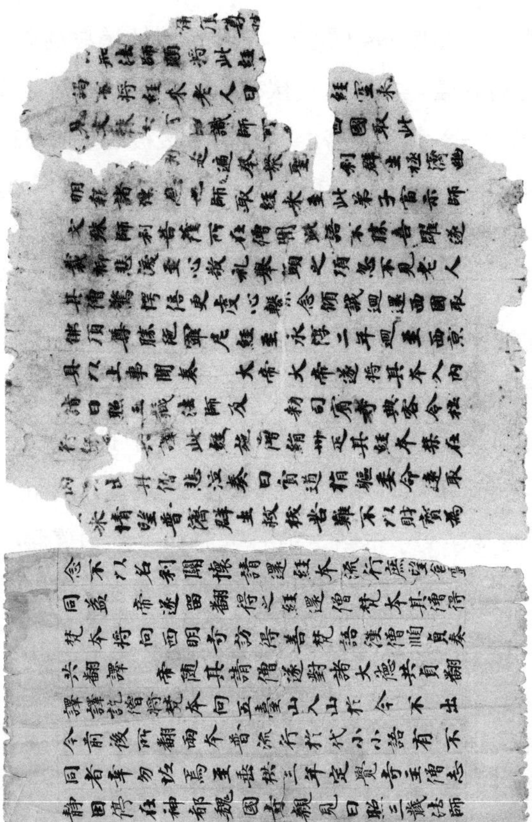

圖 5　俄敦 2249 號＋北敦 3949 號（前部、後部）＋北敦 3953 號（前部）綴合圖

序"①；後 10 行，編爲 "北敦 3949 號 2"，擬題 "佛頂尊勝陀羅尼經（佛陀波利本）"。楷書。有烏絲欄。背有古代裱補。序中稱謂 "帝" 前有挪擡。《國圖》條記目錄稱原卷爲 7—8 世紀唐寫本，并指出後接北敦 3953 號。

（3）北敦 3953 號（北 7340；生 53），見《國圖》54/222B—226B。卷軸裝，8 紙。前部如圖 5 左部所示，前殘尾全，存 178 行（首紙 3 行，第 2—7 紙各 28 行，末紙 7 行；首 3 行下殘），行約 17 字。尾題 "佛頂尊勝陀羅尼經一卷"，後有題記 "勘了"。楷書。有烏絲欄。背有古代裱補。序中稱謂 "帝" 前有挪擡。《國圖》條記目錄稱原卷爲 7—8 世紀唐寫本，并指出前接北敦 3949 號。

按：《國圖》條記目錄已指出後二號可綴，甚是。此二號綴合後如圖 5 左部所示，接縫處邊緣吻合，原本分屬二號的 "▨（後）" 字得以復合爲一，橫縱烏絲欄亦可對接。據殘存文字推斷，前一號亦爲《佛頂尊勝陀羅尼經》（佛陀波利譯本）序殘片，《孟録》《俄藏》定名有誤，《曾良》及《俄録》改題是，惜未注譯本；且前號與北敦 3949 號＋北敦 3953 號內容前後相承，亦可綴合，綴合後如圖 5 右部所示，二者於 "不以財寶爲／念" 句前後相連，中無缺字；"大帝""敕""帝" 等稱謂前皆有挪擡。又前三號行款格式相同（卷心高度近同，皆有烏絲欄，滿行皆約 17 字，行距、字距、字體大小相近），字迹書風似同（比較三號共有的 "不""以""人""子""其" 等字，如表 2 所示），可資參證。

表 2　俄敦 2249 號、北敦 3949 號、北敦 3953 號字迹比較表

例字 卷號	不	以	人	子	其
俄敦 2249 號	不	以	人	子	其
北敦 3949 號	不	以	人	子	其
北敦 3953 號	不	以	人	子	其

---

① 條記目錄中有 "序" 字，目錄及圖版下標題脱 "序" 字。

6. 斯 10306 號 + 斯 6122 號⋯斯 5715 號

（1）斯 10306 號，見 IDP。殘片。如圖 6 右部所示，存 8 行（首行僅存行末 1 字左側殘筆，末行下部缺約 5 字），行約 17 字。楷書。有烏絲欄。原卷無題，IDP 未定名。

（2）斯 6122 號（翟 6699），見《英藏》10/89B。殘片。如圖 6 中部所示，存 6 行，行約 17 字（首行僅存下部 5 字，次行上殘，末行僅存右側殘筆）。楷書。有烏絲欄。原卷無題，《翟錄》泛題“佛教故事”，《索引》及《寶藏》《索引新編》擬題“佛頂最勝陀羅尼經序”，《英藏》擬題“佛頂尊勝陀羅尼經序”。

（3）斯 5715 號（翟 4821），見《英藏》9/95B。殘片。如圖 6 左部所示，存 8 行（末行上殘），行約 17 字。楷書，有烏絲欄。原卷無題，《翟錄》擬題“佛説八陽神咒經”，《寶藏》擬題“順貞於西明寺譯經緣起”（《索引》及《索引新編》“貞”誤“真”），《英藏》擬題“佛頂尊勝陀羅尼經序”。

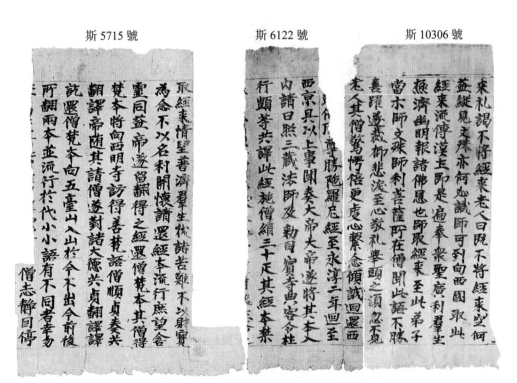

斯 5715 號　　　斯 6122 號　　　斯 10306 號

圖 6　斯 10306 號 + 斯 6122 號⋯斯 5715 號綴合示意圖

按：據殘存文字推斷，上揭三號應皆爲《佛頂尊勝陀羅尼經》佛陀波利譯本序言部分殘片，且其内容前後相承，可以綴合。綴合後如圖6所示，前二號左右相接，接縫處邊緣吻合，二號綴後第7行於“繫念／傾誠”句前後相接，中無缺字。後二號難以直接綴合，銜接處缺“在内不出。其僧悲泣奏曰：貧道捐軀委命，遠”一整行17字的左側大半文字（斯5715號前部下端大概綴接了一紙條，向右側延展）。比較三號共有的“西”“經”“其”“僧”等字，如表3所示，字迹書風似同。又此三號行款格式相同（天頭地脚等高，皆有烏絲欄，滿行皆約17字，行距、字距、字體大小相近），可資參證。三號綴合後，所存内容參見《大正藏》T19/349B16—349C8。

表3　斯10306號、斯6122號與斯5715號字迹比較表

例字 卷號	僧	西	經	利
斯10306號	僧	西	經	利
斯6122號	僧	西	經	/
斯5715號	僧	西	經	利

7. 俄敦871號+斯15號

（1）俄敦871號，見《俄藏》7/171A。殘片。如圖7右部所示，存11行（末行僅存下部1字右側殘筆），行約17字。楷書。有烏絲欄。卷面中部有污漬。原卷無題，《孟録》考定爲“聖地遊記述，前言”，《俄藏》擬題“佛頂尊勝陀羅尼經序”。《孟録》稱此爲7—9世紀寫本。

（2）斯15號（翟3810），見《英圖》1/105A—109B，IDP有彩圖。卷軸裝。前殘尾全，存9紙206行（首紙1行，僅存上部6字左側殘筆），行約17字，前部如圖7左部所示。經文首題“佛頂尊勝陀羅尼經，罽賓沙門佛陀波利奉詔譯”，尾題“佛頂尊勝陀羅尼經”。楷書。有烏絲欄。卷面中部有污漬。《英圖》條記目録稱該卷爲8世紀唐寫本。

　　按：據殘存文字推斷，前號亦爲佛陀波利譯本《佛頂尊勝陀羅尼經》序殘片（《俄録》定名同），《孟録》定名有誤，《俄藏》定名甚是，惜未明其譯本。上揭二號内容前後相承，可以綴合。綴合後如圖 7 所示，接縫處邊緣大體吻合（綴後仍有部分殘損），原本分屬二號的 "☒（三）十""其經本禁""濟" 七字皆得復合爲一。又二號卷面中部皆有污漬，且行款格式相同（皆有烏絲欄，滿行皆約 17 字，行距、字距、字體大小相近），字迹書風似同（比較二號共有的 "不""以""本""其""僧""入" 等字），可資參證。二號綴合後，所存内容參見《大正藏》T19/349B18—352A26、352A28—352B23（寫本中咒語部分）。

斯 15 號（前部）　　　　　　俄敦 871 號

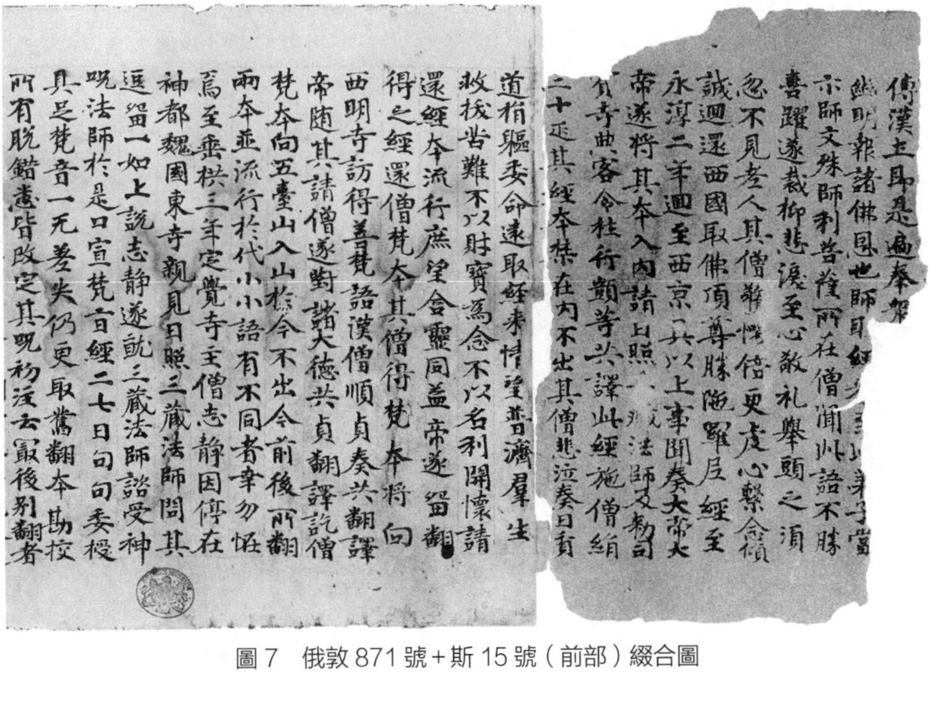

圖 7　俄敦 871 號 + 斯 15 號（前部）綴合圖

8. 伯 2743 號 + 北敦 287 號

　　（1）伯 2743 號，見 IDP，另見《法藏》18/53A。卷軸裝。前後皆殘，存 2 紙 33 行（前紙 14 行，後紙 19 行；首 2 行右殘，末 2 行左殘，末行僅存上部 2 字右側殘筆），行約 17 字。後部如圖 8 右部所示。前 28 行爲《佛頂尊

勝陀羅尼經序》，後 5 行爲《佛頂尊勝陀羅尼經》，第 29 行有經文首題 “佛
頂尊勝陀羅尼經，罽賓沙門佛陀波利奉詔譯”。楷書。有烏絲欄。卷面呈現有
規則污漬。

（2）北敦 287 號（北 7338；宇 87），見 IDP，另見《國圖》5/87B—
91A。卷軸裝。前殘尾全，存 8 紙 187 行（首紙 13 行，第 2—6 紙各 30 行，
第 7 紙 23 行，末紙 1 行；首 2 行右殘，末行僅存中部 5 字右側殘筆），行約
17 字。尾題 “佛頂尊勝陀羅尼經”，後有題記 “☒爲亡妻☒”。前部如圖 8 左
部所示。楷書。有烏絲欄。卷面呈現有規則污漬。《國圖》題名 “佛頂尊勝陀
羅尼經（佛陀波利本）”。《國圖》條記目録稱原卷爲 9—10 世紀歸義軍時期寫本，
卷中咒語與《大正藏》本不同，而與北敦 255 號 2 相同。

北敦 287 號（前部）　　　　　　　　　　伯 2743 號（後部）

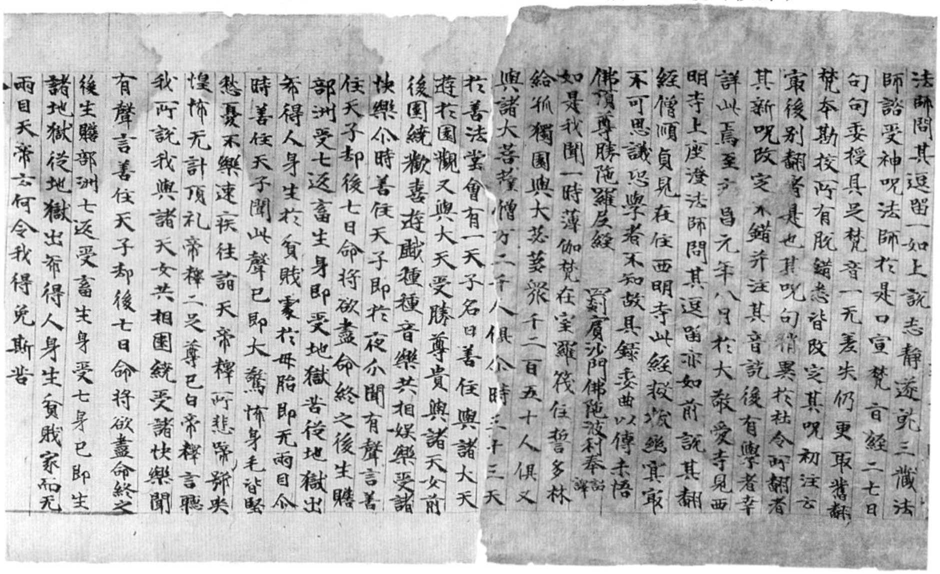

圖 8　伯 2743 號（後部）＋ 北敦 287 號（前部）綴合圖

按：上揭二號内容前後相承，可以綴合。綴合後如圖 8 所示，接縫處邊
緣吻合，原本分屬二號的 “僧万二千人俱尒時三十” “堂會” 12 字皆得合成完
璧，横縱烏絲欄亦可對接。前號後紙 19 行，後號首紙 13 行，綴接後該紙 30
行，正好與完整每紙大抵 30 行的規格相合。二號卷面上部皆有污漬，污漬大小、

形狀近似,間隔相近,循環出現,接縫處污漬邊緣吻合。又二號行款格式相同(皆有烏絲欄,滿行皆約 17 字,行距、字距、字體大小相近),字迹書風似同(比較二號共有的"大""與""於""聞""諸""住"等字),可資參證。二號綴合後,所存內容參見《大正藏》T19/349B19—352A26。

9. 北敦 10799 號 + 北敦 10514 號 + 俄敦 5103 號

(1)北敦 10799 號(北臨 928),見《國圖》108/156B。殘片。如圖 9 右下部所示,存 10 殘行,行存下部 6—8 字。楷書。有烏絲欄。原卷無題,《國圖》擬題"佛頂尊勝陀羅尼經(佛陀波利本)序"。《國圖》條記目錄稱原卷經黃紙,爲 7—8 世紀唐寫本。

(2)北敦 10514 號(北臨 643),見《國圖》108/2A。殘片。如圖 9 右上部所示,存 9 殘行,行存上部 10—12 字(首行僅存上部 10 字左側殘筆)。楷書。有烏絲欄。原卷無題,《國圖》擬題"佛頂尊勝陀羅尼經(佛陀波利本)序"。《國圖》條記目錄稱原卷經黃打紙,爲 7—8 世紀唐寫本。

(3)俄敦 5103 號,見《俄藏》12/21A。殘片。如圖 9 左上部所示,存 7 殘行,行存上部 4—11 字(首行僅存 4 字左側殘形)。末行存首題"佛頂尊勝陀羅尼經"。楷書。有烏絲欄。

按:上揭三號皆爲《佛頂尊勝陀羅尼經》佛陀波利譯本序言部分殘片。據完整文本推算,滿行皆約 18 字。三號內容前後相承,可以綴合。綴合後如圖 9 所示,諸相鄰二號接縫處邊緣吻合,横縱烏絲欄亦可對接。接縫處原本分屬前二號的"不""梵""脱""其"四字,分屬後二號的"呪初注云最""錯"六字皆可成完璧。三號拼合後,第 3—9 行滿行恰約 17—18 字。又三號行款格式相同(皆有烏絲欄,行距、字距、字體大小相近,後二號天頭等高),字迹書風似同,可資參證。三號綴合後,所存內容參見《大正藏》T19/349C3—349C23。

上揭三號既可綴合,而《國圖》條記目錄稱北敦 10799 號爲經黃紙,又稱北敦 10514 號爲經黃打紙,對紙張的判定略有不同。又《國圖》條記目錄稱前二號皆爲 7—8 世紀唐寫本,近是,俄敦 5103 號亦可據以推定其抄寫的大致年代。

俄敦 5103 號　　　　北敦 10514 號

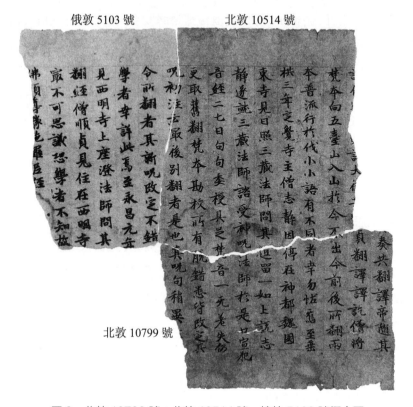

北敦 10799 號

圖 9　北敦 10799 號＋北敦 10514 號＋俄敦 5103 號綴合圖

10. 斯 8849 號＋斯 8872 號

（1）斯 8849 號，見 IDP。殘片。如圖 10 上部所示，存 10 殘行（第 10 行僅存右側殘筆），行存上部 3—12 字。楷書。有烏絲欄。原卷無題，IDP 未定名。

（2）斯 8872 號，見 IDP。殘片。如圖 10 下部所示，存 8 殘行（第 6 行空白無字），行存中下部 0—8 字。楷書。有烏絲欄。原卷無題，IDP 未定名。

按：據殘存文字推斷，上揭二號皆爲《佛頂尊勝陀羅尼經》（佛陀波利譯本）殘片。據完整文本推算，滿行皆約 17 字。二號內容上下相接，可以綴合。綴合後如圖 10 所示，接縫處邊緣吻合，原本分屬二號的“人”“子”“勝”“音”“聞”五字皆得復合爲一，縱向烏絲欄亦可對接。又二號行款格式相同（皆有烏絲欄，滿行皆約 17 字，行距、字距、字體大小相近），字迹書風似同（比較二號共

有的"十""住""天""諸""善""受"等字），可資參證。二號綴合後，所
存內容參見《大正藏》T19/349C27—350A7。

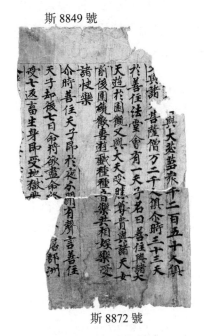

斯8849號

斯2728號（前部）

斯8872號

北敦9727號

圖10　斯8849號+斯8872號綴合圖　圖11　斯2728號（前部）+北敦9727號綴合圖

11. 斯2728號+北敦9727號

（1）斯2728號（翟3835），見《英圖》49/125B—130A。卷軸裝，7紙。
前部如圖11左上部所示，前殘尾全，存179行，行約17字。尾題"佛頂尊
勝陀羅尼經"。楷書。有烏絲欄。《英圖》條記目錄稱原卷爲8世紀唐寫本。

（2）北敦9727號（坐48），見IDP，另見《國圖》106/233A。殘片。
如圖11右下部所示，存11殘行（第10行空白無字），行存中下部0—9字。
楷書。有烏絲欄。原卷無題，《國圖》擬題"佛頂尊勝陀羅尼經（佛陀波利本）"，
條記目錄稱該卷爲7—8世紀唐寫本。

按：上揭二號皆爲《佛頂尊勝陀羅尼經》（佛陀波利譯本）殘卷。據完整
文本推算，後號滿行亦約17字。二號內容前後相承，可以綴合。綴合後如圖
11所示，後號恰可補入前號右下角，接縫處邊緣吻合，橫縱烏絲欄亦可對接。

第1—3、5—9、11行原本分屬二號的“生”“聞”“速”“我”“言”“後”“諸”“天”“即”九字皆得復合爲一；第4行内容於“頂/礼帝釋”句前後相接，中無缺字。又二號行款格式相同（皆有烏絲欄，滿行皆約17字，行距、字距、字體大小相近），字迹書風似同（比較二號共有的“天”“子”“大”“七”“返”“住”等字），可資參證。二號綴合後，所存内容參見《大正藏》T19/350A6—352A26、352A28—352B23（寫本中咒語部分）。

　　又，上揭二號既可完全綴合，而《英圖》條記目録稱前號爲8世紀唐寫本，《國圖》條記目録稱後號爲7—8世紀唐寫本，斷代略有不同，可斟酌統一。

　　12. 北敦 10905 號（3-1 + 3-2右…3-2左 + 3-3）+ 上圖 103 號（4-1 + 4-2右 + 4-2左 + 4-3右 + 4-3中）+ 北敦 9302 號（2-2左 + 2-1右）+ 上圖 103 號（4-3左 + 4-4右 + 4-4左）+ 北敦 9302 號（2-1左 + 2-2右）+ 北敦 10904 號（3-1 + 3-2右）+ 北敦 10899 號 + 北敦 10904 號（3-2左 + 3-3）

　　（1）北敦 10905 號（北臨 1034），見《國圖》108/223A—224A。縫繢裝袖珍本散葉，2 葉 4 個半葉。如圖 12 第 1 欄所示，每半葉 4 行，行約 5 字。楷書。有烏絲欄。原卷無題，《國圖》擬題“佛頂尊勝陀羅尼經（佛陀波利本）”，條記目録稱原件每葉紙高 5.9 釐米、寬 5.85 釐米，中部有四個針孔，爲 9—10 世紀歸義軍時期寫本，并指出與北敦 10899 號、北敦 10904 號① 爲同遺書。

　　（2）上圖 103 號，見《上圖》2/399A—400B。縫繢裝袖珍本散葉，6 葉 12 個半葉。如圖 12 第 2 欄及第 3 欄中部所示，每半葉 4 行，行約 5 字。楷書。有烏絲欄。原卷無題，《上圖》敘録已考定爲“佛頂尊勝陀羅尼經（佛陀波利本）”。《上圖》敘録稱原件每葉紙高 5.8 釐米、寬 5.8 釐米，折葉中心有四裝訂孔，爲宋代寫本。

　　（3）北敦 9302 號（周 23），見 IDP，另見《國圖》105/237A—238A。縫繢裝袖珍本散葉，2 葉 4 個半葉。如圖 12 第 3 欄右部和左部所示，每半葉 4 行，行約 5 字。楷書。有烏絲欄。原卷無題，《國圖》擬題“佛頂尊勝陀羅尼經（佛

---

　　① “北敦 10904 號”《國圖》條記目録原誤作“北敦 10903 號”，後者爲《延壽命經》寫本，兹徑改正。

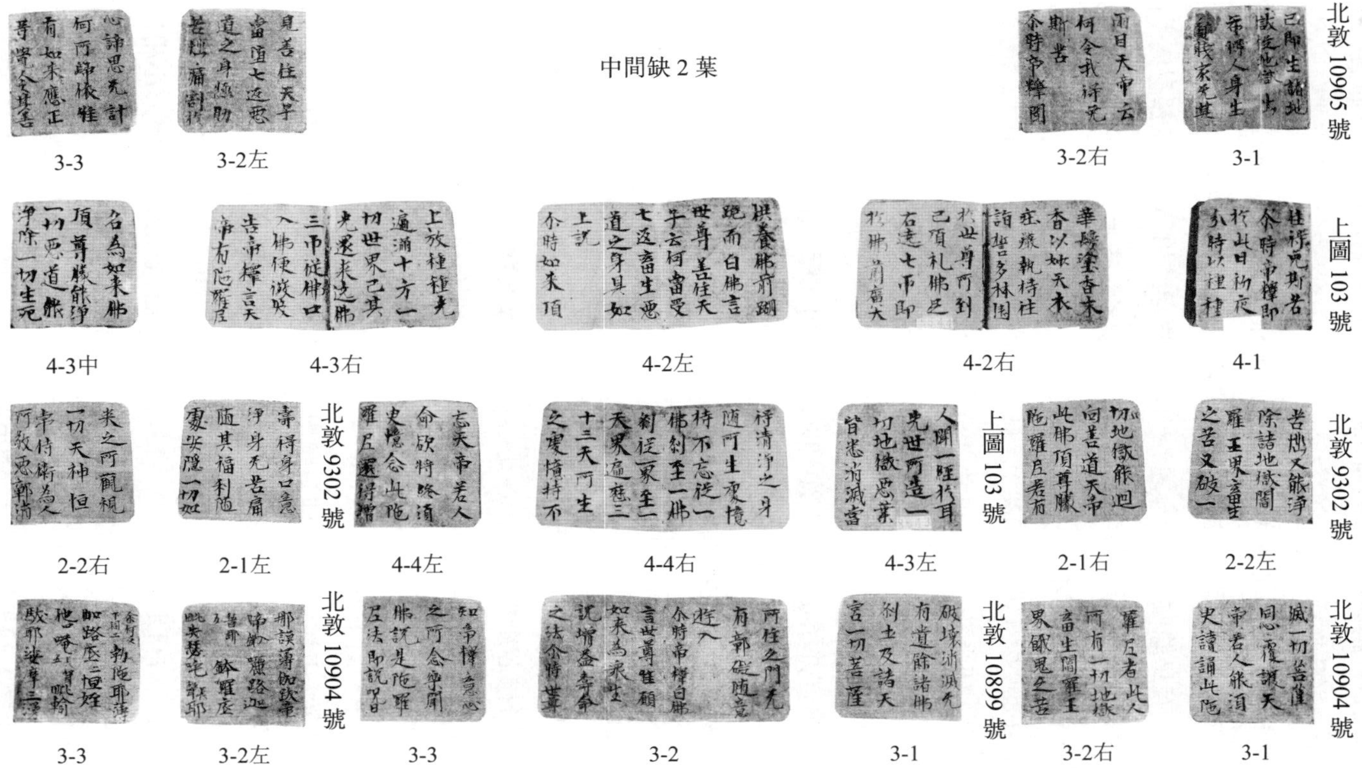

北敦 10905 號　　上圖 103 號　　北敦 9302 號　　北敦 10904 號

3-1　　4-1　　2-2左　　3-1

3-2右　　　　2-1右　　3-2右

4-2右　　上圖 103 號　　北敦 10899 號

4-3左　　3-1

中間缺 2 葉　　4-2左　　4-4右　　3-2

3-2左　　4-3右　　北敦 9302 號　　4-4左　　北敦 10904 號

3-3　　4-3中　　2-1左　　3-2左

3-3　　2-2右　　3-3

圖12 北敦 10905 號（3-1＋3-2右…3-2左＋3-3）＋上圖 103 號（4-1＋4-2右＋4-2左＋4-3右＋4-3中）＋
北敦 9302 號（4-3左＋4-4右＋4-4左）＋上圖 103 號（2-1左＋2-2右）＋
北敦 10904 號（3-1＋3-2右）＋北敦 10899 號（3-2左＋3-3）綴合示意圖

陀波利本）"，條記目録稱原件每葉紙高5.9釐米、寬5.6釐米，中縫有四個針孔，爲9—10世紀歸義軍時期寫本。

（4）北敦10904號（北臨1033），見《國圖》108/221B—222B。縫繢裝袖珍本散葉，2葉4個半葉。如圖12第4欄右部和左部所示，每半葉4行，行約5字。楷書。有烏絲欄。原卷無題，《國圖》擬題"佛頂尊勝陀羅尼經（佛陀波利本）"，條記目録稱原件每葉紙高6釐米、寬5.8釐米，中部有4個針孔，爲9—10世紀歸義軍時期寫本。

（5）北敦10899號（北臨1028），見《國圖》108/217A—218A。縫繢裝袖珍本散葉，2葉4個半葉。如圖12第4欄中部所示，每半葉4行，行約5字。楷書。有烏絲欄。原卷無題，《國圖》擬題"佛頂尊勝陀羅尼經（佛陀波利本）"，條記目録稱原件每葉紙高6釐米、寬5.8釐米，中部有4個針孔，爲9—10世紀歸義軍時期寫本，并指出"與北敦10905號爲同文獻，但不能直接綴接"，又指出與北敦10904號"原屬同一帖"，"北敦10899號爲芯紙，北敦10904號爲緊挨芯紙的夾紙，兩者文字相連"。

按：據完整文本推算，首號中間缺約40字，計2葉4個半葉，缺文參見《大正藏》T19/350A16—350A20。《國圖》條記目録已指出（1）（4）（5）原屬同一寫本，并指出（5）與（1）不能直接綴接，而（5）與（4）文字相連，（5）爲芯紙，（4）爲緊挨芯紙的夾紙，甚是。今謂上揭五號内容前後相承，皆可綴合。綴合後如圖12所示，（2）（3）正是（1）與（4）（5）之間缺失的殘葉。諸相鄰二號内容前後相承，依次爲"令其善/住得免斯苦""能净除一切生死/苦惱""若有/人聞一經於耳""還得增/壽得身口意净""爲人所敬惡鄣消/滅""餓鬼之苦/破壞消滅""即説呪曰/那謨薄伽跋帝"。五號裝幀相同，皆爲少見的縫繢裝袖珍本，中部皆有4個針孔，每葉紙皆高約5.9釐米、寬約5.8釐米。又五號抄寫行款格式相同（楷書，有烏絲欄，每半葉抄4行，行約5字，天頭、地脚、書口處留白甚窄，書口上下角皆圓弧形，字體大小相近、字間距相近），字迹書風似同（比較五號間交互出現的"天""一""切""住""所""是""此""佛""之""如""來"等字），可資佐證。五號綴合後，所存内容參見《大正藏》T19/350A13—350B28。

五號既原屬同一寫本，而《國圖》條記目録稱（1）（3）（4）（5）爲 9—10 世紀歸義軍時期寫本，《上圖》敘録稱（2）爲宋代寫本，斷代不一，宜再斟酌。

13. 北敦 10919 號 + 北敦 11388 號

（1）北敦 10919 號（北臨 1048），見《國圖》108/231B。殘片。如圖 13 右部所示，存 8 殘行，行存中上部 1—15 字（首行僅存首字左側殘筆）。楷書。有烏絲欄。卷面有污漬。原卷無題，《國圖》擬題“佛頂尊勝陀羅尼經（佛陀波利本）”，條記目録稱該卷爲 7—8 世紀唐寫本。

（2）北敦 11388 號（北臨 1517），見《國圖》109/173B。殘片。如圖 13 左部所示，存 6 殘行，行存中上部 3—14 字。楷書。有烏絲欄。卷面有污漬。原卷無題，《國圖》擬題“佛頂尊勝陀羅尼經（佛陀波利本）”，條記目録稱該卷爲 7—8 世紀唐寫本。

北敦 11388 號　　北敦 10919 號

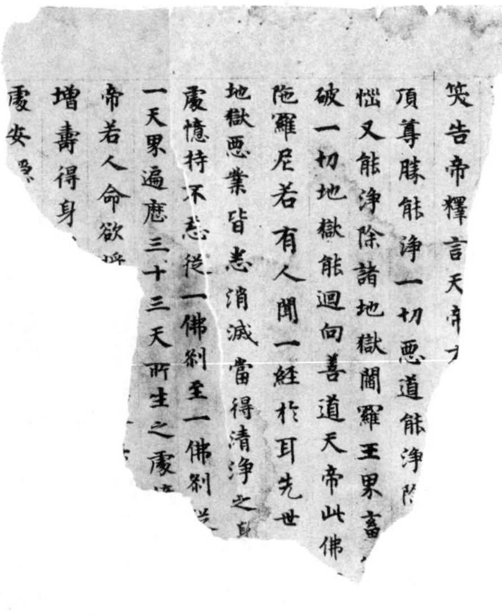
笑告帝釋言天
頂尊勝能淨一切惡道能淨
惱又能淨除諸地獄閻羅王界畜
破一切地獄能迴向善道天帝此佛
陀羅尼若有人聞一經於耳先世
地獄惡業皆悉消滅當得清淨之
處憶持不忘從一佛剎至一佛剎
一天界遍歷三十三天所生之處
帝若人命欲
增壽得身
處安

圖 13　北敦 10919 號 + 北敦 11388 號綴合圖

按：上揭二號皆爲《佛頂尊勝陀羅尼經》（佛陀波利譯本）殘片。據完整文本推算，滿行皆約 17 字。二號内容前後相承，可以綴合。綴合後如圖 13 所示，接縫處邊緣吻合，原本分屬二號的“清净之身”“不忘從一”八字皆得合成完璧，横縱烏絲欄亦可對接。二號卷面污漬邊緣吻合。又二號行款格式相同（天頭等高，皆有烏絲欄，滿行皆約 17 字，行距、字距、字體大小相近），字迹書風似同（比較二號共有的“一”“人”“得”“天”“若”“佛”等字），可資參證。二號綴合後，所存内容參見《大正藏》T19/350B2—350B14。

14 北敦 10357 號 + 北敦 10095 號 + 北敦 10074 號

（1）北敦 10357 號（北臨 486），見 IDP，另見《國圖》107/260B。殘片。如圖 14 右下部所示，存 6 殘行，行存下部 3—10 字（末行僅存 3 字右側殘形）。

楷書。有烏絲欄。原卷無題，《國圖》擬題"佛頂尊勝陀羅尼經（佛陀波利本）"，條記目錄稱此卷爲9—10世紀歸義軍時期寫本。

（2）北敦10095號（北臨224），見IDP，另見《國圖》107/123B。殘片。如圖14中上部所示，存6殘行，行存上部1—8字（末行僅存1字右側殘點）。楷書。有烏絲欄。原卷無題，《國圖》擬題"佛頂尊勝陀羅尼經（佛陀波利本）"，條記目錄稱此卷爲9—10世紀歸義軍時期寫本。

（3）北敦10074號（北臨203），見IDP，另見《國圖》107/112B。殘片。如圖14左下部所示，存8殘行，行存4—14字（末行僅存下部若干字右側殘筆）。楷書。有烏絲欄。原卷無題，《國圖》擬題"佛頂尊勝陀羅尼經（佛陀波利本）"，條記目錄稱此卷爲9—10世紀歸義軍時期寫本。

按：上揭三號皆爲《佛頂尊勝陀羅尼經》佛陀波利本譯本殘片。據完整

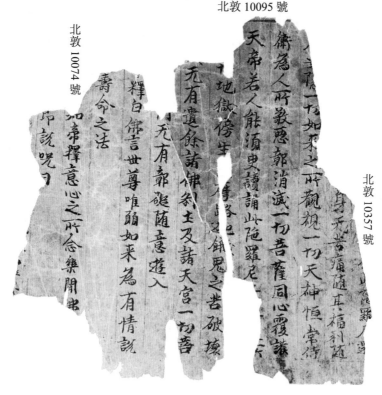

圖14　北敦10357號＋北敦10095號＋北敦10074號綴合圖

文本推算，滿行皆約 17 字。三號內容前後相承，可以綴合。綴合後如圖 14
所示，北敦 10095 號第 1—4 行下接北敦 10357 號第 3—6 行，接縫處原本分
屬二號的"消""誦""路""迦"四字復合爲一；北敦 10095 號第 4 行、北敦
10357 號第 6 行下接北敦 10074 號第 1 行，前二號拼合的"□（闔）摩路迦"
與後者首行的"餓鬼之苦"相連成句，接縫處原本分屬北敦 10357 號與北敦
10074 號的"餓"字得以復合爲一；北敦 10095 號第 5—6 行下接北敦 10074
號第 2—3 行，接縫處原本分屬二號的"佛""刹""无"三字得成完璧，"門"
字殘形框架初具。又此三號行款格式相同（皆有烏絲欄，滿行皆約 17 字，行距、
字距、字體大小相近），書風相似（字體方正，筆墨濃粗），書迹相似（皆楷書，
比較三號共有的"一""切""无"等字），可資參證。三號綴合後，所存內容
參見《大正藏》T19/350B12—350B24。

15. 俄敦 3349 號 + 俄敦 4690 號

（1）俄敦 3349 號，見《俄藏》10/268A。殘片。
如圖 15 上部所示，存 3 殘行，行存中部 3—7 字。楷書。
有烏絲欄。原卷無題，《俄藏》擬題"佛經"，《曾良》
及《俄錄》定作佛陀波利譯本《佛頂尊勝陀羅尼經》。

（2）俄敦 4690 號，見《俄藏》11/298A。殘片。
如圖 15 下部所示，存 3 殘行，行存中下部 0—5 字（首
行僅存下部左側若干殘筆，第 2 行空白無字）。楷書。
有烏絲欄。原卷無題，《俄藏》未定名。

按：據殘存文字推斷，後號亦應爲《佛頂尊勝陀
羅尼經》(佛陀波利譯本）殘片，且與前號內容上下相接，
可以綴合。綴合後如圖 15 所示，接縫處邊緣吻合，原
本分屬二號的"之"字得成完璧，縱向烏絲欄亦可對接。
又二號行款格式相同（皆有烏絲欄，滿行皆約 17 字，
行距、字距、字體大小相近），字迹書風似同，可資參證。
二號綴合後，所存內容參見《大正藏》T19/350B21—

俄敦 3349 號

俄敦 4690 號

圖 15　俄敦 3349 號 +
俄敦 4690 號綴合圖

350B24。[①]

16. 俄敦 3192B 號 + 俄敦 8661 號

（1）俄敦 3192B 號，見《俄藏》10/211A。殘片。如圖 16 右下部所示，存 4 殘行，行存中部 3—7 字。楷書。有烏絲欄。原卷無題，《俄藏》擬題"佛頂尊勝陀羅尼經"。

（2）俄敦 8661 號，見《俄藏》14/77B。殘片。如圖 16 左上部所示，存 2 殘行，行存中部 4—6 字。楷書。有烏絲欄。原卷無題，《俄藏》未定名。

按：據殘存文字，上揭二號皆爲《佛頂尊勝陀羅尼經》（佛陀波利譯本）殘片（《俄錄》定名同）；《俄藏》對前號的定名甚是，惜未說明譯本。二號内容前後相承，可以綴合。綴合後如圖 16 所示，接縫處邊緣吻合，原本分屬二號的"羅""佛"二字皆得成完璧，縱向烏絲欄亦可對接。又二號行款格式相同（皆有烏絲欄，滿行皆約 17 字，行距、字距、字體大小相近），字迹書風似同，可資參證。二號綴合後，所存内容參見《大正藏》T19/351A25—351A29。

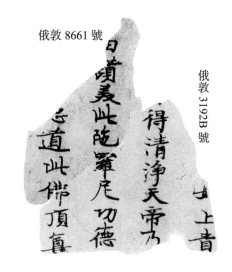

俄敦 8661 號

俄敦 3192B 號

圖 16　俄敦 3192B 號 + 俄敦 8661 號綴合圖

17. 斯 6091 號 + 斯 2004 號

（1）斯 6091 號（翟 4513），見《寶藏》45/24B。卷軸裝。後部如圖 17 右部所示，前後皆殘，存 24 行（首行僅存上部若干字左側殘筆），行約 17 字。楷書。原卷無題，《翟錄》歸爲未定名"陀羅尼經"，《索引》泛題"佛經"，《寶

① 後號殘片存文既見於《佛頂尊勝陀羅尼經》（佛陀波利譯本），又見於唐般若共牟尼室利譯《守護國界主陀羅尼經》卷七、唐法崇述《佛頂尊勝陀羅尼經疏并釋真言義》卷下，但此號與前號綴合後殘文未見於《守護國界主陀羅尼經》，而法崇書敦煌文獻中別無所見，故應可排除爲後二者殘片的可能性。《俄錄》稱後號殘文見於《佛頂尊勝陀羅尼經》（佛陀波利譯本）或《守護國界主陀羅尼經》，未能最終作出判斷。

藏》及《索引新編》改題"佛頂尊勝陀羅尼經"。

（2）斯2004號（翟3831），見《英圖》31/252A—252B。卷軸裝，2紙。前部如圖17左部所示，前殘尾全，存42行，行約17字。尾題"佛頂尊勝陀羅尼經"。楷書。《英圖》條記目錄稱原卷"世"字缺筆，爲7—8世紀唐寫本。

按：據殘存文字推斷，上揭二號皆爲《佛頂尊勝陀羅尼經》（佛陀波利譯本）殘卷，前號《寶藏》定名甚是，惜未明確譯本。上揭二號內容於"從此身已後更不受胞胎之身／所生之處蓮華化生"句前後相接，中無缺字，存有綴合的可能性。比較二號共有的"此""生""切""地""身""世"等字，如表4所示，字迹書風似同。且二號行款格式相同（滿行皆約17字，行距、字距、字體大小相近）。由此判定，此二號確可綴合，綴合後如圖17所示。所存內容參見《大正藏》T19/351B18—352A26。

斯2004號（前部）

斯6091號（後部）

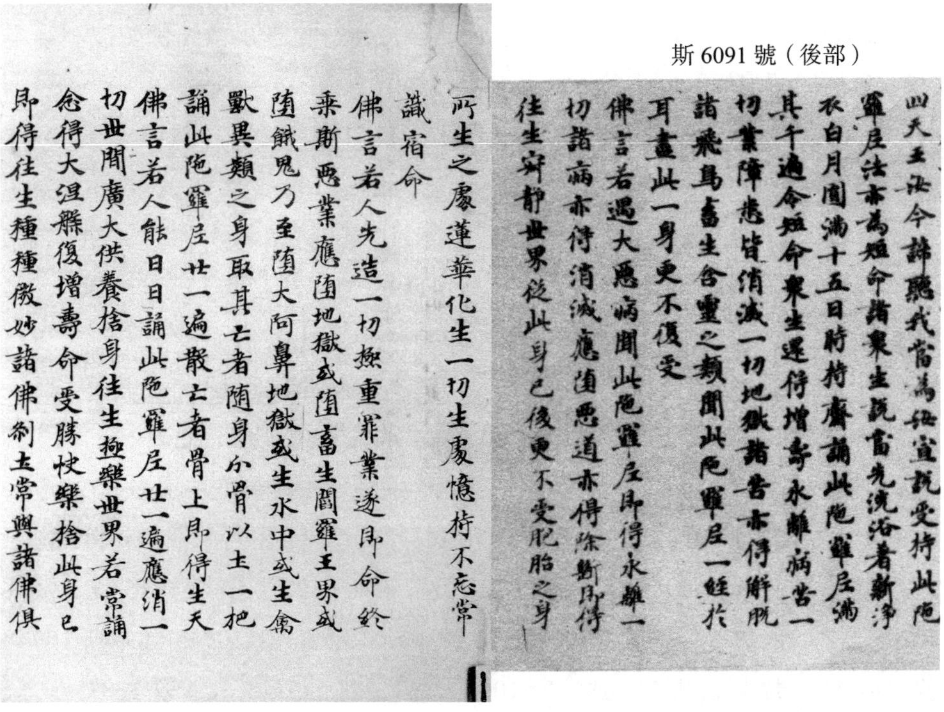

圖17　斯6091號（後部）＋斯2004號（前部）綴合圖

表 4　斯 6091 號、斯 2004 號字迹比較表

例字 卷號	此	生	切	地	身	世
斯 6091 號	此	生	切	地	身	世
斯 2004 號	此	生	切	地	身	世

又，上揭二號 "世" 字皆作 "世" 形，後二豎下不封合，這樣的寫法是唐代前後 "世" 字常見的寫法，與避諱無關。《英圖》條記目録稱斯 2004 號 "世" 字缺筆，不確。

卷號簡目

根據對已刊布文獻的普查以及上述綴合成果，梳理出敦煌佛陀波利譯本《佛頂尊勝陀羅尼經》寫本共 167 號，卷號如下：

北敦 2270 號＋斯 12055 號＊○、北敦 3713-1 號○、北敦 3713-2 號○、北敦 3735 號＋北敦 3736 號○、北敦 5292-1 號、北敦 5292-2 號○、北敦 5364 號＋北敦 10280 號、北敦 6125-3 號○、北敦 6317-2 號○、北敦 8034-2 號○、北敦 8478 號○、北敦 14119-1 號、北敦 14119-2 號○、北敦 15309-1 號○、北敦 15309-2 號○、上博 48-9 號○、北敦 3343-1 號、北敦 3343-2 號○、伯 3923 號○、北敦 14582-1 號○、伯 3920-4 號○、俄敦 79 號、伯 3296 號、北敦 3948 號、伯 2286 號背 3、北敦 255-1 號、羽 305 號＋俄敦 4267 號＊、北敦 6317-1 號、伯 2103 號、斯 12680 號＊＋斯 12393 號＊＋斯 12191 號＊、俄敦 772 號＊、斯 12859 號＊、羽 308 號、北敦 993-1 號、北敦 10552 號、俄敦 2249 號＋北敦 3949 號＋北敦 3953 號、斯 10306 號＊＋斯 6122 號…斯 5715 號、俄敦 10833 號＊、俄敦 8949 號＊、俄敦 871 號＋斯 15 號、斯 10745 號＋斯 10748 號、伯 2743 號＋北敦 287 號、斯 10650 號＊、斯 5854 號、俄敦 10835 號＊、伯 2309 號、北敦 10799 號＋北敦 10514 號＋俄敦 5103 號＊、北敦 5658-1

號、北敦 11620-1 號、北敦 1350-1 號、北敦 255-2 號、北敦 993-2 號、北敦 14582-2 號、北敦 993-3 號、北敦 1350-2 號、北敦 5658-2 號、北敦 11620-2 號、北敦 5837 號、斯 8849 號＋斯 8872 號、伯 4537 號、北敦 14476 號、北敦 4374 號、津圖 162 號、北敦 3125 號、北敦 5337 號、北敦 6065 號、北敦 11220 號、斯 2728 號＋北敦 9727 號、北敦 5480 號、北敦 7257 號、北敦 1403 號、斯 10786 號＊、俄敦 9238 號＊、北敦 3233 號、斯 10152 號＊、俄敦 18577 號＊、北敦 5784 號、俄敦 6249 號＊、北敦 1467 號、羽 133 號、北敦 10919 號＋北敦 11388 號、俄敦 551 號、北敦 2509 號、北敦 1696 號、俄敦 17583 號＊、俄敦 10642 號＊、北敦 10357 號＋北敦 10095 號＋北敦 10074 號、俄敦 16396 號＊、北敦 6136 號、俄敦 3349 號＋俄敦 4690 號＊、俄敦 10649 號＊、俄敦 2205 號、北敦 6472 號、上圖 94 號、俄敦 10654 號＊、<u>北敦 2582 號＋北敦 2335 號</u>、俄敦 8600 號＊、羽 196 號、北敦 2565 號、俄弗 188 號、北敦 9306 號、俄敦 5076 號＊、北敦 7847 號、北敦 6058 號、俄敦 1170 號、北敦 12134 號、俄敦 3508 號、北敦 2724 號、俄敦 3192B 號＋俄敦 8661 號＊、北大敦 77 號、俄敦 16261 號＊、俄敦 6759 號＊、伯 4662 號、北敦 8665 號、斯 6091 號＋斯 2004 號、俄敦 6859 號＊、俄敦 9276 號＊、斯 10124 號＊、俄敦 1177 號、北敦 14533 號、俄敦 3536 號、北敦 7677 號、北敦 3897 號、北敦 5923 號、北敦 5491 號、斯 12907 號＊、俄敦 10321 號＊、俄敦 8816 號＊、伯 2564 號背 1（略抄本）、西北師大 10 號、三井 31 號、臺圖 104 號、北敦 4181 號、俄敦 7391 號＊、北大敦 76 號、北敦 11940 號、北敦 9277-1 號、北敦 1167 號、<u>北敦 4001 號＋北敦 4004 號</u>、北敦 311 號、<u>北敦 10905 號</u>（3-1 ＋ 3-2 右…3-2 左＋ 3-3）＋上圖 103 號（4-1 ＋ 4-2 右＋ 4-2 左＋ 4-3 右＋ 4-3 中）＋北敦 9302 號（2-2 左＋ 2-1 右）＋上圖 103 號（4-3 左＋ 4-4 右＋ 4-4 左）＋北敦 9302 號（2-1 左＋ 2-2 右）＋北敦 10904 號（3-1 ＋ 3-2 右）＋<u>北敦 10899 號＋北敦 10904 號</u>（3-2 左＋ 3-3）、北敦 11245 號、斯 11020 號＊。

另有大廣智不空譯本 3 號：伯 4501 號°、北敦 14805 號°、北敦 3907 號°。

《佛頂尊勝陀羅尼神咒》13 號：北敦 9303 號°、北敦 8583-1 號°（異本）、北敦 8112-2 號、北敦 9274 號、北敦 9275 號、北敦 9276 號、伯 5569 號、俄

敦 1046 號、俄敦 1174 號、俄敦 2194 號、俄敦 2253 號、俄敦 2324 號、北敦
9279 號。

其他相關寫卷 6 號：伯 3919B-5 號《佛説加句靈驗佛頂尊勝陀羅尼神妙
章句》°、伯 2197-12 號《佛頂尊勝加句靈驗陀羅尼啓請》、伯 2197-13 號《佛
頂尊勝加句靈驗陀羅尼》、羽 304 號《佛頂尊勝陀羅尼啓請》、北敦 8082-1 號《佛
頂尊勝陀羅尼咒持誦功德》；俄敦 4408 號《佛頂尊勝陀羅尼咒》異本。

還有存疑寫卷 2 號，簡介如下：

俄敦 14313 號：殘片，僅存 3 殘行，如圖 18 所示，可辨認的僅"語謂""勞
☑（遠）"四字，處於平行位置。查佛陀波利譯本《佛頂尊勝陀羅尼經》序有
"遂作婆羅門語謂僧曰：法師情存慕道追訪聖蹤，不憚劬勞遠尋遺迹。然漢地
衆生多造罪業，出家之輩亦多犯戒律"句，按經本通常每行 17 字計，其中"語
謂""勞遠"正好處於相隔 17 字的上下行平行位置。但第三殘行與"謂""遠"
平行的殘字應爲經序相應位置"出家之輩亦多犯戒律"句的"亦"字，但殘
形不盡契合，存疑。

俄敦 15088 號：殘片，如圖 19 所示，存 2 行，可辨認的僅"☑（衆）聖""☑

圖 18　俄敦 14313 號　　　圖 19　俄敦 15088 號

（經）來"四字，處於上下行平行的位置。查佛陀波利譯本《佛頂尊勝陀羅尼
經》有"即是遍奉衆聖，廣利羣生，拯濟幽冥，報諸佛恩也。師取經來至此，
弟子當示師文殊師利菩薩所在"等句，其中"衆聖""經來"正好處於相隔 17
字的上下行平行位置，則此殘片有可能出於佛陀波利譯經。但因存字太少，
不敢遽爾論定。

十六、五分律

《五分律》，又名《彌沙塞部和醯五分律》《彌沙塞律》，劉宋佛陀什、竺道生等譯。本經是佛教化地部的廣律。分比丘律、尼律、十九法、集法等幾個部分，記錄該部派對僧尼過犯的處理方式、僧尼衣食生活等方面的規則、僧尼集體活動的組織方式，以及與此相關的內容。凡三十卷。

經普查，敦煌文獻中共有《五分律》22 號，包括：國圖藏 1 號，英藏 3 號，俄藏 18 號。[①] 這些寫本，大多與通行的三十卷本相符，但每卷的起合并不完全相同。這 22 號皆有不同程度的殘損，其中不乏本爲同一寫卷而被撕裂爲數號者。前賢業已做過少量的綴合，如邰惠莉指出俄敦 16949 號＋俄敦 16942 號＋俄敦 16935 號＋俄敦 16966 號的綴合。[②]

本次補綴 1 組，新綴 2 組，共計將 17 號綴合爲 3 組。

1. 俄敦 16585 號＋俄敦 16537 號…俄敦 16655 號＋俄敦 16949 號＋俄敦 16942 號＋俄敦 16935 號＋俄敦 16966 號…俄敦 16797 號

（1）俄敦 16585 號，見《俄藏》16/335A。卷軸裝殘片。如圖 1 所示，存 6 殘行，行存上部 3 至 7 字。楷書，有烏絲欄。原卷無題，《俄藏》未定名。

（2）俄敦 16537 號，見《俄藏》16/335A。卷軸裝殘片。如圖 1 所示，存 3 殘行，行存上部 1—3 字。楷書。有烏絲欄。原卷無題，《俄藏》未定名。

---

① 各家館藏敦煌文獻，多有未定名殘片，我們的學術團隊在 2011—2012 年全面普查時曾做過系統的比定，其中包括俄藏《五分律》未定名殘卷的定名；後來（2017—2018 年）劉丹撰作本篇初稿，也吸收了這次集體定名的成果。其中部分定名後來出版的《俄錄》略同，可以互勘。凡此文已先於《俄錄》作出正確定名的，本文必要時括注"《俄錄》定名同"，讀者可自行參看。

② 邰惠莉《〈俄藏敦煌文獻〉第十七冊部分寫經殘片的定名與綴合》，《敦煌研究》，2007 年第 2 期，第 99—103 頁。

（3）俄敦 16655 號，見《俄藏》16/346A。卷軸裝殘片。如圖 1 所示，存 10 殘行，行存下部 3—5 字（第 8 行空白無字）。楷書，有烏絲欄。原卷無題，《俄藏》未定名。

（4）俄敦 16949 號，見《俄藏》17/38B。卷軸裝殘片。如圖 1 所示，存 7 殘行，行存上部 1—7 字。楷書，有烏絲欄。原卷無題，《俄藏》未定名。

（5）俄敦 16942 號，見《俄藏》17/37A。卷軸裝殘片。如圖 1 所示，存 6 殘行，行存上部 2—7 字。楷書，有烏絲欄。原卷無題，《俄藏》未定名。

（6）俄敦 16935 號，見《俄藏》17/35。卷軸裝殘片。如圖 1 所示，存 5 殘行，行存中部 2—7 字）。楷書，有烏絲欄。原卷無題，《俄藏》未定名。

（7）俄敦 16966 號，見《俄藏》17/42A。卷軸裝殘片。如圖 1 所示，存 9 殘行，行存上部 1—7 字。楷書，有烏絲欄。原卷無題，《俄藏》未定名。該卷原圖末尾貼有一殘片，上書"◻（言）爲礼……送……"云云，與本卷無關。

（8）俄敦 16797 號，見《俄藏》17/12A。卷軸裝殘片。如圖 1 所示，存 2 殘行，行存下部 4 字。楷書，有烏絲欄。原卷無題，《俄藏》未定名。

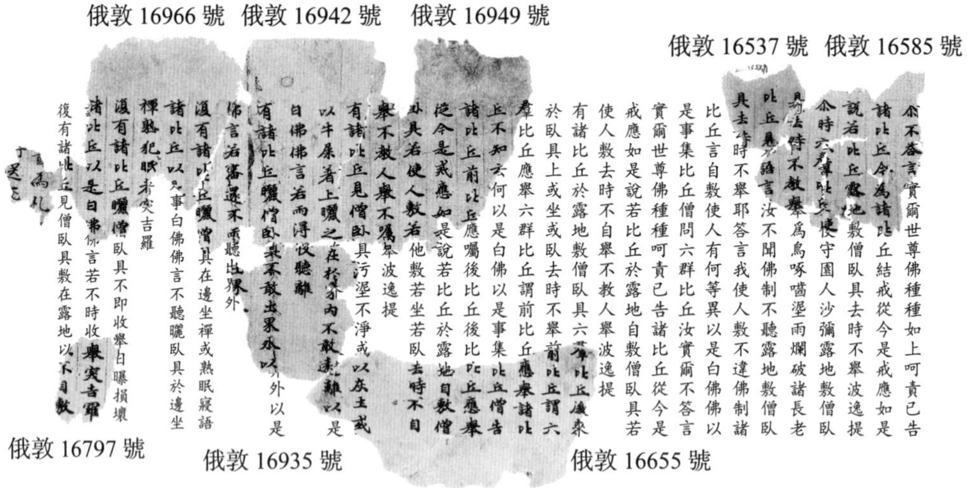

圖 1　俄敦 16585 號＋俄敦 16537 號…俄敦 16655 號＋俄敦 16949 號＋俄敦 16942 號＋俄敦 16935 號＋俄敦 16966 號…俄敦 16797 號綴合圖

按：邰惠莉已經考定（4）（5）（6）（7）四號皆爲《五分律》卷六殘片，且將四號綴合爲一。據殘存文字推斷，（1）（2）（3）（8）四號亦爲《五分律》

卷六殘片（前三號《俄録》定名同，後一號《俄録》泛題"殘佛經"）。據完整文本推算，滿行皆約 17 字。上揭八號内容前後相接或相鄰，皆可綴合。綴合後如圖 1 所示，諸相鄰二號接縫處邊緣吻合，横縱烏絲欄亦可對接。原本分屬俄敦 16585 號與俄敦 16537 號的"具"字得成完璧，原本分屬俄敦 16949 號和俄敦 16942 號的"諸""比"二字、原本分屬俄敦 16942 號和俄敦 16966 號的"佛""比丘"三字、原本分屬俄敦 16942 號和俄敦 16935 號的"收""具"二字、原本分屬俄敦 16935 號和俄敦 16655 號的"遠"字，綴合後皆得復合爲一。前面既已將俄敦 16585 號＋俄敦 16537 號與俄敦 16949 號＋俄敦 16942 號＋俄敦 16655 號＋俄敦 16935 號＋俄敦 16966 號兩組分別綴合，比較這兩組與俄敦 16797 號間交互出現的"舉""不""諸""比""丘"等字，如表 1 所示，字迹書風似同。又八號行款格式相同（皆有烏絲欄，滿行皆約 17 字，行距、字距、字體大小相近），可資參證。八號綴合後，所存内容參見《大正藏》T22/42C6—43A7。

表 1　俄敦 16585 號＋俄敦 16537 號、俄敦 16655 號＋俄敦 16949 號＋俄敦 16942 號＋俄敦 16935 號＋俄敦 16966 號、俄敦 16797 號字迹比較表

例字　　　　卷號	舉	不	諸	比	丘
俄敦 16585 號＋俄敦 16537 號	舉	不	諸	比	丘
俄敦 16655 號＋俄敦 16949 號＋俄敦 16942 號＋俄敦 16935 號＋俄敦 16966 號	舉	不	諸	比	丘
俄敦 16797 號	舉	不	/	/	/

2. 俄敦 16541 號…俄敦 16910 號＋俄敦 16914 號＋俄敦 16894 號…俄敦 16849 號＋俄敦 16988 號

（1）俄敦 16541 號，見《俄藏》16/324A。卷軸裝殘片。如圖 2 所示，存 4 殘行，行存上部 2—3 字。楷書，有烏絲欄。原卷無題，《俄藏》未定名。

（2）俄敦 16910 號，見《俄藏》17/31A。卷軸裝殘片。如圖 2 所示，存 10 殘行，行存上部 1—14 字。楷書，有烏絲欄。原卷無題，《俄藏》未定名。

（3）俄敦 16914 號，見《俄藏》17/31B。卷軸裝殘片。如圖 2 所示，存 4 殘行，行存中部 0—7 字（第 3 行空白無字）。楷書，有烏絲欄。原卷無題，《俄藏》未定名。

（4）俄敦 16894 號，見《俄藏》17/28A。卷軸裝殘片。如圖 2 所示，存 9 殘行，行存上部 2—8 字。楷書，有烏絲欄。原卷無題，《俄藏》未定名。

（5）俄敦 16849 號，見《俄藏》17/28A。卷軸裝殘片。如圖 2 所示，存 5 殘行，行存中部 1—6 字。楷書。原卷無題，《俄藏》未定名。

（6）俄敦 16988 號，見《俄藏》17/45A。卷軸裝殘片。如圖 2 所示，存 3 殘行，行存中部 1—5 字。原卷無題，《俄藏》未定名。

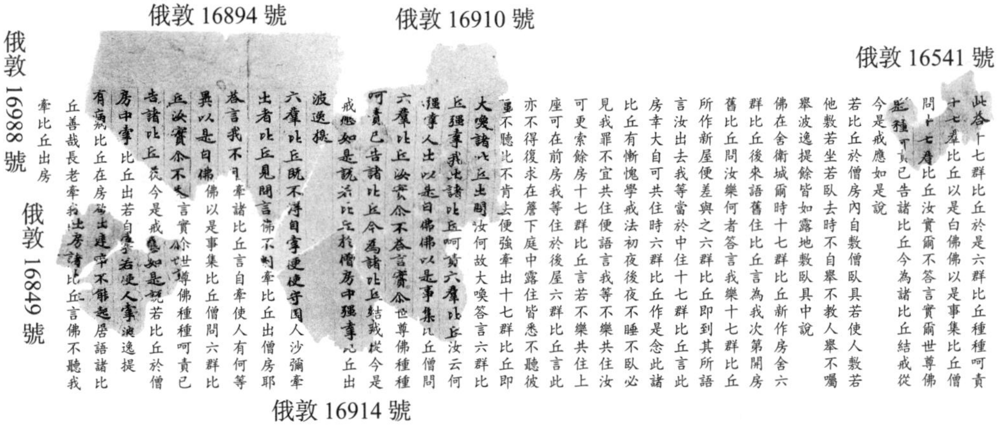

圖2　俄敦 16541 號…俄敦 16910 號＋俄敦 16914 號＋俄敦 16894 號…俄敦 16849 號＋俄敦 16988 號綴合圖

按：據殘存文字推斷，上揭六號皆爲《五分律》卷六殘片。據完整文本推算，滿行皆約 17 字。六號內容前後相承，可以綴合（此六號《俄錄》定名同，并指出 2、3、4 號可以綴合）。綴合後如圖 2 所示，諸相鄰二號接縫處邊緣吻合，縱向烏絲欄亦可對接。俄敦 16914 號恰可補入俄敦 16910 號之下，原本分屬二號的“丘”字可合而爲一。俄敦 16910 號與俄敦 16894 號左右相接，銜接處原本分屬二號的“提”“得”二字可復合爲一。俄敦 16988 號與俄敦

16849 號上下相接，原本分屬二號的"牽""中""比"三字可合而爲一。俄敦
16541 號與俄敦 16910 號＋俄敦 16914 號＋俄敦 16894 號不能直接相連（據《大
正藏》本，中間約缺 15 行），但比較上二組綴合與俄敦 16541 號交互出現的
"是""答""牽""不""房"等字，如表 2 所示，字迹書風似同，行款格式相
同（皆有烏絲欄，滿行皆約 17 字，行距、字距、字體大小相近），可資參證。
六號綴合後，所存內容參見《大正藏》T22/43B10—43C15。

表 2　俄敦 16541 號、俄敦 16910 號＋俄敦 16914 號＋俄敦 16894 號、
俄敦 16849 號＋俄敦 16988 號字迹比較表

例字　卷號	是	答	牽	不	房
俄敦 16541 號	是	荅	/	/	/
俄敦 16910 號＋俄敦 16914 號＋俄敦 16894 號	是	荅	牽	不	房
俄敦 16849 號＋俄敦 16988 號	是	/	牽	不	房

3. 俄敦 7750 號＋俄敦 7294 號＋俄敦 6992 號

（1）俄敦 7750 號，見《俄藏》13/334A。卷軸裝殘片。如圖 3 所示，存
3 殘行，行存下部 4—5 字。楷書。原卷無題，《俄藏》未定名。

（2）俄敦 7294 號，見《俄藏》13/289B。卷軸裝殘片。如圖 3 所示，存
2 殘行，行存下部 4 字。楷書。原卷無題，《俄藏》未定名。

（3）俄敦 6992 號，見《俄藏》13/237A。卷軸裝殘片。如圖 3 所示，存
5 殘行，行存下部 3—8 字。楷書。原卷無題，《俄藏》未定名。

按：據殘存文字推斷，上揭三號皆爲《五分律》卷二三殘片（後二號《俄録》
定名同，前一號《俄録》泛題"殘佛經"，稱"不可定名"）。據完整文本推算，
滿行皆約 17 字。三號內容前後相鄰，存有綴合的可能性。比較三號間交互出
現的"比""所""作"等字，如表 3 所示，字迹書風似同。又三號行款格式
相同（滿行皆約 17 字，行距、字距、字體大小相近），可資參證。三號綴合後，

所存內容參見《大正藏》T22/156B5—156B15。

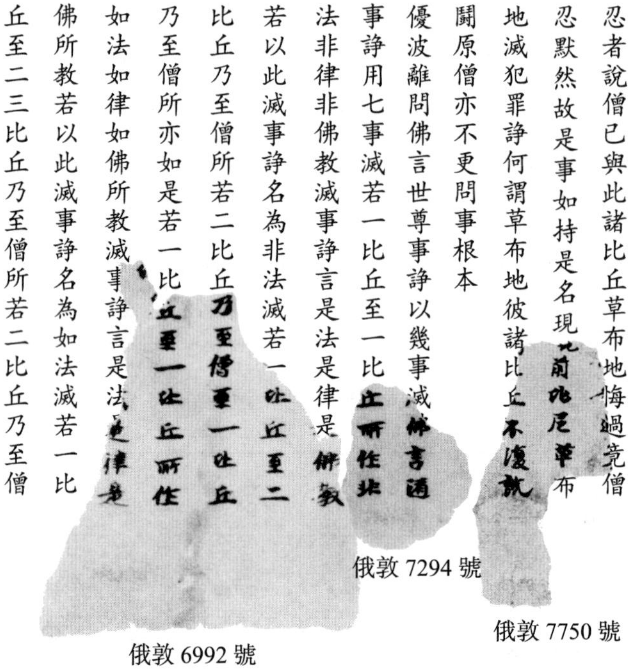

丘至二三比丘乃至僧所若二比丘乃至僧
佛所教若以此滅事諍名為如法滅若一比
如法如律如佛所教滅事諍言是法是律是
乃至僧所亦如是若一比丘乃至一比丘所作
比丘乃至僧所若二比丘乃至僧重一比丘所作
若以此滅事諍名為非法滅若一比丘至二
法非律非佛教滅事諍言是法是律是佛教
事諍用七事滅若一比丘至一比丘至二
優波離問佛言世尊事諍以幾事滅佛言通
鬪原僧亦不更問事根本
地滅犯罪諍何謂草布地彼諸比丘不復訊
忍默然故是事如持是名現比丘尼草布
忍者說僧已與此諸比丘草布地悔過竟僧

俄敦 7294 號

俄敦 7750 號

俄敦 6992 號

圖3　俄敦 7750 號＋俄敦 7294 號＋俄敦 6992 號綴合圖

表3　俄敦 7750 號、俄敦 7294 號、俄敦 6992 號字迹比較表

例字 卷號	比	所	作
俄敦 7750 號	比	/	/
俄敦 7294 號	/	所	作
俄敦 6992 號	比	所	作

卷號簡目

根據對已刊布文獻的普查以及上述綴合成果，梳理出敦煌《五分律》寫

本卷號如下：

卷一　斯 7530 號、斯碎片 69 號；

卷六　俄敦 16585 號 ＊＋俄敦 16537 號 ＊⋯俄敦 16655 號 ＊＋<u>俄敦 16949 號＋俄敦 16942 號＋俄敦 16935 號＋俄敦 16966 號</u>⋯俄敦 16797 號 ＊、俄敦 16541 號 ＊⋯俄敦 16910 號 ＊＋俄敦 16914 號 ＊＋俄敦 16894 號 ＊⋯俄敦 16849 號 ＊＋俄敦 16988 號 ＊；

卷八　北敦 10789 號 ＊；

卷一七　斯 8601 號背 ＊；

卷二三　俄敦 7750 號 ＊＋俄敦 7294 號 ＊＋俄敦 6992 號 ＊；

卷二四　俄敦 8257 號 ＊。

十七、摩訶僧祇律

《摩訶僧祇律》，又名《僧祇律》，東晉法顯、佛陀跋陀羅共譯。本經是佛教大衆部的廣律，凡四十卷。全書分比丘僧戒法、明雜誦跋渠法、明威儀法、比丘尼戒法、比丘尼雜跋渠五個部分，記録該部派對僧尼過犯的處理方式、僧尼衣食生活等方面的規則、僧尼集體活動的組織方式，以及其他與此相關的内容。

經普查，敦煌文獻中共有《摩訶僧祇律》101 號。包括：國圖藏 15 號，[①]英藏 43 號，[②]俄藏 33 號，[③]法藏 2 號，大谷藏 4 號，散藏 4 號。[④]這些寫本大多與通行的四十卷本相符，但皆有不同程度的殘損。已有綴合成果共將該經29 號綴合爲 7 組，包括：《寶藏》綴合 1 組：斯 5766 號（角碼 6 ＋角碼 5.1 ＋角碼 10.2 ＋角碼 11 ＋角碼 9.3）；方廣錩綴合 2 組：斯 5665 號（角碼 7 ＋角碼 6.2 ＋角碼 30.2 ＋角碼 41.2—42 ＋角碼 2.2—3.1 ＋角碼 38.1），斯 5665號（角碼 6.3、角碼 33—34、角碼 36—37、角碼 32、角碼 31、角碼 39、角

---

① 此外《中國國家圖書館藏敦煌遺書》中有北敦 14569 號，是《摩訶僧祇律》卷二二的抄本，《國圖》條記目録稱該卷是日本平安寫經，所以本篇不再列入統計。

② 斯 5665 號與斯 5766 號二種寫卷，一號内都存有大量不相連屬的寫經殘葉，英人拍攝縮微膠卷時隨意組合拍攝，并在每拍的右下角用數字標號，是爲角碼。本文中統計卷號時，將不相連屬的角碼視作不同的號，并分別標序處理。

③ 俄敦 18530 號所抄文字見於《摩訶僧祇律》卷二二，該卷可以和中村 152-8 號、中村 174-1-20 號、中村 174-1-21 號、中村 174-1-22 號等三號綴合，後三號都是新疆吐峪溝出土的，可知俄敦 18530 號是吐魯番文書。

④ 各家館藏敦煌文獻，多有未定名殘片，我們的學術團隊在 2011—2012 年全面普查時曾做過系統的比定，其中包括俄藏《五分律》未定名殘卷的定名；後來張涌泉、劉丹撰作《敦煌本〈摩訶僧祇律〉殘卷綴合研究》（《敦煌學輯刊》，2018 年第 2 期），也吸收了這次集體定名的成果。其中部分定名後來出版的《俄録》略同，可以互勘。凡上文已先於《俄録》作出正確定名的，本篇必要時括注"《俄録》定名同"，讀者可自行參看。

30.1、角碼 47）（指出原爲同一經折裝，其中有缺失，不能直接綴接）；①《浙藏》敘録綴合 1 組：浙敦 136 號＋浙敦 137 號；《國圖》條記目録綴合 1 組：北敦 2481 號＋北敦 7649 號；《孟録》綴合 1 組：俄敦 197 號＋俄敦 198 號＋俄敦 199 號；《俄藏》綴合 1 組：俄敦 2602 號、俄敦 3813 號、俄敦 3910 號、俄敦 3915 號。

　　本次補綴 7 組（其中 6 組被合併爲 2 組），新綴 3 組，共計將 83 號綴合爲 6 組。②

　　1. 斯 5766 號（角碼 12—14 ＋角碼 3.2 ＋角碼 2 ＋角碼 3.1 ＋角碼 8.1 ＋角碼 9.1）…斯 12515 號…斯 5665 號（角碼 7 ＋角碼 6.2 ＋角碼 30.2 ＋角碼 41.2—42 ＋角碼 2.2—3.1 ＋角碼 38.1）…俄敦 4610 號…俄敦 5805 號＋斯 5665 號（角碼 6.3 ＋角碼 33—34…角碼 36—37）…斯 8605B 號＋斯 5665 號（角碼 32…角碼 31 ＋角碼 39 ＋角碼 30.1 ＋角碼 47）…斯 8565 號…俄敦 11620 號…斯 5766 號（角碼 6 ＋角碼 5.1 ＋角碼 10.2 ＋角碼 11 ＋角碼 9.3）

　　斯 5766 號（翟 4123）内有一批書風相近、行款相似的經折裝文獻的散葉（楷書，有武周新字，紙高約 29.5 釐米，行約 35—40 字，天頭地脚高度相近）。《翟録》稱該卷爲 “《摩訶僧祇律》卷一尾部以及該書的其他部分”，《索引》擬題 “摩訶僧祇律卷第一、第二”，《寶藏》對該號内《摩訶僧祇律》《長阿含經》等一一作了定名；《索引新編》將該卷分爲 a、b 兩部分，分別題爲 “大方便佛報恩經（尾題）”“摩訶僧祇律卷第一、第二（尾題）”。黄永武稱這些卷子 “都是被後人任意拼湊成一張長卷的”。③英國國家圖書館拍攝縮微膠卷時，似并未完全考慮寫本的内在順序，而是隨意將其中若干殘片拍成一拍，或將一份殘片拍成若干拍，并在每拍右下角用數字標號，即所謂 “角碼”。《寶藏》係翻印縮微膠卷而成，説明文字指出了部分綴合情況。

---

① 方廣錩《敦煌遺書斯 5665 號與經折裝》，《文史》2005 年第 1 期，119—148 頁。
② 初稿見張涌泉、劉丹《敦煌本〈摩訶僧祇律〉殘卷綴合研究》，《敦煌學輯刊》2018 年第 2 期，第 82—102 頁。
③ 黄永武《英倫所藏敦煌未知名目録的新探索》，載黄永武編《敦煌叢刊初輯》第 1 册《英倫博物館漢文卷子收藏目録》，新文豐出版公司，1985 年。

斯 5665 號（翟 4647）也是由若干經折裝文獻的散葉組成，《翟録》稱卷内爲“《雜阿含經》《優婆塞五戒威儀》的部分内容”，《索引》泛題“佛經”，《寶藏》最早對各殘片一一定名，方廣錩在此基礎上作了系統研究。[①]

此外，敦煌文獻中還不時散見若干類似規格的經折裝殘葉，其中的《摩訶僧祇律》寫卷也能與斯 5766 號、斯 5665 號等直接或間接綴合。綴合後能得到一種篇幅很長的經折裝文獻，這裏將其定爲一組。不過由於該組篇幅過長，權且分段説明：

第一部分：斯 5766 號（角碼 12—14 ＋角碼 3.2 ＋角碼 2 ＋角碼 3.1＋角碼 8.1 ＋角碼 9.1）

（1）斯 5766 號（角碼 12—14），見 IDP，另見《寶藏》44/447A—448A。經折裝殘片。《寶藏》已指出角碼 12—14 三號前後相接。後部如圖 1-1 右部所示，前後皆缺，存 34 行，行 35—40 字。楷書。有朱絲欄。有武周新字。寫卷自題“摩訶僧祇律卷第一／摩訶僧祇律卷第二”，《寶藏》擬題“摩訶僧祇律卷第一第二”。

（2）斯 5766 號（角碼 3.2 ＋角碼 2 ＋角碼 3.1），見 IDP，另見《寶藏》44/442A—442B。經折裝殘片。《寶藏》認爲角碼 3 “下半頁之前半段接於後半段之末”，未確；對照傳世本可知，該片後半段（角碼 3.2）末行行末“若比”和前半段（角碼 3.1）首行行首“比丘僧”之間缺約 278 字（約合 7 行），角碼 2 恰好可補其中所缺。角碼 3.2 末行行末和角碼 2 首行行首的内容於“若比／丘實欲捨此佛”處相接，中無缺字；角碼 2 末行行末和角碼 3.1 首行行首的内容在“如／比丘僧”處相接，中無缺字；可資參證。綴合後如圖 1-1 中部所示，前缺後殘，存 20 行，行 35—40 字。楷書。有朱絲欄。有武周新字。原卷無題，《寶藏》擬題“摩訶僧祇律卷第二”。

（3）斯 5766 號（角碼 8.1），見 IDP，另見《寶藏》44/445A。經折裝殘片。如圖 1-1 中左部所示，存 8 行（首行行末十餘字右部殘損，第 5 行與第 6 行之間存一紙縫，末行僅存下部約十字右側殘形），行 37—38 字。楷書。有朱絲欄。有武周新字。原卷無題，《寶藏》擬題“摩訶僧祇律卷第二”。

---

① 方廣錩《敦煌遺書斯 5665 號與經折裝》，《文史》2005 年第 1 期，第 119—148 頁。

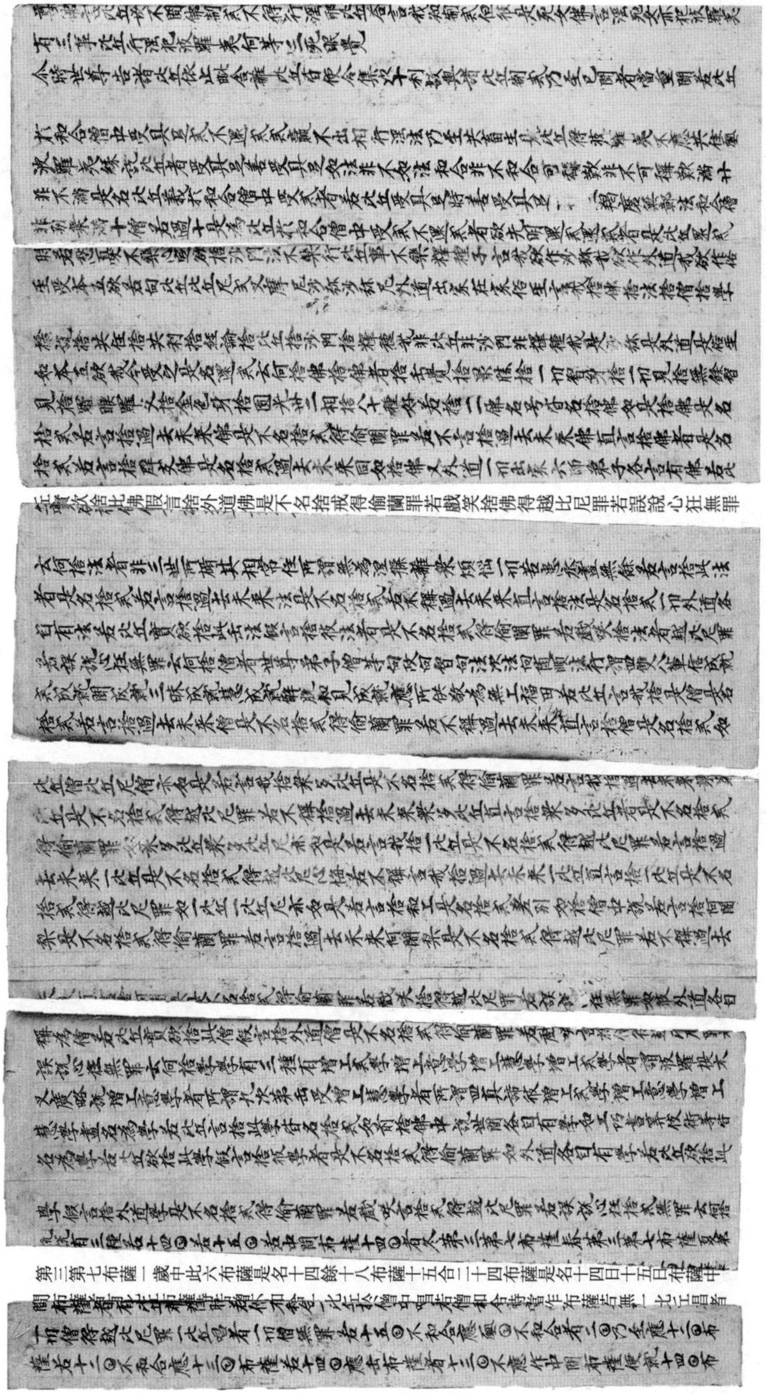

斯 5766 號
角碼 12—14（後部）

斯 5766 號
角碼 3.2

斯 5766 號
角碼 2

斯 5766 號
角碼 3.1

斯 5766 號
角碼 8.1

斯 5766 號
角碼 9.1

圖 1-1　斯 5766 號（角碼 12—14〈後部〉＋角碼 3.2 ＋角碼 2 ＋角碼 3.1 ＋角碼 8.1 ＋角碼 9.1）綴合圖

（4）斯 5766 號（角碼 9.1），見 IDP，另見《寶藏》44/445B。經折裝殘片。如圖 1-1 左部所示，存 3 行（首行右部殘損，後 2 行分別爲 41、39 字）。楷書。有朱絲欄。有武周新字。原卷無題，《寶藏》擬題“摩訶僧祇律卷第二”。

　　按：上揭八號皆爲《摩訶僧祇律》殘片，且其内容前後相承，可以綴合。綴合後如圖 1-1 所示，角碼 14 號末行行末與角碼 3.2 號首行行首的内容於“是比丘還戒 / 時若愁憂不樂”句前後相接，中無缺字；角碼 3.1 號末行行末角碼 8.1 號首行行首的内容於“如彼外道各自 / 稱爲僧”句前後相接，中無缺字；角碼 8.1 號倒數第二行行末“夏第”二字與角碼 9.1 號首行行首“間布薩者”四字之間有缺文，比對完整文本，所缺内容爲“三第七布薩一歲中此六布薩是名十四日餘十八布薩十五日合二十四布薩是名十四日十五日布薩中”42 字，由此推知二號間缺 1 行。比較四組共有的 “比”“丘”“僧”“者”，如表 1 所示，字迹書風似同。又四號行款格式相同（皆有朱絲欄，行約 34—40 字，行距、字距、字體大小相近），字迹書風似同，可資參證。七號綴合後，所存内容參見《大正藏》T22/235A2—236C10。

表 1　斯 5766 號（角碼 12—14、角碼 3.2 + 2 +
3.1、角碼 8.1、角碼 9.1）字迹比較表

例字 卷號	比	丘	僧	者
角碼 12—14	比	丘	僧	者
角碼 3.2 + 2 + 3.1	比	丘	僧	者
角碼 8.1	比	丘	僧	者
角碼 9.1	比	丘	僧	者

　　第二部分：斯 12515 號…斯 5665 號（角碼 7 +角碼 6.2 +角碼 30.2 +角碼 41.2—42 +角碼 2.2—3.1 +角碼 38.1）

　　（1）斯 12515 號，見 IDP。如圖 1-2 右部所示，殘片，上部殘缺，存 1 行，共 31 字。楷書。有朱絲欄。原卷無題，IDP 未定名。

（2）斯 5665 號（角碼 7 ＋角碼 6.2 ＋角碼 30.2 ＋角碼 41.2—42 ＋角碼 2.2—3.1 ＋角碼 38.1），見 IDP。共 59 行，係《摩訶僧祇律》卷二殘卷，方廣錩已綴合，如圖 1-2 中左部所示。

按：據殘存文字推斷，前號也是《摩訶僧祇律》卷二殘片，且同爲經折裝，二號邊緣雖不能直接拼接（其間相差約 11 行），但其行款格式相近、書風字迹似同，與後號存有綴合的可能性。試作綴合如圖 1-2 所示，相應文字見《大正藏》T22P239A27—P241A16。

第三部分：俄敦 4610 號…俄敦 5805 號＋斯 5665 號（角碼 6.3 ＋角碼 33—34…角碼 36—37）

（1）俄敦 4610 號，見《俄藏》11/282A。經折裝殘片。如圖 1-3 右側所示，存 2 行，行 34 字。楷書。有武周新字。原卷無題，《俄藏》未定名。

（2）俄敦 5805 號，見《俄藏》12/248B。經折裝殘片。如圖 1-3 中右部所示，存 3 行（首行右部殘損），行約 37 字。楷書。原卷無題，《俄藏》未定名。

（3）斯 5665 號（角碼 6.3），見 IDP，另見《寶藏》44/269B。經折裝殘片。如圖 1-3 中右部所示，存 2 行（每行下部殘損），行約 36 字。楷書。有朱絲欄。有武周新字。原卷無題，《寶藏》擬題 “摩訶僧祇律卷第三”。

（4）斯 5665 號（角碼 33—34），見 IDP，另見《寶藏》44/283A—283B。經折裝殘葉。《寶藏》已指出這兩號前後相接。如圖 1-3 中部所示，前後皆殘，存 29 行，行 32—38 字。楷書。有朱絲欄。有武周新字。原卷無題，《寶藏》擬題 “摩訶僧祇律卷第三”。

（5）斯 5665 號（角碼 36—37），見 IDP，另見《寶藏》44/284B—285A。經折裝殘葉。《寶藏》已指出這兩號前後相接。前部如圖 1-3 左部所示，前缺後殘，存 29 行，行 32—39 字。楷書。有朱絲欄。有武周新字。原卷無題，《寶藏》擬題 “摩訶僧祇律卷第三”。

按：據殘存文字推斷,（1）（2）分別爲《摩訶僧祇律》卷二、卷三殘卷（《俄録》定名同）。方廣錩已指出斯 5665 號（角碼 6.3、角碼 33—34、角碼 36—37、角碼 32、角碼 31、角碼 39、角碼 30.1、角碼 47）原爲同一經折裝，但其中有缺失，不能直接綴接。今謂這部分殘片可以分爲（角碼 6.3 ＋角碼 33—

34…角碼 36—37）、（角碼 32 ＋角碼 31 ＋角碼 39 ＋角碼 30.1 ＋角碼 47）兩部分，此兩部分之間有較長的空缺。俄敦 4610 號、俄敦 5805 號可以與其前一部分綴合。綴合後如圖 1-3 所示：俄敦 5805 號末行行末與斯 5665 號角碼 6.3 首行行首的内容於"爲我作／礼"句前後相接，中無缺字；俄敦 4610 號、俄敦 5805 號不能直接拼合（中間相差約 14 行），但此諸號行款格式相同（皆有朱絲欄，天頭地脚高度大體相近，行距、字距、字體大小相近），可資參證。十二號綴合後，所存内容參見《大正藏》T22/242B13—P244B18。

第四部分：斯 8565 號…斯 8605B 號＋斯 5665 號（角碼 32…角碼 31 ＋角碼 39 ＋角碼 30.1 ＋角碼 47）…俄敦 11620 號

（1）斯 8565 號，見 IDP。該號由兩片經折裝殘葉構成，如圖 1-4 右部所示，按經文順序，左片在前、右片在後。皆存 7 行，行約 36 字。楷書，有烏絲欄。有武周新字。原卷無題，IDP 未定名。

（2）斯 8605B 號，見 IDP。經折裝殘片。如圖 1-4 右部所示，存 14 行，行 36—40 字。楷書。有朱絲欄。有武周新字。原卷無題，IDP 未定名。

（3）斯 5665 號（角碼 32），見《寶藏》44/282B。經折裝殘片。如圖 1-4 中右所示，存 14 行，行 35—39 字。楷書。有朱絲欄。有武周新字。原卷無題，《寶藏》擬題"摩訶僧祇律卷第三"。

（4）斯 5665 號（角碼 31），見 IDP，另見《寶藏》44/282A。經折裝殘葉。如圖 1-4 中部所示，前後皆殘，存 15 行，行 34—38 字。有朱絲欄。有武周新字。原卷無題，《寶藏》擬題"摩訶僧祇律卷第三"。

（5）斯 5665 號（角碼 39），見 IDP，另見《寶藏》44/286A。經折裝殘片。如圖 1-4 中部所示，存 14 行，行 35—39 字。有朱絲欄。有武周新字。原卷無題，《寶藏》擬題"摩訶僧祇律卷第三"。

（6）斯 5665 號（角碼 30.1），見 IDP，另見《寶藏》44/281B。經折裝殘片。如圖 1-4 中左部所示，存 7 行，行約 34—39 字。楷書。有朱絲欄。有武周新字。原卷無題，《寶藏》擬題"摩訶僧祇律卷第三"。

（7）斯 5665 號（角碼 47），見 IDP，另見《寶藏》44/290A。經折裝殘片。如圖 1-4 中左部所示，存 8 行，行 35—37 字（首行存下部若干字左側殘筆，尾行被剪殘）。楷書。有朱絲欄。有武周新字。原卷無題，《寶藏》擬題"摩訶僧祇律卷第三"。

（8）俄敦 11620 號，見《俄藏》15/281B。經折裝殘片。如圖 1-4 左部所示，存 3 行（首行自右下至左上剪殘），行 35 字。楷書。有欄綫。有武周新字。原卷無題，《俄藏》未定名，《俄録》擬題"摩訶僧祇律卷第三明四波羅夷法之三"。

按：據殘存文字推斷，前二號亦爲《摩訶僧祇律》卷三殘片。方廣錩已指出斯 5665 號（角碼 32、角碼 31、角碼 39、角碼 30.1、角碼 47）原爲同一經折裝，但其中有缺失，不能直接綴接（角碼 31、角碼 39、角碼 30.1、角碼 47 可以直接綴接，角碼 32 與角碼 31 間缺近一行）。斯 8565 號、斯 8605B 號、俄敦 11620 號也屬於這種經折裝寫卷。斯 8605B 號末行"如樹木花果"與斯 5665 號角碼 32 首行"有主守護"之間缺約 18 字，比對完整文本，所缺內容爲"木波夜提有傷殺草木波羅夷者如樹木花果"18 字，可推知二號左右相接，中無缺行；俄敦 11620 號與角碼 47 之間相差約 6 行；斯 8565 號與斯 8605B 號之間相差約 38 行，不能直接綴合，但此諸號行款格式相同（皆有朱絲欄，天頭地腳高度大體相近，行距、字距、字體大小相近），可資參證。諸號綴合後，如圖 1-4 所示，所存內容參見《大正藏》T22/246B24—P249C26。

第五部分：斯 5766 號（角碼 6 ＋角碼 5.1 ＋角碼 10.2 ＋角碼 11 ＋角碼 9.3）

《寶藏》已綴合。

上述五部分原屬同一種經折裝文獻。抄寫時每隔六行則空一行，摺疊時每逢約八行則摺一次，故摺痕與空行不重疊。許多文獻表面被揭去一層。武周新字使用較爲周遍。

2. 北敦 5274 號＋北敦 11562 號＋北敦 10137 號＋斯 10844 號＋斯 10739 號＋斯 10783 號…北敦 11752 號…北敦 10386 號＋北敦 9854 號＋浙敦 136 號＋浙敦 137 號…北敦 2481 號＋北敦 7649 號＋北敦 10859 號＋斯 9716 號＋北敦 12035 號…斯 10581 號…北敦 9687 號…斯 10763 號＋斯 10585 號＋北敦 10439 號＋浙敦 66 號＋伯 3996 號＋北敦 11120 號＋津圖

126 號…俄敦 3408 號＋俄敦 3813 號＋俄敦 3915 號＋俄敦 3910 號＋俄敦 2602 號…北敦 3068 號

　　目前發現的所有《摩訶僧祇律》卷五殘卷可能都是從同一卷上脱落的，可以綴合。不過這一卷篇幅較長，也擬分五部分説明：

　　第一部分：北敦 5274 號＋北敦 11562 號＋北敦 10137 號＋斯 10844 號＋斯 10739 號＋斯 10783 號

　　（1）北敦 5274 號（北 7074；夜 74），見《國圖》71/50B—51B。卷軸裝殘片。後部如圖 2-1 右部所示，前後皆殘，存 44 行，行 20—21 字（前紙 22 行，後紙 22 行；前 4 行上殘，後 7 行上殘）。有烏絲欄。原卷無題，《劫餘録》及《寶藏》擬題 "摩訶僧祇律明僧殘戒之一"，《索引》擬題《摩訶僧祇律》，《索引新編》擬題 "摩訶僧祇律明僧殘戒"，《國圖》擬題 "摩訶僧祇律卷五"。《國圖》條記目録稱原卷紙高約 25.4 釐米，背有古代裱補，爲 5—6 世紀南北朝楷書寫本。

　　（2）北敦 11562 號（北臨 1691），見《國圖》109/273A。卷軸裝殘片。如圖 2-1 中部所示，存 7 行，行 20—23 字（1—3 行下部撕裂，末行上下端殘缺、左側殘損）。有烏絲欄。原卷無題，《國圖》擬題 "摩訶僧祇律卷五"。背面裱補紙抄有 "殘佛教疏釋" 2 行。《國圖》條記目録稱原卷紙高約 26 釐米，爲 5—6 世紀南北朝行書寫本。

　　（3）北敦 10137 號（北臨 266），見《國圖》107/145A。卷軸裝殘片。如圖 2-1 中左下部所示，存 6 殘行，行存中部 3—10 字。有烏絲欄。原卷無題，《國圖》擬題 "摩訶僧祇律卷五"。《國圖》條記目録稱該卷爲 5—6 世紀南北朝行書寫本。

　　（4）斯 10844 號，見 IDP。卷軸裝殘片。如圖 2-1 中左部所示，存 8 殘行，行存中部 2—7 字。有烏絲欄。原卷無題，IDP 未定名。

　　（5）斯 10739 號，見 IDP。卷軸裝殘片。如圖 2-1 左上部所示，存 4 殘行，行存上部 3—7 字。有烏絲欄。原卷無題，IDP 未定名。

　　（6）斯 10783 號，見 IDP。卷軸裝殘片。如圖 2-1 左下部所示，存 8 殘行，行存下部 2—7 字。有烏絲欄。原卷無題，IDP 未定名。

　　按：據殘存文字推斷，後三號亦爲《摩訶僧祇律》卷五殘片。據完整文本推算，後四號滿行亦約 20 字。上揭六號内容前後相承，可以綴合。綴合後如圖 2-1

所示，諸相鄰二號接縫處邊緣吻合，橫縱烏絲欄亦可對接。北敦 5274 號與北敦 11562 號左右相接，原本分屬二號的 "復" "到著入聚" 五字皆可拼合。北敦 11562 號與北敦 10137 號左右相接，原本分屬二號的 "時世尊在舍衛城憂陀" 九字皆得合成完璧。北敦 10137 號可以補入斯 10844 號之下，原本分屬二號的 "一家" "倒" "答" "女形我常" 八字皆可完璧。斯 10739 號與斯 10844 號上下相接，原本分屬二號的 "世" "不" 二字可以拼合。北敦 10137 號＋斯 10844 號與斯 10783 號上下相接，原本分屬二號的 "常" "行" "尊" 三字也能拼合。又此六號行款相同（皆有烏絲欄，滿行行約 20 字，行距、字距、字體大小相近），字迹書風似同，可資參證。六號綴合後，所存內容參見《大正藏》T22/264A17—265A3。

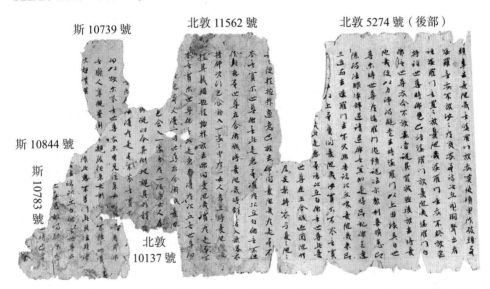

圖 2-1　北敦 5274 號（後部）＋北敦 11562 號＋北敦 10137 號＋斯 10844 號＋斯 10739 號＋斯 10783 號綴合圖

第二部分：北敦 11752 號…北敦 10386 號＋北敦 9854 號＋浙敦 136 號＋浙敦 137 號

（1）北敦 11752 號（北臨 1881），見《國圖》110/56A。卷軸裝殘片，如圖 2-2 上右部所示，存 13 行，行 20 至 21 字。有烏絲欄。原卷無題，《國圖》擬題 "摩訶僧祇律卷五"。《國圖》條記目錄稱該卷紙高 26.1 釐米，爲 5-6 世紀南北朝行書寫本。

（2）北敦 10386 號（北臨 515），見《國圖》107/276A。卷軸裝殘片。如圖 2-2 上中左部所示，存 3 殘行，行存上部 1—9 字。有烏絲欄。原卷無題，《國圖》擬題"摩訶僧祇律卷五"。《國圖》條記目錄稱該卷爲 5—6 世紀南北朝隸書寫本。

（3）北敦 9854 號（朝 75），見《國圖》106/344B。卷軸裝殘片。如圖 2-2 上左部所示，前後皆殘，存 11 行，行約 20 字（首行僅存行末 6 殘字，第 2 行、尾行上部殘損）。有烏絲欄。原卷無題，《國圖》擬題"摩訶僧祇律卷五"。《國圖》條記目錄稱原卷紙高 26.1 釐米，爲 5—6 世紀南北朝隸書寫本。

（4）浙敦 136 號（浙博 111），見《浙藏》214A。卷軸裝殘片。如圖 2-2 下中部所示，前後皆殘，存 10 行，行 19—21 字（首行右側及下部殘損，末行中部殘損）。有烏絲欄。原卷無題，《浙藏》擬題"摩訶僧祇律"。《浙藏》敘錄稱本卷係張宗祥原藏，浙博原藏品號 23280.4，紙高 25 釐米，行楷書，內容爲卷第五明僧殘戒之一，爲唐寫本，與浙敦 137 號內容相續，可以綴合。

（5）浙敦 137 號（浙博 112），見《浙藏》214A。卷軸裝殘片。如圖 2-2 下左部所示，前後皆殘，存 10 行，行 20—21 字（首行上部、下部殘損，8—10 行下部殘損）。有烏絲欄。原卷無題，《浙藏》擬題"摩訶僧祇律"；《浙藏》敘錄稱本卷係張宗祥原藏，浙博原藏品號 23280.4，紙高 25 釐米，行書，內容爲卷第五明僧殘戒之一，唐寫本，與浙敦 136 號內容相續，可以綴合。

　　按：上揭五號皆爲《摩訶僧祇律》卷五殘片。《浙藏》敘錄已指出後二號可綴（此二號皆爲張宗祥舊藏，且原藏品編號同一，可見原本就是一個號下的兩塊殘片，浙江博物館後來分編爲兩個號，其實不妥）。今謂此五號內容前後相承，皆可綴合。綴合後如圖 2-2 所示，北敦 10386 號、北敦 9854 號、浙敦 136 號＋浙敦 137 號接縫處邊緣吻合，上下界欄亦可對接。北敦 10386 號與北敦 9854 號左右上下相接，原本分屬二號的"中"字可復合爲一。北敦 9854 號與浙敦 136 號左右相接，原本分屬二號的"心""女人髮編""舉若案若""推"十字皆可拼合。浙敦 136 號末行行末與浙敦 137 號首行行首於"女人／▨▨▨（走入衆）女間"句前後相連，中無缺字。北敦 11752 號雖不能與此諸號直接綴合（中間相差約 9 行），但該卷與後四號行款相同（皆有烏絲欄，滿行行約

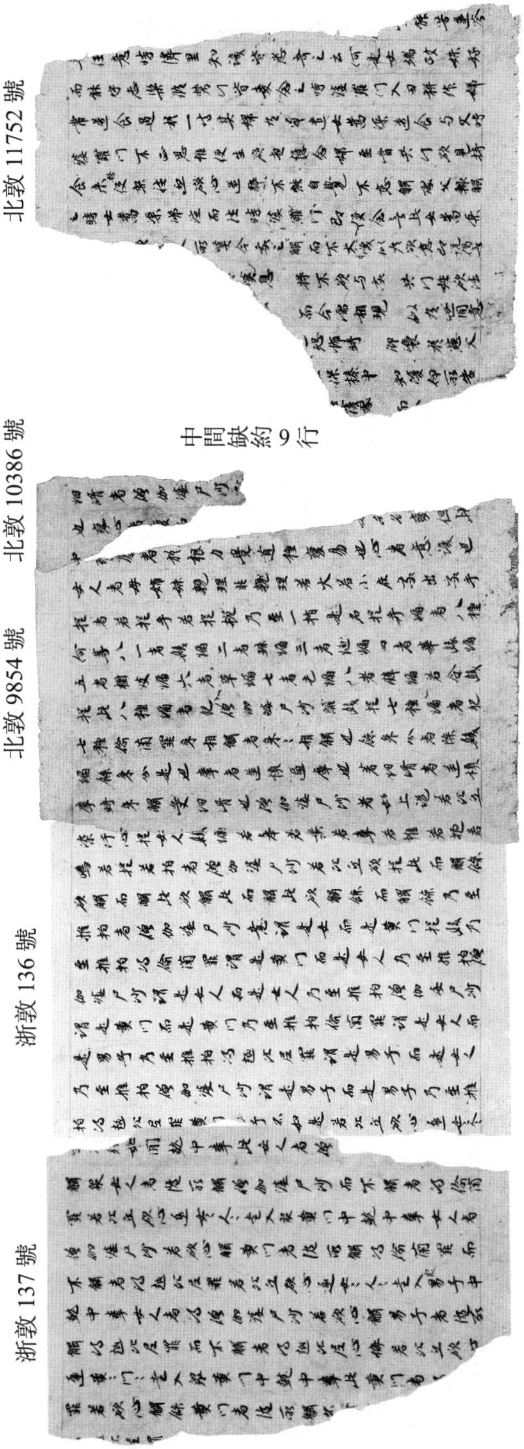

圖 2-2　北敦 11752 號…北敦 10386 號＋北敦 9854 號＋浙敦 136 號＋浙敦 137 號綴合圖

20 字，行距、字距、字體大小相近），比較兩部分共有的"門""觸""欲""所"等字，如表 2 所示，書風字迹似同，知此五號原本是從同一卷脱落的，可以綴合。五號綴合後，所存內容參見《大正藏》T22/265C22—266B2。

表 2　北敦 11752 號與北敦 10386 號＋北敦 9854 號＋
浙敦 136 號＋浙敦 137 號字迹比較表

例字 卷號	門	觸	欲	所
北敦 11752 號	門	觸	欲	所
北敦 10386 號等	門	觸	欲	所

第三部分：北敦 2481 號＋北敦 7649 號＋北敦 10859 號＋斯 9716 號＋北敦 12035 號…斯 10581 號…北敦 9687 號

（1）北敦 2481 號（北 7075；成 81），見 IDP，亦見《國圖》34/378B。卷軸裝殘片。後部如圖 2-3 右部所示，前後皆殘，存 22 行，行 19—21 字（首行、末行下部左側殘損）。有烏絲欄。原卷無題，《劫餘録》及《寶藏》《索引新編》擬題"摩訶僧祇律明僧殘戒之一"，《索引》擬題《摩訶僧祇律》，《國圖》擬題"摩訶僧祇律卷五"。《國圖》條記目録稱原卷紙高約 26 釐米，爲 5—6 世紀南北朝隸書寫本，并指出該卷後接北敦 7649 號。

（2）北敦 7649 號（北 7076；皇 49），見《國圖》98/75。卷軸裝殘片。如圖 2-3 中部所示，前後皆殘，存 23 行，行約 20 字（首行僅存下部五六字左側殘筆，末 3 行上部殘損）。有烏絲欄。原卷無題，《劫餘録》及《寶藏》《索引新編》擬題"摩訶僧祇律明僧殘戒之一"，《索引》擬題《摩訶僧祇律》，《國圖》擬題"摩訶僧祇律卷五"。《國圖》條記目録稱原卷紙高約 26 釐米，爲 5—6 世紀南北朝楷書寫本，并指出該卷前接北敦 2481 號。

（3）北敦 10859 號（北臨 988），見《國圖》108/195B。卷軸裝殘片。如圖 2-3 中左部所示，存 5 殘行，行存下部 3—16 字（首行僅存中部三殘字，末行僅存中部四五字右側殘筆）。有烏絲欄。原卷無題，《國圖》擬題“摩訶僧祇律卷五”。《國圖》條記目録稱該卷爲5—6世紀南北朝楷書寫本。

（4）斯9716號，見IDP。卷軸裝殘片。如圖2-3中左部所示，存10行，行20—21字（首行僅存上部一二字左側殘筆，2—6行下部殘損，後3行上部殘損）。有烏絲欄。原卷無題，IDP未定名。

（5）北敦12035號（北臨2164），見《國圖》110/215A。卷軸裝殘片。如圖2-3左部所示，存7行，行20—21字（首行存上部殘字，第四行有一自下而上的裂縫，末行僅存下部右側殘筆）。有烏絲欄。原卷無題，《國圖》擬題“摩訶僧祇律卷五”。《國圖》條記目録稱原卷紙高25.9釐米，爲5—6世紀南北朝隸書寫本。

（6）斯10581號，圖版見IDP網站。卷軸裝殘片。如圖2-3下左下部所示，存3行，每行僅存行末10—12字。有烏絲欄。原卷無題，IDP未定名。

（7）北敦9687號（坐8），見IDP，亦見《國圖》106/192A。卷軸裝殘片。首尾皆殘，前部如圖2-3下左部所示，存11行，行約20至21字。有烏絲欄。原卷無題，《國圖》擬題“摩訶僧祇律卷五”。《國圖》條記目録稱該卷紙高26釐米，爲5—6世紀南北朝行書寫本。

按：據殘存文字推斷，斯9716號、斯10581號亦爲《摩訶僧祇律》卷五殘片。《國圖》條記目録已指出北敦2481號、北敦7649號可綴。今謂上揭七號内容前後相承，皆可綴合。綴合後如圖2-3所示，前五號接縫處邊緣吻合，橫縱烏絲欄亦可對接。北敦2481號與北敦7649號左右相接，原本分屬兩卷的“我施供養具”五字皆得成完璧。北敦7649號與北敦10859號左右相接，原本分屬二號的“子”字可復合爲一。斯9716號與北敦10859號上下相接，原本分屬二號的“蹴”字得成完璧。斯9716號與北敦12035號左右相接，原本分屬二號的“捉”“者”二字亦可拼合。斯10581號、北敦9687號邊緣雖不能與前五號直接拼合，但此七號行款相同（天頭地脚等高，皆有烏絲欄，滿行皆約20字，行距、字距、字體大小相近），字跡書風似同，亦可確定係從同一卷脱落。七號綴合後，所存内容參見《大正藏》T22/266B21—267B16。

第四部分：斯 10763 號＋斯 10585 號＋北敦 10439 號＋浙敦 66 號＋伯 3996 號＋北敦 11120 號＋津圖 126 號

（1）斯 10763 號，見 IDP。卷軸裝殘片。如圖 2-4 右部所示，存 4 殘行，行存上部 4—15 字（首行僅存中部 1 字左側殘筆）。有烏絲欄。原卷無題，IDP 未定名。

（2）斯 10585 號，見 IDP。卷軸裝殘片。如圖 2-4 右部所示，存 5 殘行，行存上部 9—11 字。有烏絲欄。原卷無題，IDP 未定名。

（3）北敦 10439 號（北臨 568），見《國圖》107/304A。卷軸裝殘片。如圖 2-4 中右部所示，存 3 行（前 2 行下殘），行約 20 字。有烏絲欄。原卷無題，《國圖》擬題“摩訶僧祇律卷五”。《國圖》條記目錄稱原卷紙高 26.1 釐米，爲 5—6 世紀南北朝隸書寫本。

（4）浙敦 66 號（浙博 41），見《浙藏》194A。卷軸裝殘片。如圖 2-4 中右部所示，前後皆殘，存 14 行（末行僅存中部右側若干殘筆），行約 20 字。有烏絲欄。原卷無題，《浙藏》擬題“摩訶僧祇律”。《浙藏》敘錄考定爲“摩訶僧祇律卷第五明僧殘戒之一”，稱原卷紙高 25.3 釐米，唐行楷書寫本。

（5）伯 3996 號，見《法藏》30/329A。卷軸裝殘卷。如圖 2-4 中左部所示，存 15 行，行 19—21 字。行書，有烏絲欄。原卷無題，《索引》泛題“殘佛經（十三行）”，《索引新編》題“殘佛律”，并説明“法國目錄定名爲摩訶僧祇律”，[①]《法藏》擬題“佛經”；《法録》（IDP）擬題《摩訶僧祇律》。

（6）北敦 11120 號（北臨 1249），見 IDP，亦見《國圖》109/26B。卷軸裝殘片。如圖 2-4 左上部所示，存 6 殘行，行存上部 1—11 字。有烏絲欄。原卷無題，《國圖》擬題“摩訶僧祇律卷五”。《國圖》條記目錄稱原卷楷書字體，爲 5—6 世紀南北朝楷書寫本。

（7）津圖 126 號，見《津圖》156。卷軸裝殘片。如圖 2-4 左下部所示，存 13 行，行約 19—24 字（1—6 行上部、10—13 行下部殘損）。有烏絲欄。

---

① “法國目録”當指 Catalogue des Manuscrits Chinois de Touen-Houang, Volume Ⅳ , Fonds Pelliot Chinois de la Bibliothèque Nationale, 1995, p462.

原卷無題，《天津圖書館藏敦煌遺書目録》擬題"摩訶僧衹律卷五"。①《津圖》敘録稱原卷紙高 26 釐米，行書字體，爲 5—6 世紀南北朝寫本。

　　按：據殘存文字推斷，前二號及伯 3996 號亦爲《摩訶僧衹律》卷五殘片。上揭七號內容前後相承，可以綴合。綴合後如圖 2-4 所示，諸相鄰二號接縫處邊緣吻合，橫縱烏絲欄亦可對接。斯 10763 號與斯 10585 號左右相接，原本分屬二號的"以此藥"三字可以拼合；斯 10585 號與北敦 10439 號左右相接，原本分屬二號的"此藥當爲""世弟"六字皆可合成完璧；北敦 10439 號與浙敦 66 號左右相接，北敦 10439 號末行行末與浙敦 66 號首行行首內容於"与世尊嚕之／尒時世尊便嚕"句前後相接，中無缺字；浙敦 66 號與伯 3996 號左右相接，原本分屬二號的"復""時優陀"四字皆可合成完璧；北敦 11120 號與津圖 126 號上下左右相接，接縫處邊緣吻合，綴合後原本分屬二號的"婬""年""年老年"五字皆得合成完璧；伯 3996 號與北敦 11120 號＋津圖 126 號左右相接，原本分屬二號的"過去心滅盡變易是""但此中變"等 12 字綴合後皆可合成完璧。又此七號行款格式相同（天頭等高，皆有烏絲欄，滿行皆約 19—24 字，行距、字距、字體大小亦相近），字迹書風近同，可資參證。七號綴合後，所存內容參見《大正藏》T22/268A2—268C1。

　　第五部分：俄敦 3408 號＋俄敦 3813 號＋俄敦 3915 號＋俄敦 3910 號＋俄敦 2602 號…北敦 3068 號

　　（1）俄敦 3408 號，見《俄藏》10/288B。殘片。正背雙面寫。正面如圖 2-5 右部所示，存 4 殘行，行存中部 3—12 字。有烏絲欄。原卷無題，《俄藏》泛題"佛經"，《曾良》擬題"摩訶僧衹律卷五明僧殘戒之一"。背面爲禮懺文。

　　（2）俄敦 2602 號、俄敦 3813 號、俄敦 3910 號、俄敦 3915 號，見《俄藏》9/286A—286B。正背雙面寫。《俄藏》已將 4 號圖版並置，包括 4 殘片。正面部分共 20 餘行，有烏絲欄。原卷無題，俄敦 2602 號《孟録》正面擬題"摩訶僧衹律"，《俄藏》正面部分擬題"摩訶僧衹律明僧殘戒第一"，背面部分

---

① 天津圖書館歷史文獻部《天津圖書館藏敦煌遺書目録》，《敦煌吐魯番研究》第八卷，中華書局，2005 年，第 344 頁。

擬題"禮懺文一本"。

（3）北敦 3068 號（北 7077；雲 68），見 IDP，亦見《國圖》42/5B—7B。卷軸裝殘卷，4 紙。正背雙面寫。正面前部如圖 2-5 左部所示，前殘後缺，存 88 行，行 20 字左右。原卷無題，《劫餘録》及《寶藏》擬題"摩訶僧祇律明僧殘戒之一"，《索引》擬題《摩訶僧祇律》，《索引新編》擬題"摩訶僧祇律明僧殘戒"，《國圖》擬題"摩訶僧祇律卷五"，條記目録稱原卷紙高 26 釐米，定作 5—6 世紀南北朝時期行書寫本，又稱背面爲"七階禮懺文雜抄"。

按：上揭六號正面部分皆爲《摩訶僧祇律》卷五殘卷。其中中間四號，《俄藏》以俄敦 2602 號爲主條，把俄敦 3813 號、俄敦 3910 號、俄敦 3915 號依次附列其下，其中俄敦 3813 號、俄敦 3910 號《俄藏》已綴合爲一。其實其正面部分正確的綴合順序是：俄敦 3813 號＋俄敦 3915 號＋俄敦 3910 號＋俄敦 2602 號，綴合後如圖 2-5 中左部所示，俄敦 3915 號與俄敦 3910 號上下相接，第二行原本分屬二號的"尸"復合爲一；俄敦 3813 號與俄敦 3915 號＋俄敦 3910 號、俄敦 3915 號＋俄敦 3910 號與俄敦 2602 號分別左右相接，中無缺行。此四號綴合後存 27 殘行（殘損嚴重，每行行末皆殘，寫卷頂端右部有四個不規則破洞，寫卷中部均勻地分布著一組形狀相近的破洞）。今謂俄敦 3408 號、北敦 3068 號亦可與此四號綴合。綴合後如圖 2-5 所示，俄敦 3408 號與俄敦 3813 號左右上下相接，原本分屬二號的"曾"字可以復合爲一。北敦 3068 號雖不能與俄敦 2602 號直接綴合（中缺約 23 行），但上揭諸殘片行款格式相同（皆有烏絲欄，滿行皆約 20 字，行距、字距、字體大小相近），筆迹書風似同，背面皆爲"七階禮懺文"型《七階禮》殘卷，亦可以綴合（詳見本書《七階禮》新綴第 9 組），可資參證。五號綴合後，所存内容參見《大正藏》T22/268C16—269A29。

總之，在前面系列研究的基礎上，我們完成了上五組的綴合，而各組均爲《摩訶僧祇律》卷五殘卷，内容前後相承，各號用紙完整者紙高皆 26 釐米，滿行皆約 20 字，行款格式相同，字迹書風似同，應出自同一人之手，故此這五組又可進一步綴合，最終這 31 號殘片能綴合爲一組，如本書卷首彩圖 2 所示，其背面後部被用來抄寫禮懺文。

圖 2-5　俄敦 3408 號 + 俄敦 3813 號 + 俄敦 3915 號 + 俄敦 3910 號 + 俄敦 2602 號⋯北敦 3068（前部）號綴合圖

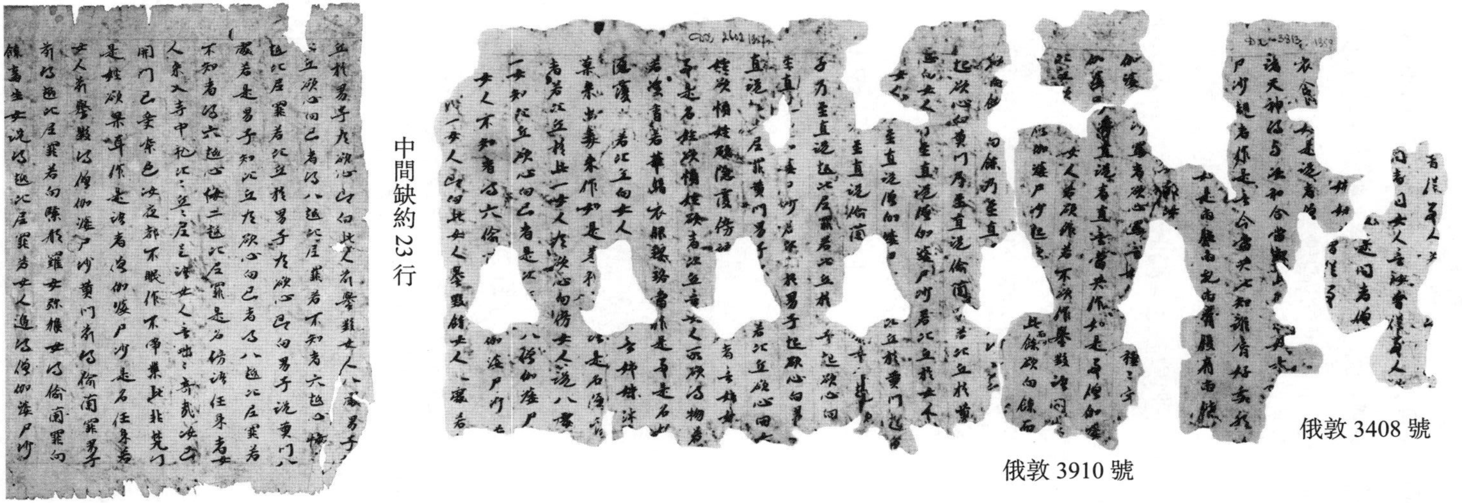

　　上揭五組 31 號既可綴合爲一，我們就可進而討論其書體和抄寫的時間。其中北敦 10386 號、北敦 9854 號、北敦 2481 號、北敦 12035 號、北敦 10439 號《國圖》條記目録判定爲 5—6 世紀南北朝隷書寫本，北敦 5274 號、北敦 7649 號、北敦 10859 號、北敦 11120 號《國圖》條記目録判定爲 5—6 世紀南北朝楷書寫本，北敦 11562 號、北敦 10137 號、北敦 11752 號、北敦 9687 號、北敦 3068 號《國圖》條記目録判定爲 5—6 世紀南北朝行書寫本，津圖 126 號《津圖》敘録判定爲 5—6 世紀南北朝行書寫本，浙敦 137 號《浙藏》敘録判定爲唐行書寫本，浙敦 136 號、浙敦 66 號《浙藏》敘録判定爲唐行楷書寫本，抄寫時代和書體的判定乖互不一，顯有不妥。比較而言，定作行書應該是正確的；至於其抄寫時代，則以定作唐代早中期爲穩妥。

　　3. 俄敦 4037 號＋俄敦 3938 號＋俄敦 5484 號

　　（1）俄敦 4037 號，見《俄藏》11/131A。卷軸裝殘片。如圖 3 右下部所示，存 4 殘行，行存下部 3—8 字（第 3 行空白無字）。隷書。原卷無題，《俄藏》未定名。

　　（2）俄敦 3938 號，見《俄藏》11/103A。卷軸裝殘片。如圖 3 中部所示，前後皆殘，存 32 行，行 19—22 字（首行、末行殘損，卷中有多個不規則破洞）。隷書。原卷無題，《俄藏》未定名，《曾良》擬題"摩訶僧祇律卷七"。

　　（3）俄敦 5484 號，見《俄藏》12/157B—158A。卷軸裝殘片。前部如圖 3 左部所示，前後皆殘，存 33 行，行約 20—22 字（1—16 行下部殘損，卷中有若干不規則破洞）。隷書。原卷無題，《俄藏》未定名。

　　按：據殘存文字判斷，（1）（3）亦應爲《摩訶僧祇律》卷七殘片（《俄録》定名同）。上揭三號內容前後相承，可以綴合。綴合後如圖 3 所示，諸相鄰二號接縫處邊緣吻合，原本分屬前二號的"此禍"二字皆得復合爲一，俄敦 3938 號末行與俄敦 5484 號首行內容於"▨▨（我今）/▨▨▨▨（慈心諫汝）"句前後相連，中無缺字。又三號行款格式相同（滿行皆約 20 字，行距、字距、字體大小相近），字迹書風似同，可資參證。三號綴合後，所存內容參見《大正藏》T22/282C2—283B29。

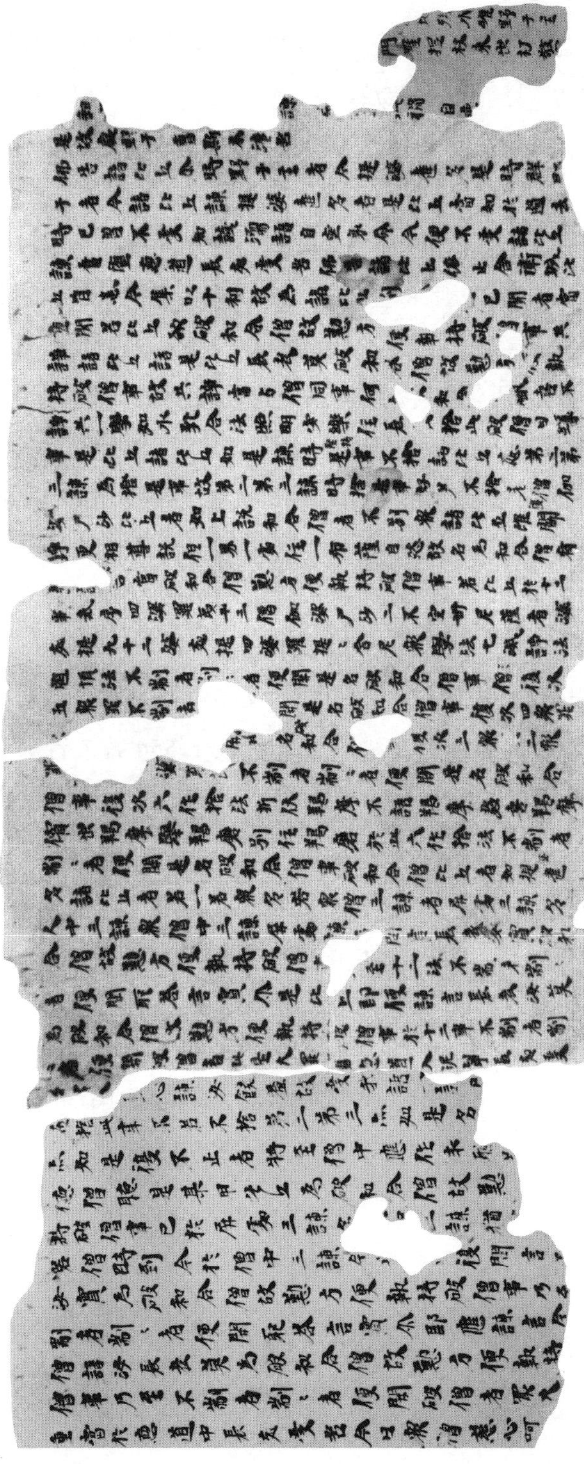

俄敦 3938 號

俄敦 5484 號（前部）

圖 3　俄敦 4037 號＋俄敦 3938 號＋俄敦 5484 號（前部）綴合圖

4. 俄敦 11554 號 + 俄敦 11555 號 + 俄敦 5214 號 + 俄敦 3983 號

（1）俄敦 11554 號，見《俄藏》15/241A。卷軸裝殘片。後部如圖 4 右部所示，前後皆殘，存 30 殘行，行約 20 字（上、下部皆有殘損）。隸書。原卷無題，《俄藏》未定名。

（2）俄敦 11555 號，見《俄藏》15/241B。卷軸裝殘片。如圖 4 中部所示，前後皆殘，存 23 行，行約 22 字（上下部皆有殘損，首行僅存下部殘字，末行僅存中部殘字）。隸書。原卷無題，《俄藏》未定名。

（3）俄敦 5214 號，見《俄藏》12/66A。卷軸裝殘片。如圖 4 中左部所示，存 20 殘行，行存中部 5—20 字。隸書。原卷無題，《俄藏》未定名。

（4）俄敦 3983 號，見《俄藏》11/114B。卷軸裝殘片，《俄藏》中前二片順序顛倒，今調整後如圖 4 左部所示，存 16 殘行，行存中部 5—11 字。隸書。原卷無題，《俄藏》未定名，《曾良》擬題“摩訶僧祇律經卷第十九”。

按：據殘存文字，前三號亦爲《摩訶僧祇律》卷十九殘片，且上揭四號內容前後相承，可以綴合（《俄錄》定名同，又指出前二號可綴合）。綴合後如圖 4 所示，諸相鄰二號接縫處邊緣吻合。俄敦 11554 號末行與俄敦 11555 號首行的內容於“☒（即）/☒☒☒（便大啼）”句前後相連，中無缺字；俄敦 11555 號與俄敦 5214 號左右相接，原本分屬二號的“夜提是”“制戒”六字皆得合成完璧；俄敦 5214 號末行“不得語令”四殘字與俄敦 3983 號首行“具足應語”四殘字間有缺文，比對完整文本，所缺內容爲“疑悔語者越毗尼罪若病人來欲受”14 字，由此推知二號左右相接，中無缺字。比較四號共有的“是”“者”“提”“戒”等字，如表 3 所示，字迹書風似同。又此四號行款格式相同（滿行皆約 22 字，行距、字距、字體大小相近），可資參證。四號綴合後，所存內容參見《大正藏》T22/377C19—379A16。

表3　俄敦 11554 號、俄敦 11555 號、俄敦 5214 號、俄敦 3983 號字迹比較表

例字 卷號	是	者	提	戒
俄敦 11554 號	是	者	提	戒
俄敦 11555 號	是	者	提	戒
俄敦 5214 號	是	者	提	戒
俄敦 3983 號	是	者	提	戒

5. 俄敦 17620 號 + 俄敦 15764 號

（1）俄敦 17620 號，見《俄藏》17/141A。卷軸裝殘片。如圖5 上部所示，存 9 殘行，行存中部 1—8 字。隸書。有烏絲欄。原卷無題，《俄藏》未定名。

（2）俄敦 15764 號，見《俄藏》16/254B。卷軸裝殘片。如圖5 下部所示，存 8 殘行，行存底部 1—3 字。楷書。有烏絲欄。原卷無題，《俄藏》未定名。

俄敦 17620 號

俄敦 15764 號

圖5　俄敦 17620 號 + 俄敦 15764 號綴合圖

按：據殘存文字判斷，上揭二號皆爲《摩訶僧祇律》卷二十九殘片（《俄錄》定名同），且二號内容前後相承，可以綴合。綴合後如圖5 所示，二號接縫處邊緣吻合，縱向烏絲欄亦可對接。原本分屬二號的"受""今""往""金"四字皆可拼合。又此二號行款格式相同（皆有烏絲欄，滿行皆約 17 字，行距、字距、字體大小相近），字迹書風似同，可資參證。二號綴合後，所存内容參見《大正藏》T22/461B29—461C11。

6. 俄敦 12133 號 + 俄敦 12120 號 + 俄敦 12058 號

（1）俄敦 12133 號，見《俄藏》16/40B。卷軸裝殘片。如圖 6-1 右部所示，存 7 殘行，行存下部 6—16 字。首題"□□⊠（摩訶僧）祇律卷第卅九"。楷書。有烏絲欄。

（2）俄敦 12120 號，見《俄藏》16/37A。卷軸裝殘片。如圖 6-1 左上部所示，存 3 殘行，行存上部 4—11 字。楷書。有烏絲欄。原卷無題，《俄藏》未定名。

（3）俄敦 12058 號，見《俄藏》16/29A。卷軸裝殘片。如圖 6-1 左下部所示，存 3 殘行，行存下部 6 字。楷書。有烏絲欄。原卷無題，《俄藏》未定名。

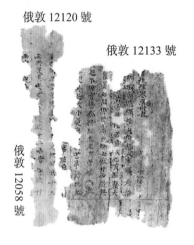

6-1　俄敦 12133 號 + 俄敦 12120 號 + 俄敦 12058 號正面綴合圖

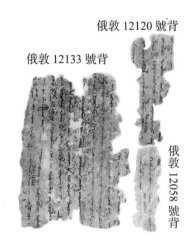

圖 6-2　俄敦 12133 號 + 俄敦 12120 號 + 俄敦 12058 號背面綴合圖

按：據殘存文字判斷，後二號亦爲《摩訶僧祇律》卷三十九殘片（《俄録》定名同）。上揭三號内容前後相承，可以綴合。綴合後如圖 6-1 所示，俄敦 12120 號前兩行行末與俄敦 12058 號前兩行行首的内容前後相接，依次爲"若比丘尼 / 適他婦""減十 / 二雨者如減廿"，中無缺字。俄敦 12133 號與俄敦 12120 號 + 俄敦 12058 號左右相接，俄敦 12133 號末行行末與俄敦 12120 號 + 俄敦 12058 號首行行首的内容於"乃 / 至已聞者當重聞"句前後相接，中無缺字。比較俄敦 12120 號 + 俄敦 12058 號與俄敦 12133 號共有的"減""廿""雨"等字，如表 4 所示，字迹書風似同。又三號行款格式相同（地脚高度接近，皆有烏絲欄，滿行皆約 17 字，行距、字距、字體大小相近），卷背皆爲回鶻文文獻（綴合後如圖 6-2 所示），可資參證。三號綴合後，所存内容參見《大正藏》T22/535C19—535C27。

表 4　俄敦 12133 號、俄敦 12120 號＋俄敦 12058 號字迹比較表

卷號　　例字	減	廿	雨
俄敦 12133 號	減	廿	雨
俄敦 12120 號＋俄敦 12058 號	減	廿	雨

卷號簡目

根據對已刊布文獻的普查以及上述綴合成果，梳理出敦煌《摩訶僧祇律》寫本卷號如下：

卷一至卷三　斯 5766 號（角碼 12—14 ＋角碼 3.2 ＋角碼 2 ＋角碼 3.1 ＋角碼 8.1 ＋角碼 9.1）…斯 12515 號…斯 5665 號（角碼 7 ＋角碼 6.2 ＋角碼 30.2 ＋角碼 41.2—42 ＋角碼 2.2—3.1 ＋角碼 38.1）…俄敦 4610 號…俄敦 5805 號＋斯 5665 號（角碼 6.3 ＋角碼 33—34…角碼 36—37）…斯 8605B 號＋斯 5665 號（角碼 32…角碼 31 ＋角碼 39 ＋角碼 30.1 ＋角碼 47）…斯 8565 號…俄敦 11620 號…斯 5766 號（角碼 6 ＋角碼 5.1 ＋角碼 10.2 ＋角碼 11 ＋角碼 9.3）；

卷二　斯 3448 號 *；大谷 5172A 號；

卷三　俄敦 197 號＋俄敦 198 號＋俄敦 199 號；

卷四　大谷 4865 號；

卷五　北敦 5274 號＋北敦 11562 號＋北敦 10137 號＋斯 10844 號＋斯 10739 號＋斯 10783 號…北敦 11752 號＋北敦 10386 號…北敦 10386 號＋北敦 9854 號＋浙敦 136 號＋浙敦 137 號…北敦 2481 號＋北敦 7649 號＋北敦 10859 號＋斯 9716 號＋北敦 12035 號…斯 10581 號…北敦 9687 號…斯 10763

號＋斯 10585 號＋北敦 10439 號＋浙敦 66 號＋伯 3996 號＋北敦 11120 號＋津圖 126 號…俄敦 3408 號＋俄敦 3813 號＋俄敦 3915 號＋俄敦 3910 號＋俄敦 2602 號…北敦 3068 號；伯（藏文）1703 號；

卷六　俄敦 7631 號 *；

卷七　俄敦 4037 號＋俄敦 3938 號＋俄敦 5484 號；

卷十一　斯 2818 號；

卷十六　俄敦 6665 號 *；

卷十九　大谷 4829 號；俄敦 11554 號＋俄敦 11555 號＋俄敦 5214 號＋俄敦 3983 號；

卷二四　大谷 4813 號；

卷二七　俄敦 7328 號 *、俄敦 8233 號、俄敦 8477 號 *、俄敦 4976 號 *、俄敦 6986 號 *、俄敦 6380 號 *、俄敦 12452 號 *；

卷二九　俄敦 17620 號＋俄敦 15764 號；

卷三六　俄敦 10769 號 *；

卷三九　俄敦 12133 號＋俄敦 12120 號＋俄敦 12058 號。

十八、摩訶僧祇比丘尼戒本

《摩訶僧祇比丘尼戒本》，又名《僧祇律比丘尼戒本》《僧祇比丘尼戒本》《僧祇尼戒本》《比丘尼僧祇戒本》《比丘尼僧祇律波羅提木叉戒經》《比丘尼波羅提木叉僧祇戒本》等，是《摩訶僧祇律》比丘尼戒中的戒法條文與說戒儀軌的編集。凡一卷。該經乃東晉義熙十二年（416）至義熙十四年（418）由法顯、佛陀跋陀羅譯出。

經普查，敦煌文獻中共有《摩訶僧祇比丘尼戒本》4 號，包括：國圖藏 3 號，俄藏 1 號。4 號敦煌本《摩訶僧祇比丘尼戒本》皆有不同程度的殘損。

本次將其中 2 號綴合爲 1 組。[1]

1. 北敦 10695 號 + 北敦 11486 號

（1）北敦 10695 號（北臨 824），見 IDP，亦見《國圖》108/98B。卷軸裝殘片。如圖 1 右部所示，存 9 行，行 17 字（首行僅存上部若干字左側殘形，末行僅存上部和中部若干字右側殘形）。有烏絲欄。原卷無題，《國圖》擬題“摩訶僧祇比丘尼戒本”。《國圖》條記目録稱原卷紙高 25 釐米，爲 6 世紀南北朝隸楷寫本。

（2）北敦 11486 號（北臨 1615），見 IDP，亦見《國圖》109/231A。卷軸裝殘片。如圖 1 左部所示，存 11 行（前 3 行上部殘損，首行僅存末字左側殘形；後 5 行下部殘損，末行僅存中部 1 字右側殘筆），行 17 字。有烏絲欄。原卷無題，《國圖》擬題“摩訶僧祇比丘尼戒本”。《國圖》條記目録稱原卷紙高 25 釐米，爲 5—6 世紀南北朝隸書寫本。

---

① 參看張涌泉、劉丹《敦煌本〈摩訶僧祇律〉殘卷綴合研究》，《敦煌學輯刊》2018 年第 2 期，第 82—102 頁。

　　按：上揭二號應皆爲《摩訶僧祇比丘尼戒本》殘片，且其內容前後相承，可以綴合。綴合後如圖 1 所示，接縫處邊緣吻合，原本分屬二號的"隱""波羅"三字皆得成完璧。又此二號行款相同（紙高皆 25 釐米，天頭地腳等高，皆有烏絲欄，行約 17 字，行距、字距、字體大小相近），字跡書風相近，可資參證。二號綴合後，所存內容參見《大正藏》T22/556B20—556C8。

北敦 11486 號　　　　　北敦 10695 號

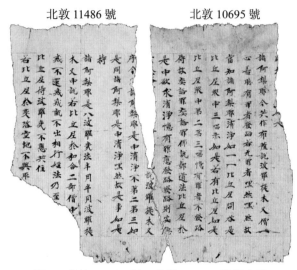

圖 1　北敦 10695 號＋北敦 11486 號綴合圖

　　上揭二號既可綴合，而《國圖》條記目録稱北敦 10695 號爲 6 世紀南北朝隸楷寫本，又稱北敦 11486 號爲 5—6 世紀南北朝隸書寫本，抄寫時代及書體判定皆有出入，顯有不妥。其實此二號原卷是規整的楷書，已然不見隸書的意味，《國圖》條記目録定作隸楷甚至定作隸書，明顯不當。至於其抄寫年代，亦以後延定作唐代前期 7—8 世紀爲妥。

卷號簡目

　　根據對已刊布文獻的普查以及上述綴合成果，梳理出敦煌《摩訶僧祇比丘尼戒本》寫本卷號如下：

　　北敦 10695 號＋北敦 11486 號、北敦 14930 號、俄敦 5267 號。

十九、四分律

　　《四分律》，又名《四分律藏》《曇無德律》，印度小乘佛教上座部系統法藏部所傳戒律。姚秦弘始十二年至十四年（410—412），佛陀耶舍與竺佛念共譯於長安。共六十卷。由四部分組成，故名。初分，講述比丘五十條戒律，共二十一卷；二分，講述比丘尼三百四十八條戒律、受戒和説戒犍度，共十五卷；三分，講述安居自恣之法度，一共有十三卷；四分，講述房舍等雜法，共十一卷。《四分律》從身（行動）、口（言論）、意（思想）三方面對出家僧尼的修行及日常衣食坐卧及懲罰等規定詳細的戒條，是流行於中國的最重要的戒律書。

　　《四分律》中的戒條部分，後又有別譯或抄出單行者，如佛陀耶舍譯《四分僧戒本》，道宣新删定《四分僧戒本》，懷素《四分律比丘戒本》《四分律比丘尼戒本》；其中的羯磨部分，亦有別譯單行本，如曹魏康僧鎧譯《曇無德律部羯磨》《雜羯磨》，劉宋求那跋摩譯《四分比丘尼羯磨法》，唐道宣集《四分律删補隨機羯磨》，唐懷素集《僧羯磨》《尼羯磨》，等等。

　　經對業已刊布的圖版的全面普查，敦煌文獻中共有《四分律》152 號，包括：國圖藏 56 號，英藏 40 號，法藏 8 號，俄藏 39 號，散藏 9 號。這些寫本包括了若干早期別出單行的本子（下文標舉時用“異本”括注）及兑廢稿。其中，某一卷首尾完整者僅 12 號（北敦 14668 號，卷三；北敦 5822 號，卷五；斯 1415 號，卷六；羽 237 號，卷十三；北敦 6011 號，卷十四；斯 6366 號，卷二四；北敦 1832 號，卷二六；北敦 14038 號，卷四二；甘博 39 號，卷四八；斯 6636 號，卷第五六；北敦 14519 號，卷五七；伯 2521 號，卷五九）。其餘 140 號皆有不同程度的殘損。[①]已有綴合成果共計將該經 2 號綴合爲 1 組，見《國圖》條記目録：北敦 5522 號＋北敦 5553 號（《四分律》二分卷七）。

本次補綴 1 組，新綴 5 組，共計將 14 號綴合爲 6 組。

1. 上圖 54 號…津藝 182 號

（1）上圖 54 號，見《上圖》2/18A—21A。卷軸裝，4 紙半。後部如圖 1 右部所示，前後皆缺，存 131 行，行約 17 字。卷中“人”“正”“天”“證”“月（囸）”“日”“地”“聖”“初”諸字皆作武周新字，但“授”字“國”字不作武周新字。楷書。有烏絲欄。有朱色批點。原卷無題，《上圖》擬題“四分律四波羅夷法之一”，敘録稱該卷爲唐寫卷子，所用爲潢無簾紋浸蠟細麻寫經紙。

（2）津藝 182 號，見《津藝》4/1A—10B。卷軸裝，14 紙。前部如圖 1 左部所示，前缺尾全，存 386 行，行約 17 字。尾題“四分律藏卷第一初分律卷第一”。卷中“初”“人”“地”“天”“正”“日”“臣”諸字皆作武周新字，“國”字或作武周新字“圀”，亦有不作新字者。楷書。有烏絲欄。有朱色批點。《津藝》敘録稱該卷書寫年代當在唐之武周以後，所用爲厚潢楮紙。

按：上揭二號皆爲《四分律》卷一殘卷，且内容前後相承，存有綴合的可能性。比較二號共有的“分”“愍”“足”“戒”“是”“於”“財”等字，如表 1 所示，字迹似同。卷面皆有朱色批點。行款格式相同（天頭地脚等高，皆有烏絲欄，滿行皆約 17 字，行距、字距、字體大小相近），書風相近（楷書，字體端秀，筆畫舒展，橫筆兩頭較重）。由此推斷，二號確可綴合。綴合示意圖如圖 1 所示，二號不直接相連，據完整文本推算，間缺約 2 紙凡 56 行。二號綴合後，所存内容參見《大正藏》T22/568C7—575C3。

---

①敦煌文獻未定名殘片，我們的學術團隊在 2011—2012 年全面普查時曾做過系統的比定，其中包括俄藏《四分律》未定名殘卷的定名；後來張涌泉、胡方方《敦煌本〈四分律〉殘卷綴合研究》（《浙江社會科學》2015 年第 6 期）和胡方方《敦煌本〈四分律〉及其戒本寫本考》（浙江師範大學碩士學位論文，2016 年）也吸收了這次集體定名的成果。其中部分定名後來出版的《俄録》略同，可以互勘。凡上述二文已先於《俄録》作出正確定名的，本篇必要時括注“《俄録》定名同”，讀者可自行參看。

津藝 182 號（前部）　　　　　　　上圖 54 號（後部）

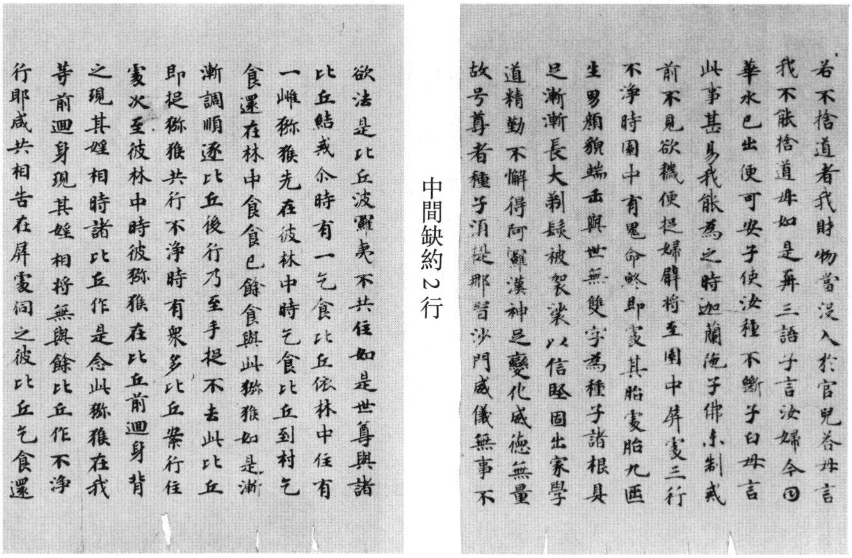

圖 1　上圖 54 號（後部）…津藝 182 號（前部）綴合示意圖

　　又按，上揭二號既可推定爲同一寫卷之撕裂，而《上圖》敘録稱上圖 54
號所用紙張爲細麻寫經紙，《津藝》敘録稱津藝 182 號所用紙張爲楮紙，恐有
一誤。至於其抄寫年代，據原卷多用武周新字推斷，當在武周當政後期。[①]《津
藝》敘録稱津藝 182 號書寫年代當在武周以後，庶幾近是；《上圖》敘録泛稱
上圖 54 號爲唐寫卷子，則失之寬泛。

表 1　上圖 54 號、津藝 182 號字迹比較表

例字　卷號	分	愍	足	戒	是	財
上圖 54 號						
津藝 182 號						

---

　　① "月"的武后新字初用"〓"（唐武后載初元年正月初八頒布），後改作"囻"（唐武后聖曆元年正月頒布），
上揭寫卷"月"皆作"囻"，又"人"皆作"〓"（頒布時間同"囻"），可知其抄寫時間必應在聖曆元年以後。
寫卷中個別字有不作新字者，如"授""國"，當屬抄手疏失。

2. 北敦 5522 號 + 北敦 5553 號 + 北敦 5321 號

（1）北敦 5522 號（北 6802；珍 22），見《國圖》74/243A—257A。卷軸裝，26 紙。後部如圖 2-1 右部所示，首全後缺，存 649 行（首紙 24 行，其餘各紙每紙 25 行），行約 17 字。首題 "尼律藏第二分卷第七"。有烏絲欄。《劫餘錄》及《索引》定作 "四分律"，《索引新編》從首題，《寶藏》擬題 "四分律卷第二十九至第三十一、一百七十八單提法之六至一百七十八單提法之七"，《國圖》擬題 "四分律二分卷七"。《國圖》條記目錄稱原卷紙高 26.5 釐米，與《大正藏》本分卷不同，爲 5—6 世紀南北朝時期楷書寫本。

（2）北敦 5553 號（北 6803；珍 53），見《國圖》75/18B—20B。卷軸裝，5 紙。前部如圖 2-1 左部所示，後部如圖 2-2 右部所示，前缺後殘，存 101 行（前四紙每紙 25 行，後紙僅存首行下部三四字的右側殘筆），行約 17 字。有烏絲欄。原卷無題，《劫餘錄》及《索引》定作 "四分律"，《寶藏》及《索引新編》擬題 "四分律卷第三十一一百七十八單提法之七"，《國圖》擬題 "四分律二分卷七"。《國圖》條記目錄稱原卷紙高 26.5 釐米，與《大正藏》本分卷不同，爲 5—6 世紀南北朝時期楷書寫本。

（3）北敦 5321 號（北 6804；光 21），見《國圖》71/272B—273B。卷軸裝，2 紙。前部如圖 2-2 左部所示，前殘尾全，存 37 行（前紙 25 行，首行下部右側略有殘損；後紙 12 行），行約 17 字。尾題 "尼律藏第二分卷第七"，後有題記 "用舻卅二張"。有烏絲欄。《劫餘錄》及《索引》定作 "四分律"，《寶藏》擬題 "四分律卷第三十一一百七十八單提法之七"，《索引新編》從尾題，《國圖》擬題 "四分律第二分卷七"。《國圖》條記目錄稱原卷紙高 26.5 釐米，與《大正藏》本分卷不同，爲 5—6 世紀南北朝時期隸書寫本。

按：上揭三號皆爲《四分律》第二分卷七殘卷，《國圖》條記目錄已指出前二號可以綴合。今謂後一號亦可與上揭二號綴合。綴合後如圖 2-1、圖 2-2 所示，三號内容前後相承，中無缺字。北敦 5553 號後接北敦 5321 號，接縫處邊緣吻合，原本分屬二號的雙行小注 "第一百七" 四字及其下的 "波" 字（此五字大部在北敦 5321 號首行，右部少許筆畫撕裂在北敦 5553 號末行）復合爲一。又三號行款格式相同（紙高皆 26.5 釐米，天頭地脚等高，完整每紙皆 25 行，

北敦 5553 號（前部）　　北敦 5522 號（後部）

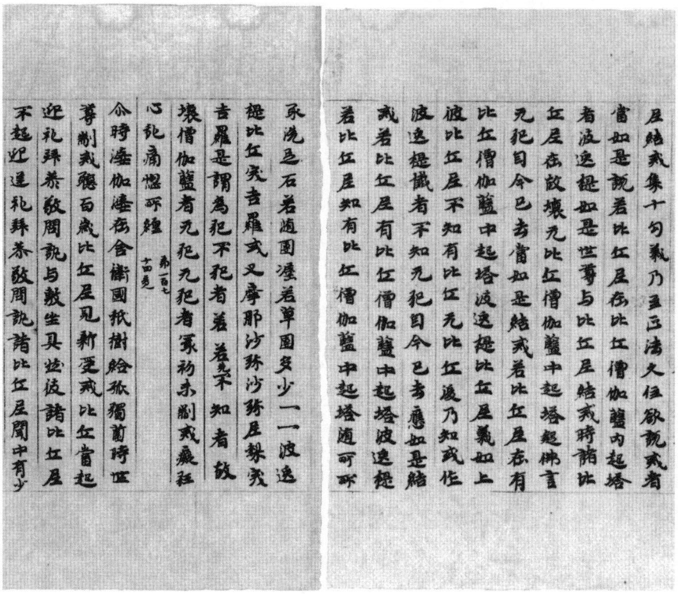
尼結戒集十句義乃至正法久住欲說戒者
當如是說若比丘尼在比丘僧伽藍內起塔
者波逸提如是世尊与比丘尼結戒時諸比
丘尼在故壞先比丘僧伽藍中起塔起佛言
先犯自今已去當如是結戒若比丘尼在有
比丘僧伽藍中起塔波逸提比丘尼義如上
彼比丘尼不知有比丘先比丘後乃知戒作
波逸提識者不知先犯自今已去應如是結
戒若比丘尼有比丘僧伽藍中起塔波逸提
若比丘尼知有比丘僧伽藍中起塔道可呵
承洗已石若適圍滲若草圍多少一一波逸
提比丘突吉羅式叉摩那沙弥沙弥尼梨突
吉羅是謂為犯不犯者若　若先不知者或
壞僧伽藍者先犯先犯者冣初未制戒癡狂
心亂痛惱所纏　第一百七十四竟
尒時婆伽婆在舍衛國祇樹給孤獨園時世
尊制戒聽百歲比丘尼見新受戒比丘當起
迎礼拜恭敬問訊与敷坐具然彼諸比丘尼
不起迎逆礼拜恭敬問訊諸比丘尼聞中有少

圖 2-1　北敦 5522 號（後部）+ 北敦 5553 號（前部）綴合圖

北敦 5321 號（前部）　　北敦 5553 號（後部）

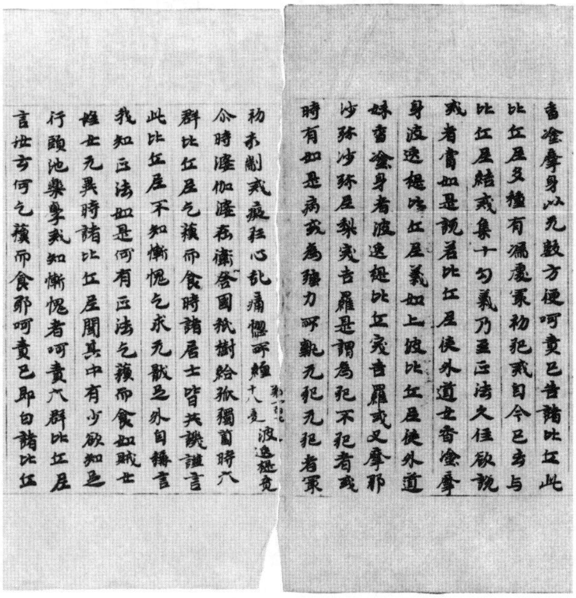
香塗摩身以先數方便呵責已告諸比丘此
比丘尼多種有漏處冣初犯戒自今已去与
比丘尼結戒集十句義乃至正法久住欲說
戒者當如是說若比丘尼使外道女香塗摩
身波逸提比丘尼義如上彼比丘尼使外道
婦香塗身者波逸提比丘突吉羅式叉摩那
沙弥沙弥尼梨突吉羅是謂為犯不犯者或
時有如是病或為强力所執先犯先犯者冣
初未制戒癡狂心亂痛惱所纏　第一百八十九竟　波逸提竟
尒時婆伽婆在舍衛國祇樹給孤獨園時六
群比丘尼乞穢而食時諸居士皆共譏嫌言
此比丘尼不知慚愧乞求无厭已外自稱言
我知正法如是何有正法乞穢而食如賊女
婬女无異時諸比丘尼聞其中有少欲知足
行頭陁樂學戒知慚愧者呵責六群比丘尼
言汝等何乞穢而食耶呵責已即白諸比丘

圖 2-2　北敦 5553 號（後部）+ 北敦 5321 號（前部）綴合圖

皆有烏絲欄，滿行皆約 17 字，行距、字距、字體大小相近），書風相近（字體端正，筆墨濃厚有力），字迹似同（比較三號共有的 "所" "孤" "六" "惱" "一" 等字及 "犭" "丶" 的寫法，如表 2 所示）。三號綴合後，該卷首尾完整，正好合於尾題 "用昬卅二張" 之數，所存内容參見《大正藏》T22/768C9—778B13。

表 2　北敦 5522 號、北敦 5553 號、北敦 5321 號字迹比較表

例字／卷號	所	孤	六	惱	一	犭	丶
北敦 5522 號							
北敦 5553 號							
北敦 5321 號							

又，三號既可綴合爲一，而《國圖》條記目録稱北敦 5522 號與北敦 5553 號爲楷書，北敦 5321 號爲隸書，顯有不妥。總體而言，雖原卷個别字形帶有隸意，但仍以定作楷書或隸楷爲妥。

3. 北敦 11685 號 + 北敦 7434 號

（1）北敦 11685 號（北臨 1814），見《國圖》110/19B。卷軸裝殘片。如圖 3 右部所示，存 3 殘行，行約 17 字。首行題 "四分律藏卷第卅一第三分卷第五衣犍度卷之三"。有烏絲欄。《國圖》題 "四分律（異卷）卷四一"，條記目録稱原卷紙高 25.5 釐米，與《大正藏》本分卷開闊不同，爲 7—8 世紀唐楷書寫本。

（2）北敦 7434 號（北 6808；官 34），見《國圖》97/47B—48B。卷軸裝，2 紙。前部如圖 3 左部所示，前殘後缺，存 52 行（首行僅存中下部約 10 字的

左側殘筆），行約 17 字。有烏絲欄。卷中多有殘洞。原卷無題，《劫餘録》及《寶藏》《索引新編》定作"四分律卷四一衣犍度之三"，《國圖》定作"四分律卷四一"。《國圖》條記目録稱原卷紙高 25.4 釐米，爲 8—9 世紀吐蕃統治時期楷書寫本。

　　按：上揭二號皆爲《四分律》卷四一第三分衣犍度之三殘卷，且二號内容前後相承，可以綴合。綴合後如圖 3 所示，上下界欄欄綫相接，接縫處原本分屬二號的"與瞻""佛"三字皆得大致拼合完整。又二號行款格式相同（紙高近同，皆有烏絲欄，滿行皆約 17 字，行距、字距、字體大小相近），書風相近（楷書，捺筆較長，末筆較重），字迹似同（比較二號共有的"衣""三""有""知"等字），可以參證。二號綴合後，相應内容參見《大正藏》T22/862B3—863A2。

北敦 7434 號（前部）　　　　　　　　北敦 11685 號

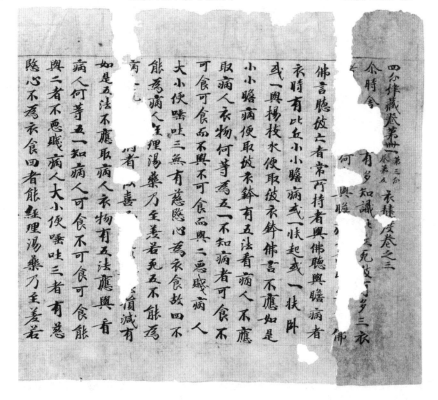

圖 3　北敦 11685 號＋北敦 7434 號（前部）綴合圖

又，上揭二號既可綴合爲一，而《國圖》條記目録稱北敦 11685 號爲 7—8 世紀唐寫本，北敦 7434 號爲 8—9 世紀吐蕃統治時期寫本，斷代不一，宜再斟酌。

4. 俄敦 4471 號 + 俄敦 4110 號

（1）俄敦 4471 號，見《俄藏》11/243B。卷軸裝殘片。如圖 4 上部所示，存 11 殘行，行存中上部 4—17 字。楷書。有烏絲欄。原卷無題，《俄藏》未定名。

（2）俄敦 4110 號，見《俄藏》11/144A。殘片。如圖 4 下部所示，存 6 殘行（末行僅存下部 2 字右側殘點），行存下部 2—5 字。楷書。有烏絲欄。原卷無題，《俄藏》未定名。

按：據殘存文字推斷，上揭二號應皆爲《四分律》卷四三藥揵度之二殘片（《俄録》定名同），且其内容前後相承，可以綴合。綴合後如圖 4 所示，接縫處邊緣吻合，原本分屬二號的“故聽”“手”“等”“佛”五字皆得合成完璧。又二號行款格式相同（皆有烏絲欄，行距、字距、字體大小相近），書風相近（楷書，字體規整而略顯拘謹），字迹似同（比較二號共有的“食”“言”“水”“可”“比”等字），可資參證。二號綴合後，所存内容參見《大正藏》T22/876B15—876B27。

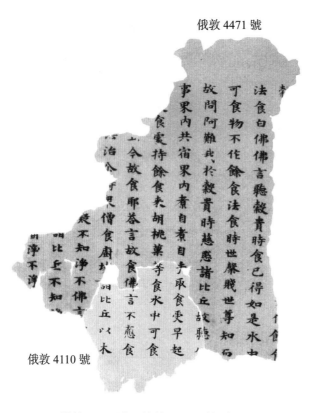

俄敦 4471 號

俄敦 4110 號

圖 4　俄敦 4471 號 + 俄敦 4110 號綴合圖

5. 俄敦 3431 號 + 俄敦 3741 號

（1）俄敦 3431 號，見《俄藏》10/293B。卷軸裝殘片。如圖 5 右部所示，存 6 殘行，行存中上部 6—11 字。楷書。有烏絲欄。原卷無題，《俄藏》擬題"四分律比丘尼犍度之下"。

（2）俄敦 3741 號，見《俄藏》11/37B。殘片。如圖 5 左部所示，存 5 殘行，行存中上部 3—10 字。楷書。有烏絲欄。原卷無題，《俄藏》未定名，《曾良》擬題"《四分律》卷第四十九比丘尼揵度之下"。

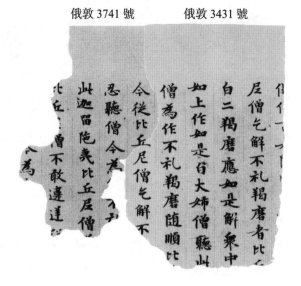

俄敦 3741 號　　俄敦 3431 號

圖 5　俄敦 3431 號 + 俄敦 3741 號綴合圖

按：據殘存文字推斷，上揭二號應皆爲《四分律》卷四九比丘尼犍度之下殘片。據完整文本推算，滿行皆約 17 字。二號內容前後相承，可以綴合。綴合後如圖 5 所示，俄敦 3741 號首行與俄敦 3431 號末行上下相接，接縫處邊緣吻合，原本分屬二號的"丘"字得成完璧，橫縱烏絲欄亦可對接。又二號行款格式相同（天頭等高，皆有烏絲欄，滿行皆約 17 字，行距、字距、字體大小相近），字迹書風似同，可資參證。二號綴合後，所存內容參見《大正藏》T22/928B18—929B28。

6. 北敦 10183A 號 + 北敦 13664 號 + 北敦 10198 號

（1）北敦 10183A 號（北臨 312），見《國圖》107/170A。共 13 塊卷軸裝小殘片，其中 1 片無字，其餘各片存 1—10 殘字不等。第 1 片、第 4 片如圖 6-1 及圖 6-2 右下部所示。有烏絲欄。原卷無題，《國圖》擬題"四分律卷六〇"，條記目錄稱這組殘片與北敦 10198 號原爲同卷，爲 9—10 世紀歸義軍時期楷書寫本。

圖 6-1　北敦 10183A 號《國圖》圖版局部

（2）北敦 13664 號（北臨 3793），見《國圖》112/268B—269B。卷軸裝，3 紙，另有殘斷小殘片，粘貼在卷首。局部如圖 6-2 及圖 6-3 右部所示，前後皆殘，存 61 行，行約 17 字。有烏絲欄。通卷下部殘損嚴重。原卷無題，《國圖》擬題“四分律卷六〇”，條記目録稱該卷爲 8—9 世紀吐蕃統治時期楷書寫本。

（3）北敦 10198 號（北臨 327），見《國圖》107/177B。卷軸裝殘片。如圖 6-3 左下部所示，存 4 行，行存中下部 2—13 字。有烏絲欄。原卷無題，《國圖》擬題“四分律卷六〇”，條記目録稱該殘片與北敦 10183A 號原爲同卷，爲 8—9 世紀吐蕃統治時期楷書寫本。

按：上揭三號皆爲《四分律》卷六十殘卷，《國圖》條記目録已指出北敦 10183A 號殘片與北敦 10198 號殘片原爲同卷，其是。但此二號内容并不相連，中間還隔著北敦 13664 號。比勘《大正藏》本，北敦 10183A 號存有二字以上各殘片在經文中的順序依次爲第 12 片、第 5 片、第 8 片、第 3 片、第 2 片、第 6 片、第 4 片、第 1 片，其中前六片所存字句均在北敦 13664 號之前，難以直接相接，兹姑不論；後二片則爲北敦 13664 號前段下部脱落的殘片，可以綴合。綴合後如圖 6-2 所示，北敦 10183A 號第 4 片所存字句在北敦 13664 號游離的小殘片“中告”之次行；北敦 10183A 號第 1 片所存二殘行則上接北敦 13664 號主體部分第七、八兩行，可以直接綴合（其中後一行接縫處的“不”字上部在北敦 13664 號，下部在北敦 10183A 號第 1 片，二號拼合，其字基本完整），内容上下相接。根據北敦 13664 號每行首字及下文所存完整行數，對照《大正藏》本（相應文字見《大正藏》T22/1012C19—1013A1），可以推知原卷行約 17 字，北敦 10183A 號第 4 片、第 1 片與北敦 13664 號綴合後可按

北敦 13664 號（前部）

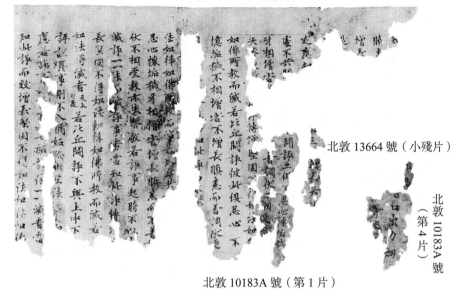

北敦 13664 號（小殘片）

北敦 10183A 號（第 4 片）

北敦 10183A 號（第 1 片）

圖 6-2　北敦 10183A 號 + 北敦 13664 號（前部）綴合圖

北敦 13664 號（後部）

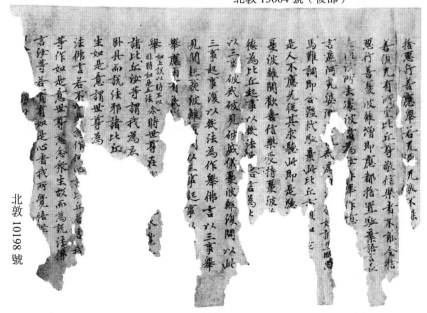

北敦 10198 號

圖 6-3　北敦 13664 號（後部）+ 北敦 10198 號綴合圖

行校補復原如下（綴合後殘卷殘存文字加粗表示）：

爾時世尊在不尸城林**中，告諸比丘言**：若

比丘所在之處，莫鬪諍共相罵詈，**口出刀劍，**

互求長短。憶之不樂，況能住彼。☒（**汝**）**等**☒（**決**）**定應**

知三法疾滅，應知三法增長。何等三？念出離、念無

瞋☒（**恚**）、**念無嫉妬，此三事疾斷滅。何等三法？遂**

增長貪欲念、瞋恚念、嫉妬念，此三法增長。

☒☒（**是**）**故所在之處，若**鬪諍共相罵詈，口出刀劍，

互求長短，憶之不樂，況能住彼。是故汝等決

定應☒（**知**）**三法損**☒（**減**）、**三法增長。若**☒（**比**）**丘所在之**

處，不共☒（**鬪**）**諍；其有**鬪諍，二☒☒（**俱不**）**忍。心懷垢穢，**

牙（**互**）**相憎害，**☒（**增**）**長瞋恚，不善調伏，不相受教，亦**

　　又，北敦 13664 號與北敦 10198 號內容前後相承，可以綴合。綴合後如圖 6-3 所示，北敦 13664 號後四行順序與北敦 10198 號所存四殘行上下相接，其中第二行原本分屬二號的"意"字得成完璧。又上揭三號行款格式相同（皆有烏絲欄，滿行皆約 17 字，行距、字距、字體大小相近），字迹似同（比較三號共有的"心""作""是""有"等字），書風相近（楷書，書寫有連筆，橫豎筆起筆較重），可資參證。後二號及前一號第 4 片、第 1 片綴合後，相應內容參見《大正藏》T22/1012C19—1013C1。

　　又，《國圖》條記目録既稱北敦 10183A 號與北敦 10198 號殘片原爲同卷，又稱北敦 10198 號爲 8—9 世紀吐蕃統治時期寫本，北敦 10183A 號爲 9—10 世紀歸義軍時期寫本，斷代不一，顯有不當，宜斟酌統一。

卷號簡目

　　根據對已刊布文獻的普查以及上述綴合成果，梳理出敦煌《四分律》寫本卷號如下：[①]

卷一　伯3001號背1、傅圖29A號、傅圖29號、上圖54號…津藝182號；

卷二　北敦11271號；

卷三　北敦14668號（異本）[○]、俄敦1630A號；

卷四　北敦7413號、俄弗325號、俄敦4729號[*]；

卷五　北敦5822號[○]、伯6012號；

卷六　北敦3667號（兌廢稿）、北敦14149號（異本）、俄敦8870號[*]、斯1415號[○]；

卷七　<u>北敦5522號＋北敦5553號</u>＋北敦5321號、北敦15438號背；

卷九　北敦2960號；

卷一○　北敦7604號（異本）、斯287號（異本）、斯984號；

卷一一　北敦6024號、斯1895號、斯1937號；

卷一二　北敦5335號；

卷一三　羽237號[○]；

卷一四　北敦6011號[○]、北敦14505號（異本）；

卷一五　北敦1605號、斯4867號；

卷一七　北敦6101號（兌廢稿）、北敦8103號、俄敦3523號、斯2795號、斯6749號；

卷一八　俄敦3386號、俄敦4687號[*]；

卷一九　斯7039號、斯7049號；

卷二○　俄敦5662號[*]、俄敦5854號[*]；

卷二一　俄敦5258號[*]；

卷二二　俄敦5342號[*]、斯11026-2號[*]；

卷二三　俄敦8892號[*]、斯6862號、斯8966號[*]、斯10626號[*]、斯11687號[*]、斯11706號[*]；

卷二四　斯6366號[○]、斯6862號；

卷二六　北敦1832號（異本）[○]；

卷二七　北敦2239號（異本）、俄敦583號背；

卷二八　斯4036號、斯4896號、斯11920號[*]、斯12666號[*]；

卷二九　伯 3560 號、斯 9077 號 *；

卷三〇　伯 3340 號、斯 8475 號 *；

卷三一　北敦 11696 號、斯 3898 號、青島博物館 2 號（異本）；

卷三二　北敦 3675 號（兌廢稿）、北敦 3677 號（兌廢稿）、斯 9073 號 *；

卷三五　俄敦 7039 號 *、俄敦 8838 號 *、斯 9511 號 *；

卷三六　北敦 5330 號（兌廢稿）、俄敦 10130 號 *；

卷三七　俄敦 7989 號 *；

卷三八　俄敦 2077 號、俄敦 8203 號 *；

卷三九　俄敦 3446 號；

卷四〇　俄敦 12460 號 *、斯 2793 號；

卷四一　北敦 11685 號（異本）+ 北敦 7434 號；

卷四二　北敦 14038 號°（異本）、敦研 32 號；

卷四三　北敦 10311 號、俄敦 4471 號 *+ 俄敦 4110 號 *、俄敦 9710 號 *、俄敦 12723 號 *、俄敦 12887 號 *、斯 510 號（異本）；

卷四四　北敦 148 號、北敦 2009 號（兌廢稿）；

卷四五　北敦 9726 號、斯 9863 號 *、斯 9910 號 *；

卷四七　北敦 9436 號（異本）、俄敦 3233 號、俄敦 5242 號 *、俄敦 10767 號 *；

卷四八　俄敦 4201 號 *、甘博 39 號°；

卷四九　北敦 10182 號、北敦 14940-1 號（異本）、俄敦 29 號、俄敦 3431 號 + 俄敦 3741 號、俄敦 3613 號、俄敦 6874 號 *、俄敦 7128 號 *、俄敦 8927 號 *、俄敦 14959 號 *、俄敦 18695 號 *；

卷五〇　斯 3971 號；

卷五二　斯 969 號；

卷五四　斯 11026-3 號 *；

卷五五　北敦 7278 號（兌廢稿）、斯 12224 號 *；

卷五六　斯 6636 號°；

卷五七　北敦 14519 號°（異本）；

卷五八　傅圖 30 號；

卷五九　北敦 5479 號（兌廢稿）、伯 2521 號○；

卷五九—卷六○　斯 4104 號；

卷六○　北敦 5309 號（兌廢稿）、北敦 6249 號、北敦 10123 號、北敦 10183A 號＋北敦 13664 號＋北敦 10198 號、北敦 12169 號、斯 1970 號、斯 12987 號*；

護首　即斯 10980 號*、北敦 12430 號、北敦 12443 號、北敦 12454 號、北敦 12480 號、北敦 12596 號、北敦 12646 號、北敦 12686 號、北敦 12888 號、北敦 12963 號、北敦 13164 號、北敦 15378 號；

不明卷目　伯 2280 號背 1、伯 3148-2 號、伯 3148 號背。

二十、四分律比丘戒本

《四分律比丘戒本》，或稱《四分戒本》，一卷，題後秦三藏佛陀耶舍譯、唐西太原寺沙門懷素集并序。本書係懷素在《四分律》及佛陀耶舍譯《四分僧戒本》的基礎上修改而成，故文句多有雷同。書中涉及比丘衣食住行等各個方面的戒條，爲比丘的行爲規範提供了重要的參考。歷代大藏經皆有收錄。

經對業已刊布圖版的全面普查，敦煌文獻中共有《四分律比丘戒本》209號，包括：國圖藏 100 號，英藏 44 號，法藏 12 號，俄藏 40 號，散藏 13 號，其中整卷完整者僅 4 號，分別爲：北敦 6228 號、北敦 14040 號、中國書店 67號、羽 562 號，其餘 205 號皆有不同程度的殘損。[①] 目前僅見前賢將該經 2 號綴合爲 1 組，見《國圖》條記目錄，即北敦 5649 號 + 北敦 5392 號。

本次補綴 1 組，新綴 15 組，共計將 45 號綴合爲 16 組。

1. 俄敦 10768 號 + 俄敦 2419 號

（1）俄敦 10768 號，見《俄藏》15/42A。卷軸裝殘片。如圖 1 右側所示，存 5 行（末行僅存二三字右側殘筆），行約 20 字。楷書。有烏絲欄。原卷無題，《俄藏》未定名，《俄錄》定作佛陀耶舍譯《四分僧戒本》。

（2）俄敦 2419 號，見《俄藏》9/193B。卷軸裝殘片。如圖 1 左側所示，存 12 行，行約 19 字。楷書。有烏絲欄。原卷無題，《孟錄》及《俄藏》定作"四分律比丘戒本"。《孟錄》考定爲 9—11 世紀寫本。

---

① 敦煌文獻未定名殘片，我們的學術團隊在 2011—2012 年全面普查時曾做過系統的比定，其中包括俄藏《四分比丘戒本》未定名殘卷的定名。後來黃沚青、胡方方《敦煌本〈四分律比丘戒本〉殘卷綴合研究》（《古漢語研究》2018 年第 4 期）和胡方方《敦煌本〈四分律〉及其戒本寫本考》（浙江師範大學碩士學位論文，2016 年）也吸收了這次集體定名的成果。其中部分定名後來出版的《俄錄》略同，可以互勘。凡上述二文已先於《俄錄》作出正確定名的，本篇必要時括注 "《俄錄》定名同"，讀者可自行參看。

　　按：據殘存文字判斷，前號亦應爲《四分律比丘戒本》殘片，且二號内容前後相承，可以綴合。綴合後如圖 1 所示，接縫處邊緣吻合，俄敦 2419 號首行"憶""懺悔"三字及"故"字右下側行間旁補的"忘（妄）"字右側有少許筆畫撕裂在俄敦 10768 號，二號拼合，此四字皆得成完璧。二號框高似同，但俄敦 2419 號天頭地脚明顯較俄敦 10768 號低，則應係後人修復截剪使然。又二號行款格式相同（皆有烏絲欄，行距、字距、字體大小相近），字迹似同（比較二號共有的"諸""大""德""今""我"等字），書風相近（字體方正，筆墨均匀），可資參證。二號綴合後，相應内容參見《大正藏》T22/1015B21—1015C14。

俄敦 2419 號

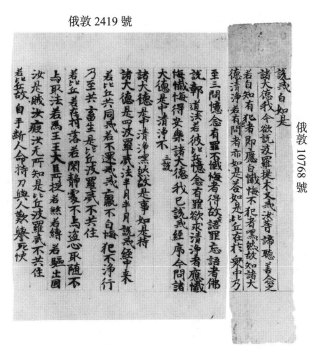

圖 1　俄敦 10768 號 + 俄敦 2419 號綴合圖

　　又按，《俄録》後一號仍從《俄藏》題"四分律比丘戒本"，前一號則定作"四分僧戒本"，今既知此二號可綴合爲一，則必有一誤。《四分律比丘戒本》或源出《四分僧戒本》，文句確多有相同，但此二號綴合後與《四分律比丘戒本》基本相同，而與《四分僧戒本》出入較大，《俄録》前一號定名不可從。

2. 北敦 8206 號背 + 北敦 11681 號

（1）北敦 8206 號背（北 7254；服 6），見 IDP，另見《國圖》101/216—225。正面抄《圓明論》，背抄本篇。卷軸裝，前殘後缺，後部如圖 2 右部所示，存 8 紙 226 行，行約 25 字。卷面有校改標記。原卷無題，《劫餘錄》及《國圖》等定作 "四分律比丘戒本"。《國圖》條記目錄稱原卷紙高 27.3 釐米，爲 7—8 世紀唐楷書寫本。

（2）北敦 11681 號（北臨 1810），見《國圖》110/17B。卷軸裝殘片，如圖 2 左部所示，存 23 行（前 4 行上殘，後 7 行下殘），行約 25 字。卷面有校改標記。原卷無題，《國圖》擬題 "四分律比丘戒本"，條記目錄稱原卷紙高 27.4 釐米，爲 8—9 世紀吐蕃統治時期楷書寫本。

北敦 11681 號（前部）　　　　　　　　北敦 8206 號背（後部）

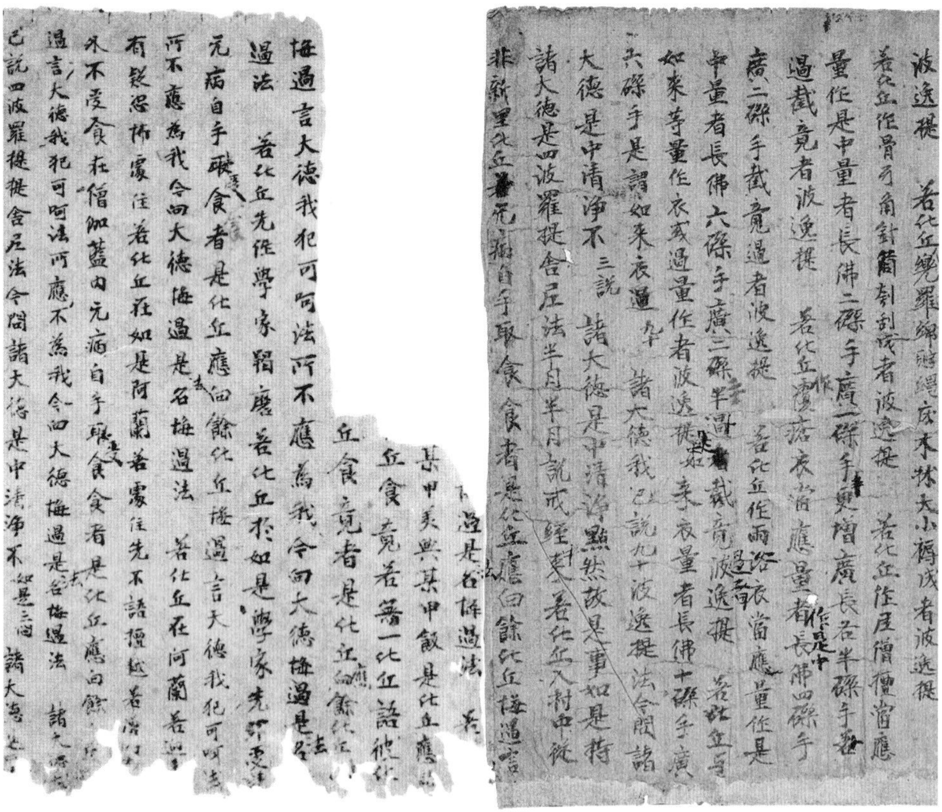

圖 2　北敦 8206 號背（後部）+ 北敦 11681 號（前部）綴合圖

按：上揭二號皆爲《四分律比丘戒本》殘卷，且其内容前後相承，可以綴合。綴合後如圖 2 所示，接縫處邊緣吻合，原卷補抄於行間的"是法名悔過法"句的前一"法"字撕裂在二號，拼合後得以復合爲一。又二號行款格式相同（紙高接近，行距、字距、字體大小相近），字迹似同（比較二號共有的"比""无""衣""大""手""當"等字，參表 1），書風相近，可資參證。二號綴合後，所存内容參見《大正藏》T22/1015B24—1021A15。

表 1　北敦 8206 號背、北敦 11681 號字迹比較表

卷號＼例字	比	無	衣	大	手	當
北敦 8206 號背	比	无	衣	大	手	當
北敦 11681 號	比	无	衣	大	手	當

不過，此戒本北敦 11681 號抄在正面，而背面似乎没有文字，北敦 8206 號正面抄《圓明論》，戒本的内容却抄在背面，存在不一致之處。又《國圖》條記目録稱北敦 8206 號背爲 7—8 世紀唐寫本，北敦 11681 號爲 8—9 世紀吐蕃統治時期寫本，抄寫時代判定不一。假如此二號可以綴合，以上矛盾疑惑之處仍需進一步釐清。

3. 斯 8824 號＋斯 6767 號

（1）斯 8824 號，見 IDP。卷軸裝殘片。如圖 3 右部所示，存 3 行，行約 20 字。楷書。有烏絲欄。原卷無題，IDP 未定名。

（2）斯 6767 號（翟 4169），見《寶藏》51/373B—385B。卷軸裝，前部如圖 3 左部所示，前缺尾全，存 525 行，行約 20 字。尾題"四分戒本"，後有題記"酉年五月五日沙弥福愛寫記"。楷書。有烏絲欄。

按：上揭二號皆爲《四分律比丘戒本》殘卷，二號内容於"半月半月説戒經中來／若比丘共比丘同戒"句前後相接，中無缺字，存有綴合的可能性。比較二號共有的"是""大""諸""持""故""夷"等字，如表 2 所示，字迹似同。且二號行款格式相同（皆有烏絲欄，滿行皆約 20 字，行距、字距、字

體大小相近），書風相近（字體方正，筆墨勻稱）。由此推斷，此二號確可綴合，綴合後如圖 3 所示，所存內容參見《大正藏》T22/1015C1—1023A10。

斯 6767 號（前部）

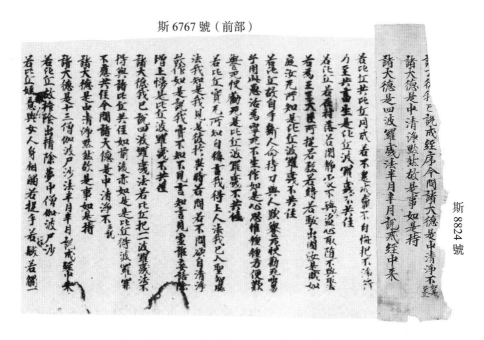

斯 8824 號

圖 3　斯 8824 號＋斯 6767 號（前部）綴合圖

表 2　斯 8824 號、斯 6767 號字迹比較表

卷號　　例字	是	大	諸	持	故	夷
斯 8824 號	是	大	諸	持	故	夷
斯 6767 號	是	大	諸	持	故	夷

4. 斯 10119 號＋斯 8814 號

（1）斯 10119 號，見 IDP。殘片。如圖 4 上部所示，存 6 殘行（首行僅存若干字左側殘筆），行存上部約 8 字。楷書。有烏絲欄。原卷無題，IDP 未定名。

（2）斯8814號，見IDP。殘片。如圖4下部所示，存6殘行，行存下部約10字。楷書。有烏絲欄。原卷無題，IDP未定名。

按：據殘存文字判斷，此二號應皆爲《四分律比丘戒本》殘片，且二號内容前後相承，可以綴合。綴合後如圖4所示，二號上下相接，接縫處邊緣吻合，原本分屬二號的"我""增"二字皆得成完璧，縱向烏絲欄亦可對接。又二號行款格式相同（皆有烏絲欄，行距、字距、字體大小相近），字迹似同（比較二片共有的"是""不""見"等字），書風相近（字體方正，筆墨匀稱），可資參證。二號綴合後，相應内容參見《大正藏》T22/1015C17—1016A1。

5. 俄敦11582（2—1）號…俄敦12029號…俄敦6657號…俄敦11582（2—2）號

（1）俄敦11582號，見《俄藏》15/259。此號包含二殘片，《俄藏》圖版已將二片並置：俄敦11582（2—1）號，如圖5右上部所示，存17殘行（末行僅存1字右側殘筆），行存上部1—9字；俄敦11582（2—2）號，如圖5左上部所示，存14殘行，行存上部2—10字。楷書。有烏絲欄。原卷無題，《俄藏》未定名。

（2）俄敦12029號，見《俄藏》16/25A。卷軸裝殘片。如圖5右下部所示，存6殘行，行存下部5字。楷書。有烏絲欄。原卷無題，《俄藏》未定名。

（3）俄敦6657號，見《俄藏》13/167A。卷軸裝殘片。如圖5中上部所示，存7殘行，行存中上部4—9字。楷書。有烏絲欄。原卷無題，《俄藏》未定名。

按：據殘存文字判斷，上揭三號應皆爲《四分律比丘戒本》殘片（《俄錄》定名同），且其内容前後相接或相近，可以綴合。綴合後如圖5所示，俄敦11582（2—1）號與俄敦11582（2—2）號并不直接相連，中間可補入俄敦6657號；俄敦11582（2—1）號與俄敦6657號左右相接，接縫處邊緣吻合，

斯10119號

斯8814號

圖4　斯10119號+
斯8814號
綴合圖

原本分屬二號的"丘作是語者僧""若"七字皆得成完璧；俄敦 6657 號與俄敦 11582（2—2）號不能直接相連，據内容基本完整的異本斯 6526 號推算，其間約缺 3 行；俄敦 11582（2—1）號第 10—15 行與俄敦 12029 號所存 6 行内容上下相承，但并不直接相連，其間每行約缺 2—4 字。又三號行款格式相同（皆有烏絲欄，行距、字距、字體大小相近），字迹似同（比較二號共有的"若""无""比""丘""婆"等字，如表 2 所示），書風相近（字體方正，筆墨均匀），可資參證。上揭三號綴合後，存文起"持女意語男"句"意語"二字左半，訖"彼比丘應三諫"句"彼比"二字右側殘形，相應内容參見《大正藏》T22/1016A15—1016B26。

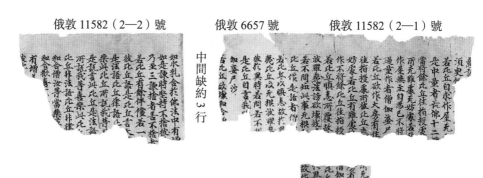

圖 5　俄敦 11582（2-1）號…俄敦 12029 號…俄敦 6657 號…俄敦 11582（2-2）號綴合示意圖

表 2　俄敦 11582 號、俄敦 6657 號、俄敦 12029 號字迹比較表

例字 卷號	若	無	比	丘	婆
俄敦 11582 號	若	无	比	丘	婆
俄敦 6657 號	若	无	比	丘	婆
俄敦 12029 號	若	无	比	丘	婆

6. 北敦 10561 號 + 北敦 12206 號

（1）北敦 10561 號（北臨 690），見《國圖》108/26B。卷軸裝殘片。如圖 6 上部所示，存 10 行，行存中部 8—12 字。有烏絲欄。原卷無題，《國圖》擬題"四分律比丘戒本"，條記目錄稱該卷爲 8—9 世紀吐蕃統治時期楷書寫本。

（2）北敦 12206 號（北臨 2335），見《國圖》110/325B。卷軸裝殘片。如圖 6 下部所示，存 9 行，行存中部 4—9 字。有烏絲欄。原卷無題，《國圖》擬題"四分律比丘戒本"，條記目錄稱該卷爲 8—9 世紀吐蕃統治時期楷書寫本。

按：上揭二號皆爲《四分律比丘戒本》殘卷，且其內容前後相承，可以綴合。綴合後如圖 6 所示，二號上下相接，接縫處邊緣吻合，原本分屬二號的"若""法""喜""德""同"五字皆得拼合完整。又二號行款格式相同（皆有烏絲欄，行距、字距、字體大小相近），字迹似同（比較二號共有的"比""丘""律""語"等字），書風相近（字體方正，筆墨均勻），可資參證。二號綴合後，所存內容參見《大正藏》T22/1016B11—1016B29。

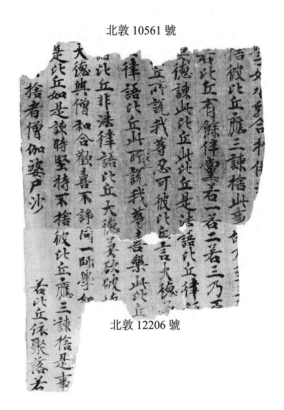

北敦 10561 號

北敦 12206 號

圖 6　北敦 10561 號 + 北敦 12206 號綴合圖

7. 北敦 11680 號 + 北敦 11492 號 + 伯 5589（3）號 + 北敦 11676 號

（1）北敦 11680 號（北臨 1809），見《國圖》110/17A。卷軸裝殘片。如圖 7 右上部所示，存 15 殘行，行存上部 9—18 字。有烏絲欄。原卷無題，《國圖》擬題"四分律比丘戒本"，條記目錄稱該卷爲 8—9 世紀吐蕃統治時期楷書寫本。

（2）北敦 11492 號（北臨 1621），見《國圖》109/234A。卷軸裝殘片。如圖 7 右下部所示，存 12 殘行，行存中部 8—12 字。楷書。有烏絲欄。原卷無題，《國圖》擬題"四分律比丘戒本"，條記目録稱該卷爲 7—8 世紀唐楷書寫本。

（3）伯 5589（3）號，見 IDP，另見《法藏》34/298A。卷軸裝殘片，如圖 7 右中部所示，存 5 殘行，行存中部 5—6 字。楷書。有烏絲欄。原卷無題，《索引新編》及《法藏》擬題"四分律比丘戒本"。

（4）北敦 11676 號（北臨 1805），見《國圖》110/15A。卷軸裝殘片，如圖 7 左部所示，存 12 殘行（首行僅存中部若干字左側殘筆，前 4 行下部有殘缺），行約 30 字。楷書。有烏絲欄。原卷無題，《國圖》擬題"四分律比丘戒本"，條記目録稱該卷爲 9—10 世紀歸義軍時期楷書寫本。

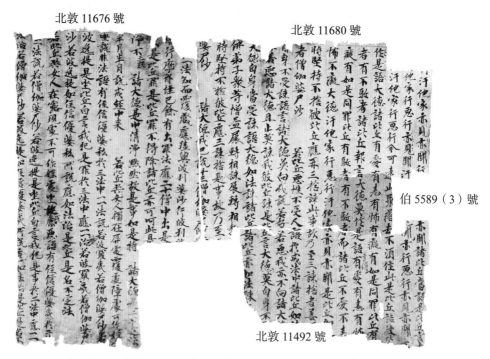

圖 7　北敦 11680 號＋北敦 11492 號＋伯 5589（3）號＋
北敦 11676 號綴合圖

按：上揭四號皆爲《四分律比丘戒本》殘卷，且其內容前後相承，可以綴合。綴合後如圖 7 所示，諸相鄰二號接縫處邊緣吻合，縱向烏絲欄亦可對接。伯5589（3）號所存殘行與北敦11680號3—7行上下左右相接，接縫處原本分屬二號的"遠""有""言""者""惡行""汙"七字皆得成完璧。伯5589（3）號又與北敦11492號3—7行上下相接，接縫處原本分屬二號的"有""是""者""家"四字皆得拼合完整。又北敦11680號第8—12行與北敦11492號第8—12行上下相接，接縫處原本分屬二號的"語""若""比丘""諸"五字亦得合成完璧。又北敦11680號與北敦11676號左右相接，内容前後相承，接縫處原本分屬二號的"諸大德我已説十三僧伽婆尸沙法"14字亦得拼合完整。又四號行款格式相同（皆有烏絲欄，行距、字距、字體大小相近），字迹似同（比較四號共有的"不""大""德"等字），書風相近，可資參證。四號綴合後，所存内容參見《大正藏》T22/1016B29—1017A10。

又，上揭四號既可綴合爲一，而《國圖》條記目録稱北敦11680號爲8—9世紀吐蕃統治時期寫本，北敦11492號爲7—8世紀唐寫本，北敦11676號爲9—10世紀歸義軍時期寫本，斷代不一，宜再斟酌。

8. 北敦5532號 + 北敦5580號

（1）北敦5532號（北6861；珍32），見《國圖》74/288B—289A。卷軸裝，3紙。後部如圖8右部所示，前後皆殘，存35行（前紙2行，次紙28行，末紙5行；末行僅存右部殘形），行約17字。有烏絲欄。原卷無題，《劫餘録》及《寶藏》《索引》《索引新編》定作《四分律比丘戒本》；《國圖》改題"四分僧戒本"，條記目録稱原卷紙高26.2釐米，爲8—9世紀吐蕃統治時期楷書寫本。

（2）北敦5580號（北6866；珍80），見《國圖》75/123B。卷軸裝，1紙。前部如圖8左部所示，前後皆殘，存24行，行約17字。有烏絲欄。原卷無題，《劫餘録》及《寶藏》《索引》《索引新編》定作《四分律比丘戒本》；《國圖》改題"四分僧戒本"，條記目録稱原卷紙高26.3釐米，爲8—9世紀吐蕃統治時期楷書寫本。

按：《四分律比丘戒本》與《四分僧戒本》皆由《四分律》別譯或集録而成，文句多有相同或相近者，故給相關殘卷定名時，必須慎之又慎。上揭二號《國圖》皆擬題作《四分僧戒本》，其實不然。經仔細比勘，此二號所存文句與《四

北敦 5580 號（前部）　　　　　　　北敦 5532 號（後部）

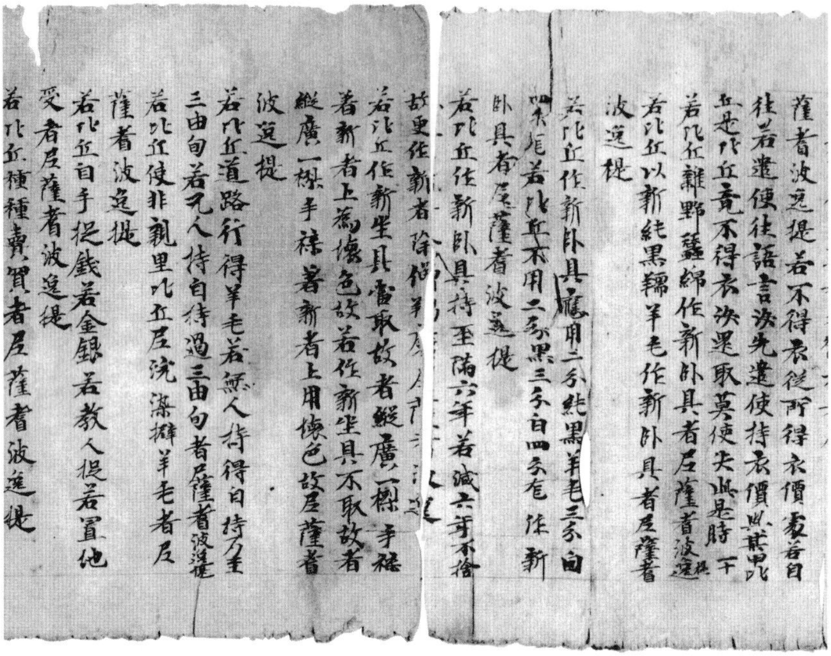

圖 8　北敦 5532 號（後部）＋ 北敦 5580 號（前部）綴合圖

分律比丘戒本》大抵相同，而與《四分僧戒本》則頗有差異。如北敦 5532 號
"與比丘辦衣價，持如是衣價買如是衣"，《四分律比丘戒本》同，而《四分
僧戒本》作"與比丘辦如是衣價，我曹辦如是衣價"；又如北敦 5580 號"若
比丘自手捉錢、若金、銀，若教人捉，若置地受者"，《四分律比丘戒本》同，
而《四分僧戒本》作"若比丘自手取金銀若錢，若教人取，若口可受者"。類
似情況多見，不贅舉。據此，上揭二號應據《劫餘錄》等定作《四分律比丘
戒本》殘卷①。進而論之，此二號內容前後相承，實爲同一寫卷之撕裂，可以

① 此二號也有個別字句與傳本《四分律比丘戒本》不同而反與《四分僧戒本》相同者，如北敦 5532 號"是
比丘先不受自恣請，到二居士家，作如是言"，首句《四分僧戒本》同，而《四分律比丘戒本》"受"後多"居士"
二字。又如北敦 5580 號"作新坐具，當取故者，縱廣一磔（搩）手，褋著新者上"（"磔"字《大正藏》本《四
分律比丘戒本》《四分僧戒本》皆作"磔"，後者校記稱宋、元、明等本作"搩"），其中的"褋"字《大正藏》
本《四分律比丘戒本》《四分僧戒本》皆作"帖"，後者校記稱宋、元、明等本作"褋"，"褋"即"褋"字異寫（避
唐李世民諱改寫），則敦煌本與《四分僧戒本》異本同。不過這種差異往往與傳抄或傳刻造成的文字訛變增衍有關，
不涉及文句大的變化。

綴合。綴合後如圖8所示，二號左右相接，接縫處邊緣吻合，原本分屬二號的"故更作新者除"六字得以合成完璧。又北敦5532號末紙5行，北敦5580號首紙24行，二號拼合後正好合於整紙28行之數。又二號行款格式相同（紙高近同，天頭地腳等高，皆有烏絲欄，滿行皆約17字，行距、字距、字體大小相近），字迹似同（比較二號所共有的"若""比""丘""作"等字），書風相近，可資參證。上揭二號綴合後，存文起"爲比丘辦衣價"句前三字左側殘形，訖"乃至一食直，若得衣者，尼薩耆波逸提"句，相應内容參見《大正藏》T22/1017B11—1018A15。

9.北敦7036號+俄敦612號

（1）北敦7036號（北6868；龍36），見《國圖》95/52A—52B。卷軸裝，2紙。後部如圖9右部所示，前後皆殘，存48行（首紙31行，後紙17行；後4行上部有殘損，末行僅存下端約6字右側殘筆），行約24字。有烏絲欄。原卷無題，《劫餘録》及《國圖》等擬題"四分律比丘戒本"。《國圖》條記目録稱該卷爲9—10世紀歸義軍時期楷書寫本。卷背抄有《千字文》習字及雜寫五行。

俄敦612號　　　　　　　北敦7036號（後部）

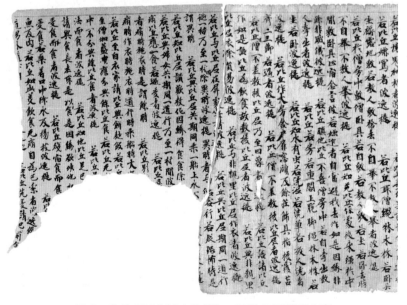

圖9　北敦7036號（後部）+俄敦612號綴合圖

（2）俄敦 612 號，見《俄藏》7/7B。卷軸裝殘片。如圖 9 左部所示，存 18 殘行（首行僅存行端五六字左側殘筆），行存上部約 6—20 字。有烏絲欄。原卷無題，《孟錄》及《俄藏》等定作《四分律比丘戒本》。《孟錄》稱該卷爲 9—11 世紀楷書寫本。

按：上揭二號皆爲《四分律比丘戒本》殘卷，且其内容前後相承，可以綴合。綴合後如圖 9 所示，二號左右相接，接縫處邊緣吻合，原本分屬二號的"比丘尼衣除貿""處坐者波逸""与估"13 字皆得復合完整。又二號行款格式相同（天頭等高，皆有烏絲欄，行距、字距、字體大小相近），字迹似同（比較二號共有的"乃""至""一""村"等字），書風相近（筆畫纖細，字間距較小），可資參證。二號綴合後，所存内容參見《大正藏》T22/1017C23—1019A25。

10. 北敦 9427 號 + 北敦 5270 號

（1）北敦 9427 號（發 48），見 IDP，另見《國圖》105/366B。卷軸裝殘片。如圖 10 右部所示，存 16 行，行約 17 字。有烏絲欄。原卷無題，《國圖》擬題"四分律比丘戒本"，條記目錄稱原卷紙高 26.5 釐米，爲 8 世紀唐楷書寫本。

北敦 5270 號（前部）　　　　　　　　　　　北敦 9427 號

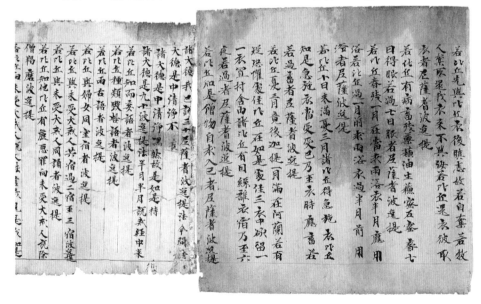

圖 10　北敦 9427 號 + 北敦 5270 號（前部）綴合圖

（2）北敦 5270 號（北 6872；夜 70），見 IDP，另見《國圖》71/35B—36A。卷軸裝，1 紙。前部如圖 10 左部所示，前後皆殘，存 31 行，行約 17 字。有烏絲欄。原卷無題，《劫餘録》及《國圖》等擬題 "四分律比丘戒本"，《國圖》條記目録稱原卷紙高 26.5 釐米，爲 9—10 世紀歸義軍時期楷書寫本。

按：上揭二號皆爲《四分律比丘戒本》殘卷，内容於 "尼薩耆波逸提 / 諸大德，我已説三十尼薩耆波逸提法" 句前後相接，中無缺字，存有綴合的可能性。二號接縫處邊緣整齊，可以對接。比較二號共有的 "逸" "村" "受" "丘" "至" "月" 等字，如表 3 所示，字迹似同。又二號行款格式相同（皆有烏絲欄，行距、字距、字體大小相近），書風相近（楷書，字體方正，末筆較重）。由此判定，此二號確可綴合，綴合後如圖 10 所示，所存内容參見《大正藏》T22/1018A16—1018C8。

表 3　北敦 9427 號、北敦 5270 號字迹比較表

例字　卷號	逸	村	受	丘	至	月
北敦 9427 號	逸	村	受	丘	至	月
北敦 5270 號	逸	村	受	丘	至	月

又，二號既可綴合爲一，而《國圖》條記目録稱北敦 9427 號爲 8 世紀唐寫本，北敦 5270 號爲 9—10 世紀歸義軍時期寫本，斷代不一，宜再斟酌。另外，從綴合圖版看，此二號紙高明顯不同，而《國圖》條記目録稱二號紙高皆爲 26.5 釐米，應有一誤。

11. 斯 8287 號 + 斯 8817 號

（1）斯 8287 號，見 IDP。卷軸裝殘片。如圖 11 右部所示，存 27 殘行（末尾另有一行僅見一字的殘筆），行存上部 1—13 字。楷書。有烏絲欄。原卷無題，IDP 未定名，《方録》擬題 "四分律比丘戒本"，并稱該卷爲唐寫本。

（2）斯 8817 號，見 IDP。卷軸裝殘片。如圖 11 左部所示，存 17 殘行，行存上部 3—10 字。楷書。有烏絲欄。原卷無題，IDP 未定名。

按：據殘存文字推斷，後號亦爲《四分律比丘戒本》殘卷，且上揭二號內容前後相承，可以綴合。綴合後如圖 11 所示，接縫處邊緣吻合，斯 8817 號首字"波"末筆的少許末稍撕裂在斯 8287 號，二號拼合，該字得成完璧。又二號行款格式相同（天頭等高，皆有烏絲欄，行距、字距、字體大小相近），書風相近（字體方正，筆墨勻稱），字迹似同（比較二號共有的"比""已""若""不""食"等字），可資參證。二號綴合後，所存內容參見《大正藏》T22/1018C22—1019B9。

斯 8817 號　　　　　　　　　　　　斯 8287 號（後部）

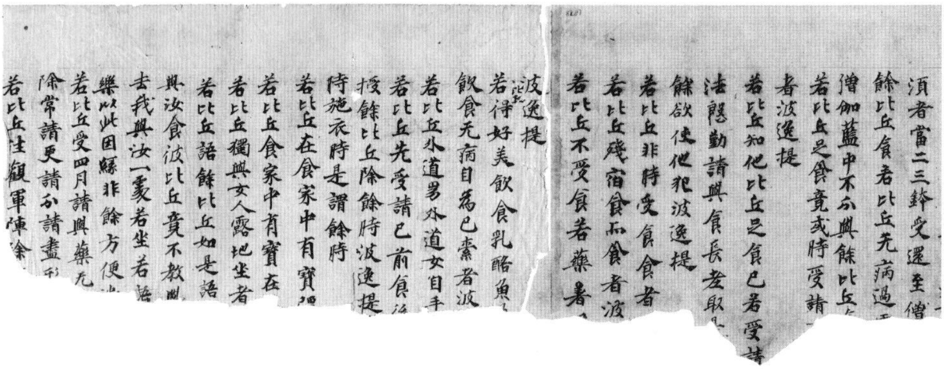

圖 11　斯 8287 號（後部）+ 斯 8817 號綴合圖

12. 俄敦 11949 號 + 俄敦 11823 號 + 俄敦 12806 號

（1）俄敦 11949 號，見《俄藏》16/8B。卷軸裝殘片。如圖 12 右上部所示，存 5 殘行，行存中部 0—10 字（第 4 行空白無字，末行僅存 1 字右側殘筆）。楷書。有烏絲欄。原卷無題，《俄藏》未定名。

（2）俄敦 11823 號，見《俄藏》15/339B。卷軸裝殘片。如圖 12 左上部所示，存 5 殘行，行存中部 0—12 字（首行、末行空白無字）。楷書。有烏絲欄。原卷無題，《俄藏》未定名。

（3）俄敦 12806 號，見《俄藏》16/171B。卷軸裝殘片。如圖 12 左下部所示，存 5 殘行，行存中部 0—8 字（首行僅存 2 字左側殘筆，第 4 行空白無字，末行僅存 2 字右側殘筆）。楷書。有烏絲欄。原卷無題，《俄藏》未定名。

按：據殘存文字判斷，上揭三號應皆爲《四分律比丘戒本》殘片（《俄

録》定名同），且其内容前後相承，可以綴
合。綴合後如圖 12 所示，俄敦 11949 號與
俄敦 11823 號左右相接，接縫處邊緣吻合，
縱向烏絲欄亦可對接；俄敦 11823 號與俄敦
12806 號上下相接，接縫處原本分屬二片的
"時"字右側部件基本得以復合。又三號行
款格式相同（皆有烏絲欄，行距、字距、字
體大小相近），字迹近同（比較三號間交互
出現的"丘""期""同""時""逸"等字），
書風相近（楷書，字體方正，筆畫纖細），
可資參證。三號綴合後，相應内容參見《大
正藏》T22/1018C23—1019A5。

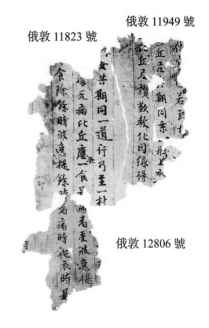

圖 12　俄敦 11949 號＋俄敦
11823 號＋俄敦 12806 號綴合圖

13. 北敦 5244 號＋北敦 9428 號＋北
敦 5357 號＋北敦 5343 號

（1）北敦 5244 號（北 6873；夜 44），見《國
圖》70/188A。卷軸裝殘片。如圖 13-1 右部所示，前後皆殘，存 20 行（首行
僅存上部左側殘字，末行首字及下部有殘損），行約 17 字。有烏絲欄。原卷無題，
《劫餘録》及《國圖》等擬題"四分律比丘戒本"。《國圖》條記目録稱原卷紙
高 26.8 釐米，爲 9—10 世紀歸義軍時期楷書寫本。

（2）北敦 9428 號（發 49），見 IDP，另見《國圖》105/367A。殘片。
如圖 13-1 中部所示，前後皆殘，存 13 行（首行僅存首字左側殘形及下端 5 字），
行約 17 字。有烏絲欄。原卷無題，《國圖》擬題"四分律比丘戒本"。《國圖》
條記目録稱原卷紙高 27 釐米，爲 8 世紀唐楷書寫本。

（3）北敦 5357 號（北 6874；光 57），見《國圖》72/91B—92A。卷軸裝，
1 紙。前部如圖 13-1 左部所示，後部如圖 13-2 右部所示，前後皆殘，存 31 行，
行約 17 字。有烏絲欄。原卷無題，《劫餘録》及《國圖》等擬題"四分律比
丘戒本"。《國圖》條記目録稱原卷紙高 27 釐米，爲 9—10 世紀歸義軍時期楷
書寫本。

北敦 5357 號（前部）　　　　北敦 9428 號　　　　　　　北敦 5244 號

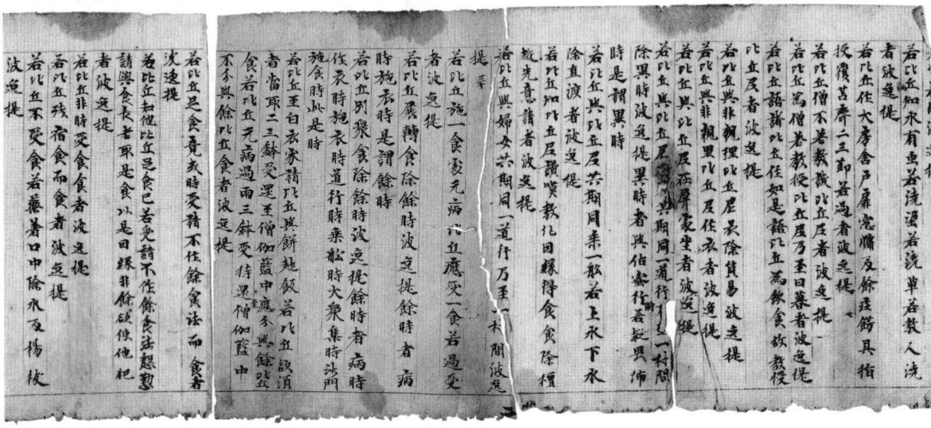

圖 13-1　北敦 5244 號＋北敦 9428 號＋北敦 5357 號（前部）綴合圖

北敦 5343 號（前部）　　　　　　　北敦 5357 號（後部）

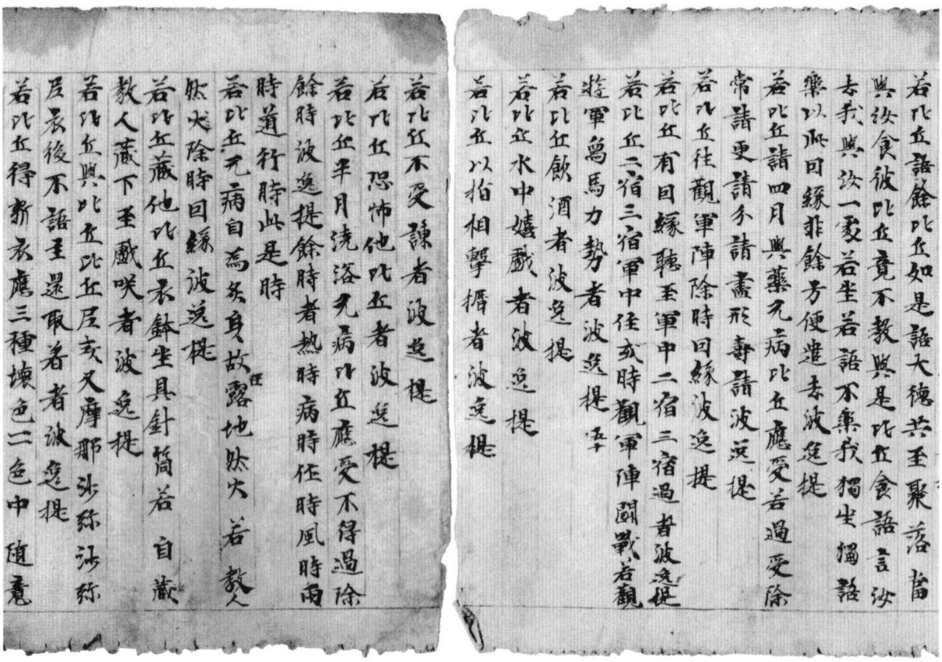

圖 13-2　北敦 5357 號（後部）＋北敦 5343 號（前部）綴合圖

（4）北敦 5343 號（北 6876；光 43），見《國圖》72/23B—24A。卷軸裝，1 紙。前部如圖 13-2 左部所示，前後皆殘，存 31 行（後 5 行下部有殘損），行約 17 字。有烏絲欄。原卷無題，《劫餘錄》及《國圖》等擬題 “四分律比丘戒本”。《國圖》條記目錄稱原卷紙高 27 釐米，爲 9—10 世紀歸義軍時期楷書寫本。

按：上揭四號皆爲《四分律比丘戒本》殘卷，且其内容前後相承，可以綴合。綴合後如圖 13 所示，四號左右相接，諸相鄰二號接縫處邊緣吻合，横縱烏絲欄亦可對接。原本撕裂在前二號的 “若” “一” 二字皆得拼合完整。比較四號共有的 “若” “比” “丘” “者” “應” “法” 等字，字迹似同。又四號行款格式相同（紙高相近，皆有烏絲欄，滿行皆約 17 字，行距、字距、字體大小相近），書風相近，可資參證。四號綴合後，所存内容參見《大正藏》T22/1018C7—1019C19。

又，上揭四號既可綴合爲一，《國圖》條記目錄稱北敦 9428 號爲 8 世紀唐寫本，而稱其餘三號爲 9—10 世紀歸義軍時期寫本，斷代不一，宜再斟酌。

14. 俄敦 1879 號 + 俄敦 10742 號

（1）俄敦 1879 號，見《俄藏》8/375B。卷軸裝殘片。如圖 14 右上側所示，存 7 殘行，行存中部 4—17 字。楷書。有烏絲欄。原卷無題，《孟錄》定作 “四分律比丘戒本”，并稱其爲 9—11 世紀寫本。

（2）俄敦 10742 號，見《俄藏》15/27B。卷軸裝殘片。如圖 14 左部所示，前後皆殘，存 21 行（上部有殘損，首行僅存下端，空白無字），行約 22 字。楷書。有烏絲欄。原卷無題，《俄藏》未定名。

按：據殘存文字判斷，後號亦爲《四分律比丘戒本》殘片（《俄錄》定名同），且與前號内容前後相承，可以綴合。綴合後如圖 14 所示，俄敦 1879 號第 3—7 行與俄敦 10742 號第 1—5 行上下左右相接，接縫處邊緣吻合，原本分屬二號的 “逸” “比” “逸提” “藏” 五字皆得大致拼合完整。又二號行款格式相同（皆有烏絲欄，行距、字距、字體大小相近），書風字迹似同（皆爲楷書，比較二號共有的 “比” “丘” “若” “不” “時” 等字），可資參證。二號綴合後，相應内容參見《大正藏》T22/1019B16—1019C16。

北敦 10742 號　　　　　　俄敦 1879 號

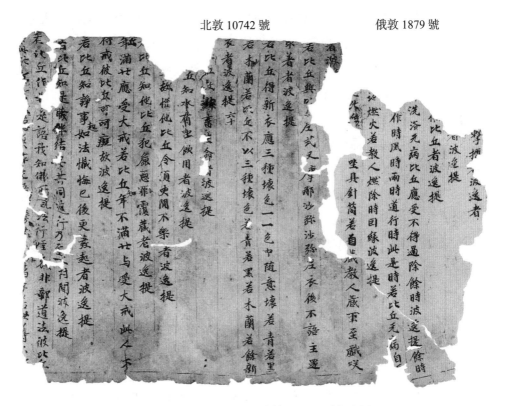

圖 14　俄敦 1879 號＋北敦 10742 號綴合圖

15. 北敦 5586 號＋北敦 5463 號＋北敦 5431 號＋北敦 5461 號＋北敦 5649 號＋北敦 5392 號＋浙敦 73 號＋北敦 9435 號＋北敦 5399 號

（1）北敦 5586 號（北 6877；珍 86），見《國圖》75/158B—159A。卷軸裝，2 紙。後部如圖 15-1 右部所示，前後皆殘，存 30 行（前紙 5 行，上中殘；後紙 25 行，後 3 行下殘，末行存字左側多有殘損），行約 18 字。有烏絲欄。原卷無題，《劫餘錄》及《國圖》等擬題 "四分律比丘戒本"。《國圖》條記目錄稱原卷紙高 27 釐米，爲 8—9 世紀吐蕃統治時期楷書寫本。

（2）北敦 5463 號（北 6880；果 63），見《國圖》73/289B—290A。卷軸裝，2 紙。前部如圖 15-1 左部所示，後部如圖 15-2 右部所示，前後皆殘，存 27 行（前紙 9 行，前 3 行中上部殘損，首行僅存行末 2 字左側殘形，次行所存部分無文字，第 3 行上部右側有殘損；後紙 18 行），行約 18 字。有烏絲欄。原卷無題，《劫餘録》及《國圖》等擬題"四分律比丘戒本"。《國圖》條記目録稱原卷紙高27釐米，爲9—10世紀歸義軍時期楷書寫本。

（3）北敦5431號（北6882；果31），見《國圖》73/179A。卷軸裝，2紙。前部如圖15-2左部所示，後部如圖15-3右部所示，前後皆殘，存22行（前紙13行，後紙9行，末行僅存中部7字右側殘形），行約18字。有烏絲欄。原卷無題，《劫餘録》及《國圖》等擬題"四分律比丘戒本"。《國圖》條記目録稱原卷紙高27釐米，爲9—10世紀歸義軍時期楷書寫本。

（4）北敦5461號（北6885；果61），見《國圖》73/287A。卷軸裝，2紙。前部如圖15-3左部所示，後部如圖15-4右部所示，前後皆殘，存24行（前紙23行，首行中部7字右側略有殘損；後紙1行，僅存若干字右側殘筆），行約18字。有烏絲欄。原卷無題，《劫餘録》及《國圖》等擬題"四分律比丘戒本"。《國圖》條記目録稱原卷紙高27釐米，爲9—10世紀歸義軍時期楷書寫本。

（5）北敦5649號（北6888；李49），見《國圖》76/45B-46A。卷軸裝，1紙。前部如圖15-4左部所示，後部如圖15-5右部所示，前後皆殘，存32行（首行中上部多字右側略有殘損，末行中下部多字左側有殘損），所存皆爲每句以"不得"起首的戒語，每行一句，行字不等。有烏絲欄。原卷無題，《劫餘録》及《國圖》等擬題"四分律比丘戒本"。《國圖》條記目録稱原卷紙高27釐米，爲8—9世紀吐蕃統治時期楷書寫本，并指出後接北敦5392號。

（6）北敦5392號（北6889；光92），見《國圖》72/288B—289A。卷軸裝，1紙。前部如圖15-5左部所示，後部如圖15-6右部所示，前後皆殘，存27行（首行中上部殘損，後2行下端殘損），所存亦皆爲每句以"不得"起首的戒語，每行一句，行字不等。有烏絲欄。原卷無題，《劫餘録》及《國圖》等擬題"四分律比丘戒本"。《國圖》條記目録稱原卷紙高26.9釐米，爲9—10世紀歸義軍時期楷書寫本，并指出前接北敦5649號。

（7）浙敦73號，見《浙藏》196B。卷軸裝，2紙。前部如圖15-6左部所示，後部如圖15-7右部所示，前後皆殘，存20行（前紙7行，前2行中上部有殘損；後紙13行，後3行中下部有殘損），所存多爲每句以"不得"起首的

北敦 5463 號（前部）　　北敦 5586 號（後部）

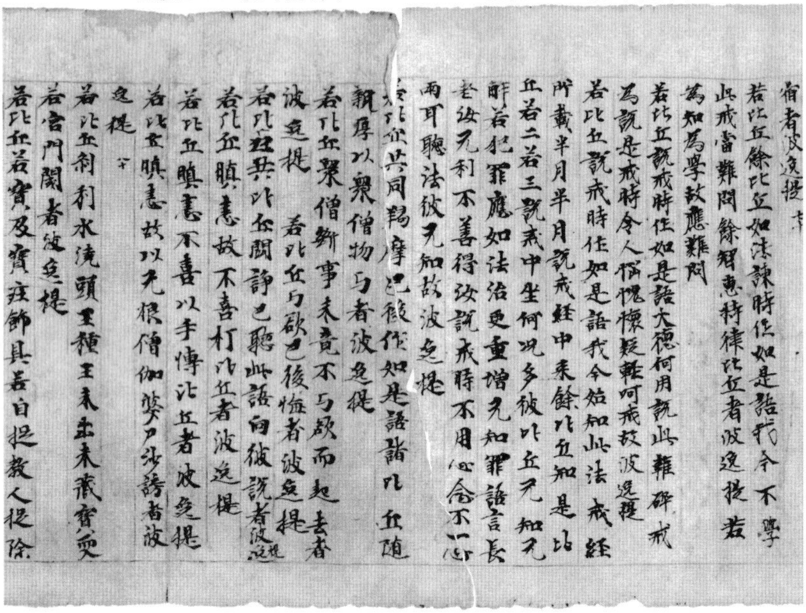
宿者波逸提 十
若比丘餘比丘如法諫時作如是語我今不學
此戒當難問餘智慧持律比丘者波逸提若
爲知爲學故應難問
若比丘說戒時作如是語大德何用說此雜碎戒
爲說是戒時令人惱愧懷疑輕呵戒故波逸提
若比丘說戒時作如是語我今始知此法戒經
所載半月半月說戒經中來餘比丘知是比
丘若二若三說戒中坐何况多彼比丘无知无
解若犯罪應如法治更重增无知罪語言長
老汝无利不善得汝說戒時不用心念不一心
兩耳聽法彼无知故波逸提
若比丘共同羯磨已後作如是語諸比丘隨
親厚以衆僧物与者波逸提
若比丘衆僧斷事未竟不与欲而起去者
波逸提　若比丘与欲已後悔者波逸提
若比丘共比丘鬪諍已聽此語向彼說者波逸提
若比丘瞋恚故不喜打比丘者波逸提
若比丘瞋恚不喜以手搏比丘者波逸提
若比丘瞋恚故以无根僧伽婆尸沙謗者波
逸提 卆
若比丘剎利水澆頭王種王未出未藏寶入
若宮門閾者波逸提
若比丘若寶及寶莊飾具若自捉教人捉除

圖 15-1　北敦 5586 號（後部）+ 北敦 5463 號（前部）綴合圖

北敦 5431 號（前部）　　北敦 5463 號（後部）+

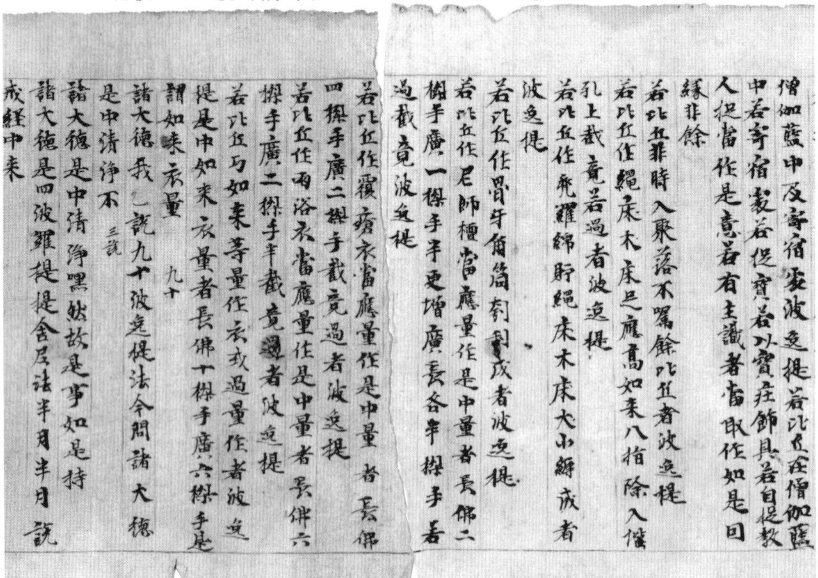
僧伽藍中及寄宿處波逸提若比丘在僧伽藍
中若寄宿處若捉寶若以寶莊飾具若自捉教
人捉當作是意若有主識者當取作如是因
緣非餘
若比丘非時入聚落不囑餘比丘者波逸提
若比丘作繩床木床足應高如來八指除入陛
孔上截竟若過者波逸提
若比丘作兜羅綿貯繩床木床大小褥成者
波逸提
若比丘作骨牙角箴筒刳刮成者波逸提
若比丘作尼師檀當應量作是中量者長佛二
搩手廣一搩手半更增廣長各半搩手若
過截竟波逸提
若比丘作覆瘡衣當應量作是中量者長佛
四搩手廣二搩手截竟過者波逸提
若比丘作雨浴衣當應量作是中量者長佛六
搩手廣二搩手半截竟過者波逸提
若比丘与如來等量作衣或過量作者波逸
提是中如來衣量者長佛十搩手廣六搩手是
謂如來衣量　九十
諸大德我已說九十波逸提法今問諸大德
是中清淨不　三說
諸大德是中清淨默然故是事如是持
諸大德是四波羅提提舍尼法半月半月說
戒經中來

圖 15-2　北敦 5463 號（後部）+ 北敦 5431 號（前部）綴合圖

北敦 5461 號（前部）　　北敦 5431 號（後部）

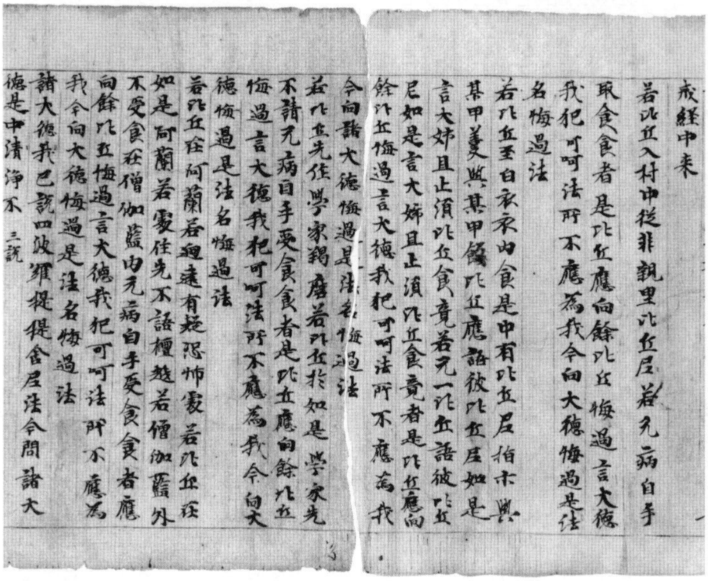
戒經中來
若比丘入村中從非親里比丘尼若无病自手
取食食者是比丘應向餘比丘悔過言大德
我犯可呵法所不應爲我今向大德悔過是法
名悔過法
若比丘至白衣家内食是中有比丘尼指示與
某甲羹與某甲飯比丘應語彼比丘尼如是
言大姊且止須比丘食竟若无一比丘語彼比丘
尼如是言大姊且止須比丘食竟者是比丘應向
餘比丘悔過言大德我犯可呵法所不應爲我
今向諸大德悔過是法名悔過法
若比丘先作學家羯磨若比丘於如是學家先
不請无病自手受食食者是比丘應向餘比丘
悔過言大德我犯可呵法所不應爲我今向大
德悔過是法名悔過法
若比丘在阿蘭若迥遠有疑恐怖處若比丘在
如是阿蘭若處住先不語檀越若僧伽藍外
不受食在僧伽藍内无病自手受食食者應
向餘比丘悔過言大德我犯可呵法所不應爲
我今向大德悔過是法名悔過法
諸大德我已說四波羅提提舍尼法今問諸大
德是中清淨不 三說

圖 15-3　北敦 5431 號（後部）+ 北敦 5461 號（前部）綴合圖

北敦 5649 號（前部）　　北敦 5461 號（後部）

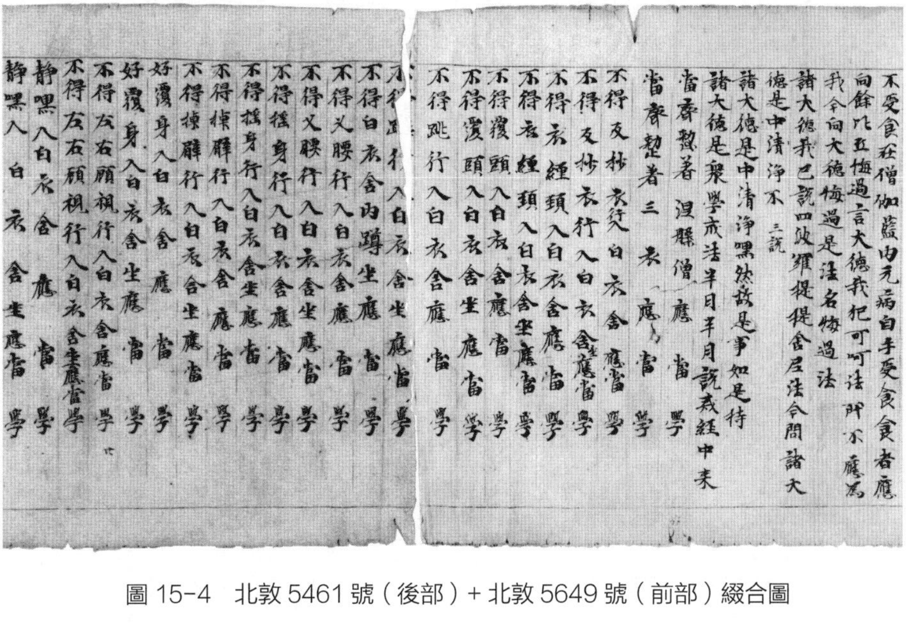
不受食在僧伽藍内无病自手受食食者應
向餘比丘悔過言大德我犯可呵法所不應爲
我今向大德悔過是法名悔過法
諸大德我已說四波羅提提舍尼法今問諸大
德是中清淨不 三說
諸大德是中清淨嘿然故是事如是持
諸大德是衆學戒法半月半月說戒經中來
當齊整著涅槃僧應當學
當齊整著三衣應當學
不得反抄衣行入白衣舍應當學
不得反抄衣行入白衣舍坐應當學
不得衣纏頸入白衣舍應當學
不得衣纏頸入白衣舍坐應當學
不得覆頭入白衣舍應當學
不得覆頭入白衣舍坐應當學
不得跳行入白衣舍應當學
不得跳行入白衣舍坐應當學
不得白衣舍内蹲坐應當學
不得叉腰行入白衣舍應當學
不得叉腰行入白衣舍坐應當學
不得搖身行入白衣舍應當學
不得搖身行入白衣舍坐應當學
不得掉臂行入白衣舍應當學
不得掉臂行入白衣舍坐應當學
好覆身入白衣舍應當學
好覆身入白衣舍坐應當學
不得左右顧視行入白衣舍應當學
不得左右顧視行入白衣舍坐應當學
靜嘿入白衣舍應當學
靜嘿入白衣舍坐應當學

圖 15-4　北敦 5461 號（後部）+ 北敦 5649 號（前部）綴合圖

北敦 5392 號（前部）　　北敦 5649 號（後部）

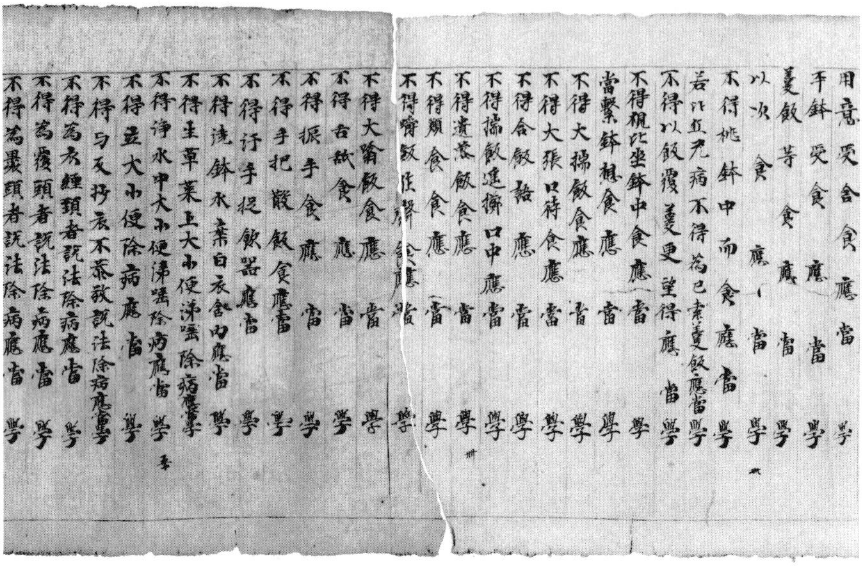
用意受食應當學
平鉢受食應當學
羹飯等食應當學
以次食應當學
不得挑鉢中而食應當學
若比丘病不得為己索羹飯應當學
不得以飯覆羹更望得應當學
不得視比坐鉢中食應當學
當繫鉢想食應當學
不得大摶飯食應當學
不得大張口待食應當學
不得含飯語應當學
不得摶飯遙擲口中應當學
不得遺落飯食應當學
不得頰食食應當學
不得嚼飯作聲食應當學
不得大噏飯食應當學
不得舌舐食應當學
不得振手食應當學
不得手把散飯食應當學
不得汙手捉飲器應當學
不得洗鉢水棄白衣舍內應當學
不得生草菜上大小便涕唾除病應當學
不得淨水中大小便涕唾除病應當學
不得立大小便除病應當學
不得與反抄衣不恭敬說法除病應當學
不得為衣纏頸者說法除病應當學
不得為覆頭者說法除病應當學
不得為裹頭者說法除病應當學

圖 15-5　北敦 5649 號（後部）+ 北敦 5392 號（前部）綴合圖

浙敦 73 號（前部）　　北敦 5392 號（後部）

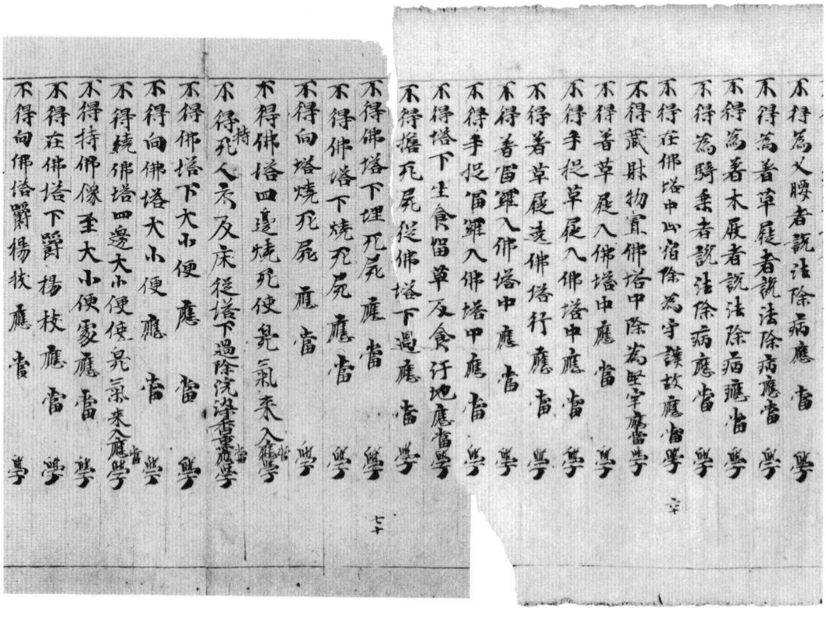
不得為叉腰者說法除病應當學
不得為著革屣者說法除病應當學
不得為著木屐者說法除病應當學
不得為騎乘者說法除病應當學
不得在佛塔中止宿除為守護故應當學
不得藏財物置佛塔中除為堅牢應當學
不得著革屣入佛塔中應當學
不得手捉革屣入佛塔中應當學
不得著革屣遶佛塔行應當學
不得著富羅入佛塔中應當學
不得手捉富羅入佛塔中應當學
不得塔下坐食留草及食汙地應當學
不得擔死屍從佛塔下過應當學
不得佛塔下埋死屍應當學
不得佛塔下燒死屍應當學
不得向塔燒死屍應當學
不得佛塔四邊燒死使臭氣來入應當學
不得持死人衣及床從塔下過除浣染香熏應當學
不得佛塔下大小便應當學
不得向佛塔大小便應當學
不得繞佛塔四邊大小便使臭氣來入應當學
不得持佛像至大小便處應當學
不得在佛塔下嚼楊枝應當學
不得向佛塔嚼楊枝應當學

圖 15-6　北敦 5392 號（後部）+ 浙敦 73 號（前部）綴合圖

北敦 9435 號（前部）　　　　浙敦 73 號（後部）

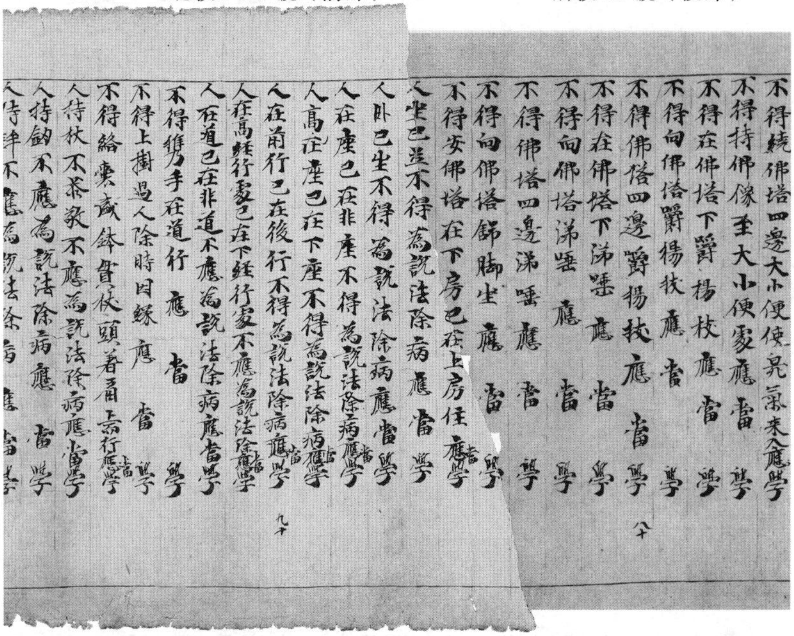

不得繞佛塔四邊大小便使晃崇來食應學
不得持佛像至大小便處應當學
不得在佛塔下嚼楊枝應當學
不得向佛塔嚼楊枝應當學
不得在佛塔下洟唾應當學
不得向佛塔洟唾應當學
不得佛塔四邊洟唾應當學
不得向佛塔舒腳坐應當學
不得安佛在下房己在上房應當學
不得人坐己立不得為說法除病應當學
人臥己坐不得為說法除病應當學
人在座己在非座不得為說法除病應當學
人在高座己在下座不得為說法除病應當學
人在高經行己在下經行不得為說法除病應當學
人在前行己在後行不得為說法除病應當學
人在道己在非道不得為說法除病應當學
不得攜手在道行應當學
不得上樹過人除時因緣應當學
不得絡囊盛缽貫杖頭著肩上而行應當學
人持杖不應為說法除病應當學

圖 15-7　浙敦 73 號（後部）＋ 北敦 9435 號（前部）綴合圖

北敦 5399 號（前部）　　　　北敦 9435 號（後部）

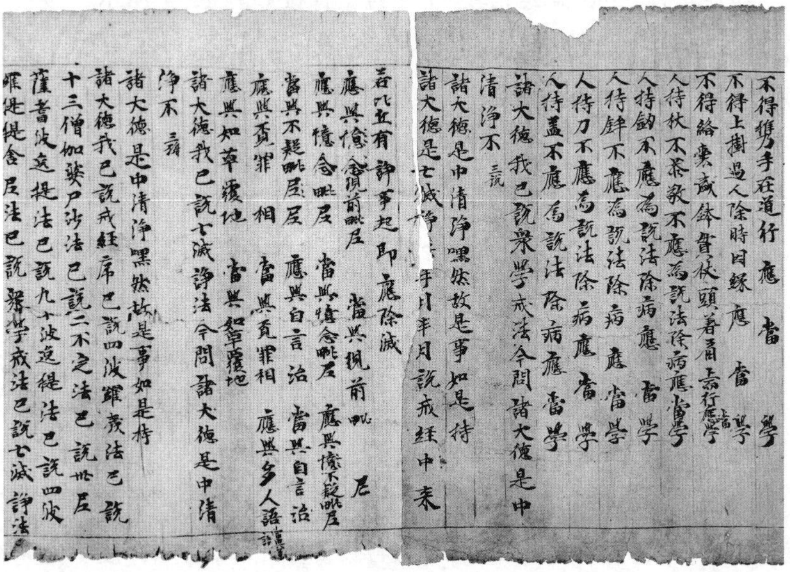

不得攜手在道行應當學
不得上樹過人除時因緣應當學
不得絡囊盛缽貫杖頭著肩上而行應當學
人持杖不應為說法除病應當學
人持劍不應為說法除病應當學
人持矛不應為說法除病應當學
人持刀不應為說法除病應當學
人持蓋不應為說法除病應當學
諸大德我已說眾學戒法今問諸大德是中清淨不
諸大德是中清淨默然故是事如是持
于此有諍事起即應除滅
應與現前毗尼當與現前毗尼
應與憶念毗尼當與憶念毗尼
應與不癡毗尼當與不癡毗尼
應與自言治當與自言治
應與覓罪相當與覓罪相
應與多人語
應與如草覆地
諸大德我已說七滅諍法今問諸大德是中
清淨不
諸大德是中清淨默然故是事如是持
諸大德我已說戒經序已說四波羅夷法已說
十三僧伽婆尸沙法已說二不定法已說三十
尼薩耆波逸提法已說九十波逸提法已說
四波羅提提舍尼法已說眾學戒法已說七滅諍法

圖 15-8　北敦 9435 號（後部）＋ 北敦 5399 號（前部）綴合圖

戒語，每行一句，行字不等。有烏絲欄。原卷無題，《浙藏》擬題"四分律比丘戒本"。《浙藏》敘錄稱原卷紙高 25.2 釐米，爲唐楷書寫本。

（8）北敦 9435 號（發 56），見 IDP，另見《國圖》105/371B。卷軸裝，1紙。前部如圖 15-7 左部所示，後部如圖 15-8 右部所示，前後皆殘，存 21 行（前3 行中上部殘損，末行中部殘損），行約 18 字。有烏絲欄。原卷無題，《國圖》擬題"四分律比丘戒本"。《國圖》條記目錄稱原卷紙高 27 釐米，爲 9—10 世紀歸義軍時期楷書寫本。

（9）北敦 5399 號（北 6890；光 99），見《國圖》72/330A—331A。卷軸裝，3 紙。前部如圖 15-8 左部所示，前殘尾全，存 51 行（前紙 1 行，僅存中部約6 字左側殘畫；次紙 29 行，後紙 21 行），行約 18 字。尾題"四分戒本一卷"。有烏絲欄。《劫餘錄》及《國圖》等題"四分律比丘戒本"。《國圖》條記目錄稱原卷紙高 26.8 釐米，爲 9—10 世紀歸義軍時期楷書寫本。

按：上揭九號皆爲《四分律比丘戒本》殘卷，條記目錄中已指出北敦5649 號與北敦 5392 號可以綴合，今謂此九號內容前後相承，實皆爲同一寫卷之撕裂，可以依次左右綴合，諸相鄰二號接縫處邊緣吻合，橫縱烏絲欄亦可對接。其中北敦 5586 號與北敦 5463 號綴合後如圖 15-1 所示，接縫處原本分屬二號的"不一心""若比丘共同羯摩已後作"13 字皆得合成完璧；北敦5463 號與北敦 5431 號綴合後如圖 15-2 所示，內容於"各半搩手，若過截竟，波逸提 / 若比丘，作覆瘡衣"句前後相接；北敦 5431 號與北敦 5461 號綴合後如圖 15-3 所示，接縫處原本分屬二號的"過是法名悔過法"七字皆得拼合完整；北敦 5461 號與北敦 5649 號綴合後如圖 15-4 所示，接縫處原本分屬二號的"入""衣舍"三字皆得合成完璧；北敦 5649 號與北敦 5392 號綴合後如圖15-5 所示，接縫處原本分屬二號的"飯""聲食應當學"六字皆得拼合完整；北敦 5392 號與浙敦 73 號綴合後如圖 15-6 所示，接縫處原本分屬二號的"應當""塔下過"五字皆得合成完璧；浙敦 73 號與北敦 9435 號綴合後如圖 15-7所示，接縫處原本分屬二號的"學""房已在""人坐已立不得"十字皆得拼合完整；北敦 9435 號與北敦 5399 號綴合後如圖 15-8 所示，接縫處原本分屬二號的"七滅諍"與前一"半月"二字皆得大致拼合完整。除浙敦 73 號天頭地脚修復時應有截去外，其餘各號紙高皆約 27 釐米。各號拼接後，除末二紙行數略少外，其餘各紙每紙分別爲 31 行或 32 行，紙張行數基本一致。又九號行款格式基本相同（天頭地脚等高，皆有烏絲欄，行距、字距、字體大小相近），字迹似同，書風相近（字體方正，筆墨濃厚），可資參證。九號綴合後，所存內容參見《大正藏》T22/1019C15—1023A11。

上揭九號既可綴合爲一，而《國圖》條記目録稱北敦 5586 號、北敦 5649 號爲 8—9 世紀吐蕃統治時期寫本，又稱北敦 5463 號、北敦 5431 號、北敦 5461 號、北敦 5392 號、北敦 9435 號、北敦 5399 號爲 9—10 世紀歸義軍時期寫本，《浙藏》敘録則稱浙敦 73 號爲唐寫本，斷代頗爲歧異，宜再斟酌。

16. 俄敦 10743 號…俄敦 12654 號

（1）俄敦 10743 號，見《俄藏》15/28A—29A。此號包含五塊小殘片，《俄藏》分別編爲俄敦 10743（3-1）、俄敦 10743（3-2）、俄敦 10743（3-3），但相互對應關係不明。其中後者含括三塊小殘片，殘損嚴重，存有文字的共 15 行，行存 3—12 字不等；前二片略大，上部略殘，分別存 12、18 行，行存 2—28 字不等。楷書。有烏絲欄。原卷無題，《俄藏》未定名。

（2）俄敦 12654 號，見《俄藏》16/154B。卷軸裝殘片。如圖 16 左側所示，存 5 殘行，行存中部 3—5 字。楷書。有烏絲欄。原卷無題，《俄藏》未定名。

按：據殘存文字判斷，上揭二號皆爲《四分律比丘戒本》殘片（《俄録》定名同）。據完整文本推算，滿行皆約 28 字。二號內容前後相承，可以綴合。綴合示意圖如圖 16 所示。比照首尾完整的北敦 6228 號，俄敦 10743 號的 5 個小片可按經文順序重新拼合，拼合後如圖 16 右側所示，共 37 行。重拼後的俄敦 10743 號與俄敦 12654 號不直接相連，據完整文本推算，間缺 1 行。又二號抄寫行款格式相同（皆有烏絲欄，滿行皆約 28 字，行距、字距、字體大小相近），字迹似同（比較二號共有的 “應” “當” “學” “唾” 等字，如表 4 所示），書風相近（楷書，字體方正），可資參證。二號綴合後，所存文字起 “不得視比坐鉢中食” 句後七字（“得視比” 三字僅存左側殘筆），訖 “不得向佛塔舒脚坐，應當學” 句後四字右側殘形，相應內容參見《大正藏》T22/1021B1—1021C26。

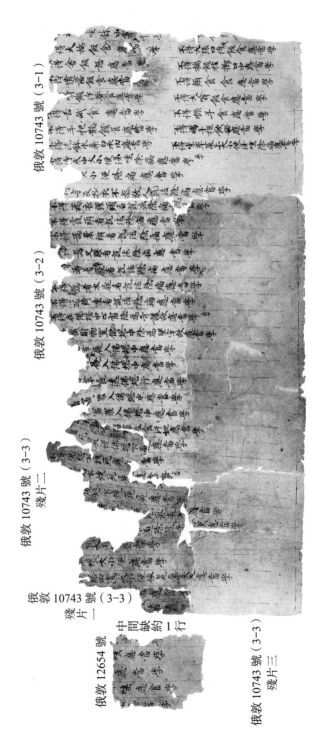

圖 16　俄敦 10743 號…俄敦 12654 號綴合示意圖

表 4　俄敦 10743 號、俄敦 12654 號字迹比較表

卷號 ＼ 例字	應	當	學	唾
俄敦 10743 號	應	當	學	唾
俄敦 12654 號	應	當	學	唾

卷號簡目

根據對已刊布文獻的普查以及上述綴合成果，梳理出敦煌《四分律比丘戒本》寫本卷號如下：

北敦 62 號、北敦 91 號、北敦 134 號、北敦 269-1 號、北敦 404 號、北敦 424 號、北敦 454 號、北敦 465-1 號、北敦 672 號、北敦 705 號、北敦 851 號、北敦 927 號、北敦 929 號、北敦 1095 號、北敦 1101 號、北敦 1106 號、北敦 1332 號、北敦 1447 號、北敦 1554 號、北敦 2407 號、北敦 2542 號、北敦 2643 號、北敦 2798 號、北敦 2874 號、北敦 2918 號、北敦 3734 號、北敦 3946 號、北敦 4278 號、北敦 4386 號、北敦 4569 號、北敦 4936 號、北敦 5102 號、北敦 5152 號、北敦 5244 號＋北敦 9428 號＋北敦 5357 號＋北敦 5343 號、北敦 5494 號、北敦 5515 號、北敦 5532 號＋北敦 5580 號、北敦 5586 號＋北敦 5463 號＋北敦 5431 號＋北敦 5461 號＋北敦 5649 號＋北敦 5392 號＋浙敦 73 號＋北敦 9435 號＋北敦 5399 號、北敦 6014 號、北敦 6021 號、北敦 6072 號、北敦 6197 號、北敦 6228 號○、北敦 6311 號、北敦 6486 號、北敦 6489 號、北敦 6836 號、北敦 7014 號、北敦 7036 號＋俄敦 612 號、北敦 7099 號、北敦 7386 號、北敦 7457 號、北敦 7695-1 號、北敦 7695-2 號、北敦 7824 號、北敦 7863 號、北敦 7914 號、北敦 7962 號、北敦 8206 號背＋北敦 11681 號、北敦 8272 號、北敦 8366 號、北敦 8612 號、北敦 9427 號＋北敦 5270 號、北敦 9429 號、北敦 9430 號、北敦 9431 號、北敦 9432 號、北敦 9437 號、北敦 9548-2 號、北敦 10201 號、北敦 10561 號＋北敦 12206 號、

北敦 11072 號、北敦 11251 號、北敦 11330 號、北敦 11460 號、北敦 11490 號、北敦 11680 號＋北敦 11492 號＋伯 5589（3）號＋北敦 11676 號、北敦 13667 號背、北敦 14040 號○、北敦 14475 號、北敦 14840J 號、北敦 14856 號、北敦 14992 號、北敦 16315 號、伯 2065-2 號、伯 2068 號、伯 2321 號、伯 2321 號背、伯 3135 號、伯 3227 號、伯 3712 號、伯 4505 號、伯 4616 號、伯 4739(1) 號、伯 5590(8) 號、俄弗 150 號、俄弗 258A 號、俄弗 280A 號、俄弗 280C 號 *、俄敦 602 號、俄敦 780 號、俄敦 950 號、俄敦 1879 號＋俄敦 10742 號 *、俄敦 1880 號、俄敦 2182 號、俄敦 2389 號、俄敦 2478 號、俄敦 2495 號、俄敦 2851 號、俄敦 2860 號、俄敦 3169 號、俄敦 3361 號、俄敦 3896 號、俄敦 4621 號 *、俄敦 7667 號 *、俄敦 8272 號 *、俄敦 10743 號 *⋯俄敦 12654 號 *、俄敦 10745 號 *、俄敦 10746 號 *、俄敦 10747 號 *、俄敦 10768 號 *＋俄敦 2419 號、俄敦 11582（2-1）號 *＋俄敦 6657 號⋯俄敦 12029 號 *⋯俄敦 11582（2-2）號 *、俄敦 11949 號 *＋俄敦 11823 號 *＋俄敦 12806 號 *、俄敦 12262R 號 *、俄敦 12571 號 *、俄敦 18582 號 *、斯 907 號、斯 1133 號、斯 1135 號、斯 1140 號、斯 1150 號、斯 1151 號、斯 1244 號、斯 1326 號、斯 1516-1 號、斯 1957 號、斯 1967 號、斯 2488 號、斯 2617 號、斯 3700 號、斯 3176 號、斯 3718 號、斯 3845 號、斯 3955-3 號、斯 4086 號、斯 4618 號、斯 4787 號、斯 4872 號、斯 4931 號、斯 5360 號、斯 6490 號、斯 6491 號、斯 6526 號、斯 6570 號、斯 6672 號、斯 6806 號、斯 6848 號、斯 7274 號、斯 8287 號＋斯 8817 號 *、斯 8816 號 *、斯 8818 號 *、斯 8819 號 *、斯 8824 號 *＋斯 6767 號、斯 9389 號 *、斯 10119 號 *＋斯 8814 號 *、斯 10298 號 *、斯 12258 號 *、北大敦 124 號背、北大敦 167 號、大谷敦 7036 號、酒博 7 號、津圖 132 號、中國書店 67 號○、上圖 122 號、羽 156-1 號、羽 457—14 號、羽 562 號○、羽 563 號、羽 603 號。

二一、四分比丘尼戒本

《四分比丘尼戒本》，或稱《四分律比丘尼戒本》《四分律尼戒本》《四分尼戒本》，一卷，題後秦三藏佛陀耶舍譯，唐西太原寺沙門懷素集并序。經對比，内容與《四分律》相合，應係懷素從《四分律》中抄出。内容包含了比丘尼衣食住行等各個方面的戒條，爲比丘尼的行爲規範提供了重要的參考。歷代大藏經皆有收録。

經對已刊布圖版的全面普查，敦煌文獻中共有《四分比丘尼戒本》266 號，包括：國圖藏 131 號，英藏 84 號，法藏 7 號，俄藏 27 號，散藏 17 號，其中整卷首尾完整者僅 4 號（北敦 5453 號、伯 2310 號、斯 2806 號、北大敦 88 號），其餘 262 號皆有不同程度的殘損。已有綴合成果共計將該經 20 號綴合爲 4 組。包括《國圖》條記目録綴合 3 組：北敦 1111 號 + 北敦 1140 號 + 北敦 1128 號 + 北敦 1107 號 + 北敦 1124B 號 + 北敦 9425 號 + 北敦 1117 號 + 北敦 1114 號，北敦 1133 號 + 北敦 1124A 號 + 北敦 1130 號 + 北敦 1125 號 + 北敦 1120 號 + 北敦 1113 號，北敦 2816 號 + 北敦 2828 號；《孟録》綴合 1 組：俄敦 904 號、俄敦 4023 號、俄敦 2089 號、俄敦 2241 號。

本次補綴 1 組，新綴 24 組，共計將 60 號綴合爲 25 組。

1. 北敦 10297 號⋯俄敦 10750 號

（1）北敦 10297 號（北臨 426），見《國圖》107/229A。殘片。如圖 1 右部所示，存 13 殘行，行存上部 3—11 字。楷書。有烏絲欄。原卷無題，《國圖》擬題"四分比丘尼戒本"，條記目録稱此卷爲 9—10 世紀歸義軍時期寫本。

（2）俄敦 10750 號，見《俄藏》15/32B。殘片。如圖 1 左部所示，存

15 行（前後部皆有殘損），行約 19 字。楷書。有烏絲欄。原卷無題，《俄藏》未定名。

　　按：據殘存文字推斷，後號亦爲《四分比丘尼戒本》殘片（《俄録》定名同）。[①]據完整文本推算，滿行亦約 19 字。二號內容前後相承，存有綴合的可能性。比較二號共有的"自""尼""若""如""者"等字，如表 1 所示，字迹似同。又二號行款格式相同（天頭等高，皆有烏絲欄，滿行皆約 19 字，行距、字距、字體大小相近），書風相近（書寫工整，筆勢略向右上傾斜，捺筆較長）。由此判定，此二號確可綴合。綴合後如圖 1 所示，二號不直接相連，據完整文本推算，間缺約 6 行。二號綴合後，存文起"故今詳撿律本"句"今詳"二字，訖倒數第二行"犯不净行，乃至共畜生"句前八字及末行一殘字，相應內容參見《大正藏》T22/1030C22—1031B16。

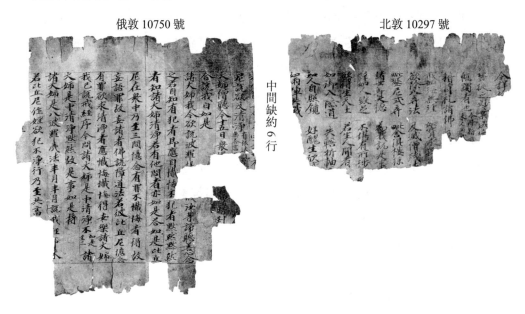

俄敦 10750 號　　　　　　　　　　中間缺約 6 行　　　　　　　北敦 10297 號

圖 1　北敦 10297 號…俄敦 10750 號綴合示意圖

　　[①]敦煌文獻未定名殘片，我們的學術團隊在 2011—2012 年全面普查時曾做過系統的比定，其中包括《俄藏》未定名殘卷的定名。本組後一號殘片的定名，較早見於團隊成員胡方方《敦煌本〈四分律〉及其戒本寫本考》（浙江師範大學碩士學位論文，2016 年），後來出版的《俄録》定名同。類似情況後面統一括注"《俄録》定名同"，不再一一出注説明。

表 1　北敦 10297 號、俄敦 10750 號字迹比較表

例字 卷號	自	尼	若	如	者
北敦 10297 號	自	尼	若	如	者
俄敦 10750 號	自	尼	若	如	者

2. 北敦 10559 號 + 北敦 9547 號

（1）北敦 10559 號（北臨 688），見《國圖》108/25B。卷軸裝殘片。如圖 2 上部所示，首全，存 13 殘行，行存上部 7—10 字。首題“四分戒本”。有烏絲欄。《國圖》定作“四分比丘尼戒本”，條記目録稱該卷爲 8—9 世紀吐蕃統治時期楷書寫本。

（2）北敦 9547 號（殷 68），見 IDP，另見《國圖》106/84A。卷軸裝殘片。如圖 2 下部所示，存 10 殘行（前部另有約 2 行空白，末行僅存中部 2 字右側殘筆），行存中下部 2—12 字。有烏絲欄。原卷無題，《國圖》擬題“四分比丘尼戒本”，條記目録稱該卷爲 8—9 世紀吐蕃統治時期楷書寫本。

按：上揭二號皆爲《四分比丘尼戒本》殘卷，且其內容前後相承，可以綴合。綴合後如圖 2 所示，二號上下相接，接縫處邊

北敦 10559 號

北敦 9547 號

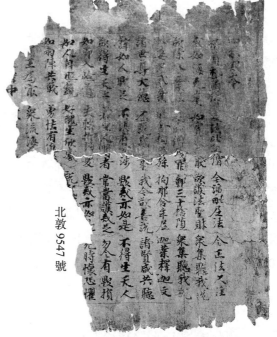

圖 2　北敦 10559 號 + 北敦 9547 號
綴合圖

緣吻合，原本分屬二號的"殘""間""戚""進"四字皆得大體拼合完整。又二號行款格式相同（皆有烏絲欄，行距、字距、字體大小相近），字迹似同（比較二號共有的"人""如""衆"等字），書風相近（字體規整，豎筆較重），可資參證。二號綴合後，所存内容參見《大正藏》T22/1031A2—1031A23。

3. 北敦 9413 號 + 北敦 2816 號 + 北敦 2828 號

（1）北敦 9413 號（發 34），見《國圖》105/355A—356A。卷軸裝，3 紙。後部如圖 3 右部所示，前後皆殘，存 55 行（前紙 17 行，次紙 30 行，後紙 8 行），行約 21 字。首題"四分比丘尼戒本"，下標"出曇無德律"；首題前另有"□⧄⧄（布薩竟）説偈文"七言四句。[①]《國圖》條記目録稱原卷紙高 27 釐米，有烏絲欄，爲 9—10 世紀歸義軍時期楷書寫本。

（2）北敦 2816 號（北 6964；調 16），見 IDP，另見《國圖》38/140B—148B。卷軸裝，14 紙。前部如圖 3 中右部所示，後部如圖 3 中左部所示，前後皆殘，存 391 行（首紙 23 行，上下多有殘損，首行僅存上部 3 字左側殘筆；末紙 8 行，末行左側殘損；其餘各紙每紙皆 30 行），行約 21 字。原卷無題，《劫餘録》及《寶藏》《索引新編》《國圖》擬題"四分比丘尼戒本"，甚是；《索引》擬題"四分律比丘戒本"，不確。《國圖》條記目録稱原卷紙高 27.5 釐米，爲 9—10 世紀歸義軍時期楷書寫本，後接北敦 2828 號。

（3）北敦 2828 號（北 6980；調 28），見 IDP，另見《國圖》38/202A—206B。卷軸裝，9 紙。前部如圖 3 左部所示，前殘尾全，存 238 行（前紙 23 行，末紙 5 行，其餘諸紙各 30 行；首行右側殘損），行約 21 字。尾題"四分尼戒本"。《劫餘録》及《寶藏》《索引新編》題"四分比丘尼戒本"，是；《索引》改題"四分律比丘戒本"，不確。《國圖》條記目録稱原卷紙高 27.5 釐米，爲 9—10 世紀歸義軍時期楷書寫本，前接北敦 2816 號。

按：上揭三號皆爲《四分比丘尼戒本》殘卷，《國圖》條記目録已指出後

---

① 《國圖》條記目録題作"入布薩堂説偈文"，不確。北敦 2147 號《四分比丘尼戒本》尾題"四分戒本"前亦有與本號殘文相同的"布薩竟説偈文"七言四句，可以比勘。斯 440 號《四分比丘尼戒本》尾題後有"入布薩堂説偈文"七言四句，但内容完全不同；其後又有"受水説偈文""行香説偈文"等説偈文，最後爲"布薩説偈文"，後者内容與上述"布薩竟説偈文"相同，疑後者標題"布薩説偈文"的"布薩"後脱一"竟"字。

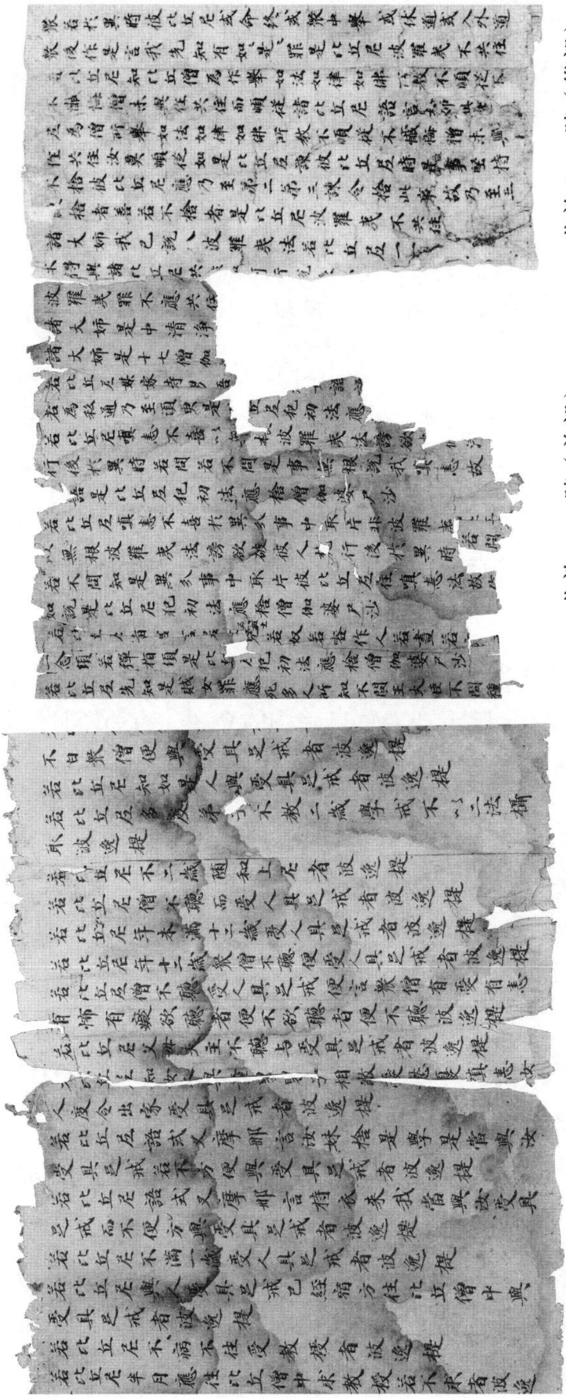

北敦 9413 號（後部）

北敦 2816 號（前部）

北敦 2816 號（後部）

北敦 2828 號（前部）

圖 3　北敦 9413 號（後部）＋北敦 2816 號（前部、後部）＋北敦 2828 號（前部）綴合圖

二號可以綴合，甚是。今謂前一號亦可與後二號綴合。前二號綴合後如圖3右部所示，北敦9413號與北敦2816號左右相接，接縫處邊緣吻合，原本分屬二號的"諸比丘尼共住"句的"丘尼共"三字皆得拼合完整（此三字左側殘筆撕裂在北敦2816號首行）。後二號綴合後如圖3左部所示，北敦2816號與北敦2828號左右相接，接縫處邊緣吻合，原本分屬二號的"若比丘尼，知女人與童男男子相敬愛愁憂"句前16字皆得大體拼合完整。北敦9413號後紙8行，北敦2816號前紙23行；北敦2816號後紙8行，北敦2828號前紙23行：兩兩拼接，拼合的一紙正好合於該卷每紙30行之數（接縫處的一行原本皆撕裂在前後二號，拼合後則合二爲一）。又三號行款格式相同（紙高相近，行距、字距、字體大小相近），字迹似同（比較三號共有的"姊""丘""若""大"等字），書風相近（字體規範，筆畫勻稱），可資參證。三號綴合後，全卷首尾題全具，內容基本完整，所存內容參見《大正藏》T22/1031A2─1041A18。

上揭三號既可綴合爲一，而《國圖》條記目錄稱北敦9413號有烏絲欄，北敦2816號、北敦2828號下却未見烏絲欄的介紹，有所不同。經仔細辨認，此三號應皆無烏絲欄，《國圖》條記目錄對北敦9413號的介紹恐怕失實。

4. 斯5077號 + 斯7190號

（1）斯5077號（翟4176），見《寶藏》39/668B─672B。卷軸裝。後部如圖4右部所示，首殘後缺，存164行，行約19字。楷書。首題"□☒（比丘）尼戒本"，《翟錄》歸列"四分比丘尼戒本"，《索引》及《索引新編》《寶藏》題"比丘尼戒本"。

（2）斯7190號，見《寶藏》54/510A─510B。卷軸裝殘片。前部如圖4左部所示，前缺後殘，存27行，行約19字（末3行頂端缺3─4字）。楷書。原卷無題，IDP未定名，《寶藏》及《方錄》擬題"四分比丘尼戒本"。

按：上揭二號皆爲《四分比丘尼戒本》殘卷，且二號內容於"以一小事瞋恚不/憙"句前後相接，中無缺字，存有綴合的可能性。二號接縫處邊緣整齊。比較二號共有的"比""尼""姊""大""那"等字，字迹似同，如表2所示。且二號行款格式相同（行距、字距、字體大小相近），書風相近（字體俊朗，筆勢向右上傾斜）。由此推斷，二號極有可能可以綴合。試作綴合如圖4所示，所存內容參見《大正藏》T22/1031A5—1033C9。不過從影印圖版看，兩號筆畫粗細不一（也可能是影印效果不同的緣故），暫且存疑。

斯5077號（後部）

斯7190號（前部）

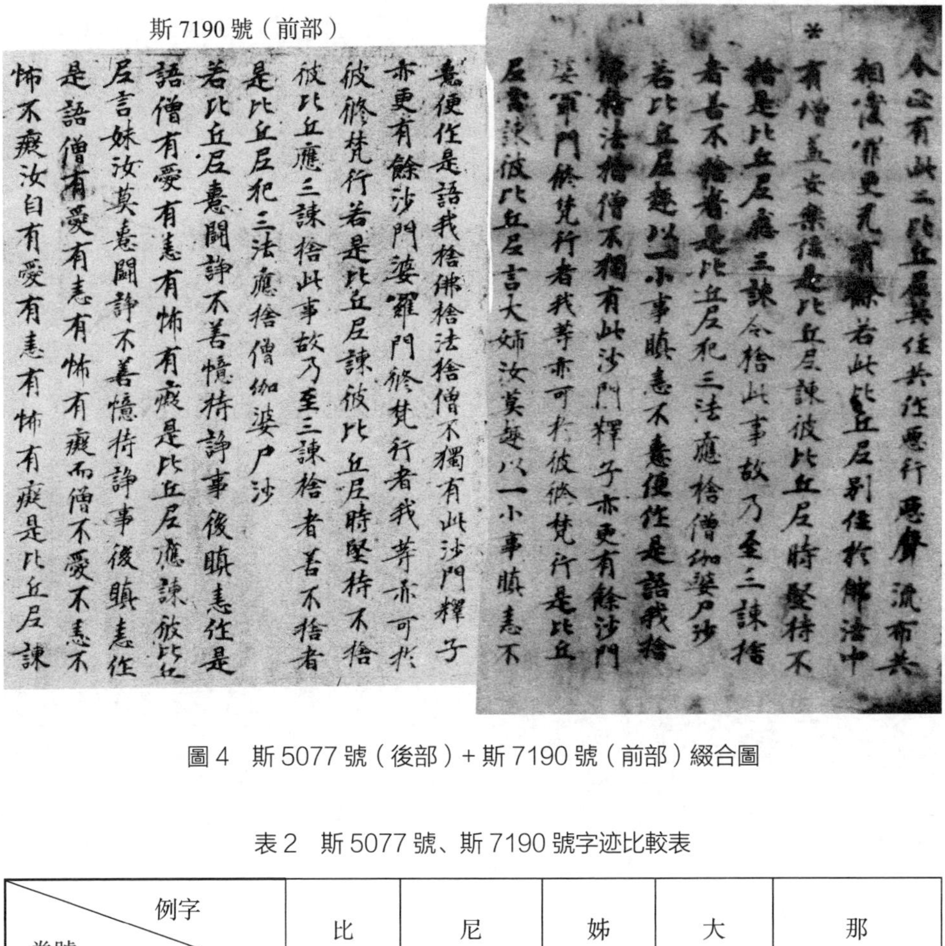

圖4　斯5077號（後部）+斯7190號（前部）綴合圖

表2　斯5077號、斯7190號字迹比較表

例字 卷號	比	尼	姊	大	那
斯5077號	 比	 尼	 姊	 大	 那
斯7190號	 比	 尼	 姊	 大	 那

5. 俄敦 10751 號 + 北敦 7128 號

（1）俄敦 10751 號，見《俄藏》15/33A。卷軸裝，2 紙。後部如圖 5 右部所示，前後皆殘，存 28 行，行約 22 字。楷書。有烏絲欄。原卷無題，《俄藏》未定名。

（2）北敦 7128 號（北 6958；師 28），見《國圖》95/206A—206B。卷軸裝。2 紙。前部如圖 5 左部所示，首殘後缺，存 33 行（首行僅存行末五六殘字，次行中上部殘缺，所存下端部分爲空白），行約 22 字。楷書。有烏絲欄。原卷無題，《劫餘錄》及《寶藏》《索引新編》《國圖》擬題 "四分比丘尼戒本"，甚是；《索引》題 "四分律比丘戒本"，不確。《國圖》條記目錄稱此卷爲 8 世紀唐寫本。

北敦 7128 號（前部）　　　　　　　　俄敦 10751 號（後部）

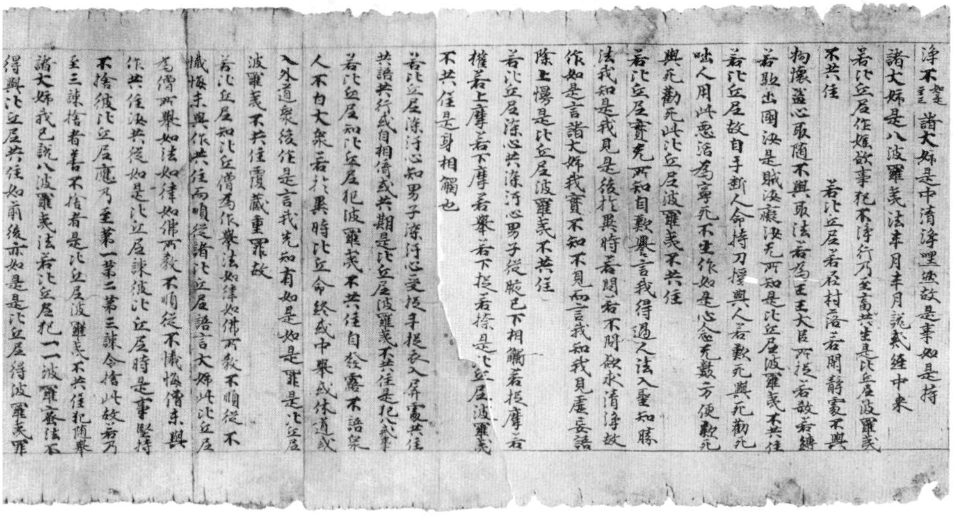

圖 5　俄敦 10751 號（後部）＋北敦 7128 號（前部）綴合圖

按：據殘存文字判斷，前號亦爲《四分比丘尼戒本》殘文（《俄錄》定名同），且二號內容前後相承，可以綴合。綴合後如圖 5 所示，二號左右相接，接縫處邊緣吻合，原本分屬二號的 "比丘尼波" 四字皆得成完璧。又二號行款格式相同（天頭地脚等高，皆有烏絲欄，滿行皆約 22 字，行距、字距、字體大小相近），字迹似同（比較二號共有的 "若" "是" "入" "言" 等字），書風相近（字體規範，横筆收筆重頓），可資參證。二號綴合後，存文起次行“戒經爲上最”五字的左側殘形，訖“是比丘尼犯初法應捨”句前八字，相應内容參見《大正藏》T22/1031A28—1032A26。

6. 北敦 4041 號 + 北敦 4068 號

（1）北敦 4041 號（北 6932；麗 41），見《國圖》55/171A—173B。卷軸裝，6 紙。後部如圖 6 右部所示，前後皆殘，存 114 行（前後紙各 1 行，其餘四紙各 28 行；首行上殘，末行上下殘），行約 19 字。有烏絲欄。原卷無題，《劫餘録》及《寶藏》《索引新編》《國圖》擬題“四分比丘尼戒本”，甚是；《索引》題“四分律比丘戒本”，不確。《國圖》條記目録稱原卷紙高 25 釐米，爲 8—9 世紀吐蕃統治時期楷書寫本。

北敦 4068 號（前部）　　　　北敦 4041 號（後部）

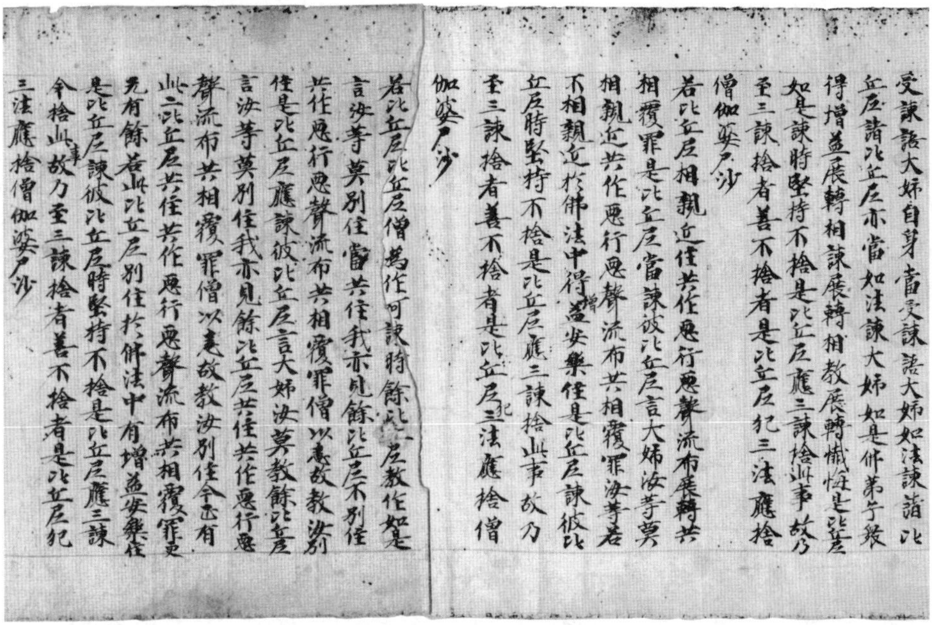
受諫語大姊自身當受諫語大姊如法諫諸比
丘尼諸比丘尼亦當如法諫大姊如是佛弟子衆
得增益展轉相諫展轉相教展轉懺悔是比丘尼
如是諫時堅持不捨是比丘尼應三諫捨此事故乃
至三諫捨者善不捨者是比丘尼犯三法應捨
僧伽婆尸沙
若比丘尼相親近住共作惡行惡聲流布展轉共
相覆罪是比丘尼當諫彼比丘尼言大姊汝等莫
相親近共作惡行惡聲流布共相覆罪汝等若
不相親近於佛法中得增益安樂住是比丘尼諫彼比
丘尼時堅持不捨是比丘尼應三諫捨此事故乃
至三諫捨者善不捨者是比丘尼犯三法應捨僧
伽婆尸沙
若比丘尼比丘尼僧爲作呵諫時餘比丘尼教作如是
言汝等莫別住當共住我亦見餘比丘尼不別住
共作惡行惡聲流布共相覆罪僧以恚故教汝別
住是比丘尼應諫彼比丘尼言大姊汝莫教餘比丘尼
言汝等莫別住我亦見餘比丘尼共住共作惡行惡
聲流布共相覆罪僧以恚故教汝別住今正有
此二比丘尼共住共作惡行惡聲流布共相覆罪更
無有餘若此比丘尼別住於佛法中有增益安樂住
是比丘尼諫彼比丘尼時堅持不捨是比丘尼應三諫
令捨此事故乃至三諫捨者善不捨者是比丘尼犯
三法應捨僧伽婆尸沙

圖 6　北敦 4041 號（後部）+ 北敦 4068 號（前部）綴合圖

（2）北敦 4068 號（北 6934；麗 68），見《國圖》55/285A—286B。卷軸裝，3 紙。前部如圖 6 左部所示，前後皆殘，存 72 行（前二紙各 28 行，後紙 16 行；首行中部殘，末 3 行上殘，末行僅存行末二字右側殘筆），行約 19 字。有烏絲欄。原卷無題，《劫餘錄》及《寶藏》《索引新編》《國圖》擬題 "四分比丘尼戒本"，甚是；《索引》題 "四分律比丘戒本"，不確。《國圖》條記目錄稱原卷紙高 25.4 釐米，爲 9—10 世紀歸義軍時期楷書寫本。

按：上揭二號皆爲《四分比丘尼戒本》殘卷，且其內容前後相承，可以綴合。綴合後如圖 6 所示，二號左右相接，接縫處邊緣吻合，原本分屬二號的 "尼" "比" "諫" "時" 四字皆得復合爲一。又二號行款格式相同（整紙滿行皆 28 行，紙高近同，皆有烏絲欄，滿行皆約 19 字，行距、字距、字體大小相近），字迹似同（比較二號共有的 "行" "惡" "應" "諫" 等字），書風相近（字體方正，字間距較小，捺筆較長），可資參證。二號綴合後，所存內容參見《大正藏》T22/1031B15—1034A14。

此二號既可綴合爲一，而《國圖》條記目錄稱北敦 4041 號爲 8—9 世紀吐蕃統治時期寫本，北敦 4068 號爲 9—10 世紀歸義軍時期寫本，斷代不一，宜再斟酌。

7. 斯 8811 號 + 斯 10052 號

（1）斯 8811 號，見 IDP。卷軸裝殘片。如圖 7 右部所示，存 12 殘行，行存上部 3—16 字。楷書。有烏絲欄。原卷無題，IDP 未定名。

（2）斯 10052 號，見 IDP。卷軸裝殘片。如圖 7 左部所示，存 9 殘行，行存中上部 10—16 字。楷書。有烏絲欄。原卷無題，IDP 未定名。

按：據殘存文字推斷，上揭二號當皆爲《四分比丘尼戒本》殘片，且二號內容前後相承，可以綴合。綴合後如圖 7 所示，二號左右相接，接縫處邊緣吻合。比勘完整文本，原本每行約 26 字，斯 8811 號末行 "□□（是身）相觸也" 與斯 10052 號首行 "☑（染）汙心" 間應缺 "若比丘尼" 四字，正與斯 10052 號首行上部殘缺空間相當。又二號行款格式相同（天頭等高，皆有烏絲欄，行距、字距、字體大小相近），字迹似同（比較二號共有的 "若" "比" "羅" "夷" "不" 等字），書風相近（字體方正，筆墨較濃），可資參證。二號綴合後，存文起 "若比丘尼，在聚落若空處" 句，訖 "彼比丘尼應第二" 句前四字右部殘形，相應內容參見《大正藏》T22/1031B18—1031C20。

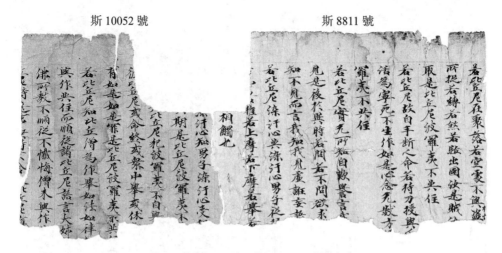

圖 7　斯 8811 號＋斯 10052 號綴合圖

8. 北敦 3795 號＋北敦 4213 號＋北敦 4087 號＋北敦 3815 號＋北敦 3871 號

（1）北敦 3795 號（北 6933；霜 95），見《國圖》52/404B—407B。卷軸裝，7 紙。後部如圖 8-1 右部所示，前後皆殘，存 160 行（首紙 15 行，末紙 20 行，其餘各紙 25 行；前 32 行下部殘缺，末 2 行僅存若干字右側殘畫），行約 23 字。有烏絲欄。原卷無題，《劫餘錄》及《寶藏》《索引新編》《國圖》擬題“四分比丘尼戒本”，甚是；《索引》題“四分律比丘戒本”，不確。《國圖》條記目錄稱原卷紙高 26.5 釐米，爲 9 世紀歸義軍時期楷書寫本。

（2）北敦 4213 號（北 6969；玉 13），見《國圖》57/49A—51A。卷軸裝，5 紙。前部如圖 8-1 左部所示，後部如圖 8-2 右部所示，前殘後缺，存 107 行（首紙 7 行，首行中下殘缺，次行下部右側有殘損；其餘諸紙各 25 行），行約 23 字。有烏絲欄。原卷無題（《索引新編》稱原卷尾題“四分尼戒本　静勝－一卷”，不確），《劫餘錄》及《寶藏》《國圖》擬題“四分比丘尼戒本”，甚是；《索引》題“四分律比丘戒本”，不確。《國圖》條記目錄稱原卷紙高 27 釐米，爲 9—10 世紀歸義軍時期楷書寫本。

（3）北敦 4087 號（北 6939；麗 87），見 IDP，另見《國圖》55/343B—346A。卷軸裝，5 紙。前部如圖 8-2 左部所示，後部如圖 8-3 右部所示，前

北敦 4213 號（前部）　　　　北敦 3795 號（後部）

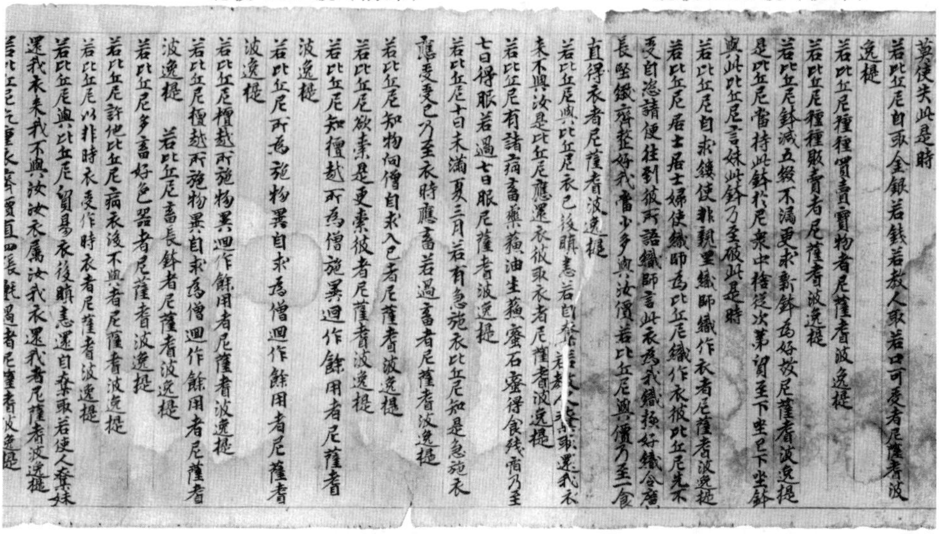

圖 8-1　北敦 3795 號（後部）＋北敦 4213 號（前部）綴合圖

北敦 4087 號（前部）　　　　北敦 4213 號（後部）

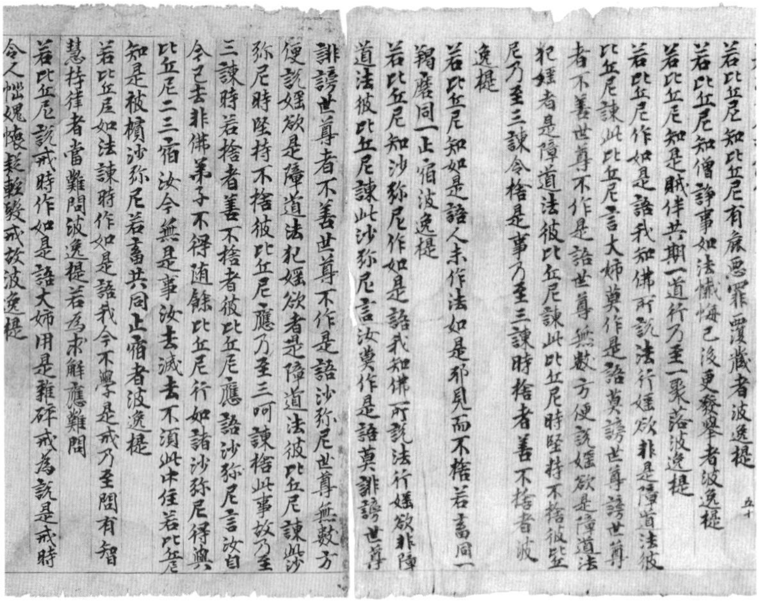

圖 8-2　北敦 4213 號（後部）＋北敦 4087 號（前部）綴合圖

北敦 3815 號（前部）　　　北敦 4087 號（後部）

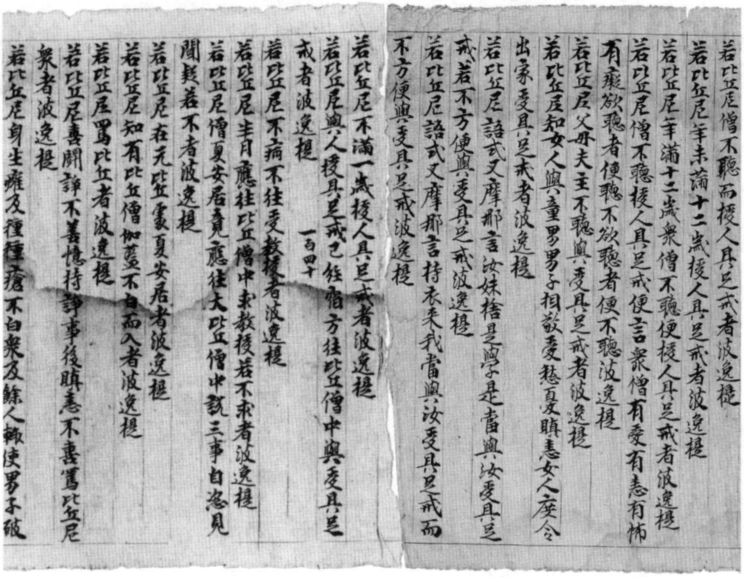

圖 8-3　北敦 4087 號（後部）＋北敦 3815 號（前部）綴合圖

北敦 3871 號（前部）　　　北敦 3815 號（後部）

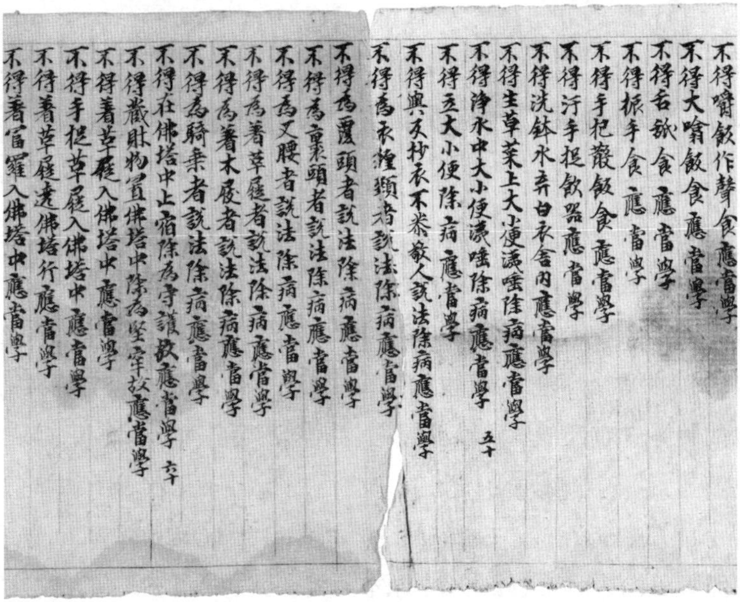

圖 8-4　北敦 3815 號（後部）＋北敦 3871 號（前部）綴合圖

缺後殘，存 125 行（每紙各 25 行），行約 23 字。有烏絲欄。原卷無題，《劫餘錄》及《寶藏》《國圖》擬題"四分比丘尼戒本"，《索引新編》擬題"四分律比丘尼戒本"，皆可從；《索引》題"四分律比丘戒本"，不確。《國圖》條記目錄稱原卷紙高 27 釐米，爲 9—10 世紀歸義軍時期楷書寫本。

（4）北敦 3815 號（北 6966；金 15），見《國圖》53/49A—51B。卷軸裝，5 紙。前部如圖 8-3 左部所示，後部如圖 8-4 右部所示，前後皆殘，存 124 行（第 4 紙 24 行，其餘各紙每紙 25 行，末行中下部左側殘損），行約 23 字。有烏絲欄。原卷無題，《劫餘錄》及《寶藏》《索引新編》《國圖》擬題"四分比丘尼戒本"，甚是；《索引》題"四分律比丘戒本"，不確。《國圖》條記目錄稱原卷紙高 27 釐米，爲 9—10 世紀歸義軍時期楷書寫本。

（5）北敦 3871 號（北 6978；金 71），見《國圖》53/256B—258B。卷軸裝，5 紙。前部如圖 8-4 左部所示，前殘尾全，存 100 行（首紙 1 行，上部 7 字僅存左側殘筆；末紙 24 行，其餘各紙每紙 25 行），行約 23 字。有烏絲欄。尾題"四分尼戒本"，《劫餘錄》及《寶藏》《國圖》題"四分比丘尼戒本"，是；《索引》題"四分律比丘戒本"，不確。《國圖》條記目錄稱原卷紙高 27 釐米，爲 9—10 世紀歸義軍時期楷書寫本。

按：上揭五號皆爲《四分比丘尼戒本》殘卷，且其内容前後相承，可以綴合。其中前二號綴合後如圖 8-1 所示，接縫處邊緣吻合，原本分屬二號的"波逸提""自奪若教人奪取還我" 12 字皆得復合完整，北敦 3795 號末紙 20 行，北敦 4213 號首紙 7 行，二號拼合，正好合於該卷每紙 25 行之數（接縫處二號的四行拼合後成二行）。北敦 4213 號與北敦 4087 號綴合後如圖 8-2 左部所示，接縫處邊緣吻合，北敦 4213 號末行行末"莫誹謗世尊"句與北敦 4087 號首行首句"誹謗世尊者不善"前後相接，中無缺字。北敦 4087 號與北敦 3815 號綴合後如圖 8-3 右部所示，接縫處邊緣大體吻合（下部綴後仍有缺損），北敦 4087 號末行"不方便與受具足戒，波逸提"句與北敦 3815 號首行"若比丘尼不滿一歲"前後相接，中無缺字。北敦 3815 號與北敦 3871 號綴合後如圖 8-4 左部所示，接縫處邊緣吻合，原本分屬二號的"爲衣纏頸者説法除""學"九字皆得拼合完整，北敦 3815 號末紙 25 行，北敦 3871 號首紙 1 行，二號拼合，亦合於該卷每紙大抵 25 行之數（接縫處前者的末行、後者的首行拼合爲一整行）。又五號行款格式相同（紙高略同，皆有烏絲欄，行約 23 字，行距、字距、字體大小相近），字迹似同（比較五號共有的"若""波""逸""提"等字），書風相近（字體方正規範，横筆豎筆筆墨較重），可資參證。五號綴合後，所存内容參見《大正藏》T22/1031C2—1041A18。

又，上揭五號既可綴合爲一，而《國圖》條記目録稱前一號爲 9 世紀歸義軍時期寫本，後四號爲 9—10 世紀歸義軍時期寫本，時間跨度略有不同，宜再斟酌。

9. 北敦 11226 號 + 北敦 11267 號 + 北敦 3922 號

（1）北敦 11226 號（北臨 1355），見《國圖》109/86A。卷軸裝殘片。如圖 9 右上部所示，存 7 殘行，行存中上部 5—11 字（末行僅存中部 5 字右側殘筆）。有烏絲欄。原卷無題，《國圖》擬題"四分比丘尼戒本"，條記目録稱該卷爲 8—9 世紀吐蕃統治時期楷書寫本。

（2）北敦 11267 號（北臨 1396），見《國圖》109/107B。卷軸裝殘片。如圖 9 右下部所示，存 16 殘行，行存中下部 0—10 字（第 8 行空白，末行僅存行末 2 字右側殘筆）。有烏絲欄。原卷無題，《國圖》擬題"四分比丘尼戒本"，條記目録稱該卷爲 8—9 世紀吐蕃統治時期楷書寫本。

（3）北敦 3922 號（北 6947；生 22），見《國圖》54/39B—56A。卷軸裝。27 紙。前部如圖 9 左上部所示，前殘尾全，存 725 行（前 10 行中下殘缺，首行僅存行首 1 字左側殘筆），行約 17 字。尾題"四分尼戒本一卷"，後有題記"寫戊寅年五月十六日梁再平"。有烏絲欄。《劫餘録》及《寶藏》《國圖》題"四分比丘尼戒本"，《索引新編》題"四分律比丘尼戒本"，皆是；《索引》題"四分律比丘戒本"，不確。《國圖》條記目録稱該卷爲 9—10 世紀歸義軍時期楷書寫本。

按：上揭三號皆爲《四分比丘尼戒本》殘卷，且其内容前後相承，可以綴合。綴合後如圖 9 所示，諸相鄰二號接縫處邊緣吻合，横縱烏絲欄亦可對接。北敦 11226 號與北敦 11267 號前七行上下相接，接縫處原本分屬二號的"羅""道"二字得以拼合完整；北敦 11226 號與北敦 3922 號左右相接，接縫處原本分屬二號的"衆""是罪是比丘"六字皆得復合完整；北敦 3922 號第 2—11 行與北敦 11267 號 7—16 行上下左右相接，接縫處原本分屬二號的"舉""作""僧""未""若""乃""住""一一"九字皆得合成完璧。又三號行款格式相同（天頭或地脚等高，皆有烏絲欄，行距、字距、字體大小相近），字迹似同（比較三號共有的"不""共""住""比""丘""尼"等字），書風相近（字體方正，筆墨勻厚），可資參證。三號綴合後，所存内容參見《大正藏》T22/1031C6—1041A18。

北敦 11226 號

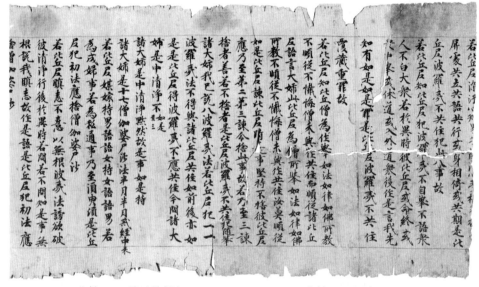

北敦 3922 號（前部）　　　　　　　　北敦 11267 號

圖 9　北敦 11226 號 + 北敦 11267 號 + 北敦 3922 號（前部）綴合圖

又，上揭三號既可綴合爲一，而《國圖》條記目録稱北敦 11226 號、北敦 11267 號爲 8—9 世紀吐蕃統治時期寫本，北敦 3922 號爲 9—10 世紀歸義軍時期寫本，時間跨度不一。《集録》第 423 頁疑北敦 3922 號末題記戊寅年爲公元 858 年，如果其説可信，則此三號有可能皆出於 858 年梁再平之手。

10. 北敦 3005 號 + 斯 440 號

（1）北敦 3005 號（北 6979；雲 5），見 IDP，另見《國圖》41/8B—10A。

卷軸裝，4 紙。後部如圖 10 右部所示，前後皆殘，存 86 行（前紙 21 行，中間 2 紙各 28 行，末紙 9 行；前 14 行中上殘，末 2 行上中殘），行約 17 字。有烏絲欄。原卷無題，《劫餘録》及《寶藏》《索引新編》《國圖》擬題“四分比丘尼戒本”，甚是；《索引》題“四分律比丘戒本”，不確。《國圖》條記目録稱原卷紙高 25.5 釐米，爲 8—9 世紀吐蕃統治時期楷書寫本。

（2）斯 440 號（翟 4193），見《英圖》7/37A—51B。卷軸裝，23 紙。前部如圖 10 左部所示，前殘尾全，存 652 行（首紙 21 行，其餘各紙 28—32 行不等），行約 17 字。尾題“四分尼戒本”；尾題後另有“入布薩堂説謁（偈）文”“受水説謁（偈）文”等説偈文。有烏絲欄。《翟録》及《索引》等從尾題，《英圖》題“四分比丘尼戒本”。《英圖》條記目録稱原卷紙高 25.5 釐米，爲 8—9 世紀吐蕃統治時期楷書寫本。

斯 440 號（前部）　　　　　　　北敦 3005 號（後部）

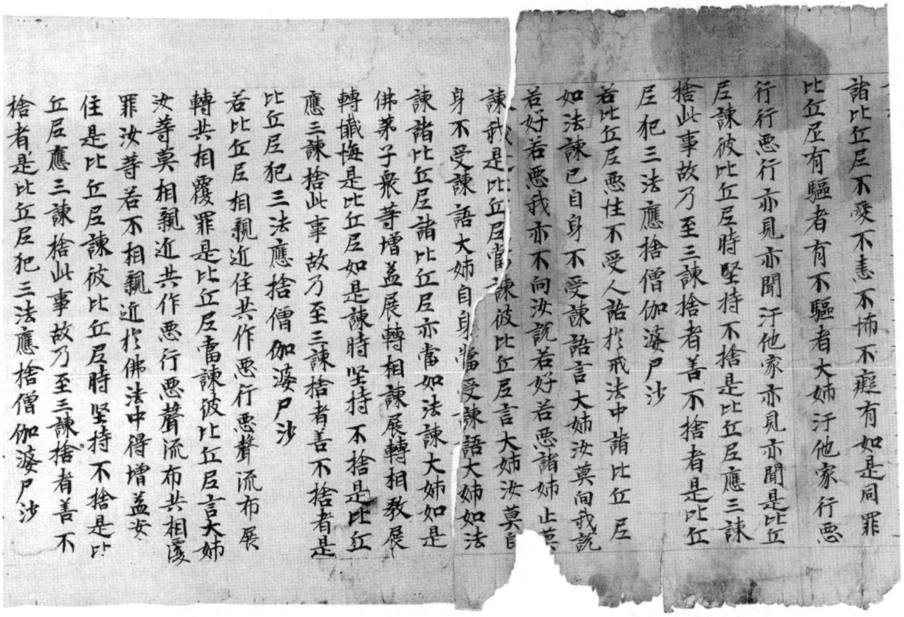

圖 10　北敦 3005 號（後部）＋斯 440 號（前部）綴合圖

按：上揭二號皆爲《四分比丘尼戒本》殘卷，且其内容前後相承，可以綴合。綴合後如圖 10 所示，二號左右上下相接，接縫處邊緣吻合，原本分屬二號的"諫我是比丘尼當諫""當受諫語"12字皆得成完璧。北敦3005號末紙9行，斯440號首紙21行，二紙拼合爲一整紙凡28行（重合的2行不重復計算），正與二號完整諸紙多28行的用紙規格相合。又二號行款格式相同（紙高皆爲25.5釐米，皆有烏絲欄，行距、字距、字體大小相近），字迹似同（比較二號共有的"乃""至""三""諫"等字），書風相近（字體瘦長，筆畫纖細），可資參證。二號綴合後，所存内容參見《大正藏》T22/1031C17—1041A18。

11. 斯9735號 + 斯8813號

（1）斯9735號，見IDP。卷軸裝殘片。如圖11上部所示，存10殘行（首行僅存4字左側殘筆），行存中上部4—13字。楷書。有烏絲欄。原卷無題，IDP未定名。

（2）斯8813號，見IDP。卷軸裝殘片。如圖11下部所示，存18殘行，行存中下部0—11字（首行僅存1字左側殘筆，次行空白，後16行行存中下部2—11字）。楷書。有烏絲欄。原卷無題，IDP未定名。

按：據殘存文字推斷，上揭二號當皆爲《四分比丘尼戒本》殘片，且其内容前後相承，可以綴合。綴合後如圖11所示，二號前10行依次上下相承，其中後8行可以直接綴合，接縫處邊緣吻合，縱向烏絲欄亦可對接，原本分屬二號的"是""清""是""波"等字皆得大體復合完整。又二號行款格式相同（皆有烏絲欄，行距、字距、

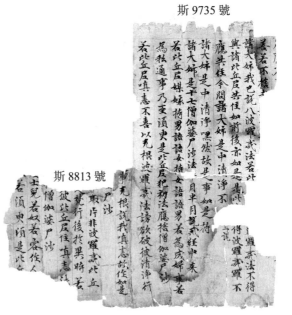

圖11　斯9735號 + 斯8813號綴合圖

字體大小相近），字迹似同（比較二號共有的 "若" "是" "无" "根" 等字），書風相近（字體方正，筆墨勻厚），可資參證。二號綴合後，相應内容參見《大正藏》T22/1031C20—1032A23。

12. 斯 10030 號 + 斯 9033 號

（1）斯 10030 號，見 IDP。殘片。如圖 12 上部所示，存 5 殘行（首行僅存二三字左側殘筆，中3 行存上部 12—14 字，末行僅存若干字右側殘筆），行存上部 2—13 字。楷書。有烏絲欄。原卷無題，IDP 未定名。

（2）斯 9033 號，見 IDP。殘片。如圖 12 下部所示，存 3 殘行，行存中部 2—6 字。楷書。有烏絲欄。原卷無題，IDP 未定名。

按：據殘存文字推斷，上揭二號當皆爲《四分比丘尼戒本》殘片，且其内容前後相承，可以綴合。綴合後如圖 12 所示，接縫處邊緣吻合，原本分屬二號的 "羅" "是" "尸" 三字皆得大體拼合完整。比勘完整文本，原本每行約 20 字，綴合後每行下部仍殘缺 2—4 字，可復原如下：

若比丘尼瞋恚不喜，以无根波羅夷□（法）謗，欲破☒□（彼清）

淨行。後於異時，若問若不問，是事无根，説：我瞋□（恚），□□□（故如是）

語。是比丘尼犯初法應捨，僧伽婆尸沙。

又二號行款格式相同（皆有烏絲欄，行距、字距、字體大小相近），字迹似同（比較二號共有的 "无" "根" "瞋" 三字），書風相近，可資參證。二號綴合後，相應内容參見《大正藏》T22/1032A12—1032A15。

斯 10030 號

斯 9033 號

圖 12　斯 10030 號 + 斯 9033 號綴合圖

13. 北敦 9601 號 + 北敦 9434 號 + 北敦 6529 號

（1）北敦 9601 號（湯 22），見 IDP，另見《國圖》106/118A。卷軸裝殘片。如圖 13 右部所示，存 7 行（首行僅存上端 4 字左側殘畫），行約 19 字。有烏絲欄。原卷無題，《國圖》擬題“四分比丘尼戒本”，條記目錄稱原卷紙高 27 釐米，爲 8—9 世紀吐蕃統治時期楷書寫本。

（2）北敦 9434 號（發 55），見 IDP，另見《國圖》105/371A。卷軸裝，2 紙。如圖 13 中部所示，前後皆殘，存 16 行（前紙 8 行，後紙 8 行；首行僅存上部約 15 字左側殘筆，末行中上部殘損），行約 19 字。有烏絲欄。原卷無題，《國圖》擬題“四分比丘尼戒本”，條記目錄稱原卷紙高 26.8 釐米，爲 7—8 世紀唐楷書寫本。

（3）北敦 6529 號（北 6977；淡 29），見《國圖》89/58B—62A。卷軸裝，6 紙。前部如圖 13 左部所示，前後皆殘，存 158 行（首紙 21 行，末紙 25 行，其餘各紙 28 行；首行中下殘，末行僅存首字右上部殘畫），行約 19 字。有烏絲欄。原卷無題，《劫餘錄》及《寶藏》《索引新編》《國圖》擬題“四分比丘尼戒本”，甚是；《索引》題“四分律比丘戒本”，不確。《國圖》條記目錄稱原卷紙高 27 釐米，爲 9—10 世紀歸義軍時期楷書寫本。

北敦 6529 號（前部）　　　　北敦 9434 號　　　　北敦 9601 號

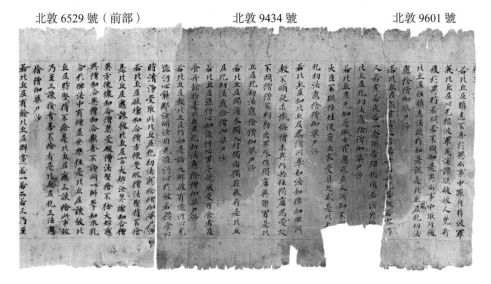

圖 13　北敦 9601 號 + 北敦 9434 號 + 北敦 6529 號（前部）綴合圖

按：上揭三號皆爲《四分比丘尼戒本》殘卷，且其内容前後相承，可以綴合。綴合後如圖13所示，接縫處邊緣吻合。原本分屬前二號的"若比丘尼詣官言人若居士居士兒若奴若客"18字皆得基本拼合完整，北敦9601號末行末二字"客作"與北敦9434號首行首字"人"相連成詞，中無缺字。原本分屬後二號的"那汝何汝自"五字拼合完整，北敦9434號末行末字"以"與北敦6529號首行行首"時清净"相連成句，中無缺字；北敦9434號後紙8行，北敦6529號首紙21行，乃同一紙之撕裂，二號拼合該紙正好28行（接縫處的一行撕裂後分而爲二），合於北敦6529號完整各紙28行之數。又三號行款格式相同（紙高略同，皆有烏絲欄，行距、字距、字體大小相近），字迹似同（比較三號共有的"是""法""若"等字），書風相近（筆畫纖細，筆勢稍右上傾），可資參證。三號綴合後，所存内容參見《大正藏》T22/1032A15—1034B17。

又，上揭三號既可綴合爲一，而《國圖》條記目錄稱北敦9601號爲8—9世紀吐蕃統治時期寫本，北敦9434號爲7—8世紀唐寫本，北敦6529號爲9—10世紀歸義軍時期寫本，斷代參差不一，顯有不妥，宜再斟酌。

14. 北敦9420號＋北敦11262號＋北敦4651號＋北敦4552號＋北敦1439號＋上圖146號

（1）北敦9420號（發41），見IDP，另見《國圖》105/362A。卷軸裝殘片。如圖14-1右部所示，前後皆殘，存16行（首行僅存中部3字左側殘筆；次2行上下殘；末4行中下殘），行約19字。原卷無題，《國圖》擬題"四分比丘尼戒本"。《國圖》條記目錄稱原卷紙高25釐米，有烏絲欄，爲8—9世紀吐蕃統治時期楷書寫本。

（2）北敦11262號（北臨1391），見《國圖》109/105A。卷軸裝殘片。如圖14-1中部所示，前後皆殘，存16行（首行僅存1字左側殘筆，次2行上下殘，倒2—4行中部殘損，末行僅存上下端6字右側殘筆），行約19字。原卷無題，《國圖》擬題"四分比丘尼戒本"。《國圖》條記目錄稱原卷紙高25.2釐米，有烏絲欄，爲9—10世紀歸義軍時期楷書寫本。

（3）北敦4651號（北6894；劍51），見IDP，另見《國圖》62/164A—166B。卷軸裝，4紙。前部如圖14-1左部所示，後部如圖14-2右部所示，前後皆殘，存 126 行（前 4 行上下殘，末行僅存行末三四字右側殘筆），行約 19 字。原卷無題，《劫餘録》及《寶藏》《索引新編》《國圖》擬題"四分比丘尼戒本"，甚是；《索引》題"四分律比丘戒本"，不確。《國圖》條記目録稱原卷紙高 26 釐米，有烏絲欄，爲 9—10 世紀歸義軍時期楷書寫本。

（4）北敦 4552 號（北 6929；岡 52），見 IDP，另見《國圖》61/166B—173B。卷軸裝，9 紙。前部如圖 14-2 左部所示，後部如圖 14-3 右部所示，前缺後殘，存 300 行（末行僅存中部約 12 殘字），行約 19 字。原卷無題，《劫餘録》及《寶藏》《索引新編》《國圖》擬題"四分比丘尼戒本"，甚是；《索引》題"四分律比丘戒本"，不確。《國圖》條記目録稱原卷紙高 25.2 釐米，有烏絲欄，爲 8—9 世紀吐蕃統治時期楷書寫本。

（5）北敦 1439 號（北 6928；寒 39），見 IDP，另見《國圖》21/202B—206A。卷軸裝，6 紙。前部如圖 14-3 左部所示，後部如圖 14-4 右部所示，前後皆殘，存 136 行（首行右側有殘損，後 22 行中下殘），行約 19 字。原卷無題，《劫餘録》及《寶藏》《索引新編》《國圖》擬題"四分比丘尼戒本"，甚是；《索引》題"四分律比丘戒本"，不確。《國圖》條記目録稱原卷紙高 24.6 釐米，爲 9—10 世紀歸義軍時期楷書寫本。

（6）上圖 146 號，見《上圖》3/351A—352B。卷軸裝，3 紙。前部如圖 14-4 左部所示，前殘尾全，存 76 行（前 2 行上部殘損），行約 19 字。尾題"四分尼戒本"，後有題記"子年十一月比丘潛均寫"。《上圖》敘録稱原卷紙高 24.1 釐米，首紙無欄綫，後二紙有烏絲欄，爲唐寫楷書卷子。

按：上揭六號皆爲《四分比丘尼戒本》殘卷，且其内容前後相承，諸相鄰二號接縫處邊緣大體吻合，可以綴合。北敦 9420 號與北敦 11262 號綴合如圖 14-1 右部所示，二號左右上下相接，北敦 9420 號倒二行"僧不☒（約）"與北敦 11262 號首行"☒（敕），☒（出）家外"相連成句，北敦 9420 號末行"（是比丘尼犯）初法應☒（捨）"與北敦 11262 號首行"☒（僧）伽婆尸沙"先後相承。北敦 11262 號與北敦 4651 號綴合如圖 14-1 左部所示，二號左右上下相接，接縫處原本分屬二號的"莫""歡""有""三諫捨此是故"九字皆得大致拼合完整。北敦 4651 號與北敦 4552 號綴合如圖 14-2 所示，二號左右

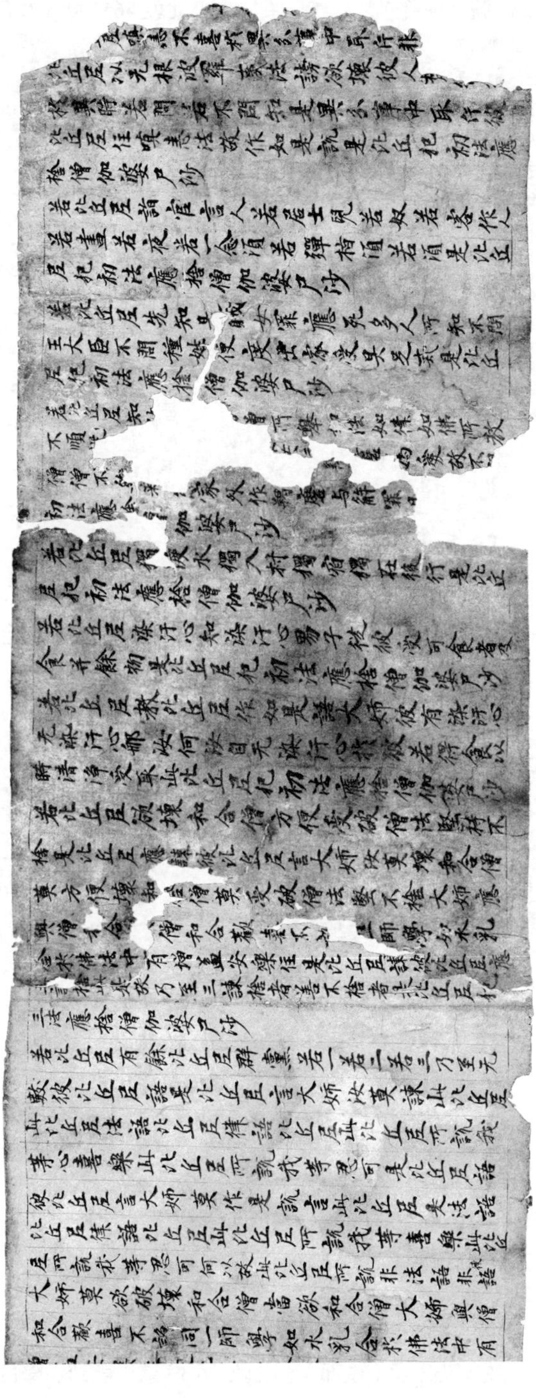

圖 14-1　北敦 9420 號＋北敦 11262 號＋北敦 4651 號（前部）綴合圖

北敦 4552 號（前部）　　　　北敦 4651 號（後部）

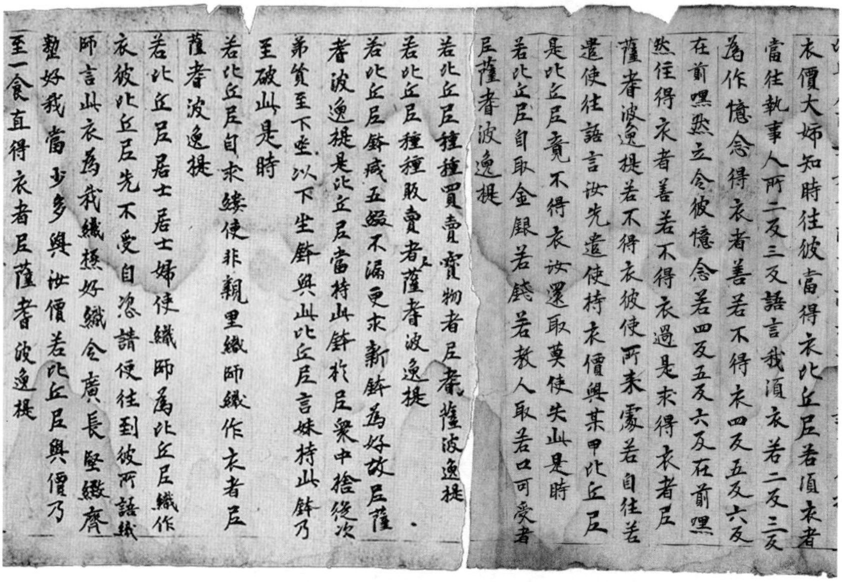
衣價大姊知時往彼當得衣比丘尼若須衣者
當往執事人所二反三反語言我須衣若二反三反
爲作憶念得衣者善若不得衣四反五反六反
在前嘿然立令彼憶念若四反五反六反在前嘿
然住得衣者善若不得衣過是求得衣者尼
薩耆波逸提若不得衣彼使所來處若自往若
遣使往語言汝先遣使持衣價與某甲比丘尼
是比丘尼竟不得衣汝還取莫使失此是時
若比丘尼自取金銀若錢若教人取若口可受者
尼薩耆波逸提
若比丘尼種種買賣寶物者尼薩耆波逸提
若比丘尼種種販賣者尼薩耆波逸提
若比丘尼鉢減五綴不漏更求新鉢爲好故尼薩
耆波逸提是比丘尼當持此鉢於尼衆中捨從次
第貧至下坐以下坐鉢與此比丘尼言妹持此鉢乃
至破此是時
若比丘尼自求縷使非親里織師織作衣者尼
薩耆波逸提
若比丘尼居士居士婦使織師爲比丘尼織作
衣彼比丘尼先不受自恣請便往到彼所語織
師言此衣爲我織極好織令廣長堅緻齊
整好我當少多與汝價若比丘尼與價乃
至一食直得衣者尼薩耆波逸提

圖 14-2　北敦 4651 號（後部）+ 北敦 4552 號（前部）綴合圖

北敦 1439 號（前部）　　　　北敦 4552 號（後部）

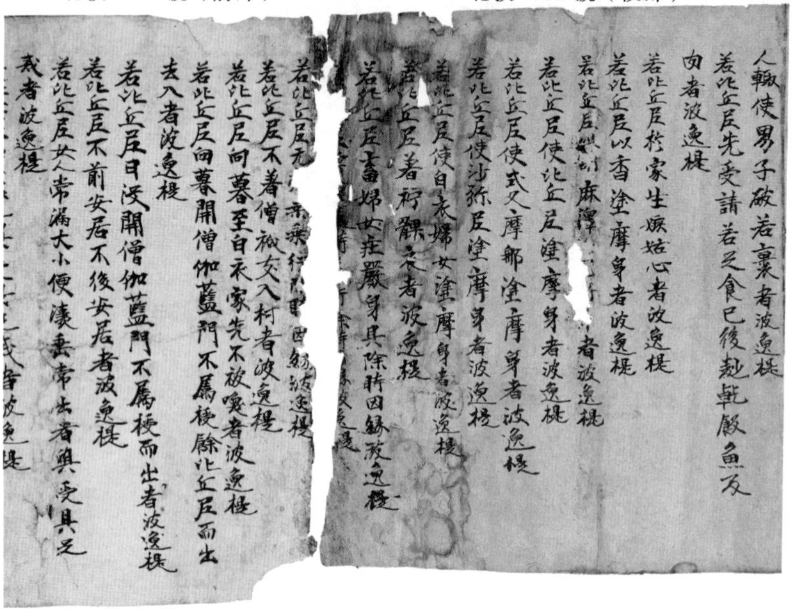
人輙使男子破若裹者波逸提
若比丘尼先受請若足食已後麨乾飯魚及
肉者波逸提
若比丘尼於家生嫉妬心者波逸提
若比丘尼以香塗摩身者波逸提
若比丘尼以[illegible]麻滓[illegible]者波逸提
若比丘尼使比丘尼塗摩身者波逸提
若比丘尼使式叉摩那塗摩身者波逸提
若比丘尼使沙彌尼塗摩身者波逸提
若比丘尼使白衣婦女塗摩身者波逸提
若比丘尼著衬髀衣者波逸提
若比丘尼畜婦女莊嚴身具除時因緣波逸提
若比丘尼無[illegible]乘乘行[illegible]因緣波逸提
若比丘尼不著僧祇支入村者波逸提
若比丘尼向暮至白衣家先不被喚者波逸提
若比丘尼向暮開僧伽藍門不屬授餘比丘尼而出
去入者波逸提
若比丘尼日沒開僧伽藍門不屬授而出者波逸提
若比丘尼不前安居不後安居者波逸提
若比丘尼女人常漏大小便濞涕常出者與受具足
戒者波逸提

圖 14-3　北敦 4552 號（後部）+ 北敦 1439 號（前部）綴合圖

上圖 146 號（前部）　　　　　　北敦 1439 號（後部）

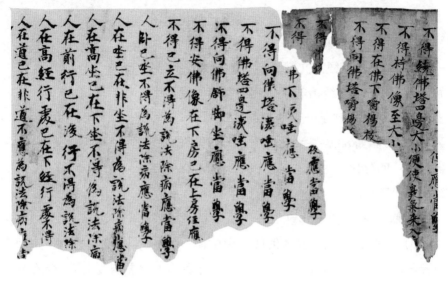

圖 14-4　北敦 1439 號（後部）＋上圖 146 號（前部）綴合圖

相接，接縫處上下水漬痕迹完全契合。北敦 4552 號與北敦 1439 號綴合如圖 14-3 所示，二號左右相接，北敦 4552 號末句“著革屣，持蓋行，除時因緣波逸提”與北敦 1439 號首句“若比丘尼无⊠（病）”前後相接，中無缺字。北敦 1439 號與上圖 146 號綴合如圖 14-4 所示，二號左右上下相接，接縫處原本分屬二號的“不得向佛塔”的“不”字得以復合爲一。又六號行款格式相同（行距、字距、字體大小相近），書風相近（比較六號共有的“若”“丘”“尼”“白”“衣”等字），可資參證。①六號綴合後，所存內容參見《大正藏》T22/1032A16—1041A18。

　　又《國圖》條記目錄稱北敦 9420 號與北敦 4552 號爲 8—9 世紀吐蕃統治時期寫本，北敦 11262 號、北敦 4651 號與北敦 1439 號爲 9—10 世紀歸義軍時期寫本，《上圖》敘錄稱上圖 146 號爲唐卷子本，斷代不一。考斯 6329 號《韻

---

　　① 前四號《國圖》條記目錄皆稱有烏絲欄，而第五號北敦 1439 號未標出，查後者彩色照片，確無烏絲欄。再查其前的北敦 4552 號彩色照片，此號前有烏絲欄，自第 226 行起無欄綫。再結合上圖 146 號敘錄稱該卷首紙無欄綫，後二紙有烏絲欄，可見該寫本有烏絲欄的紙與沒有烏絲欄的紙混用，北敦 1439 號原卷沒有烏絲欄，不影響其可以綴合的結論。

書字義抄》卷末有題記"戌年七月十日比丘潛均書記"，此"潛均"與上圖146號題記"子年十一月比丘潛均寫"中的"潛均"當爲同一人（二號字迹相同，如圖14-5所示）。《敦煌經部文獻合集》於《韻書字義抄》題解云："敦煌吐蕃統治時期（786—848）習用十二地支紀年，本篇也許是吐蕃時期的抄本。"① 又《集録》第402頁謂斯6329號大致寫於九世紀前期。據此，上揭六號《四分比丘尼戒本》的抄寫時間亦以定爲吐蕃統治時期爲允當。

圖14-5　上圖146號（左）、斯632號末題記

15. 俄敦 2235 號 + 北敦 1047 號

（1）俄敦2235號，見《俄藏》9/104B。卷軸裝。後部如圖15右部所示，前後皆殘，存22行（前8行中下殘，末行上部有5字左側殘損），行約26字。有烏絲欄。原卷無題，《孟録》定作"四分比丘尼戒本"，稱此號爲9—11世紀楷書寫本。

（2）北敦1047號（北6922；辰47），見IDP，另見《國圖》15/299B—308B。卷軸裝，19紙。前部如圖15左部所示，前殘尾全，存467行（首紙僅存2殘行，首行僅存四五字左側殘筆，次行存上部9字），行約26字。尾題"四分尼戒本"。卷末另有"戒意"二字，字迹與正文同，當是抄手署名。有烏絲欄。《索引新編》從尾題，《劫餘録》及《寶藏》《國圖》定作"四分比丘尼戒本"，是；《索引》題"四分律比丘戒本"，不確。《國圖》條記目録稱此卷爲8—9世紀吐蕃統治時期楷書寫本。

按：上揭二號皆爲《四分比丘尼戒本》殘卷，且内容前後相承，可以綴合。綴合後如圖15所示，二號左右相接，上部接縫處邊緣吻合（下部綴後仍有缺損），原本分屬二號的"丘尼應三諫"五字皆得合成完璧。又二號行款格式相同（天頭地脚等高，皆有烏絲欄，滿行皆約26字，行距、字距、字體大小相近），字迹似同（比較二號共有的"尼""大""捨""是"等字），書風

① 參張涌泉主編《敦煌經部文獻合集》，中華書局，2008年，第4310頁。

相近（字形方正，筆墨濃厚），可資參證。二號綴合後，所存内容參見《大正藏》T22/1032A17—1041A18。

北敦 1047 號（前部）　　　　俄敦 2235 號（後部）

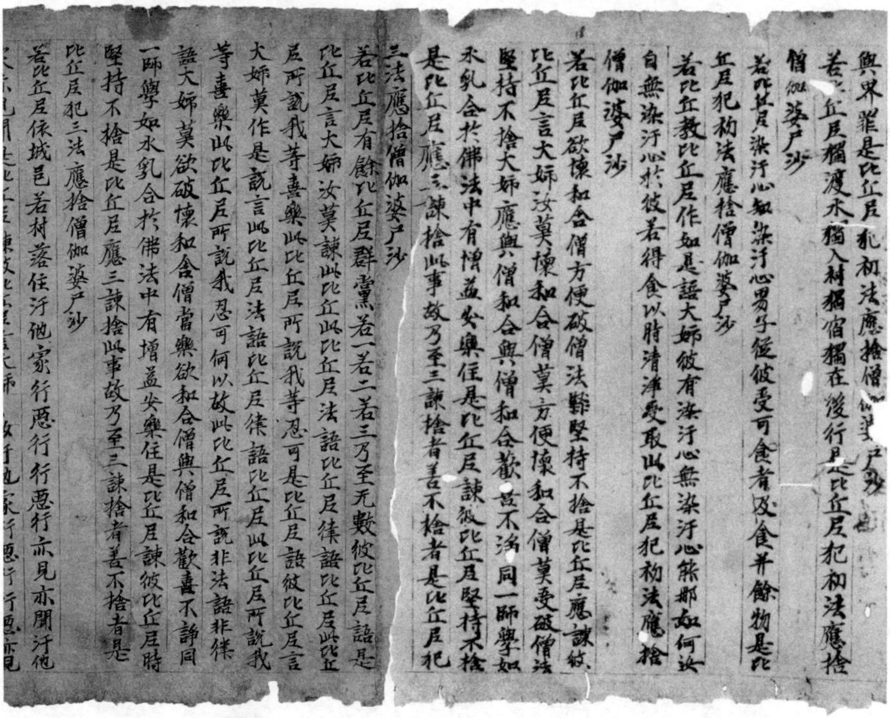
與界罪是比丘尼犯初法應捨僧伽婆尸沙
若比丘尼獨渡水獨入村獨宿獨在後行是比丘尼犯初法應捨
僧伽婆尸沙
若比丘尼染汙心知染汙心男子從彼受可食者及食并餘物是比
丘尼犯初法應捨僧伽婆尸沙
若比丘教比丘尼作如是語大姊彼有染汙心無染汙心能那如何汝
自無染汙心於彼若得食以時清淨受取此比丘尼犯初法應捨
僧伽婆尸沙
若比丘尼欲壞和合僧方便破僧法堅持不捨是比丘尼應諫彼
比丘尼言大姊汝莫壞和合僧莫方便壞和合僧莫受破僧法
堅持不捨大姊應與僧和合與僧和合歡喜不諍同一師學如
水乳合於佛法中有增益安樂住是比丘尼諫彼比丘尼堅持不捨
是比丘尼應三諫捨此事故乃至三諫捨者善不捨者是比丘尼犯
三法應捨僧伽婆尸沙
若比丘尼有餘比丘尼群黨若一若二若三乃至无數彼比丘尼語是
比丘尼言大姊汝莫諫此比丘尼此比丘尼法語比丘尼律語比丘尼此比丘
尼所說我等喜樂此比丘尼所說我等忍可是比丘尼語彼比丘尼言
大姊莫作是說言此比丘尼法語比丘尼律語比丘尼此比丘尼所說我
等喜樂此比丘尼所說我忍可何以故此比丘尼所說非法語非律
語大姊莫欲破壞和合僧當樂欲和合僧與僧和合歡喜不諍同
一師學如水乳合於佛法中有增益安樂住是比丘尼諫彼比丘尼時
堅持不捨是比丘尼應三諫捨此事故乃至三諫捨者善不捨者是
比丘尼犯三法應捨僧伽婆尸沙
若比丘尼依城邑若村落住汙他家行惡行行惡行亦見亦聞汙他

圖 15　俄敦 2235 號（後部）+ 北敦 1047 號（前部）綴合圖

二號既原屬同卷，而《孟録》稱俄敦 2235 號爲 9—11 世紀寫本，《國圖》條記目録稱北敦 1047 號爲 8—9 世紀吐蕃統治時期寫本，斷代不一，宜再斟酌。

16. 北敦 2093 號 + 北敦 2147 號

（1）北敦 2093 號（北 6931；冬 93），見 IDP，另見《國圖》29/264A—269B。卷軸裝，9 紙。後部如圖 16 右部所示，前後皆殘，存 261 行（首紙 21 行，其後各紙每紙 30 行；首行上下殘），行約 23 字。有烏絲欄。原卷無題，《劫餘録》及《寶藏》《索引新編》《國圖》擬題“四分比丘尼戒本”，甚是；《索引》題“四分律比丘戒本”，不確。《國圖》條記目録稱原卷紙高 26.6 釐米，爲 8—9 世紀吐蕃統治時期楷書寫本。

（2）北敦2147號（北6976；藏47），見IDP，另見《國圖》30/124B—131B。卷軸裝，12紙。前部如圖16左部所示，前殘尾全，存331行（後2紙7行、24行，其餘各紙每紙30行；首行上下殘），行約23字。尾題"四分戒本"。有烏絲欄。《劫餘錄》及《寶藏》《索引新編》《國圖》題"四分比丘尼戒本"，是；《索引》題"四分律比丘戒本"，不確。《國圖》條記目錄稱原卷紙高27釐米，爲9—10世紀歸義軍時期楷書寫本。

北敦2147號（前部）　　　　　　　　　　北敦2093號（後部）

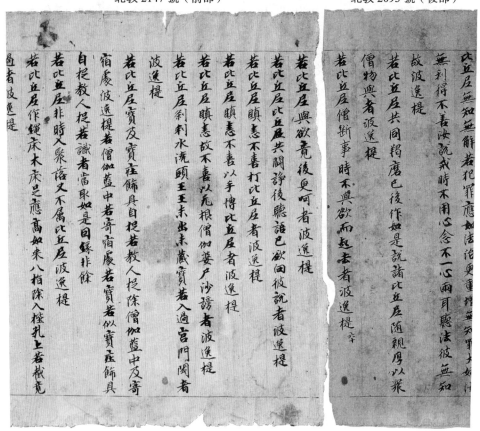

圖16　北敦2093號（後部）＋北敦2147號（前部）綴合圖

按：上揭二號皆爲《四分比丘尼戒本》殘卷。二號內容於"不與欲而起去者，波逸提六十/若比丘尼與欲竟"句前後相接，中無缺字，存有綴合的可能性。

二號接縫處邊緣吻合。比較二號共有的"若""尼""波""逸"等字，字迹似同。且二號行款格式相同（滿行各紙每紙皆 30 行，天頭地脚高度相近，皆有烏絲欄，滿行皆約 23 字，行距、字距、字體大小相近），書風相近（筆畫纖細，筆勢稍向右上傾斜，捺筆細長）。由此判定，此二號確可綴合。綴合後如圖 16 所示，所存内容參見《大正藏》T22/1032A19—1041A18。二號綴合後，較之《大正藏》本，寫卷尾題前多"布薩竟説偈文"七言四句。

又，此二號既可綴合爲一，而《國圖》條記目録稱北敦 2093 號爲 8—9世紀吐蕃統治時期寫本，北敦 2147 號爲 9—10 世紀歸義軍時期寫本，時間跨度參差，宜再斟酌。

17. 俄敦 996 號 + 北敦 4519 號

（1）俄敦 996 號，見《俄藏》7/250B。卷軸裝殘片。如圖 17 右部所示，存 12 行（首行僅存十餘字左側殘筆，末行左側殘損），行約 21 字。存文次行起"應捨僧伽婆尸沙"句，訖"從彼受可食者，及食并餘物"句前八字右側殘形。有烏絲欄。原卷無題，《俄録》及《孟録》上册定作"四分比丘尼戒本"，稱此卷爲 8—10 世紀楷書寫本。

（2）北敦 4519 號（北 6955；岡 19），見《國圖》61/24A—37B。卷軸裝。前部如圖 17 左部所示，前殘尾全，存 614 行（首行僅存約 9 字左側殘筆），行約 21 字。尾題"四分比丘尼戒本一卷"。有烏絲欄。《索引》改題"四分律比丘戒本"，不妥。《國圖》條記目録稱此卷爲 8—9 世紀吐蕃統治時期楷書寫本。

按：上揭二號皆爲《四分比丘尼戒本》殘卷，且其内容前後相承，可以綴合。綴合後如圖 17 所示，二號左右相接，接縫處邊緣大體吻合（綴後仍有部分缺損），原本分屬二號的"汗心男""從彼受可食"八字皆得大體拼合完整。又二號行款格式相同（皆有烏絲欄，滿行皆約 21 字，行距、字距、字體大小相近），字迹似同（比較二號共有的"尼""尸""沙""婆"等字），書風相近（字體瘦長，筆意相連），可資參證。二號綴合後，所存内容參見 T22/1032A24—1041A18。

二號既原屬同卷，而《孟録》稱俄敦 996 號爲 8—10 世紀寫本，《國圖》條記目録稱北敦 4519 號爲 8—9 世紀吐蕃統治時期寫本，斷代不一，宜再斟酌。

北敦 4519 號（前部）　　　　　　　　　　俄敦 996 號

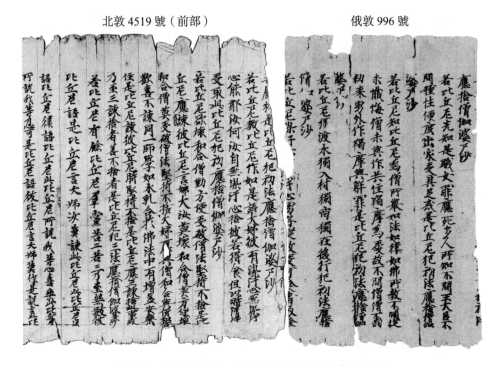

圖 17　俄敦 996 號 + 北敦 4519 號（前部）綴合圖

18. 北敦 8209 號 + 北敦 8215 號

（1）北敦 8209 號（北 6909；服 9），見《國圖》101/229A—229B。卷軸裝，3 紙。後部如圖 18 右部所示，存 38 行（前紙 2 行，次紙 25 行，後紙 11 行；首行僅存行端 2 字左側殘形，次行中下殘，末行上下殘），行約 21 字。原卷無題，《劫餘録》及《寶藏》《國圖》定作“四分比丘尼戒本”（《索引新編》題“四分律比丘尼戒本”），甚是；《索引》題“四分律比丘戒本”，不確。《國圖》條記目録稱原卷紙高 25.3 釐米，爲 9—10 世紀歸義軍時期楷書寫本。

（2）北敦 8215 號（北 6912；服 15），見《國圖》101/247A。卷軸裝，2 紙。後部如圖 18 左部所示，存 24 行（前紙 15 行，後紙 9 行；前 2 行、後 8 行下殘，末行僅存行端 1 字右側殘畫），行約 21 字。楷書。原卷無題，《劫餘録》及《寶藏》《索引新編》《國圖》定作“四分比丘尼戒本”，甚是；《索引》題“四分律比丘戒本”，不確。《國圖》條記目録稱原卷紙高 25 釐米，爲 9—10 世紀歸義軍時期楷書寫本。

　　按：上揭二號皆爲《四分比丘尼戒本》殘卷，且其內容前後相承，可以綴合。綴合後如圖18所示，接縫處邊緣吻合，原本分屬二號的"趣以小事瞋恚不""便作是語我"12字皆得拼合完整。北敦8209號後紙11行，北敦8215號前紙15行，乃同一紙之撕裂，二號拼合該紙正好25行（接縫處的一行撕裂後分而爲二），合於北敦8209號完整的次紙25行之數。又二號行款格式相同（二號紙高相近，滿行皆約21字，行距、字距、字體大小相近），字迹似同（比較二號共有的"若""捨""者""梵"等字），書風相近（筆畫勻稱，筆意相連），可資參證。二號綴合後，所存內容參見《大正藏》T22/1032C5—1033C2。

北敦8215號（前部）　　　　　　北敦8209號（後部）

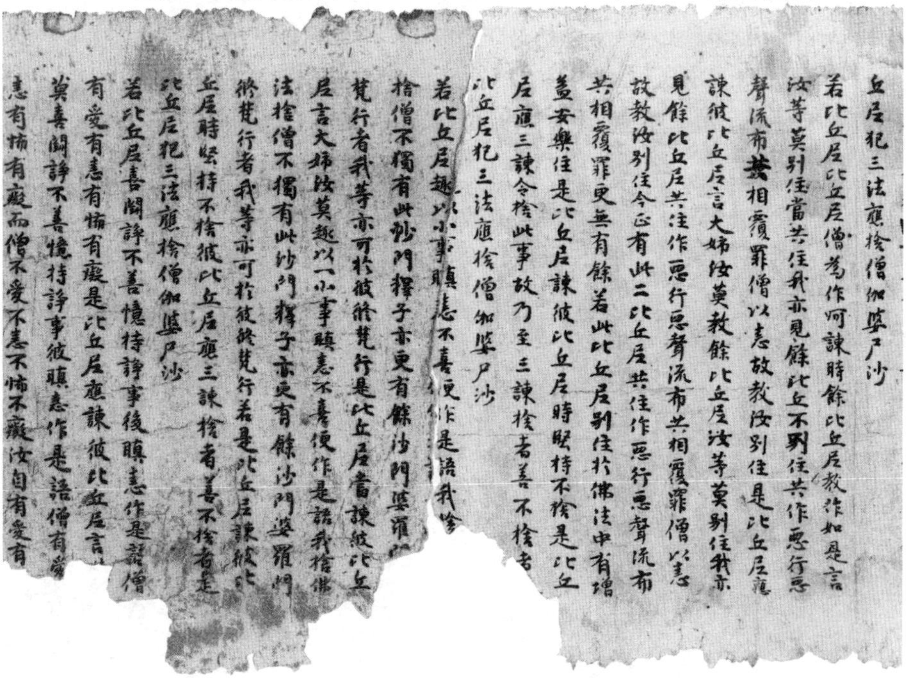

圖18　北敦8209號（後部）＋北敦8215號（前部）綴合圖

19. 北敦4581號 + 伯4756號

　　（1）北敦4581號（北6906；岡81），見《國圖》61/264A—265A。卷軸裝。4紙。後部如圖19右側所示，前後皆殘，存57行（首行上下及右部殘，第 2—8 行下殘，末行左側殘損），行約 26 字。楷書。有烏絲欄。原卷無題，《劫餘録》及《寶藏》《索引新編》《國圖》定作 "四分比丘尼戒本"，甚是；《索引》題 "四分律比丘戒本"，不確。《國圖》條記目録稱此卷爲 9—10 世紀歸義軍時期寫本。

（2）伯 4756 號，見 IDP，另見《法藏》33/156A。卷軸裝殘片。如圖 19 左側所示，前後皆殘，存 9 行（首行僅存中上部 11 字左側殘筆，末行僅存中部 4 字右側殘形），行約 26 字。楷書。有烏絲欄。原卷無題，《索引》題 "殘戒七行（屬於比丘尼戒）"，《寶藏》及《索引新編》《法藏》擬題 "四分比丘尼戒本"。

伯 4756 號　　　　　　　　　北敦 4581 號（後部）

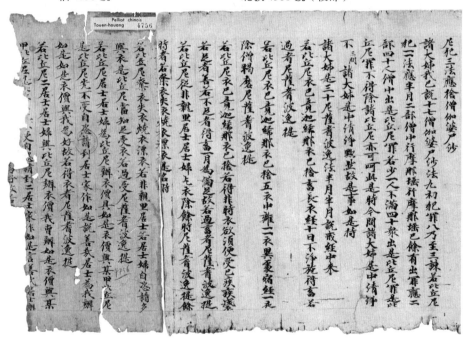

圖 19　北敦 4581 號（後部）+ 伯 4756 號綴合圖

按：上揭二號皆爲《四分比丘尼戒本》殘卷，且其内容前後相承，可以綴合。綴合後如圖 19 所示，二號左右相接，接縫處邊緣吻合，原本分屬二號的 "奪衣失衣燒衣漂衣是名時" 11 字皆得成完璧。又二號行款格式相同（天頭地脚等高，皆有烏絲欄，行距、字距、字體大小相近），字迹似同（比較二號共有的"比""丘""波""逸"等字），書風相近（字形方正規整，捺筆較長，横畫較重），可資參證。二號綴合後，所存内容參見《大正藏》T22/1032C8—1033C25。

20. 俄敦 6581 號 + 北敦 4372 號

（1）俄敦6581號，見《俄藏》13/140A。卷軸裝殘片。後部如圖20右部所示，存22行（首行僅存1字左側殘形，次2行及末行各存中部四五字，其餘各行下部皆有殘損）。楷書。有烏絲欄。原卷無題，《俄藏》未定名。

（2）北敦4372號（北6907；出72），見《國圖》59/69B—72B。卷軸裝，6紙。前部如圖20左部所示，前後皆殘，存146行（前19行下殘，末2行上殘），行約23字。楷書。有烏絲欄。原卷無題，《劫餘録》及《寶藏》《索引新編》《國圖》定作"四分比丘尼戒本"，甚是；《索引》題"四分律比丘戒本"，不確。《國圖》條記目録稱此卷爲9—10世紀歸義軍時期寫本。

北敦 4372 號（前部）　　　　　　　　俄敦 6581 號

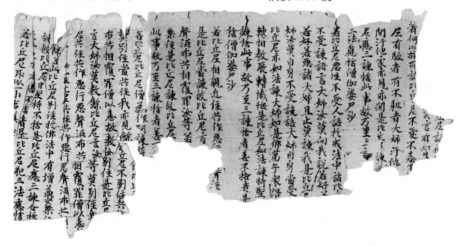

圖20　俄敦6581號 + 北敦4372號（前部）綴合圖

按：據殘存文字推斷，上揭二號皆爲《四分比丘尼戒本》殘片（前號《俄録》定名同）。據完整文本推算，滿行亦約23字。二號内容前後相承，可以綴合。綴合後如圖20所示，二號左右相接，接縫處邊緣大體吻合（綴後仍有部分缺損），原本分屬二號的"爲作呵諫"四字皆得復合完整。又二號行款格式相同（天頭等高，皆有烏絲欄，滿行皆約23字，行距、字距、字體大小相近），字迹似同（比較二號共有的"汝""等""丘""捨"等字），書風相近（筆意相連，捺筆出鋒），可資參證。二號綴合後，相應内容參見《大正藏》T22/1032C12—1035B22。

21. 俄敦904號＋俄敦4023號＋俄敦2089號＋俄敦2241號＋斯4065號

（1）俄敦904號＋俄敦4023號＋俄敦2089號＋俄敦2241號，見《俄藏》7/191B—192A。《孟録》已指出前一號與後二號出於同一寫卷，"但不直接相連貫"；《俄藏》則把此四號綴合在一起，列在俄藏904號之下，并附列俄敦2089、俄敦2241、俄敦4023。兹按《孟録》對俄敦904號、俄敦2089號、俄敦2241號三號的描述，按各號所存内容重新排序如上。此四號綴合後，如圖21右部所示，前後皆殘，存36行，行約21字。楷書。原卷無題，《孟録》及《俄藏》《俄録》擬題"四分比丘尼戒本"。

（2）斯4065號（翟4187），見《寶藏》33/451B—454B。卷軸裝。前部如圖21左部所示，前後皆殘，存133行，行約21字。楷書。原卷無題，《翟録》及《寶藏》《索引新編》定作"四分比丘尼戒本"，《索引》泛題"佛經戒律"。

按：上揭五號皆爲《四分比丘尼戒本》殘卷，且其内容前後相承，可以綴合。綴合後如圖21所示，前一組寫卷末尾的俄敦2241號與斯4065號左右相接，接縫處邊緣吻合，原本分屬二號的"門""是比""諫捨"五字皆得復合完整。又五號行款格式相同（滿行皆約21字，行距、字距、字體大小相近），字迹似同（比較前一組與後一號共有的"尼""不""捨""是"等字），書風相近（筆意相連，横畫收筆重頓），可資參證。五號綴合後，所存内容參見《大正藏》T22/1032C17—1035B3。

22. 斯3419號＋斯10076號

（1）斯3419號（翟4200），見《寶藏》28/336B—348B。卷軸裝殘片。前部如圖22左上部所示，前殘尾全，存523行（前11行下部殘損），行約23字。楷書。尾題"四分尼戒本"，《翟録》歸列"比丘尼四分戒布"，《索引》及《寶藏》《索引新編》從尾題。

（2）斯 10076 號，見 IDP。殘片。如圖 22 右下部所示，存 3 殘行，行存下部 8—10 字。楷書。原卷無題，IDP 未定名。

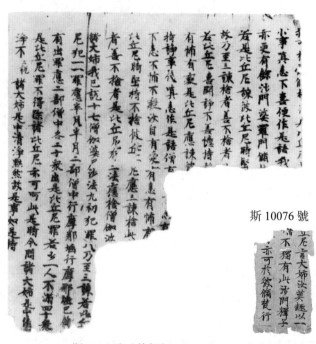

斯 10076 號

斯 3419 號（前部）

圖 22　斯 3419 號（前部）＋斯 10076 號綴合示意圖

按：據殘存文字推斷，上揭二號皆爲《四分比丘尼戒本》殘片，且二號內容前後相近，存有綴合的可能性。比較二號共有的“大”“有”“尼”“此”“沙”“子”等字，如表 3 所示，字迹似同。又二號行款格式相同，書風相近（字體規範，筆墨均匀）。由此推斷，此二號確可綴合，綴合後如圖 22 所示，斯 3419 號前 3 行依次與斯 10076 號所存 3 行上下對接，但二號不能直接相接，中間約缺 4—6 字，據完整文本，可復原如下：

（我等）▨▨▨▨▨▨▨▨▨▨▨▨▨▨▨（亦可於彼脩梵行。是比丘尼當）▨▨▨▨（諫彼比丘）尼言：大姊！汝莫趣以一

小事瞋恚不喜，便作是語：我▨▨▨▨▨（捨佛、捨法、捨僧）。不獨

有此沙門釋子，

亦更有餘沙門、婆羅門、脩囮□□□□（梵行者。我等）亦可於彼脩梵行。

二號綴合後，相應内容參見《大正藏》T22/1033B2—1041A18。

表 3　斯 3419 號、斯 10076 號字迹比較表

例字 卷號	大	有	尼	此	沙	子	脩
斯 3419 號	大	有	尼	此	沙	子	脩
斯 10076 號	大	有	尼	此	沙	子	脩

23. 北敦 2421 號 + 北敦 2971 號

（1）北敦 2421 號（北 6968；成 21），見 IDP，另見《國圖》34/126A—128B。卷軸裝，4 紙。後部如圖 23 右部所示，前後皆殘，存 111 行（首紙 27 行，其餘各紙每紙 28 行），行約 20 字。有烏絲欄。原卷無題，《劫餘録》及《寶藏》《索引新編》《國圖》定作“四分比丘尼戒本”，甚是；《索引》題“四分律比丘戒本”，不確。《國圖》條記目録稱原卷紙高 26 釐米，爲 8—9 世紀吐蕃統治時期楷書寫本。

（2）北敦 2971 號（北 6942；陽 71），見 IDP，另見《國圖》40/130A—137A。卷軸裝，12 紙。前部如圖 23 左部所示，前後皆殘，存 332 行（次紙 29 行，末紙 20 行，其餘各紙每紙 28 行），行約 20 字。卷背有題記“武僧靈德（？）尼藏卷”。有烏絲欄。原卷無題，《劫餘録》及《寶藏》《索引新編》《國圖》定作“四分比丘尼戒本”，甚是；《索引》題“四分律比丘戒本”，不確。《國圖》條記目録稱原卷紙高 26 釐米，爲 9—10 世紀歸義軍時期楷書寫本。

按：上揭二號皆爲《四分比丘尼戒本》殘卷，且其内容前後相承，可以綴合。綴合後如圖 23 所示，北敦 2421 號末行“又不屬比丘尼者，波逸提”與北敦 2971 號首行“若比丘尼作繩床”前後相接，中無缺字。又二號行款格式相同（整紙多 28 行，紙高相同，滿行皆約 20 字，行距、字距、字體大小相近），字迹似同（比較二號共有的“姊”“具”“逸”“波”“尼”“處”等字，如表 4 所示），

書風相近（筆墨濃厚、捺筆較粗重），可資參證。二號綴合後，所存内容參見
《大正藏》T22/1034C15—1041A17。

北敦 2971 號（前部）　　　　　　　　　北敦 2421 號（後部）

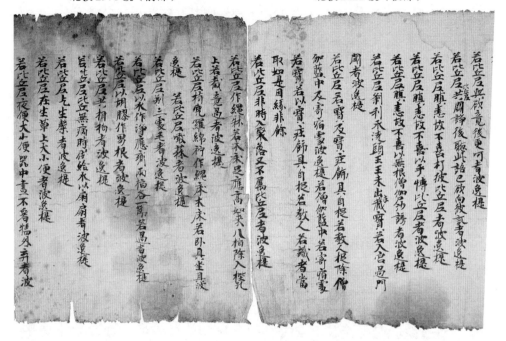

圖 23　北敦 2421 號（後部）＋北敦 2971 號（前部）綴合圖

表 4　北敦 2421 號、北敦 2971 號字迹比較表

例字 卷號	姊	具	逸	波	尼	處
北敦 2421 號	姊	具	逸	波	尼	處
北敦 2971 號	姊	具	逸	波	尼	處

又，此二號既可綴合爲一，而《國圖》條記目錄稱北敦 2421 號爲 8—9
世紀吐蕃統治時期寫本，北敦 2971 號爲 9—10 世紀歸義軍時期寫本，時間跨
度參差，宜再斟酌。

24. 北敦 3840 號 + 北敦 3809 號

（1）北敦 3840 號（北 6896；金 40），見《國圖》53/170B—173B。卷軸裝，6 紙。後部如圖 24 右部所示，前後皆殘，存 170 行（首紙 19 行，後五紙每紙各 30 行；首 4 行下殘，末行行端和中下部左側略有殘損），行約 25 字。有烏絲欄。原卷無題，《劫餘録》及《寶藏》《索引新編》《國圖》定作"四分比丘尼戒本"，甚是；《索引》題"四分律比丘戒本"，不確。《國圖》條記目録稱原卷紙高 30 釐米，爲 8—9 世紀吐蕃統治時期楷書寫本。

（2）北敦 3809 號（北 6967；金 9），見《國圖》53/27A—29A。卷軸裝，5 紙。前部如圖 24 左部所示，前殘尾全，存 120 行（首紙 1 行，僅存行端和中下部若干字左側殘畫；中三紙每紙各 30 行；後紙 29 行），行約 25 字。末行尾題存行端"四分"二字。有烏絲欄。《劫餘録》及《寶藏》《索引新編》《國圖》定作"四分比丘尼戒本"，是；《索引》題"四分律比丘戒本"，不確。《國圖》條記目録稱原卷紙高 30.3 釐米，爲 8—9 世紀吐蕃統治時期楷書寫本。

北敦 3809 號（前部）　　　　　　　北敦 3840 號（後部）

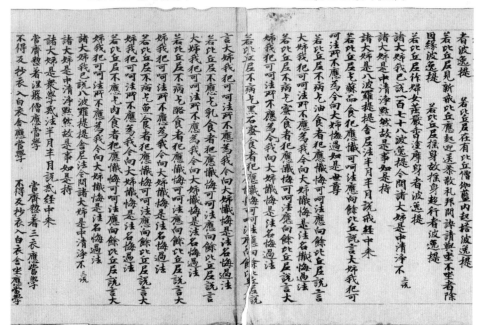

圖 24　北敦 3840 號（後部）+ 北敦 3809 號（前部）綴合圖

按：上揭二號皆爲《四分比丘尼戒本》殘卷，且其内容前後相承，可以綴合。綴合後如圖 24 所示，二號左右相接，接縫處邊緣吻合，原本分屬二號的"若比丘""犯應懺悔可呵法應向餘比丘尼説" 17 字皆得合成完璧（此 17 字右部筆畫在北敦 3840 號末行，左部筆畫在北敦 3809 號首行）。又二號行款格式相同（完整各紙每紙皆 30 行，紙高近同，皆有烏絲欄，行距、字距、字體大小相近），字迹似同（比較二號共有的"若""尼""不""應""法"等字），書風相近（字體端正，筆畫橫細豎粗），可資參證。二號綴合後，所存内容參見《大正藏》T22/1035B10—1041A18。

25. 斯 8815 號 + 斯 10112 號

（1）斯 8815 號，見 IDP。卷軸裝殘片。如圖 25 上部所示，存 24 殘行，行存中上部 2—16 字。楷書。原卷無題，IDP 未定名。

（2）斯 10112 號，見 IDP。卷軸裝殘片。如圖 25 下部所示，存 10 殘行（首行、第 3 行空白），行存下部 0—8 字。楷書。原卷無題，IDP 未定名。

斯 8815 號

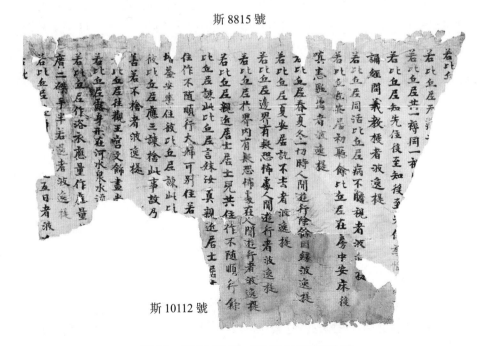

斯 10112 號

圖 25　斯 8815 號 + 斯 10112 號綴合圖

按：據殘存文字推斷，上揭二號當皆爲《四分比丘尼戒本》殘片，且其内容前後相承，可以綴合。綴合後如圖 25 所示，斯 8815 號第 5—14 行依次與斯 10112 號 1—10 行上下對接，其中前九行基本完整（完整者行約 21 字），接縫處邊緣吻合，原本分屬二號的"逸""房""餘""波""遊""人""住""親"等字皆得大體拼合完整。又二號行款格式相同（行距、字距、字體大小相近），字迹似同（比較二號共有的"者""不""波""居""士"等字），書風相近（字體方正，筆墨較濃），可資參證。二號綴合後，相應内容參見《大正藏》T22/1036C24—1037A26。

卷號簡目

根據對已刊布文獻的普查以及上述綴合成果，梳理出敦煌《四分比丘尼戒本》寫本卷號如下：

北敦 14 號、北敦 114 號、北敦 208-1 號、北敦 586 號、北敦 697 號、北敦 711 號、北敦 890 號、北敦 1100 號、<u>北敦 1111 號＋北敦 1140 號＋北敦 1128 號＋北敦 1107 號＋北敦 1124B 號＋北敦 9425 號＋北敦 1117 號＋北敦 1114 號</u>、<u>北敦 1133 號＋北敦 1124A 號＋北敦 1130 號＋北敦 1125 號＋北敦 1120 號＋北敦 1113 號</u>、北敦 1137 號、北敦 1161 號、北敦 1237 號、北敦 1500 號、北敦 1903 號、北敦 2093 號＋北敦 2147 號、北敦 2299 號、北敦 2332 號、北敦 2421 號＋北敦 2971 號、北敦 2560 號、北敦 2765 號、北敦 2965 號、北敦 3005 號＋斯 440 號、北敦 3150 號、北敦 3158 號、北敦 3570 號、北敦 3793 號、北敦 3795 號＋北敦 4213 號＋北敦 4087 號＋北敦 3815 號＋北敦 3871 號、北敦 3840 號＋北敦 3809 號、北敦 4041 號＋北敦 4068 號、北敦 4080 號、北敦 4289 號、北敦 4331 號、北敦 4429 號、北敦 4523 號、北敦 4581 號＋伯 4756 號、北敦 4672 號、北敦 5080 號、北敦 5362 號、北敦 5453 號○、北敦 5516 號、北敦 5533 號、北敦 5628 號、北敦 5778 號、北敦 5986 號、北敦 6273 號、北敦 6417-2 號、北敦 6490 號、北敦 6492 號、北敦 6577 號、北敦 6697 號、北敦 6958 號、北敦 7112 號、北敦 7564 號、北敦 7661 號、北敦 8049 號、北敦 8160 號、北敦 8163 號、北敦 8209 號＋北敦 8215 號、北敦 8250 號、北

敦 8455 號、北敦 8480 號、北敦 8483 號、北敦 8571 號、北敦 9413 號＋<u>北敦 2816 號＋北敦 2828 號</u>、北敦 9414 號、北敦 9418-1 號、北敦 9418-2 號、北敦 9419 號、北敦 9420 號＋北敦 11262 號＋北敦 4651 號＋北敦 4552 號＋北敦 1439 號＋上圖 146 號、北敦 9421 號、北敦 9422 號、北敦 9423 號、北敦 9424 號、北敦 9426 號、北敦 9534 號、北敦 9601 號＋北敦 9434 號＋北敦 6529 號、北敦 9604-1 號、北敦 9604-2 號、北敦 10297 號…俄敦 10750 號 *、北敦 10465 號、北敦 10559 號＋北敦 9547 號、北敦 11226 號＋北敦 11267 號＋北敦 3922 號、北敦 11230 號、北敦 11580 號、北敦 12147 號、北敦 12250 號、北敦 12370 號、北敦 12986 號、北敦 13628 號、北敦 14183 號、北敦 14541 號、北敦 15362 號、北敦 16329 號、北敦 16497 號、伯 2310 號°、伯 3012 號、伯 3380 號背、伯 3515B 號、伯 3543 號背、伯 5040-1 號、俄弗 115 號、俄弗 156 號、俄弗 192 號、俄弗 197 號、俄弗 216 號、俄敦 41 號、<u>俄敦 904 號＋俄敦 4023 號＋俄敦 2089 號＋俄敦 2241 號</u>＋斯 4065 號、俄敦 996 號＋北敦 4519 號、俄敦 2235 號＋北敦 1047 號、俄敦 2442 號、俄敦 7975 號 *、俄敦 4115 號 *、俄敦 5358 號 *、俄敦 6243 號 *、俄敦 6581 號 *＋北敦 4372 號、俄敦 8453 號 *、俄敦 8555 號 *、俄敦 10749 號 *、俄敦 10751 號 *＋北敦 7128 號、俄敦 10759 號 *、俄敦 11485 號 *、俄敦 15271 號 *、俄敦 16439 號 *、斯 299 號、斯 299 號背、斯 302 號、斯 451 號、斯 605 號、斯 605 號背、斯 808 號、斯 848 號、斯 949 號、斯 1075 號、斯 1167 號、斯 1516-2 號、斯 1205 號、斯 1400 號、斯 1447 號、斯 1474 號、斯 1678-1 號、斯 1760 號、斯 1921 號、斯 2042 號、斯 2488 號、斯 2806 號°、斯 3041 號、斯 3233 號、斯 3419 號＋斯 10076 號 *、斯 3507 號、斯 3736 號、斯 3820 號、斯 4066 號、斯 4131 號、斯 4393 號、斯 4784 號、斯 4875 號、斯 4892 號、斯 5077 號＋斯 7190 號、斯 5324 號、斯 5356 號、斯 5397 號、斯 5426 號、斯 6591 號、斯 6637 號、斯 6639 號、斯 6729 號、斯 6739 號、斯 6789 號背、斯 6822 號、斯 6867 號、斯 6898 號、斯 6990 號、斯 7192 號、斯 8435 號 *、斯 8747 號 *、斯 8811 號 *＋斯 10052 號 *、斯 8815 號 *＋斯 10112 號 *、斯 8822 號 *、斯 9735 號 *＋斯 8813 號 *、斯 9752 號 *、斯 9963 號 *、斯 10030 號 *＋斯 9033

號 *、斯 10142 號 *、斯 10305 號 *、斯 10309 號 *、斯 10311 號 *、斯 10439
號 *、斯 10497 號 *、斯 10715 號 *、斯 10718 號 *、斯 11778 號 *、斯 12128
號 *、斯 12162 號 *、斯 12180 號 *、斯 12332 號 *、斯 12490 號 *、斯 12504 號 *、
斯 12532 號 *、斯 12902 號 *、北大敦 88 號○、北大敦 88 號背、敦研 90 號、
敦研 93 號、津圖 70 號、津圖 90 號、津藝 236 號、津藝 281 號、津藝 303 號、
津藝 87 號、津文 4 號、上博 2 號、羽 417 號、羽 669 號、浙敦 179 號、中村
83 號。

二二、十誦律

《十誦律》，早期説一切有部（薩婆多部）律典，又名《薩婆多部十誦律》，姚秦時鳩摩羅什、弗若多羅、曇摩流支、卑摩羅叉等譯。凡六十一卷，分比丘律、七法、八法、雜誦、比丘尼律、增一法等幾個部分，記録該部派對僧尼過犯的處理方式、僧尼衣食生活等方面的規則、僧尼集體活動的組織方式，以及與此相關的内容。

鳩摩羅什生長於龜兹，少時曾從卑摩羅叉受《十誦律》，東至長安後，於姚秦弘始六年（404）十月十七日開始翻譯《十誦律》。罽賓僧人弗若多羅口誦，羅什翻譯，長安譯學僧記録。翻譯未畢，弗若多羅去世。後來胡僧曇摩流支攜《十誦律》梵本入華，與羅什合力譯得稿本五十八卷。未及删定，羅什入滅（413）。後卑摩羅叉來華，對羅什稿本加以删削，又補譯《善誦毗尼序》三卷，流傳至今。

經普查，敦煌文獻中共有《十誦律》58號，包括：國圖藏11號，英藏9號，俄藏33號，散藏5號。[①]這些寫本大多與通行的六十一卷本相符，但每卷的起合并不完全相同。另外還包括若干早期別出的本子，可能是鳩摩羅什翻譯後、卑摩羅叉改治前的古本（下文標舉時用"未修本"括注）。[②]58號敦煌本《十誦律》均有不同程度的殘損，其中不乏本爲同一寫卷而被撕裂爲數號者。前賢業已做過少量的綴合，如《俄藏》綴合1組："俄敦3928號、俄敦3930號、

---

① 各家館藏敦煌文獻，多有未定名殘片，我們的學術團隊在2011—2012年全面普查時曾做過系統的比定，其中包括俄藏《十誦律》未定名殘卷的定名；後來（2017—2018年）劉丹撰作本篇初稿（後以《敦煌〈十誦律〉寫本綴合研究》爲題，刊發於《敦煌學輯刊》2021年第3期，第61—72頁），也吸收了這次集體定名的成果。其中部分定名後來出版的《俄録》略同，可以互勘。凡此文已先於《俄録》作出正確定名的，本篇必要時括注"《俄録》定名同"，讀者可自行參看。

② 參見劉丹《敦煌出土未修本〈十誦律〉再探》，《敦煌寫本研究年報》第十六號，2022年，第27—44頁。

俄敦 3934 號、俄敦 3942 號、俄敦 3976 號、俄敦 3978 號、俄敦 4036A 號、俄敦 4039 號、俄敦 4043 號、俄敦 4051 號、俄敦 4053 號、俄敦 4057 號";《國圖》條記目錄綴合 1 組：北敦 948 號＋北敦 947 號。

本次新將其中 20 號綴合爲 8 組。

1. 中村 164-3 號┅俄弗 318 號

（1）中村 164-3 號，見《中村》卷下 48C—49C。卷軸裝殘卷。後部如圖 1 右部所示，存 2 紙，54 行，行 17—19 字。行楷，有烏絲欄。首題"十誦律卷第六"。

（2）俄弗 318 號，見《俄藏》5/159。卷軸裝殘卷。如圖 1 左部所示，存 1 紙，23 行，行 17—19 字。行楷，有烏絲欄。原卷無題，《孟錄》擬題"十誦律卷第六初誦之六"，《俄藏》擬題"十誦律卷第六"。

俄弗 318 號　　　　　　　　　　　　　　　　中村 164-3 號（後部）

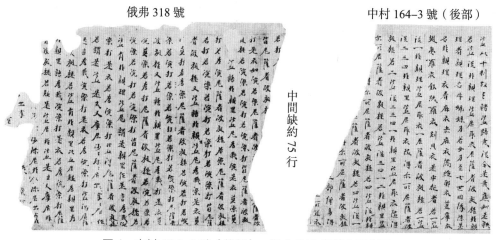

圖 1　中村 164-3 號（後部）┅俄弗 318 號綴合示意圖

按：上揭二號皆爲《十誦律》卷六殘卷，邊緣不能直接綴接（中間約缺75行），但考慮到此二卷滿行皆約17—19字，行距、字距、字體大小相同，行款格式相同，都有行間加校字，存有綴合的可能性。比較二號共有的"爲""薩""耆""夜"等字，如表1所示，字迹書風似同，可資參證。綴合後如圖1所示，所存內容參見《大正藏》T23/P42A25—P44A16。

表1　中村 164-3 號、俄弗 318 號字迹比較表

例字 卷號	爲	薩	耆	夜
中村 164-3 號	爲	薩	耆	夜
俄弗 318 號	爲	薩	耆	夜

2. 俄敦 12215 號＋俄敦 12118 號…俄敦 12054 號…俄敦 12094 號

（1）俄敦 12215 號，見《俄藏》16/68A。卷軸裝殘片。如圖 2 右部所示，存 17 行（前 2 行僅存上部 3—7 字，後 6 行上下部殘損），行 17—18 字。楷書。有烏絲欄。原卷無題，《俄藏》未定名。

（2）俄敦 12118 號，見《俄藏》16/36B。卷軸裝殘片。如圖 2 左下部所示，存 11 殘行，行存下部 2—7 字。楷書。有烏絲欄。原卷無題，《俄藏》未定名。

（3）俄敦 12054 號，見《俄藏》16/28B。卷軸裝殘片。如圖 2 左上部所示，存 11 殘行，行存上部 1—3 字。楷書。有烏絲欄。原卷無題，《俄藏》未定名。

圖 2　俄敦 12215 號＋俄敦 12118 號…俄敦 12054 號…俄敦 12094 號綴合示意圖

（4）俄敦 12094 號，見《俄藏》16/32B。卷軸裝殘片。如圖 2 中部所示，存 4 殘行，行存中部 1—3 字。楷書。有烏絲欄。原卷無題，《俄藏》未定名。

按：上揭四號皆爲《十誦律》卷九殘卷（《俄録》定名同），且其内容前後相承或相鄰，可以綴合。綴合後如圖 2 所示，俄敦 12215 號與俄敦 12118 號左右相接，原本分屬二片的“便”“前”二字可復合爲一。俄敦 12054 號、俄敦 12094 號雖不能與俄敦 12215 號＋俄敦 12118 號直接相接，但此數片行款格式相同（行距、字距、字體大小相近），字迹書風似同（比較四號間交互出現的“城”“言”“舍”“明”等字，如表 2 所示），可資參證。四號綴合後，所存内容參見《大正藏》T23/63B19—63C14。

表 2　俄敦 12215 號＋俄敦 12118 號、俄敦 12054 號、

俄敦 12094 號字迹比較表

例字／卷號	城	言	舍	明
俄敦 12215 號＋俄敦 12118 號	城	言	/	明
俄敦 12054 號	城	言	舍	/
俄敦 12094 號	城	言	舍	明

3. 北敦 11741 號…北敦 14521 號…羽 170 號（未修本）

（1）北敦 11741 號（北臨 1870），見《國圖》110 / 49A。卷軸裝殘片。雙面抄寫。正面如圖 3 右上部所示，存 11 行。隸楷。有烏絲欄。《國圖》擬題“《十誦律》卷十九”，《國圖》條記目録認爲該卷正面是五世紀南北朝寫本，背面的“齋意文（擬）”抄於歸義軍時期。

（2）北敦 14521 號（新 721），見《國圖》128 / 403A—406B。[①]卷軸裝殘卷。前部、後部如圖 3 中部所示，存 6 紙，共 167 行，行 20 至 25 字。隸楷。有烏絲欄。有行間加校字。《國圖》擬題“《十誦律》卷一九”，《條記目録》認

---

① IDP 公布的彩圖卷首比《國圖》多 13 行。

爲該卷是五世紀東晉南北朝寫本。卷背文字糊於裱補紙下無法釋讀。

（3）羽170號，見《敦煌秘笈》3／38A—43A。卷軸裝殘卷。前部如圖3左部所示，存9紙，共233行，行17至25字。隸楷。有烏絲欄。有行間加校字。尾題"十九弓""善惠所供養""一校盡""薩婆多毗尼"。《敦煌秘笈》擬題《十誦律》卷二十。卷背雜抄有"辯中邊論"等。

羽170號（前部）　　　　　　北敦14521號　　　　　　北敦11741號

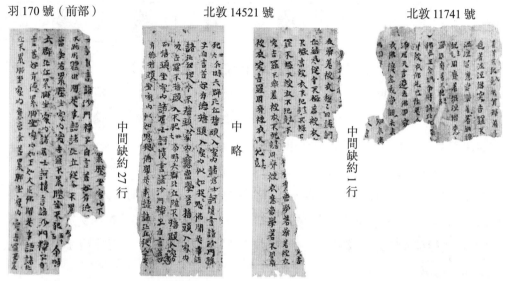

圖3　北敦11741號…北敦14521號…羽170號（前部）綴合示意圖

按：上揭三號皆爲《十誦律》衆學法殘卷，内容前後相鄰，存有綴合的可能性。此三號行款格式相近（行17至25字，行距、字距、字體大小相近，每條起始處都有相似的點裝標識），比較三號共有的"突""羅""應""學"等字，如表3所示，書風字迹似同；卷背内容行款格式、書風字迹相近，可資參證。三號既同屬一卷，前二號《國圖》擬題《十誦律》卷十九"、後號《秘笈》擬題《十誦律》卷二十"，題名不同。《高麗藏》等中原系統《十誦律》刻本中"衆學法"第八十五至一〇七條被劃入卷二十，《崇寧藏》等南方系統《十誦律》中整個衆學法被劃入卷十九，敦煌本分卷與南方系統一致，當據擬題爲《十誦律》卷十九。該卷文字與傳本稍異，可能是鳩摩羅什翻譯後、卑摩羅叉修治前的"未修本《十誦律》"。

表3　北敦 11741 號、北敦 14521 號、羽 170 號字迹比較表

例字 卷號	突	羅	應	學
北敦 11741 號	突	羅	應	學
北敦 14521 號	突	羅	應	學
羽 170 號	突	羅	應	學

4. 俄敦 5993 號⋯斯 6661 號 + 斯 10687 號（未修本）

（1）俄敦 5993 號，見《俄藏》12/309A。卷軸裝殘片。如圖 4 右部所示，存 8 行，每行存中部 7—14 字。隸楷。有烏絲欄。原卷無題，《俄錄》擬題"十誦律卷第二十七七法中衣法第七之上"。

（2）斯 6661 號（翟 5488），見《寶藏》50/47B—56。卷軸裝。前部如圖 4 左上部所示，前殘尾全，存 484 行，行約 25 字。隸楷。有烏絲欄。尾題"衣法第七已⊠"，尾題下有"僧靈寂、僧弘文、僧騰"題署，《翟錄》將其歸爲"非正統律部文獻"，《索引》《索引新編》泛題"佛經戒律"，《寶藏》擬題"十誦律衣法第七"。

（3）斯 10687 號，見 IDP。殘片。如圖 4 中部所示，存 5 殘行。隸楷。有烏絲欄。原卷無題，IDP 未定名。

按：上述寫卷文字與傳本《十誦律》大異，可能是鳩摩羅什翻譯後、卑摩羅叉改定前的"未修本"，斯 797 號背也抄有同一種文獻，可以比勘。三號同屬未修本《十誦律》，内容前後相鄰或相承，可以綴合。綴合後如圖 4 所示，斯 10687 號恰好可以補入斯 6661 號右下角，原本分屬二號的"失""丘"二字皆得復合爲一，縱向烏絲欄亦可對接。俄敦 5993 號雖不能與斯 6661 號 + 斯 10687 號直接相接（中缺約 23 行），但此數片行款格式相同（皆有烏絲欄，行距、字距、字體大小相近），字迹書風似同（比較四號間交互出現的"頭""礼""願""所"等字，如表 4 所示），可資參證。《翟錄》定斯 6661 號爲"非正統律部文獻"，近是；《寶藏》《俄錄》定名則均未確。

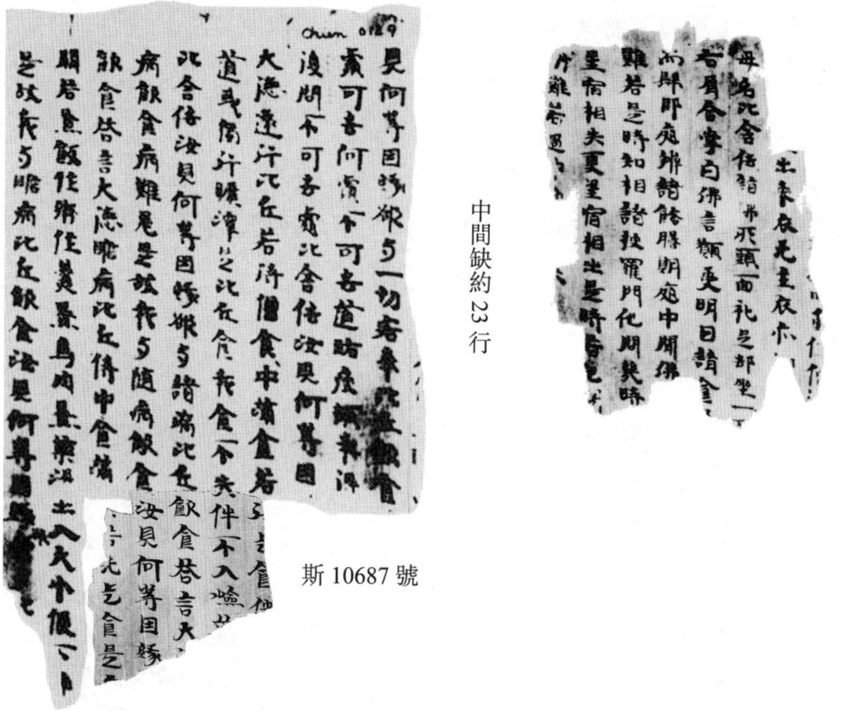

斯 6661 號（前部）　　　　　　　　　　俄敦 5993 號

中間缺約 23 行

斯 10687 號

圖 4　俄敦 5993 號…斯 6661 號（前部）+ 斯 10687 號綴合圖

表 4　俄敦 5993 號、斯 6661 號字迹比較表

例字 卷號	頭	禮	願	所
俄敦 5993 號				
斯 6661 號				

5. 國博 12 號 + 俄敦 12121 號（未修本）

（1）國博 12 號，見《中國歷史博物館藏法書大觀》11/31—32。[①] 後部如

① 楊文和主編《中國歷史博物館藏法書大觀》，柳原書店、上海教育出版社 1999 年。2003 年，中國歷史博物館與中國革命博物館合併，成立中國國家博物館，這批寫經可能現藏國家博物館。

圖 5 中右部所示，存 1 紙，共 29 行，行 19 至 26 字。隸楷，有烏絲欄。首題
"雜誦第四"。《國博》將其定爲弗若多羅譯《十誦律明雜法》殘卷，并提出該
卷乃梁玉書自新疆購得，故有可能是吐魯番文書。背面有字，被裱補紙糊住，
無法辨識。

　　（2）俄敦 12121 號，見《俄藏》16/37B。殘片，雙面書寫。正面如圖 5
左部所示，存 4 行，前 2 行首尾完整，各 22 字。隸楷。有烏絲欄。原卷無題，
《俄藏》未定名，《俄錄》擬題 "十誦律卷四一"。

俄敦 12121 號　　　　　　　　　國博 12 號（後部）

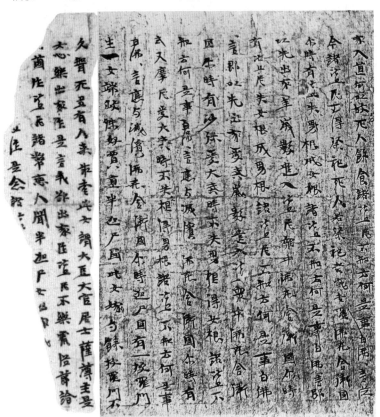

圖 5　國博 12 號（後部）+ 俄敦 12121 號綴合圖

　　按：上揭二號文字與傳本《十誦律》卷四十一相近，内容前後相承，可
以綴合。綴合後如圖 5 所示，國博 12 號末行行末的内容和俄敦 12121 號首行

行首於"不／久壻死"處相連成句，中無缺字。又二號行款格式相同（滿行皆約19至26字，行距、字距、字體大小相近），比較二號共有的"比丘""家""迦""多"等字，如表5所示，字迹書風似同，可資參證。此二號綴合後呈現的面貌近於傳本《十誦律》，但行文、分卷均有不同，可能也是"未修本《十誦律》"，《大觀》《俄録》定爲傳本《十誦律》，似欠妥。俄敦12121號出自敦煌藏經洞，則可與之綴合的國博12號可能也是藏經洞所出，《大觀》將後者定爲吐魯番文書，似亦欠妥。

表5　國博12號、俄敦12121號字迹比較表

例字　　卷號	比丘	家	迦	多
國博寫經12號	比丘	家	迦	多
俄敦12121號	比丘	家	迦	多

6. 北敦15700號 + 斯3725B號

（1）北敦15700號，見《國圖》144/158A。殘片。如圖6右部所示，存6殘行，行存下部10—15字。楷書。有烏絲欄。原卷無題，《國圖》擬題"十誦律卷五一"。《國圖》條記目録稱該卷爲9—10世紀歸義軍時期寫本。

（2）斯3725號（翟4109），見《寶藏》31/21B—54B。寫卷由兩部分組成，第一部分（以下稱"斯3725A號"）屬《十誦律》卷四九。第二部分（以下稱"斯3725B號"）爲卷軸裝，18紙。前部如圖6左部所示，首殘尾全，存498行（前2行中殘），行約17字。楷書。有烏絲欄。有武周新字（如"初""日""證""國"分別作"（字）""（字）""（字）""圀"等）。原卷無題，《翟録》擬題"十誦律增一法"，《索引》擬題"十誦律"，《寶藏》《新編》擬題"十誦律增一法第八誦之二"。

按：據殘存文字推斷，後號亦爲《十誦律》卷五十一殘卷（南方系統大藏經中這部分内容見於《十誦律》卷五十）。二號内容前後相承，可以綴合。綴合後如圖6所示，接縫處邊緣吻合，原本分屬二號的"衣""出白衣過""使"六字皆可拼合。又二號行款格式相同（皆有烏絲欄，滿行皆約17字，行距、字距、

字體大小相近），字迹書風似同，可資參證。二號綴合後，所存内容參見《大正藏》T23/370C24—376C11。

斯 3725B 號（前部）

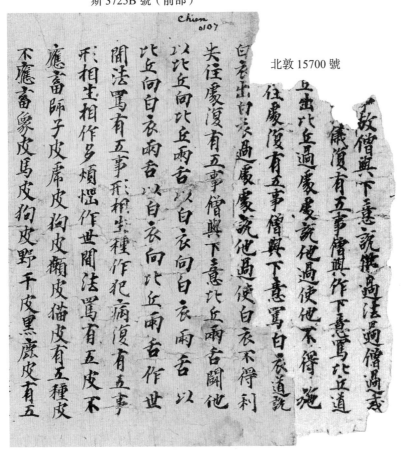

圖6　北敦 15700 號＋斯 3725B 號（前部）綴合圖

7. 俄敦 16098 號…俄敦 16427 號

（1）俄敦 16098 號，見《俄藏》16/280B。殘片。如圖 7 右部所示，存 3 殘行，行存上部 2 字。楷書。原卷無題，《俄藏》未定名。

（2）俄敦 16427 號，見《俄藏》16/303A。殘片。如圖 7 左部所示，存 7 殘行，行存上部 2—8 字。楷書。原卷無題，《俄藏》未定名。

表 6　俄敦 16098 號、俄敦 16427 號字迹比較表

卷號 ＼ 例字	時	界	比
俄敦 16098 號	 時	 界	 比
俄敦 16427 號	 時	 界	 比

按：據殘存文字推斷，上揭二號皆爲《十誦律》卷六一殘片（後號《俄録》定名同，前號《俄録》稱“未檢出”）。據完整文本推算，滿行皆約 17 字。二號內容前後相鄰，存有綴合的可能性。俄敦 16098 號末行“屬比”二字與俄敦 16427 號首行“獨轉成女”之間缺約 15 字，比對完整文本，所缺內容爲“丘尼問比丘結界羯磨時説羯磨比丘”，可推知二號左右相接，中無缺行。比較二號共有的“時”“界”“比”等字，如表 6 所示，字迹書風似同。又二號行款格式相同（滿行皆約 17 字，行距、字距、字體大小相近）。由此判定二號確可綴合，綴合後如圖 7 所示，所存內容參見《大正藏》T23/456B28—456C8。

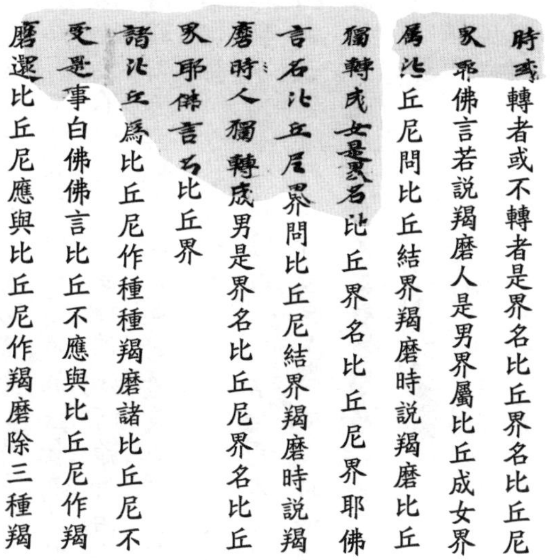

俄敦 16427 號　　　　　俄敦 16098 號

磨選比丘尼應與比丘尼作羯磨除三種羯
受是事白佛佛言比丘不應與比丘尼作羯
諸比丘爲比丘尼作種種羯磨諸比丘尼
言石比丘尼界問比丘結界羯磨時説羯
磨時人獨轉成男是界名比丘尼界名比丘
獨轉成女是界名比丘界耶佛
屬比丘尼問比丘結界羯磨時説羯磨比丘
界耶佛言若説羯磨人是男界屬比丘成女界
時或轉者或不轉者是界名比丘界名比丘尼

圖 7　俄敦 16098 號…俄敦 16427 號綴合示意圖

8. 俄敦 18578 號…俄敦 9278 號

（1）俄敦 18578 號，見《俄藏》17/228B。殘片。如圖 8 右部所示，存 2 殘行，行存中部 2—4 字。楷書。原卷無題，《俄藏》未定名。

（2）俄敦 9278 號，見《俄藏》14/146A。殘片。如圖 8 左部所示，存 2 行，行存中部 5—6 字。楷書。原卷無題，《俄藏》未定名。

按：據殘存文字推斷，上揭二號皆爲《十誦律》卷六一殘片（《俄録》定名同）。據完整文本推算，滿行皆約 17 字。二號內容前後相鄰，存有綴合的可能性。二號字迹書風似同，且行款格式相同（滿行皆約 17 字，行距、字距、字體大小相近）。由此推斷二號極有可能可以綴合，綴合後如圖 8 所示，所存內容參見《大正藏》T23/457A1—457A13。

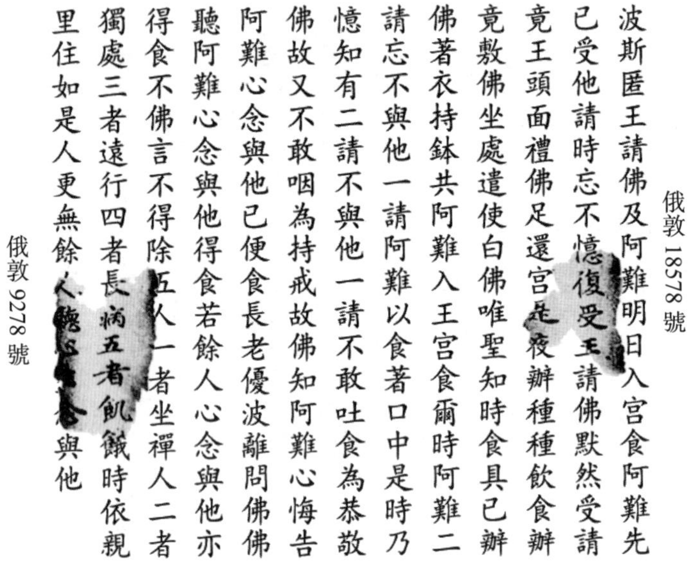

圖 8　俄敦 18578 號…俄敦 9278 號綴合示意圖

卷號簡目

根據對已刊布文獻的普查以及上述綴合成果，梳理出敦煌《十誦律》寫本卷號如下：

卷三　北敦 14680 號、俄敦 4865 號 *；

卷五　俄敦 8975 號 *；

卷六　中村 164-3 號…俄弗 318 號；

卷七　中村 27 號、斯 7819 號；

卷八　北敦 3672 號；

卷九　俄敦 12215 號 ＊＋俄敦 12118 號 ＊…俄敦 12054 號 ＊…俄敦 12094 號 ＊；

卷一四　斯 7475 號；

卷一七　俄敦 10748 號 ＊；

卷一九　俄敦 15662 號 ＊；

卷二三　俄敦 9968 號 ＊；

卷二八　俄敦 3305 號；

卷三一　<u>北敦 948 號＋北敦 947 號</u>；

卷三二　俄敦 9968 號；

卷三八　北敦 944 號、北敦 945 號；

卷三九　俄敦 12840 號 ＊；

卷四六　俄敦 2943 號；

卷四八　上圖 3 號；

卷四九　斯 3725A 號、北敦 10999 號；

卷五一　北敦 15700 號＋斯 3725B 號；

卷五八　俄敦 9590 號；

卷六一　俄敦 16098 號 ＊…俄敦 16427 號 ＊、俄敦 18578 號 ＊…俄敦 9278 號 ＊；

異　本

比丘律　斯 751 號、北敦 11741 號…北敦 14521 號…羽 170 號；

受具足戒法　“<u>俄敦 3928 號、俄敦 3930 號、俄敦 3934 號、俄敦 3942 號、俄敦 3976 號、俄敦 3978 號、俄敦 4036A 號、俄敦 4039 號、俄敦 4043 號、俄敦 4051 號、俄敦 4053 號、俄敦 4057 號</u>”；

安居法　北敦 3375 號；

衣　法　斯 797 號、俄敦 5993 號 ＊…斯 6661 號＋斯 10687 號 ＊；

雜　誦　斯 976 號、國博 12 號＋俄敦 12121 號 ＊。

二三、十誦比丘波羅提木叉戒本

《十誦比丘波羅提木叉戒本》，又名《十誦波羅提木叉戒本》《十誦律比丘戒本》《十誦比丘戒本》。凡一卷，是《十誦律》比丘戒中的戒法條文與説戒儀軌的編集，文本上與《十誦律》存在一些差異。本經是姚秦鳩摩羅什在弘始四年（402）至弘始七年（405）之間譯出的。此外南北朝時僧業曾據《十誦律》集出《十誦比丘戒本》，已經亡佚。

經普查，敦煌文獻中共有《十誦比丘波羅提木叉戒本》22號，包括：國圖藏3號，英藏4號，法藏2號，俄藏9號，散藏4號。[①]這些寫本大多與通行本相符。另外還包括若干早期別出的本子（下文標舉時用"異本"括注）。22號皆有不同程度的殘損，其中不乏本爲同一寫卷而被撕裂爲數號者。前賢業已作過少量綴合，如《俄藏》指出俄敦4050號背、俄敦4059號背同爲一卷。

本次將其中7號綴合爲3組。[②]

1. 北敦 2306 號 + 伯 5557 碎一號

（1）北敦2306號（北7151，餘6），見《國圖》32/377B—385B。卷軸裝，18紙。前部如圖1所示，前殘尾全，存340行（前3行下部殘損），行約23字。楷書。原卷無題，《劫餘録》《索引》泛題"戒律"，《寶藏》《索引新編》擬題"摩訶僧祇律大比丘戒本"，《國圖》擬題"十誦比丘波羅提木叉戒本"。《國圖》

---

① 各家館藏敦煌文獻，多有未定名殘片，我們的學術團隊在2011—2012年全面普查時曾做過系統的比定，其中包括俄藏《十誦比丘戒本》未定名殘卷的定名；後來（2017—2018年）劉丹撰作本篇初稿，也吸收了這次集體定名的成果。其中部分定名後來出版的《俄録》略同，可以互勘。凡劉文已先於《俄録》作出正確定名的，本篇必要時括注"《俄録》定名同"，讀者可自行參看。

② 原稿見劉丹《敦煌漢文律典研究——以〈十誦律〉爲核心》，浙江大學中國古典文獻學專業博士學位論文，2021年，第102—106、111—115頁。

條記目録稱該卷爲5—6世紀南北朝寫本。

（2）伯5557碎一號，見《法藏》34/239A。殘片。如圖1右下部所示，存2殘行，首行存8字，次行存10字。楷書。原卷無題，《法藏》擬題"十誦比丘波羅提木叉戒本"。

按：上揭二號皆爲《十誦比丘波羅提木叉戒本》殘卷，且其內容前後相承，可以綴合。綴合後如圖1所示，接縫處邊緣吻合，北敦2306號第1—2行行末與伯5557碎一號第1—2行行

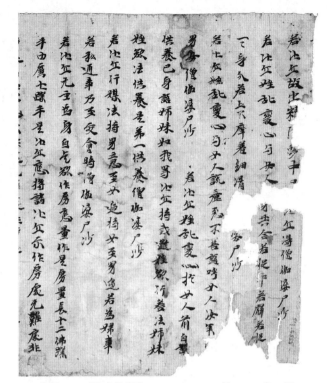

北敦 2306 號（前部）　　　　　伯 5557 碎一號

圖1　北敦 2306 號（前部）+ 伯 5557 碎一號綴合圖

首的內容前後相接，依次爲"▨（是）/▨（比）丘得僧伽婆尸沙""与女人/▨（身）共合"，中無缺字。又此二號行款格式相同（行距、字距、字體大小相近），書風字迹似同，可資參證。二號綴合後，所存內容參見《大正藏》T23/471B1—479A5。

2. 俄敦 3809 號 + 俄敦 2328 號 + 俄敦 4380 號

（1）俄敦3809號，見《俄藏》11/56A。卷軸裝殘片。如圖2右部所示，存10殘行，行存中上部6—17字。楷書。有烏絲欄。原卷無題，《俄藏》未定名，《曾良》擬題"十誦比丘波羅提木叉戒本"。

（2）俄敦2328號，見《俄藏》9/147A。卷軸裝殘片。如圖2中部所示，存23殘行（每行下部殘損，首行存上部1字左側殘筆，末行存中部6字），

行約 17 字。楷書。有烏絲欄。原卷無題,《孟錄》擬題"四分律比丘戒本",不確;《俄藏》擬題"十誦比丘波羅提木叉戒本",當是。《孟錄》稱該卷爲 8—10 世紀寫本。

（3）俄敦 4380 號,見《俄藏》11/213B。卷軸裝殘片。如圖 2 左部所示,存 17 殘行,行存中上部 1—13 字。楷書。有烏絲欄。原卷無題,《俄藏》未定名。

按: 上揭三號應皆爲《十誦比丘波羅提木叉戒本》（《俄錄》定名同）,且其内容前後相承,可以綴合。綴合後如圖 2 所示,諸相鄰二號接縫處邊緣吻合,縱向烏絲欄亦可對接。原本分屬俄敦 3809 號與俄敦 2328 號的"若""故第"三字皆得復合爲一（"若"字中部撇筆的末梢撕裂在俄敦 2328 號）；原本分屬俄敦 2328 號與俄敦 4380 號的"丘取他""具若"五字亦得成完璧。又此三號行款格式相同（皆有烏絲欄,行距、字距、字體大小相近）,書風字迹似同,可資參證。三號綴合後,所存内容參見《大正藏》T23/475B14—476A17。

3. 浙敦 112 號 + 斯 4636 號（異本）

（1）浙敦 112 號,見《浙藏》206A。卷軸裝殘卷,如圖 3 右部所示,存 26 行,行約 17—21 字（偈頌部分每行抄四句）。隸楷,有烏絲欄。原卷無題,《浙藏》《浙藏敦煌文獻校錄整理》定名爲"十誦比丘尼波羅提木叉戒本"。

（2）斯 4636 號（翟 4559）,圖片見 IDP。卷軸裝殘卷,如圖 3 左部所示,存經文 18 行,行約 17—20 字（偈頌部分每行抄四句）。後接抄《受歲文》。隸楷,有烏絲欄。原卷尾題"比丘道惠所恭養經""太歲在卯比丘勇知書";《翟錄》將其歸爲"不明律部文獻",并認爲"太歲在卯"指 415 或 427 年;《索引》《索引新編》泛題"佛經";《寶藏》擬題"比丘道惠所恭養經"。

按: 前二號所載文字與傳本《十誦比丘戒本》有別,斯 797 號抄有同一古戒本,可以比勘。參考斯 797 號可知,此二號内容前後相承,可以綴合。綴合後如圖 3 所示,浙敦 112 號末行行末與斯 4636 號首行行首於"説是戒經／譬如鐽（蜂）採華"句緊密相連,中無缺字。又此二號行款格式相同（行距、字距、字體大小相近）,字迹書風似同（比較二號間交互出現的"佛""所""等""覺"等字,如表 1 所示）,可資參證。此二號同屬一種敦煌古戒本,《浙藏》擬題"十誦比丘尼波羅提木叉戒本",未確。

斯 4636 號（前部）　　　　　　　　浙敦 112 號（後部）

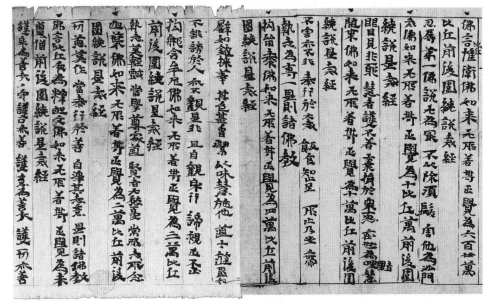

圖3　浙敦 112 號（後部）＋斯 4636 號（前部）綴合圖

表1　浙敦 112 號、斯 4636 號字迹比較表

卷號 ＼ 例字	佛	所	等	覺
浙敦 112 號	佛	所	等	覺
斯 4636 號	佛	所	等	覺

卷號簡目

根據對已刊布文獻的普查以及上述綴合成果，梳理出敦煌《十誦比丘波羅提木叉戒本》寫本卷號如下：

北敦 2306 號＋伯 5557 碎一號、俄弗 324 號、俄敦 281 號、俄敦 10036 號＊、俄敦 3809 號＋俄敦 2328 號＋俄敦 4380 號＊、斯 730 號、俄敦 6362 號＊、北敦 15123A 號；

　　異本一　斯 5738 號 *、<u>俄敦 4050 號＋俄敦 4059 號背 *</u>、斯 797 號、北敦 6197 號 *、伯 4505 號 *、貞松堂雜律 2 號 *、成賢齋 1 號 *、斯 4636 號 *＋浙敦 112 號 *；

　　異本二　中村 4 號 *、俄敦 7668 號 *。

二四、十誦比丘尼波羅提木叉戒本

《十誦比丘尼波羅提木叉戒本》，又名《十誦律比丘尼戒本》《十誦比丘尼戒本》《十誦比丘尼大戒》，劉宋法穎據《十誦律》集出。凡一卷，是《十誦律》比丘尼戒中的戒法條文與説戒儀軌的編集。

經普查，敦煌文獻中共有《十誦比丘尼波羅提木叉戒本》20號，包括：國圖藏9號，英藏3號，散藏8號。這些寫本，大多與通行本不相符，屬於早期別出的本子：其"共戒（比丘和比丘尼都要遵守的戒條）"是由比丘戒本直接改造而來的，改造方式是替換其中涉及性別的詞彙（下文標舉時用"改字本"括注）。①這20號皆有不同程度的殘損，其中不乏本爲同一寫卷而被撕裂爲數號者。前賢業已做過少量的綴合，如《中國文化遺産研究院藏西域文獻遺珍》指出文研院18與19爲同一寫本，《國圖》條記目録指出北敦16179A號、北敦16179B號、北敦16179C號、北敦16179D號四號爲同一文書。

本次補綴2組，新綴2組，共計將其中10號綴合爲4組。②

1. 北敦6059號＋羽621號

（1）北敦6059號（北7087；芥59），見《國圖》81/276B—278B。卷軸裝，4紙。後部如圖1右部所示，前後皆殘，存84行（末2行僅存上部2—6字），行約17字。楷書。有烏絲欄。原卷無題，《劫餘録》及《索引》《寶藏》等擬題"十誦律比丘尼戒本"，《國圖》擬題"十誦比丘尼波羅提木叉戒本"。《國圖》條記目録稱該卷爲6世紀隋寫本。

---

① 劉丹《敦煌改字本〈十誦尼戒本〉研究——兼論一種新的佛經編輯方式》，《文獻》2024年第1期。

② 原稿見劉丹《敦煌漢文律典研究——以〈十誦律〉爲核心》，浙江大學中國古典文獻學專業博士學位論文，2021年，第148—149、154—162頁。

（2）羽 621 號，見《秘笈》8/274A—280A。卷軸裝，12 紙。前部如圖 1
左部所示，首殘尾全，共 294 行（前 2 行下部殘損），行約 17 字。尾題"十
誦戒本""大業四年四月廿五日經生郭英寫用紙廿七張"。楷書。有烏絲欄。《秘
笈》擬題"十誦比丘尼波羅提木叉戒本"。

　　按：上揭二號皆爲《十誦比丘尼波羅提木叉戒本》殘卷，且其内容前後相承，
可以綴合。綴合後如圖 1 所示，接縫處邊緣吻合，原本分屬二號的"次""諸
比丘""丘""尼先"七字皆得成完璧。又二號行款格式相同（天頭地腳等高，
皆有烏絲欄，滿行皆約 17 字，行距、字距、字體大小相近），字迹書風似同，
可資參證。二號綴合後，所存内容參見《大正藏》T23/483B14—488B20。《國
圖》條記目録稱北敦 6059 號是六世紀隋楷書寫本，由羽 621 號卷末題記知該
卷抄寫年代在大業四年（608），屬七世紀早期，《國圖》判斷略欠準確。

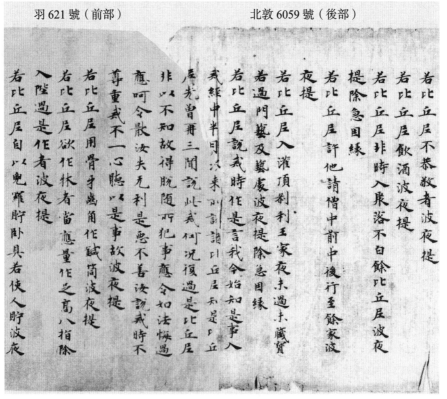

圖 1　北敦 6059 號（後部）＋羽 621 號（前部）綴合圖

2. 文研院 19 號…文研院 18 號

（1）文研院 19 號，圖版見《文研院》20B。存 3 殘片。殘片一存 5 殘行，楷書，有烏絲欄，以下稱"碎一"。殘片二本來粘在殘片一第四行下，殘文爲"波夜提"三字，以下稱"碎二"。殘片三僅存"▨（若）比丘"三殘字，以下稱"碎三"。

（2）文研院 18 號，圖版見《文研院》20A。殘片，存 5 殘行，每行僅存上部 2 至 4 字。楷書，有烏絲欄。《文研院》擬題"比丘尼戒本"，認爲該卷是六世紀南北朝寫本，未爲歷代大藏經所收，且指出該號片與文研院 19 號當爲同一寫本，但并未明確指出綴合方式。

按：上揭二號與傳本《十誦比丘尼戒本》有不小差異，是一種由《十誦比丘戒本》改造而成的特殊尼戒本，以下稱"改字本《十誦比丘尼戒本》"。敦煌文獻中尚有北敦 895 號、大谷敦 2-26 號等也屬同一類改字本，可以比勘。《文研院》泛題《比丘尼戒本》，未盡確。比較敦煌文獻中其他抄本可知，此二號前後相承，可以綴合。綴合後如圖 2 所示：文研院 19 號碎一、碎二與文研院 18 號邊緣上下左右相接。文研院 19 號雖然不能直接與之綴合，但考慮到其行款格式相近、書風字迹似同，可以推定他們原本都是從同一寫卷上脫落的。

圖 2　文研院 19 號…文研院 18 號
綴合示意圖

3. 斯 12534 號 + 斯 9114 號

（1）斯 12534 號，見 IDP。卷軸裝殘片。如圖 3 右部所示，存 8 殘行，行存中部 4—9 字。楷書。有烏絲欄。原卷無題，IDP 未定名。

（2）斯 9114 號，見 IDP。卷軸裝殘片。如圖 3 中左部所示，存 10 殘行，行存上部 5—14 字。楷書。有烏絲欄。原卷無題，IDP 未定名。

按：據殘存文字推斷，上揭二號皆爲“改字本《十誦比丘尼戒本》”殘片。二號内容前後相承，可以綴合。綴合後如圖3所示，斯12534號恰可補入斯9114號右下角，接縫處邊緣吻合，原本分屬二號的“丘”“丘”“尼”三字皆得復合爲一。又此二號行款格式相同（皆有烏絲欄，行距、字距、字體大小相近），字迹書風似同，可資參證。

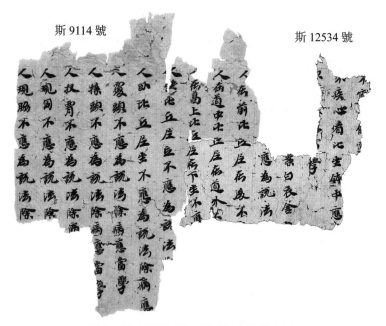

斯9114號   斯12534號

圖3　斯12534號+斯9114號綴合圖

4. 北敦16179A號+北敦16179D號+北敦16179B號+北敦16179C號

（1）北敦16179A號，見《國圖》145/221A。卷軸裝殘片。如圖4右部所示，存17行（前4行、第9—14行下部殘損，第17行上下部殘損），經文部分行約24字，偈頌部分行4小句，共20字。有烏絲欄。原卷無題，國圖擬題“十誦比丘尼波羅提木叉戒本”。《國圖》條記目録稱原卷隸楷字體，爲6世紀南北朝時期寫本。

（2）北敦16179D號，見《國圖》145/222B。殘片。如圖4右下部所示，存2殘行，首行空白無字，末行僅存“婆尸沙法”4字。有烏絲欄。原卷無題，《國圖》擬題“十誦比丘尼波羅提木叉戒本”。《國圖》條記目録稱原卷隸楷字

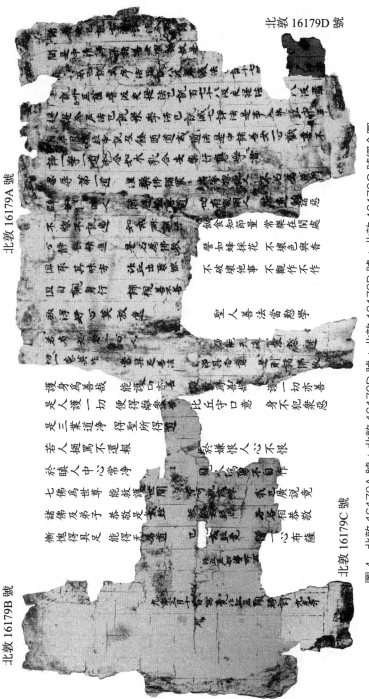

圖 4　北敦 16179A 號＋北敦 16179B 號＋北敦 16179D 號＋北敦 16179C 號綴合圖

體，爲 6 世紀南北朝時期寫本。

（3）北敦 16179B 號，見《國圖》145/221B。卷軸裝殘片。如圖 4 左上部所示，存 10 殘行（前 9 行上下部殘損，末行下部殘損）。卷尾有題記“比丘尼妙姿所寫 / 元年三月十三日寫竟比丘尼顯琇☒（許）”。有烏絲欄。原卷無題，《國圖》擬題“十誦比丘尼波羅提木叉戒本”。《國圖》條記目錄稱原卷隸楷字體，爲 6 世紀南北朝時期寫本。

（4）北敦 16179C 號，見《國圖》145/222A。殘片。如圖 4 左下部所示，存 1 殘行，僅存“許”字下部殘筆及“元光寺”三字。有烏絲欄。原卷無題，《國圖》擬題“十誦比丘尼波羅提木叉戒本題記”。《國圖》條記目錄稱原卷隸楷字體，爲 6 世紀南北朝時期寫本。

按：上揭四號皆爲“改字本《十誦比丘尼戒本》”殘片。《國圖》條記目錄稱該四號“原爲同卷”，甚是；但將其定爲《十誦比丘尼波羅提木叉戒本》，又稱四號“不能直接綴接”，則不確。四號內容前後相承接，可直接綴接。綴合後如圖 4 所示，諸相鄰二號接縫處邊緣吻合。北敦 16179D 號恰可補入北敦 16179A 號右下角。北敦 16179B 號與北敦 16179C 號上下相接，原本分屬二號的“許”字可復合爲一。又北敦 16179A 號＋北敦 16179D 號與北敦 16179B 號＋北敦 16179C 號兩組行款格式相同（皆有烏絲欄，行距、字距、字體大小相近），字迹書風似同（比較四號間交互出現的“已”“道”“戒”“經”等字，如表 2 所示），可資參證。

表 2　北敦 16179A 號、北敦 16179B 號字迹比較表

例字 卷號	已	道	戒	經
北敦 16179A 號	已	道	戒	經
北敦 16179B 號	已	道	戒	經

卷號簡目

根據對已刊布文獻的普查以及上述綴合成果，梳理出敦煌《十誦比丘尼波羅提木叉戒本》寫本卷號如下：

北敦 6059 號＋羽 621 號。

異　本　北敦 10616 號 *、貞松堂雜律 3 號 *、北敦 895 號 *、啓功 36-2 號 *、北敦 198 號 *、上博 2 號 *、大谷敦 2—26 號、羽 594 號 *、斯 9078 號 *、<u>文研院 19 號 *＋文研院 18 號 *</u>、斯 12534 號 *＋斯 9114 號 *、<u>北敦 16179A 號 *＋北敦 16179B 號 *＋北敦 16179C 號 *＋北敦 16179D 號 *</u>、東山草堂 65 號 *。

二五、梵網經盧舍那佛説菩薩心地戒品第十

《梵網經盧舍那佛説菩薩心地戒品第十》，又稱《梵網經盧舍那佛説菩薩心地法門戒品》《梵網菩薩戒經》，簡稱《菩薩戒經》《梵網經》，據僧肇所説爲姚秦高僧鳩摩羅什譯，是佛教大乘戒律的經典著作，在佛教"三藏"中屬"律藏"。在中國佛教大乘戒律中，《梵網經》的影響最大。該經分爲上下兩卷：上卷敍述了釋迦牟尼佛在第四禪天摩醯羅天王宫中，爲無量大梵王及大菩薩轉述蓮花臺藏世界盧舍那佛説的心地法門品，闡述大乘菩薩修行的次第，即發趣十心、長養十心、金剛十心及體性十地等；下卷通過盧舍那佛陳述的方式，著重闡述了佛陀在娑婆世界閻浮提菩提樹下爲大衆説菩薩戒的十重波羅提木叉、四十八輕戒的内容，以及受持菩薩戒的利益，其中也體現了大乘佛教的佛性、般若思想，是修習大乘菩薩行所依持的主要戒律。另外，經中把"孝"與"戒"相融通，"孝名爲戒"的思想頗富中國特色。

據僧肇《梵網經序》載："唯《梵網經》，一百二十卷六十一品，其中菩薩心地品第十，專明菩薩心地。是時，道融、道影三百人等，即受菩薩戒。人各誦此品，以爲心首。師徒義合，敬寫一品八十一部，流通於世。"該經原有一百二十卷，六十一品，但傳譯到中土并流行於世的，僅有第十品《菩薩心地品》。

《梵網經》在中土的流通，有包含上下兩卷的全本，更多的是只有下卷的單行本《梵網經菩薩戒本》。由於下卷講的是大乘菩薩戒，所以更加得到偏愛大乘思想的中國佛教徒的重視，其流行範圍廣泛，影響較大，故下卷獨立成篇。下卷別稱亦甚多，如《菩薩波羅提木叉經》《梵網菩盧舍那佛説菩薩十重四十八輕戒》《梵網菩薩戒本》《梵網菩薩戒經》《菩薩心地戒本》等。

《梵網經》的流傳曾被認爲始於梁代，但從敦煌出土文獻中發現有南齊

初年該經"後記"的古本，表明可能早在南朝宋末就已有流傳。到了隋代，智顗撰《梵網經菩薩戒經義疏》二卷，特加講習弘揚，從此該經被作爲大乘律而受到重視，并成爲中國漢地傳授大乘戒最有權威的典籍，爲大乘各宗所通用。唐代，該經曾被轉譯成藏文，略稱《法廣母經》，收入藏文大藏經甘珠爾内。日本僧人最澄認爲此經是圓頓菩薩之戒相，將瑜伽等戒作爲權大乘戒相，從而區别兩者。這種説法得到認可并流行，《梵網經》更加受到天台、浄土等宗派的重視。

雖然中土對《梵網經》極度重視，但此經的來歷在中國早已備受質疑，據僧肇《梵網經序》所説，該經是姚秦時鳩摩羅什所譯，但後世仍有所懷疑，因爲鳩摩羅什自言，不敢傳授戒律，有學者懷疑此經可能不是傳自於鳩摩羅什，故隋代《法經録》將其歸爲疑品。現代佛教學者如望月信亨、大野法道、鎌田茂雄、吕澂、湯用彤等人皆考證此經爲中國僞造。望月信亨認爲《梵網經》下卷先成立，它取材於《菩薩地持經》《優婆塞戒經》《涅槃經》等，并跟北魏僧官制度有關；上卷後來附上，其菩薩階位説基於《仁王經》。湯用彤認爲在北魏太武帝滅佛後，僧紀蕩然無存，北方人因應需要，乃取《曼殊千臂》和《優婆塞戒》等，加上自己的理解，改造而成此經。關於《梵網經》真僞問題的爭論一直不明，所以對其相關的研究著作并不多，其中王孺童在《〈優婆塞戒經〉與〈梵網經〉簡介》一文中認爲《梵網經》爲盧舍那佛本説、釋迦牟尼佛於菩提樹下重説，經中所記爲大乘獨有的戒法；屈大成在《從古文獻記載〈梵網經〉之真僞》一文中通過檢視有關《梵網經》傳譯的重要文獻記載，詳細分析這些文獻的意思和相互之間的關係，從而得出對《梵網經》的真僞問題只能置疑，不可定奪。在曹凌的著作《中國佛教疑僞經綜録》中將《梵網經》歸爲僞經。

敦煌文獻中共有《梵網經》398 號，包括：國圖藏 154 號，英藏 108 號，俄藏 109 號，法藏 6 號，散藏 21 號。其中卷上及序言部分 8 號，卷下及序言部分 390 號。398 號敦煌本《梵網經》中，首尾完整者僅 5 號，其餘 393 號皆有不同程度的殘損。已有綴合成果共計將該經 44 號綴合爲 14 組。包括《國圖》條記目録綴合 5 組：北敦 9160 號＋北敦 9163 號，北敦 16190A 號＋北敦

16190B 號＋北敦 16190C 號＋北敦 16190D 號，北敦 2869 號＋北敦 2861 號，北敦 3250 號＋北敦 3232 號＋北敦 3229 號，北敦 2822 號＋北敦 2925 號＋北敦 2923 號…北敦 3097 號＋北敦 2890 號＋北敦 2878-1 號；《孟録》綴合 4 組：俄敦 815 號＋俄敦 819 號，俄敦 1192 號＋俄敦 1193 號，俄敦 1605 號＋俄敦 1960 號＋俄敦 1986 號＋俄敦 2003 號＋俄敦 2038 號＋俄敦 2039 號＋俄敦 2113 號＋俄敦 2432 號，俄敦 2611 號＋俄敦 2644 號；《俄藏》綴合 3 組：俄敦 3945 號＋俄敦 3956 號＋俄敦 3966 號，俄敦 503 號＋俄敦 504 號，俄敦 1789 號＋俄敦 2864 號。《英圖》綴合 1 組：斯 566B 號＋斯 566A1 號。《方録》綴合 1 組：斯 8229B 號＋斯 8229C 號＋北敦 8229D 號＋北敦 8229E 號。

本次補綴 10 組，新綴 46 組，共計將 167 號綴合爲 53 組。

1. 斯 271 號…斯 303 號…伯 4545 號

（1）斯 271 號（翟 4604），見《英圖》4/354B。卷軸裝。後部如圖 1 右部所示，前後皆殘，存 24 行（首 4 行下殘，末行僅存上部 2 字右側殘畫，倒數第 2—4 行下殘），行約 17 字。楷書。有烏絲欄。原卷無題，《翟目》認爲是 “一部佛經著作殘片”，《索引》泛題 “佛經”，《寶藏》以下各家定作《梵網經》卷上。《英圖》條記目録稱該卷爲 5—6 世紀南北朝時期寫本。

（2）斯 303 號（翟 4351），見《英圖》5/141B—143B。卷軸裝，5 紙。前部如圖 1-1 左部所示，後部如圖 1-2 右部所示，前後皆殘，存 96 行（首行僅存中部 3 字，次行行端存 2 字、中間存 6 字，末行僅存中間 4 字的右側殘畫），行約 17 字。楷書。有烏絲欄。原卷無題，《翟目》僅題 “佛經殘卷”，《索引》泛題 “佛經”，《寶藏》以下各家定作《梵網經》卷上。《英圖》條記目録稱該卷爲 5 世紀南北朝時期寫本。

（3）伯 4545 號，見法網彩照，另見《法藏》32/40B—41A。卷軸裝，2 紙。前部如圖 1-2 左部所示，前後皆殘，存 39 行（首 2 行下殘，末 7 行上殘），行約 17 字。楷書。有烏絲欄。原卷無題，《索引》泛題 “殘佛經”，《索引新編》定作《梵網經》卷上，《法録》(IDP) 及《法藏》定作《梵網經》。

按：上揭三號皆爲《梵網經》卷上殘卷，且内容前後相承，抄寫行款格

斯303號（前部）　　　　　　　斯271號（後部）

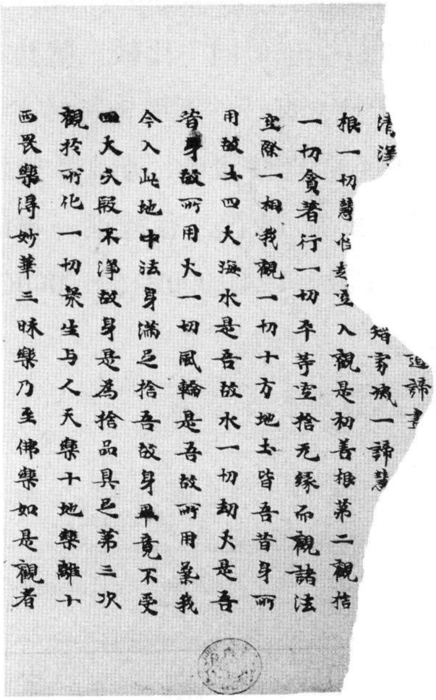

中間缺約14行

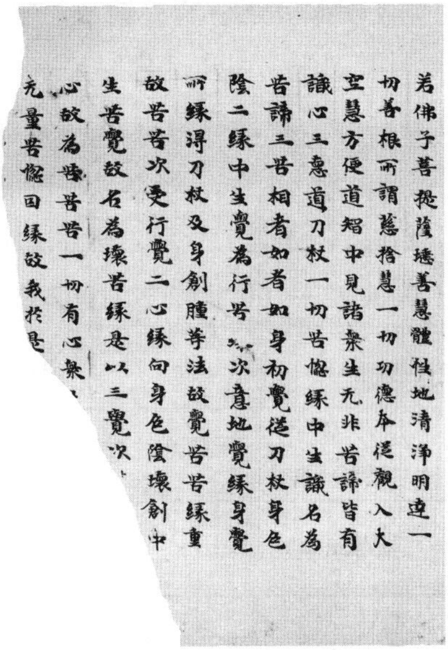

圖1-1　斯271號（後部）…斯303號（前部）綴合圖示意圖

伯4545號（前部）　　　　　　　斯303號（後部）

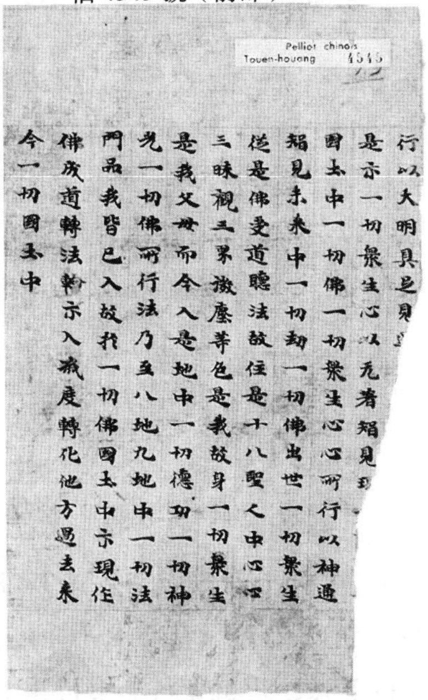

中間缺約15行

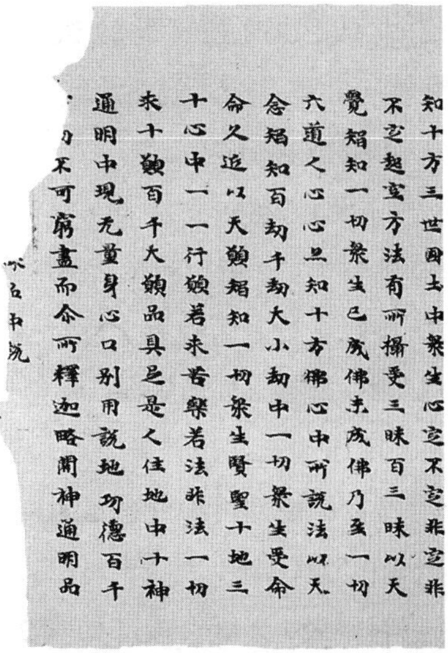

圖1-2　斯303號（後部）…伯4545號（前部）

式相同（皆有烏絲欄，滿行行約 17 字，行距、字距、字體大小相近），書風相似（字體方正、筆墨濃重、字間距疏朗），字迹似同（比較三號共有的"一""切""土""界""佛"等字，如表 1 所示），又三件紙面皆有污迹，由此推測，此三號極有可能可以綴合。然三者不能直接綴合，斯 271 號與斯 303 號間約缺 14 行，斯 303 號與伯 4545 號間約缺 15 行，有待進一步的發現。試作綴合如圖 1 所示，所存文字參見《大正藏》T24/1000B15—1000C10，T24/1000C22—1002A4,T24/1002A19—1002C2。

表 1　斯 271 號、斯 303 號、伯 4545 號字迹比較表

例字 卷號	一	切	土	佛	界
斯 271 號	一	切	土	佛	界
斯 303 號	一	切	土	佛	界
伯 4545 號	一	切	土	佛	界

2. 北敦 2869 號 + 北敦 2861 號 + 北敦 3250 號 + 北敦 3232 號 + 北敦 3229 號 + 北敦 2822 號 + 北敦 2925 號 + 北敦 2923 號 + 北敦 3097 號 + 北敦 2890 號 + 北敦 2878 號

（1）北敦 2869 號（北 6713；調 69），見 IDP，另見《國圖》38/419A—419B。卷軸裝，2 紙。前後皆殘，存 34 行（前紙 26 行，首 4 行下殘，行存 9—10 字；後紙 7 行，倒數第 2 行諸字左側筆畫殘缺，末行僅存下部 2 字的殘畫），行約 17 字。楷書。有烏絲欄。原卷無題，《劫餘錄》及《寶藏》等定作《梵網經》，《國圖》定作《梵網經》卷下。《國圖》條記目錄稱此卷紙高 25 釐米，爲 7—8 世紀唐寫本；後部可與北敦 2861 號綴合。

（2）北敦 2861 號（北 6723；調 61），見 IDP，另見《國圖》38/371B—372A。卷軸裝，2 紙。後部如圖 2-1 右部所示，前後皆殘，存 26 行（前紙 22 行，首行存上部 13 字的左側殘畫，第 2—3 行下殘；後紙 4 行，末行存上部

六七字右側殘畫），行約 17 字。楷書。有烏絲欄。原卷無題，《劫餘録》及《寶藏》等定作《梵網經》，《國圖》定作《梵網經》卷下。《國圖》條記目録稱此卷紙高 25 釐米，爲 7—8 世紀唐寫本；前部可與北敦 2869 號綴合。

（3）北敦 3250 號（北 6725；致 50），見 IDP，另見《國圖》44/248A。卷軸裝，2 紙。前部如圖 2-1 左部所示，前後皆殘，存 26 行（前紙 25 行，首行存上部 7 字左側殘畫，末行除末 3 字完整外餘多僅存右部殘畫；後紙僅存首行末字右部殘畫），行約 17 字。楷書。有烏絲欄。原卷無題，《劫餘録》及《寶藏》等定作《梵網經》，《國圖》定作《梵網經》卷下。《國圖》條記目録稱此卷紙高 25 釐米，爲 7—8 世紀唐寫本。

（4）北敦 3232 號（北 6731；致 32），見 IDP，另見《國圖》44/185A—186A。卷軸裝，3 紙。前後皆殘，存 50 行（前紙 1 行，僅存中部 14 字左側殘形；次紙 28 行；後紙 21 行，末 6 行下部有殘損），行約 17 字。楷書。有烏絲欄。原卷無題，《劫餘録》及《寶藏》等定作《梵網經》，《國圖》定作《梵網經》卷下。《國圖》條記目録稱此卷紙高 25 釐米，爲 7—8 世紀唐寫本；前部可與北敦 3250 號綴合，後部可與北敦 3229 號綴合。

（5）北敦 3229 號（北 6737；致 29），見 IDP，另見《國圖》44/180A—180B。卷軸裝，2 紙。後部如圖 2-2 右部所示，前後皆殘，存 41 行（前紙 13 行，前 6 行中上殘，首行僅存 "索" 字左側殘形，第 4 行空白無字；後紙 28 行，後 2 行下殘），行約 17 字。楷書。有烏絲欄。原卷無題，《劫餘録》及《寶藏》等定作《梵網經》，《國圖》定作《梵網經》卷下。《國圖》條記目録稱此卷紙高 25 釐米，爲 7—8 世紀唐寫本；前部可與北敦 3232 號綴合。

（6）北敦 2822 號（北 6740；調 22），見 IDP，另見《國圖》38/167A—168A。卷軸裝，4 紙。前部如圖 2-2 左部所示，前後皆殘，存 59 行（前紙 2 行，首行僅存下部 1 字的左側 "女" 旁，次行存行末 6 字；中 2 紙各 28 行；後紙僅存首行中下部七八字右側殘畫），行約 17 字。楷書。有烏絲欄。原卷無題，《劫餘録》及《寶藏》等定作《梵網經》，《國圖》定作《梵網經》卷下。《國圖》條記目録稱此卷紙高 25.1 釐米，爲 7—8 世紀唐寫本；後部可與北敦 2925 號綴合。

（7）北敦 2925 號（北 6752；陽 25），見 IDP，另見《國圖》39/274A—275A。卷軸裝，2 紙。前後皆殘，存 56 行（每紙各 28 行，首行底端略有殘損，末 3 行中上殘，末行僅存底端 4 殘字），行約 17 字。楷書。有烏絲欄。原卷無題，《劫餘錄》及《寶藏》等定作《梵網經》，《國圖》定作《梵網經》卷下。《國圖》條記目錄稱此卷紙高 25.4 釐米，爲 7—8 世紀唐寫本；前部可與北敦 2822 號綴合，後部可與北敦 2923 號綴合。

（8）北敦 2923 號（北 6762；陽 23），見 IDP，另見《國圖》39/269A—269B。卷軸裝，2 紙。前後皆殘，存 31 行（前紙 3 行，中下殘，行存 3—14 字不等；後紙 28 行），行約 17 字。楷書。有烏絲欄。原卷無題，《劫餘錄》及《寶藏》等定作《梵網經》，《國圖》定作《梵網經》卷下。《國圖》條記目錄稱此卷紙高 25.4 釐米，爲 7—8 世紀唐寫本；後部可與北敦 3097 號綴合。

（9）北敦 3097 號（北 6765；雲 97），見 IDP，另見《國圖》42/143A—143B。卷軸裝。前後皆殘，存 1 紙 28 行，行約 17 字。楷書。有烏絲欄。原卷無題，《劫餘錄》及《寶藏》等定作《梵網經》，《國圖》定作《梵網經》卷下。《國圖》條記目錄稱此卷紙高 25 釐米，爲 7—8 世紀唐寫本；前部可與北敦 2923 號綴合，後部可與北敦 2890 號綴合。

（10）北敦 2890 號（北 6768；調 90），見 IDP，另見《國圖》39/62A—63B。卷軸裝，3 紙。前後皆殘，存 75 行（前 2 紙每紙 28 行；後紙 19 行，末 2 行中上殘），行約 17 字。楷書。有烏絲欄。原卷無題，《劫餘錄》及《寶藏》等定作《梵網經》，《國圖》定作《梵網經》卷下。《國圖》條記目錄稱此卷紙高 25.4 釐米，爲 7—8 世紀唐寫本；前部可與北敦 3097 號綴合，後部可與北敦 2878 號綴合。

（11）北敦 2878 號（北 6773；調 78），見 IDP，另見《國圖》39/21A—22A。卷軸裝，存 3 紙。前殘尾全，存 46 行（前紙 11 行，首行存上端 5 字左側殘畫，次行下部存左側殘字；次紙 26 行；後紙 14 行），每行字數散文與偈頌有別，散文行約 17 字。尾題"梵網經卷下"。尾題後另有"凡人一日持齋有十種利益"五行文字，字體不同，應與本篇無關。楷書。有烏絲欄。其中前 21 行文字《國圖》定作《梵網經》卷下；第 22 行"第一維衞佛説教戒"

北敦 3250 號（前部）　　　　北敦 2861 號（後部）

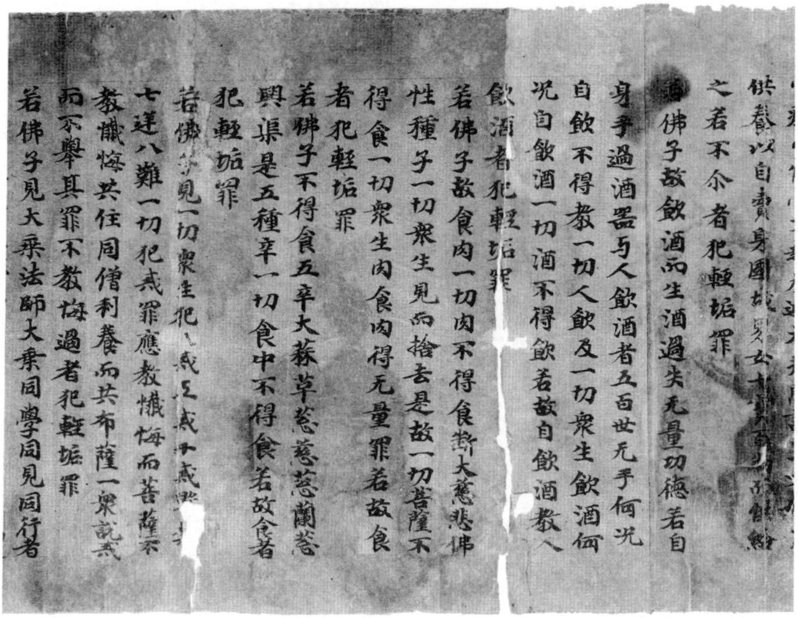

之若不尒者犯輕垢罪
佛子故飲酒而生酒過失无量功德若自
自飲不得教一切人飲及一切衆生飲酒何
況自飲酒一切酒不得飲若故自飲酒教人
飲酒者犯輕垢罪
若佛子故食肉一切肉不得食斷大慈悲佛
性種子一切衆生見而捨去是故一切菩薩不
得食一切衆生肉食肉得无量罪若故食者
者犯輕垢罪
若佛子不得食五辛大蒜革蔥慈蔥蘭蔥
興渠是五種辛一切食中不得食若故食者
犯輕垢罪
若佛子見一切犯戒人犯八戒十戒毀
七逆八難一切犯戒罪應教懺悔
而不舉其罪不教懺過者犯輕垢罪
若佛子見大乘法師大乘同學同見同行者

圖 2-1　北敦 2861 號（後部）＋北敦 3250 號（前部）綴合示意圖

北敦 2822 號（前部）　　　　北敦 3229 號（後部）

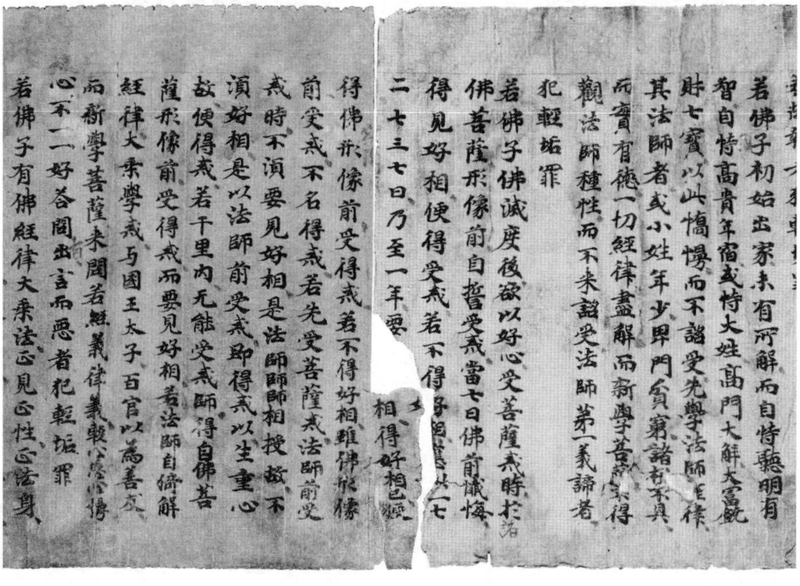

若佛子初始出家未有所解而自恃聰明有
智自恃高貴年宿或恃大姓高門大解大富
恃七寶以山憍慢而不諮受先學法師經律
其法師者或小姓年少卑門貧窮諸根不具
而實有德一切經律盡解而新學菩薩不得
觀法師種性而不来諮受法師第一義諦者
犯輕垢罪
若佛子佛滅度後欲以好心受菩薩戒時於
佛菩薩形像前自誓受戒當七日佛前懺悔
得見好相便得受戒若不得好相
二七三七日乃至一年要
相得好相已

得佛菩薩形像前受戒若不得好相雖佛形像
前受戒不名得戒若先受菩薩戒法師前受
戒時不湏要見好相是法師師相授故不
湏好相是以法師前受戒即得戒以生重心
故便得戒若千里内无能受戒師得與佛菩
薩形像前受戒而要見好相若法師自倚解
經律大乘學戒与國王太子百官以為善友
而新學菩薩來問若經義律義輕心惡心慢
心不一一好答問出言而惡者犯輕垢罪
若佛子有佛經律大乘法正見正性正法身

圖 2-2　北敦 3229 號（後部）＋北敦 2822 號（前部）綴合示意圖

以下至尾題前文字傳本《梵網經》未見，《國圖》認爲是《梵網經》卷下的附錄，另擬題 "七佛説戒偈"。《國圖》條記目錄稱此卷紙高 25.5 釐米，爲 7—8 世紀唐寫本；前部可與北敦 2890 號綴合。

　　按：上揭十一號皆爲《梵網經》卷下殘卷，《國圖》條記目錄已指出上揭寫卷可綴合成 "北敦 2869 號＋北敦 2861 號""北敦 3250 號＋北敦 3232 號＋北敦 3229 號""北敦 2822 號＋北敦 2925 號＋北敦 2923 號＋北敦 3097 號＋北敦 2890 號＋北敦 2878-1 號" 三組。今考上揭十一號殘卷内容前後相承，抄寫行款格式相同（天頭地脚等高，皆有烏絲欄，滿行皆約 17 字，行距、字距、字體大小相近），書風相似（字體方正、筆墨濃重、字間距疏朗），字迹似同（比較共有的 "佛""子""若""得" 等字），殘卷用紙相同（《國圖》條記目錄稱各號皆 "經黄打紙，砑光上蠟"），當爲同一寫卷之撕裂，可以依次綴合爲一。其中北敦 2861 號和北敦 3250 號綴合如圖 2-1 所示，接縫處邊緣吻合，原本分屬二號的 "飲酒者犯輕垢罪" 七字皆得成完璧，横向烏絲欄亦可對接。北敦 3229 號和北敦 2822 號綴合如圖 2-2 所示，北敦 3229 號倒數第二行第 11 字僅存右部 "子"，北敦 2822 號首行相應位置存一字的左側 "女" 旁，二號綴合後可以拼合成基本完整的 "好" 字；北敦 3229 號末行存上部 "二七三七日乃至一年要" 十字，北敦 2822 號次行存行末 "相得好相已便" 六字，二者綴合後可以拼合成近乎完整的一行文字："二七三七日乃至一年，要／□□（得好）相，得好相已，便"，内容前後相接。又北敦 2861 號後紙 4 行，北敦 3250 號前紙 25 行，北敦 3229 號後紙 28 行，北敦 2822 號前紙 2 行，前後二號各自拼合，銜接處皆可合成 28 行，正與上揭各號完整一紙的行數相合。此十一號綴合後，所存文字參見《大正藏》T24/1004C4—1010A21。

　　3. 北敦 11347 號＋俄敦 4561 號＋俄敦 4781 號＋俄敦 4550 號＋俄敦 4546 號＋俄敦 11664 號

　　（1）北敦 11347 號（北臨 1476），見《國圖》109/151B。卷軸裝殘片。如圖 3 右片所示，存 23 行（末 6 行下部各殘 1—4 字不等，末行存上部 13 字右側殘形），行約 17 字。楷書。有烏絲欄。原卷無題，《國圖》定作《梵網經》卷下，條記目錄稱此卷爲 7—8 世紀唐寫本。

（2）俄敦 4561 號，見《俄藏》11/270A。殘片。如圖 3 中上片所示，存 6 殘行（首行僅存 15 字左側殘形），行存上部 14—17 字。楷書。有烏絲欄。原卷無題，《俄藏》未定名。

（3）俄敦 4781 號，見《俄藏》11/320A。殘片。如圖 3 中下片所示，存 6 殘行（首行 3 字右側有殘損），行存下部 3—4 字。楷書。有烏絲欄。原卷無題，《俄藏》未定名。

（4）俄敦 4550 號，見《俄藏》11/266B。殘片。如圖 3 左三片所示，存 6 行（首行首字右側有殘損，末行僅存上部 1 字右側殘畫，倒數第 2 行後 5 字左側略有殘損），行約 17 字。楷書。有烏絲欄。原卷無題，《俄藏》未定名。

（5）俄敦 4546 號，見《俄藏》11/265B。殘片。如圖 3 左二片所示，存 4 行（首行僅存下部 4 字左側殘畫，末行 17 字左側筆畫稍有殘損），行約 17 字。楷書。有烏絲欄。原卷無題，《俄藏》未定名。

（6）俄敦 11664 號，見《俄藏》15/301A。卷軸裝殘片。如圖 3 左片所示，存 21 行（首行僅存左側殘畫，末行上殘，倒數第 2—4 行中部有殘損），行約 17 字。楷書。有烏絲欄。原卷無題，《俄藏》未定名。

按：據殘存文字推斷，後五號亦皆爲《梵網經》卷下殘片（《俄録》定名同）。[1] 上揭六號內容前後相承，可以綴合。綴合後如圖 3 所示，諸相鄰二號接縫處邊緣吻合，橫縱烏絲欄亦可對接。俄敦 4561 號所存的 6 行上部大半行可與俄敦 4781 號所存的 6 行下部小半行綴合，二號綴合後，接縫處原本分屬二號的“☒（奉）”“發”“切”“二”“薩”五字皆得復合爲一。北敦 11347 號可與俄敦 4561 號＋俄敦 4781 號綴合後，接縫處原本分屬二號的“若有犯者，不得現☒（身）發菩提心☒（亦）”13 字亦得大致復合爲一。俄敦 4561 號＋俄敦 4781 號後部可與俄敦 4550 號綴合，二者於“八万／☒（威）儀品中當廣明”句前後相接，中無缺字。俄敦 4550 號後部可與俄敦 4546 號綴合，

---

[1] 敦煌文獻未定名殘片，我們的學術團隊在 2011—2012 年全面普查時曾做過系統的比定，其中包括《俄藏》未定名殘卷的定名。此組後 5 號爲《梵網經》卷下殘片，較早見於張涌泉、孟雪《國圖藏〈梵網經〉敦煌殘卷綴合研究》，復旦大學出土文獻與古文字研究中心編《出土文獻與古文字研究》第 6 輯，上海古籍出版社，2015 年；又載孟雪《敦煌〈梵網經〉寫本考暨俗字彙輯》，浙江師範大學碩士學位論文，2014 年。後來出版的《俄録》定名同。類似情況以下統一括注“《俄録》定名同”，不再一一出注説明。

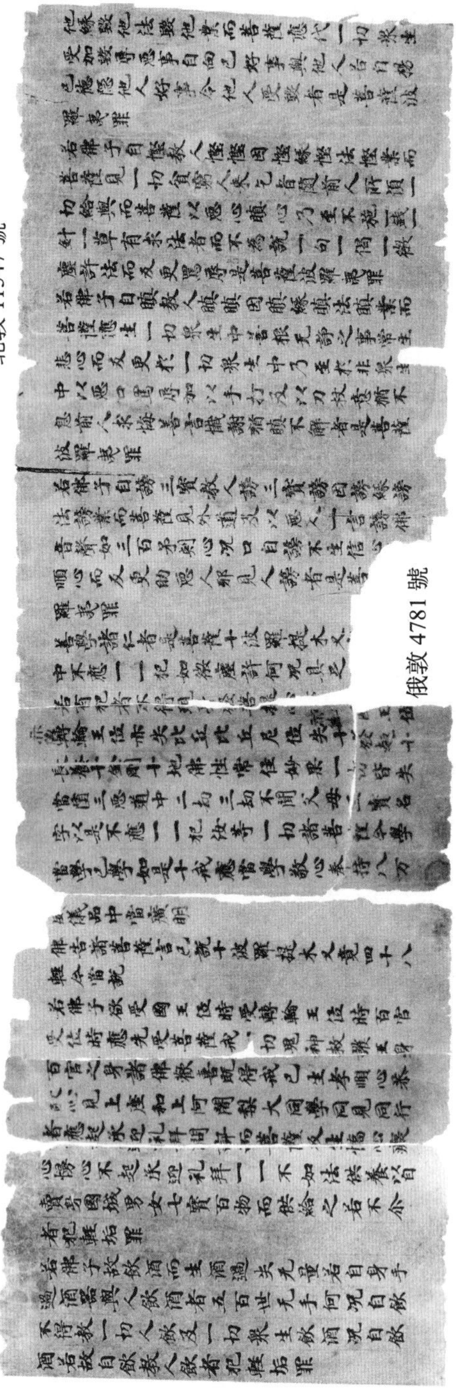

圖 3 北敦 11347 號＋俄敦 4561 號＋俄敦 4781 號＋俄敦 4550 號＋
俄敦 4546 號＋俄敦 11664 號（前部）綴合圖

綴合後，接縫處原本分屬二號的"神救護王身""之"六字皆得成完璧。俄敦
4546 號後部可與俄敦 11664 號綴合，前者末行左側有少許殘損，而後者首行
僅存左側殘畫，正是前者殘損的部分，二者拼合，則該行文字"者，應起承
迎，禮拜問訊。而菩薩反生憍心、癡"完整無缺。又上揭六號行款格式相同
（天頭地脚等高，皆有烏絲欄，滿行皆約 17 字，行距、字距、字體大小相近），
書風相似（皆爲楷書、字體俊朗、筆畫有力、筆墨匀厚）、字迹似同（比較各
殘片共有的"若""是""佛""子"等字），可資參證。六號綴合後，所存文
字參見《大正藏》T24/1004C20—1005B23。

4. 俄敦 11840 號＋俄敦 11780 號＋俄敦 12539 號＋俄敦 11955 號

（1）俄敦 11840 號，見《俄藏》15/342A。殘片。如圖 4 右上片所示，
存 3 殘行，行存上部 5 字。楷書。有烏絲欄。原卷無題，《俄藏》未定名。

（2）俄敦 11780 號，見《俄藏》15/333B。殘片。如圖 4 右二片所示，
存 5 殘行，行存中上部 2—9 字。楷書。有烏絲欄。原卷無題，《俄藏》未定名。

（3）俄敦 12539 號，見《俄藏》16/140B。殘片。如圖 4 中片所示，存 5
殘行，行存中上部 9—14 字。楷書。有烏絲欄。原卷無題，《俄藏》未定名。

（4）俄敦 11955 號，見《俄藏》16/9A。殘片。如圖 4 左片所示，存 4 殘行，
行存上部 4—7 字。楷書。有烏絲欄。原卷無題，《俄藏》未定名。

按：據殘存文字推斷，上揭四號皆爲《梵網經》卷下殘片（《俄録》定名同）。
據完整文本推算，滿行皆約 17 字。四號內容前後相承，可以綴合。綴合後如
圖 4 所示，俄敦 11840 號與俄敦 11780 號上下左右相接，接縫處原本分屬二號
的"佛""戒"二字皆得成完璧；俄敦 11780 號與俄敦 12539 號左右相接，接
縫處原本分屬二號的"牟尼佛初"四字皆得復合爲一；俄敦 12539 號與俄敦
11955 號左右相接，接縫處原本分屬二號的"欲天子十"四字皆得成完璧。又
四號行款格式相同（皆有烏絲欄，滿行皆約 17 字，行距、字距、字體大小相近），
書風相似（字體俊朗、筆畫有力、筆墨匀厚）、字迹似同（比較俄敦 11840 號
與俄敦 11780 號共有的"衆""佛"等字，俄敦 11780 號與俄敦 12539 號共有
的"衆""大"等字，俄敦 12539 號與俄敦 11955 號共有的"戒""法"等字），
可資參證。四號綴合後，所存內容參見《大正藏》T24/1004A16—1004B1。

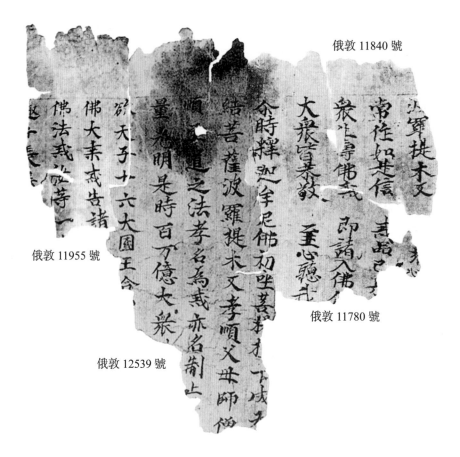

俄敦 11840 號

俄敦 11955 號

俄敦 12539 號

俄敦 11780 號

圖 4　俄敦 11840 號＋俄敦 11780 號＋俄敦 12539 號＋俄敦 11955 號綴合示意圖

5. 北敦 3410-2 號＋北敦 3408 號＋北敦 11127 號

（1）北敦 3410-2 號（北 6696；露 10），見 IDP，另見《國圖》47/71A—72A。卷軸裝，4 紙。後部如圖 5 右部所示，首全後殘，存 59 行（第 1 紙 8 行，與第 2 紙以下部分字迹不同，係不同殘卷補接而成，其間缺一大段經文。通卷中下端殘損，末行存上部 3 字），行約 17 字。前爲《梵網經序》，次抄本經。楷書。原卷無題，《劫餘録》及《索引》《寶藏》等定作《梵網經》，《國圖》定作《梵網經》卷下。《國圖》條記目録稱原卷紙高 25 釐米，爲 7—8 世紀唐寫本。

（2）北敦 3408 號（北 6714；露 8），見 IDP，另見《國圖》47/58B—

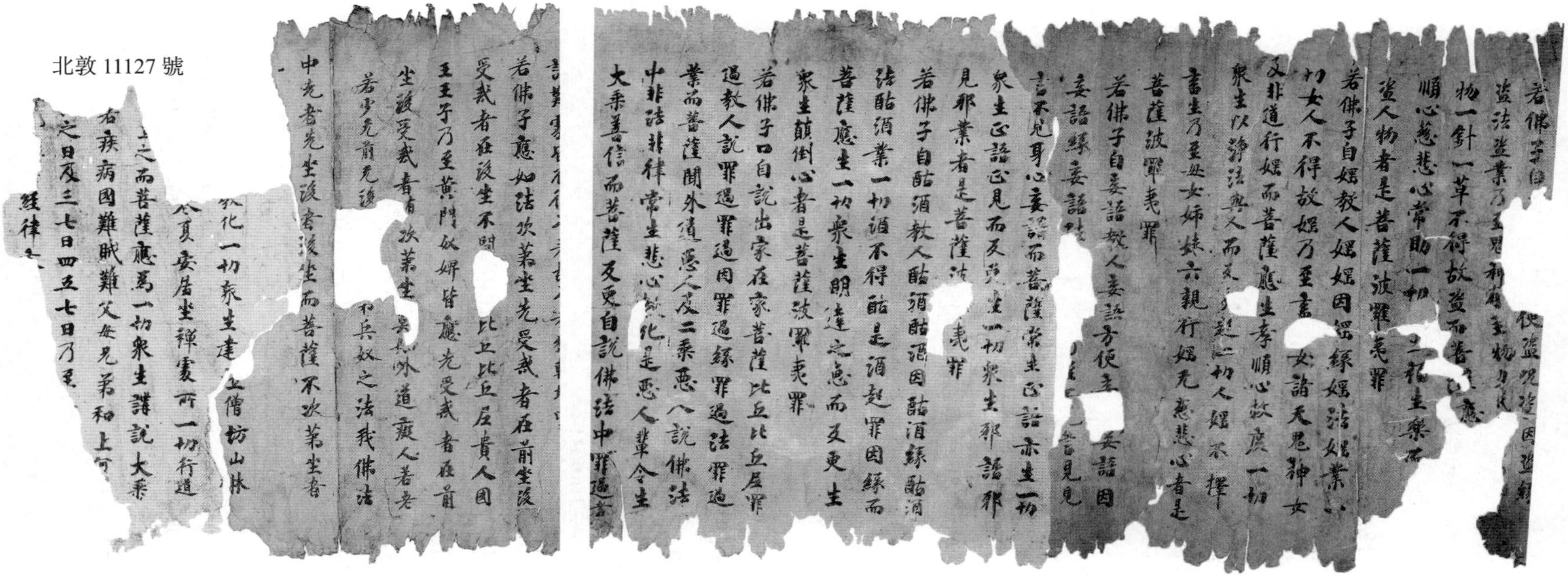

圖 5　北敦 3410-2 號（後部）＋北敦 3408 號（前部、後部）＋北敦 11127 號綴合圖

65A。卷軸裝，12 紙。前部如圖 5 中右部所示，後部如圖 5 中左部所示，前後皆殘，存 282 行（首行僅存上部 1 字左側殘畫，次行上部缺 2 字，末 2 行上殘，倒數第 2 行上部僅存一殘畫，末行僅存下部 5 字），行約 17 字。楷書。原卷無題，《劫餘録》及《索引》《寶藏》等定作《梵網經》，《國圖》定作《梵網經》卷下。《國圖》條記目録稱原卷紙高 25 釐米，爲 9—10 世紀歸義軍時期寫本。

（3）北敦 11127 號（北臨 1256），見《國圖》109/30A。殘片。如圖 5 左部所示，存 8 殘行（首行僅存 3 字左側殘畫，次行所存部分空白，末行僅存 3 字），行存中下部 0—15 字。楷書。原卷無題，《國圖》擬題"菩薩戒本疏卷下"，條記目録稱此卷爲 9—10 世紀歸義軍時期寫本。

按：據殘存文字推斷，後號亦爲《梵網經》卷下殘卷，《國圖》擬題"菩薩戒本疏卷下"，誤，且此三號内容前後相承，可以綴合。前二號綴合後如圖 5 所示，接縫處原本分屬二號的"見"字得成完璧。後二號綴合後如圖 5 所示，接縫處原本分屬二號的"後坐"二字亦得復爲一。又三號行款格式相同（天頭地脚等高，皆有烏絲欄，滿行皆約 17 字，行距、字距、字體大小相近），[①] 書風相似（皆爲楷書，筆墨濃厚、字體較小），字迹似同（比較三號共有的"一""切""菩""薩"等字），可資參證。三號綴合後，所存内容參見《大正藏》T24/1003B10—1008B13。

三號既原屬同卷，而《國圖》條記目録稱前號爲 7—8 世紀唐寫本，後二號爲 9—10 世紀歸義軍時期寫本，斷代不一，宜再斟酌。

6. 俄敦 5244 號 + 俄敦 5259 號 + 甘博 56 號

（1）俄敦 5244 號，見《俄藏》12/77B。卷軸裝殘片。如圖 6-1 右上部所示，存 5 殘行（首行右側殘損），行存上部 7—8 字。楷書。有烏絲欄。原卷無題，《俄藏》未定名。

---

①《國圖》條記目録稱北敦 11127 號有烏絲欄，但北敦 3410-2 號、北敦 3408 號二號條記目録又未提有烏絲欄，從影印圖版看，除北敦 3410-2 號前 8 行確有烏絲欄外（該 8 行與其前的北敦 3410-1 號《梵網經序》出於同一抄手，與北敦 3410-2 號後面部分抄手不同，二者係古代修復殘破經卷時拼接爲一，中間仍有一段缺文，不能完全銜接），其餘部分均未見界欄之迹，可疑。

（2）俄敦5259號，見《俄藏》12/81A。卷軸裝殘片，如圖6-2所示，含二殘片：A片，存4殘行，行存中部2—5字；B片，存10行（首2行僅存中部2—5字，末2行下殘，末行左殘），行約17字。楷書。有烏絲欄。原卷無題，《俄藏》未定名。

（3）甘博56號，見《甘藏》5/51A—53A。卷軸裝。前部如圖6-1左部所示，首尾皆殘，存90行（首行僅存末字下部殘畫，次行中部存左側殘畫），行約17字。楷書。有烏絲欄。原卷無題，《甘藏》定作《梵網經》卷下。

甘博56號（前部）　　　俄敦5259號B片　　　俄敦5244號

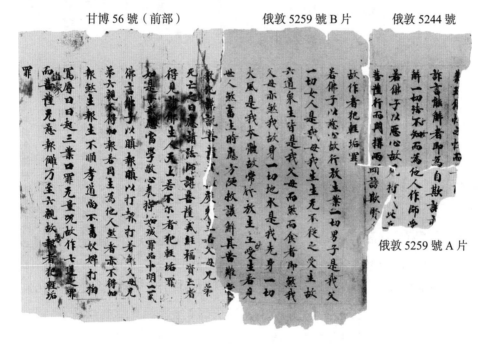

俄敦5259號A片

圖6-1　俄敦5244號＋俄敦5259號＋甘博56號（前部）綴合圖

按：據殘存文字推斷，前二號亦爲《梵網經》卷下殘片（《俄録》定名同），且此三號内容前後相承，可以綴合。綴合後如圖6-1所示，接縫處邊緣吻合，縱橫烏絲欄亦可對接。俄敦5244號與俄敦5259號A片接縫處原本分屬二片的“見”“頭”二字皆得復合爲一；俄敦5259號A片與俄敦5259號B片接縫處原本分屬二片的“▨▨（見持）”二字皆得復合爲一；俄敦5259號B片與甘博56號接縫處原本分屬二片的“講説菩薩▨▨（戒救）度▨▨（衆生）若父”11

字皆復合爲一。又三號行款格式相同（天頭地脚等高，皆有烏絲欄，滿行皆約 17 字，行距、字距、字體大小相近），書風相似（皆爲楷書、筆畫纖細且向右上傾斜、字間距較小），字迹似同（比較三號共有的"罪""以""佛""故""子"等字），可資參證。三卷綴合後，所存內容參見《大正藏》T24/1006B2—1007B28。

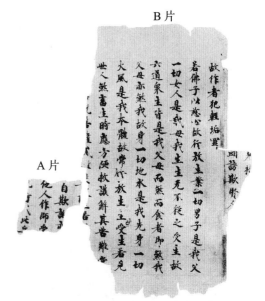

圖 6-2　俄敦 5259 號《俄藏》圖版

7. 北敦 10398 號＋北敦 4136 號＋北敦 3895 號

（1）北敦 10398 號（北臨 527），見《國圖》107/282B。卷軸裝殘片。如圖 7-1 右部所示，存 11 殘行（第 7 行空白無字），行存中下部 0—10 字。楷書。有烏絲欄。卷面有規則污漬。原卷無題，《國圖》定作《梵網經》卷下。《國圖》條記目錄稱此卷爲 9—10 世紀歸義軍時期寫本。

（2）北敦 4136 號（北 6742；水 36），見《國圖》56/178B—180B。卷軸裝，4 紙。前部如圖 7-1 左部所示，後部如圖 7-2 右部所示，前後皆殘，存 105 行（末行僅存上端 2 字右側殘畫，倒數第二行下部 4 字左側有殘損），行約 17 字。楷書。有烏絲欄。卷面有規則污漬。原卷無題，《劫餘錄》及《寶藏》《索引》等定作《梵網經》，《國圖》定作《梵網經》卷下。《國圖》條記目錄稱此卷爲 8—9 世紀吐蕃統治時期寫本。

（3）北敦 3895 號（北 6760；金 95），見《國圖》53/345A—347B。卷軸裝，5 紙。前部如圖 7-2 左部所示，前殘尾全，存 127 行（首行僅存行末 4 字左側殘畫），行約 17 字。楷書。有烏絲欄。卷面有規則污漬。尾題"菩薩戒經一卷"。《國圖》定作《梵網經》卷下。《國圖》條記目錄稱此卷爲 8—9 世紀吐蕃統治時期寫本。

按：上揭三號皆爲《梵網經》卷下殘卷，且三號內容前後相承，可以綴合。

北敦 4136 號（前部）

北敦 10398 號

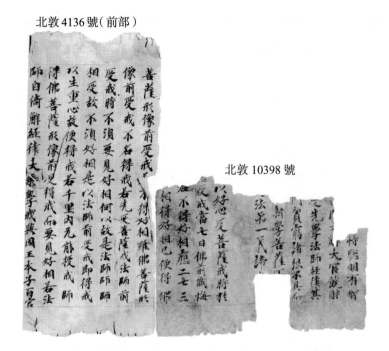

圖 7-1　北敦 10398 號＋北敦 4136 號（前部）綴合圖

北敦 3895 號（前部）　　　　　北敦 4136 號（後部）

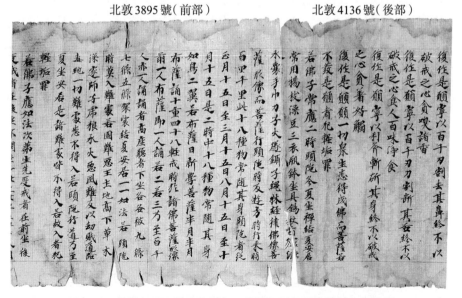

圖 7-2　北敦 4136 號（後部）＋北敦 3895 號（前部）綴合圖

前二號綴合後如圖7-1所示，二號内容於"便得佛／菩薩形像前受戒"句前後相接，中無缺字。後二號綴合後如圖7-2所示，接縫處原本分屬兩片的"杖香爐漉""水"五字得成完璧。三號卷面上部、下部皆有規則污漬，接縫處污漬邊緣銜接自然。又三號行款格式相同（天頭地脚等高，皆有烏絲欄，滿行皆約17字，行距、字距、字體大小相近），書風相似（横長竪短、筆意相連），字迹似同（比較三號皆有的"菩""薩""佛""戒""相""不"等字），可資參證。三號綴合後，所存内容參見《大正藏》T24/1006B27—1009C8。

三號既原屬同卷，而《國圖》條記目録稱前號爲9—10世紀歸義軍時期寫本，後二號爲8—9世紀吐蕃統治時期寫本，斷代不一，宜再斟酌。

8. 北敦 11410 號＋北敦 11404 號＋北敦 5645 號

（1）北敦11410號（北臨1539），見《國圖》109/185B。殘片。如圖8右部所示，存5殘行，行存中上部11—17字。楷書。有烏絲欄。原卷無題，《國圖》定作《梵網經》卷下。《國圖》條記目録稱此卷爲7—8世紀唐寫本。

（2）北敦11404號（北臨1533），見《國圖》109/182B。殘片。如圖8中部所示，存5殘行（首行僅存左側殘畫），行存上部9—13字。楷書。有烏絲欄。原卷無題，《國圖》定作《梵網經》卷下。《國圖》條記目録稱此卷爲7—8世紀唐寫本。

（3）北敦5645號（北6743；李45），見《國圖》76/24B—25A。卷軸裝，2紙。前部如圖8左部所示，前後皆殘，存39行（首20行下殘，末13行上殘，末3行下端殘損，倒數第3行空白無字），行約21字。楷書。有烏絲欄。原卷無題，《劫餘録》及《寶藏》《索引》等定作《梵網經》，《國圖》定作《梵網經》卷下。《國圖》條記目録稱此卷爲8—9世紀吐蕃統治時期寫本。

按：上揭三號皆爲《梵網經》卷下殘卷，且三號内容前後相承，可以綴合。綴合後如圖8所示，前二號接縫處邊緣吻合，原本分屬二號的"見好相何以故是法師師師相授"13字皆得復合爲一。北敦11404號末行存上部"新學菩薩來問經義、律義"十字，而北敦5645號首行爲"問者，犯輕垢罪"，比勘完整文本，其間缺"輕心、惡心、慢心，不一一好答"11字，正是前者末行下部殘缺的文字。三號橫向烏絲欄亦可對接。又三號行款格式相同（天頭等高，皆有烏絲欄，行距、字距、字體大小相近），書風相似，字迹似同（比較三號共有的"佛""菩""薩""戒""得"等字），可資參證。三號綴合後，所存内容參見《大正藏》T24/1006C6—1007B13。

北敦 5645 號（前部）　　　北敦 11404 號　　　北敦 11410 號

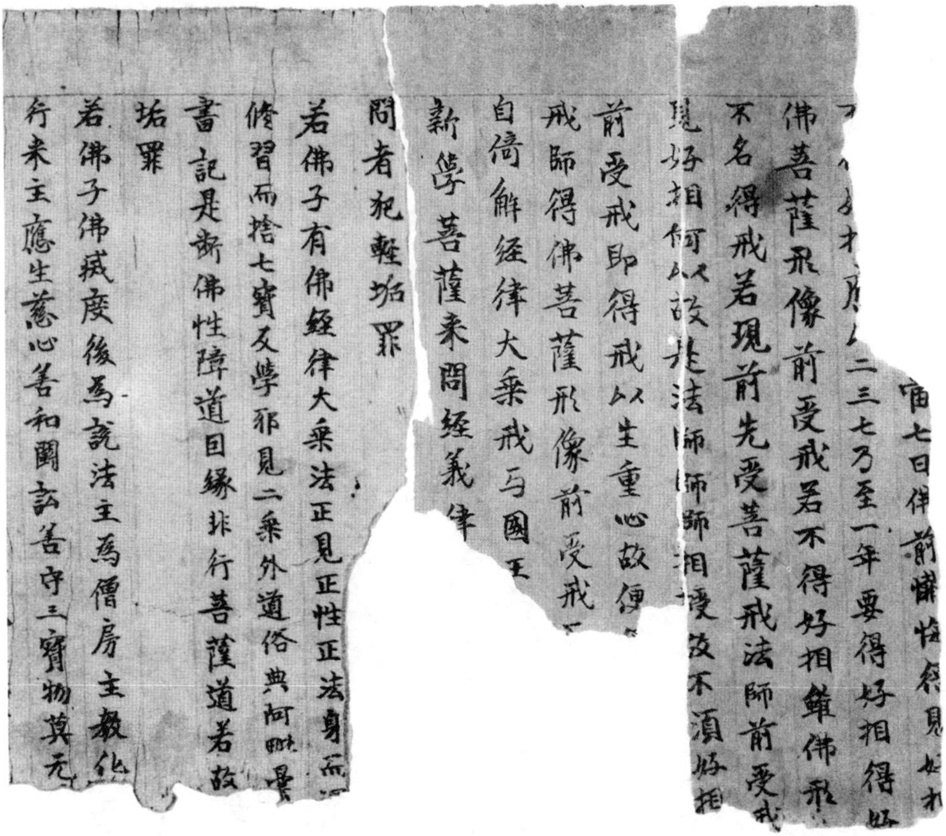

圖 8　北敦 11410 號＋北敦 11404 號＋北敦 5645 號（前部）綴合圖

三號既原屬同卷，而《國圖》條記目録稱前二號爲 7—8 世紀唐寫本，後號爲 9—10 世紀歸義軍時期寫本，斷代不一，宜再斟酌。

9. 俄敦 1192 號＋俄敦 1193 號＋俄敦 2618 號＋斯 3123 號

（1）俄敦 1192 號＋俄敦 1193 號，見《俄藏》8/5B—6A。此二號《孟録》上册已綴合爲一，《俄藏》將二號圖版綴合。卷軸裝。後部如圖 9 右部所示，前後皆殘，存 28 行（末行中部 3 字左側有殘損），行約 17 字。楷書。有烏絲欄。

原卷無題,《孟録》及《俄藏》等定作《梵網經》卷下。《孟録》稱此卷爲7—9世紀寫卷。

（2）俄敦2618號,見《俄藏》9/297A。殘片。如圖9中上部所示,存6殘行,行存中上部3—11字。存文起"□（須）見好相"句,訖"若不解大乘經律"句"大乘經"三殘字。楷書。有烏絲欄。原卷無題,《孟録》及《俄藏》等定作《梵網經》卷下。《孟録》稱此卷爲8—10世紀寫卷。

（3）斯3123號（翟4066）,見《寶藏》26/140A—141A。卷軸裝。其前部如圖9左部所示,前殘後缺,存56行（首5行中上殘,第6行上部6字右側殘損）,行約17字。楷書。有烏絲欄。原卷無題,《翟録》及《索引新編》定作《梵網經》,《索引》泛題"佛經",《寶藏》定作《梵網經》卷下。

斯3123號（前部）　　俄敦2618號　　"俄敦1192號＋俄敦1193號"（後部）

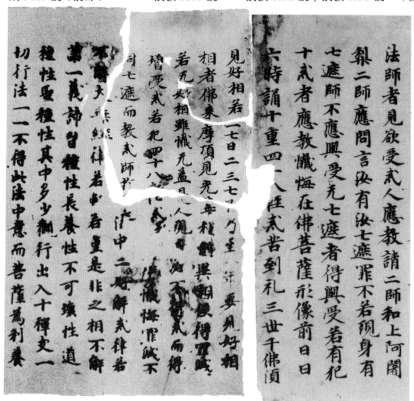

圖9　"俄敦1192號＋俄敦1193號"（後部）＋俄敦2618號＋斯3123號（前部）綴合圖

按：上揭四號皆爲《梵網經》卷下殘卷，前二者内容於“須 / 見好相”句前後相接，中無缺字，存有綴合的可能性。俄敦 2618 號與斯 3123 號綴合後接縫處原本分屬二號的“日”“華”“是”“輕”“大乘經”七字皆得復合爲一。比較三者共有的“若”“佛”“者”“二”“十”等字，字迹似同。又三者行款格式相同（天頭等高，皆有烏絲欄，滿行皆約 17 字，行距、字距、字體大小相近），書風相似（字體方正、筆墨濃粗）。由此推斷，此三者確可綴合。綴合後如圖 9 所示，綴合後所存内容參見《大正藏》T24/1008B13—1009B20。

10. 俄敦 4889 號 + 俄敦 8819 號 + 俄敦 5821B 號

（1）俄敦 4889 號，見《俄藏》11/349A。殘片。如圖 10 上部所示，存 12 殘行（首行僅存上部 2 字左側殘畫，末行僅存上部 1 字右側殘畫），行存上部 1—9 字。楷書。有烏絲欄。原卷無題。《俄藏》未定名。

（2）俄敦 8819 號，見《俄藏》14/93A。殘片。如圖 10 右下部所示，存 2 殘行，行存下部 4—8 字。楷書。有烏絲欄。原卷無題。《俄藏》未定名。

（3）俄敦 5821B 號，見《俄藏》12/251A。殘片。如圖 10 左下部所示，存 8 殘行（首行僅存 3 字左側殘畫，第 4 行、倒數第 2 行空白無字），行存下部 0—6 字。楷書。有烏絲欄。原卷無題。《俄藏》未定名。

按：據殘存文字推斷，上揭三殘片皆爲《梵網經》卷下殘片（後二號《俄録》定名同，前號《俄録》擬題爲“菩薩戒經義疏卷下”，誤），且三號内容前後相承，可以綴合。綴合後如圖 10 所示，接縫處邊緣吻合，縱向烏絲欄亦可對接。俄敦 4889 號與俄敦 8819 號上下相接，接縫處原本分屬二號的“毗”“薩”二字皆得復合爲一；俄敦 4889 號與俄敦 5821B 號上下相接，接縫處原本分屬二號的“樹”“至”“人常”四字皆得成完璧；俄敦 8819 號與俄敦 5821B 號左右相接，接縫處原本分屬二號的“應持☒（經）”三字皆得大致復合爲一。又三號行款格式相同（天頭等高，皆有烏絲欄，行距、字距、字體大小相近），書風相似（字形方正、筆墨濃厚），字迹似同（比較三號共有的橫、捺、鉤等筆畫），可資參證。三號綴合後，所存文字參見《大正藏》T24/1005B29—1005C9。

俄敦 4889 號

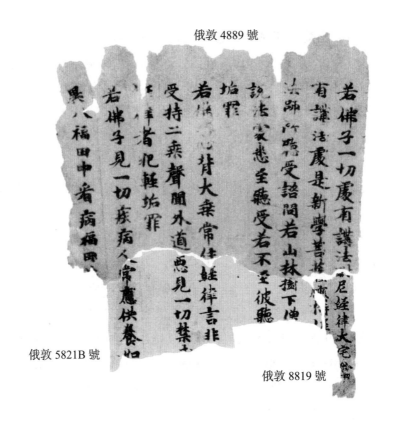

俄敦 5821B 號

俄敦 8819 號

圖 10 俄敦 4889 號＋俄敦 8819 號＋俄敦 5821B 號綴合圖

11. 俄敦 5563 號＋俄敦 8851 號＋俄敦 12705 號＋俄敦 6590 號＋俄敦 6082 號＋斯 7468 號

（1）俄敦 5563 號，見《俄藏》12/182A。殘片。如圖 11 右側所示，存 5 殘行（末行僅存 1 字右側殘形），行存上部 1—11 字。楷書。有烏絲欄。原卷無題。《俄藏》未定名。

（2）俄敦 8851 號，見《俄藏》14/97A。殘片。如圖 11 中右部所示，存 3 殘行（首行僅存若干字左側殘畫），行存上部 6—7 字。楷書。有烏絲欄。原卷無題。《俄藏》未定名。

（3）俄敦 12705 號，見《俄藏》16/160A。殘片。如圖 11 中部所示，存 5 殘行（首行存上部 5 字左側殘畫，末行存 11 字右側殘形），行存中上部 5—12 字。楷書。有烏絲欄。原卷無題。《俄藏》未定名。

（4）俄敦 6590 號，見《俄藏》13/143B。殘片。如圖 11 中部所示，存 4
殘行（首行僅存 13 字左側殘形，末行存 5 字右側殘形），行存中上部 5—13 字。
楷書。有烏絲欄。原卷無題，《俄藏》未定名。

（5）俄敦 6082 號，見《俄藏》12/352A。殘片。如圖 11 中左部所示，
存 4 殘行（首行存上部 5 字左側殘形），行存中上部 5—13 字。楷書。有烏絲
欄。原卷無題，《俄藏》未定名。

（6）斯 7468 號，見《寶藏》55/167B—168A。卷軸裝殘卷。其前部如圖
11 左側所示，前後皆殘，存 28 行（首 3 行中下部殘損），行約 17 字。楷書。
有烏絲欄。原卷無題，《寶藏》及《方録》定作《梵網經》卷下。《方録》稱
此卷爲唐寫本。

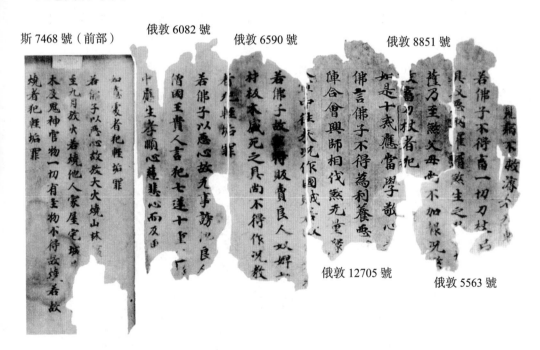

斯 7468 號（前部）　　俄敦 6082 號　　俄敦 6590 號　　俄敦 8851 號

俄敦 12705 號

俄敦 5563 號

圖 11　俄敦 5563 號＋俄敦 8851 號＋俄敦 12705 號＋俄敦 6590 號＋
俄敦 6082 號＋斯 7468 號（前部）綴合圖

按：據殘存文字推斷，上揭六號皆爲《梵網經》卷下殘片（1、3、4、5 號《俄録》
定名同；俄敦 8851 號《俄録》擬題爲“菩薩戒本疏卷下第十不恤殺具戒”，誤），

且六號内容前後相承，可以綴合。綴合後如圖 11 所示，接縫處邊緣大體吻合，銜接各號接縫處原本分屬二號的 "具及▨▨▨（惡網羅）冐""▨（故）""刀杖者犯""軍中往來況故作國賊若故""者犯輕垢罪" 諸字皆得大致復合爲一。俄敦 6082 號末行 "而反更" 下可擬補 "加於逆害墮不" 六字，擬補文字正與斯 7468 號首行 "如意處者犯輕垢罪" 前後銜接。又六號行款格式相同（皆有烏絲欄，行距、字距、字體大小相近），書風相似（字體方正、筆墨濃厚），筆迹相似（比較各號多有的 "佛子""不""人""犯" 等字），可資參證。六號綴合後，所存内容參見 T24/1005C12—1006A09。

12. 俄敦 7303 號 + 俄敦 7657 號 + 俄敦 7655 號

（1）俄敦 7303 號，見《俄藏》13/291A。殘片，如圖 12 右上部所示，存 3 殘行（首行僅存 2 字左側殘畫），行存中部 2—3 字。楷書。原卷無題，《俄藏》未定名。

（2）俄敦 7657 號，見《俄藏》13/324B。殘片，如圖 12 右下部所示，存 2 殘行，行存中部 4 字。楷書。原卷無題，《俄藏》未定名。

（3）俄敦 7655 號，見《俄藏》13/324B。殘片。如圖 12 左部所示，存 8 殘行（第 4 行空白無字，末行僅存 1 字右側殘畫），行存中下部 0—8 字。楷書。原卷無題，《俄藏》未定名。

按：據殘存文字推斷，上揭三號皆爲《梵網經》卷下殘片（《俄録》定名同），且三號内容前後相承，可以綴合。綴合後如圖 12 所示，諸相鄰二號接縫處邊緣吻合，前二號接縫處原本分屬二號的 "我" 字得成完璧；後二號接縫處原本分屬二號的 "成""皆" 二字皆復合爲一。又三號行款格式相同（行距、

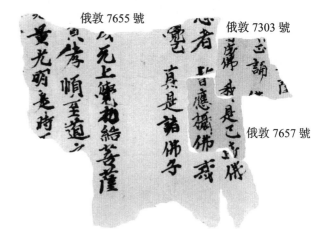

圖 12　俄敦 7303 號 + 俄敦 7657 號 + 俄敦 7655 號綴合圖

字距、字體大小相近），書風相似（筆畫傾斜、結構不規整、書寫隨意），筆迹相似（比較三者皆有的"佛"字及橫、捺、鉤等筆畫），可資參證。三號綴合後，所存內容參見《大正藏》T24/1004A13—1004A26。

13. 北敦 9166 號＋俄敦 6602 號

（1）北敦 9166 號（陶 87），見《國圖》105/112A。卷軸裝殘片。如圖 13 右部所示，首全後殘，存 18 行（末 3 行中上殘，末行僅存下部 3 字），行約 17 字。楷書。有烏絲欄。首題"梵網經盧舍那佛説菩薩心地"，《國圖》擬題"梵網經盧舍那佛説菩薩心地戒品第十卷下"，條記目録稱此卷爲 9—10 世紀歸義軍時期寫本。

（2）俄敦 6602 號，見《俄藏》13/150B—151A。卷軸裝殘片，如圖 13 左部所示，存 25 行（首行僅存上部 4 字左側殘畫，第 2—14 行下殘，末 5 行下殘），行約 17 字。楷書。有烏絲欄。通卷破碎嚴重。原卷無題，《俄藏》未定名。

俄敦 6602 號（前部）　　　　　北敦 9166 號（後部）

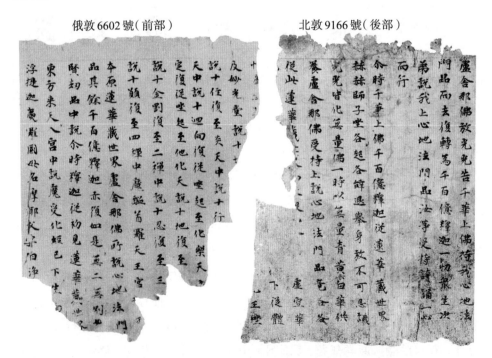

圖 13　北敦 9166 號（後部）＋俄敦 6602 號（前部）綴合圖

按：據殘存文字推斷，後號亦爲《梵網經》卷下殘片（《俄録》定名同），且二號内容前後相承，可以綴合。綴合後如圖 13 所示，北敦 9166 號末 2 行行末與俄敦 6602 號首 2 行行首内容前後相接，依次爲："從體 / ▨▨▨▨ ▨▨▨▨（性虚空華光三昧出）""▨▨▨▨▨▨（方坐金剛千光）王坐 / 及妙光堂説十▨▨▨（世界海）"。又二號行款格式相同（天頭等高、皆有烏絲欄，滿行皆約 17 字，行距、字距、字體大小相近），書風相似（字體方正、筆墨濃重），字迹似同（比較二號共有的 "盧""舍""那""佛""坐""説" 等字，如表 2 所示），可資參證。但二號不能直接綴合，據完整文本推算，後號首行與前號末行間缺 11 字。二號綴合後，所存文字參見《大正藏》T24/1003B06—1003C24。

表 2　北敦 9166 號、俄敦 6602 號字迹比較表

卷號＼例字	盧	舍	那	佛	坐	説
北敦 9166 號	盧	舍	那	佛	坐	説
俄敦 6602 號	盧	舍	那	佛	坐	説

14. 北敦 7421 號 + 北敦 9169-2 號

(1) 北敦 7421 號（北 6706；官 21），見《國圖》97/27A—27B。卷軸裝。後部如圖 14 右部所示，前後皆殘，存 25 行（首行僅存頂端 1 字左側殘畫，末行存上部約 12 字右側殘畫，末 2 行下部殘損），行約 17 字。楷書。有烏絲欄。原卷無題，《劫餘録》及《索引》《寶藏》等定作《梵網經》，《國圖》定作《梵網經》卷下。《國圖》條記目録稱原卷紙高 26 釐米，爲 7—8 世紀唐寫本。

(2) 北敦 9169-2 號（陶 90），見《國圖》105/115A。卷軸裝。前部如圖 14 左部所示，前後皆殘，存 18 行（首 3 行下殘，首行僅存上部 14 字右側殘形，末 5 行下殘，末行僅存上端 5 字右側殘畫），行約 17 字（偈頌部分行 20 字）。楷書。有烏絲欄。原卷無題，《國圖》定作《梵網經》卷下，條記目録稱原卷

紙高 26.5 釐米，爲 7—8 世紀唐寫本。^①

北敦 9169-2 號（前部）　　　　　　　　北敦 7421 號（後部）

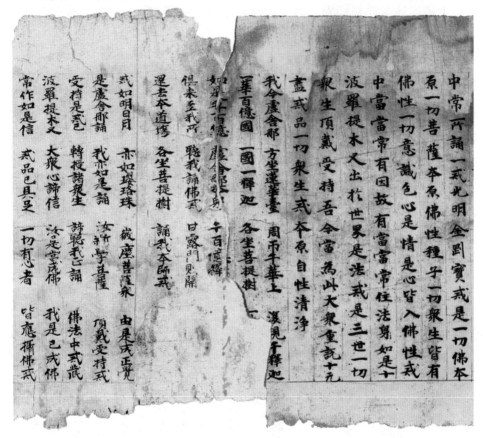

圖 14　北敦 7421 號（後部）＋北敦 9169-2 號（前部）綴合圖

　　按：上揭二號皆爲《梵網經》卷下殘卷，且二號內容前後相承，可以綴合。綴合後如圖 14 所示，接縫處邊緣吻合，原本分屬二號的 "如是千百億，盧舍那本身" 十字皆得成完璧，橫向烏絲欄亦可對接。又二號行款格式相同（紙高接近，皆有烏絲欄，滿行皆約 17 字，行距、字距、字體大小相近），書風相似（字體方正、捺筆較長），字迹似同（比較二號共有的 "菩" "薩" "是" "誦" "戒"

_____

① 北敦 9169-1 號係從該卷騎縫文字處折開的 "狀封" 一行，與本寫經內容無關。

等字），可資參證。二號綴合後，所存內容參見《大正藏》T24/1003C5—1004B1。

上揭二號既原屬同卷，而《國圖》條記目錄稱前號爲打紙，後號下卻未見相應描述，或屬疏漏，宜再判定補敍。

15. 俄敦 782 號…俄敦 11155 號

（1）俄敦 782 號，見《俄藏》7/104B。卷軸裝殘片，如圖 15 右部所示，存 15 行（首 2 行上殘，末 2 行下殘），行約 17 字（偈頌部分行 20 字）。楷書。原卷無題，《孟錄》及《俄藏》等定作《梵網經》卷下。《孟錄》稱該卷爲 7—9 世紀寫卷。

（2）俄敦 11155 號，見《俄藏》15/183B。卷軸裝殘片，如圖 15 左部所示，存 6 殘行（末行僅存上部 3 字右側殘形），行存上部 3—10 字。楷書。原卷無題，《俄藏》未定名。

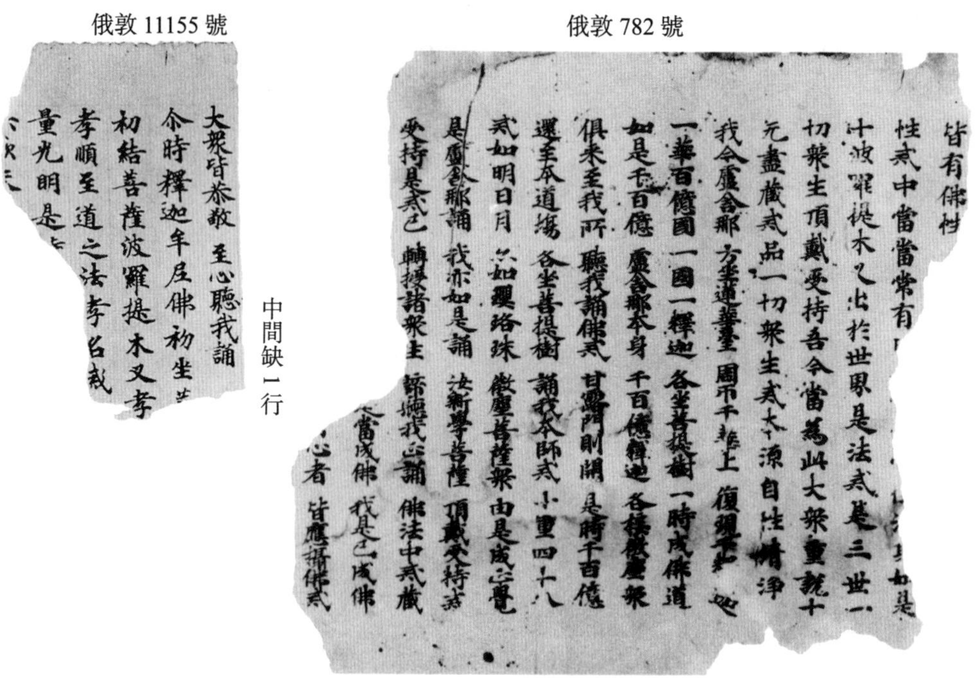

圖 15　俄敦 782 號…俄敦 11155 號綴合圖

按：據殘存文字推斷，後號亦爲《梵網經》卷下殘卷（《俄録》定名同）。據完整文本推算，後號滿行亦約 17 字（偈頌部分行 20 字）。二號内容前後相承，存有綴合的可能性。比較二號共有的"皆""我""衆""道""佛""至"等字，如表 3 所示，字迹似同。又二號行款格式相同（天頭等高，行距、字距、字體大小相近），書風相似（字體方正、筆墨濃厚、字間距均匀）。由此推斷，此二號確可綴合。綴合後如圖 15 所示，二號不直接相連，據完整文本推算，間缺 1 行偈頌，内容爲"衆生受佛戒，即入諸佛位。位同大覺已，真是諸佛子"。二號綴合後，所存内容參見《大正藏》T24/1003C23—1004A27。

表 3　俄敦 782 號、俄敦 11155 號字迹比較表

卷號　　例字	皆	我	衆	道	佛	至
俄敦 782 號	皆	我	衆	道	佛	至
俄敦 11155 號	皆	我	衆	道	佛	至

16. 北敦 526 號 + 北敦 11679 號

（1）北敦 526 號（北 6703；荒 26），見 IDP，另見《國圖》8/95A—100B。卷軸裝，11 紙。後部如圖 16 右部所示，前後皆殘，存 252 行（末 15 行下殘，末行僅存頂部 1 字殘畫），行約 20 字。楷書。原卷無題，《劫餘録》及《索引》《寶藏》等定作《梵網經》，《國圖》定作《梵網經》卷上。《國圖》條記目録稱原卷紙高 26.5 釐米，爲 9—10 世紀歸義軍時期寫本。

（2）北敦 11679 號（北臨 1808），見《國圖》110/16B。卷軸裝殘片。前部如圖 16 左部所示，存 27 行（首 2 行上殘，第 3—4 行上端有殘損，末 9 行中間斷裂，下端殘損），行約 20 字。楷書。原卷無題，《國圖》定作《梵網經》卷下，條記目録稱原卷紙高 26.5 釐米，爲 9—10 世紀歸義軍時期寫本。

按：據殘存文字推斷，上揭二號皆爲《梵網經》卷下殘卷，前號《國圖》判爲"卷上"，誤。此二號内容前後相承，可以綴合。綴合後如圖 16 所示，接縫處邊緣吻合，原本分屬二號的"鉢""床"二字得成完璧。又二號

行款格式相同（紙高相同，滿行皆約 20 字，行距、字距、字體大小相近），書風相似（字體纖細、筆墨模糊、字距較小），字迹似同（比較二號共有的"犯""輕""垢""罪""若""佛""是"等字），可資參證。二號綴合後，所存內容參見《大正藏》T24/1004A12—1008B18。

北敦 11679 號（前部）　　　　　　　　北敦 526 號（後部）

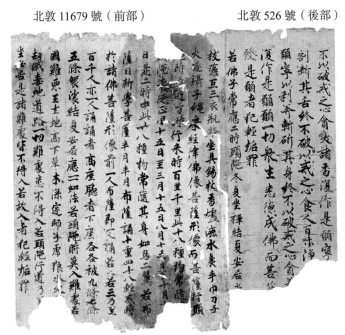

圖 16　北敦 526 號（後部）＋北敦 11679 號（前部）綴合圖

17. 北敦 4351 號 ＋ 北敦 11213 號 ＋ 斯 10837 號 ＋ 斯 10846 號 ＋ 斯 11629 號

（1）北敦 4351 號（北 6711；出 51），見 IDP，另見《國圖》58/319B—320A。卷軸裝，2 紙。後部如圖 17 右部所示，前後皆殘，存 30 行（首行僅存中上部 7 字殘形，次行存中上部 9 字，第 3—5 行上部有殘損，倒 2 行中部和上端殘損，末行僅存下端 2 字殘畫），行約 17 字。楷書。原卷無題，《劫餘錄》及《索引》《寶藏》等定作《梵網經》，《國圖》定作《梵網經》卷下。《國圖》條記目錄稱此卷爲 7—8 世紀唐寫本。

（2）北敦 11213 號（北臨 1342），見 IDP，另見《國圖》109/79B。殘片。

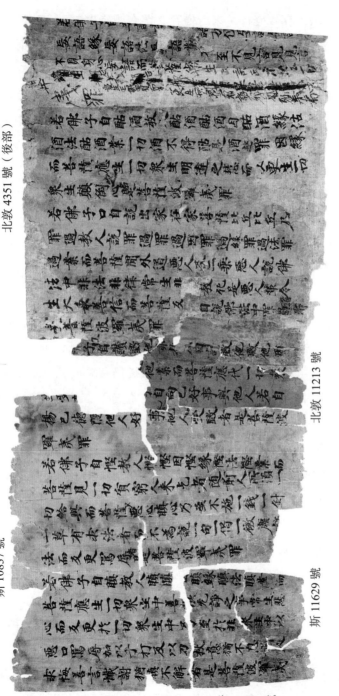

圖 17　北敦 4351 號（後部）＋北敦 11213 號＋斯 10837 號＋
斯 10846 號＋斯 11629 號綴合圖

如圖 17 中部所示，存 4 殘行（末行僅存 2 字右側殘畫），行存下部 2—11 字。楷書。原卷無題，《國圖》擬題 "菩薩戒本疏卷上"，條記目錄稱此卷爲 7—8 世紀唐寫本。

（3）斯 10837 號，見 IDP。卷軸裝殘片。如圖 17 左上部所示，前後皆殘，存 14 行（首行存 4 左側字殘形；第 7—8 行下端殘損，末 6 行中下殘，末行僅存上部 2 字右側殘畫），行約 17 字。楷書。有烏絲欄。原卷無題，IDP 未定名。

（4）斯 10846 號，見 IDP。殘片。如圖 17 左下部所示，前後皆殘，存 5 殘行，行存下部 5—7 字。楷書。有烏絲欄。原卷無題，IDP 未定名。

（5）斯 11629 號，見 IDP。殘片。如圖 17 左下部所示，前後皆殘，存 4 殘行（末行僅存下端 2 字殘形），行存下部 2—4 字，楷書。有烏絲欄。原卷無題，IDP 未定名。

按：據殘存文字推斷，後四號亦爲《梵網經》卷下殘卷，北敦 11213 號《國圖》擬題 "菩薩戒本疏卷上"，誤。又上揭五號內容前後相承，可以綴合。綴合後如圖 17 所示，接縫處邊緣大體吻合（部分綴後仍有缺損），烏絲欄亦可對接，原本撕裂在北敦 4351 號和北敦 11213 號的 "他亦" 二字，撕裂在北敦 11213 號和斯 10837 號的 "人" "向" 二字，撕裂在斯 10837 號和斯 10846 號的 "乃" "者" 二字，撕裂在斯 10846 號和斯 11629 號的 "瞋" "事" 二字，皆得復合爲一。又五號行款格式相同（皆有烏絲欄，滿行皆約 17 字，行距、字距、字體大小相近），可資參證。綴合後所存內容參見《大正藏》T24/1004B19—1005A10。

18. 俄敦 1651 號＋文研院 74 號＋俄敦 1469B 號

（1）俄敦 1651 號，見《俄藏》8/277A。殘片。如圖 18 上部所示，存 20 殘行（第 3 行空白無字），行存中上部 0—14 字。楷書。有烏絲欄。行間有校加字。原卷無題，《孟錄》及《俄藏》等定作《梵網經》卷下。《孟錄》稱此卷爲 8—10 世紀寫卷。

（2）文研院 74 號，見《文研院》1/127。殘片。如圖 18 中下部所示，前後皆殘，存 4 殘行（首行存 2 字左側殘畫，末行存 1 字右側殘畫），行存中下

部 1—3 字。楷書。有烏絲欄。原卷無題，《文研院》擬題“梵網經”，《文研院》
敘録稱此卷爲 7—8 世紀唐寫本。

（3）俄敦 1469B 號，見《俄藏》8/196B。殘片。如圖 18 左下部所示，
存 8 殘行，行存中下部 4—8 字。楷書。有烏絲欄。第 5 行有校加字。原卷無題，
《孟録》認爲“經文内容講的是諸惡業”，《俄藏》擬題“佛經”，《曾良》及《俄
録》定作《梵網經》卷下。

按：上揭三號皆爲《梵網經》卷下殘卷，且三號内容前後相承，可以綴
合。綴合後如圖 18 所示，諸相鄰二號接縫處邊基本緣吻合，縱向烏絲欄亦可
對接，原本分屬俄敦 1651 號與俄敦 1469B 號的“菩”“緣”“化”“説”“教”
五字皆得復合爲一，原本分屬俄敦 1651 號與文研院 74 號的“慧”“酒”二字
亦可復合爲一。又三號行款格式相同（皆有烏絲欄，滿行皆約 17 字，行距、
字距、字體大小相近），書風相似（字體端正、書寫秀麗、字距疏朗），字迹
似同（比較三號共有的“而”字），可資參證。綴合後所存内容參見《大正藏》
T24/1004B29—1004C20。

圖 18　俄敦 1651 號 + 文研院 74 號 + 俄敦 1469B 號綴合圖

19. 北敦 6527 號 + 北敦 6362-1 號

（1）北敦 6527 號（北 6717；淡 27），見《國圖》89/48A—49B。卷軸裝，4 紙。後部如圖 19 右部所示，前後皆殘，存 78 行（前紙 11 行，前 5 行下殘，首行僅存上部 2 字左側殘畫；中二紙每紙 28 行；後紙 11 行，末行僅存頂端 3 字右側殘畫），行約 17 字。楷書。行間有校加字。原卷無題，《劫餘録》及《索引》《寶藏》等定作《梵網經》，《國圖》定作《梵網經》卷下。《國圖》條記目録稱原卷紙高 24.3 釐米，爲 9—10 世紀歸義軍時期寫本。

（2）北敦 6362-1 號（北 6732；鹹 62），見《國圖》85/214A—221B。卷軸裝，12 紙。前部如圖 19 左部所示，前殘尾全，存 317 行（前紙 19 行，後紙 18 行，其餘各紙每紙 28 行；首行僅存下端 2 字左側殘畫，次行上端 "諸根不" 3 字右側稍有殘損），行約 17 字。楷書。尾題 "梵網經盧舍那佛説菩薩十重四十八輕戒"（尾題前有朱筆題名 "氾"，大約爲抄手題名；尾題後另有 "菩薩安居及解夏自恣法" 5 行）。《國圖》條記目録稱紙高 24.6 釐米，爲 9—10 世紀歸義軍時期寫本。

北敦 6362-1 號（前部）　　　　北敦 6527 號（後部）

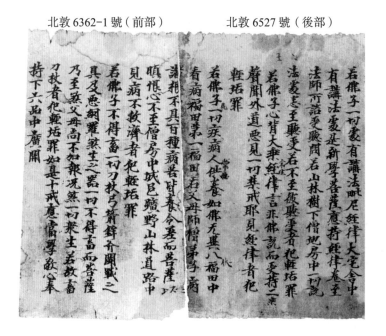

圖 19　北敦 6527 號（後部）+ 北敦 6362-1 號（前部）綴合圖

按：上揭二號皆爲《梵網經》卷下殘卷，且二號內容前後相承，可以綴合。綴合後如圖 19 所示，接縫處邊緣吻合，原本分屬二號的"諸根不具"四字皆得成完璧。北敦 6527 號後紙 11 行，北敦 6362 號前紙 19 行，二號拼合，減去重合的 2 行，正與全卷每紙滿行 28 行的規格相合。又二號行款格式相同（紙高接近，行間皆有校加字，滿行皆約 17 字，行距、字距、字體大小相近），書風相似（字體方正、筆墨濃厚），字迹似同（比較二號共有的"垢""犯""佛""罪""戒""是"等字），可資參證。二號綴合後，所存內容參見《大正藏》T24/1004C13—1009C8。

20. 北敦 1028 號 + 北敦 1025 號

（1）北敦 1028 號（北 6721；辰 28），見 IDP，另見《國圖》15/158A—159A。卷軸裝，4 紙。後部如圖 20 右部所示，前後皆殘，存 54 行（首 15 行下端有殘損，末行僅存下部五六字右側殘畫），行約 17 字。楷書。後三紙有烏絲欄。行間有校加字。原卷無題，《劫餘錄》及《索引》《寶藏》等定作《梵網經》，《國圖》定作《梵網經》卷下。《國圖》條記目錄稱原卷紙高 24.5 釐米，爲 8 世紀唐寫本，第 1 紙爲歸義軍時期補接。

（2）北敦 1025 號（北 6733；辰 25），見 IDP，另見《國圖》15/147A—153B。卷軸裝，12 紙。前部如圖 20 左部所示，前後皆殘，存 315 行，行約 17 字。楷書。有烏絲欄。行間有刪字符和校加字。原卷無題，《劫餘錄》及《索引》《寶藏》等定作《梵網經》，《國圖》定作《梵網經》卷下。《國圖》條記目錄稱原卷紙高 24 釐米，爲 8 世紀唐寫本。

按：上揭二號皆爲《梵網經》卷下殘卷，且二號內容於"不得畜一切刀杖弓箭鉾斧鬪戰／之具"句前後相承，可以綴合。綴合後如圖 20 所示，接縫處邊緣吻合，原本分屬二號的"器一""得畜""菩薩"六字皆得成完璧，橫向烏絲欄亦可對接。又二號行款格式相同（紙高接近，皆有烏絲欄，滿行皆約 17 字，行間有校勘痕迹，行距、字距、字體大小相近），書風相似（字體方正、筆墨濃重），字迹似同（比較二號共有的"若""佛""犯""罪""戒""是"等字），可資參證。二號綴合後，所存內容參見《大正藏》T24/1005A16—1009C8。

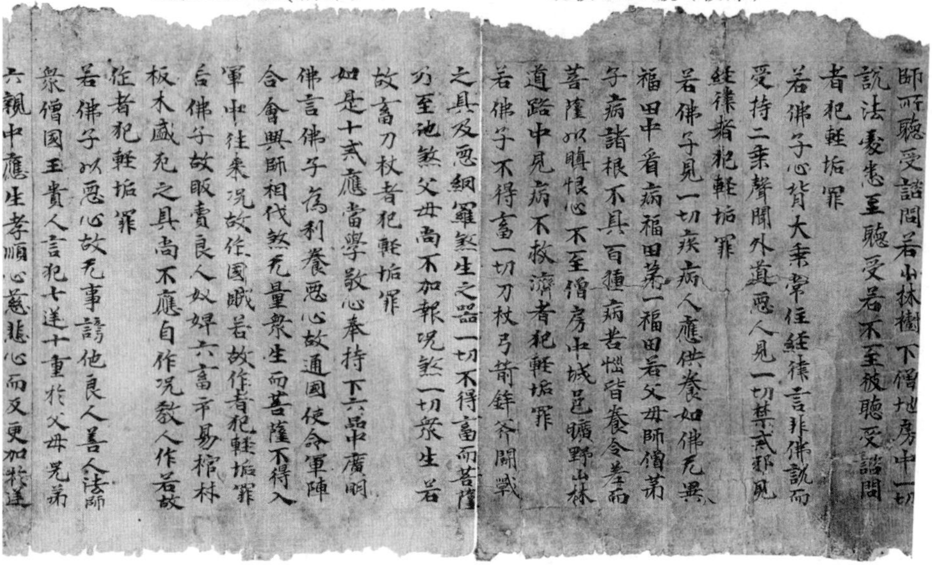

北敦 1025 號（前部）　　　　北敦 1028 號（後部）

圖20　北敦 1028 號（後部）＋北敦 1025 號（前部）綴合圖

21. 北敦 3153 號＋北敦 2852-1 號

（1）北敦 3153 號（北 6727；騰 53），見 IDP，另見《國圖》43/149B—153A。卷軸裝，6 紙。後部如圖 21 右部所示，前殘後缺，存 163 行（首 7 行下殘，首行僅存上端 3 字），行約 17 字。楷書。有烏絲欄。原卷無題，《劫餘録》及《索引》《寶藏》等定作《梵網經》，《國圖》定作《梵網經》卷下。《國圖》條記目録稱原卷紙高 26.5 釐米，爲 9—10 世紀歸義軍時期寫本。

（2）北敦 2852 號（北 6749；調 52），見 IDP，另見《國圖》38/322A—325B。卷軸裝，7 紙。前部如圖 21 左部所示，首缺尾全，存 188 行，行約 17 字。尾題“梵網經盧舍那佛説菩薩十重四十八輕戒”。後接抄《菩薩安居及解夏自恣法》，空一行後又題“梵網經菩薩戒經”。楷書。有烏絲欄。《國圖》條記目録稱原卷紙高 26.2 釐米，爲 8—9 世紀吐蕃統治時期寫本。

按：上揭二號皆爲《梵網經》卷下殘卷。前號末段“如是十戒，應當學，敬心奉持。《制戒品》中廣解”與後號首行“佛言：佛子，佛滅度後”諸句前後相接，中無缺字，存有綴合的可能性。二號接縫處皆爲失黏所致脱落，邊緣整齊，橫向烏絲欄可以對接。比較二號共有的“若”“説”“罪”“應”“垢”“心”等字，字迹似同。且二號行款格式相同（紙高接近，皆有烏絲欄，滿行皆約17字，行距、字距、字體大小相近），書風相似（横細竪粗、筆意相連）。由此推斷，此二號確可綴合。綴合後如圖21所示，所存内容参見《大正藏》T24/1005A29—1009C8。

北敦 2852-1 號（前部）　　北敦 3153 號（後部）

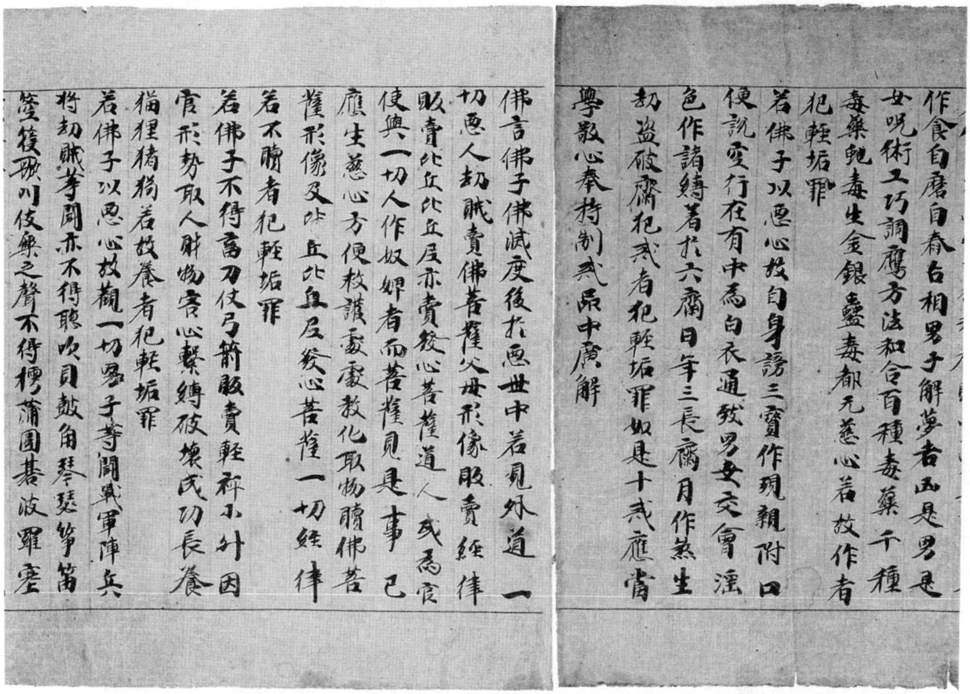
作食自磨自舂占相男子解夢吉凶是男是
女呪術工巧調鷹方法和合百種毒藥千種
毒藥蛇毒生金銀蠱毒都无慈心若故作者
犯輕垢罪
若佛子以惡心故自身謗三寶作現親附口
便說空行在有中爲白衣通致男女交會婬
色作諸縛著於六齋日年三長齋月作煞生
劫盜破齋犯戒者犯輕垢罪如是十戒應當
學敬心奉持制戒品中廣解
佛言佛子佛滅度後於惡世中若見外道一
切惡人劫賊賣佛菩薩父母形像販賣經律
販賣比丘比丘尼亦賣發心菩薩道人或爲官
使與一切人作奴婢者而菩薩見是事已
應生慈心方便救護處處教化取物贖佛菩
薩形像及比丘比丘尼發心菩薩一切經律
若不贖者犯輕垢罪
若佛子不得畜刀杖弓箭販賣輕秤小斗因
官形勢取人財物害心繫縛破壞成功長養
猫狸猪狗若故養者犯輕垢罪
若佛子以惡心故觀一切男女等闘軍陣兵
將劫賊等闘亦不得聽吹貝鼓角琴瑟箏笛
箜篌歌叫伎樂之聲不得樗蒲圍碁波羅塞

圖 21　北敦 3153 號（後部）+ 北敦 2852-1 號（前部）綴合圖

表 4　北敦 3153 號、北敦 2852-1 號字迹比較表

例字 / 卷號	輕	菩	薩	子	戒	犯
北敦 3153 號	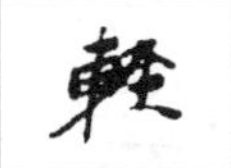	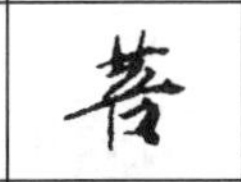	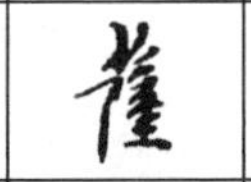	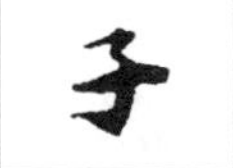	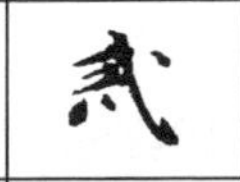	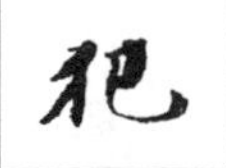
北敦 2852-1 號	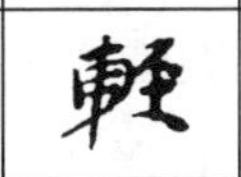	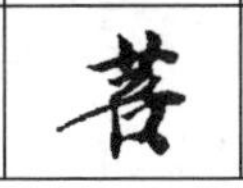	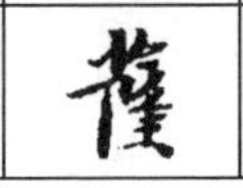	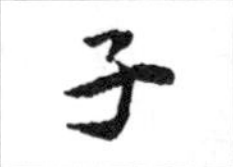	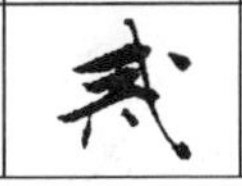	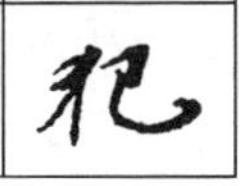

22.“俄敦 1789 號＋俄敦 2864 號”＋俄敦 12644 號＋俄敦 12574 號

（1）“俄敦 1789 號＋俄敦 2864 號”，此二號《俄藏》已將圖版綴合爲一，見《俄藏》8/346B。卷軸裝殘片。如圖 22 右部所示，前後皆殘，存 17 行（通卷下殘，首行存 6 字左側殘畫，第 8—13 行上殘，末 4 行上端殘損），據推算滿行約 17 字。楷書。有烏絲欄。原卷無題，俄敦 1789 號《孟録》定作《梵網經》卷下，《俄藏》及《俄録》將兩號一併定作《梵網經》卷下。《孟録》稱俄敦 1789 號爲 8—10 世紀寫本。

（2）俄敦 12644 號，見《俄藏》16/153A。殘片。如圖 22 中部所示，前後皆殘，存 4 殘行（首行存 5 字左側殘畫，末行存 4 字右側殘畫），行存上部 4—11 字。楷書。有烏絲欄。原卷無題，《俄藏》未定名。

（3）俄敦 12574 號，見《俄藏》16/144B。殘片。如圖 22 左部所示，存 6 殘行（首行僅存中上部 7 字左側殘畫），行存上部 7—14 字。楷書。原卷無題，《俄藏》未定名。

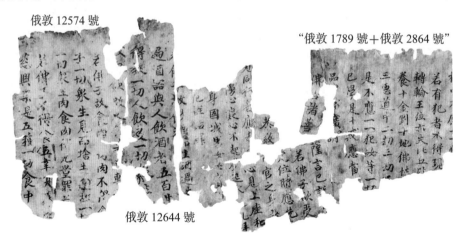

圖 22　“俄敦 1789 號＋俄敦 2864 號”＋俄敦 12644 號＋
俄敦 12574 號綴合圖

按：據殘存文字推斷，後二號亦爲《梵網經》卷下殘卷（《俄録》定名同），且上揭五號内容前後相承，可以綴合。綴合後如圖 22 所示，諸相鄰二號接縫處邊緣吻合，綴合後俄敦 1789 號＋俄敦 2864 號與俄敦 12644 號接縫處原本分屬二號的“故飲酒”三字大致得以復合如一；俄敦 12644 號與俄敦 12574

號橫向接縫處於"▨▨（故自）/飲"句前後相接，中無缺字，縱向接縫處原本分屬二號的"人"字得成完璧。又五號行款格式相同（皆有烏絲欄，滿行皆約17字，行距、字距、字體大小相近），字迹書風似同（比較五號共有的"一"字），可資參證。綴合後所存内容參見《大正藏》T24/1005A17—1005B15。

23. 俄敦5761號＋俄敦5804號

（1）俄敦5761號，見《俄藏》12/240A。殘片。如圖23右部所示，存6殘行（首行僅存3字左側殘畫，末行僅存4字右側殘畫），行存中部3—11字。楷書。原卷無題，《俄藏》未定名。

（2）俄敦5804號，見《俄藏》12/248A。殘片。如圖23左部所示，存6殘行，行存中部1—10字。楷書。原卷無題，《俄藏》未定名。

按：據殘存文字推斷，上揭二號皆爲《梵網經》卷下殘卷（後號《俄録》定名同，前號《俄録》擬題爲"佛説梵網經直解卷下之一"，誤），且二號内容前後相承，可以綴合。綴合後如圖23所示，接縫處原本分屬二號的"▨（故）食""犯"三字皆可大致復合爲一，但因破損嚴重，接縫處無法完全拼合。又二號行款格式相同（行距、字距、字體大小相近），書風相似（字形方正、結構規整、筆墨濃匀），字

俄敦5804號

俄敦5761號

圖23　俄敦5761號＋俄敦5804號綴合圖

迹似同（比較二號共有的"衆""一""切""食""不"等字），可資參證。二號綴合後，所存内容參見《大正藏》T24/1005B6—1005B15。

24. 斯566B號＋斯566A1號

（1）斯566B號（翟4082），見《英圖》9/202A—202B，另見《寶藏》4/499B—500A。卷軸裝，2紙。後部如圖24右部所示，前殘後缺，存40行（首

4行中下殘，首行僅存上部5字左側殘畫，第5—11行下端殘損），行約17字。楷書。有烏絲欄。行間有校加字。《英圖》條記目録稱此卷爲8世紀唐寫本。

（2）斯566A1號（翟4082），見《英圖》9/195B—201B，另見《寶藏》4/493A—499A。卷軸裝，11紙。前部如圖24左部所示，前缺尾全，存267行，行約17字。尾題"梵網經盧舍那佛説菩薩十重四十八輕戒"。楷書。有烏絲欄。行間有校加字。《英圖》條記目録稱此卷爲8世紀唐寫本。

斯566A1號（前部）　　　　　斯566B號（後部）

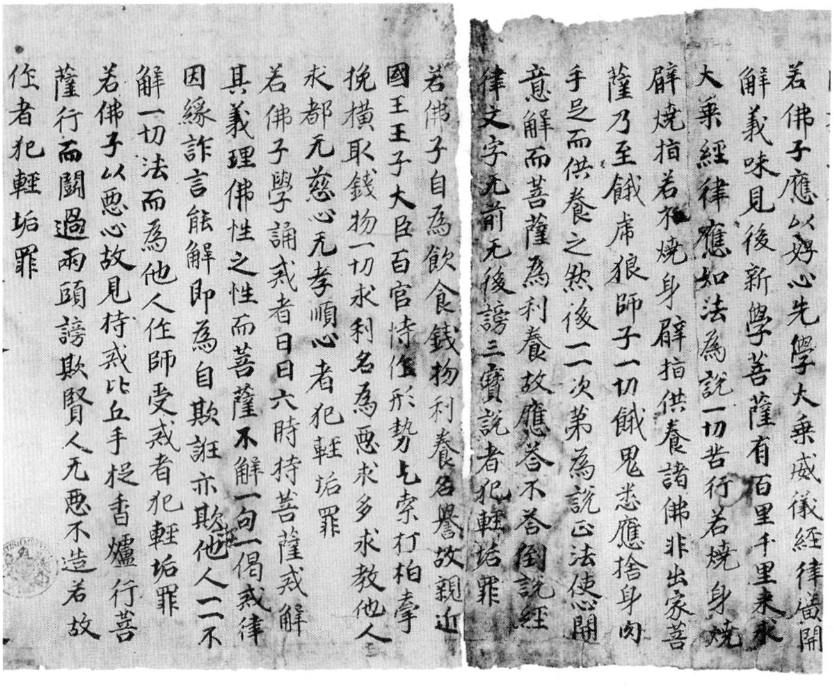

圖24　斯566B號（後部）＋斯566A1號（前部）綴合圖

按：斯566B號館藏及《寶藏》列在斯566A號之後，《索引》一併泛題"佛經"，《翟録》及《寶藏》《索引新編》《英圖》定作《梵網經》卷下。《英圖》條記目録已指出二號可綴合爲"斯566B號＋斯566A1號"，現作綴合如圖24所示。二號內容於"犯輕垢罪／若佛子，自爲飲食錢物利養名譽故"諸句前後相接，中無缺字，存有綴合的可能性。二號接縫處皆爲失黏所致脱落，邊緣整齊，橫向烏絲欄可以對接。比較二號共有的"若""爲""佛""子""衆""切"等字，字迹似同。又二號抄寫行款格式相同（天頭地脚等高，皆有烏絲欄，滿行皆約 17 字，行間皆有校加字，行距、字距、字體大小相近），書風相似（筆畫纖細、筆勢右上斜傾、字間距疏朗）。由此推斷，此二號確可綴合。二號綴合後所存内容參見《大正藏》T24/1005C6—1009C8。

25. 俄敦 5609 號 + 俄敦 550 號

（1）俄敦 5609 號，見《俄藏》12/196A。卷軸裝殘片。如圖 25 右部所示，存 9 殘行（中下部多殘損），行約 17 字。楷書。原卷無題，《俄藏》未定名。

（2）俄敦 550 號，《俄藏》6/358B。卷軸裝殘片。如圖 25 左部所示，存 17 行（首行僅存中部 5 字殘畫，首 4 行上殘，首 2 行下殘，末行諸字左側略有殘損），行約 17 字。楷書。原卷無題，《孟録》及《俄藏》定作《梵網經》卷下。

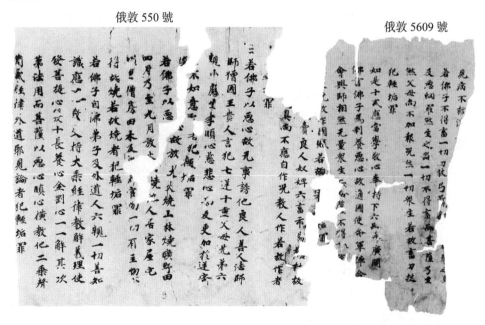

俄敦 550 號　　　　　　　　　　　　俄敦 5609 號

圖 25　俄敦 5609 號 + 俄敦 550 號綴合圖

按：據殘存文字推斷，上揭二號皆爲《梵網經》卷下殘卷（《俄録》定名同），且二號内容前後相承，可以綴合。綴合後如圖 25 所示，接縫處邊緣吻合，原本分屬二號的“作國賊”三字皆得復合爲一。又二號行款格式相同（滿行皆約17字，行距、字距、字體大小相近），書風相似（筆畫纖細，常有曲筆），字迹似同（比較二號共有的"佛""子""若""是""故""切"等字）。可資參證。二號綴合後，所存内容參見《大正藏》T24/1005C12—1006A15。

26. 俄敦9410號＋俄敦8461號

（1）俄敦9410號，見《俄藏》14/159B。殘片。如圖26上部所示，存7殘行，行存上部2—5字。楷書。有烏絲欄。原卷無題，《俄藏》未定名。

（2）俄敦8461號，見《俄藏》14/54B。殘片。如圖26下部所示，存6殘行，行存中部4—5字。楷書。有烏絲欄。原卷無題，《俄藏》未定名。

按：據殘存文字推斷，上揭二號皆爲《梵網經》卷下殘卷（《俄録》定名同），且二號内容前後相承，可以綴合。綴合後如圖26所示，接縫處邊緣吻合，縱向烏絲欄亦可對接。綴後第2—7行接縫處内容前後相接，依次爲"亦/▨▨▨▨（煞我故身）""是/我本體""□□（若見）/世人/煞畜生時""講説/菩薩戒""應/請法師""生人/天上"，中無缺字。又二號行款格式相同（皆有烏絲欄，行距、字距、字體大小相近），書風相似（筆畫舒展，筆墨濃厚），字迹似同（比較二號共

俄敦9410號

俄敦8461號

圖26　俄敦9410號＋俄敦8461號綴合圖

有的"應""我""講""生"等字），可資參證。二號綴合後，所存内容參見《大正藏》T24/1006B11—1006B18。

27. 北敦11031號＋北敦9162號

（1）北敦11031號（北臨1160），見《國圖》108/295A。卷軸裝殘片。

如圖27右部所示，存9行（首3行上殘，第6行中部有2個小破洞，末行左殘），行約17字。楷書。有烏絲欄。行間有校加字。原卷無題，《國圖》定作《梵網經》卷下。《國圖》條記目録稱原卷用經黃紙，爲7—8世紀唐寫本。

（2）北敦9162號（陶83），見《國圖》105/106B。卷軸裝。前部如圖27左部所示，前後皆殘，存20行（首行存諸字左部殘畫，第4、7、13行中上部各有2個小破洞，第10行、倒數第3行中上部各有1個小破洞），行約17字。楷書。有烏絲欄。行間有校加字。原卷無題，《國圖》定作《梵網經》卷下。《國圖》條記目録稱原卷用經黃紙，爲7—8世紀唐寫本。

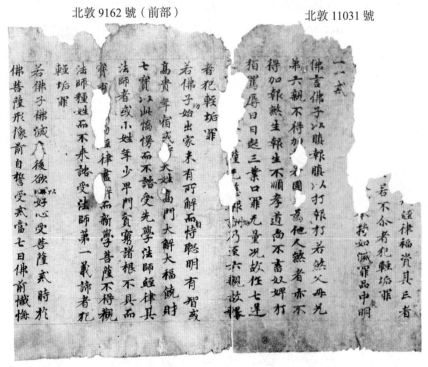

北敦9162號（前部）　　　　北敦11031號

圖27　北敦11031號＋北敦9162號（前部）綴合圖

按：上揭二號皆爲《梵網經》卷下殘卷，且二號内容前後相承，可以綴合。綴合後如圖27所示，接縫處邊緣大體吻合（部分綴後仍有缺損），原本分屬二號的“▨▨（之罪）”“薩▨（无）”“▨（報）讎乃至六親故報”12字皆得復合爲一，横向烏絲欄亦可對接。又二號原卷皆用經黃紙，行款格式相同（皆有烏絲欄，滿行皆約 17 字，行間有校加字及等距離殘洞，行距、字距、字體大小相近），書風相似（字體端正、字間距疏朗），字迹似同（比較二號共有的“犯”“輕”“垢”“罪”“佛”“不”“子”“以”“者”等字），可資參證。二號綴合後，所存文字參見《大正藏》T24/1006B17—1006C17。

28.北敦 14624 號＋北敦 1406 號

（1）北敦 14624 號（北新 824），見 IDP，另見《國圖》131/5B—10A。卷軸裝，8 紙。後部如圖 28 右部所示，前殘後缺，存 190 行（首 9 行中下殘），行約 17 字。楷書。有烏絲欄。行間有校加字。原卷無題，《國圖》定作《梵網經》卷下。《國圖》條記目錄記原卷用經黃紙，爲 7—8 世紀唐寫本。

（2）北敦 1406 號（北 6770；寒 6），見 IDP，另見《國圖》21/19A—20A。卷軸裝，2 紙。前部如圖 28 左部所示，前缺尾全，存 47 行，行約 17 字。楷書。有烏絲欄。行間有校加字。原卷無題，《劫餘錄》及《索引》《寶藏》等定作《梵網經》，《國圖》定作《梵網經》卷下。《國圖》條記目錄記原卷用經黃紙，爲 7—8 世紀唐寫本。

北敦 1406 號（前部）　　　　　　　北敦 14624 號（後部）

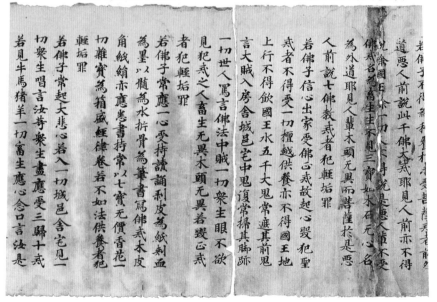

圖 28　北敦 14624 號（後部）＋北敦 1406 號（前部）綴合圖

　　按：上揭二號皆爲《梵網經》卷下殘卷，且二號内容於"鬼復常掃其脚迹 / 一切世人罵言，佛法中賊"諸句前後相接，中無缺字，存有綴合的可能性。二號接縫處邊緣吻合。比較二號共有的"犯""輕""垢""罪""若""佛""子""戒""木""頭""一""切""毀"等字，字迹似同。且二號原卷皆用經黄紙，行款格式相同（天頭地脚等高，皆有烏絲欄，滿行皆約 17 字，行間有校加字，行距、字距、字體大小相近），書風相似（字體方正、筆墨勻厚、筆畫舒展）。由此推斷，二號確可綴合。綴合後如圖 28 所示，所存内容參見《大正藏》T24/1006B23—1009C8。

　　29. 北敦 11446 號 + 北敦 11799 號 + 北敦 8081 號

　　（1）北敦 11446 號（北臨 1575），見《國圖》109/208B。卷軸裝殘片。如圖 29 右部所示，前後皆殘，存 8 殘行，行存上部 6—11 字。楷書。有烏絲欄。原卷無題，《國圖》定作《梵網經》卷下。《國圖》條記目録稱此卷爲 7—8 世紀唐寫本。

　　（2）北敦 11799 號（北臨 1928），見《國圖》110/80B。卷軸裝殘片。如圖 29 中部所示，存 12 行（首 3 行上殘，首行僅存下部 6 字左側殘形，第 3 行空白無字，第 4 行上部 7 字右側有殘損，末行左殘），行約 17 字。楷書。有烏絲欄。原卷無題，《國圖》定作《梵網經》卷下。《國圖》條記目録稱此卷爲 7—8 世紀唐寫本。

　　（3）北敦 8081 號（北 6748；字 81），見《國圖》100/248A—249A。卷軸裝，2 紙。前部如圖 29 左部所示，前後皆殘，存 67 行（首 5 行下殘，首行僅存上端 10 字左側殘形），行約 17 字。楷書。有烏絲欄。原卷無題，《劫餘録》及《索引》《寶藏》等定作《梵網經》，《國圖》定作《梵網經》卷下。《國圖》條記目録稱此卷爲 9—10 世紀歸義軍時期寫本。

　　按：上揭三號皆爲《梵網經》卷下殘卷，且其内容前後相接，可以綴合。綴合後如圖 29 所示，接縫處邊緣吻合，横縱烏絲欄亦可對接。北敦 11446 號與北敦 11799 號綴合後内容於第 6 行"諸佛聖人一一 / 師僧父母病人物"句前後相接，中無缺字；第 8 行接縫處原本分屬二號的"若佛子有出家菩"七字得成完璧。北敦 11799 號與北敦 8081 號綴合後接縫處原本分屬二號的"女呪術工巧調鷹方法和"十字亦皆得復合爲一。又三號行款格式相同（天頭地脚等高，皆有烏絲欄，滿行皆約 17 字，行距、字距、字體大小相近），字迹書風似同（比較三號共有的"犯""輕""垢""罪""若"等字），可資參證。綴合後所存內容參見《大正藏》T24/1007A9—1008A21。

北敦 8081 號（前部）　　　　北敦 11799 號　　　　北敦 11446 號

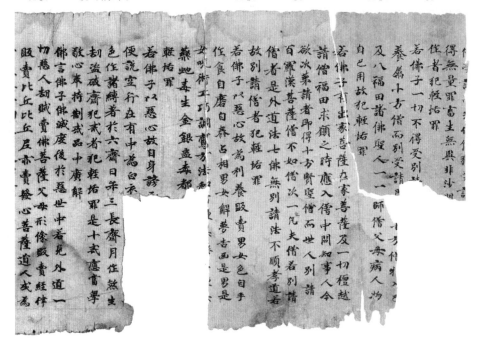

圖 29　北敦 11446 號＋北敦 11799 號＋北敦 8081 號（前部）綴合圖

　　三號既原屬同卷，而《國圖》條記目録稱北敦 11446 號、北敦 11799 號爲 7—8 世紀唐寫本，北敦 8081 號爲 9—10 世紀歸義軍時期寫本，斷代不一，宜再斟酌。

　　30. 俄敦 2611 號＋俄敦 2644 號＋北敦 883 號＋俄敦 2483 號＋俄敦 5172 號

　　（1）俄敦 2611 號＋俄敦 2644 號，此二號《孟録》已綴合爲一。見《俄藏》9/293B。卷軸裝，存 2 紙。如圖 30-2 右上部所示，前後皆殘，存 16 行（通卷下殘，末行存中上部 8 字右側殘形），行存中上部 2—11 字。楷書。有烏絲欄。原卷無題，《孟録》及《俄藏》《俄録》定作《梵網經》卷下。《孟録》稱此卷爲 8—

10 世紀寫卷。

（2）北敦 883 號（北 6754；盈 83），見 IDP，另見《國圖》13/13B—17A。卷軸裝，7 紙。前部如圖 30-2 左下部所示，後部如圖 30-3 右部所示，前殘後缺，存 166 行（首 14 行上中殘，僅存下部 3—10 字），行約 17 字。楷書。有烏絲欄。行間有校加字和朱筆斷句。原卷無題，《劫餘録》及《索引》《寶藏》等定作《梵網經》，《國圖》定作《梵網經》卷下。《國圖》條記目録稱此卷爲 7—8 世紀唐寫本。

（3）俄敦 2483 號，見《俄藏》9/221B。殘片。如圖 30-3 左上部所示，存 15 殘行（末行僅存尾題字 “梵網經” 右側殘畫），行存上部 2—8 字。楷書。有烏絲欄。行間有朱筆標記。原卷無題，《孟録》及《俄藏》《俄録》定作《梵網經》卷下。《孟録》稱此卷爲 8—10 世紀寫卷。

（4）俄敦 5172 號，見《俄藏》12/49B。卷軸裝殘片。如圖 30-1 所示，前後皆殘，存 13 殘行（第 9 行空白無字），行存下部 0—10 字。楷書。有烏絲欄。原卷無題，《俄藏》未定名。

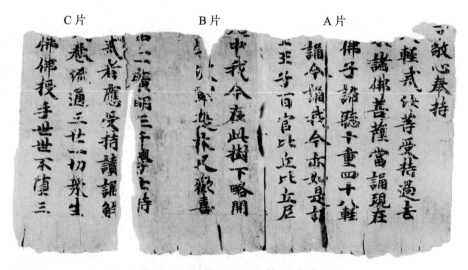

圖 30-1　俄敦 5172 號《俄藏》圖版

按：上揭五號皆爲《梵網經》卷下殘卷（後號《俄録》定名同），且五號內容前後相承，可以綴合。綴合後如圖 30-2、圖 30-3 所示，諸相鄰二號接縫

俄敦 2611 號＋俄敦 2644 號

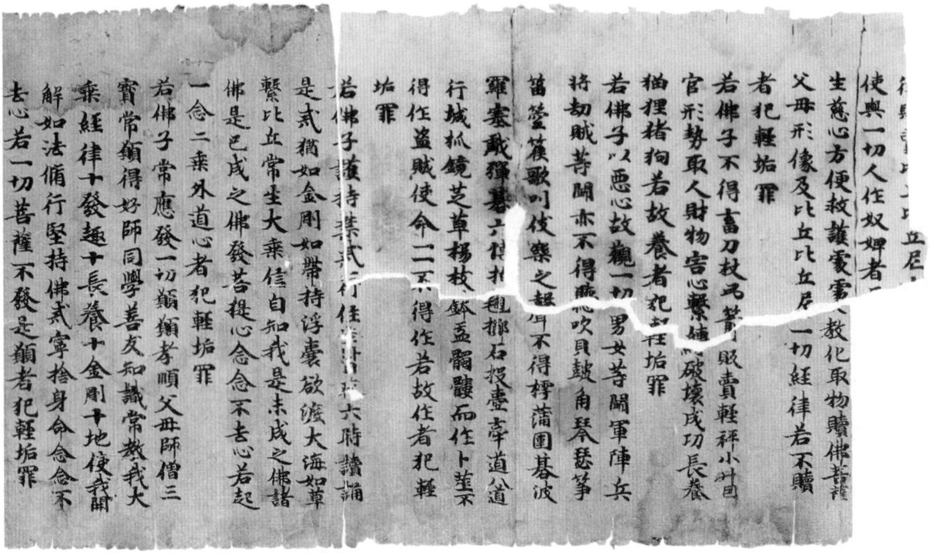

北敦 883 號（前部）

圖 30-2　俄敦 2611 號＋俄敦 2644 號＋北敦 883 號（前部）綴合圖

俄敦 2483 號

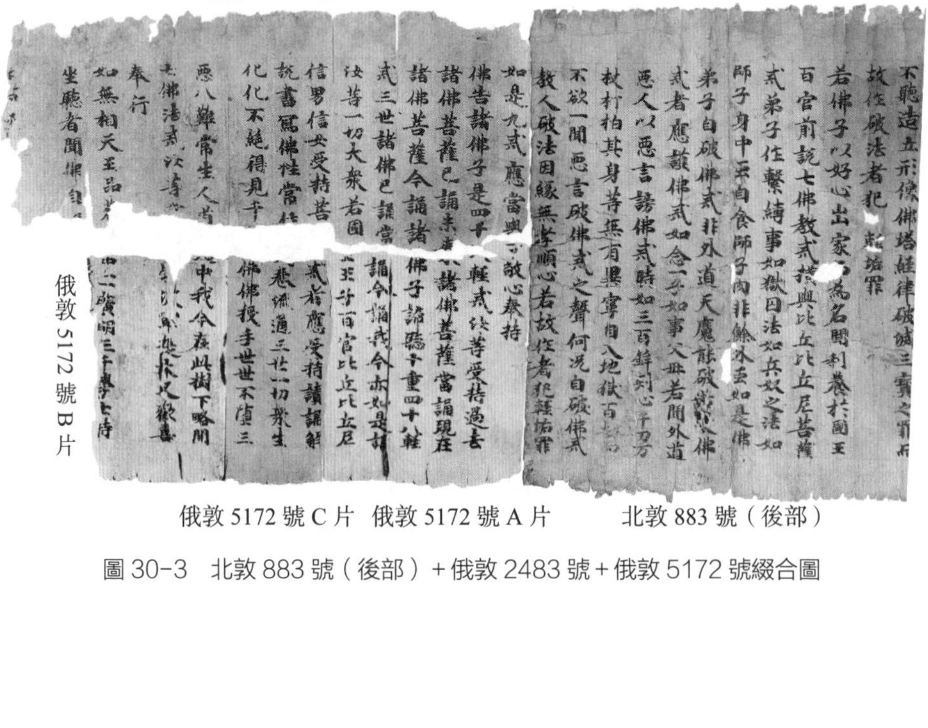

俄敦 5172 號 B 片

俄敦 5172 號 C 片　俄敦 5172 號 A 片　　　北敦 883 號（後部）

圖 30-3　北敦 883 號（後部）＋俄敦 2483 號＋俄敦 5172 號綴合圖

處邊緣基本吻合，橫縱烏絲欄亦可對接。俄敦 2611 號＋俄敦 2644 號與北敦 883 號銜接處分屬三號的 "箭" "縛" "輕" "聽" "聲" "不" "若佛子護持禁戒行" 14 字皆得復合如一。俄敦 2483 號與北敦 883 號於 "犯輕垢罪 / 如是九戒" 句前後相接，中無缺字，存有綴合的可能性。俄敦 5172 號圖版《俄藏》拼接有誤，重新拼接後如圖 30-3 左下部所示。重新拼接後俄敦 5172 號與俄敦 2483 號上下相接，接縫處原本分屬二號的 "學" "來" 二字得復合爲一。又五號行款格式相同（天頭地脚等高，皆有烏絲欄，滿行皆約 17 字，行距、字距、字體大小相近），字迹書風似同（比較五號共有的 "一" "切" "子" "佛" "不" 等字），可資參證。綴合後所存內容參見《大正藏》T24/1007B6—1010A22。

31. 北敦 5872 號＋羽 87-1 號

（1）北敦 5872 號（北 6751；菜 72），見 IDP，另見《國圖》79/119A—122B。卷軸裝，7 紙。後部如圖 31 右部所示，前殘後缺，存 147 行，行約 17 字。楷書。行間有校加字。卷面上部有規則污漬。原卷無題，《劫餘録》及《索引》《寶藏》等定作《梵網經》，《國圖》定作《梵網經》卷下。《國圖》條記目録稱此卷爲 7—8 世紀唐寫本。

（2）羽 87-1 號，見《秘笈》1/508。卷軸裝。前部如圖 31 左部所示，首殘尾全，存 23 行，行約 17 字。尾題 "梵网經盧舍那佛説菩薩十重四十八輕戒"。楷書。行間有校加字。卷面上部有規則污漬。

按：據殘存文字推斷，上揭二號皆爲《梵網經》卷下殘卷，且二號內容於 "犯輕垢罪 / 若佛子，以好心出家" 諸句前後相接，中無缺字，存有綴合的可能性。二號卷面上部皆有污漬，這些污漬形狀雷同，循環出現，大小、間隔漸次縮小，接縫處污漬邊緣銜接自然。比較二號共有的 "犯" "輕" "垢" "罪" "若" "佛" "子" "父" "母" "戒" "以" "心" 等字，字迹似同。且二號行款格式相同（天頭地脚等高，滿行皆約 17 字，行間有校加字，行距、字距、字體大小相近），書風相似（字體方正、筆墨濃重）。由此推斷，此二號確可綴合。綴合後如圖 31 所示，所存內容參見《大正藏》T24/1007B11—1009C8。

羽 87-1 號（前部）　　　　　　　北敦 5872 號（後部）

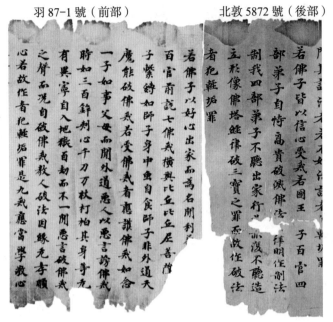

圖 31　北敦 5872 號（後部）＋羽 87-1 號（前部）綴合圖

32. 北敦 4183 號 + 北敦 4168 號

（1）北敦 4183 號（北 6763；水 83），見《國圖》56/360A—360B。卷軸裝，3 紙。後部如圖 32 右部所示，前後皆殘，存 39 行（首行僅存上端 5 字左側殘畫，次行下殘，末行中下部諸字左側殘損），行約 17 字。楷書。有烏絲欄。卷面上部有污漬。原卷無題，《劫餘錄》及《索引》《寶藏》等定作《梵網經》，《國圖》定作《梵網經》卷下。《國圖》條記目錄稱此卷爲 9—10 世紀歸義軍時期寫本。

（2）北敦 4168 號（北 6767；水 68），見《國圖》56/306A—307B。卷軸裝，3 紙。前部如圖 32 左部所示，前後皆殘，存 67 行（首行僅存中下部諸字左側殘形，尾有餘空），行約 17 字。楷書。有烏絲欄。卷面上部有污漬。原卷無題，《劫餘錄》及《索引》《寶藏》等定作《梵網經》，《國圖》定作《梵網經》卷下。《國圖》條記目錄稱此卷爲 9—10 世紀歸義軍時期寫本。

按：上揭二號皆爲《梵網經》卷下殘卷，且其内容前後相接，可以綴合。綴合後如圖 32 所示，接縫處原本分屬二號的“誦十重四十八輕戒，若到禮三世千”14 字皆得成完璧，橫向烏絲欄亦可對接。二號卷面上部皆有污漬，接縫處污漬邊緣銜接自然。又二號行款格式相同（天頭地腳等高，皆有烏絲欄，滿行皆約17字，行距、字距、字體大小相近），書風相近（字形方正、筆墨濃重），字迹似同（比較二號共有的“犯”“輕”“垢”“罪”“若”“佛”“子”“戒”“菩”“薩”等字），可資參證。二號綴合後，所存內容參見《大正藏》T24/1008B5—1009C2。

北敦 4168 號（前部）　　　　　　　　北敦 4183 號（後部）

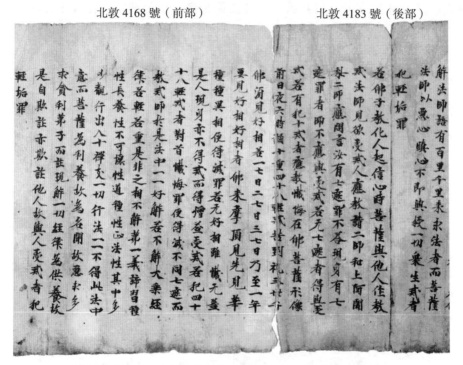

圖 32　北敦 4183 號（後部）＋北敦 4168 號（前部）綴合圖

33. 北敦 6722 號 + 北敦 6666 號

（1）北敦 6722 號（北 6766；潛 22），見《國圖》93/37B—38A。卷軸裝，2 紙。後部如圖 33 右部所示，前後皆殘，存 33 行（末行中上部 6 字左側殘損），行約 17 字。楷書。有烏絲欄。原卷無題，《劫餘錄》及《索引》《寶藏》等定作《梵網經》，《國圖》定作《梵網經》卷下。《國圖》條記目錄稱此卷爲 9—10 世紀歸義軍時期寫本。

（2）北敦 6666 號（北 6769；鱗 66），見《國圖》92/90A—91B。卷軸

裝，3紙。後部如圖33左部所示，首殘尾全，存54行（首行存諸字左側殘畫），行約17字。尾題"菩薩戒卷"。楷書。有烏絲欄。《劫餘錄》及《索引》《寶藏》等定作《梵網經》，《國圖》定作《梵網經》卷下。《國圖》條記目錄稱此卷爲9—10世紀歸義軍時期寫本。

按：上揭二號皆爲《梵網經》卷下殘卷，且二號內容於"而菩薩於是／惡人前說七佛教戒者，犯輕垢罪"句前後相接，中無缺字，存有綴合的可能性。比較二號共有的"犯""輕""垢""罪""若""佛""子""一""切""菩""薩""戒"等字，字迹似同。且二號行款格式相同（天頭地腳等高，皆有烏絲欄，滿行皆約17字，行距、字距、字體大小相近），書風相似（字體纖細、常有曲筆）。由此推斷，此二號確可綴合。綴合後如圖33所示，所存內容參見《大正藏》T24/1008B27—1009C8。

北敦6666號（前部）　　　　北敦6722號（後部）

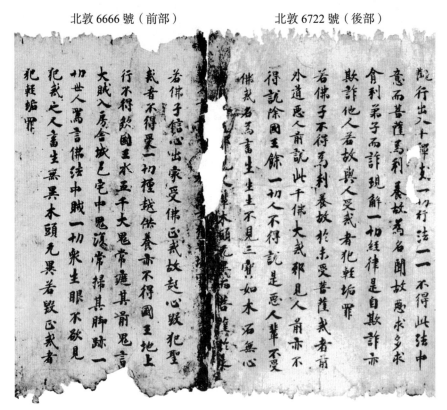

圖33　北敦6722號（後部）＋北敦6666號（前部）綴合圖

34. 俄敦 11989 號 + 俄敦 18934 號

（1）俄敦 11989 號，見《俄藏》16/15B。
殘片。如圖 34 上部所示，存 7 殘行（首行
僅存 1 字左側殘形，末行僅存 1 字右側殘畫），
行存上部 1—8 字。楷書。原卷無題，《俄藏》
未定名。

（2）俄敦 18934 號，見《俄藏》
17/231A。殘片。如圖 34 下部所示，存 3
殘行（末行僅存 2 字右側殘畫），行存下部 2—
9 字。楷書。原卷無題，《俄藏》未定名。

按：據殘存文字推斷，上揭二號皆爲《梵
網經》卷下殘卷（《俄録》定名同）。二號
內容前後相承，可以綴合。綴合後如圖 34
所示，接縫處邊緣大體吻合（部分綴後仍有
缺損），綴後第 2 行接縫處原本分屬二號的
“重”字復合爲一；第 3 行接縫處內容於“佛
已誦、當誦、今誦、我 / ▨▨（今亦）如是誦”
句前後相接，中無缺字。又二號行款格式相
同（行距、字距、字體大小相近），書風相
似（字體纖細、向右上傾斜），字迹似同（比
較二號共有的 “是”“誦”“十” 等字），可
資參證。二號綴合後，所存內容參見《大正藏》
T24/1009B27—1009C2。

俄敦 11989 號

俄敦 18934 號

圖 34　俄敦 11989 號 + 俄敦
18934 號綴合圖

35. 北敦 9160 號 + 北敦 9163 號 + 北敦 10149 號

（1）北敦 9160 號（陶 81），見《國圖》105/105A—105B。卷軸裝，2 紙。
其後部如圖 35 右上部所示，前後皆殘，存 31 行（通卷下殘，末行存 5 字右
側殘畫，倒數第 2—3 行有行間校加字）。楷書。有烏絲欄。原卷無題，《國圖》
定作《梵網經》卷下。《國圖》條記目録稱此卷爲 7—8 世紀唐寫本。

（2）北敦9163號（陶84），見《國圖》105/107A—107B。卷軸裝，2紙。其前部如圖35左部所示，前後皆殘，存38行（前6行中上部及下端殘損，第7—9行中上殘），行約17字。楷書。有烏絲欄。原卷無題，《國圖》定作《梵網經》卷下。《國圖》條記目録稱此卷爲7—8世紀唐寫本。

（3）北敦10149號（北臨278），見《國圖》107/151A。殘片。如圖35中下部所示，存4殘行（首行僅存1字左側殘畫），行存下部1—4字。楷書。有烏絲欄。原卷無題，《國圖》定作《梵網經》卷下。《國圖》條記目録稱此卷爲7—8世紀唐寫本。

北敦9163號（前部）　　　　　　　北敦9160號（後部）

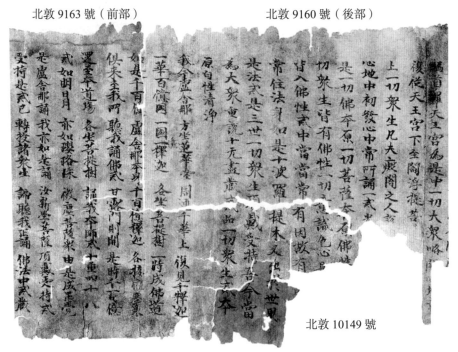

北敦10149號

圖35　北敦9160號（後部）＋北敦9163號（前部）＋
北敦10149號綴合圖

按：上揭三號皆爲《梵網經》卷下殘卷，比對完整文本，（1）（3）滿行皆約17字。《國圖》條記目録已指出前二號可綴合，甚是。今謂北敦10149號與前二號內容前後相承，亦可綴合，綴合後如圖35所示，接縫處邊緣吻合，橫縱烏絲欄亦可對接。北敦9160號與北敦9163號上下相接，接縫處原本分屬二號的“本原”“意”“頂”“戒”“逦”“菩”“如是”“億”“舍那”等12字皆得復合爲一；北敦9163號與北敦10149號上下相接，接縫處原本分屬二號的“出於”“持吾”“戒”等五字皆得成完璧。又三號行款格式相同（天頭地脚等高，皆有烏絲欄，滿行皆約17字，行距、字距、字體大小相近），字迹書風似同（比較三號共有的“本”“今”等字），可資參證。綴合後内容參見《大正藏》T24/1003B28—1004B13。

36. 伯 4635-1 號 + 北敦 15614 號 + 北敦 15543 號

（1）伯4635-1號，見IDP，另見《法藏》32/219B—220A。卷軸裝。如圖36中部所示，前後皆殘，存24行（後10行上殘，末行存下部7字右側殘形），行約16字。楷書。有烏絲欄。原卷無題，《索引》泛題“殘佛書”，《法藏》及《索引新編》定作《梵網經》卷下，《法録》、IDP擬題“梵網經”。

（2）北敦15614號（北簡71841），見《國圖》144/91B。卷軸裝殘片。如圖36中部所示，前殘後缺，存11行（首10行下殘，倒數第2行下部7字右側殘損），行約16字。楷書。有烏絲欄。原卷無題，《國圖》定作《梵網經》卷下，條記目録稱此卷爲9—10世紀歸義軍寫本。

（3）北敦15543號（北簡71841），見IDP，另見《國圖》144/53A。卷軸裝殘片。如圖36左部所示，前缺後殘，存15行（末行僅存中下部3字殘形），行約16字。楷書。有烏絲欄。原卷無題，《國圖》定作《梵網經》卷下，條記目録稱此卷爲9—10世紀歸義軍寫本。

按：上揭三號皆爲《梵網經》卷下殘片。伯4635-1號與北敦15614號前後相承，可以綴合。綴合後如圖36右部所示，接縫處邊緣吻合，横縱烏絲欄亦可對接。接縫處原本分屬二號的“順”“明”“十”“戒”“諸”“薩”“非”“根本是大衆諸佛”14字皆可拼合完整。北敦15614號與北敦15543號内容於“應讀誦/善學”句前後相接，中無缺字，存有綴合的可能性，綴合後如圖36左部所示。三號卷面上下邊皆有磨損，又三號行款格式相同（天頭地脚等高，皆有烏絲欄，滿行皆約16字，行距、字距、字體大小相近），字迹書風相似（比較三號共有的“佛”“我”“菩”“薩”“心”等字），可資參證。綴合後所存内容參見《大正藏》T24/1003C29—1004B20。

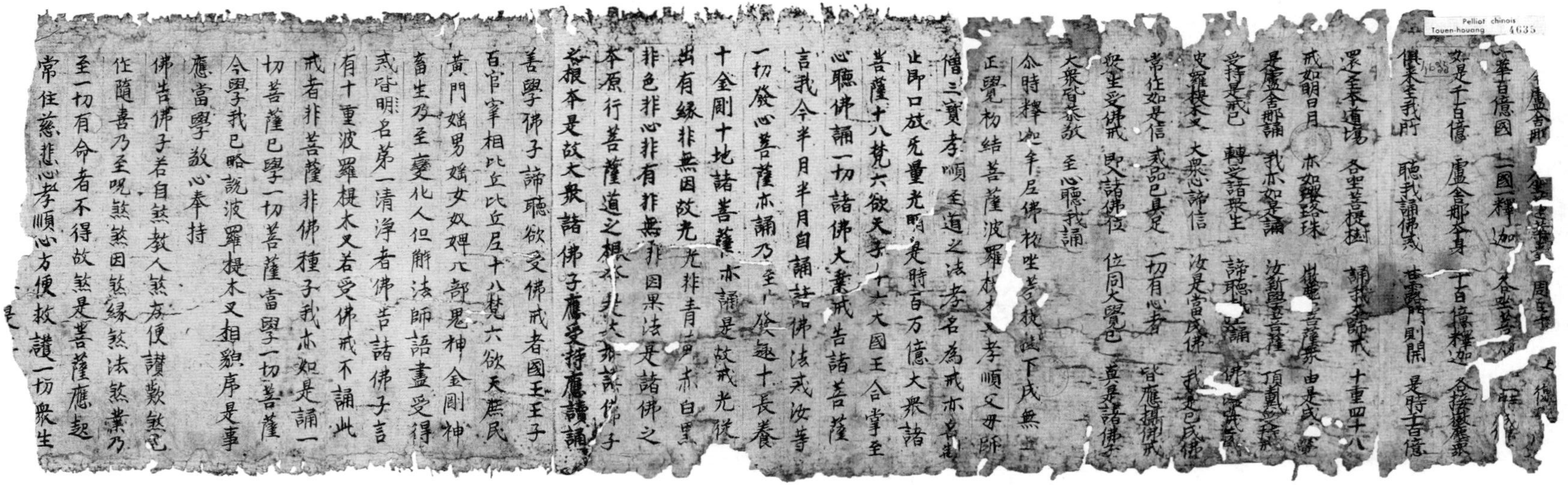

伯 4635-1 號

北敦 15614 號

北敦 15543 號

图 36 伯 4635-1 號 + 北敦 15614 號 + 北敦 15543 號綴合圖

37. 北敦 4614-2 號＋羽 354 號

（1）北敦 4614-2 號（北 6690；劍 14），見 IDP，另見《國圖》62/64A—64B。卷軸裝，2 紙。其後部如圖 37 右部所示，首全後缺，存 38 行，行約 17 字。楷書。有烏絲欄。原卷首題 "梵網經盧舍那佛説菩薩心地戒品"。《國圖》條記目録稱此卷爲 7—8 世紀唐寫本。

（2）羽 354 號，見《秘笈》5/78。卷軸裝殘片。其前部如圖 37 左部所示，前缺後殘，存 23 行（末行中下部殘損），行約 17 字。楷書。有烏絲欄。原卷無題，《秘笈》定作《梵網經》卷下。

羽 354 號（前部）　　　　　　　　北敦 4614-2 號（後部）

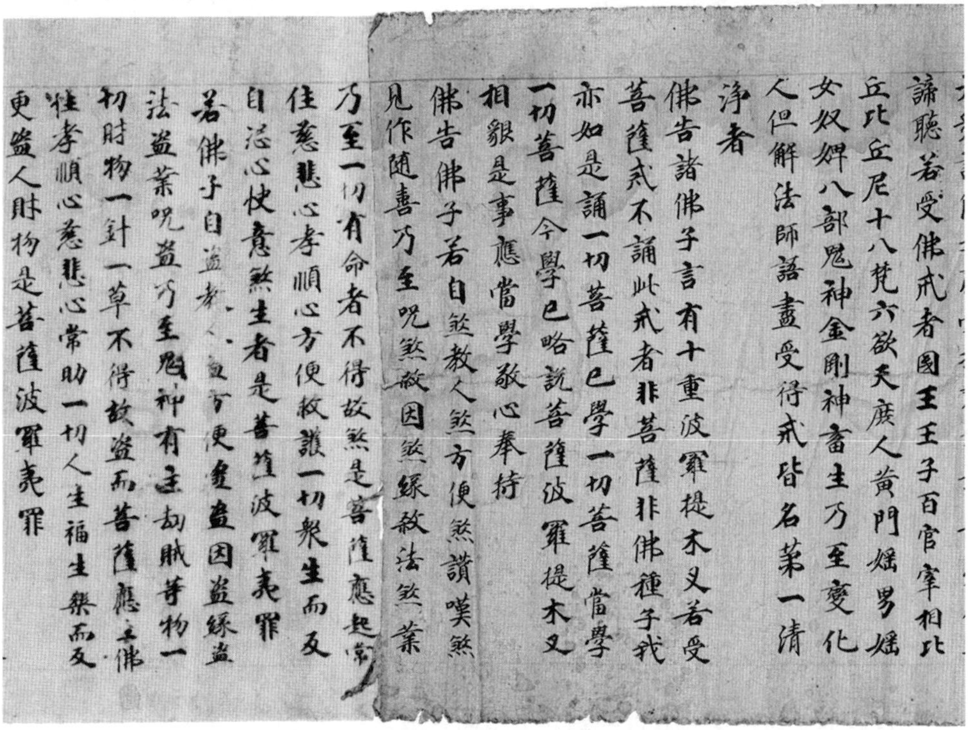

圖 37　北敦 4614-2 號（後部）＋羽 354 號（前部）綴合圖

按：上揭二號皆爲《梵網經》卷下殘卷，二號内容於 "煞業／乃至一切" 句前後相接，中無缺字，存有綴合的可能性。二號接縫處邊緣較爲整齊，橫向烏絲欄亦可對接。比較二號共有的 "煞""乃""至""一""佛""是" 等字，如表4所示,字迹書風似同。又二號行款格式相同(天頭地脚等高,皆有烏絲欄,滿行皆約17字, 行距、字距、字體大小相近)。由此推測二號可以綴合。綴合後所存內容參見《大正藏》T24/1003C29—1004C11。

表4　北敦4614-2號、羽354號字迹比較表

例字 卷號	煞	乃	至	一	佛	是
北敦4614-2號	煞	乃	至	一	佛	是
羽354號	煞	乃	至	一	佛	是

38. 北敦8600號+北敦4317號+北敦9571號+俄敦10354號+俄敦10426號

(1)北敦8600號(北6712;推100),見《國圖》103/251A—253B。卷軸裝,5紙。其後部如圖38-1右部所示,前後皆殘,存133行(首18行下殘,首行僅存中部3字左側殘畫,末5行下殘,倒數第6行下部7字左部殘損,行間有校加字),行約29字。楷書。有烏絲欄。原卷無題,《劫餘錄》及《索引》《寶藏》等定作《梵網經》,《國圖》定作《梵網經》卷下。《國圖》條記目錄稱此卷爲9—10世紀歸義軍時期寫本。

(2)北敦4317號(北6750;出17),見《國圖》58/174A—174B。卷軸裝,2紙。其前部如圖38-1左部所示,後部如圖38-2右部所示,前後皆殘,存32行(首行僅存中部5字左側殘形,第2—6行上殘,末行僅存上端1字右側殘形,末12行下殘),行約29字。楷書。有烏絲欄。原卷無題,《劫餘錄》及《索引》《寶藏》等定作《梵網經》,《國圖》定作《梵網經》卷下。《國圖》條記目錄稱此卷爲9—10世紀歸義軍時期寫本。

(3)北敦9571號(殷92),見《國圖》105/116B—117B。卷軸裝。其前部如圖38-2左部所示,後部如圖38-3右部所示,前後皆殘,存29行(首行僅存下端1字下部殘畫,次行存下端2字及6字殘畫,第3—5行上殘,第6—7行上端有殘損,末2行上殘,末行空白無字),行約29字。楷書。有烏

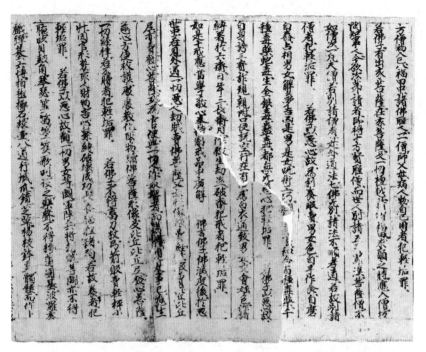

圖 38-1　北敦 8600 號（後部）＋北敦 4317 號（前部）綴合圖

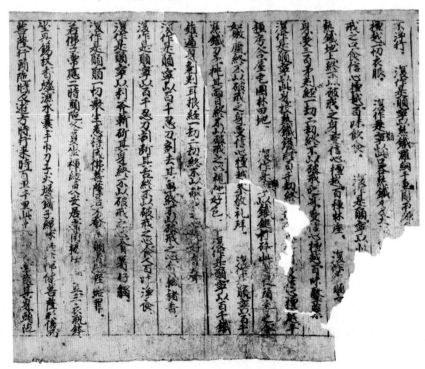

圖 38-2　北敦 4317 號（後部）＋北敦 9571 號（前部）綴合圖

絲欄。原卷無題，《國圖》定作《梵網經》卷下。《國圖》條記目録稱此卷爲9—10世紀歸義軍時期寫本。

（4）俄敦10354號，見《俄藏》14/276B。卷軸裝殘片。如圖38-3中部所示，前後皆殘，存11行（通卷下殘，首行存中部2字左側殘畫，末行存中部1字右側殘畫，倒數第2行上端殘損），據推算滿行約29字。楷書。有烏絲欄。原卷無題，《俄藏》未定名，《俄録》定作《梵網經》卷下。

（5）俄敦10426號，見《俄藏》14/286A。卷軸裝殘片。如圖38-3左部所示，前後皆殘，存16行（通卷下殘，首行存4字左側殘形，末行僅存上部1字右側殘畫），據推算滿行約29字。楷書。有烏絲欄。原卷無題，《俄藏》未定名。

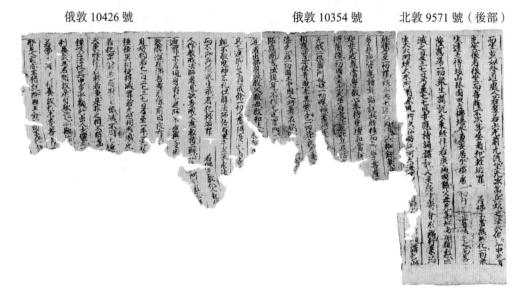

圖38-3　北敦9571號（後部）+俄敦10354號+俄敦10426號綴合圖

按：上揭五號皆爲《梵網經》卷下殘卷（後號《俄録》定名同），且五號內容前後相承，可以綴合。綴合後如圖38-1、圖38-2、圖38-3所示。諸相鄰二號接縫處邊緣基本吻合，橫縱烏絲欄亦可對接。原先撕裂在北敦8600號和北敦4317號的"持""作""殺""中""慈""種""藥"七字與北敦4317號和北敦9571號的"身""他"二字，以及俄敦10354號和俄敦10426號的"逆""上""和"三字皆復合如一；北敦9571號與俄敦10354號內容於"亦應讀誦講説此／經律”句前後相接，中無缺字。又五號行款格式相同（天頭地腳等高，皆有烏絲欄，滿行皆約 29 字，行距、字距、字體大小相近），字迹書風似同（比較各號共有的“佛”“子”“罪”“一”“戒”等字），可資參證。綴合後所存内容參見《大正藏》T24/1004A17—1009A8。

39. 北敦 11415 號 ＋ 斯 8820 號

（1）北敦 11415 號（北臨 1544），見《國圖》109/190B。卷軸裝殘片。如圖 39 右部所示，前後皆殘，存 6 殘行（首行僅存 1 字下部殘畫），行存中上部 1—16 字。楷書。有烏絲欄。原卷無題，《國圖》定作《梵網經》卷下。《國圖》條記目録稱此卷爲 8—9 世紀吐蕃統治時期寫本。

（2）斯 8820 號，見 IDP。卷軸裝殘片。如圖 39 左部所示，前後皆殘，存 8 殘行，行存中上部 5—13 字。楷書。有烏絲欄。原卷無題，IDP 未定名。

按：據殘存文字推斷，後號亦爲《梵網經》卷下殘片，且上揭二號内容前後相承，可以綴合。綴合後如圖 39 所示。接縫處邊緣吻合，横縱烏絲欄亦可對接，綴合後第 5 行内容於“如是／十戒應當學”句前後相接，中無缺字；第 5 行接縫處原本分屬二號的“十戒應當”“敬心奉”七字得成完璧。又二號行款格式相同（天頭等高，皆有烏絲欄，滿行皆約 17 字，行距、字距、字體大小相近），字迹書風似同（比較二號共有的“菩”“薩”“戒”“日”“生”等字），可資參證。綴合後所存内容參見《大正藏》T24/1006B14—1006B26。

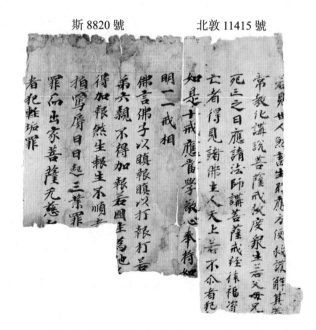

斯 8820 號　　　　北敦 11415 號

圖 39　北敦 11415 號 ＋ 斯 8820 號綴合圖

40. 北敦 9167 號＋北敦 10705 號

（1）北敦 9167 號（陶 88），見《國圖》105/112B—113A。卷軸裝，2 紙。
其後部如圖 40 右部所示，前後皆殘，存 25 行（首 2 行上殘，首行存中下部
4 字左側殘形，次行存上端 1 字左側殘畫及下部 6 字，末 5 行下殘，末行僅存
上部 1 字右側殘畫，第 4 行行間有校加字），行約 17 字。楷書。有烏絲欄。
原卷無題，《國圖》定作《梵網經》卷下。《國圖》條記目錄稱此卷爲 9—10
世紀歸義軍時期寫本。

（2）北敦 10705 號（北臨 834），見《國圖》108/103B。卷軸裝殘片。
如圖 40 左部所示，前後皆殘，存 7 殘行（首行僅存下端 2 字左側殘畫，末行
僅存下端 2 字右側殘形，第 5 行空白無字），行存下部 0—7 字。楷書。有烏
絲欄。原卷無題，《國圖》定作《梵網經》卷下。《國圖》條記目錄稱此卷爲 9—
10 世紀歸義軍時期寫本。

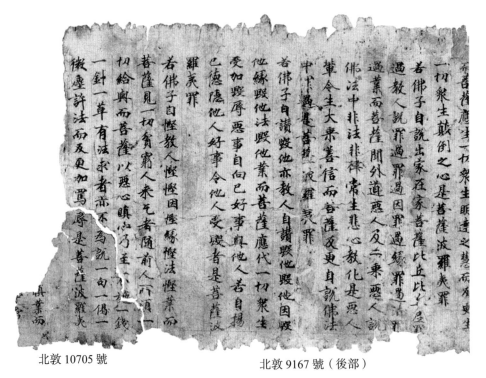

北敦 10705 號　　　　　　　　　　北敦 9167 號（後部）

圖 40　北敦 9167 號（後部）＋北敦 10705 號綴合圖

按：上揭二號皆爲《梵網經》卷下殘片，且内容前後相承，可以綴合。綴合後如圖40所示，接縫處邊緣吻合，横縱烏絲欄亦可對接，綴合後第24行内容於"而反更加罵/辱"句前後相接，中無缺字；第21行、第23行接縫處原本分屬二號的"一""爲"二字得成完璧。又二號行款格式相同（皆有烏絲欄，滿行皆約17字，行距、字距、字體大小相近），字迹書風似同（比較二號共有的"一""菩""薩""羅""夷"等字），可資參證。綴合後所存内容參見《大正藏》T24/1004C6—1005A6。

41."俄敦3945號、俄敦3956號、俄敦3966號"…俄敦1605號＋俄敦1960號＋俄敦1986號＋俄敦2003號＋俄敦2038號＋俄敦2039號＋俄敦2113號＋俄敦2432號

（1）"俄敦3945號、俄敦3956號、俄敦3966號"，此三號《俄藏》已將其綴合爲一，見《俄藏》11/105B。卷軸裝殘片。如圖41右部所示，前後皆殘，存6殘行（末行僅存2字右側殘畫），行存中下部2—12字。楷書。有烏絲欄。原卷無題，《俄藏》未定名，《曾良》及《俄録》定作《梵網經》卷下。

（2）俄敦1605號＋俄敦1960號＋俄敦1986號＋俄敦2003號＋俄敦2038號＋俄敦2039號＋俄敦2113號＋俄敦2432號，此八號《孟録》已綴合爲一，《俄藏》已將八號圖版綴合，見《俄藏》8/252A—253A。卷軸裝殘卷，存3紙。其前部如圖41左部所示，前殘後缺，存66行，行約25字。楷書。有烏絲欄。原卷無題，《孟録》及《俄藏》《俄録》定作《梵網經》卷下。《孟録》稱原卷爲7—8世紀寫本。

按：上揭二者皆爲《梵網經》卷下殘卷，且二者内容前後相承，存在綴合的可能性。試作綴合如圖41所示，中缺2行。二者行款格式相同（地脚等高，皆有烏絲欄，滿行皆約25字，行距、字距、字體大小相近），字迹書風似同（比較二號共有的"若""佛""子""人""罪""及"等字，如表5所示），可資參證。綴合後所存内容參見《大正藏》T24/1004C8—1006A22。

俄敦 1605 號＋俄敦 1960 號＋俄敦 1986 號＋
俄敦 2003 號＋俄敦 2038 號＋俄敦 2039 號＋
俄敦 2113 號＋俄敦 2432 號（前部）

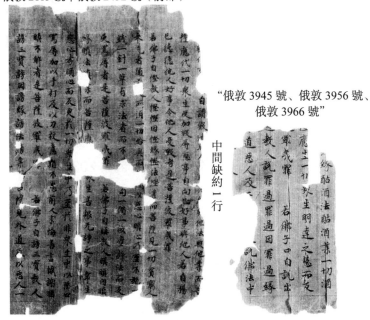

"俄敦 3945 號、俄敦 3956 號、
俄敦 3966 號"

圖 41　"俄敦 3945 號、俄敦 3956 號、俄敦 3966 號"…俄敦 1605 號＋
俄敦 1960 號＋俄敦 1986 號＋俄敦 2003 號＋俄敦 2038 號＋俄敦 2039 號＋
俄敦 2113 號＋俄敦 2432 號（前部）綴合示意圖

表 5　"俄敦 3945 號、俄敦 3956 號、俄敦 3966 號"與"俄敦 1605 號＋
俄敦 1960 號＋俄敦 1986 號＋俄敦 2003 號＋俄敦 2038 號＋
俄敦 2039 號＋俄敦 2113 號＋俄敦 2432 號"字迹比較表

例字 卷號	若	佛	子	人	罪	及
俄敦 3945 號、俄敦 3956 號、俄敦 3966 號	若	佛	子	人	罪	及
俄敦 1605 號＋俄敦 1960 號＋俄敦 1986 號＋俄敦 2003 號＋俄敦 2038 號＋俄敦 2039 號＋俄敦 2113 號＋俄敦 2432 號	若	佛	子	人	罪	及

42. 斯 10793 號 + 斯 11757 號

（1）斯 10793 號，見 IDP。卷軸裝殘片。如圖 42 上部所示，前後皆殘，存·11 殘行，行約 17 字。楷書。有烏絲欄。原卷無題，IDP 未定名。

（2）斯 11757 號，見 IDP。殘片。如圖 42 下部所示，前後皆殘，存 4 殘行，行存中下部 0—8 字，楷書。有烏絲欄。原卷無題，IDP 未定名。

按：據殘存文字推斷，上揭二號皆爲《梵網經》卷下殘卷，且二號内容前後相承，可以綴合。綴合後如圖 42 所示，接縫處邊緣基本吻合，烏絲欄亦可對

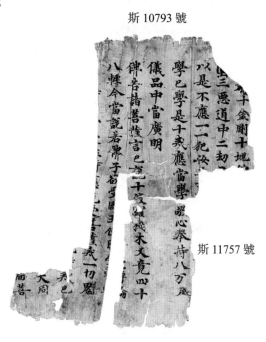

斯 10793 號

斯 11757 號

圖 42　斯 10793 號 + 斯 11757 號綴合圖

接。綴合後第 4 行内容於"應當學 / 敬心奉持"句前後相接，中無缺字；第 6 行接縫處原本分屬二號的"波"字得成完璧。又二號行款格式相同（皆有烏絲欄，滿行皆約 17 字，行距、字距、字體大小相近），字迹書風似同（比較二號共有的"八""十"等字），可資參證。綴合後所存内容參見《大正藏》T24/1005A20—1005B3。

43. 斯 8229B 號 + 斯 8229E 號 + 斯 11579 號 + 斯 8229C 號 + 斯 8229D 號 + 斯 10776 號 + 斯 10784 號

（1）斯 8229B 號，見 IDP。卷軸裝。其前部如圖 43-1 所示，中部如圖 43-2、圖 43-3 所示，後部如圖 43-4 右部所示，前後皆殘，存 104 行（下端多殘損，末 3 行上下端殘損，有行間校加字），行約 17 字。楷書。有烏絲欄。原卷無題，《方録》擬題"梵網經卷下"，稱此卷爲唐寫卷。

（2）斯 8229E 號，見 IDP。殘片。如圖 43-1 右下部所示，前後皆殘，

存 2 殘行（首行僅存下端 1 字左側殘畫），行存下端 1—2 字。楷書。有烏絲欄。原卷無題，《方錄》擬題"梵網經卷下殘片"。

（3）斯 11579 號，見 IDP。殘片。如圖 43-1 左下部所示，前後皆殘，存 6 殘行（第 3 行空白無字，第 4 行下端有行間校加字），行存下部 0—6 字。楷書。有烏絲欄。原卷無題，IDP 未定名。

（4）斯 8229C 號，見 IDP。殘片。如圖 43-2 右下部所示，前後皆殘，存 1 殘行，存 2 字右側殘形。楷書。原卷無題，《方錄》擬題"梵網經卷下殘片"。

（5）斯 8229D 號，見 IDP。殘片。如圖 43-3 下部所示，前後皆殘，存 2 殘行（首行僅存 1 字左側殘畫），行存下部 1—3 字。楷書。有烏絲欄。原卷無題，《方錄》擬題"梵網經卷下殘片"。

（6）斯 10776 號，見 IDP。卷軸裝殘片。如圖 43-4 中部所示，前後皆殘，存 4 殘行，行約 17 字。楷書。有烏絲欄。原卷無題，IDP 未定名。

（7）斯 10784 號，見 IDP。卷軸裝殘片。如圖 43-4 左部所示，前後皆殘，存 12 殘行，行約 17 字。楷書。有烏絲欄。原卷無題，IDP 未定名。

按：上揭各號皆爲《梵網經》卷下殘片，且其内容前後相承，可以綴合。《方錄》已指出斯 8229B 號、斯 8229C 號、斯 8229D 號可以綴合，甚是；又云斯 8229E 號"可能應接於斯 8229B 號第 26 行下"，則不確。此七號綴合後如圖 43-1、圖 43-2、圖 43-3 所示，斯 8229B 號與斯 8229E 號内容於"七寶百物而 / 供給"句前後相接，中無缺字，存有綴合的可能性。斯 8229B 號與斯 8229C 號内容於"應持經律卷至 / ▨▨（法師）"句前後相接，存有綴合的可能性。斯 8229B 號與斯 8229D 號内容於"房中一 / 切説法"句前後相接，中無缺字，存有綴合的可能性。斯 8229B 號與斯 11579 號接縫處邊緣大致吻合，横向烏絲欄亦可對接，綴合後接縫處原本分屬二號的"飲""若"二字得復合如一。斯 8229B 號與斯 10776 號於"大▨▨▨（解大富）□［饒］/ 財七寶"句前後相接，存有綴合的可能性。斯 10776 號與斯 10784 號接縫處邊緣吻合，綴合後原本分屬二號的"觀法師種性""來"六字得成完璧。又七號行款格式相同（皆無有烏絲欄，滿行皆約 17 字，行距、字距、字體大小相近），字迹書風似同（比較斯 8229B 號、斯 11579 號、斯 10776 號、斯 10784 號共有的

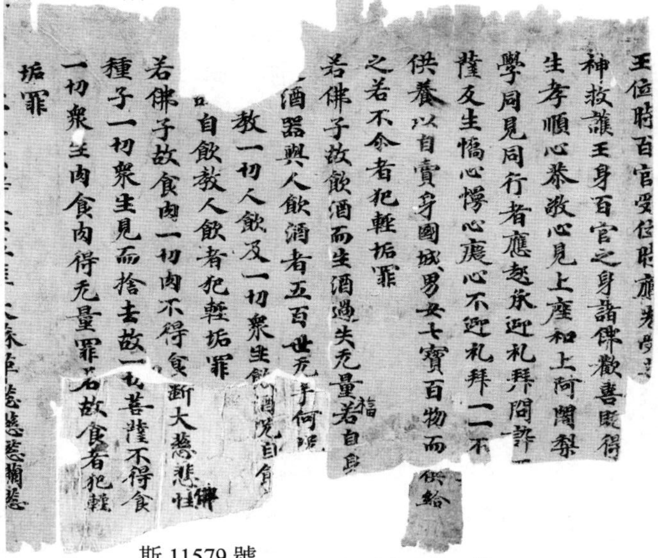

斯 8229B 號（前部）

斯 8229E 號

斯 11579 號

圖 43-1　斯 8229B 號（前部）＋ 斯 8229E 號 ＋ 斯 11579 號綴合圖

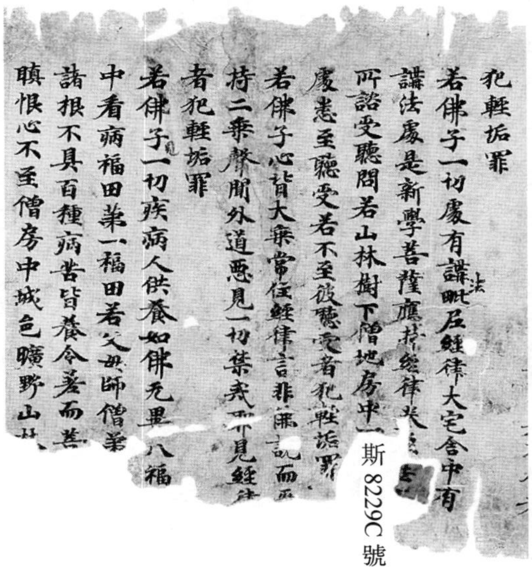

斯 8229B 號（中部）

斯 8229C 號

圖 43-2　斯 8229B 號（中部）＋ 斯 8229C 號綴合圖

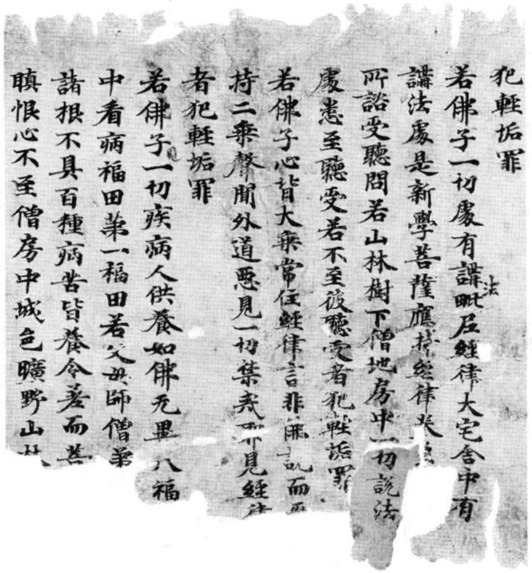

斯 8229B 號（中部）

斯 8229D 號

圖 43-3　斯 8229B 號（中部）＋ 斯 8229D 號綴合圖

"菩""薩""不""得"等字，如表6所示），可資參證。綴合後所存內容參見《大正藏》T24/1005A27—1006C14。

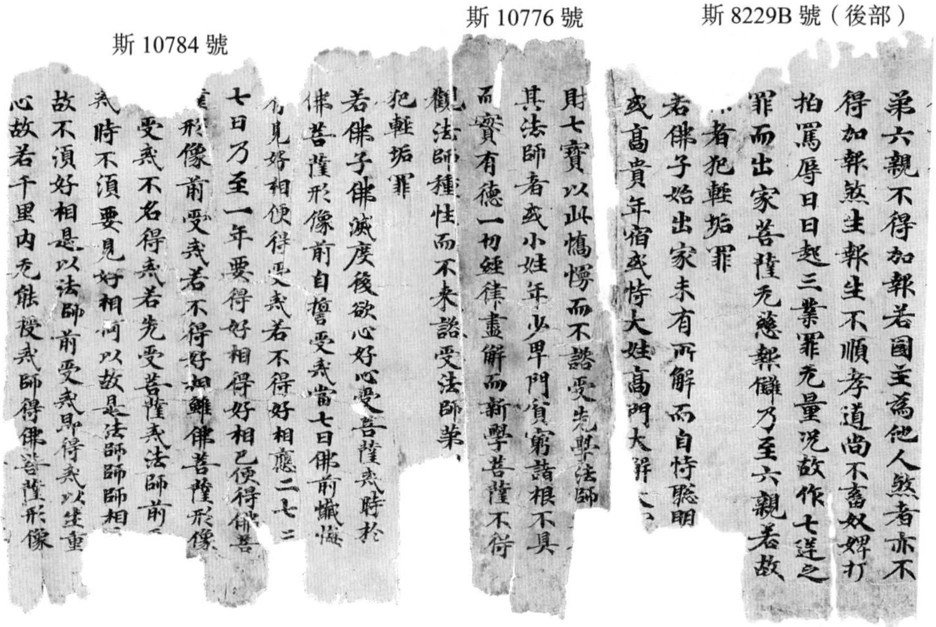

斯10784號　　　斯10776號　　　斯8229B號（後部）

圖43-4　斯8229B號（後部）+斯10776號+斯10784號綴合圖

表6　斯8229B號、斯11579號、斯10776號、斯10784號字迹比較表

例字 ＼ 卷號	菩	薩	不	得
斯8229B號	 菩	 薩	 不	 得
斯11579號	 菩	 薩	 不	 得
斯10776號	 菩	 薩	 不	 得
斯10784號	 菩	 薩	 不	 得

44. 斯 10770 號 + 斯 13261 號

（1）斯 10770 號，見 IDP。殘片。如圖 44 下部所示，前後皆殘，存 4 殘行，行存 6—17 字，楷書。原卷無題，IDP 未定名。

（2）斯 13261 號，見 IDP。殘片。如圖 44 上部所示，前後皆殘，存 2 殘行，行存上部 1—6 字，楷書。原卷無題，IDP 未定名。

按：據殘存文字推斷，上揭二號皆爲《梵網經》卷下殘片，且二號内容前後相承，可以綴合。綴合後如圖 44 所示，接縫處邊緣基本吻合，綴合後第 3 行原本分屬二號的"戒"字得成完璧。又二號行款格式相同（皆無烏絲欄，滿行皆約 20 字，行距、字距、字體大小相近），字迹書風似同（比較二號共有的"一""犯"等字），可資參證。綴合後所存内容參見《大正藏》T24/1005B15—1005B20。

斯 13261 號

斯 10770 號

圖 44　斯 10770 號 +
斯 13261 號綴合圖

45. 斯 8551 號 + 斯 8748 號 + 斯 10193 號 + 斯 12450 號

（1）斯 8551 號，見 IDP。卷軸裝殘片。如圖 45 右部所示，前後皆殘，存 13 行（末行僅存 4 字右側殘畫），行約 17 字。楷書。有烏絲欄。原卷無題，IDP 未定名。

（2）斯 8748 號，見 IDP。卷軸裝殘片。如圖 45 中部所示，前後皆殘，存 11 行（首 2 行中上殘，第 2 行空白無字，末 2 行下殘），行約 17 字。楷書。有烏絲欄。原卷無題，IDP 未定名。

（3）斯 10193 號，見 IDP。卷軸裝殘片。如圖 45 左上部所示，前後皆殘，存 7 殘行，行存中上部 3—10 字。楷書。有烏絲欄。原卷無題，IDP 未定名。

（4）斯 12450 號，見 IDP。殘片。如圖 45 左下所示，前後皆殘，存 2 殘行，行存中部 6—7 字。楷書。有烏絲欄。原卷無題，IDP 未定名。

按：據殘存文字推斷，上揭四號皆爲《梵網經》卷下殘片，且四號内容前後相承，可以綴合。綴合後如圖 45 所示，諸相鄰二號接縫處邊緣吻

合，橫縱烏絲欄亦可對接。斯 8551 號與斯 8748 號接縫處原本分屬二號的
"法""處""有""毗"等字得成完璧。斯 8748 號與斯 10193 號接縫處原本
分屬二號的"病"字亦得復合爲一。斯 10193 號與斯 12450 號接縫處原本分
屬二號的"應""父"二字亦可拼合完整。又四號行款格式相同（皆無烏絲
欄，滿行皆約 17 字，行距、字距、字體大小相近），字迹書風似同（比較
四號共有的"佛""子"等字），可資參證。綴合後所存内容參見《大正藏》
T24/1005B16—1005C15。

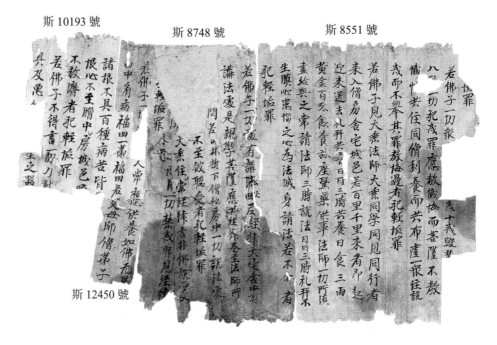

圖 45 斯 8551 號 + 斯 8748 號 + 斯 10193 號 + 斯 12450 號綴合圖

46. 斯 5429 號 + 斯 9707 號

（1）斯 5429 號（翟 4078），見《寶藏》42/433A—435A。卷軸裝。其後
部如圖 46 右部所示，前後皆殘，存 71 行（末 4 行下殘，第 14 行空白無字），
行約 17 字。楷書。有烏絲欄。原卷無題，《翟録》歸屬《梵網經》，《索引》
泛題"佛經戒律"，《寶藏》及《索引新編》定作《梵網經》卷下。

（2）斯 9707 號，見 IDP。卷軸裝殘片。如圖 46 左部所示，前後皆殘，

存 7 殘行（首行僅存 5 字左側殘形，末行下端 2 字左側殘損，第 4 行空白無字），行存下部 0—7 字。楷書。有烏絲欄。原卷無題，IDP 未定名。

　　按：據殘存文本推斷，後號亦爲《梵網經》卷下殘片，且上揭二號内容前後相承，可以綴合。綴合後如圖 46 所示，接縫處邊緣吻合，横縱烏絲欄亦可對接。綴合後接縫處原本分屬二號的"求法師一切""時""滅"七字皆得復合爲一。又二號行款格式相同（皆有烏絲欄，滿行皆約 17 字，行距、字距、字體大小相近），字迹書風似同（比較二號共有的"一""日""三""大""法"等字），可資參證。綴合後所存内容參見《大正藏》T24/1004C9—1005C2。

斯 5429 號（後部）

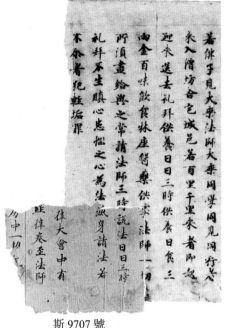

斯 9707 號

圖 46　斯 5429 號（後部）＋斯 9707 號綴合圖

47. 俄敦 5239 號＋俄敦 5557 號

　　（1）俄敦 5239 號，見《俄藏》12/076A。卷軸裝殘片。如圖 47 右部所示，前後皆殘，存 13 殘行（首行存 11 字左側殘形，末行僅存下端 1 字殘畫，第 8 行空白無字），行存中下部 0—13 字。楷書。有烏絲欄。原卷無題，《俄藏》未定名。

　　（2）俄敦 5557 號，見《俄藏》12/180B。卷軸裝殘片。如圖 47 左部所示，前後皆殘，存 15 殘行，行存中下部 1—13 字。楷書。有烏絲欄。原卷無題，《俄藏》未定名。

　　按：上揭二號皆爲《梵網經》卷下殘片（《俄録》定名同），且二號内容前後相承，可以綴合。綴合後如圖 47 所示，接縫處邊緣吻合，横縱烏絲欄亦可對接。綴合後接縫處原本分屬二號的"網""尚""是""菩""棺""作"等字皆得復合如一。又二號行款格式相同（皆有烏絲欄，滿行皆約 17 字，行距、字距、字體大小相近），字迹書風似同（比較二號共有的 "者""犯""輕""心" 等字），可資參證。綴合後所存內容參見《大正藏》T24/1005C10—1006A6。

俄敦 5557 號　　　　　　　　　　　　　俄敦 5239 號

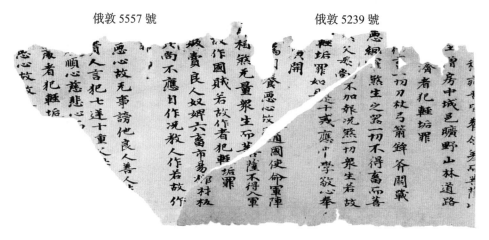

圖 47　俄敦 5239 號＋俄敦 5557 號綴合圖

48. 俄敦 815 號＋俄敦 819 號＋斯 3459 號

（1）俄敦 815 號＋俄敦 819 號，見《俄藏》7/131B。此二號《孟録》已綴合爲一，《俄藏》將二號圖版綴合。卷軸裝。如圖 48 右部所示，前殘後缺，存 24 行（前 12 行下殘），行約 17 字。楷書。有烏絲欄。原卷無題，《孟録》定作《梵網經》，《俄藏》及《俄録》定作《梵網經》卷下。《孟録》稱此卷爲 8—10 世紀寫本。

（2）斯 3459 號（翟 4070），見《寶藏》28/541A—545B。卷軸裝。其前部如圖 48 左部所示，前後皆缺，存 182 行（首行僅存 2 字左側殘畫），行約 17 字。楷書。有烏絲欄。原卷無題，《翟録》及《索引新編》定作《梵網經》，《索引》泛題 "佛經戒律"，《寶藏》定作《梵網經》卷下。

按：上揭二號皆爲《梵網經》卷下殘卷，且二號內容於 "橫教他二乘聲／聞戒經律" 句前後相接，中無缺字，存有綴合的可能性。二號接縫處邊緣吻合，橫向烏絲欄亦可對接。比較二號共有的 "若""佛""子""父""人" 等字，如表 7 所示，字迹書風似同。又二號行款格式相同（皆有烏絲欄，滿行皆約

17字，行距、字距、字體大小相近）。由此推測，此二號確可綴合。綴合後所存内容參見《大正藏》T24/1005C14—1008B17。

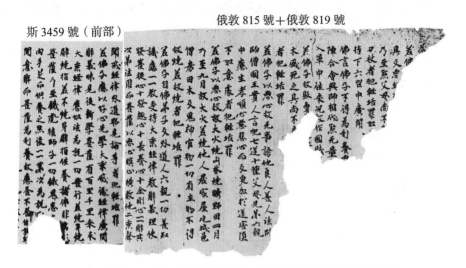

斯3459號（前部）　　俄敦815號＋俄敦819號

圖48　俄敦815號＋俄敦819號＋斯3459號（前部）綴合圖

表7　俄敦815號＋俄敦819號與斯3459號字迹比較表

例字　卷號	若	佛	子	父	人
俄敦815號＋俄敦819號	若	佛	子	父	人
斯3459號	若	佛	子	父	人

49. 斯8638號＋北敦6406號＋斯10220號

（1）斯8638號，見 IDP。卷軸裝殘片。如圖49右部所示，前後皆殘，存19行（通卷下殘，首行僅存上部1字左側殘畫，末行中上部7字左側殘損），據推算滿行約17字。楷書。有烏絲欄。原卷無題，IDP未定名。

（2）北敦6406號（北6744；河6），見《國圖》86/240A—246A。卷軸裝，10紙。其前部如圖49左部所示，首殘尾全，存248行（首10行下殘，首行存7字左側殘形），行約17字（偈頌部分每行20字）。楷書。有烏絲欄。原卷尾題"梵網經卷下"。《國圖》條記目錄稱此卷爲7—8世紀唐寫本。

（3）斯10220號，見IDP。卷軸裝殘片。如圖49中下部所示，前後皆殘，存10殘行（末行僅存下端1字右側殘畫），行存中下部1—8字。楷書。有烏絲欄。原卷無題，IDP未定名。

　　按：據殘存文字推斷，斯8638號、斯10220號亦爲《梵網經》卷下殘片，且上揭三號内容前後相承，可以綴合。綴合後如圖49所示，接縫處邊緣吻合，橫縱烏絲欄亦可對接。斯8638號與北敦6406號左右相接，接縫處原本分屬二號的"外道俗典阿毗""雜"七字得成完璧，北敦6406號與斯10220號上下相接，接縫處原本分屬二號的"作""法""慈""垢""後""舍""僧""應""迎"九字亦皆得復合如一。又三號行款格式相同（皆有烏絲欄，滿行皆約17字，行距、字距、字體大小相近），字迹書風似同（比較二號共有的"者""犯""輕""垢""罪""菩""薩"等字），可資參證。綴合後所存内容參見《大正藏》T24/1006C3—1010A21。

北敦6406號（前部）　　　　　　　斯8638號

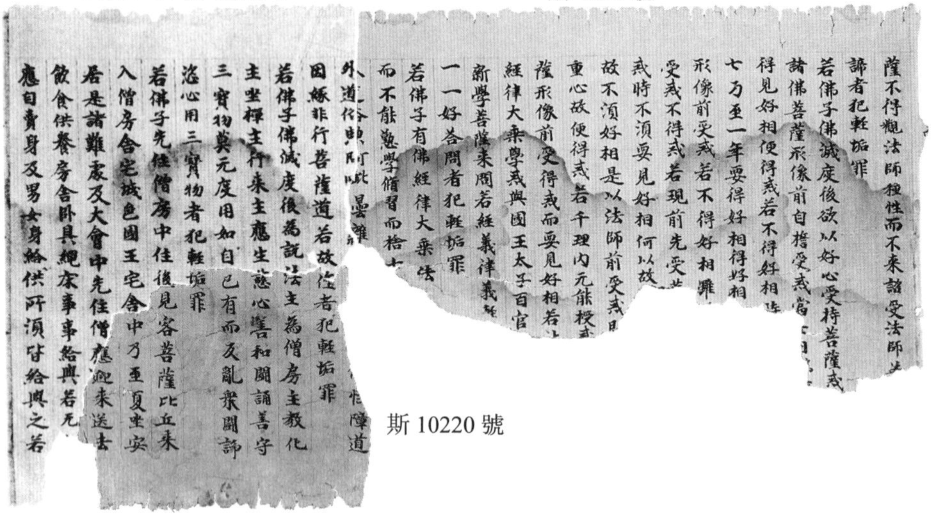

斯10220號

圖49　斯8638號+北敦6406號（前部）+斯10220號綴合圖

50.斯8812號+斯10700號+斯1395號

（1）斯8812號，見IDP。卷軸裝殘片。如圖50下部所示，前後皆殘，存 16 殘行（第 11 行空白無字），行存 0—16 字。楷書。有烏絲欄。原卷無題，IDP 未定名。

（2）斯 10700 號，見 IDP。卷軸裝殘片。如圖 50 中部所示，前後皆殘，存 7 殘行（末行空白無字），行存中部 0—8 字。楷書。有烏絲欄。原卷無題，IDP 未定名。

（3）斯 1395 號（翟 4063），見《英圖》21/329A—333A。卷軸裝，8 紙。其前部如圖 50 左上部所示，前後皆殘，存 153 行（通卷上下邊殘損嚴重，首 5 行中下殘），行約 20 字。楷書。前半卷烏絲欄，後半卷摺疊欄。行間有校加字。原卷無題，《翟録》歸屬《梵網經》，《索引》泛題 "佛經"，《寶藏》及《索引新編》《英圖》定作《梵網經》卷下。《英圖》條記目録稱此卷爲 9—10 世紀歸義軍時期寫本。

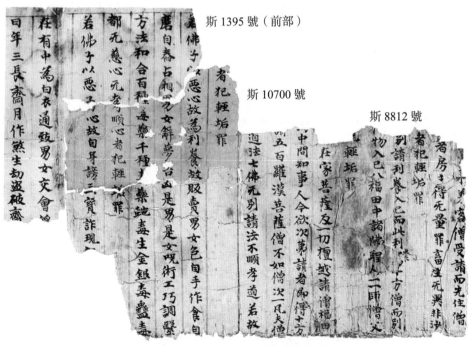

圖 50　斯 1395 號（前部）+斯 8812 號+斯 10700 號綴合圖

按：據殘存文字推斷，前二號亦爲《梵網經》卷下殘卷，且上揭三號内容前後相承，可以綴合。綴合後如圖 50 所示，接縫處邊緣吻合，横縱烏絲欄亦可對接。斯 1395 號與斯 10700 號接縫處原本分屬二號的 "孝" 字、斯 10700號與斯 8812 號接縫處原本分屬二號的 "三" 字皆得成完璧。又三號行款格式相同（皆有烏絲欄，滿行皆約 20 字，行距、字距、字體大小相近），字迹書風似同（比較二號共有的 "女" "者" "輕" "垢" "罪" "犯" 等字），可資參證。綴合後所存内容參見《大正藏》T24/1007A9—1009B29。

51. 伯 4733 號 + 伯 4801 號

（1）伯 4733 號，見 IDP，另見《法藏》33/140A。卷軸裝，2 紙。如圖51 右部所示，前後皆殘，存 15 行（首 4 行下殘，末 3 行中上殘），行約 17 字。楷書。有烏絲欄。原卷無題，《索引》泛題 "殘戒律"，《索引新編》及《法藏》定作《梵網經》卷下，《法録》(IDP) 定作《梵網經》。

（2）伯 4801 號，見 IDP，另見《法藏》33/187A。殘片。如圖 51 左上部所示，前後皆殘，存 4 殘行（末行僅存 1 字右側殘畫），行存上部 1—11 字。楷書。有烏絲欄。原卷無題，《索引》泛題 "殘佛經"，《索引新編》及《法藏》《法録》(IDP) 定作《梵網經》。

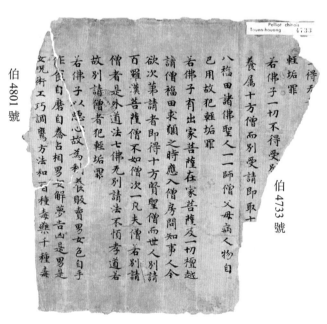

圖 51　伯 4733 號 + 伯 4801 號綴合圖

按：據殘存文字推斷，上揭二號皆爲《梵網經》卷下殘卷，且内容前後相承，可以綴合。綴合後如圖51所示，接縫處邊緣吻合，横縱烏絲欄亦可對接，接縫處原本分屬二號的“惡心”“利”“作食”“女”“百”七字皆得復合爲一。又二號行款格式相同（皆有烏絲欄，滿行皆約17字，行距、字距、字體大小相近），字迹書風似同（比較二號共有的“方”“法”“男”等字），可資參證。綴合後所存内容參見《大正藏》T24/1007A10—1007A26。

52. 北敦6235號+北敦9171號

（1）北敦6235號（北6753；海35），見《國圖》83/122A—123B。卷軸裝，3紙。後部如圖52右部所示，前後皆殘，存64行（前紙13行，次紙28行；後紙23行，末行僅存下端2字殘形，倒數第2—4行中上殘），行約17字。楷書。有烏絲欄。原卷無題，《劫餘録》及《索引》《寶藏》等定作《梵網經》，《國圖》定作《梵網經》卷下。《國圖》條記目録稱此卷紙高24.5釐米，爲9—10世紀歸義軍時期寫本。

（2）北敦9171號（陶92），見《國圖》105/166B—167B，卷軸裝，2紙。其前部如圖52左部所示，前後皆殘，存39行（前紙11行，後紙28行，前27行下殘；行間有校加字），行約17字。楷書。有烏絲欄。原卷無題，《國圖》定作《梵網經》卷下。《國圖》條記目録稱此卷紙高24.5釐米，爲7—8世紀唐寫本。

按：上揭二號皆爲《梵網經》卷下殘卷，且其内容前後相承，可以綴合。綴合後如圖52所示，接縫處邊緣吻合，横縱烏絲欄

北敦9171號（前部）　北敦6235號（後部）

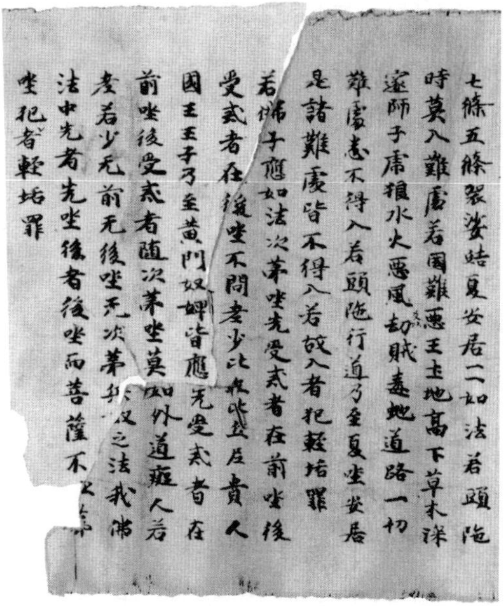
七條五條袈裟結夏安居一如法若頭陀
時莫入難處若國難惡王土地高下草木深
邃師子虎狼水火風劫賊毒蛇道路一切
難處悉不得入若頭陀行道乃至夏坐安居
是諸難處皆不得入若故入者犯輕垢罪
若佛子應如法次第坐先受戒者在前坐後
受戒者在後坐不問老少比丘比丘尼貴人
國王王子乃至黃門奴婢皆應先受戒者在
前坐後受戒者隨次第坐莫如外道癡人若
老若少无前无後坐无次第兵奴之法我佛
法中先者先坐後者後坐而菩薩不
坐犯者輕垢罪

圖52　北敦6235號（後部）+北敦9171號（前部）綴合圖

亦可對接，接縫處原本分屬二號的“佛”“在後”“奴”“兵奴”六字得成完璧。北敦 6235 號後紙 23 行，北敦 9171 號前紙 11 行，二號拼合，減去一個重合的 6 行，此紙 28 行，正好與前後完整各紙滿行行數相合。又二號行款格式相同（紙高相同，皆有烏絲欄，滿行皆約 17 字，行距、字距、字體大小相近），字迹書風似同（比較二號共有的“犯”“輕”“垢”“罪”“者”等字），可資參證。綴合後所存内容參見《大正藏》T24/1007B13—1008C14。

上揭二號既屬同卷，且可綴合爲一，字迹書風相同，應爲一人一時手抄，斷代應保持一致，《國圖》條記目録稱北敦 6235 號爲 9—10 世紀歸義軍時期寫本，北敦 9171 號爲 7—8 世紀唐寫本，斷代不一，宜再斟酌。

53. 俄敦 11733 號…斯 12133A 號

（1）俄敦 11733 號，見《俄藏》326A。殘片。如圖 53 上部所示，前後皆殘，存 3 殘行（首行僅存 5 字左側殘形），行存上部 5 字。楷書。有烏絲欄。原卷無題，《俄藏》未定名。

（2）斯 12133A 號，見 IDP。殘片。如圖 53 下部所示，前後皆殘，存 4 殘行，行存下部 0—5 字。楷書。有烏絲欄。原卷無題，IDP 未定名。

按：據殘存文字推斷，上揭二號皆爲《梵網經》卷下殘片（前號《俄録》定名同），且其内容前後相承，存有綴合的可能性。試作綴合如圖 53 所示，據完整文本推算，二號滿行均爲 18 字，均有烏絲欄，可遥相對接。又二號行款格式相同（行距、字距、字體大小相近），由此推算，二號確可綴合。綴合後所存内容參見《大正藏》T24/1006A3—1006A5。

俄敦 11733 號

斯 12133A 號

圖 53 俄敦 11733 號…斯 12133A 號綴合示意圖

卷號簡目

根據對已刊布文獻的普查以及上述綴合成果，梳理出敦煌《梵網經》寫本卷號如下：

《梵網經》卷上及序　津藝172-1 號、斯4196 號○、俄敦63 號、斯271 號…斯303 號…伯4545 號、斯7793 號、斯3206 號。

《梵網經》卷下及序　斯186 號、北敦271-1 號、俄敦5857 號*、俄敦4737 號、北敦4661-1 號、北敦2613 號背、斯4255 號、斯342-3 號、北敦108-1 號、俄敦104 號、斯5962 號、北敦1838-1 號、北敦1972-1 號、北敦2234-1 號、北敦3410-1 號、北敦3970-1 號、北敦4614-1 號、北敦5161-1 號、北敦5870-1 號、北敦6583-1 號、北敦5910 號背1、北敦7681-1 號、北敦7759-1 號、北敦7798 號背2、北敦8593-1 號、北敦8274 號、北敦11096-3 號、伯3209 號、斯3919 號、斯6281 號、斯8254 號、甘圖10 號、羽654-2 號、斯1565 號、中村117 號、斯3948 號、俄敦18610 號*、斯12918 號、斯2261-1 號、斯3363 號、俄敦4312A 號*、北敦9166 號…俄敦6602 號*、<u>北敦9160 號＋北敦9163 號</u>＋北敦10149 號、斯12562 號、北敦278 號、北敦4661-2 號○①、北敦3410-2 號＋北敦3408 號＋北敦11127 號、北敦5870-2 號、北敦5861 號、斯506-2 號、斯1646 號、斯2261-3 號、斯1337 號、俄敦1211B 號、北敦7759-2 號、斯5380 號、北敦11053 號、俄敦4420 號*、北敦11632 號、北敦9161 號、北敦1119 號、北敦5823 號、北敦7674 號、斯7525 號、斯7275 號、北敦4473 號、斯12360 號、斯185 號、北敦7421 號＋北敦9169-2 號、北敦2749 號、斯4163 號、津藝156 號、俄敦782 號…俄敦11155 號*、北敦1972-2 號、北敦271-2 號○、北敦1838-2 號○、北敦2729 號○、北敦2234-4 號、北敦5161-2 號、北敦6583-2 號、斯3365 號、北敦3970-2 號、北敦108-2 號、北敦4614-2 號＋羽354 號、北敦7681-2 號、北敦9172 號、斯9878 號、伯4635-1 號＋北敦15614 號＋北敦15543 號、北敦8593-2 號、北敦9170 號、北敦526 號＋北敦11679 號、俄敦7303 號*＋俄敦7657 號*＋俄敦7655 號*、俄敦11840 號*＋俄敦11780 號*＋俄敦12539 號*＋俄敦11955 號*、俄敦9507 號背、北敦2823 號、俄敦4519 號*、俄敦8924 號*、俄敦5474 號*、北敦8600 號＋北敦4317 號＋北敦9571 號＋俄敦10354 號＋

---

① 以下四號完整者，指卷下經文完整，序言仍有缺損。

俄敦 10426 號、斯 4371 號、斯 4808 號、俄敦 5316 號 *、北敦 908 號、斯 9676 號、俄敦 1931 號背、俄敦 5765 號、俄敦 2356 號、北敦 4351 號＋北敦 11213 號＋斯 10837 號＋斯 10846 號＋斯 11629 號、北敦 11087 號、伯 4553 號、俄敦 10427 號 *、俄敦 8769 號 *、斯 8829 號、俄敦 1651 號＋文研院 74 號＋俄敦 1469B 號、斯 7501 號、俄敦 4775 號 *、北敦 2869 號＋北敦 2861 號＋北敦 3250 號＋北敦 3232 號＋北敦 3229 號＋北敦 2822 號＋北敦 2925 號＋ 北敦 2923 號＋北敦 3097 號＋北敦 2890 號＋北敦 2878-1 號、俄敦 10429 號、 北敦 9167 號＋北敦 10705 號、俄敦 2425 號、北敦 1013 號、斯 5429 號＋斯 9707 號、俄敦 7012 號 *、"俄敦 3945 號 *、俄敦 3956 號 *、俄敦 3966 號 *" ⋯ 俄敦 1605 號＋俄敦 1960 號＋俄敦 1986 號＋俄敦 2003 號＋俄敦 2038 號＋俄 敦 2039 號＋俄敦 2113 號＋俄敦 2432 號、北敦 6527 號＋北敦 6362-1 號、北 敦 8606 號、北敦 2258 號背 2、斯 3867 號、斯 48 號、北敦 11347 號＋俄敦 4561 號 *＋俄敦 4781 號 *＋俄敦 4550 號 *＋俄敦 4546 號 *＋俄敦 11664 號 *、斯 10299 號、斯 8229B 號＋斯 8229E 號＋斯 11579 號＋斯 8229C 號＋ 斯 8229D 號＋斯 10776 號＋斯 10784 號、北敦 2258 號、北敦 6494 號、俄敦 16766 號 *、北敦 6786 號、俄敦 10765 號 *、北敦 8487 號、斯 10793 號、北 敦 1028 號＋北敦 1025 號、斯 10310 號、北敦 10521 號、斯 11757 號、俄敦 5838 號 *、俄敦 5149 號 *、北敦 3153 號＋北敦 2852-1 號、北敦 2379 號背 3、 北敦 4026 號、"俄敦 1789 號、俄敦 2864 號"＋俄敦 12644 號 *＋俄敦 12574 號 *、啟敦 78 號、斯 2665 號、俄敦 5761 號 *＋俄敦 5804 號 *、俄敦 11691 號 *、北敦 12136 號、斯 5485 號＋斯 5059 號、北大敦 D164 號、北敦 5016 號、 斯 10770 號＋斯 13261 號、斯 8551 號＋斯 8748 號＋斯 10193 號＋斯 12450 號、北敦 3465 號、北敦 1964 號、北敦 12098 號、北敦 9165 號、斯 102-1 號、 俄敦 4889 號 *＋俄敦 8819 號 *＋俄敦 5821B 號 *、俄敦 125 號、北敦 502 號、斯 566B 號＋斯 566A1 號、斯 12026 號、北敦 9164 號、俄敦 5239 號 *＋ 俄敦 5557 號 *、北敦 5910 號、北敦 1818 號、俄敦 815 號＋俄敦 819 號＋斯 3459 號、北敦 5190-1 號、俄敦 5609 號 *＋俄敦 550 號、俄敦 5563 號 *＋ 俄敦 8851 號 *＋俄敦 12705 號 *＋俄敦 6590 號＋俄敦 6082 號＋斯 7468 號、

斯 8639 號、俄敦 5888 號 *、斯 5400 號、俄敦 11733 號 *…斯 12133A 號、斯 3298 號、斯 12531 號、斯 6741 號、斯 11289 號、斯 12958 號、青島 17 號、俄敦 5244 號 *＋俄敦 5259 號 *＋甘博 56 號、俄敦 9410 號 *＋俄敦 8461 號 *、北敦 3201 號、北敦 11415 號＋斯 8820 號、俄敦 6077 號 *、俄敦 11803 號 *、北敦 11031 號＋北敦 9162 號、青島 14 號、北敦 14624 號＋北敦 1406 號、斯 10236 號、俄敦 2601 號、北敦 6682 號、北敦 4223-1 號、北敦 10398 號＋北敦 4136 號＋北敦 3895 號、斯 8347 號、斯 8638 號＋北敦 6406 號＋斯 10220 號、青島 11 號、北敦 11410 號＋北敦 11404 號＋北敦 5645 號、俄敦 5304 號 *、俄敦 5128 號 *、傅圖 50F 號、斯 3476 號、北大敦 D159 號、北敦 11866 號、伯 4733 號＋伯 4801 號、北敦 7322 號、北敦 11446 號＋北敦 11799 號＋北敦 8081 號、北敦 3651 號、斯 4695 號、北敦 3118-1 號、斯 1395 號＋斯 8812 號＋斯 10700 號、斯 5425 號、北敦 5504-1 號、<u>俄敦 2611 號＋俄敦 2644 號＋北敦 883 號＋俄敦 2483 號</u>＋俄敦 5172 號、北敦 5872 號＋羽 87-1 號、北敦 6235 號＋北敦 9171 號、北敦 6562-1 號、北敦 8067-1 號、北敦 6415-1 號、北敦 11009 號、斯 3253 號、俄敦 548 號、北敦 125 號、羽 92 號、北敦 1283 號、斯 144 號、津文 12 號、羽 402 號、斯 7307 號、北敦 4183 號＋北敦 4168 號、俄敦 8824 號 *、北敦 6444 號、<u>俄敦 1192 號＋俄敦 1193 號</u>＋俄敦 2618 號＋斯 3123 號、斯 952 號、北敦 6722 號＋北敦 6666 號、俄敦 16747 號 *、俄敦 454B 號、俄敦 5501 號 *、北敦 9168 號、俄敦 8232 號 *、北敦 7524-1 號、俄敦 9014 號、俄敦 16534 號 *、斯 9375 號、北敦 16190A 號、北敦 16190B 號、北敦 16190C 號、北敦 16190D 號、斯 10186 號、俄敦 11989 號 *＋俄敦 18934 號 *、俄敦 10276 號 *、俄敦 12825 號背 *、北敦 6206 號、斯 2970 號、石谷風 57 號、LD.5142-05、斯 7610 號、斯 7629 號、斯 7680 號、斯 7731 號、斯 7772 號、斯 8014 號、斯 8104A 號、斯 8104B 號、斯 8267 號、斯 8340 號、斯 8341 號、斯 8374 號。

二六、大智度論

《大智度論》，又稱《智度論》《智論》《大論》，亦稱《摩訶般若波羅蜜經釋論》《摩訶般若釋論》《大智度經論》《大慧度經集要》《大智釋論》，一百卷，古印度龍樹菩薩撰，後由姚秦鳩摩羅什於弘始四年至七年（402—405）譯成漢文。鳩摩羅什將梵文本《摩訶般若波羅蜜經》和《大智度論》同時譯出，先譯經，後譯論，又以論對經進行校訂。

《大智度論》爲印度大乘佛教經典，對《摩訶般若波羅蜜經》作了系統解説及論證。全書所援引的經典、論書極多，内容涵蓋甚廣，涉及哲學、歷史等領域，保存了大量當時流傳於北印度的民間故事和傳説，是研究大乘佛教和古印度文化的重要資料，被稱爲"論中之王""佛教的百科全書"。

《大智度論》爲歷代大藏經所收録，敦煌本則保存了一批該經最早的抄本。經普查，已刊布的敦煌文獻中共有《大智度論》498號（含各家未定名殘片近200號），包括：國圖藏116號，英藏75號，法藏26號，俄藏214號，散藏67號。[①]其中，首尾完整者僅26號，其餘467號皆有不同程度的殘損，其中不乏本爲同一寫卷而被撕裂爲數號者。前賢業已做過少量的綴合，已有綴合成果共計將該經85號綴合爲30組。包括《孟録》綴合2組：俄敦1803號、俄敦1804號、俄敦1805號，俄敦1882號、俄敦2134號；《甘藏》敘録

---

① 敦煌《大智度論》及《摩訶般若波羅蜜經》未定名殘片，我們的學術團隊在2011—2012年全面普查時曾做過系統的比定，其中包括《俄藏》未定名殘卷的定名，在此基礎上，郭曉燕的碩士論文《敦煌本〈大智度論〉寫本考》（浙江師範大學，2012年5月）、范麗婷的碩士論文《敦煌漢文寫本〈摩訶般若波羅蜜經〉研究》（浙江師範大學，2018年6月）作了進一步的考證。其中部分定名後來出版的《俄録》略同，可以互勘。凡上述二文已先於《俄録》作出正確定名的，下文僅標注"《俄録》定名同"，不再逐一出校説明。

綴合 1 組：敦研 52 號…敦研 224 號＋敦研 264 號①；劉顯《敦煌寫本〈大智
度論〉研究》綴合 26 組②：北敦 6869B 號＋浙敦 91A 號，敦研 25 號＋敦研
26 號，北敦 7657 號＋北敦 11921 號，敦研 171 號＋敦研 143 號，斯 5955 號＋
北敦 3026 號，斯 5288 號＋伯 2199 號，北敦 6724 號＋斯 2988 號，斯 7454
號＋伯 4865A 號＋北敦 5974 號＋伯 4865B 號，北敦 10165 號＋北敦 9890 號＋
北敦 12148 號，伯 4939 號…俄敦 526 號…北敦 3564 號…俄敦 1092 號，北敦
11818 號…北敦 7385 號…北敦 7315 號＋北敦 2251 號，北敦 10440 號…北敦
10898 號，斯 629 號…北敦 6811 號，北敦 7581 號…北敦 7752 號，北敦 9853
號…斯 6632 號，北敦 10227 號＋北敦 11714 號＋北敦 10758 號＋北敦 11070 號＋
北敦 9666 號…北敦 7658 號，斯 1538 號＋北敦 14081 號③，斯 7163 號…北敦
11570 號…北敦 8451 號＋北敦 14086 號，斯 5375 號…斯 224 號，北敦 8095
號…北敦 11474 號…津藝 65E 號…北敦 10817 號…北敦 3533 號＋北敦 8533 號，
斯 786 號…北敦 11440 號，北敦 6016 號＋北敦 11950 號…北敦 6018 號，伯
2739 號…伯 4838 號，北敦 10934 號＋北敦 11641 號…北敦 6764 號，斯 4195

---

① 《甘藏》叙録謂此 3 片可以綴合，未拼合圖片。按：敦研 52 號與敦研 224 號不能直接綴合，對照《大正藏》
此中所缺文字爲“解脱經説，佛欲生時，八萬四千一生補處菩薩在前導”，因此應爲“敦研 52 號…敦研 224 號＋
敦研 264 號”，圖片綴合後，敦研 264 號與敦研 224 號有“功”“從”“真”“天”“際”個別字筆劃不能完全相接。

② 本文初稿完成後，劉顯《敦煌寫本〈大智度論〉殘卷綴合五則》(《歷史文獻研究》2020 年第 1 期，第
224—235 頁）新綴 1 組：俄敦 11543 號＋俄弗 307 號；補綴 4 組：其中“斯 7105 號…俄敦 5948 號…中村 57 號”
是在郭曉燕論文的基礎上進行補綴，“北敦 11818 號＋北敦 3614 號…北敦 7385 號…北敦 7315 號＋北敦 2251 號”“北
敦 9853 號＋俄敦 6109 號…斯 6632 號” 2 組是在他本人《敦煌寫本〈大智度論〉研究》的基礎上進行補綴，“伯
4939 號…俄敦 4411 號＋俄敦 526 號…北敦 14825DE 號…北敦 3564 號…俄敦 1092 號…北敦 14825CJ 號…北敦
14825CG 號”是在郭曉燕及劉顯《敦煌寫本〈大智度論〉研究》的基礎上進行補綴。其中“北敦 9853 號＋俄敦
6109 號…斯 6632 號”，本文也進行了綴合，詳見第 12 組。又，劉顯《敦煌本〈大智度論〉殘卷綴合八則》(《社
科縱橫》2020 年第 3 期，第 103—110 頁）中補綴 1 組：“北敦 7657 號＋北敦 11921 號…中村 19 號”，是在《敦
煌寫本〈大智度論〉研究》的基礎上進行補綴；重綴 1 組：北敦 16456D 號＋北敦 16456B…北敦 16456A 號；新
綴 6 組：俄敦 9569 號＋俄敦 241 號，北敦 14901 號＋北敦 15352 號，斯 5955 號＋北敦 3026 號，斯 1224 號…斯
4312 號，津文 2 號…北敦 15310 號，北敦 10934 號＋北敦 11641 號…北敦 6764 號，其中“斯 5955 號＋北敦 3026
號”“北敦 10934 號＋北敦 11641 號…北敦 6764 號” 2 組綴合已收録於《敦煌寫本〈大智度論〉研究》。此後又於
《敦煌漢文本〈大智度論〉整理與研究》(廣陵書社 2021 年，第 102 頁）新綴 1 組：俄敦 3580 號…俄敦 17631 號。

③ 該組原爲“斯 1538 號…北敦 14081 號”，筆者核此二號內容上下相接，行款書迹相同，可直接綴合，應爲“斯
1538 號＋北敦 14081 號”。

號＋斯 461 號＋伯 4525 號…伯 4525 號背，北敦 10212 號…北敦 10006 號；[①]
趙鑫曄綴合 1 組：俄敦 3793 號＋俄敦 4097 號。[②]

在前賢綴合研究的基礎上，本文又將可以確定的《大智度論》殘卷 83
號綴合爲 33 組，見第 1—32 組（第 21 組俄敦 5786 號＋俄敦 5867 號＋俄敦
5720 號＋斯 1830 號的内容已見導論，故此略去）。另有暫不能完全確定的可
以綴合的殘卷 3 號 1 組，附列於後，見第 33 組。以上共將 86 號綴合爲 34 組。

由於《大智度論》爲《摩訶般若波羅蜜經》的釋經論，二者經文部分有重合，
因此部分殘片暫不能確定出於《摩訶般若波羅蜜經》還是《大智度論》，這類
殘片及其綴合一律歸併到《摩訶般若波羅蜜經》之下，可以參看。

1. 斯 7105 號…俄敦 5948 號

（1）斯 7105 號，見《寶藏》54/403B—404A。卷軸裝。後部如圖 1 右部
所示，前後皆殘，存 25 行，行約 17 字（首行僅存上部 3 殘字，次行下殘 7—
8 字，末行上部約 7 字殘缺）。楷書。有烏絲欄。原卷無題，《寶藏》擬題“大
智度初品總説如是我聞釋論第三（《大智度論》卷第二）”。

（2）俄敦 5948 號，見《俄藏》12/284B。殘片。前部如圖 1 左部所示，
存 25 行，行約 17 字（首行上部 2 字右側略有殘損）。楷書。有烏絲欄。原卷
無題，《俄藏》未定名。

按：據殘存文字推斷，後號亦爲《大智度論》卷二殘片（《俄録》定
名同），且二號内容前後相近，存有綴合的可能性。比較二號共有的
“藏”“愍”“衆”“經”“難”“佛”“劫”等字，如表 1 所示，字迹似同。且二
號行款格式相同（皆有烏絲欄，滿行皆約 17 字，行距、字距、字體大小相近），
書風相似（字體端正，筆墨均匀，字距疏朗），字迹似同。由此判定，此二號
確可綴合。綴合後如圖 1 所示，二號不直接相連，據完整文本，其間缺“五

① 劉顯《敦煌寫本〈大智度論〉殘卷綴合研究》，《宗教學研究》2011 年第 2 期，第 104—108 頁；劉顯《敦煌寫本〈大智度論〉研究》，中國社會出版社，2011 年，第 11—99 頁。

② 趙鑫曄《俄藏敦煌文獻第 11 册佛經殘片初步綴合研究》，《出土文獻綜合研究集刊》第 1 輯，巴蜀書社，2014 年，第 321 頁。

日説戒時集和合僧大迦葉入禪定以天眼觀今是衆中誰有煩惱未盡應逐出者唯" 34 字，合 2 行。二號綴合後，存文起 "▨▨（有阿）難一人不盡"，訖 "大迦葉復言" 句前四字，相應內容參見《大正藏》T25/67C2—68B3。

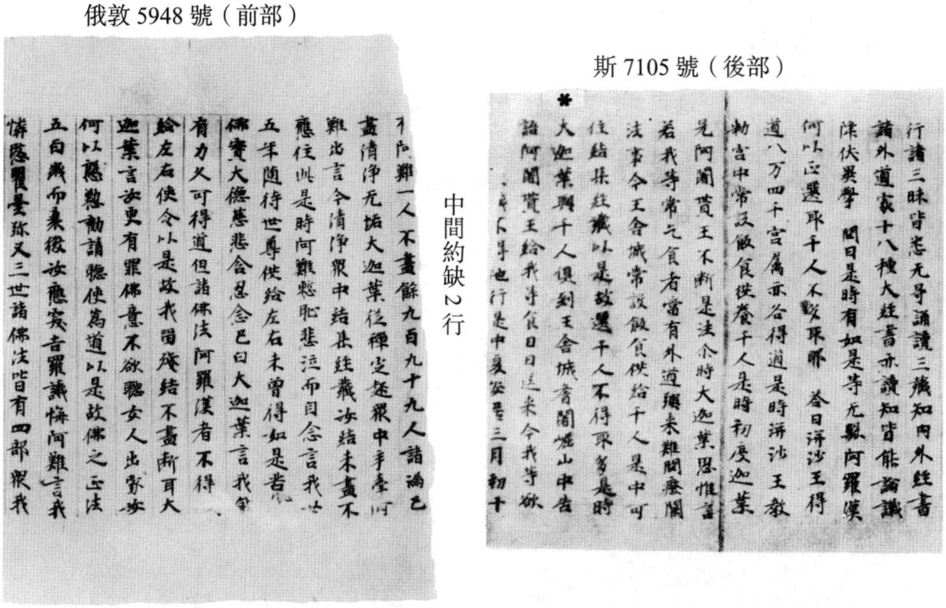

俄敦 5948 號（前部）

斯 7105 號（後部）

中間約缺 2 行

圖 1　斯 7105 號（後部）…俄敦 5948 號（前部）綴合示意圖

表 1　斯 7105 號、俄敦 5948 號字迹比較表

例字 卷號	藏	愍	衆	經	難	佛	劫
斯 7105 號							
俄敦 5948 號							

2. 俄敦 6662 號 + 俄弗 305 號

（1）俄敦 6662 號，見《俄藏》13/169B。殘片。如圖 2 右部所示，前後皆殘，存 17 行，行約 21 字（首行僅存下部 7 殘字，末行左側大半殘損）。隸書。有烏絲欄。行間有校補文字。原卷無題，《俄藏》未定名。

（2）俄弗 305 號，見《俄藏》5/127B。殘片。如圖 2 左部所示，前後皆殘，存 12 行，行約 21 字（首行右側略有殘損，末行中下部左側大半殘損）。隸書。有烏絲欄。行間有校補文字。原卷無題，《孟録》考定爲《大智度論》殘卷，《俄藏》擬題“大智度論卷第七初品中佛土願釋論第十三”，《俄録》同。《孟録》稱此卷爲 4—5 世紀寫本。

俄弗 305 號　　　　　　　　俄敦 6662 號

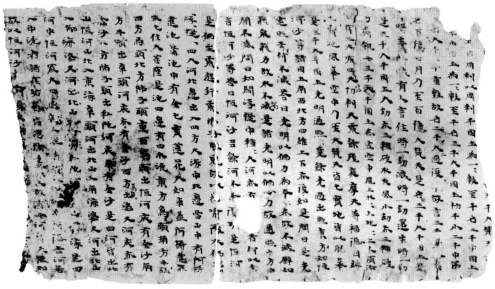

圖 2　俄敦 6662 號 + 俄弗 305 號綴合圖

　　按：據殘存文字推斷，上揭二號皆爲《大智度論》卷七初品中放光釋論第十四殘片（前號《俄録》定名同），後號《俄藏》擬題不準確。二號內容前後相承，可以綴合。綴合後如圖 2 所示，接縫處邊緣吻合，俄敦 6662 號末行行末“是恒河”三字與俄弗 305 號首行行端“是佛生處”相連成句，二號接縫處原本分屬二號的“處遊行處弟子眼見故以爲喻復次佛出閻”十七字皆得復合爲一，橫向烏絲欄亦可對接。又二號行款格式相同（天頭地脚等高，皆有烏絲欄，滿行皆約 21 字，行距、字距、字體大小相近，行間皆有校補文字），書風相近（均爲隸書，捺筆較重），字迹似同（比較二號共有的“故”“大”“河”“東”“方”等字），可資參證。二號綴合後，所存內容起《大智度論》卷七初品中放光釋論第十四“千梵世天”句後二字左側殘畫，訖“復次餘河名字喜轉”等字的右側殘筆，相應内容參見《大正藏》T25/113C20—114A28。

又《孟録》稱俄弗305號爲4—5世紀寫經，近是。今既知俄敦6662號與俄弗305號可以綴合，則俄敦6662號也應爲同一時期寫經。此二片重文符號作“ㄟ”“⺀”或“ヽ”形，删字符號作三點或一點（“婆叉河出北山入西海”句底卷重出，衍其一，其中後出者於“婆”字“海”字右側標三點，中間七字右側標一點，以示此九字爲衍文應删除），皆合於敦煌六朝寫經的特點。

3. 俄敦11609號＋俄敦11619號＋俄敦11605號

（1）俄敦11609號，見《俄藏》15/276B。殘片。如圖3右部所示，存18行，行約19字（每行上部或下部多有殘損，後二行上部殘缺約6字）。隸楷。有烏絲欄。原卷無題，《俄藏》未定名。

（2）俄敦11619號，見《俄藏》15/281B。殘片。如圖3中上部所示，存3殘行，首行僅存上部五六字左側殘筆，後2行各存6字（不計重文符號）。隸楷。有烏絲欄。原卷無題，《俄藏》未定名，《俄録》定作“雜譬喻經”。

（3）俄敦11605號，見《俄藏》15/274B。殘片。如圖3左部所示，存13行，行約19字（末5行下部有殘損，末行僅存上部2—3字右側殘筆）。隸楷。有烏絲欄。原卷無題，《俄藏》未定名。

按：據殘存文字推斷，上揭三號皆爲《大智度論》卷八初品中放光釋論第十四之餘殘片（前後二號《俄録》定名同），且其内容前後相接，可以綴合。綴合後如圖3所示，接縫處邊緣吻合，横縱烏絲欄亦可對接。俄敦11619號恰可補入俄敦11609號左上角，縱向接縫處原本分屬二號的“一切”“衆生福”五字皆得成完璧；俄敦11609號第16行行末“相對相觸”與俄敦11619號第2行“能持大水”前後相接，俄敦11619號第2行“水上有”與俄敦11609號第17行“一千頭人”上下相接成句，俄敦11619號第3行“齊（臍）中出千葉”與俄敦11609號第18行“金色妙寶蓮花”上下相接成句，其間皆無缺字。俄敦11609號＋俄敦11619號與俄敦11605號左右相接，二片於“如万日 / 俱照”句前後相接，中無缺字。此三號行款格式相同（天頭等高，皆有烏絲欄，滿行亦約19字，行距、字距、字體大小相近，重文符號皆作二短横形），書風相似（皆用隸楷，捺筆較重，橫筆較細），字迹似同（比較三號皆有的"人""千""中""上"等字），可資參證。三號綴合後，存文起"佛時即令一切衆會皆見无量壽佛世界嚴净"句"會皆見"三字左側殘畫，可以辨識的文字訖"是故佛自語時"句"是"上部殘形，相應内容參見《大正藏》T25/115C17—116A23。

俄敦 11605 號　　　俄敦 11619 號　　　　俄敦 11609 號

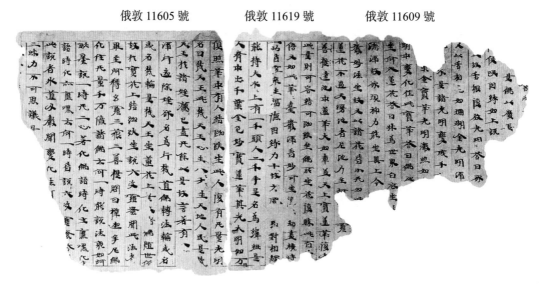

圖 3　俄敦 11609 號＋俄敦 11619 號＋俄敦 11605 號綴合圖

又俄敦 11609 號、俄敦 11605 號爲《大智度論》卷八殘片，《俄録》定名同，稱其爲"北朝寫經，典型經生體"，近是；但又把俄敦 11619 號定作"雜譬喻經"，則誤。

4. 伯 4939 號…俄敦 4411 號＋俄敦 526 號…北敦 14825DE 號…北敦 3564 號…俄敦 1092 號…北敦 14825CJ 號…北敦 14825CG 號

（1）伯 4939 號…俄敦 526 號…北敦 14825DE 號…北敦 3564 號…俄敦 1092 號…北敦 14825CJ 號…北敦 14825CG 號，此七片劉顯《敦煌寫本〈大智度論〉研究》《敦煌寫本〈大智度論〉殘卷綴合五則》已綴合。但此七片皆不直接相連，其中的伯 4939 號後部如圖 4 右部所示，存 25 行（前後上下多有殘損），俄敦 526 號如圖 4 左部所示，存 14 行（首行、末 2 行上殘），行皆 17 字，楷書，有烏絲欄，原卷無題，整理者皆定作《大智度論》卷八殘片，此二片間所缺內容相當於《大正藏》T25/117A14—117C7，缺約 50 行。

（2）俄敦 4411 號，見《俄藏》11/227B。殘片。如圖 4 右部所示，存 9 殘行，行約 17 字（首 3 行上下殘，末行下殘）。楷書。有烏絲欄。原卷無題，《俄藏》未定名。

按：據殘存文字推斷，上揭八片皆爲《大智度論》卷八初品中放光釋論第十四之餘殘片（後號《俄錄》定名同），且俄敦 4411 號可與劉顯業已綴合的俄敦 526 號直接綴合。綴合後如圖 4 所示，俄敦 4411 號與俄敦 526 號左右相接，接縫處邊緣吻合，原本分屬二號的"未""心"二字皆得復合爲一，二號內容於"▨▨（其福）/未熟，智心/不利"句前後相連，中無缺字。又二者行款格式相同（地腳等高，皆有烏絲欄，滿行皆約 17 字，行距、字距、字體大小相近），書風相近（字形方正，筆墨濃重，帶有隸書意味），字迹似同（比較二者共有的"是""天""說""苔""佛"等字），可資參證。俄敦 4411 號與俄敦 526 號綴合後，與前片伯 4939 號依然不直接相連，間缺約 41 行。此八片綴合後，相應內容參見《大正藏》T25/116C16—121A15。

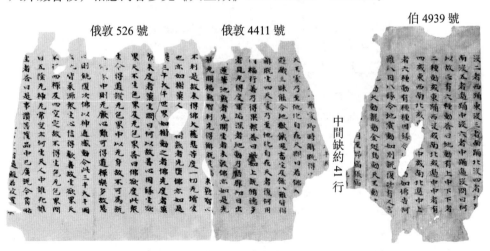

圖 4　伯 4939 號…俄敦 4411 號＋俄敦 526 號綴合圖

5. 俄敦 3816 號＋俄敦 6679 號＋俄敦 6172 號

（1）俄敦 3816 號，見《俄藏》11/56B。殘片。如圖 5 右部所示，存 3 殘行，行約 19 字（第 1 行僅存行末一二字左側殘筆，次行存下部 5 殘字，第 3 行上

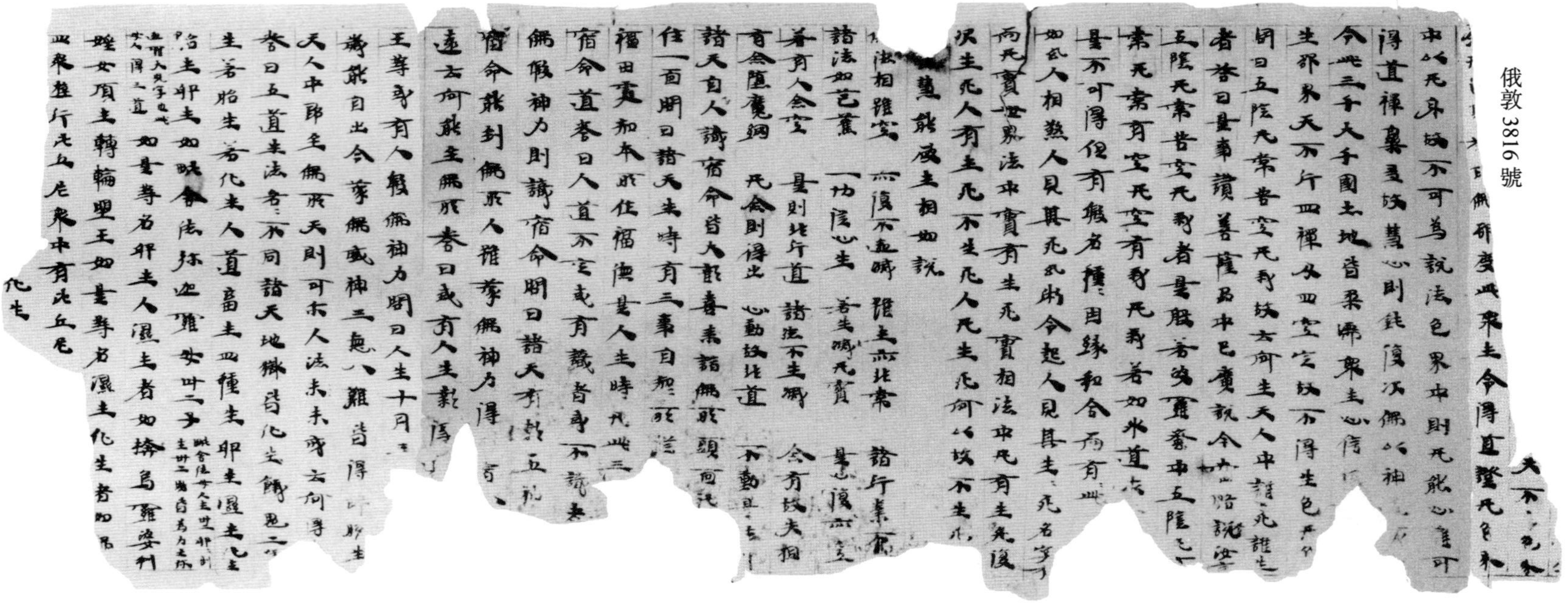

俄敦 6679 號

俄敦 6172 號

圖 5　俄敦 3816 號＋俄敦 6679 號＋俄敦 6172 號綴合圖

部8字右側殘損）。隸楷。有烏絲欄。原卷無題，《俄藏》未定名。《曾良》擬題"《大智度論》卷第八"。

（2）俄敦6679號，見《俄藏》13/178A。殘片。如圖5中部所示，存24行（每行下端多有殘損），行約19字。隸楷。有烏絲欄。原卷無題，《俄藏》未定名。

（3）俄敦6172號，見《俄藏》13/31B。殘片。如圖5左部所示，存10行，行約20字（每行下端多有殘損，末行僅存中部2字，正文單行大字，注文雙行小字）。隸楷。有烏絲欄。原卷無題，《俄藏》未定名。

按：據殘存文字推斷，上揭三號皆爲《大智度論》卷八初品中放光釋論第十四之餘殘片（《俄錄》定名同），且此三號內容前後相承，可以綴合。綴合後如圖5所示，接縫處邊緣吻合，俄敦3618號與俄敦6679號左右相接，俄敦3618號第3行末"无色界"三殘字與俄敦6679號首行行首"中以无身故"五字相連成句；俄敦6679號與俄敦6172號左右相接，俄敦6679號末行行末約缺5字，據完整文本擬補，正可與俄敦6172號首行行首文字校補作"或有人生報得□□□□□（神通，如轉輪）王、［聖人］等"，內容正相接續。又上揭三號行款格式相同（天頭等高，皆有烏絲欄，滿行皆約20字，行距、字距、字體大小相近），書風相似（皆爲隸楷，捺筆較重，橫筆細長），字迹似同（比較三號共有的"令""生""无""苔""人""佛""問"等字），可資參證。三號綴合後，存文起"善心因緣生欲界天"句的"天"字，訖"人皆化生"句的"化生"二字，相應內容參見《大正藏》T25/117C10—118A26。

6. 俄敦4445號＋俄敦4619號

（1）俄敦4445號，見《俄藏》11/237B。殘片。如圖6右下部所示，存5殘行，行存上部2—4字（末行僅存中部2字部分殘筆）。楷書。原卷無題，《俄藏》未定名。

（2）俄敦4619號，見《俄藏》11/284A。殘片。如圖6左上部所示，存5殘行，行存上部1—3字（首行僅存首字上部殘筆，末行僅存上部2字右側殘畫）。楷書。原卷無題，《俄藏》未定名。

按：據殘存文字推斷，上揭二號皆爲《大智度論》卷十五釋初品中羼提

波羅蜜法忍義第二十五殘片
（《俄錄》定名同）。據完整文
本推算，滿行皆約 17 字。二
號内容前後相承，可以綴合。
綴合後如圖 6 所示，接縫處
吻合無間，俄敦 4619 號首行
首字上部殘畫與俄敦 4445 號
第三行首字下部殘形可以拼合
成一個完整的"故"字；俄敦
4619 號第二行"過"字右下

俄敦 4619 號

俄敦 4445 號

圖 6　俄敦 4445 號 + 俄敦 4619 號綴合圖

角撕裂在俄敦 4445 號第四行行首，二者拼合，"過"字亦得其全。又二號行
款格式相同（滿行皆約 17 字，行距、字距、字體大小相近），書風相近（字
形方正，結構規整，筆墨濃重），字迹似同（比較二號共有的"恒""河""沙"
等字的寫法），可資參證。二號綴合後，存文起"此言誰當信者"句之前三
字左側殘筆，訖"信力大故"句之前二字右側殘筆，相應内容參見《大正藏》
T25/171C7—171C14。

7. 俄敦 18637 號…俄敦 18688 號 + 俄敦 18618 號…俄敦 18636 號

（1）俄敦 18637 號，見《俄藏》17/235B。殘片。如圖 7 右部所示，存 9
殘行，行存上部 3—5 字。楷書。有烏絲欄。原卷無題，《俄藏》未定名。

（2）俄敦 18688 號，見《俄藏》17/240B。殘片。如圖 7 中右部所示，
存 2 殘行，行存上部 5 字。楷書。有烏絲欄。原卷無題，《俄藏》未定名，《俄
錄》擬題"大智度論卷第十六釋初品中毗梨耶波羅蜜義第二十七"。

（3）俄敦 18618 號，見《俄藏》17/232B。殘片。如圖 7 中左部所示，
存 6 殘行，行存中上部 3—6 字。楷書。有烏絲欄。原卷無題，《俄藏》未定名。

（4）俄敦 18636 號，見《俄藏》17/235B。殘片。如圖 7 左部所示，存 9 殘行，
行存上部 2—7 字（首行僅存上部 2 字左側筆畫）。楷書。有烏絲欄。原卷無題，
《俄藏》未定名。

按：上揭四號皆爲《大智度論》卷十六釋初品中毗梨耶波羅蜜義第二十七

殘片（前號與後二號《俄録》定名亦同），且内容前後相承，存在綴合的可能
性。本文初稿指出（1）（3）（4）"很可能爲同一寫卷之割裂"，後來《俄録》
又指出（2）號與（1）（4）號亦"爲同卷同品殘片"，甚是。（2）（3）號左
右相接，（2）號次行"常求産"下可據論文補"婦藏血飲之，形如燒樹，咽
如針"12字，（3）號首行行首殘字應爲"若"，其上應缺一"孔"字，"咽如
針"正與"孔"字相連成句。又比較（4）與（3）號共有的"而""之"等字，
（4）與（1）號共有的"因""驅"等字，以及（1）與（3）號共有的"見"
字，字迹近同。又四號行款格式相同（皆有烏絲欄，行距、字距、字體大小
相近，滿行皆約17字），書風相似（其書體均帶有濃厚的隷書意味）。由此
判定四號很可能爲同一寫卷之割裂，試作綴合如圖7所示，（1）（2）號、（3）
（4）號不直接相連，據完整文本推算，（1）（2）號間約缺46行，（3）（4）號
間約缺98行。相應内容參見《大正藏》T25/175A8—175A16、T25/175C10—
175C18、T25/177A20—177A28。

圖7　俄敦18637號…俄敦18688號+俄敦18618號…
俄敦18636號綴合示意圖

8. 俄敦6364號+俄敦7310號

（1）俄敦6364號，見《俄藏》13/94B。殘片。如圖8右部所示，存6殘行，
行存上部3—6字。楷書。有烏絲欄。原卷無題，《俄藏》未定名。

（2）俄敦7310號，見《俄藏》13/291B。殘片。如圖8左部所示，僅存
2殘行，行存上部2—5字。楷書。烏絲欄可見。原卷無題，《俄藏》未定名。

按：據殘存文字推斷，上揭二號皆爲《大智度論》卷十六釋初品中毘梨

耶波羅蜜義第二十七殘片（《俄録》定名同）。據完整文本推算，滿行皆 18—20 字。二號内容前後相承，可以綴合。綴合後如圖 8 所示，對照完整文本，俄敦 6364 號第 6 行下缺約 12 字，該行原文應爲 "見然燈佛以▨（五）▭▭（華散佛，布髮泥中，得无生法忍）"，其後恰與俄敦 7310 號首行 "即時六波▨□（羅蜜）" 云云前後相接。又二號行款格式相同（每行字數相近，天頭等高，皆有烏絲欄，行距、字距、字體大小相近），書風相似（筆墨濃重、均匀，橫豎筆畫粗細相當），字迹似同（比較二殘片共有的 "量" "時" 的寫法），可資參證。二號綴合後，存文起 "或持齋節食" 句後二字，訖 "見十方无量諸佛" 句 "量諸" 二字，相應内容參見《大正藏》T25/180A25—180B4。

伯 4636-1 號（前部）　　　　伯 4584 號（後部）

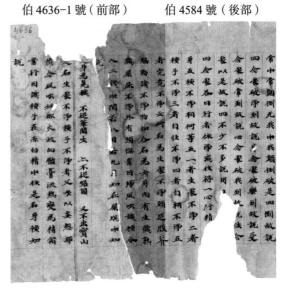

圖 8　俄敦 6364 號 + 俄敦 7310　　　圖 9　伯 4584 號（後部）+ 伯 4636-1 號
　　　號綴合圖　　　　　　　　　　　　　　　（前部）綴合圖

9. 伯 4584 號 + 伯 4636-1 號

（1）伯 4584 號，彩照見 IDP。後部如圖 9 右部所示，前後皆殘，存 57 行，行約 17 字（前 4 行下部殘缺，首行僅存行端 3 字，末行僅存行首 "説" 字右部大半，倒 2 行下部殘缺）。楷書。有烏絲欄。卷面有水漬。原卷無題，《索引》

泛題 "殘佛經一節"，《法錄》擬題 "大智度論"，《索引新編》擬題 "大智度論卷第十九釋初品中三十七品義第三十一（殘）"，《法藏》擬題 "《大智度論》卷第十九"。

（2）伯4636-1號，彩照見IDP。前部如圖9左部所示，前後皆殘，存24行（其中2行所存部分空白，首行僅存下部7字，其中前三字右部殘損，末行僅存2殘字），散文行約17字，偈頌行20字。楷書。有烏絲欄。原卷無題，《索引》泛題 "殘佛經一節"，《法錄》擬題 "大智度論"，《索引新編》泛題 "佛經論疏"，《法藏》擬題 "《大智度論》卷第十九"。

按：上揭二號皆爲《大智度論》卷十九釋初品中三十七品義第三十一殘片，且内容前後相承，可以綴合。綴合後如圖9所示，接縫處邊緣吻合，伯4584號倒2行下部殘缺的七字在伯4636-1號首行，二號拼合，原本分屬二號的 "月""如在"三字復合爲一；伯4636-1號首行末字 "如"與伯4584號末行 "說"字相連成句。又二號行款格式相同（皆有烏絲欄，滿行皆約17字，行距、字距、字體大小相近），字迹書風似同（比較表2所舉例字），可資參證。二號綴合後，存文起 "知己，世尊"句後三字，訖 "難御無反復，背恩如小人"句 "難""人"二殘字，相應内容參見《大正藏》T25/198A26—199A27。

表2　伯4584號、伯4636-1號字迹比較表

例字 卷號	風	不	净	中	爲	是	説	故	念
伯4584號	風	不	淨	中	爲	是	說	故	念
伯4636-1號	風	不	淨	中	爲	是	說	故	念

10. 俄敦11892A號＋俄敦12006號＋北敦11224號＋斯3677號

（1）俄敦11892A號，見《俄藏》15/350A。殘片。如圖10右部所示，存4殘行，行約17字（每行下部殘損，首行上部亦有殘損）。楷書。有烏絲欄。原卷無題，《俄藏》未定名，《俄錄》擬題 "大智度論卷第十九釋初品中三十七品義第三十一"。

（2）俄敦 12006 號，見《俄藏》16/18A。殘片。如圖 10 中右部所示，存 4 殘行（每行下部有殘損），行約 17 字。楷書，有烏絲欄。原卷無題，《俄藏》未定名，《俄錄》擬題 "大智度論卷第十九釋初品中三十七品義第三十一"。

（3）北敦 11224 號（北臨 1353），見《國圖》109/85A。殘片。如圖 10 中左部所示，存 12 行，行約 17 字（前 4 行上部殘損，後 2 行下部殘損，末行僅存行首四字右側殘形）。楷書。有烏絲欄。原卷無題，《國圖》擬題 "《大智度論》卷一九"，條記目錄稱此爲 6 世紀隋寫本。

（4）斯 3677 號（翟 4220），見《寶藏》30/429。前部如圖 10 左部所示，前殘尾全，存 436 行，行約 17 字（首行僅存下部 4 殘字，次行上部 5 字殘缺，末尾 5 行下部有殘損）。楷書。有烏絲欄。尾題 "大智度經卷第廿八"，中有品題 "大智度初品中三三昧品第卅一釋論"。

斯 3677 號（前部）　　　北敦 11224 號

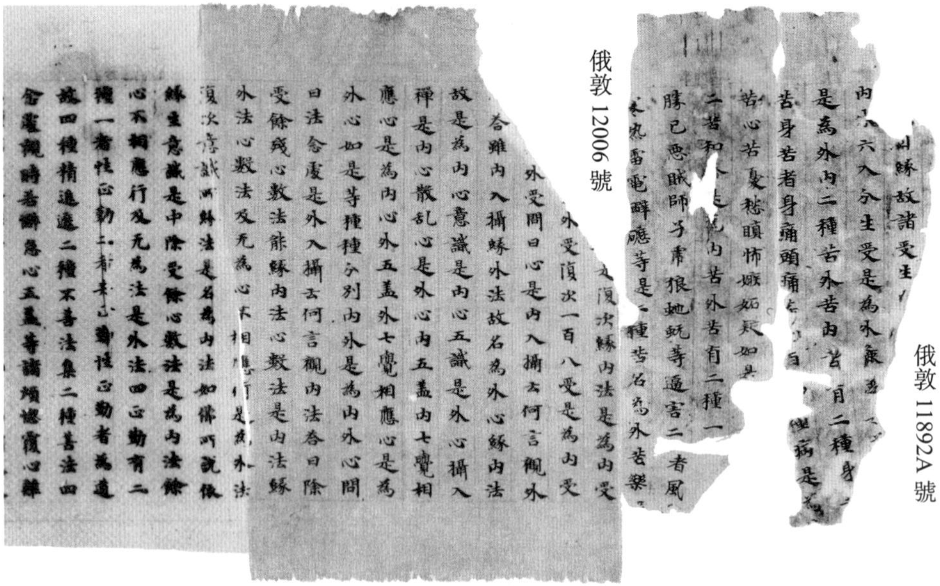

圖 10　俄敦 11892A 號 + 俄敦 12006 號 + 北敦 11224 號 +
斯 3677 號（前部）綴合圖

　　按：據殘存文字推斷，前二號亦爲《大智度論》殘片（《大正藏》本皆在卷十九），且上揭四號内容前後相承，可以綴合。綴合後如圖 10 所示，接縫處邊緣吻合，根據殘存文字推斷，比對完整文本，可以推知前二號、中二號、後二號皆左右相接，俄敦 11892A 號第 4 行行末"是爲"下殘字應爲"身"字，與俄敦 12006 號首行首字"苦"相連爲"是爲身苦"句，先後正相銜接；俄敦 12006 號末行行末"樂"下殘字應爲"受"字，北敦 11224 號首行中部殘字應爲"是"字，其上應缺"不苦不樂受亦如"六字，二號拼合，可連成"樂受、不苦不樂受亦如是"句，先後亦正銜接；北敦 11224 號後二行下部殘缺的部分大部撕裂在斯 3677 號，二號拼合，原本分屬二號的"是爲外法""識所"六字皆得復合爲一。又此四號行款格式相同（皆有烏絲欄，滿行皆約 17 字，行距、字距、字體大小相近），字迹書風似同（比較表 3 所列例字），可資參證。上揭四號綴合後，存文起"十二入因緣故諸受生"句後六字，訖"三解脱門義略説"句後三字，相應内容參見《大正藏》T25/202A29—208A2，其中品題"大智度初品中三三昧品第卅一釋論"之前文字《大正藏》本在卷十九釋初品中三十七品義第三十一，品題以後文字《大正藏》本在卷二十釋初品中三三昧義第三十二，底卷卷次及品題序次有所不同。

表 3　俄敦 11892A 號、俄敦 12006 號、北敦 11224 號、
斯 3677 號字迹比較表

例字 卷號	内	是	外	爲	種
俄敦 11892A 號	内	是	外	爲	種
俄敦 12006 號	内	是	外	爲	種
北敦 11224 號	内	是	外	爲	種
斯 3677 號	内	是	外	爲	種

又《國圖》條記目錄稱北敦 11224 號爲 6 世紀隋寫本，庶幾近是；據以類比，則斯 3677 號、俄敦 12006 號、俄敦 11892A 號也應爲同時的寫本。

11. 北敦 15664 號 + 津藝 265 號

（1）北敦 15664 號（北簡 57862），見 IDP，另見《國圖》144/136A。卷軸裝殘片。後部如圖 11 右部所示，前殘後缺，存 18 行，行約 17 字。楷書。有烏絲欄。原卷無題，《國圖》擬題 "《大智度論》卷一九"，條記目錄稱該卷爲 6 世紀南北朝時期隸書寫本。

（2）津藝 265 號，見《津藝》6/30A—31B。卷軸裝，3 紙。前部如圖 11 左部所示，前後皆缺，存 60 行，行約 17 字。楷書。有烏絲欄。原卷無題，《津藝》擬題 "《大智度論》卷第十九"，敘錄稱該卷爲隋楷書寫本。

津藝 265 號（前部）　　　　　　　北敦 15664 號（後部）

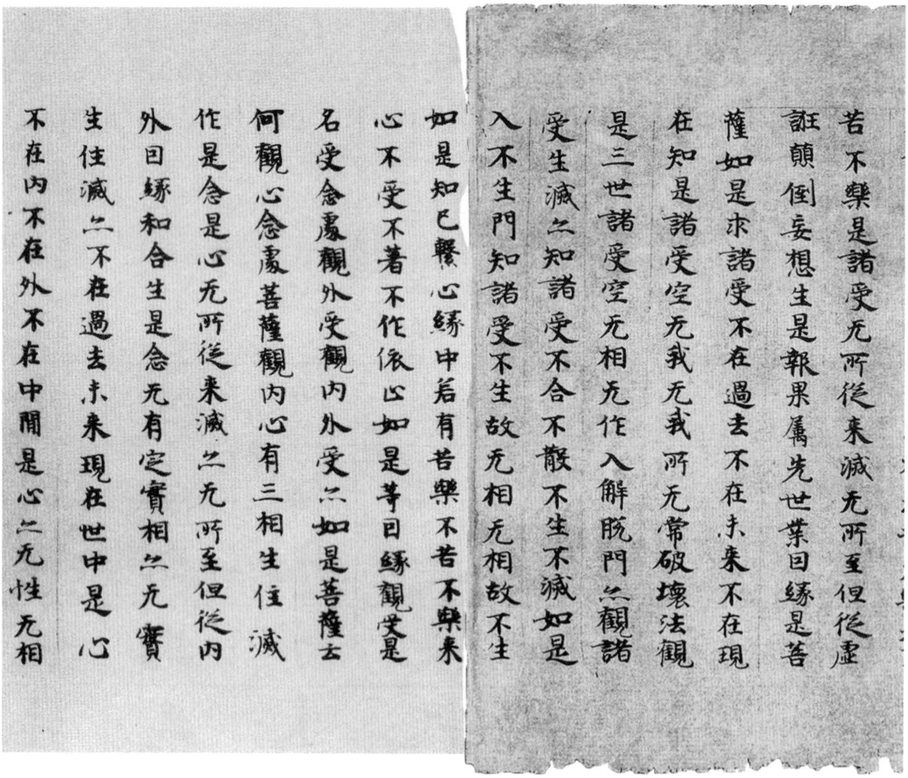

圖 11　北敦 15664 號（後部）+ 津藝 265 號（前部）綴合圖

按：上揭二號皆爲《大智度論》卷十九殘卷，其内容於"无相故不生／如是知已"句前後相接，中無缺字，存有綴合的可能性。查二號接縫處皆爲失黏所致脱落，邊緣整齊，橫向烏絲欄可以對接。比較二號共有的"无""不""觀""内""緣""顛""因""亦"等字，如表4所示，字迹書風似同。且二號行款格式相同（天頭地脚等高，皆有烏絲欄，滿行皆約17字，行距、字距、字體大小相近）。由此判定，此二號確可綴合。綴合後如圖11所示，存文起"▨□▨▨▨（觀是身无我）"，訖"常念不忘如是諸法甚深清净"句前四字，相應内容參見《大正藏》T25/203B28—204B24。

表4　北敦15664號、津藝265號字迹比較表

例字 卷號	無	不	觀	離	緣	顛	因	亦
北敦15664號	无	不	觀	離	緣	顛	曰	亦
津藝265號	无	不	觀	離	緣	顛	曰	亦

又，《國圖》條記目録稱北敦15664號爲6世紀南北朝時期隸書寫本；《津藝》敘録稱津藝265號爲隋楷書寫本，今既知此二號可綴合，則其字體、年代自應一致。比較而言，當以《津藝》所定爲近真。原卷應爲純正的楷書寫卷，但個別字形帶有隸楷演變時期的痕迹，如"離"作"離"、"惱"作"惚"等，爲隋代寫經所經見，故《津藝》敘録判定爲隋楷書寫本，應該是可信的。

12. 北敦9853號＋俄敦6109號…斯6632號

（1）北敦9853號（朝74），見IDP，另見《國圖》106/344A。殘片。存23行，行約17字（首行上下皆有殘缺，末行僅存下端2字右側殘筆）。後部如圖12右部所示。楷書。有烏絲欄。原卷無題，《國圖》擬題"《大智度論》卷二三"，條記目録稱該卷爲5—6世紀南北朝時期隸楷寫本。

（2）俄敦6109號，見《俄藏》13/4A。殘片。如圖12中部所示，存12行，行約17字（其中僅3行基本完整，其餘各行中部或下部多有殘缺，末行僅存行末1字右部殘形）。楷書。有烏絲欄。原卷無題，《俄藏》未定名。

　　按：據殘存文字推斷，後一號亦爲《大智度論》卷二三殘片(《俄録》定名同)，且二號内容先後銜接，應爲同一寫卷之撕裂，可以綴合。綴合後如圖 12 所示，北敦 9853 號與俄敦 6109 號左右相接，北敦 9853 號末行行末"凡夫"與俄敦 6109 號次行行首"人但用世俗□(道)"相連成句；俄敦 6109 號首行上部"不爲无常"的"爲无"二字右側有少許筆畫撕裂在北敦 9853 號末行，二號拼合，差得其全。又此二片行款格式相同(天頭地脚等高，皆有烏絲欄，滿行皆約 17 字，行距、字距、字體大小相近)，書風相近(字形方正，字距疏朗，筆墨濃重且均匀)，字迹似同(比較二號共有的"是""无""所""爲""有""得"等字)，可資參證。二號綴合後，所存内容起"諸法皆无常"句後二字的左側殘形，訖"能浄戒行故"句"能"字的右側殘筆，相應文字參見《大正藏》T25/229B1—229C7。

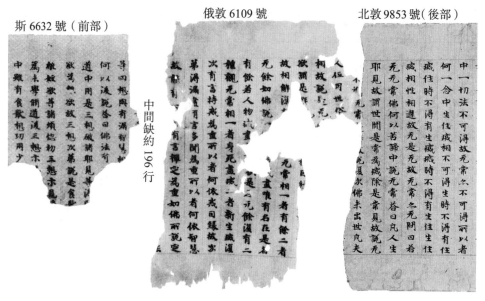

斯 6632 號(前部)　　　　俄敦 6109 號　　　　北敦 9853 號(後部)

中間缺約 196 行

圖 12　北敦 9853 號(後部)＋俄敦 6109 號⋯斯 6632 號(前部)綴合圖

　　又斯 6632 號殘卷，前後皆殘，存 68 行，末有品題"大智度初品中十一智釋論第卅六"，《翟録》稱該卷爲 6 世紀寫本。劉顯指出北敦 9853 號與斯 6632 號可以綴合，但不直接相連，間缺約 207 行(《敦煌寫本〈大智度論〉研究》第 36—37 頁)。今得於北敦 9853 號後綴接俄敦 6109 號，使其間殘缺縮少至 196 行。

　　此三號的字體，已是標準的楷體;《國圖》條記目録稱北敦 9853 號爲隸楷，恐未切當。至於其抄寫時間，恐怕也應後推至隋代以後。《國圖》條記目録稱北敦 9853 號爲 5—6 世紀南北朝時期寫本,《翟録》稱斯 6632 號爲 6 世紀寫本，都嫌太早。

　　13. 北敦 2833 號 + 北敦 16419 號

　　（1）北敦 2833 號（北 7275；調 33），見 IDP，另見《國圖》38/223B—232B。卷軸裝，19 紙。前部如圖 13 所示，前後皆殘，存 414 行，行 19—21 字（前 13 行中上有殘損；末 10 行中下殘；第 2—5 行間下部有一個半橢圓形狀的小塊殘缺）。中有品題 "摩訶波若波羅蜜憂波提舍中十一智第卅一"。楷書。有烏絲欄。《劫餘録》定作《大智度論》卷二三,《寶藏》及《索引新編》定作《大智度論》卷二十三至二十四,《國圖》擬題 "《大智度論》（異卷）卷二三"，條記目録稱該卷稱 "與《大正藏》對照，分卷不同，大部分文字屬於卷二十三，卷末少數文字屬於二十四。與歷代諸藏分卷均不相同"，爲 5—6 世紀南北朝時期隸楷寫本。

　　（2）北敦 16419 號（北臨 4485），見《國圖》146/151A。殘片。如圖 13 右下部所示，僅 2 殘行（行存行末二三字）。楷書。有烏絲欄。原卷無題,《國圖》擬題 "《大智度論》卷二三"，條記目録稱本號原夾在北敦 6065 號中，爲 6 世紀南北朝時期楷書寫本。

　　按：上揭二號内容前後相承，可以綴合。綴合後如圖 13 所示，北敦 16419 號可補入北敦 2833 號第 2—5 行下部殘缺之處，接縫處邊緣吻合，北敦 2833 號第 3 行的 "无明⊠（盡）" 下接北敦 16419 號的 "能除"，北敦 2833 號第 4 行的 "或⊠（有）" 下接北敦 16419 號的 "漏或"，内容亦上下銜接，原本分屬二號的 "盡""有" 二字復得其全，縱向烏絲欄亦可對接。又二號行款格式相同（地脚等高，皆有烏絲欄，行距、字距、字體大小相近），書風相似（字形方正，筆墨均匀，字距疏朗），字迹似同（比較二號共有的 "能""除""漏""或" 字），可資參證。二號綴合後，存文起 "佛種種異名説道" 句 "道" 字左下部殘筆，訖 "不知一切病差" 句前四字，相應内容參見《大正藏》T25/229C13—235C13，後部少量文字今本在卷二四，應係古本開合不同，按其主體部分定作《大智度論》卷二三應該是對的。

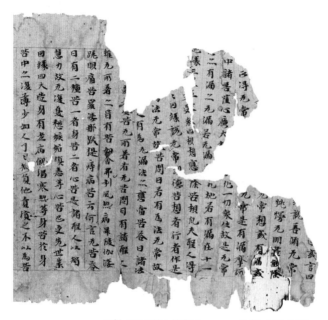

北敦 2833 號（前部）　　　　北敦 16419 號

圖 13　北敦 2833 號（前部）＋北敦 16419 號綴合圖

上揭二號既然可以完全綴合，而《國圖》條記目錄稱北敦 2833 號爲 5—6 世紀南北朝時期隸楷寫本，北敦 16419 號爲 6 世紀南北朝時期楷書寫本，字體及時代判定均所不同。仔細觀察，原卷不少字形帶有隸意，多見六朝南北朝通行的別字，《國圖》把前一號判定爲 5—6 世紀南北朝時期隸楷寫本，或許是有道理的。

14. 俄敦 12090 號＋俄敦 12148 號

（1）俄敦 12090 號，見《俄藏》16/32A。殘片。如圖 14 右下部所示，存 5 殘行，行存下部 2—5 字。隸楷。有烏絲欄。行間有小字補字“心”。原卷無題，《俄藏》未定名。

（2）俄敦 12148 號，見《俄藏》16/47B。殘片。如圖 14 左上部所示，存 7 殘行，行存中上部 4—17 字。隸楷。有烏絲欄。原卷無題，《俄藏》未定名。

按：據殘存文字推斷，上揭二號皆爲《大智度論》卷二三初品中十一智釋論第三十八殘片（《俄録》定名同），且二號内容前後相承，可以綴合。綴合後如圖14所示，接縫處邊緣吻合，俄敦12148號首行殘存文字下接俄敦12090號第3行殘存文字，原本分屬二號的"觀""故""心"三字皆得成完璧，二號拼接成"覺觀故心散還失"句；俄敦12148號次行下部"荅"下的殘字應爲"曰"字，下接俄敦12090號第4行，後者行末"心相名"上的殘字應爲"麤"字（此字底卷上部作"三"下部作"鹿"，即"麤"的俗字，但左上部殘損），

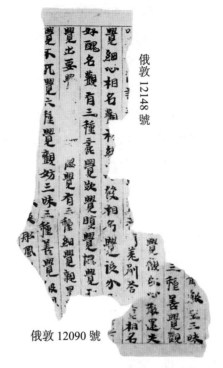

俄敦 12148 號

俄敦 12090 號

圖 14　俄敦 12090 號＋俄敦 12148 號綴合圖

"名"後下接俄敦12148號第3行首的"覺"字，二號拼接成"荅曰麤心相名覺"句，縱向烏絲欄亦可對接。又二號行款格式相同（皆有烏絲欄，行距、字距、字體大小相近），書風相似（隸楷，筆墨濃重，豎粗橫細，捺筆較重），字迹似同（比較二號共有的"種""覺""昧""相""名"等字），可資參證。二號綴合後，存文起"是覺觀能生三昧"句後五字，訖"風過則壞船"句前二字（"過"字僅存上部殘筆），相應内容參見《大正藏》T25/234A28—234B9。

15. 俄敦 3793 號＋俄敦 4097 號[①]

（1）俄敦3793號，見《俄藏》11/51A。殘片。如圖15左下部所示，存17殘行，行存中下部2—12字。楷書。有烏絲欄。原卷無題，《俄藏》未定名，《曾良》擬題"《大智度論》卷第二十五"。

[①] 此組綴合寫定并經張涌泉老師審定後，讀到趙鑫曄《俄藏敦煌文獻第11冊佛經殘片初步綴合研究》一文（《出土文獻綜合研究集刊》第1輯，巴蜀書社，2014年），也有本組綴合，可謂不謀而同。

（2）俄敦 4097 號，見《俄藏》11/141A。殘片。如圖 15 右上部所示，存 5 殘行，行存上部 4—8 字。楷書。有烏絲欄。原卷無題，《俄藏》未定名，《曾良》擬題"《大智度論》卷二十五"。

按：上揭二號皆爲《大智度論》卷二五釋初品中四無畏義第四十殘片，且内容前後相承，可以綴合。綴合後如圖 15 所示，接縫處邊緣吻合，俄敦 4097 號第 4 行"一筑多"與俄敦 3793

俄敦 4097 號

俄敦 3793 號

圖 15　俄敦 3793 號＋俄敦 4097 號綴合圖

號第 7 行"闇阤"銜接，俄敦 4097 號第 5 行"皆爲"與俄敦 3793 號第 8 行"説是經"銜接，文句皆前後相接。又二號行款格式相同（皆有烏絲欄，行距、字距、字體大小相近），書風相似（字形方正，筆墨均匀），字迹似同（比較二號共有的"爲""説""是""阤"等字），可以參證。二號綴合後，相應内容參見《大正藏》T25/246C23—247A7。

16. 俄敦 15412 號＋俄敦 12901 號＋俄敦 12907 號

（1）俄敦 15412 號，見《俄藏》16/235B。殘片。如圖 16 右上部所示，存 2 殘行，行存中部 2 殘字。楷書。有烏絲欄。《俄藏》未定名。

（2）俄敦 12901 號，見《俄藏》16/184A。殘片。如圖 16 中右部所示，存 2 殘行，行存中部 4 字（後行末字僅存右上部一點）。楷書。有烏絲欄。《俄藏》未定名。

（3）俄敦 12907 號，見《俄藏》16/184B。殘片。如圖 16 左下部所示，存 5 殘行，行存中下部 3—6 字。楷書。有烏絲欄。《俄藏》未定名。

按：據殘存文字推斷，上揭三號皆爲《大智度論》卷二六初品中十八不共法釋論第四十一殘片（《俄録》後二號擬題同，前一號未檢出出處，泛稱"殘佛經"），且三號內容前後相承，可以綴合。綴合後如圖16所示，接縫處邊緣吻合，俄敦 15412 號下接俄敦 12901 號，原本分屬二號的"浄"字復合爲一；俄敦 12901 號下接俄敦 12907 號，原本分屬二號的"戒""就"二字皆得復合爲一，縱向烏絲欄亦可對接。又上揭三號行款格式相同（皆有烏絲欄，行距、字距、字體大小相近），書風相似（筆墨均匀，橫細豎粗，字體清秀），

俄敦 15412 號

俄敦 12901 號

俄敦 12907 號

圖 16　俄敦 15412 號＋俄敦 12901 號＋
俄敦 12907 號綴合圖

字迹似同（比較三號分別有的"諸""習"的部件"日"的寫法以及橫畫的寫法），可資參證。根據俄敦 12907 號每行末字，比對完整文本，可以推知原卷行約 17 字，上揭三號綴合後可校補復原如下：

　　□□（漢如舍利弗等，極多六）☒（十）劫，不久習戒故有

　　□□（失。佛無量阿僧祇劫集）諸清净戒成就故，常

　　□□（行甚深禪定故，得一切微妙）智慧故，善脩大

　　□□（悲心故，無有失。復次，佛）☒（拔）諸罪根☒☒（因緣）故，

　　□□（無有失。罪根本因緣有四種）：☒（一）者☒□□☒（貪欲因緣）。

相應內容參見《大正藏》T25/247C3—247C8。

17. 俄敦 3502 號＋俄敦 2412A 號

（1）俄敦 3502 號，見《俄藏》10/315B。殘片。如圖 17 右上部所示，存 4 殘行，行存中部 3—4 字（第 4 行僅存 3 字右側殘形）。隸楷。原卷無題，《俄藏》泛題"佛經"；《曾良》擬題"《大智度論》卷二十九"。

（2）俄敦 2412A 號，見《俄藏》9/190B。殘片。如圖 17 左下部所示，存 7 殘行，行存下部 3—6 字。原卷無題，《俄藏》泛題"佛經"；《曾良》擬

題 "《大智度論》初品中迴向釋論
第四十五殘片"。《孟録》稱該卷
爲6—7世紀隸楷寫本。

　　按：據殘存文字推斷，上揭
二號皆爲《大智度論》卷二九初
品中迴向釋論第四十五殘片（《俄
録》後一號定名同；前一號擬題 "大
智度論卷第二十九初品中布施隨
喜心過上釋論第四十四之餘"，不
確），且二號内容上下左右相接，
可以綴合。綴合後如圖17所示，
接縫處邊緣大體吻合（部分綴後

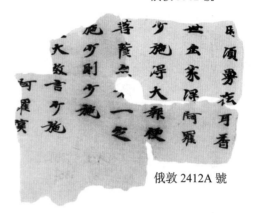

俄敦3502號

俄敦2412A號

圖17　俄敦3502號＋俄敦2412A
號綴合圖

仍有缺損），俄敦3502號首行第4字 "在" 的左下部撕裂在俄敦2412A號第
1行之首，二號拼合， "在" 字得成完璧，原本分屬二號的 "須曼在耳" 四字
相連成句；俄敦3502號次行 "得" 可與俄敦2412A號次行 "阿羅□（漢）"
相連成句；俄敦3502號第3行 "少施得大" 可與俄敦2412A號第3行 "報"
相連成句；俄敦3502號第4行三殘字左側撕裂在俄敦2412A號第4行，二號
拼合， "菩薩亦" 三字復合爲一，且可與俄敦2412A號第4行下文 "▨（不）
一定□□□（常少物布施）" 相連成句。又二號行款格式相同（行距、字距、
字體大小相近），書風相似（字間距疏朗，字體帶有隸書意味，筆墨濃重），
字迹似同（比較二號共有的 "少" "施" "大" 等字），可資參證。二號綴合後，
相應内容參見《大正藏》T25/271C1—271C7。

　　又，《孟録》稱俄敦2412A號爲6—7世紀寫本，近是；俄敦3502號既可
與之綴合，則也可比定爲6—7世紀寫本。

18. 俄敦11630號＋俄敦4747號

　　（1）俄敦11630號，見《俄藏》15/283B。殘片。如圖18上部所示，存
10殘行，行存上部6—10字。楷書。原卷無題，《俄藏》未定名。

　　（2）俄敦4747號，見《俄藏》11/310B。殘片。如圖18下部所示，存7

殘行，行存下部 4—8 字。楷書。原卷無題，《俄藏》未定名。

　　按：據殘存文字推斷，上揭二號皆爲《大智度論》卷三一釋初品中十八空義第四十八殘片（《俄録》定名同），且二號內容前後相承，可以綴合。綴合後如圖 18 所示，接縫處邊緣大體吻合（部分綴後仍有缺損），俄敦 11630號第 5—10 行順序下接俄敦 4747 號第 1—6 行，除首行中間仍缺三字外（《大正藏》本作"已有故"3 字），其餘五行文字基本完整。又二號行款格式相同（行距、字距、字體大小相近），書風相似（皆帶隸意，豎筆較粗，捺筆較重），字迹似同（比較二號共有的"盡""亦""无""如""是""空"等字），可以參證。二號綴合後，存文起"是則无窮"句後三字，訖"得八聖道"句前一字，相應內容參見《大正藏》T25/287C15—287C28。與《大正藏》本相比，有一處重要的異文：《大正藏》本"若初無故，則應常新；若後有故相，初亦有故"，前一"故"字俄敦 11630 號作"盡"，後二"故"字俄敦 4747 號作"盡"，可見俄敦 11630 號與俄敦 4747 號應出於同一系統，與《大正藏》本不同，此亦可作爲此二號可以綴合的旁證。

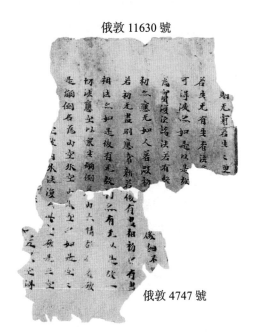

俄敦 11630 號

俄敦 4747 號

圖 18　俄敦 11630 號＋俄敦 4747 號綴合圖

19. 俄敦 17884 號＋俄敦 16305 號

　　（1）俄敦 17884 號，見《俄藏》17/157A。殘片。如圖 19 右部所示，存3 殘行，行存下部 3—5 字（末行所見 4 字左側有少許殘損）。楷書。有烏絲欄。《俄藏》未定名。

　　（2）俄敦 16305 號，見《俄藏》16/291B。殘片。如圖 19 左部所示，存2 殘行，行存下部 4 字（首行存字僅見左側殘筆）。楷書。有烏絲欄。《俄藏》

未定名。

按：據殘存文字推斷，上揭二號皆爲《大智度論》卷三十八釋往生品第四之上殘片（《俄録》定名同），且二號内容左右相接，可以綴合。綴合後如圖 19 所示，接縫處邊緣吻合，俄敦 17884 號末行文字左側筆畫撕裂在俄敦 16305 號，二號拼合，"如上譬喻"四字皆得成完璧。又二號行款格式相同（皆有烏絲欄，行距、字距、字體大小相近），書風相似（字形方正，筆墨濃重），字迹似同（比較二號共有的"故""名"部件"口"的寫法以及"除""喻"右上部"人"的寫法），可資參證。二號綴合後，存文起"劫猶不賜"句後二字，訖"除五蓋"句首字，相應内容參見《大正藏》T25/339B24—339B27。其中首行"不賜"的"賜"

圖 19　俄敦 17884 號＋俄敦 16305 號
綴合圖

《大正藏》本作"澌"，校記稱宋、元、明、宫本作"儩"，石經本作"賜"。《方言》卷三："鋌、儩、撲、澌，盡也。"《玉篇·貝部》："賜，空盡也。""澌"應爲其本字，"賜"爲假借字，"儩"則爲假借字"賜"的基礎上產生的後起增旁字。

20. 俄敦 5157 號＋"俄敦 4073 號、俄敦 4078 號"

（1）俄敦 5157 號，見《俄藏》12/39A—39B。卷軸裝。後部如圖 20 右部所示，前缺後殘（後部地脚略有殘缺），存 26 行，行約 16 字。隸楷。有烏絲欄。原卷無題，《俄藏》未定名。

（2）"俄敦 4073 號、俄敦 4078 號"，見《俄藏》11/138B，《俄藏》已將二號圖版拼合爲一。殘片。如圖 20 左部所示，存 7 殘行，行存上部 2—16 字。隸楷，有烏絲欄。原卷無題，《俄藏》未定名；《曾良》擬題"《大智度論》卷第三十九"。

按：上揭三號皆爲《大智度論》卷三九釋往生品第四之中殘片（《俄録》定名同），且内容前後相承，可以綴合。綴合後如圖 20 所示，俄敦 5157 號末行行末"説若菩薩生聲☒（聞）"與"俄敦 4073 號、俄敦 4078 號"首行行首"辟支佛心"相連成句，接縫處邊緣吻合。又二者行款格式相同（皆有烏絲欄，滿行皆約 16 字，行距、字距、字體大小相近），書風相似（帶有濃厚隸書意味，筆墨濃重），字迹似同（比較二者共有的"者""舍""利""菩""薩""不"等字），可資參證。三號綴合後，存文起"身口意不浄"句後二字，訖"若菩薩摩訶薩作是念"句"作是"二殘字，相應内容參見《大正藏》T25/345A27—345C2。

"俄敦 4073 號、俄敦 4078 號"　　俄敦 5157 號（後部）

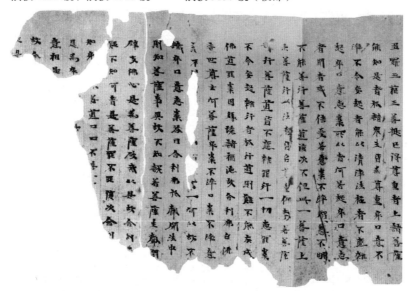

圖 20　俄敦 5157 號（後部）+ "俄敦 4073 號、俄敦 4078 號"綴合圖

21. 俄敦 6305 號 + 俄敦 7888 號 + 俄敦 6294A 號

（1）俄敦 6305 號，見《俄藏》13/77B。卷軸裝殘片。如圖 21 右部所示，存 18 殘行（底部略有殘損，首 3 行與末 5 行上部亦有殘損），行存 3—16 字。隸楷。有烏絲欄。原卷無題，《俄藏》未定名。

（2）俄敦 7888 號，見《俄藏》13/348B。殘片。如圖 21 上中部所示，存 4 殘行，行存上部 1—4 字。隸楷。有烏絲欄。原卷無題，《俄藏》未定名。

（3）俄敦 6294A 號，見《俄藏》13/74B。殘片。如圖 21 左部所示，存 8 行（首行上中下各有殘損，末行僅存 6 字右側殘筆），行約 16 字。隸楷。有烏絲欄。原卷無題，《俄藏》未定名。

按：據殘存文字推斷，上揭三號皆爲《大智度論》卷四五釋大莊嚴品第十五殘片（《俄録》前一號定名同；後二號擬題 "大智度論卷第四十五釋摩訶薩品第十三"，不確），據完整文本推算，前二號滿行亦約 16 字。此三號内容前後相承，可以綴合。綴合後如圖 21 所示，接縫處邊緣吻合，俄敦 7888 號與俄敦 6305 號上下相接，拼合後接縫處 "何" 字得成完璧；俄敦 6305 號與俄敦 6294A 號左右相接，拼合後接縫處 "賤" "生" 二字皆得復合爲一。俄敦 6305 號與俄敦 6294A 號重文符號皆作 "、" 形。又三號行款格式相同（天頭等高，皆有烏絲欄，滿行皆約 16 字，行距、字距、字體大小相近），書風相似（皆爲隸楷，筆墨濃重），字迹似同（比較俄敦 6305 號、俄敦 6294A 號共有的 "是" "生" "初" "爲" "檀" "問" "曰" 等字），可資參證。三號綴合後，存文起 "是名檀波羅蜜生般若波羅蜜" 句前一 "波羅蜜" 三字，訖 "是波羅蜜各各別" 句後四字右側殘筆，相應内容參見《大正藏》T25/387C8—388A4。

俄敦 6294A 號　　俄敦 7888 號　　　　俄敦 6305 號

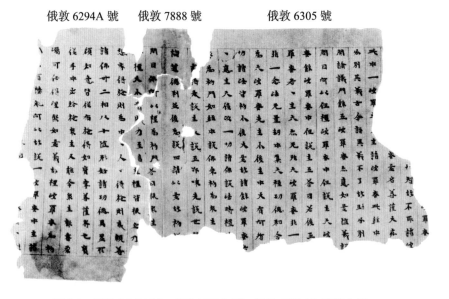

圖 21　俄敦 6305 號＋俄敦 7888 號＋俄敦 6294A 號綴合圖

22. 俄敦 8833 號＋俄敦 7923 號…俄敦 6948 號

（1）俄敦 8833 號，見《俄藏》14/94B。殘片。如圖 22 右部所示，存 4 殘行，行存下部 4—7 字。楷書。有烏絲欄。原卷無題，《俄藏》未定名。

（2）俄敦 7923 號，見《俄藏》14/3B。殘片。如圖 22 中部所示，存 4 殘行，行存下部 6—7 字。楷書。有烏絲欄。原卷無題，《俄藏》未定名。

（3）俄敦 6948 號，見《俄藏》13/230B。殘片。如圖 22 左部所示，存 3 殘行，行存下部 5—7 字。楷書。有烏絲欄。原卷無題，《俄藏》未定名。

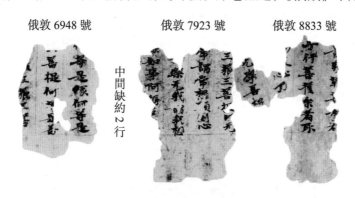

圖 22　俄敦 8833 號＋俄敦 7923 號…俄敦 6948 號綴合示意圖

按：上揭三號殘片所存字句既見於《摩訶般若波羅蜜經》卷十一隨喜品第三十九，亦見於《大智度論》卷六一釋隨喜迴向品第三十九，但次號第 3 行"樂"連上缺文《大智度論》作"苦謂樂"；《摩訶般若波羅蜜經》作"苦謂爲樂"，而殘片中"樂"上一字殘存左側一橫形起筆，其筆勢與殘片第 2 行"謂"字言旁點下橫畫的起筆神似，原字應即"謂"字。又據完整文本推算，原卷應該每行抄 17 字，如果沒有上揭"爲"字，據《大正藏》本《大智度論》補足缺文，此片所存四行正好合於每行約 17 字之數。據此，次號應係《大智度論》抄本。而前後二號殘存文字雖與《大智度論》卷六一和《摩訶般若波羅蜜經》卷十一相關段落全同，但此二片與次號行款格式相同（皆有烏絲欄，滿行皆約 17 字，行距、字距、字體大小相近），書風相似（筆畫粗細不均，筆意相連），字迹似同（比較三號共有的"菩"字及其中二片交互出現"无"字"藐"字），應出於同一人之手。據此推斷，前後二殘片應亦爲《大智度論》抄本。《俄録》把此三號一併判定爲“摩訶般若波羅蜜經卷第十一隨喜品第三十九”殘片，恐不妥。

　　又上揭三號內容前後相接或相鄰，當爲同一卷之撕裂，可以綴合①。綴合後如圖22所示，前二號左右相接，前號末行下部可補“一切和”3字，次號首行上部可補“合隨喜功德迴向阿耨多羅”11字，字句正相銜接；後二號不直接相連，據完整文本推算，其間約殘缺2行。三號綴合後，相應內容參見《大正藏》T25/487B15—487B23。

　　23. 俄敦 11544 號 + 俄敦 3320 號

　　（1）俄敦11544號，見《俄藏》15/238B。殘片。如圖23所示，存15行，行約22字（首行僅存行端一二字左側殘畫，次行下部殘缺，後5行中部殘缺嚴重）。隸書。有烏絲欄。原卷無題，《俄藏》未定名。

　　（2）俄敦3320號，見《俄藏》10/262B。殘片。如圖23左中部所示，

俄敦 3320 號　　　　　　　俄敦 11544 號

圖23　俄敦 11544 號 + 俄敦 3320 號綴合圖

---

① 俄敦 8833 號可與俄敦 7923 號綴合，首先由浙江大學博士研究生范麗婷提出。

存 3 殘行，行存中部 4—6 字。隸書。有烏絲欄。原卷無題，《俄藏》泛題 "佛經"；《曾良》擬題 "《大智度論》卷六十三"。

按：據殘存文字推斷，前號亦爲《大智度論》卷六三釋信謗品第四十一之餘殘片（《俄錄》定名同），且二號内容前後相承，可以綴合。綴合後如圖 23 所示，俄敦 3320 號所存 3 殘行可補入俄敦 11544 號第 11—13 行中部殘缺位置，接縫處邊緣吻合，原本分屬二號的 "破" 字部分筆畫可得復合爲一，接縫處能拼合連成 "如☒（破）/ 无明十喻☒□（中説）" 句。又二號行款格式相同（皆有烏絲欄，行距、字距、字體大小相近），書風相似（皆爲隸書，筆墨濃重，末筆較重），字迹似同（比較二號共有的 "无""明""十""色""等""諸" 等字），重文符號皆作二短横形，可資參證。二號綴合後，可辨認的文字起 "四念處净故" 句後四字，訖 "一切種智不離十八空" 句前五字，相應内容參見《大正藏》T25/505B26—505C17。

24. 俄敦 8211 號 + 俄敦 9061 號⋯俄敦 9057 號

（1）俄敦 8211 號，見《俄藏》14/32B。殘片。如圖 24 右部所示，存 3 殘行，行存上中部 1—7 字（末行僅存 1 字右側殘筆）。楷書。原卷無題，《俄藏》未定名。

（2）俄敦 9061 號，見《俄藏》14/120B。殘片。如圖 24 中部所示，存 5 殘行，行存上部 2—5 字（末行僅存 2 字右側殘筆）。楷書。原卷無題，《俄藏》未定名。

（3）俄敦 9057 號，見《俄藏》14/120A。殘片。如圖 24 左部所示，存 3 殘行，行存上部 2—4 字（首行僅存二三字左側殘筆，後 2 行行存 4 字）。楷書。原卷無題，《俄藏》未定名。

按：據殘存文字推斷，上揭三號皆爲《大智度論》卷六七釋欺信行品第四十五之餘殘片（《俄錄》定名同）。據完整文本推算，滿行皆約 17 字。此三號内容前後相承，可以綴合。綴合後如圖 24 所示，俄敦 8211 號與俄敦 9061 號左右相接，接縫處邊緣吻合，原本分屬二號的 "外""有""儀" 三字皆可大致復合爲一，第 2 行 "内外☒（所）有 / 布施，☒（无）□□□（所愛惜）" 相連成句。俄敦 9061 號與俄敦 9057 號不直接相連，據完整文本推算，間缺約 51 字合 3 行。又三號行款格式相同（俄敦 9061 號與俄敦 9057 號天頭等高，滿行皆約 17 字，行距、字距、字體大小相近），書風相似（字形方正，筆墨濃重），字迹似同（比較三號共有的"心"字和後二號共有的"道"字的寫法），可資參證。三號綴合後，存文起"著欲心息"句後二字，訖"發希有☒（心）"，相應內容參見《大正藏》T25/532B23—532C3。

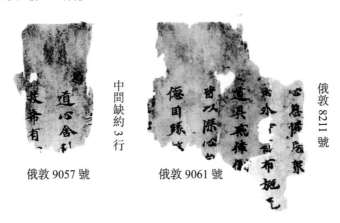

圖 24　俄敦 8211 號＋俄敦 9061 號…俄敦 9057 號綴合示意圖

25. 俄敦 12093 號＋俄敦 12105 號

（1）俄敦 12093 號，見《俄藏》16/32A。殘片。如圖 25–1 右部所示，存 2 殘行，行存中部 5 字（上下各有一字僅存殘形）。楷書。有烏絲欄。原卷無題，《俄藏》未定名。

（2）俄敦 12105 號，見《俄藏》16/33B。殘片。如圖 25–1 左部所示，存 6 殘行，行存中部 3—6 字。楷書。有烏絲欄。原卷無題，《俄藏》未定名。

按：據殘存文字推斷，上揭二號皆爲《大智度論》卷六八釋兩不和合品第四十七殘片，且二號內容前後相承，可以綴合。綴合後如圖 25–1 所示，二號左右相接，俄敦 12093 號次行下部與俄敦 12105 號首行上部缺"☒□（眾生）/等心憐愍故次第乞食不擇☒（貧）"14 字，補全後正合於行約 17 字的抄寫規格。又此二號行款格式相同（皆有烏絲欄，滿行皆約 17 字，行距、字距、字體大小相近），書風相似（楷書而略有隸意，筆墨不均），字迹似同（比較二號共有的"受""不"等字），可資參證。二號綴合後，存文起"☒（故）受常坐☒（法）"，訖"佛意欲令弟子隨道行"句後三字，相應内容參見《大正藏》T25/538B1—538B9。①

俄敦 12105 號　　俄敦 12093 號　　　俄敦 12093 號背　　　　俄敦 12105 號背

圖 25-1　俄敦 12093 號+　　　　　圖 25-2　俄敦 12093 號背+
俄敦 12105 號正面綴合圖　　　　　　俄敦 12105 號背綴合圖

又，上揭二號背面皆抄有回鶻文佛教文獻，也可以綴合，綴合後如圖25-2所示。據此，也可反證此二號正面部分確可綴合。

26. 俄敦 17741 號 + 俄敦 3575 號

（1）俄敦 17741 號，見《俄藏》17/150A。殘片。如圖 26 上部所示，存3 殘行（首行僅存 1 字左側少許殘畫），行存中部 1—4 字。楷書。原卷無題，《俄藏》未定名。

（2）俄敦 3575 號，見《俄藏》10/338A。殘片。如圖 26 左下部所示，存 7 殘行，行存中部 4—6 字。楷書。原卷無題，《俄藏》泛題"佛經"；《曾良》定作《大智度論》卷七十一。

按：據殘存文字推斷，上揭二號皆爲《大智度論》卷七一釋善知識品第五十二殘片（前一號《俄錄》定名同，後一號《俄錄》擬題"大智度論卷第七十一釋大事起品第五十"，不確），且二號内容前後相承，可以綴合。綴合後如圖 26 所示，接縫處邊緣吻合，俄敦 17741 號次行下接俄敦 3575 號次行，對照完整文本，拼合後中間筆畫不全的應爲"者"字；俄敦 17741 號第 3 行下接俄敦 3575 號第 3 行，拼合後原本分屬二號的"聞"字得成完璧。又二號

① 此二號的定名及綴合，較早見於郭曉燕的碩士論文《敦煌本〈大智度論〉寫本考》第153頁。後來出版的《俄錄》定名同，稱此二號同卷同品，"但不可綴合"（第782頁），不確。

行款格式相同（行距、字距、字體大小相近），書風相似（字形方正，筆墨濃重、均勻），字迹似同（比較二號共有的"薩""若"等字，以及"脱"和"説"的部件"兑"的寫法），可資參證。二號綴合後，可辨識文字起"此中但説小菩薩所學空"句後二字，訖"過五波羅蜜功德"句前五字，相應內容參見《大正藏》T25/557C28—558A6。

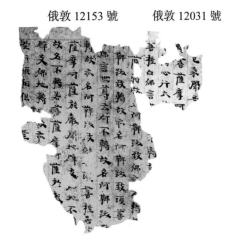

俄敦 12153 號　　　俄敦 12031 號

俄敦 17741 號

俄敦 3575 號

圖 26　俄敦 17741 號＋俄敦 3575 號綴合圖

圖 27　俄敦 12031 號＋俄敦 12153 號綴合圖

27. 俄敦 12031 號＋俄敦 12153 號

（1）俄敦 12031 號，見《俄藏》16/25A。殘片。如圖 27 右上部所示，存 5 殘行，行存上部 3—6 字。隸楷。有烏絲欄。原卷無題，《俄藏》未定名。

（2）俄敦 12153 號，見《俄藏》16/48B。殘片。如圖 27 左部所示，存 9 殘行，行存中上部 3—15 字。隸楷。有烏絲欄。原卷無題，《俄藏》未定名。

按：據殘存文字推斷，上揭二號皆爲《大智度論》卷七十三釋轉不轉品第五十六殘片（《俄録》定名同），據完整文本推算，滿行皆約 15 字。二號內容前後相承，可以綴合。綴合後如圖 27 所示，俄敦 12031 號末行下接俄敦 12153 號首行，接縫處邊緣吻合，原本分屬二號的"薩""轉""故"三字皆得大致復合爲一。兹將接縫處前後三行文字按行録文如下：

菩提白佛言：☒（世）/□（尊）！☒☒☒□□□□□□（不轉故名阿鞞跋致），

□□□（薩轉）故/□（名）阿鞞跋致？佛□（言）：□□□□（不轉故名）
□（阿）鞞跋致，轉故亦名阿鞞跋致。須菩□（提）

其中第 2 行首句《大正藏》本作"轉故亦名阿鞞跋致"，底卷句首的"□□
（薩）"二字疑爲衍文當删（"薩"字右側行間有三點，應即删字符），而"故"
後則應抄脱一"亦"字。又二號行款格式相同（皆有烏絲欄，滿行皆約 15 字，
行間距相等，字間距相似），書風相似（隸楷，字體大小不均，筆墨濃重，捺
筆較重），字迹似同（比較二號共有的"薩""摩""呵""菩""佛""言"等字），
可資參證。二號綴合後，存文起"菩薩摩訶薩從初發意已來"句末二字，訖
"當知是名阿鞞跋致"句殘字"是"，相應内容參見《大正藏》T25/574C24—
575A5。

28. 俄敦 12470 號 + 俄敦 12488 號

（1）俄敦 12470 號，見《俄藏》16/125A。包含 2 殘片。如圖 28 右部所示，
右片存 5 殘行，行存 4—10 字（第 5 行僅存約 4 字右側筆畫）；左片存 3 殘行，
行存 2—8 字（第 1 行僅存 2 字左側筆畫）。楷書。有烏絲欄。原卷無題，《俄
藏》未定名。

（2）俄敦 12488 號，見《俄藏》16/128B。殘片。如圖 28 左部所示，存
7 殘行，行存 3—15 字。楷書。有烏絲欄。原卷無題，《俄藏》未定名。

按：據殘存文字推斷，上揭二號皆爲《大智度論》卷八三釋大方便品第
六十九之餘殘片。[1]據完整文本推算，滿行皆約 17 字。[2]二號内容前後相承，
可以綴合。綴合後如圖 28 所示，《俄藏》俄敦 12470 號左右二片的位置有誤，
其在左部的一片在前，在右部的一片在後，二片左右相接，中無缺行；[3]俄敦
12470 號右部一片的第 3—5 行分別下接俄敦 12488 號第 1—3 行，拼合後前行

---

① 俄敦 12470 號殘片所存字句亦見於《摩訶般若波羅蜜經》卷二一，但此二號綴合後第 7 行所存"善知禪，
善知无量□（心）"句合於《大智度論》卷八三，而《摩訶般若波羅蜜經》卷二一則作"善知四禪，善知四無量心"，
字句有别。

② 俄敦 12488 號第 4 行推知應爲 19 字，但該行其中"善知无性"句後的"善知"二字係旁注補加；該號
第 5 行推知應僅 16 字，但該行上部衍一"爲"字，該字右側原卷有點式删字符號已删去。

③ 此二號的定名及俄敦 12470 號左右二片可綴合，較早見於郭曉燕的碩士論文《敦煌本〈大智度論〉寫本考》
第 157—158 頁；後來出版的《俄録》説略同，可參。

中缺"善知"二字，次行
原本分屬二號的"禪"字
部分筆畫可拼合，前二行
銜接處分別連成"善知陰，
□□（善知）界""善知
☒（禪），善知无量"云
云，文句正可前後銜接。
二號行款格式相同（皆
有烏絲欄，滿行皆約 17
字，行距、字距、字體大
小相近），書風相似（字
形方正，筆墨均匀），字
迹似同（比較二號共有的
"无""善""知""爲""性"
等字），可資參證。二

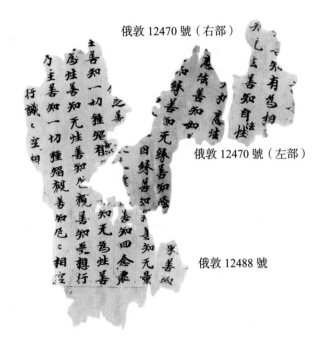

俄敦 12470 號（右部）

俄敦 12470 號（左部）

俄敦 12488 號

圖 28　俄敦 12470 號＋俄敦 12488 號綴合圖

號綴合後，存文起"善知色乃至識，善知世間性"句"識善"二字的左側
殘畫，訖"受、想、行、識、識相空"句後五字，相應內容參見《大正藏》
T25/640B1—640B12。

29. 俄敦 6294B 號＋俄敦 7886 號

（1）俄敦 6294B 號，見《俄藏》13/74B。殘片。如圖 29 右下部所示，
存 6 殘行，行存下部 1—4 字（首行僅存 1 字左側殘筆）。隸楷。有烏絲欄。
原卷無題，《俄藏》未定名，《俄錄》擬題"大智度論卷第八十八釋六喻品第
七十七"。

（2）俄敦 7886 號，見《俄藏》13/348B。殘片。如圖 29 左上部所示，
存 5 殘行，行存中上部 2—14 字（首行僅存 3 字左側殘形，末行僅存 2 字右
側殘筆）。隸楷，有烏絲欄。原卷無題，《俄藏》未定名，《俄錄》擬題"摩訶
般若波羅蜜經卷第二十三六喻品第七十七"。

按：《大智度論》卷八八和《摩訶般若波羅蜜經》卷二三皆有與上揭二

號殘片完全相同的文句，其內容前後相
承，可以綴合。綴合後如圖29所示，俄
敦7886號前3行與俄敦6294B號後3
行上下相接，接縫處邊緣吻合，原本分
屬二號的"道""或"二字皆得成完璧。
又二號行款格式相同（皆有烏絲欄，行
距、字距、字體大小相近），書風相似
（筆畫帶有濃厚的隸書意味，筆墨濃重），
字迹似同（比較二號共有的"提""波"
等字），可資參證。二號綴合後，存文
起"云何菩薩摩訶薩具足無相羼提波羅
蜜"句之"菩"字，訖"是菩薩欲具足
羼提波羅蜜故"句前九字，相應內容
參見《大正藏》T25/675C29—676A5、
T8/390C11—390C17。

俄敦7886號

俄敦6294B號

圖29　俄敦6294B號+俄敦
7886號綴合圖

　　又俄敦6294B號與俄敦6294A號
行款格式及書風書迹極其相似，而俄敦
6294A號確定爲《大智度論》卷四五殘片，
故此二號也爲《大智度論》殘片的可能性較大。《俄錄》以俄敦6294B號爲《大
智度論》卷八八殘片，又以俄敦7886號爲《摩訶般若波羅蜜經》卷二三殘片，
必有一誤。參看上文第21組俄敦6305號＋俄敦7888號＋俄敦6294A號綴合。

30. 俄敦7268號＋俄敦7178號

　　（1）俄敦7268號，見《俄藏》13/285B。殘片。如圖30右部所示，存6
殘行，行存中部3—7字（首行僅存四五字左側殘畫，末行僅存3字右側殘畫）。
楷書。原卷無題，《俄藏》未定名。

　　（2）俄敦7178號，見《俄藏》13/268A。殘片。如圖30左部所示，存9殘行，
行存2—7字（首行上部3字右側殘損），楷書。原卷無題，《俄藏》未定名。

　　按：據殘存文字推斷，上揭二號皆爲《大智度論》卷九十釋實際品第八十

殘片(《俄録》定名同)。據完整文本推算,滿行皆約17字。二號內容前後相承,可以綴合。綴合後如圖30所示,接縫處邊緣吻合,原本分屬二號的"者是涅"三字皆得復合爲一。又此二殘片殘損情況相似,行款格式相同(行距、字距、字體大小相近),書風相似(字間距較小,筆墨均勻),字迹似同(比較二號共有的"言""何""不"等字),可見此二號確爲同一卷之撕裂。

俄敦 7178 號　　　　　俄敦 7268 號

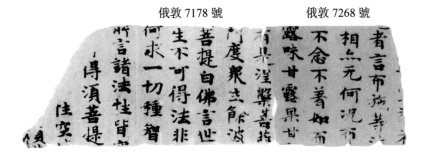

圖30　俄敦 7268 號 + 俄敦 7178 號綴合圖

不過這一綴合後的文本文句的順序是有問題的,據《大正藏》本,此文本除首行不可辨識的殘字外,可分爲前七行和後六行兩部分,後六行文字在前,前七行在後。據殘文,可以推知原卷每行約17字,上揭二號主體部分上部約殘缺一字,下部約殘缺十字。據此,把上揭綴合後的文本擬補如下(宋體加粗文字爲底卷所有或存大部):

施**者言布施等法**是初入佛法門實際中實

際**相亦无何況布**施汝莫念莫著布施等法

若**不念不著如布**施體相如是布施者則得

甘**露味甘露果甘**露味者是八聖道分甘露

果**者是涅槃菩薩**雖住實際中以方便力布

施**門度衆生餘波**羅蜜亦如是如經中廣説

須**菩提白佛言世**尊若一切法性空性空中

[須菩提白佛言世尊若諸法性常空常空中]

衆**生不可得法非**法亦不可得菩薩摩訶薩

云**何求一切種智**佛告須菩提如是如是也

汝所言諸法性皆空空中衆生不可得法非

法亦不可**得須菩提**若一切法性不空菩薩

摩訶薩不依性空成阿耨多羅三藐三菩提

爲衆生説性空法須菩提色行空受想行識

其中前七行見於《大正藏》T25/697B27—697C5，後七行（第一行爲筆者擬補）見於 T25/694B5—694B11，也就是説，後七行文字原書在前，前七行文字原書在後，寫卷的次序顯然有誤。很可能原文前後所見"須菩提白佛言世尊若一切法性空性空中""須菩提白佛言世尊若諸法性常空常空中"二行字句略同，抄手前一行抄畢誤接後一行後的内容，造成錯亂。

31. 俄敦 12256 號…俄敦 12027 號

（1）俄敦 12256 號，見《俄藏》16/88A。殘片。如圖 31 右部所示，存 6 殘行，行存中下部 2—7 字。隸楷。有烏絲欄。原卷無題，《俄藏》未定名。

（2）俄敦 12027 號，見《俄藏》16/24B。殘片。如圖 31 左部所示，存 6 殘行（首行僅存一字左側殘筆），行存中下部 1—9 字。隸楷。有烏絲欄。原卷無題，《俄藏》未定名。

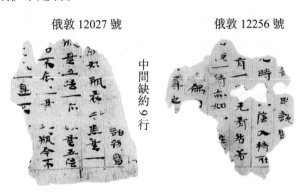

圖 31　俄敦 12256 號…俄敦 12027 號綴合示意圖

按：據殘存文字推斷，上揭二號皆爲《大智度論》卷一摩訶般若波羅蜜初品如是我聞一時釋論第二殘片（《俄録》定名同）。據完整文本推算，滿行皆約 21 字。二號內容前後相近，存有綴合的可能性。比較二號共有的"一"字，及其他字中的橫筆，字迹似同；字體書風個性鮮明（皆爲隸楷字體，字形扁平，橫筆露鋒出筆，回鋒收筆）；行款格式相同（皆有烏絲欄，滿行皆約21字，行距、字距、字體大小相近）。由此推斷，此二號極有可能可以綴合。試作綴合如圖31所示，二號不直接相連，據完整文本推算，間缺約9行。二號綴合後，相應內容參見《大正藏》T25/64C11—64C18、T25/65A14—65A19（殘片文字與《大正藏》本有出入）。

32. 俄敦 14274 號…俄敦 14512 號

（1）俄敦 14274 號，見《俄藏》16/189B。殘片。如圖32右下部所示，存2殘行，行存中部4字。楷書。有烏絲欄。原卷無題，《俄藏》未定名。

（2）俄敦 14512 號，見《俄藏》16/196B。殘片。如圖32左上部所示，存2殘行，行存上部3字。楷書。有烏絲欄。原卷無題，《俄藏》未定名。

按：據殘存文字推斷，上揭二號皆爲《大智度論》卷五十釋發趣品第二十之餘殘片（《俄錄》前一號定名同，後一號稱“殘佛經”，“極殘，不可定名”）。二號內容前後相近，存有綴合的可能性。據完整文本推算，滿行皆約17字。且二號行款格式相同（皆有烏絲欄，行距、字距、字體大小相近），字迹書風似同。由此推斷二號極有可能可以綴合。試作綴合如圖32所示，二號不直接相連，據完整文本推算，間缺約3行。二號綴合後，相應內容參見《大正藏》T25/418C15—418C16、T25/418C19—418C20。

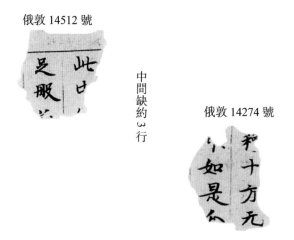

俄敦 14512 號

中間缺約 3 行

俄敦 14274 號

圖32　俄敦 14274 號…俄敦 14512 號綴合示意圖

33. 伯6021號…斯9395號＋斯9179號

（1）伯6021號，見《法藏》34/351D。殘片。前後皆殘。如圖33右部所示，存6行，行17字（首行僅存2殘字，末行左部多有殘損）。楷書。有烏絲欄。原卷無題，《法錄》擬題"摩訶般若波羅蜜經"，《索引新編》擬題"摩訶般若波羅蜜經殘六行"，《法藏》擬題"摩訶般若波羅蜜經七譬品第八十六"。

（2）斯9395號，見IDP。前後皆殘。殘片。如圖33中部所示，存6行，行17字（首行僅存1字左側殘點）。楷書。有烏絲欄。原卷無題，IDP未定名。

（3）斯9179號，見IDP。殘片。前後皆殘。如圖33左部所示，存10行，行17字（首行存行端3字，末行僅存中部4字右側殘形）。楷書。有烏絲欄。原卷無題，IDP未定名。

按：比勘佛經經文，《摩訶般若波羅蜜經》卷二六和《大智度論》卷九五皆有與上揭三號基本相同之字句。本書《摩訶般若波羅蜜經》綴合初稿已將後二號綴合，今謂前二號內容前後相鄰，亦有綴合的可能性。綴合後如圖33所示，前二號不直接相連，據完整文本推算，伯6021號末行末殘字"於"與斯9395號首行首殘字"夫"字間缺17字，正合1行。後二號左右相接，銜接處原本撕裂在二號的"說""人""受"等字皆得以復合爲一。又此三號行款格式相同（天頭地脚等高，皆有烏絲欄，行17字，字體大小及行距、字間距皆相近），字迹書風似同（比較二號共有的"无""不""菩""提""中"等字），且有相同異文（"顛倒"之"顛"，前二號皆俗作"顚"），可資參證。

又按，三號綴合後，所存文字始"不也，世尊"句"也"字下部殘筆，至"不可說垢淨"句前四字右側殘形止。與《摩訶般若經》《大智度論》經本比勘，主要異文有：1.第5行首字"衆"，《崇寧藏》本及《大正藏》校記引聖本經本與此同，其餘經本皆作"陰"；論本諸本則皆與殘片同。2.第6行"无所有處"，《崇寧藏》本經本作"無無所有處"，其餘經本諸本與殘片同；論本諸本亦皆與殘片同。3.第11行首二字"爲汝"，經本諸本亦多與此同，但《房山》三十卷本及《大正藏》校記引聖本經本無；論本諸本皆與殘片同。4.第15行"若无漏若有爲若无爲"句，經本諸本多與此同，《大正藏》校記引聖本無首字"若"；論本諸本亦多無首字"若"字，《麗藏》初雕本論本則作"若無漏若有爲無爲"，但《房山》《麗藏》再雕本及《大正藏》本論本與殘片同。5. 第 11 行 "得解",《經》《論》諸本皆作 "以譬喻得解"。6. 第 13 行 "菩提白佛言" 句 "白"字,經本諸本皆與此同,論本諸本亦多與此同,但《金藏》《房山》本論本作 "復白"。

斯 9179 號　　　　　斯 9395 號　　　　　伯 6021 號

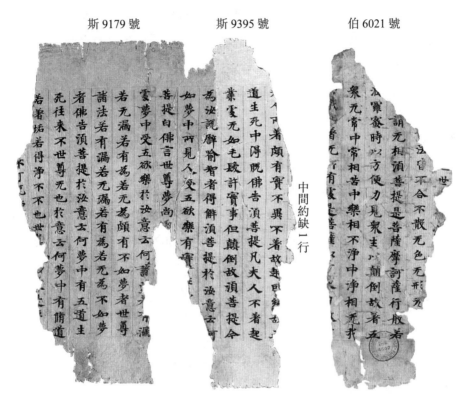

圖 33　伯 6021 號…斯 9395 號+斯 9179 號綴合示意圖

綜上所述,《經》《論》諸本中雖暫未發現與上揭三號殘片完全一致者,但從上述異文比勘情況可以看出,上揭三號與《麗藏》再雕本及《大正藏》本《大智度論》最爲接近,故暫比照後者定名爲 "大智度論卷九五釋七喻品第八十五",相應文字分別見《大正藏》T25/722A14—722A28。

卷號簡目

根據對已刊布文獻的普查以及上述綴合成果，梳理出敦煌《大智度論》寫本卷號如下：

卷一　斯1621號°、斯4614號°、俄敦1623號、津藝13A號、俄敦14679號*、斯3273號、北敦5850號、俄敦12256號*…俄敦12027號*、俄敦12028號*、俄敦8102號*、大谷敦2-21號；

卷二　羽761號°、北敦2695號、斯7105號…俄敦5948號*…中村57號、俄敦3737號、俄敦15013號*；

卷三　俄敦4036B號、北敦6869B號＋浙敦91A號、俄敦9569號*＋俄敦241號；

卷四　俄敦17730號*、俄敦9045號*；

卷五　伯2913號、伯4754號、斯7138號、俄敦16734號*、北敦15150號、俄敦12868號*、俄敦1803號＋俄敦1804號＋俄敦1805號；

卷六　津藝11號、敦研25號＋敦研26號、俄敦4222號*、浙敦18號；

卷七　斯3865號、斯6796號、俄敦11543號*＋俄弗307號、伯4933號、俄敦6662號*＋俄弗305號、斯6124號；

卷八　伯2106號°、俄敦1807號、北敦12288號、羽1號、俄敦11609號*＋俄敦11619號*＋俄敦11605號*、伯4939號…俄敦4411號*＋俄敦526號…北敦14825DE號…北敦3564號…俄敦1092號…北敦14825CJ號…北敦14825CG號、俄敦3816號＋俄敦6679號*＋俄敦6172號*、北敦1364號、北敦7723號；

卷九　北敦15298號；

卷一〇　北敦14506號、斯2260號、俄敦4663號*；

卷一一　俄敦2995號、北敦1145號、俄敦11318號*；

卷一二　津藝252號、俄敦11539號*、俄敦14199號*、北敦1034B號；

卷一三　俄弗137號、斯2161號、北敦11818號＋北敦3614號…北敦7385號…北敦7315號＋北敦2251號、北敦10440號…北敦10898號、俄敦12037號*、俄敦1618號；

卷一四　國博寫經 39 號°、北敦 3741 號、上圖 115 號、俄敦 16499 號 *；

卷一五　俄敦 4445 號 * ＋俄敦 4619 號 *、俄敦 16192 號 *、俄敦 12178 號 *；

卷一六　俄敦 18637 號 *…俄敦 18618 號 *…俄敦 18636 號 *、俄敦 18688 號、津藝 65C 號、斯 6093 號、俄敦 6364 號 * ＋俄敦 7310 號 *；

卷一八　斯 195 號；

卷一九　俄敦 8129 號 *、伯 4584 號＋伯 4636-1 號、俄敦 2931 號、俄敦 3673 號、俄敦 11892A 號 * ＋俄敦 12006 號 * ＋北敦 11224 號＋斯 3677 號、俄敦 16047 號 *、北敦 15664 號＋津藝 265 號、津圖 35 號（中散 2012）、伍倫 20 號（異本）；

卷二一　北敦 14869 號、俄敦 3179 號；

卷二二　斯 2866 號、敦研 30 號、斯 629 號…北敦 6811 號、俄敦 8950 號 *、北敦 9799 號；

卷二三　北敦 7581 號…北敦 7752 號、北敦 6638 號、北敦 9853 號＋俄敦 6109 號 *…斯 6632 號、俄敦 10246 號 *、北敦 2833 號＋北敦 16419 號、北敦 8223 號、俄敦 18697 號 *、俄敦 17455 號 *、伯 2427A 號、俄敦 12090 號 * ＋俄敦 12148 號 *；

卷二四　俄敦 3299 號、北敦 10488 號、北敦 10269 號、斯 313 號、俄敦 8991 號 *、俄敦 9289 號 *、俄敦 9290 號 *；

卷二五　北敦 7357 號、北敦 14424 號、俄敦 15512 號 *、俄敦 4627 號 *、俄敦 4159 號 *、俄敦 3793 號＋俄敦 4097 號；

卷二六　北敦 428 號、俄敦 15412 號 * ＋俄敦 12901 號 * ＋俄敦 12907 號 *、俄敦 8923 號 *；

卷二七　北敦 14901 號＋北敦 15352 號、俄敦 9067 號 *、俄敦 8249 號 *、俄敦 7837 號 *；

卷二八　俄敦 8147 號 *；

卷二九　俄敦 3502 號＋俄敦 2412A 號、羽 609-2 號；

卷三〇　中村 16 號、北敦 10227 號＋北敦 11714 號＋北敦 10758 號＋北敦 11070 號＋北敦 9666 號…北敦 7658 號、俄敦 15062 號 *、俄敦 17726 號 *、

津文 3 號、俄敦 8095 號 *、俄敦 7419 號 *、羽 210 號、俄敦 4985 號 *、俄敦 4997 號 *、俄敦 16161 號 *、北敦 866 號；

　　卷三一　伯 6017 號、敦研 120 號、<u>北敦 7657 號＋北敦 11921 號…中村 19 號</u>、臺圖 134 號、俄敦 17768 號 *、俄敦 11630 號 *＋俄敦 4747 號 *、俄敦 5219 號 *、俄敦 8896 號 *、俄敦 17707 號 *、斯 4006B 號、俄敦 4038 號、務本 1 號；

　　卷三二　敦研 331 號、<u>斯 1538 號…北敦 14081 號</u>、俄敦 18390 號 *；

　　卷三三　<u>敦研 52 號…敦研 224 號＋敦研 264 號</u>、俄敦 14828 號 *、<u>敦研 171 號＋敦研 143 號</u>、羽 207 號；

　　卷三四　北敦 2901 號、俄敦 5101 號 *、北敦 1975 號、敦博 35 號、敦研 303 號；

　　卷三五　俄敦 6996 號 *；

　　卷三六　<u>俄敦 1882 號＋俄敦 2134 號</u>、斯 4945 號、羽 589-23 號、羽 589-24 號、北敦 1227 號、北敦 10464 號、首博 32・514 號、斯 7586 號；

　　卷三七　俄敦 4143 號 *、<u>斯 7163 號…北敦 11570 號…北敦 8451 號＋北敦 14086 號</u>、俄敦 3222B 號；

　　卷三八　斯 3483 號、斯 1934 號、俄敦 17884 號 *＋俄敦 16305 號 *；

　　卷三九　<u>斯 7454 號＋伯 4865A 號＋北敦 5974 號＋伯 4865B 號</u>、俄敦 17456 號 *、俄敦 5157 號 *＋“俄敦 4073 號、俄敦 4078 號”、羽 469 號、中村 159-1 號、俄敦 3358 號、俄敦 3359 號；

　　卷四〇　<u>斯 5375 號…斯 224 號</u>、俄敦 12125 號 *、俄敦 18123 號 *；

　　卷四一　伯 2082B 號、斯 227 號；

　　卷四二　斯 5130 號°、斯 4950 號、俄敦 15777 號 *；

　　卷四三　俄敦 5786 號 *＋俄敦 5867 號 *＋俄敦 5720 號 *＋斯 1830 號、斯 4960 號、伯 2089 號；

　　卷四四　斯 457 號、俄敦 3733 號；

　　卷四五　斯 5132 號°、斯 5134 號°、斯 5393 號°、俄弗 346 號、俄敦 15521 號 *、斯 2410 號、俄敦 6305 號 *＋俄敦 7888 號 *＋俄敦 6294A 號 *；

　　卷四六　斯 5126 號°、斯 4968 號、斯 1407 號、伯 2082A 號、斯 4006C 號；

卷四七　斯 5120 號[○]、斯 4967 號、俄敦 15834 號 *；

卷四八　斯 1829 號[○]、北敦 3729 號、北敦 14454 號、俄敦 12283 號 *、俄敦 12284 號 *、俄敦 1531 號、浙敦 126B 號、北敦 12128 號；

卷四九　俄敦 12221 號 *、俄敦 12485 號 *；

卷五〇　斯 5119 號[○]、斯 4953 號、斯 4954 號、俄敦 14274 號 *…俄敦 14512 號 *、俄敦 3580 號…俄敦 17631 號 *；

卷五一　斯 5955 號＋北敦 3026 號、斯 5288 號＋伯 2199 號、北敦 13792 號、北敦 14082 號、國博寫經 38 號[○]；

卷五二　俄敦 12223 號背、俄敦 12223 號 *、俄敦 7803 號 *、斯 546 號、北敦 8095 號…北敦 11474 號…津藝 65E 號…北敦 10817 號…北敦 3533 號＋北敦 8533 號、俄敦 18605 號 *、俄敦 18671 號 *、斯 1224 號…斯 4312 號、上圖 30 號；

卷五三　北敦 5501B 號；

卷五四　斯 4006D 號、北敦 1198 號、北敦 14083 號、伯 2143 號、俄敦 17847 號 *、俄敦 18848 號 *；

卷五五　北敦 14024 號[○]、北敦 5776 號；

卷五六　北敦 6724 號＋斯 2988 號、俄敦 7080 號 *、北敦 7392 號、俄敦 12281（3-1）號 *；

卷五七　斯 4492 號[○]、斯 1888 號、北敦 14084 號、俄敦 4492 號 *、務本 32 號；

卷五八　俄敦 16170 號 *、北敦 14085 號、傅 50-C 號；

卷五九　斯 2942 號、北敦 5783 號；

卷六一　俄敦 8833 號 *、俄敦 7923 號 *…俄敦 6948 號 *、俄敦 9574 號 *；

卷六二　俄敦 6479 號 *、俄敦 6962 號 *；

卷六三　臺圖 95 號[○]、斯 786 號…北敦 11440 號、北敦 15223 號、北敦 13372 號、俄敦 11544 號 *＋俄敦 3320 號、北敦 11809 號、啟功 19 號（《啟功》23）；

卷六四　俄弗 113 號、北敦 16456D 號＋北敦 16456B 號…北敦 16456A 號、

北敦 684 號；

卷六五　津文 2 號、斯 3185 號、北敦 15310 號、北敦 14425 號、俄敦 3758 號、俄敦 3254 號；

卷六六　北敦 6016 號＋北敦 11950 號…北敦 6018 號、斯 1534 號、俄敦 9434 號 *、北敦 14741KV 號；

卷六七　斯 2160 號°、津藝 174 號°、俄敦 8211 號 *＋俄敦 9061 號 *…俄敦 9057 號 *；

卷六八　北敦 15318 號°、北敦 15353 號°、俄敦 12093 號 *＋俄敦 12105 號 *；

卷七〇　北敦 4611 號、伯 5589 號；

卷七一　羽 451 號°、北敦 6397 號、俄敦 17741 號 *＋俄敦 3575 號；

卷七二　浙敦 28 號、俄敦 4232 號 *；

卷七三　俄敦 12031 號 *＋俄敦 12153 號 *；

卷七四　俄敦 16118 號 *、浙敦 91B 號、俄敦 11473 號 *、俄敦 11435 號 *、伯 2739 號…伯 4838 號；

卷七五　俄敦 10815 號 *、俄敦 202 號、俄敦 4881 號 *；

卷七六　北敦 10934 號＋北敦 11641 號…北敦 6764 號；

卷七七　斯 3673 號、斯 4241 號、北敦 7764 號；

卷七八　俄敦 3480 號、傅圖 32 號、俄敦 18172 號 *、俄敦 18478 號 *；

卷七九　俄敦 12543 號 *…俄敦 10538 號 *、斯 4432 號；

卷八〇　斯 4006E 號；

卷八一　上圖 42 號、俄敦 8979 號 *；

卷八二　俄敦 7345 號 *；

卷八三　俄敦 12470 號 *＋俄敦 12488 號 *、俄敦 8987 號 *、俄敦 6290A 號 *；

卷八四　臺圖 96 號、俄敦 12259 號 *、俄敦 6944 號 *；

卷八五　俄敦 1085 號、敦研 223 號、敦研 64 號；

卷八六　俄敦 9508 號 *、俄敦 8230 號 *；

卷八八 斯 4006A 號、中村 61 號、北敦 1889 號、俄敦 6294B 號＋俄敦 7886 號、俄敦 4447 號 *、俄敦 15580 號 *；

卷八九 俄敦 182 號、俄敦 183 號、俄敦 11874 號 *；

卷九〇 浙敦 27 號、北敦 14087 號°、俄敦 7268 號 *＋俄敦 7178 號 *、斯 4195 號＋斯 461 號＋伯 4525 號…伯 4525 號背、俄敦 8524 號 *；

卷九一 津藝 241 號、伯 2138 號、浙敦 126A 號、北敦 1245 號、俄敦 9424 號 *；

卷九二 羽 470 號°；

卷九三 俄敦 7550 號 *；

卷九四 俄敦 559 號、俄敦 5014 號 *；

卷九五 北敦 14998 號°、津藝 247 號、羽 471 號、俄敦 8280 號 *、大谷敦 2-22 號、伯 6021 號…斯 9395 號 *＋斯 9179 號 *；

卷九六 俄敦 3205 號；

卷九七 伯 5561 號、北敦 10165 號＋北敦 9890 號＋北敦 12148 號；

卷九九 俄敦 3653 號；

卷一〇〇 北敦 10212 號…北敦 10006 號、俄敦 572 號、斯 6996 號、俄敦 8027 號 *、俄敦 7079 號 *、俄敦 7086 號 *、俄 Э3 號背 *；①

另有《大智度論》包首：俄敦 1584 號；題箋：伯 5027G 號、伯 5579 號；護首：北敦 12426 號、北敦 12966 號；經袟：北敦 13502 號；勘記：北敦 4610 號背、斯 195 號背、斯 227 號背、斯 457 號背；雜寫：斯 5695 號（前非本經內容，雜寫"大智度論經卷第八""大智度論經卷第九"）；引首：浙敦 46 號。

另有一些殘片，所存文句既見於《大智度論》，也見於《摩訶般若波羅蜜經》，出處不易確定，一律歸併在《摩訶般若波羅蜜經》下，茲不復出。

①Э 是 Эрмитаж（艾爾米塔什）的簡稱，此號係俄羅斯國立艾爾米塔什博物館所藏的敦煌文獻編號。

二七、瑜伽師地論

《瑜伽師地論》，簡稱《瑜伽論》，是印度大乘佛教瑜伽行唯識學派及中國法相宗的根本大論。"瑜伽"是禪定或止觀的代名詞，"瑜伽師地"指瑜伽師修行所要經歷的境界（十七地），故亦稱《十七地論》。相傳爲彌勒菩薩口述，無著記錄。

通行的《瑜伽師地論》由玄奘法師於唐貞觀二十一年至二十二年（647—648）在長安弘福寺譯出，凡一百卷，是該論最完整最權威的譯本，影響很大。早在玄奘之前，已有北涼曇無讖（385—433）所譯之《菩薩戒本》《菩薩地持經》，分別相當於玄奘百卷譯本之四十至四十一卷《本地分菩薩地戒品》、三十五至五十卷前半《本地分菩薩地》之異譯；另南朝劉宋求那跋摩（377—431）所譯之《優婆塞五戒威儀經》，相當於《菩薩戒本》之異譯；以及《菩薩善戒經》，相當於《本地分菩薩地》，和《地持經》大同，但另有序品。還有南朝梁陳之際的真諦法師（499—569）翻譯之《十七地論》《決定藏論》，前者已佚，後者相當於玄奘百卷譯本之五十一至五十四卷《攝決擇分五識身相應地意地》。玄奘之後，又有一些推演疏釋玄奘譯本的著作，如窺基撰《瑜伽師地論略纂》十六卷，遁倫（新羅）撰《瑜伽論記》四十八卷，清素撰《瑜伽師地論義演》四十卷，等等，均有傳本。

此外，敦煌文獻中還有吐蕃僧人法成所譯的《瑜伽師地論》異本，共七號，但僅見卷一和卷十。較之玄奘譯本，法成譯本更顯通俗，口語化更強。

張議潮大中初年收復河西諸州後，法成蒙邀重返沙州，在沙州開元寺講《瑜伽師地論》。根據敦煌寫卷題記記載，法成講《瑜伽師地論》始於大中九年（855）三月十五日，到大中十三年（859）歲次己卯四月廿四日止，從第一卷至第五十六卷止。法成講經時，聽講僧人往往會提前抄寫論文原本，以作聽講時的教材，并在讀誦原文時進行校對，故敦煌文獻中留存的《瑜伽師地論》往往與這次講座有關。經對已刊布圖版的全面普查，敦煌文獻中共有《瑜伽師地論》論文原本 168 號，包括：國圖藏 57 號，英藏 48 號，法藏 8 號，俄藏 15 號，散藏 40 號。其中玄奘譯本 137 號，法成譯本 7 號，不明譯者 13 號，其餘 11 號爲《瑜伽師地論》標題、序品、節抄等。這些寫卷中，某一卷首尾完整者有 35 號，其餘已見圖版的寫卷皆有不同程度的殘損，未見圖版者則尚未明確。宗舜《〈浙藏敦煌文獻〉佛教資料考辨》已將該經 2 號綴合爲 1 組：浙敦 170 號⋯浙敦 171 號。[①]

本次綴合補綴 1 組，新綴 11 組，共計將 29 號綴合爲 12 組。

1. 北敦 14734 號＋伍倫 36 號

（1）北敦 14734 號（北新 934），見《國圖》132/398A—399B。卷軸裝。後部如圖 1 右部所示，首全後缺，存 3 紙 97 行（首紙 31 行，後二紙每紙 33 行），行約 27 字。首題 “瑜伽師地論卷第一，彌勒菩薩説，無著菩薩造”。楷書。有烏絲欄。有朱筆句讀及朱、墨校改。《國圖》條記目録稱原卷紙長 137.3 釐米、高 25.8 釐米，與《大正藏》所載玄奘譯本對照，“經文多所不同”，爲 9—10 世紀歸義軍時期寫本。

（2）伍倫 36 號（中散 4196 號；濱田 149），見《濱田》244—245。卷軸裝。前部如圖 1 左部所示，前後皆缺，正面存 2 紙 66 行（每紙 33 行），行約 27 字。楷書。有烏絲欄。卷面有油污及破裂，有朱筆句讀及朱、墨校改。《濱田》條記目録擬題 “瑜伽師地論義疏”，并稱原卷紙長 92 釐米、高 29.2 釐米。該卷背有古代裱補紙，上面有殘文書，存 3 行，行約 16 字。

按：上揭二號皆非玄奘所譯，所存文字亦不見載於歷代藏經，據殘存文字推斷，二號皆爲法成自譯的《瑜伽師地論》卷一殘卷，而非《瑜伽師地論》義疏之類，故其與玄奘譯本 “多所不同” 自屬必然。二號内容於 “謂於過去具有／諸見” 句前後相接，中無缺字，存有綴合的可能性。二號字體皆爲小楷，

---

① 宗舜《〈浙藏敦煌文獻〉佛教資料考辨》，《敦煌吐魯番研究》第 6 卷，第 347 頁，北京大學出版社 2002 年。

比較二號共有的"了""子""在""作""不""依""分""一"等字，如表1所示，運筆手法非常相似，如"了""子"的入筆均有出鋒；"在"字最後兩筆連寫；"作"最後兩橫亦連寫；"不""依"最後一捺均向左出鋒；"分"字左半呈連筆之勢，右半捺筆向左出鋒；"一"字收筆亦出鋒，等等，二號出於同一人之手可以無疑。又二號行款格式相同（皆有烏絲欄，卷心等高，完整一紙皆爲33行，滿行皆約27字，行距、字距、字體大小相近）。由此判定，二號確可綴合，綴合後如圖1所示。

伍倫 36 號（前部）　　　　　　　　　　　北敦 14734 號（後部）

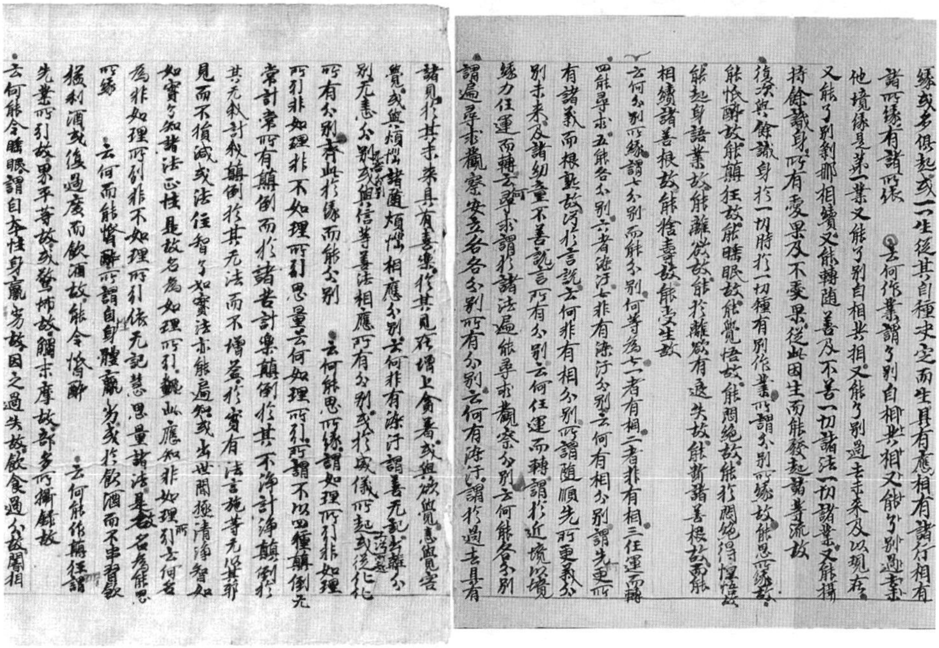

圖 1　北敦 14734 號（後部）＋伍倫 36 號（前部）綴合圖

又根據《國圖》和《濱田》的條記目錄，北敦14734號紙高25.8釐米，伍倫36號紙高29.2釐米，高度稍有差異。由於裝裱等原因，後世藏家修剪寫卷邊沿殘破部分是常有的事。另外，寫經長卷是由多紙粘接而成，紙張高度不一也很常見。上揭二號的撕裂處正在二紙間的粘接處，所以高度略異并不影響二者可以綴合的事實。

表1　北敦14734號、伍倫36號字迹比較表

例字 卷號	了	子	在	作	不	依	分	一
北敦 14734號								
伍倫36號	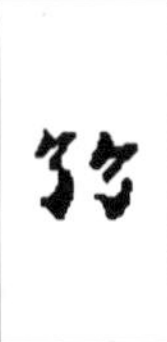	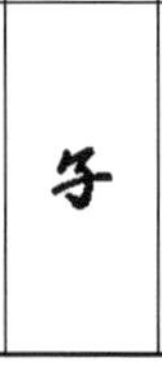	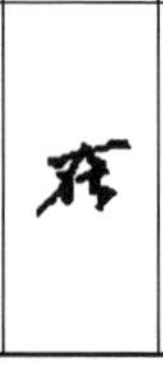	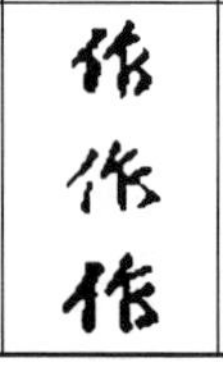	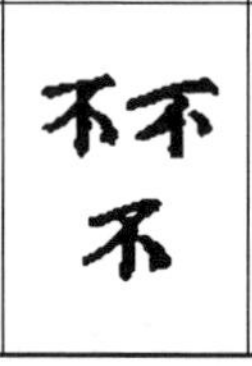	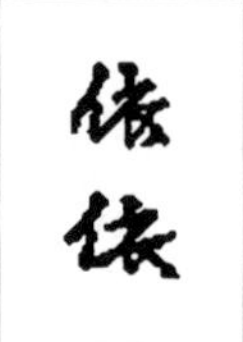	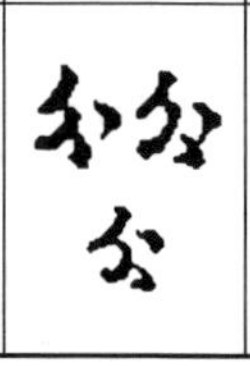	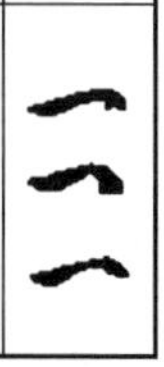

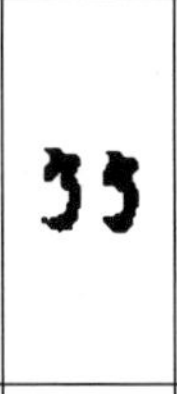

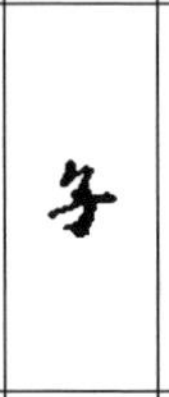

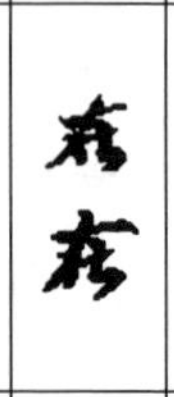

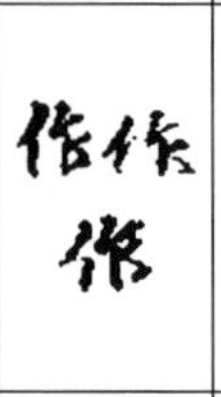

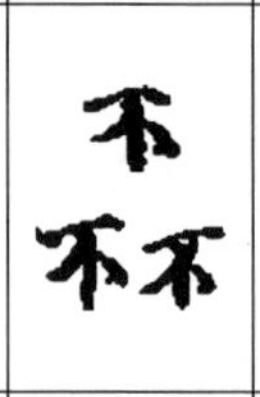

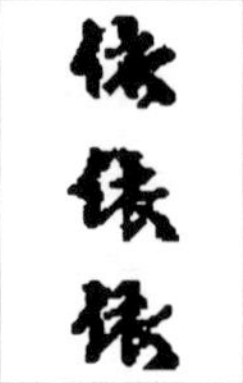

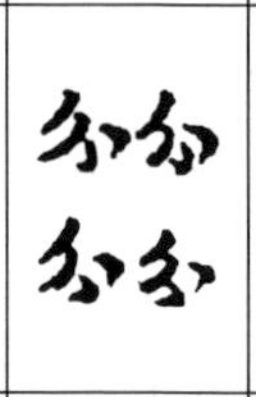

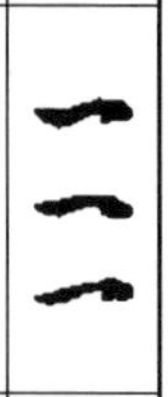

2. 俄弗71號+斯4370號

（1）俄弗71號，見《俄藏》2/265B—266A。卷軸裝，2紙。後部如圖2右部所示，首全後殘，存38行，行約17字（末行僅存下部12字右側殘形）。首題“瑜伽師地論卷第三，彌勒菩薩説，沙門玄奘奉詔譯”。楷書。有烏絲欄。

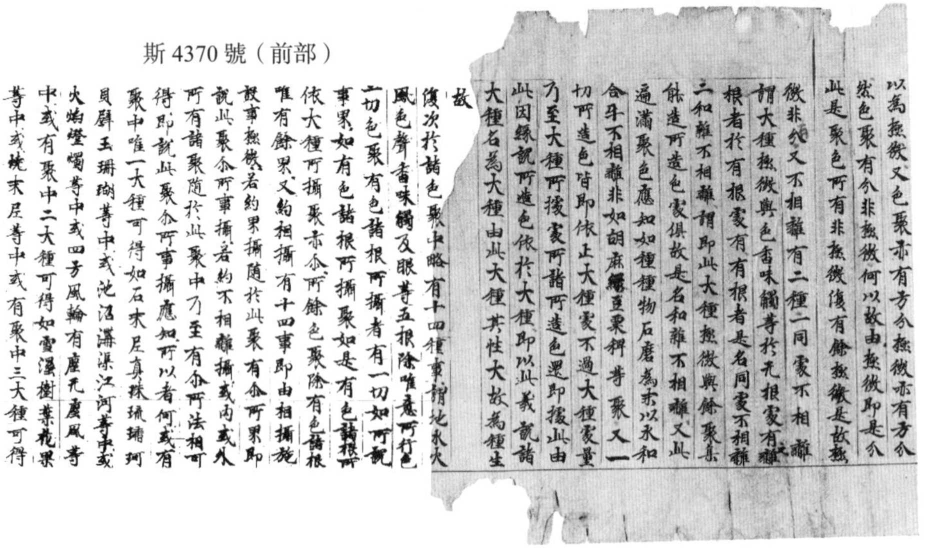

俄弗71號（後部）

斯4370號（前部）

圖2　俄弗71號（後部）＋斯4370號（前部）綴合圖

（2）斯 4370 號（翟 5853），見《寶藏》35/525A—526B。卷軸裝。前部如圖 2 左部所示，前後皆殘，存 70 行（首行僅存行首“故”字；次行上端 5 字完整，其下 10 餘字右側多有殘損），行約 17 字。楷書。有烏絲欄。原卷無題，《索引》泛題“佛經”，《寶藏》及《索引新編》擬題“瑜伽師地論卷第三”。

按：上揭二號皆爲《瑜伽師地論》卷三殘卷，且其內容前後相承，可以綴合。綴合後如圖 2 所示，接縫處原本分屬二號的“聚中略有十四種事謂地”十字皆得合成完璧。又二號行款格式相同（皆有烏絲欄，滿行皆約 17 字，行距、字距、字體大小相近），字迹似同（比較二號共有的“一”“所”“色”等字），書風相似（墨迹較重，橫畫起筆出鋒明顯），可資參證。二號綴合後，所存內容參見《大正藏》T30/289C23—291A19。

3. 津圖 83 號⋯津藝 113 號

（1）津圖 83 號（中散 2060 號），見《津圖》下 /318。卷軸裝，2 紙。後部如圖 3 右部所示，前後皆殘，存 30 行（首 2 行上殘），行約 17 字（末行僅存中部一二字右側殘畫）。楷書。有烏絲欄。寫卷上部有等距離喇叭形殘缺，卷面有朱筆斷句與科分。原卷無題，《津圖》擬題“瑜伽師地論卷第七”，敘錄稱此卷爲 8—9 世紀吐蕃統治時期寫本。

（2）津藝 113 號，見《津藝》2/318A—322B。卷軸裝，9 紙。前部如圖 3 左部所示，前殘尾全，存 197 行，行約 17 字。尾題“瑜伽師地論卷第七”。卷尾有朱筆題名“談迅，福慧”。楷書。有烏絲欄。寫卷上部有等距離喇叭形殘缺，卷面有朱筆斷句與科分。《津藝》敘錄稱此卷爲唐朝寫卷。

按：上揭二號皆爲《瑜伽師地論》卷七殘卷。二號內容前後相承，存有綴合的可能性。卷面上部皆有等距離喇叭形殘缺，缺口形狀極其相似（缺口應在二號撕裂前就已經存在了）。比較二號共有的“故”“皆”“外”等字，字迹似同。且二者行款格式相同（皆有烏絲欄，滿行皆約 17 字，行距、字距、字體大小相近），書風相似（捺筆多出鋒明顯，略有行書味道）。由此判定，此二號確可綴合。然二號不直接相連，據完整文本推算，間缺約 83 行。二號綴合後，如圖 3 所示，所存文字參見《大正藏》T30/309C6—310A8，T30/310C3—313A11。

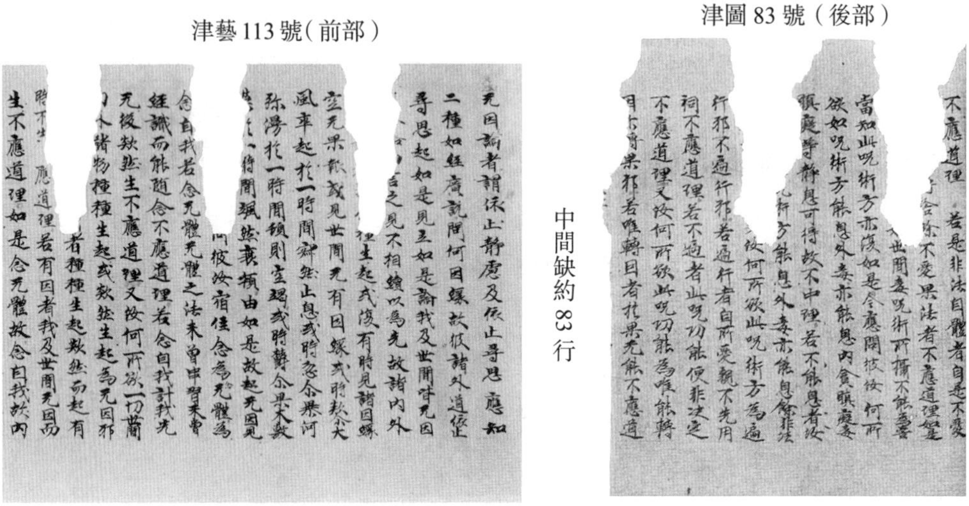

津藝113號（前部）　　　　　　　　　　　　津圖83號（後部）

圖3　津圖83號（後部）…津藝113號（前部）綴合示意圖

又按，談迅、福慧是唐大中年間法成在開元寺講《瑜伽師地論》時聽講的僧人，據此，上揭二號應皆爲唐大中年間敦煌歸義軍時期抄本（上圖117號《瑜伽師地隨聽手記》卷七有"瑜伽論手記卷第七，七月五日説訖"尾題，可知法成講《瑜伽師地論》卷七結束的時間是大中九年七月）。《津圖》敘錄稱津圖83號爲8—9世紀吐蕃統治時期寫本，不確。

4. 北敦5655號＋北敦5500號

（1）北敦5655號（北7189；李55），見《國圖》76/69。卷軸裝，1紙。後部如圖4右部所示，首全後缺，存26行，行約17字。首題"瑜伽師地論卷第十一，彌勒菩薩説，沙門玄奘奉詔譯"。楷書。有烏絲欄。卷面下部呈現有規則污漬。《國圖》條記目錄稱此卷爲9—10世紀歸義軍時期寫本。

（2）北敦5500號（北8612；果100），見《國圖》74/121A—122A。卷軸裝，2紙。前部如圖4左部所示，前後皆缺，存56行，行約17字。楷書。有烏絲欄。卷面下部呈現有規則污漬。原卷無題，《國圖》擬題"瑜伽師地論卷十一"，條記目錄稱此卷爲9—10世紀歸義軍時期寫本。

按：上揭二號皆爲《瑜伽師地論》卷十一抄本，且其內容於"四／无色三摩鉢底"句前後相承，中無缺字，存有綴合的可能性。二號接縫處皆爲失黏所致脫落，邊緣整齊，橫向烏絲欄可以對接。二號卷面下部皆有污漬，這些污漬形狀雷同，循環出現，接縫處污漬邊緣吻合。又此二號行款格式相同（天頭地腳等高，皆有烏絲欄，滿行皆約17字，行距、字距、字體大小相近）。由此判定，此二號確可綴合。綴合後如圖4所示，所存內容參見《大正藏》T30/328C2—329C3。

北敦5500號（前部）　　　　　北敦5655號（後部）

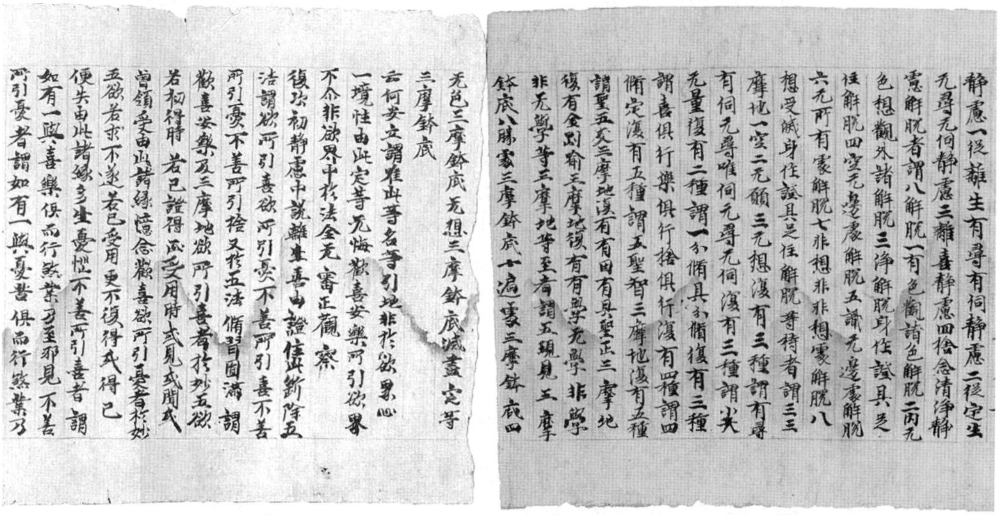

圖4　北敦5655號（後部）＋北敦5500號（前部）綴合圖

不過此二號也許不出於一人之手。北敦5655號前22行（以下稱甲）出於一人；北敦5655號的後4行（以下稱乙1）和北敦5500號（以下稱乙2）則似出於另一人。試比較表2：

表2　甲與乙1、乙2字迹比較表

例字 卷號	地	摩	復	者	無	謂
甲	地地地	摩摩摩	復復復	者	无无	謂謂
乙1	地地地	摩摩摩	復復復	者	无无	謂謂
乙2	地地地	摩摩	復復	者	无无	謂謂

不難看出，甲明顯受過書法訓練，用筆較爲準確，結構較爲嚴謹，轉折頓挫節奏强烈分明，常用連筆，略帶行楷意味；而乙₁、乙₂風格相近，用墨較濃，結體相似，用筆皆缺乏力度，控筆能力欠佳，重心失衡現象明顯，均屬於初學者水準。甲與乙的結體也存在一定差異，如"復"字右中部甲卷作"目"形，而乙₁、乙₂則皆作"日"形。所以我們推測上揭二號是兩個抄手輪流抄寫而成的，甲是一個抄手，乙₁、乙₂則可能出於另一抄手。如果這個判斷成立，那就更可證明這二號確是同一寫卷之撕裂。

　　附帶指出，上揭二號有可能本是業已廢棄的兑廢紙。北敦 5655 號第 5—6 行爲"總標與安立，作意相差别，攝諸經宗要，最後 / 衆雜義，若"，唐代前後抄經慣例，標準經本長行每行 17 字，五言偈頌則每行四句 20 字，但該號第五行偈頌仍依用長行之例僅抄 17 字，而把"衆雜義"三字抄入下行，顯然不合規矩；又"衆雜義"下的"若"字，乃是第七行"若略説三摩呬多地"的首字誤抄於此而未删去者（"若略説三摩呬多地"以下又爲長行，依例應换行頂格，抄手誤接"若"字於偈頌之下，發現其誤，换行另抄，而誤抄的"若"字未及删去）。又該號倒數第八行行末的"𡗗"，乃"小大"二字，"大"字顯然有問題。北敦 5500 號末行"謂因尋思親屬何緣不往如"，據《大正藏》等經本，原卷"親屬"下應抄脱"等故心生追悔謂我何緣離别親屬"14 字，這是因爲底本前後兩行分别有"親屬"一詞，抄手前一行"親屬"抄畢，走眼誤接下一行"親屬"後的内容，造成脱漏。正因爲上揭二號原卷都有這樣那樣的抄寫錯誤，所以可能原本就已兑廢。不過從二號的水漬印及綴合後相吻合的情形判斷，該二號處於廢棄狀態原本應該是粘接在一起的。

　　5.羽 518 號＋羽 183 號

　　（1）羽 518 號，見《秘笈》6/444—447。卷軸裝，7 紙。後部如圖 5 右部所示，首全後缺，存 210 行，行約 33 字。首題"瑜伽師地論卷第十一，彌勒菩薩説，三藏法師玄奘奉詔譯"。細字小楷。有烏絲欄。行間有校改文字及朱筆句讀。

　　（2）羽 183 號，見《秘笈》3/172—174。卷軸裝，2 紙。前部如圖 5 左部所示，前缺尾全，存 58 行，行約 33 字。尾題"瑜伽師地論卷第十一"。細字小楷。有烏絲欄。行間有校改文字及朱筆句讀。

按：上揭二號皆爲《瑜伽師地論》卷十一抄本，且其内容於“若毗鉢舍那 / 而爲上首”句前後相承，中無缺字，存有綴合的可能性。比較二號共有的“作”“者”“脩”“分”“於”“能”“麁”等字，如表 3 所示，可以看出，“作”字最後一横皆有回筆出鋒的寫法，“者”下部的“日”皆作草書，“脩”字左部從亻從彳並見，“能”字左上部的“厶”多略去點，等等，用筆結體均極相似，可見確應出於同一人之手。又二號行款格式相同（滿行皆約 33 字，皆有烏絲欄，行距、字距、字體大小相近）。由此判定，此二號確可綴合。二號綴合後，如圖 5 所示，所存内容參見《大正藏》T30/328C2—335A10。

羽 518 號（後部）

羽 183 號（前部）

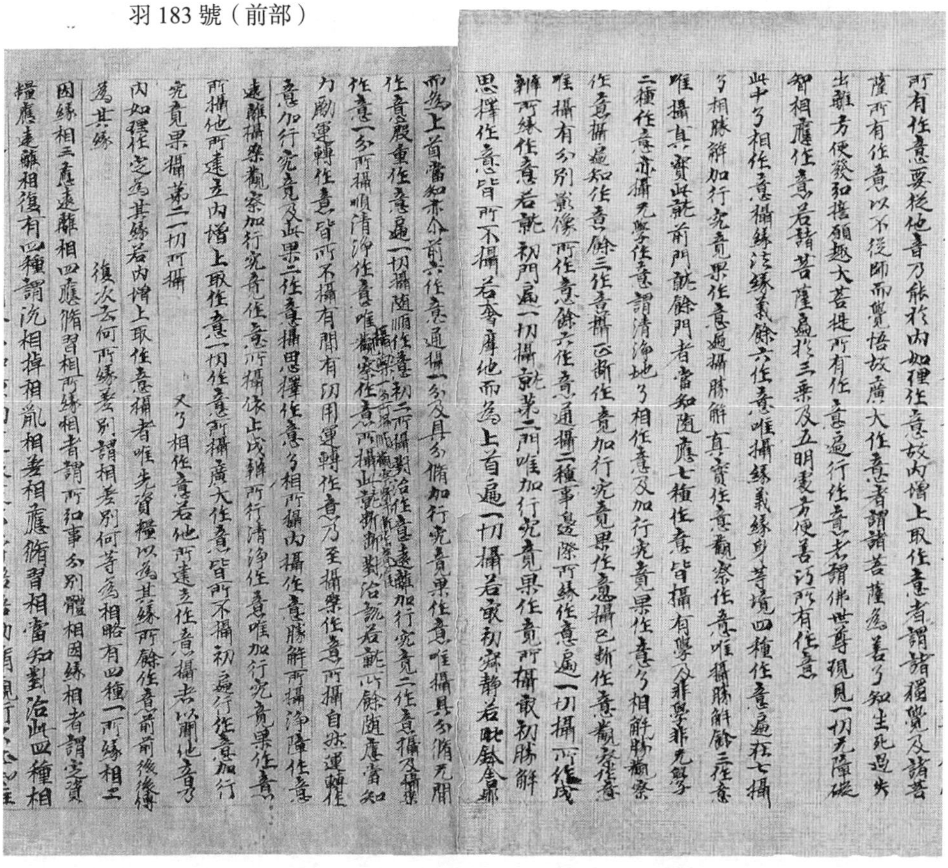

圖 5　羽 518 號（後部）+ 羽 183 號（前部）綴合圖

表 3　羽 518 號、羽 183 號字迹比較表

例字 卷號	作	者	脩	分	於	能	廡
羽 518 號	 作作作	 者	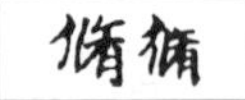 脩脩	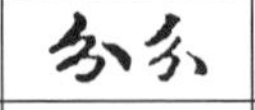 分分	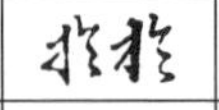 於於	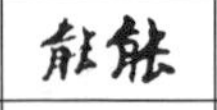 能能	 廡
羽 183 號	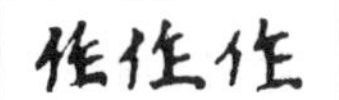 作作作	 者	 脩脩	 分分	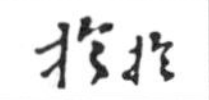 於於	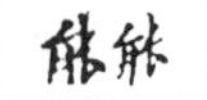 能能	 廡

6. 北敦 15173 號 + 斯 4165 號

（1）北敦 15173 號（北新 1373），見《國圖》140/154B—162B。卷軸裝，
14 紙。後部如圖 6 右部所示，首全後缺，存 383 行，行約 17 字。首題“瑜伽
師地論卷第十二，彌勒菩薩説，三藏法師玄奘奉詔譯”。楷書。有烏絲欄。有
朱筆標識符號。《國圖》條記目録稱此卷爲 9—10 世紀歸義軍時期寫本。

（2）斯 4165 號（翟 4290），見《寶藏》34/281A—282B。卷軸裝。前部
如圖 6 左部所示，前後皆殘，存 66 行，行約 17 字。楷書。有烏絲欄。有朱
筆標識符號。原卷無題，《翟録》擬題“瑜伽師地論”；《索引》泛題“佛經”；
《寶藏》及《索引新編》擬題“瑜伽師地論卷第十二”。

斯 4165 號（前部）　　　　　北敦 15173 號（後部）

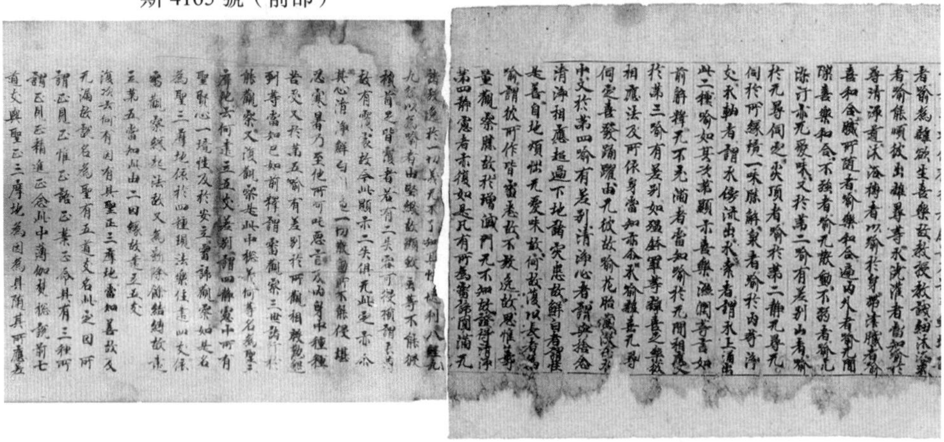

圖 6　北敦 15173 號（後部）+ 斯 4165 號（前部）綴合圖

按：上揭二號皆爲《瑜伽師地論》卷十二殘卷，其内容於“審諦圓滿无 /
諸放逸”句前後相承，中無缺字，存有綴合的可能性。比較二號共有的

"立""第""脩""能""緣""所""於"等字，如表 4 所示，字迹似同。又此二號行款格式相同（滿行皆約 17 字，皆有烏絲欄，皆有朱筆標識符號，以"復次"起首的段落前多有"△"形標記，行距、字距、字體大小相近），書風相似（墨迹較重，横畫收筆頓挫明顯）。由此判定，此二號確可綴合，綴合後如圖 6 所示，所存内容參見《大正藏》T30/335A13—340B24。

表 4　北敦 15173 號、斯 4165 號字迹比較表

例字 卷號	立	第	脩	能	緣	所	於
北敦 15173 號	立 立 立	第 第 第	脩 脩 脩	能 能	緣	所	於
斯 4165 號	立 立 立	第 第 第	脩 脩 脩	能 能	緣	所	於

7. 北敦 2149 號+北敦 9596 號…浙敦 170 號…浙敦 171 號

（1）北敦 2149 號（北 8613；藏 49），見《國圖》30/135A—136A。卷軸裝，3 紙。後部如圖 7 右部所示，前後皆殘，存 49 行（後 4 行下部殘損漸次加大，末行僅存首字右半部），行約 17 字。楷書。有烏絲欄。原卷無題，《國圖》擬題 "瑜伽師地論卷一九"，條記目録稱此卷爲 8—9 世紀吐蕃統治時期寫本。

（2）北敦 9596 號（湯 17），見《國圖》106/114B。卷軸裝，1 紙。如圖 7 中右部所示，前後皆殘，存 19 行（前後 3 行下部皆有殘損，首行首字右側殘損），行約 17 字。楷書。有烏絲欄。原卷無題，《國圖》擬題 "瑜伽師地論卷一九"，條記目録稱此卷爲 9—10 世紀歸義軍時期寫本。

（3）浙敦 170 號（浙博 145），見《浙藏》222B。卷軸裝，1 紙。如圖 7 中左部所示，前缺後殘，存 16 行（後 3 行下部略有殘損），行約 17 字。楷書。有烏絲欄。原卷無題，《浙藏》題作 "佛經殘片"，敘録稱此卷爲唐寫本。

（4）浙敦 171 號（浙博 146），見《浙藏》222B。卷軸裝，1 紙。如圖 7 左部所示，前後皆殘，存 16 行（首行底部 3 字略有殘損，末行底部 2 字殘缺），

行約 17 字。楷書。有烏絲欄。原卷無題,《浙藏》題作 "佛經殘片", 叙録稱此卷爲唐寫本。

按: 宗舜《〈浙藏敦煌文獻〉佛教資料考辨》認爲後二號皆爲 "瑜伽師地論卷第十九" 殘片, 且 "原本爲一件而被人撕裂爲二, 故字迹、紙質等特徵完全一致"。黄征、張崇依《浙藏敦煌文獻校録整理》稱後二號紙高、框高、欄寬、天頭、地脚等基本要素相同, 且二號筆迹一致, 應本爲同一寫卷, 惜中部殘缺無法直接綴合。其説皆是。此二號均爲張宗祥舊藏, 可見其來源同一, 且浙博列於同一號 23280·21 之下, 説明原收藏者本已視其爲同一寫卷之斷片。此二號綴合如圖 7 左部所示, 據完整經本, 二號間約缺 12 行。

又北敦 2149 號與北敦 9596 號亦皆爲 "瑜伽師地論卷第十九" 殘卷, 且内容先後銜接, 亦可綴合。綴合後如圖 7 右部所示, 北敦 2149 號末行僅存的首字右半正可與北敦 9596 號首行首字左側殘字拼合爲一完整的 "寂" 字, 二號撕裂之處邊緣吻合無間。

進而論之, "北敦 2149 號 + 北敦 9596 號" 與 "浙敦 170 號…浙敦 171 號" 應亦爲同一寫卷之撕裂。比較四號共有的 "了" "此" "於" "不" "心" "彼" "愛" 等字, 如表 5 所示, 四號在典型字的寫法上非常相似, 如 "了" 形部件的入筆均有出鋒, "不" 字撇筆和豎筆均帶有回鉤, "心" 字中部的點和右部的點有牽連之勢, "此" 字右側的豎彎鉤也帶有回鉤, "彼" 字右部的豎和下面的 "又" 連筆而寫, 等等, 結體運筆均趨於一致, 可證確應出於同一人之手。且此四號行款格式相同(天頭地脚等高, 皆有烏絲欄, 滿行皆約 17 字, 行距、字距、字體大小相近), 書風相似(墨迹粗重, 横畫起筆向上出鋒明顯, 豎畫頓筆明顯, 露出鋒芒)。由此判定, 此四號確可綴合, 綴合後如圖 7 所示, 北敦 9596 號與浙敦 170 號不能直接相連, 據完整文本推算, 間缺約 40 行。

又, 上揭四號既可能出於同一人之手,《國圖》條記目録稱北敦 2149 號爲 8—9 世紀吐蕃統治時期寫本, 而北敦 9596 號爲 9—10 世紀歸義軍時期寫本, 斷代不一;《浙藏》叙録又稱浙敦 170、浙敦 171 號爲唐寫本, 則失之寬泛, 宜再斟酌(此四號疑皆爲 9 世紀歸義軍時期抄本)。

表 5　北敦 2149、北敦 9596 號、浙敦 170、浙敦 171 號字迹比較表

例字／卷號	了	子	此	於	不	心	彼	愛
北敦 2149 號	了了	子	此此此	於於	不不	心心	彼彼彼	愛愛
北敦 9596 號	了		此此此	於	不不不	心心心	彼	
浙敦 170 號			此此此	於於	不不不	心心	彼	愛
浙敦 171 號		子	此此此	於於	不不	心	彼彼彼	愛

8. 北敦 9665 號 + 北敦 1324 號

（1）北敦 9665 號（湯 86），見《國圖》106/176A。卷軸裝，2 紙。後部如圖 8 右部所示，前後皆殘，存 26 行（首行僅存中上部三四字左側殘畫，第 16 行下端殘缺 3 至 4 字，第 17—26 行上下皆殘，殘損程度逐漸加劇，末行僅存中部 3 字，3 字中完整者僅“置”字，其上下 2 字僅存殘形），行約 17 字。楷書。有烏絲欄。有朱筆科分。原卷無題，《國圖》擬題“瑜伽師地論卷二一”，條記目錄稱此卷爲 9—10 世紀歸義軍時期寫本。

（2）北敦 1324 號（北 7193；張 24），見《國圖》20/62A—63B。卷軸裝，3 紙。前部如圖 8 左部所示，前殘尾全，存 68 行（前 5 行上部殘，6—11 行中部殘，且殘損程度逐漸減少），行約 17 字。尾題“瑜伽師地論卷第廿一”。楷書。有烏絲欄。《國圖》條記目錄稱此卷爲 7—8 世紀唐寫本。

　　按：上揭二號皆爲《瑜伽師地論》卷二一殘卷，且二號内容前後相承，可以綴合。綴合後如圖8所示，接縫處邊緣吻合，原本分屬二號的"法""毗""門""趣""虫""之""身""趣""遇""奈""邪""棄"等字皆得合成完璧。又二號行款格式相同（天頭地脚等高，皆有烏絲欄，滿行皆約17字，行距、字距、字體大小相近），書風相似（墨迹較重，捺筆出鋒，橫筆收頓明顯），字迹似同（比較二號共有的"入""不""者"等字），可資參證。二號綴合後，存文起"而未能證最勝第一阿羅漢果"句後三殘字，訖尾題"瑜伽師地論卷第廿一"，相應内容參見《大正藏》T30/400C5—401C7。

　　又，上揭二號既可綴合爲一，而《國圖》條記目録稱北敦1324號爲7—8世紀唐寫本，北敦9665號爲9—10世紀歸義軍時期寫本，斷代時間懸殊，宜再斟酌（疑後説近是）。

北敦1324號（前部）　　　　　　　　　　　北敦9665號

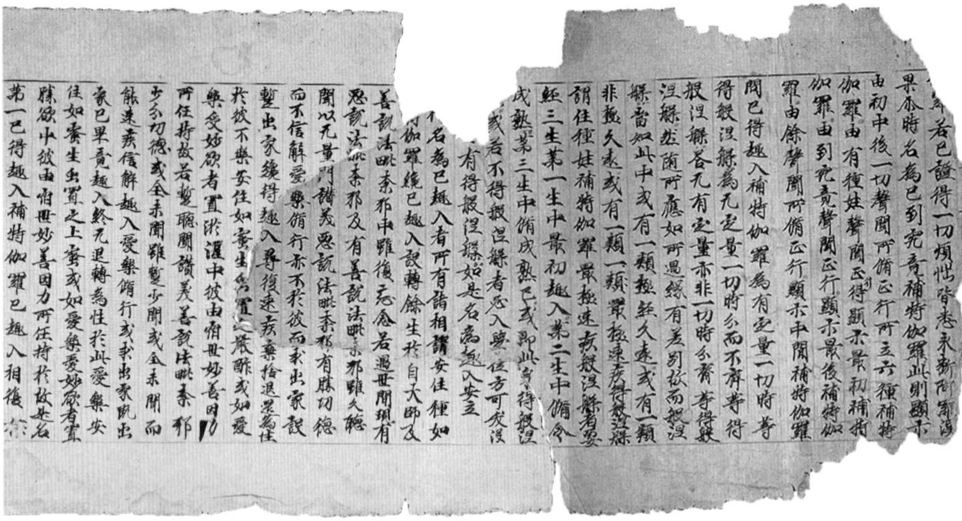

圖8　北敦9665號＋北敦1324號（前部）綴合圖

9. 斯3526號＋北敦14031號

　　（1）斯3526號（翟4268），見《寶藏》29/283B—292A。卷軸裝。後部如圖9-1右部所示，首全後殘，存342行，行約17字。首題"瑜伽師地論卷第廿八，彌勒菩薩説，沙門玄奘奉詔譯"；首題之前另行下端有"一真"字樣，但字迹與正文不同。楷書。有烏絲欄。有朱筆標識符號。

（2）北敦 14031 號（北新 231），見《國圖》119/82B—88A。卷軸裝，9紙。前部如圖 9-1 左部所示，前殘尾全，存 199 行，行約 17 字。尾題"瑜伽師地論卷第廿八"。後有"净土寺藏經"長方形墨印。方印後有"一真本"三字，字迹與正文不同。楷書。有烏絲欄。有朱筆標識符號。《國圖》條記目録稱此卷爲 9 世紀歸義軍時期寫本。

北敦 14031 號（前部）　　　　斯 3526 號（後部）

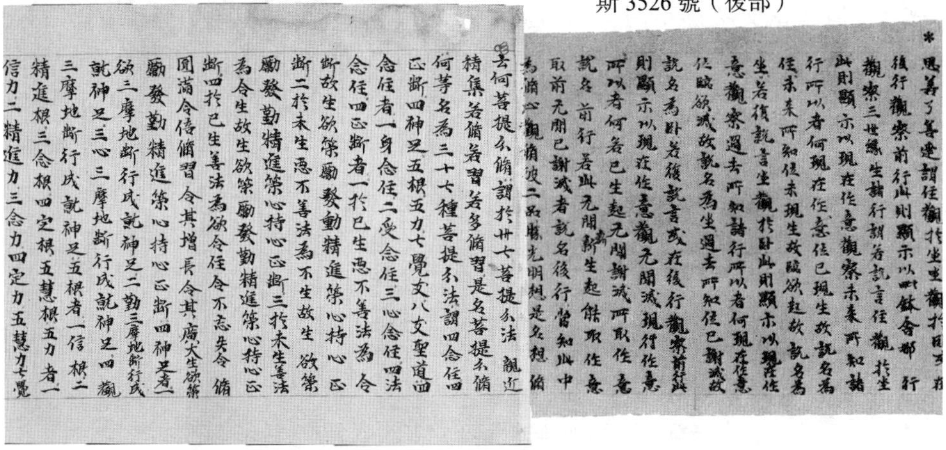

圖 9-1　斯 3526 號（後部）＋北敦 14031 號（前部）綴合圖

按：上揭二號皆爲《瑜伽師地論》卷二八殘卷，且其内容前後相承，可以綴合。綴合後如圖 9-1 所示，斯 3526 號末行行末的"脩彼二品勝光明想，是名想脩"正與北敦 14031 號首行行首的"云何菩提分脩"先後相接，中無缺字。又北敦 14031 號首行之前另隱約可見一行字的左側殘畫，係二紙粘連時另一紙末行文字墨汁滲透所致，經仔細辨認，其上部七字殘畫正是斯3526 號末行行端"爲脩正觀脩彼二"左側墨汁滲透而然。比較二號共有的"七""我""解""斷""脩""那""因"等字，如表 6 所示，"七"字最後一筆都帶有回鋒；"解"字右半都作"羊"形；"我"字左部都作"禾"形，右部的"戈"借用"禾"的橫筆，而又與"禾"若斷若連；"斷"字斯 3526

凡二十見，北敦 14031 號十五見，前者作"斷"一見，後者作"斷"形者二見，其餘均作簡體俗字"断"，二種字形交錯出現的情況類似；"因"字中間皆作"火"，等等，字形與結體均非常相似，足以證明此二號應出於同一人之手。二號卷面皆有朱筆標識符號，段落之首皆或標有"凸"形標記。又此二號行款格式相同（皆有烏絲欄，滿行皆約 17 字，行距、字距、字體大小相近），可資參證。二號綴合後，所存內容參見《大正藏》T30/435C21—T30/442A18。

另外，斯 3526 號卷首與北敦 14031 號卷末均有"一真"題名，字迹似同（圖 9-2），但與正文字迹不同，"一真"或僅是此卷的持有者。一真是法成大中年間講解《瑜伽師地論》時聽講的僧人之一。斯 735 號《瑜伽師地論》卷二八末尾有

圖 9-2 斯 3526 號、北敦 14031 號題名

朱筆題記"大中十一年五月三日明照聽了記"，據此，可知法成講畢《瑜伽師地論》卷二八的時間是大中十一年（857）五月三日，則一真持有的論文原本應是這一日期之前的抄本。《國圖》條記目錄稱北敦 14031 號爲 9 世紀歸義軍時期寫本，庶幾近是。

表6　斯 3526 號、北敦 14031 號字迹比較表

例字 卷號	七	我	解	斷	俻	那	因
斯 3526 號	 七七 七七	 我我 我我	 解解 解解	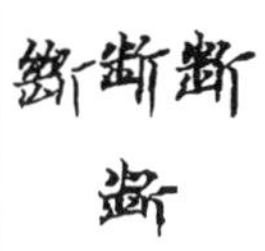 斷斷斷 斷	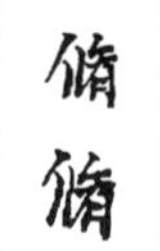 俻俻	 那那 那	 囙囙
北敦 14031 號	 七七 七七	 我我 我我	 解解 解解	 斷斷 斷斷	 俻俻 俻俻	 那	 囙

10. 斯 4224 號 + 斯 8762 號 + 俄敦 1610 號

（1）斯 4224 號（翟 4272），見《寶藏》34/541A—550B。卷軸裝。後部如圖 10 右部所示，首全後殘，存 403 行（倒數第 2 行下部殘缺 5 字，末行僅

存中部六殘字），行約 24 字。首題"瑜伽師地論卷第卅四，彌勒菩薩説，三藏法師玄奘奉詔譯"。楷書。有烏絲欄。卷中有補寫修改。

（2）斯 8762 號，見 IDP。殘片。如圖 10 左上部所示，存 10 殘行，行存中上部 3—15 字（末行僅存中部 3 字右側殘筆）。楷書。有烏絲欄。原卷無題，IDP 未定名。

（3）俄敦 1610 號，見《俄藏》8/254B。殘片。如圖 10 左下部所示，存18 殘行（第 16、17 行空白無字），經文部分行存中下部 0—12 字。末行有題記"大中十一年九月七日比丘張明照隨聽寫記"。楷書。有烏絲欄。原卷無題，《俄藏》擬題"瑜伽師地論本地分中獨覺地第十四"。

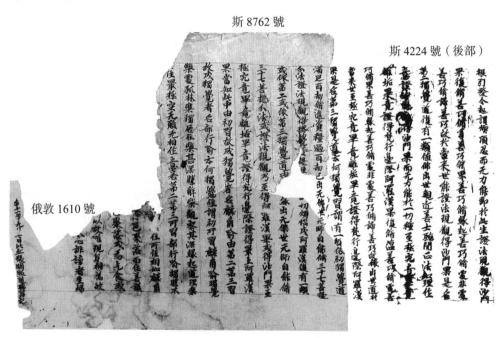

圖 10　斯 4224 號（後部）＋斯 8762 號＋俄敦 1610 號綴合圖

按：據殘存文字推斷，後二號亦爲《瑜伽師地論》卷三四殘片，《俄藏》後號擬題有誤。上揭三號内容前後相承，可以綴合。綴合後如圖 10 所示，斯4224 號倒數第二行"謂有一類"之下殘缺部分在俄敦 1610 號首行，二者拼合，連成"謂有一類／依初獨覺道"句，該行完整無缺；斯 4224 號末行上部殘缺部分在斯 8762 號首行，下部殘缺部分在俄敦 1610 號次行，三者拼合，該行完整無缺，銜接處原本分屬二號的"已""无"二字皆得復合爲一；斯 8762 號與俄敦 1610 號上下相接，銜接處原本分屬二號的"至""梵""者""覺""樂""苐"六字皆得復合爲一。又此三號行款格式相同（皆有烏絲欄，行距、字距、字體大小相近），書風相似（墨迹較重，缺少鋒芒），字迹似同（比較三號共有的"无""二""脩""苐"等字），可資參證。三號綴合後，存文起首題，訖張明照題記，全卷除尾部略有殘損外，該卷主體部分得以保全，所存内容參見《大正藏》T30/470C8—478A27。

又，上揭三號既可綴合，前二號的抄寫時間亦可據俄敦 1610 號推定爲大中十一年（857）比丘張明照抄本。

11. 北敦 9716 號 + 北敦 10459 號 + 北敦 9695 號 + 斯 11918 號

（1）北敦 9716 號（坐 37），見《國圖》106/224A。卷軸裝。後部如圖 11 右部所示，前後皆殘，存 26 行（第 19—20 行中殘，第 21—26 行上殘），行約 34 字。楷書。有烏絲欄。原卷無題，《國圖》擬題"瑜伽師地論卷三四"，條記目録稱此卷爲 8—9 世紀吐蕃統治時期寫本。

（2）北敦 10459 號（北臨 588），見《國圖》107/316A。殘片。如圖 11 中部所示，存 5 殘行，行存中部 4—8 字。楷書。有烏絲欄。原卷無題，《國圖》擬題"瑜伽師地論卷三四"，條記目録稱此卷爲 9—10 世紀歸義軍時期寫本。

（3）北敦 9695 號（坐 16），見《國圖》106/199B—200A。卷軸裝。如圖 11 所示，前後皆殘，存 45 行（第 1—7 行中下殘，第 9—12 行下殘，第 36—45 行中下殘），行約 34 字。楷書。有烏絲欄。原卷無題，《國圖》擬題"瑜伽師地論卷三四"，條記目録稱此卷爲 9—10 世紀歸義軍時期寫本。

（4）斯 11918 號，見 IDP。殘片。如圖 11 所示，存 3 殘行，行存下部 2—6 字。楷書。原卷無題，IDP 未定名。

按：據殘存文字推斷，後一號亦爲《瑜伽師地論》卷三四殘片，且上揭四號内容前後相承，可以綴合。綴合後如圖 11 所示，北敦 9716 號與北敦 9695 號左右相接，接縫處邊緣吻合，原本撕裂在二號的"觀察""於""名爲""故""若""起""斷""法"等字皆得合成完璧。北敦 10459 號乃北敦

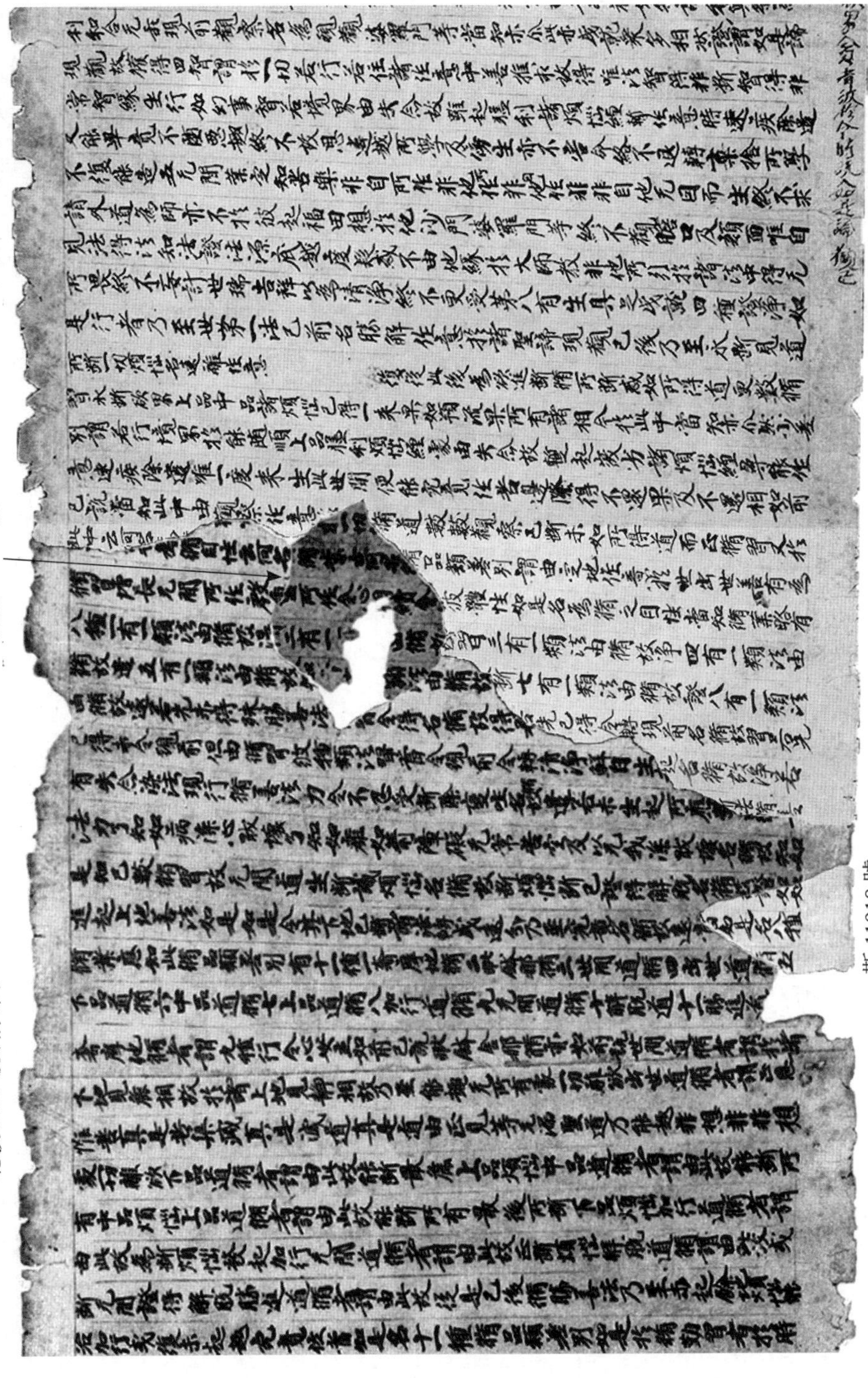

圖11　北敦9716號（後部）＋北敦10459號＋北敦9695號（前部）＋斯11918號綴合圖

9716 號＋北敦 9695 號銜接處中部脱落的碎片，斯 11918 號乃北敦 9695 號第 10—12 行底部脱落的碎片，綴合後相應部分皆大致得以完整無缺。又四號行款格式相同（天頭地脚等高，皆有烏絲欄，滿行皆約 34 字，行距、字距、字體大小相近），書風相似，字迹似同，可資參證。四號綴合後，所存内容參見 T30/475C29—476C6。

上揭四號既可綴合爲一，而《國圖》條記目録稱北敦 9716 號爲 8—9 世紀吐蕃統治時期寫本，北敦 10459 號、北敦 9695 號爲 9—10 世紀歸義軍時期寫本，斷代不一，應再斟酌（疑爲 9 世紀歸義軍時期抄本）。斯 11918 號 IDP 未斷代，則應據前三號統一考慮抄寫時間。

12. 北敦 2403 號＋北敦 5825 號

（1）北敦 2403 號（北 7211；成 3），見《國圖》34/10A—17B。卷軸裝，15 紙。後部如圖 12 右部所示，前殘後缺，存 387 行（前 13 紙每紙 25 行，後 2 紙每紙 31 行），行約 26 字。楷書。有烏絲欄。原卷無題，《劫餘録》擬題"瑜伽師地論卷卅八"。《國圖》條記目録稱此卷紙高 29.1 釐米，爲 8—9 世紀吐蕃統治時期寫本。

（2）北敦 5825 號（北 7212；菜 25），見《國圖》78/234A—234B。卷軸裝，2 紙。前部如圖 12 左部所示，前缺尾全，存 35 行（前紙 29 行，後紙 6 行），行約 27 字。楷書。有烏絲欄。尾題"瑜伽師地論卷第卅八"，題下小字署"大中十二年六月一日説畢，比丘明照本"，又另行書"大中十二年八月五日比丘明照隨聽寫記"。卷背又有題記一行："大中十二年八月二日，尚書大軍發討番，開路。四日上磧。"字體與正面論文及另行所書題記字體相同，當亦是出於明照之手。《國圖》條記目録稱此卷紙高 32.1 釐米，爲 858 年歸義軍時期寫本。

按：上揭二號皆爲《瑜伽師地論》卷四八殘卷，且其内容於"隨時正舉，令其／覺悟"句前後相接，中無缺字，存有綴合的可能性。比較二號共有的"經""共""棄""解""御""勇""安""極""於"等字，如表 7 所示，二號"經"字右部作"圣"形，"共"字上部作"业"形，"棄"字中部作"世"形，"於"字左部作"才"形，等等，字形結體呈現出極大的一致性，可見確應出

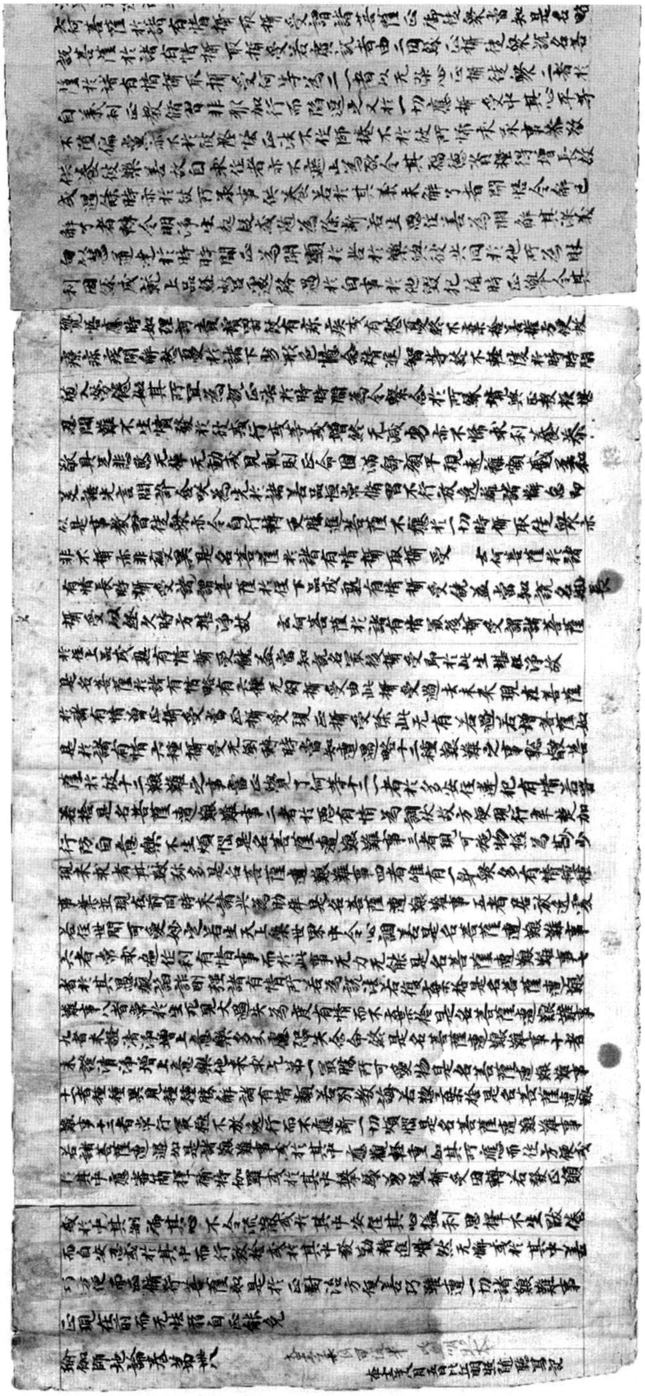

圖 12　北敦 2403 號（後部）＋北敦 5825 號綴合圖

於同一人之手。又二號行款格式相同（天頭地腳等高，皆有烏絲欄，滿行皆約 27 字，行距、字距、字體大小相近，行末字多有超出欄綫者；二號紙高略異，應與藏家裝裱裁剪有關）。由此判定，此二號確可綴合。綴合後如圖 12 所示，所存內容參見《大正藏》T30/556C23—564C19。

又，今既知此二號可以綴合爲一，而《國圖》條記目録稱北敦 2403 號爲 8—9 世紀吐蕃統治時期寫本，不確，宜比照北敦 5825 號末尾題記一併定作 858 年歸義軍時期寫本。

表 7　北敦 2403 號、北敦 5825 號字迹比較表

例字 卷號	經	共	棄	解	御	勇	安	極	於
北敦 2403 號	経	共	棄	觧	御	勇	安	极	扵
北敦 5825 號	経	共	棄	觧	御	勇	安	极	扵

卷號簡目

根據對已刊布文獻的普查以及上述綴合成果，梳理出敦煌《瑜伽師地論》寫本卷號如下：

法成譯本

卷一　哥本哈根圖書館藏 MS12 號○、北敦 14025 號○、北敦 14734 號＋伍倫 36 號、伯 2236 號、故宮新 104072 號；

卷一〇　北敦 14028 號○。

玄奘譯本

卷二　北敦 15384 號○；

卷三　斯 6536 號○、俄弗 71 號＋斯 4370 號；

卷四　北敦 14026 號○、斯 3192 號；

卷六　俄弗 72 號○、斯 6681 號○、北敦 9389 號、北敦 7904 號；

卷七　羽 770 號○、斯 6797 號○、津圖 83 號…津藝 113 號、俄敦 4455 號 *；

卷八　斯 6576 號°、俄弗 73 號°；

卷九　北敦 14027 號°、敦研 333 號；

卷一一　北敦 6615 號°、北敦 5655 號 + 北敦 5500 號、羽 518 號 + 羽 183 號；

卷一二　上圖 155 號°、北敦 6450 號、北敦 15173 號 + 斯 4165 號、伯 3603 號；

卷一三　北敦 14029 號°、斯 6787 號、北敦 14489 號；

卷一四　北敦 14030 號°；

卷一六　羽 266 號；

卷一九　俄敦 12273 號 *、北敦 2149 號 + 北敦 9596 號…浙敦 170 號…浙敦 171 號、北敦 12334 號；

卷二一　上圖 171 號°、北敦 15391 號、北敦 9665 號 + 北敦 1324 號；

卷二二　北敦 7176 號、斯 2232 號；

卷二三　甘圖 6 號°、斯 3697 號、斯 5617 號；

卷二四　國博寫經 48 號；

卷二五　斯 5374 號；

卷二六　北敦 2017 號°、斯 3559 號、伯 4586 號、斯 4586 號；

卷二七　斯 1683 號、俄敦 6324 號 *、俄敦 6326 號 *；

卷二八　北敦 9388 號、斯 3526 號 + 北敦 14031 號、斯 735 號、上博 74 號；

卷二九　斯 4225 號°；

卷三〇　斯 5309 號°、斯 3927 號°、羽 330 號、北敦 8479-1 號、斯 7153 號；

卷三一　北敦 14032 號°、俄弗 296 號；

卷三二　北敦 495 號、斯 2210 號；

卷三三　北敦 4555 號；

卷三四　北敦 371 號、斯 4224 號 + 斯 8762 號 + 俄敦 1610 號、北敦 9716 號 + 北敦 10459 號 + 北敦 9695 號 + 斯 11918 號 *；

卷三五　中村 81 號、浙敦 121 號；

卷三六　北敦 1998A 號、斯 2176 號；

卷三七　斯 6799 號；

卷三八　西北師大 9 號、北敦 10800 號、北敦 3383 號、斯 6731 號；

卷三九　北敦 5666 號；

卷四〇　故宮新 86979 號°、北敦 1893 號、北敦 8501 號；

卷四一　哥本哈根圖書館藏 MS13 號°、俄敦 5657 號 *；

卷四二　俄弗 70 號°、斯 6495 號；

卷四三　北敦 14033 號°、北敦 15000 號°；

卷四四　斯 1273 號、北敦 5619 號；

卷四五　斯 5730 號；

卷四六　斯 842 號°、斯 8880 號、伯 4583 號、伯 5587（3）號；

卷四七　斯 843 號、斯 8213 號、北敦 5103 號；

卷四八　北敦 9390 號、北敦 2403 號 + 北敦 5825 號；

卷四九　北敦 15277 號；

卷五一　北敦 4029 號；

卷五三　羽 517 號°、魯博 LB.041 號；

卷五四　斯 6812 號；

卷五五　斯 3362 號；

卷五六　北敦 14034 號°；

卷五七　斯 3031 號；

卷五九　斯 1045 號°、北敦 14035 號°；

卷七〇　斯 1639 號；

卷七五　俄敦 4771 號 *；

卷七七　北敦 5990 號；

卷七八　俄敦 4845 號 *、俄敦 4509 號 *；

卷八〇　斯 2405 號°、斯 9169 號 *；

卷八一　北敦 8197 號；

卷九四　斯 211 號；

卷五至卷六　伯 2856 號背 3；

卷十三至卷十四　斯 6419 號；

卷五二至卷五三　中村 82 號；

卷五五至卷五六　斯 6483 號。

不明譯本（圖版未公布，暫未見）

卷一　大東急 107-5-1-1 號、集録 1948 號（山本悌二郎舊藏）；

卷三　古籍名録 2495 號；

卷七　集録 1901 號（大谷家二樂莊舊藏）；

卷九　昭提 13 號；

卷二二　集録 1911 號（三井八郎右衛門藏）；

卷二三　集録 1912 號（大谷家二樂莊舊藏）；

卷三三　集録 1906 號（山本悌二郎舊藏）；

卷三四　集録 1907 號（山本悌二郎舊藏）；

卷三七　集録 1909 號（山本悌二郎舊藏）；

卷三九　集録 1908 號（大谷家二樂莊舊藏）；

卷五一　集録 1951 號（大谷家二樂莊舊藏）；

卷五二　集録 1925 號（大谷家二樂莊舊藏）。

標題、序品雜抄　伯 5578（4）號、斯 11994 號 *、上圖 183B 號背、斯 7038 號、俄敦 997 號背；

卷一節抄　北敦 15178 號背 4；

卷九節抄　北敦 3271 號背；

卷六七節抄　北敦 7217 號背 2；

卷七五、卷七七節抄　北敦 8472 號；

卷七七、卷七八、卷七九節抄　斯 6683 號；

經義雜寫　伯 2807（10）號。

二八、瑜伽師地論分門記

　　《瑜伽師地論分門記》是張議潮大中初年收復河西諸州後，吐蕃僧人法成在沙州開元寺講解《瑜伽師地論》時，由聽講僧衆所記的筆記。包含兩方面的内容：一是對整部《瑜伽師地論》所做的系統的科分，不分卷次，如《五識身相應等前十二地分門記》《聲聞地分門記》《菩薩地第十五分門記卷第一》《決擇分分門記卷第一》等；二是對《瑜伽師地論》逐卷做的科分，如"瑜伽論第某某卷分門記"，這些《分門記》以卷次相別，歸類簡單。大概因爲年事已高的原因，法成未能爲《瑜伽師地論》一百卷全部"分門"，系統的科分止於第61卷，逐卷進行的科分止於第56卷。

　　經普查，敦煌文獻中共有《瑜伽師地論分門記》30號，包括：國圖藏7號，英藏5號，法藏10號，俄藏2號，散藏6號。其中某一卷首尾完整者有15號，其餘15號皆有不同程度的殘損。

　　本次將其中7號綴合爲3組。

1. 俄敦6773號 + 俄敦6756號 + 北敦10273號

　　（1）俄敦6773號，見《俄藏》13/200A。殘片。如圖1上部所示，存25殘行，行存中上部1—24字。行書。原卷無題，《俄藏》未定名。

　　（2）俄敦6756號，見《俄藏》13/195A。殘片。如圖1右下部所示，存4殘行，行存中下部1—10字。行書。原卷無題，《俄藏》未定名。

　　（3）北敦10273號（北臨402），見《國圖》107/217A。殘片。如圖1中下部所示，存9殘行，行存中下部1—12字。原卷無題，《國圖》擬題"瑜伽師地論分門記"，條記目録稱此卷爲9—10世紀歸義軍時期寫本。

　　按：據殘存文字推斷，上揭三號皆爲《瑜伽師地論分門記》卷九殘片，且

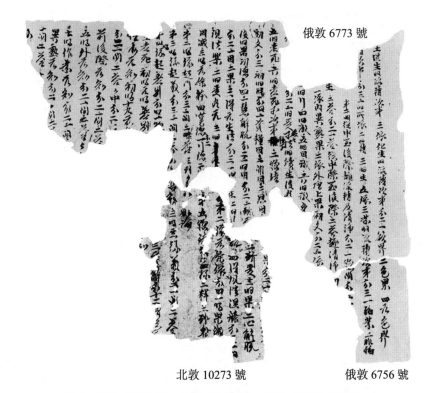

俄敦 6773 號

北敦 10273 號　　　　　　　俄敦 6756 號

圖 1　俄敦 6773 號 + 俄敦 6756 號 + 北敦 10273 號綴合圖

其内容前後相承，可以綴合。① 綴合後如圖 1 所示，俄敦 6773 號與俄敦 6756
號上下相接，銜接處第一行"一欲界／二色界"相連成句，二三行原本撕裂在
二號的"次""惣"二字得成完璧。北敦 10273 號係從俄敦 6773 號左下部掉
落的殘片，其中俄敦 6773 號第 9—17 行與北敦 10273 號第 1—9 行依次上下
相接，但每行中間各殘缺約 1—8 字，如俄敦 6773 號第 10 行與北敦 10273 號
第 2 行拼接後，可擬補作"一慧解脱分二：一明因分二：一斷☒（无）／□□（明愛），
／二斷受；二明果"，補上殘缺的三字，文句正相銜接。又三號行款格式相同（行
距、字距、字體大小相近），字迹似同，書風相似，可資參證。

① 俄敦 6773 號、俄敦 6756 號皆爲《瑜伽師地論分門記》卷九殘片，且可與北敦 10273 號綴合，最早見
於徐鍵《法成譯講〈瑜伽師地論〉寫卷校録與研究》，四川大學博士論文，2019 年 5 月，第 58 頁。稍早出版
的《俄録》前二號擬題"瑜伽師地開釋分門記五識身相應地等前十二地同卷"，但未能揭示相互關係。

2. 伯 2122 號 + 斯 2552-1 號

（1）伯 2122 號，見《法藏》6/119A—126B。卷軸裝。後部如圖 2 右部所示，首全後缺，存 499 行（内 9 行空白無字），行約 33 字。首題 "瑜伽論十七地中第十一思所成地分門記"，下署 "國大德三藏法師沙門法成述"；其前另有 "第十六卷初下至廿卷計五卷" 一行文字。卷中有 "第十六卷訖"、"第十七卷分門記" "瑜伽論第十七卷竟"、"瑜伽論第十八卷初分門記" "瑜伽論分畼第十八卷竟"、"已下第十九卷" 等小題。行書。有烏絲欄。有科分、句讀及校改。《索引》題名 "瑜伽師地論分門記（思所成地）"；《寶藏》及《法藏》題名 "瑜伽師地論十七地中第十一思所成地分門記"；《索引新編》題名 "瑜伽論十七地中第十一思所成地分門記國大德三藏法師沙門法成述（首題）"。

斯 2552-1 號（前部）　　　　　　　　　　伯 2122 號（後部）

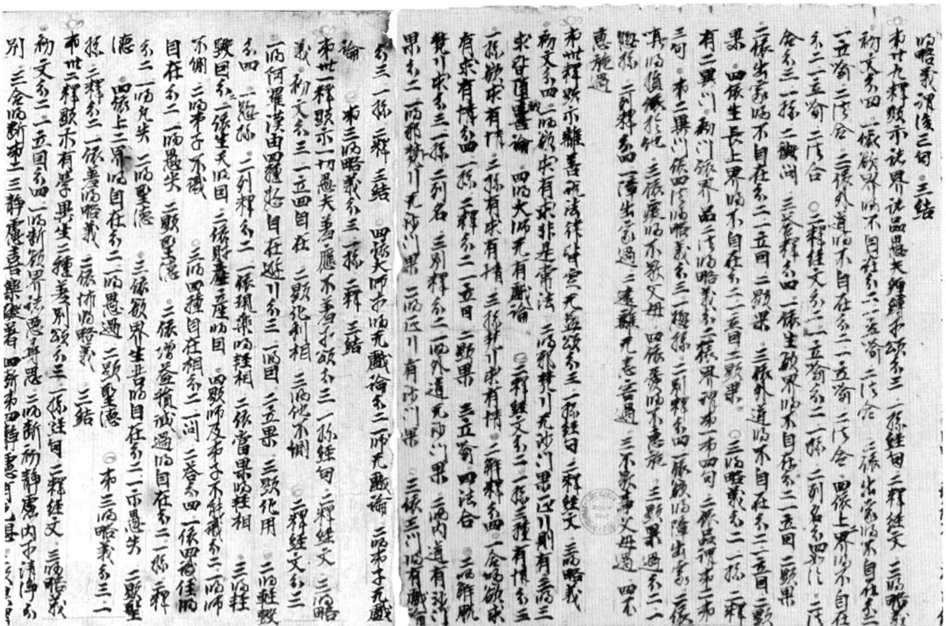

圖 2　伯 2122 號（後部）+ 斯 2552-1 號（前部）綴合圖

（2）斯 2552-1 號（翟 5823），見 IDP。卷軸裝。前部如圖 2 左部所示，前缺尾全，存 320 行，行約 33 字。卷中有 "瑜伽論第十九卷分門竟" "瑜伽論第廿卷分門上"小題,尾題"瑜伽論廿卷分門記竟",卷中、卷尾均有"談迅""福慧"題名。行書。有科分、句讀及校改。《翟錄》將其歸爲"阿毗達摩注解";《索引》及《寶藏》題名"瑜伽師地論分門記";《索引新編》據尾題題名"瑜伽論廿卷分門記竟"。

按:據殘存文字推斷,上揭二號爲《瑜伽師地論分門記》,其中伯2122號所抄爲第十六卷至十九卷前部分門記,斯2552-1號所抄爲第十九卷後部及第二十卷分門記,二號内容於"三依三門明有戲論/分三:一標,二釋,三結"句前後相接,中無缺字,接縫處邊緣吻合,存有綴合的可能性。伯2122號後部表示第二層次的"第廿九釋""第卅釋"與斯2552-1號前部"第卅一釋""第卅二釋"前後相承,組成一完整序列。又二號均有"🔗""🔗""o"等表示大小層次的標識符號;行款格式相同(行間皆有烏絲欄,行距、字距、字體大小相近),書風相似,字迹似同。由此判定,此二號確可綴合。綴合後如圖2所示,所存内容參見《大正藏》T85/833B7—842B25。

3.北敦14750號…定博6號

(1)北敦14750號(北新950),見《國圖》133/64—68。卷軸裝,4紙,紙高31.4釐米。後部如圖3右部所示,前後皆缺,存130行(前3紙每紙34行,後紙28行),行約30字。卷中題"瑜伽論第卅五卷分門境(竟)""瑜伽論第卅六卷分門記,國大德三藏法師法成述,僧智慧山"。行書。有烏絲欄。有科分、句讀及校改。《國圖》擬題"瑜伽師地論分門記卷三五、卷三六",條記目錄稱此卷爲9—10世紀歸義軍時期寫本。

(2)定博6號,見《甘藏》6/308—316。卷軸裝,9紙,紙張互不粘連,紙高31.7釐米。前部如圖3左部所示,前缺尾全,存295行(前紙23行,後8紙每紙34行,含空行),行約30字。卷中題"瑜伽論第卅六分門記竟""瑜伽論第卅七分門記",後題下署"國大德三藏法師法成述,智惠山";末題"瑜伽論第卅七卷分門記",下署"智慧山隨聽學記"。行書。有烏絲欄。有科分、句讀及校改。《甘藏》題"瑜伽論第三十六、三十七分門記",敍錄稱"本號包括互不粘連的九張紙,紙張質地、大小一樣,但經文互不銜接"。

按:定博6號各紙《甘藏》排列順序有誤,應改按1、3、8、7、2、4、9、

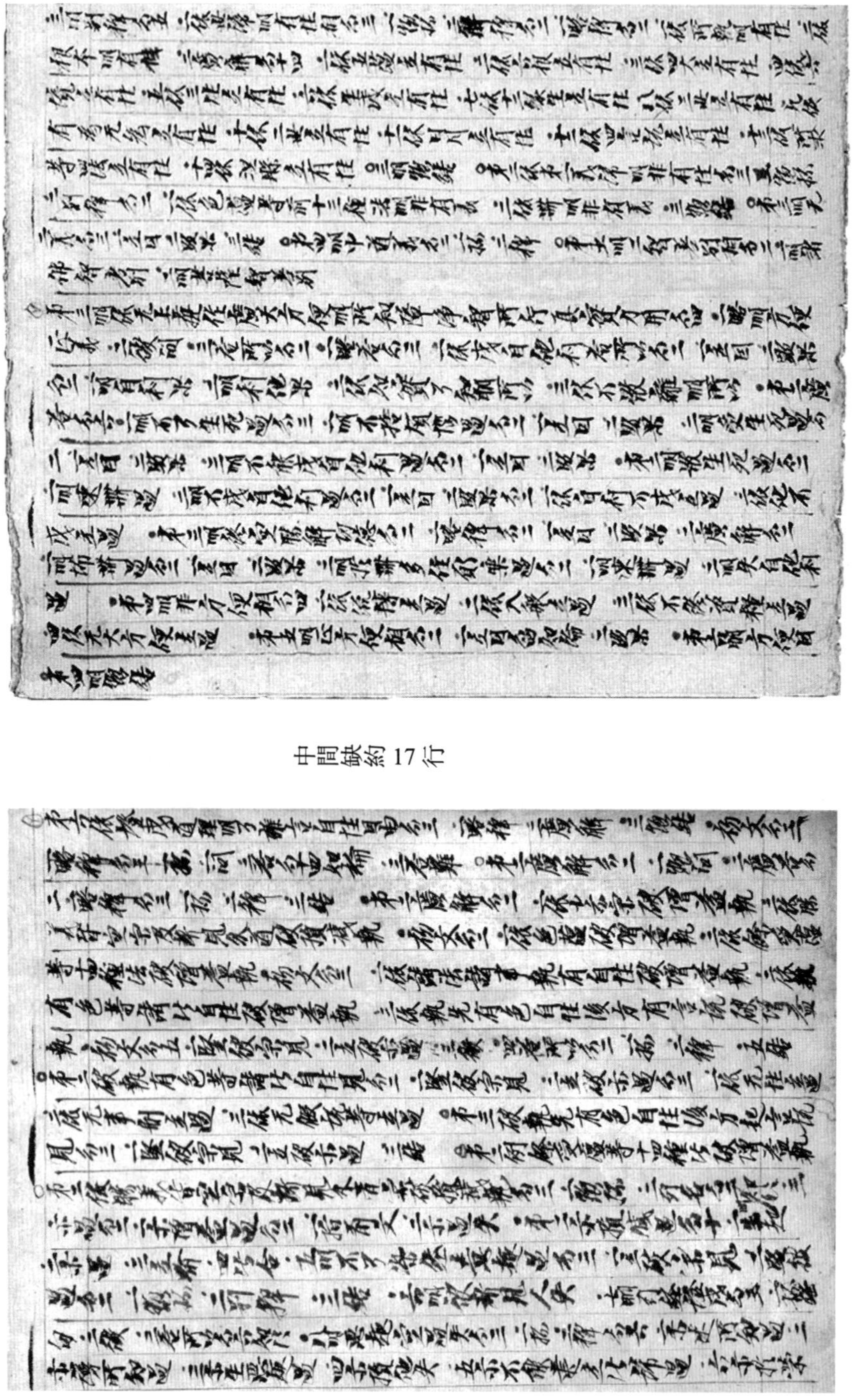

北敦 14750 號（後部）

中間缺約 17 行

定博 6 號（前部）

圖 3 北敦 14750 號（後部）…定博 6 號（前部）綴合示意圖

5、6 的順序重新排列，重排後各紙内容先後就完全銜接了。北敦 14750 號爲
《瑜伽師地論分門記》卷三五及卷三六前部，定博 6 號爲《瑜伽師地論分門記》
卷三六後部及卷三七，二號内容大致銜接，且均出於智慧山之手，當係同一
寫卷之脱落。二號均有 "🐢""🐚""o""·" 等表示大小層次的標識符號；
且行款格式相同（行間皆有烏絲欄，行距、字距、字體大小相近），書風相似，
字迹似同，可資參證。不過北敦 14750 號後部與定博 6 號前部不能直接相連，
此二號完整各紙每紙 34 行，但北敦 14750 號後紙 28 行，定博 6 號首紙 23 行，
與標準紙分別缺 6 行、11 行，共 17 行，應該就是此二號之間殘缺的行數。

卷號簡目

根據對已刊布文獻的普查以及上述綴合成果，梳理出敦煌《瑜伽師地論
分門記》寫本卷號如下：

卷一　北敦 14727 號；

卷九　俄敦 6773 號 *+ 俄敦 6756 號 *+ 北敦 10273 號；

卷四十　《集録》1941 號（大谷家二樂莊舊藏）[?]；^①

卷一至卷二〇　伯 2035 號[○]；

卷十至卷十一　北敦 291 號；

卷十六至卷二十　伯 2122 號 + 斯 2552-1 號；

卷十八至卷十九　北敦 366 號；

卷二一至卷三四　伯 2038 號[○]、伯 2053 號[○]；

卷二五至卷二八　斯 6788 號；

卷三五至卷三七　北敦 14750 號 + 定博 6 號；

卷三五至卷三八　斯 6786 號[○]；

卷三九至卷四二　伯 2190 號[○]；

卷三九至卷四一　《集録》1942 號（山本悌二郎舊藏）[?]；

卷四二至卷四三　《集録》1943 號（山本悌二郎舊藏）[?]；

---

① 本文卷號右上角上標 "？" 者，爲未見圖版者。

卷四二至卷四三　　羽 771 號[○]、斯 333 號；

卷四三至卷四六　　伯 2080 號[○]；

卷四四至卷五○　　伯 2039 號[○]；

卷四四至卷四五　　昭提 12 號[○]；

卷四七至卷五○　　斯 6678 號[○]；

卷五一至卷五二　　北敦 14036 號[○]；

卷五一至卷五四　　伯 2210 號[○]；

卷五三至卷五四　　北敦 14037 號[○]；

卷五五至卷五七　　伯 2093 號[○]；

卷五八至卷六一　　伯 2247 號[○]。

二九、瑜伽師地論手記

《瑜伽師地論手記》是唐大中年間沙州高僧法成在"分門"的基礎上,對《瑜伽師地論》所做講解的筆記。筆記的記錄者有洪真、法鏡、談迅、福慧等人。因記錄者不同,諸本文字亦略有差異。有的手記包含科分的内容;有的手記則不含科分,僅有原文和注釋。

敦煌文獻中共有《瑜伽師地論手記》33 號,包括:國圖藏 14 號,英藏 6 號,法藏 5 號,俄藏 3 號,散藏 5 號,其中首尾完整者僅有 3 號,其餘 30 號皆有不同程度的殘損。已有成果共計將該經 6 號綴合爲 3 組。包括《國圖》條記目録綴合 2 組:北敦 14810 號 + 北敦 14809 號,北敦 2072 號 + 北敦 1857 號;《俄藏》綴合 1 組:俄敦 5386 號、俄敦 5390 號。

本次補綴 2 組,新綴 3 組,共計將 12 號殘卷綴合爲 5 組。

1. 上圖 117 號…北敦 5326 號

（1）上圖 117 號,見《上圖》3/113A—145B。卷軸裝,51 紙,紙高 28.1 釐米。後部如圖 1 右部所示,前後皆缺,存 1544 行,每紙 30 行,行約 30 字。卷中有朱筆題 "瑜伽論手記卷第七,七月五日説訖" "瑜伽師地論卷第八手記" "瑜伽論第九卷,九月十七日説竟,沙門洪真手記"。卷背有三處朱筆 "沙門洪真" 騎縫押。末鈐 "木齋審定" 陽文方印。行書,有烏絲欄。有朱筆科分、句讀及校改。卷背有 "德化李氏木齋閣家供養經" 朱文方印。

（2）北敦 5326 號（北 7187;光 26）,見《國圖》71/281—301。卷軸裝,16 紙,紙高 27 釐米。前部如圖 1 左部所示,前後皆缺,正面存 534 行（每紙 31 至 37 行不等）,行約 30 字。首行殘,末行止於 "瑜伽第十卷手記説畢"。卷背有兩處朱筆題名 "沙門洪真"。行書,有折疊欄。有朱筆科分、句讀及校改。

《國圖》擬題"瑜伽師地論手記"，并稱此卷爲9—10世紀歸義軍時期寫本。

北敦 5326 號（前部）　　　　　　　　　　　　　　上圖 117 號（後部）

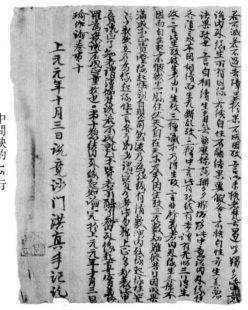

中間缺約 15 行

圖 1　上圖 117 號（後部）…北敦 5326 號（前部）綴合示意圖

　　按：上揭二號順序爲《瑜伽師地論手記》卷七至卷十，內容前後相近，當係同一寫卷之脱落，可以綴合。綴合後如圖 1 所示。二號行款格式接近（行距、字距、字體大小相近，均有"✦"形層次符號），字迹書風近似（參看表1）。又上圖 117 號有"沙門洪真"題名六處，北敦 5326 號有"沙門洪真"題名二處（參下截圖），除上圖 117 號首尾二處題名（下列截圖前二條）有可能出於後人模仿僞造外，①其他六處題名高度一致，應該都出於聽講者洪真本人手筆，可資參證。但二號紙高略異，前一號有烏絲欄，後一號無烏絲欄而有折疊欄，前一號每紙 30 行，後一號每紙皆在 31 行以上。這種差異，則可能

────────────

　　①上圖 117 號首行卷端題"瑜伽師地手記卷第六，六月十七起首說，沙門洪真隨聽鏡"，尾題"瑜伽論卷第十"。卷尾另有朱筆題記"上元元年十月三日說竟，沙門洪真手記訖"，據我們考證，均屬近人僞造。參看徐鍵、張涌泉《敦煌所存法成講〈瑜伽師地論〉寫卷之繫年與辨僞》，《北京大學中國古文獻研究中心集刊》第 18 輯，2019 年。

跟抄手聽寫中間換用規格大小不同的新紙有關，不足以推翻二號同出一人之手可以綴合的結論。不過上圖 117 號後部與北敦 5326 號雖然均屬《瑜伽師地論分門記》第十卷，但内容不能直接相連，比勘可能出於另一對聽講者談訊、福慧記録的異本伯 2344 号，中間約缺 15 行。至於上圖 117 號末尾有少許空紙，可能與聽講日期不同，換紙另段起頭接抄有關。

上圖 117 號沙門洪真題名

北敦 5326 號
沙門洪真題名

表 1　上圖 117 號、北敦 5326 號字迹比較表

例字 卷號	等	者	明	故	初	如	乘
上圖 117 號	䒸朩	耂耂	眀眀	孜孜	㣼㣼	奴奴	乑
北敦 5326 號	朩朩	耂耂	眀眀	孜孜	㣼㣼	奴 奴	乑

2. 北敦 3482 號 + 斯 6440 號

（1）北敦 3482 號（北 7192；露 82），見《國圖》48/176—190。卷軸裝，12 紙。後部如圖 2 右部所示，首全後缺，存 375 行，行約 28 字。首題"瑜伽論第廿一卷隨聽手记"。卷背騎縫處有"沙門洪真"朱筆題名 3 處。行書。有烏絲欄。有朱筆科分、句讀及校改。《國圖》條記目録稱此卷爲 9 世紀歸義軍時期寫本。

（2）斯 6440 號（翟 5827），見《寶藏》46/501B—539A。卷軸裝。前部如圖 2 左部所示，前缺尾全，存 2066 行，行約 28 字。卷中依次題 "瑜伽論卷第廿一卷竟"、"瑜伽論卷手記第二卷"（當作 "瑜伽論卷第廿二手記"）、"瑜伽論卷第廿二手記"、"瑜伽論第廿三卷記"、"瑜伽師地論卷第廿三手抄記"、"瑜伽論第廿四卷手記"、"第廿四卷手記說竟"、"瑜伽論第廿五卷手記"、"瑜伽論第廿五卷種姓地說竟"、"瑜伽論第廿六手記卷初"；尾題 "瑜伽論上五卷手抄次卷尚足"。行書。有烏絲欄。有朱筆科分、句讀及校改。卷中第廿二卷手記末有 "沙門洪真本" 題署，卷背有 "沙門洪真" 題名 7 處。《翟錄》將其歸爲 "阿毗達摩注解"；《索引》題名 "瑜伽論手記第廿卷至第廿五卷"；《寶藏》題名 "瑜伽論手記第二十卷至第二十五卷"；《索引新編》題名 "瑜伽師地論卷卷第廿一至卷第廿五"。

斯 6440 號（前部）　　　　　　　　　　　　北敦 3482 號（後部）

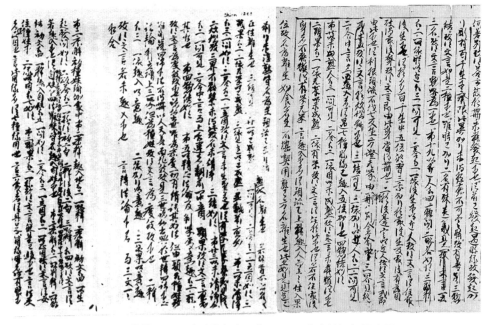

圖 2　北敦 3482 號（後部）＋斯 6440 號（前部）綴合圖

按：上揭二號均係比丘洪真聽法成講《瑜伽師地論》所做的筆記，內容前後相承，可以綴合。綴合後如圖 2 所示，北敦 3482 號最後部分解說《瑜伽師地論》卷二一初瑜伽處趣入地品第二，末段講至"第廿明未成熟人分三"，最後一行解釋"離生"，言"如食者，生不堪喫用，熟已方名離生也，此亦如是。見道已"，末三字正與斯6440號首行"前行未淳熟皆名爲生"組成完整一句："見道已前，行未淳熟，皆名爲生"，解說"生"之義。且北敦3482號言"第廿明未成熟人分三，一問可見，二答分二"，缺少所分之三，斯6440號前兩行解說完"二答分二"之後，即有"三結可見。第廿一明已成熟"，正與北敦3482號內容相承。又上揭二號行款格式相同（行書，皆有烏絲欄，行距、字距、字體大小相近），字迹書風近似，二號均有"沙門洪真"題署，且字形高度一致，應均出於洪真"手本"，其爲一卷之撕裂無疑。

3. 北敦7393號 + 伯2134號

（1）北敦7393號（北7293；鳥93），見《國圖》96/337—338。卷軸裝，2紙。後部如圖3右部所示，前後皆殘，存38行（前3行下殘）。行書。有烏絲欄。有科分、句讀及校改。《國圖》擬題"瑜伽師地論分門記"，定作9—10世紀歸義軍時期寫本。

（2）伯2134號，見《法藏》6/262A—292A。卷軸裝。前部如圖3左部所示，前殘尾全，存2054行（內15行空白無字）。卷中依次題"瑜伽論第廿六卷説訖""瑜伽論第廿七卷隨聽手鏡記""瑜伽論第廿八卷手記""瑜伽論第廿八卷竟""瑜伽論第廿九卷手記""瑜伽論第廿九卷竟""瑜伽論第卅卷隨聽手記"；尾題"瑜伽論卷第卅手記"。卷中卷背均有朱筆題名"沙門法鏡""法鏡"。行書。有烏絲欄。有科分、句讀及校改。《索引》及《索引新編》題名"瑜伽論隨聽手鏡記"；《寶藏》題名"瑜伽論隨聽手鏡記卷第二十六至卷第三十"；《法藏》題名"瑜伽論隨聽手記"。

按：據殘存文字推斷，前號爲《瑜伽師地論手記》卷二六殘卷，後號爲《瑜伽師地論手記》卷二六至卷三十殘卷，《國圖》擬題有誤。北敦7393號後部與伯2134號前部均爲《瑜伽師地論手記》第二十六卷內容，二號內容前後相承，可以綴合。綴合後如圖3所示，北敦7393號末行"二立能治""初""礙"諸字左側有少許筆畫撕裂在伯2134號首行，二號拼合，此六字得成完璧，銜接處組成一個完整的段落："一立所治，二立能治。初文分二，一明總相，故論

北敦 7393 號（後部）

伯 2134 號（前部）

Pelliot chinois
2134

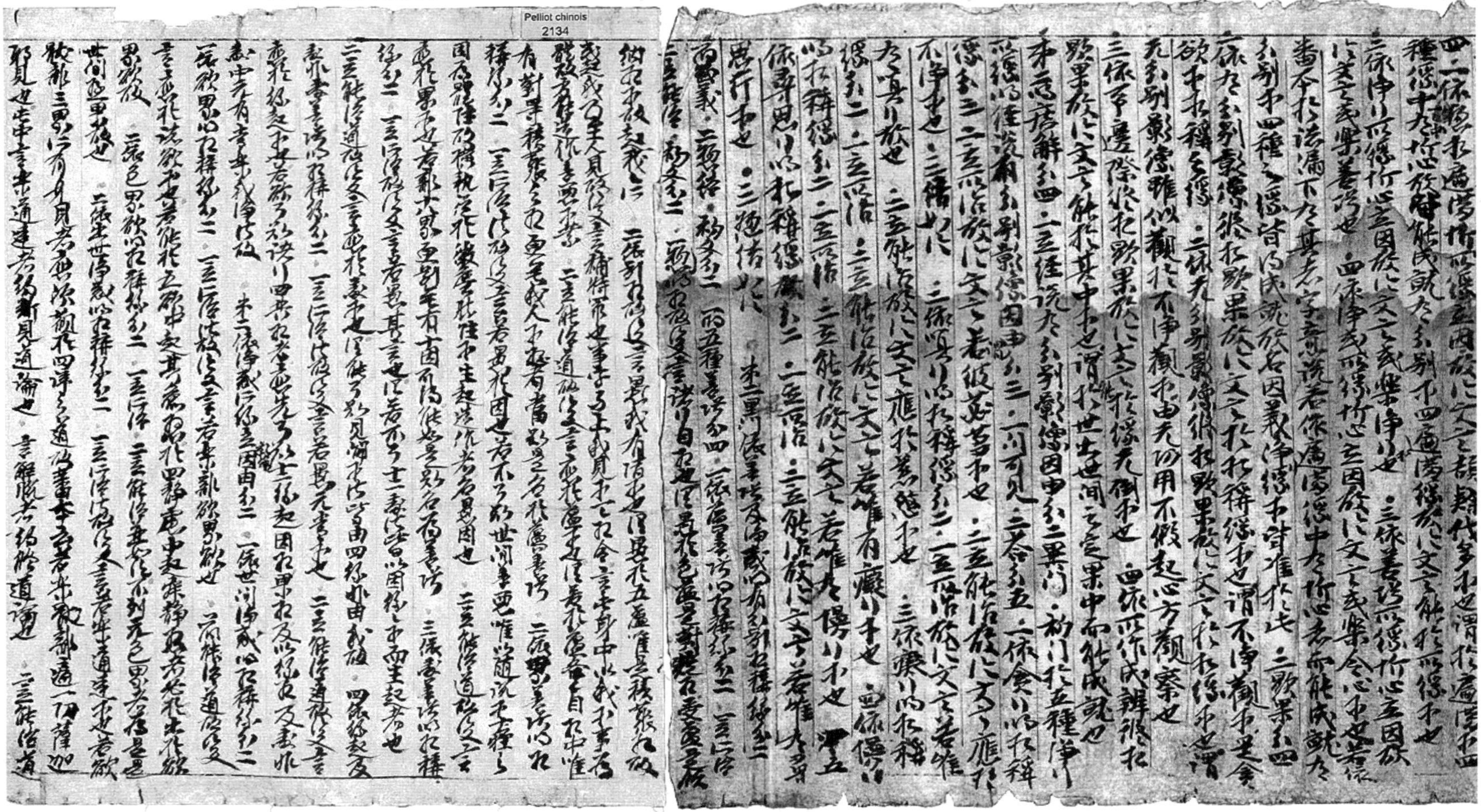

圖 3　北敦 7393 號（後部）＋伯 2134 號（前部）綴合圖

文言'諸行自相'也，謂愚於色蘊是對礙相、受蘊是領／納相等，故起我我所。二立別相，故論文言'愚我有情'等也。"且二號行款格式相同（天頭地脚等高，行間皆有烏絲欄，行距、字距、字體大小相近），書風相似，字迹似同，可進一步確定二號爲同一卷號之撕裂無疑。

4. 北敦 2072 號 + 北敦 1857 號 + 北敦 2298 號

（1）北敦 2072 號（北 7199；冬 72），見《國圖》29/46—86。卷軸裝，34 紙。後部如圖 4-1 右部所示，首全尾缺，存 1215 行（每紙大多 37 行），行約 25 字。原卷依次題"瑜伽論卷第卅三手記""瑜伽論卷第卅四手記""瑜伽論卷第卅五手記""瑜伽論卷第卅六初手記""瑜伽論卷第卅七手初記"，前四卷全，後一卷至"七明遠清净成熟方便等，中言違緣者，以自加行相違"句止，後缺。每卷篇首或篇末及卷背各紙接縫處多有"沙門洪真本""沙門洪真手本"題署，其中卷三三末尾有"八月卅日説畢記"題記。有朱筆科分及句讀。行書。有烏絲欄。《劫餘錄》列於"瑜伽師地論"之下，《國圖》定名爲"瑜伽師地論手記"卷三三至三七。《國圖》條記目錄稱此卷爲 8—9 世紀吐蕃統治時期寫本。

（2）北敦 1857 號（北 7202；秋 57），見《國圖》25/344—359。卷軸裝，13 紙。前部如圖 4-1 左部所示，後部如圖 4-3 右部所示，前後皆缺，存 455 行（每紙大多 37 行，末紙 27 行），行約 25 字。存文起卷三七"之緣也。言清净者，謂涅槃果也"云云，訖卷三九"第六明略義分二"。卷中有"瑜伽論卷第卅八初""瑜伽論卷第卅八畢""瑜伽論卷第卅九初"題署。背面各紙接縫處有押縫簽名"沙門洪真本"字樣。行書。有烏絲欄。有朱筆科分及句讀。《劫餘錄》列於"瑜伽師地論"之下，《國圖》定名爲"瑜伽師地論分門記"卷三七至三九。《國圖》條記目錄稱卷三七爲 9 世紀歸義軍時期寫本，卷三八至卷三九爲 8—9 世紀吐蕃統治時期寫本。

（3）北敦 2298 號（北 7205；閏 98），見《國圖》32/295A—303B。卷軸裝，16 紙。局部如圖 4-3 左部所示，存 451 行（前 2 紙每紙 27 行，其後各紙大多每紙 31 行以上），行約 25 字。卷中依次有"瑜伽論第卅九卷手記竟""瑜伽論卷第卌手初""瑜伽論第卌卷手記畢""瑜伽論卷手記第卌一初"字樣；尾題"瑜伽論第卌一卷手記竟"，尾題後空二行有朱筆題記"戊寅年後正月廿二日説卌一卷手記竟"。存文起卷三九"一明前三能治勝利""二明後一能治勝利"云云，訖題記。背面各紙接縫處有押縫簽名"沙門洪眞本"字樣。行書。有烏絲欄。有朱筆科分及句讀。《劫餘録》列於"瑜伽師地論"之下，《國圖》擬題"瑜伽師地論手記卷三九至四一"。《國圖》條記目録稱卷三九、卷四十爲9世紀歸義軍時期寫本，卷四一爲858年歸義軍時期寫本。

　　按：上揭三號均係比丘洪眞聽法成講《瑜伽師地論》做的筆記，内容前後相承，可以綴合（前二號可綴合，《國圖》條記目録已發）。前二號綴合後局部如圖4-1所示，北敦2072號最後部分解説《瑜伽師地論》卷三七初持瑜伽處成熟品第六，卷末"明成熟方便等分五"，其四"別釋分廿七"，依次爲一明界增長成熟方便、二明現緣攝受［方便］、[1]三明趣入成熟方便、四明攝樂成熟方便、五明初發處成熟［方便］相、六明非初發處成熟方便相，至"七明遠清淨成熟方便相"止，而其後的"八明近清净［方便］者"至"廿七明俱成熟［方便］相"在北敦1857號之首；北敦2072號末行釋"七明遠清净成熟方便相"云"言違緣者，以自加行相違"句，正與北敦1857號首行"之緣也；言清净者，謂涅槃果也"先後相接，中無缺字。二號綴接後文字正與伯2036號比丘法鏡記録的《瑜伽師地論手記》卷三七所記同一段講經文字完全契合（參圖4-2）。[2]《瑜伽師地論》卷三七云："云何成熟方便？當知此有二十七種：一者界增長，二者現緣攝受，三者趣入，四者攝樂，五者初發處，六者非初發處，七者遠清净，八者近清净……二十七者俱成熟界。"乃手記演繹所本，可資參證。

　　後二號綴合後局部如圖4-3所示，北敦2298號始卷三九"一明前三能治勝利""二明後一能治勝利"云云，乃上承北敦1857號末行"第六明略義分二"而言，先後衛接，不缺一字。二號綴接後文字正與伯2036號比丘法鏡記録的《瑜伽師地論手記》卷三九所記同一段講經文文字完全契合（參圖4-4）。伯2190號《菩薩地第十五分門記》卷二云："第六明略義分二：一明前三能治勝

---

　　[1]　"方便"二字底卷無，兹據伯2036號比丘法鏡《瑜伽師地論手記》卷三七所記同一段講經文補。本段以下補字同此。

　　[2]　"以自加行相違"句末"違"字法鏡手記作"遠"，疑"遠"字義長。

北敦 2072 號（後部）

北敦 1857 號（前部）

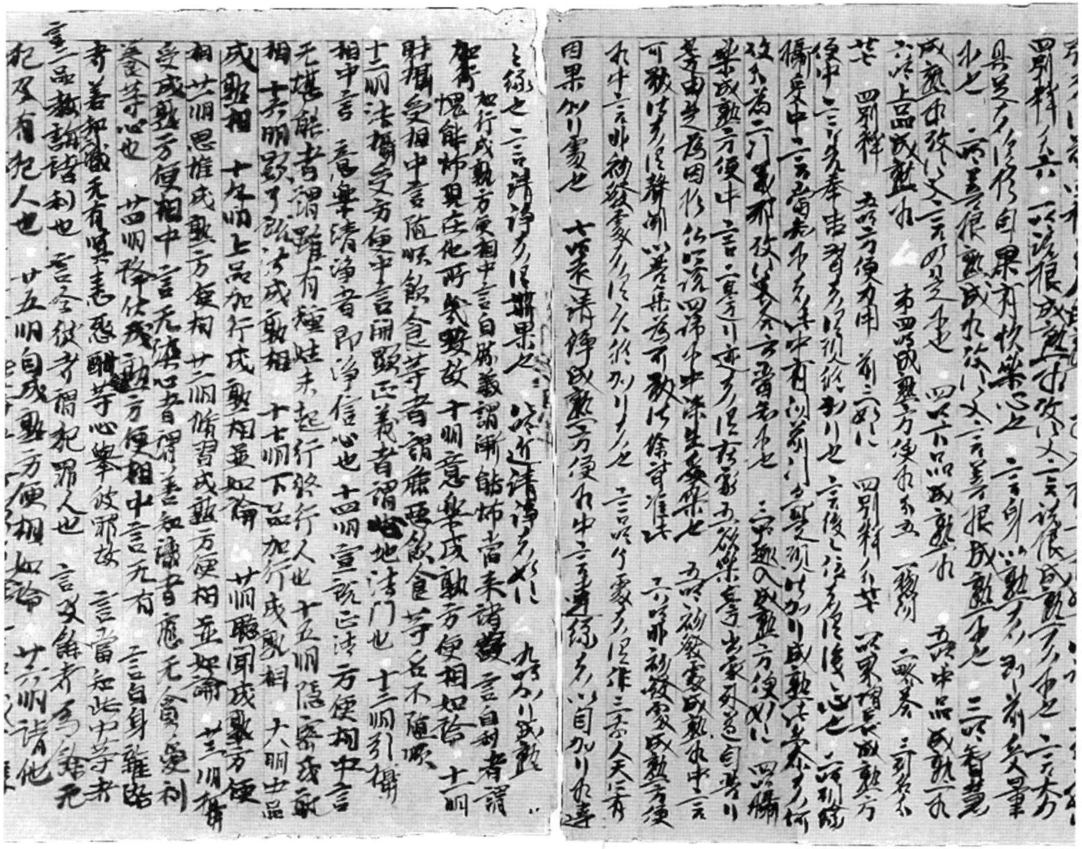

圖 4-1　北敦 2072 號（後部）＋北敦 1857 號（前部）綴合圖

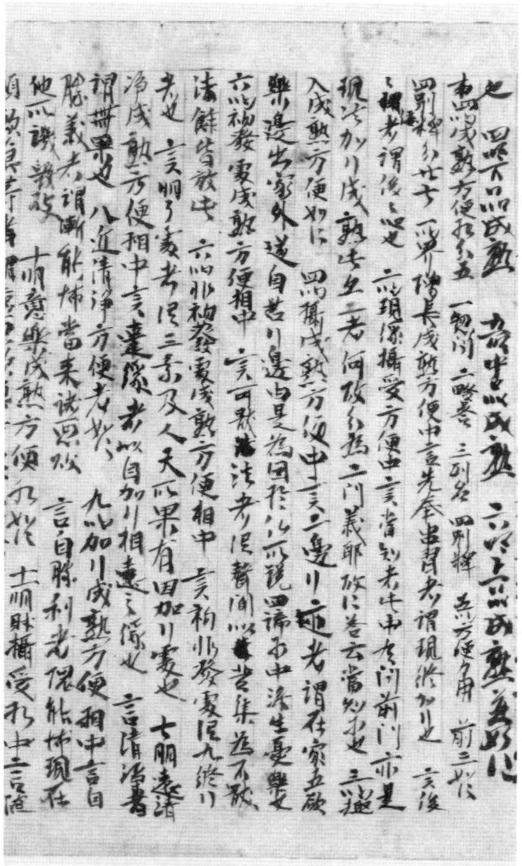

圖 4-2　伯 2036 號（局部）

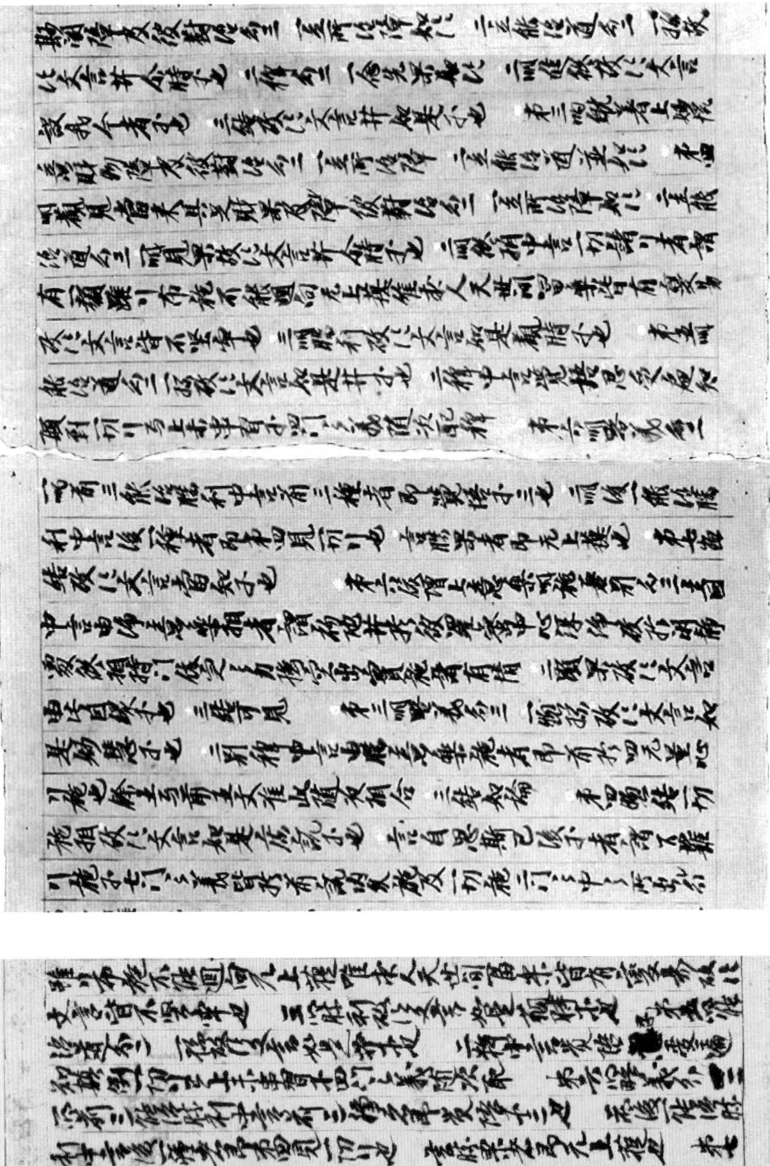

圖 4-3　北敦 1857 號（後部）＋北敦 2298 號（前部）綴合圖

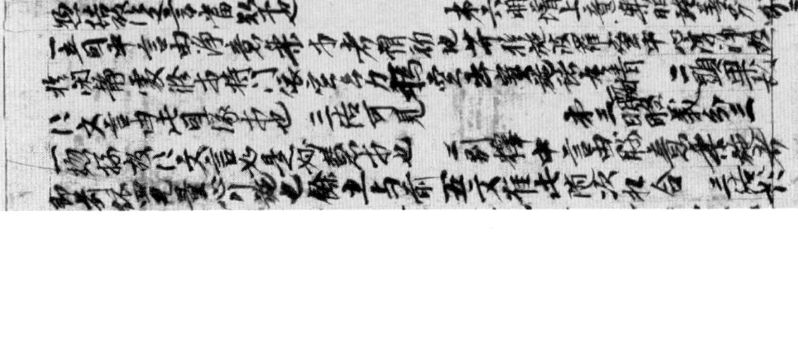

北敦 1857 號（後部）

北敦 2298 號（前部）

圖 4-4　伯 2036 號（局部）

利，二明後一能治勝利。”亦可資參證。

　　又上揭三號均屬“沙門洪真本”，行款格式相同，字迹書風近似①，應均出於洪真“手本”，其爲一卷之撕裂可以無疑。

　　據前賢研究，高僧法成在敦煌開元寺講解《瑜伽師地論》，經始於大中九年（855）三月，每月大約講一至二卷。到大中十一年六月廿二日，已講畢第三十卷（斯5309號《瑜伽師地論》卷三十末比丘恒安題記）；同年九月七日、十月十日，則已分別講至卷三四（俄敦1610號《瑜伽師地論》卷三四比丘張明照題記）、卷三五（中村81號《瑜伽師地論》卷三五比丘明照題記）。北敦2298號卷四一末尾的“戊寅年正月廿二日”，《國圖》條記目録定爲858年（大中十二年），這無疑是正確的。北敦2072號卷三三末尾的“八月卅日”，顯然應是其前的大中十一年；該號卷三四、卷三五的抄畢時間，可以根據上揭比丘張明照題記比定爲大中十一年九月七日、十月十日；其後的卷三六至四十，其講解時間則應在大中十一年十月十日以後至十二月底之間。據此，我們可以把上揭三號各卷的寫畢時間框定在大中十一年八月卅日至大中十二年正月廿二日之間。《國圖》條記目録把北敦2072號卷三三至三七定爲8—9世紀吐蕃統治時期寫本；北敦1857號卷三七定爲9世紀歸義軍時期寫本，卷三八至卷三九定爲8—9世紀吐蕃統治時期寫本；北敦2298號卷三九、卷四十定爲9世紀歸義軍時期寫本，卷四一定爲858年歸義軍時期寫本，多有乖互錯亂，亟待統一改正。

　　又上揭三號各卷題名有“瑜伽論卷第卅三手記”“瑜伽論卷第卅四手記”“瑜伽論卷第卅五手記”“瑜伽論卷第卅六初手記”“瑜伽論卷第卅七手初記”“瑜伽論卷第卅八初”“瑜伽論卷第卅九初”“瑜伽論第卅九卷手記”“瑜伽論卷第卌手初”“瑜伽論第卌卷手記”“瑜伽論卷手記第卌一初”“瑜伽論第卌一卷手記”等不同。所謂“手記”近似於“筆記”；“初”應是指該卷之初始，而與書名無關。“手記”的卷數與《瑜伽師地論》原文的卷數是一致的。《國圖》把北敦2072號、

――――――――――

　　① 北敦1857號第1行和第28行以後文字筆迹與北敦2072號、北敦2298號全同，當皆出於洪真之手；但北敦1857號第2—27行字迹有所不同，或因洪真臨時有事請人代筆所致。

北敦2298號各卷定名爲"瑜伽師地論手記"是正確的，而把北敦1857號各卷定名爲"瑜伽師地論分門記"，則不確。

　　5. 北敦1087號+"俄敦5386號、俄敦5390號"

　　（1）北敦1087號（北7208；辰87），見《國圖》16/156—158。卷軸裝，2紙。後部如圖5右部所示，首全後缺，存63行（前紙32行，後紙31行），行約25字。首題"瑜伽論第卌二卷手記初"。行書。有烏絲欄。有科分、句讀及校改。卷背有"沙門洪真本"題署。《國圖》擬題"瑜伽師地論隨聽手記卷四二"，并稱此卷爲9世紀歸義軍時期寫本。

　　（2）俄敦5386、俄敦5390號，見《俄藏》12/114B。卷軸裝。前部如圖5左部所示，前後皆缺，存28行，行約25字。行書。原卷無題，《俄藏》未定名，《俄錄》擬題"瑜伽師地論分門記"。

　　按：據殘存文字推斷，後二號亦爲《瑜伽師地論手記》卷四二殘卷，且

"俄敦5386號、俄敦5390號"（前部）　　　　　　　　北敦1087號（後部）

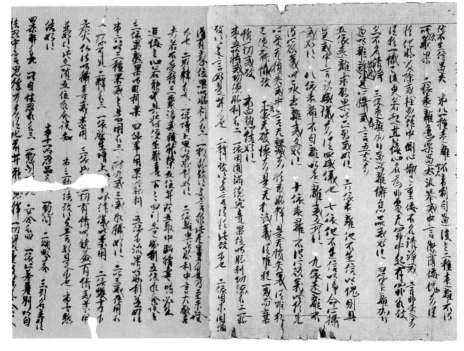

圖5　北敦1087號（後部）+"俄敦5386號、俄敦5390號"（前部）綴合圖

與前號內容前後相承，可以綴合。綴合後如圖 5 所示，二者於"二依因未圓滿/得有學位果明勝利，分二"句先後銜接，中無缺字，銜接處組成一個完整的段落："第五明持戒功德勝利分二：一依因圓滿德（得）究竟果位明勝利功德，分二，一標，故論文言'如是菩薩'等也，二釋，故論文言'謂於（依）此故'等也；二依因未圓滿得有學位果明勝利，分二……"此段內容又見於伯 2036 號《瑜伽師地論手記》該卷及羽 771 號《瑜伽師地論分門記》卷四二，字句略同，可以比勘。又二號行款格式相同（天頭地腳等高，行距、字距、字體大小相近），書風相似，字迹似同，亦可資參證。

卷號簡目

根據對已刊布文獻的普查以及上述綴合成果，梳理出敦煌《瑜伽師地論手記》寫本卷號如下：

卷五　北敦 5797 號○；

卷七　北敦 10862 號；

卷十一　臺圖 127 號；

卷十四　北敦 14810 號＋北敦 14809 號；

卷二十　俄弗 330 號；

卷二一　北敦 12293 號＋北敦 13666 號；

卷四二　北敦 1087 號＋"俄敦 5386 號＊、俄敦 5390 號＊"；

卷四三　民間 HHT034 號○；

卷五六　北大敦 D112 號、羽 189 號；

卷一至卷五　伯 2061 號；

卷六至卷十　伯 2344 號；

卷七至卷十　上圖 117 號…北敦 5326 號；

卷十三至卷十五　斯 6670 號；

卷二一至卷二六　北敦 3482 號＋斯 6440 號；

卷二六至卷三○　北敦 7393 號＋伯 2134 號；

卷三一至卷三二　伯 3716 號；

卷三一至卷三四　斯 4011 號°；

卷三二至卷五〇　伯 2036 號；

卷三三至卷四〇　北敦 2072 號＋北敦 1857 號＋北敦 2298 號；

卷三七至卷四一　斯 1243 號；

卷四三至卷五〇　斯 2613 號；

卷五三至卷五六　斯 1154 號；

卷五五至卷五六　北敦 5074 號。

三十、浄名經集解關中疏

《浄名經集解關中疏》，又稱《浄名經關中疏》《浄名集解關中疏》《浄名經疏》等，唐中京資聖寺沙門道液疏。據日本永超《東域傳燈目録》記載，《浄名經集解關中疏》有四卷，《高麗義天録》亦云《維摩經關中集解》存四卷。然敦煌寫本中，此疏皆分上下兩卷，卷上四品，即佛國品第一、方便品第二、弟子品第三、菩薩品第四；卷下八品，即文殊師利問疾品第五、不思議品第六、觀衆生品第七、佛道品第八、入不二法門品第九、香積佛品第十、菩薩行品第十一、見阿閦佛品第十二、法供養品第十三、囑累品第十四。從四卷本到二卷本，中間可能經過重新分合改編。關於此疏撰寫的目的，道液在自序中云："日者傳習多疏道尚學以瞻異端，致使大宗蕪蔓真極。而關中先製，言約旨深，將傳後進，或憚略而難通，蓋時移識昧，豈先賢之闕歟！道液不揆庸淺，輒加裨廣。"於是於上元元年（760）撰成此疏，又於永泰元年（765）修改定稿。道液以僧肇《注維摩詰所説經》爲依據，集羅什、僧睿、僧肇、道生四家之注，并加上自己的疏解，掘發微言大義，簡要精辟。此疏在唐代傳習頗廣，是研究唐代佛教思想重要資料。該疏雖然古代佛經目録曾有著録，然中國歷代大藏經皆未收録，唐以後失傳。《大正藏》據部分英藏、法藏敦煌寫卷，對該疏做了校録，收載於《大正藏》第 85 卷古佚部疑似部。

經普查，現已刊布的敦煌文獻中共有《浄名經集解關中疏》寫本 136 號，包括：國圖藏 42 號，英藏 43 號，法藏 4 號，俄藏 39 號，散藏 8 號。其中基本完整者僅 4 號（卷上斯 6503 號、伯 2188 號，卷下北敦 14093 號、斯 6418 號），其餘 132 號皆有不同程度的殘損。《國圖》條記目録已綴合 1 組：北敦 9605 號＋北敦 9249 號。

本次補綴 1 組，新綴 22 組，共計將 67 號殘卷綴合爲 22 組。

1. 俄敦 1229 號 + 斯 6568 號

（1）俄敦 1229 號，見《俄藏》8/25B。卷軸裝殘片。如圖 1 右部所示，存序文 12 行（末 2 行上部殘損），行 20 字左右。首題"浄名經集解關中疏卷上并序"。楷書。有烏絲欄。《孟錄》上册稱此卷爲公元 760 年寫本。

（2）斯 6568 號（翟 5514），見《寶藏》48/540A—566B。卷軸裝。前部如圖 1 左部所示，首殘尾全（前 3 行爲序文，下部文字殘缺），集解部分行約 27 字。尾題"浄名經疏卷上"。末有題記，漫漶不清，《翟錄》作"丁酉歲閏正月十五日勘定"。楷書。有烏絲欄。《寶藏》擬題"浄名經集解關中疏卷上"。

斯 6568 號（前部）　　　　　　　　　　　　俄敦 1229 號

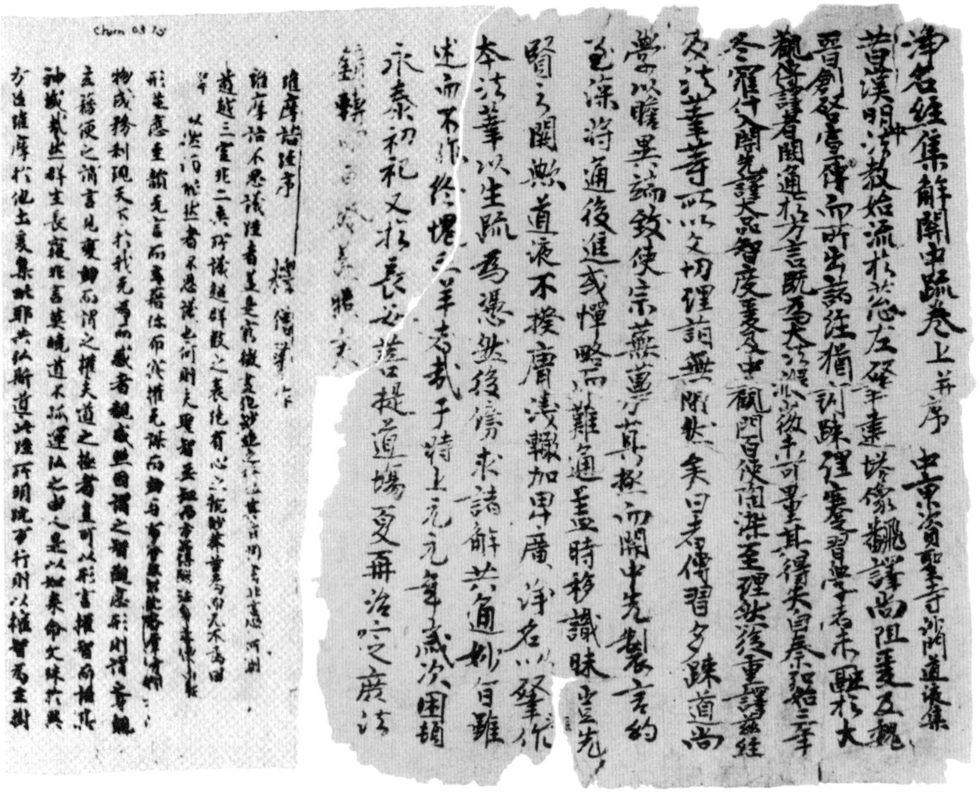

圖 1　俄敦 1229 號 + 斯 6568 號（前部）綴合圖

按：上揭二號皆爲《净名經集解關中疏》卷上殘卷，且其内容前後相承，可以綴合。綴合後如圖1所示，接縫處邊緣吻合，原本分屬二號的"作終愧亡""安菩"六字皆得成完璧，俄敦1229號末行行末與斯6568號第3行行首的内容於"庶法/鏡轉明"句前後相接，中無缺字。前號後2行與後號前2行拼合，序文大字滿行18—20字，與俄敦1229號所存序文滿行者相近。又二號所存序文部分行款格式相同（行距、字距、字體大小相近），字迹書風似同（比較二號共有的"於""矣""不"等字），可資參證。二號綴合後，所存内容參見《大正藏》T85/440A12—473A1。

斯6568號題記抄寫時間，《翟録》作"閏正月"，實誤。《金目》對《翟録》作了勘正，可參。

2. 伯2188號＋俄敦3184號

（1）伯2188號，見IDP，另見《法藏》8/182A—202B。卷軸裝。前部如圖2左上部所示，首略殘（首13行下殘），尾全，行約28字。首題"净名經集解關中疏卷上"，尾題"净名經關中疏卷上"，文末鈐"净土寺藏經"印一枚。存文起首題，訖尾題。楷書。有烏絲欄。

（2）俄敦3184號，見《俄藏》10/206A。殘片。如圖2右下部所示，存8殘行（末行僅存中部5字右側殘筆，前部另有1行空白無字），行存中下部5—13字。存文起作者題署"☒（資）聖寺沙門道液集"。楷書。有烏絲欄。原卷無題，《俄藏》及《俄録》擬題"净名經集解關中疏卷上"。

按：上揭二號皆爲《净名經集解關中疏》卷上殘卷，且其内容前後相承，可以綴合。綴合後如圖2所示，俄敦3184號係從伯2188號右下角脱落之殘片，接縫處邊緣大體吻合（部分綴後仍有缺損），綴接處内容前後相接。俄敦3184號第2—6行行末與伯2188號第4—8行行首之内容前後相接，依次爲"而所/出諸經""大法浸/微未可量其得失""爰及《中觀》/《門》《百》""日者/傳習""言約旨深/將傳後進"，中無缺字。又二號行款格式相同（地脚等高，皆有烏絲欄，行距、字距、字體大小相近），字迹書風似同（比較二號共有的"之""啓""然""不""道"等字），可資參證。二號綴合後，所存内容參見《大正藏》T85/440A12—473A1。

伯2188號（前部）

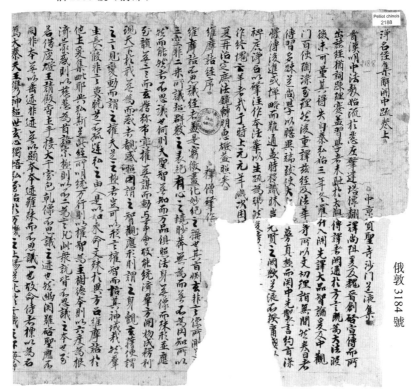

圖2 伯2188號（前部）+俄敦3184號綴合圖

3. 斯6391號+北敦8053號+北敦7832號

（1）斯6391號（翟5510），見《寶藏》46/1A—9B。卷軸裝。後部如圖3右部所示，首全後殘，存393行（末行中間有9字筆畫殘缺），行約31字。首題"淨名經集解關中疏卷上"。楷書。有烏絲欄。卷面有圈、三角等多種標記符號。

（2）北敦8053號（北1337；字53），見《國圖》100/196B—197A。卷軸裝，2紙。前部如圖3中右部所示，後部如圖3中左部所示，前殘後缺，存40行（前紙12行，後紙28行；首行上部僅剩些微殘畫，第2—3行下殘），行約32字。楷書。有烏絲欄。文中有多種標記符號。原卷無題，《劫餘錄》及《索引》擬題"淨名經集解關中疏"，《寶藏》及《索引新編》擬題"淨名經集解關中疏佛國品第一"，

《國圖》擬題"浄名經集解關中疏卷上"。《國圖》條記目録稱原卷紙高 30.6 釐米，爲 9—10 世紀歸義軍時期寫本。

（3）北敦 7832 號（北 1343；制 32），見《國圖》99/76—78。卷軸裝，2 紙。前部如圖 3 左部所示，前後皆缺，存 55 行（前紙 28 行，後紙 27 行），行約 31 字。楷書。有烏絲欄。卷中有多種標記符號。原卷無題，《劫餘録》及《索引》擬題"浄名經集解關中疏"，《寶藏》及《索引新編》擬題"浄名經集解關中疏佛國品第一至方便品第二"，《國圖》擬題"浄名經集解關中疏卷上"。《國圖》條記目録稱原卷紙高 30.4 釐米，爲 8—9 世紀吐蕃統治時期寫本。

按：上揭三號皆爲《浄名經集解關中疏》卷上殘卷，且其內容前後相承，可以綴合。前二號綴合後如圖 3 右部所示，接縫處邊緣吻合，原本分屬二號的"云""難"二字得成完璧；斯 6391 號末行行末與北敦 8053 號第 2 行行首內容於"説除/⊠（八）難是菩薩浄土"句前後相接，中無缺字。後二號綴合後如圖 3 左部所示，北敦 8053 號末句"舍利弗在人而"與北敦 7832 號首句"見土石梵王居天"前後相接，中無缺字；二號接縫處皆爲失黏所致脱落，邊緣整齊；用紙規格相同，紙高接近。三號卷面皆有多種標記符號。又三號行款格式相同（天頭地脚等高，皆有烏絲欄，行滿皆約 29 字，行距、字距、字體大小相近），字迹書風似同（比較三號共有的"也""行""此""者""所"等字），可資參證。三號綴合後，所存內容參見《大正藏》T85/440A12—452A6。

三號既原屬同卷，而《國圖》條記目録稱北敦 8053 號爲 9—10 世紀歸義軍時期寫本，北敦 7832 號爲 8—9 世紀吐蕃統治時期寫本，斷代不一，宜再斟酌。

4. 俄敦 5732 號＋俄敦 4541 號

（1）俄敦 5732 號，見《俄藏》12/231A。卷軸裝殘片。正面部分如圖 4-1 右部所示，存 12 殘行（首行僅剩 2 字左側殘筆），行存中上部 2—23 字。行書。有烏絲欄。原卷無題，《俄藏》未定名。

（2）俄敦 4541 號，見《俄藏》11/264A。卷軸裝殘片。正面部分如圖 4-1 左部所示，存 9 殘行，行存 7—26 字。行書。有烏絲欄。原卷無題，《俄藏》未定名。

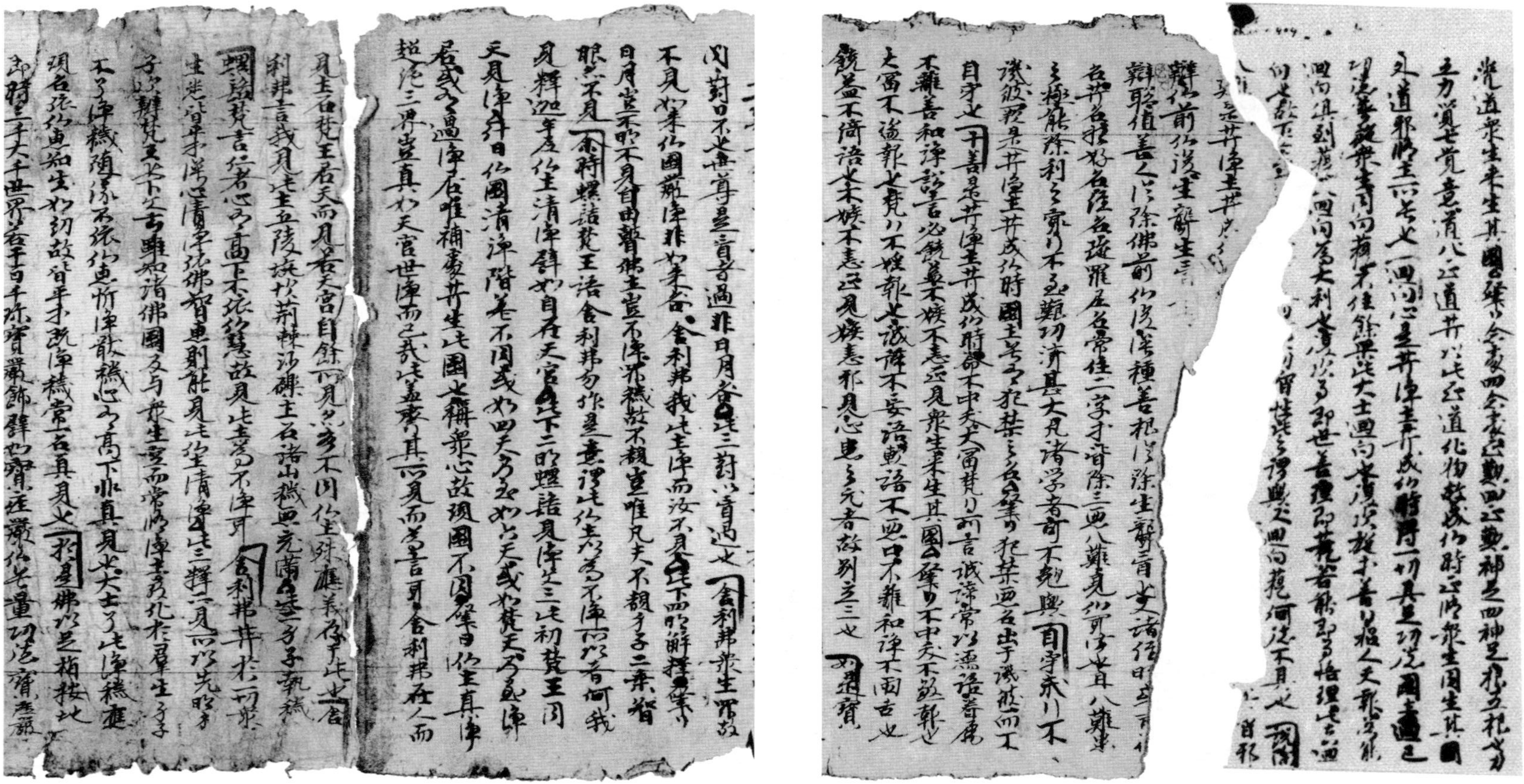

斯 6391 號（後部）

北敦 8053 號（前部）

北敦 8053 號（後部）

北敦 7832 號（前部）

北敦 8053 號（前部）＋北敦 7832 號（前部）綴合圖

圖 3　斯 6391 號（前部、後部）＋北敦 8053 號（前部、後部）＋北敦 7832 號（前部）綴合圖

俄敦 4541 號

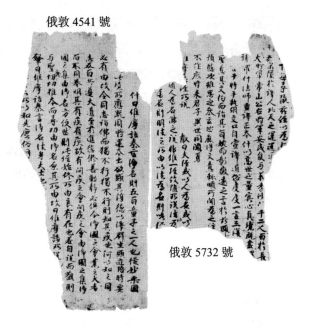

圖 4-1　俄敦 5732 號＋俄敦 4541 號綴合圖

俄敦 5732 號

俄敦 4541 號背

俄敦 5732 號背

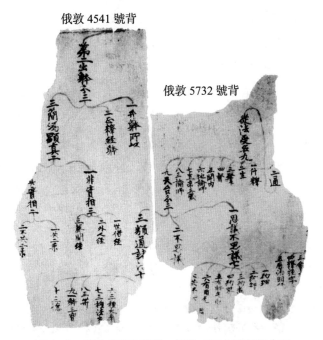

圖 4-2　俄敦 5732 號背＋俄敦 4541 號背綴合圖

按：據殘存文字推斷，上揭二號皆爲《净名經集解關中疏》卷上殘卷；①《俄録》後一號定名同，又把前一號定作後秦釋僧肇選“注維摩詰經卷第一并序”，又稱“後3行未檢出”，誤。此二號内容前後相承，存有綴合的可能性。二號接縫處邊緣整齊。二號内容於“經□□□□（之大體所以）/□□□（兩存耳）什曰”句前後相接，間缺8字。比較二號共有的“所”“以”“法”“之”“本”等字，字迹書風似同。且二號行款格式相同（天頭等高，皆有烏絲欄，行距、字距、字體大小相近）。由此推斷，此二號確可綴合。綴合後如圖4-1所示，所存内容參見《大正藏》T85/440B23—440C23。

又俄敦5732號、俄敦4541號二號卷背皆有綫狀圖表，無標題，《俄藏》未定名。《俄録》俄敦4541號背擬題“某經疏分門圖”，俄敦5732號背擬題“佛經論釋”。今謂此二號卷背實皆爲“天台五義分門”殘片，且内容前後相承，可以完全綴合，綴合後如圖4-2所示，俄敦5732號末行“天台分三”下的連接綫延伸至俄敦4541號首行“三類通▨▨（諸法）”。《天台五義分門》又見於斯1310號背、伯3080號背，上揭二號殘片綴合後，内容正與斯1310號背、伯3080號背相應部分完全吻合。這就反過來進一步證明此二號正面部分《净名經集解關中疏》卷上殘片可以綴合没有疑問。

5. 斯3765號+斯3773號+北敦8154號

（1）斯3765號（翟5531），見《寶藏》31/241A—242A。卷軸裝。後部如圖5右部所示，前後皆殘，存69行（末2行下端殘失，倒數第3行下端僅剩右側殘畫），行約28字。楷書。有烏絲欄。卷面有多種標記符號。原卷無題，《翟録》定作僧肇“維摩詰經注”，《索引》及《寶藏》《索引新編》改題“净名經集解關中疏”。

（2）斯3773號（翟5547），見《寶藏》31/306A—307A。卷軸裝。前部如圖5中右部所示，後部如圖5中左部所示，前後皆殘，存59行（前3行僅存行末4—7字），行約27字。楷書。有烏絲欄。卷面有多種標記符號。原卷

---

① 俄敦5732號、俄敦4541號爲《净名經集解關中疏》卷上殘片，這一定名由我們的學術團隊普查時確認，後來寫入趙丹的碩士論文《敦煌本道液〈净名經〉疏解二種異文研究》（浙江師範大學2013年5月，第17頁）。《俄録》後一號定名同。以下類似情況不再一一出注説明，後來《俄録》有相同定名的則括注“《俄録》定名同”。

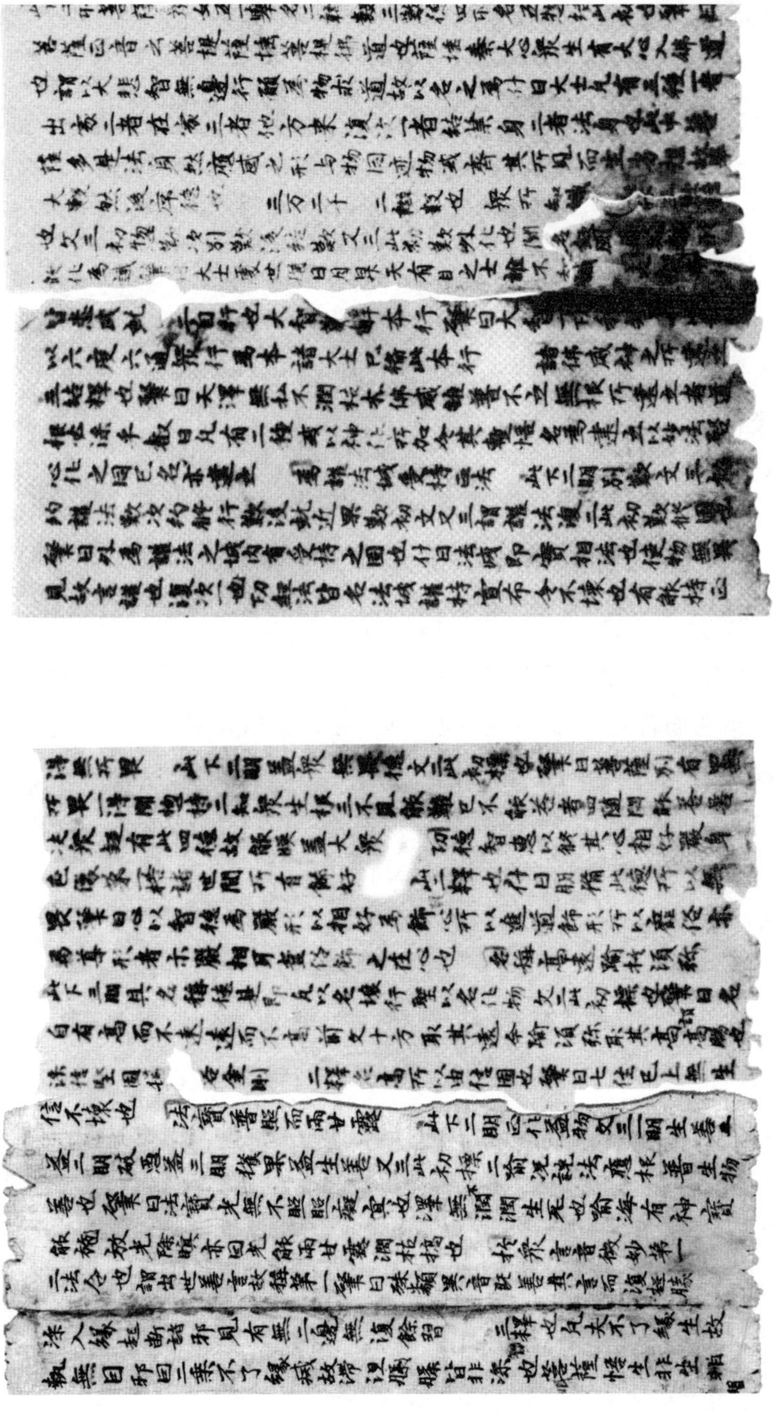

圖 5　斯 3765 號（後部）＋斯 3773 號（前部、後部）＋
北敦 8154 號（前部）綴合圖

無題,《翟録》定作僧肇"維摩詰經注",《索引》泛題"佛經疏釋",《寶藏》及《索引新編》擬題"浄名經集解關中疏"。

（3）北敦 8154 號（北 1338；乃 54），見《國圖》101/76A—76B。卷軸裝，2 紙。前部如圖 5 左部所示，前殘後缺，存 35 行，行約 28 字。楷書。有烏絲欄。卷面有多種標記符號。原卷無題,《劫餘録》及《索引》擬題"浄名經集解關中疏",《寶藏》及《索引新編》擬題"浄名經集解關中疏佛國品第一",《國圖》擬題"浄名經集解關中疏卷上"，條記目録稱原卷爲 9—10 世紀歸義軍時期寫本。

按：據殘存文字推斷，上揭三號皆爲《浄名經集解關中疏》卷上殘卷，且其内容前後相承，可以綴合。前二號綴合後如圖 5 右部所示，接縫處邊緣吻合，原本分屬二號的"此下三歡德"五字皆得成完璧；斯 3773 號前 2 行行末分別與斯 3765 號末 2 行行首的内容前後相接，依次爲"此下三歡德 / 也文三""靚形 / 飲化爲識"，中無缺字。後二號綴合後如圖 5 左部所示，接縫處邊緣吻合，原本分屬二號的"固猶""上無生"四字皆得復合爲一；斯 3773 號末行行末與北敦 8154 號首行行首内容於"七住已上無生 / 信不壞也"句前後相接，中無缺字。三號卷面皆有多種標記符號。又三號行款格式相同（天頭地脚等高，皆有烏絲欄，滿行皆約 28 字，行距、字距、字體大小相近），字迹書風似同（比較二號共有的"凡""衆""肇""今""所"等字），可資參證。二號綴合後，所存内容參見《大正藏》T85/440B23—443C19。

6.北敦 3716 號 + 北敦 5271 號

（1）北敦 3716 號（北 1342；霜 16），見 IDP，另見《國圖》51/393—414。卷軸裝，18 紙。後部如圖 6 右部所示，前殘後缺，存 533 行（18 紙，每紙多爲 30 行），行約 30 字。楷書。有烏絲欄。卷中有多種標記符號。原卷無題,《劫餘録》及《索引》《國圖》擬題"浄名經集解關中疏",《寶藏》及《索引新編》擬題"浄名經集解關中疏佛國品第一至方便品第二"。《國圖》條記目録稱原卷紙高 30.8 釐米，爲 9—10 世紀歸義軍時期寫本。

（2）北敦 5271 號（北 1344；夜 71），見《國圖》71/37—39。卷軸裝，2 紙。前部如圖 6 左部所示，前後皆缺，存 60 行（每紙 30 行），行約 29 字。楷書。有烏絲欄。卷面有多種標記符號。卷首、卷末有"京師圖書館藏敦煌經印"

各一枚。原卷無題，《劫餘録》及《索引》《國圖》擬題"浄名經集解關中疏"，《寶藏》及《索引新編》擬題"浄名經集解關中疏方便品第二"。《國圖》條記目録稱原卷紙高 30.8 釐米，爲 8—9 世紀吐蕃統治時期寫本。

　　按：據殘存文字推斷，上揭二號皆爲《浄名經集解關中疏》卷上殘卷，且二號內容前後相承，可以綴合。綴合後如圖 6 所示，二號內容於"此三明因/疾說法"句前後相接，中無缺字；接縫處皆爲失黏所致脫落，邊緣齊整，橫向烏絲欄亦可對接。二號卷面皆有多種標記符號。又二號紙高皆爲 30.8 釐米，行款格式相同（每紙約 30 行，天頭地脚等高，皆有烏絲欄，滿行皆約 28 字，行距、字距、字體大小相近），字迹書風似同（比較二號共有的"是""外""肇""世""凡"等字），可資參證。二號綴合後，所存內容參見《大正藏》T85/441B24—454B18。

　　二號既原屬同卷，而《國圖》條記目録稱北敦 3716 號爲 9—10 世紀歸義

北敦 5271 號（前部）　　　　　　　　　　北敦 3716 號（後部）

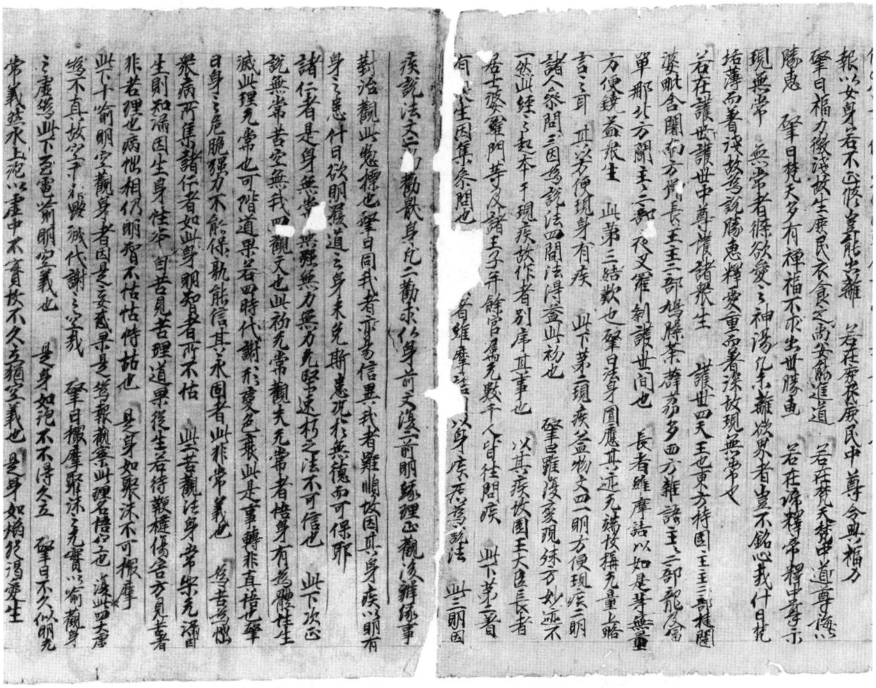

圖 6　北敦 3716 號（後部）＋北敦 5271 號（前部）綴合圖

軍時期寫本，北敦 5271 號爲 8—9 世紀吐蕃統治時期寫本，斷代不一，宜再斟酌。

7. "俄敦 1822 號、俄敦 1862 號、俄敦 1863 號、俄敦 1903 號" + "俄敦 11602 號、俄敦 11641 號"

（1）"俄敦 1822 號、俄敦 1862 號、俄敦 1863 號、俄敦 1903 號"，見《俄藏》8/357A。卷軸裝殘片。如圖 7 右部所示，存 6 殘行，行存 20—32 字。楷書。有烏絲欄。原卷無題，《孟録》把此四號合併爲一，定作僧肇《注維摩詰經》，《俄藏》擬題 "净名經集解關中疏佛國品第一"。《孟録》下册稱此卷爲 9—11 世紀寫本。

（2）"俄敦 11602 號、俄敦 11641 號"，見《俄藏》15/273A。卷軸裝殘片。如圖 7 左部所示，存 17 殘行，上端呈齒狀殘缺，行存 13—29 字。楷書。有烏絲欄。原卷無題，《俄藏》未定名。

按：據殘存文字推斷，上揭二件皆爲《净名經集解關中疏》卷上殘卷（《俄

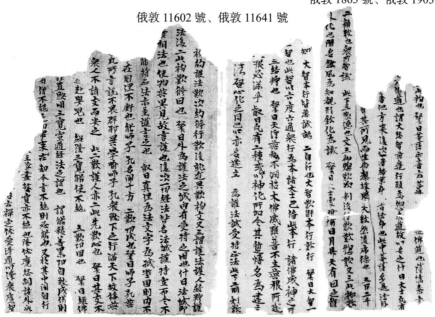

圖 7　"俄敦 1822 號、俄敦 1862 號、俄敦 1863 號、俄敦 1903 號"
+ "俄敦 11602 號、俄敦 11641 號" 綴合圖

錄》定名同），且二件内容前後相承，可以綴合。綴合後如圖 7 所示，二件内容於"有目之［士］誰／□（不）知□（識）"句前後相接，接縫處皆爲失黏所致脱落，邊緣整齊。又二件行款格式相同（地脚等高，皆有烏絲欄，滿行皆約 31 字，行距、字距、字體大小相近），字迹書風似同（比較二號共有的"化""之""凡""肇""也"等字），可資參證。二件綴合後，所存内容參見《大正藏》T85/441C20—442B7。

8. 斯 1985 號＋北敦 10427 號

（1）斯 1985 號（翟 5532），見《英圖》31/149—157。卷軸裝。前部如圖 8 左上部所示，前殘後缺，存 239 行（前 3 行上端和前 10 行下殘），行約 26 字。楷書。有烏絲欄。原卷無題，《翟録》定作僧肇《維摩詰經注》，《索引》題"净名經集解關中疏（？）"，《寶藏》及《索引新編》擬題"净名經集解關中疏"，《英圖》擬題"净名經集解關中疏卷上"。

（2）北敦 10427 號（北臨 556），見《國圖》107/298A。殘片。如圖 8 中下部所示，存 3 殘行，行存中部 4—7 字。楷書。有烏絲欄。原卷無題，《國圖》擬題"净名經集解關中疏"，條記目録稱原卷爲 8—9 世紀吐蕃統治時期寫本。

按：據殘存文字推斷，上揭二號皆爲《净名經集解關中疏》卷上殘卷，且二號内容前後相接，可以綴合。綴合後如圖 8 所示，北敦 10427 號係從斯 1985 號右下角脱落之殘片，銜接處原本分屬二號的"知""畏""見"三字皆得復合爲一，縱向烏絲欄亦可對接。又二號行款格式相同（皆有烏絲欄，行距、字距、字體大小相近），字迹書風似同（比較二號共有的"此""不""也"等字），可資參證。二號綴合後，所存内容參見《大正藏》T85/442C22—447C13。

9. 斯 12130 號＋斯 12707 號＋斯 13267 號＋斯 12870 號＋斯 13132 號＋斯 10301 號＋斯 13033 號＋斯 1482 號＋斯 12968 號

（1）斯 12130 號，見 IDP。殘片。如圖 9 右上部所示，存 9 殘行，行存中部 2—9 字。楷書。有烏絲欄。原卷無題，IDP 未定名。

（2）斯 12707 號，見 IDP。殘片。如圖 9 右下角所示，存 4 殘行（末行僅存右側殘形），行存中部約 10 字。楷書。有烏絲欄。原卷無題，IDP 未定名。

（3）斯 13267 號，見 IDP。殘片。如圖 9 右下部所示，存 4 殘行（末行

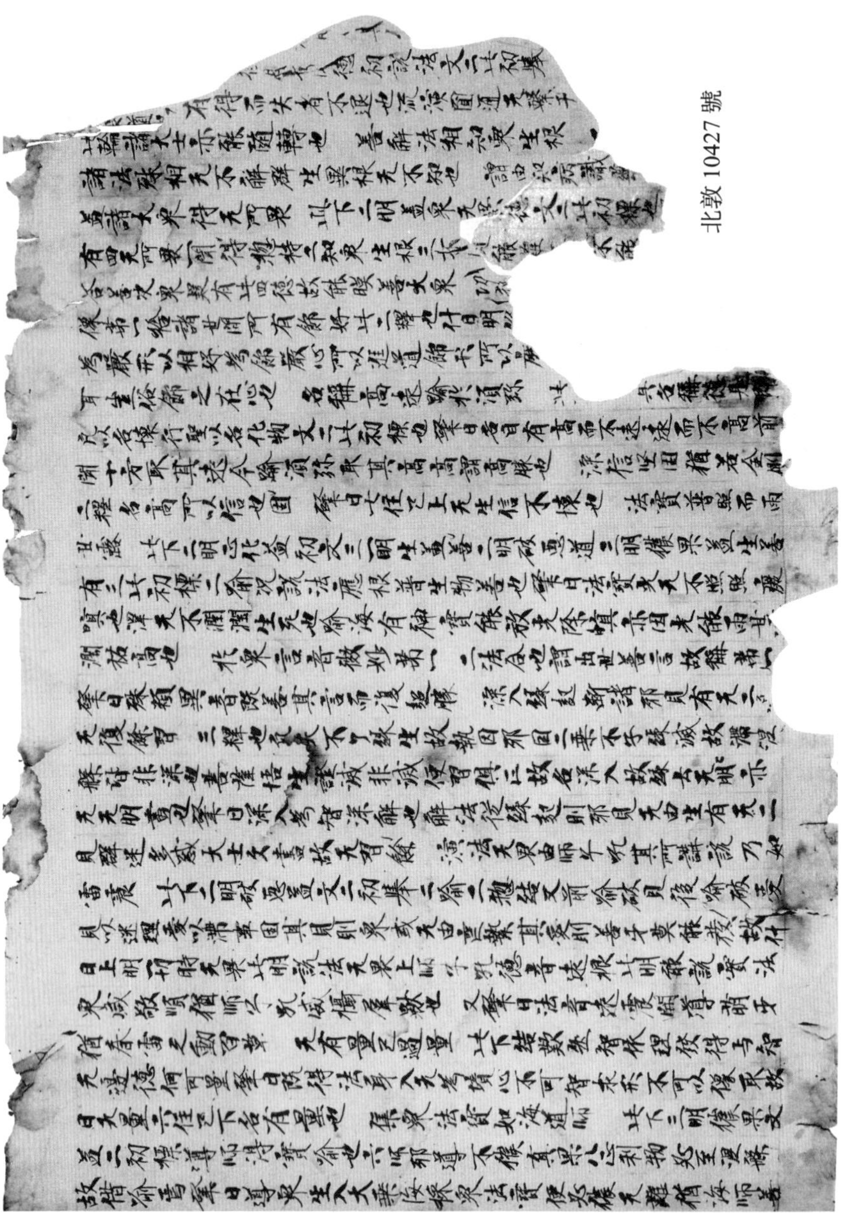

斯 1985 號（前部）

北敦 10427 號

圖 8 斯 1985 號（前部）＋北敦 10427 號綴合圖

僅剩右側殘形），行存中部 3—5 字。楷書。有烏絲欄。原卷無題，IDP 未定名。

（4）斯 12870 號，見 IDP。殘片。如圖 9 中部所示，存 4 殘行，首行僅剩左側殘畫，末行僅存右側殘筆，中間 2 行皆存 5 字。楷書。有烏絲欄。原卷無題，IDP 未定名。

（5）斯 13132 號，見 IDP。殘片。如圖 9 右上角所示，存 2 殘行，行存中部 4—5 字。楷書。有烏絲欄。原卷無題，IDP 未定名。

（6）斯 10301 號，見 IDP。殘片。如圖 9 中上部所示，存 8 殘行，行存中上部 3—15 字。楷書。有烏絲欄。原卷無題，IDP 未定名。

（7）斯 13033 號，見 IDP。殘片。如圖 9 中下部所示，存 3 殘行，行存中部 3—6 字。楷書。有烏絲欄。原卷無題，IDP 未定名。

（8）斯 1482 號（翟 5552），見《英圖》23/153—158。卷軸裝。前部如圖 9 左部所示，前後皆殘，存 181 行（前 19 行上下部多殘損），行約 26 字。楷書。有烏絲欄。原卷無題，《翟録》泛題“維摩詰經注”，《索引》泛題“佛經疏釋”，《寶藏》及《索引新編》《英圖》擬題“浄名經集解關中疏卷上”。

（9）斯 12968 號，見 IDP。殘片。如圖 9 中下部所示，存 6 殘行，首行僅存三四字左側殘形，末行存一二字右側殘筆，其餘行約 5 字。楷書。有烏絲欄。原卷無題，IDP 未定名。

按：據殘存文字推斷，上揭九號皆爲《浄名經集解關中疏》卷上殘卷，且其内容前後相承，可以綴合。綴合後如圖 9 所示，斯 12130 號前 3 行下端與 12707 號前 3 行上端拼接，接縫處邊緣吻合，原本分屬二號的“絶”“慈”“神”三字皆得成完璧；斯 12707 號末行可與斯 13267 號首行上下拼接，接縫處邊緣基本吻合，原本分屬二號的“小”字殘筆可以拼合（筆畫仍有殘損）。斯 13132 號下端可與斯 10301 號前 2 行上端綴接，原本分屬二號的“等”“中”二字皆可復合爲一。斯 10301 號、斯 12130 號、斯 12870 號可兩兩拼合，諸接縫處邊緣吻合，原本分屬前二號的“居衆”二字，原本分屬後二號的“身”字，原本分屬第一、三號的“皆”“現”二字皆可得成完璧。斯 12870 號左下角、右下角又分別與斯 13033 號、斯 13267 號拼接，接縫處邊緣基本吻合，原本分屬前二號的“表”字殘筆可以拼合（筆畫仍有殘缺），原本分屬後二號的“二”

字皆得成完璧。至此，上揭七號綴合成爲一個整體。斯 12130 ＋斯 12707 號＋斯 13267 號＋斯 12870 號＋斯 13132 號＋斯 10301 號＋斯 13033 號又可與斯 1482 號綴合，接縫處邊緣吻合，原本分屬二者的"現""故"二字皆得復合爲一。斯 1482 號第 10 行下端可與斯 12968 號第 2 行上端綴接，接縫處邊緣基本吻合，原本分屬二號的"青"字當得成完璧（斯 1482 號第 10 行下端文字爲墨迹覆蓋）。又九號行款格式相同（皆有烏絲欄，行距、字距、字體大小相近），字迹書風相似，可資參證。九號綴合後，所存内容參見《大正藏》T85/445B22—449C1。

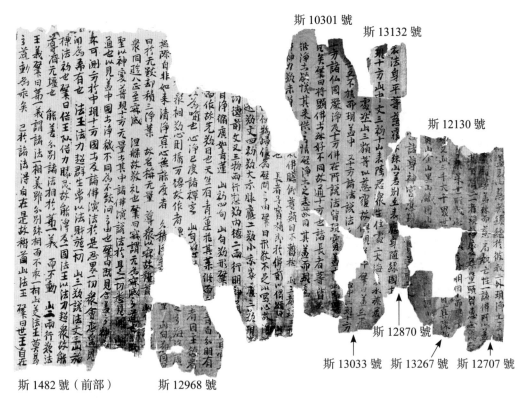

斯 10301 號　斯 13132 號　斯 12130 號　斯 12870 號　斯 13033 號　斯 13267 號　斯 12707 號　斯 1482 號（前部）　斯 12968 號

圖 9　斯 12130 號＋斯 12707 號＋斯 13267 號＋斯 12870 號＋斯 13132 號＋斯 10301 號＋斯 13033 號＋斯 1482 號（前部）＋斯 12968 號綴合圖

10. 斯 3475 號＋斯 12873 號

（1）斯 3475 號（翟 5516），見《寶藏》28/656A—675A。卷軸裝。前部

如圖 10 左部所示，前殘尾全，存 922 行（前 5 行下殘），行約 27 字。尾題"浄名經關中疏卷上"，末有題記："巨唐大曆七年（772）三月廿八日，沙門體清於虢州開元寺爲僧尼道俗敷演此經，寫此疏以傳來學。願秘藏常開，廣布真如之理；蓮宮永麗，弘分般若之源矣。"又一條："又至辰年（812）九月十六日，俗弟子索遊巖於大蕃管沙州，爲普光寺比丘尼普意轉寫此卷訖。"楷書。有烏絲欄。卷面有多種標記符號。

（2）斯 12873 號，見 IDP。殘片。如圖 10 右下角所示，存 3 殘行，行存中部 4—7 字。楷書。有烏絲欄。原卷無題，IDP 未定名。

按：據殘存文字推斷，上揭二號皆爲《浄名經集解關中疏》卷上殘卷，且二號內容前後相承，可以綴合。綴合後如圖 10 所示，斯 12873 號係從斯 3475 號右下角脫落之殘片，接縫處邊緣吻合，原本分屬二號的"籬""草"二字皆可復合爲一；斯 12873 號第 1—3 行行末分別與斯 3475 號第 2—4 行行首內容前後相接，依次爲"非實☒（身）/也是身爲空""聲動 / 因空""草木瓦礫 / 此六識界觀也"，中無缺字。又二號行款格式相同（皆有烏絲欄，行距、字距、字體大小相近），字跡書風似同（比較二號共有的"非""會""爲"等字），可資參證。綴合後，所存內容參見《大正藏》T85/453C23—473A1。

斯 12873 號

斯 3475 號（前部）

圖 10　斯 3475 號（前部）+ 斯 12873 號
綴合圖

11. 斯 2596 號…北敦 8473 號

（1）斯 2596 號（翟 5537），見《英圖》45/261—269。卷軸裝，7 紙。後部如圖 11 右部所示，前後皆缺，存 196 行（每紙 28 行），行 24 字左右。有烏絲欄。原卷無題，《翟録》定作僧肇《維摩詰經注》，《索引》及《寶藏》《索引新編》擬題"淨名經集解關中疏"，《英圖》擬題"淨名經集解關中疏卷上"。《英圖》條記目録稱原卷紙高 28 釐米，爲 8—9 世紀吐蕃統治時期行草寫本。背面抄有"咸通十年（869）八月三日投社人王贊贊狀稿"8 行，《英圖》條記目録認爲是正面廢棄後有人利用其背面的空白紙抄寫。

（2）北敦 8473 號（北 1349；裳 73），見 IDP，另見《國圖》103/43—44。卷軸裝，3 紙。前部如圖 11 左部所示，前後皆缺，存 30 行（首紙 9 行，次紙 21 行，後爲素紙），行 24 字左右。有烏絲欄。原卷無題，《劫餘録》及《索引》擬題"淨名經集解關中疏"，《寶藏》及《索引新編》擬題"淨名經集解關中疏弟子品第三"，《國圖》擬題"淨名經集解關中疏卷上"，條記目録稱原卷紙高 27.9 釐米，爲 8—9 世紀吐蕃統治時期楷書寫本。

按：據殘存文字推斷，上揭二號應皆爲《淨名經集解關中疏》卷上殘卷，且其内容前後相承，存有綴合的可能性。比較二號共有的"此""也""之""心""行""是"等字，字迹書風似同，如表 1 所示。且二號行款格式相同（框高接近，皆有烏絲欄，滿行皆 24 字左右，行距、字距、字體大小相近）。由此推斷，此二號確可綴合。[①]綴合後如圖 11 所示，二號不直接相連，據完整文本推算，間約缺 131 行。[②]二號綴合後，所存内容參見《大正藏》

①根據刊布的圖版照片，斯 2596 號的天頭地脚已全被裁去，而北敦 8473 號的天頭地脚依然保留，但《英圖》條記目録提供的斯 2596 號紙高爲 28 釐米，《國圖》條記目録提供北敦 8473 號紙高爲 27.9 釐米，後者的紙高竟然不及前者，這是一個疑問。

②自斯 2596 號末"豈不有爲然乎"後，至北敦 8473 號前"是故不任詣彼問疾，此四結也"，對照《大正藏》本《關中疏》録文文字部分，大約缺 3298 字。斯 2596 號和北敦 8473 號因書寫中或有空字，每行字數不定，總體行約 21—28 字，其中多爲 24—26 字，若取 24 字計算，約 137 行；若取 26 字計算，約 127 行；若取中間數 25 字計算，約 132 行。斯 2596 號每紙 28 行，後一紙亦爲一整紙不缺；北敦 8473 號首紙僅存 9 行，按每紙 28 行計算，此紙前缺 19 行；如果其前缺 4 紙 112 行，加上北敦 8473 號首紙所缺的 19 行，則爲 131 行，接近按每行 25 字統計出來的 132 行之數，故兹暫推定爲間缺 131 行。

T85/454B21—461B10。

北敦 8473 號（前部）　　　　　　　斯 2596 號（後部）

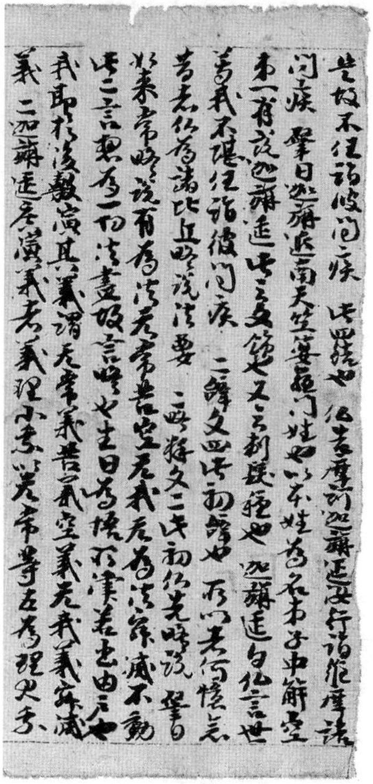

中間缺約 131 行

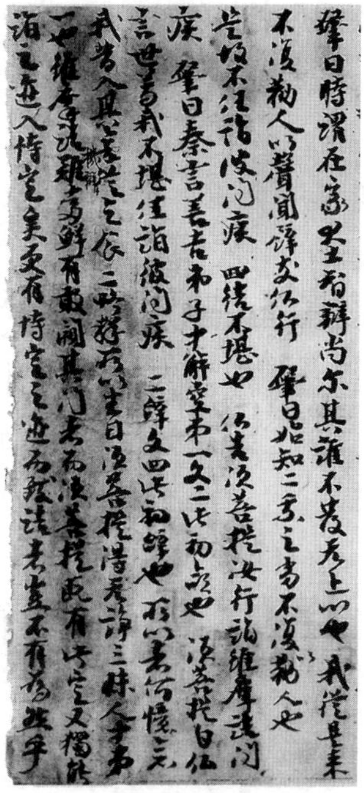

圖 11　斯 2596 號（後部）…北敦 8473 號（前部）綴合示意圖

表 1　斯 2596 號、北敦 8473 號字迹比較

例字 卷號	此	也	之	心	行	是
斯 2596 號						
北敦 8473 號						

上揭二號既可綴合，而《英圖》條記目錄稱斯 2596 號爲行草寫本，《國圖》條記目錄則稱北敦 8473 號爲楷書寫本，字體判定不一。總體而言，此二號應皆以定作行草爲合適。

12. 俄敦 4868 號＋俄敦 16 號＋北敦 1872 號

（1）俄敦 4868 號，見《俄藏》11/343A。卷軸裝殘片。如圖 12 右部所示，存 10 殘行（首行僅存 1 字左側殘筆，末行僅存下部 4 字右側殘筆），行存中下部 7—16 字。有烏絲欄。卷面有多種標記符號。原卷無題，《俄藏》未定名。

（2）俄敦 16 號，見《俄藏》6/20B。卷軸裝殘片。如圖 12 中部所示，存 10 殘行，行存中下部 16—21 字。楷書。有烏絲欄。卷面有多種標記符號。原卷無題，《孟録》定作"維摩詰所説經注釋"；《俄藏》及《俄録》擬題"净名經集解關中疏卷上弟子品第三"。《孟録》稱此卷爲 9—11 世紀楷書寫本。

（3）北敦 1872 號（北 1327；秋 72），見 IDP，另見《國圖》26/30—59。卷軸裝，29 紙。前部如圖 12 左部所示，前殘後缺，存 767 行（首行僅存 1 殘字，第 2 至 34 行上殘），行約 29 字。尾題存"▨▨▨（經關中）"三殘字。有烏絲欄。卷中有多種標記符號。《劫餘録》及《索引》擬題"净名經集解關中疏"，《寶藏》及《索引新編》擬題"净名經集解關中疏卷上弟子品第三至菩薩品第四"，《國圖》擬題"净名經集解關中疏卷上"，條記目録稱原卷爲 8—9 世紀吐蕃統治時期行書寫本。

北敦 1872 號（前部）　　　　　　　　　　俄敦 16 號　　　　　　俄敦 4868 號

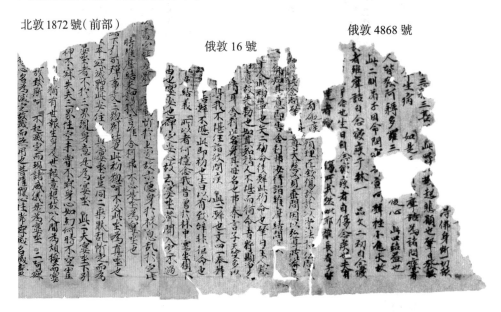

圖 12　俄敦 4868 號＋俄敦 16 號＋北敦 1872 號（前部）綴合圖

　　按：據殘存文字推斷，前二號亦皆爲《净名經集解關中疏》卷上殘卷（《俄錄》定名同），且上揭三號内容前後相承，可以綴合。綴合後如圖12所示，諸相鄰二號接縫處邊緣吻合，横向烏絲欄可以對接。前二號接縫處原本分屬二號的“毗耶”“仏問”四字，後二號接縫處原本分屬二號的“下”“不”二字皆得成完璧。三號卷面皆有多種標記符號。又三號行款格式相同（地脚等高，皆有烏絲欄，滿行皆約29字，行距、字距、字體大小相近），字迹書風似同（比較三號共有的“也”“子”“此”“肇”“因”等字），可資參證。三號綴合後，所存内容參見《大正藏》T85/454C16—473A1。

　　三號既原屬同卷，而《孟錄》稱俄敦16號爲9—11世紀楷書寫本，《國圖》條記目録稱北敦1872號爲8—9世紀吐蕃統治時期行書寫本，斷代及字體均不一致，宜再斟酌。就字體而言，此三號或以判定爲行楷爲合宜。

13. 俄敦10710號＋北敦11559號

　　（1）俄敦10710號，見《俄藏》15/8A。卷軸裝殘片。如圖13右部所示，存10行，行約27字，首行僅存中上部約11字左側殘畫，其餘諸行下部多有殘損。有烏絲欄。卷面有朱筆多種標記符號。原卷無題，《俄藏》未定名。

　　（2）北敦11559號（北臨1688），見《國圖》109/271B。卷軸裝殘片。如圖13左部所示，存12殘行，前2行文字發生移位，每行約存上部12字。有烏絲欄。卷面有朱筆多種標記符號。原卷無題，《國圖》擬題“净名經集解關中疏卷上”，條記目録稱原卷爲8—9世紀吐蕃統治時期楷書寫本。

　　按：據殘存文字推斷，前號亦爲《净名經集解關中疏》卷上殘卷（《俄錄》定名同），且上揭二號内容前後相承，存有綴合的可能性。俄敦10710號末行行末與北敦11559號首行行首於“初理本无説二示□□□□□（説方軌前中）/□□（又三）標釋結也”句前後相接。比較二號共有的“法”“之”“此”“常”等字，字迹書風似同（字體應皆爲行楷，《國圖》條記目録定作楷書，似欠妥）。二號接縫處大致吻合，卷面皆有朱筆多種標記符號；且二號行款格式相同（天頭等高，皆有烏絲欄，行距、字距、字體大小相近）。由此推斷，此二號確可綴合。綴合後如圖13所示，所存内容參見《大正藏》T85/455C12—456A23。

北敦 11559 號　　　　　　　　　俄敦 10710 號

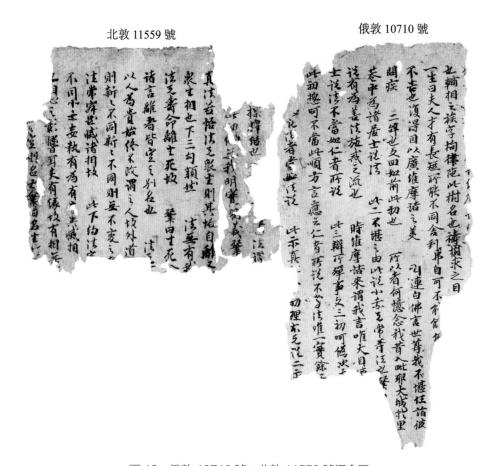

圖 13　俄敦 10710 號＋北敦 11559 號綴合圖

14. 斯 8774 號＋斯 2432 號

（1）斯 8774 號，見 IDP。卷軸裝殘片。如圖 14 右上部所示，存 13 殘行，行存上部 9—19 字。有烏絲欄。原卷無題，IDP 未定名。

（2）斯 2432 號（翟 5539），見《英圖》40/334—342。卷軸裝。前部如圖 14 左下部所示，前殘後缺，存 203 行（前 13 行上殘），行約 27 字。卷背有題記“丁未年三月廿日蓮僧慶會自手書記”。楷書。有烏絲欄。原卷無題，《翟錄》題“僧肇《注維摩》，品三”，《索引》及《寶藏》《索引新編》擬題“維摩詰經疏釋”，《黃目》及《英圖》擬題“淨名經集解關中疏”。《英圖》條記目錄稱原卷爲丁未年歸義軍時期楷書寫本。

按：據殘存文字推斷，上揭二號應皆爲《淨名經集解關中疏》卷上殘卷，且二號内容上下相接，可以綴合。綴合後如圖14所示，斯8774號係從斯2432號右上角脱落之殘片，接縫處邊緣吻合，原本分屬二號的"義""其""其流"四字皆得復合爲一。又二號行款格式相同（天頭等高，皆有烏絲欄，行距、字距、字體大小相近），字迹書風似同（比較二號共有的"寂""此""定""爲"等字；字體應皆爲行楷，《英圖》條記目録定作楷書，似不準確），可資參證。二號綴合後，所存内容參見《大正藏》T85/460C18—465A26。

斯2432號（前部）　　　　　　　　　　　斯8774號

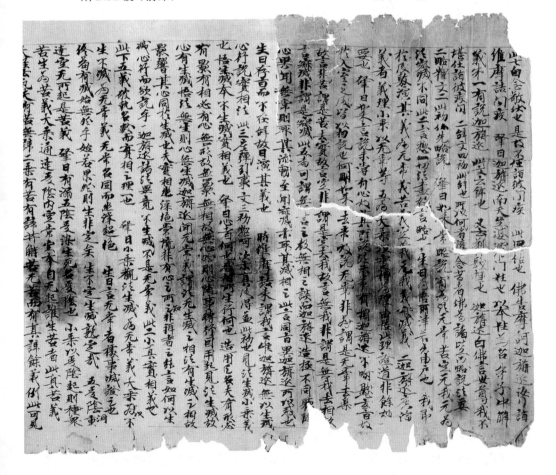

圖14　斯8774號＋斯2432號（前部）綴合圖

15. 俄敦 10706 號＋北敦 9605 號＋北敦 9249 號…俄敦 5986 號

（1）俄敦 10706 號，見《俄藏》15/5B。包含互不相連的四殘片，兹按《俄藏》圖版從右向左的順序依次編爲 A、B、C、D 片：A 片，如圖 15-1 中下部所示，存 15 殘行，行存下部 8—29 字；B 片，如圖 15-1 中上部所示，存 7 殘行，行存 6—10 字；C 片，如圖 15-1 中上部所示，存 3 殘行；D 片，如圖 15-1 右部所示，存 14 殘行，行存下部 12—32 字。行楷。有烏絲欄。原卷無題，《俄藏》未定名。

（2）北敦 9605 號（湯 26），見《國圖》106/122。卷軸裝殘片。如圖 15-1 中下部所示，存 15 殘行（首行僅存 3 字左側殘筆，末行僅存末 2 字右側殘筆），行存下部 1—23 字。有烏絲欄。原卷無題，《國圖》擬題“净名經集解關中疏卷上”，條記目錄稱原卷爲 8—9 世紀吐蕃統治時期行楷寫本。

（3）北敦 9249 號（唐 70），見《國圖》105/187—188。卷軸裝，2 紙。前部如圖 15-1 左部所示，後部如圖 15-2 右部所示，前後皆殘，存 30 行，行約 32 字。有烏絲欄。原卷無題，《國圖》擬題“净名經集解關中疏卷上”，條記目錄稱原卷爲 8—9 世紀吐蕃統治時期行楷寫本。

（4）俄敦 5986 號，見《俄藏》12/307B。卷軸裝殘片。如圖 15-2 左部所示，存 13 殘行（首行僅存殘形），行存上部 10—31 字。行楷。有烏絲欄。原卷無題，《俄藏》未定名，《俄録》擬題“净名經集解關中疏卷上”。

按：據殘存文字推斷，前號 4 殘片亦爲《净名經集解關中疏》卷上殘卷（《俄録》定名同），且上揭前三號内容前後相承，可以直接綴合，後號與前三號存在綴合可能。俄敦 10706 號的四塊殘片應按 D、A、B、C 的順序綴合，綴合後如圖 15-1 右部所示，諸相鄰二片接縫處邊緣吻合，D 片與 A 片接縫處原本分屬二片的“惑”“擇”“滅”“外”四字皆得成完璧；B 片係從 A 片左上部脱落之殘片，接縫處原本分屬二片的“是”“現”“行”“辭”“我”“愧”“二”七字皆得復合爲一；C 片又係從 B 片左上角脱落的殘片，接縫處原本分屬二片的“來”“法”二字皆得成完璧；A 片第 12—14 行行末與 C 片第 1—3 行行首内容前後相接，依次爲“犯律行以爲［恥］不/▨▨▨▨（敢問佛來）問我言”“略釋/文二初來”“我即/爲其如法解説”，中無缺字。又俄敦 10706 號與北敦

9605 號左右相接，綴合後如圖 15-1 中部所示，接縫處邊緣吻合，原本分屬二號的"律""也"二字皆得復合爲一；北敦 9605 號與北敦 9249 號左右上下相接，接縫處原本分屬二號的"罪垢斯滅""內""我""所""此""云"九字皆得成完璧。又三號卷面皆有油污，行款格式相同（地脚等高，皆有烏絲欄，行距、字距、字體大小相似），字迹書風似同（比較三號共有的"此""也""所""以"等字），可資參證。三號綴合後，所存內容參見《大正藏》T85/461C1—463A29。

北敦 9249 號書寫頂天立地，每行超出上下邊欄 3—4 字。俄敦 5986 號地脚部分已殘，尚存的天頭部分書寫亦超出邊欄 3—4 字。又四號卷面皆有油污，行款格式相同（四號天頭或地脚高度近似，皆有烏絲欄，行距、字距、字體大小相似），字迹書風似同（皆用行楷；比較四號共有的"者""此""相""所""無""言""亦""見""佛"等字，如表 2 所示），可資參證。由此推斷，後號與前三號存在綴合可能。試作綴合如圖 15-2 所示，北敦 9249 號與俄敦 5986 號不直接相連，據完整本推算，間約缺 128 行。所存內容參見《大正藏》T85/462B10—466C29。

俄敦 5986 號　　　　　　　　　　　　北敦 9249 號（後部）

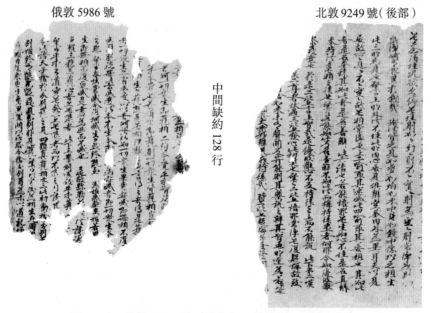

中間缺約 128 行

圖 15-2　北敦 9249 號（後部）···俄敦 5986 號綴合圖

表 2　俄敦 10706 號、北敦 9605 號、北敦 9249 號、俄敦 5986 號字迹比較表

例字 卷號	者	此	相	所	無	言	亦	見	佛
俄敦 10706 號									
北敦 9605 號									
北敦 9249 號									
俄敦 5986 號									

16. 北敦 10347 號 + 北敦 12382 號

（1）北敦 10347 號（北臨 476），見《國圖》107/255B。卷軸裝殘片。如圖 16 所示，存 13 殘行，行存上部 4—13 字（末行僅存 1 字右側殘筆）。有烏絲欄。原卷無題，《國圖》擬題 "净名經集解關中疏卷上"，條記目録稱此卷爲 8—9 世紀吐蕃統治時期行書寫本。

（2）北敦 12382 號（北臨 2511），見《國圖》111/69B。殘片。如圖 16 中下部所示，存 4 殘行，行存中部 1—4 字。有烏絲欄。原卷無題，《國圖》擬題 "净名經集解關中疏卷上"，條記目録稱此卷爲 8—9 世紀吐蕃統治時期楷書寫本。

按：上揭二號皆爲《净名經集解關中疏》卷上殘卷，且内容前後相承，可以綴合。綴合後如圖 16 所示，北敦 12382 號係從北敦 10347 號中下部脱落之殘片，接縫處邊緣吻合，原本分屬二號的 "肇" "无" "彌" "記" 四字皆得復合爲一，縱向烏絲欄亦可對接。又二號行款格式相同（有烏絲欄，行距、字距、字體大小相近），字迹書風似同（比較二號共有的 "生" "即" 等字），可資參證。二號綴合後，所存内容參見《大正藏》T85/466A18—466B12。

上揭二號既原屬同卷，而《國圖》條記目録稱北敦 10347 號爲行書寫本，北敦 12382 號爲楷書寫本，字體判定不一。總體而言，此二號或以判定爲行楷最爲合宜。

北敦 10347 號

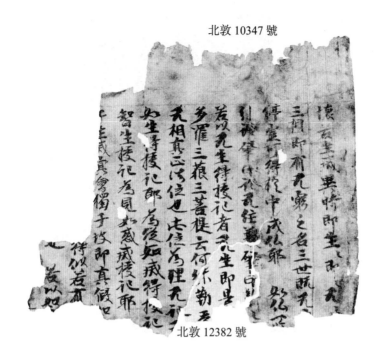

北敦 12382 號

圖 16　北敦 10347 號＋北敦 12382 號綴合圖

17. 斯 2670 號背＋斯 9408 號背

（1）斯 2670 號背（翟 5569），見《英圖》47/201—208。卷軸裝，8 紙。後部如圖 17-1 右部所示，首全後缺，存 144 行（末行下部文字左側多有殘損），行約 32 字。楷書。首題"浄名經集解關中疏卷下　資聖寺沙門道液述　文殊師利品第五"。《英圖》條記目錄稱此卷爲 8—9 世紀吐蕃統治時期楷書寫本。

（2）斯 9408 號背，見 IDP。卷軸裝殘片。如圖 17-1 左部所示，存 6 行，首行完整 32 字，其後諸行中上部殘損。楷書。原卷無題，IDP 未定名。

按：據殘存文字推斷，後號亦爲《浄名經集解關中疏》卷下殘卷。二號内容於"此法想者，亦是顛倒，顛倒▢▢▢▢▢▢▢▢（者，即是大患，我應離）/ 之。此三滅除滅想也"句前後相接，存有綴合的可能性。比較二號共有的"此""不""爲"等字，字迹書風似同。且二號行款格式相同（天頭地脚等高，滿行皆約 32 字，行距、字距、字體大小相近）。由此推斷，此二號確

斯 9408 號　　　　斯 2670 號背（後部）

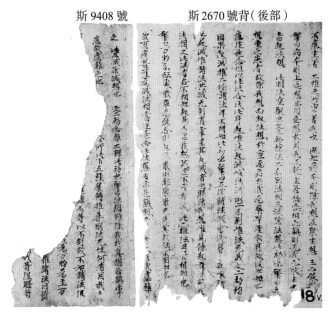

圖 17-1　斯 2670 號背（後部）＋斯 9408 號背綴合圖

斯 2670 號（前部）　　　　斯 9408 號

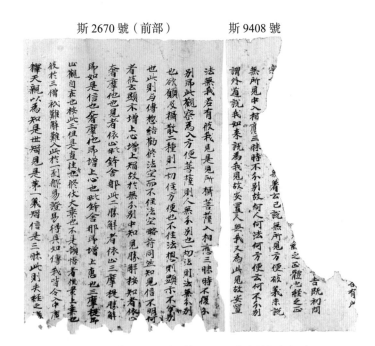

圖 17-2　斯 9408 號＋斯 2670 號（前部）綴合圖

可綴合。綴合後如圖 17-1 所示，所存内容參見《藏外佛教文獻》第 3 輯第 71 頁第 3 行至第 87 頁第 9 行。

又，二號正面亦可綴合。斯 9408 號正面如圖 17-2 右部所示，存 7 行（首第 2 行空行，首 6 行中上部殘損），行存 3—26 字，楷書，原卷無題，IDP 未定名。斯 2670 號正面見《英圖》47/193—200，前部如圖 17-2 左部所示，首脱尾全，存 162 行，行約 26 字，楷書，尾題“金剛般若波羅蜜經傳外傳卷下”。二號正面綴合後如圖 17-2 所示，銜接處邊緣大致吻合，前後内容相承，於“又爲説有此我見故，安置/法無我”句前後相接，《大正藏》所載《金剛般若波羅蜜經傳外傳》録文以斯 2670 號爲底本，前缺，可用斯 9408 號所存文字進行補充。

18.“俄敦 10703 號 A 片…斯 10819 號”＋俄敦 10709 號…俄敦 596 號＋俄敦 10703 號 B 片＋北敦 8928 號＋俄敦 10703 號 C 片＋北敦 5782 號＋北敦 16408A 號＋北敦 16408B 號＋北敦 10258 號

（1）俄敦 10703 號 A 片，見《俄藏》15/2B。俄敦 10703 號包含 3 殘片，筆者按《俄藏》圖版從右向左的順序依次編爲 A、B、C 片，此爲 A 片。卷軸裝殘片。如圖 18-1 右部所示，存 19 殘行（末行僅存下端 2 字右側殘筆），行存下部 1—17 字。首行存下部“寺沙門道液述”字樣。楷書。有烏絲欄。原卷無題，《俄藏》未定名。

（2）斯 10819 號，見 IDP。殘片。如圖 18-1 右上部所示，存 6 殘行（末行僅存 2 字右側殘筆），行存上部 2—8 字。楷書。有烏絲欄。IDP 未定名。

（3）俄敦 10709 號，見《俄藏》15/8A。卷軸裝殘片。如圖 18-1 左部所示，存 17 殘行（首行僅剩左側殘筆，末行僅存一“空”字及其上四字右側殘筆），行存下部 5—23 字。楷書。有烏絲欄。原卷無題，《俄藏》未定名。

（4）俄敦 596 號，見《俄藏》6/392A。卷軸裝殘片。如圖 18-2 右部所示，存 27 殘行，行存中下部 12—21 字。楷書。有烏絲欄。原卷無題，《孟録》歸列於《維摩詰所説經》（文殊師利問疾品第五）之下，稱“有注釋”，《俄藏》擬題“維摩詰所説經卷中文殊師利問疾品第五”。《孟録》上册稱此卷爲 8—10 世紀寫本。

斯 10819 號

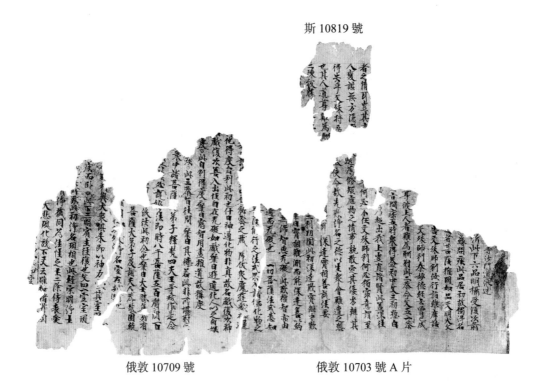

俄敦 10709 號　　　　　　　　俄敦 10703 號 A 片

圖 18-1　"俄敦 10703 號 A 片…斯 10819 號" + 俄敦 10709 號綴合圖

（5）俄敦 10703 號 B 片，見《俄藏》15/3A。卷軸裝殘片。如圖 18-2 中部所示，存 33 殘行（首行僅存 2 字，末行殘存 3 字），行存中下部 2—20 字。楷書。有烏絲欄。原卷無題，《俄藏》未定名。

（6）北敦 8928 號（有 49），見《國圖》104/255A—256A。卷軸裝，2 紙。前部如圖 18-2 左部所示，後部如圖 18-3 右部所示，前後皆殘，存 54 行，行約 30 字。楷書。有烏絲欄。原卷無題，《國圖》擬題 "净名經集解關中疏卷下"，條記目録稱原卷爲 8—9 世紀吐蕃統治時期寫本。

（7）俄敦 10703 號 C 片，見《俄藏》15/3B。卷軸裝殘片。如圖 18-3 中部所示，存 22 殘行，行存下部約 20 字。楷書。有烏絲欄。原卷無題，《俄藏》未定名。

（8）北敦5782號（北1328；奈82），見《國圖》77/141—187。卷軸裝，38紙。前部如圖18-3左部所示，中後部局部如圖18-4、18-5、18-6所示，前後皆殘，存1266行（前4行和末36行上殘），行約30字。尾題殘損，僅存"☒（疏）卷下"三字（"疏"字僅存下部殘筆）。楷書。有烏絲欄。原卷無題，《劫餘録》及《索引》擬題"浄名經集解關中疏"；《寶藏》及《索引新編》題"浄名經集解關中疏卷下文殊師利問疾品第五至囑累品第十四"；《國圖》題"浄名經集解關中疏卷下"，條記目録稱原卷爲8—9世紀吐蕃統治時期寫本。

（9）北敦16408A號（北臨4473），見《國圖》146/143A。卷軸裝殘片。如圖18-4中上部所示，存4殘行。楷書。有烏絲欄。原卷無題，《國圖》擬題"浄名經集解關中疏卷下"，條記目録稱此卷爲8—9世紀吐蕃統治時期寫本。

（10）北敦16408B號（北臨4473）。見《國圖》146/143A。卷軸裝殘片。如圖18-5中上部所示，存4殘行（首行僅存2字左側殘筆）。楷書。有烏絲欄。原卷無題，《國圖》題"浄名經集解關中疏卷下"，條記目録稱此卷爲8—9世紀吐蕃統治時期寫本。

（11）北敦10258號（北臨387）。見《國圖》107/208B。卷軸裝殘片。如圖18-6上部所示，存12殘行，行存上端1—6字（首行、末行皆僅存上端一二字殘筆）。楷書。有烏絲欄。原卷無題，《國圖》擬題"浄名經集解關中疏卷下"，條記目録稱此卷爲8—9世紀吐蕃統治時期寫本。

按：據殘存文字推斷，（1）（2）（3）（4）（5）（7）亦皆爲《浄名經集解關中疏》卷下殘卷（上列《俄藏》各號《俄録》定名略同），《俄藏》對（4）的擬題有誤。上揭十一號内容前後相承，可以綴合。前三號綴合後如圖18-1所示。俄敦10703號A片第10—14行行末與斯10819號所存殘行行首内容前後相承，依次爲"豈直諸賢。此蓋深往/者之情耳""意謂至/人變謀無方""孰敢定其優劣、辯/其得失乎""以生衆會難遭之想/也""深達實相，善説法要。/二，陳彼勝德"。二號綴合後如圖18-1右部所示，中間殘缺4—12字，補全後内容前後相接，依次爲"豈其□□□□□□□（實哉！肇曰：三萬二千）何必不任""隱□□□□（顯殊迹故迭）爲修短""文殊將□□□□（適群心而奉）使命""其人道尊，□（難）爲酬□□□□□□□□（對，當承佛聖旨行問疾）

耳""二,陳彼勝□□□□□□□□□□□□□□(德。文三:一、二智深廣;二、因果德滿,三、)二利功圓"。俄敦 10703 號 A 片和俄敦 10709 號左右上下相接,綴合後如圖 18-1 下部所示,接縫處邊緣吻合,原本分屬二號的"入諸佛""神通"五字皆得成完璧。又三號行款格式相同(俄敦 10703 號 A 片與俄敦 10709 號地脚等高,三號皆有烏絲欄,行距、字距、字體大小相近),字迹書風似同(比較二號共有的 "其" "人""無〈无〉""得""也""文""爲" 等字),可資參證。三號綴合後,所存内容參見《大正藏》T85/473A6—473C11。

後八號内容前後相承,亦可綴合。諸相鄰二號接縫處邊緣吻合,橫縱烏絲欄可以對接。前三號綴合後如圖 18-2 所示,俄敦 596 號與俄敦 10703 號 B 片左右相接,比對異本斯 2670 號背,俄敦 596 號末行行末"佛土以"與俄敦 10703 號 B 片首行行末"☒(非)之滅"間可補入"何爲空?將辨畢竟空義。答曰:以空空。肇曰:夫有由心生,心因有起,是"26 字,補足後俄敦 10703 號 B 片首行計 29 字,正與前後各卷滿行行約 30 字的字數吻合;俄敦 10703 號 B 片與北敦 8928 號左右上下相接,接縫處原本分屬二號的"身""離""水""大""火"五字皆得成完璧,前者末 5 行行末與後者前 5 行行首的内容前後相接,依次爲"无相不可見/☒(也)又問此病""心病无形/故不可見""合而云不/可見""心如幻/則非心""大風大/於此四大",中無缺字。

北敦 8928 號、俄敦 10703 號 C 片、北敦 5782 號綴合後如圖 18-3 所示,北敦 8928 號與俄敦 10703 號 C 片接縫處原本分屬二號的 "知起時不言""聚"六字皆得合成完璧;俄敦 10703 號 C 片與北敦 5782 號的接縫處原本分屬二號的"調者處""不染有在空不"九字皆可拼合成完字。《國圖》條記目録稱北敦 16408A 號、北敦 16408B 號原夾在北敦 5782 號中,而北敦 5782 號卷子後半部分上端多有殘損,經過反復勘驗,發現三號可以綴合。綴合後如圖 18-4、圖 18-5 所示,北敦 16408A 號係從北敦 5782 號中後部上端脱落之殘片,接縫處原本分屬二號的 "力"字大致可以拼合完整;北敦 16408B 號亦爲北敦 5782 號後部上部脱落的殘片,北敦 16408B 號前 2 行行端殘字前承北敦 5782 號(圖 18-5 第 4—5 行)行末,依次爲"知无造/者故離我見""依智不依識/

依□□（了義）經不依不了義經”。

　　最後二號綴合後如圖 18-6 所示，北敦 10258 號可補入北敦 5782 號末紙上部殘處，接縫處原本分屬二號的“或”“此”“雖”“誨”四字皆得成完璧。又上揭後八號行款格式相同（天頭或地脚等高，皆有烏絲欄，行距、字距、字體大小相近），字迹書風似同（比較諸號間交互出現的“之”“此”“爲”“所”“以”等字），可資參證。上揭後八號綴合後，所存內容參見《大正藏》T85/474A4—501B3。

　　又前三號與後八號內容前後相承，存有綴合的可能性。比較前三號與後八號共有的“此”“爲”“文”“之”“无”等字，如表 3 所示，字體書風似同。且上揭示十一號行款格式相同（天頭或地脚等高，皆有烏絲欄，行距、字距、字體大小相近）。由此推斷，前三號與後八號確可綴合。綴合後局部如圖 18-7 所示，俄敦 10709 號與俄敦 596 號之間不直接相連，據完整文本推算，中間缺約 10 行。上揭十一號綴合後，所存內容參見《大正藏》T85/473A6—501B3。

表 3　“俄敦 10703 號 A 片…斯 10819 號”＋俄敦 10709 號與俄敦 596 號＋俄敦 10703 號 B 片＋北敦 8928 號＋俄敦 10703 號 C 片＋北敦 5782 號＋北敦 16408A 號＋北敦 16408B 號＋北敦 10258 號字迹比較表

例字　　卷號	此	爲	文	之	無
“俄敦 10703 號 A 片…斯 10819 號”＋俄敦 10709 號					
俄敦 596 號＋俄敦 10703 號 B 片＋北敦 8928 號＋俄敦 10703 號 C 片＋北敦 5782 號＋北敦 16408A 號＋北敦 16408B 號＋北敦 10258 號					

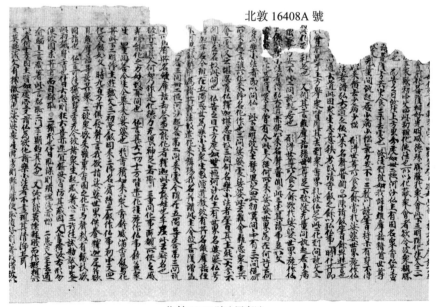

圖 18-3　北敦 8928 號（後部）＋俄敦 10703 號 C 片＋

北敦 5782 號（前部）綴合圖

圖 18-4　北敦 5782 號（局部）＋北敦 16408A 號綴合圖

北敦 16408B 號

北敦 5782 號（局部）

圖 18-5　北敦 5782 號（局部）＋北敦 16408B 號綴合圖

北敦 10258 號

北敦 5782 號（局部）

圖 18-6　北敦 5782 號（局部）＋北敦 10258 號綴合圖

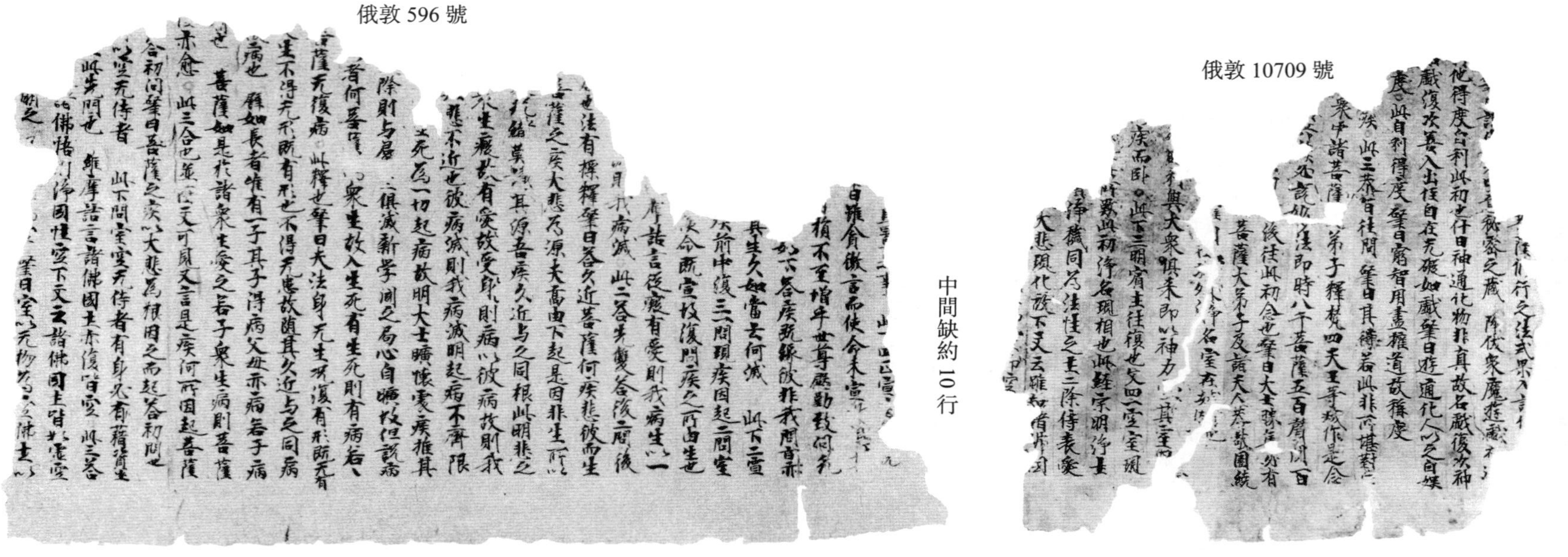

俄敦 10709 號

中間缺約 10 行

俄敦 596 號

圖 18-7　俄敦 10709 號…俄敦 596 號綴合圖

19. 北敦 15074 號 + 北敦 14943 號

（1）北敦 15074 號（北新 1274），見《國圖》138/124—159。卷軸裝，36 紙。後部如圖 19 右部所示，前後皆缺，凡 923 行，行約 26 字。有烏絲欄。卷面有多種標記符號。原卷無題，《國圖》擬題"净名經集解關中疏"，條記目錄稱原卷紙高 28 釐米，卷背有現代裱裝，爲 8—9 世紀吐蕃統治時期行楷寫本。

（2）北敦 14943 號（北新 1143），見 IDP，另見《國圖》135/378—400。卷軸裝，21 紙。前部如圖 19 左部所示，前缺尾全，存 668 行，行約 26 字。尾題"净名經關中疏卷下"，末有朱筆題記"咸通八年四月廿二日就開元寺曹僧政説《維摩經》"。有烏絲欄。卷面有多種標記符號。《國圖》題"净名經集解關中疏卷下"，條記目錄稱原卷紙高 28.2 釐米，卷背有現代裱裝，爲 8—9 世紀吐蕃統治時期楷書寫本。

北敦 14943 號（前部）　　　　　　北敦 15074 號（後部）

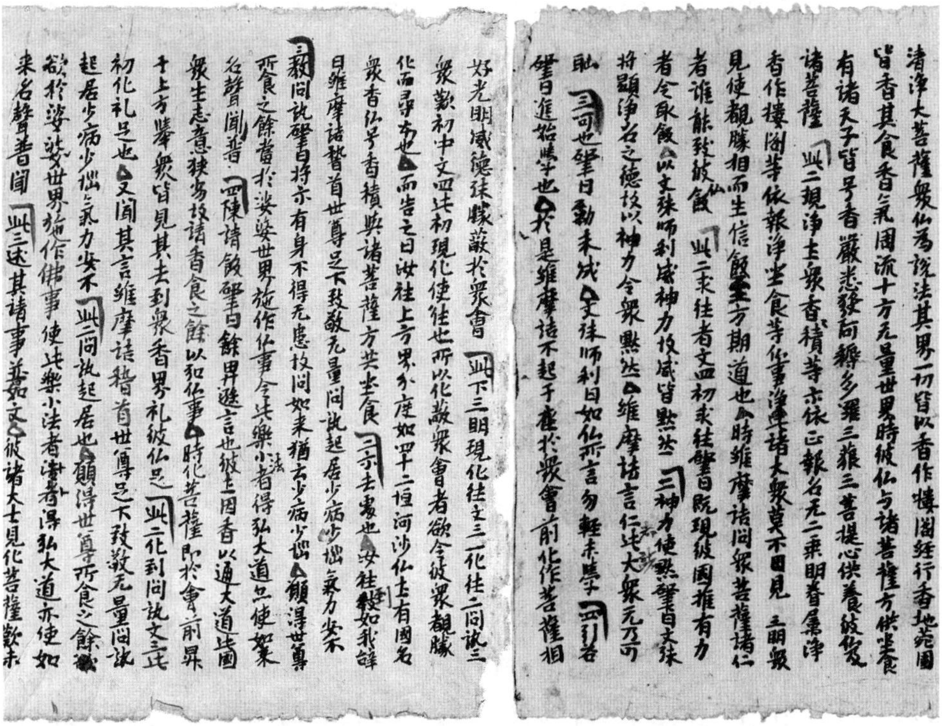

圖 19　北敦 15074 號（後部）＋北敦 14943 號（前部）綴合圖

按：據殘存文字推斷，前號亦爲《净名經集解關中疏》卷下殘卷，二號内容於"於衆會前化作菩薩相 / 好光明威德殊勝，蔽於衆會"句前後相接，中無缺字，存在綴合的可能性。二號接縫處或爲失黏所致脱落，邊緣整齊。比較二號共有的"此""問""恥""於""卌""世"等字，字迹書風似同。且二號行款格式相同（天頭地脚等高，滿行皆約 26 字，皆有烏絲欄，均有多種標記符號，行距、字距、字體大小相近）。由此推斷，二號確可綴合。綴合後如圖 19 所示，所存内容參見《大正藏》T85/475B6—501B3。

上揭二號既原屬同卷，而《國圖》條記目録稱北敦 15074 號爲行楷寫本，北敦 14943 號爲楷書寫本，字體判定不一。總體而言，此二號或以判定作楷書爲合宜。

20. 伯 2595-1 號 + 伯 2191 號

（1）伯 2595-1 號，見 IDP，另見《法藏》16/171A—173A。卷軸裝。後部如圖 20 右部所示，前後皆缺，存 156 行，行約 32 字。卷背爲佛經雜寫。楷書。有烏絲欄。卷面有多種標記符號。原卷無題，《索引》及《索引新編》擬題"净名經集解關中疏殘卷"，《法録》（IDP）及《法藏》擬題"净名經集解關中疏"。

（2）伯 2191 號，見 IDP，另見《法藏》8/231B—247B。卷軸裝。前部如圖 20 左部所示，前缺尾全，凡 1095 行，行約 32 字。尾題"净名經關中疏卷下"。卷背爲佛經雜寫。楷書。有烏絲欄。卷面有多種標記符號。《索引》及《索引新編》《法藏》皆從尾題，《法録》（IDP）擬題"净名經集解關中疏"。

按：據殘存文字推斷，前號亦爲《净名經集解關中疏》卷下殘卷，且二號内容於"行无邊慈如虚空故 / 取相故功德"句前後相接，中無缺字，存有綴合的可能性。二號接縫處皆爲失黏所致脱落，邊緣整齊，橫向烏絲欄可以對接。比較二號共有的"无""此""也""故""肇""菩薩""涅槃"等字及删字符號（參看表 4），字迹書風似同。二號卷面皆有多種標記符號，卷背皆爲佛經雜寫。且二號行款格式相同（天頭地脚等高，皆有烏絲欄，滿行皆約 32 字，行距、字距、字體大小相近）。由此推斷，此二號確可綴合。綴合後如圖 20 所示，所存内容參見《藏外佛教文獻》第 3 輯第 97 頁第 17 行至第 214 頁第 12 行。

伯2191號（前部）　　　　　　伯2595-1號（後部）

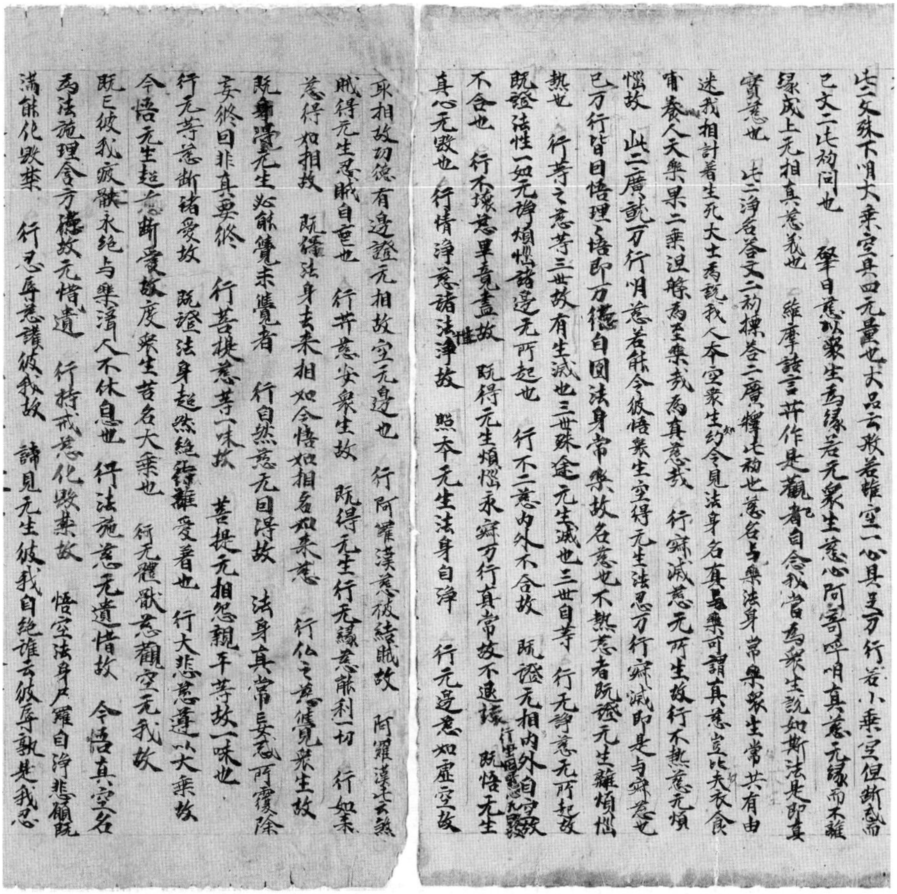

圖20　伯2595-1號（後部）＋伯2191號（前部）綴合圖

表4　伯2595-1號與伯2191號字迹比較表

例字／卷號	無	此	也	故	肇	菩薩	涅槃	刪字符號
伯2595-1號	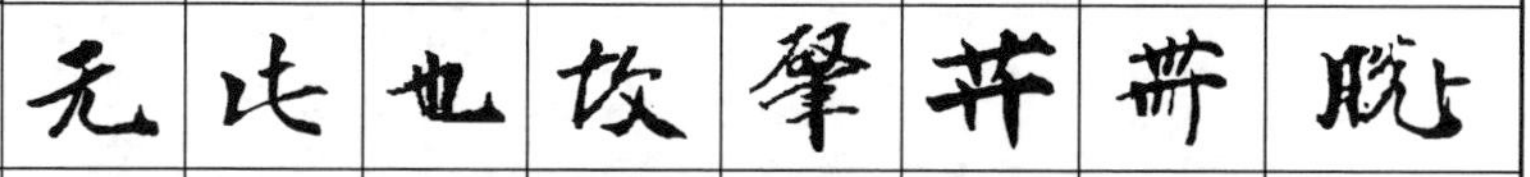 无	比	也	故	肇	菩薩	涅槃	
伯2191號	 无	比	也	故	肇	菩薩	涅槃	

21. 北敦6798號+北敦6170號

（1）北敦6798號（北1348；潛98），見《國圖》93/234—236。卷軸裝，2紙。後部如圖21右部所示，前後皆缺，存68行（每紙34行），行約28字。楷書。有烏絲欄。原卷無題，《劫餘録》及《索引》擬題"净名經集解關中疏"，《寶藏》及《索引新編》擬題"净名經集解關中疏菩薩行品第十一"，《國圖》擬題"净名經集解關中疏卷下"，條記目録稱原卷紙高28釐米，爲9—10世紀歸義軍時期寫本。

（2）北敦6170號（北1331；薑70），見《國圖》82/285—287。卷軸裝，2紙。前部如圖21左部所示，前後皆缺，存68行（每紙34行），行約28字。楷書。有烏絲欄。原卷無題，《劫餘録》及《索引》《國圖》擬題"净名經集解關中疏"，《寶藏》及《索引新編》擬題"净名經集解關中疏菩薩品第十一至見阿閦佛品第十二"。《國圖》條記目録稱原卷紙高27.9釐米，爲8—9世紀吐蕃統治時期寫本。

北敦6170號（前部）　　　　北敦6798號（後部）

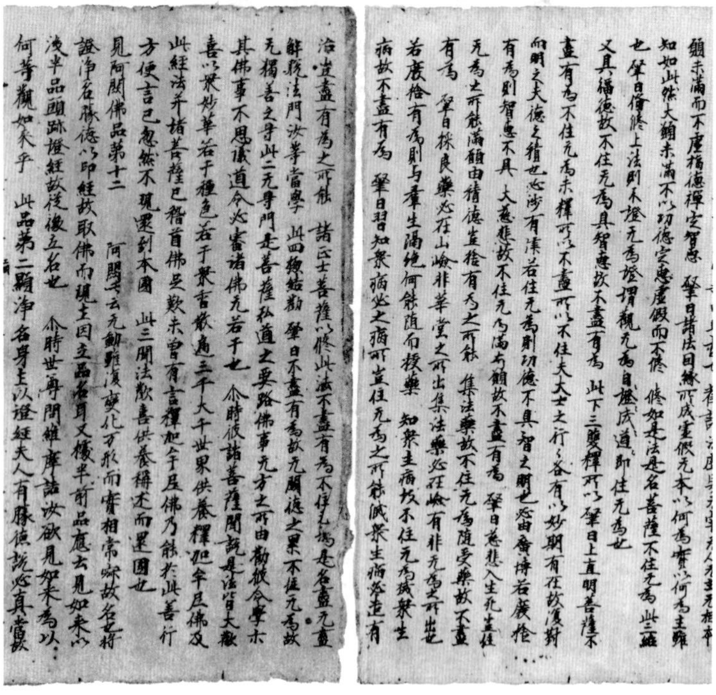

圖21　北敦6798號（後部）+北敦6170號（前部）綴合圖

　　按：據殘存文字推斷，後號亦爲《淨名經集解關中疏》卷下殘卷。二號內容於"滅衆生病必造有／治豈盡有爲之所能"句前後相接，中無缺字，存有綴合的可能性。二號接縫處邊緣整齊，或爲失黏所致脱落，或爲有意撕裂，橫向烏絲欄可以對接。比較二號共有的"以""不""正""所""於""爲""无"等字（參看表5），字迹書風似同。且二號紙高接近，行款格式相同（天頭地脚等高，皆有烏絲欄，每紙皆34行，滿行皆約28字，行距、字距、字體大小相近）。由此推斷，此二號確可綴合。綴合後如圖21所示，所存內容參見《大正藏》T85/493A10—496A5。

　　二號既原屬同卷，而《國圖》條記目録稱北敦6798號爲9—10世紀歸義軍時期寫本，北敦6170號爲8—9世紀吐蕃統治時期寫本，斷代不一，宜再斟酌。

表5　北敦6798號與北敦6170號字迹比較表

卷號＼例字	以	不	正	所	於	爲	無
北敦6798號	以	不	正	所	於	爲	无
北敦6170號	以	不	正	所	於	爲	无

22. 俄敦2224號＋北敦7290號

　　（1）俄敦2224號，見《俄藏》9/97B。卷軸裝。如圖22右部所示，前後皆缺，存19行，行約31字。楷書。有烏絲欄。原卷無題，《孟録》定作"維摩詰所説經注疏"，《俄藏》改題"淨名經集解關中疏卷下"，《俄録》擬題"淨名經集解關中疏卷下見阿閦佛品第十二"。《孟録》下册稱原卷紙高31.5釐米，爲8—10世紀寫本。

　　（2）北敦7290號（北1347；帝90），見《國圖》96/120—122。卷軸裝，3紙。前部如圖22左部所示，前後皆缺，存61行（首紙1行，次紙40行，後紙20行），行約31字（首紙僅存下部五字左側殘筆）。有烏絲欄。原卷無題，《劫餘録》及《索引》擬題"淨名經集解關中疏"，《寶藏》及《索引新編》擬題"淨名經集解關中疏見阿閦佛道品第十二";《國圖》擬題"淨名經集解關中疏卷下",條記目錄稱原卷紙高 31.9 釐米,爲 8—9 世紀吐蕃統治時期行楷寫本。

北敦 7290 號（前部）　　　　　　　　　　　俄敦 2224 號

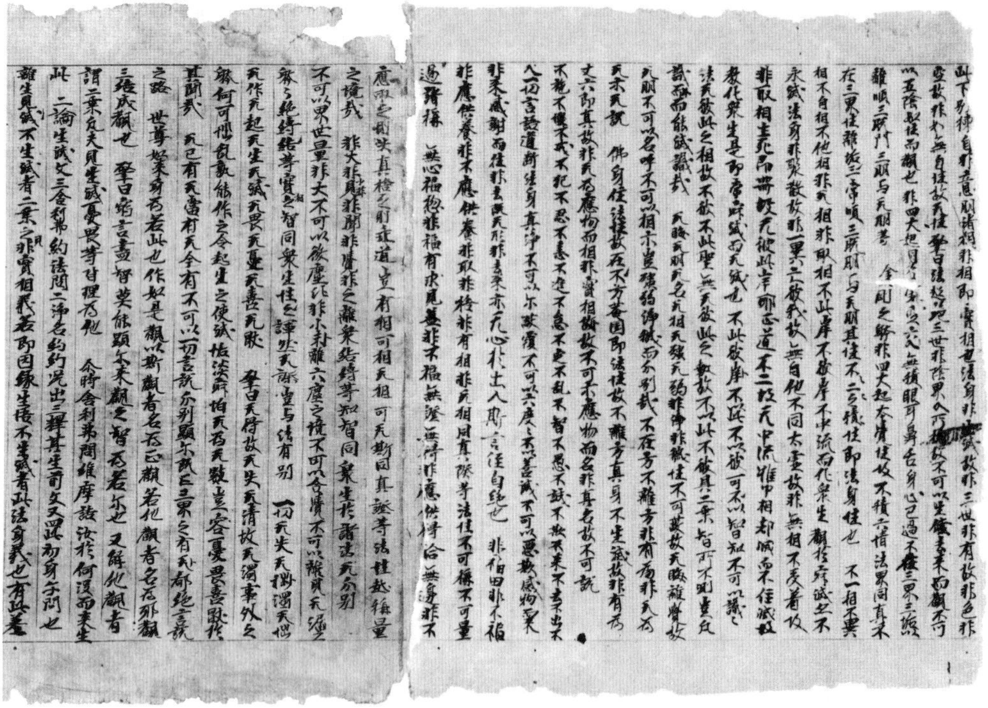

圖 22　俄敦 2224 號＋北敦 7290 號（前部）綴合圖

　　按:上揭二號皆爲《淨名經集解關中疏》卷下殘卷（《孟錄》對前號的定名不妥）,且二號內容前後相接,可以綴合。綴合後如圖 22 所示,銜接處邊緣吻合,原本分屬二號的"得非應供得"五字皆得成完璧;橫向烏絲欄可以對接;俄敦 2224 號末行行末與北敦 7290 號次行行端於"得洽無邊非不/應取之則失真"句前後相接,中無缺字。又二號行款格式相同（紙高相近,天頭地腳等高,皆有烏絲欄,滿行皆約 31 字,行距、字距、字體大小相近）,字迹書風似同（皆用行楷,比較二號共有的"此""爲""之""捨""乘"等字）,可資參證。二號綴合後,所存內容參見《大正藏》T85/494C27—497A4。

卷號簡目

根據對已刊布文獻的普查以及上述綴合成果，梳理出敦煌《浄名經集解關中疏》寫本卷號如下：

卷上　斯 6503 號°、俄敦 1229 號＋斯 6568 號°、伯 2188 號＋俄敦 3184 號°、斯 2702 號、斯 6391 號＋北敦 8053 號＋北敦 7832 號、石谷風 28 號＊、斯 1412 號、斯 3770 號、俄敦 10702 號背＊、俄敦 6709 號＊、龍圖閣本、^①斯 6580 號、北敦 8648 號、斯 6810 號、俄敦 5732 號＊＋俄敦 4541 號＊、北敦 15699 號、北敦 6551 號、北敦 2517 號、北敦 3272 號、斯 3765 號＋斯 3773 號＋北敦 8154 號、俄敦 15870 號＊、北敦 3271 號、北敦 3716 號＋北敦 5271 號、"俄敦 1822 號、俄敦 1862 號、俄敦 1863 號、俄敦 1903 號"＋"俄敦 11602 號＊、俄敦 11641 號"、北敦 1791 號、俄弗 299 號、斯 1985 號＋北敦 10427 號、北敦 7736 號、羽 422 號、俄敦 59 號、北敦 4562 號、斯 12130 號＊＋斯 12707 號＊＋斯 13267 號＊＋斯 12870 號＊＋斯 13132 號＊＋斯 10301 號＊＋斯 13033 號＊＋斯 1482 號＋斯 12968 號＊、俄敦 18151 號＊、俄敦 15407 號＊、俄敦 7941 號＊、北敦 7713 號、斯 1983 號、俄敦 4223 號＊、北敦 6453 號、斯 2342 號、斯 1378 號、北敦 7603 號、斯 3475 號＋斯 12873 號＊、斯 2596 號…北敦 8473 號、俄敦 4868 號＊＋俄敦 16 號＋北敦 1872 號、斯 2701 號、北大敦 161 號、俄敦 832 號、俄敦 10710 號＊＋北敦 11559 號、北敦 434 號、臺圖 121 號、斯 8774 號＊＋斯 2432 號、斯 9516 號、俄敦 10706 號＊＋北敦 9605 號＋北敦 9249 號…俄敦 5986 號＊、北敦 10347 號＋北敦 12382 號、斯 2113 號、斯 2552 號背 1、北敦 414 號、伯 2222D 號；

卷下　北敦 14093 號°、斯 6418 號°、斯 6870 號、上圖 130 號、北敦 6194 號、斯 2670 號背＋斯 9408 號背＊、北敦 15719 號、俄敦 10703 號 A 片＊＋斯 10819 號＊＋俄敦 10709 號＊…俄敦 596 號＋俄敦 10703 號 B 片＊＋

---

①　龍圖閣是南京 21 世紀投資集團董事長、收藏家許尚龍在河北秦皇島北戴河新區噠噠島旅遊度假區建的一座藏書樓，藏品中有若干敦煌寫經，包括《浄名經集解關中疏》卷上殘卷，存 39 紙，長 16 米，起道液《關中疏》殘序二行，次接僧肇《維摩詰經序》，後爲正文佛國品第一、方便品第二、弟子品第三，止於"小乘信名爲傷也"。

北敦 8928 號＋俄敦 10703 號 C 片 *＋北敦 5782 號＋北敦 16408A 號＋北敦 16408B 號＋北敦 10258 號、斯 6713 號、俄敦 10507B 號、斯 6458 號、俄敦 8563 號 *、北敦 14092 號、北敦 15074 號＋北敦 14943 號、俄敦 9272 號 *、俄敦 8231 號 *、俄敦 6616 號 *、臺圖 126 號、伯 2595-1 號＋伯 2191 號、斯 6218 號背、俄敦 15583 號 *、斯 4834 號、北敦 5920A 號、津藝 30 號、斯 1813 號、北敦 6798 號＋北敦 6170 號、斯 6610 號、俄敦 2224 號＋北敦 7290 號、俄敦 12323 號 *。

　　此外，俄敦 12894 號、俄敦 17671 號、俄敦 7240 號等殘片所存信息較少，殘存文字既見於《净名經集解關中疏》，又見於他經，一時難以定名，暫且存疑。

三一、淨名經關中釋抄

《淨名經關中釋抄》，又稱《淨名經關中釋批》《淨名經關中抄》《淨名經釋批抄》《淨名關中釋批》等，唐中京資聖寺沙門道液釋。作者以隋代智顗《維摩經玄疏》爲基礎，吸收了諸家對《維摩詰經》的注釋并加批注而成，"於教理多引《智論》及天台説，於名相多引法相家言，如《俱舍》、惠沼、崇福等時説"。① 日本永超《東域傳燈目録》載有《淨名經關中疏釋批》二卷。敦煌本亦作二卷，卷帙分合與《淨名經集解關中疏》略有不同。卷上二品，即佛國品第一、方便品第二；卷下十二品，即弟子品第三、菩薩品第四、文殊師利問疾品第五、不思議品第六、觀衆生品第七、佛道品第八、入不二法門品第九、香積佛品第十、菩薩行品第十一、見阿閦佛品第十二、法供養品第十三、囑累品第十四。歷代大藏經皆未收録，僅保留在敦煌寫本裏。《大正藏》據部分英藏、法藏敦煌寫卷，對該疏做了校録，收載於《大正藏》第85卷《古佚部·疑似部》。

經普查，已刊布敦煌文獻中共有《淨名經關中釋抄》48號，包括：國圖藏15號，英藏9號，法藏8號，俄藏12號，散藏4號。48號敦煌本《淨名經關中釋抄》中，首尾完整者僅6號（卷上伯2580號、伯2079號、北敦14730號，卷下北敦14091號、俄弗165號、伯2154號），其餘42號皆有不同程度的殘損。《國圖》條記目録綴合1組：北敦2102號＋北敦2300號。

本次新將16號殘卷綴合爲7組。

---

① 周叔迦《釋家藝文提要》，北京古籍出版社，2004年，第475頁。

1. 北敦 2296 號＋北敦 10256 號

（1）北敦 2296 號（北 1352；閏 96），見 IDP，另見《國圖》32/276—291。卷軸裝，14 紙。前部如圖 1 左上部所示，首略殘，尾全，存 404 行（前 5 行上下殘），行約 35 字。首題"□□（净名）關中釋抄卷上"，尾題"净名關中釋抄卷上"。有烏絲欄。正文單行大字，注文雙行小字。行距疏密不均。《劫餘録》及《索引》題"净名經關中釋抄"，《寶藏》及《索引新編》定作"净名經關中釋抄卷上釋序文方便品第二"，《國圖》題"净名經關中釋抄卷上"，條記目録稱卷背有古代裱裝，原卷爲 9—10 世紀歸義軍時期行楷寫本。

（2）北敦 10256 號（北臨 385），見《國圖》107/207B。殘片。如圖 1 右下部所示，存 2 殘行，行存四五字。有烏絲欄。原卷無題，《國圖》擬題"净名經關中釋抄卷上"，條記目録稱卷背有古代裱裝，原卷爲 8—9 世紀吐蕃統治時期楷書寫本。

按：上揭二號皆爲《净名經關中釋抄》卷上殘卷，且二號内容前後相承，可以綴合。綴合後如圖 1 所示，北敦 10256 號係從北敦 2296 號右下部脱落之殘片，接縫處邊緣吻合，原本分屬二號的"群""明"二字皆得復合爲一，縱向烏絲欄亦可對接。又二號卷背皆有古代裱裝，行款格式相同（皆有烏絲欄，行距、字距、字體大小相近），字迹書風似同（比較二號共有

北敦 2296 號（前部）

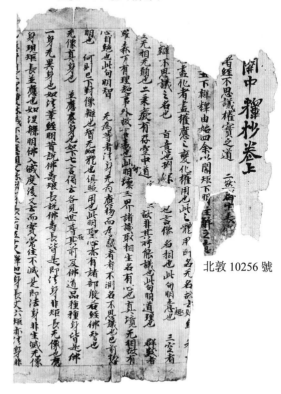

北敦 10256 號

圖 1　北敦 2296 號（前部）＋北敦 10256 號綴合圖

的"解""之""生"等字），可資參證。二號綴合後，所存内容參見《大正藏》T85/501B7—518B14。

二號既原屬同卷，而《國圖》條記目録稱北敦2296號爲9—10世紀歸義軍時期行楷寫本，北敦10256號爲8—9世紀吐蕃統治時期楷書寫本，斷代及字體判定皆不一致，宜再斟酌。就字體而言，或當據前號定作行楷爲合宜。

2. 北敦9250號…北敦4499號

（1）北敦9250號（唐71），見IDP，另見《國圖》105/189A。卷軸裝殘片。如圖2右下部所示，存6殘行（前部另有1行空白無字），行存下部6—18字（末行僅存五六字右側殘筆）。首題"沙門道液撰集"。有烏絲欄。原卷無題，《國圖》擬題"淨名經關中釋抄卷上"，條記目録稱此卷爲8—9世紀吐蕃統治時期楷書寫本。

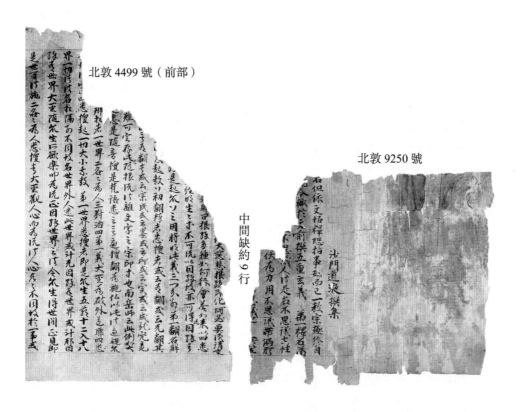

圖2　北敦9250號…北敦4499號（前部）綴合示意圖

（2）北敦 4499 號（北 1356；崑 99），見 IDP，另見《國圖》60/303—314。卷軸裝，11 紙。前部如圖 2 左部所示，前後皆殘，存 314 行（首紙 14 行，前 10 行上殘；第 2—9 紙每紙 32 行，第 10 紙 31 行，末紙 13 行），行約 33 字。有烏絲欄。原卷無題，《劫餘録》及《索引》擬題“净名經關中釋抄”，《寶藏》及《索引新編》擬題“净名經關中釋抄五重釋題第五判教相”，《國圖》題“净名經關中釋抄卷上”，條記目録稱原卷爲 8—9 世紀吐蕃統治時期行書寫本。

按：上揭二號皆爲《净名經關中釋抄》卷上殘卷。二號內容前後相承，存有綴合的可能性。比較二號共有的“法”“教”“宗”“爲”“但”“真”等字，如表 1 所示，字迹書風似同。二號行間皆有校加字和朱筆點標。且二號行款格式相同（地腳等高，皆有烏絲欄，滿行皆約 32 字，行距、字距、字體大小相近）。由此推斷，此二號確可綴合。綴合後如圖 2 所示，二號不直接相連，據完整文本推算，間缺約 9—10 行。二號綴合後，所存內容參見《大正藏》T85/501B9—508B27。

表 1　北敦 9250 號、北敦 4499 號字迹比較表

例字 卷號	法	教	宗	爲	但	真	一
北敦 9250 號							
北敦 4499 號							

又按，如表 1 所示，上揭二號“但”右部的“旦”皆或省去“日”旁中一横，這種寫法往往與避唐睿宗諱缺筆有關，據此，此二號或係敦煌歸義軍時期寫本，《國圖》條記目録定作 8—9 世紀吐蕃統治時期寫本，恐不確切。

3. 伯 4695 號 + 伯 2244 號

（1）伯 4695 號，見 IDP，另見《法藏》33/111B。包含互不相連的 2 殘片，兹編爲 A、B 片：A 片，如圖 3 右上部所示，存 11 殘行，行存上部 4—17 字。B 片如圖 3-1 中下部所示，存 4 殘行，行存下部 2—6 字。楷書。有烏絲欄。原卷無題，《索引》泛題“殘佛經注釋”，《法録》（IDP）及《法藏》擬題“維

伯 2244 號（前部）

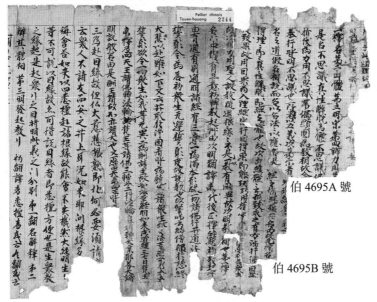

伯 4695A 號

伯 4695B 號

圖 3-1　伯 4695 號＋伯 2244 號（前部）綴合圖

伯 2244 號背（局部）

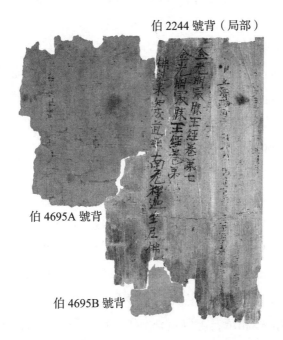

伯 4695A 號背

伯 4695B 號背

圖 3-2　伯 4695 號背＋伯 2244 號背（局部）綴合圖

摩經玄疏”,《索引新編》擬題“維摩詰經玄疏”。

（2）伯 2244 號，見 IDP，另見《法藏》10/1B—7A。卷軸裝。前部如圖 3-1
左部所示，前後皆殘，存 397 行（前 7 行上下殘，第 12 至 15 行下殘），行約
25 字。楷書。有烏絲欄。原卷無題，《索引》擬題“維摩經序文”，《法録》（IDP）
及《索引新編》擬題“浄名經關中釋抄”，《法藏》擬題“浄名經關中釋抄卷上”。

　　按：據殘存文字推斷，前號亦爲《浄名經關中釋抄》卷上殘卷，《索引新
編》及《法録》（IDP）、《法藏》擬題不妥，後號《索引》擬題不妥。二號内
容前後相承，可以綴合。綴合後如圖 3-1 所示，諸相鄰殘片接縫處邊緣吻合，
橫縱烏絲欄可以對接，原本分屬二號的“故”“次”“體”“宗”“逗根”“復有
三意”十字皆得成完璧。又二號行款格式相同（天頭地脚等高，皆有烏絲欄，
滿行皆約 25 字，行距、字距、字體大小相近），字迹書風似同（比較二號共
有的“也”“第”“所”等字），可資參證。二號綴合後，所存内容參見《大正
藏》T85/501B10—508B28。

　　又，此二號卷背亦可綴合，如圖 3-2 所示，銜接處邊緣吻合，原來分屬
二號的“説”“經”二字皆得以復合爲一。

4. 北大敦 97 號 + 北敦 7941 號

　　（1）北大敦 97 號，見《北大》2/42B—43B。卷軸裝。後部如圖 4 右上部所示，
首全尾殘，存 66 行（後 11 行下殘，末行僅存上部七字右側殘畫），行約 26 字。
有烏絲欄。首題“浄名經關中抄卷下，沙門道液述”。《北大》敘録稱原卷紙
高 25.3 釐米，唐寫楷書卷子。

　　（2）北敦 7941 號（北 8539；文 41），見《國圖》99/318—320。卷軸裝，3 紙。
前部如圖 4 左部所示，前後皆殘，存 65 行（前 5 行中上部殘損），行約 27 字。
有烏絲欄。原卷無題，《索引》及《寶藏》擬題“浄名經關中釋抄”，《索引新
編》擬題“浄名經集解關中疏”，《國圖》擬題“浄名經關中釋抄卷下”。《國圖》
條記目録稱原卷紙高 25 釐米，爲 8—9 世紀吐蕃統治時期楷書寫本。

　　按：上揭二號皆爲《浄名經關中釋抄》卷下殘卷，《索引新編》後號定名
有誤。二號内容前後相承，可以綴合。綴合後如圖 4 所示，接縫處邊緣吻合，
原本分屬二號的“爲小”“食故今浄名”七字拼合完整。又二號行款格式相同

（紙高接近，皆有烏絲欄，滿行皆約 26 字，行距、字距、字體大小相近），字迹書風似同（比較二號共有的 "大""異""第""乘""捨" 等字），可資參證。二號綴合後，所存內容參見《大正藏》T85/518B17—520C29。

北敦 7941 號（前部）　　　　　北大敦 97 號

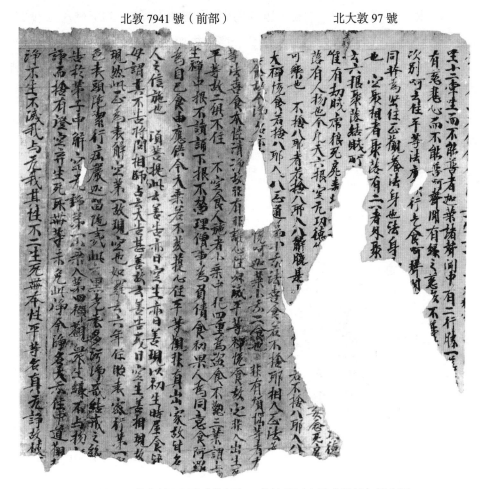

圖 4　北大敦 97 號（後部）＋北敦 7941 號（前部）綴合圖

5. 俄敦 12497 號＋俄敦 12505 號

（1）俄敦 12497 號，見《俄藏》16/130B。殘片。如圖 5-1 上部所示，存 5 殘行，行存中部 1—5 字（首行僅存 1 字左側殘筆）。楷書。有烏絲欄。卷背爲粟特文資料。原卷無題，《俄藏》未定名。

（2）俄敦 12505 號，見《俄藏》16/131B。殘片。如圖 5-1 下部所示，存 2 殘行，行存中部 5—7 字。楷書。有烏絲欄。卷背爲粟特文資料。原卷無題，《俄藏》未定名。

按：據殘存文字推斷，上揭二號皆爲《浄名經關中釋抄》卷下殘片（《俄録》定名同），且二號前後相承，可以綴合。綴合後如圖 5-1 所示，接縫處邊緣吻合，原本分屬二號的"身""利物"三字皆得成完璧。又二號行款格式相同（皆有烏絲欄，行距、字距、字體大小相近），字迹書風似同（比較二者共有的"也""无"等字），卷背皆爲粟特文資料，可資參證。二號綴合後，所存内容參見《大正藏》T85/521C15—521C20。

俄敦 12497 號   俄敦 12497 號背

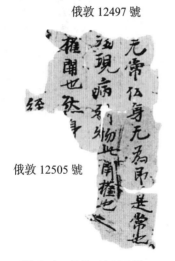
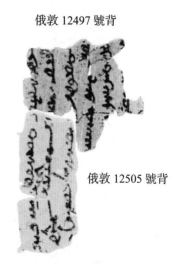

俄敦 12505 號   俄敦 12505 號背

圖 5-1　俄敦 12497 號 +　　　　　　圖 5-2　俄敦 12497 號背 +
俄敦 12505 號綴合圖　　　　　　　　俄敦 12505 號背綴合圖

又，此二號卷背的粟特文文書亦可綴合，如圖 5-2 所示，可與正面部分互相參證。

6. 俄敦 5626 號…俄敦 5639 號…"俄敦 8757 號、俄敦 8776 號"

（1）俄敦 5626 號，見《俄藏》12/202A。殘片。如圖 6-1 右上部所示，存 7 殘行，行存中部 3—7 字（末行僅存 3 字右側殘筆）。楷書。有烏絲欄。原卷無題，《俄藏》未定名。

（2）俄敦 5639 號，見《俄藏》12/205A。殘片。如圖 6-1 中上部所示，存 10 殘行，行存中部 1—12 字（首行僅存 1 字左側殘畫）。楷書。有烏絲欄。原卷無題，《俄藏》未定名。

（3）"俄敦 8757 號、俄敦 8776 號"，見《俄藏》14/86A。包括兩塊殘片，此二號與殘片的對應關係不明，姑且稱殘片 A、殘片 B，如圖 6-1 左下部所示，殘片 A 存 7 殘行，行存 2—8 字；殘片 B 存 5 殘行，行存 1—6 字（末行僅存 1 字右側殘筆）。楷書。有烏絲欄。原卷無題，《俄藏》未定名。

"俄敦 8757 號、俄敦 8776 號"B 片　俄敦 5639 號　　俄敦 5626 號

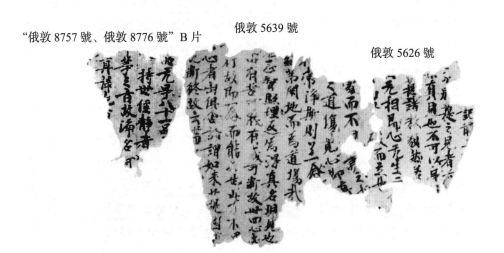

"俄敦 8757 號、俄敦 8776 號"A 片

圖 6-1　俄敦 5626 號…俄敦 5639 號…"俄敦 8757 號、俄敦 8776 號"綴合示意圖

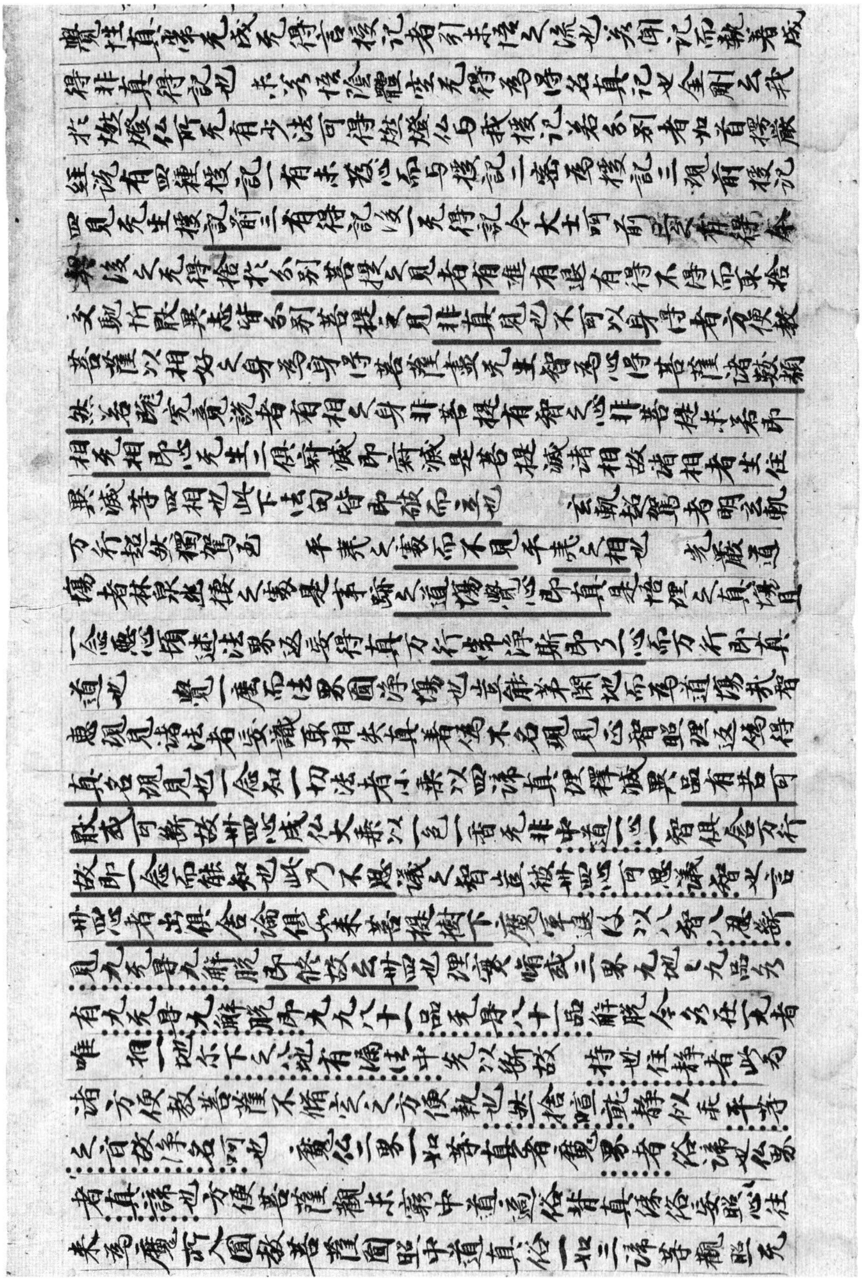

圖 6-2 伯 2154 號（局部，其中見於俄敦 5626 號、俄敦 5639 號的字句左側加標豎綫，見於"俄敦 8757 號、俄敦 8776 號"的字句左邊加標點號）

　　按：據殘存文字推斷，上揭四號應皆爲《浄名經關中釋抄》卷下殘片（《俄録》定名略同），且四號内容前後相承，可以綴合。綴合後如圖 6-1 所示，俄敦 5626 號與俄敦 5639 號左右相接，隱約可見二號撕裂的痕迹，其中俄敦 5639 號首行所存殘字可辨爲"石"旁，可與俄敦 5626 號末行"而立也"上的右側殘字拼合爲基本完整的"破"字。俄敦 5639 號後四行與"俄敦 8757 號、俄敦 8776 號"殘片 A 前四行先後相接，但不能完全銜接，中間每行約缺 7—14 字；"俄敦 8757 號、俄敦 8776 號"殘片 B 前三行可與"俄敦 8757 號、俄敦 8776 號"殘片 A 後三行先後相接，但也不能完全銜接，中間每行約缺 11—15 字（《俄藏》把殘片 B 放在殘片 A 的正下方，以殘片 A 的第 2—5 行對應殘片 B 的 1—4 行，位置不妥）。此四號殘存情況可比較伯 2154 號《浄名經關中釋抄》卷下相應部分，如圖 6-2 畫綫處所示。又此四號行款格式相同（皆有烏絲欄，行距、字距、字體大小相近），字迹書風似同，如各片多見的"之""无"等字，如表 2 所示。故此四號雖難以完全綴接，但確應屬於同卷之裂。四號綴合後，所存内容參見《大正藏》T85/522C25—523A28。

表 2　俄敦 5626 號、俄敦 5639 號、"俄敦 8757 號、俄敦 8776 號"字迹比較表

例字／卷號	之	無
俄敦 5626 號		
俄敦 5639 號		
"俄敦 8757 號、俄敦 8776 號" A 片		
"俄敦 8757 號、俄敦 8776 號" B 片		

7. 北敦 411 號 + 北敦 5620 號

　　（1）北敦 411 號（北 1354；洪 11），見 IDP，另見《國圖》6/293—306。卷軸裝，13 紙。後部如圖 7 右部所示，前殘後缺，存 372 行（後紙 25 行，其餘各紙每紙 27 行—30 行），行約 25 字。文中有品題"文殊問疾品""佛道

品"。有烏絲欄。正文單行大字，注文雙行小字。原卷無題，《劫餘録》及《索引》擬題"净名經關中釋抄"，《寶藏》及《索引新編》擬題"净名經關中釋抄菩薩品第四至觀衆生品第七"，《國圖》擬題"净名經關中釋抄卷下"。《國圖》條記目録稱原卷紙高 29.3 釐米，爲 8—9 世紀吐蕃統治時期行書寫本。

（2）北敦 5620 號（北 8538；李 20），見《國圖》75/315—320。卷軸裝，6 紙。前部如圖 7 左部所示，前缺後殘，存 121 行（首紙 3 行，後紙 7 行，其餘各紙每紙大多 28 行），行約 25 字。首行起"上問疾品云"。楷書。有烏絲欄。正文單行大字，注文雙行小字。原卷無題，《索引》及《寶藏》《索引新編》擬題"維摩經疏"，《國圖》擬題"净名經關中釋抄卷下"。《國圖》條記目録稱原卷紙高 29.3 釐米，爲 9—10 世紀歸義軍時期行楷寫本。

北敦 5620 號（前部）　　　　　　北敦 411 號（後部）

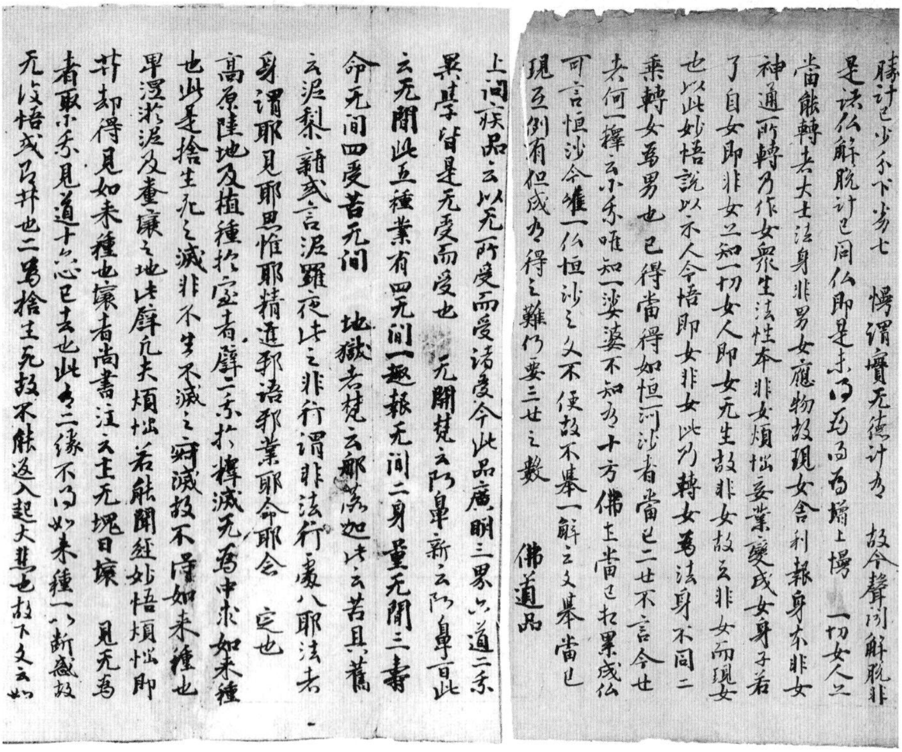

圖 7　北敦 411 號（後部）＋北敦 5620 號（前部）綴合圖

按：上揭二號皆爲《净名經關中釋抄》卷下殘卷，且二號内容於"佛道品／上問疾品云以无所受而受諸"句前後相接，中無缺字，存有綴合的可能性。二號撕裂處邊緣整齊，或爲失黏所致脱落，橫向烏絲欄亦可對接。二號綴合後，銜接處一紙合 28 行，正與該卷滿行各紙行數吻合。又比較二號共有的"阿""分""第""世""之"等字（參看表 3），字迹書風似同。卷面皆有等距離油污。且二號行款格式相同（紙高相同，正文單行大字，滿行皆 24 字左右，注文雙行小字；皆有烏絲欄，行距、字距、字體大小相近）。由此推斷，此二號確可綴合。綴合後如圖 7 所示，所存内容參見《大正藏》T85/523A15—531C13。

表 3　北敦 411 號與北敦 5620 號字迹比較表

例字 卷號	世	但	乘	何	菩提	涅槃	删字符號
北敦 411 號	 世	 但	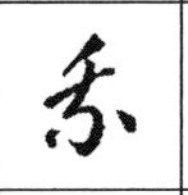 乘	 何	 菩提	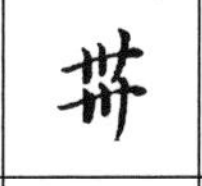 涅槃	 世
北敦 5620 號	 世	 但	 乘	 何	 菩提	 涅槃	 名

二號既原屬同卷，而《國圖》條記目録稱北敦 411 號爲 8—9 世紀吐蕃統治時期行書寫本，北敦 5620 號爲 9—10 世紀歸義軍時期行楷寫本，斷代及字體判定皆所不同，應再斟酌。考此二號"世"或缺筆作"卋"，"但"所從的"旦"旁多缺筆作"旦"，均與避唐諱有關，其抄寫時代或以定作敦煌歸義軍時期爲妥。至於字體，或以據後號一併定作行楷爲合宜。

卷號簡目

根據對已刊布文獻的普查以及上述綴合成果，梳理出敦煌《净名經關中釋抄》寫本卷號如下：

卷上　伯 2580 號°、伯 2079 號°、北敦 14730 號°、北敦 2296 號＋北敦 10256 號、斯 2584 號、北敦 3924 號、臺圖 124 號、臺圖 123 號、北敦 6480 號、

伯 2288 號、臺圖 122 號、北敦 9250 號⋯北敦 4499 號、伯 4695 號＋伯 2244 號、斯 2739 號、斯 3481 號、伯 3432 號背、斯 6712 號、伯 2076 號、斯 556 號、斯 1357 號、俄敦 4216 號 *、俄敦 18260 號 *、俄敦 17560 號 *、俄敦 16306 號 *；

　　卷下　北敦 14091 號°、俄弗 165 號°、伯 2154 號°、<u>北敦 2102 號＋北敦 2300 號</u>、北大敦 97 號＋北敦 7941 號、斯 1138 號、俄敦 12497 號 *＋俄敦 12505 號 *、斯 6462 號、俄敦 5871 號 *、俄敦 5626 號 *⋯俄敦 5639 號 *⋯俄敦 8757 號 *⋯俄敦 8776 號 *、北敦 411 號＋北敦 5620 號、斯 10762 號 *、北敦 12290 號、北敦 12989 號。

三二、七階禮

《七階禮》是三階教的禮懺法，又名《七階佛名經》《七階禮佛名經》《佛說觀藥王藥上兩菩薩經等略禮七階佛禮懺悔法》《七階佛名》《禮佛懺悔文》等，隋信行撰。

隋唐之際，佛教的宗派興起，各依其所宗經典撰作懺法。三階教是由隋代僧人信行創立的佛教派別，曾風行一時，但屢遭禁毀，且與傳統佛教之間的摩擦不斷，因而在唐末便湮没不傳，大多數典籍也隨之散佚不存。幸運的是，隨著敦煌遺書的發現，包括《七階禮》在内的一批三階教經典得以重見天日。《七階禮》的發現，爲後世研究三階教的禮懺法提供了新的資料。

目前所見敦煌本《七階禮》寫卷數量繁多，但這些寫卷不僅傳抄形態複雜，且往往與《十方禮》《寅朝禮》等其他禮懺文混抄在一起，而這些禮懺文與《七階禮》的關係歷來也衆説紛紜。因此，對於《七階禮》寫本進行調查和分類顯得尤爲緊迫。廣川堯敏最早對《七階禮》寫本進行統計，其判定的數量多達 127 件（僅限于英藏、法藏、國圖及書道博物館寫本）。[①] 同時，他將他認爲的三階教禮懺文大致分爲“七階佛名經”型、“七階禮懺文”型、“寅朝禮懺文”型三大類。楊學勇通過《七階禮》與《十方禮》等禮懺文的對比分析，指出“寅朝禮懺文”不應歸入三階教禮懺文，他認定真正屬於《七階禮》禮懺文的寫本共 70 件（僅限國圖、英藏、法藏、中村不折藏寫本）。[②] 通過普查業已刊布的所有敦煌寫本文獻，本篇在楊文研究的基礎上新考定《七階禮》寫卷 50 號，另外還搜集了 35 號存疑待考的殘片（殘存字句見於各類禮懺文中，

---

① 廣川堯敏《敦煌出土七階佛名經について：三階教と浄土教との交渉》，《宗教研究》，1982 年第 4 輯，第 71—105 頁。

② 楊學勇《三階教〈七階禮〉與佛名禮懺》，《敦煌研究》，2016 年第 1 期，第 92—101 頁。

結構與《七階禮》禮懺文相似，但因存字太少，暫無法確定具體歸屬）。

目前敦煌文獻中共見可確定的《七階禮》寫本共 120 號，包括國圖藏 53 號、英藏 29 號、法藏 6 號、俄藏 27 號、散藏 4 號。其中首尾完整者僅 11 號，其餘 109 號皆有不同程度的殘損。已有綴合成果共計將該經 9 號綴合爲 3 組。包括《國圖》條記目録綴合 1 組：斯 7956 號背＋北敦 3422 號背；《俄藏》綴合 2 組："俄敦 1048 號、俄敦 1233 號"，俄敦 2602 號背＋俄敦 3813 號背＋俄敦 3910 號背＋俄敦 3915 號背（未完成綴合，後來張涌泉、劉丹在《敦煌本〈摩訶僧祇律〉殘卷綴合研究》一文中介紹了該四號殘片的綴合關係，并新綴入俄敦 3408 號背）。

本次補綴 2 組，新綴 10 組，共計將 30 號綴合爲 12 組，其中前 7 組爲"七階佛名經"型《七階禮》寫卷，後 5 組爲"七階禮懺文"型《七階禮》寫卷。

1. 北敦 10338 號＋北敦 2844 號

（1）北敦 10338 號（北臨 467），見《國圖》107/250B。殘片。如圖 1 右上角所示，存 6 殘行，行存中上部 1—6 字。首題"七皆佛名卷一"，背有勘記"佛説佛多（名）經卷弟一"。楷書。有烏絲欄。《國圖》改題"七階佛名經"，條記目録稱此卷爲 9—10 世紀歸義軍時期寫本。

（2）北敦 2844 號（北 8311；調 44），見 IDP。卷軸裝，6 紙。前部如圖 1 左部所示，前後皆殘，存 148 行（首 6 行下殘），行約 16 字。楷書。前五紙有烏絲欄。原卷無題，《劫餘録》及《寶藏》《索引新編》定作"佛説七階禮佛名經"（《索引》無"佛説"二字），《國圖》擬題"七階佛名經"，條記目録稱此卷爲 9—10 世紀歸義軍時期寫本。

按：上揭二號内容前後銜接，當可綴合。綴合後如圖 1 所示，北敦 10338 號係從北敦 2844 號右上角脫落的殘片。銜接處原本分屬二號的"是諸衆等人""以""事""身"八字皆得合成完璧，横向烏絲欄亦可對接。又此二號行款格式相同（天頭等高，皆有烏絲欄，行距、字距、字體大小相近），書風字迹似同（比較二號共有的"佛""一""供""世"等字），可資參證。

從殘存内容判斷，北敦 2844 號禮拜佛名爲南無七階佛、南無二十五佛及

別禮二佛等九階佛，且南無五十三佛、三十五佛、二十五佛的佛名均爲別唱，^①
可明確爲"七階佛名經"型的《七階禮》殘卷。北敦10338號所存文字爲禮
懺文中的請佛、歎佛儀式，見於《七階禮》的兩類寫卷，僅憑殘存字句難以
確定歸屬。今二號綴合爲一，可知北敦10338號殘片亦爲"七階佛名經"型
的《七階禮》殘卷。

北敦 2844 號（前部）

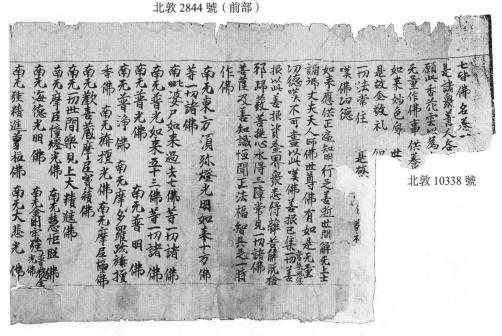

北敦 10338 號

圖 1　北敦 10338 號 + 北敦 2844 號（前部）綴合圖

2. 北敦 12024 號 + 北敦 673 號

（1）北敦 12024 號（北臨 2153），見《國圖》110/209A。殘片。如圖 2
右部所示，存 7 殘行（第 6 行空白無字，末行僅存 3 字右側殘筆），行存中部 3—
15 字。首行題"▨▨▨▨（菩）薩經等略七皆佛名懺悔法"，其下有雙行小注
"▨▨▨▨如來一階依義次第"。楷書。有烏絲欄。《國圖》擬題"七階禮懺文"，
條記目錄稱此卷爲 7—8 世紀唐寫本。

───────────

① 《七階禮》在禮拜諸佛時有別唱和總唱，別唱指分別唱誦佛名，逐一禮拜；總唱則不必逐一禮拜。

（2）北敦 673 號（北 8305；日 73），見 IDP。卷軸裝，6 紙。前部如圖
2 左部所示，前殘尾全，存 150 行（首 6 行上下殘），行約 19 字。楷書。有
烏絲欄。原卷無題，《劫餘錄》及《寶藏》《索引新編》定作"佛說七階禮佛名經"
（《索引》無"佛說"二字），《國圖》擬題"七階禮懺文"，條記目錄稱此卷爲 9—
10 世紀歸義軍時期寫本。

按：上揭二號内容前後銜接，當可綴合。綴合後如圖 2 所示，北敦 12024
號係從北敦 673 號前部脱落的殘片。二號接縫處邊緣大體吻合，原本撕裂在
二號的"持""化""廣""數聲""邊界""比不思"十字皆得復合爲一。又此
二號行款格式相同（滿行皆約 19 字，行距、字距、字體大小相近），書風字
迹似同（比較二號共有的"仏""一""敬""礼"等字），可資參證。此二號
既可綴合爲一，而《國圖》條記目錄稱北敦 12024 號爲 7—8 世紀唐時期寫本，
北敦 673 號爲 9—10 世紀歸義軍時期寫本，斷代歧異，應再斟酌。

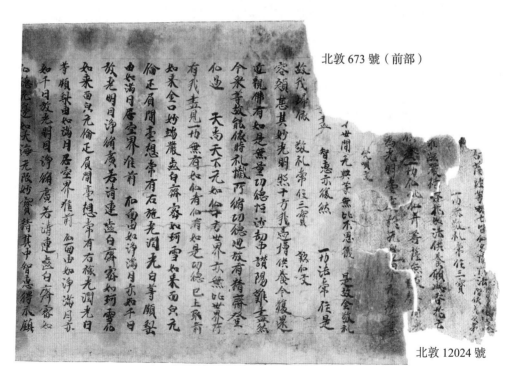

北敦 673 號（前部）

北敦 12024 號

圖 2　北敦 12024 號＋北敦 673 號（前部）綴合圖

　　據殘存文字判斷，北敦673號可明確爲"七階佛名經"型的《七階禮》殘卷。北敦12024號所存文字爲禮懺文中的請佛儀式，見於《七階禮》的兩類寫卷，僅憑殘存字句難以確定歸屬。今二號綴合爲一，可知北敦12024號殘片亦爲"七階佛名經"型的《七階禮》殘卷。

3. 北敦3019號+北敦2881號

　　（1）北敦3019號（北8312；雲19），見IDP。卷軸裝，3紙。後部如圖3右部所示，前後皆殘，存59行（尾2行下殘，末行僅存9字右側殘筆），行約17字。楷書。有烏絲欄。卷上、下部各有規則污漬。原卷無題，《劫餘録》及《寶藏》《索引新編》定作"佛説七階禮佛名經"（《索引》無"佛説"二字），《國圖》擬題"七階佛名經"，條記目録稱原卷爲經黄紙，紙高26.4釐米，爲7—8世紀唐寫本。

　　（2）北敦2881號（北8310；調81），見IDP。卷軸裝，4紙。前部如圖3左部所示，前殘尾全，存68行，行約17字（首行右側略有殘損）。楷書。有烏絲欄。卷上、下部各有規則污漬。原卷無題，《劫餘録》及《寶藏》《索引新編》定作"佛説七階禮佛名經"（《索引》無"佛説"二字），《國圖》擬題"七階佛名經"，條記目録稱原卷爲經黄紙，紙高26.5釐米，爲7—8世紀唐寫本。

北敦2881號（前部）　　　　　北敦3019號（後部）

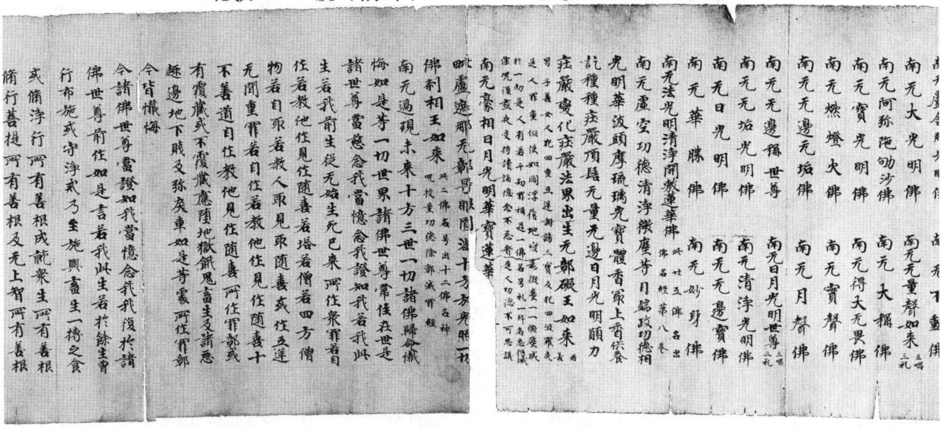

圖3　北敦3019號（後部）+北敦2881號（前部）綴合圖

按：據殘存内容判斷，上揭二卷皆爲"七階佛名經"型《七階禮》殘卷，且其内容前後相承，可以綴合。綴合後如圖3所示，接縫處邊緣吻合，原本撕裂在二號的"毗盧遮那无障导眼圓"九字皆得合成完璧，横向烏絲欄亦可對接。二號卷面上部和下部皆各有波浪形水漬，這些水漬形狀雷同，循環出現，大小、間隔漸次縮小。又二號皆用經黄紙，紙高近同，行款格式相同（天頭、地脚等高，有烏絲欄，滿行皆約17字，行距、字距、字體大小相近），書風字迹似同（比較二號共有的"南""无""佛""一""切"等字），可資參證。

4. 北敦 7291 號＋北敦 9262 號

（1）北敦7291號（北8330；帝91），見《國圖》96/123A—124B。卷軸裝，3紙。後部如圖4右部所示，前後皆殘，存73行（前8行上殘，末行上端左側略有殘損），行約17字。楷書。有烏絲欄。原卷無題，《劫餘録》及《寶藏》《索引新編》定作"佛説七階禮佛名經"（《索引》無"佛説"二字），《國圖》擬題"七階佛名經"，條記目録稱原卷紙高26.5釐米，爲9—10世紀歸義軍時期寫本。

（2）北敦9262號（唐83），見IDP。殘片。如圖4左部所示，僅存7殘行（首行僅存上端4字左側殘筆，末行僅存上部雙行小字右行的約10殘字），行約17字。楷書。有烏絲欄。原卷無題，《國圖》擬題"七階佛名經"，條記目録稱原卷紙高26.5釐米，爲9—10世紀歸義軍時期寫本。

按：上揭二號内容前後銜接，當可綴合。綴合後如圖4所示，接縫處邊緣吻合，原本撕裂在二號的"南无憂德佛""善""稱"七字皆得復合爲一，横向烏絲欄亦可對接。又此二號紙高皆爲26.5釐米，行款格式相同（皆有烏絲欄，滿行皆約17字，行距、字距、字體大小相近），書風字迹似同（比較二號共有的"南""无""佛""一""切"等字），可資參證。

據殘存文字判斷，北敦7291號前後所抄爲兩種不同類型的禮懺文。其中卷首至第41行"和南一切聖賢"爲第一部分，其内容包含了敬禮東方善德佛等十方佛，當擬題爲"寅朝禮"；第42行"南无東方須彌燈光明如來十方佛等一切諸佛"至卷末爲第二部分，禮拜對象包含了十方佛、過去七佛、五十三佛等，與北敦9262號綴合後，所存内容爲南無七階佛，可擬題爲"七階禮（七階佛名經型）"。《劫餘録》等各家定名時混而爲一，欠妥。

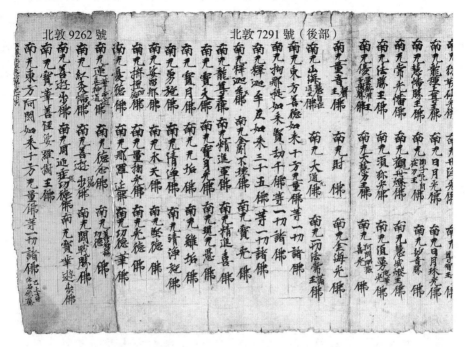

圖4　北敦 7291 號（後部）＋北敦 9262 號綴合圖

5. 北敦 8039 號＋北敦 7119 號

（1）北敦 8039 號（北 8337；字 39），見《國圖》100/168B—170A。卷軸裝，4 紙。後部如圖 5 右部所示，前後皆殘（首 6 行下殘，末 3 行上殘），存 69 行，行約 20 字。楷書。有烏絲欄。原卷無題，《劫餘録》及《寶藏》《索引新編》定作“佛説七階禮佛名經”（《索引》無“佛説”二字），《國圖》擬題“七階佛名經”，條記目録稱原卷紙高 28.6 釐米，爲 9—10 世紀歸義軍時期寫本。

（2）北敦 7119 號（北 8328；師 19），見《國圖》95/195A—196B。卷軸裝，4 紙。前部如圖 5 左部所示，前後皆殘，存 89 行（前 4 行下部殘損，首行僅存首字左上側殘形），行約 18 字。楷書。有烏絲欄。原卷無題，《劫餘録》及《寶藏》《索引新編》定作“佛説七階禮佛名經”（《索引》無“佛説”二字），《國圖》擬題“七階佛名經”，條記目録稱原卷紙高 29 釐米，爲 9—10 世紀歸義軍時期寫本。

　　按：上揭二號内容前後銜接，當可綴合。綴合後如圖5所示，接縫處邊緣吻合，原本撕裂在二號的"南""釋迦""三十五佛""无金剛""尊王佛"十三字皆得復合爲一，横縱烏絲欄亦可對接。又此二號紙高接近，行款格式相同（天頭、地脚等高，皆有烏絲欄，行距、字距、字體大小相近），書風字迹似同（比較二號共有的"南""无""佛""一""切""礼"等字），可資參證。

北敦 7119 號（前部）　　　　北敦 8039 號（後部）

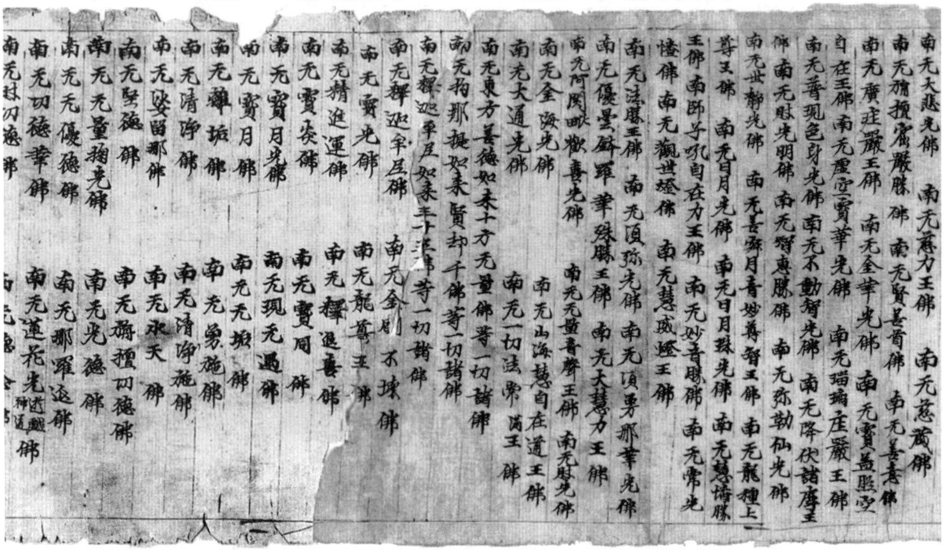

圖5　北敦 8039 號（後部）＋北敦 7119 號（前部）綴合圖

　　據殘存文字判斷，北敦 8039 號前後所抄爲兩種不同類型的禮懺文。其中卷首至第 37 行"一切普誦"爲第一部分，其内容爲禮佛儀式中爲天龍八部諸善神王等分别禮拜三寶，以及五悔、六念等，當擬題爲"寅朝禮"；第 38 行"七階佛名一卷"至卷末爲第二部分，可擬題爲"七階禮（七階佛名經型）"。北敦 7119 號亦抄有兩種不同類型的禮懺文，其中卷首至第 79 行"勤求无上道"與前號後半部分綴接，恰好構成完整的《七階禮》，可擬題爲"七階禮（七階佛名經型）"；第 79 行"十方禮"至卷末爲第二部分，其禮拜佛名包括了南無東方阿閦佛等十方佛，當擬題爲"十方禮"。二號綴合後，所存内容包含了

《寅朝禮》《七階禮》《十方禮》三種禮懺文，體現了敦煌禮懺文混抄的特點。《劫餘錄》等混而爲一，欠妥。

6. 伯2415號+伯2869號

（1）伯2415號，彩色照片見法圖網站。卷軸裝，4紙。正背雙面抄寫，背面爲白描畫。正面部分後部如圖6右部所示，前後皆殘，存53行（首4行、末3行下殘），行約16字。楷書。原卷無題，《索引》稱"殘佛名經一節"，《寶藏》及《索引新編》《法藏》擬題"七階佛名經"。

（2）伯2869號，彩色照片見法圖網站。卷軸裝，4紙。正背雙面抄寫，背面爲白描畫。正面部分前部如圖6左部所示，前缺後殘，存61行（末2行上下皆殘），行約16字。楷書。原卷無題，《索引》稱"殘佛經（背有草圖及殘借券）"，《寶藏》及《索引新編》《法藏》擬題"禮懺文"。

按：據殘存文字判斷，上揭二號正面皆爲"七階佛名經"型《七階禮》殘卷，二號內容前後相承，可以綴合。綴合後如圖6所示，二號接縫處上部邊緣大體吻合，中下部因紙張破損無法完全拼合。又二號行款格式相同（滿行皆約16字，行距、字距、字體大小相近），書風字迹似同（比較二號共有的"南""无""佛"等字），可資參證。

伯2869號（前部）　　　　　　　　　　伯2415號（後部）

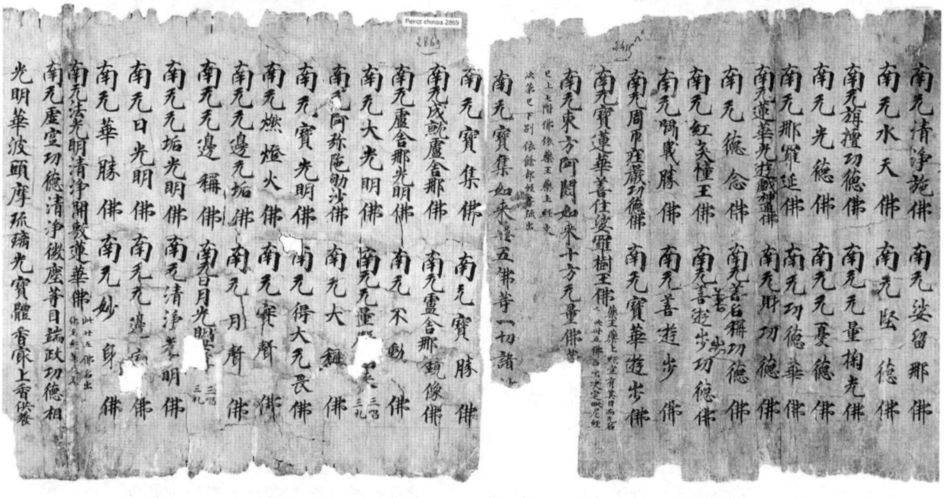

圖6　伯2415號（後部）+伯2869號（前部）綴合圖

上揭二號正面既可綴合，卷背的白描畫當亦可綴合，綴合後表現的是"迦葉現神通""迦葉獻袈裟"等故事，可以比勘。[①]

7. 俄敦 5131 號＋俄敦 5602 號…俄敦 10492 號

（1）俄敦 5131 號，見《俄藏》12/26B。殘片。影印時扭曲變形嚴重，稍作調整後如圖 7 右上部所示，存 5 殘行（部分爲雙行小注），行存中上部 3—4 字（按正文大字計算，下同）。楷書。有烏絲欄。原卷無題，《俄藏》未定名。

（2）俄敦 5602 號，見《俄藏》12/194B。殘片。如圖 7 右部所示，存 11 殘行（部分爲雙行小注，首行僅存"經"字下側部分殘形，末 4 行僅各存中部 1—2 字）。楷書。有烏絲欄。原卷無題，《俄藏》未定名。

（3）俄敦 10492 號，見《俄藏》14/305B。殘片。如圖 7 左部所示，存 15 殘行（部分爲雙行小注），行存 2—17 字（末行僅存上部 2 字右側殘形）。楷書。有烏絲欄。原卷無題，《俄藏》未定名。

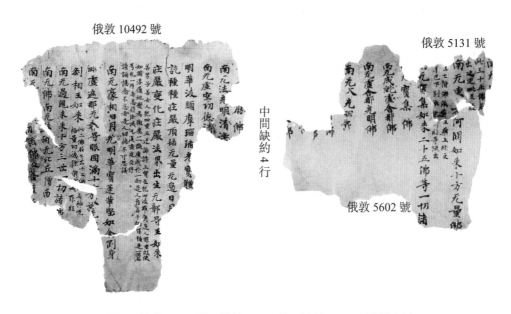

圖 7　俄敦 5131 號＋俄敦 5602 號…俄敦 10492 號綴合圖

---

① 參看沈秋之《敦煌四部文獻綴合研究》第四章該二號背面的綴合，浙江大學博士論文，2023 年，第132—134 頁。

按：據殘存文字推斷，上揭三號皆爲“七階佛名經”型《七階禮》寫卷，三號内容前後相承，可以綴合。綴合後如圖7所示，其中俄敦5131號係從俄敦5602號右上角脱落的殘片，接縫處邊緣大體吻合，原本撕裂在二號的“經”“依”“寶”三字大體皆得復合爲一，縱向烏絲欄亦可對接；俄敦10492號與前二號殘片不能直接相連，據完整文本推算，間缺約4行。又三號行款格式相同（皆有烏絲欄，行距、字距、字體大小相近），書風字迹似同（比較三號共有的“南”“无”“十”“方”等字），可資參證。

附按，俄敦5131號、俄敦10492號《俄録》擬題爲“集諸經禮懺儀卷上”，俄敦5602號《俄録》擬題爲“集諸經禮懺儀卷上合香之法”，均不準確。與《集諸經禮懺儀》收録的《七階禮》相比，本組殘片在禮拜南無七階佛、南無二十五佛、南無二佛之後，還禮拜了佛、法、僧三寶，而這樣的禮佛形式與斯59號等可明確爲《七階禮》的寫卷相同。《集諸經禮懺儀》是由諸經的懺悔儀式匯編而成的，在已定名的敦煌文獻中，尚未發現可確定爲《集諸經禮懺儀》的寫卷；《俄録》擬題所謂“集諸經禮懺儀”的寫卷，實際上只是《七階禮》等禮懺文的殘片。

8. 斯1931號+斯10480號

（1）斯1931號，見IDP。正背雙面抄寫，背面有“禮懺文抄”等多種雜寫。正面部分4紙，前部如圖8左上部所示，前殘尾全（首4行下殘），存64行，行約20字。尾有題記“天福叁年丙午歲四月廿二日蓮臺寺僧李保行手記之耳”。楷書。原卷無題，《索引》泛題“佛經”；《寶藏》及《英圖》改題“禮懺文”，《郝録》題“禮懺文摘抄”；《索引新編》題“佛說七階佛名經”。《英圖》條記目録定作946年歸義軍時期寫本。

（2）斯10480號，見IDP。殘片。正背雙面抄寫，背面有兩行殘文。正面部分如圖8右下部所示，存4殘行，行存5—8字。楷書。原卷無題，《英藏》擬題“禮懺文”。

按：上揭二號内容前後銜接，當可綴合。綴合後如圖8所示，斯10480號係從斯1931號右下角脱落的殘片，接縫處邊緣吻合，原本分屬二號的“依”“十”“普光”“東方善德如”九字皆得大體復合爲一。又此二號行款

格式相同（行距、字距、字體大小相近），書風字迹似同（比較二號共有的
"方""一""南""无""佛"等字），可資參證。

從殘存文字判斷，二號寫卷禮拜内容爲南無七階佛、南無二十五佛及别
禮二佛等九階佛，且南無五十三佛、三十五佛、二十五佛均爲總唱，可明確
爲"七階禮懺文"型《七階禮》殘卷。

斯 1931 號（前部）

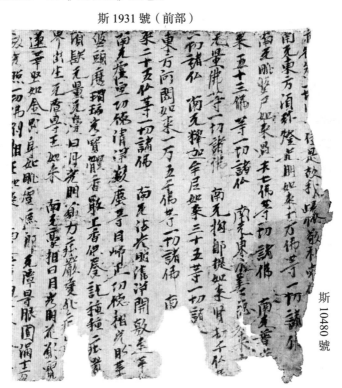

圖 8　斯 1931 號（前部）＋斯 10480 號綴合圖

上揭二號正面部分既可綴合，卷背的雜寫也可綴合。其中斯 10480 號背
所存的兩行殘文恰可與斯 1931 號背尾部的兩行殘文綴合成七言"學郎詩一
首"[1]，可與正面部分綴合互證。

_____

① 參看沈秋之《敦煌四部文獻綴合研究》第六章第一節之二 "殘卷綴合與雜寫整理"該二號背面的綴合，
浙江大學博士論文，2023 年，第 218—220 頁。

9. 俄敦 3408 號背＋俄敦 3813 號背＋俄敦 3910 號背＋俄敦 3915 號背＋俄敦 2602 號背⋯北敦 3068 號背

（1）俄敦 3408 號背，見《俄藏》10/288B。殘片。正背面雙面抄，正面部分 4 殘行，《俄藏》泛題 "佛經"。背面部分如圖 9 右部所示，存 2 殘行，行存中部 2—7 字，其内容爲 "▨▨（敬）礼常住三寶▨（是）▨▨持香花▨▨"。楷書。原卷無題，《俄藏》擬題 "禮懺文一本"。

（2）俄敦 3813 號背＋俄敦 3910 號背＋俄敦 3915 號背＋俄敦 2602 號背。四殘片，正背面雙面抄，《俄藏》以俄敦 2602 號爲主目，以後三號附列其下，見《俄藏》9/287A—287B。其中俄敦 3813 號、俄敦 3910 號正背面《俄藏》已分别拼合爲一。原卷無題，《俄藏》正面部分擬題 "摩訶僧祇律明僧殘戒第一"，背面部分擬題 "禮懺文一本"。事實上這組殘片正確的綴合順序應爲：正面部分俄敦 3813 號＋俄敦 3915 號＋俄敦 3910 號＋俄敦 2602 號，背面部分俄敦 3813 號背＋俄敦 3910 號背＋俄敦 3915 號背＋俄敦 2602 號背。背面部分綴合如圖 9 中部所示，俄敦 3910 號背與俄敦 3915 號背上下相接，原本分屬二號的 "不" 復合爲一；俄敦 3910 號背與俄敦 2602 號背左右相接，原本分屬二號的 "▨（寶）""時" 二字可大體復合完整。此四號背面部分綴合後存 20 殘行（殘損嚴重，每行行首皆殘，寫卷下端右部有四個不規則破洞，寫卷中部有一組殘洞，形狀近似，依次縮小），行存 2—17 字。楷書。

上揭五號正面存殘片 4 塊 30 行，所抄内容皆爲《摩訶僧祇律》卷五，張涌泉、劉丹已將其綴合，并指出卷背的禮懺文亦可綴合；[①] 綴合後，俄敦 3408 號背與俄敦 3813 號背相接，内容爲禮懺文中的請佛儀式；後四號《俄録》擬題 "集諸經禮懺儀卷上歎佛咒願"，不確。

（3）北敦 3068 號背（北 7077；雲 68），見《國圖》42/8A—9A。卷軸裝，4 紙。正背面雙面抄，正面抄《摩訶僧祇律》卷五。背面部分首殘尾全，存 48 行，每行 11—17 字不等。前部如圖 9 左部所示。楷書。原卷無題，《劫餘録》稱 "雜書禮佛文四十八行"，《寶藏》《索引新編》定作 "禮懺文"，《國圖》擬題 "七

---

① 張涌泉、劉丹《敦煌本〈摩訶僧祇律〉殘卷綴合研究》，《敦煌學輯刊》，2018 年第 2 期，第 96—98 頁。

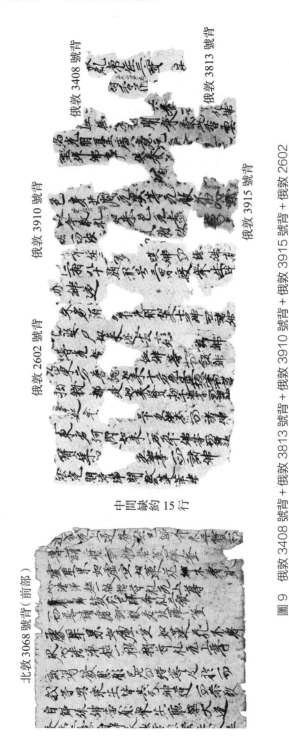

圖 9　俄敦 3408 號背＋俄敦 3813 號背＋俄敦 3910 號背＋俄敦 3915 號背＋俄敦 2602
號背⋯北敦 3068 號背（前部）綴合圖

階禮懺文雜抄”，條記目録定作 9—10 世紀歸義軍時期寫本。

　　按：上揭六號背面部分當皆爲“七階禮懺文”型《七階禮》殘卷，其中前五號《敦煌本〈摩訶僧祇律〉殘卷綴合研究》一文已指出可以綴合。今謂後一號與前五號内容相近，當亦出於同一寫卷，試作綴合如圖 9 所示，北敦3068 號背與俄敦 2602 號背不可直接綴合，其間約缺約 15 行。又北敦 3068 號背與俄藏的五號殘片行款格式相同（行距、字距、字體大小相近），書風字迹似同（比較俄藏五號殘片與北敦 3068 號背共有的“敬”“礼”“无”“佛”“衆”“方”等字，參看表 1），正面均爲《摩訶僧祇律》卷五，亦可綴合（詳見本書《摩訶僧祇律》新綴第 2 組第五部分），可資參證。

表 1　俄敦 3408 號背等卷與北敦 3068 號背字迹比較表

卷號＼例字	敬	礼	無	佛	衆	方
俄敦 3408 號背等	敦	礼	无	佛	衆	方
北敦 3068 號背	敦	礼	元	佛	衆	方

10. 俄敦 6090 號＋俄敦 1233 號＋俄敦 1048 號

　　（1）俄敦 6090 號，見《俄藏》12/354B。卷軸裝殘片。如圖 10 右部所示，存 22 行（上部多有殘損，末行僅存 1 字右側殘點），行約 10—14 字。楷書。有烏絲欄。原卷無題，《俄藏》未定名；《俄録》擬題 “集諸經禮懺儀卷上”。

　　（2）俄敦 1233 號＋俄敦 1048 號，見《俄藏》7/283A—283B。《俄藏》將俄敦 1233 號附在俄敦 1048 號之下，并已將二號圖版綴合，但未標明編號與圖版的對應關係。查《俄藏》附有俄敦 1048 號背圖版（俄敦 1233 號背圖版未見），上有俄敦 1048 號編號，根據此號卷背圖版的大小，可以確知《俄藏》正面綴合圖的後一部分爲俄敦 1048 號，其綴合順序爲俄敦 1233 號＋俄敦 1048 號。二號正面綴合後，前後皆殘，存 2 紙 30 殘行，行存中下部 4—12 字，前部如圖 10 左部所示。楷書。有烏絲欄。原卷無題，《孟録》上册擬題 “誓願文”，《俄藏》改題 “禮懺文”；《俄録》稱 “前 24 行爲《禮懺文》”（應爲

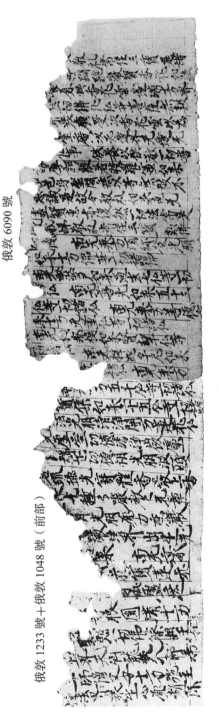

俄敦 6090 號

俄敦 1233 號＋俄敦 1048 號（前部）

圖 10　俄敦 6090 號＋俄敦 1233 號＋俄敦 1048 號（前部）綴合圖

"前 27 行"），"後 3 行爲《集諸經禮懺儀一切普誦》"。

　　按：上述二號殘卷内容前後相承，可以綴合。綴合後如圖 10 所示，接縫處邊緣大體吻合，接縫處原本分屬二者的"等"字復合爲一，橫縱烏絲欄亦可對接。又二者行款格式相同（地脚等高，皆有烏絲欄，滿行皆約 14 字，行距、字距、字體大小相近），書風字迹似同（比較二者共有的"南""无""仏""佛""一""切""敬""礼"等字），可資參證。

　　從殘存文字判斷，二號寫卷禮拜内容爲南無七階佛、南無二十五佛及別禮二佛等九階佛，且南無五十三佛、三十五佛、二十五佛均爲總唱，實爲"七階禮懺文"型《七階禮》殘卷。

　　11. 俄敦 11789 號＋俄敦 10482 號

　　（1）俄敦 11789 號，見《俄藏》15/335A。殘片。原卷影印時扭曲變形嚴重，稍作調整後如圖 11 右部所示，存 7 殘行（首行僅存上部 3 字部分殘筆），行存中下部 3—9 字。楷書。中部有不規則殘洞。原卷無題，《俄藏》未定名；《俄録》擬題"禮懺文"。

　　（2）俄敦 10482 號，見《俄藏》14/301B。殘片。如圖 11 左部所示，存 14 殘行（每行行首皆殘），行存中下部 3—14 字。楷書。中部有一組形狀相似的不規則殘洞。原卷無題，《俄藏》未定名；《俄録》擬題"禮懺文"。

俄敦 10482 號　　　　　　　　俄敦 11789 號

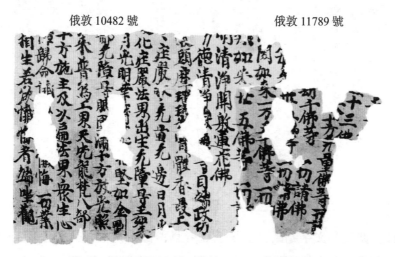

圖 11　俄敦 11789 號＋俄敦 10482 號綴合圖

按：據殘存文字推斷，上揭二號殘片皆爲"七階禮懺文"型《七階禮》寫卷，且二號内容前後相承，可以綴合。綴合後如圖11所示，接縫處邊緣大體吻合，原本撕裂在二號的"來""五佛等一切☒（諸）"七字皆得大致合成完璧。二號中部皆有不規則殘洞，這些殘洞形狀雷同，間隔相近，循環出現。又二號行款格式相同（行距、字距、字體大小相近），書風字迹似同（比較二號共有的"十""方""无""量""佛""一""切"等字），可資參證。

12. 北敦 10790 號⋯北敦 8965 號

（1）北敦 10790 號（北臨 919），見《國圖》108/151A。殘片。如圖 12 右部所示，存 8 行（5、6 兩行空白無字），行約 13 字。楷書。有烏絲欄。前 4 行似爲"三歸依文"，後爲"黄昏礼懺"（原題）。《國圖》擬題爲"禮懺文殘片"，條記目録稱原卷紙高 15 釐米，爲 9—10 世紀歸義軍時期寫本。

（2）北敦 8965 號（有 86），見《國圖》104/297A。袖珍卷軸裝，1 紙。如圖 12 左部所示，前後皆缺，存 12 行（末行僅抄行首 2 字，後部另有 2 空行，未抄完），行約 13 字。有烏絲欄。楷書。存文包括"三歸依文"及"總唱七階諸佛"（未抄完）等内容。原卷無題，《國圖》擬題爲"七階禮懺文（兌廢稿）"，條記目録稱原卷紙高 15 釐米，爲 9—10 世紀歸義軍時期寫本。

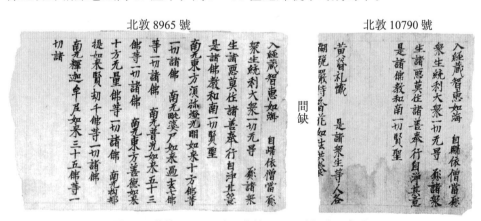

北敦 8965 號　　　　　　　　　　　北敦 10790 號

圖 12　北敦 10790 號⋯北敦 8965 號綴合示意圖

按：據殘存文字判斷，上揭二號皆爲禮懺文寫本。其中北敦 10790 號有標題"黄昏禮懺"，北敦 8965 號禮拜的佛名與則"七階禮懺文"型《七階禮》

相合。在敦煌禮懺文寫卷中，部分標題爲"黃昏禮"的寫卷禮拜的爲九階佛名，可以歸入《七階禮》。據此判斷，此二號極有可能出自同一寫卷，且原卷至少混抄了兩種禮懺文。試作綴合如圖 12 所示，二號難以完全銜接，中間有殘缺。又二號紙高皆約 15 釐米，行款格式相同（皆有烏絲欄，滿行皆 13 字，天頭地脚等高，行距、字距、字體大小相近，均爲袖珍裝），書風字迹似同（比較二號第一行共有的"入""經""藏""智""惠""如"等字），可資參證。

卷號簡目

根據對已刊布文獻的普查以及上述綴合成果，梳理出敦煌《七階禮》寫本卷號如下[①]：

"七階佛名經"型 《七階禮》寫本 65 號

北敦 216 號、北敦 270-1 號、北敦 450B 號○、北敦 1340-1 號、北敦 2243 號、北敦 3019 號＋北敦 2881 號、北敦 3120-1 號、北敦 3372 號、北敦 4093-2 號、北敦 4291-1 號、北敦 4713-1 號、北敦 4753-1 號、北敦 5686 號、北敦 5922-1 號、北敦 6301 號、北敦 6318-1 號、北敦 8039 號＋北敦 7119 號、北敦 7202 號、北敦 7396 號、北敦 7732 號、北敦 7862 號、北敦 7977-1 號、北敦 8080 號、北敦 8415 號、北敦 8426 號、北敦 8602-2 號、北敦 8955 號、北敦 9255 號、北敦 7291 號＋北敦 9262 號、北敦 10338 號＋北敦 2844 號、北敦 12024 號＋北敦 673 號、伯 2415 號＋伯 2869 號、俄弗 153 號、俄敦 33 號、俄敦 1121 號、俄敦 2405 號、俄敦 2503 號、俄敦 5131 號＊＋俄敦 5602 號＊…俄敦 10492 號＊、俄敦 8244 號＊、俄敦 10488-1 號＊、俄敦 11639 號＊、俄敦 11771 號＊、俄敦 12711 號＊、斯 59-1 號○、斯 140 號、斯 1306-2 號、斯 2360 號、斯 2574 號、斯 4552 號、斯 4781-1 號、斯 4909-1 號、斯 5484-2 號、斯 6880-3 號○、斯 7956 號背＋北敦 3422 號背、羽 39 號○、羽 642 號○。

---

① "卷號簡目"部分卷號分館藏并按卷號升序排序。

"七階禮懺文"型 　《七階禮》寫本 55 號

北敦 1950-2 號、北敦 2024-1 號、北敦 3055-3 號、北敦 4496-1 號、北敦 5652 號、北敦 7621-1 號、北敦 7978-1 號°、北敦 8479 號背°、北敦 8961-1 號°、北敦 8963-1 號°、北敦 8964-1 號、北敦 10790 號…北敦 8965 號、北敦 8966 號°、北敦 9376 號、伯 2873-1 號、伯 2991-2 號、伯 3842-1 號、伯 3826-2 號、俄敦 2085 號、俄敦 2145 號、<u>俄敦 3408 號背 ＊＋俄敦 3813 號背 ＊＋俄敦 3910 號背 ＊＋俄敦 3915 號背 ＊＋俄敦 2602 號背</u>…北敦 3068 號背、俄敦 3821 號 ＊、俄敦 3821 號背 ＊、俄敦 6090 號＋<u>"俄敦 1048 號、俄敦 1233 號"</u>、俄敦 11789 號 ＊＋俄敦 10482 號 ＊、俄敦 19081 號 ＊、斯 236-1 號°、斯 332 號、斯 1084-1 號、斯 1473 號背 2、斯 1931 號＋斯 10480 號、斯 4293-1 號、斯 4300-1 號、斯 5490-1 號、斯 5552-2 號、斯 5596 號、斯 5562-1 號、斯 5620-2 號、斯 5633-2 號、斯 5651 號、斯 6206-1 號、斯 6557 號背、斯 8660 號、上圖 118-1 號、中村 173-16 號。

存疑待考殘片 　35 號

北敦 6412-2 號、北敦 6455-1 號、北敦 6946-1 號、北敦 9233 號、北敦 9498 號、北敦 10990 號、北敦 11666 號、北敦 11958 號、北敦 14811E 號、伯 5575-1 號、<u>俄敦 223 號＋俄敦 341 號＋俄敦 377 號＋俄敦 1889 號</u>、<u>俄敦 510 號＋俄敦 2385 號</u>、俄敦 668 號、俄敦 969 號、俄敦 993 號、俄敦 2465 號、俄敦 2468 號、俄敦 2839 號、俄敦 4524 號 ＊、俄敦 11798 號 ＊、俄敦 11800 號 ＊、俄敦 12584 號 ＊、俄敦 16086 號 ＊、斯 4130 號、斯 4680 號、斯 5645-1 號、斯 9474 號、斯 9506 號、斯 10282 號、斯 12225 號、斯 12248 號。

附録一　俄敦 18974 號等字書碎片綴合研究

本文通過對《俄藏敦煌文獻》第十七册十餘件字書碎片的比較研究，發現這些碎片所注難字均出於唐武周時于闐國三藏實叉難陀譯的《大方廣佛華嚴經》及武則天序，這些碎片有可能是從一部完整的《大方廣佛華嚴經音》寫卷中分裂出來的，應加以綴合并合併校録。論文還通過碎片中切音用"切"及避諱缺筆字"明"、簡體字"恋"的使用，指出上揭《大方廣佛華嚴經音》碎片當屬西夏黑水城文獻，而非敦煌藏經洞之物。論文爲大量敦煌、黑水城殘卷或碎片的綴合、斷代提供了範例。

一

《俄藏敦煌文獻》第十七册 305 頁至 326 頁間有十餘件字書碎片，兹依次揭載如下頁上部所示。

這些碎片《俄藏》均未定名。由於每件碎片所存條目字數極少，要考定其具體内容難度較大。從外觀上觀察，這些碎片均屬難字注音性質，字體大體相同；原卷上下應有界欄，行間有欄綫；字頭單行大字，注文多爲雙行小字（如果兩個字頭只有一個字有注音，則改用單行小字），其款式亦大同小異。據此初步可以推斷上揭各件應爲同一寫卷之碎片。再檢核其内容，我們發現其所注難字多可在唐武周時于闐國三藏實叉難陀譯《大方廣佛華嚴經》及其序文中見到，這些碎片有可能是從一部完整的《大方廣佛華嚴經音》寫卷中分裂出來的。今據各碎片所出經文的先後順序，重新排列如下。Д x 18981 號中下二片因殘泐過甚，所據經文出處難以確指，殿之於後。爲方便稱説，文中把這些碎片分别定作底一至底十二。

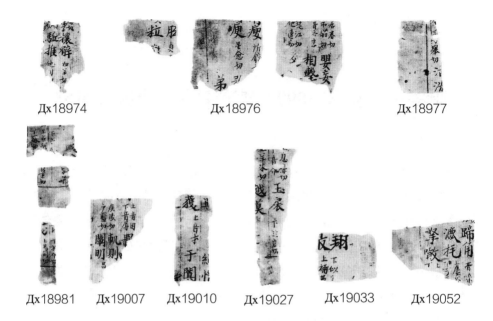

Дх18974　　　　　　Дх18976　　　　　　Дх18977

Дх18981　Дх19007　Дх19010　Дх19027　Дх19033　Дх19052

底一編號爲 Дх19027，僅存二殘行的下部四殘條約二十字。

底二編號爲 Дх19010，僅存二殘行的中部四殘條約十字。

底三編號爲 Дх18977，僅存一殘行的中部二殘條五殘字。

底四編號爲 Дх18981（上片），該號含上中下三碎片，上一片存中部三殘行三殘條約十二字，中下二片各存下部二殘行，三片内容互不衝接，今分別定作底四、底十一、底十二。底四可與底二、底三綴合（如下左圖所示）。

底二（右上）、底三（左上）、底四（下）綴合圖　　底八中片（上）、左片（下）綴合圖

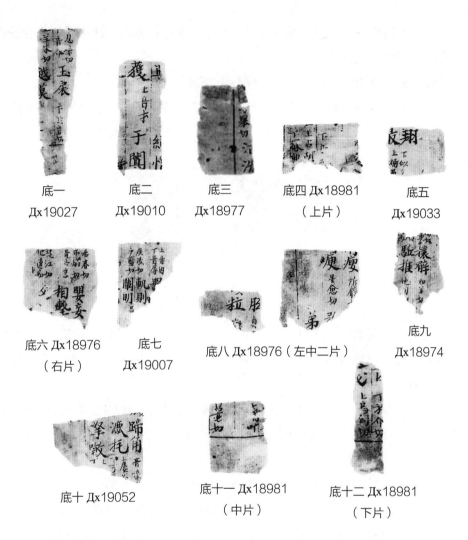

底一　　　　　底二　　　　　底三　　　　　底四 Дх18981　　　底五
Дх19027　　　Дх19010　　　Дх18977　　　　（上片）　　　Дх19033

底六 Дх18976　　　底七　　　　底八 Дх18976（左中二片）　　　底九
（右片）　　　Дх19007　　　　　　　　　　　　　　　　　Дх18974

底十 Дх19052　　　底十一 Дх18981　　　底十二 Дх18981
　　　　　　　　　　（中片）　　　　　　　（下片）

底五編號爲 Дх19033，僅存二殘行的中部八殘字。

底六編號爲 Дх18976（右片），該號含左中右三碎片，其中左中二碎片大致可以綴合，今定作底八，右一碎片存六殘條約二十字，與底八內容互不銜接，茲定作底六。

底七編號爲 Дх19007，僅存三殘行的中部六殘條約十八字。

底八編號爲 Дх18976（左中二片），該號含左中右三碎片，其中右一碎片已定作底六，左中二碎片大致可以綴合（如上右圖所示，左片移接於中片之下，二片中間每行仍各殘缺約四個大字的空間），今定作底八。此二碎片綴合後存三殘行的中部五殘條約十六字。

底九編號爲 Дx18974，僅存二殘行中部四殘條約十五字。

底十編號爲 Дx19052，僅存三殘行中部四殘條約十六字。底九、底十應可以綴合，但二件難以完全銜接（如下圖所示），其間應有殘缺。

底九、底十綴合圖

底十一編號爲 Дx18981（中片），該號含上中下三碎片，內容互不銜接，其中上一碎片已定作底四，中部碎片存下部二殘條的注音字五個，今定作底十一。

底十二編號爲 Дx18981（下片），該號含上中下三碎片，內容互不銜接，其中上中二碎片已分別定作底四、底十一，下部碎片存下部二殘行二殘條約十字，今定作底十二。

其中底一至底四各條均出於《大方廣佛華嚴經》之首的天册金輪聖神皇帝（武則天）製的《大周新譯大方廣佛華嚴經序》；底五所存條目似出於經文卷五二；底六所存條目似出於經文卷六〇；底七所存條目似出於經文卷六二；底八所存條目似出於經文卷六五；底九、底十所存條目似均出於經文卷六六。各本所音字頭先後與經本順序基本相同。唯底十一、底十二因底卷殘泐過甚，所據經文出處難以確指。

二

爲進一步證明我們的判斷，現把上揭各碎片校錄如下，同時逐條標注《大方廣佛華嚴經》經文或其序文的原文（據《大正藏》本，引録經文時校記中簡稱經本）。唐釋慧琳《一切經音義》卷二一至二三、五代釋可洪《新集藏經音義隨函録》第四册亦有《大方廣佛華嚴經》音義（前者唐釋慧苑作，以下簡稱慧苑《音義》；後者簡稱可洪《音義》），可與本篇互勘。《廣韻》注音多與本篇相合，故亦取以比勘。原卷缺字用"□"號表示，模糊不清無法録出者用"▨"號表示；缺字不能確定者用長條的"□□□""□□□""□□□"表示（分别表示每行中部殘缺、上部殘缺、下部殘缺，各占三格。凡殘缺部分既有字頭又有注文時，上揭符號採用 5 號體表示）。

【録文】

□□□[1]□□（纖芥）▨（上）息廉切，▨（下）音介。[2] 玉宸下於豈切。[3]

□□□□□（逾海）▨（上）羊朱切。[4] 越▨（漠）□▨▨□。[5]

（中缺）[6]

□□□□▨（肇興）□□□▨（切）。[7] ▨▨（緬惟）□碎（上弥）▨▨（切）。[8]

□（才）獲上音才。[9] 于闐下音▨。[10]□□□

□□□▨（月旅）▨▨（下力）舉切。[11] ▨▨（沽洗）上古胡□（切），下蘇典▨（切）。□□□[12]

（中缺）

□□□□（迴）翔下似▨□（羊切）。[13]□□□

□□□▨（搏撮）上補▨□（莫切）。□□□[14]

（中缺）

□□□□（均贍）□（上）居春切；□（下）市焰切。[15] 嬰妄□（上）□□□[16]

□□□□□音各享。[17] 相擊□□□[18]

□□□（窻闥）□（上）楚江切；□（下）他達切。[19] 交▨（映）□□□[20]

（中缺）

□□□□（茵蓐）上音因，下音辱。[21] ▨□（羈鞅）□□□[22]

　　▭□□（法繒）疾陵切。[23]軓則□▭[24]

　　▭□□（銜諸）户藍切。[25]闡明昌□□。[26]▭

　　（中缺）

　　▨（消）瘦所候▨（切）。[27]□▭。[28]□（俱）胘貞▨□□。[29]

　　▨（阿）庚星愈切。[30]▨□（矜羯）□▭。[31]▨（顆）粒▨▭[32]

　　　　　弟□▭[33]

　　（中缺）

　　▭□□（褊陋）□（上）▨（緬）切，□□▨（下音漏）字。[34]攘辟（臂）如羊切。[35]□▭

　　▭□□□（上）□□切。□（下）□□切。[36]駓推他▨▨（回切）。[37]□▭

　　（中缺）[38]

　　▭□□□（上）□□▨（切）。□（下）□□▨（切）。[39]蹄角音啼。[40]▭

　　▭瀧托上盧▨□（谷切），下呼▨□（切）。[41]□▭

　　▭挙噉上□▭，下□▭。[42]□▭

　　▭□[43]□□上音叶。

　　▭昌恋切。

　　▭□▨▭，下於介切。[44]

　　▭▨▨上烏到切，□▭。[45]

【校記】

〔1〕此下至“越漠”條據底一校録。所釋各條順序見於《大周新譯大方廣佛華嚴經序》。底一凡二行，下部相對完整（底部有界欄），上部殘缺。根據所摘録的字頭判斷，底卷大約每行抄三條（如底二存中部二行，每行存二條，前一行下一條爲“緬惟”，而次行上一條爲“才獲”，所據《大周新譯大方廣佛華嚴經序》原文爲“緬惟奧義，譯在晉朝；時逾六代，年將四百。然一部之典，才獲三萬餘言”，其間值得再作注音的大概只有“奧義”一詞；又底八左中二

殘片綴合後每行有三條），此處"纖芥"條之上底卷應另有一條，故擬補一不能確定字數的脱字符。下"逾海"條前同此。

〔2〕本條字頭底一殘缺，注文首字底一僅存底部殘畫，兹擬定作"上"字；"音介"前的殘字底一在雙行注文的左行，僅存下部豎形筆畫，兹擬定作"下"字。據切音，本條字頭當爲"纖芥"二字；"纖"字《廣韻·鹽韻》音息廉切，"芥"字《廣韻·怪韻》與"介"字同在古拜切小韻，讀音相合。《大周新譯大方廣佛華嚴經序》有"入纖芥之微區，匪名言之可述"句，應即本條所出。

〔3〕慧苑、可洪《音義》亦有此條，"扆"字慧苑《音義》音"依豈反"，斯 2071 號《切韻箋注》及《王一》《王二》同，可洪音"於豈反"，《廣韻·尾韻》音於豈切，音同。《大周新譯大方廣佛華嚴經序》有"玉扆披祥，寶雨之文後及"句，應即本條所出。

〔4〕上"玉扆"條底一在前一行行末，次行上部底一殘泐。本條字頭底一殘缺；注文首字僅存底部橫畫，兹擬定作"上"字；"☒（上）羊朱切"四字底一在雙行注文的右行，其左部殘泐，疑左行本身空白無字，故不再擬補缺字符。據切音，本條正文當爲"逾海"二字；"逾"字《廣韻·虞韻》音羊朱切，切語相合；《大周新譯大方廣佛華嚴經序》有"逾海越漠，獻賝之禮備焉"句，應即本條所出，兹據擬補。

〔5〕"越☒"二字左側底一略有殘泐，其中"越"字的左旁尚可辨認；後一字則僅存右部"莫"，按《大周新譯大方廣佛華嚴經序》有"逾海越漠"句（參上條引），應即本條所出，故據擬定作"漠"字。注文底一右行空白，左行僅存二捺形殘筆，慧苑《音義》有此條，"漠"字音"謀各反"，《廣韻·鐸韻》音慕各切，疑底一所存爲"慕各"二字的捺筆，所缺或爲"下慕各切"四字。

〔6〕上"越漠"條在底一行末，下"肇興"條約在底二首行的中上部位置，此二條間《大周新譯大方廣佛華嚴經序》的相關文句爲"逾海越漠，獻賝之禮備焉；架險航深，重譯之辭罄矣。《大方廣佛華嚴經》者，斯乃諸佛之密藏，如來之性海。視之者莫識其指歸，挹之者罕測其涯際。有學無學，志絶窺覦；二乘三乘，寧希聽受。最勝種智，莊嚴之跡既隆；普賢文殊，願行之因斯滿。一句之内，包法界之無邊；一毫之中，置刹土而非隘。摩竭陀國，肇興妙會

之緣", 其中可洪《音義》所釋的詞目有 "獻睬" "航深" "罄矣" "歸把" "窺靦" "竭陀", 慧苑《音義》所釋的詞目有 "獻睬" "架險航深" "罄" "把" "罕測" "窺靦" "隆" "隘", 底卷選釋的條目通常較慧苑、可洪《音義》少, 底卷每行抄二條, 據此推斷, 除殘行外, 底一、底二間應另缺一至二整行。

〔7〕"興" 至 "緬惟"、"獲" 至 "於闐" 據底二校錄。底二與底三、底四綴合後所釋各條順序見於《大周新譯大方廣佛華嚴經序》。此三片綴合後每行存中部二條, 按每行抄三條計, 底卷每行的上部或下部應殘缺一條, 因難以判斷所缺具體位置, 故只得於每行上下部皆用不能確定字數的脫字符表示之。下文類似條目同此。底二首字存左部殘畫, 按《大周新譯大方廣佛華嚴經序》有 "肇興妙會之緣" 句, 殘字與 "興" 字左部合, 茲據以擬定作 "興" 字, 并於其上擬補 "肇" 字。注文底二左行空白未書, 右行殘泐 (末字存左部橫形一小段, 蓋 "切" 字左部橫畫殘筆), 應爲 "肇" 的注音 "上××切" 四字, 慧苑《音義》出 "肇" 一字, 釋 "持繞反, 始", 可洪出 "肇興" 條, 釋 "上直沼反, 始也", 《廣韻·小韻》"肇" 音 "治小切", 可參。

〔8〕"緬惟" 二字底二存左側大部, 按《大周新譯大方廣佛華嚴經序》有 "緬惟奧義, 譯在晉朝" 句, 應即本條所出, 茲據擬定。注文在底四, 左行空白未書, 右行第一字殘缺, 第二字存左部 "弓", 第三、四字模糊不清, 慧苑、可洪《音義》亦有此條, 切音慧苑作 "上彌演反", 可洪作 "上彌兗反", 《廣韻·狝韻》作 "彌兗切", 茲據擬補作 "上弥▨▨ (切)"。

〔9〕底四 "緬惟" 條之下、底二 "獲" 條之上殘泐, 此二條間《大周新譯大方廣佛華嚴經序》的相關文句爲 "緬惟奧義, 譯在晉朝; 時逾六代, 年將四百。然一部之典, 才獲三萬餘言", 慧苑、可洪《音義》該段均僅出 "緬惟" 條, 據此, 或底四 "緬惟" 條已在行末, 而底二次行 "獲" 字之上僅缺一 "才" 字, 茲據以校錄如上。

〔10〕"于闐" 二字在底二, 注文在底四。注文 "音" 下一字底卷模糊不清; 可洪《音義》有此條, "闐" 字音 "徒見反", 《廣韻·先韻》"闐" 字與 "田" "填" "畋" 同音徒年切, 底卷字形疑近似於 "畋" 字。《大周新譯大方廣佛華嚴經序》有 "朕聞其梵本先于闐國中" 句, 應即本條所出。

〔11〕"月旅"至"沽洗"據底三校録。"月"字底三殘缺，"旅"字存左下部及右下部殘畫；注文第一字略感模糊，第二字上部略殘；按《大周新譯大方廣佛華嚴經序》有"粵以證聖元年，歲次乙未，月旅沽洗，朔惟戊申"句，應即本條所出，故據擬補字頭作"月旅"二字；又可洪《音義》出"月旅"條，"旅"字音"力與反"，《廣韻·語韻》"旅"字音力舉切，因據擬定注文殘字作"下力"二字。

〔12〕"沽洗"二字在底三，其右部殘泐（"洗"字所缺右下部殘筆似在底二，二卷綴合後，全字輪廓依稀可見）；注文在底四，前一"切"字底卷殘缺，後一"切"字存左部殘畫；按本條乃出於《大周新譯大方廣佛華嚴經序》"月旅沽洗"句（參上條引），可洪《音義》出"沽洗"條，云"上音姑，下先典反"，"沽"及"姑"字《廣韻·模韻》音古胡切；"洗"字斯 2071 號《切韻箋注》音蘇顯反，《王二》音蘇典反，《廣韻》音蘇典切（皆與"先典反"同音），與底卷切音正合，因據擬定正文作"沽洗"二字。底三本行左部另有一行空白未書，當屬序文與卷一之間的空行。

〔13〕"翔"以下二條據底五校録。底五凡二行，僅存每行中部一條殘字。"翔"上所缺當爲"迴"字；注文"似"下一字底五存上部殘畫，殘字下則必爲"切"字。按經本卷五二有"譬如金翅鳥王，飛行虛空，迴翔不去，以清净眼觀察海内諸龍宫殿"句，疑即本條所出（經本另一處出現"翔"字的爲卷三三"不思議鳥翔集其中"句，但"翔集"之"翔"在上一字，詞序不合）；"翔"字《廣韻·陽韻》音似羊切，兹據以擬定注文殘字作"羊"。

〔14〕字頭"撮"字底五僅存右下部殘畫，兹據殘形擬定；"撮"上一字則當爲"搏"字。注文僅存右行，反切下字僅存上部，兹亦據殘形擬定。"搏"字《廣韻·鐸韻》音補各切，與"補莫切"讀音相合。按經本卷五二"翔"字後未見"搏撮"連文者，但上條引文後有"奮勇猛力，以左右翅鼓揚海水，悉令兩辟，知龍男女命將盡者，而搏取之。如來應正等覺金翅鳥王亦復如是。住無礙行，以净佛眼觀察法界諸宫殿中一切衆生，若曾種善根已成熟者，如來奮勇猛十力，以止觀兩翅鼓揚生死大愛水海，使其兩辟而撮取之"等句，可洪《音義》出"而搏補各反，擊也。撮取上倉活反"二條，疑底卷即糅合"搏取""撮取"二條

爲一者。底卷頗有糅合相近二詞爲一條者，參看下文校記〔37〕〔41〕〔42〕諸條。經本卷五七、五九、六〇各卷有"搏撮"連文者，但與上行"迴翔"條跳躍太快，故不取。又注文"補莫"下所缺必爲"切"字。如果字頭殘字確爲"撮"字，則似亦應注音，或另可比照可洪《音義》或《廣韻》於"上補莫切"後擬補"下倉活切"或"下倉括切"四字。

〔15〕"均贍"以下六條據底六校録。底六凡三行，僅存每行中部。所可考定各條大抵出於經本卷六〇，但經本所見依次爲"相擊""窻闥""交映""均贍""嬰妄"，字序不盡相同，疑抄者錯亂。"均贍"條上部缺，兹據切音擬補字頭及注文"上""下"二字。經本有"奉養父母，賑恤親屬，老病窮乏，靡不均贍"句，應即本條所出；慧苑《音義》出"均贍"條，云"均居春反，贍市焰反"，切音正同（"均"字《箋二》《王二》真韻音居春反，"贍"字《王一》《王二》市豔反，《廣韻》二字分別音居勻切、時豔切）。

〔16〕注文僅存右行首字右上部殘畫，兹擬定爲"上"字；"嬰"字《廣韻·清韻》音於盈切，可參。經本卷六〇有"凡夫嬰妄惑，於世常流轉"句，應即本條所出。

〔17〕本條上部缺，所缺字頭不詳。

〔18〕本條注文殘泐。經本卷六〇有"山相擊音菩薩"，應即本條所出。"擊"字《廣韻·錫韻》音古歷切，可參。

〔19〕本條上部缺，考經本有"棟宇相承，窻闥交映"句，應即本條所出；可洪《音義》出"窻闥"條，注云"上叉雙反，下他達反"，"窻"即"窗"字俗體（"窗"字亦作"窓"，與"窻"爲古異體字），兹據擬補字頭"窻闥"及注文"上""下"二字。"窻"字《廣韻·江韻》亦音楚江切，與可洪"叉雙反"同音。

〔20〕"交"下一字底六僅存殘畫，考經本"窻闥"下爲"交映"一詞（經文見上條引），應即本條所出，兹據擬補"映"字。

〔21〕"茵蓐"以下至"闡明"各條據底七校録，各條均出於經本卷六二，先後順序亦合。底卷凡三行，僅存每行中部。"茵蓐"條字頭缺，經本有"梵行爲茵蓐，三昧爲采女"句，應即本條所出，兹據擬定；慧苑、可洪《音義》

亦有此條，注音慧苑作"茵於真反，蓐如欲反"，可洪作"上伊人反，下如欲反"，讀音同；《廣韻》"茵""因"同在真韻於真切小韻，"蓐""辱"同在燭韻而蜀切小韻。

〔22〕字頭殘字底七右下部殘泐，其下殘缺，按經本有"慚愧爲羈鞅，願與我此乘"句，應即本條所出，茲據擬補字頭作"羈鞅"二字；慧苑、可洪《音義》亦有此條，注音可洪作"上居宜反，下於兩反"，慧苑及《廣韻》同。

〔23〕本條上部缺，按經本有"已繫妙法繒，願能慈顧我"句，"繒"字《廣韻·蒸韻》音疾陵切，與底卷切音合，應即本條所出，茲據擬補字頭作"法繒"二字。又注文"疾陵切"上按例當有一"下"字，但底卷"疾陵切"三字與左行"上音因""下因辱"處於平行的位置，已無容納此字的書寫空間，則底卷當本無此字。

〔24〕軏則，"軏"爲"軌"的俗字，經本有"正念觀察諸佛軌則門"句，應即本條所出。注文底卷殘缺，《廣韻·旨韻》"軌"字音居洧切，可參。

〔25〕本條上部缺，按經本有"百萬迦樓羅王銜諸瓔珞及寶繒帶周匝垂下"句，"銜"字《廣韻·銜韻》音戶監切，底卷切語"戶藍切"，"藍"或即"監"字之誤（"藍"從監得聲，"藍"在談韻，監在銜韻，二字同屬咸攝，讀音亦近），疑即本條所出，茲據擬補字頭作"銜諸"二字。又注文"戶藍切"底卷與左行"疾陵切""上音因""下因辱"處於平行的位置，已無容納其他字的書寫空間，故其上不再按例擬補一"上"字。參看上文校記〔23〕。

〔26〕闡明，"明"字底七作"眀"，缺末二筆（"月"旁中間的二短橫），竺沙雅章面示爲避諱缺筆字，當是，說詳下文；經本有"闡明一切諸佛妙法"句，應即本條所出。注文"昌"下底卷殘缺，"闡"字《廣韻·獮韻》音昌善切，可參。

〔27〕"消瘦"至"顆粒"各條據底八校錄。底八由二殘片綴合而成（參上綴合圖），綴合後存三殘行，每行上部、中部、下部均略有殘缺。所存各條均出於經本卷六五，二殘片綴合後與經本先後順序亦合。字頭殘字底卷僅存下部殘畫，按經本有"我因此法門故，得知世間書數算印界處等法，亦能療治風癲消瘦鬼魅所著"句，應即本條所出，茲據擬定殘字作"消"。注文"切"

字底卷僅存左上角殘畫，茲據文意擬補；"瘦"字《廣韻》音所祐切，在宥韻，底卷音所候切，在候韻，宥、候《廣韻》同用。

〔28〕此處爲底八二殘片未能完全綴合所留的空缺，其間當殘缺一條。

〔29〕"胝"爲"胝"字俗寫，"胝"上底卷有殘缺，按經本有"善男子，我亦能知菩薩演算法。所謂一百洛叉爲一俱胝，俱胝俱胝爲一阿庾多，阿庾多阿庾多爲一那由他，那由他那由他爲一頻婆羅，頻婆羅頻婆羅爲一矜羯羅"句，應即本條所出，茲據以於"胝"上擬補一"俱"字。注文"貞"下一字底卷存上部一橫形筆畫，"胝"字玄應《音義》卷二三《顯揚聖教論》第八卷"俱胝"條下音"竹屍反"，《集韻·脂韻》音張尼切，皆可參。

〔30〕"庾"上一字底八僅存右下部一豎鉤形筆畫，按經本有數名"阿庾多"（經文見上條引），應即本條所出，茲據以擬補一"阿"字。可洪《音義》亦出"阿庾"條，"庾"字音"餘主反"，慧苑《音義》於經文六十四卷下出"阿庾多"條，"庾"字"逾主反"，《廣韻》"庾"音以主切，並屬以紐麌韻，底卷音"星愈切"，韻同紐異。

〔31〕字頭殘字底八右下部殘泐，其下殘缺；按經本有數名"矜羯羅"（經文見前條引），應即本條所出，茲據以擬補字頭作"矜羯"二字。可洪《音義》亦出"矜羯"條，云"上居陵反"（《廣韻·蒸韻》"矜"字切語同），可參。

〔32〕"粒"上一字底八僅存右下部殘畫，按經本有"我以此菩薩演算法，算無量由旬廣大沙聚，悉知其內顆粒多少"句，應即本條所出，茲據以擬補一"顆"字。注文首字底卷模糊不清，可洪《音義》有"顆粒"條，云"上苦果反"（《廣韻·果韻》"顆"字切語同），可參。

〔33〕"弟"字底八爲單獨一行，寫在行中，上部空白，下部殘泐（行末亦空白未書），其下所缺疑爲"六十五"字樣，"弟六十五"指經本的卷數。該行左部一行底八存右側大半行，亦空白未書，當屬卷與卷之間的間隔。參看上文校記〔12〕。

〔34〕"褠陋"至"駈推"各條據底九校録。底九存二殘行，每行上、下部均有殘缺。所存各條均出於經本卷六六，先後順序亦合。本條僅存雙行注文每行下部二字，其中前一殘字存下部，據殘畫應爲"緬"字；後一殘字存

右部"雨"形構件，原字應爲"漏"字；按經本有"其前復有十萬猛卒，形貌醜惡，衣服褊陋"句，應爲本條所出，茲據擬補字頭作"褊陋"二字；可洪《音義》出"褊陋"條，云"上卑緬反，下郎豆反"；慧苑《音義》出"褊"一字，音"方緬反"（《廣韻·狝韻》亦音方緬切）；茲據擬補注文作"上□緬切，下音漏字"，"陋""漏"《廣韻·候韻》同音盧候切，二字古通用。

〔35〕攘臂，經本有"執持器仗，攘臂瞋目"句，即本條所出。可洪《音義》亦出"攘擗（臂）"條，云"上而羊反"；慧苑《音義》出"攘臂瞋目"條，云"攘如羊反"，《廣韻·陽韻》"攘"字音汝陽切，"而羊""如羊""汝陽"切音並同。

〔36〕本條僅存雙行注文每行末"切"字，茲擬補如上。經本相應位置文句作"執持器仗，攘臂瞋目。衆生見者，無不恐怖。無量衆生，犯王教敕，或盜他物，或害他命，或侵他妻，或生邪見，或起瞋恨，或懷貪嫉，作如是等種種惡業，身被五縛，將詣王所，隨其所犯，而治罰之。或斷手足，或截耳鼻，或挑其目，或斬其首，或剥其皮，或解其體，或以湯煮，或以火焚"，可洪《音義》出"或挑""或剥"二條，可參。

〔37〕注文"他"下第一字存右部，第二字存右上角殘畫，按《廣韻·灰韻》"推"字音他回切，茲據擬定作"回切"二字。經本有"或駈上高山，推令墮落"句，"駈"即"驅"的俗字，底卷係糅合"驅""推"二詞爲一，即本條所出。

〔38〕此下三行據底十校録。底十各條亦出於經本卷六六，前接底九，但二卷難以完全銜接（其間未見摘録難字的經文達二千餘字，可洪《音義》所出詞目有"俾倪""茵蓐"二條），中間應有缺行。

〔39〕本條底十僅存雙行注文每行末字殘畫，茲據殘筆擬定作"切"字，并擬補如上。

〔40〕蹄角，經本有"無量乳牛，蹄角金色"句，應即本條所出；可洪《音義》亦出"蹄角"條，云"上徒兮反"；"蹄""啼"《廣韻·齊韻》同音杜奚切，與"徒兮反"讀音相同。

〔41〕漉托，"托"爲"撓"的俗字，玄應《音義》卷二《大般涅槃經》第十二卷"撓大"條云"撓"字"許高反，《説文》：撓，擾也。經文作托，

俗字也”，可參。經本全文未見“瀧撓”連用者，卷六六有“又如漁師有具足力，持正法網，入生死海，瀧諸衆生。如阿修羅王，能遍撓動三有大城諸煩惱海，普令衆生究竟寂静”句（“撓”字《高麗藏》本如此，宋《資福藏》、元《普寧藏》、明《嘉興藏》等本作“托”），底卷蓋糅合“瀧”“撓”二詞爲一，即本條所出；注文“盧”下、“呼”下二殘字底十皆僅存上部，兹擬定前一字作“穀”（“瀧”字《廣韻·屋韻》正音盧穀切），後一字則當爲“毫”或“高”字；慧苑、可洪《音義》皆出“托動”條，慧苑云“托呼高反，攪也”，可洪云“上呼毫反，攪也”，“撓”字《廣韻·豪韻》有呼毛切一讀，與“呼高”“呼毫”切音皆同。

〔42〕挐噉，經本全文未見“挐噉”連用者，卷六六有“伊羅婆挐大象王以自在力，於虛空中敷布無數大寶蓮華，垂無數寶瓔珞，無數寶繒帶，無數寶鬘，無數寶嚴具，無數寶華，無數寶香，種種奇妙，以爲嚴飾。無數采女，種種歌讚。閻浮提内復有無量百千萬億諸羅刹王、諸夜叉王、鳩槃茶王、毘舍闍王，或住大海，或居陸地，飲血噉肉，殘害衆生”一段，底卷蓋糅合“挐”“噉”二者爲一，即本條所出；但此段經文經本在上文“蹄角”條後、“瀧撓”條前，字序略有不合，底卷疑有錯亂。注文底十存雙行注文每行行首的“上”“下”二字，其下所缺通常爲切語，但亦可能爲直音字，故只能用不能確定字數的缺字符以示存疑。又本條左行所存部分空白，或亦屬標署卷號的一行。

〔43〕此下二條據底十一校録。二條底卷皆在行末，上部殘缺，因殘泐過甚，具體出處難以確考。

〔44〕此下二條據底十二校録。二條底卷皆在行末，上部殘缺，因殘泐過甚，具體出處難以確考。本條字頭殘字底卷存左部殘畫，本爲何字不詳。注文底卷僅存雙行注文的左行“下於介反”（該四字緊靠左側與左行間的間隔綫），其右行殘泐，按抄寫格式看右行應另有注音文字，故用不能確定字數的缺字符表示之。

〔45〕本條字頭存右部殘畫，上一字不詳，下一字存右部似作“戈”形。注文“上烏到切”底卷偏於行右，其左行殘泐，按抄寫格式看左行應另有注音文字，故用不能確定字數的缺字符表示之。

三

通過上文逐條的校録疏證，我們可以得出以下結論：

（一）上揭碎片被注的疑難字均見於《大方廣佛華嚴經》及武則天的序文，且除底六、底十所見各條次序與經本先後略有不同外（參見校記〔15〕〔42〕），其餘各片所見詞條與經本先後順序完全一致，這些碎片應爲同一《大方廣佛華嚴經音》寫卷之分裂殆可無疑。實叉難陀譯《大方廣佛華嚴經》凡八十卷，除武則天序文外，底卷僅存經文卷五二、六○、六二、六五、六六的部分殘條，可以想見原本完整的《大方廣佛華嚴經音》的篇幅一定相當可觀，可惜現僅存一些碎片殘條，令人歎惋。

（二）與慧苑、可洪《音義》相比，底卷所音條目略少；反切用字同中有異（參校記〔27〕〔30〕），比較而言，底卷與《廣韻》的切音用字呈現出更多的一致性（參校記〔3〕〔11〕〔12〕），偶爾亦有與慧苑《音義》較爲接近而與《廣韻》不同者（參看校記〔15〕〔35〕）。這些情況表明，底卷是一部不同於慧苑、可洪《音義》的《大方廣佛華嚴經》難字的注音本。

（三）關於上揭《大方廣佛華嚴經音》的撰作時間，因原卷首尾皆殘，難以定論。不過值得注意的有以下二點：一是原卷反切注音用"切"不用"反"；二是底十一切語"昌恋切"用"戀"的簡化俗字"恋"。我們知道，反切是漢末以來給漢字注音的方法，唐以前一般稱"××反"。但由於"反"字容易引發人們過多的聯想，故唐人有時會改用其他一些説法。唐唐玄度《新加九經字樣序》稱："其聲韻謹依《開元文字》，避以'反'言，但紐四聲，定其音旨。"故其書艸部"蓋"字下云"案《字統》公艾翻，苫也，覆也；《説文》公害翻，從艹從盍，取盍蓋之義；張參《五經文字》又公害翻"，又"叐部"下注"平表紐"（"叐"字《廣韻·小韻》音平表切），都是有意識避"反"字的例子。顧炎武《音論》卷下"反切之名"條云："反切之名，自南北朝以上皆謂之'反'，孫愐《唐韻》則謂之'切'。蓋當時諱'反'字。"[1]但今存

---

①《音學五書》，中華書局，1982 年，第 54 頁。

蔣斧藏古寫本《唐韻》及伯 2018 號、俄敦 1466 號敦煌本《唐韻》仍皆作"反"
而不作"切"，顧炎武的説法不能不令人懷疑。其他唐五代古寫本韻書（如斯
2071 號《切韻箋注》、伯 2011 號《刊謬補缺切韻》、故宮博物院舊藏裴務齊
正字本《刊謬補缺切韻》、伯 2016 號《大唐刊謬補闕切韻箋注》等）、字書（如
遼釋行均《龍龕手鏡》）亦皆用"反"字，可見唐代雖有諱"反"而改用"翻""紐"
甚或改用"切"的，但當時這種用法并不流行。^①只有到了宋代以後，"××切"
的用法才正式通行開來，其代表性著作有《廣韻》、宋人增訂之《玉篇》等。
而底卷反切注音皆用"切"字，説明其撰作時代必在"切"字的用法流行以後。
又底十一反切下字用"恋"字，這是一個宋代以後才出現的簡化俗字，^②唐代
以前未見用例，其他敦煌文獻也未見其例，這也透露出原卷抄寫時間的時代
信息。聯繫到上文所説底卷的反切用字與《廣韻》呈現出更多的一致性，看
來也是事出有因。種種迹象顯示，上揭《大方廣佛華嚴經音》有可能是宋代
以後的產物，原卷也可能并非藏經洞之物，而是莫高窟其他洞窟的文獻或黑
水城文獻混入的。近年敦煌研究院在莫高窟北區 59 窟發現一種金王文郁《新
刊韻略》的翻刻本，^③注音也用"××切"，可證莫高窟其他洞窟有晚出的韻書、
字書的可能性是存在的。

　　附記：本文原爲筆者提交 2006 年 9 月在南京師範大學舉行的"轉型期的
敦煌學——繼承與發展國際學術研討會"論文，日本竺沙雅章先生在會上指出，
底七"闡明"的"明"字缺末二筆（缺"月"旁中間的二短橫，下同），應爲
避諱缺筆字。會後竺沙先生又賜函教示，指出"明"字缺末二筆係遼代避穆

---

　　①《四庫全書總目》卷四四清耿人龍《韻統圖説》提要："其所論反切之法，以爲切密於反，切可通反，
而反不可通切。反爲翻讀，其途易泛；切爲疾讀，其用尤。不知自孫炎以來但稱某字某反，唐人諱反乃皆稱
切，唐元度《九經字樣》具有明文，其後乃兼稱反切，不必穿鑿字義，橫生分別。"其謂"唐人諱反乃皆稱切"
不符合事實。參看高田時雄《可洪〈隨函錄〉與行瑫〈隨函音疏〉》，《敦煌·民族·語言》，中華書局 2005 年，
第 413 － 414 頁。

　　②如《四部叢刊》影宋刊本《集注分類東坡先生詩》卷一五《喬太博見和復次韻答之》詩："胡爲守故丘，
眷恋桑榆暖。"即用簡化字"恋"。劉復《宋元以來俗字譜》"戀"字下引宋刊《大唐三藏取經詩話》亦作"恋"。

　　③參看高田時雄《敦煌莫高窟北區發現的〈排字韻〉札記》，載《敦煌·民族·語言》，中華書局，2005 年，
第 459 － 468 頁。

宗耶律明之諱；遼代佛教“華嚴學”興盛，上揭《大方廣佛華嚴經音》爲遼
代之作是可能的。竺沙先生并寄示黑水城出土遼刊本俄 TK254 號《中華傳心
地禪門師資承襲圖》和《應縣木塔遼代秘藏》所載《大方廣佛花嚴經隨疏演
義鈔》《仁王護國般若波羅蜜多經科文》等資料中“明”字同樣缺避的實例，
證明“明”字缺末二筆爲遼代避諱通例。不過正如竺沙雅章先生在《黑水城
出土の遼刊本について》（《汲古》第 43 號，2003 年 6 月）一文中所指出的，
西夏因避李元昊父德明諱，“明”字亦缺末二筆，與遼代避諱同例，鑒此，上
揭《大方廣佛華嚴經音》是否爲西夏寫本，這種可能性似乎也不能完全排除。
總之，由“明”字避諱缺筆之例，更可證明上揭《大方廣佛華嚴經音》當屬
西夏黑水城文獻，而非敦煌藏經洞之物。

（原載《浙江大學學報》2007 年第 3 期，第 26—35 頁）

附録二　本書綴合殘卷卷號索引

（本索引按敦煌文獻卷號出處簡稱的音序排列，
簡稱對應的全稱見附録三，卷號後括注本書頁碼）

北敦 3068 背（1251）　　　北敦 3083（454）　　　　北敦 3097（1008）

北敦 3104（643）　　　　　北敦 3153（83, 1040）　　北敦 3163（48）

北敦 3225（67）　　　　　　北敦 3229（1008）　　　　北敦 3232（1008）

北敦 3243（178）　　　　　北敦 3244（820）　　　　　北敦 3250（1008）

北敦 3260（546）　　　　　北敦 3320（140）　　　　　北敦 3330（547）

北敦 3335（665）　　　　　北敦 3341（198, 745）　　北敦 3349（749）

北敦 3360（410）　　　　　北敦 3368（494）　　　　　北敦 3408（1016）

北敦 3410-2（1016）　　　北敦 3482（86, 1169）　　北敦 3564（1092）

北敦 3641（43）　　　　　　北敦 3716（1190）　　　　北敦 3723（52）

北敦 3789（242）　　　　　北敦 3795（947）　　　　　北敦 3809（974）

北敦 3815（947）　　　　　北敦 3827（619）　　　　　北敦 3840（974）

北敦 3871（947）　　　　　北敦 3884（619）　　　　　北敦 3894（133）

北敦 3895（1020）　　　　北敦 3918（771）　　　　　北敦 3921（595）

北敦 3922（951）　　　　　北敦 3944（739）　　　　　北敦 3945（559）

北敦 3948（59）　　　　　　北敦 3949（58, 838）　　北敦 3953（58, 838）

北敦 4018（595）　　　　　北敦 4038（559）　　　　　北敦 4041（945）

北敦 4055（595）　　　　　北敦 4062（534）　　　　　北敦 4063（595）

北敦 4068（945）　　　　　北敦 4085（242）　　　　　北敦 4087（947）

北敦 4092（608）　　　　　北敦 4112（185）　　　　　北敦 4136（1020）

北敦 4168（1054）　　　　北敦 4169（559）　　　　　北敦 4183（1054）

北敦 4188（559）　　　　　北敦 4204（457）　　　　　北敦 4213（947）

北敦 4233（608）　　　　　北敦 4239（751）　　　　　北敦 4285（626）

北敦 4298（527）　　　　　北敦 4312（626）　　　　　北敦 4317（1062）

北敦 4323（515）　　　　　北敦 4328（57）　　　　　　北敦 4334（414）

北敦 4340（57）　　　　　　北敦 4347（57）　　　　　　北敦 4351（142, 1034）

北敦 4367（453）　　　　　北敦 4371（742）　　　　　北敦 4372（969）

北敦 4408（57）　　　　　　北敦 4410（57）　　　　　　北敦 4416（57）

北敦 4430（622）　　　　　北敦 4436（57）　　　　　　北敦 4438（57）

北敦 5522（896）　　　北敦 5532（917）　　　北敦 5553（896）

北敦 5580（917）　　　北敦 5586（926）　　　北敦 5604（425）

北敦 5620（1235）　　　北敦 5645（1022）　　　北敦 5649（926）

北敦 5655（117，1140）　北敦 5679（30）　　　北敦 5782（1209）

北敦 5825（84，1154）　北敦 5841（782）　　　北敦 5845（408）

北敦 5872（1053）　　　北敦 5935（79）　　　北敦 5947（590）

北敦 5950（96，529）　北敦 5967（548）　　　北敦 5977（556）

北敦 6059（997）　　　北敦 6082（442）　　　北敦 6114（534）

北敦 6146（369）　　　北敦 6170（1220）　　　北敦 6220（777）

北敦 6235（1081）　　　北敦 6302（746）　　　北敦 6350（170，605）

北敦 6351（605）　　　北敦 6360（577）　　　北敦 6362-1（1038）

北敦 6406（1077）　　　北敦 6432（170，605）　北敦 6351（170）

北敦 6447（577）　　　北敦 6510（24）　　　北敦 6527（1038）

北敦 6529（956）　　　北敦 6584（672）　　　北敦 6621（577）

北敦 6666（1055）　　　北敦 6705（746）　　　北敦 6722（1055）

北敦 6747（796）　　　北敦 6756（531）　　　北敦 6798（1220）

北敦 6812（467）　　　北敦 6887（443）　　　北敦 6900（689）

北敦 6904（531）　　　北敦 6959（646）　　　北敦 6972（386）

北敦 7027（747）　　　北敦 7036（919）　　　北敦 7067（779）

北敦 7116B（749）　　　北敦 7116A（738）　　　北敦 7119（1245）

北敦 7128（944）　　　北敦 7183（164）　　　北敦 7237（776）

北敦 7274（183）　　　北敦 7290（1221）　　　北敦 7291（1244）

北敦 7295（739）　　　北敦 7306（697）　　　北敦 7314（770）

北敦 7393（1171）　　　北敦 7421（1030）　　　北敦 7422（186，768）

北敦 7434（898）　　　北敦 7438（478）　　　北敦 7459（759）

北敦 7484（161，499）　北敦 7503（434）　　　北敦 7560（784）

北敦 7578（447）　　　北敦 7585（755）　　　北敦 7649（873）

北敦 7653（470）　　　北敦 7725（773）　　　北敦 7771（788）

北敦 7806（190）　　北敦 7832（1184）　　北敦 7881（115, 719）

北敦 7883（255）　　北敦 7905（715）　　北敦 7919（759）

北敦 7941（1230）　　北敦 7956（738）　　北敦 7958（726）

北敦 7975（726）　　北敦 8039（1245）　　北敦 8044（408）

北敦 8053（1184）　　北敦 8054（150）　　北敦 8066（159）

北敦 8078（198, 745）　　北敦 8081（1049）　　北敦 8154（1188）

北敦 8161（796）　　北敦 8206 背（910）　　北敦 8209（966）

北敦 8215（966）　　北敦 8232（689）　　北敦 8240（786）

北敦 8302（824）　　北敦 8308（513）　　北敦 8382（824）

北敦 8436（766）　　北敦 8473（1198）　　北敦 8482（405）

北敦 8550（699）　　北敦 8600（1062）　　北敦 8623（75）

北敦 8663（427）　　北敦 8863（189）　　北敦 8881（188）

北敦 8928（1209）　　北敦 8934（682）　　北敦 8935（701）

北敦 8936（680）　　北敦 8946（674）　　北敦 8965（1256）

北敦 9040（784）　　北敦 9045（771）　　北敦 9047（794）

北敦 9050（773）　　北敦 9051（744）　　北敦 9052（762）

北敦 9053（792）　　北敦 9057（781）　　北敦 9060（755）

北敦 9061（755）　　北敦 9062（793）　　北敦 9065（771）

北敦 9067（772）　　北敦 9068（767）　　北敦 9075（749）

北敦 9088（772）　　北敦 9091（405）　　北敦 9132（686）

北敦 9140（106）　　北敦 9141（106）　　北敦 9160（1057）

北敦 9162（1046）　　北敦 9163（1057）　　北敦 9166（1029）

北敦 9167（1066）　　北敦 9169-2（1030）　　北敦 9171（1081）

北敦 9174（73）　　北敦 9178（73）　　北敦 9187（94）

北敦 9188A（94）　　北敦 9197（445）　　北敦 9198（448）

北敦 9202（445）　　北敦 9205（423）　　北敦 9206（460）

北敦 9249（1204）　　北敦 9250（1227）　　北敦 9251（227）

北敦 9258（550）　　北敦 9259（34）　　北敦 9260（600）

北敦 9262（1244）　　　北敦 9267（553）　　　　北敦 9269（161, 499）

北敦 9271（583）　　　　北敦 9281（148, 589）　　北敦 9302（848）

北敦 9413（940）　　　　北敦 9420（957）　　　　北敦 9427（920）

北敦 9428（923）　　　　北敦 9434（956）　　　　北敦 9435（926）

北敦 9485（185）　　　　北敦 9527（55）　　　　　北敦 9530（55）

北敦 9541（255）　　　　北敦 9547（939）　　　　北敦 9565（456）

北敦 9571（1062）　　　北敦 9596（1145）　　　　北敦 9601（956）

北敦 9605（1204）　　　北敦 9617（467）　　　　北敦 9665（1147）

北敦 9687（873）　　　　北敦 9695（1152）　　　　北敦 9716（1152）

北敦 9727（847）　　　　北敦 9750（827）　　　　北敦 9760（325）

北敦 9770（305）　　　　北敦 9793（474）　　　　北敦 9800（394）

北敦 9800 背（394）　　北敦 9816（115, 719）　　北敦 9849（492）

北敦 9853（1103）　　　北敦 9854（873）　　　　北敦 9856（470）

北敦 9857（76）　　　　北敦 9887（195, 613）　　北敦 9894（196）

北敦 9904（283）　　　　北敦 9928（802）　　　　北敦 9983（667）

北敦 10047（827）　　　北敦 10050（701）　　　　北敦 10061（456）

北敦 10062A（458）　　北敦 10062B（458）　　　北敦 10062C（458）

北敦 10062D（458）　　北敦 10062E（458）　　　北敦 10062F（458）

北敦 10069（796）　　　北敦 10074（851）　　　　北敦 10095（851）

北敦 10106（823）　　　北敦 10108（166）　　　　北敦 10137（873）

北敦 10149（1057）　　北敦 10179A（692）　　　北敦 10179B（692）

北敦 10183A（901）　　北敦 10198（901）　　　　北敦 10220（786）

北敦 10256（1226）　　北敦 10258（1209）　　　北敦 10273（1160）

北敦 10280（837）　　　北敦 10297（937）　　　　北敦 10298（195, 613）

北敦 10301（699）　　　北敦 10315（802）　　　　北敦 10320（195, 613）

北敦 10338（1240）　　北敦 10347（1206）　　　北敦 10357（851）

北敦 10386（873）　　　北敦 10393（802）　　　　北敦 10398（1020）

北敦 10399（145）　　　北敦 10405（677）　　　　北敦 10427（1193）

北敦 11565（174）　　北敦 11567（32）　　北敦 11582（460）

北敦 11591（440）　　北敦 11593（440）　　北敦 11600（502）

北敦 11611（680）　　北敦 11616（99）　　北敦 11625（802）

北敦 11629（569）　　北敦 11645（697）　　北敦 11676（915）

北敦 11679（1033）　　北敦 11680（915）　　北敦 11681（910）

北敦 11685（898）　　北敦 11731（128, 211）　　北敦 11741（982）

北敦 11752（873）　　北敦 11761（590）　　北敦 11763（751）

北敦 11794（445）　　北敦 11799（1049）　　北敦 11801（571）

北敦 11814（196）　　北敦 11825（359）　　北敦 11871（259）

北敦 11910（562）　　北敦 11934（297）　　北敦 11957（73)

北敦 11980（586）　　北敦 12024（1241）　　北敦 12035（873）

北敦 12085（600）　　北敦 12086（600）　　北敦 12194C（247）

北敦 12194D（247）　　北敦 12206（915）　　北敦 12212（692）

北敦 12218（639）　　北敦 12224（205）　　北敦 12247（793）

北敦 12260（770）　　北敦 12276（198, 745）　　北敦 12303（242）

北敦 12320（692）　　北敦 12382（1206）　　北敦 13664（901）

北敦 13669（827）　　北敦 13672（682）　　北敦 14002（181）

北敦 14013（302）　　北敦 14020（307）　　北敦 14031（89, 1148）

北敦 14486（178）　　北敦 14521（982）　　北敦 14567（452）

北敦 14608（594）　　北敦 14624（1048）　　北敦 14649（20）

北敦 14734（155, 1136）　北敦 14738（20）　　北敦 14747（290）

北敦 14750（88, 1163）　北敦 14822（427）　　北敦 14825BA（470）

北敦 14825BH（467）　　北敦 14825CF（467）　　北敦 14825CG（1092）

北敦 14825CJ（1092）　　北敦 14825DE（1092）　　北敦 14840MA（309）

北敦 14840MB（309）　　北敦 14943（1217）　　北敦 15074（1217）

北敦 15173（1144）　　北敦 15543（1059）　　北敦 15612（428）

北敦 15614（1059）　　北敦 15664（1102）　　北敦 15700（987）

北敦 15726（683）　　北敦 15733（683）　　北敦 15757（683）

敦研 374（97）

俄敦 16（1200） 俄敦 50（246） 俄敦 100（79）

俄敦 102（170,605） 俄敦 149（369） 俄敦 209（63）

俄敦 210（63） 俄敦 211（63） 俄敦 252（63）

俄敦 255（63） 俄敦 256（63） 俄敦 285（232）

俄敦 302（723） 俄敦 335（655） 俄敦 347（149）

俄敦 383（376） 俄敦 406（636） 俄敦 409（233）

俄敦 410（233） 俄敦 411（63） 俄敦 486（568）

俄敦 494（723） 俄敦 526（1092） 俄敦 550（1045）

俄敦 580（580） 俄敦 582（580） 俄敦 583（63）

俄敦 584（580） 俄敦 585（63） 俄敦 586A 片（63）

俄敦 586C 片（63） 俄敦 596（1209） 俄敦 612（919）

俄敦 720（381） 俄敦 744（476） 俄敦 782（1032）

俄敦 784（662） 俄敦 793（408） 俄敦 796（226）

俄敦 807（168,571） 俄敦 815（1076） 俄敦 819（1076）

俄敦 871（842） 俄敦 1651（1036） 俄敦 8790（270）

俄敦 902（382） 俄敦 904（970） 俄敦 925（224）

俄敦 949（246） 俄敦 951（246） 俄敦 996（965）

俄敦 1041（642） 俄敦 1042（576） 俄敦 1048（1253）

俄敦 1050（612） 俄敦 1064（244） 俄敦 1073（257）

俄敦 1092（1092） 俄敦 1123（115） 俄敦 1123（719）

俄敦 1192（1023） 俄敦 1193（1023） 俄敦 1229（1182）

俄敦 1233（1253） 俄敦 1281（311） 俄敦 1343（226）

俄敦 1347（226） 俄敦 1356（222） 俄敦 1395（226）

俄敦 1469B（1036） 俄敦 1473（363） 俄敦 1568（149）

俄敦 1583（246） 俄敦 1591（368） 俄敦 1599（612）

俄敦 1605（1067） 俄敦 1610（1150） 俄敦 1628（678）

俄敦 1632（612） 俄敦 1688（828） 俄敦 1699（244）

俄敦 3544（418）　　　俄敦 3569（264）　　　俄敦 3575（1119）

俄敦 3578（384）　　　俄敦 3584（418）　　　俄敦 3679（264）

俄敦 3741（901）　　　俄敦 3793（1107）　　俄敦 3809（993）

俄敦 3813 背（1251）　俄敦 3813（873）　　　俄敦 3816（1093）

俄敦 3838（702）　　　俄敦 3888（345）　　　俄敦 3910 背（1251）

俄敦 3910（873）　　　俄敦 3915 背（1251）　俄敦 3915（873）

俄敦 3938（884）　　　俄敦 3945（1067）　　俄敦 3956（1067）

俄敦 3966（1067）　　俄敦 3983（886）　　　俄敦 4017（723）

俄敦 4023（970）　　　俄敦 4028（341）　　　俄敦 4037（884）

俄敦 4067（379）　　　俄敦 4073（1112）　　俄敦 4074（379）

俄敦 4078（1112）　　俄敦 4089（418）　　　俄敦 4093（292）

俄敦 4097（1107）　　俄敦 4099（330）　　　俄敦 4110（900）

俄敦 4136（292）　　　俄敦 4267（835）　　　俄敦 4271（790）

俄敦 4276（790）　　　俄敦 4284（789）　　　俄敦 4361（388）

俄敦 4380（993）　　　俄敦 4388（358）　　　俄敦 4398（382）

俄敦 4411（1092）　　俄敦 4419（368）　　　俄敦 4430 背（394）

俄敦 4430（394）　　　俄敦 4445（1094）　　俄敦 4471（900）

俄敦 4541（1185）　　俄敦 4546（1012）　　俄敦 4550（1012）

俄敦 4551（298）　　　俄敦 4558（671）　　　俄敦 4561（1012）

俄敦 4562（431）　　　俄敦 4564（298）　　　俄敦 4607（433）

俄敦 4610（867）　　　俄敦 4619（1094）　　俄敦 4655（378）

俄敦 4659（66）　　　俄敦 4690（853）　　　俄敦 4747（1110）

俄敦 4781（1012）　　俄敦 4803（227）　　　俄敦 4868（1200）

俄敦 4889（1025）　　俄敦 4961A（462）　　俄敦 4961B（462）

俄敦 5003（384）　　　俄敦 5006（292）　　　俄敦 5010（378）

俄敦 5028（338）　　　俄敦 5097（788）　　　俄敦 5103（845）

俄敦 5115（671）　　　俄敦 5131（1248）　　俄敦 5154（341）

俄敦 5157（1112）　　俄敦 5172（1050）　　俄敦 5174（224）

俄敦 6593 背（728）　　俄敦 6602（1029）　　俄敦 6648（431）

俄敦 6657（913）　　　俄敦 6662（1089）　　俄敦 6679（1093）

俄敦 6754（410）　　　俄敦 6756（1160）　　俄敦 6763（702）

俄敦 6767（410）　　　俄敦 6773（1160）　　俄敦 6796（678）

俄敦 6939（327）　　　俄敦 6948（1115）　　俄敦 6992（863）

俄敦 7068（151, 645）　俄敦 7160（334）　　俄敦 7178（1123）

俄敦 7197（553）　　　俄敦 7220（702）　　俄敦 7228（807）

俄敦 7255（286）　　　俄敦 7264（286）　　俄敦 7268（1123）

俄敦 7294（863）　　　俄敦 7303（1028）　　俄敦 7310（1097）

俄敦 7398（334）　　　俄敦 7413（379）　　俄敦 7639（272）

俄敦 7645（272）　　　俄敦 7655（1028）　　俄敦 7657（1028）

俄敦 7689（321）　　　俄敦 7732（327）　　俄敦 7750（863）

俄敦 7762（362）　　　俄敦 7801（324）　　俄敦 7851（380）

俄敦 7886（1122）　　　俄敦 7888（1113）　　俄敦 7923（1115）

俄敦 8050（473）　　　俄敦 8211（1117）　　俄敦 8320（280）

俄敦 8324（280）　　　俄敦 8351（376）　　俄敦 8461（1046）

俄敦 8488（321）　　　俄敦 8573（324）　　俄敦 8630（396）

俄敦 8652（642）　　　俄敦 8661（854）　　俄敦 8683（411）

俄敦 8731（362）　　　俄敦 8757（1232）　　俄敦 8776（1232）

俄敦 8785（609）　　　俄敦 8793（609）　　俄敦 8795（609）

俄敦 8801（609）　　　俄敦 8819（1025）　　俄敦 8832（609）

俄敦 8833（1115）　　　俄敦 8835（270）　　俄敦 8842（609）

俄敦 8851（1026）　　　俄敦 8860（702）　　俄敦 8934（267）

俄敦 8946（267）　　　俄敦 8962（478）　　俄敦 8963（478）

俄敦 9057（1117）　　　俄敦 9061（1117）　　俄敦 9091（478）

俄敦 9147（489）　　　俄敦 9154（489）　　俄敦 9160（489）

俄敦 9278（989）　　　俄敦 9410（1046）　　俄敦 9464（380）

俄敦 9522（338）　　　俄敦 9527（55）　　　俄敦 9530（55）

俄敦 11789（1255）	俄敦 11798（385）	俄敦 11823（922）
俄敦 11825（805）	俄敦 11840（1015）	俄敦 11858（799）
俄敦 11862（250）	俄敦 11869（694）	俄敦 11892A（1099）
俄敦 11906（800）	俄敦 11931（804）	俄敦 11944（385）
俄敦 11949（922）	俄敦 11952（801）	俄敦 11955（1015）
俄敦 11962（656）	俄敦 11974（677）	俄敦 11977（138）
俄敦 11980（677）	俄敦 11984（694）	俄敦 11989（1057）
俄敦 12006（1099）	俄敦 12010（250）	俄敦 12018（138）
俄敦 12027（1125）	俄敦 12029（913）	俄敦 12031（1120）
俄敦 12054（981）	俄敦 12058（888）	俄敦 12090（1106）
俄敦 12093（1118）	俄敦 12094（981）	俄敦 12105（1118）
俄敦 12118（981）	俄敦 12120（888）	俄敦 12121（985）
俄敦 12129（570）	俄敦 12133（888）	俄敦 12148（1106）
俄敦 12153（1120）	俄敦 12154（580）	俄敦 12205（570）
俄敦 12215（981）	俄敦 12256（1125）	俄敦 12287（65）
俄敦 12338（336）	俄敦 12340（65）	俄敦 12367（489）
俄敦 12380（65）	俄敦 12381（65）	俄敦 12409A 片（65）
俄敦 12409B 片（65）	俄敦 12409C 片（65）	俄敦 12469（336）
俄敦 12470（1121）	俄敦 12471（336）	俄敦 12486（396）
俄敦 12488（1121）	俄敦 12497（1231）	俄敦 12505（1231）
俄敦 12534（799）	俄敦 12539（1015）	俄敦 12540（445）
俄敦 12541（804）	俄敦 12543（295）	俄敦 12561（556）
俄敦 12574（1042）	俄敦 12587（805）	俄敦 12625（351）
俄敦 12642（250）	俄敦 12644（1042）	俄敦 12654（933）
俄敦 12659（394）	俄敦 12661（109）	俄敦 12679（694）
俄敦 12684（140）	俄敦 12705（1026）	俄敦 12747（800）
俄敦 12802（445）	俄敦 12806（922）	俄敦 12838（694）
俄敦 12901（1108）	俄敦 12907（1108）	俄敦 14235（379）

甘博 20（300）　　　　　甘博 56（1018）

國博 12（985）

津圖 2（277）　　　　　津圖 59（683）　　　　　津圖 60（683）

津圖 83（179，1139）　　津圖 126（200，873）　　津圖 160（326）

津圖 161（326）

津藝 85（290）　　　　　津藝 113（179，1139）　　津藝 182（894）

津藝 213（103）　　　　　津藝 265（1102）

酒博 8（675）

上圖 54（894）　　　　　上圖 103（848）　　　　　上圖 117（1167）

上圖 146（957）

斯 5（450）　　　　　　斯 15（842）　　　　　　斯 55（288）

斯 74（74）　　　　　　斯 161（648）　　　　　斯 178（760）

斯 183（760）　　　　　斯 271（77，1006）　　　斯 281（669）

斯 303（77，1006）　　　斯 440（952）　　　　　斯 555（40）

斯 566B（1043）　　　　斯 578（585）　　　　　斯 581（513）

斯 627（474）　　　　　斯 635（157）　　　　　斯 692（131）

斯 698（585）　　　　　斯 727（423）　　　　　斯 870（666）

斯 985（714）　　　　　斯 990（785）　　　　　斯 1091（717）

斯 1199（691）　　　　　斯 1379（335）　　　　　斯 1395（1078）

斯 1450A（539）　　　　斯 1450B（539）　　　　斯 1482（1193）

斯 1515（415）　　　　　斯 1676（186，768）　　斯 1703（417）

斯 1830（135）　　　　　斯 1931（1249）　　　　斯 1985（1193）

斯 2004（854）　　　　　斯 2102（775）　　　　　斯 2194-2（307）

斯 2316（123）　　　　　斯 2357（566）　　　　　斯 2414（297）

斯 2432（1202）　　　　斯 2471（110）　　　　　斯 2477（544）

斯 2548（621）　　　　　斯 2552-1（1162）　　　斯 2596（1198）

斯 2670 背（1207）　　　斯 2682 背（229）　　　斯 2728（847）

斯 2787（662）　　　　　斯 2797（519）　　　　　斯 2889（712）

斯 7368（430）	斯 7435（312）	斯 7468（1026）
斯 7529（501）	斯 7559（512）	斯 7581（520）
斯 8167（143, 237）	斯 8229B（1069）	斯 8229C（1069）
斯 8229D（1069）	斯 8229E（1069）	斯 8287（921）
斯 8324A（435）	斯 8398（325）	斯 8459（216）
斯 8479（277）	斯 8550（703）	斯 8551（1073）
斯 8565（867）	斯 8605B（867）	斯 8638（1077）
斯 8640（411）	斯 8748（1073）	斯 8762（1150）
斯 8765（452）	斯 8768（424）	斯 8774（1202）
斯 8792（671）	斯 8793（703）	斯 8805（663）
斯 8808（691）	斯 8809（668）	斯 8811（946）
斯 8812（1078）	斯 8813（954）	斯 8814（912）
斯 8815（975）	斯 8817（921）	斯 8820（1065）
斯 8824（911）	斯 8849（846）	斯 8872（846）
斯 8970（328）	斯 8994（305）	斯 9033（955）
斯 9114（999）	斯 9163（302）	斯 9174（714）
斯 9179（1127）	斯 9208（718）	斯 9377（328）
斯 9380（340）	斯 9384（340）	斯 9395（1127）
斯 9408 背（1207）	斯 9518（354）	斯 9547（74）
斯 9650（417）	斯 9707（1074）	斯 9716（873）
斯 9735（954）	斯 9912（312）	斯 9969（447）
斯 9980（430）	斯 10030（955）	斯 10031（415）
斯 10052（946）	斯 10067（457）	斯 10073（526）
斯 10076（970）	斯 10112（975）	斯 10119（912）
斯 10147（671）	斯 10156（361）	斯 10161（413）
斯 10193（1073）	斯 10201（648）	斯 10216（429）
斯 10220（1077）	斯 10254（522）	斯 10271（152）
斯 10291（219）	斯 10301（1193）	斯 10306（841）

附錄三　本書引用敦煌文獻編號出處簡稱

（按館藏簡稱音序排列）

北——中國國家圖書館藏敦煌文獻原編號（縮微膠卷及《敦煌寶藏》編號）

北大敦——《北京大學藏敦煌文獻》編號

北敦——中國國家圖書館藏敦煌文獻统編號

北臨——中國國家圖書館藏敦煌文獻臨編號

北新——中國國家圖書館藏敦煌文獻新編號

北簡——中國國家圖書館藏敦煌文獻簡編號

伯——法國國家圖書館藏敦煌文獻伯希和編號

伯藏——《法國國家圖書館藏敦煌藏文文獻》編號

成賢齋——《世界民間典藏中國敦煌文獻》成賢齋藏品編號

川博——四川博物院藏敦煌文獻編號

大東急——《日本公私收藏敦煌遺書敘録》（三）大東急記念文庫藏敦煌寫經
　　編號

大谷敦——《大谷大學所藏敦煌古寫經》編號

東大——日本東京大學東洋文化研究所藏敦煌文獻編號

敦博——《甘肅藏敦煌文獻》敦煌市博物館藏敦煌文獻編號

敦研——《甘肅藏敦煌文獻》敦煌研究院藏敦煌文獻編號

俄敦——俄羅斯科學院東方文獻研究所藏敦煌文獻編號

俄弗——俄羅斯科學院東方文獻研究所藏敦煌文獻弗魯格編號

鄂博——《湖北省博物館藏敦煌經卷概述》編號

傅圖——《“中研院”歷史語言研究所傅斯年圖書館藏敦煌遺書》編號

甘博——《甘肅藏敦煌文獻》甘肅省博物館藏敦煌文獻編號

甘圖——《甘肅藏敦煌文獻》甘肅省圖書館藏敦煌文獻編號

高博——《甘肅藏敦煌文獻》甘肅省高臺縣博物館藏敦煌文獻編號

哥倫比亞——美國哥倫比亞大學藏敦煌文獻編號

故宮新——《故宮博物院藏敦煌吐魯番文獻目録》編號

古籍名録——《第一批國家珍貴古籍名録圖録》《第二批國家珍貴古籍名録圖
録》《第三批國家珍貴古籍名録圖録》《第四批國家珍貴古籍名録圖録》《第
五批國家珍貴古籍名録圖録》編號

國博——《中國歷史博物館藏法書大觀》（第十一卷）編號

加拿大——《加拿大維多利亞美術館藏敦煌寫經與佛畫》編號

津圖——《天津圖書館藏敦煌文獻》《天津圖書館古籍善本圖録鑒賞圖録》
編號

津文——《敦煌寫經》影印天津市文物公司藏敦煌文獻編號

津藝——《天津市藝術博物館藏敦煌文獻》編號

酒博——《甘肅藏敦煌文獻》酒泉市博物館藏敦煌文獻編號

橘——日本龍谷大學藏敦煌文獻橘瑞超編號

栗原——日本栗原貞一舊藏敦煌文獻

魯博——《山東博物館藏敦煌遺書敘録》編號

旅博——《旅順博物館藏敦煌寫經目録及訂正》編號

南圖——《南京圖書館所藏敦煌遺書目録》編號

普羅——《普林斯頓所見羅氏藏敦煌吐魯番文書》編號

啓功——《敦煌寫經殘片》編號

青博——《青島市博物館藏敦煌遺書》編號

日本國圖——《日本公私收藏敦煌遺書敘録》（三）日本國立國會圖書館編號

三井——《三井文庫別館藏品圖録敦煌寫經——北三井家》編號

上博——《上海博物館藏敦煌吐魯番文獻》編號

上圖——《上海圖書館藏敦煌吐魯番文獻》編號

沈曾植——《唐人寫經集錦》編號

石谷風——《晉魏隋唐殘墨》編號

首博——《首都博物館藏敦煌文獻》編號

守屋——《守屋孝藏氏蒐集古經圖録》編號

斯——英國國家圖書館藏敦煌文獻斯坦因編號

斯印——英國國家圖書館藏敦煌文獻斯坦因刻本編號

臺圖——《"國立中央圖書館"藏敦煌卷子》編號

韋力——韋力私人藏卷

務本堂——《務本堂藏敦煌遺書》編號

伍倫——《濱田德海蒐藏敦煌遺書》編號

文研院——《中國文化遺産研究院藏西域文獻遺珍》編號

湘圖——《湖南省圖書館藏敦煌寫經叙録》編號

渝博——《重慶市博物館藏敦煌吐魯番寫經目録》編號

羽——《敦煌秘笈》影印日本杏雨書屋藏敦煌文獻羽田亨編號

招提——《日本公私收藏敦煌遺書叙録》（二）日本唐招提寺藏敦煌寫經編號

浙博——《浙藏敦煌文獻》浙江省博物館藏敦煌文獻編號

浙敦——《浙藏敦煌文獻》編號

浙圖——《浙藏敦煌文獻》浙江省圖書館藏敦煌文獻編號

中村——《台東區立書道博物館所藏中村不折舊藏禹域墨書集成》編號

中國書店——《中國書店藏敦煌文獻》編號

中散——方廣錩所編中國散藏敦煌文獻編號

L——美國 Lo Archive（羅寄梅）藏敦煌文獻編號

MS——丹麥哥本哈根皇家圖書館藏敦煌寫本編號

C——英國印度事務部圖書館藏敦煌漢文寫本榎一雄編號

附錄四　本書常用書名及數據源簡稱

（按簡稱音序排列）

《寶藏》——《敦煌寶藏》（全 140 冊），黃永武主編，臺北：臺北新文豐出
　　版公司，1981—1986 年

《北大》——《北京大學藏敦煌文獻》（全 2 冊），上海古籍出版社、北京大
　　學圖書館編，上海：上海古籍出版社，1995 年

《濱田》——《濱田德海蒐藏敦煌遺書》，方廣錩編著，北京：國家圖書館
　　出版社，2016 年

《大谷敦》——《大谷大學所藏敦煌古寫經》，〔日〕野上俊静主編，京都：
　　大谷大學東洋學研究室，1965 年

《大正藏》——《大正新修大藏經》，〔日〕高楠順次郎等編，東京：大正一
　　切經刊行會，1922—1934 年

《俄藏》——《俄藏敦煌文獻》（全 17 冊），俄羅斯科學院東方研究所聖彼德
　　堡分所、俄羅斯科學出版社東方文學部、上海古籍出版社編，〔俄〕孟列
　　夫、錢伯城主編，上海：上海古籍出版社，1992—2001 年

《俄錄》——《俄藏敦煌文獻敘錄》，邰惠莉主編，蘭州：甘肅教育出版社，
　　2019 年

《鄂博錄》——《湖北省博物館藏敦煌經卷概述》，王倚平、唐剛卯，《敦煌
　　吐魯番研究》2000 年第 5 卷，第 269—276 頁

《法藏》——《法藏敦煌西域文獻》（全 34 冊），上海古籍出版社、法國國家
　　圖書館編，上海：上海古籍出版社 1995—2005 年

《法藏藏文》——《法國國家圖書館藏敦煌藏文文獻》（全 35 冊），西北民

族大學、上海古籍出版社、法國國家圖書館編，上海：上海古籍出版社，
2006—2020 年

《法録》——《敦煌漢文寫本目録》(*Catalogue des manuscrits chinois de Touen-houang.Fonds Pelliot chinois de la Bibliothèque nationale*)，［法］謝和耐、吳其昱、蘇遠鳴等，卷 1、3、4、5、6，巴黎，1970、1983、1991、1995、2001 年

《法目》——《巴黎圖書館敦煌書目》，［法］伯希和編，羅福萇譯，《國立北京大學國學季刊》，第 3 卷 4 期，1932 年 12 月；《巴黎圖書館寫本書目》，［法］伯希和編，陸翔譯，《國立北平圖書館館刊》第 7 卷 6 號（1933 年 11、12 月）、第 8 卷 1 號（1934 年 1、2 月），北京：書目文獻出版社影印本第 7、8 册，1992 年

《方録》——《英國圖書館藏敦煌遺書目録（斯 6981 號 ~ 斯 8400 號）》，方廣錩，北京：宗教文化出版社，2000 年

《傅圖》——《"中研院"歷史語言所傅斯年圖書館藏敦煌遺書》，方廣錩主編，臺北："中研院"歷史語言所，2013 年

《甘藏》——《甘肅藏敦煌文獻》（全 6 册），甘肅藏敦煌文獻編委會、甘肅人民出版社、甘肅省文物局編，段文傑主編，蘭州：甘肅人民出版社，1999 年

《故宫録》——《故宫博物院藏敦煌吐魯番文獻目録》，王素、任昉、孟嗣徽，《敦煌研究》2006 年第 6 期，第 173—182 頁

《國博》——《中國歷史博物館藏法書大觀》（第十一卷），楊文和主編，京都：柳原書店，上海：上海教育出版社，1999 年

《國圖》——《國家圖書館藏敦煌遺書》（全 146 册），中國國家圖書館編，任繼愈主編，北京：北京圖書館出版社，2005—2012 年

《黄目》——《敦煌遺書最新目録》，黄永武，臺北：新文豐出版公司，1986 年

《集録》——《中國古代寫本識語集録》，［日］池田温編，東京：東京大學東洋文化研究所，1990 年

《加拿大録》——《加拿大維多利亞美術館藏敦煌寫經與佛畫》，王素，《百年敦煌文獻整理研究國際學術討論會論文集》（下冊），2010 年 4 月，第 597—604 頁

《劫餘録》——《敦煌劫餘録》（全六冊），陳垣，北平：國立中央研究院歷史語言研究所，1931 年；後收入《敦煌叢刊初集》第 3—4 冊，黄永武主編，臺北：新文豐出版公司，1985 年

《金目》——《倫敦藏敦煌漢文卷子目録提要》，金榮華主編，臺北：福記文化圖書有限公司，1993 年

《津圖》——《天津圖書館藏敦煌文獻》，萬群、劉波主編，北京：學苑出版社，2019 年

《津圖圖録》——《天津圖書館古籍善本圖録鑒賞圖録》，天津圖書館編，天津：天津古籍出版社，2009 年

《津圖録》——《天津圖書館藏敦煌遺書目録》，天津圖書館歷史文獻部，《敦煌吐魯番研究》第八卷，2005 年，第 311—358 頁

《津文》——《敦煌寫經》（天津市文物公司藏），天津市文物公司編，北京：文物出版社，1998 年

《津藝》——《天津市藝術博物館藏敦煌文獻》（全 7 冊），上海古籍出版社、天津市藝術博物館編，上海：上海古籍出版社，1996—1997 年

《魯博録》——《山東博物館藏敦煌遺書敘録》，于芹，《敦煌研究》2012 年第 5 期

《羅藏録》——《普林斯頓所見羅氏藏敦煌吐魯番文書》，陳懷宇，《敦煌學》第二十五輯，2004 年 7 月

《旅博録》——《旅順博物館藏敦煌寫經目録及訂正》，王珍仁、孫慧珍，載敦煌研究院編《段文傑敦煌研究五十年紀念文集》，北京：世界圖書出版公司北京公司，1996 年

《孟録》——《俄藏敦煌漢文寫卷敘録》（全 2 冊），［俄］孟列夫主編，上海：上海古籍出版社，1999 年

《秘笈》——《敦煌秘笈》（全 9 冊），日本武田科學振興財團影印杏雨書屋

藏（原羽田亨藏）敦煌文獻，大阪：武田科學振興財團，2009—2013 年

《民間》——《世界民間藏中國敦煌文獻》（第 1 輯），《世界民間藏中國敦煌文獻》編輯委員會編，北京：中國書店，2014 年

《南博》——《南京博物院珍藏大系　古籍文獻》，南京博物院編，南京：江蘇鳳凰美術出版社，2019 年

《南圖録》——《南京圖書館所藏敦煌遺書目録》，方廣錩、徐憶農，《敦煌研究》1998 年第 4 期

《啓功》——《敦煌寫經殘片》，啓功編，北京：北京師範大學出版社，2006 年

《青島》——《青島市博物館藏敦煌遺書》，青島市博物館編，北京：北京大學出版社，2019 年

《日藏》（一）——《日本公私收藏敦煌遺書敍録（一）——三井文庫所藏敦煌遺書》，施萍婷，《敦煌研究》1993 年第 2 期

《日藏》（二）——《日本公私收藏敦煌遺書敍録》（二），施萍婷，《敦煌研究》1994 年第 3 期

《日藏》（三）——《日本公私收藏敦煌遺書敍録》（三），施萍婷，《敦煌研究》1994 年第 3 期

《三井》——《三井文庫別館藏品圖録敦煌寫經——北三井家》，三井文庫編，京都：株式會社便利堂，2004 年

《散録》——《中國散藏敦煌文獻分類目録》，申國美編，北京：北京圖書館出版社，2007 年

《上博》——《上海博物館藏敦煌吐魯番文獻》（全 2 册），上海古籍出版社、上海博物館編，上海：上海古籍出版社，1993 年

《上圖》——《上海圖書館藏敦煌吐魯番文獻》（全 4 册），上海古籍出版社、上海圖書館編，上海：上海古籍出版社，1999 年

《沈曾植》——《唐人寫經集錦》，海日樓藏，彩照見林霄新浪博客《沈曾植舊藏敦煌寫經殘片集》：http://blog.sina.com.cn/s/blog_aff35b1b01016cn4.htm

《石谷風》——《晉魏隋唐殘墨》，石谷風主編，合肥：安徽美術出版社，1992 年

《石谷風録》——《石谷風藏敦煌遺書殘卷内容小考》，李刈，《敦煌研究》2001 年第 4 期

《首博》——《首都博物館藏敦煌文獻》，首都博物館編，北京：北京燕山出版社，2018 年

《索引》——《敦煌遺書總目索引》，商務印書館編，北京：中華書局，1983 年

《索引新編》——《敦煌遺書總目索引新編》，敦煌研究院編，北京：中華書局，2000 年

《臺圖》——《"國立中央圖書館"藏敦煌卷子》（全 6 册），潘重規編，臺北：石門圖書公司，1976 年

《務本堂》——《務本堂藏敦煌遺書》，方廣錩編，桂林：廣西師範大學出版社，2013 年

《湘圖録》——《湖南省圖書館藏敦煌寫經敘録》，劉雪平，《敦煌研究》2012 年第 5 期

《文研院》——《中國文化遺産研究院藏西域文獻遺珍》，赫俊紅主編，北京：中華書局，2011 年

《英藏》——《英藏敦煌文獻（漢文佛經以外部份）》，中國社會科學院歷史研究所、中國敦煌吐魯番學會敦煌古文獻編輯委員會、英國國家圖書館、倫敦大學亞非學院編，成都：四川人民出版社，1990—1995 年

《英卷》——英國國家圖書館藏敦煌文獻縮微膠卷

《英圖》——《英國國家圖書館藏敦煌遺書》，方廣錩、［英］吴芳思主編，桂林：廣西師範大學出版社，2011 年起陸續出版

《渝博録》——《重慶市博物館藏敦煌吐魯番寫經目録》，楊銘，《敦煌研究》1996 年第 1 期

《藏外》——《藏外佛教文獻》，方廣錩主編，北京：宗教文化出版社（第 1—9 輯）、中國人民大學出版社（第 10—16 輯），1995—2011

《曾良》——《敦煌佛經字詞與校勘研究》，曾良，廈門：廈門大學出版社，2010 年

《翟錄》——Lionel Giles（翟理斯），1957, Descriptive Catalogue of the Chinese Manuscripts from Tunhuang in the British Museum, London: The Trustees of the British Museum.

《浙藏》——《浙藏敦煌文獻》，《浙藏敦煌文獻》編委會編，杭州：浙江教育出版社，2000 年

《浙藏錄》——《浙藏敦煌文獻解題目錄》，張崇依，南京師範大學碩士學位論文，2012 年

《中村》——《台東區立書道博物館所藏中村不折舊藏禹域墨書集成》（全 3 冊），[日] 磯部彰編，東京：株式會社二玄社，2005 年

《中國書店》——《中國書店藏敦煌文獻》，《中國書店藏敦煌文獻》編輯委員會編，北京：中國書店出版社，2007 年

《中田錄》——《北京圖書館藏敦煌遺書總目錄》，[日] 中田篤郎編，京都：朋友書店，1989 年

《綜錄》——《中國佛教疑偽經綜錄》，曹凌，上海：上海古籍出版社，2011 年

法網彩照——法國國家圖書館藏敦煌文獻彩照，見法國數字圖書館網站：http://gallica.bnf.fr/

IDP——International Dunhuang Project（國際敦煌項目網站）：http://idp.nlc.cn

參考文獻

說明：敦煌文獻圖版及其索引類著作單列，茲不列入；

所列論著主要係與敦煌殘卷綴合相關者，大致按刊布先後排列。

［1］ ［日］小島祐馬《巴黎國立圖書館藏敦煌遺書所見錄》，《支那學》第 7 卷第 3 號，1934 年

［2］ 王重民《敦煌本尚書六跋》，《國立北平圖書館館刊》第 9 卷第 4 號，1935 年

［3］ 王利器《敦煌文學中的〈韓朋賦〉》，《文學遺産增刊》一輯，北京：作家出版社，1955 年

［4］ 董作賓《大唐同光四年具注曆合璧》，《中研院歷史語言研究所集刊》第 30 期（下），1959 年

［5］ ［日］藤枝晃《敦煌千佛洞的中興》，《東方學報》（京都）第 35 册，1964 年

［6］ 陳鐵凡《敦煌本尚書十四殘卷綴合記》，《新社學報》第 3 期，1969 年

［7］ 饒宗頤《跋敦煌本白澤精怪圖兩殘卷》，《中研院歷史語言研究所集刊》第 41 卷第 4 期，1969 年

［8］ 潘重規《倫敦藏斯二七二九號暨列寧格勒藏一五一七號敦煌〈毛詩音〉殘卷綴合寫定題記》，《新亞學報》第 9 卷 2 期，1970 年

［9］ 陳鐵凡《法京所藏敦煌左傳兩殘卷綴合校字記》，《書目季刊》5 卷 1 期，1970 年

［10］陳鐵凡《〈左傳〉節本考——從英法所藏敦煌殘卷之綴合論〈左傳〉節本與〈群書治要〉之淵源》，《大陸雜志》第 41 卷第 7 期，1970 年

［11］陳鐵凡《敦煌本禮記、左、穀考略》，《孔孟學報》第 21 期，1971 年

［12］陳祚龍《中古敦煌的書學》，《藝壇》第 54 期，1972 年

［13］陳鐵凡《敦煌本孝經類纂弁言》，《孔孟月刊》第 16 卷第 1 期，1977 年

［14］［日］大淵忍爾《敦煌道經・目録編》，東京：福武書店，1978 年

［15］［日］山本達郎等合編《敦煌吐魯番社會經濟史文書集》（*Dunhuang and Turfan Documents Concerning Social and Economic History*）（共四卷），東京：東洋文庫，1978 年—1989 年陸續出版

［16］［日］池田温《中國古代籍帳研究》，東京：東京大學出版會，1979 年

［17］施萍婷《本所藏〈酒賬〉研究》，《敦煌研究》1983 年創刊號

［18］鄭阿財《敦煌寫本〈父母恩重經〉研究》，《中興法商學報》1983 年第 18 期

［19］柴劍虹《〈秦婦吟〉敦煌寫卷的新發現》，《光明日報》1983 年 6 月 7 日

［20］鄧文寬《敦煌寫本〈百行章〉述略》，《文物》1984 年第 9 期

［21］［日］池田温《唐代敦煌均田制考察之一——以天寶後期敦煌縣田簿爲中心》，《東洋學報》第 66 卷，1985 年

［22］唐耕耦、陸宏基《敦煌社會經濟文獻真迹釋録》第 1 輯，北京：書目文獻出版社，1986 年；第 2、3、4、5 輯，北京：全國圖書館文獻縮微複製中心，1990 年

［23］楊際平《現存我國四柱結算法的最早實例——吐蕃時期沙州倉曹狀上勾覆所牒研究》，《敦煌吐魯番出土經濟文書研究》，廈門：廈門大學出版社，1986 年

［24］周祖謨《敦煌唐本字書敘録》，《敦煌語言文學研究》，北京：北京大學出版社，1988 年

［25］馬繼興《敦煌古醫籍考釋》，南昌：江西科學技術出版社，1988 年

［26］張錫厚《整理〈王梵志詩集〉的新收穫——敦煌寫本 L1456 與 S4277 的重新綴合》，《敦煌學輯刊》1987 年第 2 期

［27］［日］遠藤光曉《P.3696 の第 10、12、13 片について》，《開篇》第 6 卷，東京：好文出版社，1988 年

［28］楊森《敦煌遺書〈佛説大藥善巧方便經卷上〉札記》，《敦煌研究》1989
　　　年第 4 期

［29］王冀青《英國圖書館藏〈備急單驗藥方卷〉（S.9987）的整理復原》，《敦
　　　煌研究》1991 年第 4 期

［30］郭鋒《簡談敦煌寫本斯二五〇六號等唐修史書殘卷的性質和價值》，《敦
　　　煌學輯刊》1992 年第 1、2 期合刊

［31］［法］戴仁《敦煌寫本中的解夢書》，《法國學者敦煌學論文選粹》，北京：
　　　中華書局，1993 年

［32］榮新江《敦煌寫本〈敕河西節度兵部尚書張公德政之碑〉校考》，《周一
　　　良先生八十生日紀念論文集》，北京：中國社會科學出版社，1993 年

［33］鄭炳林《敦煌碑銘讚部分文書拼接復原》，《敦煌研究》1993 年第 1 期

［34］王三慶《敦煌類書》，高雄：麗文文化事業股份公司，1993 年

［35］方廣錩、許培鈴《敦煌遺書中的〈維摩詰所説經〉及其注疏》，《敦煌研究》
　　　1994 年第 4 期

［36］榮新江《〈唐開元二十九年西州天山縣南平鄉籍〉殘卷研究》，《西域研究》
　　　1995 年第 1 期

［37］顔廷亮《關於〈白雀歌〉見在寫卷兼及敦煌佛道關係》，《蘭州教育學院學報》
　　　1995 年第 2 期

［38］趙和平《晚唐時河北地區的一種吉凶書儀 P.4050 與 S.5613 敦煌寫本綜
　　　合研究》，《唐五代書儀研究》，北京：中國社會科學出版社，1995 年

［39］李際寧《〈佛母經〉整理本》，《藏外佛教文獻》第 1 輯，北京：宗教文
　　　化出版社，1995 年

［40］唐耕耦《敦煌研究拾遺補缺二則》，《敦煌研究》1996 年第 4 期

［41］鄧文寬《敦煌天文曆法文獻輯校》，南京：江蘇古籍出版社，1996 年

［42］施萍婷《俄藏敦煌文獻經眼録之一》，《敦煌研究》1996 年第 2 期

［43］鄧文寬《北大圖書館藏兩件敦煌文獻補説》，《北京圖書館館刊》1996
　　　年第 4 期

［44］榮新江《敦煌本禪宗燈史殘卷拾遺》，《周紹良先生欣開九秩慶壽文集》，

北京：中華書局，1997 年

［45］王惠民《〈思益經〉及其在敦煌的流傳》，《敦煌研究》1997 年第 1 期

［46］方廣錩輯校《敦煌佛教經録輯校》，南京：江蘇古籍出版社，1997 年

［47］寧可、郝春文輯校《敦煌社邑文書輯校》，南京：江蘇古籍出版社，1997 年

［48］施萍婷《俄藏敦煌文獻經眼録（二）》，《敦煌吐魯番研究》第 2 卷，北京大學出版社 1997 年

［49］唐耕耦《敦煌浄土寺六件諸色入破曆算會稿綴合》，《敦煌吐魯番研究》第 2 卷，北京：北京大學出版社，1997 年

［50］柴劍虹《敦煌藏文 P.t.1208、1221 號寫卷卷背的唐人詩鈔》，《敦煌吐魯番研究》第 3 卷，北京：北京大學出版社，1998 年

［51］榮新江、徐俊《新見俄藏敦煌唐詩寫本三種考證及校録》，《唐研究》第 5 卷，北京：北京大學出版社，1999 年

［52］鄧文寬《跋兩篇敦煌佛教天文學文獻》，《文物》2000 年第 1 期

［53］榮新江《〈英國圖書館藏敦煌漢文非佛教文獻殘卷目録〉補正》，《英國收藏敦煌漢藏文獻研究：紀念敦煌文獻發現一百周年》，北京：中國社會科學出版社，2000 年

［54］楊寶玉《S.6424v：〈請賓頭盧波羅墮和尚疏〉拼合與校議》，《英國收藏敦煌漢藏文獻研究——紀念敦煌文獻發現一百周年》，北京：中國社會科學出版社，2000 年

［55］徐俊《敦煌詩集殘卷輯考》，北京：中華書局，2000 年

［56］榮新江《〈英藏敦煌文獻〉定名商補》，《文史》2000 年第 3 輯

［57］陸離《俄、法所藏敦煌文獻中一件歸義軍時期土地糾紛案卷殘卷淺識——對 Дx.02264、Дx.08786 與 P.4974 號文書的綴合研究》，《敦煌學輯刊》2000 年第 2 期

［58］黄正建《關於 17 件俄藏敦煌占卜文書的定名問題》，《敦煌研究》2000 年第 4 期

［59］［俄］Л.И.丘古耶夫斯基著，王克孝譯《敦煌漢文文書》，上海：上海

古籍出版社，2000 年

［60］王淑民《敦煌〈備急單驗藥方卷〉首次綴輯》，《中華醫史雜志》2001
年第 1 期

［61］張總《〈閻羅王授記經〉綴補研考》，《敦煌吐魯番研究》第 5 卷，北京：
北京大學出版社，2001 年

［62］王卡《敦煌 S.6310 號殘抄本綴合定名之誤》，《敦煌吐魯番研究》第 5 卷，
北京：北京大學出版社，2001 年

［63］王卡《敦煌道經殘卷綴合與考訂三則》，《敦煌文獻論集：紀念敦煌藏
經洞發現一百周年國際學術研討會論文集》，沈陽：遼寧人民出版社，
2001 年

［64］黄正建《敦煌占卜文書與唐五代占卜研究》，北京：學苑出版社，
2001 年

［65］王淑民《四個英藏敦煌脉書殘卷的綴輯研究》，《敦煌研究》2001 年
第 4 期

［66］郝春文《英藏敦煌社會歷史文獻釋録》第 1 卷，北京：科學出版社，
2001 年，修訂版，北京：社會科學文獻出版社，2018 年；第 2 卷以後，
北京：社會科學文獻出版社，2003 年以後陸續出版

［67］許建平《敦煌本〈尚書〉敘録》，《敦煌文獻論集：紀念敦煌藏經洞發現
一百周年國際學術研討會論文集》，沈陽：遼寧人民出版社，2001 年

［68］［日］山本達郎、土肥義和、石田勇作等《敦煌吐魯番社會經濟史資料
補編》，東京；東洋文庫，2001 年

［69］鄭炳林、徐曉麗《俄藏敦煌文獻〈新集文詞九經抄〉寫本綴合與研究》，
《蘭州大學學報》2002 年第 3 期

［70］陳明《俄藏敦煌文書中的一組吐魯番醫學殘卷》，《敦煌研究》2002 年
第 3 期

［71］宗舜:《〈浙藏敦煌文獻〉佛教資料考辨》，《敦煌吐魯番研究》第 6 卷,北京：
北京大學出版社，2002 年

［72］方廣錩《〈晉魏隋唐殘墨〉綴目》，《敦煌吐魯番研究》第 6 卷，北京大

學出版社，2002 年

［73］徐俊《俄藏 Dx.11414 ＋ Dx.02947 前秦擬古詩殘本研究——兼論背面券契文書的地域和時代》，《敦煌吐魯番研究》第 6 卷，北京：北京大學出版社，2002 年

［74］張廣達、榮新江《聖彼得堡藏和田出土漢文文書考釋》，《敦煌吐魯番研究》第 6 卷，北京：北京大學出版社，2002 年

［75］徐俊《敦煌寫本詩歌續考》，《敦煌研究》2002 年第 5 期

［76］李小榮《敦煌變文作品校錄二種》，《敦煌學輯刊》2002 年第 2 期

［77］黃征《〈燕子賦〉研究》，《敦煌研究》2003 年第 1 期

［78］鄭阿財《〈佛説父母恩重經〉傳布的歷史考察》，《新世紀敦煌學論集》，成都：巴蜀書社，2003 年

［79］許建平《〈俄藏敦煌文獻〉儒家經典類寫本的定名與綴合——以第 11—17 冊未定名殘片爲重點》，《漢語史學報專輯：姜亮夫、蔣禮鴻、郭在貽先生紀念文集（總第三輯）》，上海：上海教育出版社，2003 年

［80］許建平《英倫法京所藏敦煌寫本殘片八種之定名并校錄》，《敦煌學》第 24 輯，臺北：樂學書局，2003 年

［81］王愛和《英藏 S.681v 與俄藏 Дx.01454、Дx.02418V 的拼接綴合與研究》，《敦煌學輯刊》2003 年第 1 期

［82］許建平《殘卷定名正補》，《2000 年敦煌學國際學術討論會文集·歷史文化卷》，蘭州：甘肅民族出版社，2003 年

［83］金瀅坤《敦煌社會經濟文書輯校》，浙江大學博士後研究工作報告，2003 年

［84］［日］牧野和夫《〈孔子項託相問書〉の世界——敦煌寫卷の斷簡一紙——俄羅斯科學院東方研究所聖彼得堡分所藏〈孔子項託相問書〉斷簡と京都大學内陸アヅア研究所（羽田記念館）藏〈羽田亨博士收集西域出土文獻寫真〉所收寫真一葉との關係について》，《實踐國文學》2003 年第 3 期

［85］劉安志、石墨林《〈大谷文書集成〉佛教資料考辨》，《魏晉南北朝隋唐

史資料》第 20 輯，武漢：武漢大學出版社，2003 年

[86] 鄭炳林《敦煌寫本〈張議潮處置涼州進表〉拼接綴合與歸義軍對涼州的管理》，《敦煌吐魯番研究》第 7 卷，北京：中華書局，2003 年

[87] ［日］岩本篤志《羽田記念館所藏西域出土文獻寫真 766・767 十六國春秋考——李盛鐸舊藏敦煌文獻をめぐってー》，《西北出土文獻》創刊號，2004 年

[88] 景盛軒《敦煌本〈大般涅槃經〉研究——以版本、異文及訓詁爲中心》，浙江大學博士論文，2004 年

[89] 王晶波《敦煌相書殘卷 S.3395、S.9987B1V 考論》，《蘭州大學學報》2004 年第 4 期

[90] 陸慶夫、陸離《俄藏敦煌寫本〈春秋後語〉殘卷再探——對 Дx 11638 號與 Дx 02663、Дx 02724、Дx 05341、Дx 05784 號文書的綴合研究》，《敦煌學輯刊》2004 年第 1 期

[91] 許建平《敦煌〈詩經〉卷子研讀札記二則》，《敦煌學輯刊》2004 年第 1 期

[92] 郝春文《中國國家圖書館藏未刊敦煌文獻研讀札記》，《敦煌研究》2004 年第 4 期

[93] 王卡《敦煌道教文獻研究——綜述・目録・索引》，北京：中國社會科學出版社，2004 年

[94] 許建平《中國國家圖書館藏未刊敦煌寫本殘片四種的定名與綴合》，《浙江與敦煌學——常書鴻先生誕辰一百周年紀念文集》，杭州：浙江古籍出版社，2004 年

[95] ［日］鈴木慎吾《〈切韻殘卷諸本補正〉未收の切韻殘卷諸本について》，《開篇》第 23 卷，東京：好文出版社，2004 年

[96] 陳國燦《〈俄藏敦煌文獻〉中吐魯番出土的唐代文書》，《敦煌吐魯番研究》第 8 卷，北京：中華書局，2005 年

[97] 屈直敏《敦煌本類書〈勵忠節鈔〉寫卷研究》，《敦煌學國際研討會文集》，北京：北京圖書館出版社，2005 年

［98］［日］西本照真《"無量寿観経讚述"の新出写本について》,《印度學佛教學研究》第 53 卷第 2 號，東京：日本印度學佛教學會，2005 年

［99］葉貴良《敦煌道經 DX5425 號、S.6002 號綴合與出處》,《古籍研究》2006 年第 1 期

［100］張志清、林世田《S.6349 與 P.4924〈易三備〉寫卷綴合整理研究》,《文獻》2006 年第 1 期

［101］金瀅坤《敦煌社會經濟文獻綴合拾遺》,《敦煌研究》2006 年第 2 期

［102］張志清、林世田《S.6015〈易三備〉綴合與校録——敦煌本〈易三備〉研究之一》,《敦煌吐魯番研究》第 9 卷，北京：中華書局，2006 年

［103］黄亮文《P.3681、P.4002、Dx1055、P.4042、P.4024 五件書儀寫卷的綴合與探討》,《敦煌學研究》2007 年第 1 期

［104］韓鋒《幾件敦煌寫本〈論語〉白文殘卷綴合研究》,《敦煌學輯刊》2006 年第 1 期

［105］李索、趙君《敦煌文獻〈春秋經傳集解〉綴合四則》,《中國古代社會與思想文化研究論集》，哈爾濱：黑龍江人民出版社，2006 年

［106］許建平《敦煌經籍敘録》，北京：中華書局，2006 年

［107］李軍《敦煌寫本〈歸義軍僧官書儀〉拼接綴合及相關問題研究》,《敦煌學輯刊》2006 年第 3 期

［108］林世田、薩仁高娃《國家圖書館藏敦煌寫本〈金光明最勝王經〉古代修復簡論》,《敦煌研究》2006 年第 6 期

［109］楊思範《敦煌本〈莊子〉殘卷敘録》,《敦煌研究》2007 年第 1 期

［110］趙紅《南師大文學院藏 01 號敦煌寫本〈如來莊嚴智慧光明入一切佛境界經〉卷上的綴合與校勘》,《敦煌研究》2007 年第 2 期

［111］邰惠莉《〈俄藏敦煌文獻〉第 17 册部分寫經殘片的定名與綴合》,《敦煌研究》2007 年第 2 期

［112］黨燕妮《〈俄藏敦煌文獻〉中〈閻羅王授記經〉綴合研究》,《敦煌研究》2007 年第 2 期

［113］張涌泉《俄敦 18974 號等字書碎片綴合研究》,《浙江大學學報》2007

年第 3 期

[114] 王卡《〈敦煌道教文獻研究·目録〉補正》,《敦煌學輯刊》2007 年
第 3 期

[115] 張涌泉《敦煌本玄應〈一切經音義〉敘録》,《漢語史研究集刊》第 10 輯,
成都:巴蜀書社,2007 年

[116] 林世田、張平、趙大瑩《國家圖書館所藏與道真有關寫卷古代修復淺析》,
《中國典籍與文化》2007 年第 3 期

[117] 黄亮文《〈新定書儀鏡〉相關問題的探討——附論其他書儀寫卷的綴補》,
《敦煌學》第 27 輯,臺北:樂學書局,2008 年

[118] 張新朋《敦煌寫本〈開蒙要訓〉敘録續補》,《敦煌研究》2008 年
第 1 期

[119] 張新朋《若干新認定〈千字文〉寫卷敘録及綴合研究》,《敦煌學輯刊》
2008 年第 1 期

[120] 張涌泉《敦煌本〈字寶〉敘録》,《中國典籍與文化論叢》第 10 輯,北京:
北京大學出版社,2008 年

[121] 徐時儀《俄藏敦煌寫卷〈放光般若經〉音義考斠》,《古籍整理研究學刊》
2008 年第 3 期

[122] 趙鑫曄《俄藏敦煌文獻綴合四則》,《文獻》2008 年第 3 期

[123] 張涌泉主編、審訂《敦煌經部文獻合集》,北京:中華書局,2008 年

[124] 薩仁高娃《敦煌本〈金剛壇陀羅尼經〉述略》,《敦煌研究》2008 年
第 5 期

[125] 梁麗玲《敦煌寫本〈雜藏經〉及其相關問題研究》,《敦煌學》第 27 輯,
臺北:樂學書局,2008 年

[126] 劉波、林世田《〈孟姜女變文〉殘卷的綴合、校録及相關問題研究》,《文
獻》2009 年第 2 期

[127] 張涌泉、張新朋《敦煌本〈千字文〉敘録》,《中國俗文化研究》第 5 輯,
成都:巴蜀書社,2009 年

[128] 黄亮文《敦煌經籍寫卷補遺——以〈俄藏敦煌文獻〉第 11 至 17 册爲範

圍》,《敦煌吐魯番研究》第 11 卷, 上海: 上海古籍出版社, 2009 年

［129］趙鑫曄《敦煌佛教願文研究》, 南京師範大學博士論文, 2009 年

［130］王卡《兩件敦煌道經殘片的定名》,《文獻》2009 年第 3 期

［131］劉永明《兩份敦煌鎮宅文書之綴合及與道教關係探析》,《蘭州大學學報》2009 年第 6 期

［132］張新朋《敦煌本〈王梵志詩〉殘片考辨五則》,《敦煌學輯刊》2009 年第 4 期

［133］黃亮文《法、俄藏敦煌書儀相關寫卷敘錄》,《敦煌學輯刊》2010 年第 2 期

［134］劉永明《日本杏雨書屋藏敦煌道教及相關文獻研讀札記》,《敦煌學輯刊》2010 年第 3 期

［135］金少華《跋日本杏雨書屋藏敦煌本〈算經〉殘卷》,《敦煌學輯刊》2010 年第 4 期

［136］張新朋《〈孟姜女變文〉、〈破魔變〉殘片考辨二題》,《文獻》2010 年第 4 期

［137］曾良《敦煌佛經字詞與校勘研究》, 廈門: 廈門大學出版社, 2010 年

［138］趙鑫曄《俄藏敦煌殘卷綴合八則》,《藝術百家》2010 年第 6 期

［139］蔡淵迪《俄藏殘本索靖〈月儀貼〉之綴合及研究》,《敦煌吐魯番研究》第 12 卷, 上海: 上海古籍出版社, 2011 年

［140］劉顯《敦煌寫本〈大智度論〉殘卷綴合研究》,《宗教學研究》2011 年第 2 期

［141］張涌泉、丁小明《敦煌文獻定名研究》,《中華文史論叢》2011 年第 2 期

［142］張涌泉《敦煌本〈佛說父母恩重經〉研究》,《張涌泉敦煌文獻論叢》, 上海: 上海古籍出版社, 2011 年

［143］張新朋《敦煌詩賦殘片拾遺》,《敦煌研究》2011 年第 5 期

［144］張宗品《俄藏敦煌文獻所見存世最早的〈史記〉寫本殘片及其綴合》,《敦煌研究》2011 年第 5 期

［145］王天然《讀杏雨書屋所藏八件經部敦煌寫本小識》,《亚洲研究》第16期,
2012 年

［146］張涌泉、張新朋《敦煌殘卷綴合研究》,《文史》2012 年第 3 輯

［147］黄征、張崇依《浙藏敦煌文獻校録整理》, 上海：上海古籍出版社,
2012 年

［148］宋雪春《〈俄藏敦煌文獻〉中四件〈下女夫詞〉殘片的綴合》,《敦煌研究》
2012 年第 6 期

［149］王杏林《跋敦煌本〈黄帝明堂經〉》,《敦煌研究》2012 年第 6 期

［150］張新朋《〈敦煌寫本《太公家教》殘片拾遺〉補》,《敦煌學輯刊》2012
年第 3 期

［151］許建平《杏雨書屋藏〈詩經〉殘片三種校録及研究》,《慶祝饒宗頤
先生九十五華誕敦煌學國際學術研討會論文集》, 北京：中華書局,
2012 年

［152］趙鑫曄《俄藏敦煌文獻整理中的幾個問題》,《文獻》2013 年第 2 期

［153］趙丹《敦煌本道液〈淨名經〉疏解二種異文研究》, 浙江師範大學碩
士論文, 2013 年

［154］趙和平《俄藏三件敦煌宫廷寫經初步研究》,《敦煌研究》2013 年
第 3 期

［155］張新朋《敦煌蒙書殘片考》,《文獻》2013 年第 5 期

［156］王晶波《敦煌占卜文獻與社會生活》, 蘭州：甘肅教育出版社, 2013 年

［157］王祥偉《敦煌寺院經濟文書綴合二則》,《敦煌哲學》第 1 輯, 蘭州：
甘肅人民出版社 2013 年

［158］王晶波《敦煌五兆卜法文獻的綴合與定名》,《敦煌學輯刊》2013 年
第 4 期

［159］陳麗萍《杏雨書屋藏〈秦婦吟〉殘卷綴合及研究》,《隋唐遼宋金元史
論叢》第 3 輯, 上海：上海古籍出版社, 2013 年

［160］陳麗萍《〈敦煌本大唐天下郡姓氏族譜〉的綴合與研究——以 S.5861 爲
中心》,《敦煌研究》2014 年第 1 期

［161］康小燕《敦煌〈楞嚴經〉寫本考暨俗字彙輯》，浙江師範大學碩士論文，2014 年

［162］劉騰《敦煌本〈正法念處經〉寫本考和異體字研究》，浙江師範大學碩士論文，2014 年

［163］邱湘《敦煌〈大寶積經〉寫本考暨異體字彙輯》，浙江師範大學碩士論文，2014 年

［164］傅及斯《敦煌本〈華嚴經〉整理與研究》，復旦大學碩士論文，2014 年

［165］孟雪《敦煌〈梵網經〉寫本考暨俗字彙輯》，浙江師範大學碩士論文，2014 年

［166］左麗萍《敦煌〈大乘無量壽經〉寫本考暨俗字彙輯》，浙江師範大學碩士論文，2014 年

［167］張涌泉、羅慕君《俄藏未定名〈八陽經〉殘片考》，《敦煌研究》2014 年第 3 期

［168］趙鑫曄《〈俄藏敦煌文獻〉第 11 冊佛經殘片初步綴合研究》，《出土文獻綜合研究集刊》第 1 輯，成都：巴蜀書社，2014 年

［169］張磊、李毓琳《敦煌本〈佛本行集經〉殘卷定名與綴合研究》，《浙江師範大學學報》2014 年第 6 期

［170］景盛軒《公元五世紀敦煌本〈大般涅槃經〉寫卷綴合研究》，《浙江師範大學學報》2014 年第 6 期

［171］張涌泉、劉豔紅、張宇《敦煌本〈藥師琉璃光如來本願功德經〉殘卷綴合研究》，《浙江師範大學學報》2014 年第 6 期

［172］張小豔、傅及斯《敦煌本“晋譯五十華嚴”殘卷綴合研究》，《浙江師範大學學報》2014 年第 6 期

［173］張新朋《敦煌寫本〈太公家教〉殘卷綴合三則》，《魏晉南北朝隋唐史資料》第 30 輯，上海：上海古籍出版社，2014 年

［174］張磊、左麗萍《國圖藏敦煌本〈大乘無量壽經〉綴合研究》，《國際中國文學研究叢刊》第 4 集，上海：上海古籍出版社，2015 年

［175］張新朋《敦煌本〈重修開元寺行廊功德碑〉殘片輯考》,《2015 年敦煌與中外關係國際學術研討會論文集》, 敦煌, 2015 年

［176］劉豔紅《敦煌本〈藥師琉璃光如來本願功德經〉寫本考》, 浙江師範大學碩士論文, 2015 年

［177］張涌泉、孟雪《國圖藏〈梵網經〉敦煌殘卷綴合研究》,《出土文獻與古文字研究》第 6 輯, 上海：上海古籍出版社, 2015 年

［178］陳琳《敦煌本〈阿彌陀經〉寫本考》, 浙江師範大學碩士論文, 2015 年

［179］張小剛、郭俊葉《敦煌"地藏十王"經像拾遺》,《敦煌吐魯番研究》第 15 卷, 上海：上海古籍出版社, 2015 年

［180］張涌泉、徐鍵《〈瑜伽師地論〉系列敦煌殘卷綴合研究》,《安徽大學學報》2015 年第 3 期

［181］張磊、左麗萍《俄藏敦煌文獻〈大乘無量壽經〉綴合研究》,《安徽大學學報》2015 年第 3 期

［182］張小豔《敦煌本〈父母恩重經〉殘卷綴合研究》,《安徽大學學報》2015 年第 3 期

［183］徐鍵《敦煌本〈瑜伽師地論〉寫本考》, 浙江師範大學碩士論文, 2015 年

［184］羅慕君《敦煌〈八陽經〉漢文寫本考》, 浙江師範大學碩士論文, 2015 年

［185］郭曉燕《敦煌本〈大智度論〉寫本考》, 浙江師範大學碩士論文, 2015 年

［186］楊揚《敦煌本〈佛頂尊勝陀羅尼經〉寫本考暨俗字彙輯》, 浙江師範大學碩士論文, 2015 年

［187］陳麗萍《中國國家圖書館藏敦煌契約文書匯録（一）》,《隋唐遼宋金元史論叢》第 5 輯, 上海：上海古籍出版社, 2015 年

［188］張涌泉《新見敦煌變文寫本敘録》,《文學遺產》2015 年第 5 期

［189］田衛衛《敦煌寫本北宋〈重修開元寺行廊功德碑并序〉習書考》,《文史》

2016 年第 1 期

[190] 王祥偉《敦煌文書 BD15246（2）、P.3364 與 S.5008 綴合研究》,《敦煌學輯刊》2016 年第 1 期

[191] 王祥偉《日本杏雨書屋藏敦煌寺院經濟文書羽 677 ＋羽 703 研究》,《中國社會經濟史研究》2016 年第 2 期

[192] 張涌泉、陳琳《敦煌本〈佛説阿彌陀經〉殘卷綴合研究——以中、俄、法三國館藏爲中心》,《中國俗文化研究》第 10 輯, 成都: 巴蜀書社, 2015 年

[193] 張磊、郭曉燕《敦煌寫本〈大智度論〉殘卷綴合研究》,《中國俗文化研究》第 10 輯, 成都: 巴蜀書社, 2015 年

[194] 張小豔、傅及斯《敦煌本唐譯 "八十華嚴" 殘卷綴合研究》,《浙江社會科學》2015 年第 6 期

[195] 張磊、劉溪《國圖藏敦煌本〈佛名經〉殘卷綴合示例》,《浙江社會科學》2015 年第 6 期

[196] 張涌泉、胡方方《敦煌本〈四分律〉殘卷綴合研究》,《浙江社會科學》2015 年第 6 期

[197] 張小豔《敦煌本〈新菩薩經〉、〈勸善經〉、〈救諸衆生苦難經〉殘卷綴合研究》,《復旦學報》2015 年第 6 期

[198] 張涌泉、朱若溪《俄藏〈金光明經〉敦煌殘卷綴合研究》,《復旦學報》2015 年第 6 期

[199] 張磊、郭曉燕《俄藏楷書〈大智度論〉寫本殘片綴合研究》,《復旦學報》2015 年第 6 期

[200] 張涌泉《敦煌文獻整理導論》, 杭州: 浙江大學出版社, 2015 年

[201] 張磊、胡方方《國圖藏敦煌本〈四分比丘尼戒本〉殘卷綴合研究》,《宗教學研究》2015 年第 4 期

[202] 張小豔《敦煌疑僞經四種殘卷綴合研究》,《宗教學研究》2015 年第 4 期

[203] 張涌泉、劉溪《古代寫經修復綴接釋例——以國圖藏〈佛名經〉敦煌

寫卷爲中心》，《宗教學研究》2015 年第 4 期

［204］朱若溪《散藏敦煌文獻的綴合——以〈金光明最勝王經〉爲例》，《“絲路文明傳承與發展” 國際學術研討會論文集》，浙江大學，2015 年

［205］張磊、左麗萍《敦煌佛教文獻〈大乘無量壽經〉綴合研究》，《敦煌研究》2016 年第 1 期

［206］張小豔《敦煌疑僞經四種殘卷綴合研究》，《敦煌研究》2016 年第 1 期

［207］張涌泉、朱若溪《敦煌本〈金光明經〉殘卷綴合研究》，《敦煌研究》2016 年第 1 期

［208］王孟《敦煌佛教疑僞經綜録》，上海師範大學博士論文，2016 年

［209］趙鑫曄《〈俄藏敦煌文獻〉綴合錯誤舉例》，《出土文獻綜合研究集刊》第 3 輯，成都：巴蜀書社，2016 年

［210］張磊、周小旭《敦煌本〈大方等大集經〉殘卷綴合研究》，《浙江大學學報》2016 年第 3 期

［211］張小豔《敦煌疑僞經三種殘卷綴合研究》，《浙江大學學報》2016 年第 3 期

［212］張涌泉、羅慕君《敦煌佛經殘卷綴合釋例》，《浙江大學學報》2016 年第 3 期

［213］李毓琳《敦煌本〈佛本行集經〉及其演繹作品調查與研究》，浙江師範大學碩士論文，2016 年

［214］劉溪《敦煌本早期〈佛名經〉寫本研究》，浙江師範大學碩士論文，2016 年

［215］胡方方《敦煌本〈四分律〉及其戒本寫本考》，浙江師範大學碩士論文，2016 年

［216］張鵬《〈敦煌秘笈〉羽 673R 的綴合及金籙齋儀的再探討》，《敦煌學輯刊》2016 年第 2 期

［217］陳麗萍《中國國家圖書館藏敦煌契約文書匯録（二）》，《隋唐遼宋金元史論叢》第 6 輯，上海：上海古籍出版社，2016 年

［218］張小豔《敦煌本〈大通方廣經〉殘卷綴合研究》，《佛教文獻研究》第

2 輯，桂林：廣西師範大學出版社，2016 年

［219］陳麗萍《國家圖書館藏四件敦煌變文抄本研讀記》，《出土文獻研究》
第 15 輯，2016 年

［220］張炎《敦煌本〈大集經〉殘卷綴合研究》，復旦大學出土文獻與古文字
研究中心網站，2016 年

［221］羅慕君、張涌泉《英藏未定名敦煌〈金剛經〉殘片考》,《敦煌吐魯番研究》
第 16 卷，上海：上海古籍出版社，2016 年

［222］張磊、劉溪《敦煌本〈佛説佛名經〉（十二卷本）綴合研究》,《敦煌
吐魯番研究》第 16 卷，上海：上海古籍出版社，2016 年

［223］王曉燕《敦煌寫本〈維摩詰經〉注疏殘卷的綴合》,《敦煌吐魯番研究》
第 16 卷，上海：上海古籍出版社，2016 年

［224］羅慕君、張涌泉《敦煌遺書〈金剛經〉留支譯本考》,《社會科學戰線》
2016 年第 12 期

［225］張炎《敦煌本〈觀世音經〉殘卷綴合與定名研究》，復旦大學出土文獻
與古文字研究中心網站，2016 年

［226］張磊、陳虹妙《敦煌本〈心經〉殘卷綴合研究》,《唐研究》第 22 卷，北京：
北京大學出版社，2016 年

［227］徐浩《國圖藏敦煌本〈大般若經〉綴合補遺舉例》,《唐研究》第 22 卷，
北京：北京大學出版社，2016 年

［228］張涌泉、羅慕君《敦煌〈八陽經〉殘卷續綴》,《敦煌寫本研究年報》
第 10 號，京都：京都大學人文科學研究所，2016 年

［229］韓嘉楠《敦煌遺書綴殘中的相關殘片檢索技術研究及系統實現》，浙江
大學碩士論文，2017 年

［230］徐浩、張涌泉《〈國家圖書館藏敦煌遺書〉誤綴四題》,《文獻》2017
年第 1 期

［231］張小豔《敦煌疑偽經六種殘卷綴合研究》,《文獻》2017 年第 1 期

［232］張磊、左麗萍《國家圖書館藏敦煌寫本〈大乘無量壽經〉綴合研究》,《文
獻》2017 年第 1 期

［233］張炎《英藏敦煌本〈大集經〉殘卷綴合研究》,《中國典籍與文化》
2017 年第 1 期

［234］景盛軒《法藏〈大般涅槃經〉寫卷叙録》,《天水師範學院學報》,
2017 年第 1 期

［235］張涌泉、劉明《敦煌本〈佛説大乘稻芉經〉及其注疏殘卷綴合研究》,《浙
江師範大學學報》2017 年第 2 期

［236］徐浩《敦煌〈大般若經〉寫本研究》, 浙江師範大學博士論文,
2017 年

［237］劉明《敦煌本〈大乘稻芉經〉及其注疏寫本研究》, 浙江師範大學碩
士論文, 2017 年

［238］張涌泉、徐鍵《濱田德海舊藏敦煌殘卷兩種研究》,《浙江社會科學》
2017 年第 3 期

［239］蘇思遠《俄藏敦煌文獻佛教疑僞經敘録》, 西南大學碩士論文,
2017 年

［240］周小旭《敦煌本〈大方等大集經〉漢文寫本考》, 浙江師範大學碩士論文,
2017 年

［241］朱若溪《〈金光明經〉敦煌寫本研究》, 浙江大學博士論文, 2017 年

［242］景盛軒、陳琳《英藏敦煌〈大般涅槃經〉殘卷初步綴合》,《敦煌研究》
2017 年第 3 期

［243］景盛軒《俄藏敦煌〈大般涅槃經〉寫卷的調查與分析》,《河西學院學報》
2017 年第 3 期

［244］張炎《俄藏敦煌本〈灌頂拔除過罪生死得度經〉殘卷綴合研究》,《古
籍研究》2017 年第 1 期

［245］沈澍農《俄法兩個敦煌卷子綴合與相關研究》,《中醫藥文化》2017 年
第 4 期

［246］薛豔麗、王祥偉《敦煌文書 S.4657 與 BD09282 釋録研究》,《敦煌研究》
2017 年第 4 期

［247］徐浩、張涌泉《從綴合看古代寫經的製作——以敦煌本漢文〈大般若經〉

爲例》,《人文雜志》2017 年第 10 期

［248］張炎《敦煌佛經殘卷的綴合與定名——以〈妙法蓮華經〉爲例》,《敦煌研究》2017 年第 5 期

［249］徐浩《敦煌本漢文〈大般若經〉同一人寫經殘卷綴合研究》,《絲路文明的傳承與發展》, 杭州：浙江大學出版社, 2017 年

［250］羅慕君《〈俄藏敦煌文獻〉未定名〈金剛經〉殘片考》,《敦煌吐魯番研究》第 17 卷, 上海：上海古籍出版社, 2017 年

［251］張涌泉《用字辨析與敦煌佛經寫卷的斷代及綴合》,《古文字與古代史》第 5 輯, 臺北：中研院歷史語言研究所, 2017 年

［252］羅慕君《敦煌〈金剛經〉八十老人抄本考》,《古籍研究》2017 年第 2 期

［253］羅慕君、張涌泉《英藏未定名〈金剛經〉殘片再綴》,《古典文獻研究》2017 年第 2 期

［254］景盛軒《國圖所定歸義軍時期〈大般涅槃經〉寫卷敘録辨考》,《浙江師範大學學報》2018 年第 1 期

［255］張涌泉、羅慕君《敦煌〈佛頂尊勝陀羅尼經〉〈葉師經〉殘卷綴合總目》, 寫本文獻學微刊（公衆號）, 2018 年

［256］秦龍泉《敦煌〈妙法蓮華經〉漢文寫本研究——以八卷本爲中心》, 浙江師範大學碩士論文, 2018 年

［257］范麗婷《敦煌漢文寫本〈摩訶般若波羅蜜經〉研究》, 浙江師範大學碩士論文, 2018 年

［258］陳虹妙《敦煌漢文寫本〈般若波羅蜜多心經〉及其注疏考》, 浙江師範大學碩士論文, 2018 年

［259］張涌泉、劉溪《二十卷本〈佛説佛名經〉敦煌殘卷綴合研究》,《佛教文化研究》第 5 輯, 南京：南京大學出版社, 2018 年

［260］莊慧娟《敦煌本〈華嚴經〉五十卷本之研究》, 嘉義大學中國文學系研究所碩士論文, 2018 年

［261］羅慕君《敦煌漢文本〈金剛經〉整理研究》, 浙江大學博士論文,

2018 年

［262］張涌泉、劉丹《敦煌本〈摩訶僧祇律〉殘卷綴合研究》，《敦煌學輯刊》
2018 年第 2 期

［263］景盛軒《從書迹看三號英藏〈大般涅槃經〉殘卷的綴合》，《近代漢字
研究》第 1 輯，保定：河北大學出版社，2018 年

［264］徐浩《敦煌〈大般若經〉不知名抄手寫經綴合研究》，《國學季刊》第
10 期，濟南：山東人民出版社，2018 年

［265］趙鑫曄《敦煌册頁裝〈金剛經〉的整理和研究》，《文津學志》，2018
年第 1 期

［266］黄沚青、胡方方《敦煌本〈四分律比丘戒本〉殘卷綴合研究》，《古漢
語研究》，2018 年第 4 期

［267］徐浩《批量補綴卷首——古人對敦煌寫經的一種特殊修復》，《敦煌研究》
2018 年第 6 期

［268］張新朋《敦煌文獻王羲之〈尚想黄綺帖〉拾遺》，《敦煌研究》2018 年
第 6 期

［269］張炎《敦煌本〈無常經〉殘卷綴合研究》，《圖書館雜志》2018 年
第 7 期

［270］張涌泉、羅慕君《敦煌殘卷綴合與寫卷叙録——以〈金剛般若波羅蜜經〉
寫本爲中心》，《中國古籍文化研究（稻畑教授退休紀念論文集）》，東京：
東方書店，2018 年

［271］王祥偉《敦煌文書 S.6981V（8）+ДX.1419V+S.1600V（1）綴合研究》，
《敦煌研究》2019 年第 2 期

［272］羅慕君、張涌泉《散藏敦煌本〈金剛經〉綴合研究》，《敦煌吐魯番研究》
第 18 卷，上海：上海古籍出版社，2019 年

［273］徐浩《敦煌本〈大般若經〉殘卷及背面胡語文獻綴合研究》，《敦煌吐
魯番研究》第 18 卷，上海：上海古籍出版社，2019 年

［274］王曉燕《Q.M.62558+S.3878〈維摩經義記〉考辨》，《敦煌吐魯番研究》
第 19 卷，上海：上海古籍出版社，2019 年

［275］羅慕君、張涌泉《敦煌殘片〈唐大順二年正月七日楊文盛出租地契〉的復原和研究》,《文史》2019 年 2 期

［276］景盛軒、劉曉梅《國圖藏敦煌吐蕃時期〈大般涅槃經〉寫卷綴集》,《河西學院學報》2019 年第 3 期

［277］張磊、周思宇《從國圖敦煌本〈維摩詰經〉系列殘卷的綴合還原李盛鐸等人竊取寫卷的真相》,《文獻》2019 年第 6 期

［278］羅慕君、張涌泉《〈俄藏敦煌文獻〉未定名〈金剛經〉殘片綴合研究》,《國學研究》第 41 卷,北京:北京大學出版社,2019 年

［279］陳麗萍《新刊契約文書 S.2746v6 再探討》,《隋唐遼宋金元史論叢》第 9 輯,上海:上海古籍出版社,2019 年

［280］徐鍵《法成譯講〈瑜伽師地論〉寫卷校録與研究》,四川大學博士論文,2019 年

［281］劉顯《敦煌本〈大智度論〉殘卷綴合八則》,《社科縱橫》2020 年第 3 期

［282］張涌泉、方曉迪《敦煌本〈觀無量壽經〉及其注疏殘卷綴合研究》,《中國典籍與文化》2020 年第 2 期

［283］劉顯《敦煌寫本〈大智度論〉殘卷綴合五則》,《歷史文獻研究》2020 年第 1 期

［284］任占鵬《唐五代敦煌地區學童書學教育研究——以敦煌文獻爲中心》,《童蒙文化研究》第 5 卷,2020 年

［285］方曉迪《敦煌〈觀無量壽經〉及其注疏寫本考》,浙江師範大學碩士論文,2020 年

［286］張新朋,桂錢英《敦煌蒙書殘片考辨四則》,《文津學志》2020 年第 2 期

［287］馮國棟、秦龍泉《敦煌本〈妙法蓮華經〉缺題殘卷綴合釋例》,《敦煌學輯刊》2020 年第 3 期

［288］張涌泉、沈秋之《敦煌本〈七階禮〉殘卷綴合研究》,《敦煌學輯刊》2020 年第 3 期

[289] 王惠、納姍《敦煌本〈韓朋賦〉寫卷綴合及敘錄》,《絲綢之路》2020年第3期

[290] 林生海《敦煌文書 S.6223 定名及相關問題探析》,《東亞漢文獻與文化交流國際學術研討會論文集》,四川大學,2020 年

[291] 劉郝霞《流散日本的敦煌文獻綴合與真僞考》,《東亞漢文獻與文化交流國際學術研討會論文集》,四川大學,2020 年

[292] 劉郝霞《敦煌漢文文獻(佛經以外部分)殘斷與綴合研究》,成都:四川大學出版社,2020 年

[293] 景盛軒《敦煌〈大般涅槃經〉摘抄本研究》,《古籍研究》2020 年第2期

[294] 陳淑萍《敦煌文獻大乘中宗見解寫本系統研究》,《漢學與東亞文化研究:王三慶教授七秩華誕祝壽論文集》,臺北:萬卷樓圖書股份有限公司,2020 年

[295] 張涌泉《綴合與敦煌殘卷的定名——敦煌殘卷綴合的意義之一》,《文獻》2021 年第1期

[296] 陳于柱、張福慧《俄藏敦煌讖緯文獻 Дx.11051A、Дx.11051B〈春秋運斗樞抄〉輯綴研究》,《文津學志》2021 年第1期

[297] 陳麗萍《國圖藏敦煌文書研究札記之一》,《文津學志》2021 年第1期

[298] 關長龍、范麗婷《敦煌本〈摩訶般若經〉殘卷綴合研究》,《敦煌學輯刊》2021 年第1期

[299] 羅慕君《敦煌本〈金剛經〉斷代研究》,《敦煌學輯刊》2021 年第1期

[300] 羅慕君、張涌泉《文字比較在敦煌本〈金剛經〉整理中的運用》,《古漢語研究》2021 年第2期

[301] 陳麗萍《修復與重現——從學術研究角度看敦煌文獻修復的貢獻》,《古籍保護研究》2021 年第1期

[302] 申宇君《敦煌本〈思益梵天所問經〉研究》,浙江師範大學碩士論文,2021 年

[303] 劉丹《敦煌漢文律典研究——以〈十誦律〉爲中心》,浙江大學博士論

文，2021 年

［304］秦樺林《敦煌唐寫本〈劉子〉新識》，《敦煌學輯刊》2021 年第 2 期

［305］傅及斯《敦煌本〈辯意長者子經〉整理與研究》，《中國典籍與文化》
2021 年第 3 期

［306］郭丹《遼寧省博物館藏敦煌寫經綴合四則》，《敦煌吐魯番研究》第
20 卷，上海：上海古籍出版社，2021 年

［307］羅慕君、張涌泉《敦煌漢文本〈金剛經〉的綴合及啓示》，《敦煌吐魯
番研究》第 20 卷，上海：上海古籍出版社，2021 年

［308］王海雲、梁旭澍《敦煌研究院藏敦煌文獻殘片續綴》，《敦煌研究》
2021 年第 4 期

［309］王招國、王雪《敦煌本〈大乘百法明門論開宗義記〉殘卷綴合研究》，《圖
書館雜志》2021 年第 8 期

［310］秦樺林《日藏敦煌〈道要〉寫卷研究拾遺》，《浙江大學學報》2021 年
第 5 期

［311］馮國棟、秦龍泉《李盛鐸舊藏敦煌殘卷〈妙法蓮華經〉綴合研究》，《浙
江大學學報》2021 年第 5 期

［312］徐浩、張涌泉《杏雨書屋藏敦煌〈大般若經〉寫本綴合研究》，《浙江
大學學報》2021 年第 5 期

［313］沈秋之、張涌泉《敦煌本〈和菩薩戒文〉殘卷綴合研究》，《出土文獻》
2021 年第 3 期

［314］劉丹、王勇《敦煌〈十誦律〉寫本綴合研究》，《敦煌學輯刊》2021 年
第 3 期

［315］張鑫媛、普慧《敦煌遺書 S.4571〈維摩詰經講經文〉考論》，《西南民
族大學學報》2021 年第 10 期

［316］羅慕君、張涌泉《海内孤本周紹良舊藏〈金剛經〉殘卷綴合記》，《敦
煌研究》2021 年第 5 期

［317］何亞星《〈密嚴經〉寫本考及異文研究》，浙江師範大學碩士論文，
2022 年

［318］雷霄《敦煌本〈大灌頂經〉研究》，浙江師範大學碩士論文，2022 年

［319］沈秋之《敦煌社會經濟文獻詞語與殘卷的綴合整理》，《語言與文化論叢》第 5 輯，北京：中國社會科學出版社，2022 年

［320］沈秋之《啓功舊藏〈佛説觀佛三昧海經〉整理研究》，《敦煌研究》2022 年第 6 期

［321］徐浩《敦煌本漢文〈大般若經〉同紙兑廢稿綴合七例》，《鄭州航空工業管理學院學報》2022 年第 5 期

［322］張涌泉、周思敏《李盛鐸舊藏敦煌寫卷殘斷原因新探》，《敦煌研究》2022 年第 6 期

［323］張涌泉《拼接絲路文明：敦煌殘卷綴合的意義》，《中國社會科學報》2023 年 1 月 3 日

［324］張亦弛《敦煌漢文本〈阿含經〉整理及其異文研究》，浙江師範大學碩士論文，2023 年

［325］陳悠悠《俄藏敦煌漢文佛教文獻綴合研究》，浙江工業大學碩士學位論文，2023 年

［326］沈秋之、張涌泉《敦煌社會經濟文獻裱補紙綴合示例》，《文獻》2023 年第 1 期

［327］沈秋之、張涌泉《追尋敦煌殘卷的“生命歷程”——以北敦 12194 號及相關殘片綴合復原爲例》，《中華文史論叢》2023 年第 3 期

［328］周思敏、張涌泉《敦煌學草創時期刊布的敦煌文獻資料價值試論——以〈貞松堂藏西陲秘籍叢殘〉爲例》，《浙江大學學報》2023 年第 5 期

［329］景盛軒《敦煌南本〈大般涅槃經〉考辨》，《敦煌吐魯番研究》2023 年第 22 卷

［330］徐浩《據點勘記判定藏經洞寫卷的原貌》，《浙江大學學報》2023 年第 9 期

［331］徐浩《從兑廢稿的綴合看敦煌寫經的修復——以含有兑廢稿的敦煌〈大般若經〉寫本爲例》，《敦煌研究》2023 年第 3 期

［332］秦龍泉《敦煌本〈法華經〉整理與研究》，浙江大學博士論文，

2023 年

［333］沈秋之《敦煌四部文獻綴合研究》，浙江大學博士論文，2023 年

［334］羅慕君、雷霄《敦煌帛尸梨蜜多羅譯本〈藥師經〉綴合研究》，《面壁窮經一甲子——施萍婷先生敦煌研究六十年紀念文集》，蘭州：甘肅文化出版社，2023 年

［335］尤澳《血書合一：南京大學所藏敦煌遺書綴合記》，《尋根》2023 年第 3 期

［336］譚興富《俄敦〈大方廣佛華嚴經音〉殘片三題》，《宗教學研究》2023 年第 3 期

後　記

我的本行是文字訓詁學，後來因爲整理敦煌文獻，又對敦煌殘卷綴合産生了濃厚的興趣，於是從 2006 年起，我就"不務正業"，越界跨行，把很大一部分精力投入到了敦煌殘卷綴合之中。幸運的是，一路走來，學生們積極參與，同行及朋友們大力支持，讓我心存感激。

本書是我們學術團隊合作的成果，由我和張磊、羅慕君牽頭撰著。十七年來，先後參加這一工作的除了團隊核心成員張小艷、景盛軒、張新朋、竇懷永、黃征青、秦樺林之外，還有很多博士生、碩士生甚至本科生，如博士生徐浩、鮑宗偉、朱若溪、羅慕君、劉丹、秦龍泉、沈秋之等，其中參與下編各篇初稿撰寫的同學有（篇目後括注承擔任務的同學）：

1. 變文（沈秋之）
2. 佛本行集經（李毓琳）
3. 摩訶般若波羅蜜經（范麗婷）
4. 《般若波羅蜜多心經》及其注疏（陳虹妙）
5. 大寶積經（邱湘）
6. 《觀無量壽經》及其注疏（方曉迪）
7. 佛説阿彌陀經（陳琳）
8. 大方等大集經（周小旭）
9. 佛説佛名經（劉溪）
10. 藥師琉璃光如來本願功德經（劉豔紅）
11. 佛説觀佛三昧海經（沈秋之）
12. 《大乘稻芉經》及其注疏（劉明）
13. 大乘無量壽經（左麗萍）

14. 大佛頂萬行首楞嚴經（康小燕）

15. 佛頂尊勝陀羅尼經（楊揚）

16. 五分律（劉丹）

17. 摩訶僧祇律（劉丹）

18. 摩訶僧祇比丘尼戒本（劉丹）

19. 四分律（胡方方）

20. 四分律比丘戒本（胡方方）

21. 四分比丘尼戒本（胡方方）

22. 十誦律（劉丹）

23. 十誦比丘波羅提木叉戒本（劉丹）

24. 十誦比丘尼波羅提木叉戒本（劉丹）

25. 梵網經盧舍那佛說菩薩心地戒品第十（孟雪）

26. 大智度論（郭曉燕）

27. 瑜伽師地論（徐鍵）

28. 瑜伽師地論分門記（徐鍵）

29. 瑜伽師地論手記（徐鍵）

30. 淨名經集解關中疏（趙丹）

31. 淨名經關中釋抄（趙丹）

32. 七階禮（沈秋之）

　　以上各篇敦煌殘卷綴合的初稿，就是在我們全面普查業已刊布的敦煌文獻（包括對未定名殘卷的定名）并自建數據庫的基礎上，安排這些同學分頭撰寫的；初稿完成後，再由我和張磊、羅慕君逐字逐句修改、補充寫定。張宇協助對部分綴合圖作了修改完善工作，陳葉幫忙處理了與項目有關的各種雜務。同學們通過自己的努力，不但以優異成績獲得了學位，而且發現了大批可以綴合的殘卷，敦煌學史上將會留下他們的名字，我爲他們感到驕傲。

　　本書也是社會各界大力支持的結果。2014年，我申報的《敦煌殘卷綴合研究》被批準爲國家社科基金重點項目；2020年，《敦煌殘卷綴合總集》被立爲國家社科基金冷門絕學研究專項學術團隊項目；2022年，本書入選國家哲學社會科學成果文庫。衷心感謝全國哲學社會科學工作辦公室領導和評審專家的大力支持，感謝我任職的浙江大學漢語史研究中心、古籍研究所爲我的研究工作提供的各種便利和支持。特別令我感動的是，之江實驗室主任王堅院士多年來對我的關心和支持。20世紀90年代中，王堅院士曾任杭州大學心理系主任，很受沈善洪校長器重。當時我只是杭州大學古籍研究所的一個普通講師、副教授，和他算是校友，但也僅此而已，并沒有什麼交集（那幾年我先後在四川大學、北京大學讀博士、做博士後，基本不在杭州）。不久，他加盟微軟中國研究院，後又擔任微軟亞洲研究院常務副院長。大約2005年前後，微軟亞洲研究院辦公室突然聯繫我，説要支持我的敦煌學研究，并給我們提供了一筆研究經費。2008年以後，王堅院士回到杭州，擔任阿里巴巴集團阿里雲計算平臺總裁。2017年歲末，素昧平生的阿里巴巴合夥人、螞蟻金服董事長兼CEO彭蕾女士又突然約見我，和我聊起對中國傳統文化尤其是敦煌藝術的向往。後來她通過她家族的樂淳慈善信託基金，對我們正在進行的敦煌殘卷綴合項目給予了大力支持。我知道，這後面有王堅院士對我的研究工作的關注，雖然我們其實一直也沒有見過面；再後面，還有沈善洪老校長生前對我的關心和培養。此時此刻，我深深懷念爲杭州大學的發展傾注了心血的敬愛的沈善洪校長。我也要借此機會，感謝萬向信託－樂淳家族慈善信託基金對敦煌殘卷綴合項目的資助，并向王堅院士、彭蕾董事長表示由衷的敬意和謝意。

我還要感謝同行專家的支持和媒體朋友的關注。本書作爲國家社科基金重點項目結項時，得到五位匿名評審專家的高度肯定。專家們認爲"本成果堪稱近年來敦煌藏經洞文獻研究方面一項具有重大突破意義的成果，具有突出的開拓意義和創新價值。……極大地拓展、深化和提升了敦煌殘卷綴合研究，對於推進敦煌學具有十分突出的開拓創新意義，對於中國古代寫本學研究、中國佛教典籍研究、中國佛教史研究也具有重要的參考價值和借鑒意義，堪稱爲一項具有重大學術價值的成果，值得給予高度肯定評價"；本成果"從理論上闡述了敦煌殘卷綴合的意義，從實踐上示範了敦煌殘卷綴合的方法，是一項非常了不起的學術成就，大大推進和深化了敦煌文獻的研究。這也是哲學社會科學研究領域裏不多見的精品研究成果"。多種媒體也對我們的工作給予很大的關注和鼓勵。2020 年 12 月 14 日,《光明日報》頭版頭條發表《讓敦煌文獻 "孤兒回家" "親人團聚" ——敦煌殘卷系統綴合背後的故事》的報導,文中引述中國古文字研究會會長、吉林大學原副校長吳振武教授的話說:"張涌泉教授團隊綴合了一大批敦煌文書,應該說是歷史上最大規模的敦煌文書綴合。這是真正的學術推進。" 又引中國敦煌吐魯番學會名譽會長、首都師範大學郝春文教授的評價說:"張涌泉關於藏經洞性質的新看法,有全面調查梳理敦煌文獻的堅實基礎,有全面調查的數據作爲論據,比以往的各種説法具有更强的説服力。" 由字節跳動公益基金會、中國文物保護基金會、國家圖書館等單位出品、以本書作者爲采訪對象的紀錄片《穿越時空的古籍——拼接撕裂的文明》於 2021 年 3 月 18 日在西瓜視頻、抖音、今日頭條等平臺上綫,紀錄片講述了作者及其學術團隊綴合敦煌殘卷的艱辛過程和不凡業績。有關話題登上了 "知乎熱榜"。中央廣播電視總臺中國之聲在同年 4 月 14 日晚 7 點黄金時段播報對作者的采訪,稱作者的工作"讓千年殘卷穿越時空重新活起來,中華文明的薪火也在此過程中繼往開來"。凡此種種,專家的肯定,媒體的關注,讀者朋友的鼓勵,給了我們把這項工作持續進行下去的信心和決心。

最後要感謝中華書局長期來對我的提攜和支持。責任編輯陳喬十年前責編過拙著《漢語俗字叢考》,那部書僅造字就達四萬多個(包括部分重造字),編輯排版之難,堪稱世界之最,我一直爲此感到愧疚不安。這部書雖然造字不多,但大量的綴合圖,也給排版和編輯審讀帶來了不少麻煩。陳喬這次又受命擔任本書的責任編輯,她以貫有的嚴謹細緻的編輯風格爲保證本書的質量做出了貢獻。

要感謝的還有很多很多,在此難以盡述。我們會把每一份珍貴的情誼銘記在心間,認真做好後續的普查和綴合工作,推出一部更加完備的《敦煌殘卷綴合總集》,讓撕裂的絲路文明重新連結在一起,爲敦煌文化的傳承與弘揚做出我們這一代人應有的貢獻!

張涌泉

2023 年 12 月 6 日